I0902648

COMENTARIO EXEGÉTICO AL
TEXTO GRIEGO DEL NUEVO TESTAMENTO

1ª CORINTIOS

COMENTARIO EXEGÉTICO AL
TEXTO GRIEGO DEL NUEVO TESTAMENTO

1ª CORINTIOS

editorial clie

Samuel Pérez Millos, Th.M.

EDITORIAL CLIE
C/ Ferrocarril, 8
08232 VILADECAVALLS (Barcelona) ESPAÑA
E-mail: clie@clie.es
Internet: http://www.clie.es

COMENTARIO EXEGÉTICO AL TEXTO GRIEGO DEL NUEVO TESTAMENTO

1ª CORINTIOS

Copyright © 2019 Samuel Pérez Millos

Copyright © 2019 Editorial CLIE

Cualquier forma de reproducción, distribución, comunicación pública o transformación de esta obra solo puede ser realizada con la autorización de sus titulares, salvo excepción prevista por la ley. Diríjase a CEDRO (Centro Español de Derechos Reprográficos) si necesita fotocopiar o escanear algún fragmento de esta obra (www.conlicencia.com; 91 702 19 70 / 93 272 04 47).

ISBN: 978-84-16845-91-0

ISBN obra completa: 978-84-8267-547-3

Impreso en Estados Unidos de América / *Printed in United States of America*

Depósito Legal: B 26888-2019
Clasifíquese:
REL006070
Comentarios bíblicos
Nuevo Testamento
Referencia: 225047

DEDICATORIA

A los muchos cristianos que, viviendo a Cristo, pagan el precio de ser verdaderos creyentes, mientras siguen las pisadas del Maestro y aman la iglesia que Él ha establecido al precio de Su propia vida. A estos de los que el mundo no es digno, toda mi admiración.

ÍNDICE

I CORINTIOS

PRÓLOGO

Cuando Samuel Pérez Millos me invitó a escribir el prólogo de este comentario sobre la Primera carta a los Corintios, enseguida me apresuré a decirle que yo era un pastor y un hombre de iglesia. Su respuesta no se hizo esperar: "precisamente por esa razón quiero que lo hagas tú, porque eres un hombre de iglesia y porque esta palabra aparece más veces en esta carta que en todos los escritos de Pablo".

En esta primera carta a los Corintios, Pablo está haciendo lo que mejor sabe hacer, y Samuel también: demostrar la vigencia del evangelio en la vida práctica. El carácter cosmopolita de la ciudad y de la iglesia, el acusado individualismo que se manifiesta en medio de ella, así como las formas tan equivocadas de entender la espiritualidad, acomodando el evangelio a la cultura del momento, hace que esta iglesia sea como un espejo que representa en muchos sentidos a la iglesia de hoy.

Vivimos en una sociedad en la que cada cual tiene su opinión. Podemos apretar un botón y dar a conocer nuestra opinión en la radio o televisión. Podemos crear un blog y expresar nuestra opinión acerca de cualquier asunto, animando a su vez a que otros hagan lo mismo. Pero Dios no quiere saber tanto nuestra opinión, sino que El quiere que sepamos cuál es la suya.

Soy consciente de que la iglesia es un tema de mucha discusión y debate.

Algunos dicen que está pasada de moda. Otros dicen que la iglesia es necesaria, pero que no es apropiada para nuestros tiempos. La iglesia debe cambiar, dicen aquellos que claman por una renovación o incluso revolución.

Entre los cristianos evangélicos, afirman otros, hay tres grandes grupos cuando llega el momento de discutir acerca de la iglesia. Están los que quieren cambiarlo casi todo, salvo los principios doctrinales (y algunos no están muy seguros en cuanto a eso). Están también los que temen a los cambios, pues han desarrollado un sentido de seguridad al hacer las cosas de cierta manera, llegando a igualar las tradiciones con los mandamientos bíblicos. Pero también están los que estudian la Biblia cuidadosamente, sin hacer caso del pasado o del presente. ¡La Biblia es suficiente!. Enseñemos la Biblia a la gente, dicen, y Dios hará el resto. En un sentido todos estos grupos están diciendo parte de la verdad, pero es un sentido más amplio todos están equivocados.

Es cierto que la sociedad ha cambiado y el modelo tradicional de iglesia también, pero más allá de las estructuras eclesiales, la iglesia es importante porque Dios da importancia a la iglesia, ya que ésta forma parte de su plan. El plan que él mismo se había propuesto llevar a cabo desde la eternidad: *"de reunir todas las cosas en Cristo, así las que están en los cielos, como las que están en la tierra"* (Ef.1:10). Y el medio para llevar a cabo este plan, no es una institución política, ni económica, ni religiosa; sino la Iglesia de Jesucristo. Tenemos un papel más importante que el presidente de la nación. La iglesia también es importante, porque cuando nos entregamos a Cristo, entramos a formar parte de una familia cuyas fronteras abarcan toda la tierra. Moramos en la tierra, pero nuestra ciudadanía está en los cielos. Llevamos otro pasaporte en el bolsillo, con una nueva identidad y una nueva foto.

La tendencia de muchos comentarios y comentaristas bíblicos, es extenderse demasiado en la revelación y quedarse corto en la relevancia. No es el caso aquí. Este comentario que tenemos delante reúne ambas virtudes y es especialmente útil por varias razones. En primer lugar, por su enfoque teológico, doctrinal y práctico en la variedad de los temas que presenta. En segundo lugar, por su relevancia a la hora de explicar el contexto sociológico y cultural de la sociedad romana y especialmente de la ciudad de Corinto. En tercer lugar, por su presentación clara y respetuosa hacia las distintas variantes interpretativas en asuntos nada fáciles de resolver.

Existe una dificultad añadida en relación con la respuesta a preguntas que los corintios habían formulado. Conocemos las respuestas, pero ignoramos las preguntas, que en muchas ocasiones se formulan mediante deducción del texto bíblico, así cuando dice: *"En cuanto a las cosas de que me escribisteis..."* (7:1).

Uno de los temas centrales de esta carta está ligada a la doctrina y naturaleza de la iglesia. La unidad de la iglesia es una de las enseñanzas más notables y de mayor trascendencia para el testimonio al mundo, pues los corintios tenían un serio problema con esto, en medio de tantas divisiones y opiniones. Pablo apela a la figura del cuerpo, haciendo notar que lo mismo ocurre con la iglesia como cuerpo espiritual de Cristo (12:12, 27). Completando esta enseñanza de la unidad de la iglesia, hace notar que la ordenanza de la Santa Cena, en el partimiento del pan y la participación de ese símbolo, es figura de la aceptación de la unidad entre creyentes, del mismo modo que se trata de un solo pan, así también la unidad de todos los creyentes en Cristo está representada en la participación del mismo pan (10:16b, 17). El mundo funciona con grupos afines, pero la iglesia no. Lo que nos permite amarnos y estar juntos, no es la afinidad sino la unidad en Cristo. Se ha dicho con mucho acierto que hay buenos libros que podemos leer, y este comentario es uno de ellos, pero solo hay un Libro que nos lee a nosotros: la Biblia, la Palabra de Dios.

"Mas por él estáis vosotros en Cristo Jesús, el cual nos ha sido hecho por Dios sabiduría, justificación, santificación y redención; para que, como está escrito: El que se gloría, gloríese en el Señor".
1ª Corintios 1:3-31

Jaime Ardiaca
Pastor de la Iglesia Evangélica
San Sebastián, abril de 2019

CAPÍTULO I

DIVISONES EN LA IGLESIA

Introducción

Un interés muy especial se encuentra en los escritos del apóstol Pablo a la iglesia en Corinto. No se trata de una *Epístola Dogmática*, como pueden ser las de Romanos, Gálatas y Efesios, donde trata de forma ordenada asuntos doctrinales en una precisa estructura teológica. Tampoco es una *Epístola Pastoral* en el sentido de establecer formas de funcionamiento para las iglesias. Aunque indudablemente contiene una gran enseñanza doctrinal, inalterable a lo largo del tiempo y, por tanto, de aceptación eclesial universal, el apóstol trata asuntos particulares de una iglesia local, la establecida en Corinto, prestando atención a cuestiones que alteraban la buena marcha de la congregación, y que se estaban introduciendo, y otras que amenazaban con introducirse en ella. Las dos *Epístolas a los Corintios* –aunque en este volumen se tratará sólo de la primera– son el resultado de circunstancias especiales, locales y temporales. Podría preguntarse cómo definir la *Epístola* y yo diría que es un fragmento de la historia de la iglesia a finales del siglo I.

La *Epístola*, como se ha dicho antes, no es un tratado de dogmática, sino un escrito necesario para las circunstancias especiales de una iglesia. Sin embargo, hay quienes no consideran el contexto social que concurría en aquella congregación, trasladando todo cuanto se lee literalmente en ella al tiempo presente, sin otra consideración más que se trata de un escrito inspirado plenariamente del Nuevo Testamento. Un tratamiento de esta manera produce serias alteraciones interpretativas. Pero, no es menos cierto que por el otro extremo del arco interpretativo están quienes la toman exclusivamente como apropiada para la iglesia a la que va dirigida, por lo que la utilidad de ella queda reducida a poca cosa más que la reiteración de doctrinas fundamentales contenidas en ella.

Una aproximación desprejuiciada propicia el entendimiento de que el corazón del hombre es el mismo, no importa de qué tiempo se trate. Las experiencias de los creyentes de tiempos apostólicos son esencialmente iguales a las del tiempo actual. Los problemas que surgen y que son tratados por el apóstol Pablo, difieren de los que originan otros escritos, como puede ser –a modo de ejemplo– la *Epístola a los Gálatas*, en donde los prejuicios judaizantes, contra los que el apóstol lucha, hacen necesario desarrollar un amplio cuerpo de doctrina que tiene que ver con la justificación por la fe. En el escrito a los corintios, se entra de lleno en el entorno romano y el contraste del evangelio en el mundo llamado greco-romano o, si se prefiere, la Corinto romana, donde la corrupción social nefaria contrasta con la santidad cristiana. La aceptación de la fe en el corazón de quienes venían del paganismo, hace necesaria más que una comprensión intelectual, un estilo de vida propio y consecuente con la fe aceptada.

Esto está afectando directamente el estado de la congregación cristiana en Corinto. Estas dificultades son abordadas por el apóstol, no solo desde la perspectiva de hechos, sino desde la realidad de la vida del creyente, esforzándose en penetrar hasta la raíz misma que originan las manifestaciones incorrectas de vida cristiana. Eso conlleva a que no se consideren los problemas como de condiciones pasajeras, para lo que se establece un código ético o instrucciones eclesiales, sino que el apóstol los lleva a la dimensión de los profundos principios del Evangelio, que son permanentes, aunque se aplique a problemas transicionales o pasajeros. Esto nos permite tratar los problemas actuales y los que surjan en el futuro de forma análoga.

Hay otro aspecto que necesariamente se debe abordar y que son las *dificultades* propias de esta *Epístola.* Todas ellas se consideran en la *Introducción Especial* y también en el comentario al texto bíblico, pero deben ser observadas desde este momento. Es preciso considerar el *contexto sociológico-cultural* de la sociedad romana y especialmente el de la Corinto romana. De este modo debemos conocer en qué consistía una *cena romana*, o una comida de amistad, a la que el apóstol se referirá abordando uno de los problemas de aquella iglesia, cuando establece la prohibición de esas comidas y manda a los creyentes que las limiten a las casas (11:20, 33, 34).

De igual manera existe una dificultad en relación con la respuesta a preguntas que los corintos le habían formulado; conocemos las respuestas, pero ignoramos las preguntas, que en muchas ocasiones se formulan mediante deducción del texto bíblico, así cuando dice: *"En cuanto a las cosas de que me escribisteis..."* (7:1). Ocurre así con una pregunta que le formularon sobre las *vírgenes*, da una respuesta en la que habla de *"la necesidad que apremia"* (7:25, 26), pero desconocemos la pregunta y desconocemos cual es esa *necesidad que apremia.* Deducimos lo que le preguntaron *"en cuanto a lo sacrificado a los ídolos"*, pero no sabemos a ciencia cierta cuál es la cuestión (8:1).

Otro aspecto dentro las *dificultades* de la *Epístola*, está en el *contexto social*, de manera que el apóstol apela al juicio personal de los corintos que deben determinar si es *conveniente* que la mujer tenga el pelo *corto*, y el hombre lo tenga *largo*, que revestía una cierta problemática social entonces, pero que ha dejado de tener esa importancia hoy (11:14-15).

Dentro del mismo apartado de *dificultades*, está el de interpolaciones, palabras que han sido añadidas por los traductores y que no están en el texto griego, a modo de ejemplo el término *hija* no aparece en ningún mss. (7:36, 37). Ocurre lo mismo con la palabra *señal*, de autoridad sobre su cabeza, en relación con la mujer (11:10). Tomadas estas palabras añadidas al texto han dado origen a enseñanzas sobre estos temas sin base bíblica ya que no aparecen en el texto griego.

Iniciar el comentario de esta magnífica *Epístola*, exige una introducción que permita situar al lector en el contexto histórico, social, y espiritual de la iglesia en Corinto, teniendo en cuenta que lo que se pretende no es un tratado de historia de la iglesia, sino la introducción necesaria a un comentario exegético, con esto en mente se inicia la tarea de presentación de la *Primera Epístola a los Corintios.*

Introducción general

La Corinto romana

Datos históricos

Corinto, en griego Κόρινθος, fue una ciudad estado, situada en el *istmo de Corinto*, la franja de tierra que une el Peloponeso con la Grecia continental, situada en el centro del camino entre Esparta y Atenas. La ciudad actual con ese nombre está aproximadamente cinco kilómetros al noroeste de las ruinas de la ciudad antigua.

La época histórica de la que se tienen las primeras noticias corresponde al llamado *Periodo Arcaico*, que se extiende entre los siglos VIII y VII a. C., en el destacan los reyes Βακχιάδαι, pertenecientes a un grupo dórico, gobernaban en ese periodo. En el año 747 a. C. una revolución promovida por la aristocracia derrocó al rey Telestes y tomó el poder, posteriormente asesinado. Gobernaban como un grupo y se elegía anualmente un *pritano* que ocupaba el cargo de rey. Un *polemarco* era el que controlaba y mandaba sobre el ejército. Durante ese periodo del año 747 al 657 a. C. Corinto se convirtió en un *estado* unificado. Es en ese tiempo donde se construyeron los grandes edificios y monumentos, así como varias ciudades. Hacia el año 730 a. C. Corinto era una gran ciudad griega, cuya grandeza descansaba en el comercio marítimo y en la industria cerámica. En el s. VII a. C. según Tucídides, eran constructores de barcos con técnicas muy avanzadas, afirmando que uno de los armadores llamado Aminocles había inventado el trirreme. Corinto fue una de las primeras ciudades griegas en utilizar la moneda, las primeras acuñadas en el siglo VII a. C.

En el llamado *Período Clásico*, los conflictos entre estados fueron una nota continuada. En una de las muchas guerras de ese tiempo los atenienses derrotaron a los corintos, pero aún después de firmar la paz, la enemistad con Atenas continuó y esta fue una de las causas de la *guerra del Peloponeso*. Consecuente de ella Esparta adquirió un gran poder hegemónico opresivo, lo que dio lugar a una nueva coalición de estados y que terminó en un nuevo conflicto llamado la *Guerra de Corinto*.

Esto dio paso al *Período Helenístico*. En el año 223 a. C. la ciudad fue ocupada por Antígono III Dosón, en la que quería poner su base contra la *Liga Etolia y Cleómenes*. Filipo el hijo adoptivo de Antígono la conservó hasta que fue derrotado en la *batalla de Conoscéfalas*, en el año 197 a. C. siendo hecha ciudad libre por los romanos y unida a la Liga Aquea.

Pasa la historia al *Período Romano*. Una guarnición romana se estableció en el Acrocorinto. Roma la convirtió en capital de la Liga. Los embajadores romanos fueron maltratados, lo que motivó el ultimátum del Senado de Roma. Derrotada la liga, el cónsul romano Lucio Mumio entró en Corinto sin oposición y se vengó de la ciudad y sus habitantes. Los hombres fueron ejecutados y las mujeres y los niños vendidos como esclavos. Muchas obras de arte fueron llevadas a Roma y la ciudad fue destruida en el año 146 a. C. continuando despoblada durante un siglo. En el año 46 a. C. Julio César decidió reconstruir la ciudad, enviando una colonia de veteranos de guerra y hombres libres, llamando la ciudad *Colonia Julia Corintia*. La ciudad fue prosperando de modo que cuando el apóstol Pablo la visitó en el s. I, era una importante ciudad, capital de la provincia de Acaya, en donde se encontraba la residencia del procónsul, Junios Gallio. Continuó siendo la capital de la provincia romana de Acaya durante todo el Imperio romano. En el año 395 d. C. fue saqueada por Alarico I y destruida por un terremoto en el 521 d. C.[1]

---

[1] Datos tomados parcialmente de Wikipedia.

Datos arqueológicos

La excavación de la ciudad comenzó en 1896, dirigida por la Escuela Americana de Estudios Clásicos en Atenas. La ciudad era uno de los grandes puertos marítimos de la antigua Grecia. El puerto oriental, Cencrea, en el golfo Sarónico, un brazo de mar del Egeo; y el occidental, Lechaeum, situado sobre el golfo de Corinto, un brazo del mar Jónico.

Las excavaciones encuentran restos de la colonia romana, ya que la ciudad se reconstruyó con restos de la primitiva Corinto, que fue destruida en gran medida por L. Mullius en el año 146 a. C., por consiguiente, la mayoría de los restos resultantes de las excavaciones son de la Corinto romana que, a efectos del comentario a la *Epístola* son los más necesarios.

Se destaca la vía Lechaeum, que conducía directamente al centro de Corinto. Era una vía con una columnata en ambos lados de la calle, con tiendas y almacenes. Sobre los del lado occidental se accedía a la basílica, más allá de la que, en una prominencia, se entraba el gran templo dedicado a Apolo, construido en el s. IV a. C. De sus columnas todavía se conservan visibles siete. En el extremo de la vía Lechaeum, se situaba el ágora rodeada de almacenes y otras edificaciones. En medio de ellas había una plataforma alta levantada sobre dos escalones, con una superestructura y bancos, donde estaba el *bema*, construido en mármol blanco y azul, este servía de plataforma para discursos públicos. Sin duda el lugar a donde fue llevado Pablo ante el tribunal en Corinto (Hch. 18:12-17). Las columnas de uno de los pórticos permitían acceder a una zona de edificios adicionales, muchos de los cuales debieron ser usados para tabernas, ya que en esa zona se desenterraron cerámicas, mayormente vasos para beber, con inscripciones como Zeus, Dionisio, Salud, Seguridad, Amor y otras.

Se ha descubierto también cerca del teatro una plaza de diecinueve metros pavimentada con piedra caliza. En uno de los bloques estaba la inscripción: *Erasus pro aedilitate suapecunia stravit*[2]. El edil, dirigía y supervisaba varias labores públicas. Pablo habla de Erasto *tesorero de la ciudad*, probablemente de Corinto (Ro. 16:23). Es posible que los dos que se identifican con ese nombre sean la misma persona, la que llegó a ser amiga de Pablo.

[2] Erasto en pago por la edilidad, pavimentó de su propio peculio.

En el entorno del ágora se aprecian inscripciones como *piscario* y *macellum*, referidos al mercado del pescado y al de la carne. Pablo usa este término en la *Epístola*, como *mercado de carne, makellum* (10:25)[3].

Religión en la Corinto romana

La arqueología, junto con la literatura, ponen de manifiesto la importancia de la religión en la vida cotidiana de los corintos. Como se ha indicado, luego de la destrucción en el 146 a. C., fue colonizada por Julio Cesar. En el tiempo de Pablo, mediados a finales del s. I. era una de las ciudades más florecientes de la Grecia romana. Según historiadores, la población era superior a la de Atenas, señalando las fuentes más fidedignas unos trescientos mil ciudadanos libres y medio millón de esclavos. El crecimiento de la ciudad bajo el dominio romano hizo que se considerase en el s. II como la mejor ciudad de Grecia. Su ubicación estratégica especialmente en cuanto a las actividades marítimas, hacía que la población itinerante, en ocasiones con muy poca estancia en la ciudad como eran los marineros de las naves que llegaban a sus puertos, fuese también alta.

Como en cualquier ciudad del mundo romano, los corintios manifestaban sus creencias practicando la religión en los templos. Consideraban que su prosperidad o dificultades tenían que ver con el favor de los dioses, por lo que era necesario ganar el favor de ellos. Esa era una de las preocupaciones diarias. Esto era visible para cualquiera que visitara la ciudad.

La mezcla cultural era notoria. Si bien procedían de la época griega con sus dioses, se introdujo, cada vez más firmemente, el paganismo romano. Dentro de las deidades con templos más importantes, en el Acrocorinto, estaba el templo de Afrodita, la diosa griega a quien los romanos llamaban Venus. Era la diosa más popular de Corinto y adorada como la diosa de la fertilidad y de los marineros. Esta diosa tiene numerosos equivalentes, como *Inanna* en la mitología sumeria, *Astarté* en la fenicia, *Turan* en la etrusca y *Venus* en la romana. Los primeros en establecer el culto a la diosa fueron los asirios y luego los *pafosianos* de Chipre y los *fenicios* que vivían en Ascalón (Palestina). Aunque se dan diversos significados a ese nombre, parece que tiene cierta vinculación con *espuma*, que se interpreta como *surgida de la espuma*, de ahí la vinculación con los navegantes como una de sus diosas. Si el nombre procede derivado de los semitas, especialmente del asirio, significa tal vez

---

[3] Datos sintetizados del *Diccionario Bíblico Arqueológico*.

la que viene al anochecer, lo que podría identificarse con la manifestación al anochecer el planeta Venus, de ahí su nombre para los romanos, atributo bien conocido de la diosa mesopotámica *Ishtar*.

La diosa tenía sus propias festividades conocidas como las *Afrodisias*, que se celebraban por toda Grecia, siendo las más destacadas las de Atenas y Corinto. Las relaciones sexuales con sus sacerdotisas eran consideradas un método de adoración a la diosa. Aunque en tiempo de Pablo no se había reconstruido el templo, los rituales de fertilidad se mantenían en la ciudad, cerca del ágora. La prostitución religiosa en los lugares de culto era una práctica habitual, a estas prostitutas se les llamaba *hieródula*, que equivalía a *sierva sagrada*. El historiador y geógrafo griego Estrabón visitó Corinto en los años 44 y 29 a. C. indicó que unas mil prostitutas estaban asociadas al templo. El número es, probablemente exagerado, pero, en cualquier caso, revela el nivel moral que existía en la ciudad en tiempos de Pablo.

Otro de los dioses más venerados en Corinto era Apolo, de cuyo templo se habló antes. Estatuas del dios estaban por toda la ciudad. Era considerado como el dios de la profecía, de las artes, de la medicina, de la luz, y protector del ganado. El culto a Apolo era muy practicado.

Así también estaban varios lugares de veneración a Dionisio, el dios de la vendimia y del vino, inspirador de la locura ritual y del éxtasis. Los romanos le llamaban Baco. El culto al dios originaba, en el mejor de los casos una gran ingesta de vino que degeneraba luego en verdaderas orgías fuera de control, actuando de formas verdaderamente salvajes, entre otras cosas se vestían como animales y comían carne cruda.

En el tiempo en que Pablo visitó Corinto, se practicaban también cultos de origen egipcio a Isis y a Serapis. La popularidad de Isis en Corinto obedece, probablemente, a que era la diosa egipcia del mar.

Es notable que en Corinto se levantó un templo al emperador Julio Cesar al que el senado romano había deificado, cuyo templo fue sustituido probablemente durante el reinado de Domiciano. Es muy probable que la persecución de los cristianos se produjese después de la visita de Pablo, cuando se opusieron a la adoración al emperador.

La presencia de un grupo numeroso de judíos en Corinto es evidente por el registro arqueológico, que desenterró una pieza de mármol blanco en la que se lee *Sinagoga de los Hebreos*. Otra es un capitel en el que aparece el candelabro de siete brazos propio de los judíos. La presencia ahí de una colonia importante de ellos se debe, probablemente, a que en la guerra entre Julio César y Pompello, se pusieron al lado de César, por lo que terminada esta, fueron favorecidos, dándoles la oportunidad de colonizar la ciudad en el s. I a. C. El emperador Claudio en el año 41 al 54 d. C., expulsó un número grande de judíos de Roma y el número de éstos en Corinto aumentó. Entre los que fueron a Corinto en ese tiempo, estaban Priscila y Aquila (Hch. 18:2). Con todo, el judaísmo por sus mismos principios y formas, no era una religión popular, su monoteísmo era contrario al politeísmo romano, por lo que no era aceptable en el entorno de aquella sociedad.

No cabe duda que una iglesia con una membresía –en tiempos de Pablo– de unas cincuenta a setenta y cinco personas, resultaría difícil mantener no solo la fe sino también la ética correspondiente a ella en una sociedad como esa.

Situación moral

Siendo una colonia romana, Corinto estaba también sujeta al derecho romano. La lengua oficial era el latín, pero el pueblo generalmente hablaba en griego. En tiempos de Pablo el lenguaje griego era la *koiné*, la lengua griega común, derivada y refundida de las varias formas del griego, como se considerará más adelante en el párrafo destinado al griego de la *Epístola*. Pablo menciona a creyentes de la iglesia en Corinto por nombres latinos, como Tercio, Cuarto, Gayo, que envían saludos a los creyentes de la iglesia en Roma, cuando Pablo les escribió desde Corinto (Ro. 16:22, 23). En la iglesia en Corinto estaban también Aquila y Priscila, Crispo, el principal de la sinagoga (Hch. 18:2, 8). Hace referencia, como miembro de la iglesia, de Gayo (1:14), y menciona a creyentes enviados por la iglesia como a Estéfanas, Fortunato y Acaico (16:17). Los oficiales romanos, tanto militares como civiles residían en Corinto, como el procónsul Galión (Hch. 18:12).

Siendo tan pronunciada la mezcla de culturas y religiones, entre la que estaba el culto a Venus y a Baco, en los siglos anteriores al cristianismo, los autores griegos y romanos hablaban de Corinto como la ciudad de licencia moral y de la prostitución. Los griegos usaban el verbo κορινθιάζομαι, que expresaba la idea de vivir libertinamente *a lo Corintio*, igualmente el adjetivo κορινθιαστής, para referirse al hombre de costumbres corintias, al libertino. Es más, llamar a una mujer *corintia*, era calificarla de mujer de malas costumbres, y ser un *corintio*, en el mismo argot, era ser libertino o borracho. Este ambiente sin duda influyó en el apóstol Pablo cuando escribió la *Epístola a los Romanos*, desde

Corinto, hablando de pecados diversos, que eran habituales del lugar desde donde escribía (Ro. 1:18-32).

Una multitud de marineros, comerciantes y soldados, estaban temporalmente en la ciudad, lo que traía la consecuencia de las prácticas de pecado, con una moral corrupta. Por esa razón el apóstol exhorta a los creyentes de la iglesia en Corinto que huyan de la inmoralidad (5:1; 6:9, 15-20; lo que confirma la promiscuidad de vida allí.

Costumbres sociales

Las cenas

El apóstol tratará en la *Epístola* sobre las cenas de los creyentes, lo que se conoce generalmente como el *ágape*, corrigiendo abusos en esa actividad y recomendando incluso que no se haga en el lugar de reunión, sino que cada uno coma en su propia casa (11:33, 34). Es necesaria una breve nota sobre la costumbre de la comida, que realmente era más bien una cena socialmente establecida.

Inicialmente fue una costumbre de los griegos. Tenía lugar en el contexto de la comida principal del día, que normalmente comenzaba entorno a la hora *novena o décima* del día. Había otras dos comidas, el ἄίριστον, que era por la mañana, lo que en nuestro contexto sería el desayuno, y la δόρποι, comida que se hacía por la noche. Así ocurría en la Grecia antigua, en el tiempo helénico clásico. La comida de la tarde se llamaba δεῖπνυν, que tenía lugar al atardecer, incluso después de la puesta del sol. En esta comida podían estar entre treinta a cuarenta invitados. En ocasiones las personas de la alta sociedad, bien en sus casas o en otro lugar, construían grandes comedores, con treinta o más lugares para acomodarse. Generalmente no se servía vino con la comida hasta el πότος, que tenía lugar después de haber terminado de comer.

Siendo esto un acto social importante en la época griega, se utilizaba para reunión de familia y amigos, incluso se invitaba a ella a personas importantes en los negocios o en la religión. El anfitrión esperaba que los invitados fuesen puntuales, a la hora convenida e indicada en la invitación, pero no siempre todos llegaban en el horario previsto, algunos lo hacían tarde. Eso ocurría también en la iglesia en donde algunos llegaban puntuales para la Cena del Señor y otros, tarde. Un sirviente recibía a los invitados, y otros les lavaban los pies, con lo que estaba ya dispuesto para ocupar su lugar en el reclinatorio. Cada uno ocupaba un lugar conforme a su posición social. Parece ser que el lugar de mayor relevancia, distinción y honor era el que estaba a la derecha del anfitrión, siguiendo luego las posiciones distribuidas por la derecha en donde la última, que estaba a la izquierda del que había invitado, era para el menor en la escala social.

Al parecer en la iglesia en Corinto estaba presente el problema de horario de modo que los más pudientes, con tiempo suficiente para ellos, llegaban antes y comenzaban a comer, mientras que los que tenían categorías sociales menores y los esclavos no llegaban a tiempo y, o bien comían menos, o incluso no comían, por lo que el apóstol les manda *esperarse unos a otros* (11:33).

Un elemento característico en las cenas griegas era la carne. En el menú había una variedad de verduras y pescado. La carne no faltaba si la comida era de elevado nivel social. La carne estaba disponible siempre que se celebrasen sacrificios en los templos de donde mayoritariamente procedía. La comida terminaba con una porción de *postre*, τραγήματα, consistente en frutos, con nueces saldas, que generaba sed y preparaba para el vino que venía a continuación. En la Grecia antigua, se servía vino después de la comida cuya libación era ofrecida al *demonio bueno*, ἀγαθοῦ δαίμονος. El vino primero era sin mezclar en honor de los *dioses buenos*, los del Olimpo. Las restantes se ofrecían a dioses menores, y la última a Zeus. Terminada la comida seguía un tiempo de entretenimiento, que comprendía diversas formas, como música, danza y conversaciones filosóficas.

Muchas de estas costumbres y formas se mantuvieron en el Corinto romano, en que las cenas griegas fueron sustituidas por las romanas, muy semejantes a las griegas. Como los griegos, los romanos comían tres veces al día. La primera, por la mañana, era el *ientaculum* que se tomaba a primeras horas del día. Esta comida podía tener pan con sal, frutas secas, aceitunas, queso o huevos. La bebida consistía en algo ligero, muchas veces, un vaso de vino mezclado con miel.

La comida del mediodía llamada *prandium* se hacía a la hora sexta. Los romanos consideraban esta como la principal del día a la que llamaban *cena*. En el tiempo la costumbre cambió, siendo la de la tarde la principal, desplazando a la última que se llamaba *vesperna*. Esta comida se iniciaba a la hora novena y terminaba al oscurecer, durando dos o tres horas. Cuando se trataba de una comida especial se hacía en el comedor de la casa, y el que invitaba animaba a los invitados para que disfrutasen de una buena comida y de un buen vino. A diferencia de la cena griega, la romana tenía una asistencia menor, con un número de invitados entre tres y hasta nueve.

La cena romana consistía de tres momentos diferentes. Primero el *gustatio* o *promulsis*, platos que tenían el propósito de despertar el apetito, incluían huevo y verduras que creían que ayudaban a la digestión. La bebida usada era el *mulsum*, vino mezclado con miel. A esto seguía la *fercula*, que se dividía en tres partes: La *prima*, *altera* y *tertia cena,* que era la comida principal, concluyendo con el *mensae secundae*, *segunda mesa*, que era el postre, consistente en frutas, nueces y pasteles. Este era el tiempo llamado *comissatio* o *convivium*, que era el de la bebida y la diversión. La gente de la sociedad romana era célebre por su intemperancia, si bien la embriaguez y la glotonería eran consideradas impropias de una comida.

En la ciudad de Corinto, en el tiempo en que fue visitada por el apóstol Pablo, se habían entremezclado las formas griegas y romanas, para dar lugar a la comida *greco-romana*, que era un convite de compañerismo, con connotaciones de reunión filosófica o de comida sagrada. Una de ellas era de convivencia y cada participante compartía el costo de la comida, y eran gratuitas para los invitados, a ésta se le llamaba ἔρανος, literalmente *comida a escote*, la palabra denota *cuota, subscripción*. Era con toda probabilidad, la que se celebraba en la iglesia en Corinto, cuyas reglas y costumbres concuerdan plenamente con la cultura greco-romana de la sociedad corintia. Es necesario, por tanto, una breve nota sobre la comida ἔρανος, para entender el problema de la comida entre los creyentes corintios.

En la comida ἔρανος, en que cada asistente contribuía, no solo se hacía con dinero, sino que cada uno traía comida en cestas. Según Aristófanes la invitación era: *"ven inmediatamente a la comida, y trae tu jarra y tu pechera de cena"*[4]. En ocasiones los invitados pudientes preparaban su comida en algún lugar de la casa donde tenía lugar. Esta comida consistía en pescado, carne y alimentos cocinados. En esas comidas se establecieron reglas sociales para que quien traía mucho no comiese cuanto quería y otros que traían menos, pasasen hambre. Los participantes se reunían a la hora novena para la comida. Todos debían compartir la cesta de alimentos que traían con el resto de los comensales. Generalmente esta comida era una fiesta donde se bebía abundantemente y a menudo los comensales estaban afectados por una alta dosis de alcohol. La glotonería era también una particularidad de la comida

---

[4] Aristófanes. *Acharnenses,* 1085-1149.

ἔρανος. Según Plutarco, *"donde cada uno tiene su propia parte privada, el compañerismo perece"*[5]. Según los datos históricos traían su propia comida y comían según el horario que les parecía. Estaba también la costumbre de traer alimentos no tanto para ahorrar más o menos, sino para reforzar la diferencia social, de modo que los pudientes traían mucho y otros apenas lo necesario o incluso menos.

En la comida cristiana de la iglesia, se seguían los ejemplos de la sociedad de aquel tiempo y entorno. Ese modelo se aprecia en las instrucciones que el apóstol da a los creyentes (cap. 8-11). Cuando celebraban sus comidas seguían los ejemplos y reglas de la sociedad. En ocasiones, cuando las comidas eran demasiado grandes para celebrarlas en una casa, se tenían en lugares públicos que había en el exterior de los templos y que estaban conectados con ellos. Es lo más probable que la iglesia usara estos complejos para sus reuniones, de ahí que el apóstol les dé instrucciones acerca del uso de la libertad cristiana mientras comían en el templo de un ídolo o en cualquier edificio público relacionado con un templo pagano (8:9, 10). Generalmente la iglesia se reunía en grupos por las casas, pero no es fácil pensar que en una casa se pudiese celebrar una cena y la reunión que seguía. Sobre esto escribe Murphy-O'connor:

"El cristianismo en el siglo primero, y mucho tiempo después, no tuvo estatus de una religión reconocida, así que no había razón para un lugar de reunión pública, como la sinagoga judía. Por lo tanto, se tuvieron que utilizar las únicas instalaciones disponibles, es decir, las viviendas de familias que se habían hecho cristianas"[6].

Debe tenerse en cuenta que el plato principal era la carne y la procedencia de ella, como ya se ha dicho, era mayoritariamente de los sacrificios en los templos. De ahí que Pablo restrinja las comidas de este tipo a las casas particulares (11:17 ss.). En sus hogares podían tener un comportamiento que determinasen, pero no así en la Cena del Señor. El apóstol censuró el comienzo de unos antes de los otros en la comida fraternal (11:21), de modo que los ricos tenían que esperar por los demás. La comida cristiana tenía dos partes, la primera era una comida ἔρανος, de compañerismo cristiano a la que seguía el culto. Pablo exhortó a los cristianos en Corinto a esperarse unos a otros, para participar de la comida de confraternidad (11:33).

---

[5] Plutarco. *Table Talk* 644C.

[6] Jerome Murphy-O'connor. *St. Paul's Corinth.* Wilmington, 1983.

El entorno social en la iglesia

Tres versículos de la *Epístola*, dan un panorama social de la iglesia en versión del apóstol: *"Pues mirad, hermanos, vuestra vocación, que no sois muchos sabios según la carne, ni muchos poderosos, ni muchos hombres; sino que lo necio del mundo escogió Dios, para avergonzar a los sabios; y lo débil del mundo escogió Dios, para avergonzar a lo fuerte; y lo vil del mundo y lo menospreciado escogió Dios, y lo que no es, para deshacer lo que es, a fin de que nadie se jacte en su presencia"* (1:26-28). Esto es usado para apoyar la idea de que la iglesia primitiva estaba formada por clase social baja. Esto fue degenerando en el tiempo de modo que Celso llegó a escribir en relación con los cristianos: *"Sus mandamientos son como este: Que ningún educado, ningún sabio, ningún sensato se acerque. Porque enseñamos que estas habilidades son malignas, Por el hecho de que ellos mismos admiten que estas personas son dignas de su Dios, muestra que quieren y son capaces de convencer sólo a los tontos, faltos de honra, y estúpidos, y sólo a esclavos, mujeres y niños pequeños"*[7]. Esto unido a ciertos escritos en papiros en griego koiné, permitió a críticos afirmar que los cristianos primitivos pertenecían a clases bajas de la sociedad.

Sin duda la mayoría de los cristianos de la iglesia primitiva procedían de zonas urbanas, lo que permite a muchos afirmar su condición de la clase más baja de la sociedad. Entre ellos había quienes fueron artesanos, esclavos, libertos, que no pertenecían a una determinada clase social. Por esta causa se llegó a la conclusión de que por más de doscientos años el cristianismo tuvo aceptación entre los grupos más pobres del Imperio. Tenía importancia para quienes piensan de este modo el mensaje de esperanza que impregna el evangelio.

Los estudios más modernos y completos llegan a la conclusión de que la condición social de los creyentes era amplia, comprendiendo desde los más pobres, como eran los esclavos, hasta gente de nivel elevado. La expansión del cristianismo alcanza a todos niveles sociales, especialmente a partir de la segunda mitad del s. II. Lucas hace mención en Hechos de personas de nivel medio y alto de la sociedad desde los tiempos de Cristo en adelante, incluyendo en la lista a Juana la esposa de Chuza, que era administrador financiero de Herodes Antipas (Lc. 8:3); al centurión Cornelio (Hch. 10:1 ss.); a Manaén, el amigo de Herodes Antipas (Hch. 13:1); en ese rango de gente de la sociedad alta está también el procónsul Sergio Paulo que estaba en Chipre (Hch. 13:7);

---

[7] Orígenes. *Contra Celso*, 158.

también Dionisio *el areopaguita* con un alto cargo en la administración de Atenas (Hch. 17:34).

En relación con la Corinto romana, capital de Acaya que abarcaba todo el sur de Grecia, César asentó principalmente a libertos, pero no solo a ellos. La conversión al cristianismo de ciudadanos de Corinto produjo el natural impacto en la sociedad licenciosa y permisiva de la ciudad. Algunos de origen judío aceptaron el cristianismo entre los cuales había personas de un elevado nivel religioso, como Sóstenes, el principal de la sinagoga (Hch. 18:17). Estaban también Priscila y Aquila que era de clase acomodada (Hch. 18:1-3). Tanto Pablo como sus compañeros procedían de la clase alta del mundo judío. Algunos de la clase alta fueron alcanzados por el evangelio convirtiéndose ellos con los de su casa. Pero, no es menos cierto, que también alcanzó a esclavos que pasaron también a formar parte de la iglesia. Pero, aunque Pablo dice –escribiendo la *Epístola*– que no había muchos ricos, poderosos y sabios entre ellos (1:26), no quiere decir que en la iglesia fuesen una minoría, porque, como se ha considerado antes, la congregación tenía pocos miembros, de modo que naturalmente no eran muchos los de posición elevada. Pablo habla en la *Epístola* de tres clases de personas en la iglesia, el sabio, el poderoso y el noble (4:10). El problema de las divisiones sociales que Pablo trata de arreglar, pone de manifiesto la diversidad de personas y clases sociales dentro de la congregación. Podría decirse que era un grupo que incluía un número pequeño de gente rica y de clase social alta y otro mayor de todos los estratos de la sociedad corintia.

La mujer en la Corinto romana

En la antigua Roma, las mujeres que nacían libres eran *ciudadanas*, pero no podían votar ni ocupar cargos públicos. Debido a esta situación los historiadores mencionan mucho más a los hombres que a las mujeres. Entre los ciudadanos libres, tanto los niños como las niñas estudiaban, aprendiendo todos tanto el latín como el griego. Si bien, más tarde las mujeres estudiaban menos que los hombres en asunto de conocimientos culturales en general, puesto que el objetivo de la mujer era el matrimonio, la atención a los hijos y a la casa.

Aunque las mujeres no podían ejercer un poder político, las que eran de familias pudientes ejercían una influencia tal en los hombres de elevada condición social y representatividad que, de hecho, podían gobernar en los estamentos socio-políticos de la sociedad romana. Así ocurrió con Lucrecia y Claudia quinta; Fulvia que fue comandante de un ejército y acuñó monedas con su imagen; la emperatriz Helena, que fue clave en la introducción del cristianismo en el Imperio. Con todo no se dice mucho de la mujer y su entorno en la literatura clásica, salvo en los poemas de Catulo y Ovidio, que hacen mención del comportamiento de las mujeres en las comidas, en los tocadores, en los eventos deportivos y teatrales, adornándose, etc. pero, todo esto, desde la perspectiva masculina de los relatos.

Las mujeres de la aristocracia dirigían una casa grande y compleja. Teniendo en cuenta que muchos tenían más de una residencia, además de docenas o cientos de esclavos. Algunos de ellos estaban educados y eran altamente cualificados. De ahí que las mujeres dirigían en la práctica una pequeña empresa.

La casa era el lugar de identificación social de la familia, mostrando en el atrio los retratos de ilustres antepasados. Los maridos de la aristocracia estaban mucho fuera de casa, en campañas militares o en asuntos administrativos en las provincias, que llegaban a ausentarse en ocasiones por años, por tanto, el mantenimiento del patrimonio era ocupación de las esposas.

Una responsabilidad de la mujer era cuidar de la producción de la ropa para la familia, de ahí que supieran hilar la lana que se obtenía de las ovejas propias. La rueca estaba presente en una gran mayoría de sepulturas de mujeres casadas, como distintivo de diligencia. Las mujeres de la clase alta se esperaba que fuesen capaces de hilar y tejer.

El único papel público reservado exclusivamente a las mujeres era en el ámbito religioso, especialmente en el sacerdocio de las *vestales*. Más que mujeres en una práctica religiosa se les preparaba para ciertos ritos considerados necesarios para la seguridad de Roma, y que no podían ser realizados por los colegios masculinos de sacerdotes. Estas sacerdotisas desempeñaron un papel destacado en la religión oficial de Roma. Las seis mujeres del colegio de las vestales, fueron las únicas sacerdotisas a pleno tiempo.

En general las mujeres estaban presentes en la mayoría de las fiestas y ceremonias de culto, en las que en algunos rituales se requería la presencia de las mujeres. Por la legislación romana no podían realizar el sacrificio de animales, rito central de las ceremonias públicas, ya que la mayoría de los sacerdotes eran hombres. Incluso en el ámbito familiar, cada marido era el responsable de mantener la religión doméstica, al que llamaban *paterfamilias*.

Las mujeres romanas no estaban confinadas en sus casas como ocurría con las griegas, sobre todo las atenienses. Las mujeres de las clases más altas recorrían la ciudad en literas cargadas por esclavos. Los baños a los que acudían hombres no solo para el hecho del baño en sí, sino para socializarse, ofrecían otros servicios que llegaban incluso a la práctica sexual. Se ha dudado que las mujeres fueran a los baños, aunque hay datos históricos de que habían departamentos para hombre y otros para mujeres, sin embargo, ya en la *República tardía,* hasta la dominación cristiana en el Bajo Imperio, hay pruebas en las que se puede demostrar que las mujeres se bañaban junto con los hombres, de modo que Clemente de Alejandría afirmó que se podían ver a las mujeres de clase alta, desnudas en las termas.

Durante mucho tiempo las mujeres no asistían a las cenas, sino que comían juntas de forma reservada, pero ya en tiempos de la presencia de Pablo en Corinto, asistían a estas comidas de confraternidad. Algunos conservadores consideraban inadecuado que las mujeres asumieran un papel activo en la vida pública. Las quejas de algunos indicaban que algunas mujeres expresaban sus opiniones en público.

En cuanto a su aspecto personal, tenían mucho interés en mostrar una buena apariencia. Usaban maquillaje y elaboraban mezclas para varios tipos de piel. Se ocupaban del cabello, que a menudo lo teñían de rubio, negro o rojo. Muchas veces usaban peluca.

En relación con la ropa las mujeres especialmente las casadas, llevaban dos túnicas interiores cubiertas por una estola, que era un largo vestido blanco ajustado a la cintura y que llegaba a los pies, sujeto a los hombros mediante broches. Esta estola era adornada conforme a la riqueza de la dueña. Las jóvenes no llevaban estola, solo túnicas. Las prostitutas y las sorprendidas en adulterio estaban obligadas a usar la *toga* masculina. Conforme a su capacidad económica usaban joyas, pendientes, collares y anillos. Los adornos en ocasiones se cosían a la ropa e incluso al calzado. En momentos de crisis económica se estableció la *Lex Oppia* que limitaba el lujo personal en público, restringiendo la exhibición en público de oro y plata, ropa cara y el uso innecesario de literas.

Si bien la mujer en Grecia era considerada inferior según las leyes permaneciendo siempre jurídicamente como un menor, dependiendo de la autoridad de su padre y, si contraía matrimonio, de la de su marido; en Roma, sobre todo a mediados o finales del s. I d. C., comenzó a emanciparse del rol que le había sido impuesto. Era una sociedad en cambio, en la que mujeres y hombres compartían deseos y poder.

Cerrando esta breve consideración sobre las mujeres en la Corinto romana, recordar solamente que el pelo era algo importante para ellas. La mujer se teñía, recortaba, ondulaba, entrenzaba, perfumaba, etc. el cabello, pero el corte era moderado para poder llevar el pelo recogido. Una mujer con el cabello corto era signo de dejadez, provocación e indecencia. La libertad de que gozaban las mujeres, sobre todo en el tiempo del apóstol Pablo, no les permitía, socialmente hablando, tener el pelo corto, entendiendo por eso que no les permitiera recogerlo. Además, el pelo largo nunca se llevaba suelto, a no ser que la mujer que lo llevaba así, fuera de dudosa reputación o se hubiera quedado viuda, porque lo desordenaban y ponían ceniza sobre él en señal de duelo. Por consiguiente, tampoco se usaba el flequillo, solo se conoce alguna representación escultórica con flequillo en niñas.

Para los hombres, el pelo largo era deshonesto en aquella sociedad, de ahí que se aprecie en las esculturas, mosaicos y pinturas a hombres con el pelo teñido, rizado, etc. Pero siempre corto, de modo que pudiera peinarse con una altura que no llegaba a los hombros y peinado hacia delante hasta la frente que quedaba despejada. Al igual que el pelo corto era impropio para una mujer, así el largo lo era para los hombres.

Estas costumbres sociales permiten entender gran parte de las observaciones que el apóstol trata especialmente en relación con la forma de vestirse en las reuniones de la iglesia (11:1-16).

Los esclavos

En las iglesias del mundo romano era habitual la presencia de esclavos, generalmente propiedad de no cristianos, pero también lo eran de cristianos, como el caso de Onésimo el esclavo de Filemón.

La esclavitud era uno de los grupos más numerosos de la estructura social romana. Las conquistas de naciones y el asentamiento en ellas como dominantes, convirtió la sociedad romana en esclavista, y en todos los aspectos de la estructura social, el esclavo estaba en el punto más bajo.

La mayor parte de los esclavos eran los resultados de las guerras, en donde los romanos vencedores llevaban una parte de la población como botín de guerra. Otra vía de hacerse con esclavos era por medio de los niños abandonados por sus padres. Delante del templo de *Pietas*, estaba la *columna lactaria*, donde se depositaban expuestos, *ius exponendi*, los bebés que el *pater familias*, no reconocía y los dejaba allí para que quien quisiera los adoptara. Casi nunca ocurría esto, sino que quien los recogía convertía a los varones en esclavos y a las mujeres en prostitutas. Los que tenían taras físicas eran simplemente eliminados. El hijo de una esclava debía ser aceptado en la familia del dueño, pero si no quería hacerlo e incluso lo mataba, no era mal visto, aunque con el tiempo llegó a tener un tipo de reprobación moral.

Los esclavos eran objeto de compraventa como cualquier otra mercadería. Se solían transferir a otro dueño mediante subasta pública, en ocasiones en el mercado y los más valiosos en acuerdo privado. La trata de esclavos era supervisada por el cuerpo fiscal de Roma, llamados los *Cuestores*. En ocasiones se exponían a los esclavos sobre una rueda para que pudieran observarlos mejor quienes tenían interés en esas adquisiciones. Junto al esclavo se ponían, generalmente sobre una tabla, los datos personales de origen, salud, carácter, inteligencia, educación y cualquier otra información que el dueño pensara que sería de provecho para la venta. Para que el comprador pudiera apreciar las cualidades personales siempre eran expuestos desnudos. Los precios variaban con la edad y la calidad del esclavo, por eso los niños eran más baratos que los adultos. El vendedor tenía que reemplazar con un esclavo nuevo al comprador dentro de los seis meses tras la compra, si descubría en el esclavo defectos ocultos que no se habían manifestado. Cuando el vendedor no aceptaba esta garantía, los esclavos tenían que llevar puesta una gorra en la subasta y eran más baratos.

Los esclavos eran propiedad absoluta de su dueño. No tenían personalidad jurídica, ni bienes personales, e incluso de familia propia. No tenían derecho al matrimonio, ni podían ejercer la paternidad. Los hijos eran vendidos y separados de sus madres.

El esclavo dependía para su situación del tipo de trabajo que se le asignaba. Para quienes se les enviaba a trabajar en las minas era, generalmente una sentencia de muerte lenta. Los que eran destinados a labrar en los campos tenían una mejor forma de vida, mientras que los esclavos domésticos de familias acomodadas tenían el más alto nivel entre ellos. Los que tenían un alto nivel cultural podían alcanzar actividades en profesiones, como administración, medicina, etc.

Algunos esclavos podían lograr la libertad por diversos procedimientos, entre otros el que se producía con la muerte de su amo cuando éste los liberaba como muestra de generosidad.

Los *libertos* eran esclavos liberados. Generalmente tenían una deuda contraída que se cancelaba mediante un acuerdo personal en la que el acreedor se convertía en su dueño, durante el tiempo pactado, saliendo luego en libertad. El dueño tenía obligaciones en este caso con el esclavo como era un pago acordado por los servicios. La relación dueño-esclavo era una de las estructuras sociales de Roma y el incumplimiento de las respectivas obligaciones era quebrantamiento de la ley, con las consecuencias reguladas en ella.

Debido a que un esclavo, en el derecho romano, no se le reconocía relación paterno-filial, los liberados, no tenían derecho a herencia a menos que se estableciese lo contrario en el testamento del dueño.

Los esclavos sin educación ni cualificación tenían muy difícil conseguir la libertad, y en caso de conseguirla no tenían medios de mantenerse por sí mismos.

El cristianismo trajo una auténtica revolución social al eliminar las distinciones sociales en la iglesia donde no *"había esclavo ni libre, varón ni mujer"* (Gá. 3:28).

Esta breve consideración sobre la *sociedad en la Corinto romana*, permite entender un poco mejor algunas de las aparentes dificultades que se encontrarán en el comentario de la *Epístola.*

Introducción a la Primera Epístola a los Corintios

La fundación de la iglesia

Una ciudad como la de Corinto generó una cierta tensión emocional en el apóstol Pablo, haciéndole sentir una cierta inquietud por ese ministerio, como recordará en la *Epístola*, cuando escribe: *"Y estuve entre vosotros con debilidad, y mucho temor y temblor"* (2:3). El apóstol tenía le estrategia de predicar en las grandes ciudades, para que una vez consolidada la iglesia, pudiera alcanzar las poblaciones dentro del radio de influencia. Por eso predicó en Corinto que era la capital de la provincia romana de Acaya. Luego de la reunión en Jerusalén para resolver el problema judaizante, empezó su segundo viaje misionero visitando las iglesias establecidas en el Asia Menor, después de la discusión a causa de Juan Marcos, con Bernabé, su compañero del primer viaje (Hch. 15:36-40). Luego de cruzar el Egeo viajó hasta Filipos, Tesalónica, Berea y Atenas (Hch. 16:8-17:33). Luego de evangelizar en Atenas, llegó a Corinto (Hch. 18:1), donde encontró al matrimonio Aquila y Priscila, del mismo oficio que el apóstol con quienes se quedó durante dieciocho meses, en compañía de Silas y Timoteo (Hch. 18:11). Allí se convirtieron judíos y también gentiles. Es probable que durante el tiempo que estuvo en Éfeso, hiciese una corta visita a Corinto (16:7). Un año después de la salida del apóstol de la ciudad, estuvo allí Apolos (Hch. 18:27; 19:1).

El comienzo de la evangelización en Corinto, tuvo lugar, como era habitual en el método de Pablo, mediante la predicación en la sinagoga de los judíos (Hch. 18:4-5). La oposición por parte de los judíos hizo que saliese de la sinagoga y siguiese el ministerio desde casa de Justo, que estaba junto a la sinagoga (Hch. 18:7). Allí fue convertido Crispo, el principal de la sinagoga (Hch. 18:8). Por lo que se puede deducir del relato de Lucas, la situación anímica de Pablo necesitó de la ayuda del Señor en una visión de noche, mandándole continuar la predicación del evangelio, prometiéndole estar a su lado en el ministerio, y comunicándole que tenía *"mucho pueblo en esta ciudad"* (Hch. 18:10). La oposición de los judíos le llevó a comparecer ante Galión, el procónsul de Acaya, siendo absuelto de las acusaciones y permitiéndole seguir su trabajo durante un tiempo (Hch. 18:16). De Corinto salió hacia Siria, acompañado de Priscila y Aquila, para detenerse un tiempo en Éfeso (Hch. 18:18-19).

Sin duda la membresía de la iglesia local en Corinto tenía, como se ha considerado antes, una representatividad de todos los niveles sociales de la ciudad, aunque probablemente había un número mayor de personas de niveles sociales más bajos (1:26 ss.). Con todo, gente de posición elevada como Sóstenes (Hch. 18:17; 1 Co. 1:1) y Erasto (Ro. 16:23). Parece ser que algunos miembros de la iglesia, habían tenido una vida licenciosa y corrupta propia de la sociedad en Corinto (6:11).

Relaciones de Pablo con la iglesia

Después de los dieciocho meses de permanencia en Corinto, dejó allí una iglesia establecida. El apóstol estuvo en Éfeso por espacio de dos años (Hch. 19:10), el ministerio más largo en un solo lugar. La presencia de Apolos en Corinto, debió permitir un tiempo de bonanza en la congregación. Sin embargo, Pablo no dejó sola a la iglesia en ningún momento, sino que estaba comunicado con ella e informado de lo que ocurría. En momentos envió a sus colaboradores más directos, como Tito (2 Co. 2:13; 7:6; 8:6, 16, 23; 12:18), Timoteo (16:10). Del mismo modo la iglesia envió a visitar a Pablo a alguno de sus miembros, como Estéfanas, Fortunato y Acayo (16:17).

Aunque los creyentes en Corinto estaban asistidos, debido a la condición del apóstol, como fundador de la iglesia, buscaron su ayuda en los momentos que fueron necesarios. La familia de Cloé le informó sobre la falta de armonía en la iglesia (1:11). La misma iglesia le envió una carta formulándole algunas preguntas (7:1, 25; 8:1; 12:1; 16:1, 12). El apóstol prometió una visita a la iglesia (4:19; 16:5). Esta visita no podía ser hasta después de Pentecostés (16:8). De manera que la relación y vinculación del apóstol con la iglesia en Corinto fue continuada.

La correspondencia corintia

Varios escritos del apóstol a la iglesia se aprecian en la lectura de las dos *Epístolas*. Inicialmente les escribió una carta de la que hace mención (5:9). Esa sería la primera. Dicho escrito no se conserva.

Después de esa primera carta, escribió la *Epístola*, que se está considerando y que conocemos como la *Primera Epístola a los Corintios*, que realmente es la segunda de las escritas por el apóstol.

Debido a serios problemas surgidos en la iglesia, posiblemente de un grupo opositor a Pablo y, tal vez, por una determinada persona, Pablo escribió una carta que tampoco se conserva. El escrito debió haber sido muy fuerte, ya que al recordarlo el apóstol da este testimonio: *"Porque por la mucha tribulación y angustia del corazón os escribí con muchas lágrimas, no para que fueseis contristados, sino para que supieseis cuán grande es el amor que os tengo"* (2 Co. 2:4). Esta es la *tercera carta* a los corintios.

Finalmente hay un cuarto escrito que es nuestra *Segunda Epístola a los Corintios*.

Autor

Nadie pone en cuestión que se trata de una *Epístola* del apóstol Pablo, con notorias evidencias. Incluso el mundo de la *Crítica Humanista*, no pone prácticamente objeciones al escrito. La autenticidad paulina de la carta es universalmente admitida.

Por el *"praescriptum"*, o la introducción al escrito, se presenta el autor como *"Pablo llamado a ser apóstol de Jesucristo"* (1:1). Ningún otro sino Pablo, el perseguidor de la Iglesia, alcanzado por la gracia en el camino a Damasco, podría identificarse con quien se presenta de este modo. La Iglesia ha considerado el escrito como de Pablo, sin cuestionarlo, a lo largo de los siglos.

Unos datos personales son suficientes para identificar al apóstol. Era de la tribu de Benjamín, y miembro del grupo de los fariseos (Hch. 23:6; Ro. 11:1; Fil. 3:5). Natural de Tarso tenía, por esa razón la ciudadanía romana (Hch. 16:37; 21:39; 22:25ss), lo que lleva aparejado que los padres de Pablo habían residido allí bastante tiempo antes del nacimiento de su hijo. Tarso era una ciudad con un alto nivel cultural, por lo que Pablo llegó a conocer bien la filosofía y la cultura del mundo grecoromano. Probablemente fue trasladado por sus padres, profundamente religiosos a la ciudad de Jerusalén cuando todavía era muy joven a fin de que estudiase la Escritura con uno de los más afamados maestros de entonces, el Rabí Gamaliel (Hch. 22:3). No se dice la causa, pero se pone de manifiesto en el relato de Hechos que Pablo fue miembro del Sanedrín y probablemente uno de los más jóvenes, llegando a dar su voto a favor de la muerte de Esteban y de la persecución y muerte de los cristianos (Hch. 26:10). La apariencia personal, según los relatos canónicos, no era destacable, e incluso un hombre de discurso pesado (2 Co. 10:10).

No hay ninguna evidencia bíblica que Pablo hubiese conocido personalmente a Jesús, a pesar de una referencia a tal suposición (2 Co. 5:16), que más bien debe entenderse como una consideración de Jesús desde el punto de vista humano. Es probable que tuviese parientes cristianos (Ro. 16:7), pero, a pesar de ello, su condición anticristiana era evidente. La muerte de Esteban por apedreamiento, su discurso ante el Sanedrín y su aspecto personal en aquella ocasión debieron impactar profundamente a Pablo (Hch. 8:1). Sin embargo, el decisivo encuentro con el Resucitado, fue lo que impactó definitivamente y condujo a Pablo a la conversión (Hch. 26:14). Luego de un tiempo en Transjordania donde, recicló su teología y recibió las instrucciones de Cristo mismo, mediante revelación, para su apostolado, pasó a la zona de Damasco, predicando el evangelio (Hch. 9:19ss; Gá. 1:17). Bernabé lo presentó a los primeros cristianos en Jerusalén que, como era propio, sospechaban de él. Su ministerio allí fue muy breve, debido a que los judíos helenistas, procuraban matarle, por lo que volvió a Tarso. Fue también Bernabé quien lo fue a buscar a ese lugar para que le ayudase en la obra de fundación y consolidación de la iglesia en Antioquia (Hch. 11:25-26).

Pablo fue llamado por el Espíritu y encomendado por la iglesia en Antioquia para la obra misionera (Hch. 13:1-3). Su estrategia se convirtió en el modelo para las misiones lideradas por él, consistente en predicar en la sinagoga a los judíos para establecer un núcleo de creyentes que fuesen también conocedores de la Escritura. Cuando era rechazado, se volvía directamente a la evangelización a los gentiles (Hch. 13:46ss). Los judaizantes procuraron desde el principio de la evangelización, que los cristianos fuesen una extensión de judaísmo, para lo que visitaban las iglesias fundadas dentro del mundo gentil a fin de conminarlos a circuncidarse y guardar la Ley, especialmente la ceremonial de limitaciones. Tal situación condujo a lo que se llama el *primer concilio de la iglesia*, que tuvo lugar en Jerusalén, al enviar desde Antioquia a Pablo y Bernabé, para conferenciar con los apóstoles y ancianos sobre ese asunto y alcanzar un consenso que se hizo extensivo a toda la iglesia mediante carta circular, en la que no se respaldaban tales propuestas, sino que se insistía en la libertad con unos condicionantes que eran necesarios para mantener la unidad entre judíos y gentiles (Hch. 15:28-29).

En el segundo viaje misionero, Pablo acompañado por Silas, visitó las iglesias del sur de Galacia y en Listra se agregó a ellos Timoteo. El Espíritu les prohibió misionar hacia el oeste, por lo que viajaron hacia el norte. Desde Troas recibió la visión de un varón macedonio que lo llamaba, por lo que pasó con su equipo a Macedonia y allí comenzó la evangelización de Grecia, estableciendo las iglesias en Filipos, Tesalónica y visitando Atenas y Corinto, donde Pablo permaneció dos años fundando la iglesia. De ahí nace lo que se puede llamar *el ministerio egeo*, en la provincia de Asia, con la fundación de las iglesias en el área, a quienes dirige alguno de sus escritos.

Más adelante el apóstol fue con una ofrenda para los pobres de Jerusalén, llegando a la ciudad en Pentecostés (Hch. 21:14s). Con mucho tacto observó los ritos del templo, los judíos procedentes de Éfeso, lo acusaron de violar el templo, e incitaron a la multitud para que lo apedreasen, tal vez pensando que había introducido en el lugar reservado a los judíos a alguno de sus compañeros gentiles. Para evitar su muerte Pablo fue llevado a Cesarea, donde Felix, el gobernador romano lo mantuvo en prisión durante dos años (Hch. 23-26). Dadas las circunstancias difíciles y la insinuación por parte de Festo, sucesor de Felix, que entregaría a Pablo a los judíos para que lo juzgasen, lo que sin duda terminaría en su muerte, el apóstol, como romano, apeló al César, a donde fue conducido prisionero a Roma. Cerrando el relato histórico de Hechos, con su retención bajo custodia de un soldado, en una casa de alquiler (Hch. 28:16, 30). Lo más probable es que después de esto Pablo haya sido puesto en libertad sobre el año 63, tal vez por incomparecencia de los acusadores judíos y, probablemente, visitó España y la región del Egeo antes de ser encarcelado nuevamente, por orden de Nerón, quien lo sentenció a muerte, siendo ejecutado en Roma.

Destinatarios

Es un escrito dirigido concretamente a una iglesia: *"A la iglesia de Dios que está en Corinto, a los santificados en Cristo Jesús"*, pero, al mismo tiempo se establece una extensión: *"con todos los que invocan el nombre de nuestro Señor Jesucristo"* (1:2). Esta universalidad hace que el escrito esté dirigido para la edificación, orientación y corrección de la vida cristiana de cualquier creyente en cualquier lugar y tiempo.

Es evidente que algunos problemas a los que acude en el *Epístola*, solo tienen que ver con asuntos únicos de la iglesia en Corinto. Pretender asumir el escrito en su totalidad como regla de vida de cualquier momento y sociedad, es desconocer el aspecto estrictamente social de la carta en algunos asuntos de la época y de situaciones sociales de entonces. Sin embargo, las enseñanzas generales y las doctrinas fundamentales de la *Epístola* tienen plena vigencia para cualquier tiempo.

Sin duda hay gente de origen judío en la iglesia, ya que el apóstol apela al Antiguo Testamento, con la seguridad de que los lectores podían aplicar las citas al tema que estaba tratando. De todas las referencias, el mayor número están tomadas del profeta Isaías, casi un tercio. Además de éstas del profeta, cita también Génesis, Éxodo, Deuteronomio, Job, Salmos, Jeremías y Oseas. No cabe duda que para poder aplicar las citas del Antiguo Testamento al contexto de la *Epístola*, los lectores tenían que conocerlo bien. Los de origen judío no tenían problema para ello, porque desde niños conocían las Escrituras, de modo que entendían la aplicación que el apóstol hacía de las citas seleccionadas. Pero no solo los de origen judío, sino también los prosélitos o simplemente los que habían tenido relación con la sinagoga podían entender bien las aplicaciones y las enseñanzas tomadas a la luz del Antiguo Testamento. Quiere decir esto que entre los destinatarios había un número mayor o menor de judíos o vinculados con ellos. No debe olvidarse que entre ellos estaba Crispo, el presidente de la sinagoga que había sido convertido (Hch. 18:8).

Otros destinatarios procedían del mundo pagano, eran gentiles que habían sido convertidos por el ministerio evangelizador de Pablo y sus colaboradores. A éstos enseñó el apóstol durante los dieciocho meses en Corinto, la Escritura, de forma que podían comprender también las enseñanzas tomadas del Antiguo Testamento y las aplicaciones que procedían de ellas. Sin embargo, algunos de los problemas que afrontará en la *Epístola* son consecuencia de un mal entendimiento y aplicación de la Palabra. La conducta de algunos creyentes, casi no se diferenciaba de la del mundo, con divisiones, contiendas, libertinaje, y envidias (3:3). El apóstol tiene que hacerles entender que no son suyos, Dios los compró al precio de la vida de Su Hijo, para convertirlos en el templo del Espíritu, de modo que quien afecte a ese templo recibirá la acción de Dios contra él (3:16-17). Habla Pablo de espirituales y de no espirituales a los que llama *niños en Cristo*. Los espirituales toman acciones conforme al Espíritu, los otros no. Entre los creyentes hay algunos que son arrogantes, malinterpretando la libertad cristiana, de modo que afirmaban que *"todas las cosas son lícitas"* (6:12; 10:23). En base a esta incorrecta forma de pensar, eran laxos en la moral y se gozaban practicando pecados propios de la sociedad romana. Probablemente algunos practicaban el pecado de la gula y Pablo les advierte que Dios destruirá la comida y al comilón (6:12, 13); también les advierte que los pecados de libertinaje, son hechos contra el cuerpo y que éste es propiedad de Dios y templo del Espíritu Santo (3:16-17; 6:19).

Otro grupo de los destinatarios de la *Epístola* eran los líderes de la iglesia. El apóstol no usa el término *anciano* para referirse a ellos, pero instruye a la congregación para que los respete (16:15-16). Desde el primer viaje misionero el apóstol nombra ancianos en cada una de las iglesias que había fundado (Hch. 14:23). Por tanto, no cabe duda, que también había dejado establecidos estos oficiales para la iglesia naciente. No mucho tiempo después el apóstol escribía a la iglesia debidamente organizada mencionando a *"los obispos y diáconos"* (Fil. 1:1). Los corintos siempre altivos por condición natural, entendían en un equivocado concepto de libertad que no tenían que estar bajo sujeción alguna, por consiguiente, se aprecia cierta falta de consideración para los líderes de la congregación.

Finalmente se aprecia que había otro grupo entre los destinatarios de la *Epístola*, que podemos llamar *los oponentes*. Estos, como en otras muchas iglesias, se oponían abiertamente a la autoridad y enseñanza apostólica de Pablo. Aparentemente no había una unidad grupal entre ellos, pero es evidente que cada uno procuraba desprestigiar o contradecir al apóstol delante del resto de los hermanos. Entre ellos, como no podía dejar de ser, estaban judíos, que pedían *milagros*; y también gente procedente de la filosofía griega que demandaban *sabiduría* (1:22). Por otro lado, estaban quienes negaban la resurrección, a los que el apóstol confronta en el escrito (15:12). Alguno, por vinculación con los oradores griegos, pedían *elocuencia*, por esa causa les recuerda que él les había visitado desde el principio *"no con excelencia de palabras o de sabiduría"* (2:1). Apolos había estado en la iglesia y Pablo no tenía la elocuencia de éste (2 Co. 10:10; 11:6). Pero, lo que es evidente, es que el apóstol, que mencionó no menos de siete veces en sus escritos a Apolos, lo hizo siempre reconociendo sus dotes personales y elocuencia (1:12; 3:4, 5, 6, 22; 4:6; 16:12).

Era sin duda un heterogéneo conjunto de hermanos a quienes dirige la *Epístola* y a los que llama –a pesar de sus diferencias y problemas– *santificados en Cristo Jesús, llamados a ser santos* (1:2).

Lugar de redacción y fecha

Puede vincularse la vida de Pablo, por los datos de Hechos y las epístolas, con los emperadores y gobernadores romanos de aquel tiempo, para llegar a una datación de los acontecimientos de una forma bastante precisa. Hay excelentes estudios en este sentido[8].

Para el propósito de este comentario es suficiente con la datación que habitualmente se ha sostenido. Por referencia interna, la escribió desde Éfeso, adonde había llegado luego del tiempo de fundación de la iglesia en Corinto (Hch. 19:1). La carta fue escrita desde Éfeso y se sabe por la despedida de la *Epístola* que quería estar allí hasta después de Pentecostés (16:8). La salida de Pablo desde Éfeso fue precipitada por las circunstancias adversas que relata Lucas (Hch. 20:1). Por los datos personales de la administración imperial romana citados en relación con la vida de Pablo, se puede establecer que la *Epístola* fue escrita en la primavera del año 55 o 56.

Motivos

El apóstol recibió en Éfeso, una carta de la iglesia en Corinto en la que le formulaban preguntas en relación con problemas surgidos en el entorno de la evolución de la iglesia. Además, los *"de Cloé"* habían visitado a Pablo y le informaron de problemas que se presentaban en la iglesia (1:11). Por todo esto el apóstol escribe esta *Epístola*, que tiene los siguientes propósitos:

1. Corregir los problemas que afectaban a la iglesia. a) La arrogancia y las divisiones entre hermanos (1:11-4:21); b) Pecados en miembros de la iglesia, especialmente en uno de ellos (5:1-13); c) Abordar el problema de los litigios de los creyentes ante los tribunales civiles (6:1-11); d) Asuntos graves de inmoralidad (6:12-20).

---

[8] Ver el completo estudio de J. Kistemaker, en *1 Corintios*. Grand Rapids, 1998.

2. En segundo lugar responder preguntas que la habían formulado: a) Sobre el matrimonio y la vida cristiana en general (7:1-24); b) Cuestiones acerca del casamiento y el celibato (7:25-40); c) Asuntos relacionados con la comida de carnes sacrificadas a los ídolos (8:1-11:1).

3. Establecer las normas generales sobre el culto público: a) En relación con el atuendo femenino (11:2-16); b) Sobre el significado y forma de practicar la ordenanza del Partimiento del Pan (11:17-34); c) Enseñanza relativa al uso de los dones (12:1-14:40).

4. Exponer con detalle la doctrina sobre la resurrección (15:1-58).

Paternidad literaria

La autenticidad de la *Epístola* como un escrito del apóstol Pablo, está admitida por toda la crítica. Incluso los que pertenecen a las escuelas liberales, especialmente de Tubinga, no han sido capaces de presentar argumento alguno de peso que cuestione la autoría. Tan solo se ha puesto la objeción del párrafo comprendido entre 9:1 a 11:1, que consideran como una interpolación, debido a la diferencia radical de tema en el contenido de la *Epístola*, sin embargo, las digresiones en los escritos de Pablo son muy habituales.

Ya en la iglesia primitiva se reconocía como del apóstol Pablo. Por lo que no es necesario entrar en datos correspondientes a ese testimonio por los *padres*. Es suficiente con recordar que Clemente Romano por el año 95, escribió una carta a los corintios en nombre de la iglesia en Roma, y citó la *Epístola* como ocasionada por las divisiones que había en la iglesia en Corinto. En un párrafo de ese escrito se lee: *"Tomad la Epístola del bendito Pablo el apóstol. ¿Qué es lo primero que él os escribió al principio de su predicación? Con verdadera inspiración os exhortó respecto a sí mismo, a Cefas, y a Apolos, porque ya en aquel tiempo vosotros os habíais transformado en partisanos"*[9]. Policarpo (69-155), tiene por lo menos tres citas de 1 Corintios. Ignacio mártir (35-108), menciona siete veces la *Epístola*. En la Didaché, aparecen unas dieciocho citas. Justino (100-165) utiliza cinco veces citas de ella[10]. Ireneo (130-202) hace uso de ella unas cincuenta veces, afirmando que Pablo es su autor. Igualmente, Tertuliano (160-220), la usa no menos de quinientas veces. Estas evidencias externas de la iglesia primitiva, sitúan el escrito con la inequívoca autoría del apóstol Pablo.

---

[9] Clemente. *Primera Clemente*, XLVII.
[10] Justino. *Diálogo con Trifón.*

Las evidencias internas son contundentes. El análisis del texto no deja duda sobre la paternidad paulina. La vida de la iglesia responde plenamente a la situación de los tiempos apostólicos. Es verdad que el estilo es mucho más personal, aunque menos solemne que la *Epístola a los Romanos*. Un detalle que justifica la autoría como de Pablo es que llama a los fieles de la iglesia *sus hijos* (4:14). Esta era la manera habitual en Pablo para referirse a quienes llegaron a Cristo por su predicación. La forma, lenguaje, estilo y redacción son típicas y comparables con otros escritos del apóstol.

Aspectos doctrinales

Aunque el propósito de la *Epístola* no es la enseñanza específica de alguna doctrina, como ocurre en otros escritos, no cabe duda que tiene un amplio cuerpo doctrinal que será considerado en el comentario, y del que podemos hacer una breve síntesis, de las más relevantes en ella. Con todo, es necesario destacar que cuanto el apóstol enseña o corrige en el escrito, descansa en la autoridad de la Escritura, citando de ella en cada ocasión para sustentar la enseñanza en la Palabra. Puede hacerse una referencia a las doctrinas que se consideran en la *Epístola.*

Teología propia

Muchas veces el apóstol menciona o se refiere a Jesucristo, Su Persona y Su obra, pero lo hace en vinculación con Dios. De manera que aunque él era *"apóstol de Jesucristo"* lo era *"por la voluntad de Dios"* (1:1). En la bendición inicial en el saludo, la bendición viene de Dios el Padre y del Señor Jesucristo (1:3). Los corintios creyentes lo son por una operación divina agradeciendo a Dios por ello (1:4). La comunión de los salvos con Dios no es por obra del creyente, sino por llamamiento divino (1:9). El evangelio, *la palabra de la cruz*, es eficaz y poderoso porque en él está el poder de Dios (1:18-25). Es Él quien escogió lo débil, lo necio y lo vil del mundo, para que los creyentes se jacten en el Señor (1:26-31). En la vinculación trinitaria, Dios, el Espíritu Santo actúa, enviado por Dios, para que los creyentes comprendan las cosas profundas de Él, que de otro modo no sería posible (2:10-15). El mismo Dios usa a Sus siervos para el crecimiento de la iglesia y a sus miembros llama *campo, edificio y templo Suyo* (3:5-17). Cinco veces menciona el *reino*, identificándolo con Dios y llamándole así (4:20; 6:9, 10; 15:24, 50), de modo que cuando todo sea consumado en el plan divino, Cristo entregará el reino al Padre.

En el desarrollo doctrinal sobre Dios, no podía faltar la base de fe sobre la unidad del Ser Divino, esto es, Dios es uno, afirmando lo mismo que los judíos, es decir, solo hay un Dios, escribiendo: *"...sabemos que no hay más que un Dios... para nosotros, sin embargo, sólo hay un Dios, el Padre"* (8:4, 6). La misma verdad que era la fe del pueblo de Israel: *"Oye, Israel: Jehová nuestro Dios, Jehová uno es"* (Dt. 6:4). Aunque haga referencia como único Dios al Padre, el apóstol tiene en cuenta que el Padre y su Hijo Jesucristo, son uno. La relación paterno-filial del Padre y de los creyentes obedece a la fe en el Hijo (Jn. 1:12). Otra evidencia es que, en el Antiguo Testamento, el título *Señor*, se da a Dios, mientras que en el Nuevo se usa mayoritariamente para referirse a Cristo, como ocurre en la *Epístola* y se apreciará en el comentario.

Cristología

Continuamente el apóstol usa la expresión *nuestro Señor Jesucristo*, usada parcial o totalmente. La doctrina sobre Jesucristo lleva al apóstol a afirmar que Jesús es Hijo de Dios y Señor de Su pueblo (1:2, 9). Como en todos los escritos paulinos, Cristo es el núcleo y la centralidad de la *Epístola*. Todos los creyentes son santificados en Él, e invocan el nombre del Señor Jesucristo (1:2). Reciben la gracia en Cristo y son enriquecidos en Él (1:3, 4). Fue Jesucristo quien comisionó a Pablo para la proclamación del evangelio (1:17). Como Señor en la iglesia, estableció la ordenanza de la Santa Cena, dando directamente al apóstol Pablo la enseñanza sobre ella (11:23-25). Del mismo modo ocurrió con el contenido del evangelio que le ordenó predicar (15:3-5), de ahí que quede plenamente vinculado con Jesús, el Salvador, por eso predicando el evangelio predica la *"palabra de la cruz"* (1:18). El núcleo central de evangelio es la proclamación de Cristo crucificado (1:23). Jesús fue enviado al mundo con una misión reveladora, dar testimonio de Dios (Jn. 1:18), por esa razón el apóstol entiende que la proclamación de Cristo es anunciar el *"testimonio de Dios"* (2:1). Ante quienes negaban la resurrección, Pablo afirma que nada puede ser más importante, en la evangelización y vida cristiana que la realidad de la resurrección de Jesús (15:14), por las consecuencias que conlleva. De la misma manera en el cumplimiento de la ordenanza del Partimiento del Pan, los creyentes *proclaman*, *anuncian* la muerte del Señor, recuerdan Su Persona, y alientan la esperanza (11:26).

El Señor Jesús expresa la voluntad del Padre, pero acompaña a las dos Personas Divinas en la creación de todo, de modo que se le atribuye a Él ser el Creador (8:6).

Neumatología

Es notable que cada vez que el apóstol se refiere a la Tercera Persona Divina en la *Epístola*, la presenta en operaciones instrumentales. La mitad de las referencias al Espíritu tratan de lo que Él es, Su existencia, Su omnipotencia, Su deidad. Las otras lo presentan como instrumento divino, esto es, la Persona por la que Dios da, hace o revela algo. De forma especial pueden destacarse los capítulos 2 y 12, en los que el centro de la enseñanza descansa y relaciona con el Espíritu de Dios. Se Le presenta como el revelador de verdades que procedentes de Dios mismo solo Él conoce, pero también confiere a los creyentes los dones espirituales para el funcionamiento de cada uno en el cuerpo. Es notorio también que, para la predicación eficaz del evangelio, no es suficiente la capacidad humana, manifestada en la elocuencia o en la sabiduría de los hombres (2:1), sino que la eficacia está en la acción del Espíritu: *"y ni mi predicación fue con palabras persuasivas de humana sabiduría, sino con demostración del Espíritu y de poder"* (2:4). Por otro lado, la sabiduría de Dios, absolutamente desconocida para el hombre, es comunicada a los creyentes por la revelación del Espíritu (2:7, 10). No cabe duda que la revelación del *misterio* oculto, se dio a los apóstoles en el tiempo primero de la iglesia y que ya no hay revelación alguna hoy semejante a la revelada a ellos para escribir las verdades doctrinales del Nuevo Testamento; ahora es la iluminación del Espíritu el que conduce a los creyentes a toda verdad y les permite *entender* la revelación escrita.

La inmanencia del Espíritu es una verdad expresada en la *Epístola*, de modo que cada creyente ha sido hecho *templo del Espíritu*, cuya presencia está en cada uno (3:16). Así lo enseña el apóstol: *"¿O ignoráis que vuestro cuerpo es templo del Espíritu Santo, el cual está en vosotros, el cual tenéis de Dios, y que no sois vuestros?"* (6:19). La justificación es una operación divina hecha trinitariamente, en la que está la acción del Espíritu Santo (6:11).

El Espíritu hace posible la formación del *cuerpo en Cristo*, mediante el *bautismo* que hace en Cristo y hacia Cristo de todo el que cree en Él (12:13). El resultado es la formación de la unidad de la iglesia.

Soteriología

En la *Epístola*, el apóstol enseña que en Jesucristo se cumplen los símbolos del Antiguo Testamento, de modo que el cordero pascual, tiene cumplimiento en el Cordero de Dios que fue sacrificado por todos nosotros (5:7). Jesús es el sacrificio definitivo por el que el creyente queda liberado del pecado y de la responsabilidad penal que el mismo acarrea (Is. 53:6; Jn. 1:29; He. 9:26). Se cumple en el Señor la plenitud del uso de la sangre en los dinteles de las puertas de las casas de los israelitas en Egipto, por lo que fueron librados de la muerte sus primogénitos (Ex. 12:7, 13). De ese modo Jesús derramó Su sangre pascual en la Cruz, que salva al creyente de la muerte eterna, por esa razón al establecer la Santa Cena, el Señor dijo *"esta copa es el nuevo pacto en mi sangre"* (11:25). De manera que Jesús derramó Su Sangre a favor de los salvos, ocupando en la Cruz el lugar de ellos, así lo entiende y afirma el apóstol: *"Cristo murió por nuestros pecados"* (15:3). El sacrificio de Jesús en la Cruz, fue el precio que Dios pagó para comprar y redimir a los creyentes, de ahí la insistencia de Pablo: *"fuisteis comprados por precio"* (6:20; 7:23). En la soteriología paulina la muerte en la Cruz es de capital importancia mencionándola ya desde el principio de la *Epístola* (1:23; 2:2). Todo cuanto tiene que ver con la salvación y sus consecuencias queda en el escrito vinculado a Cristo, de modo que el *lavamiento* de los pecados, la justificación y la santificación se producen en el *nombre*, esto es en la Persona de Jesucristo y en el poder del Espíritu: *"...mas ya habéis sido lavados, ya habéis sido santificados, ya habéis sido justificados en el nombre del Señor Jesús, y por el Espíritu de nuestro Dios"* (6:11). Les enseña que es una grave ofensa lastimar la conciencia del hermano, porque Jesús murió por él (8:11). El creyente pertenece a Dios, porque está en Cristo y Él pertenece a Dios (3:23).

De igual manera sólo por la acción del Espíritu un hombre puede asumir y reconocer el señorío de Cristo (12:3).

Eclesiología

Es interesante notar que la palabra *iglesia* aparece más veces en esta *Epístola* que en todo el cuerpo de escritos de Pablo. La fundación de iglesias, en el sentido de agrupación de creyentes como resultado de la proclamación del evangelio, era el ministerio más firme del apóstol.

Uno de los temas que ocupa el apartado de la *eclesiología* es el que trata de la *naturaleza de la iglesia*. La unidad y unicidad de la iglesia es una de las enseñanzas aplicadas a los corintos. Los corintos tenían un serio problema en relación con el mantenimiento de la unidad en la congregación, lo que supone todavía uno más grave en relación con la unidad universal de la iglesia de Cristo. Para corregir la desviación, no sólo práctica, sino también doctrinal, apela a la figura del cuerpo, como unidad integrada por diversos miembros, haciendo notar que lo mismo ocurre con la iglesia como cuerpo espiritual de Cristo (12:12, 27).

Completando esta enseñanza de la unidad de la iglesia, hace notar que la ordenanza de la Santa Cena, en el partimiento del pan y la participación de ese símbolo, es figura de la aceptación de la unidad entre creyentes, del mismo modo que se trata de un solo pan, así también la unidad de todos los creyentes en Cristo está representada en la participación del mismo pan (10:16b, 17).

El pensamiento paulino sobre la unidad universal de la iglesia, se aprecia en la ligazón que hace de la enseñanza a los corintios, como la misma que enseña en todas las demás iglesias y en todos los lugares donde están establecidas (4:17). Es cierto que algunos problemas eran propios de aquella iglesia y no se daban en otras, pero la enseñanza doctrinal, sea fundamental o general, es aplicable a todas, porque Jesús no vino a fundar *iglesias* en sentido independiente, sino Su única iglesia. Es notable apreciar cómo hay algunos que entienden que cada iglesia local es *independiente*, olvidándose de que eso no es una verdad bíblica, sino apreciación humana, que sirve, en muchas ocasiones, para beneficio de los líderes de la congregación. La iglesia no es *independiente*, sino *individual*, porque funciona por sí misma, pero está interrelacionada con la única iglesia de Jesucristo. De ahí que el apóstol se dirige a *cada iglesia* (4:17), a *todas las iglesias* (7:17; 11;16; 14:33) y a *las iglesias* (14:34).

Otro tema dentro de la *eclesiología* de la *Epístola* está relacionado con el culto en la congregación. Pablo hace notar que la iglesia se reúne para *adorar a Dios*. La importancia del culto hace que el apóstol dedique varios capítulos a tratar de ello (11-14). En ellos trata temas como la forma de vestir en el culto, cuando los hombres y las mujeres oran y profetizan en la reunión general. Considera cual debe ser la apariencia aceptable, critica las distinciones entre personas y los excesos en la celebración de la Cena del Señor. Por esa razón, al transmitirles las palabras de la institución de la ordenanza les exhorta a un examen personal y a tener control de las actuaciones personales en ella (11:3-34).

Del mismo modo y por la misma razón trata largamente de *los dones* que Dios dio a la iglesia. Allí menciona la variedad de ellos (12:8-10), pero también más adelante se refiere a los hombres dotados de dones (12:28-30). Luego pasa a corregir el modo en que los corintios usaban algunos dones, especialmente los de profecía y lenguas, para corregir la importancia que daban al don de lenguas y decirles que es mucho más importante para la edificación el de profecía que el de lenguas, ya que esta está orientada para edificar, exhortar y alentar a los creyentes (14:3). El apóstol permite el uso de lenguas cuando la iglesia está reunida, siempre que sea posible la comprensión de lo que se dice, bien por traducción o directamente, por quien habla en otro idioma a fin de que toda la iglesia sea edificada, prohibiéndolo cuando eso no es posible, con un tajante: *calle* (14:13, 27, 28).

El apóstol dedica un amplio espacio para referirse a la *disciplina* en la iglesia. Es posible detectar una cierta tensión entre el apóstol y los creyentes de la iglesia en Corinto, a causa de los problemas que se habían generado en la congregación. Los que procedían de la gentilidad, da la impresión de que tenían una cierta propensión para introducir los principios del razonamiento y de la retórica propia de los filósofos (2:5, 12; 3:1, 3, 19). No cabe duda que alguno pensaba que no tenían necesidad de ser instruidos y someterse a la autoridad del apóstol. Tal vez influenciados por algunos procedentes de los judaizantes, negaban el apostolado de Pablo, por lo que tiene que dedicar un tramo en el escrito para hacerles comprender esa autoridad recibida de Dios mismo (9:1 ss.). Esto permite a Pablo advertirles de dos modos en que se podía producir su próxima visita, bien con *vara*, o con *amor bondadoso* (4:21); en esto se aprecia ya una advertencia en relación con la disciplina. En la congregación se habían manifestado pecados de relaciones ilícitas, no solo de fornicación, sino uno extremadamente graves, que ni se daba entre los paganos, como era el incesto. Este último requería la excomunión e incluso la expulsión de la iglesia, disciplina que los líderes no habían sabido o querido aplicar (5:5, 13).

Pablo regula también las comidas de los idólatras, hechas en los templos dedicados a los ídolos, y a las que invitaban a algunos cristianos, de modo que les advierte que esas comidas en honor de los dioses son en realidad comidas a los demonios, lo que hacía imposible una correcta relación con la mesa de la comunión con Cristo (8:1-13; 10:1-22). A esto se unen también las regulaciones que hace para ordenar la forma de practicar la ordenanza del Partimiento del Pan (11:17-34; 14:1-35).

Es muy posible que algunos creyeran que la autoridad plena en la iglesia descansaba en los dones y que el apóstol no tenía una autoridad especial. Acaso fuesen los que tenían el don profético, quienes se consideraban con esos derechos, puesto que Dios les comunicaba la capacidad de edificar, exhortar y consolar a los creyentes, por lo que el apóstol tiene que recordarles que cuando él hablaba, o escribía, lo que decía a la iglesia revestía la autoridad del Señor, hablando Jesús por medio de él (14:36-37). De este modo aquellos que despreciaban e incluso rechazaban las enseñanzas del apóstol, Dios mismo los despreciaba y rechazaba a ellos, puesto que eran rebeldes no a Pablo, sino a Dios (14:38).

Hay otro aspecto en la enseñanza práctica sobre la iglesia, que es el sostenimiento de quienes sirven a pleno tiempo en ella, especialmente en labores de enseñanza. Para éstos se establece que sean sustentados por la congregación (9:14).

Se apreciarán estas y otras enseñanzas sobre el orden en la iglesia, en el comentario del texto bíblico, pero se puede notar que el que es apóstol con plena autoridad y que debe ser obedecido, es también un *padre espiritual* para ellos, buscando tan solo el bien general e individual de los creyentes de la iglesia (4:15). Por esa causa, como ocurre también en la relación natural paterno-filial, deben seguir el ejemplo de *su padre espiritual* que era el apóstol, ya que al hacerlo eran imitadores de Cristo, puesto que él lo era (11:1).

El compromiso de servicio de los creyentes al Señor en la iglesia, está también presente en la *eclesiología práctica*. Pablo les recuerda que son una congregación llena de creyentes con dones espirituales (1:7). Esos dones no son para lucimiento personal sino instrumentos capacitadores para servirse los unos a los otros, puesto que todos son miembros de un mismo cuerpo (12:12, 20, 27).

Escatología

Sin duda entre los cristianos corintios, había una cierta tendencia a admitir la negativa filosófica sobre la resurrección, acomodando la doctrina a la *sabiduría del mundo*. Por esa razón el apóstol dedica un largo párrafo para recordarles y complementar la enseñanza sobre la resurrección. Se destaca el párrafo que trata de la *transformación de los cuerpos* de los que serán resucitados (15:22, 23, 51, 52). La inmortalidad es una de las bendiciones que comprende el regalo de la redención, presentándola también como una posición de victoria alcanzada en Cristo Jesús (15:54-57). Los creyentes resucitaremos de la misma forma, con un cuerpo semejante, al de la resurrección de Jesús, siendo parte de la operación victoriosa realizada por Él en Su obra de salvación. Los creyentes en Corinto a quienes va dirigida primeramente la *Epístola*, y todos los restantes a lo largo del tiempo en que la Iglesia esté presente en la tierra, debemos saber que, en la venida de Jesucristo, Dios transformará a todos los que son Suyos, ocurriendo esto de modo instantáneo (15:51-52). La salvación concede el don de la inmortalidad a los cristianos.

Pablo sustenta la seguridad de la resurrección en el hecho de la resurrección de Jesucristo (6:14; 15:15, 16). El mismo poder que levantó al Señor de entre los muertos, ejecutará la resurrección de los creyentes, ya que Jesús es *las primicias* de los que durmieron (15:20, 23). Como se dijo antes, algunos de los creyentes negaban la resurrección (15:12). No se trata de una *resurrección espiritual*, sino real, es decir, los creyentes resucitaremos físicamente (15:21-22). El contraste con Adán, por quien vino la muerte a la raza humana, está en Cristo, que viniendo del cielo trae a la existencia una familia que, aun sin dejar de ser humanos, son una creación nueva de Dios por el nuevo nacimiento (15:45-49).

No puede la *escatología* dejar de considerarse como el triunfo definitivo de Dios sobre el sistema actual, tanto material como espiritual. Así también el apóstol Pablo lo hace notar. Luego de presentar la doctrina, apela a dos citas del Antiguo Testamento: *"Destruirá la muerte para siempre"* (Is. 25:8); *"Oh muerte, yo seré tu muerte; y seré tu destrucción, oh Seol"* (Os. 13:14). Estas dos referencias las presenta mediante preguntas retóricas que exigen una respuesta del lector: *"¿Dónde está, oh muerte, tu aguijón? ¿Dónde, oh sepulcro, tu victoria?"*, añadiendo el término *victoria* a los dos pasajes del Antiguo Testamento (15:55).

Texto griego

La Primera Epístola a los Corintios está escrita, como es propio del Nuevo Testamento en *griego koiné*. No obstante, la utilización de formas propias de la lengua, están presentes, dando a entender que el autor o el amanuense la conocía bien, y le llevaba a adoptar las expresiones propias del griego común en el lugar al que dirige la carta.

Como del resto de los escritos del Nuevo Testamento, no existe tampoco el original de la *Epístola*, esto es, el primer escrito salido directamente del autor. Las copias existentes son varias y entre ellas se aprecian diferencias. Debe tenerse en cuenta que para el Nuevo Testamento hay no menos de 5200 manuscritos y entre ellos existen más de doscientas cincuenta mil variantes, acumuladas a lo largo de los catorce siglos en que se han estado produciendo copias del texto griego. A los errores propios de un sistema de copiado, se añadieron variantes consecuentes con correcciones y adaptaciones producidas para determinados lugares geográficos, en copias que se adaptaron en ocasiones idiomáticamente para las grandes ciudades, dando origen a lecturas especiales.

Se han conservado aproximadamente unos 3000 manuscritos copiados entre los s. II y XVII, a lo que debe unirse unos 2200 *leccionarios*, que tienen fragmentos dispuestos para la lectura pública litúrgica desde el s. VII en adelante. Entre esta gran colección de mss. se aprecian diferencias de lectura, pero las significativas son relativamente pocas y ninguna de ellas afecta a *doctrinas fundamentales* o, dicho de otro modo, no hay doctrina fundamental de la fe cristiana que pueda establecerse sobre una alternativa de lectura. Las alteraciones de lectura no son causadas sólo por errores de los copistas, sino que algunas se originan por cambios deliberados. En ocasiones los copistas se sentían impulsados a *mejorar* el texto griego, modernizar la ortografía, suplementarlo con frases explicativas, armonizar con las referencias tomadas de otros lugares de la Escritura e incluso omitir algo que para el copista pareciese dudoso. Sin embargo, aunque por lógica las copias más antiguas debieran ser las más seguras, no siempre es así, porque un mss. de siglos posteriores puede ser una copia fiel de un texto muy antiguo, que hoy se haya perdido, estando más cercana al autógrafo que otras copias de siglos anteriores.

Familias textuales

La investigación procedente de la *Crítica Textual*, ha agrupado los manuscritos en *familias*, que comparten lecturas semejantes o que tienen determinadas peculiaridades. Sin embargo, ninguna de estas copias o grupos textuales tiene garantía de no contener alguna alteración respecto de los originales. Estas familias comúnmente aceptadas son las siguientes:

Alejandrina. La erudición cristiana a finales del s. II se manifestaba especialmente en Alejandría. En los siglos siguientes, ciertos escribas cuyo conocimiento del griego era excelente, copiaron cuidadosamente los manuscritos. Esta familia se caracteriza por las lecturas más cortas.

Occidental. Se llama así porque algunos de los principales manuscritos griegos circulaban por el mundo llamado *occidental*, que era el Norte de África, Italia y Galia. Pero, también hay en este grupo otros manuscritos que están relacionados con Egipto y las iglesias orientales de lengua siríaca. Como elemento destacable es que las lecturas de estos textos son en ocasiones paráfrasis, más extensas que las lecturas breves alejandrinas, y da la impresión, en muchas ocasiones, que les fueron añadidas palabras, lo que técnicamente se llaman *interpolaciones*. Pero, en relación con la *Epístola*, es significativo que el texto *occidental*, tiene algunas alternativas de lectura que se harán notar en el comentario del texto en que se manifiesten.

Cesariense. El centro más importante de Palestina durante los s. III y IV fue Cesarea Marítima. Tenía el orgullo legítimo de poseer una biblioteca de las más importantes de la época, y también de los estudiosos que la visitaban habitualmente. El texto griego que procede de este grupo es de comienzos del s. III, y fue llevado desde Cesarea a Egipto. Posteriormente las copias llegaron hasta Jerusalén y desde allí por medio de misioneros llegaron hasta Georgia, en el Cáucaso. Por su forma esta tradición cesariense está a medio camino entre la alejandrina y la occidental.

Bizantina. Es un texto mixto, en el que los copistas intentaron suavizar las dificultades y armonizar las diferencias. Era el texto usado generalmente por la iglesia bizantina y el texto normativo desde el s. VI. A este grupo se lo considera tardío y de poca fiabilidad. El *Textus Receptus*, del que se trata más adelante, es un ejemplo de esta tradición textual sobre la que descansa.

Testigos textuales

Denominamos de esta manera a los diferentes textos que contienen total o parcialmente la *Epístola*. La *Crítica Textual* distingue en general tres tipos de mss. griegos.

1) *Papiros*. La sigla para el papiro es (P), aunque también se usa en tipo gótico 𝔓, con un número exponencial que lo identifica. El origen de éstos es de procedencia egipcia. En papiros se encuentran muchos fragmentos y libros del Nuevo Testamento. Desde 1890, tiempo en que se muestra un creciente interés por los mss. bíblicos, se han descubierto cerca de un centenar de ellos, algunos datados en el s. II. Esta datación de los papiros se basa en la escritura, lo que técnicamente se llama *paleografía*. Entre los más antiguos están los siguientes:

$\mathfrak{p}^{46}$, siglas correspondientes al Papiro Cherter Beatty II. Se trata de un *codex*, con 86 páginas, fechado sobre el año 200 o incluso anterior. Contiene epístolas de Pablo, incluye también Hebreos, que aparece detrás de Romanos ya que los escritos están colocados por extensión. No aparecen las pastorales. Pertenece al grupo *cesariense*.

2) *Códices unciales*. Estos manuscritos en pergamino o *vellum*, están escritos con letras mayúsculas, usuales entre los s. III al IX. Al proclamar el emperador Constantino al cristianismo como religión tolerada en el Imperio, se crearon centros de estudio y monasterios en donde se copiaron y conservaron muchos de estos códices. En ellos está la Biblia griega completa y, en ocasiones, se acompañan obras cristianas, no canónicas. Se conocen unos 300 códices, que se designan con una letra mayúscula, siendo los más importantes, los que siguen:

B (*Codex Vaticanus*), de mediados del s. IV. No tiene una parte del Nuevo Testamento. Se considera como el mejor ejemplo del tipo *alejandrino*. Algunos eruditos lo consideran como el mejor testigo del texto griego original del Nuevo Testamento.

S o a, (*Codex Sinaiticus*), de comienzos del s. IV. Contiene todo el Nuevo Testamento, más la epístola de Bernabé y el Pastor de Hermas. Debe considerársele como de tradición *alejandrina*, especialmente en los evangelios y en Hechos, pero en el resto es mayoritariamente de tradición *occidental*.

A (*Codex Alexandrinus*), de comienzos del s. V. Originalmente contenía todo el Nuevo Testamento, además de 1 y 2 Clemente y los Salmos de Salomón. De él se han perdido algunas páginas. Es de tradición *bizantina* en los evangelios, y *alejandrina* en el resto del Nuevo Testamento.

3) *Minúsculos*. Llamados así porque se escriben con mayúsculas y minúsculas, proceso de escritura que ocurrió hacia el s. IX. De los *minúsculos* se conservan no menos de 2900 mss. Dos familias de estos manuscritos designados con los nombres de dos investigadores K. Lake y W. H. Ferrar, son testigos de la tradición *cesariense*.

Otras lenguas antiguas se usaron también para textos del Nuevo Testamento, como traducciones a dichas lenguas del texto griego. Entre ellos cabe destacar las denominadas *Vetus Latina* y *Vetus Syra*, como ejemplos de las versiones latina y siriaca antigua. Estos títulos permiten distinguirlas de la traducción latina de finales del s. IV, llamada *Vulgata Latina*, obra de Jerónimo, convertida en versión normativa de la iglesia occidental. Igualmente, está la versión siriaca de los s. IV y V, denominada *Pesitta*, que es la Biblia normativa de la iglesia siríaca.

El *Textus Receptus*

Como consecuencia de la Reforma, renació el interés por traducir a las lenguas vernáculas la Escritura, en forma especial el Nuevo Testamento. La traducción directa de los textos griegos produciría versiones más exactas que la traducción de otra traducción como sería si se tomaba de la *Vulgata Latina*.

La compilación de los distintos manuscritos buscando un refundido que permitiera una más fácil traducción, fue el trabajo al que se dedicó Erasmo de Roterdam, publicado en 1516. Robert Stephanus, trabajó en una reedición del trabajo de Erasmo editado en 1550-1551, al que se denominó como *Textus Receptus*, en sentido de ser el texto recibido y aceptado del Nuevo Testamento.

Lamentablemente el trabajo de Erasmo se apoyó en manuscritos minúsculos de la tradición bizantina de los s. XII y XIII. No conocía ninguno de los papiros y no utilizó tampoco ninguno de los códices que se han mencionado en el apartado anterior. La versión *Vulgata Latina*, se tradujo de manuscritos griegos más seguros que los que usó Erasmo. Sorprendentemente algunas traducciones hechas de la Vulgata, como es el Nuevo Testamento de Rheims, es en ocasiones más exacto que el *Textus Receptus*.

El *Textus Receptus*, que ha servido de base a las traducciones del *Evangelio* en el mundo *Protestante* está tomado mayoritariamente, como se dijo antes, del *Texto Bizantino*. Fue el más expandido y llegó a ser aceptado como el normativo de la Iglesia Reformada, o Iglesia Protestante. De este texto se hicieron muchas ediciones, varias de ellas no autorizadas, produciéndose a lo largo del tiempo una importante serie de alteraciones. Por otro lado, está demostrado que en algunos lugares donde Erasmo no dispuso de textos griegos, invirtió la traducción trasladando al griego desde la Vulgata. A este texto se le otorgó una importancia de tal dimensión que fue considerado como *normativo* del Nuevo Testamento en el mundo protestante, asumiéndose como incuestionable por sectores conservadores y pietistas extremos, llegando a considerase como *cuasi impío* cuestionarlo, a pesar del gran número de manuscritos que se poseen en la actualidad y que ponen de manifiesto los errores del *Receptus*. Como si se quisiera mantenerlo, a pesar de todo, como el mejor de los compilatorios del texto griego del Nuevo Testamento, se ha cambiado el nombre de *Textus Receptus* por el de *Texto Mayoritario*, con el que se procura hacerlo retornar a su antigua supremacía, con lo que se pretende obstaculizar todo esfuerzo en el terreno de la *Crítica Textual*, para alcanzar una precisión mayor de lectura de lo que son los originales de los escritos del Nuevo Testamento.

En los últimos años del s. XIX, la investigación de la Crítica Textual alcanzó un gran prestigio y reemplazó el *Receptus* por nuevas ediciones del Nuevo Testamento griego basadas en los *unciales* y en *testigos* posteriores a la época de Erasmo. Estas ediciones van siendo comparadas con las nuevas alternativas de lectura, a medida que aparecen otros mss.

De los sinceros y honestos esfuerzos de la Crítica Textual, en un trabajo excelente en el campo de los manuscritos que se poseen y que van apareciendo, se tomó la decisión de apartarse del *Receptus* en todo aquello que evidentemente es más seguro, dando origen al texto griego conocido como *Novum Testamentum Graece*, sobre cuyo texto se basa el que se utiliza en el presente comentario de la *Epístola.*

El texto griego de la Epístola

Texto griego refundido

La *Epístola* tiene un gran número de alternativas de lectura. Algunas de ellas son de menor importancia y, salvo que sea preciso no se harán constar en las *Alternativas de Lectura* en las correspondientes *notas* al texto griego, pero sí estarán presentes aquellas que se consideran destacables. Estas descansan en el uso de los *testigos textuales* especialmente de los que proceden del troncal *alejandrino* y del *occidental.*

El texto griego utilizado en el comentario y análisis de la *Epístola* es el de Nestle-Alan en la vigésimo octava revisión de la Deutsche Biblegesellschaft, D-Stuttgart. Este texto refundido está vinculado a la *recensión alejandrina.* Por tanto, como acaba de decirse, es necesario hacer referencia en el análisis del texto griego a las alternativas de lectura, por lo menos, a las principales para conocimiento del lector.

El texto de la *Epístola* se ha conservado en una colección de papiros y pergaminos antiguos, tanto *unciales* como *minúsculos*. La cantidad de *testigos textuales* es tan grande que se hace casi imposible agruparlos y catalogarlos convenientemente. Un intento de catalogación con resultados notables se debe a K. Aland[11].

Algunas partes de diversa extensión del texto griego de la *Epístola*, se han conservado tanto en códices completos, como en soportes de papiro. Ninguno de estos *testigos textuales* tiene toda la *Epístola.* La lista de los principales *papiros*, que contienen partes importantes del texto son:

P.	Datación.	Ubicación.	Textos.
𝔓[11]	s. VI	S. Petersburgo	1:17-22, 25-27; 2:9-12, 14; 3:1-3, 5, 6, 20; 4:3-5; 5:7-8; 6:5-9; 6:11-18; 7:3-6:10-14.

[11] K. Aland. *Kurzgefasste Liste der griechischen Hadschriften des Neuen Testaments.* I. *Gesamtübersicht.* Berlín, 1963.

$\mathfrak{P}^{14}$ s. V	M. S. Catalina	1:25-27; 2:6-8; 3:8-10:20.
$\mathfrak{P}^{15}$ s. III	El Cairo	7:18-8:4.
$\mathfrak{P}^{34}$ s. VI	Viena	16:4-7, 10.
$\mathfrak{P}^{46}$ s. III	Michigam	1:31; 2:1-16; 3:1-23; 4:1-21; 5:1-13; 6:1-20; 7:1-40; 8:1-13; 9:1-2, 4-27; 10:1-33; 11:1-34; 12:1-31; 13:1-13; 14:1-14, 16-40; 15:1-15, 17-58; 26:1-22.
$\mathfrak{P}^{61}$ s. VIII	N. York	1:1-2, 4-6; 5:1-3, 5-6, 9-13.
$\mathfrak{P}^{68}$ s. VII	S. Petersburgo	4:12-17, 19-21: 5:1-3.
$\mathfrak{P}^{123}$ s. IV	Oxford	14 y 15.

Los principales mss. que contienen total o parcialmente el texto de la *Epístola*, son unciales, copiados en pergamino, y son los siguientes:

C.	**Datación.**	**Referencia.**	**Ubicación.**
a (01)	s. IV.	Codex Sinaiticus	Londres, Museo Británico.
A (02)	s. V	Codex Alejandrinus	Londres, Museo Británico.
B (03)	s. IV	Codex Vaticanus	C. Vaticano. Bibl. Apostólica.
C (04)	s. V	Codex Ephraemi res.	París. Biblioteca Nacional.
D (06)	s. VI	Códice de Beza	Cambridge. Biblioteca Univers.
F (010)	s. IX	Codex Augiensis	Cambridge. Trinity College.
G (012)	s. XII	Codex Boernerianus	Dresden. Sächsische Bibl.
H (015)	s. VI	Codex Coislianus	París. Biblioteca Nacional.
I (016)	s. V	Codex Freerianus	Washington. Smithsonian Inst.
K (018)	s. IX	Codex Mosquensis I	Moscú. Mus. Estatal Historia.
L (020)	s. VIII	Codex Regius Paris.	París. Biblioteca Nacional.
P (025)	s. IX	Codex Porphyrianus	S. Petersburgo. Bibl. Nacional.
Ψ (044)	s.VIII	Códice Athos Laur.	Athos. Gran Laura.

Referencias a textos griegos para la Epístola

Se utilizan los siguientes minúsculos: 048, 075, 088, 0121, 0185, 0199, 0201, 0222, 0243, 0270, 0278, 0285, 0289, 33, 81, 104, 365, 630, 1175, 1241, 1505, 1506, 1739, 1881, 2454, *l* 249, *l* 846.

Aparato crítico

En el aparato crítico se ha procurado tener en cuenta la valoración de los estudios de *Crítica Textual*, para sugerir la mayor seguridad o certeza del texto griego. Para interpretar las referencias del aparato crítico, se hacen las siguientes indicaciones:

El aparato crítico, que en el comentario se denomina como *Crítica Textual. Lecturas alternativas*, se sitúa luego del análisis gramatical del texto griego, de modo que el lector pueda tener, si le interesan las alternativas de lectura que aparezcan en los versículos de la *Epístola.*

Los papiros se designan mediante la letra 𝔓. Los *manuscritos unciales*, se designan por letras mayúsculas o por una 0 inicial. Los unciales del texto bizantino se identifican por las letras *Biz* y los unciales bizantinos más importantes se reflejan mediante letras mayúsculas entre corchetes [ ] los principales unciales en los escritos de Pablo se señalan por K, L, P. En este escrito se abandona el uso de la identificación de los textos unciales bizantinos, colocándolos como los demás códices salvo en ocasiones en que se requiera por alguna razón.

Los manuscritos minúsculos quedan reflejados mediante números arábigos, y los minúsculos de texto bizantino van precedidos de la identificación *Biz*. La relación de unciales, debe ser consultada en textos especializados ya que la extensión para relacionarlos excede a los límites de esta referencia al aparato crítico.

En relación con los manuscritos griegos aparecen conexionados los siguientes signos:

f^{1} se refiere a la familia 1 de manuscritos.
f^{13} se refiere a la familia 13 de manuscritos.

Biz referencia al testimonio *Bizantinos*, textos de manuscritos griegos, especialmente del segundo milenio.

Biz^{pt} cuando se trata de solo *una parte* de la tradición *Bizantina* cada vez que el testimonio está dividido.

* este signo indica que un manuscrito ha sido corregido.

^{c} aparece cuando se trata de la lectura del *corrector* de un manuscrito.

^{1,2,3,c} indica los sucesivos correctores de un manuscrito en orden cronológico.

( ) indican que el manuscrito contiene la lectura apuntada, pero con *ligeras diferencias* respecto de ella.

[ ] incluyen *manuscritos Bizantinos* selectos inmediatamente después de la referencia *Biz.*

^{txt} indica que se trata del *texto del Nuevo Testamento* en un manuscrito cuando difiere de su cita en el comentario de un Padre de la Iglesia (^{comm}), una variante en el margen (^{mg}) o una variante ($^{v.r.}$).

$^{com\ (m)}$ se refiere a citas en el curso del *comentario* a un texto cuando se aparta del texto manuscrito.

^{mg} indicación textual contenida en el *margen* de un manuscrito.

$^{v.r.}$ *variante* indicada como alternativa por el mismo manuscrito.

^{vid} indica la lectura más probable de un manuscrito cuando su estado de conservación no permite una verificación.

^{supp} texto suplido por faltar en el original.

$\mathfrak{M}$ contiene los textos mayoritarios incluido el Bizantino. Indica la lectura apoyada por la mayoría de los manuscritos, incluyendo siempre manuscritos de koiné en el sentido estricto, representando el testimonio del texto griego koiné. En consecuencia, en los casos de un aparato negativo, donde no se le da apoyo al texto, la indicación $\mathfrak{M}$, no aparece.

Los *Leccionarios* son textos de lectura de la Iglesia Griega, que contienen manuscritos del texto griego y se identifican con las letras *Lect* que representa la concordancia de la mayoría de los Leccionarios seleccionados con el texto de *Apostoliki Diakonia*. Los que se apartan de este contexto son citados individualmente con sus respectivas variantes. Si las variantes aparecen en más de diez Leccionarios, se identifica cada grupo con las siglas ^{pt}. Si un pasaje aparece varias veces en un mismo leccionario y su testimonio no es coincidente, se indica por el número índice superior establecido en forma de fracción, para indicar la frecuencia de la variante, por ejemplo, *l* $866^{1/2}$. En relación con los leccionarios se utilizan las siguientes abreviaturas:

Lect para referirse al texto seguido por la *mayoría de los leccionarios.*

l 43 indica el leccionario que se aparta de la lectura de la mayoría.

Lect^{pt} referencia al texto seguido por una parte de la tradición manuscrita de los leccionarios que aparece, por lo menos, en diez de ellos.

l $593^{1/2}$ referencia a la frecuencia de una variante en el mismo ms.

Las referencias a la Vetus Latina, se identifica por las siglas it (Itala), con superíndices que indican el manuscrito.

La Vulgata se identifica por:

vg para la Vulgata,
vg^{cl} para la Vulgata Clementina,
vg^{ww} para la Vulgata Wordsworth-White,
vgst para la Vulgata de Stuttgart.

Las siglas lat representan el soporte de la Vulgata y parte del Latín Antiguo.

Las versiones Siríacas se identifican por las siguientes siglas:

Syr^{s} para la Sinaítica.
syr^{c}, para la Curetoniana.
syr^{p}, identifica a la Peshita.
sir^{ph} son las siglas para referirse a la Filoxeniana.

La Harclense tiene aparato crítico propio con los siguientes signos:

syr^{h} (White; Bensly, Wööbus, Aland, Aland/Juckel).
syr $^{h\ with*}$, lectura siríaca incluida en el texto entre un asterisco y un superíndice.
syr^{hmg}, para referirse a una variante siríaca en el margen V syr^{hgr} hace referencia a una anotación griega en el margen de una variante Siríaca.
syr^{pal} son el identificador de la Siríaca Palestina.

Las referencias a la Copta son las siguientes:

cop^{sa} Sahídico.
cop^{bo} Boháirico.
cop^{pbo} Proto-Boháirico.
cop^{meg} Medio-Egipto.
cop^{fay} Fayúmico.
cop^{ach} Ajmínico.
cop^{ach2} Sub-Ajmínico.

Para la Armenia, se usan las siglas arm.

La georgiana se identifica:

geo identifica a la georgiana usando la más antigua revisión A^{1}
geo^{1}/geo^{2} identifica a dos revisiones de la tradición Georgiana de los Evangelios, Hechos y Cartas Paulinas.

La etiópica se identifica de la siguiente manera:

eti cuando hay acuerdo entre las distintas ediciones.
eti^{ro} para la edición romana de 1548-49.
eti^{pp} para la Pell Plat, basada en la anterior.
etiTH para Takla Häymänot
eti^{ms} referencia para la de París.

Eslava Antigua, se identifica con esl.

Igualmente se integra en el aparato crítico el testimonio de los Padres de la Iglesia. Estos quedan identificados con su nombre. Cuando el testimonio de un Padre de la Iglesia se conoce por el de otro, se indica el nombre del Padre seguido de una anotación en superíndice que dice *según* y el nombre del Padre que lo atestigua. Los Padres mencionados son tanto los griegos como los latinos, procurando introducirlos en ese mismo orden. En relación con las citas de los Padres, se utilizan las siguientes abreviaturas:

( ) Indican que el Padre apoya la variante pero con ligeras diferencias.

^{vid} probable apoyo de un Padre a la lectura citada.

^{lem} cita a partir de un *lema*, esto es, el texto del Nuevo Testamento que precede a un comentario.

comm cita a partir de la parte de un comentario, cuando el texto difiere del lema que lo acompaña.

supp porción del texto *suplido* posteriormente, porque faltaba en el original.

ms, mss referencia a manuscrito o manuscritos patrísticos cuyo texto se aparta del que está editado.

mss según Padre identifica una variante de algún manuscrito según testimonio patrístico.

1/2, 2/3 variantes citadas de un mismo texto en el mismo pasaje.

pap lectura a partir de la *etapa papirológica* cuando difiere de una edición de aquel Padre.

ed lectura a partir de la *edición* de un texto patrístico cuando se aparta de la *tradición papirológica.*

gr cita a partir de un fragmento griego de la obra de un Padre Griego cuyo texto se conserva sólo en traducción.

lat, sir, armn, slav, arab traducción latina, siríaca, armenia, eslava o árabe de un Padre Griego cuando no se conserva en su forma original.

dub se usa cuando la obra atribuida a cierto Padre es dudosa.

Con estas notas el lector podrá interpretar fácilmente las referencias a las distintas alternativas de lectura que el aparato crítico introduce en los versículos que las tienen.

Interlineal

Como ayuda para la traducción, se presenta una traducción literal, palabra a palabra, del texto griego, en forma *interlineal*, esto es debajo de cada palabra griega se escribe la equivalencia en castellano. Se procura mantener esta forma, aunque resulte extraño al idioma, a fin de que el lector pueda entender el alcance semántico de cada voz traducida, permitiéndole establecer por sí mismo las variaciones necesarias en el idioma castellano.

Análisis del texto griego

Como elemento de ayuda al lector que no tenga un conocimiento alto del griego koiné, se hace el análisis morfológico de cada una de las palabras del texto griego para cada versículo que se comenta, añadiendo en el comentario las referencias al análisis sintáctico e idiomático cuando se requiera.

En el análisis se procura identificar las palabras con el sentido que tienen en castellano, así se determinan las conjunciones por la forma clásica, indicando si es *copulativa, disyuntiva, causal*, etc. que, aunque no corresponda con la calificación griega, permite al lector castellano identificarlas con el sentido que tienen en este idioma.

Se ha tenido en cuenta hacer la distinción en el *aoristo* de los verbos, entre el *primero* o el *segundo* que, si bien a efectos de análisis textual no es importante, se precisan las formas para facilitar la identificación al lector del texto.

Aparato crítico del texto griego

La cantidad de alternativas de lectura del texto griego es cada vez mayor, a medida que se encuentran nuevos mss. Incorporar todas las posibles variantes exceden a la capacidad y razón de ser de un comentario. En este caso se dan las más importantes, siguiendo la crítica textual comprendida en el *Novum Testamentum Graece*, Nestle-Alan vigésima octava edición de Deutsche Bibelgesellschaft.

De la misma manera se consulta también el aparato crítico el Texto Griego de Nuevo Testamento Trilingüe de la Biblioteca de Autores Cristianos.

Para ayudar al lector se traducen al castellano la mayor parte de las alternativas de lectura, salvo cuando sean de relativa importancia o excesivamente numerosas, en cuyo caso se traslada simplemente la correspondiente referencia.

Otras precisiones sobre el texto griego

Es sabido que algunos nombres que en castellano se escriben con mayúsculas, como Dios, al referirse al verdadero, Espíritu Santo, en relación con la Tercera Persona de la Deidad, en griego no se usan mayúsculas, entre otras cuando son adjetivos vinculados a un nombre. Sin embargo, por respeto especial, cuando se trate de alguno de estos nombres de Dios, se escribirán con mayúscula. De igual manera y por la misma razón en el análisis textual cuando se refiera a Dios no se definirá como *nombre común*, sino como *nombre divino*. Entendemos claramente que en el marco de la gramática estas distinciones no corresponden a la realidad del griego.

Versiones castellanas para el estudio

Es imposible definir cuáles son las mejores traducciones castellanas para el estudio de la *Epístola*, porque exigiría definir las razones que permiten ese trato, teniendo en cuenta el propósito que el lector pueda tener con ello.

Así escribe Raimond E. Brown:

"¿Cuál es la mejor traducción española de la Biblia? Como respuesta global, se debe juzgar la traducción más apropiada a partir de los propósitos de lectura de cada uno. La liturgia pública tiene por lo general un tono más solemne; por ello, las traducciones muy coloquiales de la Biblia pueden no ser apropiadas para ese contexto. La lectura privada, por otra parte, con el propósito de la reflexión y el refrigerio espiritual se ayuda a veces mejor con una traducción cuyo texto tenga una disposición intuitiva y fácil de leer"[12]...

Lo que interesa en el estudio bíblico es la traducción hecha con mayor fiabilidad y precisión al texto griego. Sin embargo, ha de entenderse que la traslación no es siempre posible con una sola palabra castellana, y que las figuras de lenguaje usadas en el texto griego, son en ocasiones difíciles de traducir, teniendo que hacer en ocasiones conjeturas sobre lo que el escritor quiso decir. De ahí que debe escogerse entre la traducción literal o la *equivalencia dinámica*, del sentido del texto que se traduce. Sin embargo, cuando esa equivalencia supone una aclaración al significado del texto que se traduce, lo que se produce es una exégesis o un comentario al mismo. De ahí que sea necesario acudir a versiones lo más literales posible.

En la consulta castellana que se hace para este comentario se han usado las siguientes versiones:

Reina Valera 60. De la Sociedad Bíblica. Versión que vierte al castellano el *Textus Receptus*, de Erasmo.

---

[12] R. E. Brown. o.c., pág. 32.

La Biblia. Nueva Versión Internacional. De la Sociedad Bíblica Internacional y de la Sociedad Bíblica de España. Excelente versión con actualización idiomática en la equivalencia del castellano.

La Biblia Textual. De la Sociedad Bíblica Iberoamericana. Versión que se caracteriza por la fidelidad al texto griego, basada en los mss. más seguros. Elimina textos dudosos o que no pueden atestiguarse convenientemente en los mss.

La Biblia de las Américas. De Lockman Foundation. Es una versión fiel a los originales, en un castellano de fácil comprensión.

La Biblia de Jerusalén. Editada en Barcelona en 1967, con sucesivas actualizaciones. Originalmente se tradujo al francés. Tiene un buen aparato de notas y pasajes paralelos. La traducción al castellano es directa de los textos hebreo y griego, conservando las notas procedentes de la versión francesa.

Sagrada Biblia, de Francisco Cantera y Manuel Iglesias. Editada en Madrid en 1947, tiene un lenguaje un tanto árido pero excelente en cuanto a literalidad de traducción. Tiene notas críticas al texto y lecturas de variantes textuales.

Nueva Biblia Española, traducción del Nuevo Testamento. Dirigida por Alonso Schökel y J. Mateos, con un equipo de destacados escrituristas. Con un excelente castellano y una moderna traducción en *equivalencia dinámica*, que busca acercar con todo rigor científico el sentido antiguo al lenguaje moderno.

Bosquejo

I. Introducción

1. Saludo y acción de gracias (1:1-9)
    - 1.1. Saludo (1:1-3).
    - 1.2. Acción de gracias (1:4-9).

II. Divisiones en la iglesia (1:10-4:21)

1. La realidad de las divisiones (1:10-17).
    - 1.1. Informe sobre las divisiones (1:10-11).

- 1.2. La forma de las divisiones (1:12-13).
- 1.3. El ministerio de Pablo (1:14-17).

2. Causas de las divisiones (1:18-2:16).
   - 2.1. Dificultades con el mensaje de la Cruz (1:18-2:5)
     - A. El triunfo sobre la sabiduría humana (1:18-24)
     - B. El contraste de la sabiduría de Dios (1:25-31).
     - C. El modo de actuación de Pablo (2:1-5).
   - 2.2. Desconocimiento del ministerio del Espíritu (2:6-16).
     - A. La sabiduría divina revelada (2:6-13).
     - B. Discernimiento natural y espiritual (2:14-16)
3. Consecuencias de las divisiones (3:1-4:5).
   - 3.1. El crecimiento espiritual detenido (3:1-9).
   - 3.2. Pérdida de recompensas (3:10-15).
   - 3.3. Disciplina divina (3:16-17).
   - 3.4. Seguimiento equivocado (3:18-23).
   - 3.5. Juicio equivocado (4:1-5).
4. El ejemplo de Pablo (4:6-21).
   - 4.1. Ejemplo de humildad y entrega (4:6-13).
   - 4.2. Ejemplo de interés (4:14-21).

III. Graves problemas morales (5:1-6:20)

1. El problema del incesto (5:1-8).
   - 1.1. El problema detallado (5:1-2).
   - 1.2. La disciplina establecida (5:3-8).
2. Disciplina en la iglesia (5:9-13).
   - 2.1. Un mandamiento apostólico (5:9-11).
   - 2.2. La conclusión apostólica (5:12-13).
3. Litigios ante incrédulos (6:1-11).
   - 3.1. El problema detallado (6:1-8).
   - 3.2. La disciplina establecida (6:9-11).
4. La moral permisiva (6:12-20).
   - 4.1. Licitud y conveniencia (6:12-14).
   - 4.2. Consecuencias de la permisividad (6:15-18).
   - 4.3. Precio y pertenencia (6:19-20).

IV. Enseñanza sobre el matrimonio (7:1-40)

1. Matrimonio y celibato (7:1-9).
   - 1.1. Una necesidad (7:1-2).
   - 1.2. Deberes conyugales (7:3-5).
   - 1.3. Concesión del apóstol (7:6-7).
   - 1.4. Conclusiones (7:8-9).

2. Matrimonio y divorcio (7:10-24).
    2.1. La separación matrimonial (7:10-11).
    2.2. Matrimonio con infieles (7:12-16).
    2.3. La norma general (7:17-24).
3. Matrimonio y servicio cristiano (7:25-40).
    3.1. Consejos apostólicos (7:25-31).
    3.2. El servicio a Dios y el matrimonio (7:32-35).
    3.3. La libertad cristiana (7:36-38).
    3.4. Viudez y nuevo matrimonio (7:39-40).

V. Lo sacrificado a los ídolos (8:1-11:1)

1. El problema planteado (8:1-13).
    1.1. El uso de la libertad cristiana (8:1-8).
    1.2. El abuso de la libertad cristiana (8:9-13).
2. El ejemplo de Pablo (9:1-27).
    2.1. Los derechos de Pablo (9:1-14).
    2.2. El uso correcto de los derechos (9:15-18).
    2.3. El objetivo de la renuncia a los derechos (9:19-27).
3. Exhortaciones (10:1-11:1).
    3.1. Sobre la indulgencia (10:1-13).
        A. El ejemplo de Israel (10:1-5).
        B. Las consecuencias que deben producir (10:6-13).
    3.2. Separación de las fiestas idolátricas (10:14-22).
    3.3. Sobre los objetivos del creyente (10:23-11:1).
        A. En relación con los hermanos (10:23-26).
        B. En relación con el testimonio (10:27-30).
        C. En relación con Dios (10:31-11:1).

VI. Enseñanzas sobre el culto (11:2-14:40)

1. El atavío femenino (11:2-16).
    1.1. Introducción al tema (11:2-3).
    1.2. Contrastes (11:4-5).
    1.3. Acción y consecuencias (11:6-7).
    1.4. Razones para el orden (11:8-10).
    1.5. El varón y la mujer en Cristo (11:11-12).
    1.6. Apelando a los creyentes (11:13-15).
    1.7. Conclusión (11:16).
2. La Cena del Señor (11:17-34).
    2.1. Corrigiendo abusos (11:17-22).

- 2.2. Institución de la ordenanza (11:23-26).
- 2.3. Participación incorrecta (11:27-34).

3. Dones del Espíritu y ejercicio (12:1-14:40).
   - 3.1. Diversidad de los dones (12:1-11).
     - A. Intervención divina (12:1-6).
     - B. Relación de dones (12:7-11).
   - 3.2. El propósito de los dones (12:12-31).
     - A. La unidad del cuerpo (12:12-13).
     - B. Unidad en la diversidad (12:14-20).
     - C. Interrelación de los miembros (12:21-27).
     - D. La dotación para el cuerpo (12:28-31).
   - 3.3. La supremacía del amor sobre los dones (13:1-13).
     - A. El valor del amor (13:1-3).
     - B. La naturaleza del amor (13:4-7).
     - C. La permanencia del amor (13:8-13).
   - 3.4. El don de lenguas (14:1-25).
     - A. Inferioridad respecto a la profecía (14:1-5).
     - B. Ejercicio incorrecto del don (14:6-13).
     - C. Uso incorrecto del don en la oración (14:14-20).
     - D. La razón del don (14:21-22).
     - E. Uso de los dones y sus consecuencias (14:23-25).
   - 3.5. Corrigiendo desórdenes en la iglesia (14:26-40).
     - A. Como usar los dones de lenguas y profecía (14:26-33a).
     - B. El ministerio de la mujer (14:33b-35).
     - C. Conclusiones finales (14:36-40).

VII. Doctrina de la resurrección (15:1-58)

1. Proclamación de la resurrección (15:1-11).
   - 1.1. El resumen del evangelio (15:1-4).
   - 1.2. El testimonio de la resurrección (15:5-11).
2. Las consecuencias si Jesús no hubiese resucitado (15:12-19).
   - 2.1. Predicación y fe vanas (15:12-14).
   - 2.2. Testimonio falso (15:15).
   - 2.3. Esperanza falsa (15:16-19).
3. La esperanza cristiana (15:20-34).
   - 3.1. Programa de resurrecciones (15:20-25).
   - 3.2. Eliminación de la muerte (15:26-28).
   - 3.3. Firmeza en la esperanza (15:29-34).
4. La resurrección del cuerpo (15:35-50).
   - 4.1. Enfrentando el problema (15:35-41).
   - 4.2. Características del cuerpo de resurrección (15:42-50).

5. La victoria del cristiano en Cristo (15:51-58).
   5.1. Revestidos de inmortalidad (15:51-53).
   5.2. La victoria sobre la muerte (15:54-58).

VIII. Enseñanzas generales (16:1-9)

1. La ofrenda (16:1-4).
   1.1. Modo de hacer la ofrenda (16:1-2).
   1.2. Forma del envío de la ofrenda (16:3-4).
2. Planes de Pablo (16:5-9).
   2.1. Anunciando su visita (16:5-6).
   2.2. La próxima estancia en Éfeso (16:7-9).

IX. Conclusión saludos y despedida (16:10-24)

1. Conclusión (16:10-12).
   1.1. Indicaciones sobre la vista de Timoteo (16:10-11).
   1.2. Indicaciones acerca de Apolos (16:12).
2. Exhortaciones (16:13-16).
   2.1. Firmeza y amor (16:13-14).
   2.2. Relación con el liderazgo (16:15-16).
3. Saludos (16:17-20).
   3.1. Visita confortadora (16:17-18).
   3.2. Saludos de hermanos e iglesias (16:19-20).
4. Despedida (16:21-24).
   4.1. Saludo personal y advertencia (16:21-22).
   4.2. Bendición (16:23-24)

EXÉGESIS DE LA EPÍSTOLA

Introducción

Saludo y acción de gracias (1:1-9)

Saludo (1:1-3)

1. Pablo, llamado a ser apóstol de Jesucristo por la voluntad de Dios, y el hermano Sóstenes.

Παῦλος κλητὸς ἀπόστολος Χριστοῦ Ἰησοῦ[1] διὰ θελήματος Θεοῦ
Pablo llamado apóstol de Cristo Jesús por voluntad de Dios
καὶ Σωσθένης ὁ ἀδελφὸς
y Sóstenes el hermano.

Análisis y notas del texto griego.

Análisis: Παῦλος, caso nominativo masculino singular del nombre propio *Pablo*; κλητὸς, caso nominativo masculino singular del adjetivo *llamado*; ἀπόστολος, caso nominativo masculino singular del nombre común *apóstol*; Χριστοῦ, caso genitivo masculino singular del nombre propio declinado *de Cristo*;'Ιησοῦ, caso genitivo masculino singular del nombre propio *Jesús*; διὰ, preposición propia de genitivo *por medio de, por causa de, por*; θελήματος, caso genitivo neutro singular del nombre común *voluntad*; Θεοῦ, caso genitivo masculino singular del nombre divino *Dios*; καὶ, conjunción copulativa *y*; Σωσθένης, caso nominativo masculino singular del nombre propio *Sóstenes*; ὁ, caso nominativo masculino singular del artículo determinado *el*; ἀδελφὸς, caso nominativo masculino singular del nombre común *hermano*.

Notas. Crítica Textual. Lecturas alternativas.

[1] Χριστοῦ 'Ιησοῦ, *de Cristo Jesús*, lectura en 𝔓[46], B, D, F, G, 33, it, vg[cl], Ambrosiaster.

'Ιησου Χριστοῦ, *de Jesucristo*, como se lee en a, A, L, P, Ψ, 81, 104, 365, 630, 1175, 1241, 1505, 1506, 1739, 1881, 2464.

Παῦλος κλητὸς ἀπόστολος Χριστοῦ 'Ιησοῦ διὰ θελήματος Θεοῦ. El apóstol inicia la Carta, al estilo propio de la correspondencia de entonces, con el *praescriptum*, el párrafo introductor del escrito que contiene dos elementos, por un lado, la identificación tanto de quien escribe como de los destinatarios, seguido de un segundo con un breve saludo para los receptores. Ese es el estilo habitual de la correspondencia oriental, desde mucho antes del tiempo greco-romano, conociéndose este formato desde los persas[13]. El encabezamiento se encuentra en el Nuevo Testamento no solo en el *corpus paulino*, sino también en otros escritos (cf. 1 P. 1:1s; 2 P. 1:1s; Jud. 1s). Pablo utiliza la forma habitual en la correspondencia de entonces para iniciar la *Epístola*. La introducción adquiere una fórmula propia de la correspondencia oficial, lo que es ya el primer indicativo de que, aunque dirigida a creyentes de una determinada iglesia, es para todos los lectores en cualquier tiempo. Es evidente que hay asuntos que están vinculados a los creyentes en Corinto pero, las enseñanzas generales se establecen para todos los creyentes en todos los tiempos. No se trata de un escrito privado sino de alcance universal para quienes lo puedan leer en cualquier tiempo.

---

[13] Así aparece, por ejemplo, en Daniel: *Nabucodonosor rey, a todos los pueblos, naciones y lenguas que moran en toda la tierra: Paz os sea multiplicada.*

El remitente se presenta con el nombre griego de *Pablo*[14], que también es un nombre romano o latino, conforme al uso habitual en todos sus escritos. Debe recordarse que el apóstol tiene también el nombre hebreo impuesto por sus padres de *Saúl* o *Saulo*, probablemente dado en recuerdo el primer rey de Israel que era, como el apóstol, de la tribu de Benjamín. Este fue el nombre por el que Jesús lo llamó en el camino a Damasco (Hch. 9:4). ¿Existe alguna razón por la que usa habitualmente como identificativo personal el nombre romano en lugar del hebreo? Tal vez pudieran presentarse algunas posibilidades, como que su ministerio está relacionado con los gentiles, pero, cualquier razón que pretenda justificar el uso del nombre, no tiene base bíblica.

Junto con el nombre aparece una titulación ministerial: ἀπόστολος Χριστοῦ ᾿Ιησοῦ, *"apóstol de Cristo Jesús"*[15], lo que confiere ya desde el principio el carácter autoritativo de quien escribe desde esa condición. En algunos códices se lee antes de *apóstol*, el adjetivo *llamado*[16], por lo que algunas versiones lo complementan añadiendo *a ser*, lo que hace decir al texto: *llamado a ser apóstol de Cristo Jesús*. Sin embargo, lo que el apóstol quiere decir es que *vocación* es la de ser apóstol, para lo que fue llamado. Es apóstol por *llamamiento* divino. Esto da a entender que no fue Pablo el que escogió dedicarse a ese ministerio, sino que fue Dios que le llamó a desempeñarlo, por tanto, no fue una opción de vida que Dios puso delante de él, sino un mandato que soberanamente le fue impuesto luego de su conversión. Él fue alcanzado por Jesús, en el camino a Damasco, para salvación, pero el resultado de ella le confiere, por voluntad divina, el don de apóstol de Cristo Jesús.

En sentido general el término ἀπόστολος, *apóstol* se usa para referirse a alguien enviado con una misión. En ese sentido se designa así a Epafrodito como enviado por la iglesia en Filipos con una ofrenda para el apóstol (Fil. 2:25). Pero, en modo específico de ministerio conferido por el don recibido, sólo pueden considerarse como apóstoles los doce del Colegio Apostólico, incluido Matías (Hch. 1:26) y Pablo, el apóstol a los gentiles. Solo ellos recibieron el don y sólo ellos fueron acreditados con señales específicas de apóstol (2 Co. 12:12). Ese don se dio, entre otras razones, para establecer la base doctrinal sobre la que se sustenta la Iglesia (Ef. 2:20), apoyada sobre el único fundamento que es Cristo (3:11; Hch. 4:11; 1 P. 2:6ss). El apóstol lo es Χριστοῦ ᾿Ιησοῦ, *"de Cristo Jesús"*, indica que es enviado y comisionado directamente por el Señor, en otras

[14] Griego Παῦλος.

[15] En algunas alternativas de lectura se lee *apóstol de Jesucristo*.

[16] Ver Crítica Textual. Lecturas alternativas en el cuadro analítico.

palabras, mensajero personal de Cristo Jesús, legitimado por Él y autorizado para hablar en Su nombre. Esto confiere a sus palabras la misma autoridad que si procedieran directamente de Jesús, el Señor y Cabeza de la Iglesia (Ef. 1:22). No es de extrañar que Pablo diga que lo que Él escribe *"son mandamientos del Señor"* (14:37). Todavía más, como apóstol él y los otros doce, son el *don* que Cristo exaltado da a la iglesia para establecer el fundamento doctrinal (Ef. 2:20). Pablo es administrador o servidor de los recursos de la gracia que le fueron encomendados (Ef. 3:2 ss.). A Él le fue declarado por revelación *el misterio de Cristo* (Ef. 3:3). Esa posición apostólica le permite contarse entre los otros apóstoles de Jesucristo (Ef. 3:5). La introducción condiciona ya la lectura de la *Epístola* desde dos presupuestos: 1) la autoridad del escritor como comisionado por el Señor; 2) la razón del escrito vinculado con la Iglesia, primariamente la de Corinto y en general cualquier otra en la presente dispensación.

El apostolado de Pablo no solo procede de Jesucristo, sino que lo es también διὰ θελήματος Θεοῦ, *"por la voluntad de Dios"*. Es un énfasis especial que manifiesta en alguno de sus escritos (2 Co. 1:1; Col. 1:1; Ef. 1:1; 2 Ti. 1:1). Sin embargo, es necesario entender en el contexto de la *Epístola*, el alto sentido que se le confiere a la expresión *voluntad de Dios*, como manifestación de soberanía que hace incuestionable Su deseo y realizable toda Su determinación. Es en base a la *voluntad de Dios* que se opera la elección (Ef. 1:5), y de la misma manera fue *su voluntad* la que hizo posible con la elección de Abraham la formación de un pueblo que se caracteriza por ser *escogido por Dios*, predestinados conforme *"al propósito del que hace todas las cosas según el designio de su voluntad"* (Ef. 1:11). La iglesia y todo el programa para este tiempo, no es otra cosa que aquello que *"se había propuesto en Sí mismo"* como expresión definitiva de *Su voluntad* (Ef. 1:9). La misma voluntad divina que salva, que crea, que establece las cosas, que gobierna la historia, que determina el futuro y que glorifica al creyente, es la que, actuando en relación con Saulo, lo hace llegar a ser lo que es: *"apóstol de Cristo Jesús"*. Ese apostolado no depende ni es determinado por voluntad de hombres, sino que es la expresión incuestionable de la voluntad de Dios. Siendo apóstol, enviado, debe prestarse atención también a quienes fue enviado: es, por el análisis de la Escritura, el apóstol de los gentiles, o el apóstol enviado a los gentiles, lo que equivale a ser el *enviado* con un ministerio específico para el mundo gentil. Esa fue la determinación de la voluntad divina: *"Instrumento escogido me es este, para llevar mi nombre en presencia de los gentiles, y de reyes"* aunque, como apóstol, lo es también para *"los hijos de Israel"* (Hch. 9:15). Pablo era muy consciente de ese llamamiento celestial al apostolado: *"Pero cuando agradó a Dios, que me apartó desde el vientre de mi madre, y me llamó por su gracia, revelar a su Hijo en mí, para que yo le predicase entre los gentiles"* (Gá. 1:15-16). Los demás apóstoles entendían que este era el ministerio que Dios, en Su voluntad, disponía para él: *"Antes por el contrario, como vieron que me había sido encomendado el evangelio de la incircuncisión, como a Pedro el de la circuncisión (pues el que actuó en Pedro para el apostolado de la circuncisión, actuó también en mí para con los gentiles) y reconociendo la gracia que me había sido dada, Jacobo, Cefas y Juan, que eran considerados como columnas, nos dieron a mí y a Bernabé la diestra en señal de compañerismo para que nosotros fuésemos a los gentiles, y ellos a la circuncisión"* (Gá. 2:7-9).

Siendo el apostolado de Pablo una determinación de la voluntad divina, Su mensaje escrito tiene la misma autoridad del resto de la Escritura, como de procedencia e inspiración divinas. Cada palabra en el escrito original es revelación de Dios y ha sido plenamente *soplada* por el Espíritu (2 Ti. 3:16). El escrito de esta *Carta* en su totalidad, inspirado plenariamente por Dios, tiene la autoridad divina y ha de ser obedecido y aceptado sin condiciones. El Nuevo Testamento coloca los escritos de Pablo al mismo nivel que los del Antiguo Testamento (2 P. 3:15-16). Todo el contenido de esta *Epístola* es, pues, norma de fe y conducta, formando parte del contenido de nuestra *santísima fe*. El creyente tiene que aceptar el escrito al mismo nivel que cualquier otro de la Escritura y *"contender ardientemente por la fe que ha sido dada una vez a los santos"* (Jud. 3).

καὶ Σωσθένης ὁ ἀδελφὸς. En la presentación y el saludo, une consigo a un creyente, como literalmente se lee: *"y a Sóstenes el hermano"*. Sin duda era conocido por los corintios. Es posible que fuese uno de los mensajeros enviados a Pablo desde la iglesia, para consultarle asuntos urgentes e informarle de la situación que estaban atravesando. Se menciona a uno de ese nombre en Corinto (Hch. 18:17), si es el mismo, había sido el *principal de la sinagoga* durante la estancia del apóstol en aquella ciudad, sin duda fue el sucesor al anterior presidente de la sinagoga que era Crispo, el cual creyó a la predicación de Pablo (Hch. 18:8). No es posible determinar esto, pero, Eusebio dice que fue uno de los setenta discípulos que Jesús envió a predicar durante el tiempo de Su ministerio[17], pero realmente carece de valor esta afirmación. Pudiera considerarse como el *secretario* del apóstol, o el amanuense que escribió la *Epístola*. Pablo lo menciona y trata con una exquisita delicadeza, asociándolo en el saludo, pero no en el contenido del escrito que es únicamente del apóstol. Sóstenes era, o se convirtió en un colaborador de

[17] Eusebio. *Historia Eclesiástica*, 1, 12, 1.

Pablo de forma especial en relación con la iglesia en Corinto. El orden sintáctico de la oración, excluye totalmente a Sóstenes del apostolado.

2. A la iglesia de Dios que está en Corinto, a los santificados en Cristo Jesús, llamados a ser santos con todos los que en cualquier lugar invocan el nombre de nuestro Señor Jesucristo, Señor de ellos y nuestro.

τῇ ἐκκλησίᾳ τοῦ Θεοῦ τῇ οὔσῃ ἐν Κορίνθῳ, ἡγιασμένοις ἐν
A la iglesia - de Dios la que está en Corinto, que han sido santificados en
Χριστῷ Ἰησοῦ, κλητοῖς ἁγίοις, σὺν πᾶσιν τοῖς ἐπικαλουμένοις
Cristo Jesús, llamados santos, con todos los que invocan
τὸ ὄνομα τοῦ Κυρίου ἡμῶν Ἰησοῦ Χριστοῦ ἐν παντὶ τόπῳ,
el nombre del señor de nosotros Jesucristo en todo lugar,
αὐτῶν καὶ ἡμῶν·
de ellos y de nosotros.

Análisis y notas del texto griego.

Análisis: τῇ, caso dativo femenino singular del artículo determinado declinado *a la*; ἐκκλησίᾳ, caso dativo femenino singular del nombre común *iglesia*; τοῦ, caso genitivo masculino singular del artículo determinado *el*; Θεοῦ, caso genitivo masculino singular del nombre divino declinado *de Dios*; τῇ, caso dativo femenino singular del artículo determinado *la*; οὔσῃ, caso dativo femenino singular del participio de presente en voz activa del verbo εἰμί, *ser, estar*, aquí *que está*; ἐν, preposición propia de dativo *en*; Κορίνθῳ, caso dativo femenino singular del nombre propio *Corinto*; ἡγιασμένοις, caso dativo masculino plural del participio perfecto en voz pasiva del verbo ἁγιάζω, *santificar, purificar, consagrar*, aquí *que han sido santificados*; ἐν, preposición propia de dativo *en*; Χριστῷ, caso dativo masculino singular del nombre propio *Cristo*; Ἰησοῦ, caso dativo masculino singular del nombre propio *Jesús*; κλητοῖς, caso dativo masculino plural del adjetivo *llamados*; ἁγίοις, caso dativo masculino plural del adjetivo *santos*; σὺν, preposición propia de dativo *con*; πᾶσιν, caso dativo masculino plural del adjetivo indefinido *todos*; τοῖς, caso dativo masculino plural del artículo determinado *los*; ἐπικαλουμένοις, caso dativo masculino plural del participio de presente en voz media del verbo ἐπικαλέω, *invocar*, aquí *que invocan*; τὸ, caso acusativo neutro singular del artículo determinado *el*; ὄνομα, caso acusativo neutro singular del sustantivo *nombre*; τοῦ, caso genitivo masculino singular del artículo determinado declinado *del*; Κυρίου, caso genitivo masculino singular del nombre divino *Señor*; ἡμῶν, caso genitivo masculino plural del pronombre personal declinado *de nosotros*; Ἰησοῦ, caso genitivo masculino singular del nombre propio *Jesús*; Χριστοῦ, caso genitivo masculino singular del nombre propio *Cristo*; ἐν, preposición propia de dativo *en*; παντὶ, caso dativo masculino singular del adjetivo indefinido *todo*; τόπῳ, caso dativo masculino singular del nombre común *lugar*; αὐτῶν, caso genitivo de la tercera persona plural del pronombre personal declinado *de ellos*; καὶ, conjunción copulativa *y*; ἡμῶν, caso genitivo de la primera persona plural del pronombre personal declinado *de nosotros*.

τῇ ἐκκλησίᾳ τοῦ Θεοῦ τῇ οὔσῃ ἐν Κορίνθῳ, Luego de la presentación del remitente, como era habitual en la correspondencia antigua, sigue la identificación de los destinatarios. La *Epístola* está dirigida a *"la iglesia de Dios que está en Corinto"*. El término *iglesia*, fue de uso común entre los cristianos desde el comienzo del establecimiento de las congregaciones, para diferenciarse de los judíos, con sus sinagogas, y de los paganos con sus templos y costumbres idolátricas. Siendo esta una palabra tan extensamente usada en el Nuevo Testamento, cabe hacer aquí una síntesis doctrinal de este concepto, para evitar cualquier equívoco en relación con los temas de la *Epístola*.

El término *iglesia* es una palabra tomada del griego para darle un sentido propio. Se usa en distintas acepciones, incluso para hablar de una convocatoria a una multitud no cristiana, como es el caso de los efesios congregados en el estadio para gritar a favor de la diosa Diana (Hch. 19:32, 39, 40). Cuando se hablaba de concurrencia de personas, de una asamblea o de un concurso, los griegos usaban muchas veces la palabra ἐκκλησία, *iglesia*. Esa misma palabra se usa para referirse a la congregación de Israel en el desierto (Hch. 7:38). En los evangelios solo aparece dos veces (Mt. 16:18; 18:17). La palabra se aplica fundamentalmente en el Nuevo Testamento para designar al conjunto de creyentes elegidos por Dios, llamados por Él, salvos por Cristo, regenerados por el Espíritu Santo que, bautizados por Éste en Cristo, quedan vitalmente unidos por el mismo Espíritu, para formar una unidad espiritual que se conoce también como *cuerpo de Cristo*. En sentido total se le conoce como Iglesia universal o trascendente; en el sentido temporal, se le denomina iglesia local. En este último se encuentra ciento diez veces, de las ciento catorce que aparece la palabra en el Nuevo Testamento. La iglesia local no es una parte de un todo superior que la engloba a todas ellas, sino células locales completas en las que la Iglesia se manifiesta y expresa. Etimológicamente la palabra ἐκκλησία, *iglesia*, está formada por el prefijo con la preposición ἐκ, que expresa la idea de *sacar afuera,* y el verbo καλέω, *llamar*, unidas ambas adquieren el sentido de *llamar afuera*. La Iglesia, por tanto, son los *llamados* o *convocados fuera*. Ese es el concepto del apóstol Pedro: *"Mas vosotros sois linaje escogido, real sacerdocio, nación santa, pueblo adquirido por Dios, para que anunciéis las virtudes de aquél que os llamó de las tinieblas a su luz admirable"* (1 P. 2:9). La enseñanza es clara, la iglesia está formada por el pueblo que Dios ha redimido y que Él mismo llamó *de las tinieblas*, para congregarlo en una nueva situación que se llama *su luz admirable*. Sin ninguna diferencia el concepto del apóstol Pablo es el mismo: *"El cual nos ha librado de la potestad de las tinieblas, y trasladado al reino de su amado Hijo"* (Col. 1:13).

Aunque la Biblia no es un libro de *definiciones* podemos encontrar en ella los elementos necesarios para dar una sobre la *iglesia*. En primer lugar, es un pueblo *de formación divina*: *"Simón ha contado cómo Dios visitó por primera vez a los gentiles, para tomar de ellos pueblo para su nombre"* (Hch. 15:14). En este pueblo de Dios no hay limitación alguna de raza o condición: *"Porque Él es nuestra paz, que de ambos pueblos hizo uno, derribando la pared intermedia de separación, aboliendo en su carne las enemistades, la ley de los mandamientos expresados en ordenanzas, para crear en sí mismo de los dos un solo y nuevo hombre, haciendo la paz, y mediante la cruz reconciliar con Dios a ambos en un solo cuerpo, matando en ella las enemistades"* (Ef. 2:14-16). Es también un pueblo de condición celestial, porque la ciudadanía de cada creyente está en los cielos (Fil. 3:20). La iglesia es de propiedad divina; Jesús dijo que Él edificaría *Su* iglesia (Mt. 16:18). Este cuerpo y pueblo es un don que el Padre dio a su Hijo (Jn. 6:37, 39; 17:6, 9, 11, 12). Además, la Iglesia es un cuerpo espiritual del que Cristo es la cabeza (Ef. 1:22-23).

La iglesia es un pueblo adquirido por Dios. El precio del rescate de la iglesia ha sido la vida Su Hijo (1 P. 1:18-20). Dios pagó un precio infinito por cada creyente que puesto en Cristo forma parte de la iglesia. La vida del Señor fue entregada en sacrificio, que hace posible que la penalidad del pecado de cada salvo quede resuelta en Él, que muere, no sólo a favor de los salvos, sino en sustitución, es decir, ocupando el lugar de cada uno. No hizo Dios el pago del precio de redención con cosas corruptibles, sino con la sangre preciosa de su Hijo. Su sangre vertida, expresión equivalente a Su vida entregada, hace expiación por el pecado (Hch. 20:28; 5:9; Ef. 1:7; 2:13; Col. 1:20; He. 13:12; 1 Jn. 1:7; Ap. 1:5; 5:9).

La iglesia es un cuerpo de fundación divina. El Padre elige en Cristo, llama y sella a los creyentes según Su voluntad (Ro. 8:29, 30; Ef. 1:5). El Hijo salva y redime a todo aquel que llamado por el Padre acude a Él reconociéndolo como Salvador y aceptando Su obra por fe. Jesucristo salva y compra a la Iglesia (Jn. 10:11; Hch. 20:28; Ro. 5:8-10; Gá. 2:20; Col. 1:13, 14; 1 P. 1:18-20). Cristo es la única puerta de acceso a la salvación y por tanto a la Iglesia (Jn. 10:7-9). El Espíritu Santo regenera a quien cree comunicándole una nueva vida, al darle la vida eterna (Jn. 3:3, 5-8; Ef. 2:1) haciéndole participante de la divina naturaleza (2 P. 1:4). El nacimiento de la Iglesia tuvo lugar en Pentecostés (Hch. 2:1-4). No fue en la vida de Cristo, ya que Él la menciona en tiempo futuro (Mt. 16:18). En los evangelios no se usa más que dos veces el término Iglesia, en la acepción doctrinal del Nuevo Testamento. En Pentecostés comienza un oficio distintivo del Espíritu en la presente dispensación, que es el *bautismo*, por el cual cada creyente es *sumergido* en Cristo para la formación del cuerpo que es la Iglesia (12:13). Ésta es ahora el nuevo *santuario* de Dios, en donde las tres Personas Divinas se manifiestan, siendo la Persona residente en ella el Espíritu Santo, de quien la Iglesia es Su templo (Jn. 14:17; 1 Co. 3:16-17; Ef. 2:22). La Iglesia está formada por todos los salvos. En esa formación se aprecia la actuación de las tres Personas Divinas. En un solo texto se precisa esta actividad divina: *"Y a los que predestinó, a éstos también llamó; y a los que llamó, a éstos también justificó; y a los que justificó, a éstos también glorificó"* (Ro. 8:30). En el plan de salvación, a quienes Dios conoce y para los que fija un destino eterno, también llama. Aquello que se produce en la eternidad, conocimiento y predestinación, se ejecuta en el tiempo de los hombres, comenzando por el llamamiento a salvación. Quien llama a los pecadores es el mismo que los conoció y predestinó, el Padre. En la salvación intervienen siempre las tres Personas Divinas: El Padre que llama, el Hijo que redime y el Espíritu que regenera. De otro modo, el Padre convoca en el tiempo a los que salva. El llamamiento se hace por medio del evangelio: *"a lo cual os llamó mediante nuestro evangelio, para alcanzar la gloria de nuestro Señor Jesucristo"* (2 Ts. 2:14). Sin el llamamiento del Padre la obra de salvación no alcanzaría a los hombres con el propósito para el que fue hecha, ya que nadie puede ir a Cristo sin el llamamiento del Padre. Así dice Jesús: *"Ninguno puede venir a mí, si el Padre que me envió no le trajere"* (Jn. 6:44). El verbo que se traduce en el versículo del evangelio como *trajere*[18], significa *arrastrar* o, si se prefiere, *traer arrastrado*. Indica no solo un llamamiento sino una acción impulsiva comprendida en él. El llamamiento del Padre es la manifestación de la gracia que implica también en él la obra del Espíritu (1 P. 1:2). Comprende la iluminación del pecador entenebrecido (He. 6:4); la convicción de pecado (Jn. 16:7-11); la dotación de fe salvífica, que se convertirá en una actividad humana cuando la ejerza depositándola, en una acción de entrega, en el Salvador (Ef. 2.8-9). A este llamamiento responde el hombre por medio de la fe. Con todo, esta operación del Padre, no es una *coacción*, sino una *atracción*. Aquel que envió a Cristo para salvar a los pecadores, envía luego a los pecadores para que sean salvos por Cristo. Este llamamiento de Dios es eficaz siempre en aquellos que Dios ha escogido en Su soberanía, como el mismo apóstol testifica: *"Pero cuando agradó a Dios, que me apartó desde el vientre de mi madre, y me llamó por su gracia"* (Gá. 1:15). No significa esto que el evangelio no tenga un llamamiento universal a todos los hombres, llamándolos a salvación. El llamado del Padre, que *atrae* a los hombres a Cristo es algo cuestionado por muchos, que no alcanzan a entender claramente lo que tiene que ver con la soberanía divina y con la responsabilidad humana. Es necesario entender claramente que todo cuanto es de salvación, es de Dios,

---

[18] Griego: ἕλκω.

y todo lo que tiene que ver con condenación es de responsabilidad del hombre. Al llamado del Padre que atrae a los pecadores al Salvador, corresponde la justificación como consecuencia de la fe. Dios justifica a quienes reciben el llamamiento. El futuro de la Iglesia está bien definido. A quienes el Padre llama y son justificados, se establece para ellos la glorificación. La glorificación corresponde al futuro, pero la seguridad de la salvación la da como un hecho ocurrido. Es la forma habitual de expresar el futuro profético, mediante un pasado perfecto como hecho ocurrido. El propósito de Dios para los salvos es que sean conformados a la imagen de su Hijo y esto sólo ocurrirá definitivamente en la glorificación, por tanto, a los que llama y justifica, también glorificará, pudiendo darlo como algo que inexorablemente se va a producir. Para la iglesia, esto es, para los que han creído en Cristo y han sido incorporados a Él, destina Dios una herencia que está reservada en los cielos (1 P. 1:4), por tanto, el disfrute sempiterno de ella pasará por la glorificación de los salvos. Dios, que guarda la herencia, guarda también a los herederos para ese fin (1 P. 1:5). El Padre encomendó la custodia de los Suyos a Cristo, poniéndolos en Su mano para que los resucite a todos en el día postrero (Jn. 6:40). Por estar en Cristo, la glorificación es ya un hecho *potencial* y *posicional* (Ef. 2:6). Un día recibirán también cuerpos gloriosos transformados a la semejanza del resucitado Señor (Ro. 8:11, 23; 1 Co. 15:43-53; Fil. 3:21; 1 Jn. 3:2). El poder de Dios está comprometido en la presentación de todos los Suyos delante de Él en Su gloria (Ef. 5:27; Jud. 24, 25; Ap. 19:7-8).

La identificación general de los que han sido incorporados a la Iglesia es la común fe en Jesucristo. En esto se manifiesta de forma distintiva la obra del Espíritu Santo. La fe es el elemento para entrar en la experiencia de salvación (Ro. 5:1). Esta fe salvadora es un don de Dios (Ef. 2:8-9). El texto habla de salvación en su aspecto general, por tanto, tiene que comprender también los elementos particulares. Todo el proceso de salvación desde su génesis, es una operación de la gracia (Sal. 3:8; Jon. 2:9). Toda obra humana queda excluida y no puede ser aceptada por Dios en el orden salvífico. La gracia facilita el medio para salvarse, que es la fe (Ef. 2:8). La fe es el *instrumento,* pero nunca la *causa* de la salvación. Es evidente que Dios da cuanto sea necesario para ser salvo: El Salvador (Jn. 3:16; Gá. 4:4; 1 P. 4:1). La obra salvadora realizada por Cristo en la Cruz (Ro. 4:21). La gracia como vehículo de salvación y esperanza segura para el salvo, recurso y apoyo para la vida de santificación mientras se espera a Jesucristo (Jn. 1:14, 17; Ef. 2:5; 1 P. 1:13). El instrumento para salvación que es la fe (Ro. 5:1); mediante ella se recibe la justicia de Cristo que Dios otorga, de modo que el pecador que cree es declarado justificado delante de Él.

Otro distintivo de los creyentes que son miembros de la Iglesia, es su condición de *regenerados*. Esta es una obra de renovación plena y de dotación de un corazón nuevo, operación efectuada por el Espíritu Santo en todo aquel que cree (Tit. 3:5). Antes que un caído pueda entrar al Reino de Dios y pasar a ser un habitante del cielo, Dios tiene que obrar una transformación en él. La magnitud de esa obra es tal que sólo puede compararse con un *nuevo nacimiento*. La regeneración es necesaria por la propia condición del hombre natural ya que *"lo que es nacido de la carne, carne es; y lo que es nacido del Espíritu, espíritu es"* (Jn. 3:6). Estas palabras de Cristo fueron dirigidas a un líder del pueblo de Israel, no a alguien de baja condición moral. Es evidente que para estar en la presencia de un Dios santísimo se requiere una condición santa (Sal. 24:3-4). El hombre natural es incapaz de vivir conforme a la voluntad de Dios en obediencia a Él, porque su naturaleza es de desobediencia. Todos los hombres están muertos en *delitos y pecados* (Ef. 2:1), por lo que necesitan una auténtica resurrección espiritual que se produce en el momento de creer, cuando el Espíritu Santo une vitalmente al pecador salvo con el Salvador (Ef. 2:6); de otro modo, el muerto espiritual viene a la vida por la acción vinculante del pecador que ha creído, con Cristo. Solo por la regeneración se alcanza la condición requerida para ser templo de Dios en Espíritu (3:16). La vida que cada uno de los miembros del cuerpo de Cristo tiene, es la *vida eterna*, que no es otra que la comunicada por Cristo resucitado (Jn. 10:10; 14:6; Ro. 6:23; Col. 1:27). La regeneración dota de una nueva experiencia de vida, al hacer la *vida eterna* el modo natural de la vida cristiana, mediante la participación del pecador regenerado en la naturaleza divina (2 P. 1:4).

El creyente bautizado en Cristo entra en una nueva posición. Antes de eso tuvo que producirse la liberación del pecado mediante la identificación con el Salvador. Al poner al creyente en una relación personal con la muerte de Cristo, la relación de esclavitud del pecado fue cortada y recibe poder para una vida fuera de esa esfera. Todavía más, la identificación con la muerte de Cristo produce poder liberador sobre el *yo* (Gá. 2:20), sobre el mundo (Gá. 6:14), y sobre la carne (Gá. 5:24). La liberación sobre el poder del pecado se produce para todo creyente, por tanto, ya no hay excusa para vivir en él. La identificación con Cristo es también en Su sepultura y resurrección, para novedad de vida, quien comunica vida a la nueva humanidad en Él (15:45). El que ha sido puesto en Cristo es una nueva creación (2 Co. 5:17). El mundo de la regeneración es un mundo nuevo.

La Iglesia es también un cuerpo de creyentes que descansan en esperanza. La grandeza de esa esperanza es común a todos, puesto que no se trata de cosas que vendrán, sino de una Persona: *"Cristo es en vosotros, la esperanza de gloria"* (Col. 1:27). La gloria de la Iglesia es Cristo, la seguridad de la Iglesia el poder de Cristo (Fil. 4:13). Lo que a los ojos de los hombres es de poco interés y de menor importancia, es a los de Dios, un cuerpo de hombres y mujeres llevados siempre en victoria (2 Co. 2:14).

Es a este cuerpo de creyentes, establecido en Corinto a quien escribe la *Epístola*. Sin duda, como se ha hecho notar anteriormente, la carta se dirige a ellos, pero, siendo una manifestación espacio-temporal de la iglesia universal, como asamblea local, las indicaciones que el apóstol hace en ella son para toda la Iglesia en general.

ἡγιασμένοις ἐν Χριστῷ 'Ιησοῦ, La Iglesia es un pueblo santificado para salvación (1 P. 1:2), que se produce por la intervención de las tres Personas Divinas. La obra del Padre en la elección de los creyentes desde la eternidad (Ef. 1:4), que obedece no solo al *pre-conocimiento*, sino a la *presciencia* de Dios, expresión de un movimiento afectivo y una determinación divina (Ro. 8:29; 11:2; Ef. 1:5). La obra del Espíritu conduce a la obediencia del pecador salvo, de modo que lo que era imposible al hombre no regenerado lo hace posible la acción del Espíritu (Ef. 2:1-3). Además, la obra redentora del Hijo purifica al creyente, capacitándole para servir al Dios vivo (He. 9:14). Esta operación de la gracia dispone al cristiano para vivir la experiencia de la santificación, el modo propio de la vida del salvo. De manera que la Iglesia ha de mostrar la santidad de los creyentes en una vida en donde el pecado no tiene razón de ser. La limpieza del pecado conduce a la santidad de vida, en un estado definitivo de posición en Cristo (1:30). Estos son, por tanto, separados para Dios como un pueblo santo (1 P. 2:9), lo que implica necesariamente, haber sido limpios para Dios por la obra de salvación hecha en Cristo y por la regeneración del Espíritu Santo (1 P. 1:2). *Santificados* es una expresión usada para hablar de los resultados de la expiación por el sacrificio (He. 2:11; 10:14; 13:12). La santificación es el resultado de la posición en Cristo, unidos vitalmente al Señor son santificados y la Iglesia es un cuerpo consagrado por Dios para Sí mismo.

Debe entenderse con claridad que estos fueron *santificados en Cristo Jesús*. El uso del participio perfecto indica una acción realizada definitivamente y que es ya una experiencia del salvo. Literalmente se lee aquí: *"Que han sido santificados en Cristo Jesús"*. Aunque la santificación es progresiva, para Dios es un hecho concluido por medio de la unión vital del creyente con Cristo. No supone esto que por cuanto Jesucristo fue hecho para cada creyente *santificación*, no tenga éste que ocuparse reverentemente en ella cada día (Fil. 3:12).

κλητοῖς ἁγίοις, A los santificados, se les llama aquí *santos*. La traducción literal es *llamados santos*. ¿Es necesario añadir el complemento que convierte la expresión en *llamados a ser santos*? No necesariamente. La misma frase implica dos cosas: a) su calificativo espiritual es *santos*, es decir, es el nombre que les corresponde; b) su ocupación la práctica de la vida santa. Esta es la forma natural para identificar a un cristiano. Es santo por vinculación personal con Cristo que, por identificación con Él, santifica a quienes forman parte de Su cuerpo. Para ellos ya no hay ninguna condenación porque han sido justificados por la fe (Ro. 5:1; 8:1). Por esa condición pueden entrar al trono de la gracia para una relación personal con Dios. Pero, al mismo tiempo su ocupación ha de ser la de vivir en la santificación, la ocupación de los tales ya no es el pecado, sino la santificación (Fil. 2:12-13), para lo cual Dios provee de fuerzas espirituales produciendo en ellos tanto el querer como el hacer por Su buena voluntad. Separados por Dios para usos santos, son santos por llamamiento, por lo que deben manifestarlo en su forma natural de vida (1 P. 1:14-15).

Es sorprendente que pueda llamarse, humanamente hablando *santos* a personas con los problemas que se manifiestan en el escrito. Esto debe enseñarnos que no debemos llamar *inmundo* a lo que Dios ha hecho limpio. Siempre es fácil, sobre todo para los que buscan una santidad externa, acusar a los hermanos de vidas contrarias a la voluntad de Dios, olvidándose que Jesús no fue enviado para condenar, sino para salvar. Es en la edificación, restauración, orientación y aliento, en que se funda la acción de los hermanos unos con otros y de los pastores para con la congregación de los santos. Nadie debe olvidar que la Biblia enseña: *"no juzguéis para que no seáis juzgados. Porque con el juicio con que juzgáis, seréis juzgados, y con la medida con que medís, os será medido"* (Mt. 7:1-2). El calificativo de *santos* para los corintios debiera traer como consecuencia un trato exquisito para con los hermanos.

σὺν πᾶσιν τοῖς ἐπικαλουμένοις τὸ ὄνομα τοῦ Κυρίου ἡμῶν Ἰησοῦ Χριστοῦ ἐν παντὶ τόπῳ, αὐτῶν καὶ ἡμῶν· El alcance de la *Epístola* se determinado por el mismo que la escribe. Está dirigida a todos los que *invocan* el nombre de Jesucristo. Los cristianos son personas que *invocan* a Jesús, reconociéndolo como Señor. *Invocar* expresa la idea de llamar en solicitud de ayuda. La primera invocación a Jesús de un pecador es para salvación (Ro. 10:13), pero, en lo sucesivo es una continua expresión de dependencia y de obediencia. Nadie que ha invocado a Jesús para salvación, deja de reconocerlo como Señor. Para ser salvo se requiere solamente *creer* en el Señor Jesucristo, pero una vez ejercida la fe en Él, se le reconoce incuestionablemente como Señor. Es necesario entender que quienes *invocan* al Señor, son santos y lo hacen con *corazón puro*, o *corazón limpio*, como consecuencia interior de la regeneración (1 Ti. 1:5; 2 Ti. 2:22).

Es notable observar que la identificación para los cristianos, inmediatamente después de Pentecostés, era precisamente ésta: *los que invocan el nombre de Jesucristo* (1:2).

El escrito se dirige primero a los creyentes en la provincia de Acaya (2 Co. 1:1), pero alcanza a todos los cristianos y a la Iglesia en todos los tiempos. La *Epístola* como Palabra *inspirada* es un escrito *atemporal*.

Cabe destacar también en el texto que a este que se *invoca*, Jesucristo, es *Señor* de ellos y nuestro. El título *Señor*, califica a Jesús como aquel a quien Dios ha dado la soberanía universal, por tanto, la deidad de Cristo se manifiesta también en el reconocimiento del apóstol. La Iglesia es, según el apóstol, la sociedad que le reconoce y adora porque es Señor. Por tanto, Cristo es reconocido de este modo, en una manifestación de adoración mucho más que de reconocimiento intelectual. Esto alcanza a todos los creyentes: *A todos... en todo lugar*. De manera que el apóstol está diciendo, que Jesucristo es el Señor, no solo de *vosotros* los lectores, sino también de *nosotros* los enseñadores y apóstoles. Esto es una preparación anticipada para rebatir la posición de quienes, en la iglesia en Corinto se decían ser de *Pablo, de Cefas, de Apolos*, tomando a los hombres como señores, cuando hay un solo Señor de todos que es el Salvador, al que invocamos.

3. Gracia y paz a vosotros, de Dios nuestro Padre y del Señor Jesucristo.

χάρις ὑμῖν καὶ εἰρήνη ἀπὸ Θεοῦ Πατρὸς ἡμῶν καὶ Κυρίου
Gracia a vosotros y paz de Dios padre de nosotros y de Señor
Ἰησοῦ Χριστοῦ.
Jesucristo.

Análisis y notas del texto griego.

Análisis: χάρις, caso nominativo femenino singular del nombre común *gracia*; ὑμῖν, caso dativo de la segunda persona plural del pronombre personal declinado *a vosotros*; καὶ, conjunción copulativa *y*; εἰρήνη, caso nominativo femenino singular del nombre común *paz*; ἀπὸ, preposición propia de genitivo *de*; Θεοῦ, caso genitivo masculino singular del nombre divino *de Dios*; Πατρὸς, caso genitivo masculino singular del nombre divino *Padre*; ἡμῶν, caso genitivo de la primera persona plural del pronombre personal declinado *de nosotros*; καὶ, conjunción copulativa *y*; Κυρίου, caso genitivo masculino singular del nombre divino *Señor*; Ἰησοῦ, caso genitivo masculino singular del nombre propio *Jesús*; Χριστοῦ, caso genitivo masculino singular del nombre propio *Cristo*.

χάρις ὑμῖν καὶ εἰρήνη. El saludo del apóstol expresa un deseo personal para los lectores, establecido en la forma habitual de la correspondencia de entonces. A la salutación añade también la *bendición*, haciéndola descansar en la gracia y en la paz, procedentes ambas de *"Dios el Padre y del Señor Jesucristo"*, como expresión del saludo general para ellos. El saludo es peculiar y plenamente identificativo con el acostumbrado de los escritos del apóstol (cf. Ro. 1:7; 1 Co. 1:3; 2 Co. 1:2). Las dos palabras *gracia* y *paz* están plenamente vinculadas con el evangelio llamado por Pablo *evangelio de la paz* (Ef. 6:15); también se dice que Cristo *"es nuestra paz"* (Ef. 2:14); la gracia es el modo de salvación (Ef. 2:8-9); enseña también que Jesús mediante Su obra *"hizo la paz"* (Ef. 2:15), anunciando las *"buenas nuevas de paz"* para todos (Ef. 2:17). Es también por gracia que se reciben los dones y se dota a la Iglesia de los creyentes para el ministerio, de ahí que reconozca que su apostolado procede de una manifestación de la gracia (Ro. 1:5). Con el tiempo esta fórmula pasaría al ritual de la introducción del culto cristiano.

La gracia es uno de los dos elementos manifestantes del amor divino, que se expresa bien en misericordia, como al *amor en extensión*, es decir, el amor que ama permanentemente y que lo hace para otorgar favores propios del *ágape divino* al compadecerse del sufrimiento humano. Esa es la razón por la que los ciegos de nacimiento clamaban a Jesús diciendo: *"Ten misericordia de nosotros, Hijo de David"* (Mt. 9:27). Ese amor expresado en misericordia se extiende para amar en todo tiempo, de ahí que, en medio de la destrucción de Jerusalén a causa del pecado del pueblo, por medio de los babilonios, el profeta diga: *"Por la misericordia de Jehová no hemos sido consumidos, porque nunca decayeron sus misericordias. Nuevas son cada mañana"* (Lam. 3:22-23). La gracia es un aspecto más amplio y radical que el de la misericordia. Es el amor que desciende hasta la condición del miserable, de ahí, que cuando se habla de gracia haya un acompañamiento de descenso, como ocurre con la gracia de Jesucristo que se hace pobre siendo rico (2 Co. 8:9). La gracia es el amor que *obliga* a Dios a descender al encuentro del hombre en Cristo Jesús. Nada mejor que el verbo *obligar* para referirse a la expresión de la gracia. Dios se obligó a Sí mismo para venir al encuentro del pecador en el Plan de Salvación, producido en Su voluntad soberana antes de la creación (2 Ti. 1:9). Dios ama por razón existencial, ya que una de las perfecciones de la vida de Dios, en el aspecto de la naturaleza divina, es el amor (1 Jn. 4:8). Dios, por tanto, no es amor porque ama, sino que ama porque es amor. Para expresarlo en forma absoluta, a Dios le va la vida si dejase de amar. Su propia naturaleza le condiciona al amor. Sobre todo, la gracia alcanza la importancia plena como *causa y razón* de la salvación del hombre (Ef. 2:8-9). Sólo es posible la salvación por razón de la gracia. La fe es el medio instrumental para alcanzarla, pero de ningún modo, ni razón ni causa de ella. La gracia que salva al hombre lo hace para todo el proceso de la salvación. Es por gracia que Dios justifica al hombre (Tit. 3:7). De esa manera cuando el pecado abundó *sobreabundó* la gracia (Ro. 5:20), por cuya gracia Dios envía a su Hijo para salvar al pecador. Pero, la salvación en la esfera de la santificación, sólo es también posible por gracia. La gracia de Dios provee de lo necesario para que el cristiano pueda vivir una vida en santidad y llevar a cabo el servicio que Dios le ha establecido (15:10). De la misma manera la culminación plena de la salvación consistente en la glorificación del salvo, será una operación de la gracia (1 P. 1:13). La gracia es la fuente de la bendición para el cristiano, por eso Santiago dice que aún en las situaciones más difíciles como pueden ser las pruebas *"Dios da mayor gracia"* (Stg. 4:6).

Junto con el deseo de la administración de la gracia para cada creyente, está también el deseo de la paz, como bendición procedente de Dios, del Dios de paz (Fil. 4:9). La gracia es la causa y razón suprema de todo bien, de la que también mana la paz para el disfrute y experiencia de la vida cristiana. De otro modo: la gracia es la fuente y la paz el resultado de los dones y bendiciones que manan de ella. Como escribe el Dr. Hendriksen: *"Esta paz es la sonrisa de Dios que se refleja en el corazón de los redimidos, la seguridad de la reconciliación mediante la sangre de Cristo, y la auténtica integridad y prosperidad espiritual. Es la gran bendición que Cristo otorga a la iglesia mediante su sacrificio expiatorio (Jn. 14:27), y que sobrepasa a todo entendimiento (Fil. 4:7)"*[19].

La paz fue el admirable regalo que Jesús dejó a los Suyos y, por extensión, a todos los salvos, durante la última cena (Jn. 14:27). La paz allí adquiere dos sentidos: a) El de *relación*, en el cual Jesús asegura que ha dejado *hecha* la paz con Dios; aquel estado de enemistad propio del pecado, quedó cancelado en la obra de reconciliación. b) El de *experiencia*, ya que el Señor llama a vivir *Su propia paz*, la que como hombre experimentaba en medio del conflicto de la última noche. La paz de Dios inunda el corazón del salvo mediante la acción del Espíritu que la produce en él (Gá. 5:22; Fil. 4:7). De ahí que se demande solemnemente que cada cristiano se aplique a la conservación de la unidad corporativa en Cristo *"en el vínculo de la paz"* (Ef. 4:3). La salvación, por medio de

---

[19] G. Hendriksen. *Efesios* Editorial Subcomisión Literatura Cristiana de la Iglesia Reformada. Grand Rapids, 1984, pág. 75.

la regeneración, convierte a los creyentes en *pacificadores*, que los hace bienaventurados y les permite manifestar la condición de hijos de Dios: *"Bienaventurados los pacificadores, porque ellos serán llamados hijos de Dios"* (Mt. 5:9). En el mundo podrán encontrarse los que excepcionalmente son personas pacíficas. Esto es, los que huyen de los conflictos, los que nunca entablarían un pleito con nadie, los enemigos de las guerras y de las disputas. Este es el concepto que la sociedad suele tener de lo que es ser un *pacificador*. Sin embargo, el pacificador es aquel que *vive la paz* y, por tanto, la busca insistentemente. Es el que procura y promueve la paz. Paz en el concepto bíblico tiene que ver con una correcta relación con Dios. El que ha sido justificado por medio de la fe, está en plena armonía con Dios y siente la realidad de una paz perfecta que sustituye a la relación de enemistad anterior a causa del pecado (Ro. 5:1). El Señor vino al mundo con el propósito de *matar las enemistades* y anunciar las *buenas nuevas de paz* (Ef. 2:16-17). La demanda para el creyente en una vida de vinculación con Jesús, no puede ser otra que su mismo sentir (Fil. 2:5). Por tanto, la paz es una consecuencia y una experiencia de la unión vital con Cristo. La identificación con Él convierte al creyente en algo más que un pacífico, lo hace un *pacificador*. Esto es la forma natural de quien vive la vida que procede del Dios de paz (14:33). El desarrollo visible de su testimonio discurre por una senda de paz, por cuanto sus pies han sido calzados con el apresto del evangelio de paz (Ef. 6:15). La santificación adquiere esa dimensión, por cuanto es una operación del Dios de paz (1 Ts. 5:23). No se trata de aspectos religiosos o de teología intelectual, sino de una experiencia vivencial y cotidiana, que se expresa en muchas formas y hace visible en ellas esa realidad. El pacificador manifiesta esa condición porque anhela la paz con todos los hombres. Hace todo cuanto le sea posible por estar en paz con todos (Ro. 12:18); siente la profunda necesidad de *seguir* la paz (He. 12:14); anhela predicar a todos el Evangelio de la paz (Ef. 6:15); siente que Dios le ha encomendado anunciar a todos la paz que Él hizo en la Cruz, y procura llevarlo a cabo (2 Co. 5:20). El pacificador modela su vida conforme al Príncipe de paz que busca a los perdidos (Lc. 19:10); busca al que ha caído para restaurar al que ha ensuciado parcialmente su vida espiritual (Jn. 13:12). Eso los hace *"bienaventurados"* porque solo ellos pueden ser *"llamados hijos de Dios"* (Mt. 5:9). Un título de honor superior a cualquier otro. Dios reconoce a todo el que cree en el Hijo, como hijo Suyo (Jn. 1:12). Pero, a éstos a quienes Dios reconoce como Sus hijos, el mundo debe *conocerlos*, por su conducta pacificadora que expresa la participación en la divina naturaleza, como hijos del Dios de paz (2 P. 1:4). Quienes los observan deben descubrir en ellos el carácter del Dios de paz (1 Jn. 4:17b). Éstos, que experimentan en ellos la nueva vida de que fueron dotados en la regeneración, buscan y viven lo que Dios hizo en ellos, esto es, la verdadera paz. Son creyentes que tal vez hablan poco de paz, pero viven la experiencia de ella. No son conflictivos, buscando agradarse a ellos mismos, sino que son capaces de renunciar a sus derechos con tal de mantener la paz. No transigen con el pecado, pero buscan al que ha caído para restaurarlo a la comunión Dios. La paz se ha hecho vida en ellos, gozándose en esa admirable experiencia. No hay dificultad ni problema que logre inquietarlos en su vida cristiana, por tanto, al no estar ellos inquietos, no son medio para inquietar a otros, sino todo lo contrario. El que ha experimentado la realidad de la paz de Dios en su vida es un *pacificador*. Si no procura la paz y la sigue, debe preguntarse si ha tenido alguna experiencia personal con el Dios de paz. La diferencia entre un cristiano normal y un pacificador es que el primero suele hablar de Dios y Su obra de paz, el segundo vive al Dios de paz de tal modo que no necesita palabras para hablar de Su paz.

ἀπὸ Θεοῦ Πατρὸς ἡμῶν καὶ Κυρίου 'Ιησου Χριστοῦ. Las dos provisiones, tanto la gracia como la paz vienen de Dios, de donde procede toda bendición (Stg. 1:17), ya que ambas pertenecen al orden de la salvación y todo cuanto tiene que ver con ella desciende de Dios (Sal. 3:8; Jon. 2:9). La Primera Persona Divina, el Padre está patentemente presente en la bendición. Pero, al mismo tiempo también lo está, en plano de igualdad en el otorgamiento la Segunda Persona, el Hijo de Dios, nuestro Señor Jesucristo. Primeramente, porque en Su condición de Mediador único (1 Ti. 2:5), hace posible que la gracia divina llegue a los hombres, habiendo sido el depositario de ella desde la eternidad (2 Ti. 1:9). La gracia administrada desde el principio del tiempo por Jesucristo, vino con Él en la entrada como el Verbo eterno en el mundo de los hombres (Jn. 1:17), siendo manifestada en Él y por Él (2 Ti. 1:10). Esta unidad de Jesucristo en la concesión de la bendición de gracia y paz no es simplemente en razón de Su condición de Mediador, sino de Su propia deidad. Como Dios eterno en la unidad del Padre y del Espíritu, le corresponde la unidad en la bendición. Por esta causa procede tanto del Padre como del Señor Jesucristo. No habrá ninguna bendición que los creyentes puedan recibir en la que no esté también involucrado como dador de ella el Señor Jesucristo, ya que en Él somos bendecidos con toda bendición espiritual en los lugares celestiales (Ef. 1:3). Es necesario entender que los tres nombres dados al Señor en este lugar son absolutamente divinos. Él es *Señor*, título de soberanía absoluta dado a Dios, que corresponde y le es propio a Jesucristo. El nombre de *Señor* define la condición de absoluta autoridad y dominio con que fue revestida la humanidad del Resucitado a causa de Su vinculación hipostática en la Segunda Persona de la Deidad (Fil. 2:9-11). Es importante apreciar que en la oración tanto *Dios* como *Señor* aparecen sin artículo, dando a entender que tanto la condición de Dios y también la de Señor están en relación con Jesucristo. Sólo ante Dios se doblará toda rodilla, y sólo quien es Dios puede ser Señor, sobre todo. A este título de Señor, une el apóstol los de *Cristo*, el enviado y ungido de Dios y de *Jesús*, el título impuesto por Dios mismo para definir a Su encarnado Hijo, que desde la dimensión humana le cualifica para ser el único Salvador de los hombres (Mt. 1:21). El nombre que debía imponerse al que nacería, debía ser Jesús. Esa es la forma griega del nombre hebreo Y^{e}*hôsua*, *Josué*, que puede traducirse por *Dios es salvación.* La misión que tendría Jesús el Verbo hecho carne (Jn. 1:14) era la encomendada por Dios y determinada en Su propósito soberano de salvación desde antes de la creación del mundo (2 Ti. 1:9). En el tiempo de la ejecución del plan de salvación, el Señor Jesús llevó a cabo la misión que como Dios había asumido en la eternidad (1 P. 1:18-20). La obra de salvación, es de valor y alcance universal (Jn. 3:16). Él venía para *"salvar a su pueblo"*, lo que suponía una relación específica con Israel. Sin embargo, el Salvador no lo sería sólo de ellos, sino de todo el mundo. El alcance de *su pueblo* incluye a todos los salvos. Éstos y sólo éstos, son el pueblo de Dios (1 P. 2:9), Sus hijos (Jn. 1:12), miembros de Su casa y familia (Ef. 2:19) y herederos de todo en Cristo (Ro. 8:17). La deidad de Jesucristo está claramente expresada en el texto, ya que Jesús, el nombre del niño que nacía, es también el Cristo y es el Señor. Humanidad y deidad son inseparables, aunque sin mezcla, desde la encarnación del eterno Verbo de Dios.

La bendición adquiere aquí una doble vertiente: Es primeramente una bendición *paternal*, por cuanto procede del Padre, pero también es, en segundo lugar, una bendición *fraternal*, hermanable, porque procede de quien no se avergüenza de llamarnos Sus hermanos, haciéndose en todo semejante a nosotros (He. 2:11-12, 17). Por esta bendición, los creyentes ya no son sólo los *"santificados en Cristo llamados a ser santos"*, sino aquellos que están vinculados con Dios por medio de la salvación y viven la paz. En esa calidad de bendecidos deben prestar atención a cuanto sigue.

Acción de gracias (1:4-9)

4. Gracias doy a mi Dios siempre por vosotros, por la gracia de Dios que os fue dada en Cristo Jesús.

Εὐχαριστῶ τῷ Θεῷ μου[1] πάντοτε περὶ ὑμῶν ἐπὶ τῇ χάριτι τοῦ
Doy gracias - a Dios de mí siempre por vosotros por la gracia -
Θεοῦ τῇ δοθείσῃ ὑμῖν ἐν Χριστῷ ᾽Ιησοῦ,
de Dios la que fue dada a vosotros en Cristo Jesús.

Análisis y notas del texto griego.

Análisis: Εὐχαριστῶ, primera persona singular del presente de indicativo en voz activa del verbo εὐχαριστέω, *dar gracias*, aquí *doy gracias*; τῷ, caso dativo masculino singular del artículo determinado *el*; Θεῷ, caso dativo masculino singular del nombre divino declinado *a Dios*; μου, caso genitivo de la primera persona singular del pronombre personal declinado *de mí*; πάντοτε, adverbio *siempre*; περὶ, preposición propia de genitivo *por*; ὑμῶν, caso genitivo de la segunda persona plural del pronombre personal *vosotros*; ἐπὶ, preposición propia de dativo *por*; τῇ, caso dativo femenino singular del artículo determinado *la*; χάριτι, caso dativo femenino singular del nombre común *gracia*; τοῦ, caso genitivo masculino singular del artículo determinado *el*; Θεοῦ, caso genitivo masculino singular del nombre divino declinado *de Dios*; τῇ, caso dativo femenino singular del artículo determinado *la*; δοθείσῃ, caso dativo del participio aoristo primero en voz pasiva del verbo δίδωμι, *dar, entregar*, aquí *que fue dada*; ὑμῖν, caso dativo de la segunda persona plural del pronombre personal declinado *a vosotros*; ἐν, preposición propia de dativo *en*; Χριστῷ, caso dativo masculino singular del nombre propio *Cristo*; Ἰησοῦ, caso dativo masculino singular del nombre propio *Jesús*.

Notas. Crítica Textual. Lecturas alternativas.

[1] Εὐχαριστῶ τῷ Θεῷ μου πάντοτε, *Doy gracias a mi Dios siempre*, según lectura en a[1], A, C, D, F, G, L, P, Ψ, 33, 81, 104, 365, 630, 1175, 1241, 1505, 1739, 1881, 2464.

Εὐχαριστῶ τῷ Θεῷ πάντοτε, *Doy gracias a Dios siempre*, conforme a la lectura en a*, B.

Εὐχαριστῶ τῷ Θεῷ μου, En algunos escritos, como el caso de la *Epístola a los Gálatas*, a la brevedad del saludo sigue ya la exhortación a los lectores, por los problemas urgentes en cuando a doctrina fundamental. En esta ocasión, aunque hay serios problemas eclesiales, hay tiempo para extenderse un poco más en la introducción antes del primer tema. Por esa razón el apóstol entra en un párrafo de gratitud a Dios por la obra que está haciendo con los creyentes en la iglesia en Corinto. La oración está dirigida a quien hace posible la realidad de la iglesia en ese lugar. Dios, que lo es de todos los creyentes, reviste aquí en la alabanza de Pablo, una forma personal. El apóstol ora a *mi Dios*. Tan sólo dos códices el *Sinaítico* y el *Vaticano*, omiten el pronombre personal *mí*[20]. La oración, como es propio en cada ocasión que se practica, debe dirigirse al Padre, en el nombre del Hijo y en el poder del Espíritu.

[20] Ver Crítica Textual. Lecturas alternativas, en el cuadro de análisis.

πάντοτε περὶ ὑμῶν. Ora siempre y lo hace por *vosotros*, esto es, por todos los creyentes de la iglesia en Corinto. Llama la atención que esté agradeciendo a Dios por los miembros de la iglesia, a los que va a exhortar con firmeza, y de los que pondrá de manifiesto en el escrito, numerosos pecados y miserias espirituales. ¿Cómo puede dar gracias por divisionarios? ¿Cómo puede agradecer por quienes cuestionan su autoridad apostólica? ¿Cómo sentirse agradecido por los que usan los dones en provecho personal para su propia gloria? ¿Cómo estar reconocido por quienes viven en perversidades morales? No es posible entenderlo desde el punto de vista humano, de ahí que algunos sugieren que este texto tiene un carácter irónico. Pero, queda excluida por lo que sigue, ya que no se trata de agradecer por la situación, sino por la gracia que estableció una iglesia en aquella ciudad.

ἐπὶ τῇ χάριτι τοῦ Θεοῦ. Dirige su gratitud a Dios por *la gracia* otorgada a aquellos a quienes había salvado. La salvación de ellos, se produjo, como la de todos los salvos, por la acción de la gracia de Dios (Ef. 2:8-9). Aunque el término *gracia* tiene que ver con un *don*, en este caso, al don de la salvación se une la condición inmerecida de quien lo recibe. Todos los hombres expresan el pecado en mayor o menor intensidad y todos ellos son indignos de ningún favor de Dios, tan sólo sus merecimientos son la condenación a causa de sus transgresiones. Pero Dios, en Su misericordia otorga el favor de salvación para todo aquel que cree, sin tener en cuenta lo que el que cree es, sino haciéndole destinatario de Su gracia. Nadie puede ganar el don de la salvación por sí mismo, es un hecho de magnanimidad divina. De ahí que el apóstol diga en otro lugar que *"por gracia sois salvos, por medio de la fe, y esto no es de vosotros, en un don de Dios; no por obras para que nadie se gloríe"*.

Aunque ya se ha tratado sobre la gracia anteriormente, será bueno detenerse un momento en algunas sencillas observaciones más sobre ella. El apóstol expresa gratitud a Dios por Su gracia salvadora, destacando que la salvación de todos los creyentes de la iglesia en Corinto y todo lo alcanzado en la experiencia de salvación y la salvación misma es solamente por la gracia de Dios. La gracia se anuncia como causa de la salvación en el mismo plan de redención, como el apóstol Pablo enseña: *"Quien nos salvó y llamó con llamamiento santo, no conforme a nuestras obras, sino según el propósito suyo y la gracia que nos fue dada en Cristo Jesús antes de los tiempos de los siglos"* (2 Ti. 1:9). Es necesario enfatizar que todo cuanto tiene que ver con salvación procede absolutamente de Dios, como la Biblia enseña claramente: *"La salvación es de Jehová"* (Sal. 3:8; Jon. 2:9). El apóstol vincula la salvación con la gracia en todo el proceso desde la dotación del Salvador, en el cumplimiento del tiempo

(Jn. 3:16; Gá. 4:4; 1 P. 1:18-20), pasando por la ejecución del sacrificio expiatorio por el pecado en la Cruz, luego el llamamiento de los perdidos a salvación, la regeneración espiritual y la glorificación final de los redimidos, está comprendido en un todo procedente de la gracia (Ro. 8:28-30). Cada paso en las etapas de la salvación se debe enteramente a la gracia. Incluso la capacitación divina para salvación que hace posible que el pecador desobediente por condición, e hijo de ira por transgresión, incapaz de obedecer a cualquier demanda de Dios y mucho menos de entregarse personalmente en un acto de obediencia incondicional en el llamamiento divino a salvación, pueda llevarlo a cabo mediante la capacitación del Espíritu Santo (1 P. 1:2). El apóstol Pedro, en el versículo anterior, sitúa todo el proceso de salvación bajo la administración y ejecución de Dios, en un acto de amor benevolente que no es sino una manifestación expresiva de la gracia. Los sufrimientos del Salvador son también la consecuencia de ella (He. 2:9). La irrupción de Dios en Cristo, en la historia humana, tiene un propósito de gracia: *"Para que por la gracia de Dios gustase la muerte por todos"* (He. 2:9). No hay duda que el escritor se está refiriendo a la obra sustitutoria de Cristo. La Cruz da expresión al eterno programa salvífico de Dios. En ella, el Cordero de Dios fue cargado con el pecado del mundo conforme a ese propósito eterno de redención (1 P. 1:18-20). Cuando subió a la Cruz lo hizo cargado con el pecado del mundo (1 P. 2:24). En el texto griego se lee *"gustase la muerte por todo"*, lo que abre la dimensión no sólo de la redención del hombre, sino de la restauración de todas las cosas a Dios. La obra de Jesucristo es una manifestación de la gracia. Gracia es una de las expresiones del amor de Dios. Se ha procurado dar varias acepciones al término, pero, tal vez, la más gráfica sea definir la gracia como el *amor en descenso.* Cada vez que se habla de gracia hay un entorno de descenso de Dios al encuentro del hombre en sus necesidades. Con el Verbo vino la gracia en plenitud (Jn. 1:17), y con ella el descenso del Hijo a la experiencia de limitación en la carne (Jn. 1:14). En otro lugar y como ejemplo, el apóstol Pablo habla de gracia con estas palabras: *"Ya conocéis la gracia de nuestro Señor Jesucristo, que por amor a vosotros se hizo pobre, siendo rico"* (2 Co. 8:9). Nuevamente la idea de descenso, de anonadamiento, de desprendimiento rodea a la palabra gracia. No cabe duda que la gracia, como único medio de salvación, procede de Dios mismo y surge del corazón divino hacia el pecador, en el momento de establecer el plan de redención (2 Ti. 1:9). En razón de la gracia, Dios se hace encuentro con el hombre en Cristo, para que los hombres, sin derecho a ser amados, lo sean por la benevolencia de Dios, con un amor incondicional y de entrega. Dios en Cristo se entrega a la muerte por todos nosotros, para que nosotros, esclavos y herederos de muerte eterna, a causa de nuestro pecado, podamos alcanzar en Él la vida eterna por medio de la fe, siendo justificados por la obra de la Cruz (Ro. 5:1). La gracia en la esfera de la salvación adquiere tres momentos: Primero en el génesis de la gracia, que se produce en la eternidad, antes de la creación del mundo. En ese fluir de la gracia, que es amor orientado al desposeído y perdido, no está presente el destinatario de ella, que es el hombre, por lo que, en espera del tiempo de los hombres, Dios deposita todo el infinito recurso de la gracia para salvación, en la Persona del Salvador, que, como Mediador entre Dios y los hombres (1 Ti. 2:5), manifiesta y otorga la gracia salvadora en la historia de la humanidad, desde la caída en el pecado de nuestros primeros padres. Esa gracia se manifiesta en la Persona del Salvador cuando encarnándose viene al mundo con misión salvadora. El mismo hecho de la encarnación es la primera consecuencia operativa de la gracia para salvación. La revelación de Dios en Cristo, tiene lugar mediante la manifestación de Dios en humanidad. El Verbo de Dios crea, como Creador absoluto de cuanto existe, una naturaleza humana, en unidad de acción con el Padre, que le apropia de cuerpo (He. 10:5) y con el Espíritu que lleva a cabo la operación de concepción de esa naturaleza (Lc. 1:35), y esa naturaleza creada es asumida por el mismo Creador, que es el Verbo, que también la personaliza, para que pueda producirse con ella y en ella, el definitivo encuentro de Dios con el hombre y del hombre con Dios. El hombre Jesús, que es Hijo consustancial con el Padre, se hace para siempre lugar de encuentro y de disfrute de la vida de Dios por el hombre. Eternamente la visión de Dios se llevará a cabo en la visión del Hijo de Dios encarnado, que hace visible al Invisible. El hombre creyente queda definitivamente establecido en el Hijo y, por tanto, afincado en Dios para disfrutar de la vida eterna que es la divina naturaleza (2 P. 1:4). Esa gracia salvadora se hace realidad y expresión en el hecho de que, por ella, el Hijo *"gustase la muerte por todos"*. En segundo lugar, la gracia salvadora es también la *gracia santificadora*. El hombre se salva sólo por gracia mediante la fe (Ef. 2:8-9), quiere decir esto, que solo la gracia y la instrumentalidad de la fe, hacen posibles la vida cristiana en la esfera de la salvación experimental en el tiempo presente, que es la santificación. Hay cristianos que se salvan por gracia, pero quieren santificarse por obras personales en su propio esfuerzo. Solo la gracia, operando en el creyente hace posible el cumplimiento de las demandas de la vida de santificación. Es Dios, mediante Su gracia, quien opera el querer y el hacer por Su buena voluntad (Fil. 2:13). La gracia habilita los recursos necesarios para llevar a cabo la vida victoriosa que corresponde al nuevo nacimiento. El apóstol Pablo lo expresa contundentemente cuando dice: *"Todo lo puedo en Cristo que me fortalece"* (Fil. 4:13). La gracia en la experiencia de la vida cristiana es una *gracia sustentante*. En medio de las dificultades propias del trayecto por el mundo, que es enemigo del cristiano a causa de su nueva vida, los recursos de la gracia siempre son más abundantes que las dificultades que puedan surgir, comprendiendo tanto las pruebas, como las tentaciones, y las persecuciones. Esa es la razón por la que Santiago dice: *"Pero Él da mayor gracia"* (Stg. 4:6), en una epístola cuyo entorno es de pruebas y dificultades. La gracia hace superable cualquier conflicto y cualquier dificultad. Eso se produjo inicialmente en relación con el pecado para salvación del pecador, porque *"cuando el pecado abundó, sobreabundó la gracia"* (Ro. 5:20), y de la misma manera sobreabundará la gracia para dar el socorro oportuno en la vida cotidiana de la fe. La tercera dimensión de la gracia en salvación, es la *gracia glorificante.* Esa gracia alcanza el punto máximo de potencialidad en los recursos salvíficos, con la glorificación del creyente. El apóstol Pedro describe esto cuando dice: *"Por tanto, ceñid los lomos de vuestro entendimiento, sed sobrios, y esperad por completo en la gracia que se os traerá cuando Jesucristo sea manifestado"* (1 P. 1:13). Vinculada a Cristo, la gracia se manifestó en su Persona, de manera que los que estuvieron cerca de Él vieron *"su gloria, como del Unigénito del Padre, lleno de gracia"* (Jn. 1:14). De la misma manera, se manifestará en la paruxía del Señor. En Su venida para recoger a los creyentes, la glorificación de cada uno de ellos, para estar para siempre con Jesús (1 Ts. 4:17), será una manifestación de la gracia, vinculada a su Persona. El que como Dios se hizo hombre y entró en la experiencia de la temporalidad, siendo eterno, lo hizo para alcanzar a los temporales y comunicarles la experiencia de eternidad mediante la vida de Dios en ellos. La Escritura enseña que Dios es el Salvador de los pecadores. Nada más concreto que la afirmación bíblica: *"La salvación es de Jehová"* (Sal. 3:8). Esta afirmación expresa la verdad y realidad de la salvación. El Antiguo Testamento no difiere del Nuevo en cuanto a todo lo que es de salvación, salvo en la mayor extensión de la obra salvífica realizada definitiva y eternamente en la Cruz. El estudioso de la Palabra y el predicador del evangelio no deben apartarse ni un ápice de esta verdad. Quiere decir esto que no debe permitirse licencia alguna en introducir al hombre -en mayor o menor grado- como colaborador de Dios, aportando algo a la salvación, ni tan siquiera en el modo de apropiarse de ella. La planificación, consumación y aplicación de la salvación es de Dios, sólo y exclusivamente. El hombre recibe la salvación apropiándose de ella por medio de la fe que, como todo lo que es de salvación, es don de Dios (Ef. 2:8-9). Todo el proceso de salvación de eternidad a eternidad obedece a la soberanía divina y se produce en razón del *"puro afecto de Su voluntad"* (Ef. 1:11). La salvación comprende también la vida de santificación, que será considerada en otro estudio, y que exige la ayuda del Señor para llevarla a cabo, al tratarse de quienes son *"hechura suya, creados en Cristo Jesús para buenas obras, las cuales Dios preparó de antemano para que anduviésemos en ellas"* (Ef. 2:10). La salvación es un don de Dios en Su gracia y en modo alguno obedece a la más mínima acción que el hombre pueda realizar. La predicación de una salvación diferente cae dentro del mensaje que no es evangelio sino anatema (Gá. 1:8-9).

τῇ δοθείσῃ ὑμῖν ἐν Χριστῷ ᾽Ιησοῦ, Por el Mediador fluye la gracia de Dios para que los creyentes puedan llevar fruto y mantenerse en esa relación con Dios en la experiencia de la santificación. La gracia no tiene coexistencia con el mérito humano. Lo mejor del hombre, ante la santidad de Dios, es como *"trapo de inmundicia"* (Is. 64:6). Por tanto, las obras humanas son puestas al margen y en su lugar se establece una relación con Dios por gracia mediante la fe. La iglesia en Corinto, y la Iglesia en general, ha de ser vista como un trofeo de la gracia. Así la apreció Bernabé cuando llegó a Antioquía. Aquel grupo de creyentes con poco conocimiento y posiblemente con una gran ausencia de organización, *"cuando llegó, y vio la gracia de Dios, se regocijó"* (Hch. 11:23). La iglesia no es el resultado del esfuerzo del hombre, sino la manifestación visible de la gracia de Dios.

Debe observarse que, en esta parte del versículo, el apóstol utiliza el pasivo del verbo. El agente dador de la gracia es Dios, como elemento activo es Él, los receptores, como elementos receptivos, son los creyentes. Si la gracia está en Cristo y viene en Él, (Jn. 1:14, 16, 17), los creyentes reciben esta gracia por medio de Jesucristo, y es eficaz en ellos por identificación con el Señor. Cada creyente, aún con sus imperfecciones es un trofeo de la gracia que debe glorificar a Dios con su vida.

5. Porque en todas las cosas fuisteis enriquecidos en él, en toda palabra y en toda ciencia.

ὅτι ἐν παντὶ ἐπλουτίσθητε ἐν αὐτῷ, ἐν παντὶ λόγῳ καὶ πάσῃ
Porque en todo fuisteis enriquecidos en Él, en toda palabra y en todo
γνώσει,
conocimiento.

Análisis y notas del texto griego.

Análisis: ὅτι, conjunción causal *porque*; ἐν, preposición propia de dativo *en*; παντὶ, caso dativo neutro singular del adjetivo indefinido *todo*; ἐπλουτίσθητε, segunda persona plural del aoristo primero de indicativo en voz pasiva del verbo πλουτίζω, *enriquecer*, aquí *fuisteis enriquecidos*; ἐν, preposición propia de dativo *en*; αὐτῷ, caso dativo masculino de la tercera persona singular del pronombre personal *Él*; ἐν, preposición propia de dativo *en*; παντὶ, caso dativo masculino singular del adjetivo indefinido *todo*; λόγῳ, caso dativo masculino singular del nombre común *dicho, palabra*; καὶ, conjunción copulativa *y*; πάσῃ, caso dativo femenino singular del adjetivo indefinido *toda*; γνώσει, caso dativo femenino singular del nombre común *conocimiento, ciencia.*

ὅτι ἐν παντὶ ἐπλουτίσθητε ἐν αὐτῷ, La iglesia fue enriquecida en la gracia, y esa riqueza es posible en Cristo. Pablo dice que *fuisteis enriquecidos en todas las cosas en Él.* Más adelante tratará sobre los dones con los que los creyentes, de forma directa los corintios, fueron enriquecidos (12:8). La idea es que todos los creyentes recibieron en Cristo, provisión abundante de la gracia. Por supuesto el apóstol no está haciendo referencia a las riquezas materiales, aunque algunos, parece ser que tenían una buena posición (v. 26). Las riquezas no son recibidas *por Él*, aunque ciertamente comprende también esto, sino que se producen *en Él.* Es en Cristo de donde proceden las riquezas de gloria, por tanto, el creyente es enriquecido en el mismo Señor en que está. De Él es todo y de Él depende todo, por consiguiente, quien está en Cristo, tiene todo, como el apóstol enseña cuando escribe: *"... todo es vuestro... y vosotros de Cristo, y Cristo de Dios"* (3:21, 23). La suprema riqueza del cristiano procede de la suprema pobreza de Cristo (2 Co. 8:9). Ya que Cristo posee inescrutables riquezas, el que está en Él está enriquecido (Ef. 3:8). El que ha sido alcanzado por la gracia, salvo por medio de la fe y puesto en Cristo como piedra fundamental y comunicador de vida nueva, tiene satisfechas cuantas necesidades se le manifiesten (Fil. 4:19). Esta gloriosa verdad, supone un contrasentido con la práctica que se denuncia más adelante, de que ellos estaban siguiendo a los hombres, en lugar de seguir al Señor.

ἐν παντὶ λόγῳ καὶ πάσῃ γνώσει, Ahora bien, las riquezas a que se refiere el apóstol, están concretadas en dos términos: *el conocimiento* y *la palabra*, o si se prefiere, como traduce RV, *"en toda palabra y ciencia"*. Esta riqueza sin medidas la orienta a la capacidad del *discurso*, en *toda palabra*, esto es, en poder comunicar el mensaje con precisión, o sea, la capacidad de poder comunicar oralmente el mensaje del evangelio que habían recibido ellos antes. La proclamación del evangelio ha sido encomendada a los cristianos sin excepción. Los corintios podían testificar a otros de la verdad que les había alcanzado a ellos. Dios les había dado los dones que los capacitaba para discernir y expresar el mensaje de la Palabra. En un mundo en que la exposición sabia de un discurso cautivaba a los filósofos, los cristianos tenían capacidad de expresar fielmente el mensaje a otros, es decir, tenían en abundancia el don de *enseñanza.*

Al mismo tiempo tenían también el don de *discernimiento*, literalmente *conocimiento*, γνοσις. Esta es la primera vez que la palabra y sus derivados ocurre en esta *Epístola*, siendo bastante frecuente en las dos *Epístolas*[21]. El uso de ambos dones, la enseñanza y el discernimiento, constituyen un verdadero testimonio de Cristo, para cuya obra exhorta el apóstol a perseverar (2 Co. 8:7). El creyente tiene la Palabra para exponer y el Espíritu para interpretarla correctamente. Esta era la oración de la iglesia primitiva: *"Concede a tus siervos que con todo denuedo hablen tu palabra"* (Hch. 4:29). La oración fue respondida, el Espíritu se manifestó en ellos en plenitud y *"todos fueron llenos del Espíritu Santo, y hablaban con denuedo la palabra de Dios"* (Hch.4:31). Dios revela cosas ocultas a los creyentes por Su Palabra, que el hombre natural no puede conocer, pero que son conocidas por quienes tienen el Espíritu. La oración del apóstol, por lo menos en dos ocasiones, pide que los creyentes reciban de Dios *"espíritu de sabiduría y de revelación en el conocimiento de él"* (Ef. 1:17)[22], rogando también a Dios que *"sean llenos del conocimiento de su voluntad en toda sabiduría e inteligencia espiritual... llevando fruto en toda buena obra, y creciendo en el conocimiento de Dios"* (Col. 1:9, 10)[23]. Los corintios podían expresar bien la verdad y entenderla con toda precisión.

6. Así como el testimonio acerca de Cristo ha sido confirmado en vosotros.

καθὼς	τὸ	μαρτύριον	τοῦ	Χριστοῦ[1]	ἐβεβαιώθη	ἐν	ὑμῖν,
Según	el	testimonio	-	de Cristo	fue consolidado	en	vosotros

Análisis y notas del texto griego.

Análisis: καθὼς, conjunción *según que, lo mismo que, como, según, puesto que*; τὸ, caso nominativo neutro singular del artículo determinado *el*; μαρτύριον, caso nominativo neutro singular del nombre común *testimonio*; τοῦ, caso genitivo masculino singular del artículo determinado *el*; Χριστοῦ, caso genitivo masculino singular del nombre propio declinado *Cristo*; ἐβεβαιώθη, tercera persona singular del aoristo primero de indicativo en voz pasiva del verbo βεβαιόω, *confirmado, consolidado, verificado, probado*, aquí *fue consolidado*; ἐν, preposición propia de dativo *en*; ὑμῖν, caso dativo de la segunda persona plural del pronombre personal *vosotros*.

Notas. Crítica Textual. Lecturas alternativas.

[1] Χριστοῦ, *de Cristo*, según lectura en 𝔓[46], a, A, B[2], C, D, L, P, Ψ, 33, 104, 365, 630, 1241, 1505, 1506, 1739, 1881, 2464, 𝔐, lat, sy, co, Ambrosiaster.

Θεοῦ, *de Dios*, conforme a B*, F, G, 81, 1175, sa[sa], Eusebio.

---

[21] Estas son las referencias en que aparece la palabra con sus variaciones: 8:1, 7, 10, 11; 12:8; 13:2, 8; 14:6; 2 Co. 2:14; 4:6; 6:6; 8:7; 10:5; 11:6.

[22] Ver comentario al versículo en el volumen *Efesios*, de esta serie.

[23] Ver comentario al versículo en el volumen *Colosenses*, de esta serie.

καθὼς τὸ μαρτύριον τοῦ Χριστοῦ ἐβεβαιώθη ἐν ὑμῖν, El *testimonio de Cristo*, es una forma de referirse al evangelio predicado entre ellos (2 Ts. 1:10; 1 Ti. 2:6; 2 Ti. 1:8; Ap. 1:2). Quiere decir que Dios confirmó la verdad del evangelio en el corazón de los corintios. El mensaje del evangelio había sido predicado por los apóstoles, concretamente en el caso de Corinto, por Pablo.

No se dice el modo en que fue confirmado el mensaje en la vida de los creyentes en Corinto, pero, sin duda la presencia del Espíritu en ellos, hizo posible que transmitieran ese mensaje con capacidad y conocimiento, como se consideró en el versículo anterior. El poder del Espíritu que hace eficaz la predicación del evangelio, como ocurrió primero con los apóstoles, sigue luego con los creyentes que también anuncian a los perdidos las buenas nuevas de salvación y, por el poder del Espíritu, son *testigos de Cristo* (Hch. 1:8). El testimonio acerca de Cristo confirmado en los creyentes se expresa mediante la proclamación del evangelio de la gracia.

7. De tal manera que nada os falta en ningún don, esperando la manifestación de nuestro Señor Jesucristo.

ὥστε ὑμᾶς μὴ ὑστερεῖσθαι ἐν μηδενὶ χαρίσματι
De tal manera que vosotros no estáis faltos en ningún don
ἀπεκδεχομένους τὴν ἀποκάλυψιν τοῦ Κυρίου ἡμῶν
esperando la revelación del Señor de nosotros
Ἰησοῦ Χριστοῦ·
Jesucristo.

Análisis y notas del texto griego.

Análisis: ὥστε, conjunción consecutiva *por tanto, por consiguiente, de tal manera que, con el fin de, con la intención de*; ὑμᾶς, caso acusativo de la segunda persona plural del pronombre personal *vosotros*; μὴ, partícula que hace funciones de adverbio de negación *no*; ὑστερεῖσθαι, presente de infinitivo en voz pasiva del verbo ὑστερέω, *faltar, tener necesidad*, aquí *estáis faltos*; ἐν, preposición propia de dativo *en*; μηδενὶ, caso dativo neutro singular del adjetivo indefinido *ningún*; χαρίσματι, caso dativo neutro singular del nombre común *don*; ἀπεκδεχομένους, caso acusativo masculino plural del participio de presente en voz media del verbo ἀπεκδέχομαι, *estar expectante, esperar*, aquí *esperando*; τὴν, caso acusativo femenino singular del artículo determinado *la*; ἀποκάλυψιν, caso acusativo femenino singular del nombre común *revelación*; τοῦ, caso genitivo masculino singular del artículo determinado declinado *del*; Κυρίου, caso genitivo masculino singular del nombre divino *Señor*; ἡμῶν, caso genitivo de la primera persona plural del pronombre personal declinado *de nosotros*; Ἰησοῦ, caso genitivo masculino singular del nombre propio *Jesús*; Χριστοῦ, caso genitivo masculino singular del nombre propio *Cristo*.

ὥστε ὑμᾶς μὴ ὑστερεῖσθαι ἐν μηδενὶ χαρίσματι. La gracia de Dios operó en los corintios de modo que tenían todos los dones para el desarrollo de la obra y la edificación de la iglesia. Dios había sido generoso con ellos dándoles abundancia de la manifestación de la gracia. Es interesante notar que la palabra *don*, literalmente equivale a *regalo de la gracia*. Los dones entre ellos eran muchos, de modo que el apóstol puede hacer una larga lista que pondrá delante de los lectores más adelante (12:8-10, 28). Es de notar que el verbo en presente exige entender que los dones estaban en plena posesión y ejercicio en la iglesia en Corinto. Es una lección importante en la *eclesiología*, e incluso en la *neumatología*, entender que cada cristiano tiene uno o más dones de la gracia y que no hay creyente que no haya sido dotado de dones, puesto que todos somos llamados a servir y ministrar con nuestros dones a los demás hermanos. Este aspecto se estudiará más adelante (12:4 ss.). El apóstol puntualiza aquí que los creyentes en Corinto *estaban enriquecidos* (v. 5), de manera que ese enriquecimiento se manifestaba también en que no faltaba ningún don necesario para la marcha de la congregación conforme al propósito de Dios.

ἀπεκδεχομένους τὴν ἀποκάλυψιν τοῦ Κυρίου ἡμῶν Ἰησοῦ Χριστοῦ· Un segundo aspecto que evidencia la realidad del *testimonio de Cristo* confirmado en ellos es la expectativa ante la inminente venida del Señor Jesucristo. Quien cree en Cristo, espera a Cristo. El testimonio de una verdadera iglesia es la esperanza en el retorno del Señor: *"Porque ellos mismos cuentan de nosotros la manera en que nos recibisteis, y cómo os convertisteis de los ídolos a Dios para servir al Dios vivo y verdadero, y esperar de los cielos a su Hijo, al cual resucitó de los muertos, a Jesús, quien nos libra de la ira venidera"* (1 Ts. 1:9-10). Es notable observar que en el texto se dota de ambas cosas a los creyentes. Primero, los dones permiten servir al Dios vivo y verdadero, la esperanza despierta al cristiano a la práctica de una vida santa. A cada cristiano se le manda esperar al Señor: *"aguardando la esperanza bienaventurada y la manifestación gloriosa de nuestro gran Dios y Salvador Jesucristo"* (Tit. 2:13). La salvación concede a cada creyente su condición de *ciudadano* del cielo (Fil. 3:20). El profundo deseo de cada uno es *partir* y *estar con Cristo, lo cual es muchísimo mejor* (Fil. 1:23-24). Pablo utiliza aquí, para referirse a la manifestación de Jesucristo, la palabra ἀποκάλυψις, literalmente *apocalipsis*, que significa *revelación*. Cada creyente espera la *revelación*, cuyo sentido etimológico es *descorrer un velo*, forma admirable para referirse al descorrer del velo que ahora nos impide ver y estar personalmente con nuestro Señor. Ese momento concluirá en la *revelación* de Jesús, en cumplimiento de Su promesa (Jn. 14:1-4). El uso de los recursos dados por Dios a cada uno, la vida de testimonio ante el mundo, la no contaminación espiritual, permite al creyente esperar con gozo la venida del Señor. Había muchos problemas personales entre los hermanos en Corinto, pero Pablo menciona la provisión divina a pesar de sus problemas y la esperanza aun en corazones que no viven conformes a la voluntad de Dios. Es así como debemos ver la iglesia de Jesucristo, en la esfera de la gracia y no en la reprensión de la ley.

8. El cual también os confirmará hasta el fin, para que seáis irreprensibles en el día de nuestro Señor Jesucristo.

ὃς καὶ βεβαιώσει ὑμᾶς ἕως τέλους ἀνεγκλήτους ἐν τῇ
El cual también confirmará os hasta fin irreprensibles en el
ἡμέρᾳ[1] τοῦ Κυρίου ἡμῶν Ἰησοῦ Χριστοῦ.
día del Señor de nosotros Jesucristo.

Análisis y notas del texto griego.

Análisis: ὃς, caso nominativo masculino singular del pronombre relativo *el que, que, el cual*; καὶ, adverbio de modo *también*; βεβαιώσει, tercera persona singular del futuro de indicativo en voz activa del verbo βεβαιόω, *confirmar, consolidar*, aquí *confirmará*; ὑμᾶς, caso acusativo de la segunda persona plural del pronombre personal declinado *a vosotros, os*; ἕως, preposición propia de genitivo *hasta*; τέλους, caso genitivo neutro singular del nombre común *fin, término*; ἀνεγκλήτους, caso acusativo masculino plural del adjetivo *irreprensible*; ἐν, preposición propia de dativo *en*; τῇ, caso dativo femenino singular del artículo determinado *la*; ἡμέρᾳ, caso dativo femenino singular del nombre común *día*; τοῦ, caso genitivo masculino singular del artículo determinado declinado *del*; Κυρίου, caso genitivo masculino singular del nombre divino *Señor*; ἡμῶν, caso genitivo de la primera persona plural del pronombre personal declinado *de nosotros*; Ἰησοῦ, caso genitivo masculino singular del nombre propio *Jesús*; Χριστοῦ,[2] caso genitivo masculino singular del nombre propio *Cristo*.
Notas. Crítica Textual. Lecturas alternativas.

[1] ἐν τῇ ἡμέρᾳ, *en el día*, según lectura en a, A, C, D, F, G, L, P, Ψ, 33, 81, 104, 365, 630, 1175, 1241, 1505, 1506, 1739, 1881, 2464, 𝔐, lat, sy, co, Ambrosiaster.

ἐν τῇ παρουσίᾳ, *en la venida*, conforme a D, F, G.

[2] Χριστοῦ, se omite en $\mathfrak{P}^{46}$, B.

ὃς καὶ βεβαιώσει ὑμᾶς ἕως τέλους ἀνεγκλήτους Dios es el que confirma al creyente. El propósito divino para los Suyos es presentárselos sin mancha delante de Su gloria con gran alegría (Jud. 24-25). Ese propósito establecido en soberanía, que es una manifestación de la seguridad de salvación, tendrá pleno cumplimiento con cada uno de los creyentes. Ninguno de ellos se perderá. Es posible, como ocurría con los corintios, que haya serios problemas y caídas espirituales pero ninguna cosa podrá separar al salvo de su Salvador. Cristo promete resucitar a todos los que el Padre le da, en el día postrero (Jn. 6:39). La seguridad del apóstol relativa a la iglesia en Corinto era esta. El apóstol asegura que *Él* os confirmará, ¿quién lo hará? Dios o Jesucristo. Ambos, tanto el Padre como el Hijo custodian y operan para que ninguno de los que han creído se pierda, sin embargo, el contexto inmediato supone más bien una referencia a Jesucristo. Con todo, hay varias referencias a Jesucristo en el párrafo y es notable que comienza con una y termina con otra (vv. 4-9). Además, es el Señor quien enriquece a los creyentes y los confirma. Pero no es menos apreciable que el párrafo también contiene una referencia inicial a Dios (v. 4) y comienza el siguiente sin cambio de sujeto mencionando a Dios (v. 9). Será bueno recordar que cuanto tiene que ver con salvación es de Dios (Sal. 3:8; Jon. 2:9), y que en ella concurre la operación de cada una de las tres Personas Divinas. Por tanto, no hay nada que el Hijo hace que no que haya visto hacer al Padre (Jn. 5:19), y ambos son uno (Jn. 10:30). El trabajo de confirmación que Dios hace en el creyente es *hasta el fin*. No se detiene en algún tramo por dificultosa que sea la vida o el testimonio del cristiano. Podrá incluso tener que ser llevado a la presencia del Señor por causa de un grave pecado, podrá estar incurso en pecados a muerte, pero ni tan siquiera por eso perderá su salvación y, por tanto, no se detiene la acción divina. Dios ha establecido para los salvos que sean hechos conformes a la imagen de Su Hijo (Ro. 8:29). La determinación divina no puede ser quebrantada y la afirmación de Pablo lo confirma.

El final producirá una presentación ante Dios de cada creyente, que será *irreprensible*. Los corintios no eran irreprensibles en el momento en que el apóstol escribe la *Epístola*, sin embargo, afirma que en el tiempo final serán presentados *irreprensibles*. Nadie podrá presentar acusación alguna contra ellos. La realidad espiritual que la salvación produce en el presente es una posición en la que cada creyente *no puede ser acusado*, no porque no tenga pecado, ni porque no lo haya cometido durante el tiempo de su tránsito, sino porque la obra de Jesucristo, aplicada a cada uno le permite superar el resultado de cualquier acusación puesto que *"ya no hay ninguna condenación para los que están en Cristo Jesús"* (Ro. 8:1). Satanás permanece en una constante acusación de los creyentes ante la justicia de Dios, pero *"la sangre de Jesucristo su hijo nos limpia de todo pecado"* (1 Jn. 1:7b). La visión escatológica ofrece el resultado final y eterno de la salvación: *"¿Quién acusará a los escogidos de Dios? Dios es el que justifica"* (Ro. 8:33). La razón acusatoria está en el pecado que condena al que quebranta la voluntad de Dios, pero la responsabilidad penal por el pecado ha sido extinguida, puesto que Dios nos perdonó en Cristo *"todos los pecados"* (Col. 2:13). Despojado el creyente de la presencia del pecado, en la resurrección de entre los muertos, para entrar en la perpetua situación de salvación, serán eternamente irreprensibles porque ya no podrán pecar.

ἐν τῇ ἡμέρᾳ τοῦ Κυρίου ἡμῶν ’Ιησοῦ Χριστοῦ. El tiempo al que el apóstol apunta en el versículo es el *día de nuestro Señor Jesucristo*, el momento en que Él vendrá para buscar a los Suyos, conforme a Su promesa (Jn. 14:1-4; Fil. 1:6-10; 2:16; 1 Ts. 5:2). No debe confundirse este día con el *Día del Señor*, el *Yom Yahwe*, de los hebreos, tiempo en el que Dios ejercerá juicio sobre el mundo por su pecado, inmediatamente antes de que se establezca el reino de los cielos, llamado *reino milenial*, en el cual Jesús, el Mesías, Rey de reyes y Señor de señores, reinará en la tierra, antes de que se produzca el estado eterno. En ese día el Señor presentará al Padre *"una iglesia gloriosa, que no tuviese mancha ni arruga ni cosa semejante, sino que fuese santa y sin mancha"* (Ef. 5:27). En el día del tribunal de Cristo, los creyentes serán declarados inocentes, por el veredicto que el Juez pronunciará.

9. Fiel es Dios, por el cual fuisteis llamados a la comunión con su Hijo Jesucristo nuestro Señor.

πιστὸς	ὁ	Θεός,	δι’	οὗ	ἐκλήθητε	εἰς	κοινωνίαν	τοῦ	Υἱοῦ
Fiel	-	Dios,	por	el cual	fuisteis llamados	a	comunión	del	Hijo

αὐτοῦ	’Ιησοῦ Χριστοῦ	τοῦ	Κυρίου	ἡμῶν.
de Él	Jesucristo	el	Señor	de nosotros.

Análisis y notas del texto griego.

Análisis: πιστὸς, caso nominativo masculino singular del adjetivo *fiel*; ὁ, caso nominativo masculino singular del artículo determinado *el*; Θεός, caso nominativo masculino singular del nombre divino *Dios*; δι’, forma contracta de la preposición propia de genitivo διά, *por, por medio de, a causa de*; οὗ, caso genitivo masculino singular del pronombre relativo *el que, el cual, quien*; ἐκλήθητε, segunda persona plural del aoristo primero de indicativo en voz pasiva del verbo καλέω, *llamar*, aquí *fuisteis llamados*; εἰς, preposición propia de acusativo *a*, κοινωνίαν, caso acusativo femenino singular del nombre común *comunión*; τοῦ, caso genitivo masculino singular del artículo determinado declinado *del*; Υἱοῦ, caso genitivo masculino singular del nombre divino *Hijo*; αὐτοῦ, caso genitivo masculino de la tercera persona singular del pronombre personal *de Él*; ’Ιησοῦ, caso genitivo masculino singular del nombre propio *Jesús*; Χριστοῦ, caso genitivo masculino singular del nombre propio *Cristo*; τοῦ, caso genitivo masculino singular del artículo determinado *el*; Κυρίου, caso genitivo masculino singular del nombre divino *Señor*; ἡμῶν, caso genitivo de la primera persona plural del pronombre personal declinado *de nosotros*.

πιστὸς ὁ Θεός, La garantía para el cumplimiento de cuanto el apóstol afirmó está presente en este versículo. Podemos estar seguros porque *Dios es fiel*. Él va a cumplir cuanto ha prometido y llevará a cabo todo cuanto ha determinado. Esta es la invitación que se nos hace desde la Escritura: *"Conoce, pues, que Jehová tu Dios es Dios, Dios fiel"* (Dt. 7:9). El apóstol está escribiendo a una iglesia en donde la fidelidad está gravemente resentida, sin embargo, en el comienzo de la *Epístola* apela a los lectores para que sepan que Dios no los abandonará nunca y que *"si fuéremos infieles, él permanece fiel. Él no puede negarse a sí mismo"* (2 Ti. 2:13). El Señor se ha comprometido a cumplir cuanto a prometido y establecido, pero también cada disciplina que requiera la vida de Sus hijos, porque *"Dios no es hombre, para que mienta, ni hijo del hombre para que se arrepienta. Él dijo, ¿y no hará? Habló, ¿y no lo ejecutará?"* (Nm. 23:19). Frente a imposibilidades para el hombre, el creyente tiene la experiencia de que *"nunca decayeron sus misericordias. Nuevas son cada mañana; grade es tu fidelidad"* (Lam. 3:22, 23). Este es el fundamento de la esperanza. La fidelidad es elemento esencial de la naturaleza de Dios, lo contrario sería negarse a Sí mismo. Dios nos ha dado *"preciosas y grandísimas promesas"* (2 P. 1:4) y contamos con la plena seguridad del cumplimiento de ellas, aunque parezcan imposibles, porque descansamos en la seguridad de que *"fiel es el que prometió"* (He. 10:23). Conforme a la enseñanza del apóstol, Dios es fiel para guardar a su pueblo sin caída. En el versículo anterior, por Su fidelidad confirmará a los Suyos hasta el fin.

δι' οὗ ἐκλήθητε εἰς κοινωνίαν τοῦ Υἱοῦ αὐτοῦ 'Ιησοῦ Χριστοῦ τοῦ Κυρίου ἡμῶν. Aún más, Su fidelidad ha llamado a los creyentes a *"la comunión con su Hijo Jesucristo"*. El propósito divino se expresa en el llamamiento a los pecadores a salvación. El Padre es el que llama a los perdidos orientándolos a Cristo y capacitándolos para salvación. Algunos consideran que este llamamiento es sólo a un grupo selecto de personas y que se produce *dentro de la comunión con Su Hijo*. De este modo escribe el Dr. Kistemaker:

"¿Pero es eficaz el llamamiento de Dios en todos? Difícilmente, pues 'muchos son llamados, y pocos escogidos', dijo Jesús (Mt. 22:14). Sólo aquellos que fueron llamados dentro de la comunión de su Hijo experimentan la permanente fidelidad del Padre. El llamamiento siempre está relacionado a Jesucristo, como en el caso del apostolado de Pablo

(v. 1) y como en el caso del llamamiento de los corintios a la santidad (v. 2)"[24].

Pero el llamamiento divino tiene que ver con la salvación y, por tanto, con la vida eterna, que es lo que Jesús dijo: *"que te conozcan a ti, el único Dios verdadero, y a Jesucristo, a quien has enviado"* (Jn. 17:3). La vida eterna está en Dios y es privativa Suya, alcanzándose por el hombre mediante la *"participación en la divina naturaleza"* (2 P. 1:4). Esa participación en la naturaleza divina es sólo posible por la *comunión con el Hijo*. De manera que el llamamiento del Padre no sólo es *desde* la comunión con el Hijo, sino *para* que ésta sea posible. Es la misma enseñanza del apóstol Juan: *"...nuestra comunión verdaderamente es con el Padre, y con su Hijo Jesucristo"* (1 Jn. 1:3).

El llamamiento divino tiene el propósito de la unidad en Cristo Jesús (12:13). La fidelidad de Dios garantiza la comunión de vida por la unidad con Jesucristo, con lo que es posible el cumplimiento del propósito del Padre –antes citado– de que seamos semejantes a la imagen del Hijo, porque es la única manera de que pueda ser presentada la Iglesia, sin mancha o, como el apóstol dijo, *irreprensibles* delante de Su gloria (Ro. 8:29). Nadie podrá impedir esa obra de gracia (Ro. 11:29), porque Dios permanece fiel a Sus compromisos.

Divisiones en la iglesia (1:10-4:21)

La realidad de las divisiones (1:10-17)

Informe sobre las divisiones (1:10-11)

10. Os ruego, pues, hermanos, por el nombre de nuestro Señor Jesucristo, que habléis todos una misma cosa, y que no haya entre vosotros divisiones, sino que estéis perfectamente unidos en una misma mente y en un mismo parecer.

Παρακαλῶ δὲ ὑμᾶς, ἀδελφοί, διὰ τοῦ ὀνόματος τοῦ Κυρίου
Ruego - os, hermanos, por el nombre del Señor
ἡμῶν Ἰησοῦ Χριστοῦ, ἵνα τὸ αὐτὸ λέγητε πάντες καὶ μὴ ᾖ
de nosotros Jesucristo, que lo mismo digáis todos, y no haya
ἐν ὑμῖν σχίσματα, ἦτε δὲ κατηρτισμένοι ἐν τῷ αὐτῷ
entre vosotros divisiones, sino estéis perfectamente unidos en la de vosotros
νοῒ καὶ ἐν τῇ αὐτῇ γνώμῃ.
mente y en el mismo parecer.

---

[24] Simón J. Kistemaker. *1 Corintios*. Grand Rapids, 1993, pág. 46.

Notas y análisis del texto griego.

Análisis: Παρακαλῶ, primera persona singular del presente de indicativo en voz activa del verbo παρακαλέω, *llamar, invitar, consolar, pedir, rogar*, aquí *ruego*; δὲ, partícula conjuntiva que hace las veces de conjunción coordinante, con sentido de *pero, sino, más bien, y, y por cierto*, *antes bien, entonces*; ὑμᾶς, caso acusativo de la segunda persona plural del pronombre personal declinado *a vosotros, os*; ἀδελφοί, caso vocativo masculino plural del nombre común *hermanos*; διὰ, preposición propia de genitivo *en, por*; τοῦ, caso genitivo neutro singular del artículo determinado *el*; ὀνόματος, caso genitivo neutro singular del sustantivo *nombre*; τοῦ, caso genitivo masculino singular del artículo determinado declinado *del*; Κυρίου, caso genitivo masculino singular del nombre divino *Señor*; ἡμῶν, caso genitivo de la primera persona plural del pronombre personal *nosotros*; Ἰησοῦ, caso genitivo masculino singular del nombre propio *Jesús*; Χριστοῦ, caso genitivo masculino singular del nombre propio *Cristo*; ἵνα, conjunción *que*; τὸ, caso acusativo neutro singular del artículo determinado *lo*; αὐτὸ, caso acusativo neutro singular del pronombre personal *mismo*; λέγητε, segunda persona plural del presente de subjuntivo en voz activa del verbo λέγω, *hablar, decir*, aquí *digáis*; πάντες, caso nominativo masculino plural del adjetivo indefinido *todos*; καὶ, conjunción copulativa *y*; μὴ, partícula que hace funciones de adverbio de negación *no*; ᾖ, tercera persona singular del presente de subjuntivo en voz activa del verbo εἰμί, *ser, estar, haber*, aquí *haya*; ἐν, preposición propia de dativo *entre*; ὑμῖν, caso dativo de la segunda persona plural del pronombre personal *vosotros*; σχίσματα, caso nominativo neutro plural del nombre común *divisiones, facciones, cismas*; ἦτε, segunda persona plural del presente de subjuntivo en voz activa del verbo εἰμί, *ser, estar*, aquí *estéis*; δὲ, partícula conjuntiva que hace las veces de conjunción coordinante, con sentido de *pero, sino, más bien, y, y por cierto*, *antes bien, entonces*; κατηρτισμένοι, caso nominativo masculino singular del participio perfecto en voz pasiva del verbo καταρτίζω, *arreglar, ordenar, aparejar, guarnecer, proveer de, formar un todo, preparar*, aquí *forméis un todo*, equivalente a *perfectamente unidos*; ἐν, preposición propia de dativo *en*; τῷ, caso dativo masculino singular del artículo determinado *el*; αὐτῷ, caso dativo masculino singular del adjetivo intensivo *vosotros*; νοῒ, caso dativo masculino singular del nombre común *mente, forma de pensar*; καὶ, conjunción copulativa *y*; ἐν, preposición propia de dativo *en*; τῇ, caso dativo femenino singular del artículo determinado *la*; αὐτῇ, caso dativo femenino singular del adjetivo intensivo *misma*; γνώμῃ, caso dativo femenino singular del nombre común *parecer, opinión*.

Παρακαλῶ δὲ ὑμᾶς, ἀδελφοί, διὰ τοῦ ὀνόματος τοῦ Κυρίου ἡμῶν Ἰησοῦ Χριστοῦ, Una de las causas por la que el apóstol escribe la *Epístola*, era la de corregir problemas que había en la iglesia. El primero es el de las divisiones internas entre la congregación. No se sabe cuánto sería el número de miembros que formaban la iglesia, pero, posiblemente no era una congregación muy grande, como era habitual en iglesias fundadas en el entorno romano. Como resultado de estas divisiones, había confrontaciones entre los grupos partidistas que habían producido σχίσματα, literalmente *cismas*. Esto condujo desde siempre al problema de la división real de la iglesia, desintegrándose la congregación en varios grupos. Las rivalidades internas rompen la unidad y la comunión práctica entre hermanos.

Ante una situación así, el apóstol *ruega*. El verbo παρακαλέω, tiene, entre otras, las acepciones de *rogar, pedir*, aunque realmente esta forma expresiva del apóstol tiene el sentido de *exhortar*. Él podía usar de su autoridad apostólica y *mandar* en nombre del Señor, pero el corazón pastoral le lleva a pedir a los creyentes una forma diferente de comportamiento entre ellos. Es evidente ese afecto que Pablo les profesa en el hecho de que se dirija a ellos usando el vocativo ἀδελφός, *hermanos*. Ambos, el apóstol y los creyentes en Corinto, siendo hijos del mismo Padre, son hermanos entre sí. Además, como miembros de la misma y única familia espiritual (Ef. 2:19), pertenecen al mismo cuerpo de Cristo (12:13, 14). Todos los creyentes somos hijos del mismo Padre por adopción en el Hijo (Ro. 8:15; Gá. 4:5).

La exhortación o el ruego, es hecho *"por el nombre de nuestro Señor Jesucristo"*, es decir, *por causa de Cristo*. Pero, a su vez, usando el nombre de Cristo, está haciendo la exhortación con Su autoridad. Él era el *apóstol*, enviado por el Señor, y hablando en Su nombre, como si Él mismo estuviese haciéndolo a la iglesia en Corinto. Si las palabras que va a decirles son de esa forma, la exhortación demanda un modo de obrar en conciencia con lo que el Señor es, representa y exige. Esta es una fórmula típica del apóstol usada por él en las exhortaciones solemnes (Ro. 12:1; 15:30; 2 Ts. 3:12). No solo es una demanda con la autoridad de Cristo, sino hecha en el nombre de quien manifestó un amor insondable hacia los creyentes. Cuando el amor de Cristo está presente en la experiencia del cristiano, la obediencia se hace fácil y agradable.

ἵνα τὸ αὐτὸ λέγητε πάντες. La primera demanda tiene que ver con la unidad en la forma de expresarse: *"Que habléis todos una misma cosa"*. Esto requiere consenso y avenencia entre ellos. Por lo que debía cesar el sentir y decir cosas distintas (v. 12). Esta exhortación requiere que los creyentes se pongan de acuerdo unos con otros, de otro modo, que todos sean de un mismo sentir: *"Pero el Dios de la paciencia y de la consolación os de entre vosotros un mismo sentir según Cristo Jesús"*, con lo que *"unánimes, a una voz, glorifiquéis al Dios y Padre de nuestro Señor Jesucristo"* (Ro. 15:5-6). No requiere una misma comprensión de todo de la misma manera, pero sí, que exista una plena armonía en lo que hablaban. No cabe duda que cuanto está diciendo el apóstol nada tiene que ver con *hacer la unidad universal* de la iglesia, que es obra y ha sido hecha por el Espíritu Santo. La responsabilidad ante ella es vital: *"solícitos en guardar la unidad del Espíritu en el vínculo de la paz"* (Ef. 4:3). El apóstol está demandando de ellos la unidad en la iglesia local. Sin duda las divisiones en Corinto estaban ocasionando problemas, no solo internos, sino también externos de personas no creyentes que oían a los miembros de la iglesia divididos entre sí y mostrando cada facción sus propios puntos de vista.

La división entre los creyentes, de modo que el mensaje único queda distorsionado, no es un problema de relación, sino un problema doctrinal que genera otro de relación. Un mundo relativista como el actual, con las propuestas de la *post-verdad*, en el que cabe cualquier idea y cualquier interpretación, ocasiona, lamentablemente, divisiones en el modo de pensar de los creyentes respecto a asuntos doctrinales, como se apreciará en los versículos sucesivos. Es lastimoso ver congregaciones unidas en su organización, en sus objetivos sociales, en su modo de practicar el culto, pero totalmente divididas en *doctrinas fundamentales*. En cuanto a la verdad bíblica, no pueden darse formas distintas de comprenderla que generen divisiones pretendiendo que todos ellos son correctos. Es necesario precisar que hay *doctrina fundamental*, que es indiscutible, inamovible, e innegociable, y otra *doctrina general*, que puede ser comprendida de distintos modos, pero, en cuanto a cada iglesia local, ésta debe tener bien definido que es la creencia bíblica de ella. Si se permite a cualquier hermano, *porque tiene derecho*, de entender aspectos doctrinales de forma diferente y se le consiente en proclamarlos en la iglesia causará, más temprano o más tarde, divisiones. Esto nada tiene que ver con *opiniones sobre tradiciones* que, no siendo doctrina, se asumen como tal y se les da la categoría de un mandamiento bíblico. Son soportes de divisionarios, que no traen sino daño y tristeza en el desarrollo de la vida cristiana de los hermanos. Pablo llama a cada uno de los cristianos en Corinto a estar de acuerdo sobre la verdad revelada en la Escritura y llevada a ellos por la enseñanza apostólica.

καὶ μὴ ᾖ ἐν ὑμῖν σχίσματα, Les exhorta también a que cesen las *divisiones*, literalmente los *cismas* que se estaban produciendo entre ellos. El verbo εἰμί, *ser, estar, haber*, está aquí en presente de subjuntivo, lo que indica que las divisiones iniciadas entre ellos, se mantenían en el tiempo. La raíz de la palabra σχίσμα, está vinculada con *partir, rasgar*, causar un *cisma*. De manera que las divisiones estaban *partiendo* o *rasgando* la unidad de la congregación. Se ha dicho antes que no eran tanto doctrinales, sino la propagación de partidos o grupos en la iglesia que luchaban entre sí. El apóstol en el *ruego* les pide que dejen de ser cismáticos. No está tratando de aclarar conceptos heréticos que pudieran haber en cuanto a doctrina. Antes dijo que el testimonio de Cristo había sido confirmado en ellos (v. 6) y, además, estaban enriquecidos *en toda palabra y ciencia* (5). No solo conocían la verdad y podían expresarla con precisión, sino que tenían capacidad espiritual para entender la verdad que proclamaban. Por tanto, la carnalidad de ellos, les llevaba a dividir la congregación y luchar entre sí. No tenía importancia para ellos que la unidad del Espíritu en el vínculo de la paz, fuese objeto de menosprecio, lo que tenía importancia es que cada uno pudiera imponer su pensamiento personal a los otros.

ἦτε δὲ κατηρτισμένοι ἐν τῶ αὐτῶ νοὶ καὶ ἐν τῆ αὐτῆ γνώμῃ. Por esa razón les manda que *"estén perfectamente unidos"*. El verbo καταρτίζω, tiene múltiples acepciones como *arreglar, ordenar, aparejar, guarnecer, proveer de, formar un todo, preparar*, aquí *forméis un todo*, de ahí la traducción *estéis perfectamente unidos*. Era un verbo que se usa en el Nuevo Testamento para aplicarlo a la reparación de una red rota (Mt. 4:21). De manera que las palabras del apóstol tienen un llamamiento para volver algo a su estado correcto. Es una notable puntualización en la idea de *reparar* las divisiones para volver a la unidad espiritual que debe manifestarse dentro de la iglesia. Ser de una misma alma es el mejor remedio para luchar contra las divisiones, y es algo propio del creyente, como el apóstol demanda en otro lugar: *"Unánimes entre vosotros"* (Ro. 12:16). Estas palabras tienen que ver con la vida entre los cristianos y especialmente con la forma en que los problemas de relación no se produzcan o se cancelen, consiste en tener todos un mismo sentir. Esa es la forma expresiva para decir que todos tengan *una misma alma*, significado literal de la palabra. Es la forma en que el apóstol abordó la solución de la división o diferencias que había entre Evodía y Síntique (Fil. 4:2). Esa *unanimidad,* era la razón de la armonía existente en la iglesia en Jerusalén, perseverando en la comunión unos con otros, porque había entre ellos una misma manera de sentimiento. A esa misma experiencia llama también el apóstol Pedro: *"Finalmente, sed todos de un mismo sentir, compasivos, amándoos fraternalmente, misericordiosos, amigables"* (1 P. 3:8). La bendición de Dios descansa sobre el pueblo que vive en unidad y armonía (Sal. 133:1, 3b).

El apóstol les exhorta ser todos de una *misma mente*, es decir, un mismo estado de ánimo. La idea principal es la de un estado mental. No significa que pensaran exactamente igual en todas las cosas, pero, debían entender las cosas adaptando el modo de pensar al de la *"mente de Cristo"*. Esto hace posible ser de *un mismo parecer*, o lo que es igual de un mismo juicio acerca de lo general, dotados de los mismos sentimientos.

Era el modo de actitud de la iglesia primitiva en Jerusalén, como se aprecia por el relato de Lucas (Hch. 4:32).

11. Porque he sido informado acerca de vosotros, hermanos míos, por los de Cloé, que hay entre vosotros contiendas.

ἐδηλώθη γάρ μοι περὶ ὑμῶν, ἀδελφοί μου, ὑπὸ τῶν Χλόης
Porque se informó me acerca de vosotros, hermanos de mí, por los de Cloé
ὅτι ἔριδες ἐν ὑμῖν εἰσιν.
que contiendas entre vosotros hay.

Análisis y notas del texto griego.

Análisis: ἐδηλώθη, tercera persona singular del aoristo primero de indicativo en voz pasiva del verbo δηλόω, *manifestar, informar, revelar*, aquí *se informó*; γάρ, conjunción causal *porque*; μοι, caso dativo de la primera persona singular del pronombre personal declinado *a mí*; περὶ, preposición propia de genitivo *acerca de*; ὑμῶν, caso genitivo de la segunda persona plural del pronombre personal *vosotros*; ἀδελφοί, caso vocativo masculino singular del nombre común *hermanos*; μου, caso genitivo de la primera persona singular del pronombre personal declinado *a mí*; ὑπὸ, preposición propia de genitivo *por*; τῶν, caso genitivo masculino plural del artículo determinado *los*; Χλόης, caso genitivo femenino singular del nombre propio declinado *de Cloé*; ὅτι, conjunción *que*; ἔριδες, caso nominativo femenino plural del nombre común *rivalidades, contiendas, discordias*; ἐν, preposición propia de dativo *entre*; ὑμῖν, caso dativo de la segunda persona plural del pronombre personal *vosotros*; εἰσιν, tercera persona plural del presente de indicativo en voz activa del verbo εἰμί, *ser, estar, haber*, aquí *hay*.

ἐδηλώθη γάρ μοι περὶ ὑμῶν, ἀδελφοί μου, ὑπὸ τῶν Χλόης. Pablo salió de Corinto y estuvo bastante tiempo en Éfeso. En Corinto quedó Apolos durante un tiempo (Hch. 19:1). La distancia entre las dos ciudades no era demasiado grande y el intercambio de personas entre ambas era habitual, sobre todo para negociar en una y en otra. Pablo que acaba de exhortarles a mantener la unidad entre ellos, va a indicarles la razón de ese mandamiento. Había sido informado de las divisiones que había entre distintos grupos dentro de la iglesia. Los informantes fueron personas que eran de la casa de Cloé. Es interesante apreciar la admirable posición de Pablo, que no solo informa sobre el problema, sino que da nombre del informante. En ocasiones los que informa de problemas que concurren en la iglesia o en los creyentes pretenden que se guarde su identidad en silencio, y en ocasiones los líderes actúan sobre el tema de que se trate sin dar información a la persona incursa sobre quien ha dado esa información.

No sabemos nada de esta mujer, cuyo nombre significa *verde, hierba verde, pequeño brote* y que era común en Grecia. Pudiera afirmarse que se trataba de una cristiana de Corinto en cuya casa se reunían los cristianos. Debía ser una mujer acomodada, ya que la expresión *los de la casa de Cloé*, expresa gente que servía en su casa, posiblemente esclavos o libertos. Pudiera ser que esta mujer enviase a alguno de sus siervos –si es que vivía en Corinto– por causa de sus negocios, a Éfeso, en donde se encontrarían con Pablo. Pero, también podría ser que Cloé viviese en Éfeso y sus siervos fueran a Corinto por la misma razón, congregándose con los cristianos en aquella ciudad. No importa cuál sea la situación, si es alguna de ellas, lo único verificable por el relato bíblico es que personas de su casa fueron los informadores del apóstol sobre la situación interna de la iglesia.

La expresión del apóstol: *"he sido informado"* tiene la connotación de haber sido convencido por los informadores de que la situación era realmente como le habían dicho. Este conocimiento pudo haber conducido al apóstol a una acción más firme, pero el amor hacia los creyentes era intenso, como se aprecia nuevamente por el uso de vocativo *hermanos*, acompañado del pronombre personal *mis*. Pablo sentía afecto profundo por quienes eran coherederos de la gloria venidera, alcanzados por la gracia, y hechos hijos de Dios por la fe en Cristo. Es cierto que andaban mal, pero eran hermanos. Aún en la peor de las condiciones de un creyente, el apóstol establece que *"no lo tengáis por enemigo, sino amonestadle como a hermano"* (2 Ts. 3:15). Más adelante dirá que quien tenga todo, pero carezca de amor, no es nada.

La información recibida de los de Cloé, se sintetiza en que entre los creyentes de la iglesia había *contiendas*, o *rivalidades*. Es posible que no hubiesen llegado a una división permanente, pero estaban camino de ella. El espíritu sectario amenazaba la buena marcha de la congregación. Sin embargo el sustantivo ἔρις, tiene un amplio significado que denota, *rivalidades, contiendas, discordias*, no solo eran discusiones sobre ciertos temas, sino que se incrementaban pasando a diputas y degenerando en contiendas carnales.

Los corintios habían dejado de vivir en el Espíritu y estaban manifestando las obras de la carne. Pronto el apóstol les dirá que no podía dialogar con ellos como espirituales, sino que tenía que hacerlo como con carnales, a niños en Cristo (3:1).

La forma de las divisiones (1:12-13)

12. Quiero decir, que cada uno de vosotros dice: Yo soy de Pablo; y yo de Apolos; y yo de Cefas; y yo de Cristo.

λέγω δὲ τοῦτο ὅτι ἕκαστος ὑμῶν λέγει· ἐγὼ μέν εἰμι
Y digo esto que cada uno de vosotros dice: Yo ciertamente soy
Παύλου, ἐγὼ δὲ Ἀπολλῶ, ἐγὼ δὲ Κηφᾶ, ἐγὼ δὲ Χριστοῦ.
de Pablo, y yo de Apolos, y yo de Cefas, y yo de Cristo.

Notas y análisis del texto griego.

Análisis: λέγω, primera persona singular del presente de indicativo en voz activa del verbo λέγω, *hablar, decir*, aquí *digo*; δὲ, partícula conjuntiva que hace las veces de conjunción coordinante, con sentido de *pero, más bien, y, y por cierto, antes bien, entonces*; τοῦτο, caso acusativo neutro singular del pronombre demostrativo *esto*; ὅτι, conjunción *que*; ἕκαστος, caso nominativo masculino singular del adjetivo indefinido *cada uno*; ὑμῶν, caso genitivo de la segunda persona plural del pronombre personal declinado *de vosotros*; λέγει, tercera persona singular del presente de indicativo en voz activa del verbo λέγω, *hablar, decir*, aquí *dice*; ἐγὼ, caso nominativo de la primera persona singular del pronombre personal *yo*; μέν, partícula afirmativa que se coloca siempre inmediatamente después de la palabra expresiva de una idea que se ha de reforzar o poner en relación con otra idea y que, en sentido absoluto tiene oficio de adverbio de afirmación, como *ciertamente, a la verdad*; εἰμι, primera persona singular del presente de indicativo en voz activa del verbo εἰμί, *ser, estar*, aquí *soy*; Παύλου, caso genitivo masculino singular del nombre propio declinado *de Pablo*; ἐγὼ, primera persona singular del pronombre personal *yo*; δὲ, partícula conjuntiva que hace las veces de conjunción coordinante, con sentido de *pero, más bien, y, y por cierto, antes bien, entonces*; Ἀπολλῶ, caso genitivo masculino singular del nombre propio declinado *de Apolo*; ἐγὼ, primera persona singular del pronombre personal *yo*; δὲ, partícula conjuntiva que hace las veces de conjunción coordinante, con sentido de *pero, más bien, y, y por cierto, antes bien, entonces*; Κηφᾶ, caso genitivo masculino singular del nombre propio declinado *de Cefas*; ἐγὼ, primera persona singular del pronombre personal *yo*; δὲ, partícula conjuntiva que hace las veces de conjunción coordinante, con sentido de *pero, más bien, y, y por cierto, antes bien, entonces*; Χριστοῦ, caso genitivo masculino singular del nombre propio declinado *de Cristo*.

λέγω δὲ τοῦτο ὅτι ἕκαστος ὑμῶν λέγει· Mediante un modo propio del lenguaje, Pablo les informa de lo que quiere decir con aquella acusación, la frase literalmente dice: *y digo esto*, en sentido de *quiero decir*. El problema no era pequeño, ya que todos, literalmente ἕκαστος, *cada uno*, de modo que toda la iglesia participaba en aquellas contiendas, cada creyente estaba comprometido en aquel mal.

Las divisiones se ponían de manifiesto, de modo que se habían formado cuatro grupos en la iglesia. Los divisionarios seguían a hombres, sin duda excelentes siervos de Dios, pero estaban fragmentando la iglesia local y disturbando la comunión fraterna. En modo alguno estas personas que se mencionan se habían puesto ellos como líderes de un bando, sino que los sectarios utilizaban sus nombres para dar entidad al grupo.

ἐγὼ μέν εἰμι Παύλου, La primera división se llamaba *los de Pablo*. Pudiera ser que fuese el partido de los gentiles, sin embargo, es mera suposición. Acaso eran creyentes que habían sido convertidos por la predicación del apóstol y lo tenían en alta estima, si bien había otros que ni lo reconocían en cuanto a su autoridad como apóstol de Cristo, ni lo respetaban. Pablo había proclamado el evangelio y, en cierto modo, algunos de la congregación lo consideraban como su *padre espiritual* (4:15). El apóstol había plantado la iglesia en Corinto (Hch. 18:1-11). Sin duda las *señales de apóstol* habían sido hechas entre ellos. No solo era un hombre conocedor de la Palabra que enseñaba, sino lleno del poder del Espíritu como apóstol de Jesucristo. Citado el partido *Pablo* en primer lugar, pudiera ser que fuese el más numeroso en cuanto a seguidores. Sorprendentemente se llamaban de Pablo, pero no seguían las enseñanzas y forma de vida de aquel a quien consideraban el líder del grupo.

ἐγὼ δὲ ᾿Απολλῶ, En segundo lugar se refiere al cisma que seguía o ponía como referente a *Apolos*. Era el hombre de la elocuencia, *poderoso en palabras* (Hch. 18:24-28). Procedía de una ciudad altamente cualificada en conocimiento, ciencia e ilustración, como era Antioquía, una de las más importantes de Egipto, situada en la costa norte, al oeste de la desembocadura del Nilo. Se consideraba como la segunda ciudad en importancia del Imperio Romano, siendo el centro más grande de cultura allí. El nombre de *Apolos* era el diminutivo de *Apolonio*, que era usado con frecuencia por los judíos en el tiempo siguiente al retorno del cautiverio y, más concretamente, en el tiempo inter testamentario. Apolos era uno de los judíos educado en las escuelas de Antioquía, profundo conocedor de las Escrituras, siendo un experto en la interpretación de ellas. La elocuencia era también una de sus características destacables. La expresión de Hechos, *varón elocuente*, podía referirse tanto a la elocuencia en las palabras con que se expresaba, como en las ideas, ya que el término λόγος, *palabra*, puede referirse a ambas cosas. Apolos estuvo un tiempo en la iglesia en Corinto, luego de la partida de Pablo (Hch. 19:1). Para los greco-romanos con cierta cultura la expresión elocuente con que se pronunciaba un discurso era de alta estima. Sin duda la comparación entre la elocuencia de Apolos y la expresión, tal vez monótona de Pablo (2 Co. 10:10), despertaba admiración en algunos de la iglesia. Además, Apolos regó lo que Pablo había plantado (3:6; 4:6). Pudiera ser que su continua negativa a las invitaciones del apóstol para que visitase nuevamente Corinto, se debiera para no alentar al grupo que le admiraba (16:12).

ἐγὼ δὲ Κηφᾶ, Un tercer grupo había puesto por figura que lo agrupaba a *Cefas*. Pudiera ser que fuese promovido por cristianos de origen judío que menospreciarían a Pablo para confesarse seguidores de Pedro. Especialmente los *judaizantes*, celosos guardadores de las tradiciones del pueblo hebreo, que insistían en que los cristianos debían circuncidarse y guardar la ley, habían influido en el grupo que se nombraba como *de Cefas*. Algunos de los judíos no reconocían el apostolado de Pablo, mientras que consideraban como el principal de ellos a Pedro, puesto que Cristo le había encomendado el inicio de la evangelización del mundo dándole las *llaves* que simbólicamente abriría las puertas del reino también a los gentiles. Mientras que Pedro había acompañado a Jesús durante el tiempo de Su ministerio terrenal, había estado cerca de la Cruz y le había visto resucitado. Pablo no había tenido ese privilegio. Se olvidaban sus detractores que había visto al Señor glorioso en el camino a Damasco y había sido enseñado directamente por Él, como testifica a los gálatas. Pedro era el apóstol a los judíos (Gá. 2:8). Como en otras muchas ocasiones, especialmente en escritos de Pablo, usa el nombre arameo que Jesús le había impuesto en la ocasión en que Andrés lo trajo a Jesús, y que significa *roca, piedra* (Jn. 1:42). Pudiera ser que no solo para algunos fuese el principal de los Doce, sino que para los procedentes del judaísmo era fiel a la ley y a las tradiciones (Gá. 2:11 ss.). El grupo más conservador, probablemente de mayoría judía, se consideraba como *de Cefas*.

ἐγὼ δὲ Χριστοῦ. Un cuarto grupo se consideraba como seguidores de Cristo. Es difícil determinar de qué condición eran éstos, y por qué afirmaban ser de Cristo. Para algunos se trataba de personas que habían vivido en el entorno de Palestina, en tiempos de Cristo y que, acaso lo hubiesen visto personalmente. Cualquier intento de determinar esto cae dentro de la mera especulación. Pudiera ser que, en oposición a los otros tres grupos, surgieran en la iglesia los que se consideraban ortodoxos, fieles a la Escritura, orgullosos de su condición de cristianos, sanos en la fe y seguidores fieles de Cristo. Esto, en sentido aparente, concordaba plenamente con la posición de Pablo, que se consideraba solo y únicamente de Cristo. Para el apóstol, Cristo, sólo Cristo era su meta, su esperanza y su modo de vida. Con su enseñanza les había mostrado cual era el orden en su pensamiento y en su vida: *Yo soy de Cristo y solamente de Él*. ¿No escribe: "con *Cristo estoy juntamente crucificado, y ya no vivo yo, más vive Cristo en mí; y lo que ahora vivo en la carne, lo vivo en la fe del Hijo de Dios, el cual me amó y se entregó a sí mismo por mí"* (Gá. 2:20) ¿No es también su testimonio personal, *"para mí el vivir es Cristo"* (Fil. 1:21)? Esta es una firme verdad. Es más, el apóstol va a recordar a los divisionarios corintios que los tres hombres mencionados por líderes de los tres grupos, son de Cristo mismo (3:22-23; 2 Co. 10:7). Pero, para el cuarto grupo de los que se habían formado en la iglesia, Cristo era un pretexto para establecer la división entre hermanos. El problema era el mismo, la pretensión exclusivista de unos rechazando a los otros era la misma. Colocaban el nombre de Cristo al mismo nivel y para el mismo uso que el de los hombres a quienes seguían los otros tres grupos. Aparentemente ortodoxos, realmente divisionarios.

13. ¿Acaso está dividido Cristo? ¿Fue crucificado Pablo por vosotros? ¿O fuisteis bautizados en el nombre de Pablo?

μεμέρισται ὁ Χριστός μὴ Παῦλος ἐσταυρώθη ὑπὲρ ὑμῶν,
¿Está dividido - Cristo? ¿Acaso Pablo fue crucificado por vosotros?
ἢ εἰς τὸ ὄνομα Παύλου ἐβαπτίσθητε
¿O en el nombre de Pablo fuisteis bautizados?

> Análisis y notas del texto griego.
>
> Análisis: μεμέρισται, tercera persona singular del perfecto de indicativo en voz pasiva del verbo μερίζω, *dividir, repartir, distribuir*, aquí *ha estado dividido*, gramaticalmente *está dividido*; ὁ, caso nominativo masculino singular del artículo determinado *el*; Χριστός, caso nominativo masculino singular del nombre propio *Cristo*; μὴ, partícula que hace funciones de adverbio de negación *no*, tomado aquí en sentido dubitativo interrogativo *acaso*; Παῦλος, caso nominativo masculino singular del nombre propio *Pablo*; ἐσταυρώθη, tercera persona singular del aoristo primero de indicativo en voz pasiva del verbo σταυρόω, *crucificar*, aquí *fue crucificado*; ὑπὲρ, preposición propia de genitivo *por*; ὑμῶν, caso genitivo de la segunda persona plural del pronombre personal *vosotros*; ἢ, conjunción disyuntiva *o*; εἰς, preposición propia de acusativo *en*; τὸ, caso acusativo neutro singular del artículo determinado *el*; ὄνομα, caso acusativo neutro singular del sustantivo *nombre*; Παύλου, caso genitivo masculino singular del nombre propio declinado *de Pablo*; ἐβαπτίσθητε, segunda persona plural del aoristo primero de indicativo en voz pasiva del verbo βαπτίζω, *bautizar*, aquí *fuisteis bautizados*.

μεμέρισται ὁ Χριστός, Mediante tres preguntas retóricas que exigen una respuesta por parte del lector, el apóstol introduce el absurdo comportamiento de los corintios, en los grupos divisionarios que habían establecido en la iglesia. Dos de las tres tienen el mismo sujeto, Pablo. El apóstol no menciona el nombre de ningún otro de los que habían sido puestos como conductores de los grupos. Tan sólo comienza hablando de

Cristo, para formular la primera pregunta: *"¿Está dividido Cristo?"*. El artículo determinado que precede al nombre, permite entender no tanto al Cristo histórico, el Hijo de Dios encarnado, sino al llamado *Cristo místico*, que es la unidad espiritual formada por Él, que es la cabeza, y el cuerpo integrado por todos los miembros salvos que son puestos e identificados con Él. La enseñanza bíblica sobre esto es clara. La Iglesia tiene un solo Señor que es vínculo de unidad y comunicador de vida al cuerpo espiritual de creyentes (Ef. 4:5). El mismo Señor está en todos los creyentes (Col. 1:27). Cada uno de los cristianos somos llamados a seguirle a Él solamente, como Él mismo dijo: *"Venid en pos de mí"* (Mr. 1:17). Nadie puede servirle sin seguirle (Jn. 12:26). Las huellas para un seguimiento fiel fueron establecidas por Sus pisadas, no por las de ningún otro hombre (1 P. 2:21). Solo en Cristo es posible la unidad de la iglesia: *"Porque así como el cuerpo es uno, y tiene muchos miembros, pero todos los miembros del cuerpo, siendo muchos, son un solo cuerpo, así también Cristo"* (12:12). Porque sólo hay un cuerpo en Cristo, cada creyente es llamado a mantener solícitamente esa unidad: *"Solícitos en guardar la unidad del Espíritu en el vínculo de la paz"* (Ef. 4:3). No se trata de una opción sino del preciso mandamiento del Señor por medio de Pablo, que insta a cada creyente para hacer cuanto le sea posible procurando activamente en guardar la unidad del Espíritu. Los cristianos deben estar empeñados celosamente en guardar esa unidad, que es la unidad de la Iglesia. Pero es necesario entender bien que no se trata de una unidad que ha de ser suscitada o conseguida por ellos, sino tan solo conservada y aún protegida y salvaguardada, porque no siendo ellos los autores de la unidad, se les ha entregado como un tesoro procedente de la gracia y del propósito eterno, expresado en el *misterio* revelado por los santos apóstoles y profetas (Ef. 3:5). Lo que debe ser conservado es *"la unidad del Espíritu"*. La unidad de la Iglesia en general es obrada por el Espíritu Santo, que también la conserva inquebrantablemente. No se está mandando *hacer* la unidad, sino *mantener* la unidad, que es una obra divina y no una actividad humana. Dios, el Espíritu Santo, hace la unidad mediante la unión vital de todos los creyentes en Cristo, bautizándolos *en* o *hacia* la formación de un cuerpo en Él (12:13). Esa unidad es algo definitivamente realizado por el Espíritu, de ahí que el apóstol se refiera a ella como *"la unidad del Espíritu"*. La única manera de mantener esa unidad en la experiencia de vida de los creyentes y de la Iglesia, está en el poder del mismo Espíritu que la hace posible. El Espíritu es la Persona que crea y conserva la unidad. El tesoro de la unidad lo ha depositado el en cada creyente, llamándolo a que la mantenga con solicitud.

No guardar la unidad como elemento prioritario es no conservarse o mantenerse en la vocación a la que Dios ha llamado a cada creyente. Lo contrario a la obra del Espíritu, y aún más, lo contrario al mismo Espíritu son las obras de la carne opuestas al fruto del Espíritu (Gá. 5:20). El que no *anda en el Espíritu*, manifestará las obras de la carne, entre las que están las *disensiones* y las *herejías*, literalmente *divisiones* (Gá. 5:20). Si las disensiones dividen, la paz une. Pero, la paz de Dios es Cristo mismo, ya que en la Cruz la estableció y como Señor soberano y exaltado la proclamó a los Suyos en la resurrección. La paz de Dios es de tal dimensión que supera a todo entendimiento (Fil. 4:7). Esta paz, necesaria para mantener la unidad de la Iglesia, es provisión de la gracia en la acción del mismo Espíritu que hace la unidad (Gá. 5:22). El creyente que ha recibido la provisión de la paz para experiencia de vida, tiende hacia ella, si realmente ha nacido de nuevo, es decir, si es un cristiano genuino y no un cristiano nominal (Ro. 14:19). El regenerado es una persona vinculada a la paz de tal modo que no solo es pacífico, sino que es *pacificador*, por cuya condición se les conoce como verdaderos *hijos de Dios* (Mt. 5:9).

A esta paz nos llamó Dios (7:15; Col. 3:15), por eso el creyente llamado a paz debe tender a ella (Ro. 14:19; 2 Ti. 2:22). Cuando la paz fluye del fruto del Espíritu sin restricciones, el creyente mantendrá con solicitud la unidad del Espíritu, en una vida de paz, siendo Dios mismo quien nos guardará en ella (Col. 3:15; Fil. 4:7). Sólo cuando damos respuesta a la paz podemos guardar la unidad, que en último término es la unidad del Espíritu, pero es la unidad de la paz. Cuando se rompe la unidad, se rompe también la paz. De otro modo la alteración de la unidad en la Iglesia, no es otra cosa que la falta de paz. Quienes dividen una congregación por cuestiones de personalismo, como es el caso de los corintios, están luchando contra Dios, intentando destruir la unidad del Espíritu. Un pecado semejante no puede esperar recibir ningún tipo de bendición por parte de Dios. Además, la falta de unidad visible entre los cristianos afecta directamente al testimonio ante el mundo y a la evangelización porque Jesús dijo al Padre: *"Que sean uno para que el mundo crea que tú me enviaste"* (Jn. 17:21).

μὴ Παῦλος ἐσταυρώθη ὑπὲρ ὑμῶν, La segunda pregunta, en donde está presente el nombre del apóstol, formula la cuestión de si él había sido crucificado por ellos. El evangelio anuncia que la obra de redención es solamente de Cristo. Los creyentes le pertenecen al haber sido *comprados*, esto es, *rescatados* por Su obra (1 P. 1:18-20). Sólo Cristo los compró por precio y sólo Él pudo pagarlo (6:20). Cada creyente es llamado *cristiano* por pertenecer a Cristo y sólo a Él. Pablo, al derribar la base del partido que usaba su nombre, derriba la de los otros tres, sin necesidad de mencionarlos, con una sabia prudencia. Como ninguno de los nombres que aquellos usaban para identificarse, había muerto por ellos, no podían considerarse sus *siervos*, porque lo único que habían recibido de esos hermanos era la predicación del evangelio y la formación bíblica en la doctrina. Nada deben a ninguno de los que mencionan como líderes a quienes siguen, sólo Cristo hizo posible su salvación y sólo en Él está la unidad del cuerpo del que cada uno forma parte. Es lamentable que el problema continúe a lo largo del tiempo. La fragmentación denominacional es una evidencia de esto. Escuelas teológicas siguen tras el nombre del fundador, o de quien ha presentado alguna verdad bíblica que no estaba bien estudiada e incluso era desconocida. Nadie ha de llamarse por otro nombre, ni seguir a otra persona, ni ir en el camino de algún hombre por grande y bíblico que haya sido. Sólo Cristo y nadie más que Él es digno de ser tenido por lo que es, el Señor.

ἢ εἰς τὸ ὄνομα Παύλου ἐβαπτίσθητε. La tercera pregunta demanda también una respuesta negativa de los lectores: *"¿O fuisteis bautizados en el nombre de Pablo?"*. El apóstol enseñó la ordenanza del bautismo y el modo de practicarla, como la había conocido de Cristo mismo, que le enseñó la doctrina cristiana (Mt. 28:19). Bautizar *en el nombre* es hacerlo bajo la autoridad de quien se nombra. De manera que bautizar en el nombre de Pablo, sería colocarlo a la par de Cristo. Quien bautiza a alguien *hacia el nombre* indica que queda a su servicio y seguimiento. De ahí que Pablo pregunte a los que militan en el partido que lleva su nombre, si alguno de ellos fue bautizado en el nombre o con la autoridad del apóstol. La pregunta no puede tener otra que una respuesta negativa, nadie en Corinto había sido bautizado en el nombre de Pablo.

El ministerio de Pablo (1:14-17)

14. Doy gracias a Dios de que a ninguno de vosotros he bautizado, sino a Crispo y a Gayo.

εὐχαριστῶ	[τῷ	Θεῷ][1]	ὅτι	οὐδένα	ὑμῶν	ἐβάπτισα	εἰ	μὴ
Doy gracias	-	Dios,	que	a ninguno	de vosotros	bauticé	si	no
Κρίσπον	καὶ	Γάϊον,						
A Crispo	y	a Gayo.						

Análisis y notas del texto griego.

Análisis: εὐχαριστῶ, primera persona singular del presente de indicativo en voz activa del verbo εὐχαριστέω, *dar gracias*, aquí *doy gracias*; τῷ, caso genitivo masculino singular del artículo determinado *el*; Θεῷ, caso dativo masculino singular del nombre divino declinado *a Dios*; ὅτι, conjunción *que*; οὐδένα, caso acusativo masculino singular del pronombre indefinido declinado *a ninguno*; ὑμῶν, caso genitivo de la segunda persona plural del pronombre personal declinado *de vosotros*; ἐβάπτισα, primera persona singular del aoristo primero de indicativo en voz activa del verbo βαπτίζω, *bautizar*, aquí *bauticé*; εἰ, conjunción afirmativa *si*; μὴ, partícula que hace funciones de adverbio de negación *no*; Κρίσπον, caso acusativo masculino singular del nombre propio declinado *a Crispo*; καὶ, conjunción copulativa *y*; Γάϊον, caso acusativo masculino singular del nombre propio declinado *a Gayo*.

Notas. Crítica Textual. Lecturas alternativas.

[1] τῷ Θεῷ *a Dios*, conforme a la lectura en א[2], C, D, F, G, L, P, Ψ, 104, 365, 630, 1175, 1241, 1505, 1506, 1881, 2464, 𝔐, lat, bo[bo], Tertuliano, Ambrosiaster.

τῷ Θεῷ μου, *a mi Dios*, según A, 33, 81, 326, ar, vg[mss], sy[p, h**], sa[sa], bo[mss].

No está en א[*], B, 6, 1739, sa[sa], bo[pt].

εὐχαριστῶ τῷ Θεῷ ὅτι οὐδένα ὑμῶν ἐβάπτισα. El apóstol agradece a Dios el hecho de no haber bautizado personalmente a muchos de los miembros de la iglesia en Corinto. No cabe duda que el bautizar a los creyentes formaba parte del ministerio apostólico como cumplimiento de la ordenanza que Cristo había establecido, de modo que junto con la proclamación del evangelio y la enseñanza doctrinal, estaba también el bautismo (Mt. 28:19). A la vista del problema de las divisiones en Corinto, se alegraba de no haber administrado personalmente el bautismo a los convertidos. No rehusaba hacerlo, pero dejaba el cumplimiento de la ordenanza en manos de sus colaboradores.

εἰ μὴ Κρίσπον καὶ Γάϊον, La relación de los bautizados directamente por él en Corinto, comienza en este versículo y prosigue más adelante. El primero mencionado era *Crispo*. Este había sido el *presidente* o el *principal* de la sinagoga de los judíos (Hch. 18:8). El otro mencionado era *Gayo*, el hospedador del apóstol en Corinto y acaso proveía del lugar donde la iglesia se reunía (Ro. 16:23).

15. Para que ninguno diga que fuisteis bautizados en mi nombre.

ἵνα μή τις εἴπῃ ὅτι εἰς τὸ ἐμὸν ὄνομα ἐβαπτίσθητε[1].
Para que no alguien diga que en el mío nombre fuisteis bautizados.

Notas y análisis del texto griego.

Análisis: ἵνα, conjunción causal *para que*; μή, partícula que hace funciones de adverbio de negación *no*; τις, caso nominativo masculino singular del pronombre indefinido *alguien*; εἴπῃ, tercera persona singular del segundo aoristo de subjuntivo en voz activa del verbo εἶπον, forma del aoristo de λέγω, *hablar, decir*, aquí *diga*; ὅτι, conjunción *que*; εἰς, preposición propia de acusativo *en*;

τὸ, caso acusativo neutro singular del artículo determinado *el*; ἐμὸν, caso acusativo neutro singular del pronombre posesivo, *mío*; ὄνομα, caso acusativo neutro singular del nombre común *nombre*; ἐβαπτίσθητε, segunda persona plural del aoristo primero de indicativo en voz pasiva del verbo βαπτίζω, *bautizar*, aquí *fuisteis bautizados*.

Notas. Crítica Textual. Lecturas alternativas.

[1] ἐβαπτίσθητε, *fuisteis bautizados*, según lectura en 𝔓[46], a, A, B, C*, 6, 33, 81, 365, 630, 1175, 1506, 1739, f*, vg, sy[hmg], co.

ἐβάπτισα, *bauticé*, conforme a C[3], D F G L P Ψ 1241 . 1505 . 1881 . 2464, M, it sy; Tertuliano.

ἵνα μή τις εἴπῃ ὅτι εἰς τὸ ἐμὸν ὄνομα ἐβαπτίσθητε. El versículo es un paréntesis en medio del párrafo. Al dar gracias a Dios por no haber bautizado sino a unos pocos, lo hace para que nadie pueda decir que los creyentes de Corinto habían sido bautizados en el nombre de Pablo. El apóstol entiende que esto no fue una casualidad histórica, sino que obedece a la providencia divina. Nadie podría decir que fue bautizado en el nombre del apóstol porque son contados los que él bautizó.

16. También bauticé a la familia de Estéfanas; de los demás, no sé si he bautizado a algún otro.

ἐβάπτισα δὲ καὶ τὸν Στεφανᾶ οἶκον, λοιπὸν οὐκ οἶδα εἴ τινα
Y bauticé también - a Estéfanas familia; por lo demás no sé si algún
ἄλλον ἐβάπτισα.
otro bauticé.

Análisis y notas del texto griego.

Análisis: ἐβάπτισα, primera persona singular del aoristo primero de indicativo en voz activa del verbo βαπτίζω, *bautizar*, aquí *bauticé*; δὲ, partícula conjuntiva que hace las veces de conjunción coordinante, con sentido de *pero, más bien, y, y por cierto, antes bien, entonces*; καὶ, adverbio de modo *también*; τὸν, caso acusativo masculino singular del artículo determinado *el*; Στεφανᾶ, caso genitivo masculino singular del nombre propio *Estéfanas*; οἶκον, caso acusativo masculino singular del nombre común *casa, familia*; λοιπὸν, adverbio *por lo demás*; οὐκ, forma escrita del adverbio de negación *no*, con el grafismo propio ante una vocal con espíritu suave o una enclítica; οἶδα, primera persona singular del perfecto de indicativo en voz activa del verbo οἶδα, *saber, conocer*, aquí *he sabido*, mejor *sé*; εἴ, partícula condicional afirmativa *si*; τινα, caso acusativo masculino singular del adjetivo indefinido *alguno*; ἄλλον, caso acusativo masculino singular del pronombre indefinido *otro*; ἐβάπτισα, primera persona singular del aoristo primero de indicativo en voz activa del verbo βαπτίζω, *bautizar*, aquí *bauticé*.

ἐβάπτισα δὲ καὶ τὸν Στεφανᾶ οἶκον, La mente del apóstol es humana, aunque escriba palabras inspiradas. Mencionó a Crispo y Gayo como los únicos creyentes a quienes había bautizado (v. 14), introduciendo luego la explicación de por qué consideraba aquello un motivo de gratitud a Dios. Pero se olvidaba de la familia de Estéfanas, que al final de la *Epístola* en el apartado de los saludos y la despedida, les recuerda que fueron los primeros convertidos de la provincia de Acaya y dedicados a la obra del Señor (16:15-16). Estéfanas estaba junto a Pablo cuando escribió la *Espístola* e incluso pudo haber sido el amanuense en esta ocasión. Acaso le recordó al apóstol este olvido involuntario, que recoge inmediatamente añadiéndolo a los citados antes. Este hermano era uno de los enviados por la iglesia de Corinto para encontrarse con Pablo. Nadie puede dar el número de personas que componían la familia de Estéfanas. En el entorno cultural romano, la familia estaba integrada por el padre, la madre, los hijos, pero también los siervos y los esclavos que se contaban como personas de *la casa* del cabeza de familia. De este modo se menciona a la *casa* de Cornelio (Hch. 10:2, 48; 11:14); la de Lidia (Hch. 16:15); la del carcelero de Filipos (Hch. 16:31-34); la de Crispo (18:8); la de Onesíforo (2 Ti. 1:16), etc. Si Estéfanas era una persona socialmente de clase alta, podía tener una *casa* numerosa.

λοιπὸν οὐκ οἶδα εἴ τινα ἄλλον ἐβάπτισα. Tal vez preguntó a los colaboradores cercanos, o él mismo hizo una introspección para recordar si algún otro había sido bautizado por él en Corinto y llega a la conclusión de que le parece que a nadie más había bautizado.

17. Pues no me envió Cristo a bautizar, sino a predicar el evangelio; no con sabiduría de palabras, para que no se haga vana la cruz de Cristo.

οὐ γὰρ ἀπέστειλεν με Χριστὸς βαπτίζειν ἀλλὰ εὐαγγελίζεσθαι,
Porque no envió me Cristo a bautizar sino a evangelizar
οὐκ ἐν σοφίᾳ λόγου, ἵνα μὴ κενωθῇ ὁ σταυρὸς τοῦ Χριστοῦ.
no con sabiduría de palabra para no hacer vana la cruz - de Cristo.

Análisis y notas del texto griego.

Análisis: οὐ, adverbio de negación *no*; γὰρ, conjunción causal *porque*; ἀπέστειλεν, tercera persona singular del aoristo primero de indicativo en voz activa del verbo ἀποστέλλω, *enviar*, aquí *envió*; με, caso acusativo de la primera persona singular del pronombre personal declinado *a mí, me*; Χριστὸς, caso nominativo masculino singular del nombre propio *Cristo*; βαπτίζειν, presente de infinitivo en voz activa del verbo βαπτίζω, *bautizar*; ἀλλὰ, conjunción adversativa *sino*; εὐαγγελίζεσθαι, presente de infinitivo en voz media del verbo εὐαγγελίζω, *evangelizar*; οὐκ, forma escrita del adverbio de negación *no*, con el grafismo propio ante una vocal con espíritu suave o una enclítica; ἐν, preposición propia de dativo *en, con*; σοφίᾳ, caso dativo femenino singular del nombre común *sabiduría*; λόγου, caso genitivo masculino singular del nombre común declinado *de palabra*; ἵνα, conjunción causal *para*; μὴ, partícula que hace funciones de adverbio de negación *no*; κενωθῇ, tercera persona singular del aoristo primero de subjuntivo en voz pasiva del verbo κενόω, *rebajar, humillar, anonadar, privar de valor, hacer vano*, aquí *se hiciese vana*; ὁ, caso nominativo masculino singular del artículo determinado *el*; σταυρὸς, caso nominativo masculino singular del nombre común *cruz*; τοῦ, caso genitivo masculino singular del artículo determinado *el*; Χριστοῦ, caso genitivo masculino singular del nombre propio declinado *de Cristo*.

οὐ γὰρ ἀπέστειλεν με Χριστὸς βαπτίζειν, El apóstol menciona aquí cuatro aspectos relacionados con su ministerio. El primero es que el Señor que le había enviado como apóstol Suyo, no le encomendó ministrar el bautismo. Realmente su misión en Corinto no fue la de bautizar, por cuya causa había bautizado a pocos. Anteriormente manifestó ya que no bautizaba para que nadie pudiera decir que había sido bautizado en el nombre, o por la autoridad, de Pablo. Muchos podían bautizar, no requería sino la disposición y la capacidad física para hacerlo, pero no todos podían predicar el evangelio y enseñar, como él hacía, para lo que se necesitaba don y capacitación.

ἀλλὰ εὐαγγελίζεσθαι, El segundo aspecto de su ministerio era el de *evangelizar*, como literalmente se lee en el texto griego. Fue enviado para *proclamar* el mensaje de salvación. La prioridad de predicar el evangelio es notoriamente superior al bautismo. Éste es el testimonio visible de que quien se bautiza ha recibido a Cristo como Salvador personal. De otro modo, el orden es *primero hacer discípulos*, y luego bautizarlos. Como escribe el Dr. Hodge: *"En tiempos apostólicos, la verdad estaba por encima de los ritos externos. La apostasía de la iglesia consistió en hacer que los ritos fuesen más importantes que la verdad"*[25]. Jesús le encomendó la tarea de predicar el evangelio (Ro. 1:15; 15:15, 16; Gá. 1:16). Para esto es necesaria la capacitación personal, el tacto y la habilidad. El bautismo se practica una sola vez en la vida del que ha creído, pero la evangelización con lo que conlleva de proclamar a Cristo como Salvador, y conducir al creyente al crecimiento espiritual, es una labor continuada.

---

[25] C Hodge. *Primera Corintios*. Londres, 1969, pág. 16.

El apóstol es el gran imitador de Cristo. El Señor dedicaba todo el tiempo a predicar el evangelio y dejaba la labor de bautizar a Sus discípulos (Jn. 4:1, 2). Es más, cuando Jesús nombró a Sus discípulos como apóstoles, los hizo *"pescadores de hombres"* (Mt. 4.19). Estos tenían que echar la red de la predicación del evangelio, proclamando la salvación en Cristo para todo aquel que cree.

οὐκ ἐν σοφίᾳ λόγου, En tercer lugar, expresa el modo en que debía predicar: *"No con sabiduría de palabras"*. Predicar no es expresar un discurso habilidoso con la elocuencia propia de un buen orador, porque no era una alocución filosófica, expresada en un discurso de sabiduría humana propio de los filósofos. Para algunos, todo asunto de conocimiento y de filosofía está reñido con la predicación del evangelio. Todo lo contrario. El apóstol no desprecia la erudición del predicador y mucho menos la prohíbe, lo que quiere puntualizar es que la predicación bíblica, la proclamación de la doctrina de Jesucristo, no procede de la sabiduría de los hombres, sino que viene directamente de Dios. Esta es la comisión que recibió del Señor: *"Ponte sobre tus pies; porque para esto he aparecido a ti, para ponerte por ministro y testigo de las cosas que has visto, y de aquellas en que me apareceré a ti, librándote de tu pueblo, y de los gentiles, a quienes ahora te envío, para que abras sus ojos, para que se conviertan de las tinieblas a la luz, y de la potestad de Satanás a Dios; para que reciban, por la fe que es en mí, perdón de pecados y herencia entre los santificados"* (Hch. 26:16-18).

Es inexcusable el cumplimiento de la comisión que Jesús puso sobre cada cristiano. La evangelización y la formación bíblica de los creyentes forman una misma necesidad que debe ser atendida. No se puede evangelizar sin discipular y no se puede discipular sin evangelizar. Los creyentes y de forma muy especial los líderes en la iglesia deben estar tan interesados en la conversión como en la formación de los cristianos. Jesús puntualiza que la enseñanza debe ser integral y total, comprendiendo no solo *algunas* sino *todas* las cosas que mandó. La doctrina bíblica es mandamiento, por cuanto procede de Dios, es decir, se ha dado para ser obedecida. La Biblia no es un libro de *información*, sino de *formación*. El cristiano no estudia la Palabra y es instruido en ella para *saber* más de ella, sino para *vivir* conforme a ella. Nuestro Señor no deja la enseñanza al arbitrio de la iglesia, sino que la define como prioridad esencial y la establece como mandamiento. La enseñanza de los nuevos creyentes comienza desde antes de la conversión, ya que la predicación del evangelio es la exposición de una doctrina que el apóstol llama *"la palabra de la cruz"* (v. 18).

La preparación para la predicación y la enseñanza requiere una capacitación personal en el conocimiento de la verdad, la interpretación correcta de la Palabra y la exposición clara de la doctrina. La idea de que es el Espíritu quien da al predicador el mensaje a decir en el momento de decirlo sin ninguna preparación previa es el error más funesto que puede comunicarse. Las verdades a predicar han de ser tomadas de la revelación de Dios (2:1, 4, 13). Pablo podía tener poca elocuencia, pero tenía pleno conocimiento de la verdad que predicaba (2 Co. 11:6). Nadie puede predicar conforme al pensamiento de Dios sin recibir de Él por medio de la Palabra, aquello que debe predicar (Gá. 1:11, 12). En un tiempo en que muchos *visionarios*, presentan a la congregación donde ministran, revelaciones llamadas *espirituales*, a las que le dan la autoridad de la Palabra porque, según esos falsarios, ambas vienen de Dios; en un mundo donde la Biblia desaparece del ministerio, donde la enseñanza decae, donde el mensaje que descansa en la autoridad de la Palabra se sustituye por otro tipo de disertaciones; en tiempo donde las instituciones que supuestamente deben formar a nuevos predicadores y maestros, dudan de la inspiración plenaria y de la inerrancia bíblica, el apóstol llama la atención a un retorno al ministerio de la enseñanza conforme a lo que Cristo estableció: *"enseñándoles que guarden todas las cosas que os mandado"* (Mt. 28:20).

ἵνα μὴ κενωθῇ ὁ σταυρὸς τοῦ Χριστοῦ. En cuarto lugar, la razón de ese modo de predicar está expresada con claridad: *"Para que no se haga vana la cruz de Cristo"*. El mundo de aquellos días no quería aceptar el mensaje de la Cruz despreciándolo cuando el apóstol lo predicó. No es otra cosa lo que las personas hacen cuando no han sido iluminadas por el Espíritu Santo. Un mensaje relacionado con una muerte ignominiosa en una Cruz, no es del agrado de las personas. Por tanto, si Pablo hubiese proclamado un mensaje basado en la erudición elocuente de un orador, y argumentase conforme a la dialéctica filosófica de entonces, hubiera despojado el mensaje de toda su gloria y de todo su poder. Una predicación sin Cruz, es estéril, porque Dios salva al hombre por la locura de la predicación. Si el apóstol hubiese anunciado a Cristo de otra manera, no hubiera habido conversiones y, por tanto, tampoco bautismos. Pablo había predicado un mensaje que descansaba en la acción soberana de Dios para salvación, llamando a los hombres a la fe en Jesucristo. La vergüenza de la Cruz era la puerta única de entrada a la salvación por gracia mediante la fe.

No debe olvidarse que la Cruz suplementada en doctrinas de hombres es una cruz rebajada. Solo la doctrina de la Cruz es el evangelio poderoso para salvación a todo aquel que cree (Ro. 1:16-17). El poder del mensaje se hace ineficaz cuando se sustituye la palabra de Dios por la del hombre, convirtiéndose en *"otro evangelio"*, esto es *un evangelio diferente*, por tanto, en un mensaje que, aun llamándose evangelio, no lo es (Gá. 1:7-9). Las palabras de los hombres *desvirtúan*, literalmente *hacen vano* el evangelio, porque lo rebajan, haciendo *vana* la Cruz de Cristo.

Causas de las divisiones (1:18-2:16)

Dificultades con el mensaje de la Cruz (1:18-2:5)

El triunfo sobre la sabiduría humana (1:18-24)

18. Porque la palabra de la cruz es locura a los que se pierden; pero a los que se salvan, esto es, a nosotros, es poder de Dios.

Ὁ λόγος γὰρ ὁ τοῦ σταυροῦ τοῖς μὲν ἀπολλυμένοις μωρία ἐστίν,
Porque la palabra - de la cruz a los - que se pierden locura es,
τοῖς δὲ σῳζομένοις ἡμῖν δύναμις Θεοῦ ἐστιν.
pero a los que se están salvando, a nosotros, poder de Dios es.

Análisis y notas del texto griego.

Análisis: Ὁ, caso nominativo masculino singular del artículo determinado *el*; λόγος, caso nominativo masculino singular del nombre común *palabra, discurso, doctrina*; γὰρ, conjunción causal *porque*; ὁ, caso nominativo masculino singular del artículo determinado *el*; τοῦ, caso genitivo masculino singular del artículo determinado declinado *del*; σταυροῦ, caso genitivo masculino singular del nombre común *cruz*; τοῖς, caso dativo masculino plural del artículo determinado declinado *a los, para los*; μὲν, partícula afirmativa que se coloca siempre inmediatamente después de la palabra expresiva de una idea que se ha de reforzar o poner en relación con otra idea y que, en sentido absoluto tiene oficio de adverbio de afirmación, como *ciertamente, a la verdad*; ἀπολλυμένοις, caso dativo masculino plural del participio de presente en voz media del verbo ἀπολλύμι, *perderse*, aquí *que se pierden*; μωρία, caso nominativo femenino singular del nombre común *locura*; ἐστίν, tercera persona singular del presente de indicativo en voz activa del verbo εἰμί, *ser, estar*, aquí *es*; τοῖς, caso dativo masculino plural del artículo determinado declinado *a los, para los*; δὲ, partícula conjuntiva que hace las veces de conjunción coordinante, con sentido de *pero, más bien, y, y por cierto, antes bien, entonces*; σῳζομένοις, caso dativo masculino plural del participio de presente en voz pasiva del verbo σῴζω, *salvar*, aquí que *se están salvando*; ἡμῖν, caso dativo de la primera persona plural del pronombre personal declinado *a nosotros, para nosotros*; δύναμις, caso nominativo femenino singular del nombre común *poder*; Θεοῦ, caso genitivo masculino singular del nombre divino declinado *de Dios*; ἐστιν, tercera persona singular del presente de indicativo en voz activa del verbo εἰμί, *ser, estar*, aquí *es*.

Ὁ λόγος γὰρ ὁ τοῦ σταυροῦ. Mediante la conjunción γὰρ, *porque*, enlaza el versículo con el anterior, donde afirmó que no predicaba el evangelio con palabras de sabiduría humana, para dar ahora la razón. La *palabra de la cruz* es el calificativo que da al mensaje del evangelio, haciendo la distinción entre un singular y un plural; mientras que el mensaje de los hombres son *palabras de humana sabiduría*, el de Dios es *la palabra* de la Cruz.

El significado de *palabra* es equivalente aquí a *discurso*, esto es, la expresión de una verdad manifestada. Puesto que esta verdad procede de Dios mismo, se trata de la *doctrina* de la Cruz. El Señor, que no dejó la enseñanza de la *doctrina de la salvación* al arbitrio del predicador, la plasmó en una forma concreta para ser usada en la totalidad para la evangelización del mundo. La predicación del evangelio no es dar *cuatro* o más reglas para que descansando en ellas se llegue al perdón de pecados y vida eterna, sino que la proclamación del evangelio de la gracia es una exposición doctrinal. Será interesante y necesario recordar esto. El apóstol Pablo habla de la evangelización como la proclamación de la doctrina, la *palabra* de la Cruz. Con la proclamación de la doctrina sobre la Cruz de Cristo, en todo el alcance de Su obra salvadora, comienza ya la enseñanza que pone delante del perdido los elementos necesarios para afirmar su fe que descansará en el Resucitado, el Salvador del mundo. La evangelización no es, como se ha dicho, entregar las cuatro reglas o los cuatro principios básicos para la salvación, sino expresar el discurso, la palabra, la doctrina en que descansa la verdad manifestada que presenta la obra salvadora hecha por el Señor Jesucristo. La doctrina de la salvación en base a la muerte en la Cruz del Hijo de Dios (Ro. 5:6-10). El poder de Dios para salvación no está tanto en el mensaje, sino en el hecho de la muerte del Señor ocupando el lugar del pecador (Jn. 3:16, 17), pero ese *poder para salvación*, se expresa en las palabras del *mensaje de la cruz*. No se trata, pues, de contar emociones o tradiciones a los inconversos, sino de presentarles la doctrina de la salvación, a fin de que tengan base suficiente para ejercer la fe en el Salvador. La evangelización no es un discurso para entretener a quienes, por no saber nada o saber muy poco de la verdad bíblica, deben ser llevados a simplezas, a experiencias subjetivas o a narraciones extra bíblicas que los dispongan para hacer una decisión por Jesús. Al pecador perdido debe enfrentársele con la realidad del pecado, tal como lo expresa la Biblia, con la situación personal en que se encuentra por esa causa, con la condenación eterna que es el resultado del pecado, para abrir delante de él la obra realizada por el Salvador, llamándolo a un encuentro personal con Él en fe. Esto es evangelizar, y esto es cumplir el mandato de Jesús. Es tiempo de que la iglesia se dé cuenta y se convenza de que la evangelización no es un sermón de segundo nivel, sino la expresión, en lenguaje comprensivo a todos, de la obra realizada por Dios para salvación del pecador perdido. No se debe olvidar que Dios bendice y honra Su Palabra y no la de los hombres, por tanto, la única vía con resultados conforme a la voluntad de Dios es la predicación del evangelio bíblico, que descansa en la exposición de verdades fundamentales apoyadas y tomadas de la Palabra. La evangelización debe ser Cristo-céntrica, es decir, descansando en la Persona y obra del Salvador. Los grandes discursos de evangelización que aparecen en el Nuevo Testamento, son todos ellos *Cristo-céntricos*; en cada uno el Salvador está claramente presente, de modo que ningún oyente de ese mensaje puede alegar ignorancia en relación con quien es el único Salvador y tampoco ignorará como alcanzar la salvación, que es por gracia mediante la fe (Ef. 2:8-9). Pablo afirma que este es el mensaje y la forma que utilizaba para la evangelización: *"Pero nosotros predicamos a Cristo crucificado"* (v. 23); y añade *"Así que, hermanos, cuando fui a vosotros para anunciaros el testimonio de Dios, no fui con excelencia de palabras o de sabiduría. Pues me propuse no saber entre vosotros cosa alguna sino a Jesucristo, y a éste crucificado. Y estuve entre vosotros con debilidad, y mucho temor y temblor; y ni mi palabra ni mi predicación fue con palabras persuasivas de humana sabiduría, sino con demostración del Espíritu y de poder, para que vuestra fe no esté fundada en la sabiduría de los hombres, sino en el poder de Dios"* (2:1-5). La evangelización no es discusión, ni polémica, sino simplemente la proclamación de la Cruz de Cristo. Un mensaje que no satisface las exigencias de los hombres, pero proclama satisfechas las de Dios. Nadie puede variar este mensaje sin despreciar a Dios. El apóstol sometía la evangelización a Su plan y propósito, de modo que cuando evangelizaba anunciaba el testimonio de Dios (2:1). El evangelista debe proclamar el mensaje como testigo y no como sabio. Lo que debe proclamar es el *testimonio de Dios*, o el testimonio que procede de Dios. El evangelio es un mensaje divino que debe ceñirse en todo a la Palabra de Dios (Gá. 1:11-12). Pablo cumplía fielmente la encomienda de Cristo (Hch. 1:8). No buscaba la excelencia de palabras, en el sentido de un discurso filosófico, ya que no pretendía pronunciar un discurso desde la erudición humana, porque no estaba involucrado en el oficio de un retórico o de un filósofo, sino en el testimonio de un testigo. Sin embargo, esto no excluye la oratoria y la mejor retórica posible, desde la expresión del mensaje bíblico, para proclamar el evangelio. El mensajero puede y debe ser lo más elocuente y correcto posible en la exposición del mensaje, porque esto honra el testimonio de Dios que proclama. La chabacanería, un mensaje improvisado apoyado en anécdotas e ilustraciones sin límite, donde el discurso es historia y no Biblia, y donde en ocasiones, se le unen los chistes fáciles que producen explosiones de jolgorio en el auditorio, es el enemigo más grande del evangelio bíblico. El mensaje a proclamar es solemne porque se trata de advertir sobre la vida o la muerte como resultado de la aceptación o rechazo del Salvador. El evangelio debe ser desprovisto de elementos propios de la sabiduría humana que puedan sustituir a la única sabiduría de Dios y que dejen de enfocar la Cruz de Cristo. Para algunos *evangelistas* la Cruz, con la tremenda dimensión del sufrimiento y de la muerte del Salvador, el pecado del hombre, la condenación en el tormento eterno, no deben estar presentes en el mensaje del evangelio porque no son del agrado de la sociedad de hoy. Esto es una gran verdad, porque al hombre natural, no puede agradarle nada que proceda de Dios. Sin embargo, es el único mensaje posible para predicar el evangelio y no tenemos derecho alguno a suavizarlo y mucho menos a modificarlo. Si en la proclamación del evangelio no está presente la Cruz de Cristo, se habrá despojado el mensaje del único valor salvífico posible. Un evangelio desprovisto de estos elementos doctrinales básicos es el evangelio que Satanás desea que se proclame, porque no salvará a nadie de la condenación eterna. Predicar al Salvador tiene que presentar a su Persona y también a Su obra: *"a éste crucificado"*, esto es, la doctrina sobre la Cruz. Un mensaje semejante de importancia suprema y procedente de Dios, debe producir *debilidad* y *temor* en quien lo predica. El evangelista ha de sentirse sin fuerzas propias para depender sólo de Dios y del poder de Su gracia. El evangelista debe sentir un profundo y reverente respeto delante de Dios al proclamar Su mensaje. El temor natural para no añadir o restar nada que pueda hacer infructuoso el evangelio. No es posible proclamar el evangelio sin sentir la responsabilidad que conlleva hacerlo, ante el solemne contenido de la importancia infinita de la obra de Jesús. Quien predica con *temor y temblor*, verá a los oyentes recibir el mensaje del mismo modo (2 Co. 7:15). Una cosa más que el predicador del evangelio debe tener en cuenta es que la persuasión a los oyentes no procede de él, sino del Espíritu, tanto para el inconverso (Jn. 16:7-13), como para el creyente, por medio de la Palabra (He. 4:12). Todo este sentido de responsabilidad en la proclamación del evangelio, tiene una razón de ser: que la fe del oyente no esté fundada en la sabiduría de los hombres, sino en el poder de Dios. No hay otro fundamento que Cristo (3:11), por tanto, la fe debe descansar en el Salvador y en Su obra (Hch. 16:31). Cualquier otra base de fe debe ser desechada. La sabiduría de los hombres hace vana la Cruz de Cristo (v. 17). No hay salvación por la sabiduría humana, sino aceptando la de Dios (v. 21). La fe salvadora no es asunto sólo del intelecto sino del corazón (Ro. 10:9-10).

τοῖς μὲν ἀπολλυμένοις μωρία ἐστίν, El mensaje de la Cruz es *locura* para los que se pierden. Los que se pierden arrastran el estado de perdición desde su nacimiento. Están en ese estado porque no tienen a Cristo, por tanto, no tienen tampoco a Dios y no tienen la vida eterna (Ef. 2:12). Estos son herederos de la ira de Dios por sus pecados (Ef. 2:3). La condenación de los tales es segura, porque el que *rehúsa creer* no verá la vida (Jn. 3:18). El participio presente en el texto griego, está en voz activa o en voz pasiva, por lo que puede traducirse en lugar de *los que se pierden*, en *los que se están perdiendo*. Es una progresión hacia la perdición definitiva, desde el nacimiento hasta la muerte. Para éstos la *Cruz es locura*, un mensaje absurdo o insensato. Es algo fuera de toda lógica humana, por tanto, no puede encajar en una mente no regenerada. Además, proclamar salvación por alguien que había sido crucificado fuera de la ciudad de Jerusalén, con una sentencia legal romana de sedicioso, al hacerse rey, no entraba en la clasificación de posible, ni de real, y mucho menos base de esperanza, conforme al pensamiento del hombre natural. Especialmente notable sería el rechazo del mundo romano, donde se predicaba el evangelio por Pablo y sus colaboradores. Pero, tampoco podía ser fácilmente aceptado por los filósofos y religiosos del mundo heleno, puesto que no entraba en ningún tipo de raciocinio que, si había un solo Dios, en lugar de los muchos de la mitología, y además este único Dios tenía un único Hijo, mandarlo a morir por el pecado de los hombres era un concepto insensato que no podía ser razonado por la mente estructurada de los hombres. También se mantenía en el rango de *locura* el mismo mensaje para los judíos. Ellos esperaban al Mesías que reinaría y que en ningún modo podría morir. Para cualquier grupo de la población, el mensaje de *la Cruz*, era locura y no podía ser admitido por el razonamiento y la ciencia humana.

τοῖς δὲ σῳζομένοις ἡμῖν δύναμις Θεοῦ ἐστιν. Pero el contraste de los que se pierden se manifiesta con los *que se salvan*. Aquí el particopo del verbo está en voz *pasiva*, que demanda traducirlo por *se están salvando*. Los creyentes están en el proceso de salvación, que tiene tres momentos: a) En el pasado el de *justificación* a todo el que cree, en el cual el creyente es separado de la responsabilidad penal del pecado (Ro. 5:1); b) En el presente el de *santificación*, donde el creyente es separado del *poder* del pecado para que pueda vivir en santidad (Ro. 6:17-18); c) En el futuro la *glorificación*, donde el creyente es separado de la *presencia* del pecado, para que nunca más pueda pecar, y donde será presentado sin mancha ni arruga ni cosa semejante. Para éstos la *palabra de la Cruz* es poder de Dios para salvación. Estos han sido salvos por gracia mediante la fe (Ef. 2:8-9). Desde entonces se ocupan de su salvación, en la vida de santificación, con respeto reverente, recibiendo de Dios mismo en la experiencia de su vida regenerada, tanto el querer como el hacer la voluntad divina, siendo conducidos en victoria en Cristo por el poder del Espíritu (Fil. 3:20-21). No es que el creyente se *salve* al final del tiempo, son ya salvos desde el momento en que creyeron, pero progresan hacia la experiencia y disfrute de la salvación eterna y total.

Para éstos, la *Cruz* es poder de Dios. Poder para librar de la culpa del pecado, de manera que, exonerados de la responsabilidad penal a causa de la sustitución en Cristo, pueden disfrutar la seguridad de la salvación y experimentarla con gratitud y seguridad (Ro. 8:1). Es también *poder liberador* del pecado, como se ha considerado en el párrafo anterior (Gá. 2:20; 5:24; 6:14). La *Cruz* es la fuerza de Dios para salvar al pecador, haciendo una obra completa, perfecta e irrepetible para ello. Nótese que la *Cruz* es tanto sabiduría de Dios como Su poder. El poder de Dios para salvación se expresa en la proclamación del evangelio (Ro. 1:16-17). Es poder de Dios porque Él mismo habla en el mensaje (2 Co. 5:20), ya que el evangelio es *el evangelio de Dios* (Ro. 1:1).

La palabra δύναμις, traducida como *poder*, es la raíz de dos voces castellanas: *dinamita* y *dínamo*. Es mejor vincular el poder de Dios con la segunda ya que la primera implica un poder momentáneo, como ocurre con una explosión llevada a cabo con dinamita, pero un dínamo es una máquina que produce poder continuamente. El evangelio, aunque es la manifestación de un poder actuante procedente de Dios, lo es continua y no solo puntualmente. En el contexto greco-romano, los dioses ponían de manifiesto su poder en acciones puntuales y en determinados actos prodigiosos, en el evangelio el poder en acción está orientado a una salvación continua, completa y constante. El evangelio es poder de Dios, en la medida en que es también la *"palabra de la Cruz"* que no es otra cosa que la proclamación del Crucificado como expresión suprema del poder y de la sabiduría de Dios (v. 24), que opera la salvación de todo aquel que cree (vv. 28, 31). De otro modo, el evangelio es un poder *dinámico* de Dios que produce o genera energía salvadora. Es un mensaje que proclama la obra de Cristo como único medio de salvación. Esa salvación procede y es únicamente de Dios (Sal. 3:8; Jon. 2:9). En Él nace el propósito y la eterna determinación de salvar (2 Ti. 1:9). Es también de Él la ejecución en el tiempo que había determinado (Gá. 4:4). Así ocurre con la procedencia del llamado a salvación (Ro. 8:30). Es de Dios la garantía de la eterna seguridad de salvación para todo aquel que cree (Ro. 8:32-39). Es en el evangelio que se revela la fuerza divina que salva al pecador. Por esa causa, aunque la *palabra de la Cruz* es locura a los que se están perdiendo, es potencia de Dios para quienes se salvan. No puede haber otras buenas noticias para el pecador que el hilo conductor de la obra de Cristo. El evangelio es la fuerza creadora de Dios, que resucita a los muertos y llama a ser a quienes no son (Ro. 4:17). Es el mensaje que anuncia a Quien es en Sí mismo *"espíritu vivificante"*, que puede y comunica vida eterna al creyente (15:45). El mensaje del evangelio no avergüenza porque se trata de la expresión de la suprema sabiduría de Dios, que confunde la sabiduría humana (2:7-8). Es un mensaje que manifiesta la esperanza que está guardada en los cielos (Col. 1:5). El evangelio no llegaba a las gentes en palabras, sino rodeado del poder del Espíritu Santo (1 Ts. 1:5). La palabra de Dios expresada en el evangelio permanece operante en quien la recibe (1 Ts. 2:13), por eso, el evangelio no *avergüenza*. Es el gran mensaje de la fuerza operativa de Dios que, por ser de Él, nunca puede volver vacío, sin producir los resultados para el que fue enviado (Is. 55:11). Esa es la razón por la que el apóstol tiene la urgente necesidad de predicarlo entre los romanos.

19. Pues está escrito: Destruiré la sabiduría de los sabios, Y desecharé el entendimiento de los entendidos.

γέγραπται γάρ·
Porque ha sido escrito:

ἀπολῶ τὴν σοφίαν τῶν σοφῶν
Destruiré la sabiduría de los sabios,
καὶ τὴν σύνεσιν τῶν συνετῶν ἀθετήσω.
y el entendimiento de los entendidos desecharé.

Análisis y notas del texto griego.

Análisis: γέγραπται, tercera persona singular del perfecto de indicativo en voz pasiva del verbo γράφω, *escribir*, aquí *ha sido escrito*; γάρ, conjunción causal *porque*; *ἀπολῶ*, primera persona singular del futuro de indicativo en voz activa del verbo ἀπόλλυμι, *destruir*, aquí *destruiré*; *τὴν*, caso acusativo femenino singular del artículo determinado *la*; *σοφίαν*, caso acusativo femenino singular del nombre común *sabiduría*; *τῶν*, caso genitivo masculino plural del artículo determinado declinado *de los*; *σοφῶν*, caso genitivo masculino plural del nombre común *sabios*;
καὶ, conjunción copulativa *y*; *τὴν*, caso acusativo femenino singular del artículo determinado *la*; *σύνεσιν*, caso acusativo femenino singular del nombre común *entendimiento*; *τῶν*, caso genitivo masculino plural del artículo determinado declinado *de los*; *συνετῶν*, caso genitivo masculino plural del nombre común *entendidos, inteligentes*; *ἀθετήσω*, primera persona singular del futuro de indicativo en voz activa del verbo ἀθετέω, *rechazar, desechar*, aquí *desecharé*.

γέγραπται γάρ· *ἀπολῶ τὴν σοφίαν τῶν σοφῶν*. Corroborando lo que acaba de decir apela a la profecía, tomando de ella un texto confirmativo (Is. 29:14). La cita es prácticamente palabra por palabra de la versión LXX, la de lectura común entre judíos, especialmente de los que procedían del mundo greco-romano. La verdad sobre la ineficacia de la sabiduría humana estaba enseñada ya en el Antiguo Testamento, no solo en las palabras directas del profeta Isaías, sino también en la misma idea del salmista: *"Jehová hace nulo el consejo de las naciones"* (Sal. 33:10). En el contexto inmediato de Isaías, el pueblo de Israel honraba a Dios solo con los labios, mientras que su corazón estaba lejos de Él (Is. 29:13). De modo que el Señor anula la sabiduría de los sabios de Su pueblo y pone a un lado la inteligencia humana. Toda sabiduría generada en el corazón alejado de Dios, no es sabiduría sino necedad. Esa sabiduría que es terrenal, es también diabólica, opuesta a la de Dios (Stg. 3:15).

καὶ τὴν σύνεσιν τῶν συνετῶν ἀθετήσω. La sabiduría del hombre entra de lleno en la advertencia de Salomón: *"Hay camino que al hombre le parece derecho; pero su fin es camino de muerte"* (Pr. 14:12). Un pensamiento distinto al de Dios es finalmente un no alcanzar la vida y precipitarse a la muerte eterna. Estas personas pretendiendo ser sabias se hicieron necias. El profeta formula una pregunta retórica sobre tales personas que exige una respuesta negativa: *"Los sabios se avergonzaron, se espantaron y fueron consternados; he aquí que aborrecieron la palabra de Jehová; ¿y qué sabiduría tienen?"* (Jer. 8:9). Ninguna sabiduría lo es realmente fuera o alejada de la Palabra de Dios.

20. ¿Dónde está el sabio? ¿Dónde está el escriba? ¿Dónde está el disputador de este siglo? ¿No ha enloquecido Dios la sabiduría del mundo?

ποῦ σοφός ποῦ γραμματεύς ποῦ συζητητὴς τοῦ αἰῶνος
¿Dónde sabio? ¿Dónde escriba? ¿Dónde polemista del siglo
τούτου οὐχὶ ἐμώρανεν ὁ Θεὸς τὴν σοφίαν τοῦ κόσμου
este? ¿No enloqueció - Dios la sabiduría del mundo[1]?

Análisis y notas del texto griego.

Análisis: ποῦ, adverbio interrogativo de lugar *dónde*; σοφός, caso nominativo masculino singular del nombre común *sabio*; ποῦ, adverbio interrogativo de lugar *dónde*; γραμματεύς, caso nominativo masculino singular del nombre común *escriba*; ποῦ, adverbio interrogativo de lugar *dónde*; συζητητὴς, caso nominativo masculino singular del nombre común *polemista, discutidor*; τοῦ, caso genitivo masculino singular del artículo determinado declinado *del*; αἰῶνος, caso genitivo masculino singular del nombre común *siglo*; τούτου, caso genitivo masculino singular del pronombre demostrativo *este*; οὐχὶ, adverbio ático *no*; ἐμώρανεν, tercera persona singular del aoristo primero de indicativo en voz activa del verbo μωραίνω, *estar atontado, ser tonto, volver loco, atontar*, aquí *enloqueció*; ὁ, caso nominativo masculino singular del artículo determinado *el*; Θεὸς, caso nominativo masculino singular del nombre

divino *Dios*; τὴν, caso acusativo femenino singular del artículo determinado *la*; σοφίαν, caso acusativo femenino singular del nombre común *sabiduría*; τοῦ, caso genitivo masculino singular del artículo determinado declinado *del*; κόσμου, caso genitivo masculino singular del nombre común *mundo*.
Notas. Crítica Textual. Lecturas alternativas.

[1] τοῦ κόσμου, *del mundo*, según se lee en 𝔓[46], a*, A, B, C*, D*, P, 33, 81, 630, 1175, 1506, 1739*, 2464, sa[sa], bo[pt], Clemente[pt], Epifanio[pt], Speculum.

τοῦ κόσμου τούτου, *de este mundo*, conforme a P[11], a[2], C[3], D[1], F, G, L, Ψ, 104, 365, 1241, 1505, 1739[c], 188, 𝔐, sy, sa[sa], bo[pt], Clemente[pt], Epifanio[pt].

ποῦ σοφός. Cuatro preguntas retóricas afirman la enseñanza dada, confirmando la verdad de cuanto escribió el apóstol. Se trata de quienes son considerados de una determinada manera por el mundo. Así pregunta *"¿dónde el sabio?"*, es decir, donde está el sabio del mundo. Es posible que la pregunta surja de un texto profético relativo a los sabios de Egipto: *"¿Dónde están ahora aquellos tus sabios?"* (Is. 19:12). Aquellos que se consideraban sabios a los ojos de los hombres desaparecieron frente a la sabiduría y demandas de Dios. La sabiduría de los hombres no solo no es fiable, sino que es limitada, transitoria, pasajera. En tiempos de Pablo los sabios eran los filósofos. La sabiduría de ellos ha sido hecha vana por Dios, porque es incapaz para la salvación del hombre.

ποῦ γραμματεύς. Del mismo modo se pregunta por los escribas: *"¿Dónde escriba?"*. Los escribas eran expertos en la interpretación de la ley, entre los judíos. Algunos piensan que Pablo no está refiriéndose a los escribas judíos, sino a los romanos, que eran enviados con el ejército para dejar constancia del botín de guerra que conseguían. Pero resulta bastante difícil asociarlo con estos. Más bien debe referirse a los escribas judíos, los especialistas en la interpretación y aplicación de la ley entre ellos. Estos conocían bien el mensaje del Antiguo Testamento, pero se negaban a admitir la *palabra de la Cruz*, que proféticamente estaba ya anunciada por los profetas. Estos entendían que el Mesías no podía morir.

Es un problema generalizado, cuando la sabiduría del hombre, pretende interpretar la Biblia a su modo y conforme a su pensamiento para que diga aquello que ellos pretenden. Es la interpretación incorrecta de la Escritura para justificar las verdades humanas que no corresponden a las divinas. Son los que tuercen la Palabra en beneficio personal o de su medio. Estos no cuentan para Dios.

ποῦ συζητητὴς τοῦ αἰῶνος τούτου. La tercera pregunta se dirige a quienes son *discutidores*, esto es, los que pretenden con discursos rebatir el pensamiento de otro. En este caso son argumentadores del mundo que se oponen a la *palabra de la Cruz*. Estos procuraban contrastar los valores espirituales de la proclamación del evangelio, con las teorías filosófico-ético-religiosas del mundo romano, procurando desviar la atención de la gente al mensaje que los cristianos proclamaban, pero el camino propuesto por la argumentación no producía la salvación del oyente, ni la esperanza de gloria, ni la transformación de la vida.

οὐχὶ ἐμώρανεν ὁ Θεὸς τὴν σοφίαν τοῦ κόσμου. Finaliza el versículo con otra pregunta, la cuarta de la serie, con ella resume la enseñanza: *"¿No ha enloquecido Dios la sabiduría del mundo?"*. Dios ha hecho vana, inútil, estéril, sin efecto, la sabiduría de los hombres. Esta llamada *sabiduría del mundo*, tiene que ver con el sistema establecido sin tener en cuenta a Dios. La forma que desprecia y considera locura la *palabra de la Cruz*. Es la sabiduría propia del necio que dice: *"No hay Dios"* (Sal. 14:1).

21. Pues ya que en la sabiduría de Dios, el mundo no conoció a Dios mediante la sabiduría, agradó a Dios salvar a los creyentes por la locura de la predicación.

ἐπειδὴ γὰρ ἐν τῇ σοφίᾳ τοῦ Θεοῦ οὐκ ἔγνω ὁ κόσμος διὰ τῆς
Porque ya que en la sabiduría - de Dios no conoció el mundo por la
σοφίας τὸν Θεόν, εὐδόκησεν ὁ Θεὸς διὰ τῆς μωρίας τοῦ
sabiduría - a Dios, tuvo a bien - Dios por la locura de la
κηρύγματος σῶσαι τοὺς πιστεύοντας·
predicación del evangelio salvar a los que creen.

Análisis y notas del texto griego.

Análisis: ἐπειδὴ, conjunción, en castellano locución conjuntiva *ya que*; γὰρ, conjunción causal *porque*; ἐν, preposición propia de dativo *en*; τῇ, caso dativo femenino singular del artículo determinado *la*; σοφίᾳ, caso dativo femenino singular del nombre común *sabiduría*; τοῦ, caso genitivo masculino singular del artículo determinado *el*; Θεοῦ, caso genitivo masculino singular del nombre divino declinado *de Dios*; οὐκ, forma escrita del adverbio de negación *no*, con el grafismo propio ante una vocal con espíritu suave o una enclítica; ἔγνω, tercera persona singular del segundo aoristo de indicativo en voz activa del verbo γινώσκω, *conocer, saber*, aquí *conoció*; ὁ, caso nominativo masculino singular del artículo determinado *el*; κόσμος, caso nominativo masculino singular del nombre común *mundo*; διὰ, preposición propia de genitivo *por*; τῆς, caso genitivo femenino singular del artículo determinado *la*; σοφίας, caso genitivo femenino singular del nombre común *sabiduría*; τὸν, caso acusativo masculino singular del artículo determinado *el*; Θεόν, caso acusativo masculino singular del nombre divino declinado *a Dios*; εὐδόκησεν, tercera persona singular del aoristo primero de indicativo en voz activa del verbo εὐδοκέω, *juzgar bueno, aprobar, estar satisfecho, complacerse en, acceder, agradar,* aquí *agradó, tuvo a bien*; ὁ, caso nominativo masculino singular del artículo determinado *el*; Θεὸς, caso nominativo masculino singular del nombre divino *Dios*; διὰ, preposición propia de genitivo *por*; τῆς, caso genitivo femenino singular del artículo determinado *la*; μωρίας, caso genitivo femenino singular del nombre común *locura*; τοῦ, caso genitivo masculino singular del artículo determinado declinado *del*; κηρύγματος, caso genitivo masculino singular del nombre común *kerigma, predicación del evangelio*; σῶσαι, presente de infinitivo en voz activa del verbo σῴζω, *salvar*; τοὺς, caso acusativo masculino plural del artículo determinado declinado *a los*; πιστεύοντας, caso acusativo masculino plural del participio de presente en voz activa del verbo πιστεύω, *creer*, aquí *que creen*.

ἐπειδὴ γὰρ ἐν τῇ σοφίᾳ τοῦ Θεοῦ οὐκ ἔγνω ὁ κόσμος διὰ τῆς σοφίας τὸν Θεόν, Hay algo implícito, no expresado en el texto, que liga a los dos versículos: *Dios ha enloquecido la sabiduría del mundo... porque el mundo rechazó la sabiduría de Dios*. Por consiguiente, como esa sabiduría es vana, Dios presenta la única vía para la salvación del hombre. La sabiduría de Dios es el único medio que Dios ha ordenado para salvación. El mundo no Le conoció mediante su propia sabiduría. Es un desconocimiento voluntario, puesto que desde la creación del mundo se ha revelado a los hombres por medio de las obras hechas, pero el hombre siguió ignorándolo (Ro. 1:22-23). Por esa razón, por la inutilidad de la misma, Dios rechazó la sabiduría humana.

Aunque el texto presente no habla de la *revelación divina*, sino que contrasta la sabiduría de Dios con la del hombre. De modo que Dios lleva adelante el plan de salvación en una sabiduría que el hombre, ni comprende, ni acepta, considerándola como algo ininteligible, a la que llama *la locura de la Cruz* (v. 18).

εὐδόκησεν ὁ Θεὸς διὰ τῆς μωρίας τοῦ κηρύγματος σῶσαι τοὺς πιστεύοντας· La salvación y su mensaje, que manifiesta la sabiduría de Dios, no se produjo por alguna razón fuese la que fuese, sino por propia soberanía, ya que *agradó, accedió, tuvo a bien*, salvar a los hombres por la predicación del evangelio. La salvación fue establecida por Dios antes de la creación del mundo: *"Quien nos salvó y llamó con llamamiento santo, no conforme a nuestras obras, sino según el propósito suyo y la gracia que nos fue dada en Cristo Jesús antes de los tiempos de los siglos"* (2 Ti. 1:9). Por tanto, es necesario entender que la salvación del hombre no obedece a ninguna causa sino a la voluntad soberana de Dios. La salvación del pecador es enteramente Suya, nada ni nadie tuvo parte alguna ni en la planificación ni en la ejecución. Con determinación la Biblia enseña que la salvación es de Dios (Sal. 3:8; Jon. 2:9). La determinación de salvar al pecador ocurrió en la eternidad, esto es, antes de que la creación fuese hecha y, por tanto, antes de que el hombre fuese creado y cayese en el pecado. Algunos consideran que la omnisciencia de Dios, en el aspecto de conocimiento previo, el *pre-conocimiento* divino de todas las cosas exigió a Dios que proyectase la salvación, puesto que Su criatura se corrompería y sería necesario restaurarla. Eso convierte a Dios en un mero adivino y condiciona Sus hechos a los acontecimientos futuros. Sin embargo, esa no es una verdad bíblica. El humanismo influencia la teología y distorsiona la verdad. Dios no determinó salvar al pecador por lo que este fuese, sino por soberanía. Es decir, antes de que Dios crease al hombre, había determinado salvarlo, para lo que estableció el plan de redención, que tendría lugar luego en el cumplimiento del tiempo divino determinado para ello.

El apóstol dice que la sabiduría del mundo no comprende ni acepta la divina. La verdad de la salvación por gracia hace rechinar los dientes a los humanistas, negando a Dios el derecho para hacer un acto de soberanía determinado desde la eternidad. La grande y admirable verdad es que Dios es soberano. Él *nos salvó*, lo hizo porque determinó hacerlo, proveyó de un medio que a ningún hombre jamás se le hubiera ocurrido, el envío de Su Hijo unigénito, el Salvador del mundo, para que muriendo por los hombres pudiera salvar a los creyentes. Esto ocurre, no por mérito o demérito humano sino por el *propósito* de Dios, verdad reiterada continuamente en la Escritura (Ro. 1:17; 3:20-24, 28; 10:5, 9, 13; 11;6; Gá. 2:16; 3:6, 8, 9-15; Ef. 2:9; Tit. 3:5). Esta verdad está expresada en el *kerigma*, esto es, la proclamación del mensaje de salvación, que el hombre desprecia para sustituirlo por el suyo, absoluta y totalmente ineficaz para salvar al pecador. De forma que Dios colocó como despreciable la sabiduría de los hombres que rechazan la Suya, y puso como única vía de salvación la verdadera sabiduría que hizo la obra de redención y llama a los pecadores a la fe en el Salvador. Predicar la Cruz parecía una locura a los sabios según el mundo, cuya sabiduría es un camino de perdición.

Es necesario tener en cuenta dos verdades esenciales: a) La *palabra de la Cruz*, la doctrina de la obra redentora de Cristo, es la base del verdadero evangelio; b) La proclamación de esa doctrina es el medio de salvación que Dios ha establecido y que debe ser aceptado por la fe para hacerla eficaz.

22. Porque los judíos piden señales, y los griegos buscan sabiduría.

ἐπειδὴ καὶ Ἰουδαῖοι σημεῖα αἰτοῦσιν καὶ Ἕλληνες σοφίαν
Y en efecto judíos señales piden y griegos sabiduría
ζητοῦσιν,
buscan.

Análisis y notas del texto griego.

Análisis: ἐπειδὴ, conjunción causal *puesto que, después que, porque, en efecto*; καὶ, conjunción copulativa *y*; Ἰουδαῖοι, caso nominativo masculino singular del adjetivo *judíos*; σημεῖα, caso acusativo neutro plural del nombre común *señales, milagros*; αἰτοῦσιν, tercera persona plural del presente de indicativo en voz activa del verbo αἰτέω, *pedir*, aquí *piden*; καὶ, conjunción copulativa *y*; Ἕλληνες, caso nominativo masculino plural del nombre propios *griegos*; σοφίαν, caso acusativo femenino singular del nombre común *sabiduría*; ζητοῦσιν, tercera persona plural del presente de indicativo en voz activa del verbo ζητέω, *buscar, intentar, querer*, aquí *buscan*.

ἐπειδὴ καὶ Ἰουδαῖοι σημεῖα αἰτοῦσιν El apóstol hace notar lo que realmente desea el mundo, basándolo en el ejemplo de dos grupos sociales. Los judíos *piden señales*. Lo hicieron siempre y de modo especial en los tiempos de Cristo. A pesar de las muchas señales, milagros y prodigios, que continuamente hacía, seguían pidiendo evidencias de que realmente era el Cristo (Mt. 12:38; Mr. 8:11; Jn. 6:30). Pero la condición de ellos no era como su apariencia piadosa, sino que el Señor los señaló como *"la generación mala y adúltera demanda señal"* (Mt. 16:4). Querían *sus señales*, pero negaban las señales de Dios. Estos, a pesar de conocer la Escritura, rechazaron la salvación que les había sido enviada en Jesucristo (Jn. 1:11).

καὶ Ἕλληνες σοφίαν ζητοῦσιν, Por su parte el otro grupo a quien llama *los griegos*, no pedían señales pero requerían *sabiduría*, algo que fuese lógico y razonable al pensamiento humano. Los judíos buscaban evidencias *sobrenaturales*, los griegos buscaban *evidencias racionales*. No estaban dispuestos a aceptar aquello que no pudieran razonar y comprobar. Lo cierto es que tanto unos como otros no aceptaban la *palabra de la Cruz*, que Pablo y sus colaboradores les llevaban, expresión definitiva de la verdadera sabiduría, la de Dios.

23. Pero nosotros predicamos a Cristo crucificado, para los judíos ciertamente tropezadero, y para los gentiles locura.

ἡμεῖς δὲ κηρύσσομεν Χριστὸν ἐσταυρωμένον, Ἰουδαίοις
Pero nosotros predicamos a Cristo crucificado, para judíos
μὲν σκάνδαλον, ἔθνεσιν[1] δὲ μωρίαν,
ciertamente escándalo, y para gentiles locura.

Notas y análisis del texto griego.

Análisis: ἡμεῖς, caso nominativo de la primera persona plural del pronombre personal *nosotros*; δὲ, partícula conjuntiva que hace las veces de conjunción coordinante, con sentido de *pero, más bien, y, y por cierto, antes bien, entonces*; κηρύσσομεν, primera persona plural del presente de indicativo en voz activa del verbo κηρύσσω, *predicar, proclamar*, aquí *predicamos*; Χριστὸν, caso acusativo masculino singular del nombre propio declinado *a Cristo*; ἐσταυρωμένον, caso acusativo masculino singular del participio perfecto en voz pasiva del verbo σταυρόω, *crucificar*, aquí *que ha sido crucificado*, o también *crucificado*; Ἰουδαίοις, caso dativo masculino plural del adjetivo declinado *para judíos*; μὲν, partícula afirmativa que se coloca siempre inmediatamente después de la palabra expresiva de una idea que se ha de reforzar o poner en relación con otra idea y que, en sentido absoluto tiene oficio de adverbio de afirmación, como *ciertamente, a la verdad*; σκάνδαλον, caso acusativo neutro singular del nombre común *escándalo, tropiezo*; ἔθνεσιν, caso dativo neutro plural del nombre común declinado *para gentiles*; δὲ, partícula conjuntiva que hace las veces de conjunción coordinante, con sentido de *pero, más bien, y, y por cierto, antes bien, entonces*; μωρίαν, caso acusativo femenino singular del nombre común *locura*.

Notas. Crítica Textual. Lecturas alternativas.

[1] ἔθνεσιν, *para gentiles*, según se lee en a, A, B, C*, D*, F, G, L, P, Ψ, 33, 81, 104, 1175, 1241, 2464, latt, co, Orígenes.

Ἕλλησι, *para griegos*, conforme aparece en C³, D², 365, 630, 1505, 1506, 1739, 1881, 𝔐, Clemente.

ἡμεῖς δὲ κηρύσσομεν Χριστὸν ἐσταυρωμένον, Al cristiano no se le manda pedir señales ni polemizar en relación con la fe. Eso queda para judíos y para griegos. Simplemente prosigue con la predicación de la *Cruz* de Cristo. Nótese que ese mensaje presenta al crucificado, puesto que fue por medio de la Cruz que dio Su vida de infinito valor para la salvación de los perdidos. Este mensaje no satisface las exigencias de los hombres, pero proclama satisfechas las de Dios. El núcleo de ese mensaje es que Jesús murió y que lo hizo siendo crucificado. El participio perfecto en voz pasiva determina la traducción que debe ser: *"que ha sido crucificado"*. De otro modo, el evangelio proclama el significado de la crucifixión del Salvador, única razón de la predicación bíblica del evangelio de la gracia (2:2).

Ἰουδαίοις μὲν σκάνδαλον, Ahora bien, esa verdad que se proclama excluyendo a cualquier otra sabiduría de los hombres, tiene una consecuencia. Para los judíos se convierte en *escándalo*, es decir, *piedra de tropiezo*. Ellos querían un Mesías victorioso, pero nunca un crucificado. Para la ley el levantado de un madero era una señal de maldición, pero la única verdad es que para que el pecador en un estado de maldición, pueda venir a uno de bendición y seguridad, Jesús tuvo que ser hecho por nosotros maldición: *"Cristo nos redimió de la maldición de la ley, hecho por nosotros maldición (porque está escrito: Maldito todo el que es colgado en un madero), para que en Cristo Jesús la bendición de Abraham alcanzase a los gentiles, a fin de que por la fe recibiésemos la promesa del Espíritu"* (Gá. 3:13-14). El mensaje del evangelio se convierte para los judíos, en lugar de puerta de salvación, en roca de tropiezo. Así lo afirma la Escritura: *"He aquí pongo en Sion piedra de tropiezo y roca de caída; y el que creyere en él no será avergonzado"* (Ro. 9:33). Es una contradicción: Allí en Sion donde está el lugar de la manifestación de Dios en salvación y restauración, la Roca eterna se convierte en tropezadero para quienes no están dispuestos a creer. Al referirse al evangelio y sobre todo a la verdad de la crucifixión de Jesús, confirma que el Señor es salvación a unos y perdición a otros. De otro modo; quien cree en Cristo recibe la salvación por la fe; el que lo rechaza es condenado por incredulidad. El resultado final para este grupo, los judíos, descansa sobre el *tropiezo*, esto es, el rechazo de Israel.

ἔθνεσιν δὲ μωρίαν, Lo mismo ocurre con el otro grupo *los gentiles*. Los mss. más seguros tienen esta lectura, que es la que aparece en el interlineal más arriba, otros, como el *Receptus* tiene *los griegos*, pero, sin duda ha sido una corrección para correspondencia con el versículo anterior. Porque el mensaje de la Cruz, no encaja en la mente humana, se considera una locura. Dios da la salvación por gracia mediante la fe. Aceptando el mensaje se alcanza la paz con Dios (Ro. 5:1). Porque no encaja en la sabiduría de los hombres, se excluye absoluta y totalmente la obra humana (Hch. 16:31; Ef. 2:8-9). Los hechos que conducían a la cruz eran acciones delictivas de los esclavos, por tanto, era una locura que un esclavo necesariamente delincuente para los romanos, muerto en una cruz, pudiera ser Salvador y Señor.

24. Mas para los llamados, así judíos como griegos, Cristo poder de Dios, y sabiduría de Dios.

αὐτοῖς δὲ τοῖς κλητοῖς, Ἰουδαίοις τε καὶ Ἕλλησιν, Χριστὸν
Pero para ellos, los llamados, judíos así como griegos, Cristo
Θεοῦ δύναμιν καὶ Θεοῦ σοφίαν·
de Dios poder y de Dios sabiduría.

Notas y análisis del texto griego.

Análisis: αὐτοῖς, caso dativo masculino de la tercera persona plural del pronombre personal declinado *para ellos*; δὲ, partícula conjuntiva que hace las veces de conjunción coordinante, con sentido de *pero, más bien, y, y por cierto, antes bien, entonces*; τοῖς, caso dativo masculino plural del artículo determinado *los*; κλητοῖς, caso dativo masculino plural del adjetivo *llamados*; Ἰουδαίοις, caso dativo masculino plural del adjetivo *judíos*; τε, partícula conjuntiva, que puede construirse sola, pero generalmente está en correlación con otras partículas y que hace funciones de conjunción copulativa *y*, en casos, va ligada a otras partículas, como puede ser καὶ, adquiriendo juntas el sentido de *como con, tanto, tanto como, no solamente, sino también*; καὶ, conjunción copulativa *y*; Ἕλλησιν, caso dativo masculino plural del adjetivo *griegos*; Χριστὸν, caso acusativo masculino singular del nombre propio *Cristo*; Θεοῦ, caso genitivo masculino singular del nombre divino declinado *de Dios*; δύναμιν, caso acusativo femenino singular del nombre común *poder*; καὶ, conjunción copulativa *y*; Θεοῦ, caso genitivo masculino singular del nombre divino declinado *de Dios*; σοφίαν, caso acusativo femenino singular del nombre común *sabiduría*.

αὐτοῖς δὲ τοῖς κλητοῖς, La cruz de Cristo, locura para judíos y griegos, es algo totalmente distinta para los salvos, a quienes Pablo califica aquí como *los llamados*. La gran verdad bíblica en relación a la salvación de los hombres es que el Padre llama a los perdidos y los conduce a Cristo con un propósito salvador (Jn. 6:44; Ro. 8:28; Jud. 1). No cabe duda que los llamados, en el lenguaje teológico de Pablo son los creyentes.

La obra de salvación quedaría estéril sin el llamado del Padre. Él es el que llama a los hombres a salvación y los conduce a Cristo para que sean salvos. El apóstol enseña que en el proceso de salvación el Padre llama a los pecadores. En ella intervienen siempre las tres Personas Divinas: El Padre que llama, el Hijo que redime y el Espíritu que regenera. De otro modo, el padre convoca en el tiempo a los que salva. El llamamiento se hace por medio del evangelio, *"a lo cual os llamó mediante nuestro evangelio, para alcanzar la gloria de nuestro Señor Jesucristo"* (2 Ts. 2:14). Sin el llamamiento del Padre la obra de salvación no alcanzaría a los hombres con el propósito para el que fue hecha, ya que nadie puede ir a Cristo si el Padre que lo envió no lo *trajere* (Jn. 6:44). La palabra que aparece en el *Evangelio según Juan*, es un verbo fuerte que se traduce en otros lugares como *arrastrar*. Indica no solo un llamamiento sino una acción impulsiva comprendida en él. El llamamiento del Padre es la manifestación de la gracia que implica también en él la obra del Espíritu (1 P. 1:2). Comprende la iluminación espiritual del pecador entenebrecido (He. 6:4); la convicción de pecado (Jn. 16:7-11); la dotación de la fe salvífica, que se convertirá en una actividad humana cuando la ejerza depositándola, en una entrega al Salvador (Ef. 2:8-9). A este llamamiento responde el hombre por medio de la fe. Con todo, esta operación del Padre, no es una *coacción*, sino una *atracción*. Aquel que envió a Cristo para salvar a los pecadores, envía luego a los pecadores para que sean salvos por Cristo. Este llamamiento de Dios es eficaz siempre en aquellos que Dios ha escogido en Su soberanía, como el mismo apóstol testifica: *"Pero cuando agradó a Dios, que me apartó desde el vientre de mi madre, y me llamó por su gracia"* (Gá. 1:15). No significa esto que el evangelio no tenga un llamamiento universal a todos los hombres, llamándolos a salvación. El llamado del Padre que *atrae* a los hombres a Cristo es algo cuestionado por muchos que no alcanzan a entender claramente lo que tiene que ver con la soberanía divina y con la responsabilidad humana. Es necesario entender claramente que todo cuanto es de salvación, es de Dios, y todo lo que tiene que ver con condenación es responsabilidad del hombre.

El llamamiento del Padre es un *llamamiento santo* (2 Ti.1:9). No es tanto que lo sea así porque procede de Dios –esto es una verdad incuestionable– pero debe entenderse como un llamamiento a *ser santo*. Dios llama a los pecadores para separarlos de su estado y trasladarlos a una nueva dimensión de vida. Aquellos que por condición natural éramos esclavos del pecado, somos liberados de esa posición y trasladados de la corrupción del mundo al *"reino de su amado Hijo"* (Col. 1:13). El llamamiento puede ser respondido por la acción del Espíritu que capacita en santificación, esto es, en separación de la condición de desobediencia a la de obediencia, para que el hombre desobediente pueda *obedecer* y serle aplicado el beneficio de la obra redentora del Hijo de Dios. El Espíritu *santifica,* separa al hombre de lo que es propio de su vieja naturaleza para que en un acto de obediencia incondicional crea y sea salvo. No debe olvidarse que el llamamiento a salvación no es un ruego que Dios hace, sino un mandamiento que establece y que requiere absoluta obediencia, como Pablo dijo a los atenienses (Hch. 17:30).

El llamamiento a salvación es indudablemente a santificación. Un llamamiento a santidad y virtud de vida (Ef. 4:1; Fil. 3:14; 2 Ts. 1:11). El creyente es llamado a vivir como santo, separado para Dios (1:2; 1 Ts. 4:7). Es la consecuencia de vivir en comunión de vida con Dios que es santo (1 P. 1:15-16). La santidad cristiana no es cuestión de mandamientos, sino de comunión con Dios en Cristo (1 Jn. 4:17). Es la consecuencia natural de vivir a Cristo (Fil. 1:21).

El profesor Trenchard resume así la acción del llamamiento:

"Los llamados pueden conceptuarse como 'los llamados desde antes de la fundación del mundo', sin olvidarse de que, en el plano histórico, el evangelio en sí es llamada que pone las buenas nuevas al alcance de los hombres. El propósito eterno se lleva a cabo por los medios que Dios –en su sabiduría y soberanía– ha provisto, o sea, la proclamación del evangelio. Cuando los judíos y griegos humildes de

espíritu reconocían el vacío espiritual de su vida, y, no hallando satisfacción ni en sus religiones ni en la filosofía, escuchaban la proclamación de lo que Dios había hecho en Cristo, comprendían la obra redentora y la aceptaban. Se sobreentiende el auxilio interno del Espíritu Santo"[26].

'Ιουδαίοις τε καὶ Ἕλλησιν, En el llamamiento divino no hay distinción. Son llamados tanto judíos como griegos. El Espíritu capacita por igual a quienes Dios llama. La extensión de la salvación es para todos los hombres, es decir, para todo aquel que crea (Jn. 3:16).

Χριστὸν Θεοῦ δύναμιν καὶ Θεοῦ σοφίαν· El cambio producido es claro, para los no salvos la Cruz es locura, pero para los llamados, en ese mensaje *Cristo es poder de Dios y sabiduría de Dios*. Cristo crucificado es la base de salvación para judíos y para griegos. El creyente de origen judío no demanda ya señales, porque la Cruz es manifestación del poder supremo de Dios. Para el de origen griego, ya no busca sabiduría humana porque en la Cruz está expresada toda la sabiduría de Dios.

El poder de Dios en Cristo no está vinculado aquí a la acción creadora en la que el Verbo expresa la voz de autoridad que trae a la existencia lo que no existía (Jn. 1:3; Col. 1:16, 17; He. 1:2), sino que está vinculado a la obra de la *nueva creación* en Él mismo de los pecadores que han sido llamados a salvación (Ro. 1:16). Cristo es la manifestación de la omnipotencia salvadora de Dios. En la resurrección se exhibe el poder divino que levanta al Salvador de entre los muertos, para que por su resurrección pueda haber justificación y seguridad de salvación. La mayor señal posible como respuesta a la petición de los judíos, es precisamente esta, la resurrección de Jesús. Además, el Resucitado y el mensaje de salvación en Él, es también la respuesta a los griegos empeñados en encontrar la sabiduría. El contraste entre la sabiduría de Dios y la insensatez del hombre es evidente.

El apóstol habla de *Cristo* como poder y sabiduría de Dios. Él es poder de Dios para salvación porque es el único Salvador, dado bajo el cielo en que podamos ser salvos (Hch. 4:12). Además, es también el único *Mediador* entre Dios y los hombres (1 Ti. 2:5), nadie más que Él puede hacer que el pecador, muerto en delitos y pecados, venga a la experiencia de la vida eterna y pueda estar en comunión con el Dios santísimo. Es también sabiduría de Dios poniendo de manifiesto el plan de Dios para salvación, y ejecutándolo en plenitud.

---

[26] E. Trechard. *Primera a Corintios*. Madrid 1970, pág. 41.

El contraste de la sabiduría de Dios (1:25-31)

25. Porque lo insensato de Dios es más sabio que los hombres, y lo débil de Dios es más fuerte que los hombres.

ὅτι τὸ μωρὸν τοῦ Θεοῦ σοφώτερον τῶν ἀνθρώπων ἐστὶν καὶ
Porque lo insensato - de Dios más sabio que los hombres es y
τὸ ἀσθενὲς τοῦ Θεοῦ ἰσχυρότερον τῶν ἀνθρώπων.
lo débil - de Dios fuerte al hombre.

Notas y análisis del texto griego.

Análisis: ὅτι, conjunción causal *porque*; τὸ, caso nominativo neutro singular del artículo determinado *lo*; μωρὸν, caso nominativo neutro singular del adjetivo *insensato*; τοῦ, caso genitivo masculino singular del artículo determinado *el*; Θεοῦ, caso genitivo masculino singular del nombre divino declinado *de Dios*; σοφώτερον, caso nominativo neutro singular del adjetivo comparativo *más sabio que*; τῶν, caso genitivo masculino plural del artículo determinado *los*; ἀνθρώπων, caso genitivo masculino plural del nombre común *hombres*; ἐστὶν, tercera persona singular del presente de indicativo en voz activa del verbo εἰμί, *ser, estar*, aquí *es*; καὶ, conjunción copulativa *y*; τὸ, caso nominativo neutro singular del artículo determinado *lo*; ἀσθενὲς, caso nominativo neutro singular del adjetivo *débil*; τοῦ caso genitivo masculino singular del artículo determinado *el*; Θεοῦ, caso genitivo masculino singular del nombre divino declinado *de Dios*; ἰσχυρότερον, caso nominativo neutro singular del adjetivo comparativo *más fuerte que*; τῶν, caso genitivo masculino plural del artículo determinado *los*; ἀνθρώπων, caso genitivo masculino plural del nombre común *hombres*.

ὅτι τὸ μωρὸν τοῦ Θεοῦ σοφώτερον τῶν ἀνθρώπων ἐστὶν. El apóstol establece, como resumen de lo que ha dicho en el párrafo, dos contrastes, el primero entre *insensatez y sabiduría.* El contraste está entre lo que pudiera ser *insensato* en Dios y lo que es *sabiduría* para los hombres. Lo *insensato* es una alusión a lo que para los hombres es locura que, como dijo antes, es la Cruz de Cristo, según el mundo la considera (v. 18). Esta *insensatez* en el sentido de apreciación humana, es más sabio que cuanto pueda entender y expresar el hombre. La máxima expresión de la sabiduría humana no es capaz de generar el poder que fluye de la obra de la Cruz. La sabiduría del hombre es vanidad, porque desconoce a Dios, mientras que el principio de la sabiduría es el temor del Señor (Pr. 1:7). En Cristo se hace visible. El Rey de reyes es puesto en un pesebre en Su nacimiento, y una Cruz estuvo dispuesta para el final de Su ministerio terrenal, pero, en esa sabiduría se hizo posible que el Verbo encarnado (Jn. 1:14; Gá. 4:4) se constituyese en el único Salvador del mundo perdido en sus delitos y pecados, sin esperanza.

καὶ τὸ ἀσθενὲς τοῦ Θεοῦ ἰσχυρότερον τῶν ἀνθρώπων. El segundo contraste tiene que ven con *debilidad y fuerza.* Lo *débil* de Dios está referido a la obra de la Cruz. Aparentemente a ojos humanos, es la gran debilidad del que obró milagros asombrosos. Aquellos que estaban denostándole al pie de la Cruz, decían: *"a otros salvó, a sí mismo no se puede salvar; si es el Rey de Israel, descienda ahora de la cruz, y creeremos en él"* (Mt. 27:42). Dios hizo esa obra en la *debilidad* de la carne humana de Su Hijo (He. 2:14), pero eso que aparentemente es debilidad para el hombre en su mente corrupta y sin entendimiento, es la máxima fortaleza de Dios, que es siempre infinitamente mayor que la de los hombres. La fuerza humana es incapaz para salvación, la de Dios es poderosa para salvar a los que creen.

26. Pues mirad, hermanos, vuestra vocación, que no sois muchos sabios según la carne, ni muchos poderosos, ni muchos nobles.

Βλέπετε γὰρ τὴν κλῆσιν ὑμῶν, ἀδελφοί, ὅτι οὐ πολλοὶ σοφοὶ
Porque mirad al llamamiento de vosotros, hermanos, que no muchos sabios
κατὰ σάρκα, οὐ πολλοὶ δυνατοί, οὐ πολλοὶ εὐγενεῖς·
según carne, no muchos poderosos, no muchos nobles.

Análisis y notas del texto griego.

Análisis: Βλέπετε, segunda persona plural del presente de imperativo o de indicativo en voz activa del verbo βλέπω, *ver, mirar, fijarse, tener cuidado*, aquí *mirad*; γὰρ, conjunción causal *porque*; τὴν, caso acusativo femenino singular del artículo determinado *la*, κλῆσιν, caso acusativo femenino singular del nombre común *llamamiento*; ὑμῶν, caso genitivo de la segunda persona plural del pronombre personal declinado *de vosotros*; ἀδελφοί, caso vocativo masculino plural del nombre común *hermanos*; ὅτι, conjunción *que*; οὐ, adverbio de negación *no*; πολλοὶ, caso nominativo masculino plural del adjetivo *muchos*; σοφοὶ, caso nominativo masculino plural del adjetivo *sabios*; κατὰ, preposición propia de acusativo *según*; σάρκα, caso acusativo femenino singular del nombre común *carne*; οὐ, adverbio de negación *no*; πολλοὶ, caso nominativo masculino plural del adjetivo *muchos*; δυνατοί, caso nominativo masculino plural del adjetivo *poderosos*; οὐ adverbio de negación *no*; πολλοὶ, caso nominativo masculino plural del adjetivo *muchos*; εὐγενεῖς, caso nominativo masculino plural del nombre común *nobles*.

Βλέπετε γὰρ τὴν κλῆσιν ὑμῶν, ἀδελφοί, El apóstol hace un llamamiento para que los lectores presten atención a lo que va a decirles. La forma verbal βλέπετε, puede considerarse tanto en presente de indicativo, como de imperativo. Es mejor considerarlo como imperativo, por lo que se convierte en un mandamiento del apóstol a todos los creyentes, tanto hombres como mujeres de la iglesia en Corinto y, por extensión, a todos los creyentes en cualquier lugar y tiempo. Exhorta Pablo a una consideración personal, como si dijera: *abrid los ojos y considerad*. Lo que debía ser considerado por ellos era el *llamamiento*. En el versículo anterior se refirió al llamamiento que el Padre hace a los hombres para salvación. Se dirige nuevamente a los creyentes usando el vocativo *hermanos*, de modo que con el mandamiento va siempre el afecto de aquel que los ama y quiere que consideren lo que les es necesario y provechoso para su vida y comprensión.

ὅτι οὐ πολλοὶ σοφοὶ κατὰ σάρκα, El resultado del llamamiento es que de los salvos no había muchos *sabios* conforme a la sabiduría del mundo, es decir, no había entre ellos muchos que fuesen reconocidos como *sabios*, conforme a la *carne*, que es referencia a la naturaleza humana. La Biblia enseña que hay dos clases de sabiduría, la humana, que procede de la mente natural del hombre, y la divina, que viene de Dios. Hay quienes poseen la sabiduría de los hombres y tienen, por tanto, *sabiduría según la carne*. Quien está saturado de la sabiduría humana no tiene espacio para la divina, por lo que, como se consideró antes, la rechaza. El apóstol no enseña aquí que el creyente no deba alcanzar conocimientos que son resultado de la sabiduría humana, tanto científicos como filosóficos, al más alto nivel que le sea posible, siempre que primero acepte la sabiduría de Dios para salvación personal y considere cualquier otro conocimiento como subordinado. Dios no acepto a los corintos cristianos como Sus hijos por ser de un alto nivel de sabiduría, sino que lo hizo por gracia para salvación. Algunos consideran esta frase para afirmar que la iglesia en Corinto estaba formada mayormente por personas de baja condición cultural. No hay razón alguna para afirmarlo ni para negarlo. Simplemente el apóstol les llama a reflexionar sobre la sabiduría personal de cada uno de ellos, para que entiendan que Dios los llamó porque quiso hacerlo y no por lo que ellos eran o pudiesen ser en la sociedad de entonces.

οὐ πολλοὶ δυνατοί, Tampoco había entre los creyentes *muchos poderosos*, en el sentido de grandes de este mundo. Es cierto que algunos de ellos procedían de la alta sociedad, pero no eran la mayoría. Dios en Su sabiduría no tiene en cuenta el estado social del hombre, ni su posición económica, sino que llama a salvación a los perdidos y en esto se igualan todos los hombres y mujeres de la tierra. En general se podría decir, coloquialmente hablando, que la mayoría de los cristianos eran comunes y corrientes. Con todo se nombran algunos que podían considerarse como grandes para el mundo. Tal era el caso de Estéfanas (v. 16; 16:17); Sóstenes y Crispo vinculados al liderazgo de la sinagoga (vv. 1, 14); Gayo, un hombre que sin duda estaba en una buena posición económica; también se cita en la *Epístola* a Erasto, tesorero de la ciudad (Ro. 16:23).

οὐ πολλοὶ εὐγενεῖς· En la iglesia no estaban *muchos nobles*, personas procedentes de *alta cuna*. Los cristianos no solían venir de la nobleza según el mundo.

Nada mejor que las palabras de la oración de Jesús, para resumir el texto de este versículo: *"Te alabo, Padre, Señor del cielo y de la tierra, porque escondiste estas cosas de los sabios y de los entendidos, y las revelaste a los niños. Sí, Padre, porque así te agradó"* (Mt. 11:25-26). Dios inhabilita la sabiduría de los hombres para exhibir la gloria y el poder salvador de la Suya.

27. Sino que lo necio del mundo escogió Dios, para avergonzar a los sabios; y lo débil del mundo escogió Dios, para avergonzar a lo fuerte.

ἀλλὰ τὰ μωρὰ τοῦ κόσμου ἐξελέξατο ὁ Θεός, ἵνα καταισχύνῃ
Sino los necios del mundo escogió - Dios para avergonzar
τοὺς σοφούς, καὶ τὰ ἀσθενῆ τοῦ κόσμου ἐξελέξατο ὁ Θεός, ἵνα
a los sabios, y los débiles del mundo escogió - Dios, para
καταισχύνῃ τὰ ἰσχυρά,
avergonzar a lo fuerte.

Análisis y notas del texto griego.

Análisis: ἀλλὰ, conjunción adversativa *sino, pero, más*; τὰ, caso acusativo neutro plural del artículo determinado *los*; μωρὰ, caso acusativo neutro plural del adjetivo *necios*; τοῦ, caso genitivo masculino singular del artículo determinado declinado *del*; κόσμου, caso genitivo masculino singular del nombre común *mundo*; ἐξελέξατο, tercera persona singular del aoristo primero de indicativo en voz medio del verbo ἐκλέγομαι, *escoger*, aquí *escogió*; ὁ, caso nominativo masculino singular del artículo determinado *el*; Θεός, caso nominativo masculino singular del nombre divino *Dios*; ἵνα, conjunción causal *para*; καταισχύνῃ, tercera persona singular del presente de subjuntivo en voz activa del verbo καταισχύνω, *confundir, avergonzar, trastornar*, aquí *avergüence*; τοὺς, caso acusativo masculino plural del artículo determinado declinado *a los*; σοφούς, caso acusativo masculino plural del nombre común *sabios*; καὶ, conjunción copulativa *y*; τὰ, caso acusativo neutro plural del artículo determinado *lo*; ἀσθενῆ, caso acusativo neutro plural del adjetivo *débiles*; τοῦ caso genitivo masculino singular del artículo determinado declinado *del*; κόσμου, caso genitivo masculino singular del nombre común *mundo*; ἐξελέξατο, tercera persona singular del aoristo primero de indicativo en voz medio del verbo ἐκλέγομαι, *escoger*, aquí *escogió*; ὁ, caso nominativo masculino singular del artículo determinado *el*; Θεός, caso nominativo masculino singular del nombre divino *Dios*; ἵνα, conjunción causal *para*;

καταισχύνῃ, tercera persona singular del presente de subjuntivo en voz activa del verbo καταισχύνω, *confundir, avergonzar, trastornar*, aquí *avergüence*; τὰ, caso acusativo neutro plural del artículo determinado declinado *a los*; ἰσχυρά, caso acusativo neutro plural del adjetivo *fuertes*.

ἀλλὰ τὰ μωρὰ τοῦ κόσμου ἐξελέξατο ὁ Θεός. ἵνα καταισχύνῃ τοὺς σοφούς, Una gloriosa realidad está presente en el texto. No solamente Dios llama, sino que Dios escoge. Se menciona tres veces este acto divino en los dos textos. *"Dios escogió"*, lo hizo para Sí. No se refiere aquí a la eterna elección en Cristo, sino a la operación de Dios llamando a quienes el mundo nunca consideraría dignos de ocupar un alto lugar. En esto que el mundo califica de *locos, necios, insensatos*, se manifiesta el beneplácito divino. Dios actuó antes y luego en las vidas de los cristianos en Corinto, con un propósito, llamar y tener en Su familia a los *necios* del mundo, despreciados por él, pero amados por Dios.

Con éstos Dios avergüenza, pone en ridículo, a los sabios del mundo. Esta expresión tiene que ver con *postergar* o *dejar a un lado*, de otro modo, Dios deja a un lado los sabios para poner en su lugar a los necios.

καὶ τὰ ἀσθενῆ τοῦ κόσμου ἐξελέξατο ὁ Θεός. ἵνα καταισχύνῃ τὰ ἰσχυρά, El segundo contraste de la oración se establece entre los *débiles y los fuertes*. Los cristianos no tenían poder humano, son personas insignificantes en la sociedad. Es más, muchos de ellos eran siervos, y algunos también esclavos. A éstos no les quedaba otro remedio que inclinar la cabeza ante los poderosos para hacer lo que les ordenasen. A estos débiles escogió Dios. Jesús se refirió a ellos en el *Sermón del Monte*, cuando dijo: *"Bienaventurados los mansos, porque ellos recibirán la tierra por heredad"* (Mt. 5:5). Debe entenderse que para el mundo *la mansedumbre* es sinónimo de debilidad. No había muchos fuertes en la iglesia (v. 26), pero estos débiles podían avergonzar a los fuertes del mundo.

28. Y lo vil del mundo y lo menospreciado escogió Dios, y lo que no es, para deshacer lo que es.

καὶ τὰ ἀγενῆ τοῦ κόσμου καὶ τὰ ἐξουθενημένα ἐξελέξατο ὁ
Y los viles del mundo y los menospreciados escogió -
Θεός, τὰ μὴ ὄντα, ἵνα τὰ ὄντα καταργήσῃ,
Dios, los no que son, para los que son invalidar.

Análisis y notas del texto griego.

Análisis: καὶ, conjunción copulativa *y*; τὰ, caso acusativo neutro plural del artículo determinado *los*; ἀγενῆ, caso acusativo neutro plural del adjetivo *viles*; τοῦ, caso genitivo masculino plural del artículo determinado declinado *del*; κόσμου, caso genitivo masculino singular del nombre común *mundo*; καὶ, conjunción copulativa *y*; τὰ, caso acusativo neutro plural del artículo determinado *los*; ἐξουθενημένα, caso acusativo neutro plural del participio perfecto en voz pasiva del verbo εξουδενέω, *menospreciar, despreciar*, aquí *menospreciados*; ἐξελέξατο tercera persona singular del aoristo primero de indicativo en voz medio del verbo ἐκλέγομαι, *escoger*, aquí *escogió*; ὁ, caso nominativo masculino singular del artículo determinado *el*; Θεός, caso nominativo masculino singular del nombre divino *Dios*; τὰ, caso acusativo neutro plural del artículo determinado *los*; μὴ, partícula que hacer funciones de adverbio de negación *no*; ὄντα, caso acusativo neutro plural del participio de presente en voz activa del verbo εἰμί, *ser, estar*, aquí *que son*; ἵνα, conjunción causal *para*; τὰ, caso acusativo neutro plural del artículo determinado *los*; ὄντα, caso acusativo neutro plural del participio de presente en voz activa del verbo εἰμί, *ser, estar*, aquí *que son*; καταργήσῃ, tercera persona singular del aoristo primero de subjuntivo en voz activa del verbo καταργέω, *invalidar, dejar sin valor, dejar a un lado*, aquí *invalidar*.

καὶ τὰ ἀγενῆ τοῦ κόσμου καὶ τὰ ἐξουθενημένα. El contraste aquí es entre *lo vil*, que son aquellos que no proceden de un linaje noble en la sociedad, apenas sin distinción alguna incluso entre los más bajos, socialmente hablando. Estos también son *menospreciados*, porque no tienen valor ante el mundo. Probablemente algunos de los creyentes en Corinto serían esclavos, personas sin valor alguno socialmente hablando, sujetos a amos que podían hacer con ellos cuanto les pareciese.

ἐξελέξατο ὁ Θεός, τὰ μὴ ὄντα, ἵνα τὰ ὄντα καταργήσῃ. Añade todavía en la construcción de la frase *los que no son*, esto es aún dentro de lo *menospreciado* los de más baja condición. Son los que no tienen aprecio alguno dentro del sistema social del mundo. A éstos escogió Dios. Ningún valor personal, ningún mérito social, podía llevar a esta acción divina, pero Dios, es rico en misericordia, por tanto, amó a quienes son despreciados y sin valor alguno para el mundo.

La elección divina de los tales tiene un propósito: *"para deshacer"*, no solo para *avergonzar*, sino para *reducir a impotencia* que es el sentido del verbo καταργέω, en este contexto. Lo que el mundo considera como válido *lo que es*, Dios lo rechaza. Dios escogió la escoria para sustituir lo que el mundo considera como oro, y a esta escoria constituyó como herederos de todo y miembros de Su familia. Dios ejecuta Su plan conforme a Sus designios soberanos.

29. A fin de que nadie se jacte en su presencia.

ὅπως μὴ καυχήσηται πᾶσα σὰρξ ἐνώπιον τοῦ Θεοῦ.
Para que no se gloríe toda carne delante - de Dios.

Análisis y notas del texto griego.

Análisis: ὅπως, conjunción *de modo que, a fin de que, para que*; μὴ, partícula que hace funciones de adverbio de negación *no*; καυχήσηται, tercera persona singular del aoristo primero se subjuntivo en voz media del verbo καυχάομαι, *jactarse, gloriarse, enorgullecerse*, aquí *se glorie*; πᾶσα, caso nominativo femenino singular del adjetivo indefinido *toda*; σὰρξ, caso nominativo femenino singular del nombre común *carne*; ἐνώπιον, que en el helenismo es preposición impropia de genitivo, y que realmente es el acusativo neutro singular del adverbio ἐνώπιος, *el que está a la vista, ante el rostro de, el que está en presencia de, etc.*, convirtiéndose en adverbio, *delante*; τοῦ, caso genitivo masculino singular del artículo determinado *el*; Θεοῦ, caso genitivo masculino singular del nombre divino declinado *de Dios*.

ὅπως μὴ καυχήσηται πᾶσα σὰρξ ἐνώπιον τοῦ Θεοῦ. Dios ha hecho toda esta obra para que nadie pueda *jactarse*, *enorgullecerse*, delante de Él. Ningún mérito, ninguna perfección, ningún poder hay en quien es alcanzado por la gracia, todo lo contrario, sin mérito alguno, sin nada de que gloriarse es llevado por Dios a la más gloriosa posición que mente alguna podía imaginar. Lo menospreciado del mundo es escogido por Dios para hacer de ellos un *reino de sacerdotes* (1 P. 2:9). La gloria humana nace y descansa en apreciaciones humanas, pero nadie alcanzado por la gracia puede sentirse superior en la presencia de Dios. Tan sólo la humildad, el reconocimiento y la gratitud caben en la vida cristiana. Quien es verdadero seguidor del Maestro, discípulo de Cristo, aprende de Él la practica real de la humildad, que no es una manifestación externa, sino la realidad íntima del corazón (Mt. 11:29). Nadie puede gloriarse *delante* de Él, pero todos debemos gloriarnos *en* Él.

30. Mas por él estáis vosotros en Cristo Jesús, el cual nos ha sido hecho por Dios sabiduría, justificación, santificación y redención.

ἐξ αὐτοῦ δὲ ὑμεῖς ἐστε ἐν Χριστῷ ᾿Ιησοῦ, ὃς ἐγενήθη σοφία
Y por Él vosotros estáis en Cristo Jesús, el cual fue hecho sabiduría
ἡμῖν ἀπὸ Θεοῦ, δικαιοσύνη τε καὶ ἁγιασμὸς καὶ
para vosotros por Dios, justificación así como santificación y
ἀπολύτρωσις,
redención.

Análisis y notas del texto griego.

Análisis: ἐξ, forma escrita de la preposición de genitivo ἐκ, delante de vocal y que significa *de, desde, por, en*; αὐτοῦ, caso genitivo de la tercera persona singular del pronombre personal *Él*; δὲ, partícula conjuntiva que hace las veces de conjunción coordinante, con sentido de *pero, más bien, y, y por cierto*, *antes bien, entonces*; ὑμεῖς, caso nominativo de la segunda persona plural del pronombre personal *vosotros*; ἐστε, segunda persona plural del presente de indicativo en voz activa del verbo εἰμί, *ser, estar*, aquí *estáis*; ἐν, preposición propia de dativo *en*; Χριστῷ, caso dativo masculino singular del nombre propio *Cristo*; ᾿Ιησοῦ, caso dativo masculino singular del nombre propio *Jesús*; ὃς, caso nominativo masculino singular del pronombre relativo *el que, el cual*; ἐγενήθη, tercera persona singular del aoristo primero de indicativo en voz pasiva del verbo γίνομαι, *hacerse, ser hecho*, aquí *fue hecho*; σοφία, caso nominativo femenino singular del nombre común *sabiduría*; ἡμῖν, caso dativo de la segunda persona plural del pronombre personal declinado *a vosotros*; ἀπὸ, preposición propia de genitivo *por*; Θεοῦ, caso genitivo masculino singular del nombre divino *Dios*; δικαιοσύνη, caso nominativo femenino singular del nombre común *justificación*; τε, partícula conjuntiva, que puede construirse sola, pero generalmente está en correlación con otras partículas y que hace funciones de conjunción copulativa *y*, en casos, va ligada a otras partículas, como puede ser καὶ, adquiriendo juntas el sentido de *como con, tanto, tanto como, no solamente, sino también*; καὶ, conjunción copulativa *y*; ἁγιασμὸς, caso nominativo masculino singular del nombre común *santificación*; καὶ, conjunción copulativa *y*; ἀπολύτρωσις, caso nominativo femenino singular del nombre común *redención*.

ἐξ αὐτοῦ δὲ ὑμεῖς ἐστε ἐν Χριστῷ ᾿Ιησοῦ, Dios, que opera la salvación, establece también la posición del creyente en Cristo. Todo cuanto es de salvación, bien sea el inicio en la justificación, como la vivencia en la santificación y, finalmente, el traslado en la glorificación es de Dios (Sal. 3:8; Jon. 2:9). Por esa causa el apóstol escribe: *"Mas por Él"*. La voluntad divina es la causa eficiente de la salvación. La razón de estar en Cristo es a causa de Dios mismo. No hay motivo humano para alcanzar esa posición, sólo la gracia de Dios en Su soberanía. No es por ser mejores o más diligentes, o más sabios que otros, todo lo contrario, como el apóstol ha indicado. El hecho de estar en Cristo se debe a Dios y no al hombre. Pablo advierte a los lectores que, en esta nueva posición, las bendiciones son evidentes.

La nueva posición del cristiano es *en Cristo Jesús*. Estar en Cristo es disfrutar de la vida eterna, tener la seguridad del perdón de pecados, la seguridad de salvación y los recursos de la gracia. Esencialmente ese *estar en Cristo* es participar de plena comunión con Él, unido vivencialmente al Señor. Es una posición consecuente de la representatividad de la nueva humanidad porque, así como en Adán está la humanidad representada (Ro. 5:12-21; 1 Co. 15:22), así también el creyente está en el *postrer Adán.* La unión vital es semejante a la del pámpano en la vid o la de un miembro en el cuerpo (Jn. 15:1-7; 1 Co. 12:12). Esta vinculación garantiza la eterna seguridad de salvación (Ro. 8:1). Estar en Cristo es la consecuencia de una operación del Espíritu que coloca en Jesucristo a todos los salvos (12:13). Es, como todo en salvación, una consecuencia de la gracia (Ef. 2:5, 8, 9). Por este medio Dios comunica al salvo la vida eterna (1 Jn. 5:12).

ὃς ἐγενήθη. Esta unión vital con Cristo trae consecuencias definitivas para el creyente. Algunos traductores establecen la oración como que el *creyente está en Dios por medio de Cristo Jesús*, sin embargo, la idea más consecuente es la que se considera en la traducción interlineal, que concuerda con la mayoría de los comentaristas. Dios por medio de Cristo hace posible la salvación del hombre y todas las perfecciones y demandas que se determinan en ella, son posibles por medio de la unión vital con Cristo.

σοφία ἡμῖν ἀπὸ Θεοῦ, La primera bendición que se alcanza en Cristo es *la sabiduría.* A lo largo de la enseñanza del apóstol, la *sabiduría de Dios* es la razón para la ejecución y proclamación de la salvación del hombre. No es la sabiduría humana, que ha sido proscrita por Él, sino la Suya que ejecuta, proclama y da la salvación al que cree. Jesucristo es la expresión suprema de la sabiduría de Dios, ya que es el *Logos* y, por tanto, la sabiduría absoluta, infinita y plena de Dios. Es Jesús quien revela al Padre y expresa toda la plenitud de la mente divina (Jn. 1:18). El creyente, en Cristo alcanza el conocimiento de Dios. La misma gloria de Dios se revela en la faz de Jesucristo (2 Co. 4:6). La sabiduría para salvación que el mundo no tiene, es del creyente en Cristo, porque Su obra es la expresión plena de la sabiduría de Dios (vv. 21-23).

Esta sabiduría divina no es un conjunto de conocimientos, sino un determinado tipo de conducta, concretamente Su actuación en la Cruz de Cristo. Por esta razón el Señor se ha revelado como *conocimiento y sabiduría* de Dios (v. 24), y esta revelación no se hizo de otra forma que como crucificado (1:23; 2:2). La renuncia absoluta a la ostentación de la elocuencia y del saber (2:1, 4, 13), es alcanzar la sabiduría que trae salvación, expresada en *la palabra de la Cruz*, que no puede alterarse (v. 17). De ahí que cuanto necesitemos en cuanto a *sabiduría divina*, que indiscutiblemente comporta también la salvación, sólo es posible en Cristo. Quien tiene a Cristo y vive a Cristo, tiene la *sabiduría de Dios*.

δικαιοσύνη. La presencia de Jesucristo en la unión vital con el creyente, o mejor, la del creyente con Cristo por la acción del Espíritu, trae también la consecuencia de la *justificación*. Nótese que no solo Él hace posible la justificación, sino que Él mismo es nuestra justificación. Cristo es, para el creyente el que satisface las demandas de la justicia de Dios. Con Su obra en la Cruz cancela toda la deuda que el creyente tenía contraída a causa del pecado y obtiene para él la paz con Dios (Ro. 5:1). La Biblia enseña que *"el que justifica al impío, y el que condena al justo, ambos son igualmente abominación a Jehová"* (Pr. 17:15). Sin embargo, Pablo afirma que la salvación se recibe creyendo en Aquél que justifica al impío (Ro. 4:5). En la gracia se alcanza una consecuencia inevitable, que causa un profundo impacto en el pensamiento tradicional judío: *"Dios justifica al impío"*. La cuestión no es que Dios cambia al hombre para justificarlo, sino que, desde la entrega en la fe, continuando en la condición de impío a causa del pecado, es justificado al haber creído a Dios. Esta justificación no es el pago de una deuda alcanzada en el trabajo en las obras de la Ley (Ro. 3:28), sino el regalo que la gracia otorga al pecador que cree. A él le computa Dios la justicia y, por supuesto, no por obras. Sorprende hasta donde alcanza el argumento de Pablo: La fe de Abraham en Dios que se le asigna a él como justicia, es la fe en Dios como el que justifica al impío. La tradición judía entendía que Abraham fue el primer gentil que entró en el judaísmo, o si se prefiere mejor, con el gentil Abraham, separado de los gentiles, nació el judaísmo. Pero, para los judíos, Abraham fue un hombre que se entregó a Dios desde niño y su justicia humana fue suficiente para que Dios lo justificara. Esta postura ignora voluntaria y maliciosamente lo que la Escritura revela sobre la vida de Abraham antes del llamado de Dios, presentándolo como un hijo de un padre idólatra y él mismo debió haber sido también (Jos. 24:2). Por eso el apóstol, refiriéndose a la justificación de Abraham lo sitúa como impío, afirmando algo casi blasfemo para los judíos, que Dios *justifica al impío*. ¿No es acaso esto palabra divinamente inspirada? ¿Cómo puede Dios justificar al impío sin quebrantar el precepto que Él mismo estableció? En Proverbios el texto es una advertencia al juez humano para evitar la injusticia de condenar al inocente o justificar al malo. Cuando Dios justifica al impío lo hace en base a un cambio de posición aplicable a todo el que cree. Por la sustitución, Dios coloca al impío en la posición de su Hijo y a su Hijo en el lugar del impío (Is. 53:5; 2 Co. 5:21; Gá. 3:13). Mediante la fe, Dios imputa al pecador creyente la justicia de Cristo, permitiéndole por ella declararlo justo. Solo a Dios y nunca a Abraham se deberá que sea justificado. Lo que es justo, desde el punto de vista humano, sería la condenación de Abraham que ante Dios es un impío, como los demás hombres ya que *"no hay justo, ni aun uno"* (Ro. 3:10). De esa forma la fe está orientada hacia Dios, en esperanza donde realmente no debiera haberla, para recibir la justificación desde una condición *injustificable* para el hombre. Dios da en gracia Su justicia a quien ni la tiene ni puede tenerla. Esto forma parte de lo que para el hombre natural es *locura*, y es un aspecto de la *palabra de la Cruz.*

Sólo hay justificación para el impío, porque todos lo somos. Es cuando depositamos nuestra fe en el Salvador, que Dios nos declara justificados, tal como somos, sobre la única base de la obra redentora de Jesucristo hecha en la Cruz. De tal manera que *"al que no conoció pecado, por nosotros lo hizo pecado, para que nosotros fuésemos hechos justicia de Dios en Él"* (2 Co. 5:21). Solo hay justificación cuando hay determinación absoluta en cesar de obrar, que incluyen el confesar, arrepentirse, orar fervientemente, para dar paso sólo a la fe de entrega que acepta que Dios transfirió a Cristo mis pecados para declararme a mí, un impío, justicia de Dios en Él. Es ahí cuando la paz inunda el alma y se alcanza en la posición en Cristo la condición de hijo de Dios, cuando el trono de la ira se cambia en el de gracia y misericordia, cuando se puede comparecer delante de Él para decir con reconocimiento y gratitud: *"Ahora, pues, ninguna condenación hay para los que están en Cristo Jesús"* (Ro. 8:1). De manera que, aunque el pecador es culpable ante Dios, Cristo fue hecho *justificación* para quien cree (Ro. 3:21, 22;5:19; Fil. 3:9). Asimismo, la proclamación del evangelio presenta además de la muerte en la Cruz y la sepultura del Salvador, también la *resurrección*, mediante cuyo hecho puede haber justificación para el que cree, puesto que *"Cristo fue entregado por nuestras transgresiones, y resucitado para nuestra justificación"* (Ro. 4:25).

Muerte y resurrección son dos aspectos de una misma cosa: la obra que permite a Dios la justificación del pecador. La resurrección que hace posible la justificación, implica la muerte sustitutoria que satisface las demandas de la justicia divina, en cuanto a la extinción de la responsabilidad penal por el pecado, para todo el que cree. Ambas cosas, muerte y resurrección están vinculadas en una misma obra de salvación. De modo que, *por causa de* nuestras transgresiones Cristo fue entregado, pero también *a causa de*, nuestra justificación, fue resucitado. De otro modo, la muerte de Jesús opera en relación con la solución del problema del hombre en el campo de la transgresión, y la resurrección lo hace en el de *la justificación.* Sin embargo, es necesario entender que no son dos elementos disociados, de modo que la muerte de Jesús como sacrificio expiatorio es necesaria para el perdón del pecado, mientras que la resurrección es la razón complementaria a la fe del pecador. Se trata de dos elementos necesarios para la *justificación del impío.* Lo que se trata es de fundamentar tanto en la muerte como en la resurrección la causa y razón de la salvación del pecador.

La muerte de Jesús tuvo lugar *"por nuestras transgresiones"*, literalmente *a causa* de nuestras transgresiones, en el sentido de sacrificio expiatorio por el pecado, que ejecuta la obra redentora, extensiva virtualmente a todo el que cree (Ro. 3:25). Jesús, por tanto, como Cordero de Dios que quita el pecado del mundo (Jn. 1:29), fue *entregado* para el sacrificio que se había establecido, en el plan de redención, desde antes de la creación del mundo (1 P. 1:18-20). La fidelidad de Dios condujo el tiempo histórico del mundo al cumplimiento temporal de Su consejo eterno, de manera que el Cordero de Dios, Hijo eterno, fue enviado por el Padre, en el tiempo establecido para llevar a cabo la obra de redención conforme al propósito eterno (Gá. 4:4).

Una solemne pregunta surge de esta verdad, si fue entregado ¿quién lo entregó? La respuesta está en la profecía: *"Con todo eso, Jehová quiso quebrantarlo, sujetándole a padecimiento"* (Is. 53:10). Es necesario entender que el Padre entregó a Su Hijo por nosotros (Jn. 3:16). La Escritura lo enseña de forma precisa: *"...éste, entregado por el determinado consejo y anticipado conocimiento de Dios"* (Hch. 2:23). Aparentemente, desde el punto observable por el hombre, quienes entregaron a muerte a Jesús fueron Herodes, Poncio Pilato, los gentiles y el pueblo de Israel, sin embargo, sin mermar un ápice la responsabilidad personal de cada uno de ellos, tras todo el proceso que condujo a la muerte al Salvador está la eterna decisión divina, de modo que la acción conjunta o individual del hombre fue *"para hacer cuanto tu mano y tu consejo habían antes determinado que sucediera"* (Hch. 4:27-28). Si Dios había determinado esto, ¿es posible atribuir responsabilidad a quienes lo llevaron a cabo? Sin duda, porque habiéndole conocido le rechazaron voluntaria y conscientemente, entregándole a la muerte, como proclama el apóstol Pedro: *"Mas vosotros negasteis al Santo y al Justo, y pedisteis que se os diese un homicida, y matasteis al Autor de la vida"* (Hch. 3:14-15a). Pero, en ningún momento a la responsabilidad humana, puede sustraerse la soberanía divina, porque Jesús *"fue entregado por el determinado consejo y anticipado conocimiento de Dios"*, solo así pudo ser *"prendido y muerto por manos de inicuos, crucificándole"* (Hch. 2:23). Esa es la inconmensurable dimensión de la gracia de Dios por la que el pecador puede ser salvo, porque *"en esto consiste el amor: no en que nosotros hayamos amado a Dios, sino en que Él nos amó a nosotros, y envió a su Hijo en propiciación por nuestros pecados"* (1 Jn. 4:10). Sin duda el mismo Jesús, nuestro Señor, se entregó también a Sí mismo voluntariamente. Nadie podía quitarle la vida, Él la entregó, conforme al plan eterno de redención, por Sus ovejas (Jn. 10:11, 15, 17, 18). Si la muerte de Jesús en cuanto a los hombres es un terrible crimen, cometido contra el único justo en sentido absoluto, en cuanto a Jesús es un servicio sacrificial por quienes iban a ser justificados mediante Su obra. Para el Padre es un regalo de amor, el Don supremo que se entrega a Sí mismo entregando al Unigénito, por los pecadores, muertos en delitos y pecados, para que la vida de Él se convierta en la vida de ellos, y que, mediante Su obra redentora y Su potencia salvífica, anule la responsabilidad penal de sus pecados, los integre en la filiación de hijos con el Padre y les confiera la condición de salvos, mediante la justificación. En la entrega del Hijo, Dios se dice y se da a los hombres. Siendo imposible que el hombre ascienda a Dios, es Dios quien desciende al hombre, dando como don a su Hijo. Toda la obra de Cristo tiene como sujeto absoluto a Dios, que actúa por Cristo a favor de los hombres, quien manifiesta en el plano de la humanidad la acción y don de Dios. Es en la muerte de Cristo, que Dios como Padre está implicado. Es en la entrega a muerte del Hijo la muerte que Dios muere. Es verdad que la muerte no tiene capacidad de actuación en relación con Dios, pero Dios, al humanarse tiene la capacidad de poder compartir lo que es humano, el morir, que en Él no tiene sentido aniquilador, sino que es un acontecer, en un expolio permitido y en un tránsito momentáneo. En el plano de la humanidad, Dios –que es el Verbo hecho carne– muere por nosotros y, todavía más, muere *con nosotros*, ya que el abandono en la Cruz, el ser hecho maldición (Gá. 3:13), no es otra cosa que *"gustar la muerte por todos"* (He. 2:9). La irrupción de Dios en Cristo, en la historia humana, tiene un propósito de gracia: *"Para que por la gracia de Dios gustase la muerte por todos"*. No hay duda que el escritor se está refiriendo a la obra sustitutoria de Cristo en la Cruz. La Cruz da expresión al eterno programa salvífico de Dios. En ella, el Cordero de Dios fue cargado con el pecado del mundo conforme a ese propósito eterno de redención (1 P. 1:18-20). El apóstol Pablo afirma que *"fue entregado por nuestras transgresiones"*. En ese sentido Cristo se hace sustituto para la salvación del pecador. En la Cruz fue tratado como corresponde a quien, siendo portador del pecado, se enfrenta con la justicia divina que demandaba la muerte del pecador. Jesucristo es hecho sacrificio expiatorio por el pecado que es el alcance del texto del apóstol Pablo: *"Al que no conoció pecado, por nosotros lo hizo pecado, para que nosotros fuésemos hechos justicia de Dios en Él"* (2 Co. 5:21). El Señor entró en la experiencia de la maldición por el pecado, siendo hecho maldición al ocupar el lugar de los malditos de Dios a causa del pecado (Gá. 3:13). En el alcance de la máxima expresión del sentido de la muerte que el Hijo experimente en la Cruz, fue desamparado del Padre (Mt. 27:46), entrando en la experiencia profunda de lo que es la muerte espiritual. Dios se allega hasta donde está el pecador, compartiendo en el sacrificio redentor *"por nuestras transgresiones"* llevado a cabo por el Hijo en la dimensión de Su humanidad, para otorgarnos vida. La conclusión es sencilla: Cristo murió en lugar del transgresor.

Ahora bien, la obra sustitutoria mediante la cual Dios puede justificar al pecador que cree, quedaría estéril si Jesucristo no hubiese resucitado, de ahí que el apóstol enseñe que *"fue resucitado para nuestra justificación"*. Jesús resucitado es la base por la que Dios puede hacer al creyente *"justicia de Dios en Él"* (2 Co. 5:21). Si no hubiera resucitado la posición *en Cristo* no sería posible. La comunicación de vida nueva solo se alcanza en Él, por tanto, la resurrección era de todo punto necesaria para la realidad de la justificación y salvación del impío. Sin la resurrección no hubiera sido posible la justificación del pecador porque no habría objeto de fe, ni manifestación del sacrificio expiatorio (Ro. 3:25), ni intercesor, ni abogado. Pablo afirma en la *Epístola* categóricamente esta verdad: *"y si Cristo no resucitó, vuestra fe es vana; aún estáis en vuestros pecados"* (15:17). La fe en un Cristo muerto sería una fe muerta. Sólo Cristo resucitado puede ser espíritu vivificante (15:45). La resurrección de Jesús pone de manifiesto la consumación de la obra de redención hecha por Él. Dios acredita a Jesús como Su Hijo mediante la resurrección. Por tanto, quien lo entrega también lo resucita, siendo conocido como *"el que resucitó a Jesús de entre los muertos"* (Ro. 8:11; 1 Co. 6:14; 2 Co. 4:14; Gá. 1:1; Col. 2:12; He. 13:20). La resurrección expresa la revelación última de Dios. Es el que *"da vida a los muertos, y llama las cosas que no son, como si fuesen"* (Ro. 4:17), el que crea todo lo que existe, llamándolo a la existencia desde la *no-existencia*, el que levanta un pueblo desde la *muerte* para procrear de Abraham y la esterilidad de Sara, el que saca de la muerte a Jesús, el que da vida a los muertos y el que justifica al impío. La fe en la resurrección de Cristo es la fe en la obra que Dios hace para vivificar a quien estando muerto en pecados está alejado de la única vida verdadera que es la de Dios mismo, que se otorga en Cristo al que cree. El Resucitado es el primogénito de la nueva creación y, sobre todo, de la nueva humanidad (Ro. 8:29). Es el *consumador de la fe* (He. 12:2), el Adán final convertido en espíritu que hace vivir (15:44-49). A partir de ahí, el destino de los creyentes y el de Cristo, en quien depositan su fe, son inseparables. Sin esa resurrección nadie podría ser justificado. En el Resucitado, Dios se revela como el Dios de la esperanza, de la paz y con ello, en esa relación de paz, el Dios de nuestra justificación, (Ro. 15:5, 13, 33; 16:20; 2 Co. 13:11; Fil. 4:7-9; 1 Ts. 5:23; 2 Ts. 3:16). Sólo el Resucitado es el Sí de Dios y su Amén, por tanto, es el sí incondicional que Dios da al que cree de Su salvación (2 Co. 1:20). La identificación con Él, por medio de la fe, hace entrar al pecador en el ámbito de la justicia, de la santidad y del poder de Dios. La vida solo es posible y tiene contenido en Cristo resucitado (Gá. 2:20; Fil. 1:21). El Resucitado es causa de salvación eterna para todos los que le obedecen, siendo declarado por Dios el Sumo Sacerdote del nuevo orden (He. 5:9-10). La experiencia de sufrimiento a causa de la obediencia hizo que Cristo fuese perfeccionado. No cabe duda que la experiencia de la angustia produjo en la humanidad del Señor una enriquecedora experiencia que le capacitó para ser *misericordioso* Sumo Sacerdote, capacitándole plenamente para el cumplimiento de Su ministerio sacerdotal. Sin embargo, fue la obediencia absoluta *"hasta la muerte y muerte de cruz"* (Fil. 2:8) lo que permitió a Jesús proclamar la definitiva conclusión de la redención con el *"Consumado es"* con que concluye el tiempo de la crucifixión, antes de entregar Su espíritu en manos del Padre (Jn. 19:30). La obediencia plena, la entrega incondicional y el pleno cumplimiento en sumisión a la voluntad del Padre, es lo que ha perfeccionado al Señor en Su ejercicio de Redentor y Sacerdote. El sacrificio en la Cruz, fue lo que hizo a Cristo de hecho Redentor y Sacerdote perfecto para la nueva humanidad de creyentes en Él. En Su sacrificio, término final de la obediencia, hace de Jesús víctima y sacerdote al mismo tiempo, perfeccionando al Salvador en sentido de llevar a cabo la obra de salvación que le había sido encomendada. El perfeccionamiento tiene que ver también con la exaltación del Salvador a la diestra de la Majestad, recibiendo el nombre de autoridad suprema en cielos y tierra (Fil. 2:9-11), por la que vino a ser para todos los que creen la *causa* o *razón* de la eterna salvación. Esa misma verdad es la enseñada por Pablo cuando dice: *"Porque así como por la desobediencia de un hombre los muchos fueron constituidos pecadores, así también por la obediencia de uno, los muchos serán constituidos justos"* (Ro. 5:19). La potencialidad de la obra redentora comprende e incluye a todos los hombres, pero se hace eficaz o virtual tan solo para quienes creen, expresado aquí como *"todos los que le obedecen"*. Esa es la razón por la que el apóstol Pablo habla, refiriéndose a la aceptación por fe del don de la gracia, de una *"obediencia a la fe"* (Ro. 1:5; 16:26). Es necesario recordar que el llamamiento a la fe no es una mera invitación que Dios hace, sino el establecimiento de un mandamiento de Dios que la reclama, por tanto, la aceptación de la salvación no es un acto de asentimiento, sino de entrega, que supone obediencia a la demanda de Dios. La condición del salvo es de obediencia, porque para esto ha sido llamado y capacitado (1 P. 1:2). El creyente pasa de una esfera de desobediencia a otra de obediencia en el mismo instante de creer. El testimonio real de salvación está vinculado también con la obediencia (1 Ts. 1:9-10). Quiere decir esto que la obediencia no es una opción en la vida cristiana, sino la forma natural de la misma. Jesús es la *causa* de la eterna salvación de los creyentes. Significa que, si la salvación es eterna, no hay ningún motivo que pueda hacerla fracasar. La salvación conseguida por el perfecto Sumo Sacerdote no es temporal y terrena, sino eterna y celestial. La vida recibida en la salvación es vida eterna, esto es, la vida comunicable de Dios, que se otorga al pecador creyente por el único Mediador entre Dios y los hombres que es Jesucristo hombre (1 Ti. 2:5). El perfeccionado Salvador, hace perfectos a todos los hombres que por medio de Él se acercan a Dios. El apóstol afirma que Dios ha hecho *justificación* para quien cree, porque es hecho *"justicia de Dios en Él"* (2 Co. 5:21).

τε καὶ ἁγιασμὸς. De la misma manera Cristo es hecho *santificación* para el creyente. No es necesario extenderse más aquí, puesto que la salvación es posible solo *por* Cristo, y *en* Él. La vida cristiana en el segundo tramo, luego de la justificación, es la *santificación.* En vinculación con Él, se produce la liberación sobre el pecado en la salvación del tiempo presente. El Espíritu de Cristo mora en el creyente (Ro. 8:9), actuando en él en una obra de transformación a la semejanza del Señor, modelo a reproducir por el Espíritu, según el propósito divino (Ro. 8:29). Donde está el Espíritu ocurre la transformación real en la vida del cristiano (Hch. 26:18). Él produce Su *fruto* en el creyente, con lo que expresa y evidencia la santificación real (Gá. 5:22-23), por tanto, puesto que nadie puede alcanzar la santificación por esfuerzo personal, la vida en esa dimensión sólo es posible *andando en el Espíritu* (Gá. 5:16). Es en Cristo que se hace posible una vida de *buen obrar* (Ef. 2:10). Teniendo el poder para vivir santamente, el cristiano tiene una mayor responsabilidad, puesto que Cristo le ha sido hecho *santificación.* El cristiano unido a Cristo puede presentar su cuerpo en sacrificio vivo *santo*, agradable a Dios (Ro. 12:1). La demanda, puesto que la vida cristiana se vive en Cristo, es a una santificación práctica, propia de quienes son santos, como el apóstol Pedro dice: *"Sed santos, porque yo soy santo"* (1 P. 1:16).

Tan solo una reflexión aplicada a la vida cotidiana. Algunos entienden que ser santo, vivir la vida de *santificación*, es imposible por la limitación del hombre, por tanto, como Dios nos perdonó todos los pecados en Cristo, la santificación viene a ser un asunto de segundo nivel, puesto que ningún hombre es impecable y cualquier ofensa contra Dios alcanza un nivel de valor infinito. Esto conduce a que algunos consideren el pecado en el creyente como cosa de poca transcendencia. Es, como se debe entender, un notable error porque, aunque no haya creyente que nunca peque, tiene en Cristo el poder santificador con la obra del Espíritu que reproduce a Jesús en su vida. Pero, también por otro lado, está la idea del miedo ante un Dios enojado por el pecado. Esto rebaja la grandeza de quien está en Cristo. Dios nos ve santificados en Él, por consiguiente, a pesar de *no haberlo alcanzado*, podemos mantener la comunión con Él por la eficaz obra de Cristo, mediante la que Dios nos perdonó todos los pecados (Col. 1:14; 2:13). Esta es la razón por la que el apóstol puede escribir a los *"santos en Cristo Jesús que están en Filipos"* (Fil. 1:1), a pesar de los desacuerdos que había entre algunos (Fil. 1:15-17; 4:2). Del mismo modo también a los *"llamados a ser santos"* (Ro. 1:6), cuando muchos estaban inmersos en problemas de relación e incluso de arrogancia. Así escribe aquí a los corintios: *"llamados a ser santos"* (1:2), cuando, como se considerará, había serios problemas personales y graves pecados en la congregación. Si la demanda a una santidad fuese casi equivalente a la impecabilidad ¿se encontraría algún destinatario válido para esos escritos? Cuando el apóstol les llama *santos* no impide para que llame la atención sobre sus deficiencias, desobediencias y fracasos. Debe entenderse que *santo* es lo que Dios toma a Su servicio. Es la pertenencia a Él lo que hace *santo* a una persona. Al estar en Cristo, Él que es santo, santifica a los creyentes por la posición de todos en Él.

καὶ ἀπολύτρωσις, Finalmente, el apóstol asegura que Cristo fue hecho para los creyentes *redención*. Es la liberación de un estado de esclavitud mediante el pago de un precio. Así lo enseña en otro lugar: *"El cual nos ha librado de la potestad de las tinieblas, y trasladado al reino de su amado Hijo"* (Col. 1:13). La verdadera libertad no es posible sino en Cristo, como Él dijo: *"Si el Hijo os libertare, seréis verdaderamente libres"* (Jn. 8:36). No es libertad en la experiencia del pasado, donde se produce la justificación, sino en cada momento de la vida de santificación. Cristo da por Su presencia en el creyente la libertad sobre el pecado. El conjunto de las bendiciones de la redención en Cristo, incluye la glorificación, a la que el apóstol dedicará un amplio párrafo en la *Epístola*. En el día de la redención del cuerpo, el creyente alcanzará la experiencia de la separación del pecado, en una salvación consumada en plenitud (Ro. 8:23; Ef. 1:14; 4:30; He. 9:12).

31. Para que, como está escrito: El que se gloría, gloríese en el Señor.

ἵνα	καθὼς	γέγραπται·	*ὁ*	*καυχώμενος*	*ἐν*	*Κυρίῳ*	*καυχάσθω.*
Para que	como	ha sido escrito:	El	que se gloría	en	Señor	se gloríe.

Análisis y notas del texto griego.

Análisis: ἵνα, conjunción causal, *para que*; καθὼς, conjunción *como*; γέγραπται, tercera persona singular del perfecto de indicativo en voz pasiva del verbo γράφω, *escribir*, aquí *ha sido escrito*; *ὁ*, caso nominativo masculino singular del artículo determinado *el*; *καυχώμενος*, caso nominativo masculino singular del participio de presente en voz media del verbo καυχάομαι, *gloriarse*, aquí *que se gloría*; *ἐν*, preposición propia de dativo *en*; *Κυρίῳ,* caso dativo masculino singular del nombre divino *Señor*; *καυχάσθω*, tercera persona singular del presente de imperativo en voz media del verbo καυχάομαι, *gloriarse*, aquí *se glorie*.

ἵνα καθὼς γέγραπται· *ὁ καυχώμενος ἐν κυρίῳ καυχάσθω.* Todo cuanto antecede en la *Epístola* manifiesta firmemente la inutilidad humana para alcanzar las bendiciones que comportan la salvación hecha en Cristo y establecida por Dios eternamente (1 P. 1:18-20). La iluminación del Espíritu (Ef. 1:18) permite discernir la gloriosa dimensión de la obra que Dios hizo a nuestro favor. En el versículo anterior mencionó cuatro bendiciones que son consecuencia y resultado de la posición del creyente en Cristo. Fue Dios que nos ha dado Su infinita sabiduría; Él nos ha justificado en base a esa obra salvadora; también nos santifica; del mismo modo nos redime, pagando el precio por cada uno para que seamos Suyos (6:19-20). Nada fue nuestro o resultado de nuestra acción, sino que todo procede de Dios y fue hecho por Él.

El apóstol cierra el párrafo con una frase que sintetiza una parte de la profecía: *"Así dijo Jehová: No se alabe el sabio en su sabiduría, ni en su valentía se alabe el valiente, ni el rico se alabe en sus riquezas. Mas alábese en esto el que se hubiere de alabar: en entenderme y conocerme, que yo soy Jehová, que hago misericordia, juicio y justicia en la tierra; porque estas cosas quiero, dice Jehová"* (Jer. 9:23-24). Hace notar con ella que el creyente depende y confía sólo en Dios. Por tanto, si en la iglesia estaban manifestándose divisiones porque los creyentes habían puesto delante hombres a los que seguían, es que no habían entendido que nadie es digno de alabanza sino Dios que hizo la obra de salvación. Aquellos corintios debían dejar inmediatamente de seguir a los hombres para vivir en dependencia de Dios. Como consecuencia desaparecerían las divisiones en la iglesia.

CAPÍTULO II

MENSAJE Y PODER

Introducción

El apóstol se ocupó a lo largo del capítulo anterior de denunciar las divisiones que se habían manifestado en la congregación. Esto le llevó a desarrollar una enseñanza sobre el contraste entre los hombres, que buscan gloria y sabiduría humanas y que, por esa razón, llaman *locura* al mensaje de la Cruz, y la sabiduría de Dios manifestada en una obra completa y definitivamente consumada que salva a todo aquel que por la fe entrega su vida al Salvador. Algunos de los que no reconocían la autoridad del apóstol, lo despreciaban acusándole de mal orador, de ser parco en palabras y de poca elocuencia porque no usaba de la sabiduría de los hombres en su predicación, y que no presentaba en ella argumentos filosóficos para convencer a los oyentes.

Esto conduce a Pablo para dar las razones por las que renunció a la utilización de la sabiduría del mundo en su ministerio, puntualizando en el pasaje que Dios le había encomendado la predicación del evangelio como único mensaje de salvación. Además, les recordó que no habían llegado a una posición privilegiada por méritos propios, sino porque Dios los había escogido y llamado. Por tanto, los predicadores que habían proclamado el evangelio y los maestros que les habían instruido en la fe, no eran más que instrumentos al servicio de Dios, de modo que no había razón alguna para gloriarse en los hombres sino en Dios.

El apóstol usa el primer párrafo del capítulo para recordarles por qué había venido a Corinto, para predicar el evangelio. Los primeros versículos del capítulo (vv. 1-5), presentan su modo de actuación desde el primer día en la ciudad. No llegó a ellos como filósofo, sino como testigo (vv. 1-2). No tenía confianza en sí mismo, sino que dependía enteramente del poder del Espíritu Santo (vv. 3-4). El mensaje que predicó era de importancia vital. Debía ajustarse al testimonio que Dios le había encomendado, lo que producía en él mucha debilidad y respeto reverente (v. 3). Su elocuencia y la persuasión personal que hubiera podido utilizar humanamente hablando, fueron puestas a un lado para dejar que el poder el Espíritu hiciera la obra divina que sólo Él puede hacer (v. 4). Al proclamar y enseñar la verdad doctrinal, lo hizo aparte de toda sabiduría, porque la fe debe descansar en el testimonio de Dios y no en las razones de los hombres (v. 5).

Enlazado todo ello con el tema general del problema de las divisiones en la iglesia, utiliza el segundo párrafo (vv. 6-16), para darles una nueva razón por la que se producen. La primera, en el capítulo anterior, era el desconocimiento del evangelio de la Cruz. Ahora es el desconocimiento del ministerio del Espíritu Santo. La predicación que llegó hasta ellos, no estaba asentada en la sabiduría de los hombres, para que fuesen seguidos, sino en la de Dios.

Esta sabiduría es imposible que sea alanzada por la razón humana (v. 6), porque se trata de la sabiduría de Dios que pone en el conocimiento de los apóstoles el *misterio* escondido en Él desde la eternidad y que es revelado por el Espíritu (v. 7). Ese *misterio* está escondido a los *príncipes de este mundo*, que ignorantes de él, crucificaron al Señor (v. 8). Lo que jamás pudo estar en la reflexión del pensamiento humano, es lo que Dios reveló para quienes le aman (v. 9).

La Persona Divina que revela esto es el Espíritu Santo, conocedor profundo de la intimidad de Dios (v. 10), de modo que no llegó a los predicadores del evangelio por otra vía, sino directamente por revelación de Dios. Esta revelación es concesión del mismo Espíritu a los creyentes, con el propósito de conocer aquello que Dios ha concedido a los salvos (v. 11-12). Por esa razón el mensaje que Pablo proclamó delante de los corintios, no podía ser dado en palabras o reflexiones humanas, sino en los términos de la revelación divina (v. 13), que hace inteligible el *misterio* por la misma Persona que lo revela.

Cierra el párrafo haciendo mención a la imposibilidad de que el hombre natural, cuya mente está entenebrecida y él mismo es opuesto a la sabiduría de Dios, entienda comprensiblemente las verdades reveladas por el Espíritu, considerándolas como *locura* (v. 14). En contraste el creyente las discierne y acepta por la acción del Espíritu Santo en Él (v. 15). La presencia de Cristo en el creyente produce también un cambio de mentalidad, concluyendo con una afirmación contundente que el creyente tiene *la mente de Cristo* (v. 16).

Para el comentario del capítulo se sigue el *bosquejo* que fue dado en la *introducción de la Epístola*, como sigue:

C. El modo de actuación de Pablo (2:1-5).

2.2. Desconocimiento del ministerio del Espíritu (2:6-16).

A. La sabiduría divina revelada (2:6-13).

B. Discernimiento natural y espiritual (2:14-16).

El modo de la actuación de Pablo (2:1-5)

1. Así que, hermanos, cuando fui a vosotros para anunciaros el testimonio de Dios, no fui con excelencia de palabras o de sabiduría.

Καγὼ ἐλθὼν πρὸς ὑμᾶς, ἀδελφοί, ἦλθον οὐ καθ' ὑπεροχὴν
Y yo venido a vosotros, hermanos, vine no con alarde
λόγου ἢ σοφίας καταγγέλλων ὑμῖν τὸ μυστήριον[1] τοῦ Θεοῦ.
de palabra o sabiduría anunciar os el misterio - de Dios.

Análisis y notas del texto griego.

Análisis: Καγὼ, palabra formada por crasis[1] de la conjunción καὶ, y el pronombre personal ἐγώ, y que equivale a *y yo*; ἐλθὼν, caso nominativo masculino singular del participio del segundo aoristo de indicativo en voz activa del verbo ἔρχομαι, *venir, llegar, regresar*, aquí *venido*; πρὸς, preposición propia de acusativo *a*; ὑμᾶς, caso acusativo de la segunda persona plural del pronombre personal *vosotros*; ἀδελφοί, caso vocativo masculino plural del nombre común *hermanos*; ἦλθον, primera persona singular del aoristo segundo de indicativo en voz activa del verbo ἔρχομαι, *venir, regresar, llegar*, aquí *vine*; οὐ, adverbio de negación *no*; καθ', forma de la preposición de acusativo κατά, por elisión y asimilación ante vocal con espíritu áspero, que equivale a *con*; ὑπεροχὴν, caso acusativo femenino singular del nombre común, *alarde, superioridad, autoridad*; λόγου, caso genitivo masculino singular del nombre común *palabra, discurso*; ἢ, conjunción disyuntiva *o*; σοφίας, caso genitivo femenino singular del nombre común *sabiduría*; καταγγέλλων, caso nominativo masculino singular del participio de presente en voz activa del verbo καταγγέλλω, *proclamar, predicar, anunciar*, aquí *anunciaros*; ὑμῖν, caso dativo de la segunda persona plural del pronombre personal declinado *a vosotros, os*; τὸ, caso acusativo neutro singular del artículo determinado *el*; μυστήριον, caso acusativo neutro singular del nombre común *misterio*; τοῦ, caso genitivo masculino singular del artículo determinado *el*; Θεοῦ, caso genitivo masculino singular del nombre divino declinado *de Dios*.

Notas. Crítica Textual. Lecturas alternativas.

1 τὸ μυστήριον, *el misterio*, conforme a 𝔓48vid, a*, A, C, ar, r, syp, bo, Hipólito, BasilioA, Ambrosiaster.

τὸ μαρτύριον, *el testimonio*, según lectura en 2a, B, D, F, G, L, P, Ψ, 33, 81, 104, 365, 630, 1175, 1241, 1505, 1506, 1739, 1881, 2464, 𝔐, b, vg, syh, sa.

---

[1] *Crasis*, palabra griega que equivale a *unión de fuerzas*, en general *unión de elementos*.

Καγὼ ἐλθὼν πρὸς ὑμᾶς, ἀδελφοί, El apóstol hace referencia a la ocasión en que vino a Corinto, por primera vez. Probablemente haya ocurrido esto sobre el año cincuenta, como se ha considerado ya en la introducción histórica de la *Epístola.* El apóstol llegó a Corinto después de visitar Atenas, donde tuvo ocasión de predicar en el areópago ante filósofos griegos, con un resultado aparentemente pobre (Hch. 17:16-34). Es bueno recordar que la estrategia misionera de Pablo era la de visitar las grandes ciudades, donde una vez establecida la iglesia, podían alcanzar a otras muchas poblaciones más pequeñas dentro del entorno de influencia. El núcleo de la iglesia en Corinto debió estar formado por Priscila y Aquila, compañeros de trabajo y hospedadores del apóstol (Hch. 18:2-3), junto con los miembros de la familia de Estéfanas, primeros convertidos de la provincia de Acaya (16:13), donde también estaban Justo, Crispo y Gayo. Desde entonces la iglesia creció y otros muchos, sin saber cuántos, se unieron al grupo inicial. Todos, por lo menos estos primeros cristianos, tenían el recuerdo del comportamiento de Pablo en el tiempo de la fundación de la iglesia.

El vocativo *hermanos*, sale nuevamente, lo que indica que, aunque los temas son difíciles y es preciso establecer correcciones, todo cuanto escribe el apóstol lo hace lleno de afecto fraternal a los creyentes de aquella iglesia.

ἦλθον οὐ καθ' ὑπεροχὴν λόγου ἢ σοφίας. Pablo no había venido a ellos con *alarde de palabras o de sabiduría.* El mensaje a proclamar no era una expresión de filosofía o de retórica, sino el *Evangelio* de Dios, que le había sido encomendado. La expresión griega hace entender que llegó a ellos con un plan preparado para ser ejecutado puntualmente conforme a lo proyectado. Llegar a Corinto suponía encontrarse con la curiosidad propia de la filosofía y de la oratoria, pero él sabía que como el mensaje a proclamar tiene que ver con la obra divina, esa predicación debía hacerse de la forma más simple y sencilla, que hiciese comprensible el mensaje a quienes lo oyesen. Algunos como *Orígenes*, decían que esa forma expresiva del apóstol es la consecuencia del discurso en Atenas, donde apeló más al sistema retórico-filosófico de aquellos. Sin embargo, Pablo dirá: *"me he hecho de todo, para que de todos modos salve a algunos"* (9:22), de modo que en Atenas el auditorio requería una forma de expresión del mensaje, distinta a la del que tuvo en Corinto. No supone para nada que Pablo dejase la sencillez del evangelio para acudir a las formas propias de la filosofía y de la retórica, simplemente atrajo la atención de los filósofos que convocaron la reunión en Atenas, para anunciarles que Dios mandaba a todos los hombres que se arrepintiesen de las vanidades idolátricas para volverse a Él.

καταγγέλλων ὑμῖν τὸ μυστήριον τοῦ Θεοῦ. Pablo recuerda que la predicación que él hizo en Corinto fue la presentación del *misterio* de Dios. Algunos leen aquí en lugar de *misterio, testimonio.* La diferencia de escritura es muy próxima en las dos palabras, de modo que es posible que algún copista cambiase las letras. Aquí he preferido tomar la alternativa *misterio*, porque volverá a salir más adelante en el mismo entorno textual (v. 7). Con todo, el *misterio*, es la revelación que Dios hace de la operación de salvación en el tiempo presente, que estaba escondida en Él desde la eternidad (Col. 1:26). Esta encomienda de *anunciar el misterio* le fue dada al apóstol, pidiendo oraciones por él *"para dar a conocer con denuedo el misterio del evangelio"* (Ef. 6:19). El mensaje salvador proclamado por Jesucristo y luego por Sus apóstoles, estaba como tal oculto en el pensamiento de Dios, que lo reveló en los últimos tiempos para que fuese llevado a todas las naciones. Por tanto, el evangelista debe predicar el evangelio como un anunciador y no como un sabio. La sabiduría de Dios hizo posible la salvación y es totalmente contraria a la del mundo. Éste usa la sabiduría y la erudición de palabras para anunciar un mensaje cuyo fin es muerte, mientras que el evangelio proclama en su mensaje la *sabiduría de Dios*, por medio de la cual el hombre alcanza la salvación. Lo que debe proclamar el predicador del evangelio es un mensaje procedente de Dios, al que el evangelista debe ceñirse en todo (Gá. 1:11-12). Pablo cumplía fielmente la encomienda de Cristo (Hch. 1:8). Ahora bien, como se ha comentado antes, la sencillez no excluye la sabiduría y la oratoria, puestas al servicio del mensaje a proclamar, como elementos para hacerlo, descansando siempre sobre el evangelio de Dios.

El Espíritu deja indeleble en el escrito del apóstol dos grandes necesidades que debe asumir el predicador del evangelio: a) Es un mensaje divino y como tal inalterable. Nadie puede modificar lo que Dios ha establecido. No se trata de razonar hasta convencer al oyente, esta es una operación que sólo puede hacer el Espíritu Santo. Lo único que el predicar ha de ocuparse en anunciar al pecador que su estado le lleva a la condenación eterna; que Dios hizo la obra de salvación en Jesucristo, de forma completa y total, a la que nada puede añadirse por parte del hombre, al que se le demanda tan solo la aceptación de ella depositando la fe en el Salvador. Un evangelio reducido o aligerado es un mensaje corrompido del único modo de salvación establecido por Dios; b) El predicador tan solo transmite el mensaje, dejando la operación salvadora a Dios. No es el predicador el que ha de gastar tiempo para formular una invitación reiterativa agotadora y cansina para todos, tanto los creyentes presentes como los inconversos. No se trata de hacer que los oyentes repitan alguna oración, y con esa repetición se les haga entender que por ella son ya salvos. La ayuda para una oración de entrega al Salvador, no es anti bíblica, es más, en ocasiones será una ayuda especial necesaria para el que está a punto de ejercer la fe que Dios despertó en él, pero una persona podrá hacer cuantas oraciones se le indique y las acciones que se le demande y seguirá perdida en sus delitos y pecados. Solo es necesario hacerle saber que el Señor no rechazará a ninguno que vaya a Él por fe.

2. Pues me propuse no saber entre vosotros cosa alguna sino a Jesucristo, y a éste crucificado.

οὐ γὰρ ἔκρινα τι εἰδέναι ἐν ὑμῖν εἰ μὴ Ἰησοῦν Χριστὸν καὶ
Porque no decidí algo saber entre vosotros si no a Jesucristo y
τοῦτον ἐσταυρωμένον.
a Éste crucificado.

Análisis y notas del texto griego.

Análisis: οὐ, adverbio de negación *no*; γὰρ, conjunción causal *porque*; ἔκρινα, primera persona singular del aoristo primero de indicativo en voz activa del verbo κρίνω, *juzgar, decidir*, aquí *decidí*; τι, caso acusativo neutro singular del pronombre indefinido *algo*; εἰδέναι, perfecto de infinitivo en voz activa del verbo οἶδα, *saber, conocer, entender*; ἐν, preposición propia de dativo *en, entre*; ὑμῖν, caso dativo de la segunda persona plural del pronombre personal *vosotros*; εἰ, conjunción afirmativa *si*; μὴ, partícula que hace funciones de adverbio de negación *no*; Ἰησοῦν, caso acusativo masculino singular del nombre propio *Jesús*; Χριστὸν, caso acusativo masculino singular del nombre propio *Cristo*; καὶ, conjunción copulativa *y*; τοῦτον, caso acusativo masculino singular del pronombre demostrativo declinado *a éste*; ἐσταυρωμένον, caso acusativo masculino singular del participio perfecto de indicativo en voz pasiva del verbo σταύρω, *crucificar*, aquí *crucificado*, más literalmente *que ha sido crucificado*.

οὐ γὰρ ἔκρινα τι εἰδέναι ἐν ὑμῖν εἰ μὴ Ἰησοῦν Χριστὸν. El versículo confirma al precedente. Pablo usó un estilo de predicación, porque lo único que quería anunciar era a Jesucristo, de manera que ninguna otra cosa quería saber cuándo vino a Corinto por vez primera. La construcción gramatical es muy definida, donde literalmente se lee: *Porque decidí no saber algo entre vosotros, sino a Jesucristo*. Este *algo*, como pronombre neutro indefinido equivale a *alguna cosa*. Este *algo* tiene que ver con elementos de la sabiduría humana que hacen nulo el mensaje del evangelio, *la palabra de la Cruz* (1:18). Por esa razón el apóstol tomó la decisión de predicar solo a Jesucristo. Este desvestirse de la sabiduría humana para revestirse el mensaje divino, lo hizo *entre vosotros*, referencia al año y medio que se quedó en Corinto (Hch. 18:11). Esto alcanza a los distintos lugares donde predicó el evangelio, en la sinagoga, en las casas, en cualquier lugar que aprovechó para cumplir la misión que el Señor le había encomendado.

καὶ τοῦτον ἐσταυρωμένον. No solo predicaba a Jesucristo, sino a *Éste crucificado*, remarcando lo que ya había dicho antes (1:23). La primera mención al Señor está relacionada con Su Persona: *Jesucristo*, el evangelio y la enseñanza posterior en el discipulado, tiene un punto principal y que dar a conocer a Jesucristo o, si se prefiere mejor, responder a la pregunta: *¿Quién es Jesús?* La segunda mención, *a Éste crucificado*, se propone dar una enseñanza clara sobre la obra redentora que Él hizo. Esto es, proclamar la *doctrina de la Cruz*. Con ello dos aspectos quedaban claros, la deidad de Jesús de Nazaret, el Salvador enviado por el Padre, y la obra que consistió en dar Su vida en precio del rescate por todos (Ti. 2:6). Con esto el evangelio es un mensaje completo para salvación a todo aquel que cree. La operación sustitutoria en la Cruz, es la razón de la paz con Dios, la puerta al perdón de pecados, la vida eterna y la seguridad de salvación.

3. Y estuve entre vosotros con debilidad, y mucho temor y temblor.

καγὼ	ἐν	ἀσθενείᾳ	καὶ	ἐν	φόβῳ	καὶ	ἐν	τρόμῳ	πολλῷ	ἐγενόμην
Y yo	en	debilidad	y	en	temor	y	en	temblor	mucho	estuve

πρὸς	ὑμᾶς,
con	vosotros.

Análisis y notas del texto griego.

Análisis: καγὼ, palabra formada por crasis[2] de la conjunción καὶ, y el pronombre personal ἐγώ, y que equivale a *y yo*; ἐν, preposición propia de dativo *en*; ἀσθενείᾳ, caso dativo femenino singular del nombre común *debilidad*; καὶ, conjunción copulativa *y*; ἐν, preposición propia de dativo *en*; φόβῳ, caso dativo masculino singular del nombre común *temor, miedo*; καὶ, conjunción copulativa *y*; ἐν, preposición propia de dativo *en*; τρόμῳ, caso dativo masculino singular del nombre común *temblor*; πολλῷ, caso dativo masculino singular del adjetivo *grande, numeroso, mucho, fuerte*; ἐγενόμην, primera persona singular del aoristo segundo de indicativo en voz media del verbo γίνομαι, *estar*, aquí *estuve*; πρὸς, preposición propia de acusativo *con*; ὑμᾶς, caso acusativo de la segunda persona plural del pronombre personal *vosotros*.

κανὼ ἐν ἀσθενεία καὶ ἐν φόβω καὶ ἐν τρόμω πολλῶ ἐγενόμην πρὸς ὑμᾶς, La confesión de Pablo es asombrosa. No se presenta como el grande de entre los apóstoles, haciendo alardes de su

---

[2] *Crasis*, palabra griega que equivale a *unión de fuerzas*, en general *unión de elementos*.

obra y del trabajo que había realizado hasta aquel momento, sino todo lo contrario. Es un hombre abrumado por una carga espiritual en relación con el ministerio de la evangelización que le había sido encomendado. El mensaje de la Cruz causó un cierto impacto inicialmente entre los judíos, pero pronto tuvo que abandonar la sinagoga para seguir reuniéndose con quienes lo deseaban en casa de *Justo* (Hch. 18:7). Hubo momentos de desánimo que superó por la manifestación personal del Señor que le mandó seguir predicando porque tenía mucho pueblo en aquella ciudad (Hch. 18:9-10).

El apóstol les recuerda que se sentía débil, cuando estaba entre ellos. En este contexto la referencia a debilidad no era por enfermedad, sino por causa anímica. Algunos comentaristas hablan de los problemas físicos del apóstol, incluso de una supuesta enfermedad de los ojos, como escribe Kistemaker:

"De sus otras epístolas, aprendemos que Pablo tuvo que soportar dolencias físicas; con frecuencia sufrió castigos y aflicción (2 Co. 11:23-28; 12:7) y se sabe que durante su visita a los gálatas estuvo enfermo (Gá. 4:13, 14). Suponemos que Pablo no tenía atractivo físico, quizá era de corta estatura (2 Co. 10:10) y con una enfermedad ocular (véase Gá. 4:15; 6:11). A pesar de todo, demostró ser un aguerrido divulgador del evangelio cuando predicó en las sinagogas y los lugares públicos de Damasco, Jerusalén, Antioquía, Chipre, Asia Menor, Macedonia y Acaya"[3].

No cabe duda alguna que el apóstol sufrió persecuciones, cárceles, azotes, enfermedades, etc. pero en esta ocasión está refiriéndose al estado de ánimo que tenía cuando visitó Corinto, ante la enorme responsabilidad de llevar el evangelio a los de aquella ciudad y consolidar la fe de los que habían creído. Él se sentía sin fuerzas propias y dependía solo de Dios. Es un apóstol, pero es consciente de su propia insuficiencia para hacer la obra de Dios.

Además de *debilidad* frente a una tarea tan grande, dice que también se sintió con *miedo*. No podemos suponer que tenía miedo a la gente, a los enemigos que surgían en cada lugar donde predicaba, a las posibles acciones contra él, su temor era el natural para no añadir nada al mensaje de la Cruz y hacerlo infructuoso. Esto, con todo, no quita también que como hombre, aunque creyente fiel, no sintiera en algún momento el temor propio por el entorno circunstancial que le estrechaba. La idea de que un cristiano fiel no tiene miedo alguno de cuanto pueda confrontarle,

---

[3] Simón J. Kistemaker. o.c., pág. 74.

no es ni verdad ni espiritualidad. Jesús mismo dijo al Padre que si fuese posible pasase de Él aquella copa que le presentaba en Getsemaní.

También da testimonio de que junto con la *debilidad y el temor*, se manifestaba también *el temblor*. La expresión *temor y temblor*, es usada por Pablo para referirse a una situación de ansiedad. Esta fue la forma íntima de la vida del apóstol durante los dieciocho meses que pasó evangelizando y estableciendo la iglesia en Corinto. Es muy posible que por el trabajo en que se ocupaba para sostenerse mientras predicaba el evangelio, que era fabricar tiendas de campaña, o hacer la tela para poder hacerlas, la sociedad de Corinto lo considerase como una persona de baja condición en el mundo laboral de entonces, un trabajador al nivel de un esclavo. Los judíos luchaban en su contra procurando destruirle a él y no solo a su obra, hasta conseguir que compareciese acusado ante el gobernador romano de aquella área territorial, el procónsul *Galión* (Hch. 18:12).

Sin duda todo esto era así, en cuanto al punto de vista físico, pero el verdadero *temor y temblor* tenía que ver con su misión apostólica. La responsabilidad era grande, el mensaje divino, la obra de Dios, por consiguiente, las fuerzas del hombre son nada en la ejecución de ese ministerio. Es hora de que entendamos claramente que la obra de Dios no la puede hacer sino Él. Las fuerzas del hombre son nada para acometer el proyecto y propósito divino. Pablo lo entendía claramente y sentía debilidad, temor y temblor ante lo que tenía que hacer. El que tiene como misión un servicio –no importa cuál sea– encomendado por Dios, debe sentir lo mismo que el apóstol. No debemos olvidar que quien predica con *debilidad, temor y temblor*, ve a los oyentes recibir el mensaje de la misma manera (2 Co. 7:15).

4. Y ni mi palabra ni mi predicación fue con palabras persuasivas de humana sabiduría, sino con demostración del Espíritu y de poder.

καὶ ὁ λόγος μου καὶ τὸ κήρυγμα μου οὐκ ἐν πειθοῖς σοφίας
Y la palabra de mí y la predicación de mi no con persuasivas de sabiduría
[λόγοις] ἀλλ᾽ ἐν ἀποδείξει Πνεύματος καὶ δυνάμεως,
palabras, sino con demostración de Espíritu y de poder.

Análisis y notas del texto griego.

Análisis: καὶ, conjunción copulativa *y*; ὁ, caso nominativo masculino singular del artículo determinado *el*; λόγος, casonominativo masculino singular del nombre común *palabra*; μου, caso genitivo de la primera persona singular del pronombre personal declinado *de mí*; καὶ, conjunción copulativa *y*; τὸ, caso nominativo masculino singular del artículo determinado *el*; κήρυγμα, caso nominativo masculino singular del nombre común *predicación, proclamación*;

μου, caso genitivo de la primera persona singular del pronombre personal declinado *de mí*; οὐκ, forma escrita del adverbio de negación *no*, con el grafismo propio ante una vocal con espíritu suave o una enclítica; ἐν, preposición propia de dativo *en, con*; πειθοῖς, caso dativo masculino plural del adjetivo *persuasivos*; σοφίας, caso genitivo femenino singular del nombre común *sabiduría*; λόγοις, caso dativo masculino plural del nombre común *palabras*; ἀλλ', forma escrita ante vocal de la conjunción adversativa ἀλλά que significa *pero, sino*; ἐν, preposición propia de dativo *en, con*; ἀποδείξει, caso nominativo femenino singular del nombre común *demostración*; Πνεύματος, caso genitivo neutro singular del nombre divino *Espíritu*; καὶ, conjunción copulativa *y*; δυνάμεως, caso genitivo femenino singular del nombre común *poder*.

Notas. Crítica Textual. Lecturas alternativas.

[1] πειθοῖς σοφίας λόγοις, *persuasivas de sabiduría palabras*, conforme a la lectura en א*, B, D, 33, 1175, 1506, 1739, 1881, vg[st].

πειθοῖς ἀνθρωπίνης σοφίας λόγοις, *persuasivas de humana sabiduría*, según [2]א, A, C, L, P, Ψ, 81, 104, 365, 630, 1241, 1505, 2464, M, vg[cl].

πειθοῖς ἀνθρωπίνης σοφίας καὶ λόγοις, *persuasivas de humana sabiduría y palabras*, según 131.

πειθοῖς σοφίας, *persuasivas de sabiduría*, como se lee en 𝔓[46], F, G.

καὶ ὁ λόγος μου καὶ τὸ κήρυγμα μου. El apóstol menciona dos actividades suyas, *palabra y predicación.* Esto ha generado distintas posturas frente a los dos términos usados aquí. Pudieran tratarse la primera λόγος, *palabra, discurso*, como referencia a la enseñanza en general, especialmente a la doctrina que comunicó a los creyentes, mientras que la segunda κήρυγμα, *proclamación* es propia en el léxico paulino para referirse a la predicación del evangelio. Ambas cosas, que muy bien pudieran ser una sola, se convierten en algo personal con el pronombre *mí*, que acompaña a la oración. Para Godet, λόγος, *palabra* expresa el fondo de la enseñanza, mientras que κήρυγμα, *proclamación*, hace referencia a la forma de expresarla[4].

οὐκ ἐν πειθοῖς σοφίας λόγοις. El apóstol recuerda a los lectores que la encomienda de predicar y enseñar era la tarea asignada para él por Cristo mismo. Lo llamó para hacer de él el apóstol delegado Suyo, el maestro para instruir en la Palabra y el misionero para proclamar el evangelio. Todos estos aspectos de su ministerio requerían una absoluta

---

[4] Frédéric Godet. *Commentaire sur la Première Épitre aux Corinthiens*, 12 Édition. Neuchatel. Pág. 117.

dependencia de quien tiene todo el poder en cielos y tierra (Fil. 2:9-11). El apóstol conocía, sin duda, las palabras del Señor sobre el fruto en la vida cristiana: *"Separados de mí, nada podéis hacer"* (Jn. 15:5). Por esa causa deja a un lado todo cuanto conocía de la oratoria y de la sabiduría humana, para no hacer vana la Cruz con sus propias palabras y razonamientos, lo que sería igual a dejar la dependencia que necesitaba tener con el Maestro. Pablo habla de *palabras* πειθοῖς, *persuasivas*, término que no aparece en el griego clásico. Algunas alternativas de lectura[5] no tienen este adjetivo y en algunos textos como el *Receptus* en griego y la versión RV en castellano, tienen *palabras persuasivas de humana sabiduría*, con lo que pretenden arreglar en alguna medida lo que supone una dificultad en el texto griego y explicar el concepto de *sabiduría* a la que el apóstol se refiere. Ante la dificultad del adjetivo usado exclusivamente por Pablo, eruditos proponen usarlo como sustantivo, en lugar de adjetivo, con lo que se leería con *persuasión de sabiduría*[6]. Sin embargo, el texto griego del aparato refundido que se utiliza en este comentario tiene, en mi opinión, la mejor alternativa de lectura. El apóstol no fue a Corinto con el estilo propio de los filósofos en discursos de encendida oratoria, como escribe Archibald Thomas Roberson: *"La palabra cognada 'epithanología' aparece en Col. 2:4 para designar a los especiosos y plausibles filósofos gnósticos. Y la gente crédula son blancos fáciles para estos plausibles aporreapúlpitos"*. Es el estilo propio de quienes están endiosados con sus conocimientos sobre la materia que tratan, los que saturan el mensaje con términos técnicos que muchas veces ni ellos conocen bien, los que en su verborrea apelan a los idiomas originales dando una lección magistral de filología que calienta el cerebro de los oyentes mientras deja helado su corazón. Son los que ignoran que lo que el auditorio necesita es conocer a Jesús, Su obra redentora, la salvación provista, la regeneración y la esperanza de gloria. El apóstol se aparta de la senda propia de la sabiduría de los hombres para proclamar con la mayor sencillez y claridad el mensaje que contiene la sabiduría de Dios.

ἀλλ' ἐν ἀποδείξει πνεύματος καὶ δυνάμεως, El apóstol cierra la declaración manifestando, que es el recuerdo de muchos de sus

---

5 Ver Notas. Crítica Textual. Lecturas alternativas, en el análisis del versículo.

6 Entre otros: Gordon D. Fee. *The First Epistle to the Corinthians*. New International Commentary. Grand Rapids, 1987, pág. 88. Zuntz, *The Text of the Epistles*.

lectores oyentes de la predicación en Corinto, que en lugar de sabiduría humana, predicó y enseñó en el poder del Espíritu, literalmente *"con demostración del Espíritu y de poder"*. Es necesario prestar atención a la frase para no desviarse de lo que el apóstol quiso decir aquí. Primeramente, debe entenderse que la *persuasión* a los oyentes de la predicación no procede del predicador sino del Espíritu y eso es tanto para el inconverso (Jn, 16:7-13), como para el creyente y siempre por medio de la Palabra: *"Porque la palabra de Dios es viva y eficaz, y más cortante que toda espada de dos filos; y penetra hasta partir el alma y el espíritu, las coyunturas y los tuétanos, y discierne los pensamientos y las intenciones del corazón"* (He. 4:12). Nada tiene que ver con esto la *persuasión* de palabras procedentes de la sabiduría humana. La gran enseñanza aquí es que la predicación no es la firmeza de palabras humanas que salen de poder y capacidad humana del predicador, sino la exposición humilde de la Palabra de Dios, sometiendo todo el discurso al control del Espíritu. Por esa razón el apóstol desechó la habilidad de la argumentación retórica, limitándose a exponer el mensaje de Dios.

En lugar de la habilidad humana, se manifestó el poder divino. Algunos enseñan que esta referencia al poder del Espíritu está directamente vinculada a los milagros, que el apóstol operó entre los corintios durante el tiempo de fundación de la iglesia (2 Co. 12:12). No cabe duda alguna que Pablo hizo muchos milagros durante todo el tiempo de su ministerio. Era una señal de la realidad de que el Cristo muerto en la Cruz, había resucitado y glorificado. De ahí la profusión de aparentes milagros y prodigios que algunos pretenden hacer y que deben verse habitualmente en las concentraciones de cristianos. Pero esto nada tiene que ver con el entorno textual. El apóstol se refería, con toda seguridad, a la obra poderosa del Espíritu actuando en la salvación de aquellos que eran la iglesia de Cristo en aquella ciudad. Fue el poder del Espíritu que reveló a los creyentes la verdad de la salvación (cf. Ef. 1:17-18). Es el poder del Espíritu actuando tanto en el que predica como en el que escucha, de modo que produce la iluminación interior, por medio de la Palabra expuesta, haciéndola comprensible y mostrando la verdadera dimensión espiritual del mensaje, con el resultado de salvación de quienes, comprendiendo el mensaje, depositan la fe en el Salvador proclamado. Los milagros están o no presentes en cada tiempo de la iglesia, pero el poder del Espíritu está presente siempre para salvación en la medida en que el mensajero se ajusta en todo al mensaje de Dios, sin alterar su contenido. El mensaje en el poder del Espíritu se manifiesta en salvación (Ro. 1:16-17). La prueba de la acción poderosa del Espíritu en Corinto es la presencia allí de una iglesia numerosa, establecida y dotada de dones. A esto se refiere el apóstol cuando habla de la *demostración del Espíritu.* La humildad es esencial para ser un instrumento útil a Dios (15:10). Quien entra al púlpito lleno de poder personal sale humillado, mientras que el que se humilla y siente reverente temor, experimenta la victoria del Espíritu en su ministerio personal.

5. Para que vuestra fe no esté fundada en la sabiduría de los hombres, sino en el poder de Dios.

ἵνα ἡ πίστις ὑμῶν μὴ ᾖ ἐν σοφίᾳ ἀνθρώπων ἀλλ' ἐν
Para que la fe de vosotros no esté en sabiduría de hombres sino en
δυνάμει Θεοῦ.
poder de Dios.

Análisis y notas del texto griego.

Análisis: ἵνα, conjunción causal *para que*; ἡ, caso nominativo femenino singular del artículo determinado *la*; πίστις, caso nominativo femenino singular del nombre común *fe*; ὑμῶν, caso genitivo de la segunda persona plural del pronombre personal declinado *de vosotros*; μὴ, partícula que hace funciones de adverbio de negación *no*; ᾖ, tercera persona singular del presente de subjuntivo en voz activa del verbo εἰμί, *ser, estar*, aquí *esté*; ἐν, preposición propia de dativo *en*; σοφίᾳ, caso dativo femenino singular del nombre común *sabiduría*; ἀνθρώπων, caso genitivo masculino plural del nombre común declinado *de hombres*; ἀλλ', forma escrita ante vocal de la conjunción adversativa ἀλλά que significa *pero, sino*; ἐν, preposición propia de dativo *en*; δυνάμει, caso dativo femenino singular del nombre común *poder*; Θεοῦ, caso genitivo masculino singular del nombre divino declinado *de Dios*.

ἵνα ἡ πίστις ὑμῶν. El único fundamento para la iglesia es Cristo (3:11), por tanto, la fe ha de descansar en el Salvador y Su obra consumada (Hch. 16:31). En consecuencia, cualquier otra clase de fundamento doctrinal, en este sentido de *fe*, debe desecharse.

μὴ ᾖ ἐν σοφίᾳ ἀνθρώπων El fundamento de una fe muerta, contraria a la fe viva y vital que Cristo ha dejado y establecido para que se enseñara, es la *sabiduría de los hombres*, que es locura para Dios. Esta hace vana la Cruz (1:17). No hay salvación ni vida por la sabiduría de los hombres, sino aceptando la que es y procede de Dios (1:21). *Sabiduría de hombres*, sin artículo, apunta a la esencia de los valores humanos en el entorno de Corinto, aquello que es propio de la retórica y filosofía.

ἀλλ' ἐν δυνάμει Θεοῦ. El apóstol establece el fundamento genuino de la fe, que no descansa en la sabiduría de los hombres, sino en el *poder de Dios*. El mensaje que Él bendice es el de Su Palabra. La exposición única de la verdad de Dios, que actúa poderosamente en el hombre para salvación. La fe que salva no es un asunto de la mente, sino del corazón, en una entrega incondicional a Dios obedeciendo a Su llamamiento a los hombres para salvación (Ro. 10:9-10). Los valores humanos están en oposición al poder de Dios. Esta contraposición es semejante a la expresión antitética que aparece antes (v. 4), que además nos vuelve al punto de partida del pasaje (1:18). El evangelio no es asunto de *sabiduría*, sino de poder; no es una forma de filosofía, sino de salvación.

Las divisiones en la iglesia en Corinto se producían por desconocer el significado de la Cruz. Estaban haciendo del evangelio un sistema religioso. Habían convertido la iglesia en una escuela y a los ministros en líderes a quienes seguir. Esta es la causa por la que Pablo vuelve a enseñar los verdaderos principios del evangelio, como poder de Dios y no sabiduría de hombres. Si los corintios están divididos es porque no llegan a comprender en la forma correcta esta verdad. Hicieron del evangelio un sistema, de la iglesia una escuela y de los apóstoles y maestros, los guías del sistema.

Desconocimiento del ministerio del Espíritu (2:6-16)

La sabiduría divina revelada (2:6-13)

6. Sin embargo, hablamos sabiduría entre los que han alcanzado madurez; y sabiduría, no de este siglo, ni de los príncipes de este siglo, que perecen.

Σοφίαν δὲ λαλοῦμεν ἐν τοῖς τελείοις, σοφίαν δὲ οὐ τοῦ αἰῶνος
Pero sabiduría hablamos entre los perfectos, y sabiduría no del siglo
τούτου οὐδὲ τῶν ἀρχόντων τοῦ αἰῶνος τούτου τῶν καταργουμένων·
este ni de los gobernantes del siglo este de los que están pereciendo.

Análisis y notas del texto griego.

Análisis: Σοφίαν, caso acusativo femenino singular del nombre común *sabiduría*; δὲ, partícula conjuntiva que hace las veces de conjunción coordinante, con sentido de *pero, más bien, y, y por cierto, antes bien, entonces*; λαλοῦμεν, primera persona plural del presente de indicativo en voz activa del verbo λαλέω, *hablar, decir*, aquí *hablamos*; ἐν, preposición propia de dativo *en, entre*; τοῖς, caso dativo masculino plural del artículo determinado *los*; τελείοις, caso dativo masculino plural del nombre común *maduros, preparados, perfectos*; σοφίαν, caso acusativo femenino singular del nombre común *sabiduría*; δὲ, partícula conjuntiva que hace las veces de conjunción coordinante, con sentido de *pero, más bien, y, y por cierto, antes bien, entonces*; οὐ, adverbio de negación *no*; τοῦ, caso genitivo masculino singular del artículo determinado declinado *del*; αἰῶνος, caso genitivo masculino singular del nombre común *siglo*; τούτου, caso genitivo masculino singular del pronombre demostrativo *este*; οὐδὲ, adverbio *ni*; τῶν, caso genitivo masculino plural del artículo determinado declinado *de los*; ἀρχόντων, caso genitivo masculino plural del nombre común *jefes, príncipes, gobernantes*; τοῦ, caso genitivo masculino singular del artículo determinado declinado *del*; αἰῶνος, caso genitivo masculino singular del nombre común *siglo*; τούτου, casi genitivo masculino singular del pronombre demostrativo *este*; τῶν, caso genitivo masculino plural del artículo determinado declinado *de los*; καταργουμένων, caso genitivo masculino plural del participio de presente en voz activa del verbo καταργέω, *dejar sin valor, dejar a un lado, hacer desaparecer, despojar de poder, liberar, destruir*, aquí *que están pereciendo, que son privados de poder*.

Σοφίαν δὲ λαλοῦμεν ἐν τοῖς τελείοις, Las causas que producen las divisiones en la iglesia en Corinto son varias. Hasta aquí presentó la primera de ellas que es el desconocimiento del evangelio de la Cruz, como doctrina y, por tanto, sabiduría de Dios, frente a la sabiduría de los hombres. Ahora entra en una nueva causa que es también el desconocimiento sobre el ministerio del Espíritu Santo.

El enlace con lo que antecede lo hace mediante el uso de la partícula δὲ, que en este lugar más que como conjunción adversativa, *pero*, debe ser considerada como restrictiva, es decir, delimita la razón de su uso y está dispuesta para limitar la idea precedente de que la *Cruz* no es una forma de sabiduría. Es aquí una experiencia que la salvación aporta al hombre y que se alcanza mediante la iluminación del Espíritu, que aclara la inteligencia y dirige la vida entera. Por esa razón el término *sabiduría* está en el comienzo de la oración en el texto griego, y es la palabra esencial en el párrafo que se inicia aquí.

Para ello considera que, aunque para los hombres el evangelio no es expresión alguna de sabiduría, porque en el mensaje no hay razonamiento filosófico ni discusión intelectual, esto no significa que el predicador y maestro no use palabras de sabiduría, no humana, sino divina. Este dialogar de sabiduría tiene como destinatarios a los creyentes *maduros*, o si se prefiere mejor a los *perfectos*, los que han alcanzado un grado de madurez espiritual suficiente para poder asimilar las verdades propias de la sabiduría de Dios.

Al apóstol se le acusaba de no ser un buen orador. En la iglesia algunos se llamaban *de Apolos*, probablemente admirados de su elocuencia (1:12). No cabe duda que quien acepta el evangelio, *la palabra de la Cruz*, está aceptando la sabiduría de Dios y rechazando la de los hombres (1:20-21). Pablo acaba de afirmar que no predicaban en base a la sabiduría de los hombres (vv. 4-5). Sin embargo, afirma ahora que *habla sabiduría*. No se trata de una contradicción, sino de *otra sabiduría*, la de Dios, siempre en contraposición y en abierta oposición a la de los hombres. Ésta, por ser de Dios, alcanza más profundidad que la de los hombres (1:25).

Esta sabiduría está dirigida, forma parte del diálogo, a los *perfectos*. El término no se refiere en absoluto a los que en distintas formas de la filosofía e incluso de las religiones griegas, se consideraban como *los iniciados*, algo de importancia entre el gnosticismo. Ante el significado del término, pueden seleccionarse dos interpretaciones más destacables. Por un lado, están aquellos[7] que consideran este término como equivalente a ὀς πιστοί, *los creyentes*, y que σοφία, designa el *Evangelio*, en el sentido ordinario del término. Basan parte de esta posición en el hecho de que el *evangelio*, que es sabiduría de Dios para los creyentes, es locura para los incrédulos, como se ha considerado antes. Es difícil de hacer concordar esta posición con el entorno textual inmediato. El término τοῖς τελείοις, *los perfectos*, es mucho más que para ser considerado una equivalencia a οἱ πιστοί, *los creyentes*. En el próximo capítulo (3:1), el término puede ser equivalente a πνευματίκος, *espirituales*, que en el párrafo está en oposición con νήπιος, *niños, infantiles*, niños con los que no se puede hablar. Este mismo sentido aparecerá más adelante, cuando el apóstol dice: *"Hermanos, no seáis niños en el modo de pensar"* (14:20). En todos estos ejemplos, y otros que podrían seleccionarse, *niños*, no designa a inconversos, sino a creyentes, pero aquellos que han comenzado a dar los primeros pasos en la vida nueva, a los que el apóstol les dirá: *"porque aún sois carnales"* (3:3). Por consiguiente, el término τοῖς τελείοις, *los perfectos*, designa a los hombres de fe en oposición a los *niños*, esto es, a quienes han llegado, no a la perfección absoluta, imposible en la etapa de santificación, pero a quienes, por su crecimiento en la fe y fortaleza en el Espíritu son calificados de *perfectos* (Fil. 3:12-17). Son los que por su crecimiento espiritual están acomodados a la estatura espiritual que los acomoda a Cristo (Ef. 4:13-14). Por esta razón la sabiduría de Dios, ha de ser enseñada y será comprendida por *los perfectos*. Éstos han dejado de ser niños con quienes no se puede hablar cosas profundas (3:1). *Perfectos* tiene que ver con cristianos *espirituales*, conducidos por el Espíritu, que alcanzan un grado de perfección y capacidad espiritual: *"Y todo aquel que participa de la leche es inexperto en la palabra de justicia, porque es niño; pero el alimento sólido es para los que han alcanzado madurez, para los que por el uso tienen los sentidos ejercitados en el discernimiento del bien y del mal"* (He. 5:13-14). Son, por tanto, creyentes que no progresaron en la fe. Todas las veces que

---

[7] Entre otros, *Crisóstomo, Lutero, Calvino, Bèze, Grotius, Olshausen,* etc.

aparece la palabra τελείοις, indica siempre madurez espiritual (cf. Mt. 5:48; 19:21; 1Co. 14:20; Fil. 3:15; Col. 1:28; He. 5:14; Stg. 1:4; 3:2). El creyente *maduro* es el que tiene el entendimiento renovado por el Espíritu Santo, y tiene un claro discernimiento espiritual de las cosas de Dios (Jn. 7:17; Ro. 12:2; 1 Co. 14:20; Fil. 3:15). Los corintios debieran haber llegado a una madurez espiritual que les permitiera asimilar la enseñanza más profunda, pero aún eran *niños en Cristo*, como lo evidencian por las divisiones en la iglesia.

σοφίαν δὲ οὐ τοῦ αἰῶνος τούτου, Esta sabiduría procedente de Dios no es *de este siglo*, modo de referirse al sistema actual, en rebeldía contra Él, en oscuridad espiritual, en pecado, en las obras de la carne, en la perversidad que caracteriza al *presente siglo malo*.

οὐδὲ τῶν ἀρχόντων τοῦ αἰῶνος τούτου τῶν καταργουμένων· Esta sabiduría tampoco es propia de los *jefes* de este siglo. El término ἀρχόντων, tiene las acepciones de *jefes, príncipes, gobernadores o autoridades*, a lo que Pablo añade el dativo vinculante *del mundo*. Esto trae también dos posiciones interpretativas. Una de ellas[8] interpreta esta palabra como referida a los *príncipes de las tinieblas*, gobernadores del mundo, esto es a los *demonios*. Para ello apelan a textos del mismo apóstol, uno de ellos, se refiere a la creación de ángeles que son *"tronos, dominios, principados y potestades"* (Col. 1:16), considerando estos como ángeles caídos; también la referencia al triunfo de Cristo en la Cruz, que venció sobre *principados y potestades* (Ro. 8:38). Sustentan también la interpretación en la referencia que el apóstol hace de los huestes de maldad que luchan contra el creyente (Ef. 6:12). Sin embargo, la interpretación es difícil de sustentar puesto que en el versículo siguiente el apóstol dice que *"si le hubieran* –refiriéndose a Cristo– *conocido, nunca habrían crucificado al Señor de gloria"* (v. 8). No cabe duda que los demonios conocían al Señor y dieron muchas veces testimonio de Él en ese sentido.

La segunda interpretación[9], la toman como referencia a los grandes de este mundo, no tanto por su poder político, sino por la sabiduría contraria a la de Dios. Por ello podría considerarse –dentro de ésta– a los dirigentes del mundo judío, escribas, fariseos, saduceos, como quienes entregaron a Jesús a la muerte. Esta es la interpretación más consonante con el contexto. Se trata de quienes gobiernan el mundo y que son tenidos como los sabios y grandes de la sociedad, los que ostentan el poder en el

---

[8] Entre otros Orígenes, Estios, Lietzmann, Huby, Héring, etc.

[9] Entre otros Crisóstomo y los modernos Bover, Spicq, Robertson-Plummer, Sickemberger,

tiempo presente. El apóstol estaría pensando en los miembros del sanedrín en Israel, en Herodes y en Poncio Pilato. Es cierto que sin dejar de asumir la responsabilidad personal que les corresponde por el crimen cometido en Jesús condenando a un inocente, son instrumentos anunciados ya en la soberanía divina como quienes ejecutarían el plan de redención, puesto que *"este, entregado por el determinado consejo y anticipado conocimiento de Dios, prendisteis y matasteis por manos de inicuos, crucificándole"* (Hch. 2:23), ya que todos ellos *"verdaderamente se unieron en esta ciudad contra tu santo Hijo Jesús, a quien ungiste, Herodes y Poncio Pilato, con los gentiles y el pueblo de Israel"* (Hch. 4:27). Sin embargo, no es posible disociar que, tras estos *gobernadores* del mundo, están los *gobernadores* de este siglo, induciendo a los hombres en contra de la sabiduría de Dios. Nadie piense que la acción del pueblo de Dios en el campo de la política puede cambiar la situación de las naciones. Ninguna nación legisla leyes conforme a la Biblia, en el mejor de los casos en consonancia con la ley divina, porque todos los reinos del mundo están bajo Satanás. La sociedad no regenerada no puede sujetarse a la ley de Dios, no solo porque no quiere, sino porque no puede, ni hacerla, ni entenderla, sólo posible por el Espíritu.

Estos *gobernadores de este siglo*, son transitorios. Pablo escribe aquí τῶν καταργουμένων, *los que están pereciendo*. Los grandes del mundo se pierden y su autoridad de extingue, además de extinguirse ellos mismos; ninguno permanece para siempre. Esto se cumple también en relación con los parámetros de la sabiduría en el tiempo, que hace que *lo nuevo* haga desaparecer a lo antiguo. En el contexto inmediato, podría referirse a la sabiduría de Dios, que destruye la sabiduría humana en el plan de salvación (vv. 7, 9; comp. Ro. 16:25b). Cuando el evangelio es aceptado, la sabiduría de los hombres se extingue para manifestarse en el que cree la aceptación y vivencia de la sabiduría de Dios.

7. Mas hablamos sabiduría de Dios en misterio, la sabiduría oculta, la cual Dios predestinó antes de los siglos para nuestra gloria.

ἀλλὰ λαλοῦμεν Θεοῦ σοφίαν ἐν μυστηρίῳ τὴν
Sino hablamos de Dios sabiduría en misterio la
ἀποκεκρυμμένην, ἣν προώρισεν ὁ Θεὸς πρὸ τῶν αἰώνων εἰς
escondida, la que predestinó - Dios antes de los siglos para
δόξαν ἡμῶν,
gloria de nosotros.

Análisis y notas del texto griego.

Análisis: ἀλλὰ, conjunción adversativa *sino*; λαλοῦμεν, primera persona plural del presente de indicativo en voz activa del verbo λαλέω, *hablar, decir*, aquí *hablamos*; Θεοῦ, caso genitivo masculino singular del nombre divino declinado *de Dios*; σοφίαν, caso acusativo femenino singular del nombre común *sabiduría*; ἐν, preposición propia de dativo *en*; μυστηρίῳ, caso dativo neutro singular del nombre común *misterio*; τὴν, caso acusativo femenino singular del artículo determinado *la*; ἀποκεκρυμμένην, caso acusativo femenino singular del participio perfecto en voz pasiva del verbo ἀποκρύπτω, *esconder, ocultar*, aquí *que había estado oculta, escondida*; ἣν, caso acusativo femenino singular del pronombre relativo *la que, la cual, que*; προώρισεν, tercera persona singular del aoristo primero de indicativo en voz activa del verbo προορίζω, *predestinar*, aquí *predestinó*; ὁ, caso nominativo masculino singular del artículo determinado *el*; Θεὸς, caso nominativo masculino singular del nombre divino *Dios*; πρὸ, preposición propia de genitivo *antes*; τῶν, caso genitivo masculino plural del artículo determinado *los*; αἰώνων, caso genitivo masculino plural del nombre común *siglos*; εἰς, preposición propia de acusativo *para*; δόξαν, caso acusativo femenino singular del nombre común *gloria*; ἡμῶν, caso genitivo de la primera persona plural del pronombre personal declinado *de nosotros*.

ἀλλὰ λαλοῦμεν Θεοῦ σοφίαν ἐν μυστηρίῳ. La enseñanza del apóstol consistía en la expresión de la sabiduría de Dios, no en la de los hombres. Esta era la *sabiduría en misterio*. El término no señala algo desconcertante o extraño, sino simplemente algo que estaba oculto y que tenía que ser revelado por quien lo tenía en esa situación. No se trata del misterio que se entendía entre los gnósticos que era una enseñanza, rito o ceremonia secreta que tenía aspecto religioso y que se escondía a las gentes, pero se revelaba a los iniciados. Nadie hubiera podido conocer esa sabiduría *en misterio*, a no ser porque Dios mismo la reveló: *"el misterio que estaba oculto desde los siglos y edades, pero que ahora ha sido manifestado a sus santos* (Col. 1:26; 2 Ts. 2:7). El mismo apóstol hace notar que era algo que había permanecido desconocido si Dios no lo hubiese revelado. Mediante un semitismo muy propio del apóstol *"desde los siglos y edades"*, se refiere al tiempo eterno en donde Dios determinó todas las cosas. Desde los tiempos eternos este misterio que ahora revelan los apóstoles, relativo a la realidad de la Iglesia, estaba en el pensamiento de Dios.

El misterio no es algo que tenga que guardarse a perpetuidad, sino que es un conocimiento del arcano divino que Él mismo quiere que se manifieste a todos, como dice escribiendo a los romanos: *"Y al que puede confirmaros según mi evangelio y la predicación de Jesucristo, según la revelación del misterio que se ha mantenido oculto desde tiempos eternos, pero que ha sido manifestado ahora, y que por las Escrituras de los profetas, según el mandamiento del Dios eterno, se ha dado a conocer a todas las gentes para que obedezcan a la fe"* (Ro. 16:25-26). Pablo era *ministro* del evangelio y *ministro* en la Iglesia (Col. 1: 23-25), de modo que su misión era manifestar, por medio de la predicación del evangelio, el misterio oculto desde los siglos, esto es, lo que sólo Dios conocía, de otro modo, el secreto de Dios callado por incontables siglos. El *misterio* no había sido divulgado, ni llegó a oídos de ningún ser humano, antes de que se anunciase el evangelio que lo proclama por revelación de Dios. El silencio divino se rompe con la revelación de Cristo. Nadie antes conoció el secreto anunciado en el evangelio, hasta que fue revelado en el tiempo presente. El misterio oculto en Dios desde la eternidad, se manifiesta por la revelación que tuvo lugar en los tiempos apostólicos y no antes. Así lo expresa el apóstol en otro de sus escritos: *"misterio que en otras generaciones no se dio a conocer a los hijos de los hombres, como ahora es revelado a sus santos apóstoles y profetas por el Espíritu"* (Ef. 3:5). El *misterio* ahora revelado y predicado a los gentiles, había sido desconocido antes, esto es, en dispensaciones anteriores a la Iglesia. La revelación de éste para que sea comunicado a los hombres por medio de los apóstoles alcanza a todos ellos y también a los *profetas*. Ese *misterio* de Cristo no fue dado a conocer en otros tiempos a otras generaciones, cuyo término es tanto nominal como temporal, es decir, las generaciones están vinculadas a los tiempos en que vivieron. Esa es la forma interpretativa de *generaciones* según la manera expresiva del apóstol. Mediante la revelación del *misterio*, se entiende que Dios opera en la salvación de un pueblo único, escogido, sin distinción de razas ni de condición. La comunicación del mensaje a proclamar, que había de escribirse en el Nuevo Testamento, al igual que los mensajes proféticos del Antiguo Testamento, proceden de Dios mismo por medio del Espíritu Santo (2 P. 1:21). De ahí la identidad de revelación de los escritos del Nuevo Testamento y de los del Antiguo Testamento, aunque sean diferentes en contenido. La revelación de Pablo está, por tanto, al mismo nivel que el resto de las Escrituras inspiradas (2 P. 3:15, 16). Esta revelación especial que es dada para conocimiento universal y que está registrada en los escritos del Nuevo Testamento, concluye definitivamente, porque ya no es posible añadir nuevos escritos al Canon bíblico. El propósito de Dios para el ministerio del apóstol era que proclamase el evangelio, con la manifestación del misterio para que todos obedeciesen al llamado de la gracia para salvación a cuantos creyesen. Aquello que era inaccesible a los hombres por la inaccesibilidad radical de Dios, se hace accesible por Su propio designio. Es el privilegio de ser Sus santos. Pablo revela el misterio en nombre de Dios, tanto por su enseñanza personal como por sus escritos (Ef. 3:3-5).

τὴν ἀποκεκρυμμένην, Este *misterio* que entraña la *sabiduría* de Dios, estaba oculta, literalmente *escondida*. Dios la había reservado durante el tiempo pasado para ser manifestada ahora por el evangelio. Tiene que ver con la salvación y los medios de esta salvación, establecida por Dios mismo en una acción de Su soberanía. Tal sabiduría *escondida* tenía que ser revelada, porque estaba escondida en el misterio de la Cruz y en el *misterio* de Cristo. Los profetas de la antigüedad buscaban *la Persona* y el *tiempo* en que se habían de cumplir eventos que ellos profetizaban: *"Los profetas que profetizaron de la gracia destinada a vosotros, inquirieron y diligentemente indagaron acerca de esta salvación, escudriñando qué persona y qué tiempo indicaba el Espíritu de Cristo que estaba en ellos, el cual anunciaba de antemano los sufrimientos de Cristo, y las glorias que vendrían tras ellos. A éstos se les reveló que no para sí mismos, sino para nosotros, administraban las coas que ahora os son anunciadas por los que os han predicado el evangelio por el Espíritu Santo enviado del cielo; cosas en las cuales anhelan mirar los ángeles"* (1 P. 1:10-12). Dios puso de manifiesto lo que antes había determinado *reservar* o *esconder* al conocimiento de los hombres.

ἣν προώρισεν ὁ Θεὸς πρὸ τῶν αἰώνων. Dios había reservado esa *sabiduría*, desde la eternidad. El semitismo *antes de los siglos*, es una forma de referirse a actuaciones de Dios producidas antes del tiempo, esto es, antes de la creación. Este soberano Dios, había establecido el plan de redención antes de la creación del mundo (2 Ti. 1:9; 1 P. 1:18-20). Este plan oculto en el conocimiento divino, fue manifestado a *su debido tiempo* (Gá. 4:4). En él se revela la *sabiduría de Dios* (1:21). La manifestación del misterio se produce en razón del decreto eterno de Dios, de ahí el uso del verbo προορίζω, *establecer antes del tiempo, predestinar*. Nótese que el verbo se usa aquí, como en todas las otras ocasiones en el Nuevo Testamento, para referirse a actos determinados para salvos y no para inconversos. Es decir, Dios *predestinó* que se revele el misterio de salvación que trae bendición especial para los salvos. Siendo un *decreto eterno*, es entendible que al evangelio se le denomine *eterno* (Ap. 14:6). Esto choca con ciertas interpretaciones que establecen distintos *evangelios* proclamados en el decurso de las dispensaciones, o edades en que se subdivide el tiempo de la historia humana. Así se considera uno de ellos como *evangelio del reino*, que según este modo de pensamiento proclama el cumplimiento del Pacto Davídico (2 S. 7:16), por lo que Jesús reinará por mil años en la tierra. Este *evangelio del reino* se debe dividir en dos períodos, uno en el comienzo del ministerio de Juan el Bautista, que continúa con la predicación de Cristo y concluye cuando Él es rechazado por los judíos como Rey (Mt. 24:14). El grave problema de esto es disociar el mensaje del evangelio proclamado por Juan del que llaman luego *evangelio de la gracia,* que en teoría es el que se predica hoy. No es posible olvidar que Juan predicó un evangelio con dos elementos: *"Arrepentíos porque el reino de los cielos se ha acercado"* (Mt. 3:2), pero que inmediatamente anunciaba a Jesús como Salvador en Su misión sacrificial: *"He aquí el Cordero de Dios, que quita el pecado del mundo"*

(Jn. 1:29). La idea de que Jesús vino al mundo para ofrecer el reino a los judíos y que al ser rechazada la oferta Dios abrió otro camino para salvación a los gentiles, no está apoyado en ningún lugar de la Escritura. La primera venida del Señor, profetizada ya en muchos lugares del Antiguo Testamento, está relacionada con la muerte redentora que haría para salvación de los que crean. No hay duda alguna que Dios ha determinado que Su Hijo reine sobre el mundo, y se cumplirá en el tiempo milenial, pero el evangelio que se proclama, *evangelio eterno*, es el mismo, puesto que no puede haber distintos evangelios, conforme al pensamiento del apóstol Pablo. Creemos en el reino futuro terrenal de Jesucristo, que no es un reino distinto al *Reino de Dios*, sino una expresión más del *Reino de Dios*, o *Reino de los cielos*, en el transcurso de la historia de la humanidad. El mensaje del evangelio ha sido proclamado siempre, en distintos modos expresivos conforme a la revelación divina, pero del mismo modo, esto es, el hombre se salva sólo por gracia mediante la fe, en cualquier tiempo.

εἰς δόξαν ἡμῶν, La revelación del *misterio* que expresa la *sabiduría de Dios*, se hace para *nuestra gloria*. Esto incluye todos los beneficios de la salvación. El motivo de la *revelación* del programa divino es *nuestra gloria*. Es una forma concordante con otros lugares donde el apóstol habla de esto: *"Porque a los que antes conoció, también los predestinó para que fuesen hechos conformes a la imagen de su Hijo, para que él sea el primogénito entre muchos hermanos"* (Ro. 8:29). Si Cristo es la revelación de la gloria de Dios, la identificación con Él, lleva a efecto el propósito divino de la salvación, que los creyentes sean conformados a la imagen de Jesús. La gloria alcanza a la herencia celestial de los creyentes, anunciada en el *evangelio*, misterio revelado ahora a los hombres: *"Y si hijos, también herederos; herederos de Dios y coherederos con Cristo..."* (Ro. 8:17), *"A fin de que Dios sea todo en todos"* (15:28).

Se trata de una sociedad de personas inteligentes y libres, santos ahora y eternamente, capaces de reflejar la *luz de Dios* en la imagen de Jesucristo, en una relación paterno-filial con Dios única, en unidad con el Padre por medio de la unidad con el Hijo. Todo lo demás está para Dios subordinado a este eterno propósito. Comprende todos los asuntos propios de la *sabiduría de Dios*, de la que el apóstol está tratando.

8. La que ninguno de los príncipes de este siglo conoció; porque si la hubieran conocido, nunca habrían crucificado al Señor de gloria.

ἣν	οὐδεὶς	τῶν	ἀρχόντων	τοῦ	αἰῶνος	τούτου	ἔγνωκεν·	εἰ	γὰρ
La que	ninguno	de los	príncipes	del	siglo	este	ha conocido;	porque	si

ἔγνωσαν, οὐκ ἂν τὸν Κύριον τῆς δόξης ἐσταύρωσαν.
conocieron, no - al Señor de la gloria crucificaron.

Análisis y notas del texto griego.

Análisis: ἣν, caso acusativo femenino singular del pronombre relativo *la que, la cual, que*; οὐδεὶς, caso nominativo masculino singular del pronombre indefinido *ninguno*; τῶν, caso genitivo masculino plural del artículo determinado declinado *de los*; ἀρχόντων, caso genitivo masculino plural del nombre común *príncipes, jefes, autoridades*; τοῦ, caso genitivo masculino singular del artículo determinado declinado *del*; αἰῶνος, caso genitivo masculino singular del nombre común *siglo*; τούτου, caso genitivo masculino singular del pronombre demostrativo *este*; ἔγνωκεν, tercera persona singular del perfecto de indicativo en voz activa del verbo γινώσκω, *conocer*, aquí *ha conocido*; εἰ, conjunción *si*; γὰρ, conjunción causal *porque*; ἔγνωσαν, tercera persona plural del segundo aoristo de indicativo en voz activa del verbo γινώσκω, *conocer*, aquí *conocieron*; οὐκ, forma escrita del adverbio de negación *no*, con el grafismo propio ante una vocal con espíritu suave o una enclítica; ἂν, partícula que no empieza nunca frase y que da a ésta carácter condicional o dubitativo, o expresa una idea de repetición. Se construye con todos los modos menos el imperativo y acompaña a los pronombres relativos para darles un sentido general; en algunas ocasiones no tiene traducción; τὸν, caso acusativo masculino singular del artículo determinado declinado *al*; Κύριον, caso acusativo masculino singular del nombre divino *Señor*; τῆς, caso acusativo femenino singular del artículo determinado declinado *de la*; δόξης, caso acusativo femenino singular del nombre común *gloria*; ἐσταύρωσαν, tercera persona plural del aoristo primero de indicativo en voz activa del verbo σταύρω, *crucificar*, aquí *crucificaron*.

ἣν οὐδεὶς τῶν ἀρχόντων τοῦ αἰῶνος τούτου ἔγνωκεν· La sabiduría de Dios fue desconocida por los *gobernantes, príncipes*, de este mundo. Pablo habla de los *príncipes de este siglo*, gente que estuvo relacionada directamente con la crucifixión del Señor. Estos no tenían ni conocían la *sabiduría* de Dios, establecida en la eternidad y manifestada en el tiempo histórico de los hombres. La Escritura cita a algunos de ellos (Hch. 4:27). El plan de salvación establecido por Dios, que es *sabiduría de Dios*, les era desconocido. Esta es una evidencia más que la expresión, *los príncipes de este siglo*, no es una referencia directa a los demonios, porque ellos conocían al Señor y sabían la causa de Su venida al mundo, en misión de salvación para los perdidos.

εἰ γὰρ ἔγνωσαν, οὐκ ἂν τὸν Κύριον τῆς δόξης ἐσταύρωσαν. Éstos que por ignorancia crucificaron a Jesús, estaban crucificando realmente al *Señor de la gloria*. No se refiere al *glorioso Señor*, sino al *Señor de gloria*, es decir, a quien corresponde la gloria divina por derecho propio, puesto que es Dios. La deidad de Cristo le hace *Señor de gloria*, como Él mismo expresa en la oración a Su Padre (Jn. 17:5). Este es un título divino de Jesucristo que se aplica a Jehová en el Antiguo Testamento, y se vincula Su presencia con la gloria, admirable de Su majestad (Sal. 24:10), y sigue luego de la misma manera en el Nuevo (Hch. 7:2; Ef. 1:17; Stg. 2:1). La Persona crucificada era Dios mismo, naturalmente distinguiendo que para poder hacerlo el Señor se hizo hombre (Jn. 1:14), lo que le permitía morir (He. 2:9). Es necesario distinguir correctamente entre Persona y naturalezas, en relación con Jesucristo. Él es Dios-hombre, mediante cuya humanidad, asumida y subsistente en Su Persona, por la acción sobrenatural de la concepción virginal efectuada por el Espíritu Santo en María, tomó de ella, los elementos de Su naturaleza humana, haciéndose hombre, para poder en esa misma naturaleza dar Su vida por los hombres conforme al plan de la *sabiduría* eterna de Dios. Ese Jesús de Nazaret, el hombre que caminó por los caminos en Israel, que predicó la verdad de Dios, que sanó enfermos y resucitó muertos, que calmó la tempestad, es el que también, en esa misma naturaleza agonizó en Getsemaní. Jesucristo es Dios bendito, por tanto, *Señor de la gloria.*

Tal verdad era desconocida a los hombres, especialmente a causa de la contradicción que suponía para ellos la *sabiduría de Dios*. Éstos en ignorancia voluntaria, a pesar de las señales que evidenciaban Su Deidad, crucificaron al Señor de gloria. Si los representantes de la sabiduría judía y de la ciencia romana hubieran podido comprender la realidad de la condición divina de quien es *Señor de la gloria*, no se hubiesen atrevido a crucificarle. Un contraste firmemente establecido cierra la frase. Por un lado, el *Señor de gloria*, por otro el *crucificado*. Parecen asuntos irreconciliables, pero son la admirable manifestación de la sabiduría divina. La Persona crucificada era Dios mismo. Quién murió en la Cruz era verdaderamente el Hijo de Dios, el Verbo encarnado, Emanuel, Dios con los hombres. Esto sólo es posible en razón de que siendo Dios es también hombre. La acción de crucificar al que es Dios, solo puede proceder de la ignorancia humana. Pero, esta ignorancia, ha sido instrumento de los demonios para intentar la muerte del Hijo de Dios y evitar con ello la salvación de los hombres, en un supuesto erróneo de que no sería resucitado.

9. Antes bien, como está escrito: Cosas que ojo no vio, ni oído oyó, Ni han subido en corazón de hombre, Son las que Dios ha preparado para los que le aman.

ἀλλὰ καθὼς γέγραπται·
Pero como ha sido escrito.
ἃ ὀφθαλμὸς οὐκ εἶδεν καὶ οὖς οὐκ ἤκουσεν
Lo que ojo no vio, y oído no oyó

καὶ ἐπὶ καρδίαν ἀνθρώπου οὐκ ἀνέβη,
y sobre corazón de hombre no subió
ἃ[1] *ἡτοίμασεν ὁ Θεὸς τοῖς ἀγαπῶσιν αὐτόν.*
lo que preparó - Dios a los que aman Le.

Análisis y notas del texto griego.

Análisis: ἀλλὰ, conjunción adversativa *pero*; καθὼς, conjunción *como*; γέγραπται, tercera persona singular del perfecto de indicativo en voz pasiva del verbo γράφω, *escribir*, aquí *ha sido escrito*; ἅ, caso acusativo neutro plural del pronombre relativo *lo que, lo cual, que*; *ὀφθαλμὸς*, caso nominativo masculino singular del nombre común *ojo*; *οὐκ*, forma escrita del adverbio de negación *no*, con el grafismo propio ante una vocal con espíritu suave o una enclítica; *εἶδεν*, tercera persona singular del segundo aoristo de indicativo en voz activa del verbo ὁράω, en la forma εἶδον, *mirar, mostrar, ver,* aquí *vió*; *καὶ*, conjunción copulativa *y*; *οὖς*, caso nominativo neutro singular del nombre común *oído*; *οὐκ*, forma escrita del adverbio de negación *no*, con el grafismo propio ante una vocal con espíritu suave o una enclítica; *ἤκουσεν*, tercera persona singular del aoristo primero de indicativo en voz activa del verbo ἀκούω, *oír, escuchar*, aquí *oyó*; *καὶ*, conjunción copulativa *y*; *ἐπὶ*, preposición propia de acusativo *sobre*; *καρδίαν*, caso acusativo femenino singular del nombre común *corazón*; *ἀνθρώπου*, caso genitivo masculino singular del nombre común declinado *de hombre*; *οὐκ*, forma escrita del adverbio de negación *no*, con el grafismo propio ante una vocal con espíritu suave o una enclítica; *ἀνέβη*, tercera persona singular del aoristo segundo de indicativo en voz activa del verbo ἀναβαίνω, *subir*, aquí *subió*; ἅ, caso acusativo neutro plural del pronombre relativo *lo que, lo cual, que*; *ἡτοίμασεν*, tercera persona singular del aoristo primero de indicativo en voz activa del verbo ἑτοιμάζω, *preparar*, aquí *preparó*; *ὁ*, caso nominativo masculino singular del artículo determinado *el*; *Θεὸς*, caso nominativo masculino singular del nombre divino *Dios*; *τοῖς*, caso dativo masculino plural del artículo determinado *a los*; *ἀγαπῶσιν*, caso dativo masculino plural del participio de presente en voz activa del verbo ἀγαπάω, *amar*, aquí *que aman*; *αὐτόν*, caso acusativo masculino singular del pronombre personal declinado *a Él, le*.

Notas. Crítica Textual. Lecturas alternativas.

[1] ἅ, *lo que*, según se lee en 𝔓^{46}, a, D, F, G, L, P, Ψ, 33, 81, 104, 365, 630, 1175, 1241, 1505, 1506, 1739, 1881, 2464, 𝔐, Clemente, Orígenes.
ὅσα, *cuanto*, conforme a 𝔓^{11vid}, A, B, C^{vid}, Dídimo.

ἀλλὰ καθὼς γέγραπται· Como ocurre con frecuencia, el apóstol, para confirmar lo que está enseñando, apela a la Escritura, con la conocida forma introductoria: *"como está escrito"*, literalmente *pero como ha sido escrito*, para seguir luego con una cita tomada de la profecía de Isaías.

ἃ ὀφθαλμὸς οὐκ εἶδεν καὶ οὖς οὐκ ἤκουσεν καὶ ἐπὶ καρδίαν ἀνθρώπου οὐκ ἀνέβη, Es sin duda una cita libre, y tal vez sea la unión de varios textos tomados de la profecía (Is. 52:15; 64:4; 65:17;). En ella se mencionan los sentidos de la *vista y el oído*, así como la *inspiración* del corazón en los descubrimientos de la inteligencia. Lo *que vieron*, está haciendo referencia a la experiencia personal; lo *que oyeron* apela a las tradiciones transmitidas oralmente; *lo que sube al corazón*, son los descubrimientos de la inteligencia, razonando sobre lo visto y oído.

En ocasiones se toma el versículo para referirse a las glorias que esperamos en la presencia de Dios, cuando seamos trasladados allí, pero, realmente nada tiene que ver con esto, sino que continúa con el contraste que viene manteniendo entre la sabiduría de Dios y la de los hombres. Estas maravillas que Él manifiesta, no son inteligibles para los no creyentes, porque la sabiduría de Dios es locura para los que se están perdiendo. Es una oración subordinada que concluye con el versículo siguiente, todas estas *cosas* que proceden de la sabiduría de Dios, solo pueden atribuirse a ella y *"Dios nos las reveló a nosotros"* (v. 10).

El continuo contraste que el apóstol usa en el pasaje continúa aquí. Si los *príncipes de este siglo* hubieran *conocido* al Señor de gloria no le hubieran crucificado, pero lo que ellos no entendían, pueden entenderlo quienes han recibido la iluminación del Espíritu. La grandeza de tales cosas es de una dimensión tal, que ningún hombre pudo verlas, ni oírlas, ni llenar su corazón de ellas, por sí mismo, sin que Dios las hubiera revelado. Por esa razón el apóstol cita la profecía, con seguridad lo hace de memoria por las alteraciones que hay en la cita.

ἃ ἡτοίμασεν ὁ Θεὸς τοῖς ἀγαπῶσιν αὐτόν. De las expresiones negativas *no vio, no oyó, no subió en corazón*, pasa a la positiva con que cierra la oración: *Estas cosas son las que Dios preparó para los que le aman*. Sin duda esto concuerda con la enseñanza suya en otros lugares: *"Y sabemos que a los que aman a Dios, todas las cosas les ayudan a bien, esto es, a los que conforme a su propósito son llamados"* (Ro. 8:28). El amor a Dios es distintivo del nuevo nacimiento. Dios es el autor de la salvación, por su parte el creyente le ama con corazón sincero. Esta forma *los que le aman* es equivalente a *los llamados* (1:24) o a *vosotros*, esto es, los destinatarios de la *Epístola*, santificados en Cristo (1:30). Sólo los regenerados aman a Dios con amor inalterable (Ef. 6:24). Le aman porque Él los amó primero (1 Jn. 4:19). Esta sabiduría que sobrepasa a cualquier razonamiento humano, fue antes administrada a los profetas para nosotros (1 P. 1:12). Las cosas a las que se refiere el apóstol *están preparadas*. El verbo griego ἑτοιμάζω, que el apóstol usa aquí, equivale a *preparar*, que aparece también en la parábola de Jesús: *"Entonces el Rey dirá a los de su derecha: Venid, benditos de mi Padre, heredad el reino preparado para vosotros desde la fundación del mundo"* (Mt. 25:34). Del mismo modo estas *cosas* admirables y, en cierto modo, incomprensibles por la dimensión y los destinatarios, están preparadas desde la eternidad, guardadas en el *misterio* divino y reveladas ahora a los que, por regeneración aman a Dios. Este Señor de gloria, en su infinita gracia, *"nos libró del poder de las tinieblas y trasladó al reino de Su amado Hijo"* (Col. 1:13).

10. Pero Dios nos las reveló a nosotros por el Espíritu; porque el Espíritu todo lo escudriña, aun lo profundo de Dios.

ἡμῖν δὲ ἀπεκάλυψεν ὁ Θεὸς διὰ τοῦ Πνεύματος[1]· τὸ γὰρ
Pero a nosotros reveló - Dios por el Espíritu; Porque el
Πνεῦμα πάντα ἐραυνᾷ, καὶ τὰ βάθη τοῦ Θεοῦ.
Espíritu todo escudriña aun las profundidades - de Dios.

Análisis y notas del texto griego.

Análisis: ἡμῖν, caso dativo de la primera persona plural del pronombre personal declinado *a nosotros*; δὲ, partícula conjuntiva que hace las veces de conjunción coordinante, con sentido de *pero, más bien, y, y por cierto, antes bien, entonces*; ἀπεκάλυψεν, tercera persona singular del aoristo primero de indicativo en voz activa del verbo ἀποκαλύπτω, *revelar*, aquí *reveló*; ὁ, caso nominativo masculino singular del artículo determinado *el*; Θεὸς, caso nominativo masculino singular del nombre divino *Dios*; διὰ, preposición propia de genitivo *por*; τοῦ, caso genitivo neutro singular del artículo determinado *el*; Πνεύματος caso genitivo neutro singular del nombre divino *Espíritu*; τὸ, caso nominativo neutro singular del artículo determinado *el*; γὰρ, conjunción causal *porque*; Πνεῦμα, caso nominativo neutro singular del nombre divino *Espíritu*; πάντα, caso acusativo neutro plural del adjetivo indefinido *todo*; ἐραυνᾷ, tercera persona singular del presente de indicativo en voz activa del verbo ἐραυνάω, forma alejandrina del verbo ἐρευνάω, *rebuscar, escudriñar, inquirir, investigar*, aquí *escudriña*; καὶ, adverbio *aun, todavía*; τὰ, caso acusativo neutro plural del artículo determinado *los*; βάθη, caso acusativo neutro plural del nombre común *profundos*, en este caso *cosas profundas*; τοῦ, caso genitivo masculino singular del artículo determinado *el*; Θεοῦ, caso genitivo masculino singular del nombre divino declinado *de Dios*.

Notas. Crítica Textual. Lecturas alternativas.

[1] Πνεύματος, *Espíritu*, según lectura en P^{46vid}, a*, A, B, C, 630, 1739, 1881, sa, bo, Clemente.

Πνεύματος αὐτοῦ, *Espíritu de Él*, según se lee en א[2], D, F, G, L, P, Ψ, 81, 104, 365, 1175, 1241, 1505, 1506, 2464, 𝔐, latt, sy, sa[sa], bo[bo], Epifanio, Speculum.

ἡμῖν δὲ ἀπεκάλυψεν ὁ Θεὸς διὰ τοῦ Πνεύματος· Aquello que es imposible alcanzar por la mente del hombre porque no es descifrable porque es de Dios, se llega a ellas por medio de la revelación directa del Espíritu Santo. La revelación del *"misterio oculto"* fue hecha por Él a nosotros, esto es, a los apóstoles y profetas (Ef. 3:5). El verbo que usa aquí el apóstol es ἀποκαλύπτω, *revelar*, significando *quitar el velo* para descubrir algo que estaba oculto. A los apóstoles les fueron reveladas directamente por Dios mismo (Gá. 1:12, 16).

El Agente revelador del *misterio*, esto es, de la sabiduría de Dios, es el Espíritu. Dios la reveló a los apóstoles y profetas como personas escogidas y dotadas por Él para la enseñanza de las verdades no manifestadas en el Antiguo Testamento, a fin de que las escribiesen en el Nuevo. Sólo a ellos se les dio esta revelación, y sólo existió en el momento de hacerla conocida. Ya no hay revelaciones nuevas de Dios, en el tiempo presente, con autoridad divina, porque nada puede añadirse a la Palabra escrita. Algunos que se llaman *apóstoles* en el tiempo actual, pretenden recibir revelaciones de Dios a las que exigen se les preste el mismo acatamiento que a la Palabra. Tales personas son simplemente mentirosos, engañadores de los que son infantiles, niños en Cristo.

Esta revelación se extiende a los creyentes quienes la conocen por los escritos de apóstoles y profetas y también por la enseñanza de evangelistas, pastores y maestros (Ef. 4:11 ss.). El Espíritu que revela esto a los apóstoles, está también en los creyentes capacitándoles para entender el pensamiento de Dios contenido en las enseñanzas de los apóstoles (Ro. 8:9; 1 Co. 12:13). El mismo Espíritu permite en una acción personal directa al espíritu del creyente, que pueda comprender la sabiduría de Dios revelada en el *misterio* (Ef. 1:17).

τὸ γὰρ Πνεῦμα πάντα ἐραυνᾷ, καὶ τὰ βάθη τοῦ Θεοῦ. La Persona divina de Dios, el Espíritu Santo, *"todo lo escudriña"*. Escudriñar aquí no tiene que ver con el proceso de investigación, sino con el resultado del mismo, un conocimiento pleno y total. No significa que el Espíritu tenga que buscar, sino que lo conoce en plenitud, porque conoce en su totalidad la profundidad del pensamiento y voluntad de Dios. La Biblia enseña que no hay nada que el Espíritu no conozca (Sal. 139:1, 3, 7-12). Pablo dice: *"aun lo profundo de Dios*. Comprende esto todo el conocimiento, sabio e infinito de Él. La esencia divina, con todos sus atributos, voluntad y propósito son plena y totalmente conocidos por quien siendo Dios conoce la profundidad de Dios. Ninguna criatura podría llegar jamás a ese conocimiento que es propio del Espíritu. Se aprecia aquí una verdad teológica de gran importancia: El Espíritu no es una fuerza de Dios, sino una Persona Divina, por cuanto *escudriña*, lo que supone una actividad inteligente. Además, es Dios porque es omnisciente e infinito para conocer y comprender *"todo lo profundo de Dios"*. Sin duda este breve párrafo que entra en la doctrina sobre el Espíritu Santo, pone de manifiesto las relaciones intra-trinitarias en el Ser Divino. No cabe duda que cuando se hace una aproximación a verdades de esta naturaleza es preciso formularse las preguntas retóricas del apóstol Pablo: *"Porque ¿quién entendió la mente del Señor? ¿o quién fue su consejero?"* (Ro. 11:34). El Espíritu *escudriña* todo lo que es de Dios, haciéndolo continuamente, de ahí que el verbo que el apóstol usa, esté en tiempo presente al referirse a esta capacidad del Espíritu, llegando con ello a las cosas más profundas de la Deidad. Estas son las inagotables maneras de la *sabiduría* divina, ante la que es necesario guardar un reverente y respetuoso silencio de limitación frente a la infinitud, de la humanidad frente a la deidad, de la mente del hombre a la infinita de Dios, diciendo como el apóstol Pablo, en una expresión de admiración ante la infinidad divina: *"¡Oh profundidad de las riquezas de la sabiduría y de la ciencia de Dios! ¡Cuan insondables son sus juicios, e inescrutables sus caminos!"* (Ro. 11:33).

11. Porque ¿quién de los hombres sabe las cosas del hombre, sino el espíritu del hombre que está en él? Así tampoco nadie conoció las cosas de Dios, sino el Espíritu de Dios.

τίς γὰρ οἶδεν ἀνθρώπων τὰ τοῦ ἀνθρώπου εἰ μὴ τὸ
Porque ¿quién sabe de hombres las cosas del hombre si no el
πνεῦμα τοῦ ἀνθρώπου τὸ ἐν αὐτῷ οὕτως καὶ τὰ τοῦ
espíritu del hombre el en él; así también las cosas -
Θεοῦ οὐδεὶς ἔγνωκεν εἰ μὴ τὸ Πνεῦμα τοῦ Θεοῦ.
de Dios nadie ha conocido sino el Espíritu - de Dios.

Análisis y notas del texto griego.

Análisis: τίς, caso nominativo masculino singular del pronombre interrogativo *quién*; γὰρ, conjunción causal *porque*; οἶδεν, tercera persona singular del perfecto de indicativo en voz activa del verbo οἶδα, *saber, conocer, entender*, aquí *ha sabido*; ἀνθρώπων, caso genitivo masculino plural del nombre común declinado *de hombres*; τὰ, caso acusativo neutro plural del artículo determinado *los*, en sentido de *las cosas*; τοῦ, caso genitivo masculino singular del artículo determinado declinado *del*; ἀνθρώπου, caso genitivo masculino singular del nombre común *hombre*; εἰ, conjunción *si*; μὴ, partícula que hace funciones de adverbio de negación *no*; τὸ, caso nominativo neutro singular del artículo determinado *el*; πνεῦμα, caso nominativo neutro singular del nombre común *espíritu*; τοῦ, caso genitivo masculino singular del artículo determinado declinado *del*; ἀνθρώπου, caso genitivo masculino singular del nombre común *hombre*; τὸ, caso nominativo neutro singular del artículo determinado *el*; ἐν, preposición propia de dativo *en*; αὐτῷ, caso dativo masculino de la tercera persona singular del pronombre personal él; οὕτως, adverbio demostrativo *así*; καὶ, adverbio de modo *también*; τὰ, caso acusativo neutro plural del artículo determinado *los*, en sentido de *las cosas*; τοῦ, caso genitivo masculino singular del artículo determinado *el*; Θεοῦ, caso genitivo masculino singular del nombre divino declinado *de Dios*; οὐδεὶς, caso nominativo masculino singular del pronombre indefinido *nadie*; ἔγνωκεν, tercera persona singular del perfecto de indicativo en voz activa del verbo γινώσκω, *conocer, entender*, aquí *ha entendido*; εἰ, conjunción *si*; μὴ, partícula que hace funciones de adverbio de negación *no*; τὸ, caso nominativo neutro singular del artículo determinado *el*; Πνεῦμα, caso nominativo neutro singular del nombre divino *Espíritu*; τοῦ, caso genitivo masculino singular del artículo determinado *el*; Θεοῦ, caso genitivo masculino singular del nombre divino declinado *de Dios*.

τίς γὰρ οἶδεν ἀνθρώπων τὰ τοῦ ἀνθρώπου εἰ μὴ τὸ πνεῦμα τοῦ ἀνθρώπου τὸ ἐν αὐτῷ. El apóstol apela a una pregunta retórica, o si se prefiere mejor, a una reflexiva que exige una respuesta por parte del lector. Lo hace para que cualquiera que no haya comprendido suficientemente la enseñanza que acababa de escribir, la perciba mediante el ejemplo tomado de la vida humana. Nadie, salvo el mismo hombre, lo que aquí llama *el espíritu del hombre*, puede conocer la realidad de la intimidad personal, y mucho menos de los pensamientos no expresados. Se puede suponer lo que otro piensa, pero nunca se sabe realmente. Los pensamientos más íntimos, las intenciones y deseos del corazón, nadie los conoce sino el mismo que los genera. De otro modo, para conocer la intimidad de un hombre es necesario estar dentro de ese hombre. Por eso dice que *está en el hombre*. El ser humano es lo más apropiado para tomar como ilustración de la verdad sobre el Espíritu de Dios, puesto que ha sido hecho a imagen y semejanza del Creador, dotado de algo que sólo está presente en él y que es el espíritu. Su mundo interior solo puede ser conocido de otro mediante la revelación hecha por la palabra. Eso es también lo que ocurre en el fenómeno de la revelación de Dios al hombre.

οὕτως καὶ τὰ τοῦ Θεοῦ οὐδεὶς ἔγνωκεν εἰ μὴ τὸ Πνεῦμα τοῦ Θεοῦ. Pero, a pesar de la analogía entre el hombre y Dios, hay una notable diferencia. Él conoce la mente humana, pero el hombre es incapaz de comprender en la dimensión que se manifiesta en el Ser Divino, el pensamiento de Dios. Así lo hace notar el profeta: *"Porque mis pensamientos no son vuestros pensamientos, ni vuestros caminos mis caminos, dijo Jehová. Como son más altos los cielos que la tierra, así son mis caminos más altos que vuestros caminos, y mis pensamientos más que vuestros pensamientos"* (Is. 55:8-9). Es el Espíritu Santo el que, siendo Dios en unidad con el Padre y el Hijo, conoce la intimidad infinita de la mente divina. Por esa causa nadie puede conocer la intimidad de Dios, a no ser que Dios mismo la revele y lo hace por el *Espíritu de Dios*.

La deidad del Espíritu Santo está presente en el versículo. Se le llama *Espíritu de Dios*, porque está en la unidad intra-trinitaria de la Deidad. Es, por tanto, el único Dios, como lo es el Padre y el Hijo. El apóstol escribe sobre el Espíritu: *"Mas vosotros no vivís según la carne, sino según el Espíritu, si es que el Espíritu de Dios mora en vosotros. Y si alguno no tiene el Espíritu de Cristo, no es de él"* (Ro. 8:9). Este texto tiene una gran importancia en la doctrina del Espíritu Santo, en el que se alude a Él de tres modos.

Primeramente, se habla del *Espíritu*. Es una referencia concreta a la realidad de la Persona de Dios, el Espíritu. Es una de las tres Personas Divinas, y aparece vinculado a ellas en el triple nombre de la Deidad en el Nuevo Testamento (Mt. 28:19). El Dios de la Biblia existe en el Ser Divino en tres Personas distintas, pero vitalmente unidas en el Seno Trinitario. Es la comunidad del Padre, el Hijo y el Espíritu en una misma Deidad. Cada uno de los Tres Benditos, son Dios verdadero. Ninguna de las Personas Divinas son una misma Persona, sino una individualidad personal en el mismo Ser, siendo individuales como Personas y absolutamente distintas una de la otra. No se trata -como el Teillardismo propone- de Dios como Persona Colectiva, en la que conocemos ahora tres, pero pueden ser más. Dios nunca ha sido, ni será, *Persona*, sino *Ser*, en el que subsisten eternamente tres Personas, cuyos nombres forman el nombre de Dios, el Padre, y el Hijo, y el Espíritu. Por esa causa existe una notable interrelación en el Seno Trinitario, en donde el Hijo hace lo que ve hacer al Padre (Jn. 5:19); el Padre juzga por medio del Hijo (Jn. 5:22); el Hijo procede del Padre que le comunica cuanto tiene y hace (Jn. 5:26; 6:57). El Espíritu, con artículo determinado, es la referencia a la tercera Persona Divina. Por tanto, como Dios, no ha sido creado, pero es enviado o procede del Padre y del Hijo, es decir, es enviado por ellos. Siendo Dios, es también Persona, esto es, una Persona Divina, que como tal tiene capacidad para investigar y revelar (2:10-12). Se le dan diversos nombres o títulos personales, entre los que destaca el de *Consolador* (Jn. 14:26), como Aquel que *viene al lado* en misión de aliento, conducción y ayuda. Siendo Persona, tiene atributos personales como intelecto (Is. 11:2; Jn. 14:26; 15:26; Ro. 8:16; Ef. 1:17) y sensibilidad (Gn. 6:3; Is. 63:10; Ef. 4:30; Ro. 8:26). Esta es la causa por la que también se le atribuyen acciones personales, de modo que de Él se dice que oye (Jn. 16:13), escudriña (2:10-11), habla (Hch. 8:29; 13:2; 16:6-7), enseña (Jn. 14:26), juzga (Hch. 15:28), convence de pecado (Jn. 16:8), ejerce voluntad

(12:11), escoge y envía (Hch. 13:2; 20:28), guía (Ro. 8:14), intercede (Ro. 8:27). Como Dios recibe nombres divinos, al llamársele Dios (Ex. 17:7; comp. Is. 63:10-11; Hch. 5:3-4; 1 Co. 3:16; 6:19; 12:6-7; 2 Ti. 3:16 comp. 2 P.1:21), por la misma razón se le llama Señor (2 Co. 3:17-18), y se le dan calificativos que sólo son válidos para referirse a Dios, como Espíritu Santo (Mt. 1:18; 28:19), el único Espíritu en esa dimensión (Ef. 4:4), *Espíritu Eterno* (He. 9:14), o *Espíritu de Vida* (Ro. 8:2; Ap.11:11). El Espíritu Santo tiene perfecciones divinas incomunicables como *omnipotencia* (Ro. 15:19; 1 P. 3:18), *omnipresencia* (Sal. 139:7-10), *omnisciencia* (Is. 40:13-14; 1 Co. 2:10-11). Sus obras como Creador (Gn. 1:2; Job 26:13; 33:4; Sal. 33:6; 104:30) lo identifican como Persona Divina. Su deidad se pone de manifiesto también en dos operaciones que se le asignan personalmente; una de ellas la de inspirar la Escritura (2 Ti. 3:16; 2 P. 1:21); la otra la concepción virginal de la naturaleza humana del Hijo de Dios, en el seno de María (Lc. 1:35). La operación de redargüir al mundo de pecado, es posible en la medida que sea operada por Dios mismo (Jn. 16:7-11), así como la iluminación al pecador (2 Co. 4:3-4), con la apertura del entendimiento hacia las Escrituras (Jn. 16:13), haciendo comprensible la revelación de Dios (2:9-10). En el orden de la salvación, la regeneración es obra del Espíritu Santo (Tit. 3:5), explicada por Jesús a Nicodemo como una operación del Espíritu (Jn. 3:5, 6, 8). Su procedencia del Padre y del Hijo exige la deidad del Espíritu, de ahí que por esa procedencia del Padre se le llame Espíritu de Dios (Mt. 3:16), y por proceder del Hijo se le llama *Espíritu de Cristo.* Puesto que no se trata aquí de un estudio sobre Pneumatología, bastan los breves datos anteriores como elementos reflexivos sobre la primera mención del Espíritu, sin complementos ni calificativos, simplemente como *el Espíritu.*

En la segunda mención a la tercera Persona Divina, se le llama *Espíritu de Dios*, denominado de esta forma por la relación con Dios en la Santísima Trinidad, especialmente en lo que se refiere a ser enviado del Padre. Este Espíritu hace morada en el creyente desde el momento en que cree. En la operación salvífica, el Espíritu deviene residente en el cristiano. La señal de la realidad del ser cristiano está en la inhabitación del Espíritu en cada creyente. En esa intimidad el *Pneuma* divino se aproxima al *pneuma* humano en diálogo testimonial (Ro. 8:16) y toma a su cargo la función de éste, para orientarlo, conducirlo y ayudarlo en la consecución de la vida de santificación. Teniendo siempre en cuenta que no supone esto la anulación de la personalidad humana, dicho de otro modo, el Espíritu no desconecta mi mismidad. La acción del Espíritu es de absoluta necesidad en la salvación. Los elementos necesarios en la salvación son el resultado de la acción del Espíritu en el pecador. La convicción de pecado (Jn. 16:8), la generación de la fe salvífica (Ef. 2:8-

9) y la regeneración espiritual (Jn. 3:3, 5), no surgen del hombre, ni pueden proceder de él, sino que son dotación del Espíritu en la capacitación del pecador hacia la salvación. La comunicación de la vida eterna es resultado de la acción del Espíritu en todo aquel que cree. La promesa para el salvo es que tenga vida eterna (Jn. 3:16), que necesariamente ha de ser vida de Dios, puesto que eterno es aquello *atemporal*, esto es, que no tiene principio ni fin, que existe fuera del tiempo. Esta vida está en el Hijo (Jn. 1:4). Él mismo dice que es la vida (Jn. 14:6) y vino al mundo para que el pecador puede tener vida eterna (Jn. 10:10). Mediante la regeneración del Espíritu, Cristo es implantado en el creyente (Col. 1:27). En esta identificación personal con el Hijo de Dios, el creyente experimenta, disfruta y posee la vida eterna, realizada en el creyente mediante la presencia personal de las Personas Divinas, que vienen a hacer en él morada (Jn. 14:23). Esta manera de vida se produce como resultado de la acción transformadora del Espíritu (6:11). Todos los cristianos somos separados para Dios como un pueblo santo (1 P. 2:9). El creyente queda convertido en templo de Dios en el Espíritu, siendo inhabitado por las Personas Divinas, en cuyo santuario se hace presente el Espíritu de Dios (6:19). El cuerpo, antes al servicio de la impiedad, es ahora santuario de Dios. La presencia del Espíritu en el cristiano es una verdad revelada. El Espíritu es el gran don de Dios, dado a todos los creyentes sin excepción (Jn. 7:37; Hch. 11:16-17; 1 Co. 2:12; 2 Co. 5:5), y derramado al ser enviado del Padre y del Hijo, en el corazón de cada creyente, saturando el santuario de Dios del amor personal divino (Ro. 5:5). Todo cristiano tiene el Espíritu Santo, que habita en todos, inclusive en los *carnales* (3:3; 6:19). El creyente puede vivir sin la plenitud del Espíritu, pero no puede ser creyente sin el Espíritu.

Una tercera referencia al Espíritu, lo vincula con Cristo y le llama *"el Espíritu de Cristo"* El progreso de los calificativos es interesante: Primero, *el Espíritu*; luego, *el Espíritu de Dios*; finalmente, *el Espíritu de Cristo*. Si en la segunda referencia se llama *Espíritu de Dios*, por la relación de haber sido enviado por Él (Jn. 14:26), la tercera mención vincula al Espíritu con Cristo, porque también es enviado de Él (Jn. 15:26). La Biblia llama al Espíritu Santo, *"Espíritu de Cristo"*, en varias ocasiones (Hch. 5:9; Ro. 8:9; 2 Co. 3:17; Gá. 4.6; Fil. 1:19; 1 P. 1:11). La misión reveladora en los creyentes que comunica lo que siendo de Cristo debe ser conocido por ellos, es una operación del Espíritu Santo (Jn. 16:14). Por otro lado, la santificación del cristiano tiene que ver con la reproducción del carácter moral de Jesús en él, que no es otra cosa que el fruto del Espíritu (Gá. 5:22-23). La *predestinación* que el Padre estableció para los creyentes es que seamos hechos conformes a la imagen de Su Hijo (Ro. 8:29). Mediante esta acción del Espíritu, el mundo puede ver a Jesús en la vida de quienes son Suyos. El testimonio de la vida de santificación no obedece al esfuerzo de los cristianos, sino a la acción poderosa del Espíritu de Cristo en ellos, que les conduce, no tanto a hacer -aunque lo comprende- sino a *andar*, esto es, adoptar un estilo visible de vida, en las obras que Dios preparó de antemano para ello (Ef. 2:10). La santificación, a la que todos somos llamados y ha de ser nuestra principal ocupación (Fil. 2:12), no es asunto de fuerzas del creyente, sino de la fuerza del Espíritu en el creyente (Fil. 2:13).

Siendo el Espíritu, Dios bendito, es el único que puede conocer la intimidad de Dios, Sus pensamientos y Su voluntad, que es conocida por el creyente en una acción reveladora del Espíritu. De otro modo, Pablo se está refiriendo a la revelación de Dios, hecha por Dios mismo, mediante la tercera Persona de la deidad.

12. Y nosotros no hemos recibido el espíritu del mundo, sino el Espíritu que proviene de Dios, para que sepamos lo que Dios nos ha concedido.

ἡμεῖς δὲ οὐ τὸ πνεῦμα τοῦ κόσμου ἐλάβομεν ἀλλὰ τὸ Πνεῦμα
Y nosotros no el espíritu del mundo recibimos sino el Espíritu
τὸ ἐκ τοῦ Θεοῦ, ἵνα εἰδῶμεν τὰ ὑπὸ τοῦ Θεοῦ
\- de - Dios, para que sepamos las cosas por - Dios
χαρισθέντα ἡμῖν·
que fueron concedidas nos.

Análisis y notas del texto griego.

Análisis: ἡμεῖς, caso nominativo de la primera persona plural del pronombre personal *nosotros*; δὲ, partícula conjuntiva que hace las veces de conjunción coordinante, con sentido de *pero, más bien, y, y por cierto*, *antes bien, entonces*; οὐ, adverbio de negación *no*; τὸ, caso acusativo neutro singular del artículo determinado *el*; πνεῦμα, caso acusativo neutro singular del nombre común *espíritu*; τοῦ, caso genitivo masculino singular del artículo determinado declinado *del*; κόσμου, caso genitivo masculino singular del nombre común *mundo*; ἐλάβομεν, primera persona plural del segundo aoristo de indicativo en voz activa del verbo λαμβάνω, *recibir*, aquí *recibimos*; ἀλλὰ, conjunción adversativa *sino*; τὸ, caso acusativo neutro singular del artículo determinado *el*; Πνεῦμα, caso acusativo neutro singular del nombre divino *Espíritu*; τὸ, caso acusativo neutro singular del artículo determinado *el*; ἐκ, preposición propia de genitivo *de*; τοῦ, caso genitivo masculino singular del artículo determinado *el*; Θεοῦ, caso genitivo masculino singular del nombre divino *Dios*; ἵνα, conjunción causal *para que*; εἰδῶμεν, primera persona plural del perfecto de subjuntivo en voz activa del verbo οἶδα, *saber, conocer*, aquí *sepamos*; τὰ, caso acusativo neutro plural del artículo determinado *los*, en sentido de *las cosas*; ὑπὸ, preposición propia de genitivo *por*; τοῦ, caso genitivo masculino singular del artículo determinado *el*; Θεοῦ, caso genitivo masculino singular del nombre divino *Dios*; χαρισθέντα, caso acusativo masculino singular del participio del primer aoristo en voz pasiva del verbo χαρίζομαι, *dar, conceder*, aquí *que fueron concedidas*; ἡμῖν, caso dativo de la primera persona plural del pronombre personal declinado *a nosotros, nos*.

ἡμεῖς δὲ, Es necesario determinar a quien se refiere el apóstol con el pronombre *nosotros*. Primeramente, comprende a los que *hablan sabiduría* (vv. 6, 13). Éstos son los que evitan la sabiduría del mundo (v. 1). La identificación más directa tiene que ver con los apóstoles y maestros; principalmente Pablo y los otros apóstoles. Pero, también, por extensión, deben incluirse en el pronombre el resto de creyentes, especialmente a los que enseñan, como son los evangelistas, pastores y maestros (Ef. 4:11-12).

οὐ τὸ πνεῦμα τοῦ κόσμου ἐλάβομεν. El espíritu que revela a Dios, no es el *espíritu del mundo*, sino el espíritu divino. En este lugar el apóstol no habla de *siglo*, sino de *mundo*, como del orden establecido en oposición a Dios. El mundo tiene su propia sabiduría, considerando la sabiduría de Dios como locura (1:21).

ἀλλὰ τὸ Πνεῦμα τὸ ἐκ τοῦ Θεοῦ, Mediante la conjunción adversativa *sino*, introduce la contraposición al espíritu del mundo, para referirse al Espíritu que recibimos los creyentes que es el Espíritu de Dios. De esto se ha considerado con bastante amplitud en el versículo anterior. Es necesario entender claramente que quien no haya recibido el Espíritu de Cristo, nombre equivalente al Espíritu de Dios, no es de Cristo, por tanto, no es de Dios (Ro. 8:9). Nótese que no se trata de *algunos* que han recibido el Espíritu, sino de *todos*. De modo que esta recepción se produce, necesariamente, en el momento de la conversión, del ejercicio de la fe. No se trata de experiencias posteriores para recibir primero la salvación o la justificación por la fe y luego el Espíritu. Si alguien no tiene, esto es, no ha recibido el Espíritu Santo, no es salvo, de otro modo, ningún salvo es posible que lo sea sin el Espíritu Santo. No es posible salvación sin regeneración y no es posible regeneración sin operación y dotación del Espíritu, que la lleva a cabo (Jn. 3:5). La enseñanza de Pablo es precisa, nadie puede tener el conocimiento de la verdad de Dios, sin la revelación que el Espíritu hace de ella. No hay segundas experiencias para *recibir* el Espíritu, se recibe y, por tanto, se tiene en el momento en que se cree en Jesucristo, de ahí que el apóstol haya preguntado a los discípulos de Juan: *"¿Recibisteis el Espíritu Santo cuando creísteis?"* (Hch. 19:2).

Nuevamente aparece expresada la *procedencia* del Espíritu: *El de Dios*, en sentido del que proviene de Dios. Cristo había prometido enviarlo *"del Padre"*, cuando ascendiese a la gloria (Jn. 14:26; 15:26). Este Espíritu divino, procedente de Dios, es contrario al que viene del mundo, diabólico y carnal, propio de un orden contrario a Dios. El Espíritu haría un ministerio de revelación de lo que sólo Dios conoce (Jn. 16:13-15). Esto es el tema central del párrafo que se considera.

ἵνα εἰδῶμεν τὰ ὑπὸ τοῦ Θεοῦ χαρισθέντα ἡμῖν· Pablo cierra la oración señalando que el Espíritu permite que *sepamos*, *conozcamos*, lo que Dios nos ha concedido. Es decir, lo que nos ha dado, que no es otra cosa que la salvación revelada en el evangelio. El apóstol no está refiriéndose al futuro, ni a los dones del espíritu de lo que enseñará más adelante, sino a todo el conjunto del *plan de salvación* y todas las bendiciones que comporta el regalo de la gracia. El Espíritu permite a los creyentes conocer lo que Dios ha otorgado, que la plenitud está en Cristo y no en los hombres, que la deuda por el pecado ha sido cancelada en Él, quien se convierte para cada uno en *"esperanza de gloria"* (Col. 1:27).

13. Lo cual también hablamos, no con palabras enseñadas por sabiduría humana, sino con las que enseña el Espíritu, acomodando lo espiritual a lo espiritual.

ἃ καὶ λαλοῦμεν οὐκ ἐν διδακτοῖς ἀνθρωπίνης σοφίας
Lo cual también hablamos no en aprendidas de humana sabiduría
λόγοις ἀλλ' ἐν διδακτοῖς Πνεύματος[1], πνευματικοῖς πνευματικὰ
palabras sino en aprendidas de Espíritu, a espirituales espirituales
συγκρίνοντες.
interpretar.

Análisis y notas del texto griego.

Análisis: ἃ, caso acusativo neutro plural del pronombre relativo *los que, los cuales*; καὶ, adverbio de modo *también*; λαλοῦμεν, primera persona plural del presente de indicativo en voz activa del verbo λαλέω, *hablar, decir*, aquí *hablamos*; οὐκ, forma escrita del adverbio de negación *no*, con el grafismo propio ante una vocal con espíritu suave o una enclítica; ἐν, preposición propia de dativo *en*; διδακτοῖς, caso dativo masculino plural del adjetivo *instruidos, enseñados, aprendidos*; ἀνθρωπίνης, caso genitivo femenino singular del adjetivo declinado *de humana*; σοφίας, caso genitivo femenino singular del nombre común *sabiduría*; λόγοις, caso dativo masculino plural del nombre común *palabras*; ἀλλ', forma escrita ante vocal de la conjunción adversativa ἀλλά que significa *pero, sino*; ἐν, preposición propia de dativo *en*; διδακτοῖς, caso dativo masculino plural del adjetivo *aprendidos*; Πνεύματος, caso genitivo neutro singular del nombre divino declinado *de Espíritu*; πνευματικοῖς, caso dativo masculino plural del adjetivo declinado *a espirituales*; πνευματικὰ, caso acusativo neutro plural del adjetivo *espirituales*; συγκρίνοντες, caso nominativo masculino plural del participio de presente en voz activa del verbo συγκρίνω, *juntar, combinar, componer, unir, acercar, comparar, interpretar, juzgar, determinar, comparar*, aquí *interpretando*.

Notas. Crítica Textual. Lecturas alternativas.

[1] Πνεύματος, *Espíritu*, según lectura en 𝔓[46], 𝔞, A, B, C[vid], D[*], F, G, Ψ, 0185, 0289, 6, 33, 81, 630, 1175, 1506, 1739, 1881, 2464, lat, sy[p], co, Clemente, Orígenes, Ambrosiaster, Speculum.

Πνεύματος 'Αγίου, *Espíritu Santo*, conforme a D[1], L, P, 104, 365, 1241, 1505, 𝔐, vg[mss], sy[h].

ἃ καὶ λαλοῦμεν οὐκ ἐν διδακτοῖς ἀνθρωπίνης σοφίας λόγοις. El apóstol habla de sí mismo y de los otros apóstoles y maestros que enseñan la fe a los que creen en Jesucristo. En este sentido está refiriéndose a la labor del intérprete de la Palabra. El Espíritu ha revelado lo que Dios da a conocer en la Palabra, que es plenariamente inspirada por Él, bien sea en la tradición oral de los apóstoles o en la fijación de esa tradición en los escritos de Nuevo Testamento (2 Ti. 3:16). Ninguna parte de la Escritura hay que no sea inspirada. Los hombres de Dios hablaron y escribieron siendo *impulsados* por el Espíritu Santo, por consiguiente, nada de cuanto comunicaron en el nombre del Señor es traído por determinación o sabiduría de hombres (2 P. 1:21). No existe nada en la Biblia que no sea plenariamente inspirado. Es el Espíritu el que hizo posible la Palabra escrita usando para ello autores humanos a quienes comunicó el mensaje, dio la capacidad de expresarlo conforme al pensamiento de Dios, custodió que solo escribiesen la revelación divina, e insufló en el escrito Su soplo divino comunicándole vida (He. 4:12).

Por esa razón dice que *hablamos*, esto es, enseñaban la Palabra interpretando lo que Dios decía. El maestro bíblico no solo sabe las cosas de Dios reveladas en la Escritura, sino que está capacitado para comunicarlas con exactitud a los demás.

La enseñanza no se hacía con palabras de sabiduría humana, en el sentido de conocimiento o ciencia. Lo que el apóstol enseñaba no era el resultado de la sabiduría de los hombres, sino que procedía de la *revelación* de Dios, actuando para enseñar en el poder y conducción del Espíritu Santo. No es cuestión de enseñar teología fría, sino la que nace a la luz de un estudio profundo de las Escrituras, con la ayuda iluminadora del Espíritu.

ἀλλ' ἐν διδακτοῖς Πνεύματος, Las palabras de la enseñanza son aquellas que enseña el Espíritu, de modo que el verdadero maestro bíblico ajusta el mensaje a las palabras enseñadas por el Espíritu. Esto trae una consecuencia: el maestro es portavoz del Espíritu, con lo que está cumpliendo el propósito de Dios (Jn. 6:45). Esas palabras espirituales bajo el control del Espíritu, son aplicadas a los oyentes por el poder del Espíritu, lo que traerá un resultado eficaz y transformador.

πνευματικοῖς πνευματικὰ συγκρίνοντες. Pablo enseña que el maestro *acomoda* o *interpreta* las palabras del Espíritu, acomodándolas espiritualmente a lo que está revelado. El verbo συγκρίνω, que el apóstol usa aquí tiene un amplio significado, como *juntar, combinar, componer, unir, acercar, comparar, interpretar, juzgar, determinar, comparar*, de todas ellas se seleccionó *interpretar*, esto es, *dar sentido* a la enseñanza uniendo Palabra e interpretación de forma consonante por el Espíritu. Es decir, el Espíritu que hizo posible la Escritura, conduce la mente del maestro para una interpretación conforme al pensamiento de Dios. Según el contexto inmediato puede referirse a la enseñanza de cosas espirituales por medio de palabras espirituales, pero también se refiere a ajustar la enseñanza profunda de verdades reveladas por el Espíritu, a la capacidad de comprensión de quienes son enseñados, esto es a creyentes capaces de entenderlas (v. 6). Este segundo aspecto concuerda con el versículo siguiente y sirve también de elemento de ilación en todo el discurso de la enseñanza del apóstol. Esto sería ajustar las cosas espirituales a creyentes espirituales. La enseñanza, sea cual sea la interpretación literal de las palabras finales del versículo es sencilla: No es posible usar para la enseñanza de los creyentes otra cosa que no sea la Palabra, en la que Dios habla por Su Espíritu. Es necesario interpretar la Biblia como una unidad, ya que las verdades, expresadas de distintos modos, en distintos momentos, son las mismas y la Escritura se interpreta a Sí misma.

Discernimiento natural y espiritual (2:14-16)

14. Pero el hombre natural no percibe las cosas que son del Espíritu de Dios, porque para él son locura, y no las puede entender, porque se han de discernir espiritualmente.

ψυχικὸς δὲ ἄνθρωπος οὐ δέχεται τὰ τοῦ Πνεύματος τοῦ
Pero el natural hombre no recibe las cosas del Espíritu -
Θεοῦ· μωρία γὰρ αὐτῷ ἐστιν καὶ οὐ δύναται γνῶναι, ὅτι
de Dios, locura porque para el son y no puede entender, porque
πνευματικῶς ἀνακρίνεται.
espiritualmente se disciernen.

Análisis y notas del texto griego.

Análisis: ψυχικὸς, caso nominativo masculino singular del adjetivo *natural, animal*; δὲ, partícula conjuntiva que hace las veces de conjunción coordinante, con sentido de *pero, más bien, y, y por cierto, antes bien, entonces*; ἄνθρωπος, caso nominativo masculino singular del nombre común *hombre*; οὐ, adverbio de negación *no*; δέχεται, tercera persona singular del presente de indicativo en voz media del verbo δέχομαι, *recibir*, aquí *recibe*; τὰ, caso acusativo neutro plural del artículo determinado *los*, en sentido de *las cosas*; τοῦ, caso genitivo neutro singular del artículo determinado declinado *del*; Πνεύματος, caso genitivo neutro singular del nombre divino *Espíritu*; τοῦ, caso genitivo masculino singular del artículo determinado *el*; Θεοῦ, caso genitivo masculino singular del nombre divino declinado *de Dios*; μωρία, caso nominativo femenino singular del nombre común *locura*; γὰρ, conjunción causal *porque*; αὐτῷ, caso dativo masculino de la tercera persona singular del pronombre personal declinado *para él*; ἐστιν, tercera persona singular del presente de indicativo en voz activa del verbo εἰμί, *ser, estar*, aquí *son*; καὶ, conjunción copulativa *y*; οὐ, adverbio de negación *no*; δύναται, tercera persona singular del presente de indicativo en voz media del verbo δύναμαι, *poder, tener poder*, aquí *puede*; γνῶναι, aoristo segundo de infinitivo en voz activa del verbo γινώσκω, *saber, entender, conocer*; ὅτι, conjunción causal *porque*; πνευματικῶς, adverbio de modo *espiritualmente*; ἀνακρίνεται, tercera persona singular del presente de indicativo en voz pasiva del verbo ἀνακρίνω, *interrogar, juzgar, discernir*, aquí *se disciernen*.

ψυχικὸς δὲ ἄνθρωπος. El apóstol se refiere aquí al *hombre natural*, literalmente *el psíquico*, esto es el *animal*, cuya orientación en cuanto al conocimiento es exclusivamente por medio de su parte espiritual, que se convierte en principio cognoscitivo y volitivo, de modo que se convierte en la parte rectora de su actitud. El sentido de *hombre natural* o *hombre animal*, está relacionado con la ψυχῆ, *alma*. Es el hombre según ha nacido, con su forma natural, su carácter, sus deseos y sus conflictos. Un ser sin salvación y sin esperanza, ciego al conocimiento de Dios y contrario a Su sabiduría.

οὐ δέχεται τὰ τοῦ Πνεύματος τοῦ Θεοῦ· El apóstol afirma que este nombre no regenerado, *no percibe* o no *entiende* en su mentalidad las cosas de Dios. No quiere decir que no *entienda* en el sentido de escuchar y comprender lo que se dice en el mensaje, sino en el de aceptarlo como procedente de Dios y digno de ser obedecido. Estas son verdades espirituales, expresadas con palabras espirituales, claras e idiomáticamente comprensibles. No percibirlas equivale a no *recibirlas*, esto es *no aceptarlas* como válidas para el que las escucha. Estas palabras del Espíritu no tienen valor para el hombre natural.

μωρία γὰρ αὐτῷ ἐστιν. Como se ha considerado anteriormente son una *insensatez*, una *locura*, algo fuera de toda lógica y razón. En su interior está el corazón, centro de la voluntad, entenebrecido y endurecido, por eso es insensible a la luz del Espíritu contenida en la Palabra que no penetra en él. Son palabras pertenecientes a una sabiduría contraria a la suya. Así ocurre con el mensaje de salvación (1:18), por tanto, quien considera locura la *sabiduría de Dios*, que declara el plan de salvación para el hombre establecido por Él en la eternidad, no puede salvarse, esto es, no hay en el nuevo nacimiento, no se produce la regeneración del Espíritu y está totalmente perdido, muerto en sus delitos y pecados.

La incapacidad del hombre natural obedece a los efectos del pecado. El no regenerado está en un estado de *depravación*. Esta es la positiva disposición y activa inclinación al mal que hay en todo hombre a consecuencia del pecado que lo incapacita totalmente en orden a la salvación y lo orienta al mal (Gn. 6:5; Mr. 7:20-23; Ro. 3:9-18). Esto no significa que el hombre natural no tenga conocimiento de Dios (Ro. 1:18-21); tampoco es que no tenga conciencia para discernir entre el bien y el mal (Jn. 8:9; Ro. 2:15); no quiere decir que nunca sienta admiración por la virtud, ni que haya de pecar en todas las formas y modos posibles. A consecuencia del pecado el hombre ha quedado totalmente incapacitado para cambiar por sí mismo su carácter y conducta, de manera que pueda amar a Dios y obedecerle. En ese sentido, el hombre no regenerado no puede ni quiere hacer un solo acto que alcance el nivel moral prescrito por Dios. Esta incapacidad humana está manifestada por la Escritura. El pecado ha hecho sordo el oído espiritual y, por tanto, la atención del hombre hacia las cosas de Dios (Hch. 28:27). Ha oscurecido los ojos del entendimiento (Ef. 4:18). Ha depravado el corazón y los afectos (Mt. 13:15). Ha desviado los pies de un andar correcto (Is. 53:6). Ha hecho carnal el pensamiento de la mente, de modo que el hombre natural no puede, ni quiere sujetarse a la ley de Dios (Ro. 8:7). Ha dañado la capacidad del intelecto en relación con el discernimiento de las cosas de Dios, como afirma aquí el apóstol (vv. 9-14). Ha convertido al hombre en un muerto espiritual, sin capacidad alguna para obrar nada en el terreno espiritual conforme a Dios (Ro. 5:12; Ef. 2:1, 4, 5). Ha puesto al hombre bajo el poder del diablo (Ef. 2:2).

καὶ οὐ δύναται γνῶναι, El mensaje de salvación, *la palabra de la Cruz* (1:18), es inadmisible para el hombre natural. Es algo fuera de lógica que no encaja en su modo de pensar. Éste *"no percibe las cosas que son del Espíritu de Dios"*, verdades espirituales, lo que, como se ha dicho, equivale a rechazarlas. Las palabras del Espíritu no tienen valor para él. Pablo afirma que *no las puede entender*. Sin otra ayuda el hombre no regenerado no comprende ni acepta los planes de Dios. No es sólo un estado de rebeldía, sino de incapacidad.

ὅτι πνευματικῶς ἀνακρίνεται. El apóstol concluye afirmado que no entiende las cosas de Dios porque han de discernirse espiritualmente. Esto expresa un proceso de relación que permite llegar a la verdad. El discernimiento sólo es posible por medio de la acción del Espíritu, de modo, antes dijo, que acomodaba la enseñanza espiritual a los espirituales (v. 13).

Los no creyentes están cegados por una operación satánica (2 Co. 4:3-4). Es un velo espiritual puesto sobre los que se pierden, que tiene graves consecuencias en relación con el evangelio, convirtiéndose en un mensaje ininteligible para el que va camino de perdición. Satanás, *"el dios de este siglo"* amo y señor de esta era, señor de los mundanos (Lc. 4:6; Jn. 12:31; 14:30; 16:11; Ef. 2:2), actúa en la mente de los incrédulos impidiendo que capten el contenido espiritual del evangelio. Nadie debe ignorar que todo el mundo está bajo Satanás (1 Jn. 5:19). Esta acción diabólica trata de impedir que no les alcance el mensaje iluminador del evangelio que proclama a un Salvador glorioso. El momento del inicio de la fe, de la salvación, se produce cuando a estos enceguecidos les *"resplandece la luz del evangelio"*. Operación en el interior del corazón en donde la luz de Dios ilumina las tinieblas en que se encuentra.

Los hombres naturales no perciben las acciones del Espíritu (vv. 12,14); no reconocen al Espíritu (Mt. 12:22-37); no pueden recibirlo. Tal limitación hace imposible para el no regenerado volverse a Dios con fe salvadora, sin la ayuda del Espíritu.

15. En cambio el espiritual juzga todas las cosas; pero él no es juzgado de nadie.

ὁ δὲ πνευματικὸς ἀνακρίνει τὰ πάντα[1], αὐτὸς δὲ ὑπ'
Pero el espiritual discierne las cosas todas, pero él por
οὐδενὸς ἀνακρίνεται.
nadie es juzgado.

Análisis y notas del texto griego.

Análisis: ὁ, caso nominativo masculino singular del artículo determinado *el*; δὲ, partícula conjuntiva que hace las veces de conjunción coordinante, con sentido de *pero, más bien, y, y por cierto*, *antes bien, entonces*; πνευματικὸς, caso nominativo masculino singular del adjetivo *espiritual*; ἀνακρίνει, tercera persona singular del presente de indicativo en voz activa del verbo ἀνακρίνω, *discernir, juzgar, interpretar*, aquí *discierne*; τὰ, caso acusativo neutro plural del artículo determinado *los*, en sentido de *las cosas*; πάντα, caso acusativo neutro plural del adjetivo indefinido *todos*; αὐτὸς, caso nominativo masculino singular del pronombre intensivo *él*; δὲ, partícula conjuntiva que hace las veces de conjunción coordinante, con sentido de *pero, más bien, y, y por cierto, antes bien, entonces*; ὑπ' forma que toma ante vocal con espíritu suave la preposición de genitivo ὑπό, *por*; οὐδενὸς, caso genitivo masculino singular del pronombre indefinido *ninguno, nada, nadie*; ἀνακρίνεται, tercera persona singular del presente de indicativo en voz pasiva del verbo ἀνακρίνω, *juzgar*, aquí *es juzgado*.

Notas. Crítica Textual. Lecturas alternativas.

[1] τὰ πάντα, *todas las cosas*, lectura según 𝔓[46], A, C, D*, 1506, Tolomeo[según Ireneo].

μεν πάντα, *ciertamente todas las cosas*, según se lee en a[1], B, D[1], L, Ψ, 0289[vid], 104, 1175, 1241, 1505, 1881, 2464, M.

μεν τὰ πάντα, *ciertamente todas las cosas*, como aparece escrito en P, 6, 33, 81, 365, 630, 1739.

ὁ δὲ πνευματικὸς. En contraste con el *hombre natural*, está el *espiritual*. Éste ha sido regenerado por el Espíritu (Jn. 3:5, 8). Tiene en sí el Espíritu (Ro. 8:9). Anda en el Espíritu (Gá. 5:16). Está refiriéndose a todos los creyentes, entre los que están los destinatarios de la *Epístola*.

ἀνακρίνει τὰ πάντα, El espiritual *juzga todas las cosas*, es decir, tiene capacidad para *discernir* todo. La iluminación capacitadora del Espíritu en su entendimiento le habilita para ello (Ef. 1:18). Es el Espíritu el que le permite alcanzar el pleno conocimiento en relación con las cosas de Dios (1 Jn. 2:20, 27). Es necesario entender que el creyente por ser un hombre espiritual no está capacitado para entender *cualquier materia*, sino las cosas que enseña el Espíritu en la Palabra de Dios. El hecho de estar el verbo en presente indica que no se trata de un conocimiento absoluto de todas las cosas espirituales, sino de la posesión del Espíritu Santo que es la guía de ese discernimiento. En la medida que avanza hacia la madurez espiritual, así también va perfeccionándose en la facultad de discernir las cosas espirituales.

αὐτὸς δὲ ὑπ' οὐδενὸς ἀνακρίνεται. Su superioridad es evidente ya que *él no es juzgado de nadie*. Este hombre espiritual no está sometido a sentencias de personas. El sentido masculino del pronombre es evidente. El hombre espiritual no puede ser juzgado espiritualmente por quienes no tienen el Espíritu, de manera que son incapaces de discernir las cosas espirituales. Ahora bien, el creyente espiritual no está exento de sujetarse al liderazgo de la iglesia y a su disciplina (He. 13:17), ya que el creyente es también juzgado por la Palabra, que exhibe las faltas espirituales de cada uno.

16. Porque ¿quién conoció la mente del Señor? ¿Quién le instruirá? Mas nosotros tenemos la mente de Cristo.

τίς γὰρ ἔγνω νοῦν Κυρίου, ὃς συμβιβάσει αὐτόν ἡμεῖς
Porque ¿Quién conoció mente del Señor? ¿Quién instruirá Le? Nosotros
δὲ νοῦν Χριστοῦ[1] ἔχομεν.
pero mente de Cristo tenemos.

Análisis y notas del texto griego.

Análisis: τίς, caso nominativo masculino singular del pronombre interrogativo *quién*; γὰρ, conjunción causal *porque*; ἔγνω, tercera persona singular del segundo aoristo de indicativo en voz activa del verbo γινώσκω, *saber, conocer*, aquí *conoció*; νοῦν, caso acusativo masculino singular del nombre común *mente, pensamiento*; Κυρίου, caso genitivo masculino singular del nombre divino declinado *de Cristo*; ὃς, caso nominativo masculino singular del pronombre relativo *que*; συμβιβάσει, tercera persona singular del futuro de indicativo en voz activa del verbo συμβιβάζω, *instruir*, aquí *instruirá*; αὐτόν, caso acusativo masculino de la tercera persona singular del pronombre personal declinado *a Él, Le*; ἡμεῖς, caso nominativo de la primera persona plural del pronombre personal *nosotros*; δὲ, partícula conjuntiva que hace las veces de conjunción coordinante, con sentido de *pero, más bien, y, y por cierto, antes bien, entonces*; νοῦν, caso acusativo masculino singular del nombre común *mente, pensamiento*; Χριστοῦ, caso genitivo masculino singular del nombre propio declinado *de Cristo*; ἔχομεν, primera persona plural del presente de indicativo en voz activa del verbo ἔχω, *tener*, aquí *tenemos*.
Notas. Crítica Textual. Lecturas alternativas.

[1] Χριστου, *de Cristo*, según se lee en 𝔓[46], ℵ, A, C, D[1], L, P, Ψ, 048, 0289[vid], 33, 104, 365, 630, 1175, 1241, 1505, 1506, 1739, 1881, 2464, 𝔐, vg, sy, co, Orígenes, Epifanio.

Κυρίου, *de Señor*, conforme a κυριου B, D*, F. G. 81, it, Ambrosiaster, Pelagio.

τίς γὰρ ἔγνω νοῦν Κυρίου, El párrafo se cierra con dos preguntas retóricas que, como tales exigen una respuesta negativa. Enlazándolo con el texto anterior, nadie está capacitado para juzgar a quien actúa conforme al pensamiento y voluntad de Dios. Contra tales cosas no hay ley, por consiguiente, no hay mandamiento contrario que sirva de base acusatoria (Gá. 5:23).

ὃς συμβιβάσει αὐτόν. La segunda pregunta formula la cuestión sobre quién le instruirá. Ambas están tomadas de la profecía, en donde se lee: *"¿Quién enseñó al Espíritu de Jehová, o le aconsejó enseñándole?"* (Is. 40:13). La LXX traduce de este modo: *"¿Quién ha conocido la sabiduría del Señor, y quien ha sido su consejero, de modo que le pudiera enseñar?"*. La respuesta es obvia, nadie está capacitado para enseñar a Dios, que es sabiduría infinita. Nadie está capacitado para instruir al Señor. Sus decisiones son perfectas y Su propósito soberano.

Pero el texto concluye con una frase que en cierto modo es compleja porque también, como otras del capítulo, exige determinar a quienes representa el pronombre personal *nosotros*. El apóstol afirma que *nosotros* tenemos la mente de Cristo. Sin duda el *nosotros* se refiere en primer lugar a los apóstoles, enseñadores de las verdades divinas y comunicadores de la revelación que Dios les dio, por Su Espíritu, del *misterio* guardado en el secreto divino desde la eternidad. Pero, ese conocimiento especial de la revelación de Dios, es dado a conocer también a los creyentes por la Palabra, haciendo en ellos la operación de iluminación para que puedan comprender e interpretar la *mente de Dios*, expresada en las verdades de la Revelación. Los apóstoles, lo mismo que los hombres espirituales, pueden llegar a los secretos y conocer la sabiduría divina porque el Espíritu de Dios, les enseña y revela los misterios divinos, cosa que el hombre natural no tiene capacidad al no tener en él el Espíritu Santo. De este modo, tanto el apóstol que escribe como los receptores de la *Epístola* tienen la *sabiduría*, la *mente* de Cristo.

ἡμεῖς δὲ νοῦν Χριστοῦ ἔχομεν. El discernimiento espiritual es posesión de todo creyente. Estando en Cristo tiene, por comunión vital con Él, el modo de pensar de Jesús. De manera que ajusta su pensamiento al de Dios, expresado plenamente en el Logos encarnado y en el Logos escrito. El cristiano no deja sus convicciones de fe ante la sabiduría de los hombres, sino que se aferra a ella en todo momento. Tener la mente de Cristo exige ajustar la vida al modo de actuación que Cristo hubiera tenido en cada circunstancia. Tener la mente de Cristo es, esencialmente, *vivir a Cristo.*

Es destacable que las divisiones entre los creyentes, que afectan a la iglesia, obedecen a la falta de discernimiento espiritual. Unos a otros se estaban juzgando y sectorizando la congregación en grupos seguidores de los hombres. Pero el apóstol enseñó que nadie puede juzgar a un hombre espiritual, porque sería juzgar al Señor. Dios ha revelado verdades que los creyentes espirituales disciernen como verdaderas. Si alguien les juzga por seguir esa verdad, está declarándola como falsa, por tanto, en ese juicio pretende ser capaz de enseñar al Señor. Es una situación bastante común, cuando alguno se aferra a su pensamiento personal sobre lo que la

Biblia enseña y desprecia a cualquier hermano, que con capacidad espiritual ha entendido la verdad de lo que Dios quiere decir en ese lugar. Estos juzgan a quienes tienen la mente de Cristo, a los que por el Espíritu han entendido la verdad y la enseñan. Sin embargo, debemos entender que el hecho de tener capacidad espiritual, lo que el apóstol dice aquí, *"la mente de Cristo"*, no supone que nadie pueda enseñarle alguna cosa e incluso rectificar ideas que pueden no concordar plenamente con la verdad revelada en una correcta interpretación.

Las divisiones son contrarias al pensamiento y propósito de Dios para Su iglesia (Jn. 17:21-23). La unidad de la iglesia es una operación del Espíritu, que vincula a cada creyente con Cristo (12:13). No hay pues, distintas iglesias, sino una sola manifestada en diferentes modos, lugares y tiempos. Fomentar divisiones en la congregación es oponerse a la obra del Espíritu y pecar contra Dios resistiéndole. La Palabra exhorta a guardar solícitamente la unidad del Espíritu en el vínculo de la paz, como expresión visible de tener la mente de Cristo (Ef. 4:3).

CAPÍTULO III

ENFRENTANDO LAS DIVISIONES

Introducción

El problema de las divisiones sigue ocupando la totalidad del presente capítulo. De lo que puede deducirse la importancia que un tema así tiene para la buena marcha de la iglesia, que está en un camino de dificultades y necesita ser restaurada, buscando la armonía de los creyentes para que, como Jesús dijo: *"Que sean uno"*. El apóstol ha estado sentando las bases bíblicas para abordar el problema de las divisiones, que prosigue ahora en este capítulo, como se considerará.

Los creyentes en Corinto habían creado diversos grupos que los separaban entre sí (1:12), llamándose con el nombre de siervos de Dios, reconocidos entre ellos, con lo que los exaltaban como si de ellos dependiera la realidad de la iglesia y la causa de la salvación de los cristianos. Esto manifestaba un notable desconocimiento de la doctrina bíblica sobre la iglesia, que el apóstol les había enseñado antes.

Avanzando en la resolución del problema, tiene que recordarles en ese pasaje que los siervos de Dios no podían ser puestos como líderes de partidos, semejantes a lo que ocurría en las escuelas de los filósofos, para enfrentarse los grupos formados entre sí, porque tan solo son siervos de Dios, sin autoridad propia. Las funciones de ellos son diversas, pero el resultado depende en todo del poder de Dios que hace fructífero su ministerio. Todos los siervos de Dios están en el campo de labor en que Él los puso, pero que no es propio de cada uno de ellos. Todos realizan un servicio diferente, pero todos son *colaboradores*, tanto entre ellos, como con Dios que los ha llamado y puesto en ese ministerio.

La primera consecuencia negativa de las divisiones es que el crecimiento espiritual se detiene. Esto lo tratará en el primer párrafo (vv. 1-9). Les hace notar primeramente su condición de faltos de crecimiento espiritual, considerándolos como *carnales*, esto es *niños en Cristo* (v. 1). Por esa razón no están en condiciones de asimilar un conocimiento profundo de la Escritura, evidenciando la realidad que su carnalidad por las divisiones producidas y la vinculación de cada uno con un grupo diferente (vv. 2-4). Una pregunta reflexiva les introduce en la enseñanza de lo que son cada uno de los siervos de Dios que les han ministrado, y las labores distintas y complementarias que los que el Señor les había enviado hicieron en la edificación de la iglesia (vv. 5-8), para afirmar lo que son ellos como labranza de Dios, y lo que son los que les han servido, como colaboradores de Dios (v. 9).

El riesgo en que estaban los corintios por esa actuación divisionaria era grave, como les hace notar en el párrafo (vv. 10-15). Especialmente en lo que tiene que ver con la ocupación personal, en la que Pablo pone el fundamento y los salvos edifican sobre lo que ha sido puesto (v. 10). Además, los partidos en la iglesia caen por su propio peso cuando los creyentes comprendan que no hay otro fundamento que no sea Cristo (v. 11). Los creyentes deben prestar atención al modo en que están haciendo esta labor, teniendo en cuenta que la obra de cada uno va a ser examinada por Dios mismo y que solamente se mantendrá aquella que se ha hecho con materiales de procedencia celestial (vv.12-15).

Añade otra situación a la que deben prestar suma atención, que es la disciplina divina (vv. 16-17). La iglesia es el templo de Dios, porque también lo son cada uno de los creyentes, en quienes mora el Espíritu (v.16). Cuando alguien trata de fracturar el templo de Dios, Él actuará en disciplina que puede ser muy grave, ya que las divisiones no consideran la unidad y santidad del templo de Dios (v.17).

El capítulo se cierra con un párrafo en el que Pablo hace un nuevo llamamiento a la consideración de los creyentes (vv. 18-23). Les apela a una vida en la verdadera sabiduría de Dios que, como ya enseñó antes, es contraria a la del mundo (v. 18). Seguir a hombres es estar en el campo del pensamiento humano, que es insensatez para Dios y cuya forma de pensamiento lo considera vanidad (v. 19-20). Alcanza la conclusión de la enseñanza correctora advirtiéndoles que es insensato gloriarse en los hombres, porque todos los que Dios ha usado en la edificación de los creyentes son simplemente instrumentos a Su servicio. La gloria del creyente está en Cristo, de quien son todas las cosas, por eso los creyentes deben considerar que siendo de Cristo, son también de Dios y no de los hombres por grandes que aparenten (vv.21-23).

Para el comentario del capítulo se sigue el *bosquejo* que está en apartado de la *introducción a la Epístola*, como sigue:

3. Consecuencias de las divisiones (3:1-4:5).
   - 3.1. El crecimiento espiritual detenido (3:1-9).
   - 3.2. Pérdida de recompensas (3:10-15).
   - 3.3. Disciplina divina (3:16-17).
   - 3.4. Seguimiento equivocado (3:18-23).

Consecuencias de las divisiones (3:1-4:5)

El crecimiento espiritual detenido (3:1-9)

1. De manera que yo, hermanos, no pude hablaros como a espirituales, sino como a carnales, como a niños en Cristo.

Καγώ, ἀδελφοί, οὐκ ἠδυνήθην λαλῆσαι ὑμῖν ὡς πνευματικοῖς
Y yo, hermanos, no pude hablar os como espirituales
ἀλλ' ὡς σαρκίνοις, ὡς νηπίοις ἐν Χριστῷ.
sino como a carnales, como niños en Cristo.

Análisis y notas del texto griego.

Análisis: Καγώ, palabra formada por crasis[1] de la conjunción καὶ, y el pronombre personal ἐγώ, y que equivale a *y yo*; ἀδελφοί, caso vocativo masculino plural del nombre común *hermanos*; οὐκ, forma escrita del adverbio de negación *no*, con el grafismo propio ante una vocal con espíritu suave o una enclítica; ἠδυνήθην, primera persona singular del aoristo primero de indicativo en voz pasiva del verbo δύναμαι, *poder, tener poder*, aquí *pude*; λαλῆσαι, aoristo primero de infinitivo en voz activa del verbo λα λέω, *hablar, decir*; ὑμῖν, caso dativo de la segunda persona plural del pronombre personal declinado *a vosotros, os*; ὡς, adverbio de modo, *como*, que hace las veces de conjunción comparativa; πνευματικοῖς, caso dativo masculino plural del adjetivo declinado *a espirituales*; ἀλλ', forma escrita ante vocal de la conjunción adversativa ἀλλά que significa *pero, sino*; ὡς, adverbio de modo, *como*, que hace las veces de conjunción comparativa; σαρκίνοις, caso dativo masculino plural del adjetivo declinado *a carnales*; ὡς, adverbio de modo, *como*, que hace las veces de conjunción comparativa; νηπίοις, caso dativo masculino plural del adjetivo *niños*; ἐν, preposición propia de dativo *en*; Χριστῷ, caso dativo masculino singular del nombre propio *Cristo*.

Καγώ, ἀδελφοί, Mediante la expresión *"y yo"*, traducido en RV como *"de manera que yo"*, enlaza con la última parte del capítulo anterior (2:6 ss.). Volviendo al tema de las divisiones en la iglesia y conduciendo a los lectores a la clara percepción del problema generado por esa causa.

Una vez más sigue usando el vocativo ἀδελφός, *hermanos*, que no solo expresa la condición de todos como miembros de la familia de Dios, sino que conduce al lector de hoy para poder entender lo que sigue en el mismo versículo. No se trata de perdidos, o de *personas confundidas*, ni tampoco son meros *convencidos*, sino hermanos en Cristo del apóstol, por tanto, personas nacidas de nuevo, salvas por gracia mediante la fe, con

[1] *Crasis*, palabra griega que equivale a *unión de fuerzas*, en general *unión de elementos*.

plena seguridad de salvación, regenerados por el Espíritu, dotados de Su presencia para experimentar una vida victoriosa.

Es necesario entender bien esto, por cuanto hay algunos que, poseídos de un espíritu de *perfeccionamiento*, afirman que no existe el creyente carnal, que es absolutamente imposible y que quien afirma esto no conoce la Escritura y confunde a los que siendo amigos de los creyentes, cristianos nominales, viven vidas contrarias al Espíritu. Pablo va a llamar carnales a quienes antes llamó *santificados en Cristo* y a los que considera como sus hermanos en la fe. No se trata de meros profesantes, sino de verdaderos creyentes en Cristo, nacidos de nuevo.

οὐκ ἠδυνήθην λαλῆσαι ὑμῖν. Sin embargo, tienen en ellos un impedimento que al apóstol denuncia al decirles: *"no pude hablaros"*. Posiblemente esté refiriéndose al primer periodo de la fundación de la iglesia. En los recién convertidos, había asuntos de fe que no llegaban a comprender en plenitud, porque no habían madurado espiritualmente lo suficiente para alcanzar esa comprensión. Tenían entonces el impedimento de la falta de madurez que no permitía la enseñanza profunda, que al apóstol le hubiera gustado impartir. Limitación que, como se considerará en el próximo versículo, continuaba a pesar del tiempo.

οὐκ ἠδυνήθην λαλῆσαι ὑμῖν ὡς πνευματικοῖς. El apóstol presenta dos clases de creyentes, por un lado están los *espirituales*, de ellos dice que le hubiera gustado poder hablar a todos *"como a espirituales"*. Estos son los creyentes que habiendo creído y sido regenerados, el Espíritu Santo está en ellos conduciendo sus vidas y haciendo la operación predestinada por el Padre para cada creyente, de ser conformados a la imagen de Cristo (Ro. 8:29). Los que *"andan en el Espíritu"* (Gá.5:16) no satisfacen los deseos de la carne, esto es, el modo de la vida del no creyente, que no puede *andar en el Espíritu*, porque no lo ha recibido (Ro. 8:9). La presencia y sujeción al Espíritu producirá una conducta que corresponde al nacido de nuevo, manifestando en él la vida de Jesús. Pablo habló de la identificación con Cristo no solo para justificación, sino para santificación. La regeneración, operación del Espíritu en el salvo, dota a éste de una nueva forma de ser como expresión de su principio de vida, vinculado con Dios y participando de la naturaleza divina (2 P. 1:4). El creyente bautizado por el Espíritu en Cristo (12:13), entra en una nueva vida en el Señor. Esta identificación produce la liberación del poder opresor de las cadenas de esclavitud que el hombre natural tiene sobre sí a causa del pecado. Es liberado del poder del *yo* (Gá. 2:20); del de la carne (Gá. 5:24), y del poder del mundo (Gá. 6:14). Cristo comunica vida a la nueva humanidad en Él, como *espíritu vivificante*

(15:45). Esta situación en Cristo por el poder del Espíritu capacita al cristiano para santificación. Separados para Dios permanentemente, se ocupan de una vida santa en el poder del Espíritu. La transformación por el Espíritu es poderosa, de modo que, de un estado pasado de perversión y pecado como modo de vida, los que ahora son creyentes, pasan por una obra de la gracia a una experiencia de santificación, donde la limpieza del pecado conduce a la santidad de vida, en un estado definitivo de posición en Cristo (1:30). Estos son separados para Dios como pueblo santo (1 P. 2:9). La ocupación de los tales ya no es el pecado, sino la santidad (Fil. 3:12).

El Espíritu viene a residir en el creyente (6:19). De manera que el cuerpo del creyente es el santuario de Dios. La presencia del Espíritu Santo en cada uno de los que creen es una verdad revelada. El creyente que ha nacido de nuevo tiene un compromiso personal: debe vivir en la esfera de la vida nueva que la ha sido dada (Col. 3:1-3). Para ello ha de considerarse muerto al pecado (Ro. 6:11-12), dejando de vivir en la esclavitud pecaminosa, para caminar en la condición de *"siervo de la justicia"* (Ro. 6:12, 14, 17, 18). Esta novedad de vida es posible solo en el terreno de la sujeción al Espíritu, por tanto, esa vida debe denominarse *espiritual* y quien la practica, es un *creyente espiritual*, porque *anda en el Espíritu*, lo que es igual a vivir en el Espíritu y no en la carne (Ro. 8:4). El Espíritu los guía a la verdad, los ilumina para entender la Escritura, y hace que el deseo vehemente de cada creyente espiritual sea cumplir lo que el Señor ha establecido y vivir vidas de seguimiento a Cristo y no a los hombres. Un creyente espiritual anda honestamente, como el mismo apóstol dice: *"Andemos como de día, honestamente... no en contiendas y envidias"* (Ro. 13:13) esto había sido denunciado antes (1:11). La orientación de la vida conforme al Espíritu es fe: *"porque por fe andamos, no por vista"* (2 Co. 5:7). Es una vida de verdad que anhela la verdad (2 Jn. 4). Es también una vida de obediencia ajustada a los mandamientos del Señor (2 Jn. 6). Tal forma de vida sólo es posible por el poder de Dios que actúa en el creyente (Fil. 2:13). Los creyentes espirituales ajustan su actuación conforme a la mente de Cristo (2:16). El *espiritual* lo es más que por lo que hace, por *cómo* lo hace. No son apariencias piadosas sino piedad real generada e impulsada por el Espíritu. Las obras *religiosas* son generalmente mera apariencia de piedad (2 Ti. 3:5).

ἀλλ' ὡς σαρκίνοις, Estas condiciones las echa en falta el apóstol en los corintios, de modo que con cierta tristeza les dice que no pudo hablarles *como a espirituales*, *"sino como a carnales"*. Antes se indicó que hay una confusión en esto que genera dificultades y conduce a un entendimiento contrario a lo que enseña la Palabra. Hay una pregunta capital: *¿Hay creyentes carnales?* Al acudir a la enseñanza bíblica sin prejuicios se entiende que *el creyente carnal*, es tal porque, aunque plena y perfectamente salvo, seguro en Cristo, dotado de la vida eterna, camina en la *carne* y no en el Espíritu. En estos versículos –el que se considera y los que siguen– Pablo se dirige a él como *hermano*. Este calificativo solo puede emplearse para quienes son hijos del Padre, por el nuevo nacimiento (Jn. 1:12). En el mismo contexto de la *Epístola* se afirma que los *carnales* están en Cristo, con lo que confirma aún más la realidad de la salvación de aquellos a quienes se dirige. Esa relación con Cristo, vinculado a Él, que se alcanza por y en los méritos de Cristo, no puede ser rota jamás. Sin embargo, eso no quiere decir que el *creyente carnal* mantenga ininterrumpida la comunión con Cristo, que es alterada por la forma de vida en el impulso de la carne. De otro modo, mientras que el *creyente espiritual* anda en el Espíritu, el *carnal* anda como los hombres naturales sujetos al poder de la carne, es decir, tiene un comportamiento semejante a un inconverso. No viven en el amor, sino en las divisiones y conflictos, luchando en contra de la *unidad del Espíritu* en el *vínculo de la paz* (Ef. 4:3). Cuando se promueven divisiones en la iglesia se manifiesta una expresión externa de pecado interno resultado de una carnalidad carente de amor. Esto es generalmente promovido por quien se considera más alto que los otros, poniendo de manifiesto la carencia de humildad, exhibiendo una vida carnal y no espiritual. Es evidente que la Biblia enseña sobre cristianos que *andan en la luz* y los que lo hacen *en las tinieblas*; los que *andan en vida nueva* y los que andan *según la carne*; los que son *espirituales* y los que son *carnales*; los que viven en la *plenitud del Espíritu* y los que tienen contristado y apagado al *Espíritu.*

En resumen, la *carnalidad* es, en este caso; un elemento del hombre que está tanto en el regenerado como en el no regenerado, a causa de la caída, y que se opone a Dios y Su santidad. Es aquello propio del ser humano que lo esclaviza. De ella surgen los malos deseos, los malos pensamientos y las malas acciones. La carne está en constante oposición a Dios luchando contra Su Espíritu (Gá. 5:17). La carne afecta el discernimiento espiritual del hombre en relación con la voluntad de Dios (2:14). El concepto de carne es semejante al de *cuerpo de pecado* (Ro. 6:6). La *carnalidad* en el creyente debe considerarse a la luz de toda la enseñanza bíblica: El creyente ha sido liberado del *poder* de la carne por el poder de Dios que actúa en él (Gá. 5:24); no está despojado de su *vieja naturaleza*, que actúa bajo el poder de la carne (Ro. 7:14, 15, 18, 19, 24); la *carne* está en constante oposición al Espíritu de Dios en el creyente (Gá. 5:17). Por tanto, *carnalidad* es el estado espiritual del creyente que se deja dominar por la carne. Esta situación es bíblicamente cierta: *"Amados, yo os ruego como a extranjeros y peregrinos, que os abstengáis de los deseos carnales que batallan contra el alma"* (1 P. 2:11). Las dos esferas de control sobre el creyente son el Espíritu y la carne (Gá. 5:16). La posibilidad de que el creyente pueda estar viviendo bajo el control de la carne, es una clara enseñanza bíblica (Ro. 8:5-13), en cuyo pasaje se aprecia que hay quienes viven así. La demanda de Dios es notable para el creyente sobre una vida en el Espíritu y no en la carne (Jn. 4:23-24; Gá. 5:16; Ef. 5:18). El triunfo sobre la carne y, por consiguiente, el dejar de ser *carnal* para pasar a ser *espiritual* consiste en dejarse controlar por el Espíritu (Ro. 8:2-4).

ὡς νηπίοις ἐν Χριστῷ. Pablo les llama también *niños en Cristo.* Esto añade una dificultad más, puesto que, siendo niños, solo pueden recibir *leche espiritual*, que es el abc de las verdades doctrinales, necesarias para el desarrollo del cuerpo espiritual del creyente. De otro modo, ellos están privados del poder santificador de la Palabra y sometidos a las obras de la carne que actúan cuando la lucha con el Espíritu se detiene por causa del creyente, produciendo *envidias, rivalidades y divisiones*. El que produce divisiones, si es salvo, es un infantil, un niño en la primera etapa del desarrollo espiritual. Estos, a quienes el apóstol escribe no habían madurado espiritualmente. Se consideraban grandes y espirituales, pero desde el discernimiento de Pablo eran muy pequeños, no eran hombres maduros, sino niños. El problema del ministro es que tiene que seguir hablando a niños que ya debían ser hombres. El objetivo de la enseñanza del apóstol era conducir a los creyentes a la madurez espiritual (Col. 1:28).

2. Os di a beber leche, y no vianda; porque aún no erais capaces, ni sois capaces todavía.

γάλα ὑμᾶς ἐπότισα, οὐ βρῶμα· οὔπω γὰρ ἐδύνασθε. ἀλλ'
Leche a vosotros di a beber, no alimento sólido; porque aún no erais capaces pero
οὐδὲ ἔτι νῦν δύνασθε,
ni aún ahora sois capaces.

Análisis y notas del texto griego.

Análisis: γάλα, caso acusativo neutro singular del nombre común *leche*; ὑμᾶς, caso acusativo de la segunda persona plural del pronombre personal declinado *a vosotros*; ἐπότισα, primera persona singular del aoristo primero de indicativo en voz activa del verbo ποτίζω, *dar de beber*, aquí *di a beber*; οὐ, adverbio de negación *no*; βρῶμα, caso acusativo neutro singular del nombre común *alimento sólido*; οὔπω, adverbio *aún no, todavía no*; γὰρ, conjunción causal *porque*; ἐδύνασθε, segunda persona plural del imperfecto de indicativo en voz activa del verbo δύναμαι, *poder, tener poder, ser capaz de*, aquí *erais capaces*; ἀλλ', forma escrita ante vocal de la conjunción adversativa ἀλλά que significa *pero, sino*; οὐδὲ, conjunción *ni*; ἔτι, adverbio *aún, todavía*; νῦν, adverbio demostrativo *aún*; δύνασθε, segunda persona plural del presente de indicativo en voz media del verbo δύναμαι, *poder, tener poder, ser capaz de*, aquí *sois capaces*.

γάλα ὑμᾶς ἐπότισα, οὐ βρῶμα· El primer grave problema que afecta a un creyente carnal es que el crecimiento espiritual para él se haya detenido. El apóstol les recuerda que cuando había iniciado el trabajo en Corinto, con la fundación de la iglesia, los recién convertidos tenían que ser –espiritualmente hablando– alimentados con *leche espiritual*, lo que como se dijo en el comentario del versículo anterior son los elementos básicos de la doctrina bíblica. Muchos de ellos no habían tenido contacto alguno con los cristianos, por lo que era necesario comenzar por las cosas más básicas para que fuesen conociendo la verdad de la fe. En la iglesia había algunos que acusaban a Pablo de predicar cosas sencillas, pero, la razón para ello es que no habían alcanzado capacidad para asimilar otras más profundas. La situación de los creyentes impedía un ministerio expositivo más profundo. El apóstol sólo podía enseñar cosas profundas a creyentes maduros (2:6). Por esto usa la metáfora de la leche para indicar la necesidad que tenía de insistir en la doctrina fundamental apropiada para los recién convertidos (He. 5:12-14; 1 P. 2:2). Esto se entiende en el tiempo inmediatamente seguido a la conversión, pero debe ser sustituido por la capacidad espiritual de avanzar en el conocimiento más profundo.

οὔπω γὰρ ἐδύνασθε. Sin embargo, esa era la condición propia de aquellos a quienes Pablo ayudó a crecer espiritualmente, a los que evangelizó e instruyó en los rudimentos del evangelio. *"Y todo aquel que participa de la leche es inexperto en la palabra de justicia, porque es niño"* (He. 5:13). Estos creyentes a quienes escribe, ya llevaban tiempo en la vida cristiana. Pablo estuvo en Corinto durante dieciocho meses, luego siguió Apolos un tiempo. Allí estuvieron los colaboradores más directos del apóstol enseñando. La formación fue básica, pero debía haber sido superada ya.

ἀλλ' οὐδὲ ἔτι νῦν δύνασθε, Pero, a pesar del tiempo transcurrido seguían siendo incapaces de recibir un alimento más sólido que la leche espiritual. Esto significa que no habían alcanzado la madurez. Su forma de comportamiento expresa un infantilismo espiritual como consecuencia de no sentir avidez por la Palabra y, sin duda, haber abandonado el camino del estudio en profundidad de la Biblia. Una limitada asimilación de las verdades de la fe, produce o mantiene al creyente en un infantilismo espiritual, que produce en él un debilitamiento y le lleva a la desorientación. El infantilismo produce creyentes inestables, que son fácilmente engañados y actúan en muchas ocasiones en forma contraria a la verdad revelada. La consecuencia es producir inquietud y problemas en la iglesia local donde se congregan. Este era uno de los muchos problemas que confrontaban los destinatarios de la *Epístola*, a los que el apóstol les dice que no eran capaces antes, *ni lo son todavía ahora* de progresar hacia la madurez espiritual.

El infantilismo espiritual es propicio a la carnalidad. Por ese comportamiento carnal en la iglesia formando bandos que dividían la congregación, se manifestaban como carnales, a quienes llama *niños en Cristo* (v. 1). Un creyente es espiritual, como se ha dicho antes, en la medida en que vive en sujeción y conducción del Espíritu, pero es carnal en la medida en que habiendo dejado de *andar en el Espíritu* (Gá. 5:16), viene a estar bajo el control e impulso de la carne, propia de su vieja naturaleza caída que permanece en el salvo hasta la glorificación. Pablo los describe como bebés que consumen leche en lugar de alimento sólido. No eran capaces antes como recién convertidos y seguían siéndolo aún después del tiempo por inmaduros.

3. Porque aún sois carnales; pues habiendo entre vosotros celos, contiendas y disensiones, ¿no sois carnales, y andáis como hombres?

ἔτι γὰρ σαρκικοί ἐστε. ὅπου γὰρ ἐν ὑμῖν ζῆλος καὶ ἔρις,
Porque aún carnales sois. Porque donde entre vosotros celos y contiendas
οὐχὶ σαρκικοί ἐστε καὶ κατὰ ἄνθρωπον περιπατεῖτε
¿No carnales sois y según hombres andáis?

Análisis y notas del texto griego.

Análisis: ἔτι, adverbio *aún*; γὰρ, conjunción causal *porque*; σαρκικοί[1], caso nominativo masculino plural del adjetivo *carnales*; ἐστε, segunda persona plural del presente de indicativo en voz activa del verbo εἰμί, *ser, estar*, aquí *sois*; ὅπου, adverbio relativo *donde, adonde*; γὰρ, conjunción causal *porque*; ἐν, preposición propia de dativo *en, entre*; ὑμῖν, caso dativo de la segunda persona plural del pronombre personal *vosotros*; ζῆλος, caso nominativo masculino singular del nombre común *celos*; καὶ, conjunción copulativa *y*; ἔρις, caso nominativo femenino singular del nombre común *discordias*, *disputas, riñas, rivalidades, contiendas*; οὐχὶ, forma intensificada del adverbio de negación οὐ, forma ática, que se traduce como *no* y se utiliza, como partícula interrogativa en preguntas de las que se espera respuesta afirmativa; σαρκικοί, caso nominativo masculino plural del adjetivo *carnales*; ἐστε, segunda persona plural del presente de indicativo en voz activa del verbo εἰμί, *ser, estar*, aquí *sois*; καὶ, conjunción copulativa *y*; κατὰ, preposición propia de acusativo *según*; ἄνθρωπον, caso acusativo masculino plural del nombre común *hombres*; περιπατεῖτε, segunda persona plural del presente de indicativo en voz activa del verbo περιπατέω, *andar, caminar*, aquí *andáis*.

Notas. Crítica Textual. Lecturas alternativas.

[1]σαρκικοί, *carnales*, según lectura en $\mathfrak{P}^{11}$, a, A, B, C, P, Ψ, 0289, 81, 630, 1175, 1506, 1739, 1881, r, vg, co, Clemente, Orígenes, Dídimo, Ambrosiaster.

σαρκινοί, *de carne, carnoso, grueso, sensual*, conforme a $D^{*,c}$, F, G.

διχοσταρσίαι, *discordia, disensión, disputa*, según lectura en $\mathfrak{P}^{46}$, D, F, G, L, 33, 104, 365, 1241, 1505, 2464, 𝔐, ar, b, sy, Ireneo, Cipriano.

ἔτι γὰρ σαρκικοί ἐστε. El apóstol hace una afirmación precisa: *"porque aún sois carnales"*. Pudiera molestar a alguno de los creyentes de la iglesia en Corinto, un calificativo así, por lo que va a dar la razón principal para usarlo.

ὅπου γὰρ ἐν ὑμῖν ζῆλος La demostración consiste en el comportamiento que se manifiesta entre ellos. El apóstol les pone delante la manifestación visible de la carne (Gá. 5:20), donde actuando en ellos provoca *"celos"* que equivale a sentimientos profundos de envidia unos contra otros (Hch. 7:9; 17:5; 1 Co. 13:4). Esta es, sin duda, la expresión más destacable del egoísmo, buscando poseer o disfrutar de lo que tienen otros. Es una de las manifestaciones de una conducta infantil.

καὶ ἔρις, La segunda manifestación de carnalidad son las *contiendas*, que es la consecuencia natural de los celos. Estos se exteriorizan en violencia externa contra los envidiados, de modo que la paz se destruye. De otro modo, los *celos* expresan la condición interna, las *contiendas* la expresión externa y visible de ellos.

οὐχὶ σαρκικοί ἐστε καὶ κατὰ ἄνθρωπον περιπατεῖτε. Avanza un punto más para concluir que los corintios eran *carnales* y se comportaban, literalmente *andaban* como hombres. Antes escribió sobre el *hombre natural*, aquí vuelve a recordárselo, de modo que quien se deja conducir por la carne, anda como el hombre natural no regenerado. Es el modo natural del comportamiento humano. Ambas cosas, *los celos* y las *rivalidades* son obras propias de las tinieblas (Ro. 13:13). El correcto uso del adjetivo que los señala como *carnales* y el título de *hombres*, están bien justificados y nadie podía sentirse agraviado por ello.

4. Porque diciendo el uno: Yo ciertamente soy de Pablo; y el otro: Yo soy de Apolos, ¿no sois carnales?

ὅταν γὰρ λέγῃ τις· ἐγὼ μέν εἰμι Παύλου, ἕτερος δέ· ἐγὼ
Porque cuando diga uno: Y ciertamente soy de Pablo; y otro: Yo

'Απολλῶ, οὐκ ἄνθρωποι ἐστε
de Apolos, ¿No hombres sois?

Análisis y notas del texto griego.

Análisis: ὅταν, conjunción *cuando, siempre que, tantas veces como*; γὰρ, conjunción causal *porque*; λέγῃ, tercera persona singular del presente de subjuntivo en voz activa del verbo λέγω, *hablar, decir*, aquí *diga*; τις, caso nominativo masculino singular del pronombre indefinido *uno*; ἐγὼ, caso nominativo de la primera persona singular del pronombre personal *yo*; μέν, partícula afirmativa que se coloca siempre inmediatamente después de la palabra expresiva de una idea que se ha de reforzar o poner en relación con otra idea y que, en sentido absoluto tiene oficio de adverbio de afirmación, como *ciertamente, a la verdad*; εἰμι, primera persona singular del presente de indicativo en voz activa del verbo εἰμί, *ser, estar*, aquí *soy*; Παύλου, caso genitivo masculino singular del nombre propio declinado *de Pablo*; ἕτερος, caso nominativo masculino singular del adjetivo indefinido *otro*; δέ, partícula conjuntiva que hace las veces de conjunción coordinante, con sentido de *pero, más bien, y, y por cierto, antes bien, entonces*; ἐγὼ, caso nominativo de la primera persona singular del pronombre personal *yo*; 'Απολλῶ, caso genitivo masculino singular del nombre propio declinado *de Apolos*; οὐκ, forma escrita del adverbio de negación *no*, con el grafismo propio ante una vocal con espíritu suave o una enclítica; ἄνθρωποι, caso nominativo masculino plural del nombre común *hombres*; ἐστε, segunda persona plural del presente de indicativo en voz activa del verbo εἰμί, *ser, estar*, aquí *sois*.

ὅταν γὰρ λέγῃ τις· ἐγὼ μέν εἰμι Παύλου, ἕτερος δέ· ἐγὼ 'Απολλῶ, Las manifestaciones de las divisiones en la iglesia son claramente observables, ya que unos se llaman *de Pablo* y otros *de Apolos*. Con esto regresa nuevamente a lo que les había dicho al principio de la *Epístola*, según el informe de los de Cloé (1:12). No hace referencia a los otros dos grupos, mencionando tan solo dos de los cuatro, pero, es suficiente para poner de manifiesto la realidad de las divisiones internas que fragmentaban la congregación. Formar grupos de división entre los creyentes justificándolos con nombres de líderes a quienes dicen seguir, es un grave pecado en la iglesia.

οὐκ ἄνθρωποι ἐστε. Presentada la evidencia el apóstol formula nuevamente una pregunta retórica que exige una respuesta afirmativa: *"¿No sois carnales?"* La carne se opone a los propósitos de Dios, que es la unidad para la iglesia formada por todos los creyentes en Cristo, a quien es el único que debe seguirse. Por esa unidad oró Jesús al Padre: *"Mas no ruego solamente por estos, sino también por los que han de creer en mí por la palabra de ellos, para que todos sean uno; como tú, oh Padre, en mí, y yo en ti, que también ellos sean uno en nosotros; para que el mundo crea que tú me enviaste"* (Jn. 17:20-21). Seguir a Pablo o a Apolos, es contrario a la enseñanza de la Escritura, que señalan a Cristo como el que debe ser seguido (He. 12:2; 1 P. 2:21). El llamamiento del Señor es a seguirle a Él (Mr. 1:17).

Pablo apunta a los lectores para que juzguen ellos mismos esta realidad y se den cuenta que viven carnalmente. El texto griego dice literalmente: *"¿No sois hombres?"*, en sentido de comportamiento como los no regenerados, que viven según la carne porque tampoco tienen en ellos el Espíritu. Quien genera divisiones en la iglesia se opone a la voluntad de Dios y evidencia un comportamiento carnal, propio de los que no son creyentes.

5. ¿Qué, pues, es Pablo, y qué es Apolos? Servidores por medio de los cuales habéis creído; y eso según lo que a cada uno concedió el Señor.

Τί οὖν ἐστιν Ἀπολλῶς τί δέ ἐστιν Παῦλος διάκονοι
¿Qué, pues, es Apolos? ¿Y que es Pablo? Servidores
δι᾽ ὧν ἐπιστεύσατε, καὶ ἑκάστῳ ὡς ὁ Κύριος ἔδωκεν.
por medio de los cuales creísteis, y a cada uno como el Señor dio.

Análisis y notas del texto griego.

Análisis: Τί, caso nominativo neutro singular del pronombre interrogativo *qué*; οὖν, conjunción causal continuativa *pues*; ἐστιν, tercera persona singular del presente de indicativo en voz activa del verbo εἰμί, *ser estar*, aquí *es*; Ἀπολλῶς, caso nominativo masculino singular del nombre propio *Apolos*; τί, caso nominativo neutro singular del pronombre interrogativo *qué*; δέ, partícula conjuntiva que hace las veces de conjunción coordinante, con sentido de *pero, más bien, y, y por cierto, antes bien, entonces*; ἐστιν, tercera persona singular del presente de indicativo en voz activa del verbo εἰμί, *ser estar*, aquí *es*; Παῦλος, caso nominativo masculino singular del nombre propio *Pablo*; διάκονοι, caso nominativo masculino plural del nombre común *servidores, diáconos*; δι᾽, forma contracta de la preposición propia de genitivo διά, *por, por medio de, a causa de*; ὧν, caso genitivo masculino plural del pronombre relativo *los que, los cuales*; ἐπιστεύσατε, segunda persona plural del aoristo primero de indicativo en voz activa del verbo πιστεύω, *creer*, aquí *creísteis*; καὶ, conjunción copulativa *y*; ἑκάστῳ, caso dativo masculino singular del adjetivo indefinido declinado *a cada uno*; ὡς, adverbio de modo, *como*, que hace las veces de conjunción comparativa; ὁ, caso nominativo masculino singular del artículo determinado *el*; Κύριος, caso nominativo masculino singular del nombre divino *Señor*; ἔδωκεν, tercera persona singular del aoristo primero de indicativo en voz activa del verbo δίδωμι, *dar, entregar*, aquí *dio*.

Τί οὖν ἐστιν Ἀπολλῶς τί δέ ἐστιν Παῦλος. El apóstol va a presentar primeramente lo que los ministros son ante la iglesia y luego lo que la iglesia es para los ministros. Como es habitual en él, usa preguntas retóricas que despiertan el interés y llaman a la reflexión. La pregunta formulada comienza por Apolos y sigue luego por él. En algunos mss aparecen invertidas, primero Pablo y luego Apolos, sin embargo, eso no tiene importancia alguna. Seleccionados dos líderes para usarlos de ejemplo, pregunta a los lectores que son realmente esos dos hombres para ser puestos como líderes de grupo y seguidos por los que los integran. Nótese que no pregunta *quienes son*, sino *qué son*. Se trata de determinar cuál es el valor personal de ellos para que sean seguidos por algunos.

διάκονοι δι' ὧν ἐπιστεύσατε, La respuesta es inmediata: son solamente *servidores*, literalmente *diáconos*. El término se usa para designar a siervos en general que incluye a los esclavos. Es la designación que se hace no tanto desde la condición sino desde el trabajo que realiza. Por tanto, ni Pablo ni Apolos son líderes de un partido, sino siervos al servicio de Cristo. El ministerio encomendado por el Señor a cada uno era el de la proclamación del evangelio, de ahí que, por medio de esos *siervos*, los corintios habían llegado a ser creyentes: *"por medio de los cuales habéis creído"*. Eran solo instrumentos al servicio de Dios para proclamar el mensaje de salvación y enseñar a los convertidos. Los corintios no fueron salvos *en ellos*, sino *por medio de ellos*, es decir, como resultado de su trabajo fiel en la proclamación del evangelio, como cumplimiento de la labor que el Señor les había encomendado al llamarlos a Su servicio. El objetivo de su ministerio era el de conducir a los hombres a la fe. Su actuación era semejante a la de Juan el Bautista (Jn. 1:37). No buscaban partidarios con su ministerio, ni llevaban discípulos tras sí. El que busca seguidores personales está demostrando que no sirve al Señor, no es siervo de Dios, ni nunca fue llamado por Él a ese ministerio (Hch. 20:30).

Servidores, este es el gran nombre que formula sin ambages la naturaleza del que sirve en la iglesia local, o en cualquier otro aspecto del ministerio. El ministro, esto es, el que sirve, el siervo de Dios, no es un jefe o director de una escuela teológica, no es el fundador de una sociedad religiosa, es sencillamente un siervo empleado que trabaja no en su propia obra, sino en la de otro. Cuando un siervo de Dios hace *su obra personal*, arrastrando tras sí a algunos, no es un pastor, sino un lobo vestido de oveja. Los más grandes en la obra de Dios, son simples agentes al servicio del Señor de la obra.

καὶ ἑκάστῳ ὡς ὁ Κύριος ἔδωκεν. Por otro lado, nadie puede hacer la obra de Dios, sino solamente Él. Las fuerzas, habilidades, recursos, etc. para poder colaborar en esa obra, proceden de Dios mismo, a fin de que toda la gloria sea Suya. El apóstol sabe que su condición de *apóstol*, la recibió como un regalo de la gracia: *"Y por quien recibimos la gracia y el apostolado, para la obediencia a la fe en todas las naciones por amor de su nombre"* (Ro. 1:5). El Hijo de Dios concedió a Pablo el apostolado, no como dignidad, sino como capacidad para servir en la misión que le encomienda, por consiguiente, el trabajo que hacía respondía a ella. La comisión al apostolado en él, así como la de enseñanza en Apolos, procedían de Cristo mismo, quien otorga la *gracia* y el *apostolado*. La misión que encomendó a cada uno de los siervos, es potestativa del Señor que gobierna y rige todo en cielos y tierra, por la autoridad recibida en la resurrección. Ningún don es alcanzado por méritos personales, sino que lo otorga soberanamente el Espíritu Santo (12:11). Esa gracia manifiesta el poder de Dios que actúa en su vocación. El llamamiento al servicio de Apolos y suyo, procede de Cristo, de modo que el ministerio de ambos está establecido por Cristo. El llamamiento al servicio se produce *"por la voluntad de Dios"* (1:1; 2 Co. 1:1; Ef. 1:1). Esa gracia otorgada por Dios, actúa en el trabajo que realizan, capacitando a Pablo para el apostolado, y a Apolos para enseñar la fe. Es la gracia la que permite al creyente ser *siervo de Cristo*, y cumplir la misión que le ha sido encomendada.

Ningún ministro del Señor tiene base alguna para gloriarse, pues todo lo que tiene procede de Dios. El ministerio es concesión divina y procede de un llamamiento también divino (Hch. 13:2). Los dones que capacitan para el servicio también proceden de Él (12:11). Así enseñó Pablo a los corintios (4:7). Una clara comprensión de esto condiciona positiva o negativamente el ministerio del siervo. La iglesia debe reconocer el valor del servicio de hombres que Dios salvó y llamó para ello, pero los tales no pueden considerarse superiores a los creyentes, estableciendo una jerarquía sobre ellos (1 P. 5:2-3). El siervo de Dios debe tener muy clara su posición como instrumento, para vivir en continua humildad (15:10).

6. Yo planté, Apolos regó; pero el crecimiento lo ha dado Dios.

ἐγὼ	ἐφύτευσα,	᾿Απολλῶς	ἐπότισεν,	ἀλλὰ	ὁ	Θεὸς	ηὔξανεν·
Yo	planté,	Apolos	regó,	pero	-	Dios	hacía crecer.

Análisis y notas del texto griego.

Análisis: ἐγὼ, caso nominativo de la primera persona singular del pronombre personal *yo*; ἐφύτευσα, primera persona singular del aoristo primero de indicativo en voz activa del verbo φυτεύω, *plantar*, aquí *planté*; ᾿Απολλῶς, caso nominativo masculino singular del nombre propio *Apolos*; ἐπότισεν, tercera persona singular del aoristo primero de indicativo en voz activa del verbo ποτίζω, *regar*, aquí *regó*; ἀλλὰ, conjunción adversativa *pero*; ὁ, caso nominativo masculino singular del artículo determinado *el*; Θεὸς, caso nominativo masculino singular del nombre divino *Dios*; ηὔξανεν, tercera persona singular del imperfecto de indicativo en voz activa del verbo αὐξάνω, *aumentar, agrandar, crecer*, aquí *crecía*, en el sentido de *hacía crecer*.

ἐγὼ ἐφύτευσα, La función de cada siervo es diferente. El ministerio de Pablo era el de *sembrar*, esparcir sobre la tierra preparada la semilla del evangelio. Cumpliendo ese ministerio había predicado en Corinto el mensaje de salvación y algunos habían sido alcanzados para Cristo. La iniciación de la evangelización que trajo como consecuencia el establecimiento de la iglesia, correspondió al apóstol.

Ἀπολλῶς ἐπότισεν, El ministerio de Apolos era diferente, puesto que también los dones eran otros, así que, sobre la semilla plantada, el enseñó a los creyentes para que creciesen espiritualmente. Por tanto, vino a Corinto después de Pablo. Este fue un trabajo que asumió durante un tiempo (Hch. 19:1).

Sin embargo, ninguno de los dos mencionados era superior al otro, porque estaban igualados por la condición de *siervos de Cristo*. El trabajo de ambos era diferente, pero los dos ministerios eran necesarios, y a la vez complementarios. La semilla plantada no crece sin el riego, y éste no sirve para nada sin la semilla. De ese modo se manifiesta también en Antioquía el ejercicio conjunto del ministerio de dos personas *Bernabé y Pablo* (Hch. 11:25-26). Ellos hicieron un trabajo exterior conduciendo personas a Cristo y edificando en la iglesia establecida en Corinto.

ἀλλὰ ὁ Θεὸς ηὔξανεν· Sin embargo, toda obra de siembra y riego queda estéril sin la acción divina que da el crecimiento a la semilla plantada. Sin la acción poderosa de Dios en el interior de los hombres el servicio de los ministros sería inútil. La conclusión a la que Pablo avanza es sencilla y clara, la gloria de toda la obra corresponde a Dios. No es lógico glorificar al siervo, sino a quien, siendo Señor del siervo, dispuso todo e hizo germinar lo sembrado y regado por ellos. El apóstol está haciendo notar a los corintios que es absurdo gloriarse en los hombres, cuando la acción y el resultado del trabajo es de Dios.

7. Así que ni el que planta es algo, ni el que riega, sino Dios, que da el crecimiento.

ὥστε οὔτε ὁ φυτεύων ἐστίν τι οὔτε ὁ ποτίζων ἀλλ' ὁ
Por tanto ni el que siembra es algo ni el que riega, sino -
αὐξάνων Θεός.
que da crecimiento, Dios.

Análisis y notas del texto griego.

Análisis: ὥστε, conjunción consecutiva *por tanto, por consiguiente, de tal manera que, con el fin de, con la intención de*; οὔτε, conjunción copulativa formada por crasis[2] de οὔ, *no*, y τε, *y*, equivalente a *y no, ni*; ὁ, caso nominativo masculino singular del artículo determinado *el*; φυτεύων, caso nominativo masculino singular del participio de presente en voz activa del verbo φυτεύω, *sembrar*, aquí *que siembra*; ἐστίν, tercera persona singular del presente de indicativo en voz activa del verbo εἰμί, *ser, estar*, aquí *es*; τι, caso nominativo neutro singular del pronombre indefinido *algo*; οὔτε, conjunción copulativa formada por crasis[3] de οὔ, *no*, y τε, *y*, equivalente a *y no, ni*; ὁ, caso nominativo masculino singular del artículo determinado *el*; ποτίζων, caso nominativo masculino singular del participio de presente en voz activa del verbo ποτίζω, *regar*, aquí *que riega*; ἀλλ', forma escrita ante vocal de la conjunción adversativa ἀλλά que significa *pero, sino*; ὁ, caso nominativo masculino singular del artículo determinado *el*; αὐξάνων, caso nominativo masculino singular del participio de presente en voz activa del verbo αὐξάνω, *aumentar, agrandar, crecer*, aquí *que da crecimiento, que hace crecer*; Θεός, caso nominativo masculino singular del nombre divino *Dios*.

ὥστε οὔτε ὁ φυτεύων ἐστίν τι οὔτε ὁ ποτίζων. La inutilidad del servicio sin la asistencia de la gracia de Dios, es evidente. Pablo había preguntado antes que era Apolos y que era el mismo (v. 5). Ahora da la respuesta: *"Ni el que planta es algo, ni el que riega"*. No es que los siervos de Dios sean despreciables o inútiles, pero, lo que el apóstol enseña es que en su trabajo no alcanzarían meta alguna sin la acción de Dios. En sí mismo el hombre, aunque sea regenerado, no tiene fuerzas para alcanzar los objetivos que la obra de Dios requiere. Ninguno es capaz de producir la convicción del pecador, ni generar la fe salvadora, ni establecer al salvo en Cristo, ni hacer comprensible espiritualmente la Palabra para el crecimiento. Todo el resultado del servicio corresponde a Dios y a Él debe ser atribuido.

ἀλλ' ὁ αὐξάνων Θεός. Por esa razón apunta al resultado visible del crecimiento de la semilla plantada y regada. Esa iglesia establecida a pesar de los problemas y de la oposición, es el resultado de la omnipotencia de Dios que lo hizo posible. Si *"Dios da el crecimiento"* es absurdo seguir a los hombres que dependen en todo de Dios. Esto elimina las *comparaciones* entre siervos, que traen como consecuencia resaltar los

---

[2] *Crasis*, palabra griega que equivale a *unión de fuerzas*, en general *unión de elementos*.

[3] *Crasis*, palabra griega que equivale a *unión de fuerzas*, en general *unión de elementos*.

méritos respectivos y establecer los parámetros para congregar en torno a ellos a los seguidores conforme a sus preferencias personales.

8. Y el que planta y el que riega son una misma cosa; aunque cada uno recibirá su recompensa conforme a su labor.

ὁ φυτεύων δὲ καὶ ὁ ποτίζων ἕν εἰσιν, ἕκαστος δὲ τὸν ἴδιον
Y el que planta y el que riega uno son, y cada uno la propia
μισθὸν λήμψεται κατὰ τὸν ἴδιον κόπον·
recompensa recibirá según el propio trabajo.

Análisis y notas del texto griego.

Análisis: ὁ, caso nominativo masculino singular del artículo determinado *el*; φυτεύων, caso nominativo masculino singular del participio de presente en voz activa del verbo φυτεύω, *plantar*, aquí *que planta*; δὲ, partícula conjuntiva que hace las veces de conjunción coordinante, con sentido de *pero, más bien, y, y por cierto, antes bien, entonces*; καὶ, conjunción copulativa *y*; ὁ, caso nominativo masculino singular del artículo determinado *el*; ποτίζων, caso nominativo masculino singular del participio de presente en voz activa del verbo ποτίζω, *regar*, aquí *que riega*; ἕν, caso nominativo neutro singular del adjetivo numeral cardinal *uno*, en sentido de *una cosa*; εἰσιν, tercera persona plural del presente de indicativo en voz activa del verbo εἰμί, *ser, estar*, aquí *son*; ἕκαστος, caso nominativo masculino singular del adjetivo indefinido *cada uno*; δὲ, partícula conjuntiva que hace las veces de conjunción coordinante, con sentido de *pero, más bien, y, y por cierto, antes bien, entonces*; τὸν, caso acusativo masculino singular del artículo determinado *el*; ἴδιον, caso acusativo masculino singular del adjetivo *propio*; μισθὸν, caso acusativo masculino singular del nombre común *salario, paga, recompensa*; λήμψεται, tercera persona singular del futuro de indicativo en voz media del verbo λαμβάνω, *recibir*, aquí *recibirá*; κατὰ, preposición propia de acusativo *según, conforme a*; τὸν, caso acusativo masculino singular del artículo definido *el*; ἴδιον, caso acusativo masculino singular del adjetivo *propio*; κόπον, caso acusativo masculino singular del nombre común *trabajo*.

ὁ φυτεύων δὲ καὶ ὁ ποτίζων ἕν εἰσιν, En el servicio a Dios no hay categorías, de modo que quien planta y quien riega, son *uno mismo*, en sentido de *una misma cosa* delante del Señor. Esto confirma lo que ha dicho antes: *"servidores por medio de los cuales habéis creído"* (v. 5). Esta misma cosa, no tiene que ver con los distintos ministerios, que son diferentes según los dones, sino una misma cosa en cuanto a lo que es cada uno, *siervo de Cristo*. Todos los ministerios son complementarios en la iglesia. De nada vale el que riega sino hubiera antes plantado otro. Oponerlos para liderar partidos es desconocer la realidad del servicio. No se trata de rivalidad en el trabajo sino de complementos en el mismo. Todos los creyentes con sus dones son necesarios, pero ninguno es imprescindible. Nadie puede, en la obra de Dios considerarse más importante que otro, porque todos son llamados a ejercer sus dones para la edificación y servicio del cuerpo (1 P. 4:10).

ἕκαστος δὲ τὸν ἴδιον μισθὸν λήμψεται κατὰ τὸν ἴδιον κόπον· Ahora bien, aunque todos son iguales delante de Dios, la labor que cada uno hace es diferente y evaluable en la forma de hacerla, por eso *"cada uno recibirá su recompensa conforme a su labor"*. Dios dará la recompensa que merezca el trabajo hecho en Su obra. Las recompensas son diferentes, no por el servicio en sí, sino por el modo de ejecutarlo: *"conforme a su labor"*, lo que equivale a la entrega en el trabajo. La mejor ilustración aquí, acaso sea la de la parábola del siervo fiel, que recibió recompensa conforme al compromiso en el trabajo realizado (Mt. 25:23). Esto coloca al servidor más humilde al nivel del más elevado. Dios no evalúa la cantidad o dimensión del trabajo hecho, sino la disposición o el modo como se ha realizado. Muchos silenciosos y desapercibidos para los hombres recibirán mayor recompensa que otros que fueron notorios y aplaudidos.

9. Porque nosotros somos colaboradores de Dios, y vosotros sois labranza de Dios, edificio de Dios.

Θεοῦ	γάρ	ἐσμεν	συνεργοί,	Θεοῦ	γεώργιον,	Θεοῦ	οἰκοδομή	ἐστε.
Porque	de Dios	somos	colaboradores,	de Dios	labranza,	de Dios	edificio	sois.

Análisis y notas del texto griego.

Análisis: Θεοῦ, caso genitivo masculino singular del nombre divino declinado *de Dios*; γάρ, conjunción causal *porque*; ἐσμεν, primera persona plural del presente de indicativo en voz activa del verbo εἰμί, *ser, estar*, aquí *somos*; συνεργοί, caso nominativo masculino plural del adjetivo *colaboradores*; Θεοῦ, caso genitivo masculino singular del nombre divino declinado *de Dios*; γεώργιον, caso nominativo neutro singular del nombre común *labranza*; Θεοῦ, caso genitivo masculino singular del nombre divino declinado *de Dios*; οἰκοδομή, caso nominativo femenino singular del nombre común *casa, edificio*; ἐστε, segunda persona plural del presente de indicativo en voz activa del verbo εἰμί, *ser, estar*, aquí *sois*.

Θεοῦ γάρ ἐσμεν συνεργοί, La grandeza del servicio se pone de manifiesto, al hacer notar que quien sirve es *colaborador* de Dios. Colaborar significa *trabajar con otro*. Primeramente, en cuanto a que el trabajo es común para todos los creyentes, puesto que todos hemos salido de la esclavitud y nos orientamos hacia Dios, *"para servir al Dios vivo y verdadero"* (1 Ts. 1:9). Todos los creyentes, como siervos trabajan bajo la dirección y obediencia al Señor de la obra. Esto es de gran importancia en cualquier tiempo, puesto que la colaboración entre quienes Dios puso en Sus labores es esencial para el desarrollo y avance de la obra.

En segundo lugar, *ser colaboradores* de Dios adquiere la importancia de trabajar a Su lado en Su obra. El Señor y el siervo forman una unidad de trabajo. El creyente es el instrumento, el Señor quien maneja el instrumento, sin esa unión espiritual el trabajo en el servicio de Dios es imposible o, si se prefiere mejor, ineficaz, porque Él advierte que *"separados de mi nada podéis hacer"* (Jn. 15:5). La razón por la que la evangelización en la iglesia primitiva progresó está en la vinculación del Señor con los que cumplían la misión de predicar el evangelio: *"Y ellos, saliendo, predicaron en todas partes, ayudándoles el Señor"* (Mr. 16:20). Son sus portavoces en la evangelización: *"Así que, somos embajadores en nombre de Cristo, como si Dios rogase por medio de nosotros; os rogamos en nombre de Cristo: Reconciliaos con Dios"* (2 Co. 5:20). Son también Sus profetas en la exhortación (1 Ts. 3:2). Esta grandeza de servicio no debe hacer olvidar al maestro lo que realmente es: tan sólo un siervo. Pero también debe servir de recordatorio a la iglesia en el respeto que merece por ser siervo de Dios e instrumento de Él.

Θεοῦ γεώργιον, Si la iglesia debe entender quiénes son los siervos, para no ir tras ellos, sino seguir a Cristo, los que sirven deben tener claro también qué es la iglesia. Pablo la define como *"labranza de Dios"*. La primera verdad sobre ella es que es *propiedad* de Dios. Es el campo que Dios hace fértil con Su poder. Al estilo del ejemplo de Israel en la antigua alianza, que era un huerto de viña al cuidado de labradores (Mt. 21:33-46). Esta realidad espiritual debe ser conocida y asumida también por cada creyente. La iglesia no pertenece a los hombres ni es una organización humana, es el campo de labor que Dios ha adquirido para Sí, por tanto, cuanto se haga en contra de la unidad y el crecimiento santo de ella, se está luchando contra el propósito de Dios.

Añade un concepto más de lo que es la iglesia al definirla como *"edificio de Dios"*. Se trata, siguiendo la alegoría, un edificio en construcción. Dios mismo planificó la construcción de este edificio espiritual y dirige la obra para ejecutarlo, por eso Jesús dijo: *"Yo edificaré mi iglesia"* (Mt. 16:18). Es el edificio donde Dios mismo habita, el *naos* divino, donde el Espíritu es Persona residente, y donde las Tres Divinas hacen morada. Los maestros son edificadores en ese edificio (Ef. 2:20-22). El edificio que Dios construye está formado por piedras vivas que son cada uno de los creyentes, estos son *sobreedificados*, cada uno edificado en unión con los demás. La figura de la iglesia como edificio es usada continuamente por el apóstol como ocurre aquí (vv. 10, 12, 14), de la misma forma también la usa el apóstol Pedro (1 P. 2:5). El edificio se levanta sobre el *fundamento de apóstoles y profetas*. No se trata de hacer descansar la iglesia sobre los hombres apóstoles, sino sobre la normativa establecida por ellos en el nombre del único fundamento de la iglesia que es Jesucristo. Pablo es, por causa de su misión, autoridad en la iglesia actuando en el nombre y comisionado para ello por el Señor, lo mismo que los otros apóstoles, lo que técnicamente se llama *colegio apostólico*. Éstos establecen para la iglesia lo que son *mandamientos del Señor* (14:37). La piedra angular es Cristo que da coordinación plena al edificio que es la iglesia. Ésta, como edificio celestial, no ha sido levantada en un solo momento, sino que está en edificación continua hasta el momento en que sea trasladada a la presencia de Dios. El crecimiento continuado es operación divina en la que *colaboran* los creyentes con sus dones sobreedificando sobre el fundamento que es Cristo. Este edificio está formado por multitud de piedras que se asientan perfectamente unas con otras por cuanto todas ellas están en la misma posición que es Cristo, que les da consistencia y unidad. Pero siendo un edificio de Dios es *santo*. El Señor que da vida y sustentación lo hace también *santo* porque está siendo edificado solamente sobre el Señor quien por inhabitación personal de Él en cada creyente, lo hace *santo*. Este edificio está creciendo a causa de la unión vital con Cristo que le da ese crecimiento. Pero, además, está armoniosamente ajustado también en Cristo que da cohesión a cada una de las piedras entrelazándolas y uniéndolas en Él para alcanzar la dimensión de templo de Dios.

Esta es una verdad fundamental en cuanto a la iglesia que, si fuese bien comprendida y sobre todo bien aceptada, evitaría muchas de las divisiones que se manifiestan en el tiempo presente. Jesús no vino para *edificar iglesias*, en plural, sino una sola y única iglesia que es la Suya, formada por todas las piedras vivas que son cuantos creen en Cristo y son salvos por gracia mediante la fe. Cuando un grupo denominacional pretende ser más importante que otro, más sano que otro, más bíblico que otro y ese concepto sustentado en el orgullo se manifiesta, se está reproduciendo lo que en la congregación en Corinto ocurría: *yo soy de éste y otro dirá que es de aquél*, fragmentando la iglesia y negándose mutuamente la comunión que no es asunto horizontal sino vertical.

Pérdida de recompensas (3:10-15)

10. Conforme a la gracia de Dios que me ha sido dada, yo como perito arquitecto puse el fundamento, y otro edifica encima; pero cada uno mire cómo sobreedifica.

Κατὰ τὴν χάριν τοῦ Θεοῦ[1] τὴν δοθεῖσαν μοι ὡς σοφὸς
De acuerdo con la gracia - de Dios - que fue dada a mí, como sabio
ἀρχιτέκτων θεμέλιον ἔθηκα[2], ἄλλος δὲ ἐποικοδομεῖ. ἕκαστος δὲ
arquitecto fundamento puse, y otro sobreedifica; pero cada uno
βλεπέτω πῶς ἐποικοδομεῖ.
Mire cómo sobreedifica.

Análisis y notas del texto griego.

Análisis: Κατὰ, preposición propia de acusativo *conforme, de acuerdo con*; τὴν, caso acusativo femenino singular del artículo determinado *la*; χάριν, caso acusativo femenino singular del nombre común *gracia*; τοῦ, caso genitivo masculino singular del artículo determinado *el*; Θεοῦ, caso genitivo masculino singular del nombre divino declinado *de Dios*; τὴν, caso acusativo femenino singular del artículo determinado *la*; δοθεῖσαν, caso acusativo femenino singular del participio del aoristo primero en voz pasiva del verbo δίδωμι, *dar*, aquí *que fue dada*; μοι, caso dativo de la primera persona singular del pronombre personal declinado *a mí*; ὡς, adverbio de modo, *como*, que hace las veces de conjunción comparativa; σοφὸς, caso nominativo masculino singular del adjetivo *sabio*, *experto*; ἀρχιτέκτων, caso nominativo masculino singular del nombre común *arquitecto*; θεμέλιον, caso acusativo masculino singular del nombre común *fundamento*; ἔθηκα, primera persona singular del aoristo primero de indicativo en voz activa del verbo τίθημι, *poner*, aquí *puse*; ἄλλος, caso nominativo masculino singular del pronombre indefinido *otro*; δὲ, partícula conjuntiva que hace las veces de conjunción coordinante, con sentido de *pero, más bien, y, y por cierto*, *antes bien, entonces*; ἐποικοδομεῖ, tercera persona singular del presente de indicativo en voz activa del verbo ἐποικοδομέω, *construir sobre, sobreedificar*, aquí *sobreedifica*; ἕκαστος, caso nominativo masculino singular del adjetivo indefinido *cada uno*; δὲ, partícula conjuntiva que hace las veces de conjunción coordinante, con sentido de *pero, más bien, y, y por cierto*, *antes bien, entonces*; βλεπέτω, tercera persona singular del presente de imperativo en voz activa del verbo βλέπω, *ver, mirar, observar*, aquí *mire*; πῶς, partícula interrogativa adverbial, que realmente es un pronombre interrogativo *¿cómo?, ¿de que manera?, ¿por qué medio?, ¡cómo!, ¡cuán! nunca, imposible, ¿qué?, que*; ἐποικοδομεῖ, tercera persona singular del presente de indicativo en voz activa del verbo ἐποικοδομέω, *construir sobre, sobreedificar*, aquí *sobreedifica*.

Notas. Crítica Textual. Lecturas alternativas.

[1] τοῦ Θεου, *de Dios*, no aparece en 𝔓^{46}, 81, 1505, b, f, vg^{mss}, Clemente.
[2] ἔθηκα, *puse*, según se lee en 𝔓^{46}, a, A, B, C*, 0289^{vid}, 33, 1175, 1739, l, 249, Dídimo.

Τέθεικα, *puse, he puesto*, conforme a a^{a}, C^{3}, D, L, P, Ψ, 81, 104, 365, 630, 1241, 1505, 1506, 1881, 2464, 𝔐, Clemente.

Κατὰ τὴν χάριν τοῦ Θεοῦ τὴν δοθεῖσαν μοι. El apóstol recibió su apostolado como expresión o manifestación de la gracia de Dios con él. Es algo que tiene presente siempre. No se trató de mérito alguno por su parte, puesto que era perseguidor de la iglesia, sino por la gracia soberana de Dios. Por esta razón el apóstol fue capacitado y enviado por Dios al ministerio apostólico. Separado para Él desde antes de su nacimiento (Gá. 1:15). Buscado luego por Dios en Su gracia para salvación, apareciéndosele en el camino a Damasco cuando iba persiguiendo a los cristianos (Hch. 9:4-5). La capacitación para el ministerio apostólico fue hecha directamente por el Señor Jesús, como había sido también para los otros apóstoles (Gá. 1:11). El Espíritu lo llamó al ministerio (Hch. 13:1-3) y fue enviado como apóstol a los gentiles (1:1).

ὡς σοφὸς ἀρχιτέκτων θεμέλιον ἔθηκα, Él como *sabio arquitecto*, RV traduce aquí *como perito arquitecto*, en ambos casos se trata de alguien que fue capacitado para el ministerio que iba a realizar. Por consiguiente, en relación con la fundación de la iglesia en Corinto, él puso el fundamento, mediante la predicación del evangelio que proclama a Cristo como la única piedra fundamental sobre la que descansa la iglesia colectivamente y cada creyente de modo individual. Luego de la proclamación del mensaje de salvación actuó durante un tiempo, como unos dieciocho meses, asentando la doctrina como base para la edificación de la iglesia (Ef. 2:20).

ἄλλος δὲ ἐποικοδομεῖ. ἕκαστος. Colocado el fundamento, la cimentación, sigue luego el trabajo de otro, que *sobreedifica* sobre él. Es posible que Pablo estuviese pensando en Apolos, que siguió durante un tiempo en Corinto, enseñando a los creyentes nuevos. Pero no es necesario limitar la referencia a este hermano, sino que todos los colaboradores de Pablo hicieron estas tareas. El uso del pronombre indefinido ἄλλος, *otro*, debe ser considerado como un término colectivo. En efecto, debe considerarse como profetas, maestros, evangelistas, etc. que siguieron trabajando en la iglesia que él apóstol había fundado, después de la partida de él.

El fundamento puesto por Pablo es Cristo mismo, por tanto, es necesario distinguir la labor del apóstol que pone el fundamento, con la de los colaboradores y profetas que sobreedifican. (Ef. 2:20). Todos lo hacen sobre la *piedra fundamental* que es Cristo. A la piedra en la que está fundada la iglesia, la llama en otro lugar ἀκρογωνιαίου, refiriéndose no solo al fundamento sino también al *ángulo* que marca la verticalidad del edificio. Nadie puede edificar fuera de esa piedra, porque no podría sustentarse. Pero todavía más, siendo la *piedra del ángulo*, marca también la que culmina y sustenta la cúpula del edificio, manteniéndolo unido. El fundamento que ha puesto el apóstol sobre Cristo mismo establece lo que podríamos llamar *la estructura* del edificio. La gloria del edificio comienza ya en la piedra fundamental, se magnifica en la que es también piedra angular, y culmina en la corona coordinante y de mantenimiento como la *piedra principal*. De ahí que la iglesia se presente como *fundada* sobre Cristo, *orientada* en Cristo y *coronada* por Cristo. Teniendo esto en cuenta, no es posible entender sino como infantilismo el buscar a otro para elevar a la dimensión de líder de un grupo que no sea Cristo mismo.

δὲ βλεπέτω πῶς ἐποικοδομεῖ. Todos los que sobreedifican sobre el fundamento puesto, que es Cristo, han de tener sumo cuidado en el modo como lo hacen. La advertencia viene del *sabio arquitecto*, y está dirigida a los que ejecutan el diseño divino de la obra del santuario espiritual que es la iglesia. Se trata de los materiales que cada maestro va añadiendo en la obra. Es una exhortación a los ministros del Señor para que presten suma atención al trabajo de sobreedificar en la casa de Dios.

11. Porque nadie puede poner otro fundamento que el que está puesto, el cual es Jesucristo.

θεμέλιον γὰρ ἄλλον οὐδεὶς δύναται θεῖναι παρὰ τὸν κείμενον,
Porque fundamento otro nadie puede poner más que el que está puesto
ὅς ἐστιν Ἰησοῦς Χριστός.
el cual es Jesucristo.

Análisis y notas del texto griego.

Análisis: θεμέλιον, caso acusativo masculino singular del nombre común *fundamento*; γὰρ, conjunción causal *porque*; ἄλλον, caso acusativo masculino singular del adjetivo indefinido *otro*; οὐδεὶς, caso nominativo masculino singular del pronombre indefinido *nadie*; δύναται, tercera persona singular del presente de indicativo en voz media del verbo δύναμαι, *poder, tener poder, ser capaz*, aquí *puede*; θεῖναι, segundo aoristo de infinitivo en voz activa del verbo τίθημι, *poner*; παρὰ, preposición propia de acusativo *más que*; τὸν, caso acusativo masculino singular del artículo determinado *el*; κείμενον, caso acusativo masculino singular del participio de presente en voz pasiva del verbo κεῖμαι, *poner*, aquí *que está puesto*; ὅς, caso nominativo masculino singular del pronombre relativo *el cual, el que*; ἐστιν, tercera persona singular del presente de indicativo en voz activa del verbo εἰμί, *ser, estar*, aquí *es*; Ἰησοῦς, caso nominativo masculino singular del nombre propio *Jesús*; Χριστός, caso nominativo masculino singular del nombre propio *Cristo*.

θεμέλιον γὰρ ἄλλον οὐδεὶς δύναται θεῖναι. Una imposibilidad es tratar de poner otro fundamento. El apóstol hace una afirmación de imposibilidad: *"nadie puede poner otro fundamento"*. No se trata de predicar otro evangelio, que algunos hacían, no es un mensaje diferente, sino una *Persona* distinta. El fundamento aquí equivale a la piedra principal del ángulo de la que se consideró en el versículo anterior.

παρὰ τὸν κείμενον, La primera gran imposibilidad de una acción semejante es que el *"fundamento está puesto"*. Dios mismo lo estableció (Ef. 2:20). Pablo *puso el fundamento* en la proclamación del evangelio que anuncia a Cristo, la piedra fundamental y principal del ángulo. El apóstol enseñaba que anunciar otro evangelio que no fuese éste, era anatema tanto el mensaje como el predicador (Gá. 1:8, 9). Quien predique a Cristo ha de predicar el mismo evangelio que predicaba Pablo. El grave problema de presentar otro fundamento, se manifiesta en todos los tiempos, y también ahora. El mensaje bíblico del evangelio de la gracia, se ha sustituido por el de prosperidad, el de las experiencias, en los milagros mentirosos, el del enriquecimiento del ministro, etc. Se presenta como el *evangelio* y se le llama de este modo, pero contradice abiertamente esta enseñanza porque el *fundamento* que es Cristo, está puesto y nadie puede poner otro. El evangelio Cristo-céntrico del primer siglo y de las grandes manifestaciones de salvación a lo largo de la historia, está siendo sustituido por los mensajes *motivadores* en los que el hombre con su capacidad, es el centro. Nadie puede alcanzar para salvación a otro a no ser que la buena nueva que se le comunique sea el evangelio de la gracia en el que Dios es todo y el hombre el beneficiario de la obra divina. Hay predicadores que llaman al auditorio a un encuentro con Cristo, que no estuvo presente en ningún momento del mensaje predicado.

ὅς ἐστιν Ἰησοῦς Χριστός. No puede haber mayor precisión el fundamento puesto por Dios mismo es Jesucristo: *"Por tanto, Jehová el Señor dice así: He aquí que yo he puesto en Sion por fundamento una piedra, piedra probada, angular, preciosa, de cimiento estable; el que creyere, no se apresure"* (Is. 28:16). Este fundamento fue proclamado por los apóstoles: *"Este Jesús es la piedra reprobada por vosotros los edificadores, la cual ha venido a ser cabeza del ángulo"* (Hch. 4:11). La verdad fue reafirmada y confirmada por ellos en su enseñanza (1 P. 2:6).

12. Y si sobre este fundamento alguno edificare oro, plata, piedras preciosas, madera, heno, hojarasca.

εἰ δέ τις ἐποικοδομεῖ ἐπὶ τὸν θεμέλιον[1] χρυσόν, ἄργυρον, λίθους
Y si alguno edifica sobre el fundamento oro, plata, piedras
τιμίους, ξύλα, χόρτον, καλάμην,
preciosas, madera, heno, paja.

Análisis y notas del texto griego.

Análisis: εἰ, conjunción *si*; δέ, partícula conjuntiva que hace las veces de conjunción coordinante, con sentido de *pero, más bien, y, y por cierto, antes bien, entonces*; τις, caso nominativo masculino singular del pronombre indefinido *alguno*; ἐποικοδομεῖ, tercera persona singular del presente de indicativo en voz activa del verbo ἐποικοιδομέω, *edificar, edificar sobre*, aquí *edifica*; ἐπὶ, preposición propia de acusativo *sobre*; τὸν, caso acusativo masculino singular del artículo determinado *el*; θεμέλιον, caso acusativo masculino singular del nombre común *fundamento*; χρυσόν, caso acusativo masculino singular del nombre común *oro*; ἄργυρον, caso acusativo masculino singular del nombre común *plata*; λίθους, caso acusativo masculino plural *piedras*; τιμίους, caso acusativo masculino plural del adjetivo *preciosos*; ξύλα, caso acusativo neutro plural del nombre común *madera*; χόρτον, caso acusativo masculino singular del nombre común *heno*; καλάμην, caso acusativo femenino singular del nombre común *paja*.

Notas. Crítica Textual. Lecturas alternativas.

[1] τὸν θεμέλιον, *el fundamento*, según lectura en 𝔓[46], ℵ*, A, B, C*, 0289, 81, vg[mss], sa[mss], bo[bo].

τὸν θεμέλιον τοῦτον, *el fundamento este*, conforme a ℵ[2], C[3], D, L, P, Ψ, 33, 104, 365, 630, 1175, 1241, 1505, 1506, 1739, 1881, 2464, l 249, lat, sy, sa[mss], bo, Epifanio.

εἰ δέ τις ἐποικοδομεῖ ἐπὶ τὸν θεμέλιον. Aquí sigue la idea de la construcción del templo, santuario, casa de Dios. Pablo dijo antes que él había puesto el fundamento y que ahora cada uno debe estar vigilante en como sobreedifica sobre ese fundamento que es Cristo. La edificación de la casa de Dios se lleva a cabo mediante las piedras vivas que son los creyentes (1 P. 2:4-5). Sobre el fundamento que es Cristo surge el edificio. La orientación fue dada por quien edifica encima, que bien puede referirse a la doctrina de los apóstoles, luego, los creyentes van edificando sobre ella. Pablo podría decir a los lectores, *la obra que yo hice está hecha y está bien hecha, pero cada uno que trabaja mantenga esa calidad de obra.* Cada cristiano en su trabajo debiera procurar hacerlo con los materiales más nobles posibles, porque no se trata de una casa cualquiera, sino de la casa de Dios.

χρυσόν, ἄργυρον, λίθους τιμίους, Los palacios y los templos orientales se edificaban empleando materiales costosos o preciosos. Así sus piedras eran de mármol, jaspe, alabastro, etc. que pueden calificarse de *piedras preciosas*. A esto se añadía el oro, y la plata en profusión, para dignificar lo que se construía. Eso es lo que aparece cuando se encuentran construcciones de este tipo. Las casas de los poderosos eran de este estilo, en contraste con las casas de los pobres, hechas de adobes, tierra mezclada con heno, con estructura de madera para soportar la construcción, y cubiertas de paja.

Dios es el propietario de la iglesia y se representa aquí en la figura de quien contrató para el trabajo a distintas personas, que deben usar materiales conforme a la dignidad del Dueño y del edificio, que se levanta para Su habitación.

Hay distintas interpretaciones sobre los materiales, algunos consideran que los tres primeros elementos para edificar: *plata, oro y piedras preciosas*, representan las doctrinas enseñadas por los predicadores[4]. Sin embargo, no están escribiendo un libro de dogmas, o proclamando el mensaje de fe, sino *edificando* en la iglesia. Otros entienden que estos materiales diferentes, son figura de las distintas clases de miembros en las congregaciones[5], que se producen como consecuencia del uso de materiales buenos y malos, en la formación de ellos, conforme a lo que han hecho los que los instruyen y dirigen. Sin embargo, los materiales buenos y malos no pueden representar ni las doctrinas predicadas, ni los miembros de la iglesia, dignos e indignos. Es verdad que el apóstol viene refiriéndose a los frutos que produce la predicación en la iglesia. La vida espiritual de los miembros es en cierta medida, el resultado de la enseñanza recibida, que es asimilada y realizada en la práctica de la vida cristiana. En ese sentido el maestro, el pastor, mediante la enseñanza, el ejemplo, los distintos elementos usados en el ministerio cotidiano, conduce a los creyentes a una vida de piedad, poderosa en la comunión con Cristo y fecunda en frutos de santificación y de amor, y es esto lo que Pablo describe con la imagen de materiales preciosos. Pero, también otros maestros pueden edificar a los creyentes con discursos patéticos, que conmueven profundamente con sus explicaciones ingeniosas, resueltos a procurar que cuantos más creyentes les sigan mejor, consiguen una congregación edificada en la superficialidad, entusiasta de emociones, pero carente de firmeza, en cuyo caso estuvieron edificando con materiales impropios, surgidos de ellos mismos y comparados aquí como *madera, heno y paja*. Éstos son los que producen creyentes con *fe* sin energía, con *amor* sin espíritu de trabajo y sacrificio, y con *esperanza* sin expectación. Esta pudiera ser una aplicación más o menos concordante con la figura que Pablo emplea aquí.

---

[4] Entre otros *Clemente de Alejandría, Erasmo, Lutero, Beza, Calvino, Grotius, Néander, de Wette, Meyer*, etc.

[5] Entre otros, *Pelagio, Bengel, Hofmann.*

Pero, la idea nace de creyentes que están edificando. No es sólo para los líderes, sino para cada uno de los que han sido puestos como piedras vivas en el edificio de Dios. Estos deben ocuparse en edificar con materiales duraderos, comparados por Pablo con *oro, plata y piedras preciosas*. No es necesario buscar las equivalencias a estas figuras. Los materiales duraderos son los que proceden de Dios mismo. Aquí se manifiesta el contraste entre *espiritualidad* y *carnalidad*. Materiales divinos ponen de manifiesto un servicio para la gloria de Dios. Son lo que el apóstol llama *obras buenas*, generadas por el Espíritu: *"Porque somos hechura suya, creados en Cristo Jesús para buenas obras, las cuales Dios preparó de antemano para que anduviésemos en ellas"* (Ef. 2:10). Es preciso entender que Dios no nos salva por obras, pero nos salva *para* obras. La fe produce obras que ponen de manifiesto la realidad de ella. Una fe teórica que no produce efectos es una fue muerta (Stg.2:17). Dios ha establecido esas *obras*, para que *anduviésemos* en ellas, es decir, para que fuese nuestro estilo de vida. Pedro dice que cada uno de nosotros debe edificar, con materiales que no proceden del edificador sino de Dios mismo, ya que nadie puede, conforme a Dios, *andar* en obras que surgen de sí mismo, sino en la vivencia de Aquel que hizo la obra que Dios le había encomendado.

El oro en la Biblia es figura de la *deidad*, la plata de *salvación*, las *piedras preciosas* son los materiales aptos para la edificación, piedras de gran valor. Todos esos materiales tienen que ver con la construcción duradera de un templo, que es el propósito de Dios.

ξύλα, χόρτον, καλάμην, En forma de contraste, el apóstol presenta también edificadores que no usan esos materiales de alto valor, sino que se conforman con *madera, heno y paja*, que es el significado de esta palabra, traducida por RV como *hojarasca*. Estos son materiales propios para una choza, pero no para un templo. La madera valdría para puertas, la paja mezclada con barro para las paredes y la paja para el techo. Todos estos materiales son figura del hombre, su fuerza y su sabiduría, todos ellos pasajeros e inconsistentes. Con estos materiales podrían hacerse obras aparentes, pero no duraderas.

13. La obra de cada uno se hará manifiesta; porque el día la declarará, pues por el fuego será revelada; y la obra de cada uno cuál sea, el fuego la probará.

ἑκάστου τὸ ἔργον φανερὸν γενήσεται[1], ἡ γὰρ ἡμέρα δηλώσει,
De cada uno la obra manifiesta se hará, porque el día revelará,

ὅτι ἐν πυρὶ ἀποκαλύπτεται· καὶ ἑκάστου τὸ ἔργον ὁποῖον
porque por fuego será revelada; y de cada uno la obra de que clase
ἐστιν τὸ πῦρ αὐτὸ[2] δοκιμάσει.
es el fuego a ella probará.

Análisis y notas del texto griego.

Análisis: ἑκάστου, caso genitivo masculino singular del adjetivo indefinido declinado *de cada uno*; τὸ, caso nominativo neutro singular del artículo determinado *el*; ἔργον, caso nominativo neutro singular del nombre común *obra*; φανερὸν, caso nominativo neutro singular del adjetivo *manifiesto*; γενήσεται, tercera persona singular del futuro de indicativo en voz media del verbo γίνομαι, *hacerse, ser hecho*, aquí *se hará*; ἡ, caso nominativo femenino singular del artículo determinado *la*; γὰρ, conjunción causal *porque*; ἡμέρα, caso nominativo femenino singular del nombre común *día*; δηλώσει, tercera persona singular del futuro de indicativo en voz activa del verbo δηλόω, *hacer visible, hacer ver, manifestar, explicar, revelar*, aquí *revelará*; ὅτι, conjunción *porque, que*; ἐν, preposición propia de dativo *en, por*; πυρὶ, caso dativo neutro singular del nombre común *fuego*; ἀποκαλύπτεται, tercera persona singular del presente de indicativo en voz pasiva del verbo ἀποκαλύπτω, *revelar*, aquí *es revelada*, en sentido de presente profético *será revelada*; καὶ, conjunción copulativa *y*; ἑκάστου, caso genitivo masculino singular del adjetivo indefinido declinado *de cada uno*; τὸ, caso nominativo neutro singular del artículo determinado *el*; ἔργον, caso nominativo neutro singular del nombre común *obra*; ὁποῖον, caso nominativo neutro singular del adjetivo relativo *de que clase*; ἐστιν, tercera persona singular del presente de indicativo en voz activa del verbo εἰμί, *ser, estar*, aquí *es*; τὸ, caso acusativo neutro singular del artículo determinado *el*; πῦρ, caso acusativo neutro singular del nombre común *fuego*; αὐτὸ, caso acusativo neutro singular del pronombre personal declinado *a él*; δοκιμάσει, tercera persona singular del futuro de indicativo en voz activa del verbo δοκιμάζω, *probar, examinar, determinar*, aquí *probará*.
Notas. Crítica Textual. Lecturas alternativas.

[1] ὁ ποιήσασ τοῦτο τὸ ἔργον φανερός γενήται, *el que hizo esto la obra manifiesta se hará*, lectura en D*, ar, b, Ambrosiaster.

[2] αὐτὸ, *a ello*, lectura en A, B, C, P, 6, 33, 81, 1175, 1739, l, 249, Orígenes.
Se omite en 𝔓[46], ℵ, D, L, Ψ, 0289, 104, 365, 630, 1241, 1505, 1506, 1881, 2464, 𝔐, latt, Clemente.

ἑκάστου τὸ ἔργον φανερὸν γενήσεται, Dios no se queda satisfecho con las apariencias, sino que la obra de cada uno de los edificadores será manifestada. Toda la obra de cada uno vendrá a la luz.

ἡ γὰρ ἡμέρα δηλώσει, El apóstol apunta aquí al *día*, que es una clara alusión al *día de Jesucristo* (1:8; 5;5; 2 Co. 1:14; Fil. 1:6, 10; 2:16). Se trata del día en que Cristo, cumpliendo Su promesa (Jn. 14:1-4) regrese para recoger a la iglesia. En ese tiempo cada creyente comparecerá ante el *tribunal de Cristo*, donde se examinará lo que haya hecho (Ro. 14:10; 2 Co. 5:10). El examen de la obra tendrá lugar inmediatamente después del traslado de la iglesia. Es un examen sólo para creyentes, puesto que se trata de probar y aprobar o reprobar la obra de cada uno de los edificadores en el templo espiritual de Dios que es la iglesia, tarea en la que todos, salvo los creyentes están excluidos. Es el examen del modo en que trabajaron los *sobre-edificadores*. La base del examen será *la obra de cada uno*. No se trata de definir si se salva o no se salva, eso se da por hecho, puesto que edifican en la obra de Dios, por tanto, los que comparecen a este examen son creyentes. La justificación libra al creyente de todo juicio condenatorio por el pecado (Jn. 5:24; Ro. 8:1). La cancelación de la deuda por el pecado o, si se prefiere, la cancelación de la responsabilidad penal por el pecado es absoluta (Col. 2:13; He. 10:17). Se juzga aquí la motivación de la obra hecha (2 Co. 5:10).

ὅτι ἐν πυρὶ ἀποκαλύπτεται· El modo del examen será el fuego: *"Por el fuego será revelada"*. No es otra cosa que la plena limpieza de aquello que no fue edificado conforme a Dios. El fuego es esencialmente la mirada escudriñadora de Cristo, cuyos ojos como llama de fuego, iluminan todo lo hecho y queman aquello que haya sido edificado con materiales propios de los hombres, *madera, heno, paja* (Ap. 1:14). Jesús conoce la realidad de la obra de cada uno, no por lo que aparenta, sino por lo que realmente es (Ap. 2:2, 9, 13, 19; 3:1, 8, 15).

καὶ ἑκάστου τὸ ἔργον ὁποῖόν ἐστιν τὸ πῦρ αὐτὸ δοκιμάσει. La prueba del examen es precisa: *"El fuego la probará"*. El fuego es aplicado a la obra hecha para valorar su consistencia. Para los hombres es posible presentar una obra hecha con materiales perecederos, pero con una gran apariencia externa. Con la madera se puede imitar la piedra, con el heno se pueden imitar molduras y adornos, con la paja se consigue una apariencia de grandiosidad, pero cuando el fuego incide en esos elementos, inmediatamente combustionan y se queman. Pueden construirse decorados con materiales sin consistencia que, bien pintados e iluminados convenientemente, producen en el observador una idea distorsionada de la realidad. Sin embargo, expuestos a la luz del sol se aprecia inmediatamente que aquello era mera apariencia. Así con quienes buscan hacer su obra, como si fuese la obra de Dios. Podrán aparentar ante muchos una grandeza que es falsa, hasta el momento en que los ojos escudriñadores del Señor no solo hagan visible la falsedad de ella, sino que la haga desaparecer perpetuamente, quedando el edificador con manos vacías para Dios.

14. Si permaneciere la obra de alguno que sobreedificó, recibirá recompensa.

εἴ τινος τὸ ἔργον μενεῖ ὅ ἐποικοδόμησεν, μισθὸν λήμψεται.
Si de alguno la obra permanecerá que sobreedificó, recompensa recibirá.

Análisis y notas del texto griego.

Análisis: εἴ, conjunción *si*; τινος, caso genitivo masculino singular del pronombre indefinido *alguno*; τὸ, caso nominativo neutro singular del artículo determinado *el*; ἔργον, caso nominativo neutro singular del nombre común *obra*; μενεῖ, tercera persona singular del futuro de indicativo en voz activa del verbo μένω, *permanecer*, aquí *permanecerá*; ὅ, caso acusativo neutro singular del pronombre relativo *lo que, lo cual, que*; ἐποικοδόμησεν, tercera persona singular del aoristo primero de indicativo en voz activa del verbo ἐποικοδομέω, *sobreedificar*, aquí *sobre edificó*; μισθὸν, caso acusativo masculino singular del nombre común *recompensa*; λήμψεται, tercera persona singular del futuro de indicativo en voz media del verbo λαμβάνω, *recibir*, aquí *recibirá*.

εἴ τινος τὸ ἔργον μενεῖ ὅ ἐποικοδόμησεν, Para el que edificó o sobreedificó conforme a la voluntad de Dios y bajo Su poder y gracia, están reservadas recompensas. Para ello es necesario que la obra *permanezca*, luego de la prueba del fuego. La recompensa es para quien edificó correctamente y cuya obra permanece y perdura, *"porque sus obras con ellos siguen"* (Ap. 14:13).

μισθὸν λήμψεται. Estos vencedores recibirán recompensas, coronas de victoria (9:25; 2 Ti. 4:8; Stg. 1:12; 1 P. 5:4; Ap. 2:10). El apóstol remarca aquí lo que ya dijo antes, hablando de recompensa según la labor (v. 8). La recompensa es para el creyente, pero la gloria es para Dios (Ap. 4:10).

15. Si la obra de alguno se quemare, él sufrirá pérdida, si bien él mismo será salvo, aunque así como por fuego.

εἴ τινος τὸ ἔργον κατακαήσεται, ζημιωθήσεται, αὐτὸς δὲ
Si de alguno la obra se quemase, sufrirá daño, pero él
σωθήσεται, οὕτως δὲ ὡς διὰ πυρός.
será salvo, pero así como por fuego.

Análisis y notas del texto griego.

Análisis: εἴ, conjunción *si*; τινος, caso genitivo masculino singular del pronombre indefinido declinado *de alguno*; τὸ, caso nominativo neutro singular del artículo determinado *la*; ἔργον, caso nominativo neutro singular del nombre común *obra*; κατακαήσεται, tercera persona singular del futuro de indicativo en voz pasiva del verbo κατακαίω, *quemar, consumir*, aquí *se quemará*, mejor en castellano *se quemase*; ζημιωθήσεται, tercera persona singular del futuro de indicativo en voz pasiva del verbo ζημιόω, *causar daño, perjudicar, lesionar, dañar, ofender, castigar, imponer una multa* en voz pasiva, *sufrir daño*, aquí *sufrirá daño*; αὐτὸς, caso nominativo masculino singular del pronombre intensivo *él*; δὲ, partícula conjuntiva que hace las veces de conjunción coordinante, con sentido de *pero, más bien, y, y por cierto, antes bien, entonces*; σωθήσεται, tercera persona singular del futuro de indicativo en voz pasiva del verbo σῴζω, *salvar*, aquí *será salvo*; οὕτως, adverbio demostrativo *así*; δὲ, partícula conjuntiva que hace las veces de conjunción coordinante, con sentido de *pero, más bien, y, y por cierto, antes bien, entonces*; ὡς, adverbio de modo, *como*, que hace las veces de conjunción comparativa; διὰ, preposición propia de genitivo *por*; πυρός, caso genitivo neutro singular del nombre común *fuego*.

εἴ τινος τὸ ἔργον κατακαήσεται, El fuego destruye todo material que combustiona como en este caso es la madera, el heno y la paja. Lo que mejora purificando los metales preciosos como el oro y la plata, lo que no destruye las piedras preciosas, como mármol, granito, etc. reduce los otros materiales a cenizas.

ζημιωθήσεται, El apóstol es muy concreto, *el sufrirá pérdida.* Habrá visto su vida, en el sentido de ser una vida inútil para él y para Dios. Nada aportó de todo lo que Dios le había concedido para sobreedificar en Su obra. Es posible que esta persona haya *salvado* su vida conforme al pensamiento del mundo, pero la ha *perdido* para Dios. La *vida* conforme al pensamiento de Dios es renunciar a lo propio para ocuparse en el servicio divino. De manera que quien salva su vida presente y temporal, perderá la eterna y espiritual. No en sentido de condenación, sino de convertirla en inútil o estéril delante de Dios. La vida *ganada* para el mundo es perdida para Dios. Hay muchos cristianos que a la vista del mundo *perderán* sus vidas. Son los que han determinado seguir fielmente a Jesús, sirviendo y sobreedificando en Su obra. El que toma la senda de la identificación y obediencia a Cristo, *gana* o *salva* su vida. Adquiere tesoros para el cielo, que no se deterioran, no se pierden, se mantienen para siempre (Mt. 6:19-20).

αὐτὸς δὲ σωθήσεται, οὕτως δὲ ὡς διὰ πυρός. La salvación es un acto de gracia sustentada en la obra redentora de Cristo en la Cruz. El don de la vida eterna es definitivo para el que realmente es salvo. El contexto de la enseñanza del apóstol en este versículo nada tiene que ver con la salvación o la condenación del individuo, sino con el trabajo que lleva recompensa o que se pierde definitivamente. La persona que renuncia a la experiencia del servicio y del discipulado, si realmente creyó en Cristo, será salvo, *pero, así como por fuego.*

Como se ha considerado anteriormente, la obra se examinará y el obrero recibirá la recompensa que corresponda a su labor. Pero, también ese examen podrá descubrir para algunos la inexistencia de la obra, en este caso concreto porque ha desaparecido al ser quemada por el fuego. La obra examinada no resistirá el fuego que *hará manifiesta* la condición de ella (v. 13). No será quemado el obrero, porque su vida está en Cristo (Jn. 10:28), será quemada la obra y el mismo será salvo, *pero, así como por fuego*. Como alguien que es tomado de en medio de un incendio y sale a salvo de las llamas perdiendo todo cuanto tenía. Pierde su recompensa y queda con las manos vacías que no dan gloria a Dios, porque no tienen corona que poner a Sus pies. La entrada en la gloria de éstos no es por una puerta amplia y generosa, sino por la pequeña que abre la gracia para que accedan, en razón del compromiso de Dios que garantiza la seguridad de la salvación (2 P. 1:11). Éstos son los que se retirarán avergonzados (1 Jn. 2:28). El Señor los sacará como algo que está a punto de quemarse.

Disciplina divina (3:16-17)

16. ¿No sabéis que sois templo de Dios, y que el Espíritu de Dios mora en vosotros?

Οὐκ οἴδατε ὅτι ναὸς Θεοῦ ἐστε καὶ τὸ Πνεῦμα τοῦ Θεοῦ οἰκεῖ
¿No sabéis que templo de Dios sois y el Espíritu - de Dios mora
ἐν ὑμῖν
en vosotros?

Análisis y notas del texto griego.

Análisis: Οὐκ, forma escrita del adverbio de negación *no*, con el grafismo propio ante una vocal con espíritu suave o una enclítica; οἴδατε, segunda persona plural del perfecto de indicativo en voz activa del verbo οἶδα, *saber, conocer, entender*, aquí *habéis sabido*, mejor en el contexto *sabéis*; ὅτι, conjunción *que*; ναὸς, caso nominativo masculino singular del nombre común *santuario, templo, lugar santo*; Θεοῦ, caso genitivo masculino singular del nombre divino declinado *de Dios*; ἐστε, segunda persona plural del presente de indicativo en voz activa del verbo εἰμί, *ser, estar*, aquí *sois*; καὶ, conjunción copulativa *y*; τὸ, caso nominativo neutro singular del artículo determinado *el*; Πνεῦμα, caso nominativo neutro singular del nombre divino *Espíritu*; τοῦ, caso genitivo masculino singular del artículo determinado *el*; Θεοῦ, caso genitivo masculino singular del nombre divino declinado *de Dios*; οἰκεῖ, tercera persona singular del presente de indicativo en voz activa del verbo οἰκέω, *vivir, residir, habitar*, aquí *habita*; ἐν, preposición propia de dativo *en*; ὑμῖν, caso dativo de la segunda persona plural del pronombre personal *vosotros*.

Οὐκ οἴδατε ὅτι ναὸς Θεοῦ ἐστε. El apóstol utiliza aquí una forma de asíndeton entre el versículo antecedente y éste ya que falta una conjunción copulativa que daría una mayor lógica al texto. De manera que terminando en el anterior con la advertencia de lo que supondrá para alguno que su obra se queme, pasa a una exhortación enfática mediante una pregunta retórica para hacer reflexionar a los lectores. La gravedad de lo que estaban haciendo en Corinto con las divisiones en la iglesia era peligrosa, puesto que no solo no edificaban, sino que destruían lo que se estaba edificando. Aquellos pareciera que se olvidaban de lo que realmente eran: *templo de Dios*.

El apóstol no inquiere en lo que ellos sabían o no, simplemente les reprende por dejar a un lado lo que todos conocían, que eran propiedad de Dios y edificio de Dios. La palabra griega ναὸς, *templo*, expresa la idea del lugar donde Dios reside personalmente, Su santuario. Cada creyente es templo de Dios. La iglesia en su conjunto lo es también. Es el edificio que Cristo está levantando (vv. 9-10). Este tiene un fin, ser templo de Dios. El Señor afirmó que Él lo edificaba y que nadie ni nada podría hacer fracasar ese propósito divino (Mt. 16:18).

El santuario de Dios tiene distintos aspectos. Está edificado sobre un fundamento inconmovible que es Cristo mismo (v.11). Las piedras con que se está edificando, son cada uno de los creyentes, a quienes se les llama *"piedras vivas"*, a causa de estar en contacto vital con la roca fundamental que tiene vida en sí misma y comunica esta vida a cada uno que es puesto en Él (12:13; 1 P. 2:4). Cristo tiene vida en Sí mismo y da vida a todo aquel que cree (Jn. 3:16, 36; 5:24; 10:28). Cada piedra está unida a las demás, para formar la unidad total del santuario de Dios, mediante la acción del Espíritu que produce y mantiene esa unidad (Ef. 4:3). Los creyentes han sido comprados por precio para venir a este estado santo, formando íntegramente parte del santuario de Dios (1 P. 1:18-20). Cada creyente, sin condición alguna, ha sido separado para Dios desde su estado anterior de esclavitud espiritual (Col. 1:13), por tanto, recibieron libertad para que puedan servir a Dios sin condicionante y trabajar conforme a lo que les sea asignado por el Espíritu (Ro. 6:18). La edificación del santuario de Dios está coordinada por una cabeza divina que es Cristo (Ef. 1:22-23). De manera que este santuario, edificio de Dios, no es propiedad de los hombres sino de Dios (Mt. 16:18).

καὶ τὸ Πνεῦμα τοῦ Θεοῦ οἰκεῖ ἐν ὑμῖν. Lo que confiere una posición sobrecogedora a la iglesia es la presencia de Dios en ella. El Espíritu Santo tomó posesión del templo de Dios, que es la iglesia, en Pentecostés, llenándola de gloria (Hch. 2:2-4). Como ocurrió en la antigua dispensación con la construcción del tabernáculo. Una vez levantado conforme al modelo divino, y puesto todo en orden según el programa dado a Moisés, la gloria de Dios llenó la casa de manera que nadie podía entrar en ella por esta razón (Ex. 40:34-38). Un suceso semejante ocurrió con la dedicación del santuario que Salomón edificó en Jerusalén, en el que la gloria de Dios llenó la casa y los sacerdotes no podían entrar a causa de la gloriosa presencia de Dios en ella (2 Cr. 7:1-2). No hay santuario de Dios, sin la presencia Suya en él, así tampoco podía haber iglesia como templo de Dios sin la presencia del Espíritu en ella, como ocurrió con el descenso en Pentecostés, conforme a la promesa del Señor. La presencia del Espíritu en la iglesia se manifiesta en una local, como era la congregación en Corinto, y en la llamada *universal*. La iglesia local es la manifestación de la única Iglesia de Cristo en el tiempo y en un lugar. La presencia residente del Espíritu garantiza también la presencia de las otras dos Personas Divinas en el santuario. Cristo mismo prometió Su presencia con los creyentes (Mt. 28:20), residiendo además implantado por la regeneración (Col. 1:27b). De igual modo está la presencia del Padre (Jn. 14:24). El mejor resumen de esta enseñanza está en las palabras del apóstol: *"...edificados sobre el fundamento de los apóstoles y profetas, siendo la principal piedra del ángulo Jesucristo mismo, en quien todo el edificio, bien coordinado, va creciendo para ser un templo santo en el Señor; en quien vosotros también sois juntamente edificados para morada de Dios en el Espíritu"* (Ef. 2:20-22).

Es preciso notar la idea de unidad en el santuario. El Edificio es algo que crece coordinadamente, y en el que *todos los creyentes* son edificados *juntamente*, para morada de Dios en Espíritu. No hay posibilidad de una edificación fragmentada. Los corintios se comportaban de una forma reprobable, tanto en su comportamiento moral como en su compromiso de unidad espiritual. Ellos debían recordar lo que les había sido enseñado, que son uno en Cristo y que en esa unidad no caben las divisiones que se estaban produciendo en la iglesia.

17. Si alguno destruyere el templo de Dios, Dios le destruirá a él; porque el templo de Dios, el cual sois vosotros, santo es.

εἴ τις τὸν ναὸν τοῦ Θεοῦ φθείρει, φθερεῖ[1] τοῦτον ὁ Θεός·
Si alguno el templo - de Dios destruye, destruirá a este - Dios;
ὁ γὰρ ναὸς τοῦ Θεοῦ ἅγιος ἐστιν, οἵτινες ἐστε ὑμεῖς.
porque el templo - de Dios santo es, el cual sois vosotros.

Análisis y notas del texto griego.

Análisis: εἴ, conjunción *si*; τις, caso nominativo masculino singular del pronombre indefinido *alguien, alguno*; τὸν, caso acusativo masculino singular del artículo del artículo determinado *el*; ναὸν, caso acusativo masculino singular del nombre común *templo, santuario*; τοῦ, caso genitivo masculino singular del artículo determinado *el*; Θεοῦ, caso genitivo masculino singular del nombre divino declinado *de Dios*; φθείρει, tercera persona singular del presente de indicativo en voz activa del verbo φθείρω, *corromper, destruir, hacer daño*, aquí *destruye*; φθερεῖ, tercera persona singular del futuro de indicativo en voz activa del verbo φθείρω, *corromper, destruir, hacer daño*, aquí *destruirá*; τοῦτον, caso acusativo masculino singular del pronombre demostrativo declinado *a este*; ὁ, caso nominativo masculino singular del artículo determinado *el*; Θεός, caso nominativo masculino singular del nombre divino *Dios*; ὁ, caso nominativo masculino singular del artículo determinado *el*; γὰρ, conjunción causal *porque*; ναὸς, caso nominativo masculino singular del nombre común *templo, santuario*; τοῦ, caso genitivo masculino singular del artículo determinado *el*; Θεοῦ, caso genitivo masculino singular del nombre divino declinado *de Dios*; ἅγιος, caso nominativo masculino singular del adjetivo *santo*; ἐστιν, tercera persona singular del presente de indicativo en voz activa del verbo εἰμί, *ser, estar*, aquí *es*; οἵτινες, caso nominativo masculino plural del pronombre relativo *el cual, el que*; ἐστε, segunda persona plural del presente de indicativo en voz activa del verbo εἰμί, *ser, estar*, aquí *sois*; ὑμεῖς, caso nominativo de la segunda persona plural del pronombre personal *vosotros*.

Notas. Crítica Textual. Lecturas alternativas.

[1] φθερεῖ, *destruirá*, según lectura en 𝔓[46], a, B, C, Ψ, 104, 365, 630, 1505, 1506, 1739, 188, 𝔐, lat, co; Ireneo[lat], Tertulinao, Ambrosiaster.

Φθείρει, *destruye*, como se lee en D, F, G, L, P, 0289, 6, 33, 81, 614, 1175, 1241, 2464, l 249, vg[mss], Ireneo.

εἴ τις τὸν ναὸν τοῦ Θεοῦ φθείρει, Las divisiones en la iglesia atentan contra la unidad. Ésta es esencial en el edificio de Dios, Su santuario, donde el Espíritu reside. Generar esos problemas no solo es dejar de edificar, sino oponerse a la edificación, de otro modo, es luchar contra el proyecto y propósito de Dios. Es un pecado gravísimo porque intenta arruinar el proyecto divino. Él se propone construir Su iglesia (Mt. 16:18), de modo que mientras Cristo dice: *"Yo edificaré"*, algunos dicen: *yo destruiré*. En el caso de los corintios estaban empeñados en romper la unidad del templo por medio de divisiones internas (1:11-12). Un pecado abiertamente contrario a lo que debe ser la meta de cada creyente en la congregación (Ef. 4:3). La acción reviste una notable impiedad porque atenta contra lo que ha costado a Dios la sangre de Su Hijo. Es una acción impía porque va contra el objeto del amor de Cristo y pretende impedir que lleve a cabo Su propósito.

φθερεῖ τοῦτον ὁ Θεός· El apóstol les hace notar la disciplina de Dios sobre quien obre impíamente. La frase es incisiva y contundente: *"Dios le destruirá a él"*. El templo divinamente levantado y dedicado a Él mismo, no puede ser tratado impíamente sin sufrir el juicio divino contra quien comete tal pecado. Dios protege Su santuario. Ya en la antigua dispensación, el que cometía acciones impías contra el santuario terrenal de Dios, acarreaba el castigo de pena capital (Ex. 28:43; Lv. 15:31). Además, la Escritura advierte solemnemente contra el *pecado voluntario*, el cometido a sabiendas de que está obrando mal contra Dios (He. 10:26-30). Dios custodia la santidad de Su templo actuando contra los que mentían al Espíritu en la iglesia en Jerusalén (Hch. 5:3-5, 8-10). Del mismo modo estaba actuando ya contra los divisionarios en Corinto (11:30). El apóstol conoce el peligro a que se estaban exponiendo los que habían establecido partidos en la iglesia. Por esas mismas razones llama a sus colaboradores más directos a un comportamiento en consonancia con lo que es la iglesia (1 Ti. 3:15). Los corintos, a causa de las divisiones internas, estaban expuestos a la disciplina divina.

ὁ γὰρ ναὸς τοῦ Θεοῦ ἅγιος ἐστιν, La advertencia a dejar lo que estaban produciendo en la iglesia es que *el santuario de Dios es santo*. El término *santo* equivale a *separado*, de modo que la iglesia es un santuario *separado* para Dios. Nadie puede atentar contra lo que es de Dios y que Él ha puesto para manifestar Su presencia y gloria, sin que se enfrente con la acción divina que defiende Su propiedad y posesión. Es necesario recordar siempre que Dios es santo y *habita* en la santidad (Is. 6:1-3). Corromper con el pecado el santuario de Dios no puede hacerse con impunidad.

οἵτινες ἐστε ὑμεῖς. Al cerrar la exhortación solemne, les recuerda que ellos son el santuario de Dios. La conclusión es sencilla: si el santuario es santo, así también los creyentes deben serlo, puesto que son piedras separadas, santificadas para la edificación del templo de Dios en Espíritu, y ellos mismos, individualmente, son también un templo santo en el Señor (1 P. 1:15).

Seguimiento equivocado (3:18-23)

18. Nadie se engañe a sí mismo; si alguno entre vosotros se cree sabio en este siglo, hágase ignorante, para que llegue a ser sabio.

Μηδεὶς ἑαυτὸν ἐξαπατάτω· εἴ τις δοκεῖ σοφὸς εἶναι ἐν ὑμῖν
Nadie a sí mismo engañe; si alguno piensa sabio ser entre vosotros
ἐν τῷ αἰῶνι τούτῳ, μωρὸς γενέσθω, ἵνα γένηται σοφός.
en el siglo este, necio hágase, para que llegue a ser sabio.

Análisis y notas del texto griego.

Análisis: Μηδεὶς, caso nominativo masculino singular del pronombre indefinido *nadie*; ἑαυτὸν, caso acusativo masculino singular del pronombre reflexivo declinado *a sí mismo*; ἐξαπατάτω, tercera persona singular del presente de imperativo en voz activa del verbo ἐξαπατάω, engañar, aquí *engañe*; εἴ, conjunción *si*; τις, caso nominativo masculino singular del pronombre indefinido *alguno*; δοκεῖ, tercera persona singular del presente de indicativo en voz activa del verbo δοκέω, *pensar, parecer, considerar*, aquí *piensa*; σοφὸς, caso nominativo masculino singular del adjetivo *sabio*; εἶναι, presente de infinitivo en voz activa de verbo εἰμί, *ser*; ἐν, preposición propia de dativo *entre*; ὑμῖν, caso dativo de la segunda persona plural del pronombre personal *vosotros*; ἐν, preposición propia de dativo *en*; τῷ, caso dativo masculino singular del artículo determinado *el*; αἰῶνι, caso dativo masculino singular del nombre común *siglo, época*; τούτῳ, caso dativo masculino singular del pronombre demostrativo *este*; μωρὸς, caso nominativo masculino singular del adjetivo *insensato, necio*; γενέσθω, tercera persona singular del segundo aoristo de imperativo en voz media del verbo γίνομαι, *hacerse, ser hecho*, aquí *hágase*; ἵνα, conjunción causal *para que*; γένηται, tercera persona singular del segundo aoristo de subjuntivo en voz media del verbo γίνομαι, *llegar a ser*, aquí *llegue a ser*; σοφός, caso nominativo masculino singular del adjetivo *sabio*.

Μηδεὶς ἑαυτὸν ἐξαπατάτω· Algunos de los corintios estaban engañados. Ese engaño no era tanto de procedencia ajena a ellos mismos, sino del auto engaño. De ahí la exhortación del apóstol: *"Nadie se engañe a sí mismo"*. El mayor engaño es producido por el auto-orgullo.

εἴ τις δοκεῖ σοφὸς εἶναι ἐν ὑμῖν ἐν τῷ αἰῶνι τούτῳ, Algunos se consideraban *sabios*, por tanto, incluso para ellos el apóstol era ignorante (4:10). Acaso estuviesen influenciados por los sistemas filosóficos de donde habían estado. Probablemente, eran más agradables y cautivadoras las enseñanzas de la ciencia humana que las verdades del evangelio. La idea de libertad mal entendida, producía en ellos un libertinaje expresando en muchas formas. La manifestación de la sabiduría humana es que se habían hecho sus propios líderes y se llamaban seguidores de ellos. Pero, la sabiduría de la que estaban imbuidos, no era la celestial, de la que el apóstol trató antes, sino de la de *este siglo*, es decir, de esta época o, de otro modo, la sabiduría propia del mundo, que se opone y nada tiene que ver con la verdadera sabiduría procedente de Dios. Es la sabiduría según la carne (1:26). Esta sabiduría está puesta para glorificarse a uno mismo, una que está al servicio de la gloria personal. La sabiduría humana es despreciable para Dios, y despreciada por Él, calificándola de *locura*. El apóstol procura que los cristianos en Corinto se liberen del auto-engaño en que están apresados.

μωρὸς γενέσθω, ἵνα γένηται σοφός. A éstos formula el apóstol una recomendación o un mandamiento: *"Hágase ignorante para que llegue a ser sabio"*. El que realmente quiera ser sabio y considerarse de ese modo, debe vaciarse de la sabiduría humana para ser lleno de la divina. Es hacerse *ignorante* para el mundo, pero es el único camino para ser sabio según Dios. La sabiduría del mundo impulsa a ocupar los más altos puestos y buscar el más alto grado de honor. La de Dios, es darse a otros sirviéndoles por amor (Gá. 5:13). Esta es la sabiduría concordante con Dios (2 Co. 8:9). Los corintios estaban en peligro porque se estaban dejando engañar por la sabiduría, los razonamientos, las formas propias del presente siglo. Pablo les exhorta a que dejen la sabiduría del mundo, con lo que se harán necios para el sistema, pero serán sabios para Dios.

Escribe el Dr. MacArthur:

"Por tanto, los cristianos tampoco tenemos derecho a tener nuestras propias opiniones acerca de las cosas que Dios ha revelado. Cuando los cristianos comenzamos a expresar y seguir nuestras propias ideas acerca del evangelio, la iglesia y la vida cristiana, los santos inevitablemente se comienzan a dividir. Los cristianos no somos más sabios en nuestra carne que los incrédulos. El primer paso para que un cristiano se convierta de verdad en sabio es reconociendo que su propia sabiduría humana es insensatez, un reflejo de la sabiduría de este mundo, la cual es insensatez para con Dios. Es el producto del orgullo intelectual y es enemigo de la revelación de Dios"[6].

La única forma de que la congregación sea sabia con la sabiduría divina, tiene que priorizarse la enseñanza de la Palabra. Desde el momento en que un pastor comience a claudicar de las verdades bíblicas para sustituirlas por sus propios criterios personales, se ha abierto una puerta a la necedad y un camino de alejamiento de la verdadera sabiduría de Dios contenida exclusivamente en la Escritura. Es una gran bendición para una iglesia, pastores con excelente formación teológica, pero solo si se sujetan a lo que la Biblia enseña. Una de las más graves tragedias que azota el mundo cristiano evangélico de la actualidad es las distintas formas de entender la *inspiración plenaria* de la Escritura. Cuando se duda de alguna forma, por simple que sea, que la Biblia contiene además de la Palabra de

---

[6] J. MacArthur. o. c., pág. 112.

Dios, ideas humanas, se ha destruido Su autoridad y es licito para quienes sostienen esto, corregir las deficiencias que puedan aparecer en ella para ajustar el mensaje al pensamiento lógico de la sabiduría humana.

19. Porque la sabiduría de este mundo es insensatez para con Dios; pues escrito está: Él prende a los sabios en la astucia de ellos.

ἡ γὰρ σοφία τοῦ κόσμου τούτου μωρία παρὰ τῷ Θεῷ ἐστιν.
Porque la sabiduría del mundo este, locura para - Dios es;
γέγραπται γάρ·
porque ha sido escrito:
ὁ δρασσόμενος τοὺς σοφοὺς ἐν τῇ
El que atrapa a los sabios en la
πανουργίᾳ αὐτῶν·
astucia de ellos.

Análisis y notas del texto griego.

Análisis: ἡ, caso nominativo femenino singular del artículo determinado *la*; γὰρ, conjunción causal *porque* σοφία, caso nominativo femenino singular del nombre común *sabiduría*; τοῦ, caso genitivo masculino singular del artículo determinado declinado *del*; κόσμου, caso genitivo masculino singular del nombre común *mundo*; τούτου, caso genitivo masculino singular del pronombre demostrativo *este*; μωρία, caso nominativo femenino singular del nombre común *locura*, *insensatez*; παρὰ, preposición propia de dativo *para*, *delante de*; τῷ, caso dativo masculino singular del artículo determinado *el*; Θεῷ, caso dativo masculino singular del nombre divino *Dios*; ἐστιν, tercera persona singular del presente de indicativo en voz activa del verbo εἰμί, *ser, estar*, aquí *es*; γέγραπται, tercera persona singular del perfecto de indicativo en voz pasiva del verbo γράφω, *escribir*, aquí *ha sido escrito*; γάρ, conjunción causal *porque*; *ὁ* caso nominativo masculino singular del artículo determinado *el*; *δρασσόμενος*, caso nominativo masculino singular del participio de presente en voz media del verbo δράσσομαι, *coger, tomar, aprovechar la ocasión, apoderarse de, atrapar, prender*, aquí *que atrapa*; *τοὺς*, caso acusativo masculino plural del artículo determinado declinado *a los*; *σοφοὺς*, caso acusativo masculino plural del nombre común *sabios*; *ἐν*, preposición propia de dativo *en*; *τῇ*, caso dativo femenino singular del artículo determinado *la*; *πανουργίᾳ*, caso dativo femenino singular del nombre común *locura, insensatez*; *αὐτῶν*, caso genitivo masculino de la tercera persona plural del pronombre personal declinado *de ellos*.

ἡ γὰρ σοφία τοῦ κόσμου τούτου μωρία παρὰ τῷ Θεῷ ἐστιν. Recuerda una vez más que la sabiduría del mundo es *locura*, *insensatez*, para Dios. Nótese que una vez más hace referencia a *este mundo*, el sistema organizado para oponerse a Dios y contrario a Su sabiduría y voluntad. Es la sabiduría que cautiva a los mundanos, esto es, a quienes son del mundo y no de Dios. Les atrae porque la *entienden* con su propio discernimiento y raciocinio, porque tanto la sabiduría, como los sabios y los que son alcanzados por ellos, pertenecen al mundo y están en su ambiente natural. Dios llama locura a la sabiduría del mundo que en oposición a la de Él, la consideran *locura* (1:18). La sabiduría del mundo es *insensatez* porque no provee de camino alguno de salvación.

γέγραπται γάρ· El apóstol, aunque tiene autoridad apostólica y sus razonamientos y exhortaciones deben ser considerados como del Señor (14:37), apela a la Escritura para sustentar lo que acaba de decir. Es una enseñanza más para quienes tienen la misión de enseñar, conducir y pastorear a los creyentes. Nada tiene autoridad en materia de fe y conducta sino la Palabra. Ninguna persona en la iglesia es *autoridad*, ejercen la autoridad cuando aplican la Escritura. Ningún creyente está en la obligación de obedecer lo que los líderes de la iglesia demanden, a no ser que sea tomado de la Palabra aquello que se establezca. De ese modo se evitaría establecer como mandatos divinos aquello que sale de la mente de los hombres. Pablo dice: *"porque ha sido escrito"*.

ὁ δρασσόμενος τοὺς σοφοὺς ἐν τῇ πανουργίᾳ αὐτῶν· La referencia bíblica está tomada, en esta ocasión, de las palabras de Elifaz: *"Que prende a los sabios en la astucia de ellos, y frustra los designios de los perversos"* (Job. 5:13). Pablo traduce literalmente del texto hebreo. En el discurso de Elifaz, compara a Dios con un cazador que ha puesto a Job preso de su propia astucia. Los sabios quedan atrapados en su propia sabiduría y quienes siembran con astucia caen en ella. No pueden, los sabios el mundo, impedir con su sabiduría los planes de Dios. La sabiduría humana es incapaz de cambiar el mundo. Sólo el poder de Dios es capaz de producir un cambio en el pecador. El apóstol contextualiza una referencia antigua en un entorno diferente, para aplicarla a su tiempo y a los problemas que el sistema de sabiduría humano produce en la iglesia, primero en la de Corinto y en general en la iglesia de cualquier tiempo y lugar. El razonamiento que los hombres hagan, nunca podrá destruir la verdad de la sabiduría de Dios y en especial el mensaje de salvación. Dios no asentó la iglesia sobre la sabiduría de los hombres, sino sobre el cimiento estable e inconmovible que es Cristo.

20. Y otra vez: El Señor conoce los pensamientos de los sabios, que son vanos.

καὶ πάλιν·
Y otra vez:
Κύριος γινώσκει τοὺς διαλογισμοὺς τῶν σοφῶν
Señor conoce los pensamientos de los sabios
ὅτι εἰσὶν μάταιοι.
que son vanos.

Análisis y notas del texto griego.

Análisis: καὶ, conjunción copulativa *y*; πάλιν, adverbio *de nuevo, otra vez*; *Κύριος*, caso nominativo masculino plural del nombre divino *Señor*; *γινώσκει*, tercera persona singular del presente de indicativo en voz activa del verbo γινώσκω, *saber, conocer*, aquí *conoce*; *τοὺς*, caso acusativo masculino plural del artículo determinado *los*; *διαλογισμοὺς*, caso acusativo masculino plural del nombre común *razonamientos, pensamientos*; *τῶν*, caso genitivo masculino plural del artículo determinado declinado *de los*; *σοφῶν*, caso genitivo masculino plural del adjetivo *sabios*; *ὅτι*, conjunción *que*; *εἰσὶν*, tercera persona plural del presente de indicativo en voz activa del verbo εἰμί, *ser, estar*, aquí *son*; *μάταιοι*, caso nominativo masculino plural del adjetivo *vanos*.

καὶ πάλιν· *κύριος γινώσκει τοὺς διαλογισμοὺς τῶν σοφῶν ὅτι εἰσὶν μάταιοι.* La segunda referencia bíblica está tomada de los Salmos, donde se lee: *"Jehová conoce los pensamientos de los hombres, que son vanidad"* (Sal. 94:11). Aquí la referencia es, no tanto a los resultados, sino al modo de pensar del hombre, que es contrario al que demanda Dios. El apóstol hace mención al *pensamiento* que el creyente regenerado debe tener y que es contrario a la forma del pensamiento del hombre natural: *"Por lo demás, hermanos, todo lo que es verdadero, todo lo honesto, todo lo justo, todo lo puro, todo lo amable, todo lo que es de buen nombre; si hay virtud alguna, si algo digno de alabanza, en esto pensad"* (Fil. 4:8). Los corintos con su pensamiento carnal estaban causando divisiones en la iglesia siguiendo a hombres, lo que resulta una manifestación absolutamente contraria al pensamiento que Dios tiene para la iglesia. Sin duda estaban apoyando esa forma de actuar, en los razonamientos humanos que les permitían hacer distinciones entre hombres en la iglesia. Esto es lo que estaban haciendo quienes se consideraban sabios en Corinto (1:12). La jactancia personal estaba en quienes vivían como hombres. Los ministros que aquellos pretendían seguir eran sólo siervos de Dios (v. 5). Estos habían sido puestos para servir al Señor en la iglesia. Él declara inútiles, vanos, frívolos, los pensamientos de los sabios antes incluso de que sean expresados.

21. Así que, ninguno se gloríe en los hombres; porque todo es vuestro:

ὥστε μηδεὶς καυχάσθω ἐν ἀνθρώποις· πάντα γὰρ
Por tanto nadie se gloríe en hombres; porque todas las cosas
ὑμῶν ἐστιν
de vosotros son.

Análisis y notas del texto griego.

Análisis: ὥστε, conjunción consecutiva *por tanto, por consiguiente, de tal manera que, con el fin de, con la intención de*; μηδεὶς, caso nominativo masculino singular del pronombre indefinido *nadie*; καυχάσθω, tercera persona singular del presente de imperativo en voz media del verbo καυχάομαι, *gloriarse, ufanarse, sentirse orgulloso*, aquí *se gloríe*; ἐν, preposición propia de dativo *en*; ἀνθρώποις, caso dativo masculino singular del nombre común *hombres*; πάντα, caso nominativo neutro plural del adjetivo indefinido *todos*, en sentido de *todas las cosas*; γὰρ, conjunción causal *porque*; ὑμῶν, caso genitivo de la segunda persona plural del pronombre personal declinado *de vosotros*; ἐστιν, tercera persona plural del presente de indicativo en voz activa del verbo εἰμί, *ser, estar*, aquí *son*.

ὥστε μηδεὶς καυχάσθω ἐν ἀνθρώποις· Terminando el párrafo establece una conclusión: *Por tanto, nadie se gloríe en los hombres*. Gloriarse en alguien equivale a poner en él su vista y seguirle. Esto lo estaban haciendo quienes, considerándose sabios en Corinto, habían puesto hombres como cabeza de su grupo, admirándolos y siguiéndolos (1:12). A Pablo le había costado cierto trabajo en creer semejante acción, pero tuvo que convencerse por las evidencias que los de la casa de Cloé pusieron ante él (1:11). La jactancia personal descansaba en hombres que los corintios habían buscado. Ninguno de los que habían sido impuestos como líderes, habían pretendido jamás tal cosa, fueron establecidos como tales por creyentes que se comportaban como hombres, con la sabiduría del mundo. Los que aquellos pretendían seguir eran sólo siervos de Dios (v. 5), puestos por Él al servicio de la iglesia. El apóstol establece aquí un mandamiento ya que el verbo está en imperativo, como si dijese: *"¡Que nadie base su orgullo en el hombre!"*, tal como traduce la NVI. Anteriormente el apóstol se ha referido a lealtades incorrectas hacia hombres (1:12-14; 3:4-9), elevándolos a posiciones encumbradas, para ser seguidos e incluso reverenciados. No cabe duda que los siervos de Dios enviados por Él para la edificación de los creyentes deben ser escuchados, respetados y obedecidos, pero no dejan de ser obreros al servicio del Señor para bendición de la iglesia.

πάντα γὰρ ὑμῶν ἐστιν, La razón para no gloriarse en ellos es que *"todo es vuestro"*. Es inconsecuente seguir a alguien que ya es tuyo. Pablo no usa aquí el adjetivo indefinido πᾶς, en masculino plural, que debería aplicarse a los hombres a quienes seguían, sino que se escribe en neutro plural para referirse a la totalidad, equivalente a *todas las cosas*. La iglesia es heredera de todo en Cristo (Ro. 8:17).

22. Sea Pablo, sea Apolos, sea Cefas, sea el mundo, sea la vida, sea la muerte, sea lo presente, sea lo por venir, todo es vuestro.

εἴτε Παῦλος εἴτε ᾿Απολλῶς εἴτε Κηφᾶς, εἴτε κόσμος εἴτε ζωὴ
Bien sea Pablo, bien sea Apolos, bien sea Cefas, bien sea mundo, bien sea vida
εἴτε θάνατος, εἴτε ἐνεστῶτα εἴτε
bien sea muerte, bien sea las cosas que están presentes, bien sea,
μέλλοντα· πάντα ὑμῶν,
las cosas a punto de venir, todas las cosas de vosotros.

Análisis y notas del texto griego.

Análisis: εἴτε, conjunción disyuntiva *sea que, bien sea*; Παῦλος, caso nominativo masculino singular del nombre propio *Pablo*; εἴτε, conjunción disyuntiva *sea que, bien sea*; ᾿Απολλῶς, caso nominativo masculino singular del nombre propio *Apolos*; εἴτε, conjunción disyuntiva *sea que, bien sea*; Κηφᾶς, caso nominativo masculino singular del nombre propio *Cefas*; εἴτε, conjunción disyuntiva *sea que, bien sea*; κόσμος, caso nominativo masculino singular del nombre común *mundo*; εἴτε, conjunción disyuntiva *sea que, bien sea*; ζωὴ, caso nominativo femenino singular del nombre común *vida*; εἴτε, conjunción disyuntiva *sea que, bien sea*; θάνατος, caso nominativo masculino singular del nombre común *muerte*; εἴτε, conjunción disyuntiva *sea que, bien sea*; ἐνεστῶτα, caso nominativo neutro plural del participio perfecto en voz activa del verbo ἐνίστημι, *estar presente, hacerse presente, llegar*, aquí *que está presente*, con sentido de *las cosas que están presentes*; εἴτε, conjunción disyuntiva *sea que, bien sea*; μέλλοντα, caso nominativo neutro plural del participio de presente en voz activa del verbo μέλλω, *estar a punto de,* aquí en sentido de *todas las cosas a punto de venir*; πάντα, caso nominativo neutro plural del adjetivo indefinido *todos*, en sentido de *todas las cosas*; ὑμῶν, caso genitivo de la segunda persona plural del pronombre personal declinado *de vosotros*.

εἴτε Παῦλος εἴτε ᾿Απολλῶς εἴτε Κηφᾶς, La extensión de la posesión de la iglesia se presenta delante de los lectores, en cierta medida, para hacer notar a quienes colocaban a hombres como gloria personal, la inconsecuencia de tal proceder. Algunos en la iglesia situaban a Pablo como cabeza de su grupo en la congregación de modo que el que escribe se sitúa en primer término para ejemplo. La construcción de la oración mediante el uso –muy frecuente en Pablo– de la conjunción disyuntiva que separa y vincula a la vez los elementos de la cláusula, y que se traduce aquí como la locución conjuntiva *bien sea* o *sea que*, hace la función vinculante. *Pablo* es el primer nombre de los tres maestros y apóstoles que había sido puesto como cabeza de un partido en la congregación. El apóstol retoma la fórmula de los que habían sido puestos como líderes de cada fracción en la iglesia, de modo que antes mencionó que algunos decían *yo soy de Pablo* y otros *yo soy de Apolos* y aun otros decían *yo soy de Cefas*. Por este mismo orden los menciona aquí. Cada uno de los hombres puestos como cabeza de un partido por los divisionarios, no por ellos, tenían características personales diferentes. Pablo con un conocimiento grande del plan de Dios, lo que él llamaba *el misterio*; Pedro como el hombre de los recuerdos vívidos de Jesucristo, a quien acompañó durante todo Su ministerio; Apolos con su amplio conocimiento de las Escrituras, y con un poderoso mensaje expositivo de ellas. No eran más que personas que Dios había entregado a la iglesia para el establecimiento y la consolidación en la fe que habían anunciado a los creyentes. Si estos hombres, los más elevados, humanamente hablando en la iglesia, eran de los creyentes como regalos de la gracia, era inconsecuente seguir con la formación de grupos para seguir no a señores sino a siervos puestos a disposición de los creyentes para la edificación del cuerpo de Cristo, conforme a Su propósito.

εἴτε κόσμος· Siguen a los nombres, algunas situaciones, o incluso cosas inanimadas tales como *el mundo*. En este caso no se está refiriendo al sistema sino al cosmos creado. Toda la creación que incluye el universo fue hecha en Cristo, por Cristo y para Cristo. Como unigénito del Padre es el heredero de todo: *"Él es la imagen del Dios invisible, el primogénito de toda creación. Porque en él fueron creadas todas las cosas, las que hay en los cielos y las que hay en la tierra, visibles e invisibles; sean tronos ,sean dominios, sean potestades; todo fue creado por medio de él y para él"* (Col. 1:15-16). Pero el creyente, por vinculación con Cristo y posición en Él, es también *coheredero* de todas las cosas. Nada hay que pueda ser reservado para los hijos, puesto que no sólo son *herederos de Dios*, sino también *coherederos* con Cristo (Ro. 8:17). Esa herencia es sólo del heredero que es Cristo, pero por unidad con Él, los creyentes vienen a ser *uno* en el Heredero, por tanto, todo cuanto tiene que ver con la herencia de Él tiene que ver con la herencia de los creyentes. De otro modo, la herencia no se divide, es compartida por igual con todos los herederos. Esa es la herencia de los *santos en luz*. Algunos creen que esa herencia será dada en fracciones a cada uno conforme a su capacidad de administrarla, de manera que el tránsito del creyente por el mundo definirá el alcance de la herencia que ha de disfrutar en la eternidad. Sin embargo, tal idea no encaja con la enseñanza del apóstol y procede, probablemente, de una exégesis defectuosa de las recompensas a los siervos de la parábola (Lc. 19:17 ss.). La herencia por ser del Unigénito no es divisible porque solo existe un heredero cósmico, y no es divisible con los hijos, sino *compartida* por todos ellos en razón de estar vinculados como hijos en el Hijo. Pablo habla aquí del mundo, que como sistema ha de ser juzgado por los creyentes (6:2).

εἴτε ζωὴ. Además, Jesucristo fue glorificado y recibió *"el nombre que es sobre todo nombre"* (Fil. 2:9). Este nombre de suprema autoridad es también expresión de la soberanía que como Dios le corresponde. Por esa causa es dueño de la vida, que está en Él. En ese mismo sentido por estar en Cristo, el creyente tiene la vida eterna como posesión en Cristo (Jn. 10:28). Es nuestra la vida porque, en el momento actual, para el creyente consiste en vivir *a Cristo* (Fil. 1:21). La vida en plenitud es vivir en la plenitud de Cristo (Col. 2:9-10).

εἴτε θάνατος, La muerte es posesión del creyente puesto que ha sido vencida por Cristo (15:21, 25). El creyente sabe que su resurrección será un hecho y que la muerte quedará sorbida en victoria por la vida (15:54). La muerte inquieta a los sabios según el mundo, pero para el creyente es una nueva experiencia en Cristo, que consiste en *dormir en el Señor* (1 Ts. 4:14). Lo que es considerada como ruina para muchos, es ganancia para el cristiano (Fil. 1:21). La muerte no puede separar jamás al creyente de Cristo (Ro. 8:38). Cuando se produce el deceso físico, al cristiano se le abre la puerta para acceder a la presencia del Señor (2 Co. 5:8; Fil. 1:23).

εἴτε ἐνεστῶτα. Afirma lo mismo con las *cosas del tiempo presente*. Es nuestro porque Jesucristo tiene toda autoridad sobre el presente, tanto en el cielo como en la tierra (Mt. 28:18). Él está sentado en la majestad de las alturas como Soberano supremo (Hch. 5:31). Su reino no es de este mundo, está sobre todos ellos, como Rey de reyes y Señor de señores (Ap. 19:16). El presente es del creyente por vinculación con Cristo y se constituye por eso en una continua bendición para él. Goza en todo momento de la compañía de Dios a su lado en toda ocasión y circunstancia (Sal. 23:4). El presente es conducido y orientado por Dios para su bien (Ro. 8:28). Mientras el mundo se inquieta por el presente, el creyente confía plenamente, porque el presente es de él. El mundo no puede dejar de inquietarse porque no teniendo a Cristo, tampoco tiene a Dios y no tiene esperanza.

εἴτε μέλλοντα. Finalmente habla del futuro, lo porvenir. También está subordinado al Señor de gloria (Fil. 2:9-11). El futuro tiene que ver con el triunfo de Dios y la glorificación de la iglesia. Los creyentes, por fe, disfrutan ya de lo que el futuro depara como suyo (1 P. 1:4-5). La iglesia reinará con Cristo, a pesar de cuanta oposición y acciones ejerza el príncipe de las tinieblas. Dios ha establecido un destino glorioso para los Suyos que serán trasladados a Su presencia, para proyectar luego una vida perpetua con el Señor en cielos nuevos y tierra nueva (Ap. 2:26-28; 3:21; 21:1 ss.; 22:1 ss.).

πάντα ὑμῶν, Concluye con un absoluto *"todo es vuestro"*. La totalidad de las cosas, la plenitud de ellas, el tiempo, la vida, la muerte y la eternidad.

23. Y vosotros de Cristo, y Cristo de Dios.

ὑμεῖς δὲ Χριστοῦ, Χριστὸς δὲ Θεοῦ.
Y vosotros de Cristo, Y Cristo de Dios.

Análisis y notas del texto griego.

Análisis: ὑμεῖς, caso nominativo de la segunda persona plural del pronombre personal *vosotros*; δὲ, partícula conjuntiva que hace las veces de conjunción coordinante, con sentido de *pero, más bien, y, y por cierto, antes bien, entonces*; Χριστοῦ, caso genitivo masculino singular del nombre propio declinado *de Cristo*; Χριστὸς, caso nominativo masculino singular del nombre propio *Cristo*; δὲ, partícula conjuntiva que hace las veces de conjunción coordinante, con sentido de *pero, más bien, y, y por cierto, antes bien, entonces*; Θεοῦ, caso genitivo masculino singular del nombre divino declinado *de Dios*.

ὑμεῖς δὲ Χριστοῦ, Pablo alcanza la conclusión definitiva. El creyente es propiedad de Cristo: *"vosotros de Cristo"*. El Señor compró a cada uno de los Suyos al precio de Su propia sangre (6:20). Los cristianos son regalo del Padre a Su Hijo (Jn. 6:37; 17:6, 9, 12). Los miembros de la iglesia tienen un solo Señor (Ef. 4:5). Los creyentes no pertenecen a ningún líder eclesiástico sino sólo a Aquel que murió y resucitó por ellos (2 Co. 5:15). La pertenencia de los cristianos a Cristo es una verdad incuestionable, ya que el mismo Señor dijo que *"todo lo que el Padre me da, vendrá a mí; y al que a mí viene, no lo hecho fuera"* (Jn. 6: 37). El Padre y el Hijo están unidos en la ejecución y realización del programa de salvación. Es el Padre el que llama a los pecadores y los conduce al Salvador. Esta es una verdad enseñada continuamente en el Nuevo Testamento, y reiterada en el *Evangelio* según Juan (Jn. 6:39; 17:6, 11, 12, 24; 18:9). Los creyentes son del Padre, no sólo por creación, sino por la eterna elección en Cristo para la fe. Este *dar* implica la idea de venir a Jesús, de creer en Él. Se está refiriendo a la acción sobrenatural del Padre en el llamamiento al pecador.

Dios da como don al Hijo a quienes son salvos. El apóstol Pablo, en otro escrito, califica a los cristianos como *llamados a ser de Jesucristo* (Ro. 1:6), quiere decir que todos los que son cristianos lo son por llamamiento celestial. El Padre llama a salvación a los hombres y los conduce a Cristo, quien los salva, siendo regenerados por el Espíritu

Santo. Es necesario reiterar en esta verdad bíblica: la salvación es de Dios (Sal. 3:8; Jon. 2:9). No se trata, pues, de deseo o de esfuerzo humano, sino de la gracia divina. La rebeldía natural del hombre, que jamás ha deseado ir a Dios (Ro. 3:11), es cambiada por el llamado del Padre, quien *"nos salvó y llamó con llamamiento santo, no conforme a nuestras obras, sino según el propósito suyo y la gracia que nos fue dada en Cristo Jesús antes de los tiempos de los siglos"* (2 Ti. 1:9). De ahí que el término *llamados*, de lo que anteriormente se ha considerado, supone la inclusión en él de todos los cristianos. Estos son dados por el Padre al Hijo para que sean salvos, pasando a ser como *propiedad* Suya, ya que son llamados con un propósito *"ser de Jesucristo"*. Sin embargo, no hay coacción divina en la acción del llamamiento del Padre y la conducción al Hijo, puesto que son los hombres, capacitados para creer por la fe generada en sus corazones, quienes han de responder con fe al llamamiento divino. En la salvación, por tanto, en la acción del Padre dándole a los salvos, no hay exclusión ni distinción. Dios llama al hombre, sin tener en cuenta si es judío o gentil, sabio o ignorante, hombre o mujer, siervo o libre, puesto que el Salvador lo es de todos. El Señor dice que *"todo lo que el Padre me da"*, por tanto, quienes responden por fe y creen, pertenecen a Jesucristo como Su Iglesia, y a Él le fueron entregados por el Padre que los llamó. La Biblia enseña que en la operación de salvación que incluye el llamamiento del Padre, Dios actúa llamando a los pecadores *conforme a Su propósito* (Ro. 8:28). Es en la salvación donde está implicada la soberanía de Dios, puesto que ha sido establecida eternamente y ejecutada en el tiempo de la historia humana mediante el envío del Hijo, para ser Salvador del mundo. Por tanto, en todo cuanto tiene que ver con salvación, es Dios quien lo realiza. La salvación del hombre descansa en el decreto divino que se estableció antes de la creación (2 Ti. 1:9). El designio eterno estableció quien realizaría la obra de salvación (1 P. 1:18-20). La Biblia enseña firmemente que *"la salvación es de Dios"* (Sal. 3:8; Jon. 2:9). Ya se ha considerado esto antes. Todo cuanto tiene que ver con la salvación del hombre corresponde al *propósito* de Dios establecido antes de la creación y, por tanto, antes de la caída. La decisión salvífica es anterior y está más allá de la historia. De otro modo, el propósito de Dios es para salvación de aquellos a quienes llama. Dios no llama a aquellos que Él sabe que van a responder a Su llamado, no salva a aquellos que Él sabe que aceptarán por la fe a Cristo en el decurso de la historia, Dios llama *para* que respondan al llamado, capacitándoles para ello (1 P. 1:2). El propósito de Dios implica que Su llamamiento sea algo más que una simple invitación para perdón de pecados, es un llamamiento para que sean *dados* a Su Hijo. Los que son llamados siguen en el mundo, pero no son de él. Los llamados por Dios disciernen, en razón de la obra del Espíritu, cuál es su situación, siendo dotados de fe salvífica e impulsados a clamar al Salvador depositando en Él su fe, de manera que mientras que *"Cristo crucificado,* es *para los judíos ciertamente tropezadero y para los gentiles locura... para los llamados, así judíos como griegos, Cristo poder de Dios, y sabiduría de Dios"* (1:23-24). ¿Quién hace esa diferencia? La operación poderosa de Dios conforme a Su *propósito*. Así escribe León Morris:

> *"... La gente no viene a Jesús simplemente porque le parece una buena idea. A la gente pecadora nunca le parece una buena idea. A no ser que el poder divino trabaje en las almas de las personas (cf. 16:8), éstas no ven ningún problema en las vidas de pecado que llevan. Antes de que una persona pueda venir a Cristo hace falta que el Padre se la de a Cristo. Esta es la explicación de que aquellos que le buscaron en aquella ocasión, y que al principio querían proclamarle rey, no eran verdaderamente discípulos suyos. No pertenecían al pueblo de Dios. No estaban entre los que Dios les da a Jesús*[7].

Es necesario entender bien que el hombre no se salva por *saberse perdido*, se salva cuando se *siente perdido*; este sentimiento en la intimidad del alma es una operación que el Espíritu produce para quienes son llamados. La economía de la salvación no tiene lugar cuando el hombre pecó, ni tampoco porque iba a hacerlo, sino que nace del propósito soberano de quien determina, por propia voluntad salvar al hombre que iba a ser creado. Como alguien dijo, mucho antes de que el Creador dijese *"sea la luz"*, dijo *"sea la Cruz"*. El designio de Dios es el de un llamamiento santo que salva a los que son llamados con este propósito (2 Ti. 1:9). Esto siempre sin renunciar a la responsabilidad del hombre ya que todo aquel que quiera ir a Jesús y crea en Él, será salvo (Jn. 3:16). Esta es la gran *potencialidad* de la obra del Calvario. Jesús no murió por un grupo determinado, sino por todos los pecadores, para hacer *potencialmente salvable* a todo hombre, a quienes el evangelio llama a un encuentro con Jesús. El mismo Señor alude a esto cuando dice que habían visto las señales, pero *no creían en Él*. Por otro lado, está el llamado del Padre para salvación, de quienes han sido elegidos desde antes de la constitución del mundo (Ef. 1:4). Tratar de reconciliar estas dos verdades por medios humanos, supondrá forzar una a favor de la otra. Reconozcamos nuestra limitación en esto y aceptemos las verdades bíblicas en un acto de fe, entendiendo que las dos son dos verdades reveladas, teniendo en cuenta que la Biblia está dirigida a la fe del creyente y no a la lógica del hombre.

---

[7] Leon Morris. *Evangelio según Juan*, pág. 416.

Algunas veces el extremismo doctrinal conduce a la inquietud de quienes desean recibir a Jesús como Salvador, preguntándose si realmente han sido llamados por el Padre o es un mero deseo humano. A éstos se les suele contestar que nadie puede saber si ha sido elegido para salvación, lo que supone que el que desea recibir a Cristo siga en la inquietud de saber si ha sido o no elegido. A éstos debe responderse que Jesús no rechazará jamás a quien vaya a Él para entregarle la vida. Pero, no es tampoco menos cierto que es necesario precisar que la salvación no se alcanza *cuando y como quiere el hombre*, puesto que en todo ello se requiere la capacitación de la gracia para alcanzarlo. No permitamos que los extremistas, en uno y en otro sentido, causen problemas y generen angustias en el alma de quienes son niños en Cristo. En ocasiones vienen a las almas sencillas para decirles que deben dudar de su salvación puesto que han creído en un evangelio que no es bíblico. La única verdad clara, concreta, precisa, que tiene el compromiso de Dios es esta: *ninguno que venga a Cristo será rechazado*. Como dice Hendriksen: *"Que nadie dude, diciendo, quizá no he sido dado al Hijo por el Padre. A todo el que viene se le acoge calurosamente*[8]*"*. Oh, sí, invitemos a los perdidos a que acudan a Cristo. Llamémosles a salvación señalando al Salvador y dejemos que Dios haga Su obra, haciendo notar a los perdidos su responsabilidad personal.

El apóstol concluye el versículo afirmando que todos los creyentes son de Cristo. No hay duda que esto es sumamente importante puesto que no hay distinción en ello. Los hombres más grandes en el tiempo de los corintios, son propiedad de Cristo y los más sencillos de los creyentes que se congregaban en aquella iglesia lo son también. Por esa misma razón puede afirmar que *todo es vuestro*, porque *vosotros sois de Cristo*.

Χριστὸς δὲ Θεοῦ. Se extiende a la segunda verdad del versículo: *"Y Cristo de Dios"*. Esto afirma la *subordinación* del Hijo al Padre, pero nunca se puede considerar como alguien que es menor y mucho menos como que es *posesión* del Padre. Más adelante se considerará esto con detalle[9]. La Biblia expresa una triple subordinación de Cristo, esto es en cuanto al *orden* no a la dimensión, ni a la condición, ya que en el Ser Divino las Tres Personas son iguales en dignidad, vida, honor y gloria. La primera de esas subordinaciones tiene que ver con la *procedencia*. El Hijo procede del Padre en cuanto a comunicación de vida, es decir, el eterno existir como Persona Divina, que es el Hijo, obedece a la vinculación de una relación paterno-filial única. El Padre es Padre al engendrar eternamente al Hijo, y el Hijo lo es en cuanto a ser engendrado del Padre.

---

[8] G. Hendriksen, *Juan*, pág. 348.

[9] Será tratado en (11:3).

Esto no implica en modo alguno una existencia distinta a la del Padre o del Espíritu. Proceder del Padre no implica en modo alguno, origen ya que las tres Personas Divinas son sin principio ni fin. La segunda subordinación tiene que ver con la decisión voluntaria de hacerse hombre y hacerse siervo por medio de Su humanidad (Fil. 2:6-8). En tercer lugar, subordinación *teantrópica*, al ser Dios-hombre, Emanuel mediador entre Dios y los hombres (1 Ti. 2:5); por esa razón se le encomienda a Él la restauración final de todo a Dios (15:27-28). Para expresarlo de un modo sencillo: El que es por naturaleza igual a Dios, es hecho por voluntad, como sujeto a Él, sin menguar en nada Su deidad.

Caben resaltar dos aspectos en el capítulo que se acaba de comentar. Primeramente, el problema de las divisiones en la iglesia. Es notable apreciar que son el resultado de *niños en Cristo*, que no han comprendido en toda la dimensión la doctrina sobre la *sabiduría* de Dios, que no solo planifica, determina, ejecuta y aplica la salvación, sino que coloca a todos los creyentes al mismo nivel en la identificación con Cristo. Los que son infantiles, esto es *niños en Cristo*, son creyentes carnales porque se guían por la sabiduría del mundo, contraria totalmente a la sabiduría de Dios. Estos desconocen realmente lo que es la iglesia de Cristo, como una unidad corporativa y como santuario de Dios en Cristo. A nosotros como creyentes se nos llama a *guardar la unidad del Espíritu en el vínculo de la paz* (Ef. 4:3). Es poner todo el empeño para no actuar en ninguna manera en contra de la unidad, que es el proyecto de Dios para la iglesia. Hemos de estar empeñados celosamente en guardar esa unidad. Cuando en una iglesia se producen divisiones internas, la bendición divina se ve interrumpida y las consecuencias son siempre lamentables. Esta unidad está definitivamente hecha y nadie podrá quebrantarla, pero podrá afectar la experiencia de la unidad e impedir la comunión entre creyentes que, por ser una relación vertical con el Padre y el Hijo, es una interrupción de la comunión con Dios (1 Jn. 1:3). La unidad de la iglesia es una condición imprescindible para recibir las bendiciones de Dios (Sal. 133:1-3). La indisposición contra la unidad será juzgada por Dios, con resultados altamente drásticos, como enfermedad física, impedimento para asistir a las reuniones e incluso la muerte física, como se considerará más adelante (11:30). En ocasiones se justifican las divisiones entre creyentes por el mantenimiento de principios doctrinales. Sin duda alguna, cuando estos principios fundamentales de las doctrinas de la fe son afectados por algunos y reiterada la enseñanza con la Palabra se persiste en contradecir la doctrina, no cabe otra opción que salir de en medio de ellos para no tocar lo inmundo. Pero, entiéndase bien que se trata de principios fundamentales de la fe, como pudiera ser la negación de la Trinidad, de la Deidad de Jesucristo, la existencia de los ángeles, la salvación por gracia, etc. Si la división se produce por interpretaciones de doctrinas generales y apreciaciones sobre ellas, afecta realmente a la unidad de la iglesia y no es conforme a la voluntad de Dios. Pero, todavía es más grave cuando las divisiones nacen por costumbres, tradiciones, formas sistemas de culto, etc. etc. Quienes dividen una congregación por estas cuestiones están luchando contra Dios, intentando destruir la unidad del Espíritu y, en la mayor parte de las ocasiones se trata de caprichos personales o de mantenimiento de costumbres que no tienen base bíblica y a las que se le da el valor de doctrina cuando sólo son tradiciones de hombres. Un pecado semejante no puede esperar recibir ningún tipo de bendición de parte de Dios. Además, la falta de unidad visible entre los cristianos es un pecado que afecta directamente a la evangelización porque Jesús dijo al Padre: *"Que sean uno para que el mundo crea que tú me enviaste"* (Jn. 17:21).

Otro asunto destacable es la posición de los ministros en la iglesia. Es necesaria la comprensión de lo que realmente es el que está en el ejercicio de algún don de enseñanza y conducción. No hay nadie que pueda alcanzar una posición más elevada que la de siervo de Cristo, como el apóstol enseña en el próximo capítulo. Cuando alguien se eleva de su lugar de servicio para ser seguido por algunos en la iglesia está usurpando el señorío en la congregación que sólo es de Cristo. Hay problemas de que no sean los líderes quienes activen partidos en la iglesia, sino que, como ocurría en Corinto, sean los creyentes quienes endiosándolos tratan de seguirles fielmente. El que sigue a los hombres, no sigue a Cristo. Quien se considera como seguidor de alguno de los grandes siervos de Dios que Él dio a la iglesia, está equivocado, bíblicamente hablando. Los hombres admirables que hubo en la historia antigua, media y reciente del cristianismo, son instrumentos con que la gracia ha dotado a la iglesia para su edificación. Así lo enseña la Palabra: *"Acordaos de vuestros pastores, que os hablaron la palabra de Dios; considerad cuál hay sido el resultado de su conducta, e imitad su fe"* (He. 13:7). No se manda imitar a los hombres, sino a la enseñanza de la fe y admirar el ejemplo de su conducta.

CAPÍTULO IV

GRANDEZA DEL SERVICIO

Introducción

Con este párrafo concluye el apóstol Pablo la enseñanza y amonestación sobre las divisiones que se habían producido en la iglesia en Corinto. Tras afirmar la realidad de las mismas y demostrar el modo como se presentaban en la iglesia (1:11-12), pasó a exponer las consecuencias que esa actuación acarreaba.

Los de aquella congregación habían puesto como líderes de cada uno de los grupos en que estaban divididos, a personas de relieve entre los creyentes y las iglesias. Dos apóstoles, Pedro y Pablo, un maestro, Apolos y la gloriosa figura del Señor, formaban el mosaico de la fragmentación. El apóstol recordó la enseñanza sobre los creyentes dotados con dones espirituales que los capacitaban para el ministerio establecido por el Señor para la iglesia, todos ellos no dejaban, salvo por supuesto Cristo, de ser otra cosa que servidores de Dios. Es cierto que el ministerio de esos hombres era de mayor alcance que el de otros hermanos con servicios más limitados, pero nadie pasaba de la condición de siervos. Por tanto, los corintios estaban colocándose voluntariamente al servicio de hombres, siguiéndolos en lugar de seguir al Señor. El apóstol les recordó estas verdades en la última parte del capítulo anterior.

Los falsos maestros y algunos líderes en la iglesia estaban arrogantemente infatuados, considerándose como en una elevada condición espiritual, superior a la de los otros hermanos, gloriándose en ellos mismos (v.8). Sin embargo, quienes tenían pleno derecho a considerarse de ese modo –desde el punto de vista humano, como eran los apóstoles– mostraban una vida totalmente diferente. Sometidos a desprecios, aflicciones, persecuciones, en el mundo, tenían que enfrentarse también, como era el caso de Pablo, con quienes procuraban desprestigiarlos desde dentro de la propia iglesia.

Mientras eso ocurría, los arrogantes y adversarios de los apóstoles, especialmente de Pablo, eran honrados (vv.9-13). La intención del apóstol al escribir el último párrafo del pasaje que se considera, era que los creyentes rectificaran el modo de actuación, escribiéndoles toda la amonestación con el cariño de un padre (v. 15), presentándose como ejemplo de conducta cristiana delante de ellos y enviando a Timoteo para recordarles su enseñanza y comportamiento (vv. 16-17).

Ahora pasa a reforzar esta verdad mediante tres referencias a los siervos de Dios. Primeramente, les hace observar para que rectifiquen el juicio equivocado que hacían de los siervos de Dios (vv. 1-5). El mismo se presenta con su identificación personal, con la que quiere que se le considere: *"servidores de Cristo"* (v. 1). Los que los exaltaban a una condición de señorío, deben rectificar esa forma equivocada de entender qué son los que sirven en la obra de Dios. Sin embargo, a los que sirven se les demanda fidelidad en el servicio (v. 2). Los grupos que se habían formado en la iglesia admiraban y seguían a quienes consideraban de relieve, juzgando y minusvalorando a los otros. Pablo, entiende que el juicio del siervo no es de los hombres sino de Dios (v. 3). Algunos le acusaban de distintas cosas, pero la conciencia suya era recta delante de Dios, por lo que le interesaba sólo el juicio del Señor (v. 4). Aprovecha para recordarles el problema de juzgar a otros, que corresponde al único que puede hacerlo que es Jesucristo y que lo hará en Su venida, poniendo de manifiesto la obra de cada uno (v. 5).

Seguidamente presenta el ejemplo apostólico (vv. 6-17). Lo introduce con una referencia personal a él y a Apolos en cuanto a vida de servicio y humildad (v. 6), para formular las preguntas retóricas que exigen la humildad de quien sirve, ya que la posición y capacitación de cada uno no se alcanza por esfuerzo y dignidad personal, sino por dotación de la gracia, lo que impide cualquier arrogancia (v. 7). Aprovecha para hacerles una exhortación con firmeza sobre su comportamiento (v. 8). Dejando las referencias personales se extiende a presentar a los apóstoles en general como ejemplos de humildad y entrega, en un párrafo impactante que detalla las dificultades, problemas y aflicciones de sus vidas, mientras sirven al Señor en la iglesia (vv. 9-13). La amonestación siguiente a la referencia a los apóstoles, está expresada con afecto paternal, pidiéndoles que imiten su comportamiento (vv. 14-16). A modo de un paréntesis les anuncia el envío de Timoteo para que les recuerde lo que Pablo había enseñado y de cuyas enseñanzas y ejemplo personal se habían desviado (v. 17).

Los últimos textos (vv. 18-21), anuncian la acción del apóstol, indicándoles la disposición a ir a visitarles (v. 18), y de hacerlo con firmeza actuando para poner orden a los que habían generado los problemas que se tratan en la *Epístola* y algunos otros que el apóstol reservó para tratarlos personalmente con ellos (vv. 19-21).

Para el análisis textual y el comentario del capítulo, se seguirá el *bosquejo analítico*, que se da en la *introducción*, como sigue:

3.5. Juicio equivocado (4:1-5).
4. El ejemplo de Pablo (4:6-21).
4.1. Ejemplo de humildad y entrega (4:6-13).
4.2. Ejemplo de interés (4:14-21).

Juicio equivocado (4:1-5)

1. Así, pues, ténganos los hombres por servidores de Cristo, y administradores de los misterios de Dios.

οὕτως	ἡμᾶς	λογιζέσθω	ἄνθρωπος	ὡς	ὑπηρέτας	Χριστοῦ	καὶ
Así	a nosotros	consideren	hombres	como	servidores	de Cristo	y

οἰκονόμους	μυστηρίων	Θεοῦ.
administradores	de misterios	de Dios.

Análisis y notas del texto griego.

Análisis: οὕτως, adverbio demostrativo *así*; ἡμᾶς, caso acusativo de la primera persona plural del pronombre personal declinado *a nosotros*; λογιζέσθω, tercera persona plural del presente de imperativo en voz activa del verbo λογίζομαι, *considerar, contar, contar en el número de, tener en cuenta, estimar, apreciar*, aquí *considere*; ἄνθρωπος, caso nominativo masculino singular del nombre común *hombre*; ὡς, adverbio de modo, *como*, que hace las veces de conjunción comparativa; ὑπηρέτας, caso acusativo masculino plural del nombre común *esclavos, siervos, ayudantes*; Χριστοῦ, caso genitivo masculino singular del nombre propio declinado *de Cristo*; καὶ, conjunción copulativa *y*; οἰκονόμους, caso acusativo masculino plural del nombre común *administrador*; μυστηρίων, caso genitivo neutro plural del nombre común declinado *de misterio*; Θεοῦ, caso genitivo masculino singular del nombre divino declinado *de Dios*.

οὕτως ἡμᾶς λογιζέσθω ἄνθρωπος ὡς ὑπηρέτας Χριστοῦ. Sin solución de continuidad, el versículo sigue al capítulo anterior, sin interrupción, es decir, podía estar situado allí. La relación vinculante se establece mediante el adverbio demostrativo οὕτως, *así, de este modo*. Al concluir el texto anterior afirmó que los creyentes *son* de Cristo, de este modo, los hombres han de considerar a los que sirven de esa manera, como siervos de Cristo.

La palabra ὑπηρέτεης, para referirse a la condición de *siervo*, es crasis[1] de la preposición ὑπό *debajo de* y el sustantivo ἐρέτης, *remero*, de modo que etimológicamente se refiere a un *remero subordinado*. En ocasiones se aplicaba para referirse a remeros condenados a galeras, donde su misión era obedecer y remar. El sentido más general hace referencia a un *auxiliar* o al *servidor* de una persona que ocupa una posición más alta, de otro modo, un ayudante que está siempre a disposición de un superior para prestarle servicio. En el versículo el apóstol quiere que el hombre, como aparece en singular en el texto griego, cada persona que le observe o le conozca lo considere, no como un grande entre los apóstoles, sino simplemente como un *siervo*, *esclavo* de Jesucristo.

No podía ser de otra forma para quien su vida era Cristo (Fil. 1:21). En Jesús estaba arraigado el servicio, por consiguiente, también en quien vive Su vida. Cristo fue profetizado como *siervo* (Is. 42:1), con un ministerio humilde que no se manifestaría con grandiosidad: *"No gritará, ni alzará su voz, ni la hará oír en las calles"* (Is. 42:2). El servicio de Jesús sería hecho en la suprema dimensión de la entrega, viniendo a la forma de *siervo*, haciéndose semejante a los hombres (Fil. 2:6-8). El servicio estaba enraizado en el alma humana de Jesús, como indican Sus propias palabras: *"Como el Hijo del Hombre no vino para ser servido, sino para servir, y para dar Su vida en rescate por muchos"* (Mt. 20:28). La fidelidad Suya era tal que en la entrega no buscaba Su gloria (Jn. 8:50). La lealtad acompañaba cada acción de Jesús: *"Les dijo, pues, Jesús: Cuando hayáis levantado al Hijo del Hombre, entonces conoceréis que yo soy, y que nada hago por mí mismo, sino que según me enseñó el Padre, así hablo. Porque el que me envió, conmigo esta; no me ha dejado solo el Padre, porque yo hago siempre lo que le agrada"* (Jn. 8:28-29). El servicio era el objetivo supremo del Señor, comparándolo con algo superior al alimento, siempre necesario para la vida (Jn. 4:34). Servía en sujeción plena al Padre: *"No puedo yo hacer nada por mí mismo; según oigo, así juzgo; y mi juicio es justo, porque no busco mí voluntad, sino la voluntad del que me envió, la del Padre"* (Jn. 5:30), y añade: *"Porque he descendido del cielo, no para hacer mi voluntad, sino la voluntad del que me envió"* (Jn. 6:38). Su objetivo de servicio es pleno *"que acabe Su obra"*. El siervo rendía cuentas de Su administración (Jn. 17:4). La obra requería la entrega de Su propia vida (Jn. 10:18), puesta en sacrificio (1 P. 2:24). El seguimiento a Cristo demanda un servicio como siervo incondicional de Él: *"Si alguno me sirve, sígame; y donde yo estuviere,*

---

[1] *Crasis*, palabra griega que equivale a *unión de fuerzas*, en general *unión de elementos*.

allí también estará mi servidor. Si alguno me sirviere, mi Padre le honrará" (Jn. 12:26).

Nadie puede llegar a ser más que Cristo, por consiguiente, la posición más alta en la vida del creyente es ser *siervo*. Quien entiende bien esto, al ver la obra realizada tiene que sentir su pequeñez: *"Porque yo soy el más pequeño de los apóstoles, que no soy digno de ser llamado apóstol, porque perseguí a la iglesia de Dios"* (15:9). Por eso, el apóstol reconoce que cuanto hizo en el servicio, no es logro suyo, sino del poder de la gracia operando en él (15:10).

καὶ οἰκονόμους μυστηρίων Θεοῦ. Además de siervo, Pablo, se considera un simple *administrador* del *misterio de Dios*. El misterio que el apóstol predicaba no era suyo, sino que le había sido revelado. No son logros teológicos los que marcan su vida, sino la fidelidad a la proclamación del mensaje de Dios. El οἰκονόμους, era un criado administrador, al que el dueño le confiaba una porción de su peculio para que lo administrara conforme a las indicaciones. Pablo había recibido una parte de la *economía divina*, guardada en el tesoro arcano de Dios. No era suya, no lo había descubierto por investigación, lo había recibido. Era un esclavo intendente, pero seguía siendo esclavo de Cristo, puesto en la obra de Dios para un determinado ministerio. Lo que antes fue secreto en Dios, ahora lo ha revelado y puesto en manos de sus siervos para que lo proclamen (2:7, 10).

No es posible pasar por un texto como éste sin entender el llamamiento a la humildad que está contenido en él. Nuestra sociedad alaba y ensalza a los que escalan las más altas cotas sociales. Las personas se consideran importantes por los títulos que poseen. Esto que, en cierto modo, es propio de la sociedad, no lo es de la iglesia. La sociedad procede por la grandeza conforme a la *sabiduría del mundo*, la iglesia tiene un comportamiento diferente porque actúa conforme a la *sabiduría de Dios*. ¿Es acaso impropio que un creyente tenga titulación académica? En absoluto, todo lo contrario. La idea extravagante de que el creyente no necesita acudir a una universidad para formarse y alcanzar posiciones más altas que quienes no la tienen, no tiene base bíblica alguna. Calificar las carreras de buenas o malas conforme al pensamiento eclesial, ha traído consecuencias fatales en muchos creyentes jóvenes que deseaban un tipo de estudio y se vieron imposibilitados por la intransigencia farisaica de quienes viven resentidos contra la ciencia que ellos llaman del mundo. Pero, de igual modo, están los contrarios a cualquier titulación teológica, como si el creyente no debiera aprovechar las instituciones académicas y los hombres capacitados para una formación mejor y mayor, a fin de servir con más capacitación. Pero también, el pensamiento del mundo ha dado de lleno, especialmente en los últimos años, con la obtención sea como sea de algún título que respalde académicamente al pastor o al maestro, sin el cual, no puede sino aspirar a una vida oscura y mediocre en el ministerio fuera de las congregaciones que se consideran importantes. La enfermedad de la *titulitis* trae serios problemas, ya que a fin de poder colgar en la pared del despacho pastoral algún título académico, no se tiene en cuenta si la institución que lo expide es bíblica o es liberal. No tiene, para muchos, importancia alguna si quienes capacitan son creyentes firmes en la inspiración plenaria o no, lo valioso es tener un título que eleve a una categoría superior al resto de los creyentes. Pablo enseña con toda claridad que el título de honor supremo es ser *siervo de Cristo*.

2. Ahora bien, se requiere de los administradores, que cada uno sea hallado fiel.

ὧδε λοιπὸν ζητεῖται[1] ἐν τοῖς οἰκονόμοις, ἵνα πιστός τις εὑρεθῇ.
Así además se busca en los administradores, que fiel uno hallado.

Análisis y notas del texto griego.

Análisis: ὧδε, adverbio demostrativo *así, de este modo, en estas circunstancias, aquí*; λοιπὸν, adverbio *además*; ζητεῖται, tercera persona singular del presente de indicativo en voz pasiva del verbo ζητέω, *buscar, indagar, querer, pedir*, aquí *se busca*; ἐν, preposición propia de dativo *en*; τοῖς, caso dativo masculino plural del artículo determinado *los*; οἰκονόμοις, caso dativo masculino plural del nombre común *administradores*; ἵνα, conjunción *que*; πιστός, caso nominativo masculino singular del adjetivo *fiel*; τις, caso nominativo masculino singular del pronombre indefinido *uno, alguno*; εὑρεθῇ, tercera persona singular del aoristo primero de subjuntivo en voz pasiva del verbo εὑρίσκω, *encontrar, hallar*, aquí *sea hallado*.

Notas. Crítica Textual. Lecturas alternativas.

[1] ζητεῖται, *se busca*, lectura según B, L, Ψ, 0289, 81, 630, 1175, 1241, 1506, 𝔐, latt, sy, co.

ζητεῖτε, *buscáis*, conforme a P^{46}, א, A, C, D, F, G, P, 6, 33, 104, 365, 1505, 1739, 1881, 2464.

ὧδε λοιπὸν ζητεῖται ἐν τοῖς οἰκονόμοις, Dios ha establecido a los creyentes en el ministerio como *administradores* en Su obra. La aplicación primaria es a los apóstoles y más directamente a Pablo, que aparece en el contexto de todo el capítulo. El que los constituye como siervos administradores requiere de ellos algo concreto, que sigue inmediatamente. No es algo opcional, sino que *se requiere*, *se demanda* de cada uno de ellos lo que sigue.

ἵνα πιστός τις εὑρεθῇ. *"Que cada uno sea hallado fiel"*. Es lo natural en alguien en quien se deposita confianza, a éste se le exige fidelidad. De otro modo, que sea hallado fiel delante de su Señor. Por consiguiente, ha de ser fiel en la administración de los recursos recibidos. Fiel en relación con los que están bajo su supervisión. Pero también de forma precisa, ha de ser fiel al darles *"el misterio de Dios"*. La revelación de Dios que fue revelada a los apóstoles y escrita por ellos. El administrador fiel debe mostrar primordialmente fidelidad a la Palabra, transmitiéndola y enseñándola en su totalidad y sin adulteración alguna. Fiel para dar a los creyentes la porción de enseñanza necesaria, como alimento, según su capacidad y en cada ocasión. Nótese que esta condición personal no es negociable, como se aprecia en la frase primera del texto: *"se requiere"*. Pablo envía a sus colaboradores para misiones importantes, como hizo con Timoteo, de quien anuncia a los corintios una visita, y lo hace porque es *"fiel en el Señor"* (v. 17). El mismo apóstol da testimonio personal de que *"alcanzó misericordia del Señor para ser fiel"* (7:25). Epafras era un *"fiel ministro"* (Col. 1:7). Lo que está destacando el apóstol es la fidelidad del ministro a la Palabra. Esto conlleva necesariamente asumir y aceptar la posición de siervo y ese nivel en el ministerio. Además, la fidelidad a la Palabra, trae aparejada la fidelidad a la iglesia, dando sólo a los creyentes doctrina sana y no sabiduría humana. El pastor, el maestro y el evangelista, tienen que mantener un compromiso permanente con la Escritura, porque tienen que dar la Palabra de Dios como alimento al rebaño de Dios.

Dios llama a algunos al ministerio de la predicación y enseñanza, por Su soberanía y voluntad. No les demanda si son más o menos elocuentes, más o menos profundos, con más o menos personalidad que cautiva al auditorio. Dios que los envía resolverá todas estas y otras características que les hacen aptos para la misión, pero a ellos se les demanda *fidelidad*. Era necesario esto en los tiempos del establecimiento de las iglesias al comienzo de la evangelización del mundo y, no ha cambiado en nada, es la misma necesidad en el día de hoy. La Palabra, sólo la Palabra y nada más que la Palabra, mide la fidelidad del ministro y la edificación de la iglesia. Como nunca antes, en un mundo tan cambiante, en el relativismo de la sabiduría humana, en la *pos-verdad* a la que el mundo se encamina, se requiere de cada *administrador de los misterios de Dios*, que sea hallado fiel.

3. Yo en muy poco tengo el ser juzgado por vosotros, o por tribunal humano; y ni aun yo me juzgo a mí mismo.

ἐμοὶ δὲ εἰς ἐλάχιστον ἐστιν, ἵνα ὑφ' ὑμῶν ἀνακριθῶ ἢ ὑπὸ
Pero para mí en muy poco es, que por vosotros sea juzgado, o por
ἀνθρωπίνης ἡμέρας· ἀλλ' οὐδὲ ἐμαυτὸν ἀνακρίνω.
humana día; pero ni a mí mismo juzgo.

Análisis y notas del texto griego.

Análisis: ἐμοὶ, caso dativo de la primera persona singular del pronombre personal declinado *para mí*; δὲ, partícula conjuntiva que hace las veces de conjunción coordinante, con sentido de *pero, más bien, y, y por cierto*, *antes bien, entonces*; εἰς, preposición propia de acusativo *en*; ἐλάχιστον, caso acusativo neutro singular del adjetivo superlativo *lo que es menos, lo muy poco*; ἐστιν, tercera persona singular del presente de indicativo en voz activa del verbo εἰμί, *ser, estar*, aquí *es*; ἵνα, conjunción *que*; ὑφ', forma que toma la preposición de genitivo ὑπό, por elisión y asimilación ante vocal aspirada, aquí con sentido de *bajo, por*; ὑμῶν, caso genitivo de la segunda persona plural del pronombre personal *vosotros*; ἀνακριθῶ, primera persona singular del aoristo primero de subjuntivo en voz pasiva del verbo αἀνακρίνω, *juzgar*, aquí *sea juzgado*; ἢ, conjunción disyuntiva *o*; ὑπὸ, preposición propia de genitivo *por*; ἀνθρωπίνης, caso genitivo femenino singular del adjetivo *humana*; ἡμέρας, caso genitivo femenino singular del nombre común *día*; ἀλλ', forma escrita ante vocal de la conjunción adversativa ἀλλά que significa *pero*, *sino*; οὐδὲ, adverbio de negación *ni*; ἐμαυτὸν, caso acusativo masculino singular del pronombre reflexivo declinado *a mí mismo*; ἀνακρίνω, primera persona singular del presente de indicativo en voz activa del verbo ἀνακρίνω, *juzgar*, aquí *juzgo*.

ἐμοὶ δὲ εἰς ἐλάχιστον ἐστιν, ἵνα ὑφ' ὑμῶν ἀνακριθῶ. Los hombres y en la medida en que la integran, la iglesia, tiene la propensión de juzgar a los ministros. Se trata de un juicio respecto a las intenciones que mueven el servicio. No es que, a la luz de la Biblia, no se pueda, e incluso deba contrastarse la conducta y enseñanza de ellos, pero el problema está en emitir juicio de intenciones, es decir, la razón íntima que mueve la acción. En el caso concreto del contexto inmediato, se trata de juicio que algunos en Corinto tenían sobre Pablo. Sin embargo, son firmes las palabras del apóstol: *para mí vuestro juicio me importa muy poco*. Le daba lo mismo que lo tuvieran por fiel o por infiel, porque quien verdaderamente sabía lo que era y conocía las intenciones del corazón era el Señor y no los corintios. Esto no impide la disciplina y el juicio bíblico relativo a un ministro que lleva una vida licenciosa. Se refiere a lo que entendían sobre la razón y forma de llevar a cabo su ministerio. La iglesia no podía juzgarle, porque no le habían enviado, no le habían dado la doctrina a enseñar y no conocían sus íntimas intenciones. Es sorprendente ver la ligereza y libertad –sino libertinaje– con que siervos de Dios, fieles a la Palabra, sin reprensión en su conducta, conocedores y capaces para la enseñanza, han sido juzgados y sentenciados por hermanos que, aunque aparentan ser espirituales y amantes de la obra de Dios, manifiestan la petulancia de su orgullo y la carnalidad de sus juicios, buscando con ello hacer fracasar a quien les hace sombra, denuncia sus errores y busca la libertad en Cristo del pueblo de Dios. Normalmente quienes juzgan a los siervos de Dios son envidiosos que no soportan no estar en los lugares más destacados y aplaudidos de la obra.

ἢ ὑπὸ ἀνθρωπίνης ἡμέρας· Los corintios eran dados a acudir a los tribunales seculares para resolver cuestiones entre ellos. Pablo se refiere aquí, con una expresión un tanto difícil de entender literalmente, en donde se lee *o a humano día*, con lo que hacer referencia a un día en un tribunal humano. Día aquí en el sentido de la citación para comparecer ante un tribunal. Éste tampoco tiene elementos ni capacidad para juzgarle. Es necesario entender que no se está refiriendo el apóstol al *hecho* de un juicio en que alguien es acusado y sale o no condenado. Se trata de *una investigación* personal, sobre la intimidad y causa de las acciones, en este caso de la forma de ministrar. Ninguno tiene capacidad para juzgar a quien sirve al Señor.

ἀλλ' οὐδὲ ἐμαυτὸν ἀνακρίνω. Esta emisión de juicio de intenciones alcanza también al propio siervo. Éste tampoco es válido para juzgarse a él mismo. Incluso el corazón puede engañar al propio individuo (Jer. 17:9). El razonamiento personal para justificar o recusar no es totalmente fiable e imparcial. En ocasiones busca justificarse a sí mismo para ser luego condenado por Dios que conoce los pensamientos y las intenciones más íntimas del corazón (Mt. 7:21-29).

4. Porque aunque de nada tengo mala conciencia, no por eso soy justificado; pero el que me juzga es el Señor.

οὐδὲν γὰρ ἐμαυτῷ σύνοιδα, ἀλλ' οὐκ ἐν τούτῳ
Porque nada contra mí mismo soy consciente pero no por esto
δεδικαίωμαι, ὁ δὲ ἀνακρίνων με Κύριος ἐστιν.
soy justificado, pero el que juzga me Señor es.

Análisis y notas del texto griego.

Análisis: οὐδὲν, γὰρ ἐμαυτῷ σύνοιδα, *tener conocimiento de algo*, en sentido reflexivo *ser consciente de una cosa*, ἀλλ', forma escrita ante vocal de la conjunción adversativa ἀλλά que significa *pero*, *sino*; οὐκ, forma escrita del adverbio de negación *no*, con el grafismo propio ante una vocal con espíritu suave o una enclítica; ἐν, preposición propia de dativo *en, por*; τούτῳ, caso dativo neutro singular del pronombre demostrativo *esto*; δεδικαίωμαι, primera persona singular del perfecto de indicativo en voz pasiva del verbo δικαίω, *justificar*, aquí *he sido justificado*; ὁ, caso nominativo masculino singular del artículo determinado *el*; δὲ, partícula conjuntiva que hace las veces de conjunción coordinante, con sentido de *pero, más bien, y, y por cierto*, *antes bien, entonces*; ἀνακρίνων, caso nominativo masculino singular del participio de presente en voz activa del verbo ἀνακρίνω, *juzgar*, aquí *que juzga*; με, caso acusativo de la primera persona singular del pronombre personal declinado *a mí, me*; Κύριος, caso nominativo masculino singular del nombre divino *Señor*; ἐστιν, tercera persona singular del presente de indicativo en voz activa del verbo εἰμί, *ser, estar*, aquí *es*.

οὐδὲν γὰρ ἐμαυτῷ σύνοιδα, Antes dijo que no tenía importancia para él que los corintios le juzgaran, lo mismo en relación con un tribunal humano, e incluso su propio juicio, pero aquí avanza un paso más, al dar a entender por qué motivo había dicho aquello y es que no tenía acusación alguna en su conciencia que pudiera manifestar una acción incorrecta que mereciese ser juzgada. Examinando a fondo su propia intimidad no encontraba nada acusador, de otro modo, la conciencia no le acusaba de ninguna infidelidad. Sin embargo, esto puede producir una autocomplacencia incorrecta, que puede conducir a estimarse superior a otros, o simplemente que considere más de lo que ha sido la labor hecha. La conciencia es, en muchas ocasiones, parcial y no es evidencia absoluta para un juicio correcto.

ἀλλ' οὐκ ἐν τούτῳ δεδικαίωμαι, El hecho de que su conciencia no le acuse, no es suficiente para que ante Dios su vida se ajuste a las demandas divinas de tal manera que, examinado por Él, pueda declararle justificado y absuelto de toda responsabilidad. En este caso concreto se trataría de la justificación relacionada con una correcta administración de lo que Dios le había encomendado. Pablo no considera que su servicio sea perfecto, aunque no le acuse o le redarguya su conciencia. No se trata aquí de la *justificación por la fe*, por la que se obtiene el perdón de pecados y la vida eterna, sino la perfecta realización del servicio y de la vida cristiana en la esfera de la santificación. En el momento de la justificación por fe el hombre es declarado justo sin ninguna otra cosa que el hombre haga o deje de hacer. En esta ocasión el apóstol se refiere a la presencia de la obra hecha delante del Señor y el empleo que hizo del tiempo para la realización de la misión encomendada. Aunque anteriormente dijo que *"de nada tengo mala conciencia"*, no podía referirse a la conciencia limpia del peso del pecado que se produce en el momento del ejercicio de la fe en el Señor, sino que está mirando al trabajo como *siervo administrador*, observando la obra hecha y sintiendo que no hay nada que él pueda descubrir que merezca el reproche divino. No significa que haya hecho el trabajo con la perfección con que Cristo lo hubiera hecho. El apóstol fue consciente siempre que no había alcanzado la perfección. Por eso la *justificación* de que trata aquí es la que sería resultado de un trabajo plenamente hecho en el poder del Espíritu, del que Dios no encontraría tacha alguna. Esto, es imposible para el apóstol porque es imposible para el hombre regenerado mientras el lastre de la vieja naturaleza permanezca en él.

ὁ δὲ ἀνακρίνων με Κύριος ἐστιν. El que tiene capacidad para juzgar es el Señor. Él es el único que ha sido constituido como Juez supremo (Jn. 5:22). Es también el único que conoce el corazón y no se conforma con la apariencia de la obra desde la perspectiva externa de ella (Jn. 7:24). Por consiguiente, es Cristo el que puede emitir un juicio justo, además siendo el Señor puede juzgar a sus siervos. Es el examen en Su presencia lo que importa en la vida del servicio. Por esa misma razón cuando escribía a su colaborador Timoteo, le decía: *"Procura con diligencia presentarte a Dios aprobado"* (2 Ti. 2:15). Lo que interesa no es presentarse ante los creyentes para ser aprobado por ellos, ni tampoco ante los hombres, ni siquiera ante uno mismo, la aprobación que debe procurarse es la que procede del Señor.

5. Así que, no juzguéis nada antes de tiempo, hasta que venga el Señor, el cual aclarará también lo oculto de las tinieblas, y manifestará las intenciones de los corazones; y entonces cada uno recibirá su alabanza de Dios.

ὥστε μὴ πρὸ καιροῦ τι κρίνετε ἕως ἂν ἔλθῃ ὁ Κύριος,
Así que no antes de tiempo algo juzguéis hasta que - viniera el Señor,
ὃς καὶ φωτίσει τὰ κρυπτὰ τοῦ σκότους καὶ φανερώσει
y el cual iluminará las cosas ocultas de la oscuridad y manifestará
τὰς βουλὰς τῶν καρδιῶν· καὶ τότε ὁ ἔπαινος γενήσεται
los propósitos de los corazones; y entonces la alabanza llegará a ser
ἑκάστῳ ἀπὸ τοῦ Θεοῦ.
a cada uno de parte de - Dios.

Análisis y notas del texto griego.

Análisis: ὥστε, conjunción consecutiva *por tanto, por consiguiente, de tal manera que, con el fin de, con la intención de*; μὴ, partícula que hace funciones de adverbio de negación *no*; πρὸ, preposición propia de genitivo *antes de*; καιροῦ, caso genitivo masculino singular del nombre común *tiempo*; τι, caso acusativo neutro singular del pronombre indefinido *algo*; κρίνετε, segunda persona plural del presente de imperativo en voz activa del verbo κρίνω, *juzgar*, aquí *juzguéis*; ἕως, conjunción *hasta que*; ἂν, partícula que no empieza nunca frase y que da a ésta carácter condicional o dubitativo, o expresa una idea de repetición. Se construye con todos los modos menos el imperativo y acompaña a los pronombres relativos para darles un sentido general; en algunas ocasiones no tiene traducción; ἔλθῃ, tercera persona singular del segundo aoristo de subjuntivo en voz activa del verbo ἔρχομαι, *venir, llegar*, aquí *viniese*; ὁ, caso nominativo masculino singular del artículo determinado *el*; Κύριος, caso nominativo masculino singular del nombre divino *Señor*; ὃς, caso nominativo masculino singular del pronombre relativo *el que, el cual*; καὶ, conjunción copulativa *y, e*; φωτίσει, tercera persona singular del futuro de indicativo en voz activa del verbo φωτίζω, *iluminar*, aquí *iluminará*; τὰ, caso acusativo neutro plural del artículo determinado *los*, en sentido de *las cosas*; κρυπτὰ, caso acusativo neutro plural del adjetivo *secretas, privadas, escondidas, ocultas*; τοῦ, caso genitivo neutro singular del artículo determinado declinado *del*; σκότους, caso genitivo neutro singular del nombre común *oscuridad, tinieblas, lugar oscuro, lugar escondido*; καὶ, conjunción copulativa *y*; φανερώσει, tercera persona singular del futuro de indicativo en voz activa del verbo φανερόω, *hacer evidente, hacer manifiesto, patentizar, dar a conocer,* aquí *manifestará*; τὰς, caso acusativo femenino plural del artículo determinado *las*; βουλὰς, caso acusativo femenino plural del nombre común *intenciones*; τῶν, caso genitivo femenino plural del artículo determinado declinado *de la*; καρδιῶν, caso genitivo femenino plural del nombre común *corazón*; καὶ, conjunción copulativa *y*; τότε, adverbio demostrativo *entonces*; ὁ, caso nominativo masculino singular del artículo determinado *el*; ἔπαινος, caso nominativo masculino singular del nombre común *alabanza, elogio, reconocimiento*; γενήσεται, tercera persona singular del futuro de indicativo en voz media del verbo γίνομαι, *llegar a ser, comenzar a existir,* aquí *llegará a ser*; ἑκάστῳ, caso dativo masculino singular del adjetivo indefinido declinado *a cada uno*; ἀπὸ, preposición propia de genitivo *de parte de, de*; τοῦ, caso genitivo masculino singular del artículo determinado *el*; Θεοῦ, caso genitivo masculino singular del nombre divino *Dios*.

ὥστε μὴ πρὸ καιροῦ τι κρίνετε. El apóstol llega a una conclusión final mediante el uso de ὥστε, *así que*, esto es, debido a lo que se ha considerado antes, como consecuencia de la enseñanza anterior, se debe alcanzar la conclusión que sigue: *"no juzguéis nada antes de tiempo"*. Anteriormente se refirió a que nadie, ni tan siquiera una misma persona, puede juzgar rectamente las intenciones que motivan las acciones. Por esta causa recomienda a los lectores que no juzguen nada relativo a las intenciones que motivan los hechos, de forma especial contra los siervos de Dios. Esto es un mandamiento contra la crítica y la murmuración, algo semejante a lo que escribe Santiago: *"Hermanos, no murmuréis los unos de los otros. El que murmura del hermano y juzga a su hermano, murmura de la ley y juzga a la ley; pero si tú juzgas a la ley, no eres hacedor de la ley, sino juez"* (Stg. 4:11). Algo semejante dirá también Pablo a los romanos: *"¿Tú quién eres que juzgas al criado ajeno? Para su propio señor está en pie, o cae; pero estará firme, porque poderoso es el Señor para hacerle estar firme"* (Ro. 14:4). No cabe duda que existe un riesgo personal para quien juzga a los demás: *"No juzguéis para que no seáis juzgados"* (Mt. 7:1). No se trata –como ya se ha dicho–

de juzgar hechos visibles y notorios, o conductas desordenadas según la Escritura, sino juzgar las intenciones íntimas de los hermanos. El juzgar al hermano tiene un componente grande de mundanalidad, expresada en la maledicencia, esto es hablar mal de otro. Este pecado tenía incidencia especial entre las iglesias de los tiempos de los apóstoles. Pablo coloca este pecado entre los que exigen la disciplina eclesial e incluso la suspensión de la comunión en la iglesia (5:11). Los que juzgan, por tanto, hablan mal de un hermano, no son inconversos, sino los hermanos de la misma iglesia. Juzgar al hermano, emitir juicio sobre sus intenciones es *difamar*, es decir, hablar para desprestigiar a otros. No cabe duda que entre los cuatro grupos que dividían la iglesia en Corinto, cada uno de ellos juzgaba y *difamaba* la conducta de los líderes puestos para cada grupo. Ya en el Antiguo Testamento se advierte sobre este pecado: *"las palabras del chismoso son como bocados suaves, y penetran hasta las entrañas"* (Pr. 18:8). Emitir juicio contra otro, murmurar de él, es un veneno que se asimila con gusto. Existe el chismoso porque siempre encuentra a alguien dispuesto a oír el chisme. La murmuración es siempre un bocado envenenado. El murmurador es siempre un hipócrita: *"El hipócrita con la boca daña a su prójimo; mas los justos son librados con la sabiduría"* (Pr. 11:9). La murmuración es un juicio de intenciones que se propaga con el *mejor deseo*, sin embargo, está impregnado de la disposición a dañar. Quien está en malas condiciones espirituales gusta de oír los males ajenos, porque, en cierto modo, le ocultan su propio mal, de ahí que la Escritura diga que *"el malo está atento al labio inicuo; y el mentiroso escucha la lengua detractora"* (Pr. 17:4).

En la iglesia se estaba produciendo el pecado de la difamación, al emitir juicio de intenciones unos contra otros. El que juzga intenciones, el que habla mal contra el hermano, está actuando bajo la influencia y control del maligno, que es el *acusador de los hermanos* (Ap. 12:10).

El problema en Corinto consistía en un *criado* que juzgaba a *otro criado*. Los siervos de Dios no son *siervos* de los hermanos, sino de Cristo (Ro. 6:18, 22). Por tanto, nadie tiene autoridad para juzgar a quien es del Señor, porque lo ha comprado y es de Su propiedad personal (6:19-20). Como se dijo antes, juzgar aquí es emitir un juicio sobre intenciones que valora la intimidad personal del otro, condenando a quien Cristo, como Señor, no ha condenado. La actuación del creyente es asunto entre él y el Señor, ya que *"para su propio Señor está en pie o cae"* (Ro. 14:4). Es el Señor quien conoce el interior y el único que puede juzgar sobre intenciones con que las acciones son ejecutadas. Los que juzgan intenciones de sus hermanos son *carnales*, calificativo que antes dio Pablo a los corintios (3:1).

Pablo dice que no se juzgue nada *antes de tiempo*, en una referencia directa al tiempo establecido por Dios que es el del tribunal de Cristo (Ro. 14:10). Un tiempo designado para el rendimiento de cuentas y un juez establecido para hacerlo, que es Cristo. Cualquier juicio emitido fuera de tiempo es anticiparse al que Dios ha establecido y pretender sustituir o, tal vez mejor, ocupar el lugar que corresponde al Juez divino.

ἕως ἂν ἔλθῃ ὁ Κύριος, Progresa en la argumentación conclusiva vinculado aquí el tiempo que Dios ha dispuesto para el juicio con la *venida del Señor*. No es relativo a la *segunda venida* de Cristo para reinar en la tierra, sino al tiempo del traslado de la iglesia, en donde se producirá el tribunal de Cristo para recompensas.

ὃς καὶ φωτίσει τὰ κρυπτὰ τοῦ σκότους καὶ φανερώσει τὰς βουλὰς τῶν καρδιῶν. El modo de actuación del Señor se especifica en esta frase. En ese momento se pondrá de manifiesto, o se revelará totalmente el modo de actuar de cada siervo. La luz de Dios iluminará todo lo que las *tinieblas* oscurecen, en el sentido de algo que sin luz impide ver lo que hay, para que salga a la luz lo que estaba oculto a la vista de otros. Allí serán puestos de manifiesto hechos desconocidos en relación con el comportamiento del siervo, incluso asuntos celosamente guardados en la intimidad del corazón. Podrían ser también, cosas que hayan sido hechas motivadas por la moral de las tinieblas (Ef. 5:11).

El Señor exhibirá entonces las motivaciones del servicio, *"manifestará las intenciones del corazón"*. Los corintios estaban juzgándose unos a otros, pero desconocían las verdaderas razones del actuar de cada creyente, de modo que, en el tiempo de la comparecencia ante el Señor, Él traerá a la luz el móvil del trabajo, esto es, la razón para la que verdaderamente se hizo. La fidelidad en el servicio está en dependencia real del motivo que impulsó las acciones. Se puede predicar un evangelio correcto con una intención contenciosa (Fil. 1:16). Cristo no vino para juzgar, pero sí para iluminar. Sólo Dios puede hacer esto porque es omnisciente (Sal. 26:2; Jer. 11:20; Ap. 2:13). Cualquier otro juicio es falible ante el de Dios, único infalible. Sólo Él puede decir si un hombre es o no sincero en su actuación en el servicio de Dios.

Un juicio correcto de una vida humana, exige dos cosas: La manifestación de la totalidad de los hechos de esa vida, incluso los ignorados, y la manifestación de los móviles íntimos de la voluntad, de los hechos conocidos y desconocidos. De ahí la expresión de las *cosas hechas en las tinieblas* y los *deseos del corazón*. Los móviles y los sentimientos íntimos son lo que determinan a los ojos de Dios la verdadera dimensión de las acciones.

καὶ τότε ὁ ἔπαινος γενήσεται ἑκάστῳ ἀπὸ τοῦ Θεοῦ. El resultado de este juicio, o del examen del modo en que fue ejecutado el servicio para Dios, es preciso: *"entonces cada uno recibirá su alabanza de Dios"*. No es importante el ser o no alabado por los hombres, pero sí lo es el beneplácito de Dios. Semejante a la ilustración de la parábola, en la que cada siervo recibe el reconocimiento de su señor por el trabajo que había realizado (Lc. 19:17). Cristo juzga, Dios da la recompensa. Pablo conocía esta verdad, la había enseñado, se apoyaba en ella al final de su ministerio y de su vida: *"Por lo demás, me está guardada la corona de justicia, la cual me dará el Señor, juez justo, en aquel día; y no sólo a mí, sino también a todos los que aman su venida"* (2 Ti. 4:8).

Es necesario hacer notar que la comparecencia de los cristianos ante el tribunal de Cristo no es para que la vida de cada uno sea exhibida para conocimiento de todos los demás creyentes. La comparecencia y el examen tienen que ver entre el siervo y el Señor. Además, no hay ninguna mención a correcciones o a disciplina para el creyente cuya vida no haya sido conforme a la condición de hijo de Dios y siervo de Jesucristo, estos serán salvos, pero así como por fuego (3:15). El examen no es una comparecencia al estilo tribunal humano en el que esté presente un fiscal acusador y un abogado defensor. Tiene que ver con los ojos iluminadores del Señor que son como llama de fuego (Ap. 1:14). Este fuego divino elimina la obra hecha en el poder humano, con intenciones vanas, que son insostenibles en la nueva dimensión de la presencia de Dios. Lo que quede en los materiales simbólicos de oro, plata y piedras preciosas, manifestará las intenciones impulsadas por Dios mismo *"que obra en cada creyente así el querer como el hacer, por Su buena voluntad"* (Fil. 2:13). Éstos recibirán *alabanza* en sentido de reconocimiento de parte de Dios. Los que fueron juzgados por los hombres, valorando injustamente las intenciones y motivaciones de su obra, recibirán el reconocimiento divino porque actuaron en el poder y voluntad de Dios. El Dios de la Biblia es esencialmente amor y misericordia, Jesucristo no fue enviado al mundo *para juzgar*, sino para *salvar*. Los creyentes han sido justificados por la fe y no hay condenación alguna para ellos (Ro. 8:1). Dios restaura las caídas espirituales de los Suyos y los retorna a Su comunión personal por el sólo hecho de la confesión (1 Jn. 1:9). Es hora de que cada uno de nosotros aprendamos esta lección y dejemos de juzgar a los demás hermanos con la mirada deformada y limitada de una vista corta y muchas veces condicionada por la viga de la impiedad que lo impide. Juzgar a otros es apropiarse de lo que corresponde sólo a Jesucristo, a quien Dios ha constituido juez de todo.

El ejemplo de Pablo (4:6-21)

Ejemplo de humildad y entrega (4:6-13)

6. Pero esto, hermanos, lo he presentado como ejemplo en mí y en Apolos por amor de vosotros, para que en nosotros aprendáis a no pensar más de lo que está escrito, no sea que por causa de uno, os envanezcáis unos contra otros.

Ταῦτα δέ, ἀδελφοί, μετεσχημάτισα εἰς ἐμαυτὸν καὶ ᾿Απολλῶν
Y estas cosas, hermanos, presenté como ejemplo en mí mismo y Apolos
δι᾿ ὑμᾶς, ἵνα ἐν ἡμῖν μάθητε τὸ μὴ ὑπὲρ ἃ[1]
por causa de vosotros, para que en nosotros aprendáis a lo no más allá de las cosas que
γέγραπται[2], ἵνα μὴ εἷς ὑπὲρ τοῦ ἑνὸς φυσιοῦσθε κατὰ
ha sido escrito, para que no uno a favor del uno envanezcáis contra
τοῦ ἑτέρου.
el otro.

Análisis y notas del texto griego.

Análisis: Ταῦτα, caso acusativo neutro plural del pronombre demostrativo *estos*, en sentido de *estas cosas*; δέ, partícula conjuntiva que hace las veces de conjunción coordinante, con sentido de *pero, más bien, y, y por cierto*, *antes bien, entonces*; ἀδελφοί, caso vocativo masculino plural del nombre común *hermanos*; μετεσχημάτισα, primera persona singular del aoristo primero de indicativo en voz activa del verbo μετασχηματίζω, *transformar, dar otra forma*, en sentido secundario *decir algo de otra forma, presentar como ejemplo*, aquí *presenté como ejemplo*; εἰς, preposición propia de acusativo *a, en*; ἐμαυτὸν, caso acusativo masculino singular del pronombre reflexivo *mí mismo*; καὶ, conjunción copulativa *y*; ᾿Απολλῶν, caso acusativo masculino singular del nombre propio *Apolos*; δι᾿, forma contracta de la preposición propia de acusativo διά, *por, por amor de, por causa de*; ὑμᾶς, caso acusativo de la segunda persona plural del pronombre personal *vosotros*; ἵνα, conjunción causal *para que*; ἐν, preposición propia de dativo *en*; ἡμῖν, caso dativo de la primera persona plural del pronombre personal *nosotros*; μάθητε, segunda persona plural del segundo aoristo de subjuntivo en voz activa del verbo μανθάνω, *aprender*, aquí *aprendáis*; τὸ, caso acusativo neutro singular del artículo determinado declinado *a lo*; μὴ, partícula que hace funciones de adverbio de negación *no*; ὑπὲρ, preposición propia de acusativo *más allá de*; ἅ, caso acusativo neutro plural del pronombre relativo *los que*, en sentido de *las cosas que*; γέγραπται, tercera persona singular del perfecto de indicativo en voz pasiva del verbo γράφω, *escribir*, aquí *se ha escrito*; ἵνα, conjunción causal *para que*; μὴ, partícula que hace funciones de adverbio de negación *no*; εἷς, caso nominativo masculino singular del adjetivo numeral cardinal *uno*; ὑπὲρ, preposición propia de genitivo *a favor de*; τοῦ, caso genitivo masculino singular del artículo determinado *el*; ἑνὸς, caso genitivo masculino singular del adjetivo numeral cardinal *uno*; φυσιοῦσθε, segunda persona plural del presente de indicativo en voz activa del verbo φυσιόω, *incharse*, *envanecerse*; κατὰ, preposición propia de genitivo *contra*; τοῦ, caso genitivo masculino singular del artículo determinado *el*; ἑτέρου, caso genitivo masculino singular del adjetivo indefinido *otro*.

Notas. Crítica Textual. Lecturas alternativas.

[1] ἃ, *las cosas que*, según lectura en 𝔓[46], ℵ, A, B, C, P, Ψ, 0289, 33, 81, 104, 365, 630, 1175, 1739, 1881, sy[h], Orígenes.

Se omite en D, F, G, L, 1241, 1505, 1506, 2464, 𝔐, ar.

[2] γέγραπται, *ha sido escrito*, conforme a la lectura en 𝔓[46], ℵ*, A, B, D*, F, G, Ψ, 0289[vid], 81, 1175, 1739, 1881, lat, co.

γέγραπται φρονεῖν, *ha sido escrito a pensar*, lectura en ℵ[2], C[vid], D[2], L, P, 0285[vid], 33, 104, 365, 630, 1241, 1505, 1506, 2464, 𝔐, vg[vg], sy.

Ταῦτα δέ, ἀδελφοί, Algunos creyentes de la iglesia en Corinto estaban arrogantemente infatuados, considerándose como en una elevada condición espiritual y, por tanto, gloriándose en ellos mismos (v. 8). Pero quienes –desde el punto de vista humano– tenían derecho para sentirse orgullosos, eran los apóstoles y los ministros, que entregaban sus vidas para beneficiar a los creyentes. Estos afligidos en el mundo tenían que enfrentarse, como era el caso de Pablo, con quienes procuraban desprestigiarlos desde el interior de la propia iglesia. La intención del apóstol en este último párrafo es conseguir que los creyentes en Corinto reflexionasen y rectificasen su forma de actuar. *Estas cosas*, es decir, lo que antecede, especialmente en relación con las distinciones que estaban haciendo entre los siervos de Dios (3:4).

μετεσχημάτισα εἰς ἐμαυτὸν καὶ Ἀπολλῶν δι᾽ ὑμᾶς, Lo que anteriormente había dicho, entre otras cosas que los siervos de Dios son hombres y que en sí mismos no son nada como para ser seguidos y puestos frente a los grupos en que se habían dividido los creyentes (3:7), lo aplica especialmente a él y Apolos. De ahí que diga que estas cosas las *"presentó como ejemplo en mí y en Apolos"*. La frase tiene cierta dificultad, especialmente por el uso del verbo μετασχηματίζω, que inicialmente equivale a *transformar, dar otra forma*, acepciones que resultan inadecuadas en la construcción gramatical de la cláusula. Esto permite establecer un sentido secundario ya que etimológicamente el verbo expresa la idea de *presentar una persona o una cosa de una forma diferente a su decir a su figura natural*, por tanto, *algo de otra forma*, puede usarse aquí por el apóstol para, *presentar como ejemplo*, aquí *presenté como ejemplo*. Es decir, tomó a dos personas, él y Apolos, como ejemplo de lo que estaba ocurriendo al poner hombres como líderes de partidos. Esto concordaría con la advertencia hecha antes sobre quiénes son los siervos de Dios (3:5). Pero, más bien el apóstol está ocultando el nombre de las personas de la iglesia que los ponían a ellos como líderes a quienes seguir.

Esto lo estaba haciendo para no correr el riesgo de ofender a los susceptibles de la congregación. Pablo deseaba que entendiesen bien la lección en el ejemplo suyo y de Apolos.

ἵνα ἐν ἡμῖν μάθητε τὸ μὴ ὑπὲρ ἃ γέγραπται, Lo que debían aprender era a no estar pensando cosas contrarias a lo que la Escritura enseñaba, especialmente sobre la valoración de los hombres. La Palabra enseña claramente que la gloria corresponde sólo a Dios y no a los hombres. Los corintios no debían pensar en los ministros más allá de lo que la Escritura permitía. En este caso podían recordar pasajes concretos: *"Así dijo Jehová: No se alabe el sabio en su sabiduría, ni en su valentía se alabe el valiente, ni el rico se alabe en sus riquezas. Mas alábese en esto el que se hubiere de alabar: en entenderme y conocerme, que yo soy Jehová que hago misericordia, juicio y justicia en la tierra; porque estas cosas quiero, dice Jehová"* (Jer. 9:23-24). Esta verdad la afirmó antes (1:31). Los corintios estaban juzgando a los siervos de Dios conforme a sus propios criterios no bíblicos. El funesto resultado era gloriarse en los hombres. Consideraban, juzgaban y decidían cuál de los siervos de Dios era el mejor, según su criterio, para hacerle capitán de su partido.

ἵνα μὴ εἷς ὑπὲρ τοῦ ἑνὸς φυσιοῦσθε κατὰ τοῦ ἑτέρου. El propósito de esta enseñanza es preciso: *"no sea que por causa de uno, os envanezcáis unos contra otros"*. Los corintios estaban orgullosos de la relación de cada uno con el que había elegido como líder y conducía a luchas internas y divisiones. La confrontación entre los creyentes era la consecuencia de pensar de los hombres más de lo que estaba escrito en la Palabra. Ya anteriormente, abordando el problema de las divisiones, les enseñó que los ministros eran siervos, para evitar que los tomasen como objetos de seguimiento (3:5). Cada grupo se exaltaba por encima del otro, al considerar al hombre puesto como distintivo del grupo, mejor que los demás. Esto había degenerado en contiendas entre hermanos (1:11). Cada grupo se consideraba en base al líder que había determinado seguir, mejor que los otros y adoptaban una actitud hostil entre ellos.

El resumen de esto es sencillo. Los que juzgan a los hermanos y de forma especial a los que sirven en la obra de Dios, fuera de lo que la Biblia autoriza, se habían atrevido a juzgar las intenciones con que servían al Señor en Su obra, produciendo distinciones humanas entre ellos. Este juicio carnal hizo de quienes eran siervos puestos por Dios para beneficio de los creyentes, se convirtiesen en ídolos a quienes los seguían. Por tanto, la demanda que subyace es clara, debían dejar inmediatamente de gloriarse en los hombres para gloriarse en el Señor de aquellos hombres.

Este grave problema que afectaba a la iglesia en tiempos de los apóstoles, no ha desaparecido, sino que persiste en el tiempo. La falta de conocimiento integral de la Biblia, permite que los creyentes se llamen como seguidores de uno o de otro ministro. Algunos de ellos muertos hace años, otros alabados por sus capacidades personales en el tiempo actual, convierten a siervos en personas a quienes ensalzar y seguir. El *"yo soy de Pablo y yo de Apolos"* con otros nombres se manifiesta en el tiempo actual. Esta carnalidad conduce inexorablemente a la división, no solo en la iglesia donde se producen las fracciones, sino en la obra de Dios en general. La unidad de la iglesia, por la que Jesús oró al Padre, se intenta fragmentar en muchos lugares. La falta de capacidad bíblica convierte a los cristianos en *niños en Cristo*, con los problemas que ocasiona esta situación. Ninguna necesidad mayor, que el retorno a la Palabra sin condiciones, para evitar situaciones como éstas.

7. Porque ¿quién te distingue? ¿o qué tienes que no hayas recibido? Y si lo recibiste, ¿por qué te glorías como si no lo hubieras recibido?

τίς γάρ σε διακρίνει τί δὲ ἔχεις ὃ οὐκ ἔλαβες εἰ δὲ καὶ
Porque ¿quién te distingue y ¿qué tienes que no recibiste? Y si también
ἔλαβες, τί καυχᾶσαι ὡς μὴ λαβών
recibiste ¿qué jactas como no que recibiste

Análisis y notas del texto griego.

Análisis: τίς, caso nominativo masculino singular del pronombre interrogativo *qué, quién*; γάρ, conjunción causal *porque*; σε, caso acusativo de la segunda persona singular del pronombre personal declinado *a ti, te*; διακρίνει, tercera persona singular del presente de indicativo en voz activa del verbo διακρίνω, *distinguir, juzgar, hacer de árbitro, dar ventaja*, aquí *distingue*; τί, caso acusativo neutro singular del pronombre interrogativo *qué*; δὲ, partícula conjuntiva que hace las veces de conjunción coordinante, con sentido de *pero, más bien, y, y por cierto, antes bien, entonces*; ἔχεις, tercera persona singular del presente de indicativo en voz activa del verbo ἔχω, *tener, poseer*, aquí *tienes*; ὃ, caso acusativo neutro singular del pronombre relativo *que*; οὐκ, forma escrita del adverbio de negación *no*, con el grafismo propio ante una vocal con espíritu suave o una enclítica; ἔλαβες, segunda persona singular del segundo aoristo de indicativo en voz activa del verbo λαμβάνω, *recibir*, aquí *recibiste*; εἰ, conjunción *si*; δὲ, partícula conjuntiva que hace las veces de conjunción coordinante, con sentido de *pero, más bien, y, y por cierto, antes bien, entonces*; καὶ, adverbio de modo *también*; ἔλαβες, segunda persona singular del segundo aoristo de indicativo en voz activa del verbo λαμβάνω, *recibir*, aquí *recibiste*; τί, caso acusativo neutro singular del pronombre interrogativo *qué*; καυχᾶσαι, segunda persona singular del presente de indicativo en voz media del verbo καύξαομαι, *vanagloriarse, jactarse*, aquí *te jactas*; ὡς, adverbio de modo, *como*, que hace las veces de conjunción comparativa; μὴ, partícula que hace funciones de adverbio de negación *no*; λαβών, caso nominativo masculino singular del participio del segundo aoristo en voz activa del verbo λαμβάνω, *recibir*, aquí *que recibiste*.

τίς γάρ σε διακρίνει. El apóstol formula tres preguntas escudriñadoras, dirigidas a quienes se consideraban superiores a sus hermanos. Podría tal vez tratarse de los dirigentes de los partidos que había en la iglesia, aunque por lo indefinido de la construcción es mejor aplicarlo a todos los creyentes. La primera se orienta contra la superioridad: *"¿Quién te distingue?"*. Dicho de otra manera, el apóstol pregunta al arrogante quien le daba una mayor categoría que al resto de sus hermanos. La respuesta a esta pregunta reflexiva tiene, necesariamente que ser negativa: *nadie* le otorgaba tal condición. No tenían razón alguna para considerarse superiores a los otros, por cuanto esa superioridad sobre los demás se establecía en base a su propio criterio personal. Eran ellos mismos quienes se autocalificaban y se atribuían honores sobre los demás. La enseñanza del apóstol era continuamente la igualdad de todos los creyentes en la iglesia: *"Pues todos sois hijos de Dios por la fe en Cristo Jesús; porque todos los que habéis sido bautizados en Cristo, de Cristo estáis revestidos. Ya no hay judío ni griego; no hay esclavo ni libre; no hay varón ni mujer; porque todos sois uno en Cristo Jesús"* (Gá. 3:26-28). Todos los creyentes sin excepción vienen a una nueva relación que los iguala en Cristo y los convierte en hijos de Dios. La igualdad es que todos son hijos de Dios por la fe en Cristo. Estos hijos son introducidos en la familia de Dios como miembros de ella (Ef. 2:19). Por tanto, siendo hijos tienen una misma posición que los iguala delante de Dios. Por esta razón la economía de la fe trae aparejada consigo la extinción de todas las diferencias humanas en orden a la salvación. Esta condición de igualdad delante de Dios en Cristo contrasta con la realidad social del tiempo de Pablo. En ella se extinguen las diferencias sustanciales entre *judíos y gentiles*. Los primeros habían levantado una barrera de separación con los gentiles a los que solían llamar *perros*, en forma peyorativa y despectiva. Los consideraban inferiores al no ser *descendencia de Abraham*. Pablo enseña que la justificación por la fe es igual para todos (Ro. 5:1; Gá. 3:14). De manera que en Cristo, la barrera de separación es anulada: *"Porque Él es nuestra paz, que de ambos pueblos hizo uno, derribando la pared intermedia de separación, aboliendo en su carne las enemistades, la ley de los mandamientos expresados en ordenanzas, para crear en sí mismo de los dos un solo y nuevo hombre, haciendo la paz, y mediante la cruz reconciliar con Dios a ambos en un solo cuerpo, matando en ella las enemistades"* (Ef. 2:14-16). De igual modo quedan anuladas las diferencias sociales, llevando nuevamente al extremo impensable para la sociedad de entonces, cuando dice que ya no hay *siervo ni libre*. En la iglesia en Corinto había las diferencias sociales propias de entonces y, sin duda, había entre los creyentes esclavos y libres. Todo creyente tiene que tener en cuenta la igualdad con sus hermanos, cualquiera que sea su procedencia social. Es más, en cierto modo, se enseña la improcedencia social de dos grupos, unos libres y otros esclavos. En aquella sociedad había un grupo grande de libres a los que servían una impresionante cantidad de esclavos. Añade Pablo otro contraste que evidentemente resultaba contradictorio para la sociedad de entonces: *"ya no hay varón ni mujer"*. En aquel tiempo el hombre consideraba a la mujer de menor rango que él. Las mujeres eran poco menos que propiedad del padre primero y del marido después. Pero, al pasarlo al plano de la salvación, tanto los unos como las otras, son coherederas de la gracia de la vida (1 P. 3:7). Por esta razón como hijas de Dios al mismo nivel que los hombres, habrá en la iglesia colaboradoras, diaconisas, etc. asuntos que se considerarán más adelante. En la práctica de la iglesia no hay *quien distinga* a unos de los otros, porque en Cristo Jesús han quedado abolidas las diferencias y desigualdades relativas a la función eclesial. El rechazo entre hombres y mujeres se elimina al abolir la circuncisión que marcaba una diferencia entre ambos, al pasar de la economía de la ley a la economía de la fe. La conclusión de la pregunta es sencilla: No hay nada que distinga a un creyente de otro situándolo en un plano de superioridad, porque todos somos uno en Cristo.

τί δὲ ἔχεις ὃ οὐκ ἔλαβες. La segunda pregunta ataca directamente al *orgullo* personal: *"¿Qué tienes que no hayas recibido?"*. El orgullo queda excluido. Si eran sabios, la sabiduría procedía de Dios. La abundancia de dones en la iglesia no era un asunto personal, sino un regalo de la gracia (12:11).

εἰ δὲ καὶ ἔλαβες, τί καυχᾶσαι ὡς μὴ λαβών. Una tercera pregunta aborda el problema de la arrogancia: *"Y si lo recibiste ¿por qué te glorias como si no lo hubieras recibido"*. No se trata de una frase condicional sino afirmativa, Pablo está diciendo en la pregunta: *ya que es cierto que lo recibisteis*. Todos los dones, naturales y espirituales proceden de Dios. Por consiguiente, no hay opción a la duda, simplemente el apóstol afirma que todo cuanto cada creyente tiene *lo ha recibido*. De modo que no cabe ningún tipo de gloria personal, en respuesta a esta escudriñadora pregunta. Todo lo recibido como *don perfecto* procede el Padre de las luces (Stg. 1:17). Los dones son potestativos de la soberanía divina, en ningún modo son adquisición personal para gloria propia.

La conclusión es contundente. La superioridad de un creyente sobre otro es mera presunción. Todo cuanto tiene lo ha recibido de Dios. Pablo mismo que, en la iglesia había llegado a un alto nivel, entendía que cuanto era y hacía obedecía a la gracia de Dios operando en él (15:10). Lamentablemente en la iglesia el orgullo personal se manifiesta especialmente en aquellos que llamándose sanos en la fe, muestran la grave enfermedad de la arrogancia. Es necesario entender que en la obra solo caben los siervos y sobran los grandes, porque Dios resiste al soberbio y da gracia al humilde.

8. Ya estáis saciados, ya estáis ricos, sin nosotros reináis. ¡Y ojalá reinaseis, para que nosotros reinásemos también juntamente con vosotros!

ἤδη κεκορεσμένοι ἐστέ, ἤδη ἐπλουτήσατε, χωρὶς ἡμῶν
ya saciados estáis, ya sois ricos, sin nosotros
ἐβασιλεύσατε· καὶ ὄφελον γε ἐβασιλεύσατε, ἵνα καὶ
reinasteis. Y ¡ojalá! de cierto reinasteis, para que también
ἡμεῖς ὑμῖν συμβασιλεύσωμεν.
nosotros con vosotros juntamente reinásemos.

Análisis y notas del texto griego.

Análisis: ἤδη, adverbio *ya*; κεκορεσμένοι, caso nominativo masculino plural del participio de perfecto en voz pasiva del verbo κορέννυμι, *saciar*, aquí *saciados*; ἐστέ, segunda persona plural del presente de indicativo en voz activa del verbo εἰμί, *ser, estar*, aquí *estáis*; ἤδη, adverbio *ya*; ἐπλουτήσατε, segunda persona plural del aoristo primero de indicativo en voz activa del verbo πλουτέω, *ser rico, enriquecerse*, aquí *sois ricos*; χωρὶς, preposición de genitivo *sin*; ἡμῶν, caso genitivo de la primera persona plural del pronombre personal *nosotros*; ἐβασιλεύσατε, segunda persona plural del aoristo primero de indicativo en voz activa del verbo βασιλεύω, *reinar*, aquí *reinasteis*; καὶ, conjunción copulativa *y*; ὄφελον, partícula admirativa que se usa como interjección *¡ojalá! ¡Dios quiera!*; γε, partícula enclítica que añade énfasis a la palabra con la que se asocia, *al menos, por lo menos, de todos modos, de cierto, por cierto, exactamente*, y también con encarecimiento *aún, incluso, siquiera,* en ocasiones no tiene traducción; ἐβασιλεύσατε, segunda persona plural del aoristo primero de indicativo en voz activa del verbo βασιλεύω, *reinar*, aquí *reinasteis*; ἵνα, conjunción causal *para que*; καὶ, adverbio de modo *también*; ἡμεῖς, caso nominativo de la primera persona plural del pronombre personal *nosotros*; ὑμῖν, caso dativo de la segunda persona plural del pronombre personal declinado *con vosotros*; συμβασιλεύσωμεν, primera persona plural del aoristo primero de subjuntivo en voz activa del verbo συμβασιλεύω, *reinar con, reinar juntamente*, aquí *juntamente reinásemos*.

ἤδη κεκορεσμένοι ἐστέ, Usando de la ironía, el apóstol plantea la situación a la que algunos de los corintios habían llegado en su desorientación y calificación de los apóstoles. Algunos consideraban los progresos hechos en sus vidas cristianas como logros propios. Su orgullo les llevaba a pensar que habían crecido sin la ayuda de los siervos de Dios que Él había puesto en su camino. Es más, posiblemente había quienes considerasen que no necesitaban de maestros que les instruyeran y, mucho menos, los del partido *anti-Pablo*, creían en la necesidad de la instrucción del apóstol. Es la necedad propia de quien *cree que sabe*. Una actitud concordante con lo que es propio de un niño en Cristo (3:1-2).

La ironía de Pablo los presenta como *saciados*, satisfechos de ellos mismos. Un espíritu contrario a lo que debe ser el verdadero carácter del creyente: *"pobre y humilde en espíritu"* (Mt. 5:3-5). Aquellos orgullosos, llenos del yo personal, creían equivocadamente que habían llegado a tener tanto que no necesitaban más.

ἤδη ἐπλουτήσατε, En una progresión de la manifestación de su orgullo, el apóstol afirma con ironía: *"Ya estáis ricos"*. De manera que de la satisfacción arrogante como *saciados*, pasan a la *opulencia* como ricos. Ni hambre, ni limitaciones, saciados y ricos. Consideraban los tesoros de Dios como suyos propios. Creían que habían llegado a ser lo que eran por esfuerzo personal. Pablo afirmó antes que *"habían sido enriquecidos en Cristo"* (1:5). Pero ellos, por lo menos algunos, creían que habían alcanzado la perfección dejando muy atrás a todos, incluidos los apóstoles. Es como si Pablo dijera: *Tenéis más conocimiento que vuestros propios maestros*. La arrogancia les hacía pensar que incluso habían dejado muy atrás a los apóstoles.

χωρὶς ἡμῶν ἐβασιλεύσατε· La máxima expresión de arrogancia se detecta en la frase del apóstol: *"Sin nosotros ya reináis"*. Estaban reinando en su propio criterio, Mientras Pablo tenía como mayor gloria ser esclavo de Cristo, ellos querían ser reyes (4:1). La progresión es evidente: de la suficiencia a la opulencia, y de la opulencia a la realeza. La principal característica del necio es considerarse tan algo que es señor de todo. Lo único que desea el arrogante es exponer ante todos lo que hay en su propio corazón: *"No toma placer el necio en la inteligencia, sino en que su corazón se descubra"* (Pr. 18:2).

καὶ ὄφελον γε ἐβασιλεύσατε, ἵνα καὶ ἡμεῖς ὑμῖν συμβασιλεύσωμεν. Los creyentes reinarán con Cristo en Su reino. Este evento escatológico alcanza a todos los creyentes y no sólo a algunos (1 Ts. 4:17; 1 Co.15:52-53). De modo que el apóstol expresa el deseo de que lo que aquellos afirmaban fuese una realidad, haciéndolo mediante la expresión *"¡Ojalá reinaseis!"*, porque si eso fuese así, los apóstoles reinarían también con ellos. Los problemas y dificultades se habrían terminado para todos en la dimensión de un nuevo estado.

La arrogancia de los corintios, por lo menos de algunos, era admirable. A ese grupo se le podía aplicar la condición espiritual que se revela para la iglesia en Laodicea (Ap. 3:14-19). Como los laodicenses, se consideraban ricos, pero eran pobres, ciegos, orgullosos.

9. Porque según pienso, Dios nos ha exhibido a nosotros los apóstoles como postreros, como a sentenciados a muerte; pues hemos llegado a ser espectáculo al mundo, a los ángeles y a los hombres.

δοκῶ γάρ, ὁ Θεὸς ἡμᾶς τοὺς ἀποστόλους ἐσχάτους ἀπέδειξεν
Porque pienso, - Dios a nosotros los apóstoles últimos mostró
ὡς ἐπιθανατίους, ὅτι θέατρον ἐγενήθημεν τῷ κόσμῳ
como sentenciados a muerte, porque expectáculo hemos llegado a ser al mundo
καὶ ἀγγέλοις καὶ ἀνθρώποις.
y a ángeles y a hombres.

Análisis y notas del texto griego.

Análisis: δοκῶ, primera persona singular del presente de indicativo en voz activa del verbo δοκέω, *pensar*, aquí *pienso*; γάρ, conjunción causal *porque*; ὁ, caso nominativo masculino singular del artículo determinado *el*; Θεὸς, caso nominativo masculino singular del nombre divino *Dios*; ἡμᾶς, caso acusativo de la primera persona plural del pronombre personal declinado *a nosotros*; τοὺς, caso acusativo masculino plural del artículo determinado *los*; ἀποστόλους, caso acusativo masculino plural del nombre común *apóstoles*; ἐσχάτους, caso acusativo masculino plural del adjetivo *últimos*; ἀπέδειξεν, tercera persona singular del aoristo primero de indicativo en voz activa del verbo ἀποδείκνυμι, *mostrar, hacer ver, demostrar, suministrar, designar, declarar, proclamar, consagrar, dedicar*, aquí *mostró*; ὡς, adverbio de modo, *como*, que hace las veces de conjunción comparativa; ἐπιθανατίους, caso acusativo masculino plural del adjetivo *sentenciados a muerte, condenados a muerte*; ὅτι, conjunción causal *porque*; θέατρον, caso nominativo neutro singular del nombre común *espectáculo*; ἐγενήθημεν, primera persona plural del aoristo de indicativo en voz activa del verbo, γίνομαι, *llegar a ser*, aquí *llegamos a ser*; τῷ, caso dativo masculino singular del artículo determinado declinado *para el, al*; κόσμῳ, caso dativo masculino singular del nombre común *mundo*; καὶ, conjunción copulativa *y*; ἀγγέλοις, caso dativo masculino plural del nombre común declinado *a ángeles*; καὶ, conjunción copulativa *y*; ἀνθρώποις, caso dativo masculino plural del nombre común declinado *a hombres*.

δοκῶ γάρ, El apóstol prosigue con la argumentación iniciando la cláusula con la expresión *porque pienso*, que vincula lo que sigue con la forma *¡ojalá reinéis!* del versículo anterior. Si la iglesia reinase, porque habría sido glorificada, los apóstoles no estarían sujetos a las dificultades que va enumerar en los versículos siguientes.

ὁ Θεὸς ἡμᾶς τοὺς ἀποστόλους ἐσχάτους Se refiere a lo que está ocurriendo con los apóstoles últimos. Algunos entienden que el adjetivo ἐσχάτους, *postreros, últimos*, se debe aplicar a Pablo y a su equipo de colaboradores, basan un poco esa interpretación en que el apóstol se consideraba como *el último* de los apóstoles (15:8). Todavía más, se tenía a sí mismo como el *más pequeño de los santos* (Ef. 3:8). Sin embargo, aquí usa el plural *nosotros* en el pronombre personal de modo que exige considerar la referencia a todos los otros apóstoles incluido él también. Es decir, se estaría refiriendo a él y a los Doce. Es necesario considerar los aspectos culturales y sociales para interpretar la *Epístola* correctamente. Los corintios estaban acostumbrados a los espectáculos que tenían lugar en el teatro de la ciudad. Cuando un general vencedor en algún combate entraba en una ciudad, solía traer tras él esclavos tomados en el campo de batalla, a los que había determinado darles muerte. En muchas ocasiones los llevaban al teatro para enfrentarlos contra gladiadores, lo que traía como consecuencia que morían a manos de ellos.

ἀπέδειξεν ὡς ἐπιθανατίους, De ahí que, basándose en la costumbre de aquella época, presenta a los apóstoles como los últimos que eran sentenciados a muerte, referencia a los condenados a muerte que servían de espectáculo en el teatro. En base a eso presenta a los apóstoles como un espectáculo, exhibidos delante de todos, por eso la expresión *"pues hemos llegado a ser espectáculo"*. Su situación de sufrimiento y problemas eran contemplados con admiración por todos, como si de un espectáculo se tratara.

ὅτι θέατρον ἐγενήθημεν τῷ κόσμῳ. El *mundo* era un espectador de esa situación. En este lugar debiera entenderse como *el universo inteligente*. Todos los seres inteligentes contemplaban con asombro la situación de los apóstoles. Pablo usa los términos *ángeles* y *hombres* en aposición a *mundo*.

καὶ ἀγγέλοις, También espectáculo para los *ángeles*. ¿Cuáles deben considerarse aquí, los santos o los demonios? Posiblemente deben ser ambos. En unos produce un efecto y en los otros uno distinto. Unos y otros son testigos del espectáculo de los apóstoles. Los ángeles santos, se ocupan del servicio a los escogidos, de la ayuda en el momento preciso, liberan de la muerte a algunos de los apóstoles como ocurrió con Pedro (Hch. 12:7). Estos mismos ángeles pueden presenciar también la muerte de ellos que son trasladados a la presencia del Señor (Lc. 16:22; Fil. 1:23). Los demonios observan también la muerte de los santos, pero desde la dimensión de su derrota en la Cruz. Ningún intento de eliminar a un salvo por la muerte física tiene posibilidad alguna, porque partiendo de esta vida pasan al disfrute de la presencia del Señor. El cumplimiento de la promesa de Cristo se hace realidad con la muerte de cada uno de ellos: *"Y yo también te digo, que tú eres Pedro, y sobre esta roca edificaré mi iglesia; y las puertas del Hades no prevalecerán contra ella"* (Mt. 16:18).

καὶ ἀνθρώποις. Finalmente, los apóstoles son un espectáculo para *los hombres*. Es la segunda división de seres inteligentes en el *cosmos*. Los hombres también los contemplan como espectadores asombrados de la situación de ellos. Muchos de ellos son crueles, y disfrutan con el dolor ajeno. En ocasiones serían testigos de sufrimiento de los apóstoles y, en general de los cristianos, gozándose en ello. Para otros la indiferencia sería la sensación personal. Pero, lo que si es cierto es que cada uno de ellos constituía un espectáculo visible.

10. Nosotros somos insensatos por amor de Cristo, mas vosotros prudentes en Cristo; nosotros débiles, mas vosotros fuertes; vosotros honorables, mas nosotros despreciados.

ἡμεῖς μωροὶ διὰ Χριστόν, ὑμεῖς δὲ φρόνιμοι ἐν Χριστῷ·
Nosotros necios por causa de Cristo, y vosotros prudentes en Cristo;
ἡμεῖς ἀσθενεῖς, ὑμεῖς δὲ ἰσχυροί· ὑμεῖς ἔνδοξοι, ἡμεῖς δὲ
nosotros débiles, y vosotros fuertes; vosotros honorables, y nosotros
ἄτιμοι.
sin honra.

Análisis y notas del texto griego.

Análisis: ἡμεῖς, caso nominativo de la segunda persona plural del pronombre personal *nosotros*; μωροὶ, caso nominativo masculino plural del adjetivo *necios*; διὰ, preposición propia de acusativo *por causa de*; Χριστόν, caso acusativo masculino singular del nombre propio *Cristo*; ὑμεῖς, caso nominativo de la segunda persona plural del pronombre personal *vosotros*; δὲ, partícula conjuntiva que hace las veces de conjunción coordinante, con sentido de *pero, más bien, y, y por cierto, antes bien, entonces*; φρόνιμοι, caso nominativo masculino plural del adjetivo *prudentes*; ἐν, preposición propia de dativo *en*; Χριστῷ, caso dativo masculino singular del nombre propio *Cristo*; ἡμεῖς, caso nominativo de la segunda persona plural del pronombre personal *nosotros*;

ἀσθενεῖς, caso nominativo masculino plural del adjetivo *débiles*; ὑμεῖς, caso nominativo de la segunda persona plural del pronombre personal *vosotros*; δὲ, partícula conjuntiva que hace las veces de conjunción coordinante, con sentido de *pero, más bien, y, y por cierto, antes bien, entonces*; ἰσχυροί, caso nominativo masculino plural del adjetivo *fuertes, poderosos*; ὑμεῖς, caso nominativo de la segunda persona plural del pronombre personal *vosotros*; ἔνδοξοι, caso nominativo masculino plural del adjetivo *honorables*; ἡμεῖς, caso nominativo de la segunda persona plural del pronombre personal *nosotros*; δὲ, partícula conjuntiva que hace las veces de conjunción coordinante, con sentido de *pero, más bien, y, y por cierto, antes bien, entonces*; ἄτιμοι, caso nominativo masculino plural del adjetivo *sin honra*.

ἡμεῖς μωροὶ διὰ Χριστόν, ὑμεῖς δὲ φρόνιμοι ἐν Χριστῷ· Usando nuevamente del estilo de contrastes, pone delante de los lectores alguno destacable. Estos descansan en la realidad de lo que los apóstoles son y la opinión que los corintios tenían de sí mismos. Las palabras están dirigidas a los líderes de los grupos que se habían formado en la iglesia, pero, al mismo tiempo se orientan a todos los creyentes.

A los apóstoles se les tiene por gente poco cuerda. No es extraño este concepto, puesto que al mensajero se le identifica con el mensaje que predica y ellos proclamaban la *palabra de la cruz*, que es *insensatez, locura* para los no creyentes (1:18). Sin embargo, eran insensatos *por causa* de Cristo. Esta insensatez comprendía el compromiso de vida cristiana, en amor, servicio, devoción y entrega, todo ello relacionado solamente con Cristo.

Los corintios tenían más alto concepto de sí que el que debían tener. En ese concepto elevado de ellos mismos, se consideraban *sensatos* en Cristo. Desde el punto de vista humano los apóstoles eran necios al arriesgar sus vidas por causa de Cristo. Nótese el cambio de preposiciones, el *necio* según el mundo *pierde* su vida *por causa* de Cristo, el carnal se considera un creyente inteligente *en Cristo*. Aquellos consideraban necios, lo mismo que el mundo, a los arriesgados apóstoles. La oposición a los apóstoles y más concreta a Pablo, pone de manifiesto la carnalidad de esos creyentes, que viven influenciados por la sabiduría del mundo y no por la de Dios (3:18).

ἡμεῖς ἀσθενεῖς, ὑμεῖς δὲ ἰσχυροί· Un segundo contraste tiene que ver con la *debilidad*. Los hombres consideraban *débiles* a los apóstoles. Los corintos, por lo menos un buen número de ellos, consideraban de ese modo al apóstol Pablo. Los apóstoles no tenían aires de grandeza ni eran autoritarios. Él mismo dice que en el tiempo que estuvo en Corinto ministrando y estableciendo la iglesia, lo hizo con *temor y temblor* (2:1-5). Es más, no se presentaba ante los hombres como el gran apóstol a los gentiles, su honor era ser esclavo, el de más ínfima condición, de Cristo (v. 1). Pablo asume esa debilidad personal en otros lugares (2 Co. 1:5, 9, 10). Esa debilidad, impropia para muchos, es una bendición para quien sirve al Señor, puesto que todos los recursos de poder están a su disposición y puede decir: *"Todo lo puedo en Cristo que me fortalece"* (Fil. 4:13). El que es débil se perfecciona en Jesucristo (2 Co. 12:9). Los recursos de la gracia no están con el que se siente arrogantemente fuerte, sino con el débil (Mt. 11:28-29), por eso *"Dios resiste los soberbios y da gracia a los humildes"* (1 P. 5:5).

El contraste es preciso. Mientras los apóstoles son *débiles*, los corintios son *fuertes*. Así se consideraban ellos (v. 8). Sin una verdadera relación con Cristo no hay fortaleza posible. El Señor dijo claramente que *separados de mí nada podéis hacer* (Jn. 15:5).

ὑμεῖς ἔνδοξοι, ἡμεῖς δὲ ἄτιμοι. Los contrastes se cierran con la consideración que el mundo y los creyentes mundanos tenían de los apóstoles. El apóstol invierte aquí las posiciones, anteriormente comenzaba con ellos y terminaba con los destinatarios, aquí se dirige primero a los lectores y cierra refiriéndose a los apóstoles.

Los corintios se sentían *honorables*, literalmente *gloriosos*. Esto implica el concepto propio de la sabiduría humana. La sociedad pudiera acaso considerarles como dignos de honor, pero realmente, quien busca el honor del mundo es deshonesto para con Dios. Eran personas *cultivadas*, *cultas*, *conocedoras* de la sabiduría por lo que eran dignos de ser alabados.

Por el contrario, los apóstoles eran menospreciados por el mundo. La gente se burlaba de ellos, los perseguían, azotaban, acusaban injustamente, injuriaban, eran una deshonra para el mundo. Sin embargo, al estar en comunión con Dios, la deshonra de la gente se tornaba en honra que recibían de quien no se conforma con el exterior, sino que mide la dimensión espiritual íntima del corazón.

11. Hasta esta hora padecemos hambre, tenemos sed, estamos desnudos, somos abofeteados, y no tenemos morada fija.

ἄχρι τῆς ἄρτι ὥρας καὶ πεινῶμεν καὶ διψῶμεν καὶ
Hasta la en este momento hora, también tenemos hambre y tenemos sed y
γυμνιτεύομεν καὶ κολαφιζόμεθα καὶ ἀστατοῦμεν
andamos mal vestidos, y somos abofeteados, y no tenemos morada fija.

Análisis y notas del texto griego.

Análisis: ἄχρι, preposición de genitivo *hasta*; τῆς, caso genitivo femenino singular del artículo determinado *la*; ἄρτι, adverbio *en este momento*; ὥρας, caso genitivo femenino singular del nombre común *hora*; καὶ, adverbio de modo *también*; πεινῶμεν, primera persona plural del presente de indicativo en voz activa del verbo πεινάω, *tener hambre*, aquí *tenemos hambre*; καὶ, conjunción copulativa *y*; διψῶμεν, primera persona plural del presente de indicativo en voz activa del verbo διψάω, *tener sed*, aquí *tenemos sed*; καὶ, conjunción copulativa *y*; γυμνιτεύομεν, primera persona plural del presente de indicativo en voz activa del verbo γυμνιτεύω, *sufrir desnudez, carecer de ropa, andar mal vestido*, aquí *andamos mal vestidos*; καὶ, conjunción copulativa *y*; κολαφιζόμεθα, primera persona plural del presente de indicativo en voz pasiva del verbo κολαφίζω, *abofetear, dar puñetazos, golpear*, aquí *somos abofeteados*; καὶ, conjunción copulativa *y*; ἀστατοῦμεν, primera persona plural del presente de indicativo en voz activa del verbo ἀστατεω, *no tener morada fija*, aquí *no tenemos morada fija*.

ἄχρι τῆς ἄρτι ὥρας. El texto presenta la experiencia cotidiana de los apóstoles. No se trataba de posibilidades sino de algo real. No escribía sobre algo del futuro, sino del día a día de cada uno de ellos. La introducción de la frase significa *"hasta ahora"*, más literalmente, *lo que está ocurriendo ahora*. No es algo ocasional o puntual, sino que el presente de los verbos indica la continuidad en la experiencia.

καὶ πεινῶμεν. La primera manifestación de la vida de los apóstoles es impactante: *hasta ahora también tenemos hambre*. En muchas ocasiones no tenían lo necesario para comer. No era algo nuevo, la escuela del entrenamiento, con Jesús, permitió para ellos la experiencia de quienes no tenían que comer y entraban a los sembrados para tomar espigas con las manos y satisfacer su necesidad (Mt. 12:1). Pablo da testimonio de que estaba acostumbrado a pasar necesidad: *"Se vivir humildemente, y se tener abundancia; en todo y por todo estoy enseñado, así para estar saciado como para tener hambre, así para tener abundancia como para padecer necesidad"* (Fil. 4:12). Al apóstol, conforme su testimonio personal, no solo estaba acostumbrado a tener poco, sino a *pasar hambre*, es decir, no solo tiene escasez de lo necesario, sino que incluso le faltaba lo más imprescindible que es la comida. La situación era tal que muchas veces entraba en un estado de penuria, padeciendo necesidad. Mientras tanto los corintios tenían abundancia de comida y de bebida, utilizándola mal en muchas ocasiones, como el apóstol tratará más adelante cuando hable de la Cena del Señor.

καὶ διψῶμεν. No solo hambre sino también sed. Continuos viajes por lugares poco arbolados y carentes de agua, en los territorios despoblados que atravesaban en sus viajes misioneros, les hacían pasar por sed. Es evidencia de un seguimiento fiel al Maestro que también pasó por la experiencia de la sed (Jn. 4:6-7).

καὶ γυμνιτεύομεν. De la falta de alimento y agua, se refiere a la falta de vestidos apropiados o, si se prefiere, a la escasez de ropa. El verbo γυμνιτεύω, que el apóstol usa en el texto, tiene varias acepciones como *sufrir desnudez, carecer de ropa, andar mal vestido*. Sin duda quien tiene al Señor debe estar dispuesto a no tener dos túnicas (Mt. 10:10). El pensamiento que los apóstoles tenían, es el que debe estar en la mente de quienes sirven al Señor a pleno tiempo en Su obra: *"Así que, teniendo sustento y abrigo, estemos contentos con esto"* (1 Ti. 6:8). Cuando el apóstol llega al final de su ministerio, cuando está esperando que la sentencia a muerte dictada contra él se ejecute, cuando está solo en la prisión en Roma y todos le abandonaron, pide a su amigo, hijo en la fe y colaborador en la obra, Timoteo, que se pase por casa de Carpo y le traiga el capote (2 Ti. 4:13). No tenía ropa suficiente para calentar su cuerpo en la húmeda y fría prisión.

καὶ κολαφιζόμεθα Escasez y aflicciones físicas: *"somos abofeteados"*, literalmente *un golpe con el puño*. No hay razón alguna para no entender la frase en el sentido literal de la palabra. El siervo de Dios no debe esperar mejor trato que el que recibió el Señor. Él fue abofeteado y Su rostro lleno de mojicones, en el ignominioso trato de la noche en que preso, fue llevado a la casa de Caifás (Mt. 26:67).

καὶ ἀστατοῦμεν. Padeciendo hambre, sed, siendo golpeados y también *sin morada fija*. Quiere decir que andaban errantes de un lugar a otro. A diferencia de los corintios, los apóstoles viajaban continuamente. En muchas ocasiones tenían que salir precipitadamente del lugar donde estaban ministrando para huir a otro, salvando así sus vidas de las persecuciones que el enemigo levantaba contra ellos. Los creyentes tenían y disfrutaban de sus casas propias, los apóstoles carecían de esto. No significa esto que no tuviesen un techo bajo el que dormir, sino que debido al ministerio no podían disfrutar de un lugar fijo donde residir, como ocurría con la mayoría de los creyentes.

En la *Segunda Epístola*, hará una relación de los padecimientos que acompañaban el ministerio suyo y, sin duda, también el de los otros apóstoles, donde hace notar las palizas recibidas, las prisiones, los naufragios, el hambre, la sed, el frío, las enfermedades (2 Co. 4:8, 9; 6:4-10; 11:23-27; 12:10).

12. Nos fatigamos trabajando con nuestras propias manos; nos maldicen, y bendecimos; padecemos persecución, y la soportamos.

καὶ κοπιῶμεν ἐργαζόμενοι ταῖς ἰδίαις χερσίν· λοιδορούμενοι
Y nos fatigamos trabajando con las propias manos; siendo insultados
εὐλογοῦμεν, διωκόμενοι ἀνεχόμεθα,
bendecimos; siendo perseguidos soportamos.

Análisis y notas del texto griego.

Análisis: καὶ, conjunción copulativa *y*; κοπιῶμεν, primera persona plural del presente de indicativo en voz activa del verbo κοπιάω, *fatigarse*, aquí *nos fatigamos*; ἐργαζόμενοι, caso nominativo masculino plural del participio de presente en voz media del verbo εργάζομαι, *trabajar*, aquí *trabajando*; ταῖς, caso dativo femenino plural del artículo determinado declinado *con las*; ἰδίαις, caso dativo femenino plural del adjetivo *propias*; χερσίν, caso dativo femenino plural del nombre común *manos*; λοιδορούμενοι, caso nominativo masculino plural del participio de presente en voz pasiva del verbo λοιδορέω, *insultar*, aquí *siendo insultados*; εὐλογοῦμεν, primera persona plural del presente de indicativo en voz activa del verbo εὐλογέω, *bendecir*, aquí *bendecimos*; διωκόμενοι, caso nominativo masculino plural del participio de presente en voz pasiva del verbo διώκω, *perseguir*, aquí *siendo perseguidos*; ἀνεχόμεθα, primera persona plural del presente de indicativo en voz media del verbo ἀνέχομαι, *soportar, tener paciencia*, aquí *soportamos*.

καὶ κοπιῶμεν ἐργαζόμενοι ταῖς ἰδίαις χερσίν· Sobre las graves carencias y dificultades que escuetamente acaba de mencionar, añade ahora la *fatiga* producida por *trabajar con sus propias manos*. Quiere decir que mientras predicaba y enseñaba, generalmente por las noches, ocupaba el día en trabajos manuales que le reportaba lo imprescindible tanto para él como para los que le acompañaban en el ministerio. El equipo misionero pasaba por necesidades y el apóstol, constructor de tiendas o, tal vez, hilador de pelo de cabra para los exteriores de las tiendas transportables, trabajaba en su oficio secular para acopiar los recursos financieros para comprar lo imprescindible. Ese comportamiento lo recordaba a los ancianos de la iglesia en Éfeso, en la playa de Mileto: *"Ni plata ni oro ni vestido de nadie he codiciado. Antes vosotros sabéis que para lo que me ha sido necesario a mí y a los que están conmigo, estas manos me han servido"* (Hch. 20:33-34). De forma muy especial esto tenía que ver con lo ocurrido en Corinto y con el comportamiento de él y sus compañeros en esa ciudad: *"Después de estas cosas, Pablo salió de Atenas y fue a Corinto. Y halló un judío llamado*

Aquila, natural del Ponto, recién venido de Italia con Priscila su mujer, por cuanto Claudio había mandado que todos los judíos saliesen de Roma. Fue a ellos, y como era del mismo oficio, se quedó con ellos, y trabajaban juntos, pues el oficio de ellos era hacer tiendas" (Hch. 18:1-3). El apóstol había limitado el uso de su libertad, consistente en ser sostenido por los creyentes para hacer la obra de edificación de la iglesia y extensión del reino, cubriendo sus propias necesidades diarias. No sólo las de él, sino también las de aquellos que estaban colaborando con él en la obra. Posiblemente el apóstol extendió sus manos ante los ancianos y miembros de la iglesia en Éfeso, en la referencia anterior de Hechos, mientras les decía que debían recordar que fue el trabajo manual, salido de aquellas manos, el medio que Dios usó para satisfacer sus necesidades diarias y las de aquellos que estaban con él, sirviendo también al Señor. Todos los corintios también eran testigos de ese comportamiento para no ser carga a nadie (2 Co. 7:2). Dentro del ministerio es preciso establecer valores y escoger entre derechos y concesiones. La enseñanza del apóstol es ejemplar. Tenía derecho a ser sostenido, pero valoró como mejor trabajar él para evitar que sus enemigos pudieran aprovechar su derecho para hacer dudar de las razones que motivaban su servicio. Fuera lo que fuera, el hecho cierto es que los apóstoles, en general, tenían muchas veces que recurrir al trabajo manual para poder cubrir sus necesidades. El apóstol seguía aquí el ejemplo del Señor Jesús (Lc. 8:58). Los corintios se consideraban muy grandes, pero no habían aprendido a socorrer en las necesidades a los siervos del Señor (Fil. 4:15). Cuando el orgullo hace grande a un creyente, así disminuye el deseo de ofrendar. El que no piensa en la obra misionera para colaborar económicamente, no entiende la realidad de la *Gran Comisión.*

Debiéramos considerar aquí algo importante en el ministerio a tiempo completo como permanente muestra del comportamiento de quienes sirven al Señor de este modo. El ministro no es llamado por la iglesia, ni por organización alguna, sino por Dios. Esto significa que, para la provisión de sus necesidades, actuará quien le llama. Pablo había sido encomendado a la gracia de Dios para la labor que realizaba (Hch. 15:40). La gracia de Dios permite dificultades y persecuciones, pero también tiene cuidado de los que son enviados para el cumplimiento de una misión. Esto no significa, en modo alguno, que la iglesia no tenga responsabilidad con aquellos que el Señor llamó al ministerio. Las congregaciones han de proveer de los recursos necesarios para el sostenimiento de quienes sirven al Señor a pleno tiempo. Pero, no es menos cierto que los que son llamados por el Señor deben depender continuamente de Él, que proveerá conforme a lo que conoce que son las necesidades cotidianas de sus siervos.

λοιδορούμενοι εὐλογοῦμεν, Los problemas económicos van acompañados de una situación de desprestigio: *"Nos maldicen y bendecimos"*. Los corintios, históricamente sabían que la llegada de Pablo a la ciudad era el resultado de experiencias de conflictos ocurridos en otras ciudades y promovidos especialmente por los judíos. Las enseñanzas del Señor en el *Sermón del Monte*, eran llevadas a la práctica por los apóstoles (Mt. 5:38-48). La identificación con Cristo era tal que es casi el mismo testimonio que Pedro da en relación con el Señor: *"quien cuando le maldecían, no respondía con maldición; cuando padecía, no amenazaba, sino encomendaba la causa al que juzga justamente"* (1 P. 2:23). En la iglesia en Corinto había *maledicencia*, hablando mal los hermanos unos de los otros y aún lo hacían contra los apóstoles, aunque éstos bendecían aún a sus enemigos. La acción del Espíritu en el corazón cristiano genera *amor* (Gá. 5:22). La de la carne produce celos, pleitos y contiendas (Gá. 5:20).

διωκόμενοι ἀνεχόμεθα, Estaban en continua persecución *y la soportaban*. El problema anterior tiene que ver con *malas palabras*, ahora con *malas obras*. De nuevo la ética del reino se manifiesta en los súbditos del reino (Mt. 5:10-12). Los apóstoles se controlaban, esto es, no tomaban represalias sobre quienes les perseguían. Aceptaban pacientemente las persecuciones entendiendo que éstas eran una permisión de la gracia, lo mismo que su salvación (Fil. 1:29). No las consideraban como motivo de resignación, sino con gozo (1 P. 4:13). Las persecuciones por causa de Cristo son evidencia de la identificación con Él (Ro. 8:17). Quien conoce a Cristo en el poder de Su resurrección, lo conoce también en la participación de Sus padecimientos, *"llegando a ser semejante a Él en su muerte"* (Fil. 3:10). Ellos eran perseguidos, pero tenían en cuenta que cuando el creyente sufre, esos sufrimientos son también del Señor: *"Ahora me gozo en lo que padezco por vosotros, y cumplo en mi carne lo que falta de las aflicciones de Cristo por su cuerpo, que es la iglesia"* (Col. 1:24). El que sigue a Cristo tiene la bendición de llevar Su vituperio (He. 13:13). Este es el testimonio personal de Pablo: *"Por lo cual, por amor a Cristo me gozo en las debilidades, en afrentas, en necesidades, en persecuciones, en angustias; porque cuando soy débil, entonces soy fuerte"* (2 Co. 12:10). Las persecuciones nos hacen apreciar nuestra debilidad. Es precisamente cuando no hay fuerzas humanas para seguir adelante, que se hacen poderosas las de Dios porque *"Él da esfuerzo al cansando, y multiplica las fuerzas al que no tiene ningunas"* (Is. 40:29). Los apóstoles se sometían pacientemente a las persecuciones, como también lo hizo el Señor, prueba visible de la identificación con Él (Is. 53:7).

Es muy preciso el apóstol en la ética apostólica: *Si nos maldicen, bendecimos; si nos persiguen, perseveramos.* Es, por supuesto, una forma de sabiduría contraria totalmente a la del mundo, éste se rige por la maldición y el ataque, el cristiano descansa en la soberana y poderosa mano de Dios. El apóstol Pablo *"confirmó los ánimos de los discípulos, exhortándoles a que permaneciesen en la fe, y diciéndoles: Es necesario que a través de muchas tribulaciones entremos en el reino de Dios"* (Hch. 14:22). El cristiano ve el final y no el presente. Para lo cual, como el apóstol Pedro enseña, encomienda la causa en las manos del Señor, mientras sigue haciendo el bien (1 P. 4:19).

13. Nos difaman, y rogamos; hemos venido a ser hasta ahora como la escoria del mundo, el desecho de todos.

δυσφημούμενοι παρακαλοῦμεν· ὡς περικαθάρματα τοῦ
Siendo difamados consolamos; como escoria del
κόσμου ἐγενήθημεν, πάντων περίψημα ἕως ἄρτι.
mundo venimos a ser, de todos desperdicio hasta ahora.

Notas y análisis del texto griego.

Análisis: δυσφημούμενοι, caso nominativo masculino plural del participio de presente en voz pasiva del verbo δυσφημέω, *difamar*, aquí *siendo difamados*; παρακαλοῦμεν, primera persona plural del presente de indicativo en voz activa del verbo παρακαλέω, *consolar, alentar, responder afectuosamente*, aquí *consolamos*; ὡς, adverbio de modo, *como*, que hace las veces de conjunción comparativa; περικαθάρματα, caso nominativo neutro plural del nombre común *escorias, basuras, desechos*; τοῦ, caso genitivo masculino singular del artículo determinado declinado *del*; κόσμου, caso genitivo masculino singular del nombre común *mundo*; ἐγενήθημεν, primera personal plural del aoristo primero de indicativo en voz pasiva del verbo γίνομαι, *llegar a ser, empezar a existir, hacerse, ser hecho, convertirse en, venir*, aquí *venimos a ser*; πάντων, caso genitivo neutro plural del adjetivo indefinido declinado *de todos*; περίψημα, caso nominativo neutro plural del nombre común *desperdicios, suciedades*; ἕως, preposición propia de genitivo *hasta*; ἄρτι, adverbio demostrativo *ahora*.

δυσφημούμενοι παρακαλοῦμεν· El mundo acusaba a los cristianos de *malhechores*. En el entorno romano, adonde la historia de Jesús iba llegando de mano de los cristianos, también con ella llegaba la justificación que Pilato dio para crucificarlo, y que puso sobre la Cruz, en donde se proclamaba que Aquel que moría de ese modo era el *Rey de los judíos*, por tanto, un sedicioso contra el emperador. Por esa misma razón los cristianos, seguidores de Jesús, eran malhechores por seguir y adorar a un malhechor. A esto contribuía el odio infame de los judíos que se encargaban también de extender calumnias sobre Jesús y sobre Sus seguidores. El apóstol Pedro recuerda que esta acusación del mundo (1 P. 2:12). Pero, no solo ocurría esto en el mundo contra los apóstoles, sino que también se había introducido en la iglesia, donde algunos hablaban mal de ellos, especialmente del apóstol Pablo. Todas estas calumnias atentaban contra el honor personal de los apóstoles.

A las difamaciones respondían con *consolación*. Esto debe aplicarse especialmente para quienes actuaban contra ellos en la iglesia. De modo que a los que los despreciaban y difamaban, respondían con escritos de aliento y consolación. En relación con las ofensas del mundo, había una respuesta de mansedumbre a los acusadores. Aunque el sentido general del verbo παρακαλέω, es *alentar, consolar*, tiene también la connotación de responder con amabilidad, tratando respetuosamente incluso a los difamadores y maledicentes.

ὡς περικαθάρματα τοῦ κόσμου ἐγενήθημεν, Concluye este repaso a la situación general en que se encontraban, refiriéndose a lo que habían venido a representar para el mundo. El término traducido por *escoria*, equivale también a *desecho*, aquello que se arroja a la basura una vez efectuada la limpieza de algo. El término *escoria, basura,* era una forma que se usaba en el mundo greco-romano para las gentes bajas y despreciables, eran la *escoria* de la sociedad.

πάντων περίψημα ἕως ἄρτι. Pero, todavía añade algo más, además de escoria, eran también el *desecho*. Es decir, lo que no valía absolutamente para nada. Aparentemente es una palabra sinónima de la usada antes, pero, en el mundo griego el término περίψημα, *desecho*, era utilizado también para referirse al sacrificio que anualmente solía hacerse ofreciendo a los dioses alguna persona, mayoritariamente deformes o enfermos, a los que los atenienses arrojaban al mar, como si estuviesen cargados con los pecados de todo el pueblo. Éstos ofrecidos a los dioses eran la escoria de la sociedad. Así consideraban a los apóstoles.

Ejemplo de interés (4:14-21)

14. No escribo esto para avergonzaros, sino para amonestaros como a hijos míos amados.

Οὐκ ἐντρέπων ὑμᾶς γράφω ταῦτα ἀλλ' ὡς τέκνα μου
No avergonzando os escribo todas estas cosas sino como a hijos de mí
ἀγαπητα νουθετῶν.
amados amonestando.

Análisis y notas del texto griego.

Análisis: Οὐκ, forma escrita del adverbio de negación *no*, con el grafismo propio ante una vocal con espíritu suave o una enclítica; ἐντρέπων, caso nominativo masculino singular del participio de presente en voz activa del verbo εντρέπω, *avergonzar*, aquí *avergonzando*; ὑμᾶς, caso acusativo de la segunda persona plural del pronombre personal declinado *a vosotros, os*; γράφω, primera persona singular del presente de indicativo en voz activa del verbo γράφω, *escribir*, aquí *escribo*; ταῦτα, caso acusativo neutro plural del adjetivo indefinido *estos*, en sentido de *estas cosas*; ἀλλ', forma escrita ante vocal de la conjunción adversativa ἀλλά que significa *pero*, *sino*; ὡς, adverbio de modo, *como*, que hace las veces de conjunción comparativa; τέκνα, caso acusativo neutro plural del nombre común *hijos*; μου, caso genitivo de la primera persona singular del pronombre personal declinado *de mí*; ἀγαπητα, caso acusativo neutro plural del adjetivo *amados*; νουθετῶν, caso nominativo masculino singular del participio de presente en voz activa del verbo νουθετέω, *amonestar*, aquí *amonestando*.

Οὐκ ἐντρέπων ὑμᾶς γράφω ταῦτα. Todo cuanto antes escribió el apóstol tenía una intención precisa, que no era avergonzar a los corintios. *Estas cosas* que escribe se refieren especialmente a lo escrito en el párrafo anterior (vv. 7-13). El propósito de Pablo no era avergonzarles por su comportamiento. No cabe duda que el apóstol reprendió a los corintios con firmeza, pero aquí los aborda con el cariño de un padre. La iglesia en Corinto no quería ser avergonzada ante otras iglesias de Acaya y Macedonia (2 Co. 9:4). Como padre espiritual de los creyentes que habían sido llevados a Cristo por él, procura la amonestación que los haga recapacitar y rectificar aquello que no estaban haciendo conforme a la voluntad de Dios. Las reprensiones hechas con ánimo de avergonzar sólo conducen a la crispación del ofendido, de ahí la exhortación del apóstol a los padres en relación con el trato de sus hijos (Ef. 6:4; Col. 3:21).

ἀλλ' ὡς τέκνα μου ἀγαπητα νουθετῶν. Lo que pretendía con el escrito era *amonestar* a los creyentes. La amonestación es un trabajo positivo que comporta dos acciones: a) Enseñar o instruir, como labor propia de los guías de la iglesia (1 Ts. 5:12); b) Advertir en base a lo enseñado. La amonestación es una advertencia basada en la enseñanza. Los corintios debían poner atención a lo que Pablo les decía porque estaba haciéndolo desde la posición de un padre que trata con esmero y busca sólo el bien de quienes son para él, sus *hijos amados*. El apóstol no buscaba *conmover* a los corintios con el relato de sus experiencias, siempre difíciles, es más, el corazón endurecido de algunos no se conmovería con los sufrimientos suyos. Por esta razón, el apóstol tiene que recordárselo en sus escritos (2 Co. 6:3-10; 11:23-29). Es muy emotivo apreciar en las palabras del versículo que estaba actuando desde su posición de padre espiritual de aquellos. Como padre no tenía la intención de reprenderles con dureza para avergonzarles, sino hacerles ver la gran diferencia que había entre lo que creían ser y lo que realmente eran. La amonestación es para recuperar a sus hijos extraviados.

Los líderes en la iglesia no deben buscar ocasión para reprender como autoridades, sino animar y reconducir como padres. Hay quienes entienden mal algunos textos y *reprenden con dureza para que todos teman* (1 Ti. 5:20). El versículo que se acaba de citar en 1 Timoteo no habla de reprender a cualquier creyente, sino de hacerlo con los líderes, ancianos, que no se sujetan a la Escritura El legalista busca reprender, quien vive en la gracia busca restaurar. El hombre espiritual no se mide por la capacidad de reprender, sino por la de restaurar (Gá. 6:1).

15. Porque aunque tengáis diez mil ayos en Cristo, no tendréis muchos padres; pues en Cristo Jesús yo os engendré por medio del evangelio.

ἐὰν γὰρ μυρίους παιδαγωγοὺς ἔχητε ἐν Χριστῷ ἀλλ᾽ οὐ πολλοὺς
Porque si diez mil tutores tenéis en Cristo, pero no a muchos
πατέρας· ἐν γὰρ Χριστῷ ᾽Ιησοῦ διὰ τοῦ εὐαγγελίου ἐγὼ ὑμᾶς
padres; pues en Cristo Jesús por medio del evangelio yo os
ἐγέννησα.
engendré.

Análisis y notas del texto griego.

Análisis: ἐὰν, conjunción *si*; γὰρ, conjunción causal *porque*; μυρίους, caso acusativo masculino plural del adjetivo numeral cardinal *diez mil*; παιδαγωγοὺς, caso acusativo masculino plural del nombre común *pedagogos, tutores, ayos*; ἔχητε, segunda persona plural del presente de subjuntivo en voz activa del verbo ἔχω, *tener, poseer*, aquí *tengáis*; ἐν, preposición propia de dativo *en*; Χριστῷ, caso dativo masculino singular del nombre propio *Cristo*; ἀλλ᾽, forma escrita ante vocal de la conjunción adversativa ἀλλά que significa *mas, pero, sino sin embargo*; οὐ, adverbio de negación *no*; πολλοὺς, caso acusativo masculino plural del adjetivo declinado *a muchos*; πατέρας, caso acusativo masculino plural del nombre común *padres*; ἐν, preposición propia de dativo *en*; γὰρ, conjunción causal *porque*; Χριστῷ, caso dativo masculino singular del nombre propio *Cristo*;᾽Ιησοῦ, caso dativo masculino singular del nombre propio *Jesús*; διὰ, preposición propia de genitivo *por, por medio de*; τοῦ, caso genitivo masculino singular del artículo determinado *el*; εὐαγγελίου, caso genitivo masculino singular del nombre común *evangelio*; ἐγὼ, caso nominativo de la primera persona singular del pronombre personal *yo*; ὑμᾶς, caso acusativo de la segunda persona plural del pronombre personal declinado *a vosotros, os*; ἐγέννησα, primera persona singular del aoristo primero de indicativo en voz activa del verbo γεννάω, *concebir, engendrar*, aquí *engendré*.

ἐὰν γὰρ μυρίους παιδαγωγοὺς ἔχητε ἐν Χριστῷ ἀλλ' οὐ πολλοὺς πατέρας· El apóstol pasa a referirse a los muchos maestros que los corintios podían tener. Usa una forma hiperbólica numeral, cuando dice que acaso pudieran tener *diez mil* de éstos. El término que usa aquí es el de παιδαγωγός, literalmente *pedagogos*, esto es, aquellos que se encargan de la enseñanza de niños. El término griego se usaba también para referirse a los esclavos que tenían a su cargo la educación de un hijo, a quienes se califica de *ayos*, o tal vez mejor, *tutores*. A estos se les encomendaba la misión de enseñar y educar a los hijos de una familia hasta que llegaban a la mayoría de edad. La hipérbole del apóstol presenta un pequeño número de alumnos asistido por miles de maestros. Los creyentes en Corinto tenían, sin duda, algunos con dones de maestros y pastores, además de los maestros itinerantes que visitaban la iglesia de cuando en cuando. Pero, ningún ayo era el padre de los que estaban bajo la tutela de su enseñanza, de otro modo, el ayo no era el padre. Aquellos podían tener muchos maestros, pero pocos padres.

ἐν γὰρ Χριστῷ Ἰησοῦ διὰ τοῦ εὐαγγελίου ἐγὼ ὑμᾶς ἐγέννησα. Pablo era el *padre espiritual* de los corintios. Una notoria afirmación *"porque en Cristo Jesús yo os engendré"*. Él había sido el instrumento en la mano de Dios para el nuevo nacimiento de ellos. El nuevo nacimiento se produce *en Cristo Jesús*, mediante la unión vital que hace el Espíritu en Cristo, con cada uno de los que creen (12:13). Cristo comunica vida nueva a cada creyente haciendo de él una nueva criatura (2 Co. 5:17). Pablo hizo algo más que predicarles el evangelio, los *había plantado* (3:6); los había fundamentado (3:10). Por dieciocho meses trabajó en la ciudad y plantó la iglesia (Hch. 18:11). Por esa razón afirma su autoridad apostólica, ante quienes la cuestionaban.

Les hace recordar que este nuevo nacimiento en Cristo Jesús se produce por medio del *evangelio* que les predicó. Es el mensaje que el apóstol recibió de Cristo mismo (Gá. 1:11). Los perdidos son renacidos cuando creen al evangelio. Por esa razón Santiago escribe: *"Él de su voluntad, nos hizo nacer por la palabra de verdad"* (Stg. 1:18). Debemos tener presente siempre que la salvación es el resultado de un acto de la soberanía de Dios en el libre ejercicio de Su propósito. El creyente es engendrado por Dios. En la salvación del hombre nada tiene que ver la acción humana, ya que los hijos de Dios *"no son engendrados de sangre, ni de voluntad de carne, ni de voluntad de varón, sino de Dios"* (Jn. 1:13). La salvación es un acto de absoluta y libre soberanía de Dios, producido antes de la creación del hombre y, por tanto, antes de su caída, como el apóstol Pablo enseña: *"Quien nos salvó y llamó con llamamiento santo, no conforme a nuestras obras, sino según el propósito suyo y la gracia que nos fue dada en Cristo Jesús antes de los tiempos de los siglos"* (2 Ti.

1:9). El nuevo nacimiento, para el que cree, se produce por la acción de la voluntad salvadora de Dios. Él nos dio vida de una manera absolutamente gratuita e inmerecida. Todo ello, sin eliminar la responsabilidad humana en todo lo que tiene que ver con condenación. La acción de engendrar al creyente en Cristo es un acto concluido definitivamente para todos los que han creído. No es el hombre que actúa de algún modo para alcanzar el nuevo nacimiento y la regeneración. No fuimos nosotros quienes escogimos a Dios, sino que fue Él quien lo hizo con nosotros, liberándonos de la muerte y dándonos vida nueva en Jesucristo. El método escogido para producir el nuevo nacimiento fue el mensaje del evangelio, como enseña el apóstol: *"En él también vosotros, habiendo oído la Palabra de verdad, el evangelio de vuestra salvación, y habiendo creído en Él, fuisteis sellados con el Espíritu Santo de la promesa"* (Ef. 1:13). A este mensaje de salvación llama Pablo en la *Epístola*, la *"palabra de la cruz"* (1:18). Quiere decir que el mensaje del evangelio expresa la verdad, en el que la Verdad, que es Cristo mismo (Jn. 14:6), dice Su palabra llamando a los hombres a salvación (Mt. 11:28). Aunque se trata de un mensaje procedente de Dios no se trata tanto de enseñar *doctrinas*, sino la Verdad, en mayúsculas que es revelar a Cristo, por eso dice que llegaron a la condición de hijos engendrados en Jesucristo *"por medio del evangelio"*, porque *"el evangelio es poder de Dios para salvación"* (Ro. 1:16-17). Este nuevo nacimiento, la regeneración, en engendrar al creyente en Cristo, se produjo porque en el evangelio se proclamó la verdad y los oyentes recibiéndola, depositaron su fe en el Salvador anunciado en él o, por medio de él. Este mensaje conduce a la fe que viene *"por el oír y el oír por la palabra de Dios"* (Ro. 10:17; 1 Co. 4:15; Ef. 1:13; 1P. 1:23). La operación regeneradora en el nuevo nacimiento es obra del Espíritu Santo (Jn. 3:3, 5, 6). En la salvación opera el Dios Trino (1 P. 1:2). Dios usa Su Palabra para hacer llegar al hombre el mensaje de salvación, como en el caso de los corintios, el mensaje del evangelio que les predicó el apóstol.

16. Por tanto, os ruego que me imitéis.

Παρακαλῶ οὖν ὑμᾶς, μιμηταί μου γίνεσθε.
Así que ruego os, imitadores de mí llegad a ser.

Análisis y notas del texto griego.

Análisis: Παρακαλῶ, primera persona singular del presente de indicativo en voz activa del verbo παρακαλέω, *rogar, pedir*, aquí *ruego*; οὖν, conjunción *pues, por tanto, así que*; ὑμᾶς, caso acusativo de la segunda persona plural del pronombre personal declinado *a vosotros, os*; μιμηταί, caso nominativo masculino plural del nombre común *imitadores*; μου, caso genitivo de la primera persona singular del pronombre personal declinado *de mí*; γίνεσθε, segunda persona plural del presente de imperativo en voz media del verbo γίνωσκω, *llegar a ser*, aquí *llegad a ser*.

Παρακαλῶ οὖν ὑμᾶς, μιμηταί μου γίνεσθε. Una conclusión se alcanza en el versículo, como expresa el uso de la conjunción οὖν, *pues, por tanto*. Ha estado exponiendo y argumentando sobre la verdadera vida del creyente y el nuevo nacimiento, por tanto, debe alcanzarse una conclusión de vida.

Esta conclusión se sustenta en un mandamiento, como indica el verbo en presente de imperativo. Nótese una vez más el afecto entrañable de un padre hacia sus hijos, que no les impone su voluntad, sino que trata de que se convenzan para obedecerle. No pide que le sigan o que sean miembros del *partido Pablo* en la iglesia, cosa que condenó antes (3:4-5). Les exhorta para que asuman su modo de vida cristiana: Su abnegación, su entrega y su humildad.

La exhortación podría hacerla en razón de su peculiar vivencia en Cristo: *"Sed imitadores de mí, así como yo de Cristo"* (11:1). Esta exhortación aparece en los escritos de Pablo en otros lugares, no solo con referencia a él, sino en relación con el carácter de Dios (Ef. 5:1); y con él y sus compañeros de ministerio (1 Ts. 1:6); así como con las iglesias de Dios en tribulaciones (1 Ts. 2:14). Podía decir esto porque el objetivo suyo en la vida no era otra cosa que vivir la vida de Cristo en él (Gá. 2:20; Fil. 1:21). El que predica el evangelio debe mostrar en su vida la realidad transformadora del mensaje que predica. No es posible enseñar la doctrina, formar a los creyentes, edificar la iglesia, desde el plano de la intelectualidad bíblica o, si se prefiere, desde una teología teórica, es preciso que la verdad vaya acompañada del ejemplo personal de quien la enseña (1 Ti. 4:12; Tit. 2:7). Jesús es el gran ejemplo, ya que Él comenzó a hacer antes de enseñar, de otro modo, enseñaba todo aquello que hacía, no como los religiosos de Su tiempo.

17. Por esto mismo os he enviado a Timoteo, que es mi hijo amado y fiel en el Señor, el cual os recordará mi proceder en Cristo, de la manera que enseño en todas partes y en todas las iglesias.

Διὰ τοῦτο[1]ἔπεμψα ὑμῖν Τιμόθεον, ὅς ἐστίν μου τέκνον ἀγαπητὸν
Por esto envié os a Timoteo, que es de mí hijo amado,
καὶ πιστὸν ἐν Κυρίῳ, ὃς ὑμᾶς ἀναμνήσει τὰς ὁδούς μου τὰς
y fiel en Señor, el cual os recordará los caminos de mi -
ἐν Χριστῷ Ἰησοῦ[2] καθὼς πανταχοῦ ἐν πάσῃ ἐκκλησίᾳ διδάσκω.
en Cristo Jesús, como en todas partes en cada iglesia enseño.

Análisis y notas del texto griego.

Análisis: Διὰ, preposición propia de acusativo *por*; τοῦτο, caso acusativo neutro singular del pronombre demostrativo *esto*; ἔπεμψα, primera persona singular del aoristo primero de indicativo en voz activa del verbo πέμπω, *comisionar, enviar*, aquí *envié*; ὑμῖν, caso dativo de la segunda persona plural del pronombre personal declinado *a vosotros, os*; Τιμόθεον, caso acusativo masculino singular del nombre propio declinado *a Timoteo*; ὅς, caso nominativo masculino singular del pronombre relativo *el cual, el que, que*; ἐστίν, tercera persona singular del presente de indicativo en voz activa del verbo εἰμί, *ser, estar*, aquí *es*; μου, caso genitivo de la primera persona singular del pronombre personal declinado *de mí*; τέκνον, caso nominativo neutro singular del nombre común *hijo*; ἀγαπητὸν, caso nominativo neutro singular del adjetivo *amado*; καὶ, conjunción copulativa *y*; πιστὸν, caso nominativo neutro singular del adjetivo *fiel*; ἐν, preposición propia de dativo *en*; Κυρίῳ, caso dativo masculino singular del nombre divino *Señor*; ὃς, caso nominativo masculino singular del pronombre relativo *el que, el cual, que*; ὑμᾶς, caso acusativo de la segunda persona plural del pronombre personal declinado *a vosotros, os*; ἀναμνήσει, tercera persona singular del futuro de indicativo en voz activa del verbo ἀναμιμνῄκω, *recordar*, aquí *recordará*; τὰς, caso acusativo femenino plural del artículo determinado *las*; ὁδούς, caso acusativo femenino plural del nombre común *sendas, caminos, forma de vida*; μου, caso genitivo de la primera persona singular del pronombre personal declinado *de mí*; τὰς, caso acusativo femenino plural del artículo determinado *las*; ἐν, preposición propia de dativo *en*; Χριστῷ, caso dativo masculino singular del nombre propio *Cristo*; ᾽Ιησοῦ, caso dativo masculino singular del nombre propio *Jesús*; καθὼς, conjunción *como*; πανταχοῦ, adverbio *en todas partes*; ἐν, preposición propia de dativo *en*; πάσῃ, caso dativo femenino singular del adjetivo indefinido *toda, cada*; ἐκκλησίᾳ, caso dativo femenino singular del nombre común *iglesia*; διδάσκω, primera persona singular del presente de indicativo en voz activa del verbo διδάσκω, *enseñar*, aquí *enseño*.

Notas. Crítica Textual. Lecturas alternativas.

[1] Διὰ τοῦτο, *por esto*, según lectura en 𝔓[46, 68], א[2], B, C, D, F, G, L, Ψ, 104, 365, 630, 1241, 1506, 1739, 1881, 2464, 𝔐, latt.

Διὰ τοῦτο αὐτῷ, *por esto a él*, como se lee en 𝔓[11vid], א*, A, P, 33, 81, 1175, 1505.

[2] ἐν Χριστῷ ᾽Ιησου, *en Cristo Jesús*, según lectura en P[46], א, C, D[1], 6, 33, 81, 104, 629, 630, 1175, 1505, 1739, 1881, 2464, ar, vg[cl], sy[h], bo, Ambrosiaster.

κύριῳ ᾽Ιησου, *Señor Jesús*, lectura en D*, F, G, bo[bo].

ἐν Χριστῷ, *en Cristo*, conforme a A, B, D[2], L, P, Ψ, 365, 1241, M, b, vg[st], sy[p], sa.

Διὰ τοῦτο ἔπεμψα ὑμῖν Τιμόθεον, Mientras escribía había decidido enviarles a Timoteo, que llevaría la *Epístola.* Por la construcción de la frase, pareciera que el colaborador de Pablo ya había partido cuando escribió, sin embargo, más bien debe tomarse como un aoristo epistolar, que se coloca en el momento en que se leería la *Epístola* en la iglesia, de ahí el pasado *envié.* Timoteo había colaborado con el apóstol en la fundación de la iglesia (2 Co. 1:19). Los problemas que concurrían en la iglesia en Corinto requerían la presencia suya, pero, debido a la imposibilidad de abandonar el trabajo que le ocupaba, envía a uno de sus más destacados colaboradores, conocedor profundo de la palabra y de las enseñanzas apostólicas, para que corrigiese lo defectuoso, instruyese nuevamente en la fe y recordase las enseñanzas recibidas directamente del apóstol.

ὅς ἐστίν μου τέκνον ἀγαπητὸν. A modo de recomendación o, si se prefiere mejor, de reconocimiento, el apóstol les recuerda a los corintios la condición que para él tenía Timoteo. Era para el apóstol su *hijo amado.* Había sido, como también los corintios, engendrado por él en Cristo, por medio del evangelio. Así lo pone de manifiesto en otro escrito: *"A Timoteo verdadero hijo en la fe"* (1 Ti. 1:2). Como persona a la que Pablo amaba entrañablemente, debía ser también amado por los corintos. Lamentablemente no iba a ocurrir así.

καὶ πιστὸν ἐν Κυρίῳ, Además, era un creyente *"fiel en el Señor"*, esto es, fiel en el servicio de Cristo y, por consiguiente, fiel como cristiano. Era un hombre digno de confianza. Debía ser respetado y aceptado por los creyentes en Corinto. Es una verdadera nota de recomendación para su colaborador en la común obra de la extensión del evangelio de Jesucristo y en el establecimiento de iglesias.

ὃς ὑμᾶς ἀναμνήσει τὰς ὁδούς μου τὰς ἐν Χριστῷ ᾽Ιησοῦ, Pablo le había encomendado una misión que detalla aquí en la breve fórmula: *"El cual os recordará mi proceder en Cristo"*. Se lee literalmente *mis caminos en Cristo.* Es decir, el modo de comportamiento, la forma habitual de vida del apóstol. Tenía que ver con la enseñanza y con la conducta personal ajustada a ella. Su humildad, abnegación, compromiso y entrega a Cristo, que expresan las características de un verdadero cristiano. Pablo era ejemplo a los corintios a ser consecuente con la enseñanza aplicándola a la vida. Timoteo tenía que recordarles todo esto, quiere decir que ya habían olvidado mucho de ella, que fue la enseñanza recibida directamente por Pablo, y el ejemplo de su vida durante los meses que estuvo en Corinto.

καθὼς πανταχοῦ ἐν πάσῃ ἐκκλησίᾳ διδάσκω. La enseñanza y forma de vida del apóstol era la misma en cualquier lugar, *"en todas las partes y en todas las iglesias"*. Una misma enseñanza doctrinal y ética en cualquier lugar donde hubiera una iglesia. En cada iglesia que se fundaba enseñaba las mismas verdades y la misma forma de compromiso de vida. No eran imposiciones excepcionales para los corintios, sino las mismas para todas las iglesias (1:2). Timoteo podía hacer bien esta labor puesto que había oído muchas veces en muchos lugares, ante muchos testigos, lo que enseñaba en las iglesias (2 Ti. 2:2).

18. Mas algunos están envanecidos, como si yo nunca hubiese de ir a vosotros.

Ὡς	μὴ	ἐρχομένου	δέ	μου	πρὸς	ὑμᾶς	ἐφυσιώθησαν	τινες·
Como	no	viniendo	y	de mí	a	vosotros	envanecidos	algunos.

Análisis y notas del texto griego.

Análisis: Ὡς, adverbio de modo, *como*, que hace las veces de conjunción comparativa; μὴ, partícula que hace funciones de adverbio de negación *no*; ἐρχομένου, caso genitivo masculino singular del participio de presente en voz media del verbo ἔρχομαι, *venir, llegar, regresar, aparecer* aquí *viniendo*; δέ, partícula conjuntiva que hace las veces de conjunción coordinante, con sentido de *pero, más bien, y, y por cierto, antes bien, entonces*; μου, caso genitivo de la primera persona singular del pronombre personal *de mí*; πρὸς, preposición propia de acusativo *a*; ὑμᾶς, caso acusativo de la segunda persona plural del pronombre personal *vosotros*; ἐφυσιώθησαν, tercera persona plural del aoristo primero de indicativo en voz pasiva del verbo φυσιόω, en voz pasiva *inflarse, hincharse de orgullo*; τινες, caso nominativo masculino plural de adjetivo indefinido *algunos*.

Ὡς μὴ ἐρχομένου δέ μου πρὸς ὑμᾶς ἐφυσιώθησαν τινες· Quienes se dedican a dividir la iglesia son manifiestamente arrogantes. Los que consideran saber todo lo relativo a la doctrina son orgullosos. Esto era evidente entre los corintios. El apóstol afirma que *"algunos estaban envanecidos"*. Es difícil determinar quiénes eran, pero es manifiesto que Pablo tenía sus adversarios en la iglesia que él mismo había fundado.

Profundo conocedor de la Escritura, tenía en mente las consecuencias del orgullo y de la maledicencia: *"El temor de Jehová es aborrecer el mal; la soberbia y la arrogancia, el mal camino, y la boca perversa, aborrezco"* (Pr. 8:13). De modo que no quería que sus amados hermanos en Corinto, padeciesen las consecuencias de un modo de vida reprobado por Dios.

Una de las razones del envanecimiento de aquellos era considerar al apóstol como incapaz de abordar los problemas de la iglesia personalmente acudiendo a visitar la congregación para poner orden a lo que estaba desordenado. Es más, algunos pensaban que enviaba a Timoteo porque no se atrevía a ir él personalmente. Los falsos maestros querían minimizar la autoridad de Pablo, levantando sospechas sobre la falta de veracidad en aquello que afirmaba o prometía. Por medio de estas falsas acusaciones ponían en tela de juicio su apostolado (9:1-3; 2 Co. 12:2). Le acusaban de hablar con ligereza y prometer visitas que no cumplía (2 Co. 1:17). Hablaban también de escribir cartas duras, pero sin atreverse a enfrentar los problemas personalmente (2 Co. 10:9). Además, procuraban generar menosprecio hacia su persona acusándole de tener una mala presencia física y un pobre modo de hablar (2 Co. 10:10). Todos estos andaban hinchados porque suponían que Pablo no iba a actuar. Estaban iniciando un movimiento interno contra el apóstol para que no fuera admitido en la iglesia.

19. Pero iré pronto a vosotros, si el Señor quiere, y conoceré, no las palabras, sino el poder de los que andan envanecidos.

ἐλεύσομαι δὲ ταχέως πρὸς ὑμᾶς ἐὰν ὁ Κύριος θελήσῃ, καὶ
Pero iré pronto a vosotros si el Señor quisiere, y
γνώσομαι οὐ τὸν λόγον τῶν πεφυσιωμένων ἀλλὰ τὴν δύναμιν·
conoceré no la palabra de los que se han hinchado, sino el poder.

Análisis y notas del texto griego.

Análisis: ἐλεύσομαι, primera persona singular del futuro de indicativo en voz media del verbo ἔρχομαι, *ir*, aquí *iré*; δὲ, partícula conjuntiva que hace las veces de conjunción coordinante, con sentido de *pero, más bien, y, y por cierto, antes bien, entonces*; ταχέως, adverbio *pronto, de prisa*; πρὸς, preposición propia de acusativo *a*; ὑμᾶς, caso acusativo de la segunda persona plural del pronombre personal *vosotros*; ἐὰν, conjunción *si*; ὁ, caso nominativo masculino singular del artículo determinado *el*; Κύριος, caso nominativo masculino singular del nombre divino *Señor*; θελήσῃ, tercera persona singular del aoristo primero de subjuntivo en voz activa del verbo θέλω, *querer, desear*, aquí *quisiere*; καὶ, conjunción copulativa *y*; γνώσομαι, primera persona singular del futuro de indicativo en voz media del verbo γινώσκω, *conocer, saber, entender*, aquí *conoceré*; οὐ, adverbio de negación *no*; τὸν, caso acusativo masculino singular del artículo determinado *el*; λόγον, caso acusativo masculino singular del nombre común *palabra, dicho*; τῶν, caso genitivo masculino plural del artículo determinado declinado *de los*; πεφυσιωμένων, caso genitivo masculino plural del participio perfecto en voz pasiva del verbo φυσιόω, en voz pasiva *inflarse, hincharse de orgullo*, aquí *que se han hinchado*; ἀλλὰ, conjunción adversativa *sino*; τὴν, caso acusativo femenino singular del artículo determinado *la*; δύναμιν, caso acusativo femenino singular del nombre común *poder*.

ἐλεύσομαι δὲ ταχέως πρὸς ὑμᾶς. La decisión de ir a visitar la iglesia en Corinto, está firmemente anclada en el pensamiento de Pablo. Su determinación es clara: *"iré pronto a vosotros"*. Los detractores suyos en la iglesia negaban que fuese a producirse esa visita, el apóstol afirma decididamente que lo iba a hacer. Más adelante detallará algunos aspectos de esa visita, cuando recorra Macedonia pasaría por Corinto y se quedaría un tiempo allí, tal vez invernaría con ellos (16:5-7), avisándoles que partirá de Éfeso después de Pentecostés (16:8). Por consiguiente, a quienes niegan que vuelva a Corinto les advierte que sí lo hará.

ἐὰν ὁ κύριος θελήσῃ, Los deseos y propósitos del apóstol se ajustan siempre a la voluntad de Dios, de ahí que su visita a Corinto se determine, no por su deseo, sino por lo que el Señor quiera (16:7). Siempre ocurrió de este modo en la vida de Pablo. Así determinó su llegada a Europa, cuando sus planes de predicación en Asia no concordaron con el propósito del Espíritu Santo que determinó otra dirección para él y su equipo (Hch.16:6-10). Vivía a Cristo, vivía para Cristo, sujetaba su ministerio a Cristo. No quiere decir que no tuviese un programa en su mente, pero sólo se ejecutaba cuando concordaba con la *voluntad de Dios*. De ese modo visitará Corinto, si esa era la voluntad del Señor que lo había llamado y enviado a la misión de predicar el evangelio en todos los lugares.

καὶ γνώσομαι οὐ τὸν λόγον τῶν πεφυσιωμένων ἀλλὰ τὴν δύναμιν· El cierre de la cláusula va dirigida a quienes estaban *hinchados*, esto es, los que arrogantemente se comportaban y trataban de desprestigiar al apóstol ante los demás creyentes de la iglesia en Corinto. No teme a los *hinchados de sí mismos*, los *envanecidos*, los que vivían en la arrogancia de la carne y no en la humildad del Espíritu. El apóstol informa que una de las razones de visitar la iglesia era para verificar la realidad espiritual de los tales. Pero les hace notar que no se iba a conformar *con palabras*, esto es con lo que podía decir, argumentar o razonar filosóficamente, podría muy bien traducirse que iba a *conocer*, esto es *investigar* no la *palabrería* de ellos. Esta verborrea se oponía a la conducción del Espíritu y fluía de un corazón controlado y orientado por la carne. Aquellos infatuados habían crecido tanto en ellos mismos y por sí mismos, que creían firmemente que Pablo no se atrevería a confrontarlos y que por eso anunciaba una visita que no se efectuaría. Pablo quería conocer algo de aquellos. El verbo tiene que ver con una relación experimental, conocer sería determinar realmente cómo eran. Esto no se produciría analizando su oratoria o confrontando su doctrina. La elocuencia no es garantía de espiritualidad. Cualquier gran discurso se convierte en mera palabrería sino está impulsado por el Espíritu de Dios. Pero, lo que le interesaba era conocer *su poder*. Es decir, no son palabras sino hechos lo que buscaba el apóstol. Con ello iba a poner al descubierto ante todos, no lo que decían, sino lo que hacían, no lo que hablaban, sino lo que ciertamente eran. Los hechos poderosos revelan la verdadera presencia del Espíritu en el creyente. Especialmente importante en el tiempo del avance misionero, cuando en el nombre del Señor se hacían prodigios y milagros que manifestaban visiblemente la realidad de la resurrección y glorificación de Jesucristo. Sin duda, las manifestaciones de milagros y prodigios fueron muy variables durante el tiempo de la historia de la iglesia. Hay momentos en que fueron necesarios y se produjeron abundantemente, pero en otros disminuyen e incluso no se producen. La idea de que quien tiene a Cristo y vive en el poder del Espíritu hará milagros y prodigios, no es una verdad bíblica. Los mismos apóstoles, poseedores de los carismas del Espíritu, con el poder de Jesús en ellos, no siempre hicieron milagros y no siempre sanaron personas, como es el ejemplo de Pablo en relación con las muchas enfermedades de Timoteo y sus problemas gástricos a quien el apóstol recetó un poco de vino para ayudar en eso, pero, que sepamos, su problema no fue resuelto por la acción de alguno que tenía dones de sanidad (1 Ti. 5:23), lo mismo que ocurrió con Trófimo a quien el apóstol dejó enfermo en Mileto (2 Ti. 4:20). Los milagros poderosos del Espíritu se producen siempre en la transformación de vida de los salvos. Estos que vivían en el pecado y en la carne son cambiados en personas que andan en *novedad de vida*, para los que las cosas viejas pasaron (2 Co. 5:17). Hubo personas en tiempos de Pablo, que hacían milagros en el nombre de Jesús a quien Pablo predicaba, como los hijos de Esceba, pero el expulsar demonios no significaba que fuesen convertidos a Cristo, sino perdidos usando temerariamente en beneficio propio el nombre del Señor (Hch. 19:14). Una persona que vive en el poder del Espíritu es humilde, servicial, comprometido con la iglesia, que camina en los pasos del Maestro. Estas son las obras que los arrogantes en Corinto no podían manifestar. De ahí que el apóstol diga a la iglesia que irá a visitar la congregación y entonces conocerá *el poder* de éstos que estaban llenos de sí mismos.

El poder del Espíritu se había manifestado en Pablo, cuando evangelizó en la ciudad de Corinto. El evangelio que predicaba se veía respaldado por manifestaciones de poder (1 Ts. 1:5). No usó sabiduría y abundancia de palabras, ni excelente retórica, ni argumentación filosófica en la fundación de la iglesia en Corinto, pero obró con el poder de Dios (2:4). Es fácil hablar, pero sólo Dios da el poder. Algunos de los que hablan mucho y no dicen nada, tienen apariencia de piedad, pero con sus vidas niegan la eficacia de ella (2 Ti. 3:5).

20. Porque el reino de Dios no consiste en palabras, sino en poder.

οὐ γὰρ ἐν λόγῳ ἡ βασιλεία τοῦ Θεοῦ ἀλλ' ἐν δυνάμει.
Porque no en palabra el reino - de Dios, sino en poder.

Análisis y notas del texto griego.

Análisis: οὐ, adverbio de negación *no*; γὰρ, conjunción causal *porque*; ἐν, preposición propia de dativo *en*; λόγῳ, caso dativo masculino singular del nombre común *palabra*; ἡ, caso nominativo femenino singular del artículo determinado *la*; βασιλεία, caso nominativo femenino singular del nombre común *reino*; τοῦ, caso genitivo masculino singular del artículo determinado *el*; Θεοῦ, caso genitivo masculino singular del nombre divino declinado *de Dios*; ἀλλ', forma escrita ante vocal de la conjunción adversativa ἀλλά que significa *pero, sino*; ἐν, preposición propia de dativo *en*; δυνάμει, caso dativo femenino singular del nombre común *poder*.

οὐ γὰρ ἐν λόγῳ ἡ βασιλεία τοῦ Θεοῦ ἀλλ' ἐν δυνάμει. La realidad del reino de Dios se manifiesta siempre, en distintos modos, de diferentes maneras, pero se hace presente porque está presente. Este término se ha estudiado en comentarios a otros libros de esta serie, por lo que no es preciso volver a hacerlo aquí. Reino de Dios, o Reino de los cielos, es el lugar donde Dios gobierna y es obedecido voluntariamente por aquellos que son Suyos. La manifestación del reino de Dios es expresada no con palabras, que pudieran ser de quienes no están en el reino, sino con poder, como se ha considerado en el versículo anterior. El poder transformador del Espíritu de Dios, que cambia no el lenguaje del creyente, aunque indudablemente también lo hace, sino al creyente mismo, dotándolo de poder para vivir a Cristo. Los creyentes son introducidos en el mismo reino de Cristo (Col. 1:13). La misma verdad en otro escrito del apóstol, que define el reino de Dios de este modo: *"Porque el reino de Dios no es comida ni bebida, sino justicia, paz y gozo en el Espíritu Santo"* (Ro. 14:17). Quien se somete a la voluntad de Dios y sobre quien Dios reina, expresa a Cristo con obras y no con palabras (Stg. 2:17). No se reduce su experiencia a hablar de Cristo, sino a vivir a Cristo (Gá. 2:20). La realidad de la vida cristiana está expresada por el apóstol Juan: *"El que dice que permanece en él, debe andar como él anduvo"* (1 Jn. 2:6). Pablo advierte que va a visitar la iglesia en Corinto para *conocer* no las palabras de los engreídos, sino las obras de ellos.

21. ¿Qué queréis? ¿Iré a vosotros con vara, o con amor y espíritu de mansedumbre?

τί θέλετε ἐν ῥάβδῳ ἔλθω πρὸς ὑμᾶς ἢ ἐν ἀγάπῃ πνεύματι τε
¿Qué queréis? ¿con vara vaya a vosotros o con amor y espíritu
πραΰτητος
de mansedumbre?

Análisis y notas del texto griego.

Análisis: τί, caso acusativo neutro singular del pronombre interrogativo *qué*; θέλετε, tercera persona plural del presente de indicativo en voz activa del verbo θέλω, *querer, desear*, aquí *queréis*; ἐν, preposición propia de dativo *con*; ῥάβδῳ, caso dativo femenino singular del nombre común *vara*; ἔλθω, primera persona singular del segundo aoristo de subjuntivo en voz activa del verbo ἔρχομαι, *ir*, aquí *vaya*; πρὸς, preposición propia de acusativo *a*; ὑμᾶς, caso acusativo de la segunda persona plural del pronombre personal *vosotros*; ἢ, conjunción disyuntiva *o*; ἐν, preposición propia de dativo *con*; ἀγάπῃ, caso dativo femenino singular del nombre común *amor*; πνεύματι, caso dativo neutro singular del nombre común *espíritu*; τε, partícula conjuntiva, que puede construirse sola, pero generalmente está en correlación con otras partículas y que hace funciones de conjunción copulativa *y*, en casos, va ligada a otras partículas, como puede ser καὶ, adquiriendo juntas el sentido de *como con, tanto, tanto como, no solamente, sino también*; πραΰτητος, caso genitivo femenino singular del nombre común declinado *de mansedumbre, de humildad, de suavidad, de gentileza.*

τί θέλετε. El largo tramo en que abordó el problema de las divisiones en la iglesia, llega a su fin con estas palabras. Como en otras ocasiones son preguntas retóricas que exigen una respuesta por parte del lector o del oyente del contenido del escrito. Algunos negaban que la promesa de visitar la iglesia fuese a cumplirse. Pablo advirtió que lo iba a hacer si el Señor lo permitía. Ahora enfrenta a la iglesia con una decisión sobre el modo en que se haría la visita. Formulando una primera pregunta: *"¿Qué queréis?"*. Los corintios debían escoger sobre dos alternativas. A la confirmación de Pablo sobre su vista, debían elegir el modo en que se produjera ese encuentro. Es todo un tiempo de gracia y de reflexión sobre la visita anunciada. Incluso para quienes procuraban despertar dudas sobre la realidad de lo que les anunciaba, les daba un tiempo de reflexión para que ellos también decidiesen como querían encontrarse con el apóstol.

ἐν ῥάβδῳ ἔλθω πρὸς ὑμᾶς. El primer modo lo deja expresado en la pregunta: *"¿Con vara?"*. El término es una alusión a la disciplina que tendrían que imponer a algunos con la autoridad del Señor. Es la función del padre ante la actitud de un hijo necio: *"En los labios del prudente se halla sabiduría; mas la vara es para las espaldas del falto de cordura"* (Pr. 10:13); *"La necedad está ligada en el corazón del muchacho; mas la vara de la corrección la alejará de él"* (Pr. 22:15); *"No rehúses corregir al muchacho; porque si lo castigas con vara, no morirá"* (Pr. 23:13). El padre que ama a un hijo lo disciplina para corregir su necedad. Es cierto que muchos padres consideran un deber espiritual tener una vara a mano para golpear al niño cuando desobedece o se comporta incorrectamente, pero a la luz del término *vara* en el texto hebreo, sólo una vez –y no para un hijo sino para un esclavo– tiene la equivalencia de vara, palo. Al hijo se le disciplina más convenientemente privándole de algo que le resulta ilusionante, mucho más que golpeándolo, esto le produce dolor, el otro le ocasiona sentimiento íntimo. Pablo no iba a golpear literalmente con una vara a sus *hijos espirituales*, pero les impondría una disciplina que sirviera para reorientarles convenientemente en el camino correcto de la vida cristiana.

Pablo no podía claudicar ante quienes estaban con sus actitudes, destruyendo el testimonio de la unidad del templo de Dios (3:17). De modo que la persistencia en esta desobediencia y rebeldía espiritual, traería, de no corregirse antes, que él tuviera que tomar la senda de la disciplina en la congregación. Es, por tanto, una advertencia restauradora dando oportunidad antes de ejercer la disciplina.

ἢ ἐν ἀγάπῃ πνεύματί τε πραΰτητος. La segunda pregunta abre para ellos una visita diferente, un encuentro distinto con el apóstol. Para eso introduce la conjunción en la pregunta separándola de la anterior por la disyuntiva *o*. Sólo hay dos vías, la vara, o el amor expresado en un trato afectuoso y de compasión, si la actitud de ellos lo permitía. En el primer caso sería un trato enérgico de disciplina dolorosa, contra quienes estaban revestidos de orgullo, pecado aborrecido por Dios. O bien con el exquisito de la *mansedumbre, moderación, y gentileza.* Ellos tenían que elegir, porque el apóstol estaba determinado a ir a Corinto y lo haría sin duda alguna. Pero, en cualquier caso, sea con disciplina o con mansedumbre, el comportamiento del apóstol sería con amor. El amor que mueve el trato afable, mueve también el brazo de la disciplina, para restaurar al extraviado, porque sigue siendo un *hijo espiritual* y es amado por quien lo engendró en Cristo por el evangelio.

Resulta difícil seleccionar alguna lección personal de las muchas que surgen del estudio del capítulo. Acaso sea bueno referirse a las más destacadas en la simple lectura del pasaje. El capítulo cierra la enseñanza producida por la triste realidad de las divisiones en la iglesia. Hermanos que se sentían importantes, llenos de dones, capaces, instruidos, etc. habían fraccionado la congregación creando tres divisiones, colocando en cada una de ellas el nombre de alguien conocido y destacado en la obra de

Dios. La fragmentación de la iglesia, como se ha considerado, es un grave pecado porque se opone a la unidad espiritual que Dios ha constituido con todos los que son salvos por gracia mediante la fe. Todo aquel que haya recibido de este modo a Cristo como Salvador personal es hijo de Dios, miembro de Su familia y piedra viva en el santuario de Dios. El que genera divisiones en el cuerpo, está ignorando voluntariamente que la unidad de la iglesia no es asunto de hombres sino obra del Espíritu (Ef. 4:3). No guardar la unidad como elemento prioritario es no conservarse o mantenerse en la vocación a la que Dios ha llamado a cada creyente. Es oponerse manifiestamente a la obra del Espíritu, y aún más, lo contrario al mismo Espíritu, porque las divisiones son una de las obras de la carne (Gá. 5:20). Los creyentes carnales son incapaces de vivir con la solicitud necesaria para mantener la unidad del Espíritu ya que esta ha de llevarse a cabo en el vínculo de la paz. Hay quienes dividen la iglesia, negando la comunión a hermanos de otros grupos, en base al mantenimiento de la doctrina que ellos consideran la más única ortodoxa. Conservarse en la doctrina es también *amar a los hermanos*, *ser pacientes con todos*, *guardar solícitamente la unidad del Espíritu en el vínculo de la paz*. Una cosa es la colaboración y otra muy distinta la comunión. Ésta es establecida por Dios y en Él (1 Jn. 1:3), la segunda es la acción o actividad con otros. No es posible trabajar al lado de quienes niegan verdades esenciales de vida cristiana, quienes introducen prácticas no bíblicas como si tuviesen la autoridad de la Escritura, pero la comunión se interrumpe no por el cristiano sino por el Señor con aquel que vive contra su voluntad y no confiesa ese fallo espiritual. Los corintios en sus divisiones ponen de manifiesto otro problema y es la maledicencia contra quienes no están en el mismo grupo. No estaban libres de ello ni tan siquiera los apóstoles. Ellos se consideraban de tal dimensión espiritual, llenos de orgullo y arrogancia que se atrevían a formular reproches y desprestigio contra aquellos que Dios había llamado a Su servicio. Lamentablemente ocurre generalmente en los divisionarios del s. XXI que son capaces de dividir la iglesia y la obra en general, para sustentar sus caprichos, costumbres, sistemas, tradiciones, etc. sin importarles que, para mantener lo que es de los hombres, se fragmente la unidad de la iglesia. Pablo nos advierte sobre el peligro y el problema, hablándonos de disciplina que Dios traerá sobre quienes conducen al pueblo Suyo a situaciones semejantes. ¿Cómo queremos encontrarnos con el Señor, para disciplina o para comunión?

CAPÍTULO V

INMORALIDAD Y DISCIPLINA

Introducción

En los detalles sobre la historia de la ciudad de Corinto, que se han detallado en la *Introducción General*[1] se consideraron también los aspectos generales del estilo de vida en la ciudad. La situación moral de la vida en ella era de un desenfreno notorio, hasta el punto de que se había acuñado una frase: *"vivir a lo corinto"*, cuando alguien quería referirse a una forma de vida altamente licenciosa. La práctica de este modo de comportamiento era común entre la mayor parte de los ciudadanos residentes en Corinto.

Un modo de vida libertina, en mayor o menor grado, había sido practicada por los que luego fueron convertidos y formaban parte de la iglesia establecida como resultado de la predicación del evangelio y del trabajo que el apóstol Pablo hizo durante dieciocho meses en aquel lugar. Las formas de vida en una moralidad contraria a la del cristianismo, eran lo propio en aquella sociedad. Nadie se escandalizaba por ver orgías, borracheras, prostitución, etc. Esto suponía para los cristianos el separarse de las prácticas sociales que les habían sido propias y que ejercitaron por tiempo, antes de conocer a Cristo. La permisividad es eliminada por la dependencia del Espíritu y la obediencia a las enseñanzas del apóstol, pero no todos habían conseguido despojarse de las viejas costumbres pecaminosas de otros tiempos. Además, conforme se estudia la *Epístola* se aprecia que muchos de los miembros de la iglesia no eran creyentes espirituales, sino carnales (3:1). Estaban controlados por la carne y no por el Espíritu, por tanto, muchas de las obras de la carne se exteriorizaban entre ellos, como es el ejemplo de las divisiones que se manifestaban en la iglesia.

Los principios filosóficos de algunos sistemas de la sabiduría de entonces, hacían distinciones entre la parte material, el cuerpo, y la parte espiritual de la persona. Enseñaban estos sistemas, que lo que se hacía con el cuerpo no era pecado, puesto que la materia era siempre mala, de manera que la práctica pecaminosa era lo natural con el cuerpo, y que el espíritu se liberaba para alcanzar una posición definitivamente libre y elevada, cuando quedaba desatado de las cadenas de la parte material. Por esa razón, muchos no prestaban atención al libertinaje moral.

---

[1] Ver detalles en el capítulo I.

Cuando esta forma de entender las cosas, se producía en algún creyente, el testimonio personal y el de la iglesia quedaban afectados. Tal es el caso que genera el capítulo que se comenta aquí. La inmoralidad en la iglesia se manifestaba, pero, de una manera sumamente grave concurría en la vida incestuosa de uno de los creyentes. El pecado era la convivencia marital de un hombre con su madrastra, pecado no solo manifestado en la Escritura, sino aberrante incluso para aquella sociedad. La arrogancia permitía una situación semejante (v. 2). La libertad cristiana estaba siendo mal entendida y se había convertido en libertinaje, sin que en la congregación se tomasen medidas para la limpieza necesaria.

El apóstol tiene que acudir a remediar este desafuero moral, escribiendo un párrafo tenso, con observaciones precisas. En él llama la atención sobre el hecho en sí, luego reprende la laxitud de los creyentes en el consentimiento de este pecado, para establecer una disciplina drástica sobre el incestuoso.

El capítulo abre una sección que aborda los problemas morales y que va desde 5:1 hasta 6:20. En relación con el capítulo presente se aprecian algunas divisiones naturales. La primera es la que hace referencia al problema del pecado de incesto (vv. 1-8). Se inicia con el detalle del pecado como de algo que ni siquiera ocurría entre los no creyentes, de una sociedad como aquella, mencionando el hecho de que uno tenía *"la mujer de su padre"* (v. 1). Inmediatamente llama la atención a la permisividad de la iglesia que, en lugar de disciplinar una semejante acción, manifestaban su arrogancia en un consentimiento permisivo y pecaminoso (v. 2). Seguidamente pasa el apóstol a establecer la disciplina necesaria en una situación así, en una franca amonestación a toda la iglesia que transigía con un pecado semejante (3). La disciplina se había de establecer con la autoridad apostólica en el nombre del Señor Jesús (v. 4). La aplicación de la misma traería una grave consecuencia para el pecaminoso (v. 5). Luego hace notar que consentir el pecado es contaminar la congregación (v. 6), para hacer recapacitar sobre la santidad que requiere la relación con Cristo (vv. 7-8).

Una segunda división puede establecerse a partir de aquí hasta el final del capítulo. En ella se abordan asuntos sobre pecado en general, haciendo referencia a un escrito anterior que no tenemos (v. 9). En el texto el apóstol llama a los creyentes a una vida de separación del mundo, esto es, de mantener comunión con su estilo de vida (v. 10). Pero, la amonestación va más allá, estableciendo una separación no solo con los más perversos del mundo, sino incluso con otros que se llamaban *hermanos*, dando a entender que eran cristianos (v. 11). Terminando el capítulo con la necesidad de mantener la vida sana y la disciplina con quienes no persisten en la obediencia a la moral establecida por Dios, con un mandato concreto en relación con el pecaminoso del que ha tratado a lo largo del capítulo (vv. 12-13).

Para el análisis del capítulo se seguirá el *bosquejo*, incluido en la *introducción* del capítulo I, como sigue:

III. Graves problemas morales (5:1-6:20).

1. El problema del incesto (5:1-8).
   1.1. El problema detallado (5:1-2).
   1.2. La disciplina establecida (5:3-8).
2. Disciplina en la iglesia (5:9-13).
   2.1. Un mandamiento apostólico (5:9-11).
   2.2. La conclusión apostólica (5:12-13).

Graves problemas morales (5:1-6:20)

El problema del incesto (5:1-8)

El problema detallado (5:1-2)

1. De cierto se oye que hay entre vosotros fornicación, y tal fornicación cual ni aun se nombra entre los gentiles; tanto que alguno tiene la mujer de su padre.

Ὅλως ἀκούεται ἐν ὑμῖν πορνεία, καὶ τοιαύτη πορνεία ἥτις
En general se oye entre vosotros fornicación, y tal fornicación que
οὐδὲ ἐν τοῖς ἔθνεσιν[1], ὥστε γυναῖκά τινα τοῦ
ni entre los gentiles, de tal manera que a mujer alguno, del
πατρὸς ἔχειν.
del padre tiene.

Análisis y notas del texto griego

Análisis: Ὅλως, adverbio de modo, *totalmente, enteramente, en general, en resumen*; ἀκούεται, tercera persona plural del presente de indicativo en voz pasiva del verbo ἀκούω, *oír, escuchar*, aquí *se oye*; ἐν, preposición propia de dativo *en, entre*; ὑμῖν, caso dativo de la segunda persona plural del pronombre personal *vosotros*; πορνεία, caso nominativo femenino singular del nombre común *fornicación, inmundicia sexual*; καὶ, conjunción copulativa *y*; τοιαύτη, caso nominativo femenino singular del adjetivo demostrativo *tal, de tal suerte, de tal naturaleza*; πορνεία, caso nominativo femenino singular del nombre común *fornicación, inmundicia sexual*; ἥτις, caso nominativo femenino singular del pronombre relativo *la que, la cual, que*; οὐδὲ, adverbio de negación *ni*; ἐν, preposición propia de dativo *en, entre*; τοῖς, caso dativo neutro plural del artículo determinado *los*; ἔθνεσιν, caso dativo neutro plural del nombre común *gentiles*; ὥστε, conjunción consecutiva *por tanto, por consiguiente, de tal manera que, con el fin de, con la intención de*; γυναῖκα, caso acusativo femenino singular del nombre común declinado *a mujer*; τινα, caso acusativo masculino singular del pronombre indefinido *uno, alguno*; τοῦ, caso genitivo masculino singular del artículo determinado declinado *del*; πατρὸς, caso genitivo masculino singular del nombre común *padre*; ἔχειν, presente de infinitivo en voz activa del verbo ἔχω, *tener, poseer*, aquí *tiene*.

Notas. Crítica Textual. Lecturas alternativas.

[1] ἐν τοῖς ἔθνεσιν[1], *entre los gentiles*, según lectura en 𝔓[46], א*, A, B, C, D, F, G, 6, 33, 81, 1175, 1739, lat, co.

ἐν τοῖς ἔθνεσιν ὀνομάζηται, *entre los gentiles se nombra*, conforme a 𝔓[68], א[2], L, P, Ψ, 104, 365, 630, 1241, 1505, 1881, 2464, 𝔐, vg[mss], sy.

Ὅλως ἀκούεται ἐν ὑμῖν πορνεία, Pablo entra directamente al problema de la inmoralidad en la iglesia. El conocimiento de la situación que se daba llegó al conocimiento suyo. No se indica el modo, pero bien pudiera ser que fuesen los de Cloé quienes le informaron, como de otras situaciones preocupantes que se producían entre los corintos, en ausencia del apóstol. Los informantes llegaron a convencer a Pablo de la realidad de aquella situación. Acaso también pudiera haber llegado a él la noticia, ya que según se aprecia había transcendido en el marco de los creyentes y se había extendido. La construcción gramatical de la primera oración lo permite puesto que la frase equivale a *por todas partes se oye*. Es posible que fuese tema de conversación en la iglesia o incluso fuera de ella. Con todo, el adverbio ὅλος, con que ingresa la oración, debe considerarse más como afirmando una realidad que como universalizando una situación. Este adverbio significa *totalmente*, *en general, sumariamente*. Como fuese, el apóstol conocía toda la historia con precisión. Aquellos hermanos no hacían caso a lo que el apóstol les demandaba, en su condición apostólica, ya que anteriormente, en la carta que no tenemos, primera de la correspondencia corintia, les había mandado que no se juntasen con los fornicarios (v. 9).

El pecado se nombra como πορνεία, que literalmente equivale a *fornicación*. En el idioma castellano sería la relación de dos personas solteras fuera del matrimonio. Sin embargo, la palabra tiene un sentido mucho más amplio y puede comprender varias clases de inmoralidad sexual. Esta palabra aparece 26 veces en el Nuevo Testamento, ocho de ellas en conexión con otros vicios. En general la palabra se aplica a toda clase de relaciones sexuales ilícitas. En la medida en que aparece relacionada con la infidelidad en el matrimonio el término se hace sinónimo de adulterio. En alguna ocasión da la impresión de que *fornicación* podría ser sinónimo de adulterio, como es en la eximente que Jesús menciona para casos de la carta de divorcio (Mt. 19:9). De este modo se entiende que la relación íntima entre casados, puede considerarse como *fornicación*. En general se entiende la palabra como aplicable a situaciones de inmoralidad sexual.

En el texto el apóstol comienza afirmando que el comentario general sobre los corintios es que entre ellos hay *fornicación*. Cabe preguntarse si esta situación era más amplia o se refería solo al caso que se considera. El texto admite dos interpretaciones en esta frase: a) Se oye que entre vosotros hay un grave pecado de fornicación; b) Se oye que hay práctica de fornicación entre vosotros. Otros entienden que no es en realidad práctica de fornicación entre, por lo menos, algunos cristianos, sino motivo de conversación entre ellos. Dado el sentido de *libertad* para los cristianos, es posible admitir que la práctica antigua de *fornicación*, propia del mundo no cristiano, especialmente en Corinto, era en cierta medida tolerada entre ellos ya que el cristiano era *libre de la ley*, para vivir en la esfera de la gracia, que algunos entendían como permisividad en el estilo de vida. Lo cierto es que había *inmoralidad sexual*, conocida y permitida.

καὶ τοιαύτη πορνεία ἥτις οὐδὲ ἐν τοῖς ἔθνεσιν, El pecado al que alude Pablo era de una dimensión tal que ni siquiera era motivo de comentario entre los gentiles. No quiere decir que este aberrante pecado no se diese nunca entre ellos, sino que era de tal magnitud que era algo detestable incluso por los paganos. En algunos mss. tienen la lectura alternativa *ni se nombra*, es decir, no era noticia porque no se producía, ni se hablaba de semejante maldad.

ὥστε γυναῖκα τινα τοῦ πατρὸς ἔχειν. El pecado consistía en que *alguno* o mejor *uno* de la iglesia *"tiene la mujer de su padre"*. En otras palabras, uno de la congregación estaba en relación íntima como cosa habitual con la mujer de su padre. Pablo guarda silencio sobre asuntos relativos a esto que nos gustaría conocer y que suscitan preguntas. ¿Qué quería decir con *la mujer de su padre?* ¿Estaba vivo el padre cuando esto ocurría? ¿Había fallecido y este se relacionaba íntimamente con la esposa de su padre? ¿Practicaba ese pecado con su madre viuda? ¿La relación la mantenía con su madrastra? Las respuestas que puedan darse serán más o menos lógicas y derivadas de lo que el lector puede entender, pero no reviste ninguna la autoridad de la Escritura.

"Tener la mujer" es una forma habitual en la Biblia para expresar la unión matrimonial (cf. Mt. 14:4; 22:28; 1 Co. 7:2, 9). Por tanto, es de suponer con mucha seguridad que se trataba de un hombre que convivía maritalmente con la mujer de su padre. Pablo evita emplear aquí un término que se refiere a la *madrastra*, en griego μητρυία, se limita a decir que era la *mujer de su padre*. La expresión en sí hace discernir la enormidad pecaminosa de semejante acto. La pregunta sin respuesta de si acaso vivía el padre, revestiría todavía más de repulsión ese pecado. Mejor será pensar que el padre había muerto y que el hijo se relacionaba íntimamente con la que había sido mujer del padre. Pudiera incluso pensarse si acaso el padre se había divorciado de aquella mujer y el hijo la tomó para sí. Será bueno entender aquí que se trataba de su madrastra, es decir, no era su madre natural, sino una mujer que se había casado con su padre, luego de la muerte de su madre o como consecuencia de un divorcio con su mujer anterior.

La Ley condenaba tal relación dictando sentencia a muerte para el infame: *"La desnudez de la mujer de tu padre no descubrirás; es la desnudez de tu padre"* (Lv. 18:8); *"Cualquiera que yaciere con la mujer de su padre, la desnudez de su padre descubrió; ambos han de ser muertos; su sangre será sobre ellos"* (Lv. 20:11). Por su parte tampoco era permitido por la ley romana. Por consiguiente, no se trataba de un matrimonio legalmente establecido, sino de un concubinato pecaminoso en extremo, sin reconocimiento alguno ni casamiento formal. El pecado no era de *adulterio*, sino de *incesto*.

El pecado no fue una caída ocasional que aquel creyente tuvo, sino una acción reiterada y permanente que todos conocían. Un pecado de *fornicación*, en el sentido de *inmoralidad sexual*, proscrito por la ley divina y humana que se toleraba en la congregación. El pecado se practicaba por tiempo y todavía continuaba.

2. Y vosotros estáis envanecidos. ¿No debierais más bien haberos lamentado, para que fuese quitado de en medio de vosotros el que cometió tal acción?

καὶ ὑμεῖς πεφυσιωμένοι ἐστὲ καὶ οὐχὶ μᾶλλον ἐπενθήσατε,
Y vosotros envanecidos estáis y no más bien lamentasteis
ἵνα ἀρθῇ ἐκ μέσου ὑμῶν ὁ τὸ ἔργον τοῦτο πράξας
para que sea quitado de en medio de vosotros el la obra esta que hizo.

Análisis y notas del texto griego.

Análisis: καὶ, conjunción copulativa *y*; ὑμεῖς, caso nominativo de la segunda persona plural del pronombre personal *vosotros*; πεφυσιωμένοι, caso nominativo masculino singular del participio perfecto en voz pasiva del verbo φυσιόω, en voz pasiva *hincharse, inflarse de orgullo, envanecerse*; ἐστὲ, segunda persona plural del presente de indicativo en voz activa del verbo εἰμί, *ser, estar*, aquí *estáis*; καὶ, conjunción copulativa *y*; οὐχὶ, forma intensificada del adverbio de negación οὐ, forma ática, que se traduce como *no* y se utiliza, como partícula interrogativa en preguntas de las que se espera respuesta afirmativa; μᾶλλον, adverbio *más bien*; ἐπενθήσατε, segunda persona plural del aoristo primero de indicativo en voz activa del verbo πενθέω, *llorar, estar triste, guardar luto, lamentarse*, aquí *lamentasteis*; ἵνα, conjunción causal *para que*; ἀρθῇ, tercera persona singular del aoristo primero de subjuntivo en voz pasiva del verbo αἴρω, *quitar*, aquí *sea quitado*; ἐκ, preposición propia de genitivo *de*; μέσου, caso genitivo neutro singular del adjetivo *en medio*; ὑμῶν, caso genitivo de la segunda persona plural del pronombre personal declinado *de vosotros*; ὁ, caso nominativo masculino singular del artículo determinado *el*; τὸ, caso acusativo neutro singular del artículo determinado *el*; ἔργον, caso acusativo neutro singular del nombre común *obra*; τοῦτο, caso acusativo neutro singular del pronombre demostrativo *esto*; πράξας, caso nominativo masculino singular del participio del aoristo primero en voz activa del verbo πράσσω, *hacer, practicar*, aquí *que hizo*.

καὶ ὑμεῖς πεφυσιωμένοι ἐστὲ. Los creyentes en Corinto estaban infatuados, revestidos de presunción y arrogancia, base y causa de las formas de comportamiento incorrecto e incluso pecaminoso, el apóstol ya lo había advertido antes a los destinatarios (4:6). Tal vez la riqueza espiritual de que habían sido dotados con abundancia de dones, los había ensoberbecido de modo que se hinchaban con arrogancia mientras toleraban en su comunión a un perverso que los mismos paganos aborrecían. Estaban ocupados en engrandecerse ellos mientras disfrutaban de los partidos que habían generado en la iglesia, de modo que todo ese sistema les impedía considerar el pecado del incestuoso. En ese pecado de arrogancia y permisividad estaban incursos los líderes de la iglesia, que consentían esa situación.

καὶ οὐχὶ μᾶλλον ἐπενθήσατε, En lugar de vivir en el envanecimiento y la satisfacción arrogante, debían haber sentido el pecado en tal intensidad que los condujese a llorar o lamentarse delante de Dios. La iglesia debía llenarse de tristeza frente al pecado de sus miembros, no de alegría consentidora. Tal pecado conducía a muerte, según lo establecido por Dios en la Ley (Lv. 20:11). Ellos debieran estar haciendo duelo por un hermano cuyo pecado, consciente y voluntario, recibiría la disciplina que Dios había establecido para un comportamiento así. La iglesia entera debía estar deplorando delante de Dios el escándalo y poniéndole fin. Llorar el pecado de otros es un acto de confesión delante de Dios, como había hecho Nehemías con el pecado de Israel, buscando la limpieza de Su pueblo (Neh. 1:4-11). En lugar de eso el que había cometido un acto tan aberrante, seguía en comunión entre ellos.

ἵνα ἀρθῇ ἐκ μέσου ὑμῶν ὁ τὸ ἔργον τοῦτο πράξας. La oración y tristeza de la iglesia, con lágrimas en la presencia de Dios, tenía como objetivo la limpieza de la congregación: *"para que fuese quitado de en medio de vosotros el que cometió tal acción"*. Algunos consideran que esto equivale a la excomunión del perverso. Pero la construcción gramatical parece indicar algo más: *"a fin de que fuese quitado"*. No cabe duda que se trata de una acción externa a la iglesia que quitaría al pecador de en medio de ellos. El verbo αἴρω, *quitar*, aquí *sea quitado* es el usado para traducir del hebreo la sentencia a muerte que quitaba físicamente al que cometía ese pecado, tanto en las referencias en Levítico como en Deuteronomio. El mismo verbo aparece en el Nuevo Testamento para referirse a la muerte del Mesías (Mt. 9:15; Jn. 19:15), y a la de Pablo (Hch. 21:36; 22:22). En este sentido la idea es que Dios intervendría en juicio, y con seguridad traería la muerte al perverso de Corinto, con lo que *"sería quitado de en medio"*. Es sin duda una disciplina de mayor alcance que la excomunión.

La necesidad de una intervención drástica era necesaria porque tal perverso no podía estar en medio de los creyentes. No importa la posición que se tome respecto al alcance de la disciplina, sino que lo importante es la condición de la iglesia, que el apóstol les recordó desde el principio de la *Epístola*, al decirles que *"la iglesia de Dios que está en Corinto, a los santificados en Cristo Jesús, llamados a ser santos con todos los que en cualquier lugar invocan el nombre de nuestro Señor Jesucristo, Señor de ellos y nuestro"* (1:2). Es necesario entender que la congregación de santos debe estar libre de perversos.

La disciplina establecida (5:3-8)

3. Ciertamente yo, como ausente en cuerpo, pero presente en espíritu, ya como presente he juzgado al que tal cosa ha hecho.

ἐγὼ μὲν γάρ, ἀπὼν τῷ σώματι παρὼν δὲ τῷ
Porque ciertamente yo estando ausente en el cuerpo pero estando presente en el
πνεύματι, ἤδη κέκρικα ὡς παρὼν τὸν οὕτως τοῦτο
espíritu, ya he juzgado como estando presente al igualmente esto
κατεργασάμενον·
que hizo.

Análisis y notas del texto griego.

Análisis: ἐγὼ, caso nominativo de la primera persona singular del pronombre personal *yo*; μὲν, partícula afirmativa que se coloca siempre inmediatamente después de la palabra expresiva de una idea que se ha de reforzar o poner en relación con otra idea y que, en sentido absoluto tiene oficio de adverbio de afirmación, como *ciertamente, a la verdad*; γάρ, conjunción causal *porque*; ἀπὼν, caso nominativo masculino singular del participio de presente en voz activa del verbo ἄπειμι, *estar ausente*, aquí *estando ausente*; τῷ, caso dativo neutro singular del artículo determinado declinado *en el*; σώματι, caso dativo neutro singular del nombre común *cuerpo*; παρὼν, caso nominativo masculino singular del participio de presente en voz activa del verbo πάρειμι, *estar presente*, aquí *estando presente*; δὲ, partícula conjuntiva que hace las veces de conjunción coordinante, con sentido de *pero, más bien, y, y por cierto, antes bien, entonces*; τῷ, caso dativo neutro singular del artículo determinado declinado *en el*; πνεύματι, caso dativo neutro singular del nombre común *espíritu*; ἤδη, adverbio *ya*; κέκρικα, primera persona singular del perfecto de indicativo en voz activa del verbo κρίνω, *juzgar*, aquí *he juzgado*; ὡς, adverbio de modo, *como*, que hace las veces de conjunción comparativa; παρὼν, caso nominativo masculino singular del participio de presente en voz activa del verbo πάρειμι, *estar presente*, aquí *estando presente*; τὸν, caso acusativo masculino singular del artículo determinado declinado *al*; οὕτως, adverbio de modo *igualmente*; τοῦτο, caso acusativo neutro singular del pronombre demostrativo *esto*; κατεργασάμενον, caso acusativo masculino singular del participio del aoristo primero en voz media del verbo κατεργάζομαι, *producir, hacer*, aquí *que hizo*.

ἐγὼ μὲν γάρ, ἀπὼν τῷ σώματι παρὼν δὲ τῷ πνεύματι. Ante la pasividad de la iglesia está la acción y determinación del apóstol. Lo que iba a establecer debía ser secundado inmediatamente por la iglesia. El contraste es manifiesto: Los corintios estaban envanecidos y toleraban el pecado, el apóstol ya había tomado una decisión sobre este problema. El momento de la disciplina había llegado y de la misma manera que un cirujano actúa cortando la parte afectada para liberar el cuerpo de la contaminación, así el apóstol iba a intervenir en el mismo sentido, espiritualmente hablando.

Pablo no estaba presente en la iglesia en Corinto, sino que escribe desde Éfeso, por eso les recuerda esa ausencia física: *"ausente en el cuerpo"*. Sin embargo, aunque estaba lejos de ellos, estaba con ellos en el espíritu; unido con la iglesia en mente y corazón. De esa manera, aunque lejos de ellos, estaba presente en la iglesia para tomar con ellos las decisiones de disciplina necesarias para ese problema. La *Epístola* manifestaba su condición de apóstol y por medio de ella se hacía presente. Como apóstol presidía, aunque en ausencia, la congregación para el ejercicio de la disciplina. Todos debían entender bien esto, que quien instruía en ese sentido, el que tomaba la iniciativa lo hacía con la autoridad apostólica que le había sido conferida, por tanto, cuanto les escribía respecto a esta cuestión habían de recibirlo como si procediese del Señor mismo, puesto que sus palabras y mandamientos eran establecidos por él en el nombre y con la autoridad de Jesucristo (14:37).

ἤδη κέκρικα ὡς παρὼν τὸν οὕτως τοῦτο κατεργασάμενον· La autoridad como apóstol se pone de manifiesto en la expresión: *"he juzgado al que tal cosa ha hecho"*. La decisión sobre lo que había de hacerse con el incestuoso no era cuestionable, ni negociable, dice que *ya había juzgado*. No solo como autoridad apostólica, sino como obediente al mandato bíblico. Antes se consideró que el pecado de relación íntima con la mujer del padre traía como consecuencia la pena capital. Dios lo había establecido. A la luz de la Escritura no había otra cosa que hacer que cumplir lo que estaba determinado por Dios. Esta decisión del apóstol debía ser apoyada por la congregación reunida. Pablo les instruye en el ejercicio de la disciplina. La determinación suya no podía ser alterada incluso por las distintas facciones que había en la iglesia. El interés del apóstol no era sólo que la sentencia estuviera decidida, sino la identificación de toda la iglesia con ella. Él deseaba que en su ausencia hubiera el mismo comportamiento de toda la congregación como hubiera sido si estuviese físicamente presente.

Cuando dice *ya he juzgado*, está manifestándoles que en cuanto conoció la situación, tomó la decisión correspondiente que debía ser aplicada. La acción pecaminosa había comenzado en el pasado, no se dice que se hubiera detenido en el presente, pero las consecuencias se producían en aquel momento y debían ser detenidas de forma inmediata.

Sin duda el ejercicio de la *disciplina* en la iglesia ha sido, es y será asunto controvertido, por lo que es bueno hacer una breve síntesis sobre la enseñanza bíblica antes de seguir en el comentario del versículo. Etimológicamente la palabra tiene que ver con la acción del *pedagogo* que cuida de la educación del niño. Por eso se relaciona en la Escritura con ellos, con la educación general, cultural, intelectual y moral y, en general con el conocimiento y la ciencia. Pero también está vinculada a la corrección. La disciplina no es *castigo* por una falta, sino *la vía de la restauración* de un camino defectuoso, de modo que tiende a rectificar el rumbo errado, para reconducir a una debida orientación.

Esta palabra aparece seis veces en el Nuevo Testamento, donde se traduce como *"instruir en justicia"* (Ef. 6:4; 2 Ti. 3:16). Otras simplemente traducida como *disciplina* (He. 12:5-8). No se refiere nunca a una acción expiatoria por un pecado o una falta, ya que esto tuvo lugar para el creyente en Cristo (Jn. 6:51; Ro. 8:1; 1 Ts. 1:10). La disciplina es, fundamentalmente, un trabajo divino (He. 12:5, 6). No hay creyente que no experimente la disciplina en alguna ocasión. El propósito que Dios asigna a la disciplina es, conducir a la obediencia, que sirva para provecho personal, que el creyente sea participante de la santidad de Dios (He. 12:9-10). Quiere decir que la disciplina conduce a un comportamiento correcto en la iglesia (1 Ti. 3:15); a una vigilancia permanente sobre la vida cristiana (Hch. 20:28); a establecer una norma de separación de los que no viven conforme a Dios (2 Ts. 3:14, 15). Cuando la iglesia descuida la *disciplina,* Dios mismo interviene para la corrección necesaria (11:30). En ocasiones Él ha intervenido en la custodia del testimonio en forma radical (Hch. 5:3-5, 9-11).

Varios son los fines de la disciplina a la luz de la enseñanza del Nuevo Testamento. Uno de ellos es no profanar la iglesia, para que los que llevan una vida desordenada o escandalosa no pasen como cristianos con la consiguiente afrenta a la santidad de ese cuerpo cuya cabeza es Cristo (Mt. 5:48). Otro objetivo es no profanar la Cena del Señor (11:27). También evitar la corrupción de los santos (vv. 6, 11), produciendo vidas espiritualmente sanas (Tit. 1:13). La disciplina es el modo en que muchas veces se suscita el arrepentimiento que conduce a la confesión y a la restauración espiritual (2 Ts. 3:14).

La disciplina es ejercida por la iglesia en el nombre de Cristo, en obediencia a Su Palabra y con el poder del Espíritu (v. 4). Los pastores son, por su ministerio que implica la supervisión y conducción de los creyentes, quienes deben establecer la correcta disciplina bíblica (Hch. 20:28). Ésta se ejerce sobre la base de la Palabra, por tanto, ningún asunto que esté fuera de la normativa bíblica puede ser objeto de disciplina. La aplicación de la disciplina debe hacerse con amor y autoridad (1 Ts. 5:14; 2 Ts. 3:14, 15), buscando en ello la restauración del que camina en forma equivocada a la luz de los mandatos de Dios.

La disciplina sigue el proceso bíblico, comenzando por la amonestación al hermano por aquel que conoce alguna falta en él. Esto se hace en forma personal y privada, guardando en secreto la falta, procurando la rectificación del que la cometió, por tanto, no transciende a nadie (Mt. 18:15). Cuando el hermano exhortado persiste en pecar, la disciplina avanza hacia lo público, comenzando por la reprensión entre hermanos (Tit. 1:13), y concluyendo, si no hay cambio, por la reprensión pública ante la congregación (Mt. 18:16-17). De forma especial la reprensión pública se aplica a los líderes de la iglesia, ancianos, que persistan en algún comportamiento impropio (1 Ti. 5:20). La persistencia en una vida contraria a lo establecido en la Escritura puede conducir a la excomunión del rebelde, pero, incluso en ese caso ha de ser tratado y considerado como hermano, buscando cuanto sea preciso para alcanzarlo en la restauración espiritual (Gá. 6:1). La disciplina sólo permanece mientras no haya confesión y restauración por parte del disciplinado, por consiguiente, nadie puede imponer *un tiempo* de disciplina, porque todo cuanto la disciplina alcance más allá de lo imprescindiblemente necesario se convierte en castigo por el pecado, que afecta a la obra redentora de Cristo que extingue para el que cree toda responsabilidad penal en ese sentido (Ro. 5:1; 8:1).

4. En el nombre de nuestro Señor Jesucristo, reunidos vosotros y mi espíritu, con el poder de nuestro Señor Jesucristo.

ἐν τῷ ὀνόματι τοῦ Κυρίου ἡμῶν ’Ιησοῦ[1] συναχθέντων ὑμῶν
En el nombre del Señor de nosotros, Jesús, estando reunidos vosotros
καὶ τοῦ ἐμοῦ πνεύματος σὺν τῇ δυνάμει τοῦ Κυρίου
y - mí espíritu, con el poder del Señor
ἡμῶν ’Ιησοῦ,
de nosotros Jesús.

Notas y análisis del texto griego.

Análisis: ἐν, preposición propia de dativo *en*; τῷ, caso dativo neutro singular del artículo determinado *el*; ὀνόματι, caso dativo neutro singular del sustantivo *nombre*; τοῦ, caso genitivo masculino singular del artículo determinado declinado *del* Κυρίου, caso genitivo masculino singular del nombre divino *Señor*; ἡμῶν, caso genitivo de la primera persona plural del pronombre personal declinado *de nosotros*; ’Ιησοῦ, caso genitivo masculino singular del nombre propio *Jesús*; συναχθέντων, caso genitivo masculino plural del participio del aoristo primero en voz pasiva del verbo συνάγω, *reunir*, aquí *estando reunidos*; ὑμῶν, caso genitivo de la segunda persona plural del pronombre personal *vosotros*; καὶ, conjunción copulativa *y*; τοῦ, caso genitivo neutro singular del artículo determinado *el*; ἐμοῦ, caso genitivo neutro singular del adjetivo posesivo *mí*; πνεύματος, caso genitivo neutro singular del nombre común *espíritu*; σὺν, preposición propia de dativo *con*; τῇ, caso dativo femenino singular del artículo determinado *la*; δυνάμει, caso dativo femenino singular del nombre común *poder*; τοῦ, caso genitivo masculino singular del artículo determinado declinado *del*; Κυρίου, caso genitivo masculino singular del nombre divino *Señor*; ἡμῶν, caso genitivo de la primera persona plural del pronombre personal declinado *de nosotros*; ’Ιησοῦ, caso genitivo masculino singular del nombre propio *Jesús*.

Notas. Crítica Textual. Lecturas alternativas.

[1] τοῦ Κυρίου ἡμῶν Ἰησοῦ, *el Señor de nosotros Jesús*, según lectura en B, D*, 1175, 1739, b, d.

τοῦ Κυρίου Ἰησοῦ, *el Señor Jesús*, como aparece en A, Ψ, 1505, Lucifer.

τοῦ Κυρίου ἡμῶν Ἰησοῦ Χριστοῦ, *del Señor de nosotros Jesucristo*, conforme a 𝔓[46], D[2], F, G, L, P 33, 104, 365, 630, 1241, 1881, 2464, 𝔐, vg, sy[p, h**], co, Ambrosiaster.

τοῦ Ἰησοῦ Χριστοῦ, *de Jesucristo*, lectura en a, ar.

ἐν τῷ ὀνόματι τοῦ Κυρίου ἡμῶν Ἰησοῦ. El apóstol regula el modo de establecer la disciplina sobre el incestuoso. Primeramente, se lleva a cabo con la autoridad del Señor: *"en el nombre de nuestro Señor Jesús"*. Algunos mss. leen aquí *Señor Jesucristo*. La autoridad suprema de quien es piedra fundamental, Señor y cabeza de la iglesia está involucrada en la disciplina eclesial. Es preciso para que la disciplina tenga respaldo del cielo (Mt. 18:19). Pablo establece este primer paso actuando como *apóstol* en el nombre del Señor. Sus mandamientos son como del Señor mismo (14:37). El sentido de *nombre* designa a la persona misma, si el Señor estuviese física y visiblemente allí. Sin duda estaba en espíritu con los Suyos reunidos (Mt. 18:20).

συναχθέντων ὑμῶν καὶ τοῦ ἐμοῦ πνεύματος. Se trataba de una reunión de iglesia en la que la unidad del apóstol con la determinación de aplicar la disciplina al pecaminoso, la convertía en una reunión congregacional presidida potencialmente por el apóstol, que estaba ausente en el cuerpo, pero presente en espíritu. Es una solemne convocatoria de toda la iglesia. La importancia de la congregación reunida es manifiesta en los escritos de Pablo. Cristo prometió Su presencia a los reunidos en Su nombre (Mt. 18:20). La decisión de aplicar la disciplina corresponde en esta ocasión al apóstol, pero la iglesia no puede estar ausente en la práctica de la misma. La idea de que son los líderes, o los pastores, quienes determinan e imponen la disciplina sin la intervención de la iglesia, contradice el principio que el apóstol establece aquí. La disciplina se establece después de un examen e investigación profunda de los hechos para verificar la exactitud de ellos (v. 1). Ante la evidencia del pecado y a la luz de lo que Dios establece para el caso en Su Palabra, la iglesia actúa en consecuencia.

σὺν τῇ δυνάμει τοῦ Κυρίου ἡμῶν Ἰησοῦ, El poder de Dios es notorio y necesario en el ejercicio de la disciplina. Pablo indica a los corintios que la reunión se realizaría *"con el poder de nuestro Señor Jesús"*. La misma potencia que actuó en la salvación dando vida, actuaría ahora con la persona que manchaba el testimonio de la iglesia. La presencia del Señor en la reunión de la iglesia y el respaldo al acuerdo sobre la disciplina a aplicar, garantiza la ejecución de la sentencia sobre aquel pecado. Oponerse a ella era oponerse al poder del Señor. Nada puede hacerse en el nombre del Señor, separado de Su poder, ambas cosas la Persona y el poder van siempre unidos y son inseparables. Es sobre la presencia de Jesús y Su poder, que se sustenta la autoridad de la iglesia reunida que cumple las demandas establecidas por el Señor mismo. De otro modo, cuando una iglesia actúa en el nombre de Jesús, esto es, conforme a Su Palabra, debe estar segura de que lo está haciendo también con *Su poder*.

5. El tal sea entregado a Satanás para destrucción de la carne, a fin de que el espíritu sea salvo en el día del Señor Jesús.

παραδοῦναι τὸν τοιοῦτον τῷ Σατανᾷ εἰς ὄλεθρον τῆς σαρκός,
entregar al tal - a Satanás para destrucción de la carne
ἵνα τὸ πνεῦμα σωθῇ ἐν τῇ ἡμέρᾳ τοῦ Κυρίου[1].
para que el espíritu sea salvo en el día del Señor.

Análisis y notas del texto griego.

Análisis: παραδοῦναι, segundo aoristo de infinitio en voz activa del verbo παραδίδωμι, *entregar*; τὸν, caso acusativo masculino singular del artículo determinado declinado *al*; τοιοῦτον, caso acusativo masculino singular del adjetivo demostrativo *tal*; τῷ, caso dativo masculino singular del artículo determinado *el*; Σατανᾷ, caso dativo masculino singular del nombre propio *Satanás*; εἰς, preposición propia de acusativo *para*; ὄλεθρον, caso acusativo masculino singular del nombre común *ruina, destrucción*; τῆς, caso genitivo femenino singular del artículo determinado declinado *de la*; σαρκός, caso genitivo femenino singular del nombre común *carne*; ἵνα, conjunción causal *para que*; τὸ, caso nominativo neutro singular del artículo determinado *el*; πνεῦμα, caso nominativo neutro singular del nombre común *espíritu*; σωθῇ, tercera persona singular del aoristo primero de subjuntivo en voz pasiva del verbo σῴζω, *salvar*, aquí *sea salvo*; ἐν, preposición propia de dativo *en*; τῇ, caso dativo femenino singular del artículo determinado *el*; ἡμέρᾳ, caso dativo femenino singular del nombre común *día*; τοῦ, caso genitivo masculino singular del artículo determinado declinado *del*; Κυρίου, caso genitivo masculino singular del nombre divino *Señor*.

Notas. Crítica Textual. Lecturas alternativas.

1 ἡμέρᾳ τοῦ Κυρίου, *día del Señor*, según se lee en 𝔓46, B, 630, 1739, Tertuliano; Epifanio.
ἡμέρᾳ τοῦ Κυρίου Ἰησοῦ, *día del Señor Jesús*, lectura en 𝔓61vid, א, L, 81, 1175, 1505, 2464, 𝔐, vgst.

ἡμέρᾳ τοῦ Κυρίου Ἰησου Χριστοῦ, *día del Señor Jesucristo*, según D, b, Ambrosiaster.

παραδοῦναι τὸν τοιοῦτον τῷ Σατανᾷ. El juicio del apóstol hecho delante del Señor y en Su nombre, establece la disciplina que la iglesia debía aplicar, *"yo ya he juzgado"*, como había dicho antes (v. 3): *"el tal sea entregado a Satanás"*. Se libera al creyente de la protección divina que como todo creyente tiene de parte de Dios, permitiendo la libre acción de Satanás con él. Recuérdese que para que pudiera actuar contra Job necesitó el permiso de Dios, estableciéndole límites que no podía sobrepasar (Job 1:12; 2:6).

εἰς ὄλεθρον τῆς σαρκός, El objetivo de esa disciplina era *"para destrucción de la carne"*. Satanás es capaz de infringir males físicos a los creyentes previo permiso de Dios (Job 2:6-7). Incluso puede hacerlo contra los no creyentes por determinación divina. El problema consiste en determinar qué significado debe dársele al término *carne*. En los primeros tiempos de la iglesia junto con la idea de un acto de excomunión se entendía que Satanás produciría en el excomulgado un sentimiento de pena muy profunda que le afligiría continuamente. Incluso algunos llegan a entender que la acción de Satanás resultaría en un *castigo al cuerpo*, donde el diablo sería el instrumento. Muchos de estos intérpretes entienden que Satanás produciría en *su carne*, esto es, *en su cuerpo* algún tipo de enfermedad como consecuencia de su condición moral y espiritual manifestada en el pecado que había cometido.

Esto podría ser, pero debe avanzarse algo más, porque la enfermedad no *destruye* la carne, que es la expresión usada para referirse al término de la vida física, donde la carne es destruida por la muerte. El sustantivo ὄλεθρον, *destrucción*, se usa especialmente para referirse a matar. Ese es el trabajo del ángel destructor (He. 11:28). La palabra *destrucción* aparece en todo el Nuevo Testamento en sentido de aniquilación o perdición (cf. 1 Ts. 5:3; 2 Ts. 1:9; 1 Ti. 6:9). También es el término usado en la LXX para traducir la palabra *muerte*, en muchos lugares (Ex. 12:23; Jos. 7:25; Jer. 2:30; 5:6), aunque también aparece en esa versión para traducir *ruina* (Jer. 22:7). En ella aparece para hablar de expulsar a alguien echándolo fuera de un lugar (Jos. 3:10). Lo más normal es aplicar aquí el sentido genérico como lo hubiesen entendido los lectores del tiempo de Pablo: se entregaba a Satanás para su destrucción en el cuerpo, lo que requeriría entender la muerte del incestuoso.

Por otro lado, algunos entienden aquí que *entregarlo a Satanás*, es una forma para referirse a la excomunión. El miembro separado queda fuera de todas las bendiciones para la iglesia y en el terreno de Satanás, para que actúe contra él.

La interpretación más consonante con el pasaje es considerar que se trata de entregar al perverso en mano de Satanás para que este acabe con la vida de la persona. Satanás es mentiroso y homicida (Jn. 8:44), quitar la vida es algo propio para su naturaleza caída y perversa. La Biblia enseña que a él le corresponde el imperio de la muerte (Hb. 2:14). Esto concuerda plenamente con la referencia que el apóstol hizo sobre el deber de la iglesia de lamentarse por tal pecado (v. 2). Pablo está aplicando aquí lo que Dios había establecido como un pecado en Su Ley (Lv. 18:8), que se había manifestado por la práctica del incestuoso. De manera que, reconociendo la acción como pecado, puesto que así consta en la Ley, de igual modo, consecuente con el acato que la Palabra requiere en la determinación del pecado, está el respetar la sentencia que Dios dictaba sobre el que lo cometía, que era la pena de muerte (Lv. 20:11). El apóstol Juan enseña que hay pecado *a muerte*, es decir, pecado cuyo resultado es la muerte de quien lo ha cometido (1 Jn. 5:16). Pablo, como apóstol, tenía pleno discernimiento espiritual para determinar cuál sería el pensamiento determinante del Señor en ese caso (2:16). Como apóstol, en el nombre del Señor tenía autoridad para establecer tal disciplina (2 Co. 10:8a; 13:10). La ejecución de la pena capital a causa de este u otro pecado condenado por Dios con ella, no es posible que se realice por algún sistema por creyentes. Nadie es llamado a matar a otro, pero, sí es posible cuando Dios actúa y Él mismo retira la vida de una persona a causa de un pecado. Por consiguiente, lo más concordante con el pasaje es que tal persona fue entregada a Satanás, que le quitaría la vida física.

¿Es posible hoy ejercer esta disciplina de *entregar a Satanás*, para la muerte de un creyente? Todas las veces que ocurre la muerte de alguien por una situación de pecado en el Nuevo Testamento, se produce en presencia de algún apóstol. Así el caso de Ananías y Safira, disciplinados por mentir al Espíritu Santo y muriendo ambos por ello, en cuyo momento estaba presente Pedro (Hch. 5:1-11). Otro es el caso de los herejes Himeneo y Alejandro, entregados a Satanás por el apóstol Pablo (1 Ti. 1:20). No se encuentra el ejercicio de esta disciplina en otros lugares sin la presencia de algún apóstol. Dios había iniciado un proceso de disciplina que alcanzaba con la muerte, no solo a este perverso, sino a otros que persistían en la división de la iglesia (11:30-32). La mayor expresión de disciplina en la iglesia hoy sería la excomunión del creyente que reprendido persiste en la práctica del pecado.

ἵνα τὸ πνεῦμα σωθῇ ἐν τῇ ἡμέρᾳ τοῦ Κυρίου. El objetivo de la disciplina es siempre positivo. El que practicó el pecado fue entregado a Satanás para *"destrucción de la carne"*, pero no quedó ahí, sino que se hacía *"a fin de que el espíritu sea salvo en el día del Señor"*. La disciplina no es un acto expiatorio y mucho menos vengativo, sino una acción beneficiosa para el pecador. La muerte física es la separación de la parte espiritual, entendiendo que la vida biológica reside en el alma, de ahí que cuando se habla de alguna resurrección especialmente en el Antiguo Testamento se expresa como que el alma volvió al cuerpo que estaba muerto al estar separado de ella. La muerte segunda o muerte perpetua es el resultado de la separación del espíritu del hombre y de Dios, a causa del pecado, privando a la parte inmaterial del elemento que puede relacionar al hombre con Dios. La destrucción de la carne sería como consecuencia de la práctica del pecado voluntario (He. 10:26-31), en cuya enseñanza se aprecia que quien practica un pecado voluntariamente, es decir, sabiendo que es contrario a lo establecido por Dios y, aun así, arrogantemente lo hace, no puede esperar sino una disciplina drástica como de fuego que destruye la obra de tal persona. Pero, en ningún caso se trata de una disciplina que traiga como consecuencia la pérdida de la salvación, totalmente imposible para el creyente. Toda la responsabilidad penal del pecado ha sido extinguida para el creyente por la aplicación de la obra de la Cruz, donde Jesús sustituye al pecador que cree, retirando de él toda condenación (Ro. 8:1). La gracia de Dios priva de la vida física a un creyente para presentarlo *salvo* en el pleno sentido de purificación ante el trono de Dios.

De esta forma, la comparecencia ante el tribunal de Cristo en el *día del Señor*, cada creyente será presentado sin macha ni arruga (Col. 1:22). La muerte de un creyente que causaba escándalo ante el mundo, cuyo pecado *ni se considera entre los gentiles* (v. 1), retira al perverso de la esfera del mal testimonio, ya que los cristianos estamos llamados a una vida *sin mancha* en la sociedad que nos rodea (Fil. 2:15), pero garantiza la posición que tiene en Cristo eternamente salvo. Satanás puede quitar la vida física, pero nunca la vida espiritual recibida por gracia en el momento del ejercicio de la fe. Incluso los que han tenido los mayores fracasos en su vida de testimonio en el mundo, serán presentados sin mancha delante de Su gloria con gran alegría (Jud. 24-25).

Toda disciplina que no tiene como objetivo la restauración del caído, deja de ser disciplina para convertirse en castigo, contraria a la voluntad y obra divina de salvación.

6. No es buena vuestra jactancia. ¿No sabéis que un poco de levadura leuda toda la masa?

Οὐ καλὸν τὸ καύχημα ὑμῶν. οὐκ οἴδατε ὅτι μικρὰ ζύμη ὅλον
No buena la jactancia de vosotros. ¿No sabéis que poco levadura toda
τὸ φύραμα ζυμοῖ
la masa fermenta?

Análisis y notas del texto griego.

Análisis: Οὐ, adverbio de negación *no*; καλὸν, caso nominativo neutro singular del adjetivo *bueno*; τὸ, caso nominativo neutro singular del artículo determinado *el*; καύχημα, *acción de gloriarse, motivo de gloriarse*, aquí *jactancia*; ὑμῶν, caso genitivo de la segunda persona plural del pronombre personal declinado *de vosotros*; οὐκ, forma escrita del adverbio de negación *no*, con el grafismo propio ante una vocal con espíritu suave o una enclítica; οἴδατε, segunda persona plural del perfecto de indicativo en voz activa del verbo οἶδα, *saber, entender*, aquí *habéis sabido*, mejor en este caso *sabéis*; ὅτι, conjunción *que*; μικρὰ, caso nominativo femenino singular del adjetivo *poco*; ζύμη, caso nominativo femenino singular del nombre común *levadura*; ὅλον, caso acusativo neutro singular del adjetivo *todo*; τὸ, caso acusativo neutro singular del artículo determinado *el*; φύραμα, caso acusativo neutro singular del nombre común *masa*; ζυμοῖ, tercera persona singular del presente de indicativo en voz activa del verbo ζυμόω, *fermentar*, aquí *fermenta*.

Οὐ καλὸν τὸ καύχημα ὑμῶν. De nuevo saca a relucir la *jactancia*, el *engreimiento*, en que se encontraban los corintios. Aquella situación no era buena. Estaban orgullosos de un cuerpo que tenía un cáncer que debía ser extirpado. No había ninguna razón para estar orgullosos del estado de la iglesia. Más que satisfechos, debían estar alarmados. Aquellos creyentes en lugar de estar contentos tenían que reconocer que había pecados, no solo éste, sino otros que debían ser resueltos de modo inmediato.

La limpieza de la congregación era urgente. Los pecados introducidos en ella, podían destruirla. El Señor, ante situación semejante podía actuar removiendo el candelero, esto es, la iglesia de su lugar, puesto que dejaba de ser un buen testimonio para el mundo. La amonestación para Éfeso es buena para Corinto: *"Recuerda, por tanto, de donde has caído, y arrepiéntete, y haz las primeras obras; pues si no, vendré pronto a ti, y quitaré tu candelero de su lugar, si no te hubieres arrepentido"* (Ap. 2:5).

La segunda parte del versículo se establece, como en muchos otros lugares, mediante una pregunta retórica que exige una respuesta positiva del lector: *"¿No sabéis que un poco de levadura leuda toda la masa?"*. Todos sabían lo que era de dominio público. Posiblemente la mayoría de los creyentes había hecho pan en alguna ocasión poniendo un poco de fermento, *levadura*, en la masa. Este fermento, aunque en pequeña cantidad, producía la fermentación, leudaba, toda la masa en que se había introducido. Como en todos los lugares de la Biblia, la levadura es ejemplo de la corrupción y del pecado, con las consecuencias que produce entre los creyentes. El pecado tiene una gran fuerza de penetración que contamina a muchos con muy poco. Un daño notorio que nace de permitir un pequeño pecado en el seno de la iglesia, sin proceder a retirarlo. Aquel pecado, que Pablo acudía a corregir mediante la disciplina, tal vez de poca apariencia, estaba contaminando toda la congregación, alterando la vida espiritual de un miembro, siendo motivo de mal testimonio para el mundo y el elemento que impedía las bendiciones en la iglesia.

7. Limpiaos, pues, de la vieja levadura, para que seáis nueva masa, sin levadura como sois; porque nuestra pascua, que es Cristo, ya fue sacrificada por nosotros.

ἐκκαθάρατε[1] τὴν παλαιὰν ζύμην, ἵνα ἦτε νέον φύραμα,
Limpiad la vieja levadura para que seáis nueva masa
καθώς ἐστε ἄζυμοι· καὶ γὰρ τὸ πάσχα ἡμῶν[2]
como sois sin levadura. Porque también la pascua de nosotros
ἐτύθη Χριστός.
fue sacrificada, Cristo.

Análisis y notas del texto griego.

Análisis: ἐκκαθάρατε, segunda persona plural del aoristo primero de imperativo en voz activa del verbo εκκαθαίρω, *limpiar*, aquí *limpiad*; τὴν, caso acusativo femenino singular del artículo determinado *la*; παλαιὰν, caso acusativo femenino singular del adjetivo *vieja, antigua*; ζύμην, caso acusativo femenino singular del nombre común *levadura*; ἵνα, conjunción causal *para que*; ἦτε, segunda persona plural del presente de subjuntivo en voz activa del verbo εἰμί, *ser, estar*, aquí *seáis*; νέον, caso nominativo neutro singular del adjetivo *nuevo*; φύραμα, caso nominativo neutro singular del nombre común *masa*; καθώς, conjunción que introduce el segundo término en las oraciones de igualdad, *como*; ἐστε, segunda persona plural del presente de indicativo en voz activa del verbo εἰμί, *ser, estar*, aquí *sois*; ἄζυμοι, caso nominativo masculino plural del adjetivo *ázimos, sin levadura*; καὶ, adverbio de modo *también*; γὰρ, conjunción causal *porque*; τὸ, caso nominativo neutro singular del artículo determinado *el*; πάσχα, caso nominativo neutro singular del nombre común *pascua*; ἡμῶν, caso genitivo de la primera persona plural del pronombre personal declinado *de nosotros*; ἐτύθη, tercera persona singular del aoristo primero de indicativo en voz pasiva del verbo θύω, *sacrificar, inmolar, matar*, aquí *fue sacrificada*; Χριστός, caso nominativo masculino singular del nombre propio *Cristo*.

Notas. Crítica Textual. Lecturas alternativas.

[1] ἐκκαθάρατε, *limpiad*, según lectura en P[46], a*, A, B, D, F, G, 614, 629, 2464, lat, sy[p], Clemente.

ἐκκαθάρατε οὖν, *limpiad, pues*, conforme a P[11vid], a[2], C, L, P, Ψ, 048, 33, 81, 104, 365, 630, 1175, 1241, 1505, 1739, 1881, 𝔐, ar, vg[mss], sy[h].

[2] τὸ πάσχα ἡμῶν, *la pascua de nosotros*, lectura en 𝔓[11vid, 46vid], a*, A, B, C*, D, F, G, 33, 81, 1175 *, 1739, latt, bo, Clemente, Orígenes, Epifanio.

τὸ πάσχα ἡμῶν ὑπέρ ἡμῶν, *la pascua de nosotros, por nosotros*, conforme a a[2], C[3]. L, P, Ψ, 104, 365, 630, 1175, c, 1241, 1505, 1881, 2464, 𝔐, sy, sa, bo[bo].

ἐκκαθάρατε τὴν παλαιὰν ζύμην, Pablo hace simbólicamente alusión al tiempo de la pascua en Israel, donde debía haber una limpieza total de cuanto fuese contaminante, como era la levadura. La exhortación es aquí a una limpieza total. Esta no es sólo del pecado del incestuoso, sino de todos los que había dentro de la iglesia. La *vieja levadura* es una alusión a la vieja naturaleza con el componente de la pecaminosidad que le es propia. Algunos piensan que la *Epístola* se escribió en los días de la celebración de la pascua, por lo que Pablo usó esta figura como ilustración. La realidad intencional era llamar la atención de los creyentes a la necesaria santificación personal. De otro modo, limpiarse de toda especie de contaminación para vivir vidas santas. La limpieza en la iglesia es imprescindible para que sea un fiel testimonio de santidad al mundo.

ἵνα ἦτε νέον φύραμα, καθώς ἐστε ἄζυμοι· El hombre viejo está condicionado por el pecado y afectado por la carne. El nuevo nacimiento produce un carácter santo, figuradamente *"nueva masa"*. Es la misma demanda expresada con otras palabras, por el mismo apóstol, en otro lugar: *"Así también vosotros consideraos muertos al pecado, pero vivos para Dios en Cristo Jesús, Señor nuestro"* (Ro. 6:11). Por esa razón de vida santa el creyente debe evitar la contaminación con el pecado en el que antes vivía como esclavo. Es necesario entender que la santidad no es una opción de vida cristiana, sino la única manera de vivir del cristiano.

καὶ γὰρ τὸ πάσχα ἡμῶν ἐτύθη Χριστός. Volviendo a la ilustración aplicativa de la pascua, que como en Israel se limpiaba la casa de toda contaminación, en este ejemplo de la levadura, que se tenía gran cuidado en no comer pan leudado en las fechas de la pascua porque en ella se sacrificaba el *cordero pascual*, que recordaba el sacrificio cuya sangre, puesta en el dintel de la puerta y en los postes les había librado de la muerte de los primogénitos y abrió para ellos la puerta de la libertad, la liberación de la esclavitud de Egipto. La fiesta de la pascua correspondía al 14 de Nisán, donde se sacrificaba el cordero que sería comido por las familias aquella noche. En esa ocasión se hacía una limpieza extremadamente minuciosa para quitar toda la levadura, a fin de comer panes sin leudar, *ázimos*, durante ese tiempo. Pablo recuerda que Cristo, el Cordero de Dios que quita el pecado del mundo, por cuya sangre son borradas nuestras culpas y alcanzamos en fe la libertad del poder de las tinieblas, *ya fue sacrificado*, definitivamente. El sacrificio del cordero pascual se repetía cada año, el de Jesús se hizo *"una vez para siempre"* (He. 9:12, 26, 28). Por tanto, presente Cristo como cordero que quita el pecado, exige para el creyente una completa santidad de vida como realidad espiritual del antiguo tipo. Al no repetirse ya la *pascua*, el pueblo de Dios está en la continua experiencia de la celebración, que demanda una permanente limpieza del pecado.

8. Así que celebremos la fiesta, no con la vieja levadura, ni con la levadura de malicia y de maldad, sino con panes sin levadura, de sinceridad y de verdad.

ὥστε ἑορτάζωμεν μὴ ἐν ζύμῃ παλαιᾷ μηδὲ ἐν ζύμῃ
Por tanto celebremos la fiesta no con levadura vieja ni con levadura
κακίας καὶ πονηρίας ἀλλ' ἐν ἀζύμοις εἰλικρινείας καὶ
de malicia y de maldad sino con pan sin levadura de sinceridad y
ἀληθείας.
de verdad.

Análisis y notas del texto griego.

Análisis: ὥστε, conjunción consecutiva *por tanto, por consiguiente, de tal manera que, con el fin de, con la intención de*; ἑορτάζωμεν, primera persona plural del presente de subjuntivo en voz activa del verbo ἑορτάζω, *celebrar fiesta*, aquí *celebremos la fiesta*; μὴ, partícula que hace funciones de adverbio de negación *no*; ἐν, preposición propia de dativo *con*; ζύμῃ, caso dativo femenino singular del nombre común *levadura*; παλαιᾷ, caso dativo femenino singular del adjetivo *vieja, antigua*; μηδὲ, partícula negativa, crasis[2] formada por la partícula μή, y δὲ, que significa *ni*; ἐν, preposición propia de dativo *con*; ζύμῃ, caso dativo femenino singular del nombre común *levadura*; κακίας, caso genitivo femenino singular del nombre común declinado *de malicia*; καὶ, conjunción copulativa *y*; πονηρίας, caso genitivo femenino singular del nombre común declinado *de maldad*; ἀλλ', forma escrita ante vocal de la conjunción adversativa ἀλλά que significa *pero, sino*; ἐν, preposición propia de dativo *con*; ἀζύμοις, caso dativo neutro plural del adjetivo *sin levadura, ázimos*;

[2] *Crasis*, palabra griega que equivale a *unión de fuerzas*, en general *unión de elementos*.

εἰλικρινείας, caso genitivo femenino singular del nombre común declinado *de sinceridad*; καὶ, conjunción copulativa *y*; ἀληθείας, caso genitivo femenino singular del nombre común declinado *de verdad*.

ὥστε ἑορτάζωμεν El creyente, siguiendo el ejemplo tomado de la pascua, está en continua celebración pascual, que no dura como entonces una semana, sino que se prolonga por toda la vida. El sacrificio del Cordero de Dios, como se ha considerado antes, tuvo lugar y es una vez para siempre, por tanto, estamos en el tiempo de la pascua perpetua, de modo que cada día de la vida del cristiano ha de ser vivido en un absoluto compromiso de santidad. El apóstol exhorta a que la vida cristiana sea una continua festividad sagrada, en la que la celebración del sacrificio del Cordero de Dios, vaya acompañado con el sacrificio de entrega personal de la vida al Señor sin reserva alguna (Ro. 12:1).

μὴ ἐν ζύμῃ παλαιᾷ μηδὲ ἐν ζύμῃ κακίας καὶ πονηρίας. En la festividad santa de la celebración pascual, redentora, no puede haber *levadura*, esto es ninguna manifestación pecaminosa, que es propia de la vieja naturaleza, en cualquiera de sus expresiones (Gá. 5:19-21). En la iglesia en Corinto, la carnalidad de los creyentes ponía de manifiesto varias formas de las obras de la carne. Lo que el apóstol está demandando de ellos y, por extensión de nosotros, es que no persistan las disposiciones corrompidas del viejo hombre, ninguna de ellas. Es notable observar que califica de *vieja* la levadura, entendiéndose con esto que hace referencia a la condición antigua de la vida que los creyentes habían tenido cuando estaban lejos de Dios. Sin embargo, el apóstol hace referencia a alguna de ellas en forma especial. La primera es la *malicia*, que manifiesta el carácter propio del malo. En el Nuevo Testamento hay relaciones de aspectos vinculados a esa condición. Así escribe Pablo: *"Quítense de vosotros toda amargura, enojo, ira, gritería y maledicencias, y toda malicia"* (Ef. 4:31). Vista la lista de pecados mencionada, la conclusión sobre la malicia es sencilla. Es la inclinación perversa que procura dañar a prójimo. Especialmente grave cuando se trata de un hermano. Malicia aquí debe entenderse en el sentido general que se le da en los escritos de Pablo (cf. Ro. 1:29; 1 Co. 14:20; Col. 3:8; Tit. 3:3) y también en otros escritos (cf. Stg. 1:21; 1 P 2:1, 16). Generalmente la malicia aparece cuando ninguno de los otros pecados consigue apaciguar en la vida del malicioso el resentimiento contra alguien. La malicia busca la forma de destruir la vida del que es objeto del odio, la moral individual de la persona, no sólo descubriendo y exagerando sus defectos, sino incluso calumniándole para alcanzar sus objetivos La malicia es la consecuencia de la influencia diabólica en la vida de la persona. Quien no anda en el

Espíritu, vendrá a cualquier experiencia pecaminosa resultando en la práctica de la *malicia*.

También relaciona la *levadura* con la *maldad*, para lo que usa el sustantivo πονηρίας. Si la *malicia* se refiere a la corrupción natural del estado de perdición del hombre, la *maldad* es la malicia reflejada en la voluntad a la que controla y orienta. De modo que indica una connivencia y un uso activo de la malicia. De otro modo, la *maldad* es hacer mal con deleite y persistencia. Es la malicia reflejada en la voluntad, y esta *maldad* es el carácter propio de los demonios a quienes Pablo llama *"huestes de maldad en las regiones celestes"* (Ef. 6:12). Esta denominación da a entender que estos enemigos utilizan sus poderes no para el bien, sino para el mal. Las huestes de las tinieblas están en oposición a la luz y a la verdad. De modo que la santidad cristiana exige determinantemente que el creyente no esté orientado por la maldad.

ἀλλ' ἐν ἀζύμοις εἰλικρινείας καὶ ἀληθείας. La vida cristiana gozosa, en la celebración de la pascua que es Cristo, debe manifestarse en tres maneras. Primeramente, en *santidad*, esto es, en plena separación del pecado. En segundo lugar, con *sinceridad*. Una vida sincera es aquella que no tiene nada oculto. El término procede de algo que no tiene cera. Generalmente se solía usar la cera para tapar los orificios que un clavo dejaba en la madera una vez sacado de ella. El agujero no se veía porque estaba cubierto de cera, pero realmente, era, en cierto modo, una mentira o una apariencia. Vida *sincera* es aquella que no oculta nada porque es sólida y no tiene nada que tapar. La hipocresía es una de las formas contrarias a la sinceridad, porque es aparente. Finalmente se añade una tercera condición, *verdad*. Una vida verdadera es aquella que discurre en la verdad. Esta virtud es contraria a la mentira, lo opuesto a la malicia. Jesús se llamó a sí mismo *la verdad*, por tanto, vivir gozosamente en la verdad equivale a vivir a Cristo. Es la rectitud en forma activa; la firmeza inflexible; la constancia en la fe; el estado interior que se corresponde con lo que es genuinamente auténtico.

Disciplina en la iglesia (5:9-13)

Un mandamiento apostólico (5:9-11)

9. Os he escrito por carta, que no os juntéis con los fornicarios.

Ἔγραψα	ὑμῖν	ἐν	τῇ	ἐπιστολῇ	μὴ	συναναμίγνυσθαι	πόρνοις,
Escribí	a vosotros	en	la	epístola,	no	juntarse con	fornicarios.

Análisis y notas del texto griego.

Análisis: Ἔγραψα, primera persona singular del aoristo primero de indicativo en voz activa del verbo γράφω, *escribir*, aquí *escribí*; ὑμῖν, caso dativo de la segunda persona plural del pronombre personal declinado *a vosotros*; ἐν, preposición propia de dativo *en*; τῇ, caso dativo femenino singular del artículo determinado *la*; ἐπιστολῇ, caso dativo femenino singular del nombre común *carta, epístola*; μὴ, partícula que hace funciones de adverbio de negación *no*; συναναμίγνυσθαι, presente de infinitivo en voz media del verbo συναναμίγνυμι, *mezclarse con, juntarse con*; πόρνοις, caso dativo masculino plural del nombre común *fornicarios*.

Ἔγραψα ὑμῖν ἐν τῇ ἐπιστολῇ. Pablo habla de una instrucción dada por *carta*. Sin duda debe tratarse de un escrito anterior a esta *Epístola*, que no se ha conservado, en el que daría indicaciones y establecería algún mandamiento para la iglesia. Tal vez los corintios habían hecho una pregunta sobre los límites de la amistad con gente mundana que Pablo les había contestado. No debe referirse a la *Epístola* que ahora les enviaba porque no aparecen instrucciones concretas sobre este asunto.

μὴ συναναμίγνυσθαι πόρνοις, El mandamiento establecido en aquella carta es concreto: los creyentes no debían *mezclarse*, en sentido de tener una relación de intimidad. La idea es de no asociarse en una relación de comunión o amistad con los *fornicarios*, que como se ha considerado antes, es un término que comprende la práctica de relaciones sexuales inmorales. El apóstol prohíbe aquí tener amistad o comunión con ellos. Es una instrucción con el mismo carácter que lo que escribió a los tesalonicenses: *"Si alguno no obedece a lo que decimos por medio de esta carta, a ese señaladlo, y no os juntéis con él, para que se avergüence"* (2 Ts. 3:14). Demanda que no haya íntima asociación con el pecaminoso, en este caso con aquellas personas que viven en una condición semejante a la del incestuoso de la iglesia que debía ser entregado a Satanás. La advertencia apostólica tiene una razón firme para establecerla, ya que como dirá más adelante: *"No erréis; las malas conversaciones corrompen las buenas costumbres"* (15:33), teniendo en cuenta que *conversaciones* es una forma de decir *estilo de vida*, por lo que puede traducirse como *las malas compañías*, que son las que corrompen las buenas costumbres. Concuerda así con la enseñanza de Proverbios: *"El que anda con sabios, sabio será; mas el que se junta con necios será quebrantado"* (Pr. 13:20).

10. No absolutamente con los fornicarios de este mundo, o con los avaros, o con los ladrones, o con los idólatras; pues en tal caso os sería necesario salir del mundo.

οὐ πάντως τοῖς πόρνοις τοῦ κόσμου τούτου ἢ τοῖς
No absolutamente con los fornicarios del mundo este o con los
πλεονέκταις καὶ ἅρπαξιν ἢ εἰδωλολάτραις, ἐπεὶ ὠφείλετε
avaros y ladrones o idólatras, puesto que debíais
ἄρα ἐκ τοῦ κόσμου ἐξελθεῖν.
entonces del mundo salir.

Análisis y notas del texto griego.

Análisis: οὐ, adverbio de negación *no*; πάντως, adverbio de modo *absolutamente, totalmente*; τοῖς, caso dativo masculino plural del artículo determinado declinado *con los*; πόρνοις, caso dativo masculino plural del nombre común *fornicarios, inmorales sexuales*; τοῦ, caso genitivo masculino singular del artículo determinado declinado *del*; κόσμου, caso genitivo masculino singular del nombre común *mundo*; τούτου, caso genitivo masculino singular del pronombre demostrativo *este*; ἢ, conjunción disyuntiva *o*; τοῖς, caso dativo masculino plural del artículo determinado declinado *con los*; πλεονέκταις, caso dativo masculino plural del nombre común *avaros*; καὶ, conjunción copulativa *y*; ἅρπαξιν, caso dativo masculino plural del nombre común *ladrones*; ἢ, conjunción disyuntiva *o*; εἰδωλολάτραις, caso dativo masculino plural del nombre común *idólatras*; ἐπεὶ, conjunción *después que, cuando, tan pronto como, desde que, puesto que, ya que, en vista de, por consiguiente*; ὠφείλετε, segunda persona plural del imperfecto de indicativo en voz activa del verbo ὠφείλω, *deber, tener obligación*, aquí *debíais*; ἄρα, adverbio o partícula *pues, así pues, entonces, luego, en efecto, en verdad*; ἐκ, preposición propia de genitivo *de*; τοῦ, caso genitivo masculino singular del artículo determinado *el*; κόσμου, caso genitivo masculino singular del nombre común *mundo*; ἐξελθεῖν, segundo aoristo de infinitivo en voz activa del verbo ἐξέρχομαι, *salir*.

οὐ πάντως τοῖς πόρνοις τοῦ κόσμου τούτου El alcance de la separación establecida tiene una limitación lógica, que el apóstol expresa mediante el uso del adverbio πάντως, equivalente a *absolutamente, totalmente*. No es un mandamiento de separación universal de todo el que vive en pecado, y que impediría cualquier tipo de relación con los del mundo que lo practican y viven de este modo.

En base al problema de pecado que está tratando en el párrafo, inicia la relación de los mundanos que viven perversamente por los *fornicarios*, que como se ha considerado antes tiene que ver con cuantos viven en la inmundicia sexual.

Es necesario observar que se refiere concretamente a los que viven de este modo *en el mundo*. Son mundanos que tienen una vida licenciosa, gente propia de la sociedad en la que estaban los creyentes. De ahí que *mundo* aquí se usa para designar a la humanidad perdida, en contraste con la iglesia (Gá. 4:3; Ef. 2:2; Col. 2:8).

Pasa a señalar a los corintios la necesidad de apartarse de quienes son abiertamente pecadores, mencionando una serie de pecados no con efecto limitativo, sino de reconocimiento. Mencionado a tres tipos de pecaminosos propios del mundo.

ἢ τοῖς πλεονέκταις Primeramente, los *avaros*, que son aquellos que anhelan siempre más. Los que no tienen barreras morales para enriquecerse. La avaricia tiene que ver con la expresión más pecaminosa del amor propio. La avaricia es signo distintivo de una vida que ignora a Dios (Ro. 1:29; 1 Co. 6:10), sin fe y sin obediencia (Ef. 5:3). Cuando el vínculo de relación entre la criatura y el Creador se interrumpe, la convivencia humana entra en un desordenado conflicto lleno de egoísmo. Cuando deja de tenerse la plenitud en Dios, se inicia la búsqueda de la plenitud en uno mismo, mediante un querer-tener y un querer-poseer. De ahí que el apóstol identifica la avaricia con la idolatría (Ef. 5:5).

καὶ ἅρπαξιν ἢ εἰδωλολάτραις, Sigue luego mencionando a los *ladrones*, los que *raptan* las propiedades de otros, a quienes llama también *idólatras*, mediante el uso de la conjunción disyuntiva *o*, que vincula a ambos. Los ladrones aquí comprenden también a quienes se apropian de lo ajeno con violencia, que es la máxima forma de manifestar la avaricia. La idolatría significa literalmente *dar culto a un ídolo*. El concepto del Antiguo Testamento se extiende del mismo modo en el Nuevo. La adoración al Dios vivo y verdadero no es posible sin una separación del culto a los ídolos, esto es, de la práctica de la idolatría. Tras los ídolos están los demonios con sus poderes, a los que se somete el hombre en la medida en que les rinde culto. Por esa razón es uno de los pecados más graves y los cristianos son exhortados a separase de ellos. El apóstol tratará más extensamente esto (8:1ss.). La avaricia y la apropiación ilícita en bien propio es una expresión de avaricia rindiendo culto al egoísmo personal.

ἐπεὶ ὠφείλετε ἄρα ἐκ τοῦ κόσμου ἐξελθεῖν. Este tipo de personas lamentablemente están presentes en la sociedad y el cristiano está en contacto con ellos, dialoga, trabaja, comparte cosas, por eso la limitación que el apóstol establece es lógica. No se trata de que en ningún modo tengáis ningún tipo de relación con estas personas, porque para eso tendrían necesidad de salir del mundo, donde ellos están.

11. Más bien os escribí que no os juntéis con ninguno que, llamándose hermano, fuere fornicario, o avaro, o idólatra, o maldiciente, o borracho, o ladrón; con el tal ni aun comáis.

νῦν δὲ ἔγραψα ὑμῖν μὴ συναναμίγνυσθαι ἐάν τις ἀδελφὸς
Y ahora escribí os no juntarse con si alguno hermano
ὀνομαζόμενος ᾖ πόρνος ἢ πλεονέκτης ἢ εἰδωλολάτρης ἢ
llamándose sea fornicario o avaro o idólatra o
λοίδορος ἢ μέθυσος ἢ ἅρπαξ, τῷ τοιούτῳ μηδὲ συνεσθίειν.
maldiciente o borracho o ladrón, con el tal ni comer juntos.

Análisis y notas del texto griego.

Análisis: νῦν, adverbio demostrativo *ahora*; δὲ, partícula conjuntiva que hace las veces de conjunción coordinante, con sentido de *pero, más bien, y, y por cierto, antes bien, entonces*; ἔγραψα, primera persona singular del aoristo primero de indicativo en voz activa del verbo γράφω, *escribir*, aquí *escribí*; ὑμῖν, caso dativo de la segunda persona plural del pronombre personal declinado *a vosotros, os*; μὴ, partícula que hace funciones de adverbio de negación *no*; συναναμίγνυσθαι, presente de infinitivo en voz media del verbo συναναμίγνυμι, *mezclarse con, juntarse con*; ἐάν, conjunción condicional *si*; τις, caso nominativo masculino singular del pronombre indefinido *alguno*; ἀδελφὸς, caso nominativo masculino singular del nombre común *hermano*; ὀνομαζόμενος, caso nominativo masculino singular del participio de presente en voz pasiva del verbo ὀνομάζω, *llamar*, aquí *llamándose* o incluso *siendo llamado*; ᾖ, tercera persona singular del presente de subjuntivo en voz activa del verbo εἰμί, *ser, estar*, aquí *sea*; πόρνος, caso nominativo masculino singular del nombre común *fornicario, inmoral sexual*; ἢ, conjunción disyuntiva *o*; πλεονέκτης, caso nominativo masculino singular del nombre común *avaro*; ἢ, conjunción disyuntiva *o*; εἰδωλολάτρης, caso nominativo masculino singular del nombre común *idólatra*; ἢ, conjunción disyuntiva *o*; λοίδορος, caso nominativo masculino singular del nombre común *maledicente, calumniador*; ἢ, conjunción disyuntiva *o*; μέθυσος, caso nominativo masculino singular del nombre común *borracho*; ἢ, conjunción disyuntiva *o*; ἅρπαξ, caso nominativo masculino singular del nombre común *ladrón*; τῷ, caso dativo masculino singular del artículo determinado declinado *con el*; τοιούτῳ, caso dativo masculino singular del adjetivo demostrativo *tal*; μηδὲ, partícula negativa, crasis[3] formada por la partícula μή, y δὲ, que significa *ni*; συνεσθίειν, presente de infinitivo en voz activa del verbo συνεσθίω, *comer junto*, aquí *comer juntos*.

νῦν δὲ ἔγραψα ὑμῖν μὴ συναναμίγνυσθαι ἐάν τις ἀδελφὸς ὀνομαζόμενος, Luego de la advertencia limitante del mandamiento en el versículo anterior, donde les hace notar que no se trata de apartarse absolutamente de todo el mundo, puntualiza y marca el sentido del

[3] *Crasis*, palabra griega que equivale a *unión de fuerzas*, en general *unión de elementos*.

mandamiento. Les recuerda que este mandato está en este *escrito*. Pablo dice que les escribió, refiriéndose a lo que antecede en la *Epístola*, aunque también podía considerarse como escrito en la carta anterior que no se conserva, para que no se juntasen con alguna persona determinada. Aquí puntualiza que se trata de alguno que se llama *hermano*. Esto podría fácilmente confundir o desorientar porque nadie puede decir si la persona que hace una afirmación semejante es o no salva. Sin embargo, esta persona que se califica a sí mismo de *hermano*, practica pecados concretos que el apóstol enumera seguidamente. Con este tipo de persona no se debe mantener relaciones hermanables, mostrándole amistad y comunión. El mandamiento tiene que ver con la imposibilidad de mantener comunión con quién por su pecado no tiene comunión con Dios. Es necesario entender que la comunión no la rompe el creyente sino Cristo, por tanto, del mismo modo que quien no tiene comunión con su hermano está poniendo a Cristo que la mantiene fuera de comunión, así también quien pretende seguir en comunión con el que Cristo la ha roto, está quebrantando el sentido de la misma (1 Jn. 1:3). Con tales personas solo cabe la separación de la relación fraternal. No se refiere a quienes caigan ocasionalmente en el pecado, sino a quienes *lo practican* como hábito en sus vidas.

ἢ πόρνος ἢ πλεονέκτης ἢ εἰδωλολάτρης ἢ λοίδορος ἢ μέθυσος ἢ ἅρπαξ, Los pecados relativos al mandamiento tienen que ver con el *fornicario*, quien practica la inmoralidad sexual, las relaciones personales e íntimas prohibidas en la Palabra, el que rompe la base de la familia y de la sociedad. También el *avaro*, el hombre codicioso que desea para sí lo que otros tienen y se llena de ira cuando no puede conseguirlo, el que busca bienes y posición para sí, haciendo de ellos un dios. Sigue el *idólatra*, la persona que sustituye a Dios por sus propios dioses, sin importar que tipo de dios sea, dándole la gloria que corresponde sólo a Dios. Menciona luego al *maledicente*, el difamador, el que habla mal de su prójimo y de su hermano con ánimo de desprestigiarle. Comprende también al injurioso y ofensivo. Es el que practica el chisme y extiende la murmuración. Quien habla mal de otro no tiene respeto por el que ha sido hecho a imagen y semejanza de Dios. Está luego *el borracho*, quien bebe hasta perder el control. No se trata, como se ha dicho antes, el que se ve inmerso ocasionalmente en una situación incorrecta por la ingesta excesiva de alcohol, se trata del borracho empedernido que peca contra su propia personalidad, al perder lo que le distingue como hombre, quedando bajo el poder del vino. Concluye la lista mencionando al *ladrón*, aquí tal vez más concretamente al estafador. El que se apropia, por los medios que sean, de lo que no es suyo, en perjuicio de otros.

τῷ τοιούτῳ μηδὲ συνεσθίειν. El versículo termina con el mandamiento que prohíbe la comunión con tal persona. Pablo lo establece con toda precisión: *"Con el tal ni aun comáis"*. Algunos consideran que esto es solo referencia a la excomunión. La idea de sentar a la mesa a un creyente establece el concepto de aceptación e intimidad (Hch. 2:42). Pablo enseña que no se debe tener intimidad con los tales mientras persistan en su pecado y persista la disciplina (2 Ts. 3:14). Aun así, no excluye la consideración y el afecto como un hermano. Pero no es este el caso, ya que no se trata de un hermano extraviado que puede ser restaurado, sino de un engañador que se llama a sí mismo hermano, pero cuya vida deshonra el testimonio del evangelio y persiste en la práctica que es propia de quien no ha nacido de nuevo.

El apóstol no enseña que se prohíba comer con los tales, ya que Jesús mismo comía con los publicanos y pecadores, pero ordena que en modo alguno los reconozcan y convivan con ellos como si fuesen sus hermanos en Cristo. El creyente no debe reconocer el carácter cristiano de los tales para comunión y amistad íntimas.

La falta de discernimiento en base a un amor mal entendido, permite a algunos transigir con el pecado, considerando que esto no es más que un tropiezo en la carrera de la fe. Entienden que a los que practican el pecado o han caído en el pecado, aunque no hayan rectificado en su modo de vida, deben ser acogidos sin ninguna limitación para que se sientan atraídos y cambien de forma de ser. Todo cambio en el sentido de volver al camino requiere que el creyente sienta que ha cometido una falta contra Dios y que debe confesar y cambiar de rumbo. Cristo llamaba amigos a los que obedecían a lo que Él establecía y vivían conforme a Su voluntad. La transigencia con el pecado es en ella misma pecado.

La conclusión apostólica (5:12-13)

12. Porque ¿qué razón tendría yo para juzgar a los que están fuera? ¿No juzgáis vosotros a los que están dentro?

τί γάρ	μοι	τοὺς	ἔξω	κρίνειν	οὐχὶ	τοὺς	ἔσω	ὑμεῖς	κρίνετε
Porque ¿qué	a mí	a los	de afuera	juzgar?	¿No	a los	de adentro	vosotros	juzgáis?

Análisis y notas del texto griego.

Análisis: τί, caso nominativo neutro singular del pronombre interrogativo *qué*; γάρ, conjunción causal *porque*; μοι, caso dativo de la primera persona singular del pronombre personal declinado *a mí*; τοὺς, caso acusativo masculino plural del artículo determinado declinado *a los*; ἔξω, adverbio *afuera*; κρίνειν, presente de infinitivo en voz activa del verbo κρίνω, *juzgar*; οὐχὶ, forma intensificada del adverbio de negación οὐ, forma ática, que se traduce como *no* y se utiliza, como partícula interrogativa en preguntas de las que se espera respuesta afirmativa; τοὺς, caso acusativo masculino plural del artículo determinado declinado *a los*; ἔσω, adverbio *adentro*; ὑμεῖς, caso nominativo de la segunda persona plural del pronombre personal *vosotros*; κρίνετε, segunda persona plural del presente de indicativo en voz activa del verbo κρίνω, *juzgar*, aquí *juzgáis*.

τί γάρ μοι τοὺς ἔξω κρίνειν. La confirmación de la enseñanza presenta dos ámbitos, el no eclesial y el eclesial. En cuanto al primero, el creyente no está llamado a juzgar a los que no pertenecen a la iglesia: *los de afuera*. El creyente está puesto en el mundo para testificar de Cristo, pero no para juzgar a los que son del mundo. No hay nada que nosotros hagamos que pueda alterar o cambiar la condición de un impío; solo la gracia obrando eficazmente en el poder del Espíritu puede hacerlo. Es cierto que los santos juzgarán al mundo en su día y momento, pero no hemos sido puestos para hacerlo antes de ese tiempo (6:2).

Los *de adentro*, usando el lenguaje típico de los judíos, esto es, los verdaderos creyentes que se congregan en la iglesia, están llamados a actuar conforme a las bases de juicio establecidas antes (v. 11), no teniendo intimidad con quienes aun siendo creyentes o no siéndolo, viven vidas de pecado que contaminan la relación eclesial y pueden desviar del correcto andar a los verdaderos creyentes. Hay una gran semejanza entre este pasaje y la enseñanza de Cristo sobre la disciplina (Mt. 18:15-20). Hay en la disciplina de separación de los creyentes con los que practican el pecado, la misma idea que la que está en la enseñanza de Jesús: *"Si no los oyere a ellos, dilo a la iglesia; y si no oyere a la iglesia, tenle por gentil y publicano"* (Mt. 18:17). Si en toda sinagoga se velaba por la honorabilidad de los miembros, mucho más en la iglesia de Jesucristo.

13. Porque a los que están fuera, Dios juzgará. Quitad, pues, a ese perverso de entre vosotros.

τοὺς δὲ ἔξω ὁ Θεὸς κρινεῖ. ἐξάρατε τὸν πονηρὸν ἐξ ὑμῶν
Pero a los de afuera - Dios juzgará. Alejad al malvado de vosotros
αὐτῶν.
mismos.

Análisis y notas del texto griego.

Análisis: τοὺς, caso nominativo masculino plural del artículo determinado declinado *a los*; δὲ, partícula conjuntiva que hace las veces de conjunción coordinante, con sentido de *pero, más bien, y, y por cierto, antes bien, entonces*; ἔξω, adverbio *afuera*; ὁ, caso nominativo masculino singular del artículo determinado *el*; Θεὸς, caso nominativo masculino singular del nombre divino *Dios*; κρινεῖ, tercera persona singular del futuro de indicativo en voz activa del verbo κρίνω, *juzgar*, aquí *juzgará*; ἐξάρατε, segunda persona plural del aoristo primero de imperativo en voz activa del verbo ἐξαίρω, *alejar, apartar*, aquí *alejad*; τὸν, caso acusativo masculino singular del artículo determinado declinado *al*; πονηρὸν, caso acusativo masculino singular del adjetivo *malo, maligno, malvado*; ἐξ, forma escrita de la preposición de genitivo ἐκ, delante de vocal y que significa *de*; ὑμῶν, caso genitivo de la segunda persona plural del pronombre personal *vosotros*; αὐτῶν, caso genitivo masculino plural del pronombre personal *mismos*.

τοὺς δὲ ἔξω ὁ Θεὸς κρινεῖ. Pablo indicó antes que el creyente no está llamado a juzgar a los que son del mundo, a los tales les está reservado el juicio que ejecutará Dios mismo. Él y no la iglesia es juez de los que están fuera. El mismo Señor juzgará también al creyente infiel (11:30-32). Como ocurrió con Abraham, así también nosotros consideramos justo a Dios, con capacidad para juzgar de ese modo, rectamente, a cada persona (Gn. 18:25). Este admirable Dios juzgará en su día y en su tiempo, a los hombres, al final del tiempo de la historia actual, antes de pasar al estado eterno.

ἐξάρατε τὸν πονηρὸν ἐξ ὑμῶν αὐτῶν. La iglesia en Corinto debe expulsar de entre ellos a los perversos. Ya había sido juzgado y sentenciado conforme a lo establecido por Dios. Aquí hay aparentemente una contradicción con otros lugares en los que se establece no juzgar (Mt. 7:1-3; 1 Co. 4:5). Pero como ya se ha considerado, el juicio que Dios prohíbe es el de simple presunción o de intenciones. También prohíbe el juicio precipitado que no ha dado tiempo suficiente para determinar con precisión la falta cometida. El juicio que Pablo requiere es la expresión de un acto de humillación (v. 2). El mandato que Pablo establece para sacar de en medio de la iglesia al perverso, está tomado casi literalmente de lo establecido en la Ley (Dt. 13:5; 17:7, 12; 21:21; 22:21). La disciplina interna de los miembros son las armas cristianas que corresponden a la disciplina del antiguo pacto para Israel. Dos grupos de textos asientan las bases de esta disciplina: a) Los versículos 6-8, dan la razón de la *necesidad* de la exclusión; b) Los versículos 9-13, indican la *posibilidad* de hacerlo. Nótese el final como un mandamiento preciso y no algo opcional. Los textos del Antiguo Testamento están en singular, mientras que el de la

Epístola está en plural *echad, expulsad, quitad*, porque aquí toda la iglesia está involucrada, primero en el juicio, luego en la sentencia disciplinar y finalmente en la ejecución de esta disciplina.

Concluido el capítulo se descubre en él la amonestación personal para cada creyente de vivir una vida santa, como corresponde a su experiencia con Cristo (vv. 7-8). Mantener el pecado en la iglesia, sin aplicar la disciplina para la corrección del que lo comete, y para la limpieza en general de la iglesia, es una arrogancia personal, porque es la oposición consciente a la voluntad de Dios. La iglesia debe establecer una seria disciplina sobre quienes practican los pecados que el apóstol relacionó como forma de comportamiento o norma de conducta (v. 5). Los miembros de la iglesia deben separarse de cualquiera que practica el pecado, y no mantener comunión ni amistad íntima con los que llamándose creyentes son un descrédito para el testimonio del evangelio.

La disciplina válida es la disciplina bíblica, esto es, aquella que está asentada y respaldada por la Escritura. Hay líderes que disciplinan a los creyentes por cualquier cosa que les parezca incorrecta, eso es no sólo una equivocación, sino una perversidad. La disciplina ha de aplicarse con el único objeto de restaurar y reconducir la vida de quien camina incorrectamente y permanece en esa condición. La disciplina pública, como en el caso de Corinto, corresponde a pecados que son públicos y notorios. Disciplinar a un creyente que reprendido confiesa y rectifica su situación, no solo es incorrecto, sino también pecaminoso.

CAPÍTULO VI

MORAL PERMISIVA

Introducción

Los creyentes de la iglesia en Corinto, debieron haber tenido en el inicio una forma de comportamiento diferente al que el apóstol trata en la *Epístola*. Muy probablemente eran personas que se ajustaban a la enseñanza de la Escritura y procuraban llevar un testimonio consonante con la fe que les había sido enseñada. Ellos habían salido del ambiente de una sociedad libertina, que practicaba pecados notorios, algunos de los cuales el apóstol trató en lo que antecede de la *Epístola*. Poco a poco, la moralidad se fue relajando regresando muchos de ellos a la práctica del sistema social en el que habían vivido.

Entre otras cosas se generaban conflictos entre creyentes, por asuntos propios de la vida cotidiana, entre los que, sin duda, estaban relaciones que podían generar, y de hecho lo hacían, conflictos interpersonales que en la sociedad de entonces se resolvían acudiendo a los tribunales de justicia.

Habían diversos tribunales y también distintas causas, forjando algunas consecuencias penales, entre cuyas sentencias podía llegarse a la conversión de un deudor en esclavo, vendiéndole por lo que debía.

En los procedimientos más sencillos, se producía la denuncia y se nombraba un árbitro, que generalmente no percibía salario alguno por la actuación, que mediaba entre los litigantes dictando una solución al conflicto. En caso de que no gustase la solución propuesta a alguno de los que pleiteaban podían nombrarse más de un árbitro. Finalmente, en un sentido muy genérico y reducido como corresponde a una simple introducción, los juicios podían ser de mayor envergadura, como era el juicio penal entablado ante un tribunal general.

No sabemos en qué consistían realmente los juicios a los que aquí se refiere el apóstol, pero lo que sí es cierto, es que se originaban entre hermanos de la iglesia. Generalmente debían ser por conflictos en cuestiones de negocios comunes. Tan deteriorada estaba la relación moral, por la presencia de pecado entre los creyentes, que las envidias –que antes mencionó el apóstol (3:3)– producían conflictos entre ellos, manifestando una incorrecta forma de hacer los negocios, beneficiándose unos de los otros tanto en ellos como en las finanzas. Esto terminaba en acusarse unos a otros ante tribunales, en los que los árbitros y los jueces eran paganos. Los juicios ante árbitros eran comunes, de manera que incluso pleiteaban como diversión. Sin duda los creyentes en su antigua forma de vida, estaban acostumbrados a usar los tribunales para dirimir sus cuestiones. Esto persistía entre ellos en la expresión de la vida cristiana. No solo era un mal testimonio, sino que era innecesario entre creyentes. Entre los judíos, era habitual resolver las cuestiones en la sinagoga, porque ellos entendían que apelar a un tribunal pagano era reconocer públicamente la incapacidad de solucionar las cuestiones por lo que la ley establecía, lo que ponía a Dios en inferioridad de condición que los hombres que no creían en Él.

Cuando los corintios pleiteaban públicamente estaban poniendo de manifiesto su carnalidad, exhibida en muy diferentes formas: la división de la iglesia en grupos opuestos, la práctica licenciosa de pecados de intimidad sexual, la arrogancia personal, y superando el listón de la carnalidad el problema del incestuoso al que el apóstol determinó entregar a Satanás.

Pablo enfrenta en este capítulo el problema de los juicios entre hermanos, para pasar luego a considerar la necesaria santidad del cuerpo, y reflexionar sobre la pertenencia al Señor, que exige una vida santa en las relaciones que puedan estar involucradas en Él.

Pueden establecerse dos grandes divisiones para el capítulo. La primera trata de los litigios ante incrédulos (6:1-11). Comenzando el párrafo con el detalle del problema (vv.1-8). Las preguntas reflexivas abren la puerta de entrada a esta cuestión. Pablo pregunta cómo se atreven a resolver sus problemas ante injustos y no en la congregación de creyentes (v. 1). En esa misma línea argumentado de máximo a mínimo les hace notar lo absurdo de que los que están dispuestos para juzgar al mundo, se sometan al mundo para juzgar cosas pequeñas, en comparación con ese gran juicio (v. 2). Sigue refiriéndose a otro gran juicio de seres, como son los ángeles, en el que los creyentes están llamados a participar, de manera que, si han de juzgar asuntos de eterna trascendencia, es absurdo que sometan sus pequeños desencuentros a juicios de impíos. La situación de pleitear entre creyentes se afirma directamente (v. 4). Llama la atención a la situación eclesial en la que parece que no hay nadie para emitir un veredicto entre hermanos en la iglesia, sino que recurren a árbitros no creyentes (vv. 5-6). Pablo les recuerda que es una falta los pleitos entre hermanos, reclamando derechos en lugar de buscar desinteresadamente la relación hermanable (v. 7). En el último texto del párrafo aparece la realidad moral de muchos juicios que se producían no por el defraudado sino por el defraudador (v.8). En base a los antecedentes el apóstol establece la disciplina para esta cuestión (vv. 9-11). Primeramente, hace notar el peligro en que se encuentran quienes practican el pecado, sobre lo que él llama *herencia en el reino de Dios*, para lo que da una relación de actos perversos (vv. 9-10), recordándoles que esto era la forma de vida de muchos de ellos (v. 11).

Un segundo párrafo en el texto trata sobre la santidad con el cuerpo (vv. 13-20). Lo inicia haciendo una distinción entre lo que es lícito y lo que es conveniente (vv. 12-14). Comienza con la afirmación de esa verdad y concluye con la expresión de la verdadera libertad cristiana, que evita que se haga lo que no es conveniente, aunque en cierto modo sea lícito (v. 12). Mediante el ejemplo de las comidas, establece el principio de la limpieza corporal del pecado, afirmando que el cuerpo no es para pecar sino para vivir para Cristo, que es su Señor (v. 13). El poder de la resurrección transformará el cuerpo ahora imperfecto (v. 14).

Nuevamente acude a las preguntas retóricas para introducir otro tema dentro de este párrafo (vv. 15-18). El apóstol les recuerda la gran lección de la unidad de la iglesia como cuerpo de Cristo, de ahí la necesidad de vivir santamente con el cuerpo (v. 15). Esto trae una consecuencia de unidad y relación con el pecado o con Cristo (vv. 16-17). Concluyendo este párrafo con la exhortación a huir de los pecados con el cuerpo (v. 18).

Concluye el segundo párrafo que cierra el capítulo, tratando de la condición del cuerpo del creyente (vv. 19-20). Otra vez una pregunta retórica es esencial en este final. El apóstol formula la pregunta, cuya respuesta no puede ser ignorada, sobre la propiedad del cuerpo del creyente y su condición como templo del Espíritu (v. 19). Una verdad sobre la propiedad de cada creyente, da paso a la exhortación para glorificar a Dios con la persona plena (v. 20).

Para el comentario se sigue el *bosquejo* que está incluido en el general de la *Epístola*, del capítulo 1, como sigue:

3. Litigios ante incrédulos (6:1-11).
   - 3.1. El problema detallado (6:1-8).
   - 3.2. La disciplina establecida (6:9-11).
4. La moral permisiva (6:12-20).
   - 4.1. Licitud y conveniencia (6:12-14).
   - 4.2. Consecuencias de la permisividad (6:15-18).
   - 4.3. Precio y pertenencia (6:19-20).

Litigios ante incrédulos (6:1-11)

El problema detallado (6:1-8)

1. ¿Osa alguno de vosotros, cuando tiene algo contra otro, ir a juicio delante de los injustos, y no delante de los santos?

Τολμᾷ	τις	ὑμῶν	πρᾶγμα	ἔχων	πρὸς	τὸν	ἕτερον	κρίνεσθαι
¿Se atreve	alguno	de vosotros	asunto	teniendo	contra	el	otro	ir a juicio

ἐπὶ	τῶν	ἀδίκων	καὶ	οὐχὶ	ἐπὶ	τῶν	ἁγίων
ante	los	impíos	y	no	ante	los	santos.

Análisis y notas del texto griego.

Análisis: Τολμᾷ, tercera persona del presente de indicativo en voz activa del verbo τολμάω, *atreverse, tener el valor de, osar*, aquí *se atreve*; τις, caso nominativo masculino singular del pronombre demostrativo *alguno*; ὑμῶν, caso genitivo de la segunda persona plural del pronombre personal *de vosotros*; πρᾶγμα, caso acusativo neutro singular del nombre común *asunto, causa, cosa*; ἔχων, caso nominativo masculino singular del participio de presente en voz activa del verbo, ἔχω, *tener*, aquí *teniendo*; πρὸς, preposición propia de genitivo *contra*; τὸν, caso acusativo masculino singular del artículo determinado *el*; ἕτερον, caso acusativo masculino singular del adjetivo indefinido *otros*; κρίνεσθαι, presente de infinitivo en voz pasiva del verbo κρίνω, *juzgar, condenar, ir a juicio*; ἐπὶ, preposición propia de genitivo *ante*; τῶν, caso genitivo masculino plural del artículo determinado *los*; ἀδίκων, caso genitivo masculino plural del adjetivo *impíos*; καὶ, conjunción copulativa *y*; οὐχὶ, forma intensificada del adverbio de negación οὐ, forma ática, que se traduce como *no* y se utiliza, como partícula interrogativa en preguntas de las que se espera respuesta afirmativa; ἐπὶ, proposición propia de genitivo *ante*; τῶν, caso genitivo masculino plural del artículo determinado *los*; ἁγίων, caso genitivo masculino plural del adjetivo *santos*.

Τολμᾷ τις ὑμῶν Los corintios estaban engreídos y mostraban esa condición personal en actitudes arrogantes. Una de ella era la de llevar a los tribunales a los hermanos cuando había un conflicto entre ellos. Como en otros casos que se consideran en la *Epístola*, no sabemos cómo llegó a su conocimiento esta situación de litigios entre creyentes ante jueces del mundo. Pablo aborda la cuestión mediante una pregunta establecida con firmeza, para lo que inicia con el presente del verbo τολμάω, que equivale a *atreverse, tener el valor de, osar*, de modo que la pregunta se formula por una práctica para la que se necesitaba *atrevimiento*, *osadía*. En este caso se trata de un atrevimiento impropio. El apóstol pregunta quién se atreve, siendo creyente, a cometer la acción a la que se va a referir. De otro modo, se ve sorprendido de que haya alguno capaz de hacer tal cosa. Lo que sigue manifiesta una osadía, un atrevimiento contrario e impropio a todo principio cristiano. La pregunta va dirigida a todos los creyentes, pero en especial a *alguno de vosotros*, de modo que quienes se atrevían a lo que sigue, eran creyentes miembros de la iglesia en Corinto. La expresión *alguno* da al problema un modo genérico de un problema existente, pero sin mencionar a nadie en concreto. De otro modo, no se detiene en problemas que había, sino en principios de comportamiento que se quebrantaban. No cabe duda que este verbo fuerte expresa la indignación y la admiración dolorosa del apóstol, puesto que rebajaba la dignidad cristiana. Esto no suponía que no tuviese confianza en la justicia de los tribunales romanos, pero la grandeza del cristianismo quedaba rebajada cuando los miembros de la iglesia acudían a la justicia secular. El mandamiento del amor mutuo, que distingue a los cristianos ante el mundo, era quebrantado ostensiblemente delante de mundanos.

πρᾶγμα ἔχων πρὸς τὸν ἕτερον. Estos tenían alguna cuestión problemática entre ellos, literalmente, *asunto teniendo contra otro*. Es interesante apreciar que era un grupo de personas conflictivas. Pero no solo había diferencias entre creyentes en asuntos de la iglesia, en donde se habían fraccionado en grupos, sino en otras cuestiones de la vida cotidiana. Las malas relaciones entre creyentes degeneran en pleitos. Es la progresión natural de quienes están controlados por la carne (Gá. 5:20). No sin razón el apóstol les llamaba *carnales* (3:3).

κρίνεσθαι ἐπὶ τῶν ἀδίκων. El modo de dirimir las contiendas era ir a juicio, es decir, litigar o pleitear. En este caso consistía en plantear los problemas entre ellos acudiendo a los tribunales de justicia. Es necesario entender, como en cierto modo se indicó en la *introducción general de la Epístola* y en la de este capítulo que los asuntos contenciosos en un primer nivel se resolvían mediante la actuación de *árbitros* que dirimían la cuestión y proponían una solución al problema. No era tanto el uso de los tribunales civiles como ocurre en nuestro contexto, pero, en general se trataba de apelar a la justicia civil ordinaria, cuyos árbitros no eran creyentes, sino idólatras.

Por esa causa el apóstol les hace notar que escogían para ser sus jueces en las cuestiones a dirimir a personas a quienes califica de *injustos*. No quiere decir que los árbitros y los jueces fuesen de por sí injustos, es decir, que no practicasen el oficio justamente, ni tampoco que los tribunales de Corinto fuesen más injustos que los de otro lugar. *Injusto* es un término técnico que se usa para designar a los no creyentes, en contraste con los fieles. Injusto es la condición del no regenerado (Ro. 1:18; 2:8), porque todos están sin justificación delante de Dios. A los creyentes se les llama justos y santos (Ro. 1:17; 2:13; 1 Co. 1:2), solo por la condición personal a que fueron trasladados por la justificación (Ro. 5:1), y la santificación en Cristo (1:30). Literalmente el adjetivo traducido por *injustos* en algunas versiones, tiene el significado de *impíos*, en alusión a quienes no tienen a Dios. Pablo se está refiriendo a una clase general de personas en contraste con los cristianos.

καὶ οὐχὶ ἐπὶ τῶν ἁγίων. La inconsecuencia de los creyentes era que pleiteaban ante, en presencia de *impíos*, y no *"delante de los santos"*. Como se dijo antes, los judíos no acudían a tribunales seculares, sino que juzgaban ellos los asuntos conflictivos ellos mismos. Sometían sus diferencias al arbitraje de algún miembro de la sinagoga. Consideraban denigrante ir a la justicia de los gentiles cuando ellos tenían la ley de Dios, justa y perfecta, para resolver cualquier dificultad. Los cristianos estaban dando el triste espectáculo de dirimir sus diferencias delante de tribunales del mundo. Era de esperar que el juicio *"entre santos"* fuera conforme a la norma divina de la Palabra. Los hombres gobernados por principios humanos no pueden ser tan justos como los gobernados por principios divinos. Los cristianos que acudían a la justicia secular denigraban su condición de cristianos, al buscar justicia entre los *injustos*. Sólo en ocasiones cuando es imposible alcanzar justicia de otro modo, puede acudirse a los tribunales seculares, y esto referido especialmente a litigios promovidos por no creyentes, especialmente cuando esté en entredicho el testimonio del evangelio, como ocurrió con Pablo en el arresto en Jerusalén y en la defensa ante Festo con la apelación a César (Hch. 22:25; 25:11).

2. ¿O no sabéis que los santos han de juzgar al mundo? Y si el mundo ha de ser juzgado por vosotros, ¿sois indignos de juzgar cosas muy pequeñas?

ἢ	οὐκ	οἴδατε	ὅτι	οἱ	ἅγιοι	τὸν	κόσμον	κρινοῦσιν	καὶ	εἰ	ἐν
¿O	no	sabéis	que	los	santos	al	mundo	juzgarán?	Y	si	por

ὑμῖν	κρίνεται	ὁ	κόσμος,	ἀνάξιοί	ἐστε	κριτηρίων	ἐλαχίστων
vosotros	es juzgado	el	mundo	¿Indignos	sois	de litigio	mucho menor?

Análisis y notas del texto griego.

Análisis: ἢ, conjunción disyuntiva *o*; οὐκ, forma escrita del adverbio de negación *no*, con el grafismo propio ante una vocal con espíritu suave o una enclítica; οἴδατε, segunda persona plural del perfecto de indicativo en voz activa del verbo οἶδα, *saber, conocer, entender*, aquí *habéis sabido*, en castellano mejor *sabéis*; ὅτι, conjunción *que*; οἱ, caso nominativo masculino plural del artículo determinado *los*; ἅγιοι, caso nominativo masculino plural del adjetivo *santos*; τὸν, caso acusativo masculino singular del artículo determinado declinado *al*; κόσμον, caso acusativo masculino singular del nombre común *mundo*; κρινοῦσιν, tercera persona plural del futuro de indicativo en voz activa del verbo κρίνω, *juzgar*, aquí *juzgarán*; καὶ, conjunción copulativa *y*; εἰ, conjunción afirmativa *si*; ἐν, preposición propia de dativo *por*; ὑμῖν, caso dativo de la segunda persona plural del pronombre personal *vosotros*; κρίνεται, tercera persona plural del presente de indicativo en voz pasiva del verbo κρίνω, *juzgar*, aquí *es juzgado*, siendo presente profético es mejor en futuro *será juzgado*; ὁ, caso nominativo masculino singular del artículo determinado *el*; κόσμος, caso nominativo masculino singular del nombre común *mundo*; ἀνάξιοι, caso nominativo masculino plural del adjetivo *indignos, incompetentes, incapaces*; ἐστε, tercera persona plural del presente de indicativo en voz activa del verbo εἰμί, *ser, estar*, aquí *sois*; κριτηρίων, caso genitivo neutro plural del nombre común declinado *de litigio, de juicio*; ἐλαχίστων, caso genitivo neutro plural del adjetivo superlativo *muy inferior, mucho menor*.

ἢ οὐκ οἴδατε ὅτι οἱ ἅγιοι τὸν κόσμον κρινοῦσιν. Un contrasentido se aprecia en el comportamiento de algunos corintios. Habían sido enseñados durante el tiempo de presencia de Pablo con ellos y luego con los que había enviado para confirmarles en la fe y enseñarles lo que no se había podido tratar en su tiempo, sobre *eventos del futuro*, entre los que estaba el juicio del mundo, por eso les formula una nueva pregunta retórica: *"¿No sabéis que los santos han de juzgar al mundo?"*. De manera que esto era un asunto conocido por ellos como parte de las verdades de la fe.

Esta expresión genera ciertas dificultades interpretativas. *Juicio* equivale, para algunos, a *gobierno*, o a una posición con autoridad que alcanza el ejercicio de juicio, como ocurría con ciertas autoridades romanas. En este sentido *mundo* no tiene el concepto de esfera de pecado, sino que es una referencia al universo creado por Dios. Sobre este universo Cristo ha sido entronizado (Ro. 8:34). Debido a la vinculación con el Señor, los creyentes están posicionalmente en ese mismo lugar en que está Cristo (Ef. 2:6). Por tanto, los creyentes estarán en esa posición de gobierno escatológicamente hablando que tendrá lugar (Ap. 20:4-6).

De igual modo se entiende esta expresión como una referencia al *Reino Milenial* en el cual los creyentes serán co-regentes y se sentarán con Cristo en el trono de gobierno sobre el mundo en el *reino* (Ap. 3:21). Entre las responsabilidades estará la de juzgar al mundo, ya que el Señor dice que *"al que venciere y guardare mis obras hasta el fin, yo le daré autoridad sobre las naciones, y las regirá con vara de hierro, y serán quebradas como vaso de alfarero; como yo también la he recibido de mi Padre"* (Ap. 2:26-27).

Por otro lado, los *padres griegos* en el deseo de espiritualizar esta cuestión del juicio, la reducen al contraste moral que se producirá entre la santidad cristiana y la impureza de los otros hombres (Mt. 12:41). Incluso otros limitan esto a la gloria que tendrán los fieles en el *Reino de Dios*. De este modo sugieren que el *evangelio* alcanzará al mundo entero y los tribunales estarán en manos de los creyentes.

Sin embargo, los creyentes están asociados con Cristo en el juicio. Él está designado como Juez (Jn. 5:22). La iglesia está asociada plenamente con Cristo que es Su cuerpo y Su esposa. Desde el primer juicio para la instauración del reino, en que se juzgará a Israel y las naciones, hasta el postrero y definitivo que se suele llamar el *juicio final*, la iglesia está asociada con Cristo, el Juez designado por Dios. Los cristianos son herederos con Cristo (Ro. 8:17); reinan con Él (2 Ti. 2:12); y juzgarán con Él (v. 2). Esté será el privilegio de los fieles (Ap. 2:26-27; 20:4). El profeta Daniel escribe sobre el juicio dado a los santos (Dn. 7:22). El juicio sobre Israel se asigna especialmente a los apóstoles (Mt. 19:28). En cualquier caso, no importa tanto la posición personal del intérprete sobre el sentido del juicio sobre el mundo, la iglesia estará unida con Cristo que ha recibido todo el poder para ejercer el juicio.

Este juicio, como se dijo antes, bien puede llamarse el *juicio final* (Ap. 20:5, 12-15). Este juicio tendrá lugar después del tiempo del reinado terrenal de Cristo: *"Pero los otros muertos no volvieron a vivir hasta que se cumplieron mil años" ... "Y vi a los muertos, grandes y pequeños, de pie ante Dios; y los libros fueron abiertos, y otro libro fue abierto, el cuál es el libro de la vida; y fueron juzgados los muertos por las cosas que estaban escritas en los libros, según sus obras. Y el mar entregó los muertos que había en él; y la muerte y el Hades entregaron los muertos que había en ellos; y fueron juzgados cada uno según sus obras"* (Ap. 20:5, 12, 13). No cabe duda que este es el juicio de los llamados muertos. Anteriormente hubo un programa de resurrecciones, por tanto, los únicos que quedaron sin ser resucitados son los que murieron sin salvación. No se trata de un juicio para gentes vivas, sino para muertos. No se trata de determinar si los comparecientes son salvos o no, sino que son precisamente los no salvos los que son llamados por Dios a juicio. Todos los salvos habrán entrado ya en el estado eterno, donde les están preparados cielos nuevos y tierra nueva, conforme al propósito y programa divino. Este es un juicio donde se manifestará la justicia de Dios, puesto que se juzgan a los muertos por sus obras, que en este caso son *malas obras*. Sobre estos recaerá la sentencia a la *segunda muerte*. La evidencia de la justicia de Dios en la condenación de los tales, se pondrá de manifiesto: *"...y fueron juzgados los muertos por las cosas que estaban escritas en los libros, según sus obras"* (Ap. 20:12). Esas obras manifestarán la falta de fe para salvación de todos los juzgados. El resultado del juicio está revelado con precisión: *"Y el que no se halló inscrito en el libro de la vida fue lanzado en el lago de fuego"* (Ap. 20:15). La separación de Dios es definitiva para los comparecientes en el *juicio del trono blanco*.

El apóstol afirma que los creyentes *han de juzgar al mundo*, por esa causa, en las distintas manifestaciones judiciales, los salvos estarán asociados con Cristo, a quién Dios constituyó como único Juez.

καὶ εἰ ἐν ὑμῖν κρίνεται ὁ κόσμος, ἀνάξιοί ἐστε κριτηρίων ἐλαχίστων. La consecuencia que sigue es lógica. Los jueces que juzgarán las diferencias entre los cristianos, actúan en un pleno contrasentido buscando ser juzgados por tribunales el mundo, que será juzgado por ellos. La pregunta retórica es precisa: *"¿Sois indignos de juzgar cosas muy pequeñas?"*. Si los creyentes están reservados para juicios mayores, las diferencias actuales son asuntos triviales, comparados con la grandeza del juicio sobre el mundo. Cualquier conflicto entre cristianos es de ínfima importancia ante lo que Dios reserva para los Suyos. La manifestación del orgullo carnal que dominaba, sino todos, por lo menos la mayoría de los creyentes de la iglesia en Corinto, lleva a algunos a considerar *indignos*, o tal vez mejor *incapaces*, a otros creyentes para juzgar entre ellos en sus propias cuestiones y diferencias. Toda causa judicial es muy pequeña frente al juicio divino sobre los pecadores, en el que la iglesia participará asociada a Cristo.

Si los santos estarán en el tribunal supremo de Dios para juzgar al mundo, necesariamente están capacitados para juzgar las cosas menos transcendentes o intranscendentes de la vida ordinaria, que surgen entre los creyentes de ahora.

3. ¿O no sabéis que hemos de juzgar a los ángeles? ¿Cuánto más las cosas de esta vida?

οὐκ	οἴδατε	ὅτι	ἀγγέλους	κρινοῦμεν,	μήτι γε	βιωτικά
¿No	sabéis	que	a ángeles	juzgaremos,	cuanto menos	asuntos de la vida?

Análisis y notas del texto griego.

Análisis: οὐκ, forma escrita del adverbio de negación *no*, con el grafismo propio ante una vocal con espíritu suave o una enclítica; οἴδατε, segunda persona plural del perfecto de indicativo en voz activa del verbo οἶδα, *saber, conocer*, aquí *habéis sabido*, en castellano mejor *sabéis*; ὅτι, conjunción *que*; ἀγγέλους, caso acusativo masculino plural del nombre común declinado *a ángeles*; κρινοῦμεν, primera persona plural del futuro de indicativo en voz activa del verbo κρίνω, *juzgar, llevar a juicio*, aquí *juzgaréis*; μήτι, partícula que se usa como interrogativa en preguntas que exigen respuesta negativa o incierta, o con suspenso: *Tal vez, quizás,* se asocia con otras partículas: εἰ, μήτι, *a menos que*; γε, partícula enclítica que añade énfasis a la palabra con la que se asocia, *al menos, por lo menos, de todos modos, de cierto, por cierto, exactamente*, y también con encarecimiento *aún, incluso, siquiera,* en ocasiones no tiene traducción; βιωτικά, caso acusativo neutro plural del adjetivo *de la vida diaria, asuntos de la vida.*

οὐκ οἴδατε ὅτι ἀγγέλους κρινοῦμεν, μήτι γε βιωτικά. El apóstol pasa a utilizar el pronombre en plural, no dice *juzgaréis*, refiriéndose a los creyentes de la iglesia en Corinto, sino a todos los creyentes, incluyéndose a sí mismo en ellos. El apóstol sigue una forma de pensamiento muy típica de él, que es razonar desde lo mayor a lo menor. De modo que, si los creyentes hemos de juzgar a los ángeles, es absurdo que no seamos capaces de juzgar las cosas pequeñas de la vida.

Pudiera preguntarse qué juicio de los ángeles es este. No se puede hacer aquí más que una brevísima aproximación para situar la afirmación de Pablo. Judas enseña que está determinado un juicio sobre los ángeles: *"Y a los ángeles que no guardaron su dignidad, sino que abandonaron su propia morada, los ha guardado bajo oscuridad, en prisiones eternas, para el juicio del gran día"* (Jud. 6)[1]. El día del juicio de los ángeles ocurrirá en el *día del Señor*, en el que todos los juicios tendrán cumplimiento, conforme a lo establecido en la soberanía divina. En él no solo comparecerán los ángeles a los que Judas se refiere, sino también Satanás y las legiones de demonios que integran su reino de iniquidad. Esto tendrá ocasión antes del juicio sobre los impíos, conocido como *el trono blanco* (Ap. 20:10). La Escritura no indica el lugar del juicio, simplemente afirma que tendrá lugar. Es lógico suponer que será en las esferas o regiones angelicales. Los sujetos del juicio, dice el apóstol Pedro que son los ángeles que pecaron: *"Porque si Dios no perdonó a los ángeles que pecaron, sino que arrojándolos al infierno los entregó a prisiones de oscuridad, para ser reservados al juicio"* (2 P. 2:4). De manera que el juicio tiene que ver con los ángeles que pecaron, siguiendo a Satanás en su rebelión contra Dios (Is. 14:12-17; Ez. 28:12-19). El resultado del juicio consiste en que todos los juzgados serán lanzados al *lago de fuego*, para siempre, como expresa el apóstol Juan: *"Y el diablo que los engañaba fue lanzado al lago de fuego y azufre, donde estaban la bestia y el falso profeta; y serán atormentados día y noche por los siglos de los siglos"* (Ap. 20:10).

[1] Ver comentario al versículo en el volumen correspondiente de esta serie.

La conclusión no puede ser otra que a la que ha llegado el apóstol. Si los creyentes juzgaremos a los ángeles, los seres más grandes salidos de la mano de Dios, no puede haber cosas más pequeñas, como son los problemas cotidianos de la vida, que no puedan ser juzgados y resueltos por los creyentes, no en los tribunales del mundo, sino en el seno de la iglesia.

4. Si, pues, tenéis juicios sobre cosas de esta vida, ¿ponéis para juzgar a los que son de menor estima en la iglesia?

βιωτικὰ μὲν οὖν κριτήρια ἐὰν ἔχητε, τοὺς
Cosas de la vida en verdad, pues, juicios si tenéis, a los
ἐξουθενημένους ἐν τῇ ἐκκλησίᾳ, τούτους καθίζετε
que estáis despreciando en la iglesia, a estos hacéis sentar?

Análisis y notas del texto griego.

Análisis: βιωτικὰ, caso acusativo neutro plural del adjetivo *cosas de la vida, asuntos de la vida*; μὲν, partícula afirmativa que se coloca siempre inmediatamente después de la palabra expresiva de una idea que se ha de reforzar o poner en relación con otra idea y que, en sentido absoluto tiene oficio de adverbio de afirmación, como *ciertamente, a la verdad*; οὖν, conjunción continuativa *pues*; κριτήρια, caso acusativo neutro plural del nombre común *juicios*; ἐὰν, conjunción condicional *si*; ἔχητε, segunda persona plural del presente de subjuntivo en voz activa del verbo ἔχω, *tener, poseer*, aquí *tengáis*, mejor *tenéis*; τοὺς, caso acusativo masculino plural del artículo determinado declinado *a los*; ἐξουθενημένους, caso acusativo masculino plural del participio perfecto en voz pasiva del verbo ἐξουθενέω, *despreciar*, aquí *que estáis despreciando*; ἐν, preposición propia de dativo *en*; τῇ, caso dativo femenino singular del artículo determinado *la*; ἐκκλησίᾳ, caso dativo femenino singular del nombre común *iglesia*; τούτους, caso acusativo masculino plural del pronombre demostrativo declinado *a estos*; καθίζετε, segunda persona plural del presente de indicativo en voz activa del verbo καθίζω, *sentar, hacer sentar*, aquí *hacéis sentar*.

βιωτικὰ μὲν οὖν κριτήρια ἐὰν ἔχητε, Esta es la consecuencia práctica de la argumentación antecedente. El apóstol afirma claramente que los corintios tenían conflictos a causa de *las cosas*, *los negocios de la vida*. Asuntos que se producen en el devenir del tiempo. El texto griego es un tanto complejo para establecer la traducción, no así para entender la idea general que el apóstol expresa en él. Pudiera entenderse esa primera frase en forma condicional, apoyada en la partícula μὲν, *ciertamente, a la verdad*, y en la conjunción *si*, que le confiere un sentido condicional, como si Pablo dijese, *si tuvieseis asuntos que resolver*. En ese sentido se apreciaría que entre los creyentes había asuntos conflictivos que resolvían directamente en los tribunales. Ahora bien, sea o no condicional, el hecho es que el problema estaba presente entre miembros de la iglesia. Tal actitud era ya un problema.

τοὺς ἐξουθενημένους ἐν τῇ ἐκκλησίᾳ, τούτους καθίζετε. La pregunta retórica con que traduce RV el texto: *"¿Ponéis para juzgar a los que son de menor estima en la iglesia?"*, se podría traducir, como ocurre en muchas versiones, en forma afirmativa, lo que obliga a considerar el hecho no como hipotético, sino como real, convirtiendo además la frase en una expresión irónica. En este sentido los corintios ponían como jueces a quienes no podían ser aceptados en la iglesia como miembros, porque no eran cristianos. El apóstol está diciendo que a los que la iglesia considera como impíos, los estaban poniendo para juzgar a los santos.

Posicionarse sobre la construcción gramatical del versículo resulta un tanto difícil. Determinar si es una pregunta retórica o no, permite distintos posicionamientos. Pero, lo que es cierto, es que el apóstol condena que haya conflictos entre creyentes, que necesiten intervención de otros, y que además procuren resolverlos delante de personas que no son cristianas, no conocen la ética bíblica, y no son hermanos en Cristo.

5. Para avergonzaros lo digo. ¿Pues qué, no hay entre vosotros sabio, ni aun uno, que pueda juzgar entre sus hermanos?

πρὸς	ἐντροπὴν	ὑμῖν	λέγω.	οὕτως	οὐκ	ἔνι	ἐν	ὑμῖν	οὐδεὶς
Para	vergüenza	a vosotros	digo,	así	¿No	hay	entre	vosotros	nadie

σοφός,	ὃς	δυνήσεται	διακρῖναι	ἀνὰ	μέσον	τοῦ	ἀδελφοῦ	αὐτοῦ
sabio,	que	pudiere	juzgar	en	medio	del	hermano	de él?

Análisis y notas del texto griego.

Análisis: πρὸς, preposición propia de acusativo *para*; ἐντροπὴν, caso acusativo femenino singular del nombre común *vergüenza*; ὑμῖν, caso dativo de la segunda persona plural del pronombre personal declinado *a vosotros*; λέγω, primera persona singular del presente de indicativo en voz activa del verbo λέγω, *hablar, decir*, aquí *digo*; οὕτως, adverbio demostrativo *así*; οὐκ, forma escrita del adverbio de negación *no*, con el grafismo propio ante una vocal con espíritu suave o una enclítica; ἔνι, tercera persona singular del presente de indicativo en voz activa del verbo ἔνειμι, *haber dentro*, aquí *hay*; ἐν, preposición propia de dativo *en, entre*; ὑμῖν, caso dativo de la segunda persona plural del pronombre personal *vosotros*; οὐδεὶς, caso nominativo masculino singular del pronombre indefinido *nadie, ninguno, ningún*; σοφός, caso nominativo masculino singular del adjetivo *sabio*; ὃς, caso nominativo masculino singular del pronombre relativo *el que, el cual, que*; δυνήσεται, tercera persona singular del futuro de indicativo en voz media del verbo δύναμαι, *poder, tener poder*, aquí *pudiere*; διακρῖναι, aoristo primero de infinitivo en voz activa del verbo διακρίνω, *juzgar*; ἀνὰ, preposición propia de acusativo *en*; μέσον, caso acusativo neutro singular del adjetivo *medio*; τοῦ, caso genitivo masculino singular del artículo determinado declinado *del*; ἀδελφοῦ, caso genitivo masculino singular del nombre común *hermano*; αὐτοῦ, caso genitivo masculino de la tercera persona singular del pronombre personal declinado *de él*.

πρὸς ἐντροπὴν ὑμῖν λέγω. El apóstol desea despertarles a la vergüenza de tal proceder: *"para avergonzaros lo digo"*, literalmente *para vergüenza os digo*. Deseaba producir en ellos un sentimiento de vergüenza; primero, por lo que antecede (vv. 1-4); luego, por lo que sigue (vv. 5-6). La iglesia en Corinto hacía tiempo que debía haber reconocido personas capaces de juzgar asuntos generales entre los hermanos. Esa situación no era un asunto de incapacidad, sino de indolencia, al no haber nombrado ya hermanos para solucionar conflictos entre creyentes. Escribe esto para que sintiendo vergüenza por aquella situación acudan inmediatamente a repararla.

οὕτως οὐκ ἔνι ἐν ὑμῖν οὐδεὶς σοφός, ὃς δυνήσεται διακρῖναι ἀνὰ μέσον τοῦ ἀδελφοῦ αὐτοῦ. La arrogancia de los corintios les había llevado a considerarse *sabios*, *maduros*, *capaces*, pero demostraban todo lo contrario. Parece como si no hubiera entre todos los creyentes un solo hermano que fuera capaz de arbitrar en las disputas. Eran sabios para formar partidos en la congregación y dividirla, pero no lo eran para resolver cuestiones de la vida cotidiana. Además, el amor que guía las relaciones fraternales estaba ausente de la vida de los creyentes en Corinto, prueba de ello es que tenían conflictos y que eran incapaces de llegar a un acuerdo como corresponde a hermanos. Cuando el amor fracasa, fracasan también todos los aspectos del servicio y ministerio para el Señor. El apóstol se ocupará de esto más adelante.

6. ¿Sino que el hermano con el hermano pleitea en juicio, y esto ante los incrédulos?

ἀλλὰ	ἀδελφὸς	μετὰ	ἀδελφοῦ	κρίνεται	καὶ	τοῦτο	ἐπὶ	ἀπίστων.
Sino	hermano	con	hermano	llama a juicio	y	esto	ante	incrédulos.

Análisis y notas del texto griego.

Análisis: ἀλλὰ, conjunción adversativa *sino*; ἀδελφὸς, caso nominativo masculino singular del nombre común *hermano*; μετὰ, preposición propia de genitivo *con*; ἀδελφοῦ caso genitivo masculino singular del nombre común hermano; κρίνεται, tercera persona singular del presente de indicativo en voz pasiva del verbo κρίνω, *juzgar, condenar, llamar a juicio*, aquí *llama a juicio*, incluso *busca condenar en juicio*; καὶ, conjunción copulativa *y*; τοῦτο, caso nominativo neutro singular del pronombre demostrativo *esto*; ἐπὶ, preposición propia de genitivo *ante*; ἀπίστων, caso genitivo masculino singular del adjetivo *sin fe, incrédulo.*

ἀλλὰ ἀδελφὸς μετὰ ἀδελφοῦ κρίνεται. Nuevamente confirma la existencia de conflictos entre hermanos en la iglesia en Corinto. Es preciso entender que tal vez no eran todos los que estaban en este comportamiento, pero había un número considerable que practicaba llevar a otros a los tribunales para resolver las cuestiones personales. Como se ha dicho antes, esto es una manifestación de la carnalidad que se había introducido en la iglesia (Gá. 5:20). La conjunción adversativa ἀλλὰ, *sino, pero*, conduce la cláusula a una expresión de admiración, por algo que se produce contrario a lo que debiera ser. Llevar a otros ante un tribunal, salvo por casos absolutamente necesarios, es una falta.

καὶ τοῦτο ἐπὶ ἀπίστων. El segundo problema que se detecta en el texto es que si los juicios entre hermanos no debieran producirse, se añade a ello que tenían lugar delante de *incrédulos*. El gran problema consiste en hacer de los infieles jueces de los creyentes. Esta actuación era un descrédito para el testimonio del evangelio ante el mundo. Pablo plantea en esto un escándalo, un bochorno para la iglesia.

Sorprende que, en tan poco tiempo, los creyentes volviesen a las costumbres propias de su vida anterior. Cuando el Espíritu Santo, está *contristado* no actúa libremente en la vida del cristiano y el verdadero amor, que Él derrama en el corazón creyente (Ro. 5:5), disminuye hasta hacerse insensible en su vida. No se trata de personas *convencidas*, pero no *convertidas*, ya que Pablo se dirige a los que llama *santificados* en Cristo (1:2), pero, no es menos cierto que el creyente carnal, no practica el amor, sino que lo *ha dejado* (Ap. 2:4).

7. Así que, por cierto es ya una falta en vosotros que tengáis pleitos entre vosotros mismos. ¿Por qué no sufrís más bien el agravio? ¿Por qué no sufrís más bien el ser defraudados?

Ἤδη μὲν [οὖν][1] ὅλως ἥττημα ὑμῖν ἐστιν ὅτι κρίματα ἔχετε
Ya por cierto pues, del todo falta para vosotros es que juicios tenéis
μεθ' ἑαυτῶν. διὰ τί οὐχὶ μᾶλλον ἀδικεῖσθε διὰ τί οὐχὶ
entre vosotros mismos. ¿Por qué no más bien sois agraviados por que no
μᾶλλον ἀποστερεῖσθε
más bien sois defraudados?

Análisis y notas del texto griego.

Análisis: Ἤδη, adverbio *ya*; μὲν, partícula afirmativa que se coloca siempre inmediatamente después de la palabra expresiva de una idea que se ha de reforzar o poner en relación con otra idea y que, en sentido absoluto tiene oficio de adverbio de modo, como *ciertamente, a la verdad*; οὖν, conjunción continuativa *pues*; ὅλως, adverbio *del todo*; ἥττημα, caso nominativo neutro singular del nombre común *falta*; ὑμῖν, caso dativo de la segunda persona plural del pronombre personal declinado *para vosotros*; ἐστιν, tercera persona singular del presente de indicativo en voz activa del verbo εἰμί, *ser, estar*, aquí *es*; ὅτι, conjunción *qué*; κρίματα, caso acusativo neutro plural del nombre común *juicios, pleitos, litigios*; ἔχετε, segunda persona plural del presente de indicativo en voz activa del verbo ἔχω, *tener, poseer*, aquí *tenéis*; μεθ', forma escrita ante vocal aspirada de la preposición de genitivo μετά, *con*; ἑαυτῶν, caso genitivo de la segunda persona plural del pronombre reflexivo *vosotros mismos*; διὰ, preposición propia de acusativo *por*; τί, caso acusativo neutro singular del pronombre interrogativo *que*; οὐχὶ, forma intensificada del adverbio de negación οὐ, forma ática, que se traduce como *no* y se utiliza, como partícula interrogativa en preguntas de las que se espera respuesta afirmativa; μᾶλλον, adverbio *más bien*; ἀδικεῖσθε, segunda persona plural del presente de indicativo en voz pasiva del verbo αδικέω, *hacer injusticia, hacer daño, causar perjuicio, agraviar*, aquí *sois agraviados*; διὰ, preposición propia de acusativo *por*; τί, caso acusativo neutro singular del pronombre interrogativo *que*; οὐχὶ, forma intensificada del adverbio de negación οὐ, forma ática, que se traduce como *no* y se utiliza, como partícula interrogativa en preguntas de las que se espera respuesta afirmativa; μᾶλλον, adverbio *más bien*; ἀποστερεῖσθε, segunda persona plural del presente de indicativo en voz pasiva del verbo ἀποστερέω, *defraudar, estafar, despojar*, aquí *sois defraudados*.

Notas. Crítica Textual. Lecturas alternativas.

[1] οὖν, *pues*, según lectura en [2]a, A, B, C, D[1], L, Γ, Ψ, 81, 104, 365, 1175, 1241, 2464.

No figura en 𝔓[46], a[*], D[*], 6, 33, 630, 1505, 1739, 1881.

Ἤδη μὲν οὖν ὅλως ἥττημα ὑμῖν ἐστιν ὅτι κρίματα ἔχετε μεθ' ἑαυτῶν. El apóstol ahonda en el problema al hacerles notar que lo que estaba ocurriendo, los pleitos entre creyentes eran en sí mismos una *falta*. El sentido de la palabra equivale a *un fracaso*, en este sentido un fracaso espiritual, un fallo en la correcta manifestación de la vida nueva en Cristo y un problema grave en cuanto al amor entre hermanos. Era una auténtica derrota espiritual entrar en pleitos entre cristianos. Un creyente que vive en el Espíritu no debe sostener disputas con sus hermanos por agravios personales que pudiera recibir de alguno. Estos corintios ponen claramente de manifiesto que eran incapaces de amar y perdonar. La enseñanza del apóstol es contraria a la situación que confronta en la iglesia en Corinto: *"Soportándoos unos a otros, y perdonándoos unos a otros si alguno tuviere queja contra otro. De la manera que Cristo os perdonó, así también hacedlo vosotros. Y sobre todas estas cosas vestíos de amor, que es el vínculo perfecto"* (Col. 3:13-14). Los corintios no emprendían acciones judiciales contra otros, sino contra ellos mismos, como se lee en el texto: *"Que tengáis pleitos entre vosotros mismos"*.

διὰ τί οὐχὶ μᾶλλον ἀδικεῖσθε Nuevamente acude a formular un desafío a los que se estaban comportando incorrectamente mediante el uso de una pregunta doble, o tal vez mejor, dos preguntas. La primera inquiere en la razón por la que los creyentes no *soportaban el agravio*. En lugar de soportar llevaban a los hermanos ante los tribunales y ejercían contra ellos los recursos legales que tenían a mano. Aunque el demandante fuese atendido y condenado al demandado, en sí eso era ya un desprestigio para la iglesia, además de ser una mala nota en la vida del que había sido requerido judicialmente. Aquello supone un problema de testimonio para los creyentes, por tanto, una triste nota para el testimonio de la iglesia, como escribe S. Kistemaker:

"¿Qué trata Pablo de decirle a los corintios? Esto nada más: Aun en el caso que un juez decida a favor del demandante, el caso ya ha perjudicado al acusado y a toda la comunidad cristiana. La iglesia vive una atmósfera de hostilidad que no le permite demostrar amor. Esto hace que sea incapaz de dar un testimonio efectivo ante el mundo. No se debe felicitar al demandante por haber ganado el juicio, pues lo hizo a expensas de la comunidad cristiana"[2].

Los corintios olvidaban la enseñanza del Señor, por tanto, eran incapaces de sufrir la injusticia. Las palabras del Maestro son precisas: *"Y al que quiera ponerte a pleito y quitarte la túnica, déjale también la capa"* (Mt. 5:40). El Señor estaba poniendo como ejemplo la situación de un pleito injusto, una reclamación que no era legal, para enseñar la no resistencia del súbdito del reino. En la legislación hebrea la ropa podía ser demandada como garantía de un préstamo, pero tenía que ser devuelta a la puesta del sol para que sirviese de abrigo por la noche: *"Si tomares en prenda el vestido de tu prójimo, a la puesta del sol se lo devolverás. Porque sólo eso es su cubierta, es su vestido para cubrir su cuerpo. ¿En qué dormirá? Y cuando él clamare a mí, yo le oiré, porque soy misericordioso"* (Ex. 22:26-27). Tratar de retener en un pleito la ropa del prójimo era una injusticia. Con todo, no debe admirarse nadie de una actuación semejante, porque la injusticia forma parte del entramado de una sociedad pecaminosa, como recuerda Salomón: *"Si opresión de pobres y perversión de derecho y de justicia vieres en la provincia, no te maravilles de ello"* (Ec. 5:8). El Señor está enseñando que frente a quienes

---

[2] S. Kistemaker. o. c., pág. 167.

demandaban sólo sus derechos y luchaban por ellos, ante quienes ponían por delante el deseo de venganza que de perdón, en relación con quienes se oponen con resentimiento al mal recibido, está la conducta de los hijos de Dios en el reino de los cielos que no se oponen, sino que permiten antes que se queden con todo lo que es suyo. El Señor está enseñando que el verdadero creyente no odia a quien pretende despojarlo injustamente de todas sus posesiones. Renunciar a los derechos personales es una de las maneras de expresar amor.

En cada circunstancia de injusticia el cristiano debe mirar el ejemplo de Jesús, quien se despojó a Sí mismo de Sus riquezas y de Su gloria, para darlo todo, incluso Su vida en una manifestación de amor supremo por quienes, en justicia, no tenían derecho ni siquiera a ser amados (Fil. 2:6-8). No hay entrega más grande que la del Señor, *"que por amor a vosotros se hizo pobre, siendo rico, para que vosotros con su pobreza fueseis enriquecidos"* (2 Co. 8:9). Es preciso aprender a sufrir que demandar derechos que conduzcan a conflictos. El que confía en el Señor deposita en Su mano su derecho quebrantado por las injusticias de otros y espera confiadamente en Su actuación, confiando en la promesa que Él no deja desamparado al justo. Él permite que el justo sea probado, pero aborrece al impío que lo acosa (Sal. 11:5). El creyente debe tener en cuenta que Dios bendice al justo y lo rodea con Su protección personal (Sal. 5:12). Amar es dejar de exigir para dar sin reservas.

Los corintios estaban en las antípodas de la enseñanza de Jesús. Se consideraban sabios, receptores de dones, engrandecidos a sí mismos, pero se olvidaban de lo más elemental, el que vive a Cristo ama como Cristo amó. Indudablemente no podemos pensar en amar en la *dimensión* con que el Señor ama, pero si con la misma *calidad* de Su amor, en una plena disposición de entrega siguiendo Sus pisadas. El hecho de tener pleitos supone ya un fracaso espiritual.

διὰ τί οὐχὶ μᾶλλον ἀποστερεῖσθε. La segunda pregunta o la segunda parte de la pregunta profundiza más. No era solo la disposición a sufrir el agravio, sino a la de ser *defraudados*. Es la consecuencia natural de la identificación con Cristo. El cristiano sigue las huellas del Señor y vive, en comunión con Él y en el poder del Espíritu, la vida Suya: *"Quien cuando le maldecían, no respondía con maldición; cuando padecía, no amenazaba, sino encomendaba la causa al que juzga justamente"* (1 P. 2:23). El carácter de Cristo corresponde a Su condición impecable. No maldecía o mejor, *no insultaba*, cuando era insultado. Fue acusado, despreciado, afrentado, cuestionado, todo ello injustamente, pero no respondía a esos insultos con otros insultos. Es más, en la intensidad del mayor sufrimiento en la Cruz, guardaba silencio (Is. 53:7). Este es el ejemplo supremo de una santa reacción ante las ofensas recibidas. Mientras los que le denigraban le ofendían, Él callaba. Sabía que nadie aceptaría Sus palabras de defensa, puesto que la sentencia contra Él había sido establecida antes. Jesús en Getsemaní había aceptado la copa que el Padre le presentó y estaba en silencio aceptando los oprobios, porque formaban parte de lo que recibiría en la mayor injusticia. Así se lee en la profecía: *"angustiado Él, y afligido, no abrió su boca; como cordero fue llevado al matadero; y como oveja delante de sus trasquiladores, enmudeció, y no abrió su boca"* (Is. 53:7). En medio de los sufrimientos que le infligían, no amenazaba. En lugar de amenazar en Su propia defensa, la entregaba al que juzga justamente. Por el entorno textual inmediato, ya que no amenazaba, lo que entregaba al que juzga con justicia era Su propia causa. Remitía las amenazas e insultos que recibía al Juez justo. En todo se ajustaba a la demanda bíblica para el creyente: *"Encomienda a Jehová tu camino, y confía en él; y él hará"* (Sal. 37:5). Aún en la hora de la muerte, lo hizo *encomendándose* a Dios (Lc. 23:46). Dios respondió conforme a Sus promesas levantándole de los muertos y manifestando con ello, Su complacencia, cumpliendo Su función de Juez que restaura al acusado injustamente (Sal. 37:5-6, 32-33).

Las dificultades del cristiano con otros, aun con sus hermanos, deben ser remitidas a Dios, y nunca a los tribunales humanos, sabiendo que Él actuará, es decir, hará todo lo que es necesario en ese caso. Para ello debe haber una entrega incondicional a Su voluntad y absoluta confianza en que Dios actúa. Nuestra fuerza consiste en permanecer quietos en Su presencia. Él sabrá cómo vindicarnos y hallará la manera de librarnos de las dificultades que estemos experimentando, cuidará de nuestra honra, afirmará nuestro derecho, sin que nosotros tengamos que amenazar a quienes nos causan sufrimientos. La entrega absoluta a Dios remitiéndole la causa, nos librará de toda murmuración y nos dará fuerzas en medio de la prueba.

Los corintios se habían desviado de la acción del Espíritu, se habían convertido en creyentes carnales, olvidando que el *amor es sufrido* (13:4). Esto corresponde a la perfección divina de la longanimidad (Lc. 18:7; He. 6:15). El apóstol dice que es preferible dejarse robar antes de tener un pleito. En todo esto el creyente no está desamparado y la promesa divina es una firme ancla que hace superar la tempestad de la ira afirmado en Cristo, sabiendo que quien encomienda su causa a Dios recibirá la bendición de apreciar al Juez actuando en justicia (Sal. 37:5-7).

8. Pero vosotros cometéis el agravio, y defraudáis, y esto a los hermanos.

ἀλλὰ ὑμεῖς ἀδικεῖτε καὶ ἀποστερεῖτε, καὶ τοῦτο ἀδελφούς.
Pero vosotros hacéis injusticia y defraudáis, y esto a hermanos.

Análisis y notas del texto griego.

Análisis: ἀλλὰ, conjunción adversativa *pero*; ὑμεῖς, caso nominativo de la segunda persona plural del pronombre personal *vosotros*; ἀδικεῖτε, segunda persona plural del presente de indicativo en voz activa del verbo ἀδικέω, *ser injusto, hacer injusticia*, aquí *hacéis injusticia*; καὶ, conjunción copulativa *y*; ἀποστερεῖτε, segunda persona plural del presente de indicativo en voz activa del verbo ἀποστερέω, *defraudar, robar*, aquí *defraudáis*; καὶ, conjunción copulativa *y*; τοῦτο, caso nominativo neutro singular del pronombre demostrativo *esto*; ἀδελφούς, caso acusativo masculino plural del nombre común declinado *a hermanos*.

ἀλλὰ ὑμεῖς ἀδικεῖτε. Aquellos no sólo defendían sus derechos, sino que lo más grave es que *cometían agravios*, literalmente *hacéis injusticia*. No luchaban por conseguir lo suyo, con un espíritu egoísta, sino que había entre ellos quienes actuaban fraudulentamente contra sus hermanos. Es decir, apelaban a métodos injustos o ilegales contra sus hermanos, para apropiarse de lo que era de ellos.

καὶ ἀποστερεῖτε, καὶ τοῦτο ἀδελφούς. Todavía se agravaba más la situación ya que los creyentes *defraudaban* unos a otros. El término tiene que ver con el robo, y podría traducirse: *vosotros robáis a los hermanos*. Es posible que llegasen a sobornar a los árbitros o jueces que intervenían en sus causas, para favorecer al que no tiene derecho, y legalizar a favor del demandante lo que realmente era un robo. La injusticia y el fraude son acciones perversas, en cualquier caso, pero revisten una gravedad notable cuando se cometen contra hermanos en la fe. Quienes son creyentes y viven a Cristo deben andar como Él anduvo (1 Jn. 2:6).

No es suficiente con hablar de Cristo, es necesario *vivir a Cristo*. La santidad de vida no es una opción sino la única forma de vivir la vida cristiana. Todo pecado, por simple que parezca, es una ofensa a la obra redentora de Cristo y un desprecio a Su amor salvador. Todo pecado ha costado la vida del Hijo de Dios y, por tanto, ha de ser rechazado abiertamente por el cristiano.

La disciplina establecida (6:9-11)

9. ¿No sabéis que los injustos no heredarán el reino de Dios? No erréis; ni los fornicarios, ni los idólatras, ni los adúlteros, ni los afeminados, ni los que se echan con varones.

Ἢ οὐκ οἴδατε ὅτι ἄδικοι Θεοῦ βασιλείαν οὐ κληρονομήσουσιν
¿O no sabéis que injustos de Dios reino no heredarán?
μὴ πλανᾶσθε· οὔτε πόρνοι οὔτε εἰδωλολάτραι οὔτε μοιχοὶ οὔτε
No os engañéis; ni fornicarios ni idólatras, ni adúlteros, ni
μαλακοὶ οὔτε ἀρσενοκοῖται
afeminados ni homosexuales.

Análisis y notas del texto griego.

Análisis: Ἢ, conjunción disyuntiva *o*; οὐκ, forma escrita del adverbio de negación *no*, con el grafismo propio ante una vocal con espíritu suave o una enclítica; οἴδατε, segunda persona plural del perfecto de indicativo en voz activa del verbo οἶδα, *saber, conocer, entender*, aquí *habéis sabido*, tal vez mejor en castellano *sabéis*; ὅτι, conjunción *que*; ἄδικοι, caso nominativo masculino plural del adjetivo *injustos*; Θεοῦ, caso genitivo masculino singular del nombre divino declinado *de Dios*; βασιλείαν, caso acusativo femenino singular del nombre común *reino*; οὐ, adverbio de negación *no*; κληρονομήσουσιν, tercera persona plural del futuro de indicativo en voz activa del verbo κληρονομέω, *heredar*, aquí *heredarán*; μὴ, partícula que hace funciones de adverbio de negación *no*; πλανᾶσθε, segunda persona plural del presente de imperativo en voz pasiva del verbo πλανάω, *engañarse, equivocarse, desviarse*, aquí *os engañéis*; οὔτε, conjunción copulativa formada por crasis[3] de οὔ, *no*, y te, *y*, equivalente a *y no, ni*; πόρνοι, caso nominativo masculino plural del nombre común *fornicarios, inmorales sexuales*; οὔτε, conjunción copulativa formada por crasis[3] de οὔ, *no*, y te, *y*, equivalente a *y no, ni*; εἰδωλολάτραι, caso nominativo masculino plural del nombre común *idólatras*; οὔτε, conjunción copulativa formada por crasis[4] de οὔ, *no*, y te, *y*, equivalente a *y no, ni*; μοιχοὶ, caso nominativo masculino plural del nombre común *adúlteros*; οὔτε, conjunción copulativa formada por crasis[3] de οὔ, *no*, y te, *y*, equivalente a *y no, ni*; μαλακοὶ, caso nominativo masculino plural del adjetivo *afeminados*; οὔτε, conjunción copulativa formada por crasis[4] de οὔ, *no*, y te, *y*, equivalente a *y no, ni*; ἀρσενοκοῖται, caso nominativo masculino singular del nombre común *homosexuales*.

Ἢ οὐκ οἴδατε ὅτι ἄδικοι Θεοῦ βασιλείαν οὐ κληρονομήσουσιν. Es posible que algunos en Corinto pensaran que el apóstol se excedía en la recomendación y establecía un mandamiento

[3] *Crasis*, palabra griega que equivale a *unión de fuerzas*, en general *unión de elementos*.

sobre las relaciones entre creyentes que era, por lo menos, excesivo, sobre todo en una sociedad como la de aquel tiempo. Pablo llamó injustos a los jueces del mundo, también *incrédulos*. Para evitar cualquier malentendido en los lectores, llama su atención a la *herencia* de los creyentes, afirmando directamente que los *"injustos no heredarán el reino de Dios"*. Estos son aquellos que viven en la práctica habitual y natural de la injusticia. Un *injusto* es lo absolutamente contrario a un *justo*. Esta palabra se usa para referirse a los *no salvos*. La α privativa demanda entender la palabra, no tanto como alguien que ocasionalmente quebranta la justicia, sino alguien que no tiene justicia alguna y vive al margen de ella, el que no se sujeta a la justicia, no solo porque no quiere sino por propia condición personal.

Para vincular esta exhortación con lo que antecede, utiliza nuevamente la conjunción disyuntiva ἤ, equivalente a *o*, en sentido de *acaso*, con esto conecta con los versículos antecedentes en los que aparece la misma pregunta: *¿O no sabéis?* (vv. 2, 3). Tal pregunta exige una respuesta afirmativa; ellos sabían bien lo que iba a recordarles. Ellos conocían bien lo que implicaba la práctica del llevar a juicio a los hermanos y también el ejercicio de vivir en ciertos pecados. Sabían lo que ello significaba, pero, lo triste es que no le daban importancia y no se sujetaban a lo que les había sido enseñado.

El segundo término al que debe prestársele atención es el de *reino de Dios*. A este concepto bíblico teológico se han dedicado extensos párrafos en el comentario en distintos lugares, por lo que no consideramos necesario extendernos en este lugar. Baste con recordar que básicamente el término se usa para referirse a quien vive bajo la obediencia a Dios y reconoce Su condición de Soberano. El reino en el momento presente tiene un carácter espiritual y se manifiesta en la Iglesia, que está formada por todos los que, creyendo en Cristo, reciben la salvación por gracia mediante la fe (Ef. 2:8-9). En el *reino de Dios*, los creyentes viven en obediencia voluntaria a Dios, como consecuencia del nuevo nacimiento, que transforma y capacita a quienes siendo desobedientes e hijos de ira por su condición y acciones, son transformados en hijos de Dios (Jn. 1:12), por adopción en Cristo (Gá. 4:5). Esta manifestación progresiva del *reino*, seguirá más adelante con el tiempo del reinado literal de Cristo en la tierra y, finalmente, con la continuidad perpetua en cielos nuevos y tierra nueva.

Pablo afirma que los *injustos*, esto es, los que no son salvos, *"no heredarán"*, expresión equivalente a decir *no entrarán en la vida eterna*. Esto está directamente ligado a los *hijos* de Dios que compartirán con Cristo, el Hijo Unigénito, la heredad en el reino, siendo *herederos de Dios* y *coherederos con Cristo* (Ro. 8:17). Una de las bendiciones que comporta la condición de *hijos de Dios*, es la del disfrute de la herencia. Por la condición de hijos somos herederos de todas las riquezas del Padre. Dios mismo es la herencia de los Suyos (Sal. 16:5, 6). De otro modo, la filiación incluye el derecho a la herencia. Le corresponde la herencia que ya está reservada para quienes son hijos de Dios, y que será disfrutada en el tiempo final (1 P. 1:4).

Nada hay que pueda ser reservado para los hijos, puesto que no sólo son *herederos de Dios*, sino que son también *coherederos con Cristo*. En Su condición de Unigénito del Padre (Jn. 1:14), todo cuanto pueda existir ha sido hecho *en Cristo, por Cristo y para Cristo* (Col. 1:16). Esa herencia es sólo del heredero que es Cristo. Pero, por unidad con Él, los creyentes venimos a ser *uno* en el Heredero, por tanto, todo cuanto tiene que ver con la herencia de Él tiene que ver con la herencia nuestra. De otro modo, la herencia no se divide, es compartida por igual con todos los herederos. Esa es la herencia de los *santos en luz*. Algunos creen que la herencia será dada en fracciones a cada uno conforme a su capacidad de administrarla, de manera que el tránsito del creyente por el mundo definirá el alcance de la herencia que ha de disfrutar en la eternidad. Sin embargo, tal idea no encaja con la enseñanza del apóstol y procede probablemente, de una exégesis defectuosa de las recompensas a los siervos de la parábola (Lc. 19:17ss). La herencia por ser del Unigénito no es divisible porque solo existe un heredero cósmico, y no es divisible con los hijos, sino *compartida* por todos ellos en razón de estar vinculados como hijos en el Hijo. Esto forma parte de la *esperanza* de los creyentes. Por eso el apóstol afirma que ningún *injusto*, heredará en el *reino de Dios*. Todos los creyentes, aun siendo imperfectos y en momentos carnales, como ocurría con los corintios, todos *"fueron constituidos justos"* (Ro. 5:19). No son justos, no pueden ser llamados de este modo por esfuerzo o condición personal, pero *son constituidos* justos por fe (Ro. 5:1), de manera que tienen derecho al disfrute de la herencia en el *reino de los cielos*. El *reino de Dios*, tiene una base ética que Cristo detalló en el sermón del monte (Mt. 5-7). El creyente que ha nacido de nuevo, fue trasladado desde el momento del nuevo nacimiento al *reino* (Col. 1:13). Las demandas de la ética del reino alcanzan a cada uno de los que han nacido de nuevo y son miembros de la Iglesia. En el momento presente deben vivir una vida consecuente con su *vocación* (Ef. 4:1; Col. 1:10; 1 Ts. 2:129.

Para entrar en el *reino* es necesario el nuevo nacimiento (Jn. 3:3, 5). Cuando el apóstol habla de *injustos* que no heredan en el *reino*, no se refiere a quienes caen en algún tipo de pecado, porque no pecar es absolutamente imposible para quienes tienen la naturaleza adámica en ellos mismos, sino para quienes hacen del pecado una forma de vida (1 Jn.

3:10). Pero los que Dios reconoce, por la obra de Cristo, como justificados y por tanto entran en la experiencia de vida del justo, han de vivir una vida de santidad, por la dignidad de la esfera a donde fueron trasladados. El cristiano puede caer, pero no puede hacer del pecado su forma de vida, *"Pero el fundamento de Dios está firme, teniendo este sello: Conoce el Señor a los que son suyos; y: apártese de iniquidad todo aquel que invoca el nombre de Cristo"* (2 Ti. 2:19).

μὴ πλανᾶσθε· El apóstol llama a prestar atención a la forma de vida que era propia de los creyentes en aquella iglesia. Les exhorta a *no equivocarse*, literalmente *no os engañéis* o *no os dejéis engañar*. Este es el peligro de cambiar *cristianismo* por religión, en lugar de entenderlo como lo que es, una *relación* con Cristo. Ya hizo esta advertencia antes (3:18). El corazón del hombre es engañoso, por consiguiente, deben estar atentos a los engaños propios, pero también a los que proceden del exterior y se asientan como verdades. Los corintios estaban en el camino peligroso del auto-engaño. Posiblemente se preguntaban qué cosas eran pecaminosas para un creyente y cuáles no, sobre todo, por un extraño concepto del sentido de la libertad en Cristo. Ser libre no es hacer lo que se quiere, sino lo que se debe. La libertad no es libertad si se convierte en libertinaje, porque esto es esclavitud del pecado. El apóstol va a establecer una lista de pecados que ilustran lo que está enseñando. Es posible que la relación sea la más propia para las practicas pecaminosas que algunos miembros de la iglesia mantenían en sus vidas. No es una relación absoluta, como si solamente la práctica de estos pecados fuesen la causa de la exclusión de la herencia en el *reino*, simplemente es una referencia a algunos de ellos, para precisar lo que quiere decir y que sea bien comprendido por los lectores.

οὔτε πόρνοι El primer vicio mencionado es de –literalmente traducido– *fornicación*. Sobre esto se ha considerado antes. No se limita a la *fornicación*, en el sentido que la palabra denota en castellano, sino a cualquier exceso en las prácticas de relaciones íntimas. En general toda acción corrupta en este sentido y, por supuesto, la práctica del sexo por personas que no están vinculadas matrimonialmente. Incluye también a quienes realizan prácticas aborrecibles por Dios. El apóstol le hizo notar que este pecado se estaba practicando por miembros de la iglesia (5:1). Estos no heredarán en el reino de Dios.

οὔτε εἰδωλολάτραι En segundo lugar, menciona las prácticas idolátricas, entre las que está la *avaricia*. En general es una referencia a los seguidores de ídolos (5:11). Sobre esto se ha considerado antes. Los que destinan la honra y obediencia debida a Dios, a los ídolos, ponen de manifiesto que no han sido convertidos (1 Ts. 1:9). La idolatría comportaba generalmente prácticas de perversión sexual, de ahí que esté incluido este pecado en el apartado de los pecados sexuales.

οὔτε μοιχοὶ. Cita en tercer lugar el pecado de *adulterio*. La práctica ilícita de relaciones íntimas entre personas casadas de distintos matrimonios. Quienes practican esto hacen violencia al pacto matrimonial establecido por Dios (Ro. 7:3). Ya en la ley mosaica, el pecado acarreaba la pena capital entre los adúlteros (Lv. 20:10). En cualquier caso, el adulterio tiene sobre sí un juicio divino (He. 13:4). No cabe duda que entre el mundo licencioso corinto, el pecado de adulterio era uno de los más comunes en la sociedad.

οὔτε μαλακοὶ. Sigue en la lista los *afeminados*. El adjetivo tiene el sentido de *ser blando*, o *ser suave al tacto*. De la misma raíz está el verbo demostrativo μαλακίζομαι, que se refiere a *hacer algo suave*, aplicado moralmente al sentido de *ser afeminado*. Se aplica a los varones que desean experimentar en sí lo que corresponde a las mujeres. En general los que son adictos a pecados de concupiscencia, personas voluptuosas. No cabe duda que puede incluir el travestismo, a incluso los hombres que desean ser transexuales, dejando su condición de varón, para hacerse mujer, usando para ello todos los elementos a su disposición.

οὔτε ἀρσενοκοῖται. El último pecado mencionado en este primer grupo es el que RV traduce como *"los que se echan con varones"*, refiriéndose a la práctica de la homosexualidad. Es el degradante vicio expresado por el mismo apóstol en la *Epístola a los Romanos*, cuando escribe: *"Y de igual modo también los hombres, dejando el uso natural de la mujer, se encendieron en su lascivia unos con otros, cometiendo hechos vergonzosos hombres con hombres, y recibiendo en sí mismos la retribución debida a su extravío"* (Ro. 1:27). Es sus escritos Pablo trata la homosexualidad por separado, refiriéndose tanto al lesbianismo como a la homosexualidad masculina, como llama *hechos vergonzosos hombres con hombres*. Enseña que el alejamiento de Dios trae como consecuencia que algunos *varones*, dejen, literalmente *abandonen*, que es el sentido del verbo griego que usa en Romanos[5], para *encenderse*[6], *abrasarse*, expresando el fuego ardiente de una pasión, en este caso perversa y pecaminosa. Es la denuncia al fuego de la concupiscencia que hay en el corazón de quien abandona y rechaza a Dios, para aflorar al exterior en forma de prácticas homosexuales. Sin duda contraviene esto el sistema

[5] Griego: ἀφίημι.

[6] Griego: ἐκκαίομαι.

filosófico actual de lo que se llama *ideología de género*, con el que se pretende mostrar que las relaciones homosexuales son tan propias como las heterosexuales. Es, por tanto, necesario trasladar aquí, no solo el pensamiento de Pablo, sino una breve referencia al concepto bíblico de esta práctica.

Pablo se refiere al pecado en sí mismo diciendo que cometieron actos vergonzosos, hombres con hombres, es decir, varones con varones. Estos actos son la expresión aberrante de las prácticas homosexuales. El término *vergonzosos*[7], tiene connotación con la ignominia y adquiere el sentido de aquello que es *repudiable*. Es claro que el apóstol está condenando la práctica deliberada de la homosexualidad o sodomía, no como una acción defectuosa de un ser enfermo, sino como un pecado condenado por Dios mismo en su Ley. Ya desde el principio el Señor condenó y dio importancia a este vicio, pronunciando incluso la pena capital sobre quienes se involucren en estas prácticas: *"Si alguno se ayuntare con varón como con mujer, abominación hicieron; ambos han de ser muertos; sobre ellos será su sangre"* (Lv. 20:13). A lo largo de la historia humana, Dios manifestó Su repudio y mostró Sus juicios sobre las personas y los pueblos que tenían como buenas las prácticas homosexuales. Enfáticamente Dios dice en Su Palabra: *"No te echarás con varón como con mujer; es abominación"* (Lv. 18:22). Cuando el pueblo de Israel estaba a punto de entrar en Canaán, donde la homosexualidad y la prostitución sagrada eran habituales en aquellos pueblos, Dios advirtió: *"No traerás la paga de una ramera ni el precio de un perro a la casa de Jehová tu Dios por ningún voto; porque abominación es a Jehová tu Dios tanto lo uno como lo otro"* (Dt. 23:18), prohibiendo antes taxativamente ambas prácticas: *"No haya ramera de entre las hijas de Israel, ni haya sodomita de entre los hijos de Israel"* (Dt. 23:17). El pecado de los pueblos de Canaán contaminó a Israel asentándose sus prácticas entre los benjaminitas en tiempos de los jueces, donde al referirse la Escritura al hecho histórico llama a los varones que practicaban la homosexualidad *"hombres perversos"* (Jue. 19:22), diciendo el Espíritu un poco más adelante que aquello que ellos pretendían era algo *infame* (Jue. 19:24). Se dice también que en tiempos de Roboam, *"hubo también sodomitas en la tierra, e hicieron conforme a todas las abominaciones de las naciones que Jehová había echado delante de los hijos de Israel"* (1 R. 14:24). Por el contrario, en la reforma espiritual de los días del rey Asa, no solo limpió la nación de ídolos, sino que también *"quitó del país a los sodomitas"* (1 R. 15:12), obra que continuó luego Josafat (1 R. 22:46). El profeta Isaías denuncia estas prácticas en el pueblo

---

[7] Griego: ἀσχημοσύνην.

que se aleja de Dios, afirmando que el pecado del pueblo era como irritar los ojos de Dios, comparándolo con Sodoma (Is. 3:8-9). La destrucción de Sodoma, según Jeremías, fue una acción divina a causa del pecado, haciendo resaltar el profeta que no se produjo por ejércitos que la rodearan, sino por acción de Dios en un momento (Lam. 4:6). Algunos en su afán de aceptar lo que Dios prohíbe pretenden hacer una distinción entre el Dios del Antiguo Testamento y el Dios del Nuevo Testamento, proponiendo a los incautos oyentes de tales infundios que antes de Cristo sólo había un Dios vengativo, mientras que de Cristo en adelante hay un Dios bonachón que no se preocupa ya de los pecados porque para Él son simplemente errores propios de la criatura. Sin embargo, contra tales afirmaciones debemos poner delante el Nuevo Testamento. Hable sólo aquí la Escritura, en el versículo que se comenta, donde claramente afirma que los *homosexuales* practicantes no heredaran el reino de Dios. Nótese que las prácticas homosexuales se sitúan en la lista de pecados que no pueden admitirse entre los cristianos. *"Conociendo esto, que la ley no fue dada para el justo, sino para los transgresores y desobedientes, para los impíos y pecadores, para los irreverentes y profanos, para los parricidas y matricidas, para los homicidas, para los fornicarios, para los sodomitas, para los secuestradores, para los mentirosos y perjuros, y para cuanto se oponga a la sana doctrina"* (1 Ti. 1:9-10). Indudablemente la sodomía es una expresión propia de los injustos, transgresores, desobedientes, impíos y pecadores. No puede haber una puntualización más clara al calificar las prácticas homosexuales como pecado y perversión. Bueno –dicen algunos– esto es natural en Pablo, un judío ortodoxo que no fue capaz de liberarse de sus prejuicios religiosos. Sin embargo, Pedro enseña que la destrucción de Sodoma se produjo para ser ejemplo a los que *"habían de vivir impíamente"*, y la impiedad de Sodoma consistía también en las prácticas homosexuales que Dios juzgó y castigó (2 P. 2:6). Aún con mayor claridad habla Judas del pecado de Sodoma vinculándolo con *"vicios contra naturaleza"* en clara alusión a la sodomía (Jud. 7). Es necesario, en un mundo humanista, posmodernista, relativista y vinculado a la post-verdad, por tanto, permisivo, que los cristianos entendamos que la única verdad está en la Escritura, para no conformarse en modo alguno al pensamiento del hombre, denunciando no tanto la orientación sino la práctica homosexual como un pecado, una degradación moral y una transgresión natural. La Biblia es muy precisa: las relaciones sexuales son una bendición para la práctica matrimonial, cualquier relación de este tipo fuera del matrimonio es pecado y, por tanto, contraria a la voluntad de Dios, entrando en conflicto con él mismo. Este es otro de los pecados que no aparecen en la lista anterior (5:11). Sin duda esta práctica era propia de la sociedad corintia y, algunos de los creyentes, si no la practicaban, por lo menos no censuraban esa conducta considerándola como normal para el mundo.

Todavía más, ya que etimológicamente, el término puede tener connotaciones de *pederastia*. Así lo hace notar Pierre Chartraine en el *Diccionario etimológico de la lengua griega*. Derivadas de la palabra que se usa como antecedente a otras ἄρσεν, genera formas de nombres que no se dan como de buen significado. Este nombre figura en primer término de distintos nombres compuestos. La mayor parte de ellos son de carácter técnico y aparecen en tiempo tardío del griego clásico, pasando a la koiné, como es a modo de ejemplo ἀρρενόθηλυς, *hermafrodita*; ἀρσενοκοίτης,[8] *pederasta*, que es el varón que tiene relaciones íntimas con niños o con adolescentes. Es histórico que la homosexualidad entre mayores estuvo por un tiempo penada en Roma, vinculándola con una conducta impropia de origen griego. En el tiempo de la república y luego en la etapa del imperio, la homosexualidad se fue aceptando progresivamente, primero protegida en la relación que un amo pudiera tener con un esclavo, aunque éste no estuviese conforme. Ya en tiempos del imperio, hay datos históricos contrastados de la homosexualidad de los emperadores. De los primeros catorce, trece afirmaban ser bisexuales o sin reserva homosexuales. La pederastia fue perdiendo el rechazo social, para convertirse en una forma de iniciación del paso de la adolescencia a la madurez. Eso degeneró hasta convertirse en una práctica de la sexualidad masculina, compitiendo muchas veces con el interés por las mujeres. Sin embargo, los conservadores la rechazaban abiertamente[9]. No es, por tanto, de extrañar que esta aberración fuese practicada por algunos de los creyentes en Corinto, de forma que no es contrario a la interpretación considerarla así en este versículo. Esto confirma la gran corrupción moral que había en la iglesia o, acaso mejor, entre algunos creyentes de la iglesia, que sin duda no era un pequeño número entre los de aquella congregación.

10. Ni los ladrones, ni los avaros, ni los borrachos, ni los maldicientes, ni los estafadores, heredarán el reino de Dios.

οὔτε κλέπται οὔτε πλεονέκται, οὐ[1] μέθυσοι, οὐ λοίδοροι, οὐχ
Ni ladrones, ni avaros, ni borrachos, ni maledicentes, ni
ἅρπαγες βασιλείαν Θεοῦ κληρονομήσουσιν[2].
estafadores, en reino de Dios heredarán.

[8] Pierre Chantraine. *Diccionnaire éyymologique de la langue grecque*. Nouvelle édition 2009, pág. 111.
[9] Datos sintetizados de Wikipedia.

Análisis y notas del texto griego.

Análisis: οὔτε, conjunción copulativa formada por crasis[10] de οὔ, *no*, y te, *y*, equivalente a *y no, ni*; κλέπται, caso nominativo masculino plural del nombre común *ladrones*; οὔτε, conjunción copulativa formada por crasis[8] de οὔ, *no*, y te, *y*, equivalente a *y no, ni*; πλεονέκται, caso nominativo masculino singular del nombre común *avaros*; οὐ, adverbio de negación *ni*; μέθυσοι, caso nominativo masculino singular del nombre común *borrachos*; οὐ, adverbio de negación *ni*; λοίδοροι, caso nominativo masculino singular del nombre común *maledicentes*; οὐχ, forma escrita del adverbio de negación *no*, con el grafismo propio ante una vocal con espíritu suave o una enclítica; ἅρπαγες, caso nominativo masculino plural del adjetivo *estafadores*; βασιλείαν, caso acusativo femenino singular del nombre común declinado *en reino*; Θεοῦ, caso genitivo masculino singular del nombre divino declinado *de Dios*; κληρονομήσουσιν, tercera persona plural del futuro de indicativo en voz activa del verbo κληρονομέω, *recibir, entrar en posesión de, heredar*, aquí *heredarán*.

Notas. Crítica Textual. Lecturas alternativas.

[1]οὐ, *ni*, según lectura en a, A, C, P, Ψ, 33, 81, 104, 365, 1175, 1739, 1881, Clemente, Orígenes, Speculum.

οὔτε, *ni*, conforme a B, D, L, 630, 1241, 1505, 2464, Ireneo[lat].

οὐδέ, *ni*, según lectura en $\mathfrak{P}^{46}$.

[2] κληρονομήσουσιν, *heredarán*, lectura en $\mathfrak{P}^{46}$, a, A, B, C, D, Ψ, 6, 33, 630, 1505, 1739*, sy[h].

οὐ κληρονομήσουσιν, *no heredarán*, conforme a la lectura en L, P, 81, 104, 365, 1175, 1241, 1739[c], 1881, 2464, $\mathfrak{M}$, sy[p], Ireneo[arm]; Clemente.

οὔτε κλέπται. Continúa citando aspectos negativos, pero en este tramo, los pecados ya no son relativos a problemas de moral sexual sino a los que se relacionan con bienes, como el robo y a otro tipo de acciones abusivas, que se producían como algo habitual entre las personas no creyentes. Inicia con una referencia a los *ladrones*, quienes se dedican a apoderarse de lo ajeno. La antigua etimología procede especialmente del verbo κλέπτω, *robar*, que ya en Homero tiene connotaciones de algo que se hace con astucia, no tanto con violencia. De ahí se deriva el adjetivo que está en este calificativo, por lo que podría traducirse tanto por

[10] *Crasis*, palabra griega que equivale a *unión de fuerzas*, en general *unión de elementos*.

ladrones como por *hurtadores*. En cualquier caso los que toman para sí aquello que no les corresponde.

οὔτε πλεονέκται, Se refiere también a los *avaros*. Ya se ha considerado antes. Se trata de gentes codiciosas en grado sumo.

οὐ μέθυσοι. Habla también de los *borrachos*, aquellos que son dependientes del vino y se embriagan habitualmente. Los esclavos del alcohol. La ingesta moderada de vino, no está prohibida en ningún lugar de la Escritura, sí está la bebida inmoderada. Los fariseos llamaban a Jesús *bebedor*, y este calificativo es sólo para quienes abusan del uso del vino. Una borrachera, no es justificable en ningún caso, pero no solo es *borracho* el que está habitualmente ebrio.

οὐ λοίδοροι, Menciona ahora a los *maldicientes*, en general aquellos que hablan mal de otros. El sentido de la palabra se relaciona con *injurias, insultos* e incluso *invectivas*. De manera que la *maledicencia* no solo puede ser de palabra, injuriando e insultando, sino incluso, con un discurso violento contra alguien. Está íntimamente asociado al verbo καταλαλέω, habitualmente traducido por *murmurar*, para extender sutilmente algo contra otro hablando mal de él[11]. Sin duda este pecado debía estar muy extendido entre los corintios, hablando mal unos de los otros, especialmente destacando los defectos de cada uno de los grupos en que habían dividido la iglesia, hablando despectivamente del apóstol Pablo, menospreciando a los colaboradores de los apóstoles, etc.

οὐχ ἅρπαγες. La última mención se relaciona con los *estafadores*. Derivado del verbo ἁρπάζω, que se usa para una acción rápida traducido en ocasiones por *arrebatar*, y que aparece en relación con el traslado de la iglesia. Tiene que ver con *rapiña*, como ocurre con el adjetivo en este versículo, con un acento diferente en sentido de *estafar*. Podría traducirse como *maleantes*.

βασιλείαν θεοῦ κληρονομήσουσιν. La conclusión es lógica. Pablo les hace notar que quienes *practican* estas cosas, es decir, los que hacen de ellas forma natural de vida, no *heredarán*, o no tendrán herencia, en el *reino de Dios*. Es la reiteración de lo que afirmó antes (v. 9), y que ya se ha considerado en cuanto al sentido de la frase. Sin duda, al no poder heredar, es que no son creyentes. La caída en un pecado, la comisión de una acción grave, no debiera darse en la vida de un cristiano, pero es posible que, bien sea por la acción del tentador, o porque su propia

---

[11] Ver mi comentario a Stg. 4:11, en esta misma serie.

concupiscencia lo ha seducido (Stg. 1:14). Pero quien practica el pecado, y en este caso las referencias tienen que ver con una acción reiterada; nótese que no usa nombres comunes para referirse a los pecados, sino adjetivos calificativos que presentan la condición de quien los comete porque es de ese modo, éstos no pueden tener vida eterna en sí mismos. El apóstol Juan advierte que quien es de Dios, y por tanto permanece en Él, *no peca*, y el que *peca*, en sentido de practicar el pecado como forma habitual de vida, *no le ha visto ni le ha conocido* (1 Jn. 3:6)[12]. Esta afirmación del apóstol es un desafío para que los lectores de la *Epístola* examinen su verdadera condición de cristianos *convertidos* y no solo *convencidos*.

11. Y esto erais algunos; mas ya habéis sido lavados, ya habéis sido santificados, ya habéis sido justificados en el nombre del Señor Jesús, y por el Espíritu de nuestro Dios.

καὶ ταῦτα τινες ἦτε· ἀλλὰ ἀπελούσασθε, ἀλλὰ ἡγιάσθητε,
Y estas cosas algunos erais; pero fuisteis lavados, pero fuisteis santificados,
ἀλλὰ ἐδικαιώθητε ἐν τῷ ὀνόματι τοῦ Κυρίου Ἰησοῦ Χριστοῦ[1]
pero fuisteis justificados en el nombre del Señor Jesucristo
καὶ ἐν τῷ Πνεύματι τοῦ Θεοῦ ἡμῶν.
y en el Espíritu del Dios de nosotros.

Análisis y notas del texto griego.

Análisis: καὶ, conjunción copulativa *y*; ταῦτα, caso nominativo neutro plural del pronombre demostrativo *estos*, en sentido de *estas cosas*; τινες, caso nominativo masculino plural del pronombre indefinido *algunos*; ἦτε, segunda persona plural del imperfecto de indicativo en voz activa del verbo εἰμί, *ser, estar*, aquí *eráis*; ἀλλὰ, conjunción adversativa *pero*; ἀπελούσασθε, segunda persona plural del aoristo primero de indicativo en voz media del verbo ἀπολούομαι, *ser lavado*, aquí *fuisteis lavados*; ἀλλὰ, conjunción adversativa *pero*; ἡγιάσθητε, segunda persona plural del aoristo primero de indicativo en voz pasiva del verbo ἁγιάζω, *santificar*, aquí *fuisteis santificados*; ἀλλὰ, conjunción adversativa *pero*; ἐδικαιώθητε, segunda persona plural del aoristo primero de indicativo en voz pasiva del verbo δικαιόω, *justificar*, aquí *fuisteis justificados*; ἐν, preposición propia de dativo *en*; τῷ, caso dativo neutro singular del artículo determinado *el*; ὀνόματι, caso dativo neutro singular del sustantivo *nombre*; τοῦ, caso genitivo masculino singular del artículo determinado declinado *del*; Κυρίου, caso genitivo masculino singular del nombre divino *Señor*; Ἰησοῦ, caso genitivo masculino singular del nombre propio *Jesús*; Χριστοῦ, caso genitivo masculino singular del nombre propio *Cristo*; καὶ, conjunción copulativa *y*; ἐν, preposición propia de dativo *en, por*; τῷ, caso genitivo neutro singular del artículo determinado *el*; Πνεύματι, caso genitivo neutro singular del nombre divino *Espíritu*; τοῦ, caso genitivo masculino

[12] Ver comentario al versículo en el correspondiente volumen de esta serie.

singular del artículo determinado declinado *del*; Θεοῦ, caso genitivo masculino singular del nombre divino *Señor*; ἡμῶν, caso genitivo de la primera persona plural del pronombre personal declinado *de nosotros*.

Notas. Crítica Textual. Lecturas alternativas.

[1] Κυρίου 'Ιησοῦ Χριστου, *Señor Jesucristo*, según se lee en 𝔓[11 vid, 46], a, D, Ireneo[lat], Tertulinao, Cipriano, Ambrosiaster.

Κυρίου 'Ιησοῦ, *Señor Jesús*, según a A, D[2], L, Ψ, 1241, 1505, 𝔐, sa.

ἡμῶν 'Ιησοῦ Χριστου, *de nosotros Jesucristo*, conforme a B, C[vid], P, 33, 81, 104, 365, 629, 630, 1175, 1739, 1881, 2464, lat, sy[p, h**], bo, Epifanio.

καὶ ταῦτα τινες ἦτε· La vida cristiana es la consecuencia de un cambio radical que Dios opera en quien ha creído. El apóstol recuerda a los corintios que *estas cosas*, es decir, la lista de pecados que aparecen en los versículos anteriores, eran el modo de vida de algunos de los que ahora eran creyentes en la iglesia en Corinto. Caben dos interpretaciones a la frase del apóstol, que solo algunos habían practicado todos esos pecados, esto es lo más improbable; puede entenderse que *algunos* habían practicado *algunos* de aquellos pecados. Esta es la más apropiada en este lugar. Los corintios, por su forma habitual de vida, practicaban el pecado en mayor o menor intensidad, como todos los que no creen en Cristo, pero entre los muchos pecados que forman parte de la experiencia propia del que no ha nacido de nuevo, algunos son eminentemente graves en la ética no tanto cristiana, sino de la sociedad en general. Estos más evidentes habían estado presentes en *algunos* de los miembros de la iglesia.

Una serie de obras divinas los había separado para siempre de aquel estado de corrupción moral. Esas operaciones de la gracia suponen un cambio de posición definitiva. Estas operaciones que Dios hizo, y el cambio producido no operó solo en los creyentes de Corinto, sino que es propio y alcanza a cada uno de los salvos en cualquier lugar, sistema social y tiempo. Dios no llama a *perfectos*, porque no los hay, y Jesucristo no vino a buscar a justos, sino a perdidos (Lc. 19:10). Como recuerda Simón Kistemaker:

"Los publicanos y prostitutas eran los pecadores del tiempo de Jesús; eran los parias de la sociedad. Jesús los llamaba al arrepentimiento y después come y bebe con ellos en sus propias casas"[13].

[13] S. Kistemaker. o. c., pág. 170.

Algo semejante ocurrió cuando Pablo visitó Corinto por primera vez y proclamó el mensaje del evangelio. Muchos de los que oyeron el mensaje practicaban pecados y vicios degradantes como los que el apóstol mencionó antes. Por la proclamación del mensaje de gracia, aquellos que se identifican como *algunos*, en el versículo, creyeron en Cristo y se produjo la obra de transformación que se opera en todos los que creen.

ἀλλὰ ἀπελούσασθε, Les recuerda que la primera acción de la salvación consistió en el *lavamiento* espiritual. Utilizando una metáfora se refiere con ella a la limpieza que el hombre recibe por aplicación de la operación salvadora que Cristo realizó en la Cruz. Juan enseña que *"la sangre de Jesucristo su Hijo nos limpia de todo pecado"* (1 Jn. 1:7). El pecado y sus secuelas, imborrables para el hombre, quedan definitivamente retirados de la experiencia del salvo. Sin embargo, esta limpieza, *lavamiento espiritual* solo es posible con la entrega del pecador al Salvador, lo que el apóstol Pablo enseña como *creer con el corazón* (Ro. 10:9). Por consiguiente, el lavamiento del pecado no es una experiencia posterior, sino instantánea al ejercicio de la fe. De ahí en adelante ese corazón limpio, permite al creyente acercarse a Dios y estar en comunión con Él, siendo la única forma de hacerlo (Sal. 24:4). Esto es lo que el escritor a los Hebreos llama *"plena certidumbre de fe"* (He. 10:22). Esto es, sólo con fe auténtica puede producirse la salvación y los resultados diversos que la gracia manifiesta en ella. Lo que sigue en las bendiciones que se citan en el versículo son consecuencias de la fe ejercida y depositada en el Salvador, porque es el único instrumento para alcanzarla (Ef. 2:8-9).

El *lavamiento*, al que se refiere aquí el apóstol produce la purificación del pecado, extinguiendo para el creyente la *mala conciencia*, resultado de la existencia y práctica del pecado. La sangre de Cristo purifica, en sentido de lavamiento y de limpieza, la conciencia de pecado (He. 10:2, 14). Limpios y santificados en Cristo, el pecador, antes alejado de Dios y de Su gloria, tiene libre acceso a Su presencia.

La *limpieza* que Dios ejerce en el que cree, tiene que ver con una vida de santificación que se mantiene en limpieza espiritual. En el simbolismo de la antigua dispensación, los sacerdotes tenían que lavar los cuerpos con agua limpia antes de vestir las ropas sacerdotales, que les permitiera entrar en el santuario para ejercer su ministerio (Lv. 8:6). Las acciones de la vida son la expresión visible del corazón, ya que *"de la abundancia del corazón habla la boca"* (Lc. 6:45).

Pablo estuvo enseñando a los corintios la condición del creyente como *templo* del Espíritu, y de la iglesia como santuario de Dios. El apóstol Pedro enseña que cada creyente es *sacerdote* de Dios, hecho así por identificación con el Sumo Sacerdote que es Cristo (1 P. 2:9). Por esa razón la limpieza de vida es esencial para el ejercicio espiritual del sacerdocio, siendo ejemplos al mundo del cambio operado por el Espíritu en la regeneración. El creyente, posicionalmente en Cristo, está limpio de todo porque fue *lavado* de la contaminación propia de su antiguo estado. En el momento de creer se produce la liberación de la esclavitud del viejo hombre y el *revestirse* del nuevo (Ef. 4:22, 24). Lavar expresa la purificación moral y espiritual que Dios demanda para el creyente (Sal. 51:7; Jer. 4:14).

ἀλλὰ ἡγιάσθητε, No solo lavados, sino también *santificados*. Ya se ha considerado antes que la santificación está en la vinculación espiritual de vida con Cristo. Es Él quien ha sido hecho para nosotros *santificación* (1:30)[14]. La limpieza de los pecados y de su influencia, produce la santidad de vida para el creyente. Cada uno de los que han creído y, por consiguiente, el conjunto de todos como Iglesia, forman un pueblo *santo*, porque ha sido separado por Dios y para Él (1 P. 2:9)[15]. La ocupación de los santificados no es ocuparse en el pecado, que antes era propio de su vida, sino en la *santificación* (Fil. 3:12). Nadie debe olvidar que el único modo válido de vida es la santidad (1 P. 1:14-15). En contraste, *algunos* de los creyentes en Corinto, no vivían vidas que corresponden a la *santificación*, sino al pecado, siendo por tanto un serio problema en la relación con Dios como iglesia y en el testimonio ante el mundo que practicaba una vida de pecado.

ἀλλὰ ἐδικαιώθητε. Además, el apóstol les recuerda que también son *justificados*. Es la progresión en las bendiciones de la salvación. El que cree es *lavado*, *santificado* y declarado justo por Dios. En ese sentido, al haber llevado Cristo en la Cruz el pecado de los salvos, al ser sustituto de cada uno de ellos, la demanda penal por el pecado, ha quedado cancelada, por lo que, examinado el creyente ante la justicia de Dios, no tiene deuda alguna que cancelar, de ahí que tiene *paz para con Dios* (Ro. 5:1), y puede afirmar que ya no hay condenación para él (Ro. 8:1). Es más, *revestidos* de la justicia de Cristo, cada creyente es hecho *"justicia de Dios en Él"* (2 Co. 5:21). Esta justicia imputada exige vivir la *justicia* práctica de la vida cristiana en plena identificación con Cristo, dedicando

---

[14] Ver comentario al texto citado.

[15] Ver comentario a la cita en el tomo *Epístolas de Pedro*, de esta serie.

los miembros de cada uno no para el servicio del pecado, sino de la justicia (Ro. 6:13).

Al igual que las otras bendiciones de la gracia, la justificación es posible solo para el creyente. El instrumento para alcanzar la justificación es la fe. Debe tenerse presente que la razón de la salvación es la gracia, pero la fe es el elemento instrumental para alcanzar la promesa de salvación, que es para todo aquel que cree (Ro. 1:16-17). La expresión *fuisteis justificados* en el texto griego, expresa la idea de una acción plenamente efectuada. Es necesario enfatizar que la justificación se produce en un determinado momento y queda definitivamente realizada para el que cree. Por la fe somos ahora considerados como justos delante de Dios, la fe, pues, hace realidad un imposible, como dice Barth: *"Nosotros no sólo somos lo que somos, sino que, mediante la fe, somos lo que no somos"*[16]. Mediante la justificación pasamos a disfrutar de una posición inalcanzable para el hombre por cualquier otra vía que no sea la fe. Dios, que justifica, toma también partido por nosotros (Ro. 8:31), poniéndose a nuestro lado, o tal vez mejor, poniéndonos a nosotros a Su lado, declarándose favorable a nosotros, haciendo que nosotros seamos Suyos en la seguridad de la esperanza y en la *certeza* de la promesa.

ἐν τῷ ὀνόματι τοῦ κυρίου 'Ιησοῦ Χριστοῦ. La obra de la gracia en salvación es una operación trinitaria. Quien salva es Dios (Sal. 3:8; Jon. 2:9). Alcanzar estas bendiciones es posible porque las tres Personas Divinas, intervienen individual y solidariamente en el *plan de salvación* establecido desde la eternidad. El llamado del Padre conduce a los perdidos al Salvador. E inmediatamente la obra salvadora es posible por la obra de Cristo. De ahí que el apóstol afirme que esas bendiciones y posiciones se alcanzan en *"el nombre del Señor Jesucristo"*. Es interesante apreciar que aquí están unidos para referirse al Salvador, los títulos *regio, sacerdotal y profético* del Señor. Por la fe en Él se obtiene vida eterna en *Su nombre* (Jn. 20:31; Hch. 10:43).

καὶ ἐν τῷ πνεύματι τοῦ θεοῦ ἡμῶν. Pero no es menos cierto que esa posición de los creyentes delante de Dios ha sido posible por el *Espíritu de Dios.* La enseñanza sobre la santificación se le atribuye al Espíritu (1 P. 1:2). Pero, la promesa del Espíritu, Su presencia en el creyente como *residente divino*, se recibe a causa de haber sido redimidos de la maldición de la ley (Gá. 3:13, 14)[17]. Es el Espíritu Santo que regenera al pecador perdido que cree en Cristo (Jn. 3:5-8). La salvación no es un

---

[16] C. Barth. *Romanos*. 201.

[17] Ver comentario a la referencia en *Gálatas*, de esta misma serie.

cambio de forma de vida, sino la generación, el engendramiento del creyente en Cristo (Jn. 3:5-8). Esta es la operación del nuevo nacimiento, por el que *"las cosas viejas pasaron; he aquí todas son hechas nuevas"* (2 Co. 5:17). El que ha sido regenerado por el Espíritu *anda en novedad de vida*. Quiere decir que el Espíritu transforma al creyente (2 Co. 3:18).

Todo ello es posible por la acción del Padre, a quien Pablo llama aquí *"nuestro Dios"*. En vinculación con Cristo, el Padre es nuestro Dios, como el Señor dijo a los Suyos, luego de la resurrección: *"Subo a mi Padre y a vuestro Padre, a mi Dios y a vuestro Dios"* (Jn. 20:17). Dios hace posible la salvación *enviando* al Hijo para ser Salvador del mundo (Jn. 3:16; Gá. 4:4). Pero, también envió al Espíritu Santo, procedente del Padre y del Hijo (Jn. 14:16).

No hace falta más exhortación que reflexionar sobre la operación de la gracia en cada creyente. La vida cristiana debe ser concordante con la posición alcanzada por gracia. La responsabilidad del que siendo creyente practica voluntariamente el pecado, es grave, debiendo esperar en lugar de bendiciones, una operación de limpieza divina comparada con el hervor de fuego (He. 10:26-31)[18].

La moral permisiva (6:12-20)

Licitud y conveniencia (6:12-14)

12. Todas las cosas me son lícitas, mas no todas convienen; todas las cosas me son lícitas, mas yo no me dejaré dominar de ninguna.

Πάντα μοι ἔξεστιν ἀλλ᾽ οὐ πάντα συμφέρει· πάντα
Todas las cosas me son lícitas, pero no todas las cosas convienen; todas las cosas
μοι ἔξεστιν ἀλλ᾽ οὐκ ἐγὼ ἐξουσιασθήσομαι ὑπό τινος.
me son lícitas pero yo no seré dominado por ellas.

Análisis y notas del texto griego.

Análisis: Πάντα, caso nominativo neutro plural del adjetivo indefinido *todos*, en sentido de *todas las cosas*; μοι, caso dativo de la primera persona singular del pronombre personal declinado *a mí, me*; ἔξεστιν, tercera persona singular del presente de indicativo en voz activa del verbo ἔξεστιν, *está permitido, es lícito, es posible*, aquí *es lícito*; ἀλλ᾽, forma escrita ante vocal de la conjunción adversativa ἀλλά que significa *pero, sino*; οὐ, adverbio de negación *no*; πάντα, caso nominativo neutro plural del adjetivo indefinido *todos*, en sentido de *todas las cosas*; συμφέρει, tercera persona singular del presente de indicativo en voz

[18] Ver comentario al pasaje en *Hebreos*, de esta misma serie.

activa del verbo συμφέρω, *convenir, ser de provecho*, aquí *conviene*; πάντα caso nominativo neutro plural del adjetivo indefinido *todos*, en sentido de *todas las cosas*; μοι, caso dativo de la primera persona singular del pronombre personal declinado *a mí, me*; ἔξεστιν, tercera persona singular del presente de indicativo en voz activa del verbo ἔξεστιν, *está permitido, es lícito, es posible*, aquí *es lícito*; ἀλλ', forma escrita ante vocal de la conjunción adversativa ἀλλά que significa *pero, sino*; οὐκ, forma escrita del adverbio de negación *no*, con el grafismo propio ante una vocal con espíritu suave o una enclítica; ἐγὼ, caso nominativo de la primera persona singular del pronombre personal *yo*; ἐξουσιασθήσομαι, primera persona singular del futuro de indicativo en voz pasiva del verbo ἐξουσιάζω, *ejercer poder, dominar, disponer*, aquí *seré dominado*; ὑπό, preposición propia de genitivo *por*; τινος, caso genitivo neutro plural del pronombre indefinido *ellos*.

Πάντα μοι ἔξεστιν ἀλλ' οὐ πάντα συμφέρει· Este último párrafo del capítulo contiene una enseñanza directa contra la moral permisiva. Hay cosas *lícitas* y cosas *convenientes*. No siempre, como es en este caso, ambas son aceptables para la vida de santidad del cristiano.

El texto tiene una cierta dificultad interpretativa que exige posicionarse antes sobre el entorno que el apóstol tenía en mente al escribir estas palabras. Es muy probable que una influencia gnóstica que más tarde sería combatida por Ireneo y Clemente de Alejandría, se hubiera introducido en algunos de la iglesia. Estos entendían dos principios, que hace notar el Dr. Juan Leal:

"a) Cuanto se refiere al cuerpo carece de importancia para la vida espiritual y el destino del alma. Los excesos de la carne no afectan al espíritu, único heredero del cielo.

b) El cuerpo, como toda la materia, fue creada por una divinidad inferior. Por eso no ha de tener parte en el reino de Dios ni ha de resucitar"[19].

Muy probablemente la expresión *"todas las cosas son lícitas"*, nació de este pensamiento entre quienes habían sido influenciados por él. Los principios heréticos expresados en este pensamiento son denunciados y combatidos por el apóstol en la *Epístola*. En cuanto al libertinaje de los pecados de la carne, en este capítulo, y en el 8. En relación con la negación de la resurrección en el capítulo 15.

Sobre esto escribe el Dr. Juan Leal:

"Pablo refuta estas teorías apoyándose en la doctrina bíblica de la creación, obra toda del único verdadero Dios, tanto en lo que afecta a las

---

[19] Juan Leal. o. c., pág. 384.

criaturas espirituales como a las corporales. El cuerpo es obra del mismo Dios, que ha creado el alma. Otro principio fundamental que también toca en este capítulo es el hecho de la resurrección del cuerpo de Cristo, a cuya imagen resucitarán los cuerpos de todos los fieles (v. 14). El cuerpo es parte esencial del cristiano, y, por lo mismo, el cuerpo es miembro de Cristo (v. 15), templo del Espíritu Santo (v. 19). Esta perícopa tiene especial importancia, porque nos descubre el pensamiento del apóstol porque descubre la dignidad del cuerpo cristiano en cuanto tal. El cuerpo viene colocado en la misma línea de redención y elevación que todo hombre (vv. 19-20)"[20].

El apóstol toma la expresión *todo me es lícito*, para establecerla ante los lectores como una afirmación que necesita una respuesta que, en cierto modo, la destruye, de modo que puede establecerse un paralelismo típico de la poesía hebrea, del siguiente modo:

Proposición	Advertencia
Todas las cosas me son lícitas.	*Pero no todas las cosas convienen.*
Todas las cosas me son lícitas.	*Pero no me dejaré dominar por ninguna de ellas.*

Es muy posible que entre los que estaban en la iglesia como miembros de ella, no solo hubiese quienes estaban influenciados por principios filosóficos de algunos grupos que negaban que los actos cometidos por el cuerpo fuesen malos, probablemente los judíos helenistas habían irrumpido también entre los creyentes. Estos estaban influenciados abiertamente por el gnosticismo incipiente que se extendía rápidamente alcanzando amplios sectores sociales. No importa quienes eran los responsables, pero el uso por dos veces de la frase: *"Todo me es lícito"*, indica que los corintios la consideraban como válida y algunos, acaso como propia. Es necesario apreciar que el adjetivo indefinido πάντα, es indudablemente neutro plural, por tanto, no se puede vincular a personas, sino aspectos generales, que ha de ser vertido como *todas las cosas*. De manera que el apóstol traslada una manifestación concreta en la que se afirma que *todas las cosas son lícitas*. Acaso sea una expresión de los creyentes a quienes antes llamó *carnales*, para justificar su mal testimonio y la práctica de pecados antes citados por el apóstol. Como se dijo anteriormente, posiblemente influenciados por gnósticos que consideraban la materia como algo sin cualidades éticas. Educados en una

---

[20] Juan Leal. o. c., pág. 384.

moral que no consideraba los pecados sexuales, especialmente la fornicación, como malos, procuraban justificar su libertinaje con esa frase. Tal vez una interpretación equivocada del acuerdo del concilio de Jerusalén (Hch. 15), negaban cualquier sujeción a la moral establecida en la Ley. Sin embargo, lo que el apóstol enseñaba era la libertad cristiana en relación con las prohibiciones de la Ley en cuanto a alimentos limpios o impuros (Ro. 14:14, 20). Algunos en Corinto lo extendían a cualquier cosa, sin importar de que se tratara, especialmente perversa en relación con la práctica de pecados de relación íntima o pecados sexuales.

La primera respuesta o antítesis del apóstol relativa a esta afirmación es que *no todo conviene*. Lo que no conviene a la edificación de la iglesia y la gloria de Dios, no es provechoso para el creyente, que es el significado de la palabra *conveniente*. Todo lo que pueda ofender a otro y herir su conciencia, aunque no sea en sí mismo pecaminoso, no es conveniente. A la afirmación de los libertinos: *"todas las cosas son lícitas"*, el apóstol contrapone que cuanto de lo que se considere lícito no sea de edificación para la iglesia y de utilidad para la vida cristiana, *no es lícito*. La libertad cristiana no debe degenerar en libertinaje, que no es otra cosa que la esclavitud de la carne y el sometimiento al pecado.

πάντα μοι ἔξεστιν ἀλλ' οὐκ ἐγὼ ἐξουσιασθήσομαι ὑπό τινος. Nuevamente toma la proclama libertina: *"Todas las cosas son lícitas"*, para rebatirla con otra advertencia: *Pero no me dejaré dominar por ninguna de ellas*. No es conveniente aquello que va contra el dominio propio. No solo en relación con pecados sexuales, sino con otros como la gula, que utiliza en el siguiente versículo. El uso del vino es lícito, pero la embriaguez, que es ser dominado por la ingesta del vino, no es lícito, porque no es conveniente. El creyente que justifica ciertos vicios porque *no son malos*, se olvida que el problema está en *ser esclavizado*. El verbo ἐξουσιάζω, tiene el sentido de *ejercer potestad*, de modo que aquello que aparentemente es lícito, llega a ejercer potestad convirtiendo al que se siente libre en un esclavo. El apóstol no hace distinción en la esclavitud pecaminosa a la que se refiere, usando nuevamente el adjetivo indefinido πάντα, referido a *todas las cosas*, a cualquiera de ellas o a todas en conjunto. No consentirá que nada le haga esclavo, puesto que es libre en Cristo. La libertad no es hacer lo que se quiere, sino lo que se debe.

13. Las viandas para el vientre, y el vientre para las viandas; pero tanto al uno como a las otras destruirá Dios. Pero el cuerpo no es para la fornicación, sino para el Señor, y el Señor para el cuerpo.

τὰ βρώματα τῇ κοιλίᾳ καὶ ἡ κοιλία τοῖς βρώμασιν, ὁ δὲ
Los alimentos para el vientre y el vientre para los alimentos, - pero

Θεὸς καὶ ταύτην καὶ ταῦτα καταργήσει. τὸ δὲ σῶμα οὐ τῇ
Dios y a esta y a estos hará desparecer. Pero el cuerpo no para la
πορνείᾳ ἀλλὰ τῷ Κυρίῳ, καὶ ὁ Κύριος τῷ σώματι·
fornicación sino para el Señor, y el Señor para el cuerpo.

Análisis y notas del texto griego.

Análisis: τὰ, caso nominativo neutro plural del artículo determinado *los*; βρώματα, caso nominativo neutro plural del nombre común *alimentos*; τῇ, caso dativo femenino singular del artículo determinado declinado *para la*; κοιλίᾳ, caso dativo femenino singular del nombre común *vientre*; καὶ, conjunción copulativa *y*; ἡ, caso nominativo femenino singular del artículo determinado *la*; κοιλία, caso nominativo femenino singular del nombre común *vientre*; τοῖς, caso dativo neutro plural del artículo determinado declinado *para los*; βρώμασιν, caso dativo neutro plural del nombre común *alimentos*; ὁ, caso nominativo masculino singular del artículo determinado *el*; δὲ, partícula conjuntiva que hace las veces de conjunción coordinante, con sentido de *pero, más bien, y, y por cierto*, *antes bien, entonces*; Θεὸς, caso nominativo masculino singular del nombre divino *Dios*; καὶ, conjunción copulativa *y*; ταύτην, caso acusativo femenino singular del pronombre demostrativo *esta*; καὶ, conjunción copulativa *y*; ταῦτα, caso acusativo neutro plural del pronombre demostrativo declinado *a estos*; καταργήσει, tercera persona singular del futuro de indicativo en voz activa del verbo καταργέω, *invalidar, dejar sin valor, dejar a un lado, hacer desaparecer,* aquí *hará desaparecer*; τὸ, caso nominativo neutro singular del artículo determinado *el*: δὲ, partícula conjuntiva que hace las veces de conjunción coordinante, con sentido de *pero, más bien, y, y por cierto*, *antes bien, entonces*; σῶμα, caso nominativo neutro singular del nombre común *cuerpo*; οὐ, adverbio de negación *no*; τῇ, caso dativo femenino singular del artículo determinado declinado *para la*; πορνείᾳ, caso dativo femenino singular del nombre común *fornicación, inmoralidad sexual*; ἀλλὰ, conjunción adversativa *pero*; τῷ, caso dativo masculino singular del artículo determinado declinado *para el*; Κυρίῳ, caso dativo masculino singular del nombre divino *Señor*; καὶ, conjunción copulativa *y*; ὁ, caso nominativo masculino singular del artículo determinado *el*; Κύριος, caso nominativo masculino singular del nombre divino *Señor*; τῷ, caso dativo neutro singular del artículo determinado declinado *para el*; σώματι, caso dativo neutro singular del nombre común *cuerpo*.

τὰ βρώματα τῇ κοιλίᾳ καὶ ἡ κοιλία τοῖς βρώμασιν, El apóstol toma un nuevo ejemplo relativo en este caso a los alimentos y al sistema digestivo por el que se provee para el cuerpo las sustancias nutritivas que necesita. El hecho de que haya una afirmación y una réplica sitúa este ejemplo en el mismo nivel que las dos anteriores. La proposición es simple: *Los alimentos son para el vientre, y el vientre para los alimentos*. El apóstol se refiere a los órganos del aparato digestivo, necesarios para el sostenimiento del cuerpo temporal. No cabe duda que el hombre necesita ingerir alimentos, digerirlos y asimilarlos. Sin embargo, todo esto es asunto temporal, que se mantendrá cuanto dure la vida de la persona, el alimento ahora es necesario, pero llegará el tiempo en que no lo sea. La lógica de la afirmación es evidente, los alimentos son inútiles sin la acción del aparato digestivo, pero, del mismo modo este también lo es sin aquellos.

Con todo, es necesario entender por qué causa hizo Pablo esta referencia en este lugar. Podría considerarse como una advertencia a quienes estaban siendo influenciados por el sistema judío en relación con ellos. La ley clasificaba los alimentos en dos grupos, los limpios, de los que se podía comer, y los *impuros* que estaban prohibidos para el pueblo de Israel. Esto había sido trasladado a los cristianos de procedencia gentil por la enseñanza de los judaizantes. Se olvidaban de la enseñanza de Jesús, sobre la no contaminación de los alimentos: *"¿También vosotros estáis sin entendimiento? ¿No entendéis que todo lo de fuera que entra en el hombre, no le puede contaminar, porque no entra en su corazón, sino en el vientre, y sale a la letrina? Esto decía, haciendo limpios todos los alimentos"* (Mr. 7:18-19). Esta lección le fue enseñada más directa y personalmente a Pedro cuando el Señor le mandó matar y comer de los animales que había en un lienzo descendido desde el cielo y puesto delante de él. Dios que determinó en Su ley las limitaciones y prohibiciones para el pueblo de Israel en relación con los animales limpios e inmundos, el mismo legislador divino, en Su soberanía, podía cambiar las disposiciones establecidas antes. Sin embargo, no se trataba de una anulación arbitraria de lo que antes había establecido, sino la consecuencia de *haber hecho limpio* lo que antes era considerado inmundo, por la obra de la Cruz, que anulaba todo el sistema ceremonial de las sombras de la Ley. Los alimentos sanos que entran al organismo por la boca y son luego digeridos, no contaminan porque no son nocivos a la salud, sino que constituyen el modo de nutrir el cuerpo.

Sin embargo, aunque no se puede descartar esta interpretación, el entorno textual demanda más bien una acción pecaminosa e incluso arrogante de quienes estaban infatuados en la iglesia. Como se ha hecho notar en la *Introducción general de la Epístola*[21], el entorno pagano de donde procedían los creyentes, llevaba a las personas de aquella sociedad a la práctica de pecados de *embriaguez* y *gula*, que se manifestaban a menudo en fiestas idolátricas, e incluso en cenas en casas. Tal situación llegaba a afectar el culto de la congregación, en donde algunos comían y bebían en exceso como experiencias en la *cena*, previa a la celebración de la ordenanza del Partimiento del Pan (11:20-22). Como para el resto de prácticas pecaminosas encontraban una excusa para justificarlas. La

[21] Ver los apartados correspondientes en el Capítulo I.

intemperancia en comida y bebida se justificaban como asuntos sin importancia porque se relacionaban con el cuerpo y, para algunos, los hechos efectuados de este modo no tenían importancia porque no eran espirituales, sino materiales.

ὁ δὲ Θεὸς καὶ ταύτην καὶ ταῦτα καταργήσει. Pablo sitúa ahora la *advertencia*, que no es otra que recordar a los lectores que tanto los alimentos como el aparato digestivo serán dejados sin operatividad por Dios mismo. De modo que es absurdo ocuparse de algo temporal y dejar a un lado las consecuencias atemporales que se producirán en el futuro. La muerte física llevará a su fin la necesidad de los alimentos y también la necesidad de alimentar el cuerpo, que, en el caso del creyente será transformado en la resurrección de los muertos (15:42-51).

τὸ δὲ σῶμα οὐ τῇ πορνείᾳ ἀλλὰ τῷ κυρίῳ, La conclusión espiritual es también muy precisa. Del mismo modo que el alimento y el aparato digestivo están hechos el uno para el otro, así también el cuerpo del creyente está hecho para el Señor y el Señor para el cuerpo en una relación definitiva. Cuerpo aquí debe entenderse como la persona humana, en su elemento expresivo y de relación. El cuerpo, por tanto, no está destinado a la comisión de pecados diversos, pero todos ellos contrarios a la voluntad de Dios y que debieran estar ausentes de cada vida cristiana. El cuerpo no es *para la fornicación*, es decir, no está vinculado y necesita de la práctica de esa acción pecaminosa, como si le fuese propia e incluso necesaria, sino que el cuerpo, que forma parte integral de la persona es *para el Señor.* Entre la persona y el cuerpo de la persona existe una relación análoga a la material y temporal de los alimentos y el aparato digestivo. El cuerpo está destinado para el Señor y Su servicio (Ro. 12:1). Por la acción santificadora considerada antes, y la operación redentora, que se considerará después (v. 20), se produce esta vinculación con Él.

καὶ ὁ Κύριος τῷ σώματι· Pero al mismo tiempo, el Señor es para el cuerpo, que ha sido hecho morada de Dios en Espíritu y que está habitado por el Señor como su santuario. Cristo ha destinado el cuerpo del creyente para habitarlo y luego glorificarlo en su momento. Es un elemento del hombre que ha sido comprado por Dios y que aquí reclama el Señor como Suyo. La conclusión no puede ser más concreta y clara. El cuerpo ha de ser instrumento de justicia y santidad en razón de la vinculación con Cristo (Ro. 6:13, 19).

14. Y Dios, que levantó al Señor, también a nosotros nos levantará con su poder.

ὁ δὲ Θεὸς καὶ τὸν Κύριον ἤγειρεν καὶ ἡμᾶς ἐξεγερεῖ διὰ τῆς
- y Dios que al Señor resucitó y a nosotros resucitará por el
δυνάμεως αὐτοῦ.
poder de Él.

Análisis y notas del texto griego.

Análisis: ὁ, caso nominativo masculino singular del artículo determinado *el*; δὲ, partícula conjuntiva que hace las veces de conjunción coordinante, con sentido de *pero, más bien, y, y por cierto*, *antes bien, entonces*; Θεὸς, caso nominativo masculino singular del nombre divino *Dios*; καὶ, conjunción *que*; τὸν, caso acusativo masculino singular del artículo determinado declinado *al*; Κύριον, caso acusativo masculino singular del nombre divino *Señor*; ἤγειρεν, tercera persona singular del aoristo primero de indicativo en voz activa del verbo ἐγείρω, *levantar, resucitar*, aquí *resucitó*; καὶ, conjunción copulativa *y*; ἡμᾶς, caso acusativo de la primera persona plural del pronombre personal declinado *a nosotros*; ἐξεγερεῖ, tercera persona singular del futuro de indicativo en voz activa del verbo ἐγείρω, *levantar, resucitar*, aquí *resucitará*; διὰ, preposición propia de genitivo, *por*; τῆς, caso genitivo femenino singular del artículo determinado *la*; δυνάμεως, caso genitivo femenino singular del nombre común, *fuerza, poder*; αὐτοῦ, caso genitivo masculino de la primera persona singular del pronombre personal declinado *de Él*.

ὁ δὲ Θεὸς καὶ τὸν Κύριον ἤγειρεν. Ante el pensamiento gnóstico y de otras filosofías sobre la nula importancia del cuerpo, el apóstol toma aquí la trascendencia que Dios ha establecido para él. Dios resucitó a Jesús, que fue levantado de entre los muertos por el poder del Padre. Este mismo poder, actuará un día con el cuerpo del creyente. La resurrección de Cristo, como elemento vital para obra de salvación, es una operación divina, en el sentido de que son las tres Personas Divinas las que intervienen en el levantamiento del cuerpo muerto de Jesús. El mismo apóstol que alude al Padre en este versículo, aplica el poder divino a la acción del Espíritu que resucitó a Jesús (Ro. 8:11). No se trata de un poder que el creyente debe aceptar por fe, sino del que ya actuó y dejó su huella en el mundo en la resurrección de Jesús. La manifestación contundente consistió en levantar de entre los muertos a la humanidad muerta de Jesús, acción expresada por el aoristo del verbo *levantar* o *resucitar*, que habla de una acción totalmente consumada. La verdad bíblica de la resurrección de Jesucristo por el poder de Dios es una verdad fundamental que se reitera en varios lugares del Nuevo Testamento (cf. Hch. 3:15; 4:10; 5:30; 10:40; 13:37; Ro. 4:24; 8:11; 10:9; 1 Co. 6:14; 15:15; 2 Co. 4:14; Gá. 1:1; Col. 2:12; 1 Ts. 1:10; 1 P. 1:21). Aunque el sujeto de la acción que resucita a Jesús es el Padre, las tres Personas Divinas intervinieron en ella, ya que el mismo Hijo tenía poder y actuaría en ello (Jn. 10:17, 18).

καὶ ἡμᾶς ἐξεγερεῖ διὰ τῆς δυνάμεως αὐτοῦ. El mismo poder que actuó en la resurrección de Cristo, lo hará en la de cada uno de quienes están vinculados a Cristo y forman una unidad espiritual con Él. El apóstol afirma que la realidad de la resurrección que levantó a Jesús de entre los muertos, será la misma realidad escatológica en la que será levantado el cuerpo de todos los creyentes en Cristo Jesús, para proyectar la vida íntegra de la persona, tanto su parte espiritual como la parte material del cuerpo para una vida perpetua con el Señor. Él resucitó de los muertos como precursor y ejemplo a los creyentes, de ahí que el apóstol diga también: *"Mas ahora Cristo ha resucitado de los muertos; primicias de los que durmieron es hecho"* (15:20). La resurrección de Cristo es como las arras o prototipo de las resurrecciones que vendrán, por tanto, es ejemplo de cómo será la resurrección del creyente (Fil. 3:21). Quien resucitó fue Jesús, *el hombre*, que había muerto, y quienes resucitarán serán los hombres que mueren en Cristo. Todo ello conforme al orden establecido (15:23-24). Cristo como postrer Adán, posee la virtud vivificante (15:45), porque puede comunicar vida, ya que la tiene en Sí mismo (Jn. 1:4) y la da a quien quiere (Jn. 5:21, 26; 6:57; 11:25, 26). El Resucitado es *espíritu vivificante*, en el sentido de capacidad vivificante para los que están en Él. Por la unión vital que el Espíritu lleva a cabo, vienen a ser uno con Él (12:13). Así es la promesa del Señor: *"Yo soy la resurrección y la vida; el que cree en mí, aunque esté muerto, vivirá. Y todo aquel que vive y cree en mí, no morirá eternamente"* (Jn. 11:25-26). No solo hay vida ya en el tiempo presente para el que cree, sino seguridad escatológica de resurrección. El Espíritu que actuó en la resurrección de Cristo, lo hará también en la de todos los creyentes. Los cuerpos nuestros son ahora *cuerpos mortales*, afectados por el pecado que van a experimentar la muerte física, salvo que el Señor recoja a los Suyos antes de la muerte física y los lleve a Su presencia, Pero, la mortalidad del cuerpo presente, será absorbida por la vida en la resurrección. En aquel momento lo que ahora es no solo mortal sino también corruptible, será vestido de incorrupción. El elemento corporal de que seremos dotados, antes corruptible, será elevado por el poder de Dios a un modo de existencia inalterable. Pero, también lo que es *mortal,* será revestido de *inmortalidad.* El cuerpo del creyente será levantado y transformado en el traslado de la Iglesia (15:51-52; 1 Ts. 4:16). La relación entre Cristo y el cuerpo del creyente no es temporal, sino eterna.

Con el repaso a la enseñanza que sin duda había dado sobre este tema a los creyentes de la iglesia en Corinto, el apóstol derriba la enseñanza falsa sobre la nula importancia del cuerpo, en la que algunos justificaban las prácticas pecaminosas de relaciones personales ilícitas confundiendo libertad con libertinaje.

Consecuencias de la permisividad (6:15-18)

15. ¿No sabéis que vuestros cuerpos son miembros de Cristo? ¿Quitaré, pues, los miembros de Cristo y los haré miembros de una ramera? De ningún modo.

οὐκ οἴδατε ὅτι τὰ σώματα ὑμῶν μέλη Χριστοῦ ἐστιν ἄρας
¿No sabéis que los cuerpos de vosotros miembros de Cristo son? ¿Quitaré,
οὖν τὰ μέλη τοῦ Χριστοῦ ποιήσω πόρνης μέλη μὴ γένοιτο.
pues, los miembros - de Cristo hiciese de ramera miembros? ¡No sea así!

> Análisis y notas del texto griego.
>
> Análisis: οὐκ, forma escrita del adverbio de negación *no*, con el grafismo propio ante una vocal con espíritu suave o una enclítica; οἴδατε, segunda persona plural del perfecto de indicativo en voz activa del verbo οἶδα, *saber, conocer*, aquí *habéis sabido*, mejor en castellano *sabéis*; ὅτι, conjunción *que*; τὰ, caso nominativo neutro plural del artículo determinado *los*; σώματα, caso nominativo neutro plural del nombre común *cuerpos*; ὑμῶν, caso genitivo de la segunda persona plural del pronombre personal declinado *de vosotros*; μέλη, caso nominativo neutro plural del nombre común *miembros*; Χριστοῦ, caso genitivo masculino singular del nombre común declinado *de Cristo*; ἐστιν, tercera persona singular del presente de indicativo en voz activa del verbo εἰμί, *ser, estar*, aquí *es*; ἄρας, caso nominativo masculino singular del participio del aoristo primero en voz activa del verbo αἴρω, *quitar, tomar, levantar*, aquí *que quite*; οὖν, conjunción continuativa *pues*; τὰ, caso nominativo neutro plural del artículo determinado *los*; μέλη, caso nominativo neutro plural del nombre común *miembros*; τοῦ, caso genitivo masculino singular del artículo determinado *el*; Χριστοῦ, caso genitivo masculino singular del nombre propio declinado *de Cristo*; ποιήσω, primera persona singular del aoristo primero de subjuntivo en voz pasiva del verbo ποιέω, *hacer*, aquí *hiciese*; πόρνης, caso genitivo femenino singular del nombre común declinado *de ramera, de prostituta*; μέλη, caso acusativo neutro plural del nombre común *miembros*; μὴ, partícula que hace funciones de adverbio de negación *no*; γένοιτο, tercera persona singular del aoristo segundo optativo en voz media del verbo γίνομαι, *hacerse, ser hecho*, aquí *hiciese*, expresión que se traduce como *no sea así, en ningún modo sea*, etc.

οὐκ οἴδατε ὅτι τὰ σώματα ὑμῶν μέλη Χριστοῦ ἐστιν. Pablo recuerda lo que sin duda era conocimiento general de los creyentes en Corinto, que la iglesia es un *cuerpo en Cristo*. Esta es una expresión de la unidad de la iglesia. Esta unidad ha sido un tema controvertido a lo largo de la historia del cristianismo. Hay diferentes y encontradas posturas sobre el significado de la unidad. Filosóficamente la unidad es la característica trascendental de todo ser, por estar integrado en sí y diferenciado de cualquier otro. La unidad es una de las señales de la iglesia, como conjunto de creyentes en Cristo. Como personas, están divididos entre sí por cuanto son diferentes, pero quedan unidos todos en el Señor. Esta unidad, centrada en Jesucristo, tiene necesariamente que ser una unidad espiritual. Los creyentes adquieren en Cristo una vida nueva. Por ello pasan a formar parte de la unidad espiritual que el apóstol trata aquí –y lo hará más adelante (10:17; 12:12-27)– estos son unidos entre si y todos en Cristo, en una unidad que les alcanza y comprende a todos, estableciendo vínculos comunes tales como una misma mente, la de Cristo (2:16); un mismo sentimiento, el de Cristo (Fil. 2:5). A su vez, individual y colectivamente, son morada de Dios en Espíritu, como se ha considerado antes. La unidad así establecida debiera manifestarse al exterior, en forma visible. Los aspectos externos *no hacen la unidad*, que ha sido hecha por el Espíritu, pero evidencian la realidad de ella. El apóstol destaca la unidad en la diversidad, como dirá más adelante: *"nosotros, siendo muchos, somos un cuerpo"* 10:17). La iglesia en Corinto pasaba por un problema de divisiones internas, pero en base a la unidad corporativa en Cristo, de la que los creyentes son miembros y Él es la cabeza, preguntó a los corintios si *Cristo estaba dividido* (1:13).

La Iglesia se considera como *cuerpo de Cristo*, cuya figura está atestiguada en varios pasajes además de las citas anteriores (cf. Ef. 3:6; 4:4, 12, 16; 5:23, 29; Col. 1:18, 24; 2:19; 3:15). Más que una figura, los versículos establecen la relación que existe entre Cristo y la Iglesia, entendida como relación *Cabeza-cuerpo*. Como cuerpo y Cabeza, la Iglesia está en Cristo y Cristo está en la Iglesia, formando una nueva dimensión llamada por Pablo *"el nuevo hombre"* (Ef. 2:15b). Por esa razón el *cuerpo* que es la Iglesia, unido a la Cabeza, que es Cristo, alcanza la plenitud, el *varón perfecto* (Ef. 4:12s). Esta figura corporativa enseña la unidad que Dios establece entre la Iglesia y Cristo, mientras que a su vez acentúa la subordinación de la Iglesia al Señor, como ocurre entre el cuerpo y la cabeza. Pero, además de estas connotaciones de unidad y subordinación, la relación Iglesia-Cristo, Cabeza-cuerpo, entraña el condicionante para el crecimiento. El cuerpo-Iglesia, toma de la Cabeza-Cristo, lo necesario para crecer espiritualmente para alcanzar una medida proporcional a la Cabeza (Ef. 4:15; Col. 1:18). Un nuevo sentido se alcanza en la relación de cuidado y conducción, ya que la cabeza en el cuerpo cuida del buen funcionamiento de los miembros, y de la conducción correcta del cuerpo, así también Cristo hace esta función con la Iglesia. No cabe duda que para Pablo la representación de la Iglesia, tanto la local como la universal, en relación con Cristo se contiene en la figura de Cabeza-cuerpo. En el estudio de esta verdad, puede establecerse que la unidad de Cabeza y cuerpo, da lugar *al Cristo*, como unidad vinculante e inseparable de Cristo y de Su cuerpo que es la Iglesia. Esto permitirá entender algunos asuntos como el posicionamiento en Cristo y con Cristo en los lugares celestiales, puesto que donde está la Cabeza puede y debe estar también el cuerpo (Ef. 2:6).

El concepto cuerpo, implica también la unidad de cada creyente con los restantes hermanos en la fe, para formar una única y completa unidad. De modo que la Iglesia, como cuerpo de Cristo, es superior al individuo, miembro que la forma, pero al mismo tiempo es la comunión de todos los creyentes como personas entre sí. La Iglesia que es comunidad corporativa y que abre la dimensión en Cristo de incorporar a todos los creyentes en un solo cuerpo, pero solo a quienes por creer en Cristo y ser bautizados en Él por el Espíritu (12:13), tienen derecho y destino de ser integrados en ella.

ἄρας οὖν τὰ μέλη τοῦ Χριστοῦ ποιήσω πόρνης μέλη. Si el creyente es miembro del cuerpo está vinculado vitalmente a Cristo, le pertenece y forma una unidad inseparable con Él. Por esa razón formula otra pregunta retórica que exige una respuesta negativa, que el mismo apóstol da como término de la cláusula. Antes dijo que la unión entre un hombre y una mujer los hace partícipes de una vida común. El problema de las prácticas inmorales de algunos corintios tiene una connotación sumamente grave, por cuya razón el apóstol formula la pregunta: *"¿Quitaré, pues, los miembros de Cristo y los haré miembros de una ramera?"*. Como el Señor no puede tener comunión con el pecado, Pablo habla de separar a los miembros de Cristo para unirlos a una prostituta. Si cuanto afirmó antes es verdad, la comunión íntima con una ramera es semejante a la acción de arrancar los miembros de Cristo. No es posible dejar de tener en cuenta que el cuerpo del creyente, como parte integrante de éste, es miembro de Cristo, por tanto, se produce una distorsión grave en quien practica el pecado y sigue vinculado corporativamente con Cristo. Por tanto, este miembro, órgano en el cuerpo espiritual de Cristo no puede ser dado a una prostituta, lo que constituye un acto innoble y un hecho odioso al aceptar la dependencia pecaminosa contraria absolutamente a la comunión en Cristo. No es posible hacer convivir en la misma persona la santa relación y comunión con el Señor y la pecaminosidad que se experimenta en las relaciones con una prostituta. Acaso el apóstol tuviese en mente a las *hieródulas*, prostitutas sagradas que en el ejercicio del culto a la diosa Afrodita de Corinto, se entregaban a la prostitución sagrada. No importa cual fuese en concreto la alusión, el hecho destacable está contenido en el pecado cometido por un miembro del cuerpo de Cristo, en la práctica aborrecible para Dios de la prostitución.

μὴ γένοιτο. La indignación de Pablo salta a la vista en la expresión con que concluye el versículo, que puede ser traducida en diversas formas, pero todas ellas como una negativa de rechazo: *¡Jamás!, ¡De ningún modo! ¡Que nunca ocurra!*

Es notable apreciar cómo el apóstol aborda ahora conjuntamente los dos grandes problemas que ha tratado en relación con los creyentes en Corinto. Las divisiones que estaban fragmentando la congregación y que fueron tratadas antes, aparecen ahora nuevamente en el recuerdo de la enseñanza sobre la unidad, al hacerles notar que sólo hay un *cuerpo en Cristo* y que cada creyente no es individual para formar una nueva unidad con otros, sino que todos somos uno en Él. Pero, juntamente con esta verdad está también la advertencia sobre las prácticas pecaminosas de la sociedad libertina de Corinto, que algunos, tal vez un número grande de creyentes, estaban practicando. Sobre cuya situación sigue en los versículos que vienen.

16. ¿O no sabéis que el que se une con una ramera, es un cuerpo con ella? Porque dice: Los dos serán una sola carne.

ἢ[1] οὐκ οἴδατε ὅτι ὁ κολλώμενος τῇ πόρνῃ ἓν σῶμα ἐστιν
¿O no sabéis que el que se une con la ramera un cuerpo es?
ἔσονται γάρ, φησίν, *οἱ δύο εἰς σάρκα μίαν.*
porque serán, dice, los dos en carne una.

Análisis y notas del texto griego.

Análisis: ἢ, conjunción disyuntiva *o*; οὐκ, forma escrita del adverbio de negación *no*, con el grafismo propio ante una vocal con espíritu suave o una enclítica; οἴδατε, segunda persona plural del perfecto de indicativo en voz activa del verbo οἶδα, *saber, entender*, aquí *habéis sabido*, en castellano aquí mejor *sabéis*; ὅτι, conjunción *que*; ὁ, caso nominativo masculino singular del artículo determinado *el*; κολλώμενος, caso nominativo masculino singular del participio de presente en voz pasiva del verbo κολλάομαι, en voz pasiva *adherirse, unirse, juntarse, apegarse*, aquí *que se une*; τῇ, caso dativo femenino singular del artículo determinado declinado *con*; πόρνῃ, caso dativo femenino singular del nombre común *ramera*; ἓν, caso nominativo neutro singular del adjetivo numeral cardinal *uno, un*; σῶμα, caso nominativo neutro singular del nombre común *cuerpo*; ἐστιν, tercera persona singular del presente de indicativo en voz activa del verbo εἰμί, *ser, estar*, aquí *es*; *ἔσονται*, tercera persona plural del futuro de indicativo en voz media del verbo εἰμί, *ser, estar*, aquí *serán*; γάρ, conjunción causal *porque*; φησίν, tercera persona singular del presente de indicativo en voz activa del verbo φήμι, *decir*, aquí *dice*; *οἱ*, caso nominativo masculino plural del artículo determinado *los*; *δύο*, caso nominativo masculino plural del adjetivo numeral cardinal *dos*; *εἰς*, preposición propia de acusativo *en*; *σάρκα*, caso acusativo femenino singular del nombre común *carne*; *μίαν*, caso acusativo femenino singular del adjetivo numeral cardinal *una*.

Notas. Crítica Textual. Lecturas alternativas.

[1] ἢ, *o*, según lectura en ℵ, A, B, C, F, G, P, 33, 81, 104, 365, 630, 1175, 1241, 1505, 1739, 1881, 2464, pm, lat, sy[p], Clemente, Cipriano, Lucifer; Metodio.

No figura en 𝔓[46], D, K, L, Ψ, 6, pm, r, sy[h], Speculum.

ἢ οὐκ οἴδατε ὅτι ὁ κολλώμενος τῇ πόρνῃ ἓν σῶμα ἐστιν. El apóstol les recuerda lo que les había enseñado y ellos habían conocido. La formulación de la pregunta con la introducida con la conjunción disyuntiva *o*, que ciertamente está en los textos griegos más seguros, llama la atención a lo que estaban olvidando o incluso, más grave, ignorando de lo que les había sido enseñado. El resultado de la unión entre un hombre y una mujer trae como consecuencia una vinculación personal por la que los dos son *una sola carne*. Por esa razón en el texto anterior afirma que los miembros del cuerpo de Cristo son dados a una prostituta, porque viene a ser una unidad personal con ella. Algunas versiones complementan la aparentemente forma con que Pablo cierra la primera oración de la cláusula, añadiendo *un cuerpo es con ella*. Lo que se lee en texto griego es literalmente lo que está reflejado en el interlineal más arriba: *un cuerpo es*. En el caso de la prostitución sagrada, quienes se unían a una *hieródula*, lo hacían también con ella y por medio de ella con la diosa o el dios de quien era servidora. Nótense las expresiones en el párrafo que constituyen una antítesis: *un mismo cuerpo, una misma carne* (v. 15), y *un mismo espíritu* (v. 17). Sin duda alguna esta puntualización acentuada, es intencionada en el párrafo.

ἔσονται γάρ, φησίν, *οἱ δύο εἰς σάρκα μίαν*. El apóstol asienta esta afirmación no solo sobre su autoridad apostólica, sino sobre la Escritura. En cada momento complejo de la argumentación lo hizo, y hace también en este lugar. La frase es también limitada en la extensión de su contenido. El sujeto del verbo φήμι, podría ser *Adán, Moisés, la Escritura*, pero en resumen es Dios mismo el que habla y establece esta relación que se produce en la unión de un hombre y una mujer: ambos vienen a ser *una carne*. En este sentido se recalca el hecho de una identidad personal. En un sentido semejante el apóstol dirá que no se puede hacer partícipe a Cristo con Belial (2 Co. 6:15). En este caso cada vez que un hombre entra en contacto de intimidad sexual con una mujer, entra en una unión espiritual entre ambos, generando una personalidad nueva para los dos como si fuesen una sola persona. Es la unidad completa que resulta propia del matrimonio. *"Dios toma el pecado sexual seriamente porque corrompe y trastorna las relaciones espirituales, tanto humanas como divinas"*[22]. El apóstol acude a la LXX para la cita que traslada aquí para decir que *"los dos serán una sola carne"*. Esta afirmación, aplicada a Adán y Eva en una relación de santidad, antes del pecado, se aplica en la Escritura a todo matrimonio (Mt. 19:5; Ef. 5:31). Es por eso que la idea aquí podría tomarse de una relación continuada con una prostituta. El problema es sumamente grave porque si el que se une a la ramera es un hombre casado, está rompiendo la unidad matrimonial con su esposa para establecerla con otra mujer, lo que trae aparejado un pecado de rebeldía contra lo establecido por Dios, y un pecado de rotura de la comunión con el Señor. Esta persona está bajo la maldición de Dios por haber quebrantado lo que Él ha establecido.

17. Pero el que se une al Señor, un espíritu es con él.

ὁ δὲ	κολλώμενος	τῷ	Κυρίῳ	ἓν	πνεῦμα	ἐστιν.
Pero el	se une	con el	Señor	un	espíritu	es.

Análisis y notas del texto griego.

Análisis: ὁ, caso nominativo masculino singular del artículo determinado *el*; δὲ, partícula conjuntiva que hace las veces de conjunción coordinante, con sentido de *pero, más bien, y, y por cierto, antes bien, entonces*; κολλώμενος, caso nominativo masculino singular del participio de presente en voz pasiva del verbo κολλάομαι, en voz pasiva *adherirse, unirse, juntarse, apegarse*, aquí *que se une*; τῷ, caso dativo masculino singular del artículo determinado declinado *con el*; Κυρίῳ, caso dativo masculino singular del nombre divino *Señor*; ἓν, caso nominativo neutro singular del adjetivo numeral cardinal *uno, un*; πνεῦμα, caso nominativo neutro singular del nombre común *espíritu*; ἐστιν, tercera persona singular del presente de indicativo en voz activa del verbo εἰμί, *ser, estar*, aquí *es*.

ὁ δὲ κολλώμενος τῷ κυρίῳ ἓν πνεῦμα ἐστιν. Pablo retoma y concreta aquí la elipsis iniciada en el final del v. 16. Nótese: *"el que se une con una ramera, es un cuerpo con ella...pero el que se une al Señor, un espíritu es con Él.* Pablo usa el mismo verbo para referirse a la *unión* con una prostituta del versículo anterior, y el que hace referencia a la *unión* con Cristo en este. La connotación del verbo tiene el sentido de *unirse, pegarse* a algo o a alguien. Anteriormente dijo que nuestros cuerpos son miembros de Cristo, poniendo aquí la razón de ellos que es la unión espiritual con Él. El cristiano tiene el mismo principio de vida espiritual

---

[22] J. MacArthur. o. c., pág. 182.

que tiene el Señor resucitado. Se trata de una unidad en el Espíritu o efectuada por medio de Él. El apóstol afirma que la unidad de la iglesia no es obra de hombres y que estos no están llamados a realizarla ni a mantenerla como realización suya, sino que el creyente debe estar empeñado y dar prioridad absoluta a la *guardar la unidad del Espíritu en el vínculo de la paz* (Ef. 4:3). El Espíritu Santo fue dado a Cristo sin medida (Jn. 3:34), pero ese mismo Espíritu, el Espíritu de Cristo nos fue comunicado a cada creyente y de la plenitud del Espíritu de Cristo, tomamos todos (Jn. 1:16). Por este medio es traído el creyente a una vida en común con Cristo (Jn. 17:21, 23; Ro. 8:9-10; 1 Co. 12:13; Ef. 4:4; 5:30) La unidad con una prostituta es pecaminosa porque es carnalidad, la unidad espiritual con Cristo es bendición al formar una unidad plena con Él.

18. Huid de la fornicación. Cualquier otro pecado que el hombre cometa, está fuera del cuerpo; mas el que fornica, contra su propio cuerpo peca.

Φεύγετε τὴν πορνείαν. πᾶν ἁμάρτημα ὃ ἐὰν ποιήσῃ ἄνθρωπος
Huid de la fornicación. Todo pecado que sí hiciera hombre
ἐκτὸς τοῦ σώματος ἐστιν· ὁ δὲ πορνεύων εἰς τὸ ἴδιον σῶμα
fuera de el cuerpo es. Pero el que fornica contra el propio cuerpo
ἁμαρτάνει.
peca.

Análisis y notas del texto griego.

Análisis: Φεύγετε, segunda persona plural del presente de imperativo en voz activa del verbo φεύγω, *huir, escapar*, aquí *huid*; τὴν, caso genitivo femenino singular del artículo determinado *de la*; πορνείαν, caso genitivo femenino singular del nombre común *fornicación*; πᾶν, caso nominativo neutro singular del adjetivo indefinido *todo*; ἁμάρτημα, caso nominativo neutro singular del nombre común *pecado*; ὃ, caso acusativo neutro singular del pronombre relativo *que*; ἐὰν, partícula condicional equivalente a *si*; ποιήσῃ, tercera persona singular del aoristo primero de subjuntivo en voz activa del verbo ποιέω, *hacer*, aquí *hiciera*; ἄνθρωπος, caso nominativo masculino singular del nombre común *hombre*; ἐκτὸς, preposición propia de genitivo *fuera de*; τοῦ, caso genitivo neutro singular del artículo determinado *el*; σώματος, caso genitivo neutro singular del nombre común *cuerpo*; ἐστιν, tercera persona singular del presente de indicativo en voz activa del verbo εἰμί, *ser, estar*, aquí *es*; ὁ, caso nominativo masculino singular del artículo determinado *el*; δὲ, partícula conjuntiva que hace las veces de conjunción coordinante, con sentido de *pero, más bien, y, y por cierto, antes bien, entonces*; πορνεύων, caso nominativo masculino singular del participio de presente en voz activa del verbo πορνεύω, *fornicar, cometer impureza sexual*, aquí *que fornica*; εἰς, preposición propia de acusativo *contra*; τὸ, caso acusativo neutro singular del artículo determinado *el*; ἴδιον, caso acusativo neutro singular del adjetivo *propio*; σῶμα, caso acusativo neutro singular del nombre común *cuerpo*; ἁμαρτάνει, tercera persona singular del presente de indicativo en voz activa del verbo ἁμαρτάνω, *pecar*, aquí *peca*.

Φεύγετε τὴν πορνείαν. Cierra el tema que está tratando con un mandamiento: *"huid de la fornicación"*. Se puede luchar o combatir contra otros pecados, es más, se exhorta en ocasiones a estar firmes y resistir al diablo (Stg. 4:7), pero es necesario *huir* de la fornicación, o de la inmundicia sexual. El apóstol exhorta para que los creyentes se aparten abiertamente del pecado (2 Ti. 2:22). Sin embargo, no quiere decir que la fornicación sea el pecado por excelencia, mayor que cualquier otro, pero es peculiar en sus efectos. El mandamiento que se expresa en este versículo es consecuencia de lo que dijo antes, de que, aunque *"todas las cosas me son lícitas, mas no todas convienen; todas las cosas me son lícitas, mas yo no me dejaré dominar de ninguna"* (v. 12). Para no ser capturado y esclavizado, la mejor solución es *huir* de aquello que esclaviza. El mandamiento debe tomarse lo más literalmente posible. Un claro ejemplo de lo que significa *huir de la fornicación* es el comportamiento de José con la esposa de Potifar, cuando pretendió tener una relación íntima con él, quien dejó la ropa en las manos de la mujer y huyó del lugar (Gn. 39:12). El verbo *huir* en tiempo presente indica una acción continuada, lo que da a entender una vigilancia especial que los creyentes debían practicar día a día, no ocasionalmente, en la sociedad corrompida de Corinto.

πᾶν ἁμάρτημα ὃ ἐὰν ποιήσῃ ἄνθρωπος ἐκτὸς τοῦ σώματός ἐστιν· El apóstol apunta a las razones para el mandamiento que estableció. La primera de ellas es que todo el pecado que el hombre comete lo hace *fuera* del cuerpo. No es que los pecados relacionados en la lista del capítulo, u otros muchos, como la ira, la intemperancia o incluso el suicidio, no afectan al cuerpo, pero se necesita un elemento externo que lo determina, como, por ejemplo, el vino para quien se embriaga. Es cierto que el pecado se comete con el cuerpo, pero existe una diferencia con el de *fornicación* que se aprecia en la siguiente frase del versículo. Los pecados salen del corazón y se practican con el cuerpo, eliminándose luego el componente del mismo, aunque persiste el pecado cometido mediante el uso ilícito de lo que ha servido para practicarlo.

ὁ δὲ πορνεύων εἰς τὸ ἴδιον σῶμα ἁμαρτάνει. Pero el pecado de fornicación, no solo sale del corazón y se practica con el cuerpo, sino que tiene, como ha enseñado antes el apóstol un componente de comunión con la persona con quien se practica, quedando el cuerpo conformado a ese pecado ya que con la *prostituta* el que lo comete viene a ser una sola carne. La fornicación encierra la idea de comunidad de vida y es incompatible con el destino inmortal del creyente vinculado a Cristo. El pecado no es tanto contra el cuerpo físico, sino contra la persona en sí misma, es el organismo viviente que da vitalidad al cuerpo *síquico*, exterior con el que se comete instrumentalmente el pecado. Más adelante hará una notable distinción: *"Pero esto digo, hermanos: que la carne y la sangre no pueden heredar el reino de Dios, ni la corrupción hereda la incorrupción"* (15:50), en la enseñanza sobre la resurrección, enseña que el cuerpo físico, *carne y sangre*, no pueden heredar el reino de Dios, con lo que distingue entre el organismo del hombre, expresado aquí en los términos *carne y sangre* que es envoltura externa del *hombre*, de la *persona*, en donde está la personalidad que anima el cuerpo físico. De ahí que sea la misma enseñanza anteriormente establecida en el capítulo, donde las viandas y el vientre quedarán desechados y se recibirá de Dios el cuerpo de resurrección, nueva manifestación del creyente para ser glorificado, levantándolo de los muertos (vv. 13-14). En el pecado de fornicación es la entidad interna del hombre la que peca y que queda manchado, mientras que, en los otros pecados, el problema afecta más bien a la parte externa, el cuerpo material. Dicho de otro modo, ningún otro pecado tiene una consecuencia de intimidad de la persona con él, como ocurre con el de fornicación. En ese sentido cualquier otro pecado está *como fuera del cuerpo*. Pero, sobre todo, el fornicario usa el cuerpo para pecar contra el Señor mismo, ya que lo que usa para unirse a una ramera, es aquello que forma una unidad espiritual con Cristo, como miembro de Su cuerpo (vv. 15-16). Por esta misma razón la huida de José para evitar la práctica de este pecado con la mujer de Potifar, descansa en una razón espiritual: *"¿Cómo, pues, haría yo este grande mal, y pecaría contra Dios?"* (Gn. 39:9).

Precio y pertenencia (6:19-20)

19. ¿O ignoráis que vuestro cuerpo es templo del Espíritu Santo, el cual está en vosotros, el cual tenéis de Dios, y que no sois vuestros?

ἢ οὐκ οἴδατε ὅτι τὸ σῶμα[1] ὑμῶν ναὸς τοῦ ἐν ὑμῖν ῾Αγίου
¿O no sabéis que el cuerpo de vosotros templo del en vosotros Santo
Πνεύματος ἐστιν οὗ ἔχετε ἀπὸ Θεοῦ, καὶ οὐκ ἐστὲ
Espíritu es, el que tenéis de Dios, y no sois
ἑαυτῶν
de vosotros mismos?

Análisis y notas del texto griego.

Análisis: ἢ, conjunción disyuntiva *o*; οὐκ, forma escrita del adverbio de negación *no*, con el grafismo propio ante una vocal con espíritu suave o una enclítica; οἴδατε, segunda persona plural del perfecto de indicativo en voz activa del verbo οἶδα, *saber, conocer*, aquí *habéis sabido*, en esta construcción en castellano mejor *sabéis*; ὅτι, conjunción *que*; τὸ, caso nominativo neutro singular del artículo determinado *el*; σῶμα, caso nominativo neutro singular del nombre común *cuerpo*; ὑμῶν, caso genitivo de la segunda persona plural del pronombre personal declinado *de vosotros*; ναὸς, caso nominativo masculino singular del nombre común *templo, santuario*; τοῦ, caso genitivo neutro singular del artículo determinado declinado *del*; ἐν, preposición propia de dativo *en*; ὑμῖν, caso dativo de la segunda persona plural del pronombre personal *vosotros*; ῾Αγίου, caso genitivo neutro singular del adjetivo *Santo*; Πνεύματος, caso genitivo neutro singular del nombre divino *Espíritu*; ἐστιν, tercera persona singular del presente de indicativo en voz activa del verbo εἰμί, *ser, estar*, aquí *es*; οὗ, caso genitivo neutro singular del pronombre relativo *el que, el cual, que*; ἔχετε, segunda persona plural del presente de indicativo en voz activa del verbo ἔχω, *tener, poseer*, aquí *tenéis*; ἀπὸ, preposición propia de genitivo *de*; Θεοῦ, caso genitivo masculino singular del nombre divino *Dios*; καὶ, conjunción copulativa *y*; οὐκ, forma escrita del adverbio de negación *no*, con el grafismo propio ante una vocal con espíritu suave o una enclítica; ἐστὲ, segunda persona plural del presente de indicativo en voz activa del verbo εἰμί, *ser, estar*, aquí *sois*; ἑαυτῶν, caso genitivo masculino de la segunda persona plural del pronombre reflexivo *vosotros mismos*.

Notas. Crítica Textual. Lecturas alternativas.

[1] τὸ σῶμα, *el cuerpo*, según se lee en 𝔓[46], א, A*, B, C, D, F, G, K, P, 630, 1241, 1739, pm, b, r, sy[p], sa, bo[mss].

τά σώματα, *los cuerpos*, conforme a A[c], L, Ψ, 33, 81, 104, 365, 1175, 1505, 1881, 2464, pm, sy[h], bo; Metodio, Ambrosiaster.

ἢ οὐκ οἴδατε ὅτι τὸ σῶμα ὑμῶν ναὸς τοῦ ἐν ὑμῖν ῾Αγίου Πνεύματος ἐστιν. De nuevo establece para cierre de lo que ha estado considerando sobre unidad y moral permisiva una pregunta reflexiva que exige una respuesta afirmativa. Todos los creyentes conocían la verdad bíblica de la presencia del Espíritu Santo. La presencia de la Tercera Persona de la deidad residente en el creyente, convierte a éste en templo de Dios en Espíritu. Esta es una verdad de fe. El Espíritu Santo está en todo creyente desde el momento de la conversión (3:16). Quien no tiene el Espíritu de Cristo, *no es de Él*, es decir, no ha nacido de nuevo (Ro. 8:9). El que tiene el Espíritu debe andar en el *Espíritu*, lo que conduce a separarse del pecado en el que antes vivía.

El apóstol recuerda que el Espíritu *está en vosotros*. En la operación salvífica, el Espíritu deviene residente en el cristiano. La señal de la realidad del ser cristiano está en la inhabitación del Espíritu en cada creyente. En esta intimidad, como se ha considerado en otro lugar anterior[23], conduce a la relación que el Pneuma divino tiene con el pneuma humano en un diálogo testimonial que le hace notar la relación personal con Dios (Ro. 8:16), tomando a Su cargo la función de éste, para orientarlo, conducirlo y ayudarlo en la consecución de la vida de santificación. Teniendo siempre en cuenta que no supone esto la anulación de la personalidad humana, dicho de otro modo, el Espíritu no desconecta mi mismidad. Por consiguiente, si alguno *"no tiene el Espíritu de Cristo, no es de Él"* (Ro. 8:9). De manera que la santificación del cristiano tiene que ver con la reproducción del carácter moral de Jesús en él, que no es otra cosa que el fruto del Espíritu (Gá. 5:22-23), para llevar a cabo lo que el Padre determinó para cada creyente, que sea hecho *conforme* a la imagen de Su Hijo (Ro. 8:29). El testimonio de la vida de santificación no obedece al esfuerzo de los cristianos, sino a la acción poderosa del Espíritu de Cristo en ellos, que les conduce, no tanto a hacer, sino a *andar*, esto es, adoptar un estilo de vida visible en las obras que Dios preparó de antemano para ello (Ef. 2:10).

Todo cristiano es templo del Espíritu, que habita en todos, inclusive en los *carnales*, como era el caso de los creyentes a quienes Pablo escribe y que anteriormente afirmó que no eran espirituales sino carnales (3:1). El creyente puede vivir sin la plenitud del Espíritu, pero no puede ser creyente sin el Espíritu. De otro modo, el creyente puede perder la plenitud, pero no la presencia del Espíritu (Jn. 14:16).

οὗ ἔχετε ἀπὸ Θεοῦ, La siguiente verdad que les había sido enseñada por el apóstol es que el Espíritu era un don de Dios. Jesús prometió a los Suyos que el Padre enviaría el Espíritu luego de Su partida (Jn. 14:16-17). El Espíritu Santo no iba a regresar al Padre en algún momento, como fue el caso de Jesús, sino que se quedaría con ellos, esto es, con los creyentes *para siempre*. Por tanto, la presencia del Espíritu no faltará nunca a nadie que haya creído en Cristo. Siendo Dios, es omnipresente, pudiendo estar siempre en todos los creyentes, aunque estén distantes en el tiempo y en el espacio. Por medio de Él y en Él, Jesús cumple Su promesa de estar con los Suyos todos los días hasta el fin del mundo (Mt. 28:20). Ni un instante el creyente está desposeído del Espíritu. Procedente del Padre, Pablo afirma que *es de Dios*.

El Espíritu de Dios que mora en el creyente, no es recibido por el mundo. De otro modo, el cristiano conoce que es templo del Espíritu, porque mora en él. De manera que son hechos templos de Dios en Espíritu. En esto se manifiesta la inhabitación del Espíritu Santo en cada creyente.

---

[23] Ver 3:16.

El Espíritu Santo es la Persona Divina residente en el *naos* de Dios que somos cada uno de los salvos. Es el *residente divino*, y el cuerpo de cada creyente es el santuario de Dios, como el apóstol afirma en este versículo. El conocimiento del Espíritu en el creyente se experimenta por la relación vivencial que tiene con cada uno. Es el que hace posible la unidad del salvo con Cristo y la de todos los creyentes para realizar la petición de Jesús: *"que sean uno"* (Jn. 17:21-23).

καὶ οὐκ ἐστὲ ἑαυτῶν. La tercera verdad es que, por causa de ser templos de Dios, cada creyente es propiedad de Dios, por tanto, *no sois vuestros*. Nadie puede disponer libremente de la posesión de Dios y menos usarla para el pecado. La posesión del cuerpo del creyente no es sólo cuestión de presencia, sino de derecho. El cristiano está comprometido con el mantenimiento de la santidad del *santuario* de Dios, evitando toda contaminación, ya que quien está presente es Santo, por consiguiente, cada uno debe ser santo (1 P. 1:16). Siendo santuario de Dios no está disponible más que para los propósitos a que Dios lo destinó. El apóstol afirma: *"no sois vuestros"*.

20. Porque habéis sido comprados por precio; glorificad, pues, a Dios en vuestro cuerpo y en vuestro espíritu, los cuales son de Dios.

ἠγοράσθητε γὰρ τιμῆς· δοξάσατε δὴ τὸν Θεὸν ἐν τῷ
Porque fuisteis comprados por precio. Glorificad, por tanto, - a Dios en el
σώματι ὑμῶν[1].
cuerpo de vosotros.

Análisis y notas del texto griego.

Análisis: ἠγοράσθητε, segunda persona plural del aoristo primero de indicativo en voz pasiva del verbo ἀγοράζω, *redimir, comprar, pagar*, aquí *fuisteis comprados*; γὰρ, conjunción causal *porque*; τιμῆς, caso genitivo femenino singular del nombre común declinado *por precio*; δοξάσατε, segunda persona plural del aoristo primero de imperativo en voz activa del verbo δοξάζω, *glorificar, alabar*, aquí *glorificad*; δὴ, partícula que caracteriza a un enunciado como algo definitivamente asentado, y se usa en exhortaciones para darle aspecto de encarecimiento, aquí *pues, por tanto*; τὸν, caso acusativo masculino singular del artículo determinado *el*; Θεὸν, caso acusativo masculino singular del nombre divino declinado *a Dios*; ἐν, preposición propia de dativo *en*; τῷ, caso dativo neutro singular del artículo determinado *el*; σώματι, caso dativo neutro singular del nombre común *cuerpo*; ὑμῶν, caso genitivo de la segunda persona plural del pronombre personal declinado *de vosotros*.

Notas. Crítica Textual. Lecturas alternativas.

[1] Θεὸν ἐν τῷ σώματι ὑμῶν, *a Dios en el cuerpo de vosotros*, lectura conforme a 𝔓[46], 𝔞, A, B, C*, D*, F, G, 33, 81, 1175, 1739[txt], lat, co, Ireneo[lat], Metodio.

Se añade: καὶ ἐν τῷ πνεύματι ὑμῶν ἅτινα ἐστιν τοῦ Θεοῦ, *y en el espíritu de vosotros los cuales son de Dios*, según C[3], D[2], K, L, P, Ψ, 104, 365, 630, 1241, 1505, 1739[mg], 1881, 2464, 𝔐, vg[vg], sy.

ἠγοράσθητε γὰρ τιμῆς· El apóstol llama la atención al precio que Dios tuvo que pagar para que cada creyente fuese *comprado* y pasara a ser propiedad de Dios. La operación redentora es una doctrina bíblica fundamental (Hch. 20:28; Ro. 6:17; Gá. 3:13; Ef. 2:13). El verbo ἀγοράζω, usado por el apóstol expresa la idea de comprar en el mercado. Los romanos estaban acostumbrados a ir al *ágora*, donde se vendían los esclavos y comprarlos pagando el precio establecido. El ahora creyente era esclavo del pecado (Ro. 6:17), sujeto, por tanto, a esclavitud bajo Satanás (He. 2:14, 15). Pero, lo que interesa a Pablo es hacer notar el precio que Dios pagó para realizar esa liberación, que fue la vida, expresado en el contexto semita como *la sangre*, en donde estaba la vida conforme a la ley (Lv. 17:11).

La consideración del precio pagado por nosotros para hacernos Suyos, cambiará radicalmente nuestro concepto de vida y de compromiso con el Señor. Será bueno hacer aquí una breve síntesis de la verdad que el apóstol recuerda a los creyentes en Corinto.

Lo que *conocían* los destinatarios de la *Epístola* (v. 19) era el concepto bíblico de *redención* o *rescate* como un proceso de liberación. La situación general del hombre es de esclavitud espiritual a causa del pecado, estando bajo el poder y control de Satanás (1 Jn. 5:19). En esa condición es incapaz de realizar algo que lo libere de ese estado. Sólo puede recuperar su libertad mediante la acción que otro realice a su favor. La obra de la Cruz provee de libertad para todo aquel que cree (Ro. 6:18). La situación de esclavitud se cambia por una nueva experiencia de libertad en el reino de Dios (Col. 1:13). El rescate que Dios hace por la obra de Cristo no tiene únicamente un carácter propiciatorio, sino también liberador. La liberación no es simplemente de la culpa del pecado, sino también de sus consecuencias, librando de la corrupción, de la muerte espiritual y del juicio por el pecado. El apóstol afirma sobre la obra de Cristo: *"El cual se dio a sí mismo en rescate por todos"* (1 Ti. 2:6). En ese sentido, un hombre, Jesucristo, se entregó a Sí mismo como precio de la libertad por todos. La liberación del poder del pecado heredado desde los primeros padres, se produce en razón de una obra que se substancia con la muerte del Salvador, como Cordero de Dios predestinado.

El apóstol recuerda lo que todos sabían que el pecado esclavizador forma parte constitutiva de la condición humana desde que nuestros primeros padres cayeron en él. No se trata de algo que afecta a algunos o que no contamina a todos, sino que la herencia espiritual del pecado se transmite de padres a hijos, naciendo todos pecadores, esto es, con la disposición que inclina el corazón al mal. En el hombre, el pecado heredado produce lo que técnicamente se llama *depravación*, que es la positiva disposición y activa inclinación al mal que hay en todo hombre a consecuencia del pecado que lo incapacita totalmente en el orden de la salvación y lo orienta al mal (Gn. 6:5; Mr. 7:20-23; Ro. 3:9-18). La depravación no significa que el hombre natural no posea ningún conocimiento de Dios, todo lo contario (Ro. 1:18-21). Tampoco significa que el hombre no tenga conciencia para discernir entre el bien y el mal (Jn. 8:9; Ro. 2:15). No quiere decir que no tenga admiración por la virtud, ni que haya de pecar de todas las formas y modos posibles. El resumen de este aspecto doctrinal enseña que a consecuencia del pecado el hombre ha quedado totalmente incapacitado para cambiar por sí mismo su carácter y conducta de modo que pueda amar a Dios y obedecerle. En este sentido, el hombre no regenerado no puede ni quiere hacer un solo acto que alcance el nivel moral prescrito por Dios. Él va a intervenir en Cristo y por Él para resolver el problema de la redención que libera al creyente del poder del pecado.

El rescate, la redención del pecador, *la compra* del salvo, es posible porque Cristo sustituye su penalidad mediante la entrega voluntaria de Su sangre, equivalente a la entrega voluntaria de Su vida. Siendo la vida humana de Jesucristo, la naturaleza humana de la Persona Divina del Hijo de Dios, el sacrificio expiatorio, tiene un valor infinito, puesto que esa naturaleza, que subiste en la Persona Divina, es expresiva al Verbo Eterno, siéndole propia, de modo que es la vida humana de Dios que se entrega en sacrificio expiatorio por el pecado, sin dejar de estar en absoluta vinculación con la Persona Divina en que subsiste. No puede separarse la naturaleza humana de la Persona Divina en ningún momento. Por esa razón, no podemos afirmar que Dios muere, pero sí hemos de afirmar que quien moría en la Cruz era Dios. El sacrificio de Cristo se opera voluntariamente, siendo entregado por el Padre, asumido por Él como Hijo, y sustentado por el Espíritu Santo.

El sacrificio redentor de Jesucristo fue establecido por Dios en el Plan de Redención desde la eternidad. Mediante un semitismo se expresa en el Nuevo Testamento como *antes de la fundación del mundo* (2 Ti. 1:9; 1 P. 1:18-20) y hace referencia algo anterior a la creación del universo. Es lo que se conoce técnicamente como *decreto divino*, que define la voluntad de Dios en orden a todo cuanto se produce o podría producirse. Este término intenta reunir bajo una sola designación lo que la Palabra expresa con otras, como *propósito divino* (Ef. 1:11); *determinado consejo y anticipado conocimiento* (Hch. 2:23); *voluntad divina* (Ef. 1:11). Debe ser considerado en singular y no en plural (decreto), porque Dios no tiene más que un plan cuyo desarrollo comprende diversas particularidades. El decreto divino *es eterno*, puesto que fue establecido en la eternidad, aunque la ejecución de sus partes tiene lugar en la temporalidad de la creación. Siendo eterno el decreto, lo son también todas las partes que lo expresan. Este eterno decreto es también *libre*, puesto que no hay condicionante alguno para la determinación y ejecución del propósito divino que surge de Él mismo, en soberana y libre voluntad. Además, es *sabio*, puesto que es la expresión de Su sabiduría infinita, de modo que cuanto comprende está vinculado con ella (Ro. 11:33). Como todo lo que sale de la mente divina orientado al hombre es *incondicional*, es decir, su ejecución no se condiciona a circunstancias que lo determinen, sino que las supera e incluye a todas ellas. La obra de salvación está plenamente vinculada a la *predestinación* divina, indicando con ello que el Plan de Redención había establecido de antemano la muerte del Cordero de Dios en precio de rescate. De otro modo, el Cordero Redentor había sido establecido y predestinado para el sacrificio de la expiación. El Plan de Redención tuvo lugar antes de la creación (Ro. 16:25; 1 Co. 2:7; Ef. 1:4; 3:9-11; Col. 1:26; 2 Ti. 1:9). Si el Cordero estaba preparado para la obra a realizar, ese plan tuvo lugar antes de la creación. No es, como algunos enseñan, la reacción de Dios a la caída del hombre, sino que antecede en todo a ésta. Antes de la creación determinó enviar a Su Hijo como Salvador (Hch. 2:23; 4:27-28). Esas son las palabras de Pedro en el primer mensaje de proclamación del evangelio en Jerusalén: *"A éste, entregado por el determinado consejo y anticipado conocimiento de Dios, prendisteis y matasteis por manos de inicuos, crucificándole"*. La muerte de Cristo va precedida de la soberanía de Dios. No se trata de un acontecimiento causal, lo que sigue, sino de algo que se determinó en el consejo divino y, por tanto, *preconocido* por Dios. Fue algo establecido conforme a la *presciencia* divina, esto es, por *"determinado consejo y anticipado conocimiento de Dios"*. La misión redentora de Jesucristo, el Hijo de Dios, había sido establecida en la eternidad, antes de la creación del universo y de los hombres, como enseña Pedro en el versículo. Dios no estableció salvar al hombre porque el hombre iba a perderse, sino por determinación y propósito Suyo que precede a cualquier acontecimiento en el plano de la humanidad (2 Ti. 1:9). Quiere decir que la acción redentora ocurrió por el propósito determinado de Dios y Su previo conocimiento. Tal propósito fue revelado por los profetas, que anunciaron los sufrimientos y la muerte del Mesías. Estaba profetizado antes de que ocurriese porque Dios lo había así determinado. El autor de lo que iba a ocurrir con Jesús, fue Dios mismo. Cada parte del plan salvador estaba en el pleno conocimiento de Dios (1 P. 1:2). Así lo declara el profeta: *"Mas Jehová quiso quebrantarle, sujetándole a padecimiento"* (Is. 53:10). Todo cuanto ocurrió con el Salvador en Su muerte, es el cumplimiento de lo que estaba anunciado por los profetas (Lc. 24:25, 27, 44, 46, 47). Algunos, sino todos, los que estaban presentes, consideraban a Jesús como un maldito de Dios, puesto que fue colgado en un madero (Dt. 21:23; Gá. 3:13); Pedro les advierte de un error de pensamiento, porque todo lo ocurrido, que incluía el levantamiento del Señor sobre el madero de la Cruz, había sido establecido previamente por Dios en el plan de redención. En la eternidad Dios había respondido a tres preguntas esenciales en cuanto a redención: *¿Quién? ¿Cómo? ¿Cuándo?* El que redimiría sería el Hijo de Dios en carne humana, el Verbo de Dios encarnado (Jn. 1:14); se había hecho hombre para poder morir por los hombres (He. 2.14). La segunda pregunta se respondía mediante lo que establecía para la salvación, que se haría mediante la entrega de la vida del Salvador, en precio por el pecado del mundo (1 P. 1:18-20). La tercera determinaba el tiempo en que había de llevarse a cabo (Gá. 4:4); este tiempo había llegado y fue el momento para llevar a cabo la determinación soberana para la salvación, eternamente establecida. Dios había marcado previamente el tiempo, que ocurriría al final de la semana sesenta y nueve, de las setenta anunciadas por Daniel (Dn. 9:26). El Señor mismo había afirmado que el plan de salvación, que incluía Su muerte y sufrimientos estaba determinado por Dios y que inexorablemente tendría cumplimiento (Mr. 9:12). En el repaso doctrinal de aspectos relativos a la obra redentora de Jesucristo, el apóstol Pablo enseñaba que *"Cristo murió por nuestros pecados, conforme a las Escrituras"* (15:3). No se trataba de circunstancias adversas que convergían sobre Jesús, en un determinado momento de Su historia humana, haciéndolo víctima de aquella situación. Todo estaba bajo el control de Dios, y de Él como Persona Divina, que había dispuesto esto desde la eternidad. La muerte de Jesús, no fue el triunfo de la injusticia sobre la justicia, ni del odio sobre el amor, ni de la ingratitud sobre el desinterés, es la ejecución temporal del decreto eterno de Dios para la salvación del hombre. La aparente derrota, a la vista de los hombres, es la expresión suprema de la victoria de Dios.

Siendo la salvación una obra divina (Sal. 3:8; Jon. 2:9), las tres Personas intervienen en ella, y si el Padre envía y entrega al Hijo, éste asume voluntariamente el dar la vida en precio del rescate por muchos. De ahí Sus palabras: *"Nadie me la quita, sino que yo de mí mismo la pongo. Tengo poder para ponerla, y tengo poder para volverla a tomar. Este mandamiento recibí de mi Padre"* (Jn. 10:18). En ellas se aprecia primeramente la voluntariedad. Nadie puede quitarle la vida, ya que el Hijo estaba dispuesto a ser dado por el Padre y darse a Sí mismo. La muerte de Jesús no es un incidente en Su vida o un suceso inevitable que le alcanza, sino que Su poder como Dios-hombre, está en el control de cualquier situación en Su vida humana. Nadie puede quitarle la vida hasta que Él voluntariamente la ponga, que será cuando llegue el cumplimiento del tiempo establecido por el Padre desde la eternidad. La muerte física en la Cruz se produce bajo el control de Su soberanía que encomienda Su espíritu al Padre. La segunda realidad está relacionada con la potestad recibida para entregar la vida y volver a tomarla, es decir, nadie puede quitarle la vida antes del tiempo dispuesto, esto es, hasta que llegue Su hora. Pero, también se aprecia en las palabras del Señor, que junto con la muerte estaba establecida Su resurrección. Todo discurría conforme a lo que Dios había establecido antes de la fundación del mundo para la redención de los pecadores. A la voluntad del Padre corresponde plenamente la del Hijo, no sólo por comisión, sino por identificación de propósito. El Padre entregó a Su Hijo, y el Hijo se entregó a Sí mismo, sin oponer resistencia alguna porque no la podía haber, puesto que la determinación y el deseo opera conjunta y determinantemente tanto en el Padre como en el Hijo. De ahí que el Padre resucitaría al Hijo y el Hijo volvería a tomar Su vida[24].

Nadie puede buscar su propia gloria si la Cruz está presente en su vida (Gá. 6:14). Nadie puede dejar de ver la iglesia como la obra de la gracia si tiene el precio de redención de los salvos en su mente y el propósito de unidad como consecuencia de ella. El precio pagado fue la sangre del Hijo de Dios, que debe constreñirnos a cada uno, como el apóstol dice: *"Porque el amor de Cristo nos constriñe, pensando esto: que si uno murió por todos, luego todos murieron; y por todos murió, para que los que viven, ya no vivan para sí, sino para aquel que murió y resucitó por ellos"* (2 Co. 5:14-15). Dios tiene *derecho de posesión* por compra del creyente. Dios nos ha hecho libres en Cristo para que ya no estemos sujetos a esclavitud pecaminosa, practicando lo que es propio de la vida pasada (Gá. 5:1).

δοξάσατε δὴ τὸν θεὸν ἐν τῷ σώματι ὑμῶν. La correspondencia a ese amor divino es responder al propósito para el que el creyente fue comprado, manifestar en su vida la gloria de Dios, y vivir conforme a la posición en Cristo (Gá. 2:20; Fil. 1:21). Cada acto de la vida cristiana debiera ser motivo de gloria para Dios, como el Señor enseñó en el *Sermón del Monte*, cuando dijo: *"Así alumbre vuestra luz delante de*

---

[24] Sintetizado de mi libro *1 Pedro* 1:18-20, de esta misma serie.

los hombres, para que vean vuestras buenas obras, y glorifiquen a vuestro Padre que está en los cielos" (Mt. 5:16).

Dios salva al pecador y esto lleva gloria a Su nombre (Ef. 1:6, 12, 14). El santuario de Dios es el lugar para tributarle gloria (Sal. 29:9). De ahí que la vida del cristiano sea la expresión de alabanza y adoración permanente, conforme a Su propósito.

El apóstol dice que cada creyente glorifique al Señor *con* y *en su cuerpo*. Lo que sigue en algunas versiones como RV, *"y en vuestro espíritu, los cuales son de Dios"*, no está en los mss. más seguros, y pasan a esta, y otras versiones, procedentes del *Textus Receptus*, siendo, sin duda, una interpolación posterior de algún copista. El cuerpo representa y expresa la realidad integral de la persona, con el que se manifiesta la alabanza y adoración. Por consiguiente, manifiesta la realidad espiritual de la persona. La mayor glorificación es presentarse a Dios como sacrificio vivo, santo y agradable (Ro. 12:1). Esto solo es posible cuando se conoce el precio que Dios ha pagado para nuestra salvación.

Dos grandes lecciones se aprecian en el capítulo comentado. La primera de ellas, que discurre a lo largo de lo escrito anteriormente en la *Epístola*, tiene que ver con la unidad de la iglesia. Sólo es posible respetarla y guardarla con solicitud cuando se tiene en mente el precio que Dios pagó para esta unidad, que el Espíritu hace en Cristo. Toda la angustia, el sufrimiento, la maldición y la muerte, alcanzó a Jesús para hacer posible la unidad de Su Iglesia. La oración delante del Padre: *"Para que sean uno, así como nosotros somos uno"* (Jn. 17:22), costó todo eso a nuestro amado Señor y Salvador. Quien se opone a la unidad de la Iglesia y lucha contra ella, quien produce divisiones en el seno de la congregación, quien es incapaz de amar entrañablemente y buscar la edificación de todos los creyentes, está cometiendo un pecado voluntario contra el propósito de Dios (He. 10:27). El pecado contra la unidad de la iglesia, cuando quien lo comete entiende claramente la voluntad de Dios en ese sentido, entra directamente en la comisión del *pecado voluntario*, en el que no solo se manifiesta la transgresión, sino que se actúa perversamente, no contra una ley, sino contra Dios mismo. Para tal acción Dios establece un juicio disciplinario al que se referirá el apóstol más adelante (11:19-32). Causar divisiones en el pueblo de Dios es despreciar la obra que realizó para hacer posible la unidad, como si no tuviese importancia despreciar aquello por lo que Cristo dio Su vida.

Una segunda enseñanza, a la que también el apóstol hace referencia desde el principio de la *Epístola*, tiene que ver con la santidad de vida que es propia de cada creyente. Fue el Padre el que santificó y apartó para Sí a cada creyente (1:30). Esta acción de santificación no es algo que pueda hacerse por el esfuerzo personal del creyente, sino algo que se realizó consumadamente. La consumación de la santificación es experiencia única del cristiano. La sangre del pacto aplicada al creyente es el único medio para su limpieza espiritual que le capacita para entrar a la presencia de Dios y para tener una nueva relación con Él en el Nuevo Pacto (He. 9:14; 10:10, 14, 19, 20). Pecar voluntariamente es tener por inmunda la sangre de la alianza y considerar el sacrificio de Cristo como algo común y sin valor, en cierto modo es tener esa bendita sangre como algo despreciable. Además, el pecado cometido conscientemente por el creyente afrenta al Espíritu Santo. Es oponerse a la acción santificadora que el Espíritu Santo hace en la persona salva, capacitándole para obediencia, sin cuya capacitación no podría obedecer al llamado de Dios y ser salvo (1 P. 1:2). Además, el Espíritu santifica a cada creyente para ser templo santo para Dios (v. 19). Es el Espíritu de gracia que reproduce a Cristo en el cristiano (2 Co. 3:18), para llevar a cabo el propósito el Padre que cada uno de Sus hijos sean conformados a la imagen del Hijo (Ro. 8:29). Este Espíritu que regenera al pecador que cree e implanta a Cristo en él, es afrentado, insultado, al oponerse abiertamente a Su labor santificadora y despreciando el poder para la vida santa a la que hemos sido llamados.

Finalmente es muy interesante apreciar como en el pasaje se repite continuamente una pregunta, que debe ser contestada por cada uno de nosotros:

> *"¿No sabéis que los santos juzgarán al mundo?"* (v. 2).
> *"¿No sabéis que los santos juzgarán a los ángeles?"* (v. 3).
> *"¿No sabéis que los injustos no heredarán el reino de Dios?"* (v. 9).
> *"¿No sabéis que vuestros cuerpos son miembros de Cristo?"* (v. 15).
> *"¿No sabéis que el que se une a una ramera es un cuerpo con ella?"* (v. 16).
> *"¿No sabéis que vuestro cuerpo es templo del Espíritu Santo?"* (v. 19).

Estas preguntas deben ser respondidas en oración delante del Señor, haciendo propias las palabras del salmista: *"Examíname, oh Dios, y conoce mi corazón; pruébame y conoce mis pensamientos; y ve si hay en mi camino de perversidad, y guíame en el camino eterno"* (Sal. 139:23-24). Esto producirá un ajuste en nosotros que cambiará nuestras vidas conforme a la voluntad de Dios.

CAPÍTULO VII

MATRIMONIO CRISTIANO

Introducción

El capítulo inicia una nueva división de la *Epístola*, que trata de aspectos concretos dentro de la relación matrimonial. No es posible entender los problemas que se tratan en ella, sin considerar las condiciones sociales en las que vivían los corintios. De forma especial, en este caso, de todo lo que se refiere al matrimonio.

Las costumbres romanas –y son a estas a las que se debe prestar atención porque Corinto, aunque fue antes una ciudad griega, está bajo la jurisdicción y formas de vida romanas– difieren de las griegas. Estos tenían a sus esposas en las casas. El tiempo libre de un griego casado, no lo dedicaba generalmente a la familia, sino a sus relaciones sociales e intereses personales. Los romanos sentían un notable interés por la vida doméstica. Para ellos la esposa era compañera y cooperadora. Participaba en los banquetes y compartía con el marido la autoridad sobre los hijos y los criados. Cuando se trataba de la esposa de un hombre que tenía una determinada dignidad social, la compartía con él en la vida pública. Esa libertad no supone permisividad, sino que la mujer debía ser austera y reservada, incluyendo en esto la posición en un banquete que era la de estar sentada y no reclinada en un diván, además no bebía vino sino *mulsum* que era vino con miel. Esto especialmente se cumplía en la época de la república. En todo caso estaba siempre bajo la autoridad marital y en un segundo plano, de manera que no participaba en la vida pública, en la política, en la literatura, y no podía ser cabeza de familia. Es interesante apreciar que los nombres de los oficios de la primera declinación son masculinos y no femeninos. La educación de las mujeres era prudentemente liberal. Los niños y las niñas se criaban juntos, y las escuelas elementales eran mixtas. Cuando los estudios primaros concluían, las mujeres jóvenes de familia pudiente seguían instruyéndose privadamente en el conocimiento de la literatura latina y griega, estudiaban algo de música, baile y canto. Esta educación no impedía que la mujer hiciese determinadas labores, tales como vigilar y dirigir a las esclavas, atender trabajos delicados, bordar, etc. Pero, como se dijo antes, no podía ser cabeza de familia y no tenía otros muchos derechos. Estas costumbres sociales influyeron notoriamente en los matrimonios.

Costumbres licenciosas y el adulterio, ocasionaron divorcios en la sociedad romana. En la época imperial, tiempo en el que se escribe la

Epístola, el divorcio era una práctica común. Inicialmente, sólo el hombre podía solicitar el divorcio y en casos específicos, como el adulterio o la infertilidad de la esposa. En el tiempo del imperio las mujeres alcanzaron ese derecho. Para que el divorcio fuese efectivo bastaba con que uno de los cónyuges declarara ante testigos diciendo: *"tuas res tibi habeto"*, que significa *toma lo que es tuyo*, o tan solo decir *i foras*, equivalente a *vete de mi casa*. Estas palabras podían ser escritas en una carta que se entregaba al cónyuge por una persona soltera. Si había hijos en el matrimonio se quedaban con el padre y con la familia de éste. A los viudos se les permitía casarse de inmediato, mientras que las mujeres tenían que esperar diez meses, alargándose este tiempo en época de Augusto hasta los doce.

Los romanos admitieron siempre la posibilidad del divorcio. El matrimonio se disolvía por falta de la *affectio maritalis*, que hacía cesar el vínculo matrimonial. De modo que fácilmente podía disolverse por mera voluntad de los cónyuges. En caso de que fuese por voluntad de uno solo se le llamaba *repudium*, que podía ser tanto por parte del marido como de la mujer. El adulterio era causa de divorcio.

Era usual en los tiempos de Pablo, sobre todo en la clase alta romana, que el divorcio se realizara por motivos insignificantes. Sin embargo, el divorcio libre se realizaba por ambos cónyuges *comuni consensu*, de mutuo acuerdo, restringiendo el divorcio unilateral cuando estuviera basado en *iusta causa*, esto es cuando fuese ocasionado por culpa del otro cónyuge.

Todas estas prácticas socialmente aceptables y practicadas como normales, afectaban también a los cristianos en Corinto. Por eso habían escrito una carta al apóstol formulándole algunas preguntas sobre cuestiones generales de la vida cristiana. Estas preguntas son desconocidas para nosotros ya que no se conservan, por ello simplemente las deducimos a la luz de las respuestas de Pablo.

En relación con los problemas en el matrimonio, es posible que los corintios estuviesen pasando por alguna circunstancia adversa (v. 26), que incluso pudiera poner en peligro sus vidas (v. 29). Sean cuales fuesen estas circunstancias, Pablo da respuesta a las preguntas bajo este condicionante, pero que, aun siendo particular de aquella iglesia, no resta importancia y aplicación para cualquier momento de la historia y de cualquier iglesia.

Pablo aconseja no casarse en aquellas circunstancias. Sin embargo, lo establecido como norma general es que cada hombre tenga su esposa y cada mujer su marido (vv. 1-2). Las obligaciones en el matrimonio son mutuas, por tanto, no hay razón para que se produzca una separación entre creyentes, salvo por consentimiento mutuo y por un tiempo determinado, para dedicarse a la oración (vv. 3-5). Lo que establece sobre la conveniencia de no casarse, no es un mandamiento, sino un consejo en vista de las circunstancias; pero cada uno debe actuar conforme al don y gracia que Dios le había dado (vv. 10-11). Concluye este primer párrafo enseñando también sobre lo que determina el comportamiento de creyentes cuyo cónyuge no fuera cristiano, tanto en el caso de que el infiel admitiera la convivencia, como en el que esta se hiciera imposible y el no creyente abandonara el hogar (vv. 12-16). Pero, el apóstol enseña que las relaciones matrimoniales no deben ser rotas. Por eso establece una norma general para regular las relaciones en la vida cristiana y no solo en el matrimonio, que consistía en permanecer en el estado en que cada uno fue alcanzado para Cristo (vv. 17-24).

El último párrafo trata del matrimonio y servicio cristiano (vv. 25-40). Comienza dando una serie de consejos apostólicos en relación con el casamiento y con el divorcio, dando algunas razones por las que aconseja no contraer matrimonio en las circunstancias a las que se refiere, que sin duda los corintios sabían cuáles eran, pero que son desconocidas para nosotros (vv. 25-31). Apunta luego hacia el servicio de Dios y el matrimonio, dando a entender que los casados tienen un doble compromiso, uno con el servicio del Señor y otro con el de atención a su cónyuge. De este último están liberados los no casados (vv. 32-35). El mal entendimiento de la libertad cristiana que permitía a algunos la práctica de acciones impropias de un creyente, influía también en la celebración de matrimonios, asunto que aborda también (vv. 36-38). En estos versículos se aprecian serias dificultades por interpolación de palabras que no están en el texto griego, como *hija*, para referirse a la doncella que puede casarse o dejar de hacerlo y que induce a considerar la autoridad paterna sobre este asunto. Concluye el pasaje con una referencia a los creyentes que enviudaron, y como debieran comportarse en esa situación si quisieran volver a contraer matrimonio (vv. 39-40). En esta última parte puntualiza que sólo la muerte puede disolver el matrimonio, conforme al pensamiento y propósito de Dios, haciendo notar que un nuevo matrimonio debe hacerse con creyentes. Todo el pasaje tiene gran importancia en un momento en que los problemas matrimoniales y con ellos los de separación, son notables en todo el mundo y también dentro de las iglesias.

Para el comentario se sigue el *bosquejo* correspondiente a esta parte, que está en la *introducción* de la *Epístola*, como sigue:

IV. Enseñanza sobre el matrimonio (7:1-40)

1. Matrimonio y celibato (7:1-9).
    1.1. Una necesidad (7:1-2).
    1.2. Deberes conyugales (7:3-5).
    1.3. Concesión del apóstol (7:6-7).
    1.4. Conclusiones (7:8-9).
2. Matrimonio y divorcio (7:10-24).
    2.1. La separación matrimonial (7:10-11).
    2.2. Matrimonio con infieles (7:12-16).
    2.3. La norma general (7:17-24).
3. Matrimonio y servicio cristiano (7:25-40).
    3.1. Consejos apostólicos (7:25-31).
    3.2. El servicio a Dios y el matrimonio (7:32-35).
    3.3. La libertad cristiana (7:36-38).
    3.4. Viudez y nuevo matrimonio (7:39-40).

Matrimonio y celibato (7:1-9)

Una necesidad (7:1-2)

1. En cuanto a las cosas de que me escribisteis, bueno le sería al hombre no tocar mujer.

Περὶ δὲ ὧν ἐγράψατε[1], καλὸν ἀνθρώπῳ γυναικὸς μὴ
Pero acerca de las cosas que escribisteis, bueno para hombre mujer no
ἅπτεσθαι·
tocar.

Análisis y notas del texto griego.

Análisis: Περὶ, preposición propia de genitivo *acerca de*; δὲ, partícula conjuntiva que hace las veces de conjunción coordinante, con sentido de *pero, más bien, y, y por cierto, antes bien, entonces*; ὧν, caso genitivo neutro plural del pronombre relativo *los que*, en sentido de *las cosas que*; ἐγράψατε, segunda persona plural del aoristo primero de indicativo en voz activa del verbo γράφω, *escribir*, aquí *escribisteis*; καλὸν, caso nominativo neutro singular del adjetivo *bueno*; ἀνθρώπῳ, caso dativo masculino singular del nombre común declinado *para hombre*; γυναικὸς, caso nominativo femenino singular del nombre común *mujer*; μὴ, partícula que hace funciones de adverbio de negación *no*; ἅπτεσθαι, presente de infinitivo en voz media del verbo ἅτρω, *tocar, retener, tener relaciones*.

Notas. Crítica Textual. Lecturas alternativas.

[1] ἐγράψατε, *escribisteis*, según lectura en 𝔓46, a, B, C, 33, 81, 1739, 1881, 2464, r, vgst.

ἐγράψατε μοί, *me escribisteis*, conforme a A, D, F, G, K, L, P, Ψ, 104, 365, 630, 1175, 1241, 1505, 𝔐, ar, b, vg^{cl}, sy, co, Ambrosio, Pelagio.

Περὶ δὲ ὧν ἐγράψατε, Hasta aquí el apóstol estuvo atendiendo a la corrección de problemas que había en la iglesia y que le fueron comunicados personal y verbalmente (cf. 1:11; 5:1), pero ahora pasa a responder consultas que le formularon por carta. En ella hay *varias cosas*, a las que responde ahora.

No sabemos de qué cosas le habían preguntado. Suponemos como eran las preguntas a la luz de las respuestas. Este es uno de los varios problemas que el intérprete confronta al comentar esta *Epístola*. Acaso la pregunta había surgido de alguna discusión interna. Es evidente que entre los creyentes debía haber distintas opiniones y posturas en relación con el matrimonio y los problemas que pudieran afectarlo.

Es evidente que no es posible encontrar una vinculación moral con la materia tratada en el capítulo anterior sobre la impureza moral y lo que escribe en este capítulo. Sin embargo, el enlace puede asentarse en lo que ha dicho antes: *"Todas las cosas me son lícitas, mas no todas convienen"* (6:12), relacionándolo con la práctica de la libertad cristiana.

Como se dijo ya en la *introducción*, Pablo va a tratar en todo el capítulo cuestiones relativas al matrimonio. Algunos ven aquí una respuesta con enfoque hacia los judeo-cristianos de tendencia ascética esenia y los reproches del partido *Cefas* dentro de la iglesia. Sin embargo, el apóstol Pedro era un hombre casado (15:5; Mr. 1:30)[1]. Otros entienden que el problema provenía del partido *de Cristo*, alegando contra el casamiento, siguiendo el ejemplo de Jesús[2]. Ninguna de estas dos proposiciones tiene base bíblica para ser consideradas como seguras. Incluso algunos otros consideran que el problema surge de personas que han sido influenciadas por pensamientos de filósofos griegos, considerando el matrimonio como un estado vulgar y contrario a la independencia del hombre[3]. En la respuesta el apóstol no hace alusión alguna a estas ideas, por lo que, con toda seguridad se trataba de discusiones entre los creyentes de aquella iglesia.

---

[1] Entre otros *Schwegler*.

[2] Entre otros *Ewald, Hausrath.*

[3] Asi *Grotius.*

καλὸν ἀνθρώπῳ γυναικὸς μὴ ἅπτεσθαι· La respuesta comienza con una frase concisa y precisa, en la que literalmente se lee: *bueno para hombre mujer no tocar*. La primera cuestión es el sentido en que *es bueno* no casarse, expresado en la figura de *no tocar mujer*. El verbo ἅτρω, expresa la idea de *tocar, retener, tener relaciones*, todas ellas aplicables a las relaciones matrimoniales. El adjetivo traducido como *bueno*, expresa en el griego el sentido de belleza, más que el de moral. Pablo estaría diciendo que el celibato es digno y no contrario a la ética cristiana. Ahora bien, aparentemente hay aquí una contradicción, ya que Dios dijo que *no era bueno* que el hombre estuviera solo (Gn. 2:18), reforzada por la enseñanza de Salomón: *"El que halla esposa halla el bien, y alcanza la benevolencia de Jehová"* (Pr. 18:22), en donde la expresión *halla el bien*, equivale a *halla lo bueno*, que Dios manifiesta en Génesis. Es más, el apóstol mismo enseña como de falsos maestros la prohibición de casarse, esto es, el celibato obligatorio (1 Ti. 4:3). El celibato no es un estado más perfecto que el matrimonio (He. 13:4). Para ilustrar la figura de la relación entre Dios y Su pueblo en el Antiguo Testamento usa el matrimonio, así también en el Nuevo ilustrando la relación de Cristo con la Iglesia (Ef. 5:32). Pablo inicia la respuesta orientándola a los no casados, que no estaban seguros de la línea de conducta a seguir. *"No tocar mujer"* es una expresión equivalente a no contraer matrimonio. Pero esta respuesta tan inmediata al comienzo del tema que tratará, la formula en base a lo que más adelante indica, *"la necesidad que apremia"* (v. 26).

Es necesario tomar esta afirmación a la luz de todo el contexto de la enseñanza apostólica sobre el matrimonio. La idea de una influencia judeo-cristiana, mencionada antes, no concuerda con el pensamiento judío en el que Pablo había sido instruido. Los rabinos decían que el matrimonio era una obligación del hombre. Cabe preguntarse aquí si Pablo estuvo alguna vez casado. No hay respuesta bíblica a esto y posicionarse sobre ello es asentarse sobre meras suposiciones. Pero, habiendo sido miembro del sanedrín, y un fariseo ortodoxo, facilita la idea de que había estado casado, lo que supone una pregunta añadida: ¿cuál era su estado cuando escribe? Pudiera ser que hubiera fallecido su mujer, o también, que le hubiera abandonado al hacerse cristiano. Como antes debe guardarse silencio sobre aquello que la Palabra no revela.

Volviendo al tema del versículo, Kistemaker, citando a Juan Calvino, escribe:

"Dios ordenó desde el principio que el hombre sin la mujer es solo un hombre a medias, faltándole la ayuda que precisamente necesita; de

la misma forma que la mujer es la parte que completa al hombre. Por tanto, cualquiera que sea el mal o los problemas del matrimonio, estos solo proceden de la corrupción de la institución divina”[4].

A lo largo del capítulo se aprecia que el apóstol tiene un gran respeto por el matrimonio y en ningún lugar lo coloca en lugar más bajo que el celibato, por consiguiente, solo puede entenderse esta afirmación en base a alguna situación especial que convergía en aquella iglesia.

2. Pero a causa de las fornicaciones, cada uno tenga su propia mujer, y cada una tenga su propio marido.

διὰ δὲ	τὰς	πορνείας	ἕκαστος	τὴν	ἑαυτοῦ	γυναῖκα	ἐχέτω
Pero a causa de	las	fornicaciones	cada uno	la	de sí mismo	mujer	tenga,

καὶ	ἑκάστη	τὸν	ἴδιον	ἄνδρα	ἐχέτω.
y	cada una	el	propio	marido	tenga.

Análisis y notas del texto griego.

Análisis: διὰ, preposición propia de acusativo *a causa de*; δὲ, partícula conjuntiva que hace las veces de conjunción coordinante, con sentido de *pero, más bien, y, y por cierto, antes bien, entonces*; τὰς, caso acusativo femenino plural del artículo determinado *las*; πορνείας, caso acusativo femenino singular del nombre común *fornicaciones*; ἕκαστος, caso nominativo masculino singular del adjetivo indefinido *cada uno*; τὴν, caso acusativo femenino singular del artículo determinado *la*; ἑαυτοῦ, caso genitivo masculino singular del pronombre reflexivo declinado *de sí mismo*; γυναῖκα, caso acusativo femenino singular del nombre común *mujer, esposa*; ἐχέτω, tercera persona singular del presente de imperativo en voz activa del verbo ἔχω, *tener, poseer*, aquí *tenga*; καὶ, conjunción copulativa *y*; ἑκάστη, caso nominativo femenino singular del adjetivo indefinido *cada una*; τὸν, caso acusativo masculino singular del artículo determinado *el*; ἴδιον, caso acusativo masculino singular del adjetivo *propio*; ἄνδρα, caso acusativo masculino singular del nombre común, *varón, hombre, marido*; ἐχέτω, tercera persona singular del presente de imperativo en voz activa del verbo ἔχω, *tener, poseer*, aquí *tenga*.

διὰ δὲ τὰς πορνείας. Un complemento a la respuesta anterior da una mayor precisión a lo que el apóstol había escrito en la contestación a la consulta de los corintios. La situación que atravesaban, el momento en que se encontraban, aconsejaba que se mantuviesen sin casarse, pero no todos tienen el don o la capacidad de continencia (v. 7), por tanto, quien no ha recibido esa capacidad está expuesto a car en el pecado de la fornicación, cuya gravedad acaba de considerar en el capítulo anterior.

[4] S. Kistemaker. o. c., pág. 189.

Cualquier relación íntima fuera del matrimonio es pecado (6:18). La fornicación es una relación pecaminosa (5:9; 6:9; Ef. 5:5; 1 Ti. 1:10; He. 13:4). El texto griego tiene el nombre y el artículo en plural *las fornicaciones*, lo que extiende el peligro de ese pecado a muchos momentos y muchas formas. De modo que el remedio a la concupiscencia, que atrae al hombre en su naturaleza heredada, es el matrimonio. Aunque el matrimonio tiene otros propósitos conforme a la institución divinamente establecida, el apóstol se refiere aquí a un peligro que afectaba especialmente a los creyentes en una sociedad licenciosa como era la corintia. Además, debe recordarse que anteriormente estuvo tratando ese problema como un pecado que alcanzaba a algunos de los creyentes en aquella iglesia (5:1).

ἕκαστος τὴν ἑαυτοῦ γυναῖκα ἐχέτω καὶ ἑκάστη τὸν ἴδιον ἄνδρα ἐχέτω. Ante este problema el apóstol llega a una conclusión, que *cada uno* tenga su propia mujer y cada mujer su propio marido. Se acusa a Pablo de dar una visión del matrimonio como si la razón de este fuera sólo evitar caer en el pecado. Sin embargo, debe entenderse que el apóstol no está tratando aquí de la teología el matrimonio, sino respondiendo a preguntas concretas. Esta no es la única razón del matrimonio, pero si una de ellas, las otras son la ayuda mutua (Gn. 2:18); la procreación (Gn. 1:28a); y la de compartir el gobierno del hogar (Gn. 1:28b). No se puede reducir la misión del matrimonio como solución al impulso sexual, propio de la naturaleza del hombre y de la mujer, pero en una situación como la que concurría, era bueno que los solteros se casaran.

Deberes conyugales (7:3-5)

3. El marido cumpla con la mujer el deber conyugal, y asimismo la mujer con el marido.

τῇ γυναικὶ ὁ ἀνὴρ τὴν[1] ὀφειλὴν ἀποδιδότω, ὁμοίως δὲ καὶ ἡ
A la mujer el hombre la deuda pague, y asimismo también la
γυνὴ τῷ ἀνδρί.
mujer al hombre.

Análisis y notas del texto griego.

Análisis: τῇ, caso dativo femenino singular del artículo determinado declinado *a la*; γυναικὶ, caso dativo femenino singular del nombre común *mujer, esposa*; ὁ, caso nominativo masculino singular del artículo determinado *el*; ἀνὴρ, caso nominativo masculino singular del nombre común *varón, hombre, esposo*; τὴν, caso acusativo femenino singular del artículo determinado *la*; ὀφειλὴν, caso acusativo femenino singular del nombre común *deuda, obligación*; ἀποδιδότω, tercera persona singular del presente de imperativo en voz activa del verbo ἀποδίδωμι, *devolver, pagar, dar, cumplir*, aquí *pague*; ὁμοίως, adverbio *asimismo*; δὲ, partícula conjuntiva que hace las veces de conjunción coordinante, con sentido de *pero, más bien, y, y por cierto, antes bien, entonces*; καὶ, adverbio de modo *también*; ἡ, caso nominativo femenino singular del artículo determinado *la*; γυνὴ, caso nominativo femenino singular del nombre común *mujer, esposa*; τῷ, caso dativo masculino del artículo determinado declinado *al*; ἀνδρί, caso dativo masculino singular del nombre común *varón, hombre, esposo*.

Notas. Crítica Textual. Lecturas alternativas.

[1] ὀφειλὴν, *deuda*, según lectura en P[11, 46], a, A, B, C, D, F, G, P, Ψ, 6, 33, 81, 630, 1175, 1739, 1881, 2464, latt, co, Clemente, Orígenes.

ὀφειλομένην εὔνοιαν, *que debe conyugal*, conforme a K, L, 104, 365, 1241, 1505, 𝔐, sy.

τῇ γυναικὶ ὁ ἀνὴρ τὴν ὀφειλὴν ἀποδιδότω, Entrando en la práctica matrimonial, el apóstol recuerda las *obligaciones* en la relación del marido y de la mujer. Se puede y debe hablar de obligaciones, puesto que el apóstol usa el sustantivo ὀφειλή, que equivale a *deuda, obligación*. Las relaciones íntimas en el matrimonio no son una concesión, sino una obligación. Estas relaciones son consideradas aquí como el pago de una deuda. Sin duda se trata de una *deuda de amor*.

La primera exhortación va dirigida a los maridos y luego lo hará a las mujeres. Es notable el adelanto social expresado en un tiempo en que el hombre tenía todos los derechos y la mujer sólo las obligaciones. Debe apreciarse que no es el marido quien exige la intimidad con la esposa, sino que la comparte, de modo que acceder a esto la considera como el cumplimiento de una obligación personal. Es interesante la lectura directa del texto griego: *"A la mujer el hombre la deuda pague"*. En la relación matrimonial cristiana se une la condición de hijos del mismo Padre, miembros de la familia de Dios, miembros del cuerpo de Cristo, poseedores del Espíritu Santo, que reproduce a Jesús en cada uno de los esposos. Por tanto, es una relación de entrega basada en el amor. Los *derechos* se cambian por la *obligación*, la *exigencia* por la *atención* al otro. Es necesario entender que la relación sexual en el matrimonio no es sólo un deseo a satisfacer para el marido, sino para que ambos disfruten de la sana intimidad dispuesta por Dios para la gratificación mutua, por tanto, el mismo derecho tiene el hombre que la mujer, a ser atendidos en ese sentido. Es necesario entender que, frente al egoísmo propio de la vieja naturaleza, el hombre no tiene más derechos que la mujer.

En la medida que el esposo cristiano comprenda el alcance del amor de Cristo por él, estará en condiciones de comprender el alcance del mandamiento que el apóstol establece aquí. En la práctica la relación de amor del marido hacia la esposa debe entenderse en la misma calidad de amor con que Cristo amó a la iglesia. El Señor ama a la Iglesia a pesar de sus defectos, indignidades e incluso rebeldías, por tanto, de esa misma manera tiene que manifestar el esposo su amor hacia su esposa.

Esta relación de amor demandada que trae como consecuencia el cumplimiento de la deuda matrimonial del esposo a la esposa, en la primera demanda del apóstol, no puede ser un amor teórico basado solo en meras palabras o en buenos propósitos. El marido que ama a su esposa con un amor de entrega lo pone de manifiesto en hechos concretos. El Señor se entregó por nosotros en un acto supremo de entrega incondicional (Fil. 2:6-7), y esta es la demanda de amor para el creyente: *"haya, pues, en vosotros este sentir que hubo también en Cristo Jesús"* (Fil. 2:5). Esta demostración de la realidad de amor, está manifestada en la entrega del marido a la mujer.

ὁμοίως δὲ καὶ ἡ γυνὴ τῷ ἀνδρί. La segunda frase recoge el mandato para la esposa. Introduce la oración con el adverbio ὁμοίως, que equivale a *del mismo modo, asimismo*, de manera que lo considerado antes para el marido debe trasladarse en la misma manera para la esposa. Cuando los dos en el matrimonio funcionan con el desinterés de un amor que se entrega sin reservas, que busca el bien del otro más que el suyo propio, la estabilidad del matrimonio es definitiva.

4. La mujer no tiene potestad sobre su propio cuerpo, sino el marido; ni tampoco tiene el marido potestad sobre su propio cuerpo, sino la mujer.

ἡ γυνὴ τοῦ ἰδίου σώματος οὐκ ἐξουσιάζει ἀλλὰ ὁ ἀνήρ,
La mujer del propio cuerpo no tiene potestad sino el hombre,
ὁμοίως δὲ καὶ ὁ ἀνὴρ τοῦ ἰδίου σώματος οὐκ ἐξουσιάζει
y asimismo también el hombre del propio cuerpo no tiene potestad
ἀλλὰ ἡ γυνή.
sino la mujer.

Análisis y notas del texto griego.

Análisis: ἡ, caso nominativo femenino singular del artículo determinado *la*; γυνὴ, caso nominativo femenino singular del nombre común *mujer, esposa*; τοῦ, caso genitivo neutro singular del artículo determinado declinado *del*; ἰδίου, caso genitivo neutro singular del adjetivo *propio*; σώματος, caso genitivo neutro singular del nombre común *cuerpo*; οὐκ, forma escrita del adverbio de negación *no*, con el grafismo propio ante una vocal con espíritu suave o una enclítica;

ἐξουσιάζει, tercera persona singular del presente de indicativo en voz activa del verbo ἐξουσιάζω, *tener potestad, ejercer el poder, dominar, disponer*, aquí *tiene potestad*; ἀλλὰ, conjunción adversativa *sino*; ὁ, caso nominativo masculino singular del artículo determinado *el*; ἀνήρ, caso nominativo masculino singular del nombre común *varón, hombre, esposo*; ὁμοίως, adverbio *asimismo*; δὲ, partícula conjuntiva que hace las veces de conjunción coordinante, con sentido de *pero, más bien, y, y por cierto, antes bien, entonces*; καὶ, adverbio de modo *también*; ὁ, caso nominativo masculino singular del artículo determinado *el*; ἀνὴρ, caso nominativo masculino singular del nombre común *varón, hombre, marido*; τοῦ, caso genitivo neutro singular del artículo determinado declinado *del*; ἰδίου, caso genitivo neutro singular del adjetivo *propio*; σώματος, caso genitivo neutro singular del nombre común *cuerpo*; οὐκ, forma escrita del adverbio de negación *no*, con el grafismo propio ante una vocal con espíritu suave o una enclítica; ἐξουσιάζει, tercera persona singular del presente de indicativo en voz activa del verbo ἐξουσιάζω, *tener potestad, ejercer el poder, dominar, disponer*, aquí *tiene potestad*; ἀλλὰ, conjunción adversativa *sino*; ἡ, caso nominativo femenino singular del artículo determinado *la*; γυνή, caso nominativo femenino singular del nombre común *mujer, esposa.*

ἡ γυνὴ τοῦ ἰδίου σώματος οὐκ ἐξουσιάζει ἀλλὰ ὁ ἀνήρ. Con dos frases concretas da las razones para el cumplimiento del deber conyugal. El matrimonio debe entregarse mutuamente sin reservas el uno al otro. En el texto anterior comenzó refiriéndose al marido y aquí lo hace con la mujer, para seguir inmediatamente en el mismo sentido con el marido. A causa de que el matrimonio convierte a los dos, marido y mujer, en una sola carne, el cuerpo de la esposa deja de ser propiedad individual de ella para pasar a serlo del marido. Por esa razón afirma que ya no tiene *autoridad*, es decir, ya no puede ejercer la potestad sobre su cuerpo que tenía cuando era soltera.

δὲ καὶ ὁ ἀνὴρ τοῦ ἰδίου σώματος οὐκ ἐξουσιάζει ἀλλὰ ἡ γυνή. Pero el mismo comportamiento de la esposa ha de ser también el del marido. Nótese que la vinculación de las dos oraciones dentro de la cláusula del versículo, están separadas entre sí por un elemento que también las une y que es el adverbio ὁμοίως, *asimismo, de igual modo*, por tanto, lo que sirve a la primera frase es también para la segunda. Si la mujer no tiene potestad, es decir, no puede ejercer autoridad sobre su propio cuerpo en razón del compromiso matrimonial de *no negarse* el uno al otro o, si se prefiere mejor, de cumplir uno con el otro el *deber conyugal*, del mismo e igual modo tampoco el marido puede disponer independientemente de su cuerpo al margen de la mujer.

La grandeza del verdadero amor se manifiesta en una entrega sin reservas buscando el bien del otro. No debe olvidarse que el matrimonio cristiano es una esfera de testimonio para que el mundo, e incluso la iglesia, entienda la relación de amor y entrega de Cristo a la Iglesia y de ésta a Él (Ef. 5:25, 32). El Señor, amando a cada uno de los que formaríamos Su cuerpo, espiritualmente hablando, y seríamos la esposa del Cordero, se *entregó por nosotros* (Gá. 2:20b). Por otro lado, la relación matrimonial consiste en seguir el ejemplo del Señor, dando al otro lo que desee, sin buscar la misma recompensa, simplemente porque el Señor dijo que es *"más bienaventurado es dar que recibir"* (Hch. 20:35). La relación matrimonial como expresión de amor profundo y sincero, discurre en la premisa de que *"ninguno busque su propio bien, sino el del otro"* (10:24). Esto es una manifestación de la perfección social del cristianismo. Cuando todos reclaman derechos el cristiano busca la satisfacción, el bien del otro. Además, un comportamiento matrimonial de este modo disminuye, por no decir elimina, el peligro de la fornicación. No cumplir el deber conyugar conduce, muchas veces, a la tentación del adulterio.

5. No os neguéis el uno al otro, a no ser por algún tiempo de mutuo consentimiento, para ocuparos sosegadamente en la oración; y volved a juntaros en uno, para que no os tiente Satanás a causa de vuestra incontinencia.

μὴ ἀποστερεῖτε ἀλλήλους, εἰ μήτι ἂν ἐκ συμφώνου πρὸς
No os privéis uno al otro, a menos que - de común acuerdo por
καιρόν, ἵνα σχολάσητε τῇ[1] προσευχῇ καὶ πάλιν ἐπὶ τὸ αὐτὸ ἦτε,
tiempo, para dedicarse a la oración y otra vez a lo mismo estéis,
ἵνα μὴ πειράζῃ ὑμᾶς ὁ σατανᾶς διὰ τὴν ἀκρασίαν ὑμῶν.
para que no tiente os - Satanás por la incontinencia de vosotros.

Análisis y notas del texto griego.

Análisis: μὴ, partícula que hace funciones de adverbio de negación *no*; ἀποστερεῖτε, segunda persona plural del presente de imperativo en voz activa del verbo ἀποστερέω, *estafar, despojar, defraudar, negar, privar*, aquí *privéis*; ἀλλήλους, caso acusativo masculino plural del pronombre recíproco *uno al otro*; εἰ, conjunción *sí*; μήτι, partícula que se usa como interrogativa en preguntas que exigen respuesta negativa o incierta, o con suspenso: *Tal vez, quizás,* se asocia con otras partículas: εί μήτι, *a menos que*; ἂν, partícula que no empieza nunca frase y que da a ésta carácter condicional o dubitativo, o expresa una idea de repetición. Se construye con todos los modos menos el imperativo y acompaña a los pronombres relativos para darles un sentido general; en algunas ocasiones no tiene traducción; ἐκ, preposición propia de genitivo *de*; συμφώνου, caso genitivo neutro singular del adjetivo *común acuerdo*; πρὸς, preposición propia de acusativo *por*; καιρόν, caso acusativo masculino singular del nombre común *tiempo*; ἵνα, conjunción causal *para*; σχολάσητε, segunda persona plural del presente de subjuntivo en voz activa del verbo σχολάζω, *dedicar*, aquí *dedicarse*; τῇ, caso dativo femenino singular del artículo determinado declinado *a la*; προσευχῇ, caso dativo femenino singular del nombre común *oración*; καὶ, conjunción copulativa *y*; πάλιν, adverbio *otra vez, de nuevo*; ἐπὶ, preposición propia de acusativo *a*; τὸ, caso acusativo neutro singular del artículo determinado *lo*; αὐτὸ, caso acusativo neutro singular del pronombre personal *mismo*; ἦτε, segunda persona plural del presente de subjuntivo en voz activa del verbo εἰμί, *ser, estar*, aquí *estéis*; ἵνα, conjunción causal *para que*; μὴ, partícula que hace funciones de adverbio de negación *no*; πειράζῃ, tercera persona singular del presente de subjuntivo en voz activa del verbo πειράζω, *tentar*, aquí *tiente*; ὑμᾶς, caso acusativo de la segunda persona plural del pronombre personal declinado *a vosotros, os*; ὁ, caso nominativo masculino singular del artículo determinado *el*; σατανᾶς, caso nominativo masculino singular del nombre propio *Satanás*; διὰ, preposición propia de acusativo *por*; τὴν, caso acusativo femenino singular del artículo determinado *la*; ἀκρασίαν, caso acusativo femenino singular de nombre común *incontinencia*; ὑμῶν, caso genitivo de la segunda persona plural del pronombre personal declinado *de vosotros*.

Notas. Crítica Textual. Lecturas alternativas.

[1] σχολάσητε τῇ προσευχῃ, *dedicarse a la oración*, según lectura en P[11vid, 46], a*, A, B, C, D, F, G, P, Ψ, 6, 33, 81, 104, 630, 1175, 1739, 1881, 2464, latt, co, Clemente, Epifanio.

σχολάσητε τῇ νηστεία καὶ τῇ προσευχῃ, *dedicarse al ayuno y la oración*, lectura en a², K, L, 365, 1241, 1505, 𝔐, sy.

μὴ ἀποστερεῖτε ἀλλήλους, Nuevamente reafirma la enseñanza anterior: *no os neguéis el uno al otro*. Reitera lo dicho (v. 3), pero aquí en forma negativa, prohibiendo la abstinencia en las relaciones matrimoniales. Es muy probable que algunos matrimonios en Corinto estuviesen negándose el derecho matrimonial. La traducción del texto griego *no os neguéis*, puede traducirse perfectamente por *no os robéis* el uno al otro, o también *defraudéis, estaféis*, etc. acepciones del verbo que usa aquí el apóstol. En cierto modo pareciera una contradicción con lo que había enseñado antes: *"bueno le sería al hombre no tocar mujer"* (v. 1), pero eso se refiere a solteros y no a casados.

εἰ μήτι ἂν ἐκ συμφώνου. Pero, el apóstol establece una eximente para interrumpir estas relaciones matrimoniales. Para ello da tres razones, la primera de ellas tiene que ver con *el acuerdo mutuo*. Es un acuerdo expreso consentido por ambos cónyuges. Sin embargo, si uno de ellos siente la necesidad de reanudar esa relación tiene derecho a que se le atienda en esto. Nuevamente el apóstol determina aquí la igualdad de los sexos en cuanto a los derechos de las relaciones matrimoniales. No es la mujer la que se somete al deseo del marido para interrumpir la relación, ni tampoco a la inversa. Ambos tienen la misma autoridad en lo que se refiere a la relación personal y al gobierno del hogar, como Dios estableció para el primer matrimonio, hablando en plural y otorgando a ambos la misma situación (Gn. 1:28). La idea de que el hombre tiene el derecho de gobierno y la mujer solo puede someterse a la voluntad del varón, no está establecido en ningún lugar de la Escritura. Pablo presenta aquí una conversación, un contraste de voluntades, una armonización y una determinación de suspender las relaciones íntimas, consensuado todo ello por el marido y por la mujer.

πρὸς καιρόν, La segunda causa que ha de darse en la eximente, tiene que ver con un tiempo establecido para ello. No es algo definitivo, sino temporal. Junto con la determinación de interrumpir las relaciones, se determina y acepta el tiempo que durará esa situación. Los dos estarán convencidos de que ese acuerdo es deseable y beneficioso. Una prolongación excesiva de la interrupción de la intimidad, puede ocasionar serios problemas que incluso lleguen a destruir el matrimonio.

ἵνα σχολάσητε τῇ προσευχῇ. La tercera causa que ha de concurrir para la eximente apostólica es que ese tiempo se dedique a la oración. Es ya en sí una forma de ayuno para entregarse a una actividad intensa de oración. En el pueblo de Israel se usaba la abstinencia en la preparación de momentos solemnes (Ex. 19:15; 1 S. 21:4). Se trata, pues, de vivir un tiempo más intenso de vida espiritual.

καὶ πάλιν ἐπὶ τὸ αὐτὸ ἦτε, Concluido el tiempo acordado, han de volver a las relaciones íntimas, propias del matrimonio. La forma literal del texto griego es interesante: *y otra vez a lo mismo estéis*. Alguno pudiera pensar que la abstinencia temporal es buena, por tanto, será mejor la continua, en tal caso lo que cabe es que quien piense de ese modo no se case.

ἵνα μὴ πειράζῃ ὑμᾶς ὁ σατανᾶς. La necesidad de retornar a una relación normal en el matrimonio, tiene que ver, primero, con la acción de Satanás, presto a tentar al creyente y hacerlo caer en el pecado. El enemigo de la vida cristiana buscará cualquier ocasión para arruinar la vida del creyente y manchar el testimonio cristiano. El apóstol advierte de esto cuando escribe: *"Ni deis lugar al diablo"* (Ef. 4:27). La victoria en la vida cristiana sobre las tentaciones de Satanás, consiste en *"someterse a Dios y resistir al diablo"* (Stg. 4:7). Por consiguiente, Dios manda que el matrimonio esté unido en todos los aspectos, que comprende también el de la intimidad, suspendida solo excepcionalmente con el propósito de la oración, obedecer a Dios es resistir al diablo, de modo que el tiempo de abstinencia concluye y el matrimonio recupera la normalidad establecida para él por Dios mismo.

διὰ τὴν ἀκρασίαν ὑμῶν. La segunda razón para no prolongar esa situación tiene que ver con la propia naturaleza humana. La sexualidad es un don de Dios como también la vida. Sin embargo, el pecado deterioró la situación humana convirtiendo los deseos en concupiscencia, por la que el ser humano es atraído y puede caer en el pecado (Stg. 1:14). La concupiscencia de la carne es una de las puertas que Satanás procura abrir para hacer caer al creyente, como enseña el apóstol Juan (1 Jn. 2:16). Un ejemplo bien conocido es la caída de David (2 S. 11:2-4), donde el desarrollo que condujo a la comisión del pecado fue: *"vio.. codició... tomó"*. Nótese que el apóstol se refiere a la *incontinencia* de los cónyuges. El término griego ἀκρασία, tiene que ver con la dificultad de contenerse o dominarse. Así también en el matrimonio, tanto el hombre como la mujer han sido creados por Dios con el don de la sexualidad cuyas necesidades son satisfechas en el ámbito del matrimonio. La continencia es un don que no todos tienen, pero, puede considerarse esta abstinencia voluntaria como un método que evita la concepción y regula los límites del número de hijos en un matrimonio, en lenguaje actual una forma de práctica anticonceptiva, por lo que la oración sería para evitar en ese tiempo la caída en alguna tentación a causa de la abstinencia sin el don.

Concesión del apóstol (7:6-7)

6. Mas esto digo por vía de concesión, no por mandamiento.

τοῦτο δὲ λέγω κατὰ συγγνώμην οὐ κατ' ἐπιταγήν.
Pero esto digo según concesión no según mandamiento.

Análisis y notas del texto griego.

Análisis: τοῦτο, caso acusativo neutro singular del pronombre demostrativo *esto*; δὲ, partícula conjuntiva que hace las veces de conjunción coordinante, con sentido de *pero, más bien, y, y por cierto, antes bien, entonces*; λέγω, primera *decir*, aquí *digo*; κατὰ, preposición propia de acusativo *en, por, hacia, delante de, según*; συγγνώμην, caso acusativo femenino singular del nombre común *concesión*; οὐ, adverbio de negación *no*; κατ', forma escrita de la preposición de acusativo κατά, *en, por, hacia, delante de, según*, por elisión ante vocal con espíritu suave; ἐπιταγήν, caso acusativo femenino singular del nombre común *mandamiento*.

τοῦτο δὲ λέγω κατὰ συγγνώμην οὐ κατ ἐπιταγήν. Pablo no escribió un mandamiento, sino una *concesión*. A esta forma de determinar lo que escribe debe prestársele atención, porque así ocurre en otros lugares del escrito, es decir, nadie debe sentirse constreñido para cumplir lo que el apóstol escribe, porque no es un mandamiento, sino algo que se concede para la vida cristiana.

Resulta un tanto complicado determinar a qué se refiere con esto de *concesión*. Si se aplica a lo que antecede inmediatamente, estaríamos en una redundancia, porque ya ha establecido antes la voluntariedad de aceptar o no la recomendación dada, es decir, abstenerse de la relación matrimonial por un tiempo o no hacerlo. Allí se establece la concesión y el mandamiento al mismo tiempo (v. 5). Pero, por lo que sigue, debiera relacionarse con la primera respuesta dada a la consulta que la iglesia le había hecho por escrito (v. 2). Pablo les indicó antes que, dadas las circunstancias que concurrían, sería bueno el celibato, pero, también habló de la *necesidad* del matrimonio en el mismo versículo. Ahora precisa que aquello lo dijo como *concesión* y no como mandamiento, por lo que podría atenderse a la recomendación o ignorarla, con lo que no se estaría quebrantando lo establecido, sino simplemente dejándolo sin efecto. Sin embargo, cabe también aplicar esto al versículo que antecede (v. 5) en relación con *"no os privéis... de mutuo consentimiento"*. En este caso la abstinencia por un tiempo sería una concesión y no un mandamiento. El apóstol no impone temporalmente el de la abstinencia a quien no tiene el don de ella.

7. Quisiera más bien que todos los hombres fuesen como yo; pero cada uno tiene su propio don de Dios, uno a la verdad de un modo, y otro de otro.

θέλω δὲ πάντας ἀνθρώπους εἶναι ὡς καὶ ἐμαυτόν· ἀλλὰ
Pero deseo todos hombres sean como también yo mismo. Pero
ἕκαστος ἴδιον ἔχει χάρισμα ἐκ Θεοῦ, ὁ μὲν οὕτως, ὁ δὲ
cada uno propio tiene don de Dios, el ciertamente así, y el
οὕτως.
así.

Notas y análisis del texto griego.

Análisis: θέλω, primera persona singular del presente de indicativo en voz activa del verbo θέλω, *querer, desear, encontrar gusto*, aquí *deseo*; δὲ, partícula conjuntiva que hace las veces de conjunción coordinante, con sentido de *pero, más bien, y, y por cierto, antes bien, entonces*; πάντας, caso acusativo masculino plural del adjetivo indefinido *todos*; ἀνθρώπους, caso genitivo masculino plural del nombre común *hombres*; εἶναι, presente de infinitivo en voz activa del verbo εἰμί, *ser, estar*, aquí *sean*; ὡς, adverbio de modo, *como*, que hace las veces de conjunción comparativa; καὶ, adverbio de modo *también*; ἐμαυτόν, caso acusativo masculino singular del pronombre reflexivo *yo mismo*; ἀλλὰ, conjunción adversativa *pero*; ἕκαστος, caso nominativo masculino singular del adjetivo indefinido *cada uno*; ἴδιον, caso acusativo neutro singular del adjetivo *propio*; ἔχει, tercera persona singular del presente de indicativo en voz activa del verbo ἔχω, *tener, poseer*, aquí *tiene*; χάρισμα, caso acusativo neutro singular del nombre común *carisma, don*; ἐκ, preposición propia de dativo *de*; Θεοῦ, caso dativo masculino singular del nombre divino *Dios*; ὁ, caso nominativo masculino singular del artículo determinado *el*; μὲν, partícula afirmativa que se coloca siempre inmediatamente después de la palabra expresiva de una idea que se ha de reforzar o poner en relación con otra idea y que, en sentido absoluto tiene oficio de adverbio de afirmación, como *ciertamente, a la verdad*; οὕτως, adverbio demostrativo *así*; ὁ, caso nominativo masculino singular del artículo determinado *el*; δὲ, partícula conjuntiva que hace las veces de conjunción coordinante, con sentido de *pero, más bien, y, y por cierto, antes bien, entonces*; οὕτως, adverbio demostrativo *así*.

θέλω δὲ. El apóstol expresa un deseo posible, como si dijera: *me gustaría*, que es una de las acepciones del verbo θέλω, con el que inicia la oración. Debe notarse que cuando no se trata de mandamientos, Pablo lo indica claramente. Como hace notar Kistemaker, *"expresa un deseo genuino y no una aspiración improbable*[5]*"*. Entendible especialmente a la luz de lo que dirá más adelante, "*a causa de la necesidad que apremia*" (v. 26), aunque no sepamos exactamente a qué se refería.

πάντας ἀνθρώπους εἶναι ὡς καὶ ἐμαυτόν· El deseo se expresa como que todos los hombres, esto es, los varones creyentes de Corinto, estuviesen en la misma situación personal en que se encontraba él, en relación con el matrimonio.

Esto conduce a formularse la pregunta de cuál era la situación civil de Pablo. Anteriormente se ha hecho referencia a esto, considerando que Pablo no debía ser un hombre soltero. Él había sido miembro del sanedrín, con voz y voto, como él mismo dice sobre el juicio de Esteban (Hch. 8:1a; 22:20; 26:10). En el sanedrín solo los cabezas de familia tenían derecho a voto. Los miembros de este tribunal superior de Israel, debían ser casados, aunque había alguna posible excepción, como indica el Dr. Lacueva: "*... un rabino converso me aclaró que existía una especie de 'matrimonio' con la Torah, en virtud del cual se admitía como casados a los que, de manera especial, se dedicaban al estudio y enseñanza de la ley*"[6]. Esto permite suponer que podía ser un hombre viudo. Pero cabe también pensar que podía haber sido abandonado por su esposa, al convertirse a Cristo.

---

[5] S. Kistemaker. o. c., pág. 192.

[6] F. Lacueva. o. c., pág. 416.

Lo menos probable es que hubiera sido célibe o que hubiese hecho voto de castidad.

ἀλλὰ ἕκαστος ἴδιον ἔχει χάρισμα ἐκ Θεοῦ, Sin embargo, el apóstol reconoce que no todos los hombres pueden mantenerse en esta situación, puesto que para ello se requiere un don de Dios. No se trata aquí de dones del Espíritu, sino uno de los naturales que Dios otorga. En este sentido está refiriéndose al de continencia, el que también el Señor mencionó hablando con los discípulos: *"No todos son capaces de recibir esto, sino aquellos a quienes es dado"* (Mt. 19:11). Ellos habían afirmado que para las exigencias sobre el matrimonio que el Señor había dicho, era mejor quedarse sin casar. Jesús admitió entonces que es posible quedarse soltero, pero que no es para todos poner en práctica una determinación así, sino para quienes han recibido de Dios capacidad para ello, es decir, quienes han sido dotados por Dios para mantenerse en ese estado de vida. De ahí el contenido de este versículo y el que cierra el párrafo (v. 9). El no casarse no supone un estado más perfecto de vida que el matrimonio y mucho menos imponerlo a otros como una norma. Entre los apóstoles el celibato no era la regla general sino una excepción concreta en el caso de Pablo, considerando su condición de no casado como la situación en que se encontraba cuando escribió al *Epístola.* Algunos, como Pedro, además de casado solía viajar acompañado de su esposa (9:5). El celibato obligado es un lazo de perdición para quienes no tienen el don necesario para sobrellevarlo, de ahí que el estado célibe sin el don preciso es un continuo problema (v.9).

ὁ μὲν οὕτως, ὁ δὲ οὕτως. La conclusión de esto se alcanza cuando se entiende que no todos los hombres, en este caso los creyentes, tienen la misma capacidad concedida por Dios para permanecer sin casarse. El apóstol reconoce la diferencia entre unos y otros, mediante la expresión con que cierra la cláusula. Unos tienen un don y otros tienen otro, de modo que la regla no puede ser igual para todos. Los que no se casan tienen mayor libertad para atender de la obra de Dios dedicándole todo el tiempo, mientras que los casados han de compartir el tiempo con sus esposas atendiendo sus necesidades personales.

Conclusiones (7:8-9)

8. Digo, pues, a los solteros y a las viudas, que bueno les fuera quedarse como yo.

Λέγω δὲ τοῖς ἀγάμοις καὶ ταῖς χήραις, καλὸν αὐτοῖς ἐὰν
Digo, más bien, a los solteros y a las viudas, bueno para ellos si
μείνωσιν ὡς καγώ·
se quedan como yo.

Análisis y notas del texto griego.

Análisis: Λέγω, primera persona singular del presente de indicativo en voz activa del verbo λέγω, *hablar, decir*, aquí *digo*; δὲ, partícula conjuntiva que hace las veces de conjunción coordinante, con sentido de *pero, más bien, y, y por cierto, antes bien, entonces*; τοῖς, caso dativo masculino plural del artículo determinado declinado *a los*; ἀγάμοις, caso dativo masculino plural del nombre común *solteros, célibes*; καὶ, conjunción copulativa *y*; ταῖς, caso dativo femenino plural del artículo determinado declinado *a las*; χήραις, caso dativo femenino plural del nombre común *viudas*; καλὸν, caso nominativo neutro singular del adjetivo *bueno*; αὐτοῖς, caso dativo masculino de la tercera persona plural del pronombre personal declinado *para ellos*; ἐὰν, conjunción *si*; μείνωσιν, tercera persona plural del aoristo primero de subjuntivo en voz activa del verbo μένω, *permanecer, quedarse, vivir*, aquí *se quedan*; ὡς, adverbio de modo, *como*, que hace las veces de conjunción comparativa; καγώ, palabra formada por crasis[7] de la conjunción καὶ, y el pronombre personal ἐγώ, y que equivale a *y yo*.

Λέγω δὲ τοῖς ἀγάμοις καὶ ταῖς χήραις, El resumen de la enseñanza está dirigido a los solteros y a las viudas. La consulta hecha sobre lo que debían hacer los no casados, se concreta en estas palabras. Los dos grupos *solteros y viudas*, pareciera que es incompleto puesto que no se dice nada de los viudos. Con todo, en el entorno social de entonces se estaba refiriendo en modo genérico a los que no estaban casados. Las viudas habían venido a formar un grupo especial dentro de aquella sociedad, que produjo discusiones en la iglesia, como había ocurrido en la reclamación hecha por los judíos griegos contra los hebreos (Hch. 6:1). Más tarde el apóstol regulará esta cuestión en la pastoral a Timoteo (1 Ti. 5:3 ss.). Los *solteros* deben comprender a todos los no casados, hombres y mujeres, distinguiéndolas de las viudas, en cuyo caso comprendería a los solteros, los viudos, los separados y los divorciados.

καλὸν αὐτοῖς ἐὰν μείνωσιν ὡς καγώ· *"Es bueno"*, no dice que es lo mejor, sino que es lo apropiado en aquellas circunstancias, quedar como estaba él, sin casarse.

9. Pero si no tienen don de continencia, cásense, pues mejor es casarse que estarse quemando.

εἰ δὲ οὐκ ἐγκρατεύονται, γαμησάτωσαν, κρεῖττον γάρ ἐστιν
Pero si no tienen continencia, cásense, porque mejor es
γαμῆσαι ἢ πυροῦσθαι.
casarse que quemarse.

[7] *Crasis*, palabra griega que equivale a *unión de fuerzas*, en general *unión de elementos*.

Análisis y notas del texto griego.

Análisis: εἰ, conjunción *si*; δὲ, partícula conjuntiva que hace las veces de conjunción coordinante, con sentido de *pero, más bien, y, y por cierto*, *antes bien, entonces*; οὐκ, forma escrita del adverbio de negación *no*, con el grafismo propio ante una vocal con espíritu suave o una enclítica; ἐγκρατεύονται, tercera persona plural del presente de indicativo en voz media del verbo εγκρατεύομαι, *tener continencia*, aquí *tienen continencia*; γαμησάτωσαν, tercera persona plural del aoristo primero de imperativo en voz activa del verbo γαμέω, *casarse*, aquí *cásense*; κρεῖττον, caso nominativo neutro singular del adjetivo comparativo *mejor, mejor que*; γάρ, conjunción causal *porque*; ἐστιν, tercera persona singular del presente de indicativo en voz activa del verbo εἰμί, *ser, estar*, aquí *es*; γαμῆσαι, aoristo primero de infinitivo en voz activa del verbo γαμέω, *casarse*, aquí *casarse*; ἢ, conjunción *o, que*; πυροῦσθαι, presente de infinitivo en voz pasiva del verbo πυρόομαι, *quemarse*.

εἰ δὲ οὐκ ἐγκρατεύονται, Tres cosas se destacan en el texto que cierra este párrafo. Primeramente, se establece una condición para lo que sigue, deben quedarse sin casar aquellos que tengan el don de *continencia*, aquí expresado en forma negativa, esto es, lo que sigue se dirige a quienes *no tienen* este don. Estos no debían quedarse como Pablo. El estado célibe es bueno si va acompañado del don.

γαμησάτωσαν, En segundo lugar, está el mandamiento para esto: *"cásense"*. Todos los que no tengan este don deben casarse. No establece la continencia a cualquier precio, no hay reproche alguno para estos, simplemente la condición de los tales requiere que dejen la soltería, o la viudez, casándose.

κρεῖττον γάρ ἐστιν γαμῆσαι ἢ πυροῦσθαι. En tercer lugar, está la causa, porque mejor es casarse que *quemarse*. La expresión con el verbo *quemarse* cerrando la frase sin otro indicativo, exige entenderlo como estar abrasándose por el deseo sexual. No se está refiriendo a la comisión de pecado de fornicación o de adulterio, sino al fuego de la pasión interior propio de los deseos sexuales insatisfechos. De otro modo, el apóstol afirma que el remedio para la incontinencia es el matrimonio, exhortando a los que no tengan el don para vivir sin casarse, que se casen. El aoristo de infinitivo, está diciendo a éstos que se casen sin demora.

Matrimonio y divorcio (7:10-24)

La separación matrimonial (7:10-11)

10. Pero a los que están unidos en matrimonio, mando, no yo, sino el Señor: Que la mujer no se separe del marido.

Τοῖς δὲ γεγαμηκόσιν παραγγέλλω, οὐκ ἐγὼ ἀλλὰ ὁ Κύριος,
Pero a los que se han casado ordeno, no yo sino el Señor:
γυναῖκα ἀπὸ ἀνδρὸς μὴ χωρισθῆναι[1],
a mujer de marido no se separe.

Análisis y notas del texto griego.

Análisis: Τοῖς, caso dativo masculino plural del artículo definido declinado *a los*; δὲ, partícula conjuntiva que hace las veces de conjunción coordinante, con sentido de *pero, más bien, y, y por cierto*, *antes bien, entonces*; γεγαμηκόσιν, caso dativo masculino plural del participio de perfecto en voz activa del verbo γαμέω, *casarse*, aquí *que se han casado*; παραγγέλλω, primera persona singular del presente de indicativo en voz activa del verbo παραγγέλλω, *ordenar, mandar, dar instrucciones*, aquí *mando*; οὐκ, forma escrita del adverbio de negación *no*, con el grafismo propio ante una vocal con espíritu suave o una enclítica; ἐγὼ, caso nominativo de la primera persona singular del pronombre personal *yo*; ἀλλὰ, conjunción adversativa *sino*; ὁ, caso nominativo masculino singular del artículo determinado *el*; Κύριος, caso nominativo masculino singular del nombre divino *Señor*; γυναῖκα, caso acusativo femenino singular del nombre común declinado *a mujer*; ἀπὸ, preposición propia de genitivo *de*; ἀνδρὸς, caso genitivo masculino singular del nombre común *marido*; μὴ, partícula que hace funciones de adverbio de negación *no*; χωρισθῆναι, aoristo primero de infinitivo en voz pasiva del verbo χωρίζω, en pasivo *separarse, alejarse, partir*, aquí *se separe*.

Notas. Crítica Textual. Lecturas alternativas.

[1] χωρισθῆναι, *se separe*, según se lee en א, B, C, K, L, P, Ψ, 33, 81, 104, 365, 630, 1175, 1241, 1739, 2464, 𝔐, Clemente, Epifanio.
χωρίζεσθαι, *se fuera*, conforme a A, D, F, G, 1505, 1881.

χωρίζέσθω, *sepárese*, conforme a 𝔓[46], 614.

Τοῖς δὲ γεγαμηκόσιν. El apóstol se dirige a los casados, como se aprecia por el participio perfecto del verbo γαμέω, *casarse*, indicando algo que ha ocurrido definitivamente en el pasado y que literalmente debiera traducirse como *a los que se han casado*, no importando el tiempo que lleven en ese estado, sea reciente o no. El grupo que menciona, los que están casados, está en oposición a los *célibes*, es un antónimo de ellos.

παραγγέλλω, οὐκ ἐγὼ ἀλλὰ ὁ κύριος, Para estos tiene un mandamiento, que es muy preciso en el texto griego: *"Mando no yo, sino el Señor"*. Ya no es un consejo o una concesión personal que hace, no como apóstol sino como creyente con madurez, el padre espiritual de los creyentes en aquella iglesia, sino que está actuando como apóstol en el nombre del Señor. Por consiguiente, quien desoiga el mandato, no está desoyendo a Pablo, sino a Cristo. Los mandamientos que Jesús dio directamente en el tiempo de Su ministerio, no son de un valor superior a los que establecieron los apóstoles, puesto que lo hacen comisionados por Él y revestidos de Su autoridad. Este mandamiento que Pablo escribe era tan autoritativo como lo que el Señor había dicho (14:37). Está recordándoles un mandato divino. Pudieran ser que le hubiese sido revelado directamente. Tal vez es una síntesis de la enseñanza de Jesús recogidas por los apóstoles en el Evangelio (cf. Mt. 5:32; 19:9; Mr. 10:11; Lc. 16:18). Pero, pudiera ser también el mandamiento divino establecido para el matrimonio en distintos lugares de la Escritura. Pero, en general, el apóstol se pone a un lado para que los lectores de la *Epístola* sepan que quien está hablándoles es Jesús.

γυναῖκα ἀπὸ ἀνδρὸς μὴ χωρισθῆναι, El mandamiento es que la esposa, la *mujer*, no se separe del marido. La instrucción comienza por las mujeres, pero se dirigirá también a los maridos en el siguiente versículo, de manera que el mandamiento es para los dos. Dios estableció la indisolubilidad del matrimonio, no solo para creyentes, sino en general. Es necesario entender que el matrimonio no tiene unas condiciones para cristianos y otras para no cristianos; no está sujeto a las distintas legislaciones humanas que lo regulan legalmente, sino que la ley divina que lo estableció supera a todas ellas. Esta es la enseñanza general de la Escritura: *"Por tanto, dejará el hombre a su padre y a su madre, y se unirá a su mujer, y serán una sola carne"* (Gn. 2:24). El concepto del texto, *no se separe*, es equivalente a nuestro *no se divorcie*. El repudio, la cancelación del compromiso matrimonial con libertad para otro matrimonio no es conforme a Dios, de otro modo, el *divorcio* –por regla general– es pecado: *"Porque Jehová Dios de Israel ha dicho que él aborrece el repudio"* (Mal. 2:16). El Señor Jesús lo afirmó también en Su enseñanza: *"Todo el que repudia a su mujer, y se casa con otra, adultera; y el que se casa con la repudiada del marido, adultera"* (Lc. 16:18). Separarse aquí indica abandonar la convivencia entre los cónyuges, quedando en situación de establecer otro nuevo matrimonio.

En un mundo con enorme libertad legal para disolver el matrimonio, que afecta no solo a los que no creen, sino a muchos creyentes en las iglesias, la verdad bíblica exige afirmar rotundamente, sin ambages, que *"Dios aborrece el repudio"*. Su voluntad expresada en el principio de la creación no puede ser alterada. Cualquier acción contraria a esto se constituye en un pecado de menosprecio y desafío a la voluntad de Dios.

11. Y si se separa, quédese sin casar, o reconcíliese con su marido; y que el marido no abandone a su mujer.

–ἐὰν δὲ καὶ χωρισθῇ, μενέτω ἄγαμος ἢ τῷ ἀνδρὶ
Y si acaso se separase, permanezca sin casarse o con el marido
καταλλαγήτω,– καὶ ἄνδρα γυναῖκα μὴ ἀφιέναι.
se reconcilie; y marido a mujer no abandone.

Análisis y notas del texto griego.

Análisis: –ἐὰν, conjunción *si*; δὲ, partícula conjuntiva que hace las veces de conjunción coordinante, con sentido de *pero, más bien, y, y por cierto, antes bien, entonces*; καὶ, conjunción copulativa *y*; χωρισθῇ, tercera persona singular del aoristo primero de subjuntivo en voz pasiva del verbo χωρίζω, *separarse*, aquí *se separase*; μενέτω, tercera persona singular del presente de imperativo en voz activa del verbo μένω, *permanecer*, aquí *permanezca*; ἄγαμος, caso nominativo femenino singular del nombre común, *célibe, sin casarse*; ἢ, conjunción disyuntiva *o*; τῷ, caso dativo masculino singular del artículo determinado declinado *con el*; ἀνδρὶ, caso dativo masculino singular del nombre común *varón, marido*; καταλλαγήτω,–, tercera persona singular del aoristo segundo de imperativo en voz pasiva del verbo καταλλάσσω, *reconciliar*, aquí *se reconcilie*; καὶ, conjunción copulativa *y*; ἄνδρα, caso acusativo masculino singular del nombre común *varón, hombre, marido*; γυναῖκα, caso acusativo femenino singular del nombre común declinado *a esposa, a mujer*; μὴ, partícula que hace funciones de adverbio de negación *no*; ἀφιέναι, presente de infinitivo en voz activa del verbo ἀφίεμι, *abandonar*.

–ἐὰν δὲ καὶ χωρισθῇ, El apóstol se dirige a los casados. La indisolubilidad del vínculo está presente en la amonestación. Al hablar a los *"que están unidos en matrimonio"*, se está refiriendo a los matrimonios cristianos. Si bien es cierto que en el pensamiento de Dios el matrimonio es uno y de por vida, el escrito está dirigido a los creyentes en Corinto. A ellos les recordó que este mandamiento es del Señor, como se consideró en el versículo anterior. Sin embargo, lamentablemente, puede desencadenarse una situación en el matrimonio que haga imposible la convivencia y sea necesaria una separación *de facto*, para evitar males mayores. La separación se produce por conflictos o contiendas personales. No hay ningún tipo de justificación para que esto ocurra. El amor cubrirá multitud de faltas (Pr. 10:12; 1 P. 4:8) y la abundancia de amor es el resultado de la presencia activa del Espíritu Santo en la vida cristiana (Ro. 5:5; Gá. 5:22). Pablo da esta situación de separación como una posibilidad, según se aprecia en la construcción *y si se separase*. El divorcio era algo probable entre matrimonios en el mundo romano del tiempo de Pablo, pero, también lo era entre creyentes, como se aprecia en el versículo. La sociedad que rodeaba a los cristianos, ejercía cierta influencia entre los cristianos que salían de ese entorno cuando se convertían a Cristo, pero las costumbres tradicionales no se desterraban totalmente de ellos. De ahí que la frase condicional del versículo demuestre que era una posibilidad también entre los creyentes.

μενέτω ἄγαμος. Frente a una situación de incompatibilidad que lleva al divorcio, el apóstol desea regular el futuro de los que se *separan*. Sorprende que, en el entorno de la iglesia, fuese la mujer y no solo el marido, la que se separase matrimonialmente hablando. Lo que es evidente a la luz del texto es que ambos podían tomar la iniciativa de separarse uno del otro. Como apóstol debe establecer la regla para tratar este problema, no sólo en la iglesia en Corinto, sino en general. El planteamiento es sencillo: *¿Qué se debe hacer en un caso así?* La ley de Dios y la enseñanza de Cristo prohíben esta acción, pero, la condición personal de algunos eludiendo la enseñanza se separaban. Es preciso apreciar que habla de *separación*, pero no de *divorcio*. La diferencia substancial entre ambas cosas es que la *separación*, como su nombre indica, es el cese de la convivencia por las situaciones que se producen; el *divorcio*, o como se llama en el Antiguo Testamento y en la enseñanza de Jesús, *carta de repudio*, permitía que el repudiado pudiera casarse de nuevo, de manera que el divorcio conduce a la extinción del matrimonio, la separación simplemente al distanciamiento de los cónyuges. Ahora bien, para las leyes romanas, ambas cosas eran lo mismo. Pero no así para los cristianos. La decisión de Pablo, pudiera parecer a algunos que se excede en el planteamiento de la ley con la *carta de divorcio* (Dt. 24:1), e incluso con la eximente de la enseñanza de Jesús que, aparentemente considera como tal la causa de *fornicación* (Mt. 5:31-32). Pero, Jesús enseñó que la regulación de los conflictos matrimoniales ha de considerarse desde la perspectiva divina establecida por Dios para el matrimonio, de ahí que Jesús dijera a los fariseos, al referirse a la eximente para el divorcio: *"al principio no fue así"*, indicándoles que la carta de divorcio ocurrió por *"la dureza de vuestro corazón"* (Mt. 19:8).

El Creador determino la unidad permanente en el matrimonio, de modo que lo que Él unió, no debe ser separado por el hombre (Mt. 19:6). Los dos cónyuges no tienen potestad para anular los votos que hicieron, y si se produjese un divorcio para un nuevo matrimonio, estarían quebrantando absolutamente lo que Dios ha determinado. De otro modo, es necesario entender con toda claridad que *Dios aborrece el repudio* (Mal. 2:16), por consiguiente, el *divorcio* es un pecado contra Dios.

Por esa razón el apóstol ordena que, si se produce una separación conyugal, *quédense sin casar*. No establece alternativa alguna entre creyentes, sino que con la autoridad apostólica manda que se mantengan sin casar, en caso de que tengan que separarse uno del otro. El tema es complejo y merece un estudio más detallado que al exceder a lo que corresponde al comentario, se lleva al *Excursus* que sigue al capítulo.

ἢ τῷ ἀνδρὶ καταλλαγήτω,– El apóstol ha dicho antes que no todos tienen el don de continencia, de ahí que es mejor casarse que estarse quemando (v. 9). Acaso alguno que estaba en la circunstancia de la imposibilidad de convivir con su otro cónyuge, pero que no puede estar sin la relación marital, entendiera que, conforme a la recomendación anterior del apóstol, podía casarse de nuevo. Pablo establece que la única salida al problema es que, si no puede vivir separado, entonces *"reconcíliese con su marido"*, hablando en este caso a la esposa, pero, en general a ambos.

καὶ ἄνδρα γυναῖκα μὴ ἀφιέναι. La primera parte del versículo podría considerarse, como muchos hacen, como un paréntesis en el tema, de manera que la frase final debiera ser el cierre de la cláusula que se inició en el versículo anterior, de este modo se leería sin el paréntesis: *"Pero a los que están unidos en matrimonio, mando, no yo sino el Señor: Que la mujer no se separe del marido y que el marido no abandone a su mujer"*. Por consiguiente, cuando el apóstol define el comportamiento en el supuesto caso de separación, no transige por un nuevo matrimonio, sino que aboga por la reconciliación. Trató esto hablando a las mujeres, pero ahora se dirige a los maridos, por tanto, ambos están dentro de la determinación apostólica para este conflicto.

Un sencillo resumen para este apartado[8]: Si la convivencia entre marido y mujer se hace insoportable, podrán separarse de una vida en común, pero tendrán que quedarse sin casar. No está considerándose aquí que concurra en la imposibilidad de convivencia, un pecado que pudiera suponer la rotura del pacto matrimonial. Se trata de separarse por otra causa. En todo caso la gracia hace posible restablecer cualquier convivencia cuando los dos se disponen a vivir a Cristo. El marido debe

---

[8] Para una mayor extensión ver *Escursus*, al final del capítulo.

amar a su esposa *como* Cristo amó a la iglesia (Ef. 5:25)[9]. En toda situación debe dar honor a su esposa, como un vaso de altísimo valor (1 P. 3:7). Cualquiera que sea el carácter de ella, ha de entender que es un regalo divino y la bendición de Dios para su vida (Pr. 18:22). Igualmente, la esposa cristiana debe respetar y amar a su marido (Ef. 5:33; Col. 3:18; Tit. 2:4). Para ambos se establece como dedicación principal buscar el bien del otro y no el propio (10:24). Quien vive a Cristo puede convivir con su cónyuge a pesar de sus faltas y defectos.

Matrimonio con infieles (7:12-16)

12. Y a los demás yo digo, no el Señor: Si algún hermano tiene mujer que no sea creyente, y ella consiente en vivir con él, no la abandone.

Τοῖς δὲ λοιποῖς λέγω ἐγὼ οὐχ ὁ Κύριος· εἴ τις ἀδελφὸς γυναῖκα
Y a los demás digo yo no el Señor: Si algún hermano mujer
ἔχει ἄπιστον καὶ αὕτη συνευδοκεῖ οἰκεῖν μετ' αὐτοῦ, μὴ ἀφιέτω
tiene no creyente y ella consiente vivir con él, no abandone
αὐτήν·
a ella.

Análisis y notas del texto griego.

Análisis: Τοῖς, caso dativo masculino plural del artículo determinado declinado *a los*; δὲ, partícula conjuntiva que hace las veces de conjunción coordinante, con sentido de *pero, más bien, y, y por cierto, antes bien, entonces*; λοιποῖς, caso dativo masculino plural del adjetivo *demás*; λέγω, primera persona singular del presente de indicativo en voz activa del verbo λέγω, *hablar, decir*, aquí *digo*; ἐγὼ, caso nominativo de la primera persona singular del pronombre personal *yo*; οὐχ, forma escrita del adverbio de negación *no*, con el grafismo propio ante una vocal con espíritu suave o una enclítica; ὁ, caso nominativo masculino singular del artículo determinado *el*; Κύριος, caso nominativo masculino singular del nombre divino *Señor*; εἴ, conjunción *si*; τις, caso nominativo masculino singular del adjetivo indefinido *algún*; ἀδελφὸς, caso acusativo femenino singular del nombre común *mujer, esposa*; ἔχει, tercera persona singular del presente de indicativo en voz activa del verbo ἔχω, *tener*, aquí *tiene*; ἄπιστον, caso acusativo femenino singular del adjetivo *incrédula, no creyente*; καὶ, conjunción copulativa *y*; αὕτη, caso nominativo femenino singular del pronombre demostrativo *ella*; συνευδοκεῖ, tercera persona singular del presente de indicativo en voz activa del verbo συνευδοκέω, *aprobar, consentir*, aquí *consiente*; οἰκεῖν, presente de infinitivo en voz activa del verbo οἰκέω, *vivir*; μετ', forma escrita por elisión ante vocal con espíritu suave de la preposición de genitivo μετά, *con*; αὐτοῦ, caso genitivo masculino de la tercera persona singular del pronombre personal *él*; μὴ, partícula que hace funciones de adverbio

[9] Ver comentario al versículo en el capítulo correspondiente de *Efesios*, de esta misma serie.

de negación *no*; ἀφιέτω, tercera persona singular del presente de imperativo en voz activa del verbo ἀφίημι, *dejar, abandonar*, aquí *abandone*; αὐτήν, caso acusativo femenino de la tercera persona singular del pronombre personal declinado *a ella, la.*

Τοῖς δὲ λοιποῖς λέγω ἐγὼ οὐχ ὁ Κύριος· El párrafo comienza con una advertencia del apóstol sobre lo que sigue, que este mandamiento no procede de las enseñanzas del Señor, sino establecido por Pablo en la autoridad apostólica que le corresponde. Cuando dice que *no es del Señor*, ha de entenderse que no trató esto Jesús, porque no se daba en Su tiempo ni en el entorno social en que Él enseñaba. Aquí se dirige *"a los demás"*, eso es, a los casados que no están comprendidos en lo que antecede.

Εἴ τις ἀδελφὸς γυναῖκα ἔχει ἄπιστον καὶ αὕτη συνευδοκεῖ οἰκεῖν μετ' αὐτοῦ, μὴ ἀφιέτω αὐτήν· De matrimonios entre cristianos pasa a considerar los matrimonios mixtos, es decir, de uno que es creyente con un incrédulo. Debe entenderse que esto se produce cuando los cónyuges, siendo los dos incrédulos, uno se convierte y el otro persiste en la incredulidad. Lo que el apóstol establece para estos casos es, sin duda, respondiendo a una pregunta que le habían formulado desde la iglesia en Corinto. Eran las inquietudes que tenían respecto a los matrimonios mixtos. Esta situación no consta en las Escrituras, de ahí que no hay mandamiento del Señor.

El matrimonio, no importa la condición específica de los cónyuges, es una relación indisoluble, conforme a Dios, de modo que persiste aquí la enseñanza general de no separación o divorcio entre ellos. Acaso pudiera darse el caso de que en un mal entendido de la verdad bíblica y, tal vez, en el abuso de la también mal entendida libertad cristiana, un marido creyente encontrara en la condición incrédula de su mujer, un motivo para separarse de ella. El apóstol había enseñado que el creyente es miembro del cuerpo de Cristo y que el incrédulo no lo es, por tanto, podría usar eso como pretexto para separarse de la esposa, en ocasiones con otra intención, buscando la justificación en la incredulidad de la mujer. Pero, Pablo responde que si ella, la persona incrédula, *consiente* en seguir viviendo con el creyente en todo el sentido de la palabra matrimonio, que no la *abandone*. Este verbo se usaba en algunas fórmulas de divorcio en el contexto de la sociedad romana. El creyente debe seguir viviendo con ella sin *echarla de su lado*, que es la connotación del verbo. No hay, pues, eximente alguno para el divorcio, ni razón para no seguir con la relación propia del matrimonio de convivencia normal. El matrimonio debe mantenerse intacto.

13. Y si una mujer tiene marido que no sea creyente, y él consiente en vivir con ella, no lo abandone.

καὶ γυνὴ εἴ τις[1] ἔχει ἄνδρα ἄπιστον καὶ οὗτος συνευδοκεῖ οἰκεῖν
Y si una mujer tiene marido no creyente y éste consiente vivir
μετ' αὐτῆς, μὴ ἀφιέτω τὸν ἄνδρα.
con ella, no abandone al marido.

Análisis y notas del texto griego.

Análisis: καὶ, conjunción copulativa *y*; γυνὴ, caso nominativo femenino singular del nombre común *mujer, esposa*; εἴ, conjunción *si*; τις, caso nominativo femenino singular del adjetivo indefinido *alguna*; ἔχει, tercera persona singular del presente de indicativo en voz activa del verbo ἔχω, *tener, poseer*, aquí *tiene*; ἄνδρα, caso acusativo masculino singular del nombre común *hombre, varón, marido*; ἄπιστον, caso acusativo femenino singular del adjetivo *incrédula, no creyente*; καὶ, conjunción copulativa *y*; οὗτος, caso nominativo masculino singular del pronombre demostrativo *éste*; συνευδοκεῖ, tercera persona singular del presente de indicativo en voz activa del verbo συνευδοκέω, *aprobar, consentir*, aquí *consiente*; οἰκεῖν, presente de infinitivo en voz activa del verbo οἰκέω, *vivir*; μετ', forma escrita por elisión ante vocal con espíritu suave de la preposición de genitivo μετά, *con*; αὐτῆς, caso genitivo femenino de la tercera persona singular del pronombre personal *ella*; μὴ, partícula que hace funciones de adverbio de negación *no*; ἀφιέτω, tercera persona singular del presente de imperativo en voz activa del verbo ἀφίημι, *dejar, abandonar*, aquí *abandone*; τὸν, caso acusativo masculino singular del artículo determinado declinado *al*; ἄνδρα, caso acusativo masculino singular del nombre común *marido, esposo*.

Notas. Crítica Textual. Lecturas alternativas.

[1] εἴ τις, *si una*, lectura en P^{46}, a, D*, F, G, P, 1505, latt, sa.

ἥτις, *quienquiera que*, conforme a A, B, D^2, K, L, Ψ, 33, 81, 104, 365, 630, 1175, 1241, 1739, 1881, 2464, 𝔐, sy^h, bo.

καὶ γυνὴ εἴ τις ἔχει ἄνδρα ἄπιστον καὶ οὗτος συνευδοκεῖ οἰκεῖν μετ αὐτῆς, μὴ ἀφιέτω τὸν ἄνδρα. El mandamiento se reitera literalmente ahora para la mujer que esté casada con un marido no creyente. El principio dado para los hombres es el mismo que para las mujeres. Si el esposo incrédulo consiente en vivir con ella, no se separe de él. Los cristianos en matrimonio mixto, no deben hacer nada por romper la unidad matrimonial, sino quedarse como están.

14. Porque el marido incrédulo es santificado en la mujer, y la mujer incrédula en el marido; pues de otra manera vuestros hijos serían inmundos, mientras que ahora son santos.

ἡγίασται γὰρ ὁ ἀνὴρ ὁ ἄπιστος ἐν τῇ γυναικὶ[1] καὶ
Porque ha sido santificado el marido - no creyente en la mujer y
ἡγίασται ἡ γυνὴ ἡ ἄπιστος ἐν τῷ ἀδελφῷ[2]· ἐπεὶ ἄρα τὰ
ha sido santificada la esposa - no creyente en el hermano; porque entonces los
τέκνα ὑμῶν ἀκάθαρτα ἐστιν, νῦν δὲ ἅγια ἐστιν.
hijos de vosotros impuros son, ahora pero santos son.

Análisis y notas del texto griego.

Análisis: ἡγίασται, tercera persona singular del perfecto de indicativo en voz pasiva del verbo ἁγιάζω, *santificar*, aquí *ha sido santificado*; γὰρ, conjunción causal *porque*; ὁ, caso nominativo masculino singular del artículo determinado *el*; ἀνὴρ, caso nominativo masculino singular del nombre común *hombre, varón, marido*; ὁ, caso nominativo masculino singular del artículo determinado *el*; ἄπιστος, caso nominativo masculino singular del adjetivo *incrédulo, no creyente*; ἐν, preposición propia de dativo *en*; τῇ, caso dativo femenino singular del artículo determinado *la*; γυναικὶ, caso dativo femenino singular del nombre común *mujer, esposa*; καὶ, conjunción copulativa *y*; ἡγίασται, tercera persona singular del perfecto de indicativo en voz pasiva del verbo ἁγιάζω, *santificar*, aquí *ha sido santificada*; ἡ, caso nominativo femenino singular del artículo determinado *la*; γυνὴ, caso nominativo femenino singular del nombre común *mujer, esposa*; ἡ, caso nominativo femenino singular del artículo determinado *la*; ἄπιστος, caso nominativo femenino singular del adjetivo *incrédula, no creyente*; ἐν, preposición propia de dativo *en*; τῷ, caso dativo masculino singular del artículo determinado *el*; ἀδελφῷ, caso dativo masculino singular del nombre común *hermano*; ἐπεὶ, conjunción, *puesto que, porque, ya que, pues si no*; ἄρα, conjunción causal *por consiguiente, así pues, entonces*; τὰ, caso nominativo neutro plural del artículo determinado *los*; τέκνα, caso nominativo neutro plural del nombre común *hijos*; ὑμῶν, caso genitivo de la segunda persona plural del pronombre personal declinado *de vosotros*; ἀκάθαρτα, caso nominativo neutro plural del adjetivo *inmundos, impuros*; ἐστιν, tercera persona singular del presente de indicativo en voz activa del verbo εἰμί, *ser, estar*, aquí *es*; νῦν, adverbio demostrativo *ahora*; δὲ, partícula conjuntiva que hace las veces de conjunción coordinante, con sentido de *pero, más bien, y, y por cierto, antes bien, entonces*; ἅγια, caso nominativo neutro plural del adjetivo *santos*; ἐστιν, tercera persona singular del presente de indicativo en voz activa del verbo εἰμί, *ser, estar*, aquí *es*.

Notas. Crítica Textual. Lecturas alternativas.

[1] τῇ πιστῇ, se añade *la creyente*, según se lee en D, F, G, 629, latt, sy^{p}, Tertuliano.

[2] τῷ ἀδελφῷ, *el hermano*, conforme a P^{46}, א*, A, B, C, D*, F, G, P, Ψ, 33, 1175, 1739, co.

τῷ ἀνδρὶ, *el marido*, lectura en ²א, D^2, K, L, 81, 104, 365, 630, 1241, 1505, 1881, 2464, 𝔐, sy^h.

τῷ ἀνδρὶ τῷ πιστοὶ, *el marido creyente*, según 629, lat, sy^p, Tertuliano, Ambrosiaster.

ἡγίασται γὰρ ὁ ἀνὴρ ὁ ἄπιστος ἐν τῇ γυναικὶ καὶ ἡγίασται ἡ γυνὴ ἡ ἄπιστος ἐν τῷ ἀδελφῷ· Apoyando lo que antecede, el apóstol se refiere aquí a una esfera de santificación, afirmando que tanto el marido incrédulo como la mujer incrédula se santifican en el cónyuge creyente; que se refiere al miembro creyente ya que algunos mss. aparece en relación con el marido, la palabra *hermano*. Esta afirmación genera ciertas dificultades en la interpretación que deben ser consideradas.

El verbo ἁγιάζω, *santificar* tiene tres aplicaciones en el Nuevo Testamento. La primera denota *limpiar*, hacer limpio algo o alguien (1:30; 2 Ts. 2:13; 1 P. 1:2); la segunda se usa para referirse a *hacer moralmente puro* (1 Ts. 4:3-5); la tercera equivale a *consagrar* (Ro. 6:19, 22, 1 Ts. 4:3, 4, 7; 1 Ti. 2:15; He. 12:14).

No puede entenderse aquí en el sentido de *limpiar*, ya que la salvación, como limpieza del pecado, no se produce por relación entre creyentes, sino entre el Salvador y el pecador.

Tampoco puede tomarse en el sentido de *purificación moral*, puesto que la intimidad entre el creyente y el incrédulo, aún en el sentido más absoluto como el matrimonio en que los dos son una sola carne, no hace puro al incrédulo que sólo se alcanza por la regeneración del Espíritu y no por relaciones humanas.

Con todo, la interpretación más habitual tiene que ver con esta segunda acepción, entendiendo que *hacer moralmente puro*, no implica un cambio íntimo, sino externo. Los cónyuges infieles son *santificados* como consecuencia de estar en una esfera de bendición propia del cónyuge creyente, participando de las enseñanzas del evangelio y, en alguna medida, de su ética. El infiel no obligaba a ir al creyente a involucrarse en las formas idolátricas, sino que él mismo asistía a las reuniones de la iglesia local. Así que, con el tiempo, el creyente de los dos esposos, puede conducir al incrédulo a Cristo y quien no era salvo, llegaba a serlo. No es, por supuesto, que el cónyuge cristiano *santifica* al que no lo es, sino que, en la intimidad y relación del matrimonio, el cristiano hace experimentar al que no lo es, la influencia de la vida de santidad. Este es el pensamiento, entre otros, de Kistemaker, cuando escribe:

"Pablo no está diciendo que el cónyuge gentil tenga una relación personal con Cristo, pues si así fuera no sería llamado incrédulo. Con todo, la conducta de esta persona se ve afectada por la de su pareja cristiana. El incrédulo acepta vivir con un cristiano en quien mora el Espíritu de Dios, cumple con las obligaciones de la institución del matrimonio (Gn. 2:24) y mantiene intacto el matrimonio en obediencia al mandato de Cristo (Mt. 19:6). Ambos viven en un ambiente de santificación, porque el hogar es consagrado por la lectura y aplicación de la Palabra de Dios y por la oración. Pablo también declara que los hijos nacidos en ese hogar, antes o después de la conversión de uno de los cónyuges, son santos"[10].

Es posible aceptar esa interpretación, pero al estudiar el texto surge una más sencilla. Lo más consecuente con todo el pasaje es entender las palabras en el sentido más literal. Pablo está hablando en el párrafo del matrimonio y sus problemas. El apóstol enseña que el creyente no debe separarse del incrédulo, siempre que este consienta en ello. La unión entre incrédulos y creyentes no es conforme a la voluntad de Dios (2 Co. 6:14-7:1). Sin embargo, la relación matrimonial en este caso queda santificada por el creyente, cuando el incrédulo consiente en vivir con él. Siendo esta una relación *santificada*, puesto que ambos están viviendo conforme a lo que Dios estableció para el matrimonio, no es lícita en este caso la separación sino el mantenimiento del compromiso de vida en común.

ἐπεὶ ἄρα τὰ τέκνα ὑμῶν ἀκάθαρτα ἐστιν, νῦν δὲ ἅγια ἐστιν. Complementa y cierra la enseñanza con otra frase que, como la anterior, reviste cierta dificultad interpretativa, pero que refuerza el argumento anterior. Ningún hijo llega a ser *santo*, en el sentido de salvo, por haber nacido de creyentes, sino cuando él mismo cree. Los hijos de infieles, son apartados de los caminos del Señor, por tanto, son *inmundos* en el sentido espiritual de la palabra. En cambio, los hijos de creyentes, o por lo menos de un padre o madre creyente, son instruidos y conducidos por el cristiano conforme al Señor y son *santos* en el sentido general de la palabra, porque viven una vida separada de la pecaminosidad del mundo, propia de quien es santo. Siendo santificado el matrimonio anterior, entre un fiel y un infiel, los hijos habidos en el medio santificado por Dios para ello, son santos, porque se ajustan a la voluntad de Dios (Gn. 1:28a). Se admite que los hijos de creyentes son santos en el sentido, no de salvación, sino de legitimidad, siendo orientados hacia el Señor; de igual modo los

---

[10] S. Kistemaker. o. c., pág. 202.

habidos en el matrimonio de un creyente con un infiel, siempre que éste consienta en vivir en comunión, sin oponerse a la fe. Por consiguiente, es un argumento más para evitar la separación del matrimonio, aunque uno de ellos no sea creyente.

15. Pero si el incrédulo se separa, sepárese; pues no está el hermano o la hermana sujeto a servidumbre en semejante caso, sino que a paz nos llamó Dios.

εἰ δὲ ὁ ἄπιστος χωρίζεται, χωριζέσθω· οὐ δεδούλωται ὁ
Pero si el no creyente se separa sepárese; no ha sido esclavizado el
ἀδελφὸςἢ ἡ ἀδελφὴ ἐν τοῖς τοιούτοις· ἐν δὲ εἰρήνῃ κέκληκεν
hermando o hermana en los estos. Porque a paz ha llamado
ὑμᾶς ὁ Θεός.
os - Dios.

Análisis y notas del texto griego.

Análisis: εἰ, conjunción *si*; δὲ, partícula conjuntiva que hace las veces de conjunción coordinante, con sentido de *pero, más bien, y, y por cierto, antes bien, entonces*; ὁ, caso nominativo masculino singular del artículo determinado *el*; ἄπιστος, caso nominativo masculino singular del nombre común *incrédulo, no creyente*; χωρίζεται, tercera persona singular del presente de indicativo en voz pasiva del verbo χωρίζω, *separarse*, aquí *se separa*; χωριζέσθω, tercera persona singular del presente de imperativo en voz activa del verbo χωρίζω, *separarse*, aquí *sepárese*; οὐ, adverbio de negación *no*; δεδούλωται, tercera persona singular del perfecto de indicativo en voz pasiva del verbo δουλόω, *esclavizar*, aquí *ha sido esclavizado*; ὁ, caso nominativo masculino singular del artículo determinado *el*; ἀδελφὸς, caso nominativo masculino singular del nombre común *hermano*; ἢ, conjunción disyuntiva *o*; ἡ, caso nominativo femenino singular del artículo determinado *la*; ἀδελφὴ, caso nominativo femenino singular del nombre común *hermana*; ἐν, preposición propia de dativo *en*; τοῖς, caso dativo neutro plural del artículo determinado *los*; τοιούτοις, caso dativo neutro plural del adjetivo demostrativo *estos*, en sentido de estas cosas, estos casos; ἐν, preposición propia de dativo *en*; δὲ, partícula conjuntiva que hace las veces de conjunción coordinante, con sentido de *pero, más bien, y, y por cierto, antes bien, entonces*; εἰρήνῃ, caso dativo femenino singular del nombre común *paz*; κέκληκεν, tercera persona singular del perfecto de indicativo en voz activa del verbo καλέω, *llamar*, aquí *ha llamado*; ὑμᾶς, caso acusativo de la segunda persona plural del pronombre personal declinado *a vosotros, os*; ὁ, caso nominativo masculino singular del artículo determinado *el*; Θεός, caso nominativo masculino singular del nombre divino *Dios*.

εἰ δὲ ὁ ἄπιστος χωρίζεται, χωριζέσθω· El creyente debe mantener el matrimonio con el no creyente, siempre y cuando este consienta. Sin embargo, pudiera ser que el no creyente tomase la decisión de abandonar al creyente. Es necesario apreciar que la separación procede siempre del infiel y no del creyente. Para el creyente sigue el mandamiento dado antes (vv. 12-13). Pero, en este caso el incrédulo decide separarse del creyente a causa de su fe. Pablo no considera otro motivo de separación. El apóstol dice que, si el no creyente se va, que lo deje ir, que no se oponga a esa decisión. No era fácil asumir esto, puesto que, en el entorno romano, muchas veces en un divorcio, la mujer quedaba en muy mala situación, sobre todo cuando no tenía bienes personales para mantenerse.

οὐ δεδούλωται ὁ ἀδελφὸς ἢ ἡ ἀδελφὴ ἐν τοῖς τοιούτοις· El problema está en definir a que *servidumbre* o *esclavitud* no está sujeto el creyente. Podría referirse simplemente a la convivencia conflictiva, que es el tema que también considera el apóstol en el texto. Evidentemente nada se dice sobre un segundo matrimonio para el creyente. Pudiera considerarse también como una eximente para un nuevo matrimonio por parte del creyente. En este caso al volver el no creyente a una situación de impiedad, dejando de ser una sola carne con el creyente, la santificación del matrimonio cesa, por rotura del mismo (v. 14). De este modo la renuncia voluntaria rompería el pacto matrimonial, dejando libre al creyente para contraer nuevas nupcias. Es necesario entender bien que no es el cónyuge creyente el que inicia el divorcio, sino el no creyente, ya que para el creyente determinó antes que si se separa del otro debe quedarse *sin casar*, o reconciliarse con el marido, o con la esposa (v. 11). Sin embargo, aunque esto pudiera considerarse aquí como una eximente para un nuevo casamiento por parte del creyente que ha sido abandonado, el texto no permite, en sí mismo, establecer una excepción aquí.

ἐν δὲ εἰρήνῃ κέκληκεν ὑμᾶς ὁ Θεός. Pablo formula una concreción necesaria. El cristiano ha sido llamado por Dios a experimentar la paz y vivir en paz con todos los hombres (Ro. 12:18). Intentar una convivencia con un infiel que no desea la paz y que pudiera exigir la renuncia de su fe al cristiano, produciría un sufrimiento continuo al creyente y un testimonio de contiendas en el matrimonio impropio para el evangelio, incluyendo en esto a los hijos del matrimonio si los hubiera.

16. Porque ¿qué sabes tú, oh mujer, si quizá harás salvo a tu marido? ¿O qué sabes tú, oh marido, si quizá harás salva a tu mujer?

τί γὰρ οἶδας, γύναι, εἰ τὸν ἄνδρα σώσεις ἢ τί οἶδας, ἄνερ,
Porque ¿qué sabes, esposa, si al marido salvarás? ¿O que sabes, marido,
εἰ τὴν γυναῖκα σώσεις
si a la esposa salvarás?

Análisis y notas del texto griego.

Análisis: τί, caso acusativo neutro singular del pronombre interrogativo *qué*; γὰρ, conjunción causal *porque*; οἶδας, segunda persona singular del perfecto de indicativo en voz activa del verbo οἶδα, *saber, entender*, aquí *sabes*; γύναι, caso vocativo femenino singular del nombre común *mujer, esposa*; εἰ, conjunción *si*; τὸν, caso acusativo masculino singular del artículo determinado declinado *al*; ἄνδρα, caso acusativo masculino singular del nombre común *varón, hombre, esposo, marido*; σώσεις, segunda persona singular del futuro de indicativo en voz activa del verbo σῴζω, *salvar*, aquí *salvarás*; ἢ, conjunción disyuntiva *o*; τί, caso acusativo neutro singular del pronombre interrogativo *qué*; οἶδας, segunda persona singular del perfecto de indicativo en voz activa del verbo οἶδα, *saber, entender*, aquí *sabes*; ἄνερ, caso vocativo masculino singular del nombre común *varón, hombre, marido, esposo*; εἰ, conjunción *si*; τὴν, caso acusativo femenino singular del artículo determinado declinado *a la*; γυναῖκα, caso acusativo femenino singular del nombre común *mujer, esposa*; σώσεις, segunda persona singular del futuro de indicativo en voz activa del verbo σῴζω, *salvar*, aquí *salvarás*.

τί γὰρ οἶδας, γύναι, εἰ τὸν ἄνδρα σώσεις ἢ τί οἶδας, ἄνερ, εἰ τὴν γυναῖκα σώσεις En la relación descrita, existe una incógnita cierta. El creyente puede ser instrumento del Señor para la salvación de su cónyuge, por su testimonio de convivencia, de modo que el incrédulo es llevado a Cristo por la conducta ejemplar del creyente (1 P. 3:1). Pero esto no se sabe nunca si ocurrirá con el marido o con la esposa no creyente, por el hecho de vivir juntos. Es posible que el apóstol esté diciendo al creyente que ve como su cónyuge le abandona: *No te aflijas si se va, porque no sabes si habrás podido servirle ya de bendición.* El control de todo esto no está en las manos del cristiano, sino en las de Dios.

El pensamiento más próximo es la paz que debe reinar en el hogar, por tanto, si la convivencia con un infiel origina conflictos, el creyente no es esclavo en esa situación, no debe procurar retener al incrédulo, de modo que, si se marcha, que se marche. Es decir, se aconseja al creyente que no viva en una continua esclavitud porque no sabe si esto traerá como consecuencia la salvación del incrédulo. Esta enseñanza es tanto para un creyente como para un incrédulo.

La norma general (7:17-24)

17. Pero cada uno como el Señor le repartió, y como Dios llamó a cada uno, así haga; esto ordeno en todas las iglesias.

Εἰ μὴ	ἑκάστῳ	ὡς	ἐμέρισεν	ὁ	Κύριος,	ἕκαστον	ὡς	κέκληκεν	ὁ
Sino	a cada uno	como	repartió	el	Señor,	a cada uno	como	ha llamado	-

Θεός, οὕτως περιπατείτω. καὶ οὕτως ἐν ταῖς ἐκκλησίαις πάσαις
Dios, así camine; y así en las iglesias todas
διατάσσομαι.
dispongo.

Análisis y notas del texto griego.

Análisis: Εἰ, conjunción *si*; μὴ, partícula que hace funciones de adverbio de negación *no*; ἑκάστῳ, caso dativo masculino singular del adjetivo indefinido declinado *a cada uno*; ὡς, adverbio de modo, *como*, que hace las veces de conjunción comparativa; ἐμέρισεν, tercera persona singular del aoristo primero de indicativo en voz activa del verbo μερίζω, *dividir, repartir*, aquí *repartió*; ὁ, caso nominativo masculino singular del artículo determinado *el*; Κύριος, caso nominativo masculino singular del nombre divino *Señor*; ἕκαστον, caso acusativo masculino singular del adjetivo indefinido declinado *a cada uno*; ὡς, adverbio de modo, *como*, que hace las veces de conjunción comparativa; κέκληκεν, tercera persona singular del perfecto de indicativo en voz activa del verbo καλέω, *llamar*, aquí *ha llamado*; ὁ, caso nominativo masculino singular del artículo determinado *el*; Θεός, caso nominativo masculino singular del nombre divino *Dios*; οὕτως, adverbio demostrativo *así*; περιπατείτω, tercera persona singular del presente de imperativo en voz activa del verbo περιπατέω, *andar, caminar, estilo de vida*, aquí *camine*; καὶ, conjunción copulativa *y*; οὕτως, adverbio demostrativo *así*; ἐν, preposición propia de dativo *en*; ταῖς, caso dativo femenino plural del artículo determinado *las*; ἐκκλησίαις, caso dativo femenino plural del nombre común *iglesias*; πάσαις, caso dativo femenino plural del adjetivo indefinido *todas*; διατάσσομαι, primera persona singular del presente de indicativo en voz media del verbo διατάσσω, *ordenar, disponer, dar instrucciones*, aquí *dispongo*.

Εἰ μὴ ἑκάστῳ ὡς ἐμέρισεν ὁ Κύριος, Con el fin de hacer comprensible el espíritu de las prescripciones que viene dando y de trazar al mismo tiempo la línea de conducta a seguir en casos análogos que se pudieran presentar en la vida de la iglesia, el apóstol extiende el tema presentando el punto de vista general conforme a su concepto desde la perspectiva apostólica, que debe ser atendido en todas las iglesias, para resolver las cuestiones relativas al matrimonio, formulando en este versículo el principio del que dependerán todos los asuntos que se tratan en el párrafo.

La oración se introduce con el modo *sino cada uno*, que se establece como conclusión a lo que antecede, equivalente a *pero cada uno*, refiriéndose al caso anterior (v. 15), lo que es semejante a decir *fuera de este caso*, o también *por lo demás*. Es una enseñanza personal para cada creyente.

La disposición general del apóstol es que el creyente cambie lo menos posible el estado social en que se encuentra, si este no se opone a la realización de la vocación cristiana a la que fue llamado. Si el Señor, en referencia directa a Jesucristo, permitió –siguiendo el contexto próximo que antecede– un cambio en la vida matrimonial, permaneciendo el infiel con el creyente o yéndose, recibe el don para mantenerse en esa situación, entendiendo que en caso de deserción del incrédulo era necesaria para la práctica de la vocación cristiana. Incluso el estado que tenía antes de ser alcanzado por el Evangelio y convertido a Cristo. Esa condición la considera aquí como consentida u otorgado por Cristo. De otro modo, está haciendo referencia al modo de vida social que tenía cuando fue salvo por Cristo, permitido por Dios. La conversión no exige un cambio en la posición social del creyente. Esto debe aplicarse especialmente a lo que antes hizo referencia, el matrimonio entre un creyente y un no creyente (vv. 12-13) y, también, debe incluir la enseñanza sobre el abandono del creyente por el incrédulo (v. 15).

ἕκαστον ὡς κέκληκεν ὁ Θεός, Pablo hace una clara referencia al estado de pre-conversión, en que el perdido es llamado por Dios, y conducido a Cristo. Aunque la conversión tiene un alto contenido social expresado en una vida transformada por la regeneración y en un cambio de orientación personal, no llama a un cambio del estado social en que fue encontrado. Por esa razón, la libertad cristiana no podía tomarse como pretexto para que los cónyuges creyentes abandonaran a los no creyentes. En estado de matrimonio habían sido encontrados y en ese estado debían permanecer, luego de ser cristianos.

οὕτως περιπατείτω. El apóstol llama a una permanencia en el estado social en que fueron encontrados, ordenándoles que *"así anden"*, en el sentido de conducción o práctica de la vida cotidiana.

καὶ οὕτως ἐν ταῖς ἐκκλησίαις πάσαις διατάσσομαι. Lo que establece para la iglesia en Corinto lo establece para todas las iglesias. Con la autoridad apostólica que le asiste, así lo dispone como principio a seguir para la iglesia establecida y las que se establezcan a lo largo del tiempo, en cualquier lugar. No se trata de un consejo, sino de un mandamiento que ha de ser obedecido.

El apóstol pasa a proyectar la enseñanza hacia cualquier tipo de situación de cada uno de los creyentes, de ahí el uso dos veces del adjetivo indefinido *cada uno*, que comprende no solo a los casados y la problemática matrimonial, sino a cualquiera en otro estado. Esta es la interpretación que hace Kistemaker del texto, cuando escribe:

"Con todo, ahora Pablo expande su perspectiva para abarcar a todos los que están en el evangelio. Dos veces usa Pablo la expresión cada uno en la primera oración de este versículo. Sabe bien que el evangelio se introduce no sólo en la vida del matrimonio, sino que, en la vida de judíos y gentiles, de esclavos y libres. Cualquiera sea la situación en la que se encuentre una persona al hacerse cristiana, debe permanecer en ella. Ese es el lugar que el Señor le asignó a cada uno en la vida. Pablo quiere convencer a los destinatarios de que el evangelio es compatible con cualquier relación o posición social. Algunos convertidos a la fe cristiana creen que la única forma de mostrar gratitud a Dios por el don de la salvación es llegar a ser un ministro o misionero del evangelio. Esto es loable pero no es necesario. El Señor llama a su pueblo a que le siga en todo tipo de actividad. Quiere que sean padres y madres cristianos, esposos y esposas cristianos, patrones y empleados cristianos. Cada uno debe cumplir con el papel que el Señor le ha asignado y vivir (lit. caminar) de esa forma" [11].

El pensamiento será desarrollado en los siguientes versículos mediante dos ejemplos que no tienen nada que ver con el matrimonio. Uno de ellos se relaciona con la condición religiosa y el otro con la condición social. Es una enseñanza para quienes, en un mal entendido sentido de la libertad cristiana, estaban dispuestos a romper con toda la estructura social, familiar o religiosa en la que habían sido alcanzados con el evangelio.

18. ¿Fue llamado alguno siendo circunciso? Quédese circunciso. ¿Fue llamado alguno siendo incircunciso? No se circuncide.

περιτετμημένος τις ἐκλήθη, μὴ ἐπισπάσθω· ἐν
¿Habiendo sido circuncidado alguno fue llamado? no disimule la circuncisión. En
ἀκροβυστίᾳ κέκληται τις, μὴ περιτεμνέσθω.
incircuncisión ha sido llamado alguno? No se circuncide.

Análisis y notas del texto griego.

Análisis: περιτετμημένος, caso nominativo masculino singular del participio de perfecto en voz pasiva del verbo περιτέμνω, *circuncidar*, aquí *habiendo sido circuncidado*; τις, caso nominativo masculino singular del pronombre indefinido *alguno*; ἐκλήθη, tercera persona singular del aoristo primero de indicativo en voz pasiva del verbo καλέω, *llamar*, aquí *fue llamado*; μὴ, partícula que hace funciones de adverbio de negación *no*; ἐπισπάσθω, tercera persona singular del presente de indicativo en voz media del verbo ἐπισπάομαι, *disimular la circuncisión, ocultar la circuncisión*; ἐν, preposición propia de dativo *en*; ἀκροβυστίᾳ, caso dativo femenino singular del nombre común *incircuncisión,*

[11] S. Kistemaker. o. c. pág.

no circuncisión; κέκληται, tercera persona singular del perfecto de indicativo en voz activa del verbo καλέω, *llamar*, aquí *ha sido llamado*; τις, caso nominativo masculino singular del pronombre indefinido *alguno*; μὴ, partícula que hace funciones de adverbio de negación *no*; περιτεμνέσθω, tercera persona singular del presente de imperativo en voz pasiva del verbo περιτέμνω, *circuncidar*, aquí *se circuncide*.

περιτετμημένος τις ἐκλήθη, μὴ ἐπισπάσθω· El primer ejemplo que pone del mantenimiento de la condición en que fue encontrado el creyente, la vincula con el aspecto religioso. Sin duda se está refiriendo, en este caso a un judío que, siguiendo la tradición de sus padres y el mandamiento de la ley, había sido circuncidado. La enseñanza que pretende establecerse aquí es la confirmación de que no se intente un cambio de situación por el hecho de la conversión. Lo que era un asunto vital para los judíos, era intranscendente para los gentiles. De modo que no había razón alguna para procurar un cambio en la condición. El evangelio subordina cualquier condición ritual a la moral de las cosas.

Los judíos conversos procuraban hacer desaparecer las marcas que quedaban en el cuerpo por la circuncisión. Especialmente los procedentes del mundo griego. Por esta causa Pablo usa el verbo ἐπισπάομαι, que significa *disimular*, en este caso concreto les exhorta a no *disimular la circuncisión*. El judío debía permanecer como judío.

En la historia secular de Israel ocurrió una experiencia de abandonar la condición de judío, en tiempos de los Macabeos, en el periodo inter-testamentario, quedando registrado así: *"Construyeron un gimnasio en Jerusalén, según las tradiciones de los gentiles; se rehicieron los prepucios, se apartaron de la alianza santa, se unieron con los gentiles se vendieron para obrar el mal"* (1 Mac. 1:14-15).

ἐν ἀκροβυστίᾳ κέκληταί τις, μὴ περιτεμνέσθω. La instrucción para los judíos es la misma que para los gentiles. Alguno fue llamado por Dios en esa condición, por tanto, no debía hacerse judío, puesto que era gentil. La manera de identificarse con los judíos era, entre otras cosas, la práctica de la circuncisión. Especialmente era un peligro que los creyentes de procedencia gentil tenían por la pertinaz actuación de los judaizantes, que requerían como necesario para la salvación circuncidarse y guardar la ley (Hch. 15:24).

Sin embargo, el cristiano no deja de estar sujeto y vinculado a la ley de Cristo, lo mismo que los judíos. Nada diferenciaba en sí mismo a uno y a otros. El apóstol dice que ya no hay *"judío, ni griego; no hay esclavo ni libre"* (Gá. 3:28). La razón de esta afirmación es que *"en*

Cristo Jesús ni la circuncisión vale algo, ni la incircuncisión, sino la fe que obra por el amor" (Gá. 5:6). Cada uno de los creyentes debe permanecer en el estado en que ha sido llamado por Dios, sin buscar el cambio como algo necesario.

19. La circuncisión nada es, y la incircuncisión nada es, sino el guardar los mandamientos de Dios.

ἡ περιτομὴ	οὐδέν	ἐστιν	καὶ	ἡ ἀκροβυστία	οὐδέν	ἐστιν,	ἀλλὰ
La circuncisión	nada	es	y	la incircuncisión	nada	es,	sino

τήρησις	ἐντολῶν	Θεοῦ.
cumplimiento	de mandamientos	de Dios.

Análisis y notas del texto griego.

Análisis: ἡ, caso nominativo femenino singular del artículo determinado *la*; περιτομὴ, caso nominativo femenino singular del nombre común *circuncisión*; οὐδέν, caso nominativo neutro singular del pronombre indefinido *nada*; ἐστιν, tercera persona singular del presente de indicativo en voz activa del verbo εἰμί, *ser, estar*, aquí *es*; καὶ, conjunción copulativa *y*; ἡ, caso nominativo femenino singular del artículo determinado *la*; ἀκροβυστία, caso nominativo femenino singular del nombre común *incircuncisión*; οὐδέν, caso nominativo neutro singular del pronombre indefinido *nada*; ἐστιν, tercera persona singular del presente de indicativo en voz activa del verbo εἰμί, *ser, estar*, aquí *es*; ἀλλὰ, conjunción adversativa *sino*; τήρησις, caso nominativo femenino singular del nombre común *custodia, prisión, guarda, cumplimiento*; ἐντολῶν, caso genitivo femenino plural del nombre común declinado *de mandamientos*; Θεοῦ, caso genitivo masculino singular del nombre divino declinado *de Dios*.

ἡ περιτομὴ οὐδέν ἐστιν καὶ ἡ ἀκροβυστία οὐδέν ἐστιν, La realidad de la vida cristiana descansa en la obediencia. Los aspectos externos no tienen ninguna importancia, *"la circuncisión nada es"*. Nada es mejor por circuncidarse, ya que esta operación no tiene influencia favorable o desfavorable en relación con Dios. El apóstol no desprecia el signo externo de quienes eran hijos de Abraham, según la carne, y que había sido establecido por Dios para ellos (Gn. 17:10-14). De la misma forma la *"incircuncisión nada es"*. Es la aplicación para quienes son gentiles y a los que Dios no ordenó la circuncisión como a los judíos.

ἀλλὰ τήρησις ἐντολῶν Θεοῦ. Lo que verdaderamente tiene validez delante de Dios es la obediencia a lo que Él establece: *"sino el guardar los mandamientos de Dios"*. Las cosas que deben cuidarse solícitamente no son las meramente externas, sino la condición interna del corazón. La mayoría de las versiones traducen aquí *guardar los mandamientos*, pero, en el texto griego no está el verbo *guardar*, sino el sustantivo *cumplimiento*, esto tiene la importancia de referirse a una esfera en que se desarrolla la existencia. De una forma de vida en la desobediencia que no *guardaba* lo que Dios establecía, se pasa a una de obediencia que es la del *cumplimiento* de cuanto Él establece. Esto no equivale al retorno a una vida legalista al estilo de los fariseos, más bien indica una vida que se desenvuelve en la voluntad de Dios revelada en Su Palabra. La obediencia es la expresión natural de un corazón regenerado (Ez. 36:26-27). La verdadera circuncisión no es la externa hecha en la carne, sino la del corazón (Ro. 2:28, 29). La posición del apóstol ante el rito de la circuncisión es clara: *"Porque en Cristo Jesús ni la circuncisión vale nada, ni la incircuncisión, sino una nueva creación"* (Gá. 6:15). El apóstol dice que las señales o la carencia de ellas, no valen nada, sino la obediencia a los mandamientos de Dios. La misma salvación se alcanza en un acto de obediencia que acepta y se entrega a la demanda divina expresada en la proclamación del evangelio, sin esta acción propia de la fe que cree verdaderamente, no es posible ser salvo, pero, aunque verdaderamente el hombre se salva por gracia mediante la fe, la salvación conduce a la vida de obediencia, como enseña el apóstol Pedro cuando escribe: *"Elegidos según la presciencia de Dios Padre en santificación del Espíritu, para obedecer y ser rociados con la sangre de Jesucristo"* (1 P. 1:2). Puntualmente ocurren episodios de desobediencia en la vida cristiana, pero el que no ha creído no puede ser otra cosa que desobediente por condición natural.

20. Cada uno en el estado en que fue llamado, en él se quede.

ἕκαστος	ἐν	τῇ	κλήσει	ᾗ	ἐκλήθη,	ἐν	ταύτῃ	μενέτω.
Cada uno	en	la	vocación	en que	fue llamado,	en	esta	permanezca.

Análisis y notas del texto griego.

Análisis: ἕκαστος, caso nominativo masculino singular del adjetivo indefinido *cada uno*; ἐν, preposición propia de dativo *en*; τῇ, caso dativo femenino singular del artículo determinado *la*; κλήσει, caso dativo femenino singular del nombre común *vocación*; ᾗ, caso dativo femenino singular del pronombre relativo declinado *en la que, en la cual, en que*; ἐκλήθη, tercera persona singular del aoristo primero de indicativo en voz pasiva del verbo καλέω, *llamar*, aquí *fue llamado*; ἐν, preposición propia de dativo *en*; ταύτῃ, caso dativo femenino singular del pronombre demostrativo *ésta*; μενέτω, tercera persona singular del presente de imperativo en voz activa del verbo μένω, *quedarse, permanecer*, aquí *permanezca*.

ἕκαστος ἐν τῇ κλήσει ᾗ ἐκλήθη, ἐν ταύτῃ μενέτω. El creyente no debe inquietarse por su condición social. El apóstol no prohíbe el cambio de posición social, pero enseña que no se busque ese cambio por el hecho de ser cristiano. La vida cristiana puede ser vivida en cualquier situación y las bendiciones que depara son para cualquier creyente, sea cual sea su posición social. Esta enseñanza se complementa en el versículo que continúa.

21. ¿Fuiste llamado siendo esclavo? No te dé cuidado; pero también, si puedes hacerte libre, procúralo más.

δοῦλος ἐκλήθης, μή σοι μελέτω· ἀλλ' εἰ καὶ δύνασαι
¿Esclavo fuiste llamado? No te importe; pero si también puedes
ἐλεύθερος γενέσθαι, μᾶλλον χρῆσαι.
libre llegar a ser, más bien aprovecha.

Análisis y notas del texto griego.

Análisis: δοῦλος, caso nominativo masculino singular del nombre común *esclavo*; ἐκλήθης, segunda persona singular del aoristo primero de indicativo en voz activa del verbo καλέω, *llamar*, aquí *fuiste llamado*; μή, partícula que hace funciones de adverbio de negación *no*; σοι, caso dativo de la segunda persona singular del pronombre personal declinado *a ti, te*; μελέτω, tercera persona singular del presente de indicativo en voz activa del verbo μέλει, *importar*, aquí *importe*; ἀλλ', forma escrita ante vocal de la conjunción adversativa ἀλλά que significa *pero, sino*; εἰ, conjunción *si*; καὶ, adverbio de modo *también*; δύνασαι, segunda persona singular del presente de indicativo en voz media del verbo δύναμαι, *poder, tener poder, ser fuerte*, aquí *puedes*; ἐλεύθερος, caso nominativo masculino singular del adjetivo *libre*; γενέσθαι, aoristo segundo de infinitivo en voz media del verbo γίνομαι, *llegar a ser*; μᾶλλον, adverbio *más bien*; χρῆσαι, segunda persona singular del aoristo primero de imperativo en voz media del verbo χράομαι, *usar, tratar, aprovechar*, aquí *aprovecha.*

δοῦλος ἐκλήθης, μή σοι μελέτω· El creyente no debe inquietarse para cambiar de condición o de posición social, pero, eso no impide que lo procure o que aproveche la ocasión que se le brinde para conseguirlo. Algunos de los cristianos fueron llamados por Dios cuando eran esclavos. Pablo les exhorta a no darle importancia al hecho de la esclavitud, la condición en que fueron alcanzados por el Evangelio.

El verbo impersonal μελέι, usado aquí por Pablo, tiene la connotación de *importar*, esto es, que no de *cuidado de algo*, es decir, no debía sufrir por el hecho de ser un esclavo, porque esa condición social no le impedía vivir como un cristiano. Era esclavo, pero nada podía impedirle experimentar la completa libertad en Cristo (Jn. 8:36; Gá. 5:1). Físicamente un creyente puede estar sujeto a cadena de esclavitud, internado en una cárcel, o en el contexto del tiempo apostólico, aherrojado bajo la tiranía despótica de un amo, pero, su libertad en Cristo no podía ser limitada. Aun siendo esclavo podía ser un buen siervo de Jesucristo (Col. 3:22; Ef. 6:5; Tit. 2:9).

ἀλλ᾽ εἰ καὶ δύνασαι ἐλεύθερος γενέσθαι, μᾶλλον χρῆσαι. A pesar de todo, no siendo necesario un cambio de situación para vivir a Cristo, existen posibilidades de cambio que deben ser aprovechadas. De modo que dice a los esclavos convertidos que si les es posible salir de la esclavitud deben hacerlo. La frase del apóstol resulta un tanto compleja en el texto griego, leyéndose literalmente: *"Pero si también libre puedes llegar a ser, más bien aprovéchate"*. La construcción permite entender que la forma verbal χρῆσαι, traducida en el interlineal como *aprovecha*, puede aplicarse a dejar de ser esclavo o también mantente en la esclavitud y aprovecha la situación para el testimonio y servicio del Señor. Las dos posiciones conducen a dos traducciones diferentes. La primera sería la que aparece en el versículo en castellano, más arriba[12]. Otra, con algunas variantes, sería: *"No estés malgastando tus fuerzas para librarte de la esclavitud, sino aprovéchala para testificar de Cristo"*[13].

No hay ninguna razón para pensar que el esclavo no debía aprovechar la oportunidad para hacerse libre, si esta se presentaba. Una persona en la condición de esclavo, quedaba penosamente limitado en el uso de las atribuciones de hombre, hecho a imagen y semejanza de Dios. Sea uno u otro el pensamiento de Pablo el escribir la frase, la idea principal está en que el creyente no tenga como objetivo prioritario un cambio en su posición o condición social.

22. Porque el que en el Señor fue llamado siendo esclavo, liberto es del Señor; asimismo el que fue llamado siendo libre, esclavo es de Cristo.

ὁ γὰρ	ἐν	Κυρίῳ	κληθεὶς	δοῦλος	ἀπελεύθερος	Κυρίου	ἐστίν,
Porque el	en	Señor	siendo llamado	esclavo	liberto	en Señor	es,

ὁμοίως	ὁ	ἐλεύθερος	κληθεὶς	δοῦλος	ἐστιν	Χριστοῦ.
asimismo	el	libre	siendo llamado	esclavo	es	de Cristo.

Análisis y notas del texto griego.

Análisis: ὁ, caso nominativo masculino singular del artículo determinado *el*; γὰρ, conjunción causal *porque*; ἐν, preposición propia de dativo *en*; Κυρίῳ, caso dativo masculino singular del nombre divino *Señor*; κληθεὶς, caso nominativo masculino singular del participio del aoristo primero en voz pasiva del verbo

[12] Correspondiente a RV60.

[13] Es el sentido de algunas versiones: Cantera-Iglesia, Biblia Interconfesional; Bober-O'Callagham; Bioblia de Jerusalén; Biblia de Strauvinger, etc.

καλέω, *llamar*, aquí *siendo llamado*; δοῦλος, caso nominativo masculino singular del nombre común *siervo, esclavo*; ἀπελεύθερος, caso nominativo masculino singular del nombre común *hombre libre, liberto*; Κυρίου, caso genitivo masculino singular del nombre común declinado *de Señor*; ἐστίν, tercera persona singular del presente de indicativo en voz activa del verbo εἰμί, *ser, estar*, aquí *es*; ὁμοίως, adverbio *asimismo, también*; ὁ, caso nominativo masculino singular del artículo determinado *el*; ἐλεύθερος, caso nominativo masculino singular del nombre común *libre, liberto*; κληθεὶς, caso nominativo masculino singular del participio del aoristo primero en voz pasiva del verbo καλέω, *llamar*, aquí *siendo llamado*; δοῦλος, caso nominativo masculino singular del nombre común *siervo, esclavo*; ἐστιν, tercera persona singular del presente de indicativo en voz activa del verbo εἰμί, *ser, estar*, aquí *es*; Χριστοῦ, caso genitivo masculino singular del nombre propio declinado *de Cristo*.

ὁ γὰρ ἐν Κυρίῳ κληθεὶς δοῦλος ἀπελεύθερος Κυρίου ἐστίν, La posición social contrasta abiertamente con la posición en Cristo. Un esclavo llamado por Dios a salvación encuentra plena libertad en el Salvador. De manera que, si su posición social es despreciable para los hombres, la que encuentra en Cristo es de suprema bendición y esperanza personal, aun en la esclavitud. Así que la posición de esclavo tiene una relativa importancia para el creyente (Ro. 8:18-23). El creyente, al margen de su situación social, es libre del poder del pecado, hijo de Dios y heredero con Cristo (Ro. 8:16-17).

ὁμοίως ὁ ἐλεύθερος κληθεὶς δοῦλος ἐστιν Χριστοῦ. Pudiera ocurrir que una persona haya sido llamada a salvación en la condición social de persona libre. El término usado por el apóstol para definirla pudiera traducirse como *liberto*, es decir, un esclavo que había conseguido hacerse libre. Éste que puede hacer, humanamente hablando, cuanto sea lícito en la sociedad, es en cambio *esclavo* de Cristo. Este creyente libre no lo es para libertinaje, porque está sujeto a Cristo, del mismo modo que el que es socialmente esclavo está también sujeto al Señor que lo compró (1 P. 2:16).

La lección es sencilla: el esclavo es espiritualmente libre y el creyente libre es moralmente esclavo. La iglesia en Corinto estaba formada por esclavos y libres, los primeros necesitan ser alentados y los segundos orientados. Es necesario entender que el *esclavo* liberado en el Señor, es al mismo tiempo esclavo de Cristo y el hombre libre pertenece también a Cristo, de modo que unos y otros son *hermanos* en el Señor (Flm. 16). Ninguno de los salvos debe tener temor de su condición social.

23. Por precio fuisteis comprados; no os hagáis esclavos de los hombres.

τιμῆς	ἠγοράσθητε·	μὴ	γίνεσθε	δοῦλοι	ἀνθρώπων.
Por precio	fuisteis comprados;	no	os hagáis	esclavos	de hombres.

Análisis y notas del texto griego.

Análisis: τιμῆς, caso genitivo femenino singular del nombre común declinado *por precio*; ἠγοράσθητε, segunda persona plural del aoristo primero de indicativo en voz pasiva del verbo ἀγοράζω, *redimir, comprar*, aquí *fuisteis comprados*; μὴ, partícula que hace funciones de adverbio de negación *no*; γίνεσθε, segunda persona plural del presente de imperativo en voz media del verbo γίνομαι, *llegar a ser, comenzar a existir, hacerse, ser hecho*, aquí *hagáis*; δοῦλοι, caso nominativo masculino plural del nombre común *siervos, esclavos*; ἀνθρώπων, caso genitivo masculino plural del nombre común declinado *de hombres*.

τιμῆς ἠγοράσθητε· El apóstol vuelve a recordar a los lectores lo que ya había dicho antes (6:20)[14]. El creyente no es suyo, sino que pertenece a quien lo compró por precio, el valor infinito de la vida de Jesucristo (1 P. 1:18-20)[15]. Al ser rescatado por Dios, le hace libre del poder del pecado en el que estaba viviendo bajo esclavitud, para que en esa libertad pueda ser *siervo* de la justicia (Ro. 6:18). El objetivo del cristiano es servir a Dios en el uso de la libertad de que fue dotado en Cristo (Ro. 6:22).

La consecuencia que esa situación de libertad en Cristo debe producir es la de que *"no os hagáis esclavos de los hombres"*. La libertad del creyente debe ser celosamente guardada, en obediencia al Señor y no a los hombres. En lugar de pensar en agradar a estos debe actuar movido en el sentido del deber hacia Dios. Los corintios debían aprender la lección puesto que se hacían seguidores de los hombres, manifestándose como de Pedro, de Pablo y de Apolos, lo que en cierto sentido los hacía esclavos de quienes habían determinado seguir (1:12). Pero, el problema persiste a lo largo del tiempo. Hay creyentes que se afirman ser *calvinistas*, otros *arminianos*, y así podría seguirse con otros nombres, todos ellos se hacen *esclavos* de los hombres, porque ninguno es llamado a seguir a otro, tan solo el seguimiento tiene que ser a Cristo.

24. Cada uno, hermanos, en el estado en que fue llamado, así permanezca para con Dios.

ἕκαστος ἐν ᾧ ἐκλήθη, ἀδελφοί, ἐν τούτῳ μενέτω
Cada uno en el que fue llamado, hermanos, en éste permanezca
παρὰ Θεῷ.
delante de Dios.

---

[14] Ver comentario del texto.

[15] Ver comentario del pasaje en el correspondiente volumen de esta serie.

> Análisis y notas del texto griego.
>
> Análisis: ἕκαστος, caso nominativo masculino singular del adjetivo indefinido *cada uno*; ἐν, preposición propia de dativo *en*; ᾧ,caso dativo neutro singular del pronombre relativo *el que, el cual, que*; ἐκλήθη, tercera persona singular del aoristo primero de indicativo en voz pasiva del verbo καλέω, *llamar*, aquí *fue llamado*; ἀδελφοί, caso vocativo masculino plural del nombre común *hermanos*; ἐν, preposición propia de dativo *en*; τούτῳ, caso dativo neutro singular del pronombre demostrativo *éste*; μενέτω, tercera persona singular del presente de imperativo en voz activa del verbo intransitivo μένω, *permanecer, quedarse*, aquí *se quede*; παρὰ, preposición propia de dativo, *ante, para con, delante de*; Θεῷ, caso dativo masculino singular del nombre divino *Dios*.

ἕκαστος ἐν ᾧ ἐκλήθη, ἀδελφοί, ἐν τούτῳ μενέτω. La conclusión del párrafo es que cada uno permanezca contento en la posición que tenía cuando fue llamado por Dios. El creyente debe conformarse y asumir la posición social que tenía cuando fue salvo. Aceptar gozoso la condición social que Dios ha permitido para su vida, de modo que *"de sus caminos será hastiado el necio de corazón; pero el hombre de bien estará contento con el suyo"* (Pr. 14:14). De otro modo: *"...contentos con lo que tenéis ahora..."* (He. 13:5).

παρὰ Θεῷ. La vida del creyente está siempre *delante de Dios*. Esta es la idea central de la oración. La compañía cierta de Dios es para todos, aun cuando se trate de un esclavo. Vivir delante de Dios equivale a una vida de comunión con Él. Esto exige una ética consonante con el conocimiento de Su presencia. El secreto de la vida cristiana es *vivir a Cristo* (Fil. 1:21), haciéndolo conscientes de que estamos en cada momento en la presencia de Dios. En esta vida de entrega como siervos de Jesucristo, no tiene valor alguno la condición exterior en que se desarrolle, lo que importa realmente es la entrega al servicio conscientes de estar en la presencia de Dios.

Matrimonio y servicio cristiano (7:25-40)

Consejos apostólicos (7:25-31)

25. En cuanto a las vírgenes no tengo mandamiento del Señor; mas doy mi parecer, como quien ha alcanzado misericordia del Señor para ser fiel.

Περὶ δὲ	τῶν	παρθένων	ἐπιταγὴν	Κυρίου	οὐκ	ἔχω,	γνώμην δὲ
Pero acerca de	las	vírgenes	precepto	del Señor	no	tengo,	pero opinión

δίδωμι	ὡς	ἠλεημένος	ὑπὸ	Κυρίου	πιστὸς	εἶναι.
doy	como	habiendo obtenido misericordia	de	Señor	fiel	ser.

Análisis y notas del texto griego.

Análisis: Περὶ, preposición propia de genitivo *acerca de*; δὲ, partícula conjuntiva que hace las veces de conjunción coordinante, con sentido de *pero, más bien, y, y por cierto, antes bien, entonces*; τῶν, caso genitivo femenino plural del artículo definido *las*; παρθένων, caso genitivo femenino plural del nombre común *vírgenes, doncellas, jóvenes no casadas*; ἐπιταγὴν, caso acusativo femenino singular del nombre común *precepto, mandamiento*; Κυρίου, caso genitivo masculino singular del nombre divino declinado *de Señor*; οὐκ, forma escrita del adverbio de negación *no*, con el grafismo propio ante una vocal con espíritu suave o una enclítica; ἔχω, primera persona singular del presente de indicativo en voz activa del verbo ἔχω, *tener*, aquí *tengo*; γνώμην, caso acusativo femenino singular del nombre común *opinión, propuesta, decisión, consejo*; δὲ, partícula conjuntiva que hace las veces de conjunción coordinante, con sentido de *pero, más bien, y, y por cierto, antes bien, entonces*; δίδωμι, primera persona singular del presente de indicativo en voz activa del verbo δίδωμι, *dar*, aquí *doy*; ὡς, adverbio de modo, *como*, que hace las veces de conjunción comparativa; ἠλεημένος, caso nominativo masculino singular del participio perfecto en voz pasiva del verbo ἐλεέω, *tener compasión, ser misericordioso*, aquí *habiendo obtenido misericordia*; ὑπὸ, preposición propia de genitivo *de*; Κυρίου, caso genitivo masculino singular del nombre divino *Señor*; πιστὸς, caso nominativo masculino singular del adjetivo *fiel*; εἶναι, presente de infinitivo en voz activa del verbo εἰμί, *ser, estar*.

Περὶ δὲ τῶν παρθένων. El versículo enlaza con otro anterior para seguir el tema (v. 17). Forma parte de la respuesta apostólica a preguntas que le habían sido formuladas por la iglesia en Corinto, por medio de un escrito. Indudablemente vuelve a producirse aquí el desconocimiento de la pregunta que le había sido dicha, deduciéndola de la respuesta que da el apóstol. Con toda seguridad le pidieron que determinase que debían hacer las mujeres jóvenes que no se habían casado nunca. El término παρθένων, *vírgenes*, precedido en este caso por el artículo femenino plural, se refiere a jóvenes solteras. Sin embargo, el mismo nombre se usa en Apocalipsis para referirse también a hombres (Ap. 14:4). En la *Epístola*, el contexto exige aplicarlo a mujeres jóvenes, doncellas.

ἐπιταγὴν Κυρίου οὐκ ἔχω, El apóstol no tenía mandamiento expreso de parte del Señor. Por tanto, no podía escribir determinando si el celibato era la mejor opción o si lo era el matrimonio. Anteriormente sí tenía precepto del Señor para otros asuntos (v. 10). En este caso no lo tenía ni por tradición, ni por revelación.

γνώμην δὲ δίδωμι. Con todo, no podía dejar sin responder a esta cuestión y da sobre esto su *opinión*, o también su *consejo*. El apóstol especifica con claridad cuando es un consejo y cuando se trata de un mandamiento. La opinión de Pablo reviste importancia por la condición concurrente en él de maestro de la Escritura, apóstol enviado por Jesucristo y conocedor de la situación que se producía en la iglesia en Corinto. Aunque no es mandamiento, debe ser tenido en consideración porque es consejo de un apóstol.

ὡς ἠλεημένος ὑπὸ Κυρίου πιστὸς εἶναι. Lo que va a decir procede de quien ha *"alcanzado misericordia del Señor para ser fiel"*. El apóstol atribuye al Señor y Su misericordia, el haber llegado al lugar que ocupaba en la obra de Dios. Esta provisión divina hace que sea *fiel*. La palabra aquí tiene el sentido de *fidelidad*, es decir, no solo de que haya creído en Cristo y sea fiel, sino de que es una persona *digna de confianza*. Un creyente es el que confía en Dios, un fiel es aquel en quien se puede confiar. Pablo alcanzó este grado de fidelidad por la obra de la gracia. Reconoce a Dios como el dador de esos dones y a él como indigno de ellos, es decir, no era por méritos personales que podía ser fiel, sino por la *misericordia* de Dios que lo hizo. Sin la gracia operando en su vida, en lugar de ser un fiel consejero de los cristianos, sería todavía perseguidor e injuriador (15:9-10). El consejo del apóstol en esta cuestión que le había sido planteada, era digno de tenerse en cuenta por el nivel espiritual del que lo daba.

En sentido general, Pablo está diciendo a los corintios que no tenía una dirección infalible venida del Señor para darles en este asunto, pero por la gracia que le había sido dada, se sentía en condiciones de darles un buen consejo como dirá más adelante (v. 40). El consejo dado no es una instrucción apostólica, en que se emplea la autoridad de esa condición, sino que lo hace en su condición de un *creyente fiel*. Por tanto, va a trazar, con una conciencia segura de él mismo, el límite entre lo que ha recibido directamente por revelación, para ser enseñado con la autoridad apostólica, y lo que aconseja él mismo por su condición cristiana surgido de su propia reflexión, como puede hacer todo creyente fiel bajo la dirección del Espíritu. Con todo, la condición de apóstol, garantiza aún más firmemente la necesidad de prestar atención a lo que va a decir sobre este asunto. El apóstol da su opinión y espera que los corintios presten atención a sus consejos.

26. Tengo, pues, esto por bueno a causa de la necesidad que apremia; que hará bien el hombre en quedarse como está.

Νομίζω οὖν τοῦτο καλὸν ὑπάρχειν διὰ τὴν ἐνεστῶσαν ἀνάγκην,
Pienso, pues, esto bueno ser, por la que ha surgido necesidad
ὅτι καλὸν ἀνθρώπῳ τὸ οὕτως εἶναι.
que bueno para hombre el así estar.

Análisis y notas del texto griego.

Análisis: Νομίζω, primera persona singular del presente de indicativo en voz activa del verbo νομίζω, *pensar, considerar*, aquí *pienso*; οὖν, conjunción continuativa *pues*; τοῦτο, caso acusativo neutro singular del pronombre demostrativo *esto*; καλὸν, caso acusativo neutro singular del adjetivo *bueno*; ὑπάρχειν, presente de infinitivo en voz activa del verbo ὑπάρχω, *ser*; διὰ, preposición propia de acusativo *por*; τὴν, caso acusativo femenino singular del artículo determinado *la*; ἐνεστῶσαν, caso acusativo femenino singular del participio perfecto en voz activa del verbo ἀνίστημι, *levantarse, ponerse en pie, surgir*, aquí *que ha surgido*; ἀνάγκην, caso acusativo femenino singular del nombre común *necesidad*; ὅτι, conjunción *que*; καλὸν, caso nominativo neutro singular del adjetivo *bueno*; ἀνθρώπῳ, caso dativo masculino singular del nombre común declinado *para hombre*; τὸ, caso nominativo neutro singular del artículo determinado *el*; οὕτως, adverbio demostrativo *así*; εἶναι, presente de infinitivo en voz activa del verbo εἰμί, *ser, estar*.

Νομίζω οὖν τοῦτο καλὸν ὑπάρχειν El apóstol va a dar su consejo sobre el tema planteado, comenzando por presentar su pensamiento personal. Así dice: *"estimo conveniente"*, luego dirá la razón que sustenta esa convicción. El pronombre demostrativo τοῦτο, *esto*, pudiera muy bien referirse a la soltería o virginidad antes considerada. A esta condición o situación social y personal, considera que es *bueno*. El adjetivo καλὸν, tiene varias posibilidades de traducción, como puede ser la de *conveniente*, lo que concordaría con la enseñanza anterior: *"bueno sería al hombre no tocar mujer"* (v. 1). Es decir que sería bueno el estado célibe en la situación que apunta seguidamente.

διὰ τὴν ἐνεστῶσαν ἀνάγκην, He aquí una de las dificultades que antes se ha considerado en la introducción, determinar el significado de lo que se traduce, en el interlineal más arriba, *por la que ha surgido necesidad*. Algunos traductores imprimen aquí un sentido de inminencia, traduciendo *"la necesidad que apremia"*. Sin duda alguna los corintios conocían el alcance de esta expresión, pero no es así con nosotros. Nada sabemos a ciencia cierta a qué *necesidad* se estaba refiriendo el apóstol.

El verbo ἀνίστημι, tiene distintas acepciones, entre ellas la de *levantarse, ponerse en pie, surgir*, incluso la de *resucitar*, que expresa la idea de algo que se manifiesta de pronto, por eso se traduce como *que ha surgido*. Este verbo con su significado de *levantar, alzar* en el modo transitivo, o *levantarse* en la forma intransitiva, aparece con frecuencia en el griego clásico y en la literatura secular y también en la LXX. Aparece 108 veces en el N. T., de las que setenta y dos están en los escritos de Lucas, y tiene el sentido de *suscitar, designar* y en sentido intransitivo *levantarse, alzarse o presentarse*, de ahí su uso para referirse a *levantarse de los muertos*. Aquí, en sentido intransitivo puede significar también *manifestarse, hacer su aparición*.

Esta *necesidad que ha surgido* es lo que condiciona la respuesta del apóstol. Se trataba de una situación de *agobio*, es decir, una inminente aflicción. Debe insistirse en el desconocimiento preciso de lo que estaba en la mente del apóstol. De todos modos, es evidente que se trata de circunstancias propias de aquellos momentos, que siendo desconocidas para nosotros no pueden aplicarse al tiempo actual para mantener el alcance de la propuesta que da el apóstol como *lo mejor* para los creyentes no casados. Algunos consideran esto como algo escatológico, de modo que Pablo estaría refiriéndose a lo que se conoce como el tiempo de *la tribulación*, pero no debe aplicarse en este sentido ya que la iglesia no pasará por él (1 Ts. 1:10: Ap. 3:10). Otros entienden esto como una alusión a las dificultades de la vida en cualquier tiempo que dificultan la vivencia de la virtud de una vida cristiana y la disposición de hacerlo dedicados al servicio del Señor[16]. Lo más lógico sería pensar que se está refiriendo a presiones y persecuciones en un mundo hostil al cristianismo, que se estaban manifestando en el mundo de los tiempos apostólicos y en las congregaciones de entonces (v. 28; 2 Ti. 3:12). Las persecuciones contra los cristianos habían comenzado, tanto por los judíos como por los gentiles (2 Co. 6:3-10). Tal vez el apóstol tuviera la convicción de que las aflicciones por causa del testimonio serían intensas y aparecerían en cualquier momento. En cualquier modo, las propuestas son simplemente hipótesis que tratan de explicar la situación a la que el apóstol se refiere

ὅτι καλὸν ἀνθρώπῳ τὸ οὕτως εἶναι. Debido a las circunstancias a las que hace referencia, entiende el apóstol que sería bueno al hombre quedarse como está. El sustantivo ἀνθρώπος, *hombre,* es usado en modo genérico para referirse tanto al hombre como a la mujer, es decir, que entiende que las personas se queden como están, en el sentido de soltería, o también el de casado o viudo (v. 1). Es necesario entender que el consejo de Pablo, orientado especialmente en base al contexto, a las jóvenes no casadas, obedece a una circunstancia que concurría en Corinto y no establece un consejo general para cualquier tiempo, el celibato era preferible al matrimonio en aquellas circunstancias.

---

[16] Juan Leal. o. c., pág. 394.

27. ¿Estás ligado a mujer? No procures soltarte. ¿Estás libre de mujer? No procures casarte.

δέδεσαι γυναικί, μὴ ζήτει λύσιν· λέλυσαι ἀπὸ γυναικός, μὴ
¿Estás atado a mujer? No procures divorcio. ¿Estas libre de mujer? no
ζήτει γυναῖκα.
busques mujer.

Análisis y notas del texto griego.

Análisis: δέδεσαι, segunda persona singular del perfecto de indicativo en vox pasiva del verbo δέω, *atar*, aquí *has sido atado*, mejor *estás atado*; γυναικί, caso dativo femenino singular del nombre común declinado *a mujer*; μὴ, partícula que hace funciones de adverbio de negación *no*; ζήτει, segunda persona singular del presente de imperativo en voz activa del verbo ζητέω, *procurar*, aquí *procures*; λύσιν, caso acusativo femenino singular del nombre común *divorcio, separación*; λέλυσαι, segunda persona singular del perfecto de indicativo en voz pasiva del verbo λύω, *librar, soltar, desatar*, aquí *estás libre*; ἀπὸ, preposición propia de genitivo *de*; γυναικός, caso genitivo femenino singular del nombre común *mujer*; μὴ, partícula que hace funciones de adverbio de negación *no*; ζήτει, segunda persona singular del presente de imperativo en voz activa del verbo ζητέω, *buscar, intentar, querer*, aquí *busques*; γυναῖκα, caso acusativo femenino singular del nombre común *mujer, esposa*.

δέδεσαι γυναικί, μὴ ζήτει λύσιν· No se trata de cambiar de situación a causa de la *necesidad que ha surgido*. Cada uno debe quedarse en la situación en que está. De ahí que se dirija primero a los casados indicándoles que, estando *ligados* a una esposa, no pueden *soltarse*, literalmente *divorciarse* o *separarse*. Ya enseñó antes que no es posible aceptar un divorcio entre creyentes (vv. 10-11). A pesar de las circunstancias difíciles, no debían romper la situación matrimonial en que se encontraban. El casado debía seguir casado a pesar de todo.

λέλυσαι ἀπὸ γυναικός, μὴ ζήτει γυναῖκα. Pero también estaban los no casados, los que estaban *libres de mujer*. A estos recomienda el apóstol lo mismo que a los casados, que mantengan su estatus social y que no procuren casarse.

28. Mas también si te casas, no pecas; y si la doncella se casa, no peca; pero los tales tendrán aflicción de la carne, y yo os la quisiera evitar.

ἐὰν δὲ καὶ γαμήσῃς, οὐχ ἥμαρτες, καὶ ἐὰν γήμῃ ἡ παρθένος,
Pero si también te casas, no pecas; y si se casa la virgen,

οὐχ ἥμαρτεν· θλῖψιν δὲ τῇ σαρκὶ ἕξουσιν οἱ τοιοῦτοι, ἐγὼ δὲ
no peca; pero aflicción en la carne tendrán los tales, y yo
ὑμῶν φείδομαι.
os quiero evitar.

Análisis y notas del texto griego.

Análisis: ἐὰν, conjunción afirmativa *sí*; δὲ, partícula conjuntiva que hace las veces de conjunción coordinante, con sentido de *pero, más bien, y, y por cierto, antes bien, entonces*; καὶ, adverbio de modo *también*; γαμήσῃς, segunda persona singular del aoristo primero de subjuntivo en voz activa del verbo γαμέω, *casarse*, aquí *te casas*; οὐχ, forma escrita del adverbio de negación *no*, con el grafismo propio ante vocal con espíritu áspero; ἥμαρτες, segunda persona singular del aoristo segundo de indicativo en voz activa del verbo ἁμαρτάνω, *pecar, transgredir*, aquí *pecas*; καὶ, conjunción copulativa *y*; ἐὰν, conjunción *si*; γήμῃ, tercera persona singular del aoristo primero de subjuntivo en voz activa del verbo γαμέω, *casarse*, aquí *se casa*; ἡ, caso nominativo femenino singular del artículo determinado *la*; παρθένος, caso nominativo femenino singular del nombre común *virgen, doncella*; οὐχ, forma escrita del adverbio de negación *no*, con el grafismo propio ante vocal con espíritu áspero; ἥμαρτεν, tercera persona singular del aoristo segundo de indicativo en voz activa del verbo ἁμαρτάνω, *pecar, transgredir*, aquí *peca*; θλῖψιν, caso acusativo femenino singular del nombre común *aflicción, sufrimiento*; δὲ, partícula conjuntiva que hace las veces de conjunción coordinante, con sentido de *pero, más bien, y, y por cierto, antes bien, entonces*; τῇ, caso dativo femenino singular del artículo determinado declinado *en la*; σαρκὶ, caso dativo femenino singular del nombre común *carne*; ἕξουσιν, tercera persona plural del futuro de indicativo en voz activa del verbo ἔχω, *tener*, aquí *tendrán*; οἱ, caso nominativo masculino plural del artículo determinado *los*; τοιοῦτοι, caso nominativo masculino plural del adjetivo demostrativo *esos, tales*; ἐγὼ, caso nominativo masculino singular del pronombre personal *yo*; δὲ, partícula conjuntiva que hace las veces de conjunción coordinante, con sentido de *pero, más bien, y, y por cierto, antes bien, entonces*; ὑμῶν, caso genitivo de la segunda persona plural del pronombre personal declinado *a vosotros, os*; φείδομαι, primera persona singular del presente de indicativo en voz media del verbo φείδομαι, *tener miramiento, tener consideración, evitar*, aquí *quiero evitar*.

ἐὰν δὲ καὶ γαμήσῃς, οὐχ ἥμαρτες, Pablo no estableció un mandamiento, sino que emitió un consejo. La capacidad y la condición personal hacía que éste debiera ser bien recibido y, en todo lo posible, atendido. Sin embargo, se encarga bien de hacer notar que es *su opinión* y no un mandamiento. Quebrantar un mandamiento apostólico es un pecado de rebeldía, desoír el consejo es no atender a una sugerencia, por tanto, el apóstol afirma que si no se acepta la proposición de no casarse no se estaba pecando. El matrimonio en el caso presente, no era aconsejable, pero en ningún caso era pecaminoso. El consejo sobre el celibato obedecía a unas determinadas circunstancias (v. 26). En este caso el apóstol está hablando a varones solteros y en forma individual a cada uno, nótese el singular: *si te casas*.

καὶ ἐὰν γήμῃ ἡ παρθένος, οὐχ ἥμαρτεν· Se dirige también, en el mismo sentido, a las *doncellas*, jóvenes solteras que estaban en la iglesia. El consejo es idéntico al dado a los varones. Si quieren casarse, *no pecan*, aunque desatiendan el consejo del apóstol. Como escribe el Dr. Lacueva: *"A pesar de todo, no es ningún pecado casarse en estas circunstancias, ya que el matrimonio es el estado normal del ser humano, siendo la continencia un don de Dios que no a todos se da (vv. 6-9)"*[17].

θλῖψιν δὲ τῇ σαρκὶ ἕξουσιν οἱ τοιοῦτοι, Sin embargo, en aquellas circunstancias el matrimonio supondría *aflicción* o *sufrimiento*. Pablo afirma que ese sufrimiento se produciría en *la carne*, que aquí debe ser considerada como sinónimo de vida personal. El término se usa en algunas ocasiones para referirse a cosas externas que afectan a la persona (2 Co. 12:7). Aquellos que no acepten el consejo dado tendrían que esperar un tiempo de aflicción en el matrimonio.

ἐγὼ δὲ ὑμῶν φείδομαι. La razón fundamental del consejo dado por el apóstol está bien expresada en la frase final del versículo. *"Y yo os lo quisiera evitar"*. El que es *padre espiritual* de los creyentes en Corinto, no desea que sus hijos en Cristo, pasen por la situación de aflicción, por lo que les recomienda que queden sin casarse. El apóstol deseaba evitarles los sufrimientos que podrían ocurrir en aquellas circunstancias. Esta es la razón del consejo de que se mantenga el celibato. El objeto de disuadirles del matrimonio era ahorrarles los sufrimientos. Es de notar que el consejo sólo tiene validez en circunstancias excepcionales, concretamente en las que se vinculan con la iglesia en Corinto y no con cualquier otra iglesia, puesto que esas circunstancias a las que se refiere son desconocidas para nosotros hoy.

29. Pero esto digo, hermanos: que el tiempo es corto; resta, pues, que los que tienen esposa sean como si no la tuviesen.

Τοῦτο δέ φημι, ἀδελφοί, ὁ καιρὸς συνεσταλμένος ἐστίν· τὸ
Pero esto digo, hermanos, el tiempo corto es; por lo
λοιπόν, ἵνα καὶ οἱ ἔχοντες γυναῖκας ὡς μὴ ἔχοντες ὦσιν
demás, y que los que tienen mujer como no teniendo estén.

[17] F. Lacueva. o. c., pág. 420.

Análisis y notas del texto griego.

Análisis: Τοῦτο, caso acusativo neutro singular del pronombre demostrativo, *esto*; δέ, partícula conjuntiva que hace las veces de conjunción coordinante, con sentido de *pero, más bien, y, y por cierto, antes bien, entonces*; φημι, primera persona singular del presente de indicativo en voz activa del verbo φήμι, *decir*, aquí *digo*; ἀδελφοί, caso vocativo masculino plural del nombre común *hermanos*; ὁ, caso nominativo masculino singular del artículo determinado *el*; καιρὸς, caso nominativo masculino singular del nombre común *tiempo*, συνεσταλμένος, caso nominativo masculino singular del participio perfecto pasivo del verbo συστέλω, *acortar*, aquí *acortado*; ἐστίν, tercera persona singular del presente de indicativo en voz activa del verbo εἰμί, *ser, estar*, aquí *es*; τὸ, caso acusativo neutro singular del artículo determinado declinado *por lo*; λοιπόν, caso acusativo neutro singular del adjetivo *demás*; ἵνα, conjunción *que*; καὶ, conjunción copulativa *y*; οἱ, caso nominativo masculino plural del artículo determinado *los*; ἔχοντες, caso nominativo masculino plural del participio de presente en voz activa del verbo ἔξω, *tener*, aquí *que tienen*; γυναῖκας, caso acusativo femenino plural del nombre común *mujer, esposa*; ὡς, adverbio de modo, *como*, que hace las veces de conjunción comparativa; μὴ, partícula que hace funciones de adverbio de negación *no*; ἔχοντες, caso nominativo masculino plural del participio de presente en voz activa del verbo ἔξω, *tener*, aquí *que tienen, teniendo*; ὦσιν, tercera persona plural del presente de subjuntivo en voz activa del verbo εἰμί, *ser, estar*, aquí *estén*.

Τοῦτο δέ φημι, ἀδελφοί, La observación que sigue no es para los casados o para los solteros, sino para todos los miembros de la iglesia a quienes dirige la *Epístola*, como se aprecia en el inicio de la cláusula: *"Por eso digo, hermanos"*. El vocativo hace entender la totalidad de los creyentes. Además, la forma verbal *digo*, es utilizada para advertir de una declaración solemne, en este caso de un apóstol de Jesucristo.

ὁ καιρὸς συνεσταλμένος ἐστίν· El versículo tiene una segunda razón para la recomendación apostólica. Se trata de la brevedad del tiempo, en el texto griego se lee: *"Por esto digo, hermanos, que el tiempo es corto"*. El término griego καιρὸς, *tiempo*, denota *época*, espacio de tiempo. Ese tiempo es corto, de manera que no durará indefinidamente. No sabemos a qué tiempo se está refiriendo concretamente el apóstol, pero, posiblemente se trate del tiempo de la venida del Señor para recoger a la Iglesia (Ro. 13:11-12). La iglesia primitiva esperaba el retorno de Cristo en sus días (1 Ts. 4:15). El apóstol Juan afirma que este es el *último tiempo* (1 Jn. 2:18). En cualquier caso, está haciendo observar a los corintios que el tiempo de este siglo es pasajero, y siempre breve.

τὸ λοιπόν, ἵνα καὶ οἱ ἔχοντες γυναῖκας ὡς μὴ ἔχοντες ὦσιν. Ante esto el apóstol escribe sobre el comportamiento conveniente, se expresa en varias consideraciones en las que se aprecia un marcado contraste entre los valores temporales y los eternos. El tiempo siempre transcurre con lentitud para los seres temporales que somos nosotros, pero el apóstol Pedro dice que los tiempos son inapreciables para quien es eterno, para el que *mil años* son como *un día* (2 P. 3:8). En esta primera referencia del comportamiento correcto está el matrimonio, del que Pablo afirma que debido a la brevedad del tiempo los que tienen esposa sean como si no la tuviesen. Esta frase introducida por la expresión *por lo demás*, en la traducción interlineal, puede ser también traducida como, *por lo tanto*, o parafraseada como *de aquí en adelante*.

La idea de Pablo es recordar que el matrimonio, aunque definitivo, esto es de por vida, no es eterno, puesto que, en los nuevos cielos y tierra, los creyentes no se casan ni se dan en casamiento, siendo, en ese sentido como los ángeles (Mt. 22:30)[18]. La conjunción *como*, ofrece también otra interesante expresión, de manera que los casados vivan como si el tiempo estuviera acabándose y tuviesen que dejar este mundo en cualquier momento. Las cosas temporales como el matrimonio no debieran ser nunca consideradas como definitivas, por consiguiente, el cristiano no debe estar sujeto a las cosas de la vida, porque luego de haber pasado por la vida terrenal, se abrirán definitiva y eternamente las mansiones de gloria. Los objetivos no deben ser los de aquí abajo, sino los que tendrán lugar en la condición perpetua.

30. Y los que lloran, como si no llorasen; y los que se alegran, como si no se alegrasen; y los que compran, como si no poseyesen.

καὶ οἱ κλαίοντες ὡς μὴ κλαίοντες καὶ οἱ χαίροντες ὡς μὴ
Y los que lloran como no llorando; y los que se alegran, como no
χαίροντες καὶ οἱ ἀγοράζοντες ὡς μὴ κατέχοντες,
alegrándose, y los que compran como no poseyendo.

Análisis y notas del texto griego.

Análisis: καὶ, conjunción copulativa *y*; οἱ, caso nominativo masculino plural del artículo determinado *los*; κλαίοντες, caso nominativo masculino plural del participio de presente en voz activa del verbo κλαίω, *llorar*, aquí *que lloran*; ὡς, adverbio de modo, *como*, que hace las veces de conjunción comparativa; μὴ, partícula que hace funciones de adverbio de negación *no*; κλαίοντες, caso nominativo masculino plural del participio de presente en voz activa del verbo κλαίω, *llorar*, aquí *que lloran, llorando*; καὶ, conjunción copulativa *y*; οἱ, caso nominativo masculino plural del artículo determinado *los*; χαίροντες, caso nominativo masculino plural del participio de presente en voz activa del verbo

[18] Véase comentario al versículo en el correspondiente volumen de esta serie.

χαίρω, *alegrarse, gozarse*, aquí *que se alegran*; ὡς, adverbio de modo, *como*, que hace las veces de conjunción comparativa; μὴ, partícula que hace funciones de adverbio de negación *no*; χαίροντες caso nominativo masculino plural del participio de presente en voz activa del verbo χαίρω, *alegrarse, gozarse*, aquí *que se alegran, alegrándose*; καὶ, conjunción copulativa *y*; οἱ, caso nominativo masculino plural del artículo determinado *los*; ἀγοράζοντες, caso nominativo masculino plural del participio de presente en voz activa del verbo ἀγοράζω, *comparar*, aquí *que compran*; ὡς, adverbio de modo, *como*, que hace las veces de conjunción comparativa; μὴ, partícula que hace funciones de adverbio de negación *no*; κατέχοντες, caso nominativo masculino plural del participio de presente en voz activa del verbo κατέχω, *poseer*, aquí *poseyendo*.

Pablo está escribiendo en estos tres versículos de un modo poético, con un ritmo de expresión fácilmente detectable:

Los que tienen esposa
como si
no la tuvieran.

Los que lloran
como si
no llorasen.

Los que se alegran
como si no
se alegrasen.
Los que compran
como si no
poseyeran.

Los que disfrutan del mundo
como si no
disfrutasen.

καὶ οἱ κλαίοντες ὡς μὴ κλαίοντες. El llanto como expresión de angustia, conflicto y dolor, siempre será breve, porque el *tiempo es corto*. La tristeza conforme al pensamiento de quien confía plenamente en Dios, es como el espacio de una noche: *"Por la noche durará el lloro, y a la mañana vendrá la alegría"* (Sal. 30:5). La aflicción queda superada por la esperanza: *"Porque esta leve tribulación momentánea produce en nosotros un cada vez más excelente y eterno peso de gloria; no mirando nosotros las cosas que se ven, sino las que no se ven; pues las cosas que se ven son temporales, pero las que no se ven son eternas"* (2 Co. 4:17-

18). De manera que el tiempo de aflicción debe ser considerado, por su brevedad y término, como si no existiera.

καὶ οἱ χαίροντες ὡς μὴ χαίροντες. Lo mismo ocurre con la alegría. No siempre hay angustia y lágrimas en la vida cristiana, sino también momentos de regocijo. En todo caso la satisfacción por las cosas temporales debe ser considerada también como de poco valor frente al gozo eterno (2:9)[19].

καὶ οἱ ἀγοράζοντες ὡς μὴ κατέχοντες, Las posesiones siempre son asuntos temporales. Aun las más seguras adquisiciones pueden ser reducidas a la nada en un momento. El creyente no ha de prestar atención suprema a las posesiones temporales, porque su vista debe estar puesta en las riquezas eternas que tiene reservadas (1 P. 1:4-5)[20]. No significa esto que el creyente no pueda tener grandes posesiones, Dios no prohíbe tener riquezas, sino tener el corazón en ellas. Luchar por un pedazo de madera cuando tienes un bosque completo de tu propiedad, no es lógico. Así también poner la mira en las riquezas temporales, es insensato cuando tienes las riquezas eternas que no se contaminan ni marchitan y que están aseguradas para cada uno en la gloria.

31. Y los que disfrutan de este mundo, como si no lo disfrutasen; porque la apariencia de este mundo se pasa.

καὶ οἱ χρώμενοι τὸν κόσμον ὡς μὴ καταχρώμενοι·
Y los que usan del mundo, como no disfrutando;
παράγει γὰρ τὸ σχῆμα τοῦ κόσμου τούτου.
porque pasa la apariencia del mundo este.

Análisis y notas del texto griego.

Análisis: καὶ, conjunción copulativa *y*; οἱ, caso nominativo masculino plural del artículo determinado *los*; χρώμενοι, caso nominativo masculino plural del participio de presente en voz media del verbo χράομαι, *usar, aprovechar*, aquí *que usan*; τὸν, caso acusativo masculino singular del artículo determinado declinado *del*; κόσμον, caso acusativo masculino singular del nombre común *mundo*; ὡς, adverbio de modo, *como*, que hace las veces de conjunción comparativa; μὴ, partícula que hace funciones de adverbio de negación *no*; καταχρώμενοι, caso nominativo masculino plural del participio de presente en voz media del verbo καταχράομαι, *usar, sacar provecho, disfrutar*, aquí *disfrutando*; παράγει, tercera persona singular del presente de indicativo en voz activa del verbo παράγω, *pasar*, aquí *pasa*; γὰρ, conjunción causal *porque*; τὸ,

---

[19] Ver comentario al versículo.
[20] Ver comentario a los dos versículos en *1 Pedro*, de esta misma serie.

caso nominativo neutro singular del artículo determinado *el*; σχῆμα, caso nominativo neutro singular del nombre común *esquema, apariencia*; τοῦ, caso genitivo masculino singular del artículo determinado declinado *del*; κόσμου, caso genitivo masculino singular del nombre común *mundo*; τούτου, caso genitivo masculino singular del pronombre demostrativo *este*.

καὶ οἱ χρώμενοι τὸν κόσμον ὡς μὴ καταχρώμενοι· El último ejemplo tiene que ver con los que *disfrutan*, en sentido de los que *usan*, de este mundo. Es lícito *disfrutar* o *utilizar* las cosas del mundo que no son pecaminosas. Eso debió haber ocurrido con Demas, el compañero de ministerio de Pablo, del que se dice que dejó al apóstol amando el mundo, lo que posiblemente sea haber dejado el ministerio para dedicarse a negocios y actividades seculares, poniendo la vista en los tesoros terrenales en lugar de amar la venida del Señor, mostrando ese amor en un resuelto compromiso con el servicio y la atención que prestó a Pablo. Los que usan del mundo debieran considerar también que son asuntos temporales, y la atención ha de estar centrada sobre las cosas eternas que son las perdurables.

παράγει γὰρ τὸ σχῆμα τοῦ κόσμου τούτου. Los ejemplos dan paso a una conclusión: *la apariencia de este mundo se pasa*. La palabra clave para interpretar el versículo es τὸ σχῆμα, cuyo significado es amplio, pudiendo traducirse por *figura*, quedando determinada por el genitivo epexegético *de este mundo*. De modo que estaría diciendo que el mundo que es figura, se pasa. El sentido de *figura* pone de manifiesto la visión exterior de algo, esto es, lo que se ve y manifiesta externamente. Por tanto, para Pablo, *lo que se ve es temporal, lo que no se ve es eterno* (2 Co. 4:18). Toda la realidad visible y temporal del mundo *se pasa*. Por consiguiente, este principio consiste en que el creyente viva en la vida sin apegarse a ella. Para el pensamiento del apóstol, *este mundo*, está en oposición al nuevo mundo venidero, de manera que este mundo se pasa para dar lugar a la nueva creación de Dios. Los términos τὸ σχῆμα, *la figura*, puede traducirse también por *la apariencia*, esto es, lo que se hace perceptible del mundo. Éste, con su sistema, concluirá pronto. Los intereses del creyente han de ser los celestiales y no los terrenales (Mt. 6:19-21; Col. 3:1-3). El apóstol da dos razones que justifican esta conclusión: a) La apariencia del mundo se pasa; b) El tiempo para disfrutar de sus cosas es breve (v. 29).

El servicio a Dios y el matrimonio (7:32-35)

32. Quisiera, pues, que estuvieseis sin congoja. El soltero tiene cuidado de las cosas del Señor, de cómo agradar al Señor.

Θέλω δὲ ὑμᾶς ἀμερίμνους εἶναι. ὁ ἄγαμος μεριμνᾷ
Pero quiero para vosotros sin preocupaciones estéis. El soltero se ocupa
τὰ τοῦ Κυρίου, πῶς ἀρέσῃ τῷ Κυρίῳ·
de las cosas del Señor, de cómo agrade al Señor.

Análisis y notas del texto griego.

Análisis: Θέλω, primera persona singular del presente de indicativo en voz activa del verbo θέλω, *querer, desear*, aquí *quiero*; δὲ, partícula conjuntiva que hace las veces de conjunción coordinante, con sentido de *pero, más bien, y, y por cierto, antes bien, entonces*; ὑμᾶς, caso acusativo de la segunda persona plural del pronombre personal declinado *para vosotros*; ἀμερίμνους, caso acusativo masculino plural del adjetivo *sin preocupaciones*; εἶναι, presente de infinitivo en voz activa del verbo εἰμί, *ser, estar*; ὁ, caso nominativo masculino singular del artículo determinado *el*; ἄγαμος, caso nominativo masculino singular del nombre común *soltero*; μεριμνᾷ, primera persona plural del presente de indicativo en voz activa del verbo μεριμνάω, *estar ansioso, ocuparse*, aquí *se ocupa*; τὰ, caso acusativo neutro plural del artículo determinado declinado *de los*, en sentido *de las cosas*; τοῦ, caso genitivo masculino singular del artículo determinado *del*; Κυρίου, caso genitivo masculino singular del nombre divino *Señor*; πῶς, partícula interrogativa adverbial, que realmente es un pronombre interrogativo *¿cómo?, ¿de qué manera?, ¿por qué medio?, ¡cómo!, ¡cuán! nunca, imposible, ¿qué?, qué*; ἀρέσῃ, tercera persona singular del aoristo primero de subjuntivo en voz activa del verbo ἀρέσκω, *agrade*; τῷ, caso dativo masculino singular del artículo determinado declinado *al*; Κυρίῳ, caso dativo masculino singular del nombre divino *Señor*.

Θέλω δὲ ὑμᾶς ἀμερίμνους εἶναι. El versículo toma de nuevo el tema que ha tratado antes sobre la conveniencia de que, en las circunstancias que concurrían, los solteros, tanto hombres como mujeres permaneciesen así. Pero, no deja de apreciarse la ilación con lo que antecede, de modo que el planteamiento abarca ambas cosas, la cuestión del matrimonio y la atención a lo perpetuo en menoscabo de lo temporal, de modo que lo que quiere evitar a los cristianos es la preocupación por lo temporal (cf. Mt. 6:34). El apóstol expresa el deseo de que la ocupación y afanes de las cosas temporales, no causen una situación de preocupación a los creyentes.

En la oración la palabra clave es el adjetivo ἀμερίμνους, que expresa la idea de *ansiedad, preocupación solicitud.* En alguna medida tiene el sentido de los afanes que proceden de la falta de fe y valoran las cosas temporales sobre las perpetuas. Es aquello que ahoga los intereses celestiales (Mt. 13:22). Dirige la atención también al conflicto que produce en el creyente la posición entre los dos valores, terrenal y celestial. En este sentido no son preocupaciones legítimas, sino las que marcan un exceso en asuntos que no son vitales para la vida cristiana. Entre estas están las exigencias familiares en relación con el servicio al Señor, asuntos que no debieran producirse en la vida del cristiano.

ὁ ἄγαμος μεριμνᾷ τὰ τοῦ κυρίου, πῶς ἀρέσῃ τῷ Κυρίῳ· Retomando nuevamente la condición de los casados y los solteros, se refiere a los segundos, afirmando que *"el soltero tiene cuidado de las cosas del Señor"*. El objeto de la atención está centrado sólo en el Señor y en Sus cosas. En esta segunda oración la palabra clave es el verbo μεριμνάω, que expresa la idea de *estar ansioso* por agradar al Señor. La ocupación máxima del soltero tiene que ver con el servicio cristiano sobre cualquier otra cosa. Esto no excluye la responsabilidad o incluso la obligación del trabajo secular (2 Ts. 3:10-12). Es decir, no escribe sobre un absoluto, esto es, la única obligación y acción del soltero es atender solo a la obra del Señor, sino que está libre del tiempo que debe dedicar el casado a la familia.

33. Pero el casado tiene cuidado de las cosas del mundo, de cómo agradar a su mujer.

ὁ δὲ γαμήσας	μεριμνᾷ	τὰ	τοῦ	κόσμου,	πῶς	ἀρέσῃ
Pero el casado	se ocupa	de las cosas	del	mundo,	como	agradar

τῇ	γυναικί,
a la	esposa.

Análisis y notas del texto griego.

Análisis: ὁ, caso nominativo masculino singular del artículo determinado *el*; δὲ, partícula conjuntiva que hace las veces de conjunción coordinante, con sentido de, *pero, más bien, y, y por cierto, antes bien, entonces*; γαμήσας, caso nominativo masculino singular del participio del aoristo primero en voz activa del verbo γαμέω, *casarse*, aquí *casado*; μεριμνᾷ, tercera persona singular del presente de indicativo en voz activa del verbo μεριμνάω, *estar ansioso, ocuparse*, aquí *se ocupa*; τὰ, caso acusativo neutro plural del artículo determinado declinado *de los*, aquí en sentido *de las cosas*; τοῦ, caso genitivo masculino singular del artículo determinado declinado *del*; κόσμου, caso acusativo masculino singular del nombre común *mundo*; πῶς, partícula interrogativa adverbial, que realmente es un pronombre interrogativo *¿cómo?, ¿de que manera?, ¿por qué medio?, ¡cómo!, ¡cuán! nunca, imposible, ¿qué?, que*; ἀρέσῃ, tercera persona singular del aoristo primero de subjuntivo en voz activa del verbo ἀρέσκω, *agrade*; τῇ, caso dativo femenino singular del artículo determinado declinado *a la*; γυναικί, caso dativo femenino singular del nombre común *mujer, esposa*.

ὁ δὲ γαμήσας μεριμνᾷ τὰ τοῦ κόσμου, El contraste con el soltero es el casado. Si el primero podía ocuparse decididamente de las cosas del Señor y dejar de prestar atención a las temporales, el segundo debe atender a ambas, dando el tiempo que se requiera a las temporales del matrimonio. Pablo dice que se ocupa de las *cosas del mundo*, no de la mundanalidad, sino de las temporales, que comprenden, junto con la provisión para la familia, el gobierno del hogar. En ningún modo excluye el compromiso con el Señor (Col. 3:1).

La responsabilidad directa del casado es con su familia. Así enseña el apóstol y establece un mandamiento que regula esto: *"Manda también estas cosas, para que sean irreprensibles; porque si alguno no provee para los suyos, y mayormente para los de su casa, ha negado la fe y es peor que un incrédulo"* (1 Ti. 5:7-8). Negar la fe es no manifestarla con obras consecuentes con ella (Stg. 2:17; Tit. 1:10). El casado que no presta atención a su familia y a su esposa es, conforme a la enseñanza del apóstol, peor que un incrédulo, porque éste desconoce el precepto bíblico (Jn. 13:34; 15:12; Gá. 6:2). Además, ignora el ejemplo de Cristo, de amor por los Suyos, demostrándolo incluso en la atención a Su madre cuando estaba en la Cruz. También porque carece de la capacidad espiritual que el creyente tiene por la obra del Espíritu Santo.

πῶς ἀρέσῃ τῇ γυναικί, El apóstol indica que parte del tiempo de la vida del marido está destinado a *agradar a su mujer*. De este modo, el tiempo que podía dedicar al Señor debe ser compartido con su mujer. *Agradar*, tiene que ver con atender a las necesidades que pueda tener su esposa y a compartir el tiempo con ella. Es necesario entender que la responsabilidad de la Iglesia es de Cristo, que la edifica, sustenta y conduce, mientras que la del hogar corresponde al marido.

34. Hay asimismo diferencia entre la casada y la doncella. La doncella tiene cuidado de las cosas del Señor, para ser santa así en cuerpo como en espíritu; pero la casada tiene cuidado de las cosas del mundo, de cómo agradar a su marido.

καὶ μεμέρισται[1]. καὶ ἡ γυνὴ ἡ ἄγαμος καὶ ἡ παρθένος μεριμνᾷ
Y está dividido. Y la mujer - soltera y la virgen se cuida
τὰ τοῦ Κυρίου, ἵνα ᾖ ἁγία καὶ τῷ σώματι καὶ τῷ
de las cosas del Señor, para que sea santa tanto en el cuerpo como en el
πνεύματι· ἡ δὲ γαμήσασα μεριμνᾷ τὰ τοῦ κόσμου, πῶς
espíritu pero la casada se cuida de las cosas del mundo, como
ἀρέσῃ τῷ ἀνδρί.
agradar el marido.

Análisis y notas del texto griego.

Análisis: καὶ, conjunción copulativa *y*; μεμέρισται, tercera persona singular del perfecto de indicativo en voz pasiva del verbo μερίζω, *dar, repartir, distribuir, dividir*, aquí *está dividido, ha sido dividido*; καὶ, conjunción copulativa *y*; ἡ, caso nominativo femenino singular del artículo determinado *la*; γυνὴ, caso nominativo femenino singular del nombre común *mujer*; ἡ, caso nominativo femenino singular del artículo determinado *la*; ἄγαμος, caso nominativo femenino singular del nombre común *soltera*; καὶ, conjunción copulativa *y*; ἡ, caso nominativo femenino singular del artículo determinado *la*; παρθένος, caso nominativo femenino singular del nombre común *virgen*; μεριμνᾷ, tercera persona singular del presente de indicativo en voz activa del verbo μεριμνάω, *estar ansioso, ocuparse, cuidarse*, aquí *se cuida*; τὰ, caso dativo neutro singular del artículo determinado *de los*, en sentido de *de las cosas*; τοῦ, caso genitivo masculino singular del artículo determinado declinado *del*; Κυρίου, caso genitivo masculino singular del nombre divino *Señor*; ἵνα, conjunción causal *para que*; ᾖ, tercera persona singular presente de subjuntivo en voz activa del verbo εἰμί, *ser, estar*, aquí *sea*; ἁγία, caso nominativo femenino singular del adjetivo *santa*; καὶ, conjunción copulativa *y*, en esta construcción *tanto*; τῷ, caso dativo neutro singular del artículo determinado declinado *en el*; σώματι, caso dativo neutro singular del nombre común *cuerpo*; καὶ, conjunción copulativa *y*, en esta construcción *como*; τῷ, caso dativo neutro singular del artículo determinado declinado *en el*; πνεύματι, caso dativo neutro singular del nombre común *espíritu*; ἡ, caso nominativo femenino singular del artículo determinado *la*; δὲ, partícula conjuntiva que hace las veces de conjunción coordinante, con sentido de, *pero, más bien, y, y por cierto*, *antes bien, entonces*; γαμήσασα, caso nominativo femenino singular del participio del aoristo primero en voz activa del verbo γαμέω, *casarse, estar casada*, aquí *casada*; μεριμνᾷ, tercera persona singular del presente de indicativo en voz activa del verbo μεριμνάω, *estar ansioso, ocuparse, cuidarse*, aquí *se cuida*; τὰ, caso acusativo neutro plural del artículo determinado *de los*, en sentido *de las cosas*; τοῦ, caso genitivo masculino singular del artículo determinado declinado *del*; κόσμου, caso genitivo masculino singular del nombre común *mundo*; πῶς, partícula interrogativa adverbial, que realmente es un pronombre interrogativo *¿cómo?, ¿de que manera?, ¿por qué medio?, ¡cómo!, ¡cuán! nunca, imposible, ¿qué?, que*; ἀρέσῃ, tercera persona singular del aoristo primero de subjuntivo en voz activa del verbo ἀρέσκω, *agrade*; τῷ, caso dativo masculino singular del artículo determinado declinado *al*; ἀνδρί, caso dativo masculino singular del nombre común *marido*.

Notas. Crítica Textual. Lecturas alternativas.

[1] καὶ μεμέρισται, *y está dividido*, según lectura en 𝔓[15, 46], א, A, B, P, 6, 33, 81, 104, 365, 1175, 1505, 1739, 1881, 2464, lat, sy[h]; Orígenes [1739mg], Eusebio. En este caso debiera estar al final del versículo anterior.

μεμέρισται καὶ, *dividida y*, conforme a D[2], F, G, K, L, Ψ, 630, 𝔐.

καὶ μεμέρισται. Esta primera frase debiera estar en el final del versículo anterior, ya que es una expresa referencia a la situación anímica del hombre casado ante las cosas del Señor. Algunos mss. la sitúan al principio del versículo actual lo que requeriría unirla a las referencias para las mujeres, cuando no tiene sentido. *Dividido*, tiene que ver con el corazón, que no sabe qué cosa debe hacer. Le gustaría ocuparse plenamente de la obra del Señor, pero, se da cuenta que tiene también que ocuparse del cónyuge, de ahí que este *divido* en dos esferas de atención diferentes. Como se dijo antes no significa ninguna actividad contraria a la voluntad de Dios que instituyó el matrimonio, sin embargo, el conflicto está en buscar el equilibrio entre la atención temporal, que es el matrimonio, y la perpetua que son las cosas de Dios.

καὶ ἡ γυνὴ ἡ ἄγαμος καὶ ἡ παρθένος. Lo que dijo antes para los varones, lo aplica ahora a las mujeres. Estableciendo, en primer lugar, la diferencia entre una casada y una soltera. La frase aquí es incierta y probablemente esté de este modo para acomodar lo que debiera estar en el texto anterior. El texto en sí es incierto debido a algunas variantes que aparecen en los mss. Así en el *Receptus*, se lee *"y la mujer no casada y la virgen se cuida de las cosas del Señor"*. En otras variantes no aparece la conjunción *y*, leyéndose: *"la mujer no casada, la virgen, se cuida de las cosas del Señor"*. En la primera forma de lectura, son dos mujeres distintas, separadas por la conjunción *y*, de modo que se trata de una mujer no casada y de una virgen. Esta no casada podría muy bien ser una viuda, en contraste con la que nunca había contraído matrimonio.

μεριμνᾷ τὰ τοῦ Κυρίου, Lo mismo que ocurre con el hombre, así también la mujer que no tiene compromiso matrimonial, puede ocuparse con libertad de las *cosas* del Señor. En cierta medida, una mujer soltera que no está pensando en casarse, puede optar por dedicar todo su tiempo al servicio del Señor. Con todo, ha de tenerse en cuenta que se trata de una situación excepcional, puesto que Pablo da estos consejos en base a la *"necesidad que apremia"* (v. 26), cuya realidad desconocemos.

ἵνα ᾖ ἁγία καὶ τῷ σώματι καὶ τῷ πνεύματι· La no casada se ocupa de las cosas del Señor, en una separación del pecado que hace que toda su persona busque y practique la santidad. Al mencionar las dos partes del cuerpo humano, la espiritual y la material, está haciendo una marcada referencia al ser entero, que está dedicado a servir plenamente al Señor. En la entrega del espíritu está comprendida la expresión de esa determinación con el cuerpo (Ro. 12:1). Pero, la vida santa es condición tanto de las solteras como de las casadas, porque la santidad no es una opción de vida, sino la única forma de la vida cristiana, este es el estado de consagración que se evidencia por la santificación práctica.

ἡ δὲ γαμήσασα μεριμνᾷ τὰ τοῦ κόσμου, πῶς ἀρέσῃ τῷ ἀνδρί. El contraste se mantiene también en relación con la mujer soltera y la casada. Del mismo modo con la casada no se anula el compromiso con las cosas espirituales (Col. 3:1). Para las casadas el tiempo se comparte parcialmente, para el Señor y para el marido, una parte se dedica a servir a Cristo y otra ha de mostrarse comprometida con la familia. Igual que ocurre con el marido, el corazón de la mujer cristiana está dividido entre dos esferas de dedicación. Se requiere una gran sabiduría para mantener un equilibrio correcto. En el plano del testimonio cristiano *"las casadas estén sujetas a sus propios maridos como al Señor"* (Ef. 5:22). Siempre habrá lucha interna sobre cuál es el asunto prioritario en la vida cristiana.

35. Esto lo digo para vuestro provecho; no para tenderos lazo, sino para lo honesto y decente, y para que sin impedimento os acerquéis al Señor.

τοῦτο δὲ πρὸς τὸ ὑμῶν αὐτῶν[1] σύμφορον[2] λέγω, οὐχ ἵνα
Pero esto por lo de vosotros mismos provechoso digo, no para
βρόχον ὑμῖν ἐπιβάλω ἀλλὰ πρὸς τὸ εὔσχημον καὶ
lazo a vosotros ponga sino por lo honesto y
εὐπάρεδρον τῷ Κυρίῳ ἀπερισπάστως.
perseverante al Señor sin distracción.

Análisis y notas del texto griego.

Análisis: τοῦτο, caso acusativo neutro singular del pronombre demostrativo *esto*; δὲ, partícula conjuntiva que hace las veces de conjunción coordinante, con sentido de *pero, más bien, y, y por cierto, antes bien, entonces*; πρὸς, preposición propia de acusativo *por*; τὸ, caso acusativo neutro singular del artículo determinado *lo*; ὑμῶν, caso genitivo de la segunda persona plural del pronombre personal declinado *de vosotros*; αὐτῶν, caso genitivo masculino plural del pronombre personal *los mismos, mismos*; σύμφορον, caso acusativo neutro singular del adjetivo *provechoso*; λέγω, primera persona singular del presente de indicativo en voz activa del verbo λέγω, *hablar, decir*, aquí *digo*; οὐχ, forma escrita del adverbio de negación *no*, con el grafismo propio ante vocal con espíritu áspero; ἵνα, conjunción causal *para*; βρόχον, caso acusativo masculino singular del nombre común *lazo*; ὑμῖν, caso dativo de la segunda persona plural del pronombre personal declinado *a vosotros*; ἐπιβάλω, primera persona singular del segundo aoristo de subjuntivo en voz activa del verbo ἐπιβάλλω, *poner*, aquí *ponga*; ἀλλὰ, conjunción adversativa *sino*; πρὸς, preposición propia de acusativo *por*; τὸ, caso acusativo neutro singular del artículo determinado *lo*; εὔσχημον, caso acusativo neutro singular del adjetivo *honesto*; καὶ, conjunción copulativa *y*; εὐπάρεδρον, caso acusativo neutro singular del adjetivo *perseverante*; τῷ, caso dativo masculino singular del artículo determinado declinado *al*; Κυρίῳ, caso dativo masculino singular del nombre divino *Señor*; ἀπερισπάστως, adverbio *sin distracción*.

Notas. Crítica Textual. Lecturas alternativas.

[1] αὐτῶν, *mismos*, no está en P^{15}, 1241, latt, Eusebio.

[2] σύμφορον, *provechoso*, según lectura en $P^{15, 46}$, a*, A, B, D*, 33, latt.

συμφέρον, *provecho*, conforme a a^2, D^2, F, G, K, L, P, Ψ, 81, 104, 365, 1175, 1241, 1505, 1739, 1881, 2464, 𝔐, Eusebio.

τοῦτο δὲ πρὸς τὸ ὑμῶν αὐτῶν σύμφορον λέγω, La tercera razón que el apóstol apunta para los consejos dados antes, tiene que ver con el provecho del creyente. Al aconsejar la permanencia en un estado de soltería, está pensando sólo en el provecho de los creyentes. No está pretendiendo imponer el celibato, pero, como se ha venido reiterando lo hace porque en aquellas circunstancias era algo ventajoso para los corintios. El corazón pastoral de Pablo vuelve a manifestarse aquí. No está hablando sólo a los solteros, sino a todos, interesado por el bienestar de los cristianos en aquella iglesia. Lo más sencillo y fácil en aquel tiempo y entorno era entregar la vida enteramente al servicio del Señor, sin preocupaciones extras propias del entorno social.

οὐχ ἵνα βρόχον ὑμῖν ἐπιβάλω. Con toda firmeza les indica que no pretende con sus consejos *ponerles lazo*, para que caigan en alguna dificultad. No se trata de imponer el celibato, puesto que eso es posible como consecuencia de un don divino. Con las recomendaciones no está poniéndoles una trampa, *lazo*, como se hace para la caza. Lazo aquí podría entenderse como restricciones a la libertad. De modo que, como escribe Hodge, equivaldría a decirles: *"No quiero despertar escrúpulos, para que temáis moveros por miedo a caer en un lazo"*[21]. El apóstol hace alusión a las caídas o situaciones difíciles en que incurriría aquel que, no teniendo don para ello, quiera ser célibe (vv. 7, 9).

ἀλλὰ πρὸς τὸ εὔσχημον καὶ εὐπάρεδρον τῷ Κυρίῳ ἀπερισπάστως. El propósito de Pablo era todo lo contrario, *sino para lo honesto y perseverante en el Señor*, es decir, para que con una vida de honestidad se acercasen al Señor. La intención era que los creyentes en Corinto pudieran vivir honestamente atendiendo a la obra del Señor sin

[21] C. Hodge. *Primera a Corintios*. Londres, 1969.

restricciones. El consejo apostólico tenía como objetivo fomentar *lo honesto*, esto es, asegurar una constante devoción al Señor y Su servicio. El ejemplo de Marta y María es elocuente (Lc. 10:38-42). María no tenía impedimento alguno para prestar atención exclusiva al Señor; Marta tenía afanes de atención al hogar, que le impedían una dedicación plena. Pablo enseña que en ocasiones el matrimonio hace *Martas* de las *Marías*. El servicio al hogar no es malo, sino todo lo contrario, pero, en este sentido y más concretamente en la situación de los corintios, coloca *lo urgente* delante de *lo necesario* (Lc. 10:42). La *honestidad* de vida va ligada en el versículo con el adjetivo εὐπάρεδρος, un *hápax legomenon*, que bien pudiera ser un neologismo y que expresa la idea de estar de forma continua junto a algo venerable. Otro *hápax legomenon* es el adverbio ἀπερισπάστως, que significa *sin distracción*. Toda la oración final expresa la idea de una entrega plena, sin reserva alguna, al servicio del Señor en la experiencia del reino.

Con todo debe tenerse en cuenta que tanto el matrimonio como la soltería, no deben ser obstáculo para una entrega incondicional al Señor. Vivir sin casarse no garantiza esto, como tampoco quien contrae matrimonio. Es más, el casado debe entender que no se puede ser fiel al Señor, si no lo es también a la familia, en el cumplimiento de los deberes conyugales y de las obligaciones de la casa, porque en caso contrario el marido es peor que un infiel (1 Ti. 5:8).

La libertad cristiana (7:36-38)

36. Pero si alguno piensa que es impropio para su hija virgen que pase ya de edad, y es necesario que así sea, haga lo que quiera, no peca; quc sc case.

Εἰ δέ τις ἀσχημονεῖν ἐπὶ τὴν παρθένον αὐτοῦ νομίζει,
Pero si alguien no obrar correctamente con la virgen de él cree
ἐὰν ᾖ ὑπέρακμος καὶ οὕτως ὀφείλει γίνεσθαι, ὃ
si esté pasando de la edad núbil y así debe hacerse, lo que
θέλει ποιείτω, οὐχ ἁμαρτάνει, γαμείτωσαν.
quiere haga, no peca, cásense.

Análisis y notas del texto griego.

Análisis: Εἰ, conjunción *si*; δέ, partícula conjuntiva que hace las veces de conjunción coordinante, con sentido de *pero, más bien, y, y por cierto, antes bien, entonces*; τις, caso nominativo masculino singular del pronombre indefinido *alguien* ἀσχημονεῖν, presente de infinitivo en voz activa del verbo ἀσχημονέω, *no obrar correctamente*; ἐπὶ, preposición propia de acusativo *con*; τὴν, caso acusativo femenino singular del artículo determinado *la*; παρθένον, caso acusativo femenino singular del nombre común *virgen*; αὐτοῦ, caso genitivo de la tercera persona singular del pronombre personal declinado *de él*; νομίζει, tercera persona singular del presente de indicativo en voz activa del verbo νομίζω, *pensar, creer*, aquí *cree*; ἐὰν, conjunción *si*; ᾖ, tercera persona singular del presente de subjuntivo en voz activa del verbo εἰμί, *ser, estar*, aquí *esté*; ὑπέρακμος, caso nominativo femenino singular del adjetivo *que ha pasado de la flor de su vida, que ha pasado de la edad núbil*; καὶ, conjunción copulativa *y*; οὕτως, adverbio demostrativo *así*; ὀφείλει, tercera persona singular del presente de indicativo en voz activa del verbo ὀφείλω, *deber*, aquí *debe*; γίνεσθαι, presente de infinitivo en voz media del verbo γίνομαι, *hacerse*; ὃ, caso acusativo neutro singular del pronombre relativo *lo que*; θέλει, tercera persona singular del presente de indicativo en voz activa del verbo θέλω, *querer*, aquí *quiere*; ποιείτω, tercera persona singular del presente de imperativo en voz activa del verbo ποιέω, *hacer*, aquí *haga*; οὐχ, forma escrita del adverbio de negación *no*, con el grafismo propio ante vocal con espíritu áspero; ἁμαρτάνει, tercera persona singular del presente de indicativo en voz activa del verbo ἁμαρτάνω, *pecar*, aquí *peca*; γαμείτωσαν, tercera persona plural del presente de imperativo en voz activa del verbo γαμέω, *casarse*, aquí *cásense*.

Εἰ δέ τις ἀσχημονεῖν ἐπὶ τὴν παρθένον αὐτοῦ νομίζει, El versículo tiene alguna dificultad interpretativa, puesto que no está claro si el término *virgen* se debe aplicar a una hija y, por tanto, el padre es el que actúa, o debe considerarse como el caso de un noviazgo, puesto que el término παρθένον, *virgen* carece de vinculación con otro. El pronombre *alguien*, ¿a quién se refiere? ¿Se trata del *padre* o del *novio*? Además, al final del versículo el verbo *casarse*, está en plural, literalmente *cásense*. Para algunos, en el primer caso, se trataría de un *padre* que no sabe qué hacer con su hija que está pasando de edad núbil, si debe casarla o no, este es el pensamiento de Crisóstomo, seguido por numerosos exégetas hasta hoy[22]. De igual modo es correcto interpretar que se trata de dos jóvenes que están relacionándose entre sí y que no saben si deben casarse o seguir indefinidamente célibes. Esto es más concordante con la enseñanza precedente, de modo que el joven que quiere contraer matrimonio con su *virgen*, hará bien, y quien piense que puede mantenerse sin casar viviendo sin caer en el pecado, que lo haga.

De todos modos, se trata de un asunto subjetivo. La puntualización del griego hace referencia a un comportamiento incorrecto, como podría traducirse: *"si alguno piensa que no se comporta decentemente, o correctamente"*. Para los que piensan que se trata de un padre, apoyan la interpretación en las costumbres de la época en la que el padre dirigía el matrimonio de sus hijas. La soltería para una mujer era un estado

22 Entre otros Cornely, Allo, Huby, Robertson-Plumer, Spicq, Jacono, Kuss, Sichenberger, etc.

imperfecto, especialmente entre judíos o descendientes de ellos, y era prácticamente un oprobio para una mujer no tener descendencia. En este caso se trataría de una joven creyente, pero la palabra *hija* no aparece en los mss. ni en los de mayor firmeza, ni en los demás.

ἐὰν ᾖ ὑπέρακμος καὶ οὕτως ὀφείλει γίνεσθαι, Si la palabra *hija*, no figura en el texto griego, se añade para interpretar la frase a juicio del traductor. Sin embargo, como se apunta antes, es necesario decantarse por alguna de las dos posiciones interpretativas. Considero que ha de tomarse la segunda, esto es, no de un padre y una hija, sino de una pareja que puede casarse o no. En este caso ha de entenderse como dirigida a una pareja que después de un tiempo de relaciones piensan que deben tomar una decisión sobre su matrimonio, y no como un padre que pretende que su hija no quede soltera. Podría tratarse incluso de creyentes judíos que hubieran establecido ya un pacto de desposorios y que se encuentran con la recomendación de Pablo, sin saber que deben hacer. Así se entendería mejor lo que sigue. El tiempo pasa y el novio se siente obligado, debido a que ve avanzando la edad de su novia, o el tiempo del compromiso acordado para celebrar el matrimonio se está cumpliendo.

ὃ θέλει ποιείτω, οὐχ ἁμαρτάνει, γαμείτωσαν. La decisión en este asunto ha de ser personal. Los corintios debieron haber pedido consejo al apóstol sobre el casamiento de las jóvenes. El consejo de no casarse no es mandamiento, por tanto, desoírlo no constituye quebrantamiento, no es pecado. Si considera que deben casarse, que lo hagan. Esta frase final del versículo con el verbo casarse en plural, literalmente *cásense* confirma la interpretación al referirla a una pareja y no a un padre que busca casar a la hija. En algunas versiones aparece en singular, pero es debido a la posición del traductor[23]. No siendo mandamiento, sino consejo, el creyente debe optar por lo que le resulte más conveniente.

37. Pero el que está firme en su corazón, sin tener necesidad, sino que es dueño de su propia voluntad, y ha resuelto en su corazón guardar a su hija virgen, bien hace.

ὃς δὲ ἕστηκεν ἐν τῇ καρδίᾳ αὐτοῦ ἑδραῖος μὴ ἔχων
Pero el que está en el corazón de él firme no teniendo
ἀνάγκην, ἐξουσίαν δὲ ἔχει περὶ τοῦ ἰδίου θελήματος καὶ τοῦτο
necesidad, y autoridad tiene sobre la propia voluntad, y esto
κέκρικεν ἐν τῇ ἰδίᾳ καρδίᾳ, τηρεῖν τὴν ἑαυτοῦ παρθένον,
ha decidido en el propio corazón, guardar a la de sí mismo virgen
καλῶς ποιήσει.
bien hará.

---

[23] Entre otras RV60, LBA, en plural está, entre otras en NVI, RVR, BT.

Análisis y notas del texto griego.

Análisis: ὃς, caso nominativo masculino singular del pronombre relativo *el que*; δὲ, partícula conjuntiva que hace las veces de conjunción coordinante, con sentido de *pero, más bien, y, y por cierto, antes bien, entonces*; ἕστηκεν, tercera persona singular del perfecto de indicativo en voz activa del verbo ἵστημι, *estar firme, mantenerse, determinar*, aquí *está*; ἐν, preposición propia de dativo *en*; τῇ, caso dativo femenino singular del artículo determinado *la*; καρδίᾳ, caso dativo femenino singular del nombre común *corazón*; αὐτοῦ, caso genitivo masculino de la tercera persona singular del pronombre personal declinado *de él*; ἑδραῖος, caso nominativo masculino singular del adjetivo *firme*; μὴ, partícula que hace funciones de adverbio de negación *no*; ἔχων, caso nominativo masculino singular del participio de presente en voz activa del verbo ἔχω, *tener*, aquí *teniendo*; ἀνάγκην, caso acusativo femenino singular del nombre común *necesidad*; ἐξουσίαν, caso acusativo femenino singular del nombre común *autoridad*; δὲ, partícula conjuntiva que hace las veces de conjunción coordinante, con sentido de *pero, más bien, y, y por cierto, antes bien, entonces*; ἔχει, tercera persona singular del presente de indicativo en voz activa del verbo ἔχω, *tener*, aquí *tiene*; περὶ, preposición propia de genitivo *sobre, acerca de*; τοῦ, caso genitivo neutro singular del artículo determinado *el*; ἰδίου, caso genitivo neutro singular del adjetivo *propio*; θελήματος, caso genitivo neutro singular del nombre común *voluntad, designio, arbitrio*; καὶ, conjunción copulativa *y*; τοῦτο, caso acusativo neutro singular del pronombre demostrativo *esto*; κέκρικεν, tercera persona singular del perfecto de indicativo en voz activa del verbo κρίνω, *juzgar, decidir*, aquí *ha decidido*; ἐν, preposición propia de dativo *en*; τῇ, caso dativo femenino singular del artículo determinado *la*; ἰδίᾳ, caso dativo femenino singular del adjetivo *propia*; καρδίᾳ, caso dativo femenino singular del nombre común *corazón*; τηρεῖν, presente de infinitivo en voz activa del verbo τηρέω, *guardar*; τὴν, caso acusativo femenino singular del artículo determinado declinado *a la*; ἑαυτοῦ, caso genitivo masculino singular del pronombre reflexivo *él mismo*; παρθένον, caso acusativo femenino singular del nombre común *virgen*; καλῶς, adverbio, *bien, bueno*; ποιήσει, tercera persona singular del futuro de indicativo en voz activa del verbo ποιέω, *hacer*, aquí *hará*.

ὃς δὲ ἕστηκεν ἐν τῇ καρδίᾳ αὐτοῦ ἑδραῖος. Algunos dudan, pero otros están firmes en su determinación, como es el caso que introduce el versículo, alguien que está convencido de que cosa es la mejor entre dos opciones. Indudablemente no se trata de un padre que deba solucionar el problema de su hija, sino de un joven en relación con una joven.

μὴ ἔχων ἀνάγκην, Esta persona *no tiene necesidad*, referido a la sexual, de otro modo, es alguien que tiene el don de continencia (vv. 7, 9), que como dijo antes *"mejor es casarse que estarse quemando"*, en este caso puede vivir honestamente sin necesidad de casarse. Sólo en este caso es posible el celibato, que no es de todos, sino de quienes tienen el don que les permite vivir de ese modo.

ἐξουσίαν δὲ ἔχει περὶ τοῦ ἰδίου θελήματος. Es además una persona de carácter estable que toma una determinación y no varía en cuanto a ella. Esta persona domina su propia voluntad, teniendo control pleno sobre ella. Sin embargo, debe entenderse que el texto griego en este versículo es sumamente ambiguo.

καὶ τοῦτο κέκρικεν ἐν τῇ ἰδίᾳ καρδίᾳ, τηρεῖν τὴν ἑαυτοῦ παρθένον, La decisión tomada en la intimidad personal, se establece mediante un razonamiento que *juzga* y determina lo que es más conveniente. Es interesante apreciar el uso del verbo κρίνω, *juzgar*, que permite entender que tal persona ha sopesado lo que debía hacer y tomó una decisión definitiva. La determinación está tomada *"en su corazón"* núcleo y asiento de la voluntad, que decide *guardar su virgen*, es decir, no contraer matrimonio con ella, una expresión eufemística y general, propia de la delicadeza paulina en materia sexual. Entendiendo todo esto en el entorno de dificultades a las que antes hizo referencia el apóstol (v. 26). Esto condiciona la aplicación del texto al tiempo actual.

καλῶς ποιήσει. La conclusión es enfática: *"bien hace"*. El hombre respeta la virginidad de su novia y pospone el matrimonio debido a las condiciones imperantes que lo aconsejan.

38. De manera que el que la da en casamiento hace bien, y el que no la da en casamiento hace mejor.

ὥστε καὶ ὁ γαμίζων[1] τὴν ἑαυτοῦ παρθένον[2] καλῶς ποιεῖ
Y de modo que el que casa a la de él virgen bien hace,
καὶ ὁ μὴ γαμίζων[3] κρεῖσσον ποιήσει.
y el que no casa mejor hará.

Análisis y notas del texto griego.

Análisis: ὥστε, locución conjuntiva *de modo que*; καὶ, conjunción copulativa *y*; ὁ, caso nominativo masculino singular del artículo determinado *el*; γαμίζων, caso nominativo masculino singular del participio de presente en voz activa del verbo γαμίζω, *casar*, aquí *que casa*; τὴν, caso acusativo femenino singular del artículo determinado ἑαυτοῦ, caso genitivo masculino singular del pronombre reflexivo declinado *de él mismo*; παρθένον, caso acusativo femenino singular de nombre común *virgen*; καλῶς, adverbio ponderativo *bien*; ποιεῖ, tercera persona singular del presente de indicativo en voz activa del verbo ποιέω, *hacer*, aquí *hace*; καὶ, conjunción copulativa *y*; ὁ, caso nominativo masculino singular del artículo determinado *el*; μὴ, partícula que hace funciones de adverbio de negación *no*; γαμίζων, caso nominativo masculino singular del participio de presente en voz activa del verbo γαμίζω, *casar*, aquí *que casa*; κρεῖσσον, caso acusativo neutro singular del adjetivo comparativo *mejor*; ποιήσει, tercera persona singular del futuro de indicativo en voz activa del verbo ποιέω, *hacer*, aquí *hará*.

Notas. Crítica Textual. Lecturas alternativas.

[1] γαμίζων, *que casa*, lectura correspondiente a 𝔓[15vid, 46], a, A, B, D, 33, 81, 365, 1175, 1505, 1739, 1881, Clemente.

εκγαμίζων, *da en casamiento*, como se lee en K, L, P, Ψ, 104, 1241, 2464, 𝔐.

[2] τὴν ἑαυτοῦ παρθένον, *a la de él mismo virgen*, conforme a 𝔓[15vid], a, A, P, 33, 81, 104, 365, 1175, 1739, 1881, 2464 *, sy[p, h**].

τὴν παρθένον ἑαυτοῦ, *a la virgen de él mismo*, lectura en P[46], B, D, 629, Clemente.

τὴν παρθένον αυτόῦ, *a la virgen de él*, conforme a K, L, Ψ, 1241, 1505, 2464[c], 𝔐.

[3] γαμίζων, *que casa*, lectura en 𝔓[15vid, 46], a, A, B, D, 33, 81, 365, 1175, 1505, 1739, 1881, Clemente.

εκγαμίζων, *da en casamiento*, según a[2], K, L, P, Ψ, 104, 365, 1241, 1505, 2464, 𝔐.

ὥστε καὶ ὁ γαμίζων τὴν ἑαυτοῦ παρθένον καλῶς ποιεῖ. Concluye el párrafo con una alusión más al matrimonio, que puede sintetizarse de este modo: *El que decide casarse, hace bien.* Esta conclusión concuerda plenamente con el inicio del pensamiento de Pablo, donde alabó el matrimonio y puso en alto el celibato (vv. 8, 9).

καὶ ὁ μὴ γαμίζων κρεῖσσον ποιήσει. Sin embargo, considera que es mejor en las circunstancias imperantes que permanezcan solteros. De modo que quien no se casa actúa aún mejor. Recordando nuevamente que estas observaciones de Pablo se dan a causa de circunstancias especiales que concurrían allí.

Viudez y nuevo matrimonio (7:39-40)

39. La mujer casada está ligada por la ley mientras su marido vive; pero si su marido muriere, libre es para casarse con quien quiera, con tal que sea en el Señor.

Γυνὴ δέδεται[1] ἐφ' ὅσον χρόνον ζῇ ὁ ἀνὴρ αὐτῆς· ἐὰν δὲ
Esposa ha sido ligada por cuanto tiempo vive el marido de ella. Pero si

κοιμηθῇ ὁ ἀνήρ, ἐλευθέρα ἐστὶν ᾧ θέλει γαμηθῆναι,
durmiese el marido, libre es con quien quiere casarse,
μόνον ἐν Κυρίῳ.
solamente en Señor.

Análisis y notas del texto griego.

Análisis: Γυνὴ, caso nominativo femenino singular del nombre común *mujer, esposa*; δέδεται, tercera persona singular del perfecto de indicativo en voz pasiva del verbo δέω, *atar, amarrar, ligar*, aquí *ha sido ligada*; ἐφ', forma escrita de la preposición de acusativo ἐπί por elisión de la ι final y asimilación de la π ante vocal o diptongo con aspiración, y que significa *sobre, a, en, junto a, ante, con base en, referente a, durante, además de, de, para, por, contra*; ὅσον, caso acusativo masculino singular del adjetivo relativo *cuanto*; χρόνον, caso acusativo masculino singular del nombre común *tiempo*; ζῇ, tercera persona singular del presente de indicativo en voz activa del verbo ζάω, *vivir*, aquí *vive*; ὁ, caso nominativo masculino singular del artículo determinado *el*; ἀνὴρ, caso nominativo masculino singular del nombre común *hombre*, *marido*; αὐτῆς, caso genitivo femenino singular del pronombre personal declinado *de ella*; ἐὰν, conjunción *si*; δὲ, partícula conjuntiva que hace las veces de conjunción coordinante, con sentido de *pero, más bien, y, y por cierto*, *antes bien, entonces*; κοιμηθῇ, tercera persona singular del aoristo primero de subjuntivo en voz pasiva del verbo κοιμάομαι, *dormirse*, aquí *durmiese, muriese*; ὁ, caso nominativo masculino singular del artículo determinado *el*; ἀνήρ, caso nominativo masculino singular del nombre común *varón, hombre, esposo*; ἐλευθέρα, caso nominativo femenino singular del adjetivo *libre*; ἐστὶν, tercera persona singular del presente de indicativo en voz activa del verbo εἰμί, *ser, estar*, aquí *es*; ᾧ, caso dativo masculino singular del pronombre relativo declinado *con el que, con quien*; θέλει, tercera persona singular del presente de indicativo en voz activa del verbo θέλω, *querer, desear*, aquí *quiere*; γαμηθῆναι, aoristo primero de infinitivo en voz pasiva del verbo γαμέο, *casarse*; μόνον, adverbio de modo *solamente, sólo*; ἐν, preposición propia de dativo *en*; Κυρίῳ, caso dativo masculino singular del nombre divino *Señor*.

Notas. Crítica Textual. Lecturas alternativas.

[1] Γυνὴ δέδεται, *esposa ha sido ligada*, según lectura en 𝔓[15vid, 46], א*, A, B, D*, 0278, 6, 33, 81, 1175, 1241, 1739, 1881, lat, sa[mss]; Tertuliano, Clemente, Orígenes, Cipriano.

Γυνὴ δέδεται νόμῳ, *esposa ha sido ligada por ley*, conforme a א[2], D[1], F, G, L, P, Ψ, 104, 365, 630, 1505, 2464, 𝔐, ar, vg[cl], sy, Epifanes, Ambrosiaster.

Γυνὴ δέδεται ἐφ ὅσον χρόνον ζῇ ὁ ἀνὴρ αὐτῆς· El apóstol trata en estos dos últimos versículos sobre la forma de un nuevo matrimonio para quienes han quedado viudos. Introduce el tema afirmando la permanencia del matrimonio de por vida. Afirma que la esposa está ligada al marido. Algunas versiones que siguen al *Receptus*, añade aquí νόμῳ, *por ley*, pero esta palabra es dudosa y no está en los mss. más seguros, probablemente fue añadida tomándola de Ro. 7:2. Sin duda el apóstol está refiriéndose a un matrimonio de creyentes. Nuevamente se aprecia la enseñanza general de la Biblia relativa a la indisolubilidad del matrimonio. Pablo no deja resquicio alguno para un divorcio entre creyentes, a lo sumo una separación por imposibilidad de convivencia, cuya solución no es un nuevo matrimonio sino la reconciliación entre los cónyuges (v. 10-11).

ἐὰν δὲ κοιμηθῇ ὁ ἀνήρ, ἐλευθέρα ἐστὶν ᾧ θέλει γαμηθῆναι, Sin embargo, como es natural, uno de los cónyuges *duerme*, en sentido de *morir* para el cristiano. El apóstol habla de una mujer a quien ha muerto el esposo, pero, del mismo modo debe aplicarse al esposo a quien ha muerto su mujer. El verbo *dormir* es una evidencia que se trata de creyentes. *Dormir en el Señor* es la expresión que se usa en el Nuevo Testamento para esta situación (15:51; 1 Ts. 4:13, 14, 15). En este caso, disuelto por la muerte el vínculo matrimonial, el que permanece vivo es libre para casarse con quien quiera. El apóstol no pone condición alguna para que una viuda vuelva a casarse, es más exhorta a las viudas jóvenes que vuelvan a casarse (1 Ti. 5:14). Tertuliano, a finales del s. II y principios del III, afirmaba que cualquier viuda que se casara nuevamente cometía adulterio, lo que contradice abiertamente a la enseñanza del apóstol[24]. Pero, cualquier otra unión mientras el cónyuge vive se convierte en un acto de adulterio (Lc. 16:18; Ro. 7:3).

μόνον ἐν Κυρίῳ. La única condición requerida para un nuevo matrimonio es que *"sea en el Señor"*. El adverbio μόνον, *sólo, solamente*, excluye cualquier otro matrimonio con no creyentes. El yugo desigual –aunque no sólo en cuanto a casamiento– no se contempla en la enseñanza del apóstol, que no permite un matrimonio mixto (2 Co. 6:14). Dios mismo había prohibido al pueblo de Israel contraer matrimonio con mujeres cananeas (Ex. 34:15-16). En el matrimonio, el esposo y la esposa son uno en el Señor. En medio de un mundo libertino y poco interesado en la obediencia a las disposiciones divinas, el cristiano recibe la exhortación apostólica que establece que el matrimonio debe ser entre dos creyentes.

40. Pero a mi juicio, más dichosa será si se quedare así; y pienso que también yo tengo el Espíritu de Dios.

μακαριωτέρα δέ	ἐστιν	ἐὰν	οὕτως	μείνῃ,	κατὰ	τὴν	ἐμὴν
Pero más dichosa	es	si	así	permaneciese,	según	el	mío

---

[24] Según Johannes B. Bauer, *"Was las Tertullian"*, 1986.

γνώμην· δοκῶ δὲ καγὼ Πνεῦμα Θεοῦ ἔχειν.
parecer; y pienso también yo Espíritu de Dios tener.

Análisis y notas del texto griego.

Análisis: μακαριωτέρα, caso nominativo femenino singular del adjetivo comparativo *más feliz, más bienaventurada, más dichosa*; δέ, partícula conjuntiva que hace las veces de conjunción coordinante, con sentido de *pero, más bien, y, y por cierto, antes bien, entonces*; ἐστιν, tercera persona singular del presente de indicativo en voz activa del verbo εἰμί, *ser, estar*, aquí *es*; ἐὰν, conjunción *si*; οὕτως, adverbio demostrativo *así*; μείνῃ, tercera persona singular del aoristo primero de subjuntivo en voz activa del verbo μένω, *permanecer*, aquí *permaneciese*; κατὰ, preposición propia de acusativo *según*; τὴν, caso acusativo femenino singular del artículo determinado *la*; ἐμὴν, caso acusativo femenino singular del pronombre posesivo *mía*; γνώμην, caso acusativo femenino singular del nombre común *parecer, opinión*; δοκῶ, primera persona singular del presente de indicativo en voz activa del verbo δοκέω, *opinar, considerar, pensar*, aquí *pienso*; δὲ, partícula conjuntiva que hace las veces de conjunción coordinante, con sentido de *pero, más bien, y, y por cierto, antes bien, entonces*; καγὼ, palabra formada por crasis[25] de la conjunción καὶ, y el pronombre personal ἐγώ, y que equivale a *y yo, también yo*; Πνεῦμα, caso acusativo neutro singular del nombre divino *Espíritu*; Θεοῦ, caso genitivo masculino singular del nombre divino declinado *de Dios*; ἔχειν, presente de infinitivo en voz activa del verbo ἔχω, *tener, poseer*.

μακαριωτέρα δέ ἐστιν ἐὰν οὕτως μείνῃ, κατὰ τὴν ἐμὴν γνώμην· El apóstol alcanza el final de esta cuestión que, sin duda, le había sido consultada. Lo hace reforzando el consejo dado. Considera que la mujer viuda que no se case será más dichosa, por estar menos expuesta al sufrimiento (v. 28) y estar más libre de problemas temporales (v. 32). Nuevamente se aprecia la condición de consejo y no de mandamiento apostólico al decir *"según mi parecer"*, modo que comprende el párrafo entero (vv. 6-25).

δοκῶ δὲ καγὼ Πνεῦμα Θεοῦ ἔχειν. Aunque no es un mandamiento debiera prestársele atención porque procede de un apóstol que posee el Espíritu Santo y habla conforme a lo que está conforme a Él. No está hablando de una revelación personal del Espíritu, pero es concordante con Él, de otro modo, el apóstol había sido llevado por el Espíritu para dar ese consejo. El término *pienso* es una forma idiomática para expresar una afirmación y no una posibilidad. No es que pensara que acaso tenía el Espíritu de Dios, sino que lo afirma. Era una manera cortés para decirles: *"Tengo el Espíritu de Dios"*. Por consiguiente, sin dudarlo,

---

[25] *Crasis*, palabra griega que equivale a *unión de fuerzas*, en general *unión de elementos*.

era un instrumento del Espíritu Santo. Estas palabras ponían de manifiesto la diferencia entre él y algunos de los arrogantes y orgullosos de la iglesia en Corinto, que tenían un más alto concepto de sí mismos de lo que correspondía, pero no tenían la plenitud del Espíritu, por lo que se comportaban carnalmente.

Concluido el capítulo merece destacarse la problemática que se ha considerado sobre el matrimonio en general. De forma especial cabe reiterar la enseñanza acerca del divorcio, una distorsión contraria a la voluntad que Dios ha establecido para el matrimonio. La familia y la relación conyugal es la base sustentante de la sociedad. Satanás lo conoce y desde el principio ha procurado destruir este pilar. El divorcio, alcanza cotas altísimas en la sociedad occidental, pero, lo más problemático es la incursión de esta forma pecaminosa entre creyentes. El nuevo casamiento entre cristianos que se separan no está consentido en el pasaje (vv. 10, 11, 39). Algunos se preguntan cuál debe ser la posición sobre aquel matrimonio entre divorciados que vienen al evangelio y son convertidos ambos. La conversión cancela toda cuenta con el pecado pasado, haciendo del creyente una nueva criatura (2 Co. 5:17). La separación de estos que recibieron a Cristo casados de nuevo, sería destruir una familia establecida. El pretender, como algunos lo hacen, que el matrimonio se disuelva y cada uno procure volver a su anterior cónyuge, es contrario a lo establecido por Dios que prohibía en su Ley que el esposo que abandonaba a su esposa y se casaba con otra, volviera luego a su primera esposa (Dt. 24:3-4). No habiendo posibilidad de remediar la situación, deben permanecer como fueron alcanzados por Cristo (7:20).

Pudiera considerarse también que debe hacerse con un matrimonio entre un creyente y un divorciado en el mundo que viene a Cristo en esa condición. Tampoco hay una enseñanza bíblica expresa a esta situación. Pudiera aplicársele la misma solución que para el caso anterior. Han de ser los líderes de la iglesia quienes resuelvan sobre esto delante del Señor. Por la complejidad del tema se remite al *Excursus* que sigue al presente capítulo, en el que se considera el tema del divorcio en mayor extensión.

Delante del Señor, el cristiano, comprado por precio, ha de decididamente servirle. Sin embargo, el creyente que está ligado en matrimonio y, sobre todo, quien además tiene hijos, debe mantener un sano equilibrio en el tiempo que ha de dar para el servicio del Señor y el que debe dedicar a su familia. Algunos piensan que el servicio es prioridad absoluta y que la familia ocupando un segundo lugar, puede ser desatendida en pro de la obra. Esto es un gravísimo error que conduce a situaciones graves y afecta notablemente el testimonio. Un esposo que declina la responsabilidad de atender a su esposa y a sus hijos, o una esposa que hace lo mismo, no ocupándose de su propia casa y descuidado a los hijos a quienes debe atención esmerada para instruirlos y llevarlos a Cristo, desciende a una condición peor que la de un infiel que no conoce a Jesús. La atención a la obra es, muchas veces, la excusa hipócrita para descuidar a la familia, olvidándose de que la responsabilidad de evangelizar comienza por los de su propia casa. La consecuencia del descuido familiar es grave. Un comportamiento semejante es el peor testimonio para el evangelio porque *"niega la fe"* (1 Ti. 5:8). El mandamiento de Cristo de amar desinteresada y entregadamente a los demás, comienza por la propia familia (Jn. 13:34; 15:12; Gá. 6:2). El ejemplo de Jesús es elocuente, amando a los *Suyos* sin límite (Jn. 13:1). Esta demanda es posible por la operación del Espíritu Santo en el corazón cristiano (Ro. 5:5). Esto inhabilita al cristiano, cualquiera que sea su don y, de forma muy especial, a los pastores y maestros, para que su ministerio sea eficaz, puesto que cuanto se haga en la iglesia *sin amor*, es como *"metal que resuena o címbalo que retiñe"* (13:1), dicho en otras palabras, un ministerio sin el respaldo de atención a la familia es como *ruido que molesta a Dios y molesta a la iglesia.* Se cuentan por miles los hijos de líderes que se han apartado del Señor por la inconsecuente forma de entender las prioridades que sus padres establecieron. El cristiano comprado por precio ha de servir con dedicación al Señor y la familia forma parte prioritaria de esta responsabilidad.

Finalmente, el celibato recomendado por el apóstol descansaba en una situación especial que desconocemos hoy, pero, el estado completo para el hombre, como regla general es el matrimonio.

Excursus 1

DIVORCIO

Introducción

El matrimonio como institución divina es indisoluble (Gn. 2:24). Cualquier acción que pretenda quebrantar esa unidad, se convierte en pecado, ya que se opone directamente a Dios y a Su voluntad. Al hablar del pecado contra la unidad del matrimonio deben considerarse algunos de los aspectos generales sobre el divorcio, que permitan posicionarse en relación con ese tema, desde la base bíblica. Aun cuando el divorcio está legitimado por las leyes humanas de muchos países y el cristiano tiene el deber de obedecer las leyes (Ro. 13:1), ha de hacerlo sólo en aquello que no se oponga directamente a lo establecido por Dios, en cuyo caso prevalece la lealtad a lo establecido por Dios antes de aquello que los hombres determinan en oposición a Su voluntad (Hch. 5:29).

El divorcio ocasiona serias inquietudes en el mundo de hoy, no sólo entre incrédulos sino también entre creyentes. Cristianos consagrados y sinceros delante de Dios están divididos frente a este problema. Las posiciones de los creyentes, como en tiempos de Cristo, van desde la más absoluta intransigencia en todos los sentidos, hasta el liberalismo de una concesión en cualquier manera.

Por otro lado, es necesario considerar también, desde la limitación de estos *Excursus*, los problemas que surgen por la oposición humana a las tres áreas del matrimonio. Frente al área afectiva que exige lealtad, surge la deslealtad. Frente al área íntima, se manifiesta que exige compromiso y santidad, se manifiesta la impureza y la infidelidad. Frente al área de la paternidad, como misión procreadora, surge el grave pecado del aborto.

Planteamiento general del divorcio

Concepto

Se entiende por divorcio la anulación del vínculo matrimonial de modo que los cónyuges quedan libres para volver a contraer nuevo matrimonio.

La indisolubilidad del matrimonio ha sido establecida por Dios: *"Por tanto, dejará el hombre a su padre y a su madre, y se unirá a su mujer, y serán una sola carne"* (Gn. 2:24). Este estado fue confirmado por Cristo: *"... Así que no son más dos, sino uno. Por tanto, lo que Dios juntó, no lo separe el hombre"* (Mr. 10:8b-9). El apóstol Pablo recuerda esta condición en los casados y escribe: *"Porque la mujer casada está sujeta por la ley al marido mientras éste vive; pero si el marido muere, ella queda libre de la ley del marido"* (Ro. 7:2).

Las consecuencias primarias del divorcio

Primeramente, es una oposición rebelde al plan divino, por tanto, un pecado de soberbia y arrogancia al no someterse a la voluntad de Dios. En segundo lugar, se trata del quebrantamiento de un pacto contraído en la presencia de Dios (Mal. 2:14). Como consecuencia, Dios mismo se constituye en testigo de cargo contra quien promueve dicha acción, tomando a su cargo la defensa del inocente (Sal. 37:5-6). Debe recordarse la advertencia divina por medio del profeta: *"Jehová es tardo para la ira y grande en poder, y no tendrá por inocente al culpable"* (Nah.1:3). En tercer lugar, puesto que el matrimonio es un *pacto sagrado*, se expresa como un juramento hecho delante de Dios, de manera que quien se divorcia se posiciona bajo maldición divina al quebrantar un juramento hecho en Su nombre, lo que supone una situación grave: *"Pues conocemos al que dijo: Mía es la venganza, yo daré el pago, dice el Señor. Y otra vez: El Señor juzgará a su pueblo. ¡Horrenda cosa es caer en manos del Dios vivo!"* (He. 10:30-31).

El divorcio en la Escritura

El divorcio en el Antiguo Testamento

La regulación legal del divorcio se recoge en la Ley en base a la *concesión* de Moisés: *"Cuando aluno tomare mujer y se casare con ella, si no le agradare por haber hallado en ella alguna cosa indecente, le escribirá carta de divorcio, y se la entregará en su mano, y la despedirá de su casa. Y salida de su casa, podrá ir y casarse con otro hombre. Pero si la aborreciere este último, y le escribiere carta de divorcio, y se la entregare en su mano, y la despidiere de su casa; o si hubiere muerto el postrer hombre que la tomó por mujer, no podrá su primer marido, que la despidió, volverla a tomar para que sea su mujer, después que fue envilecida; porque es abominación delante de Jehová, y no has de pervertir la tierra que Jehová tu Dios te da por heredad"* (Dt. 24:1-4). Debe advertirse que esta regulación no aparece en el primer escrito de la ley. Sin embargo, como quiera que toda la Escritura es inspirada por Dios, no se trata de una regulación nueva o de una eximente dada por Moisés para las nuevas generaciones que iban a entrar en la tierra prometida. La práctica tiene que ser anterior a esta segunda recopilación de la ley, puesto que se menciona anteriormente en las prohibiciones para los matrimonios de los sacerdotes: *"Con mujer ramera o infame no se casarán, ni con mujer repudiada de su marido; porque el sacerdote es santo a su Dios"* (Lv. 21:7). En el libro de Números, se hace mención a dos clases de mujeres libres de la ley del marido, entre la que está la divorciada (Nm. 30:9).

La dificultad está en determinar la razón de la eximente mosaica, y especialmente en precisar el sentido de la expresión *"si no le agradare"* (Dt 24:1). La licencia de Moisés no podía relacionarse con ningún tipo de pecado moral contra el matrimonio, ya que para el adulterio estaba legislada la pena capital (Dt. 22:22). Esa expresión usada en la eximente en relación con las cosas inmundas, como era el deber de enterrar las deposiciones tapándolas con tierra, para que Dios *"no vea cosa inmunda"* (Dt. 23:12-14). También se usa la misma expresión para referirse a cosas que resultaban repulsivas (Is. 20:4). De modo que debe entenderse esa expresión como algo que por su condición repulsiva impide la convivencia. Algunos la vinculan a las mujeres que algunos hubieran podido tomar en Egipto y que debían, supuestamente, ser despedidas antes de entrar en la tierra prometida. Otros la consideran como una referencia a matrimonios en parentesco próximo, prohibidos por la ley (Lv. 18).

De todos modos, el Antiguo Testamento enseña que el divorcio es contrario a la voluntad de Dios y aborrecido por Él (Mal. 2:16). *Aborrecer* es una expresión fuerte equivalente a *odiar*. Es decir, Dios odia el divorcio, como algo contrario a Su voluntad al establecer el matrimonio.

Divorcio en los Evangelios

Esta fue una de las enseñanzas de Cristo en el llamado *Sermón de la Montaña*. La concreción del Señor es clara: *"También fue dicho: Cualquiera que repudie a su mujer, dele carta de divorcio. Pero yo os digo que el que repudia a su mujer, a no ser por causa de fornicación, hace que ella adultere; y el que se casa con la repudiada, comete adulterio"* (Mt. 5:31-32). El Señor excluye cualquier causa para divorcio fuera de lo que aquí se traduce como *fornicación* (gr. πορνεία).

En los *Sinópticos*, está en los tres Evangelios (cf. Mt. 19:1-10; Mr. 10:1-12; Lc. 16:18). La eximente que permite el divorcio está recogida sólo en el *Evangelio según Mateo*. En los tres ocurre en respuesta a preguntas de los fariseos que, conforme al testimonio recogido en el texto, se producía para *tentarle* (Mt. 19:3). Los fariseos pretendían que el Señor se identificara con una de las dos escuelas de enseñanza teológica de Su tiempo: a) La escuela de Hillel, era liberal y permitía el repudio por cualquier causa, incluso por nimiedades tales como que la esposa quemase la comida. b) La de Shamai era conservadora y sólo permitía el repudio por causa de adulterio probado. Los enemigos de Jesús esperaban la respuesta para ver a cuál de las dos escuelas apoyaba. En su lugar afirmó que, conforme al propósito divino, el matrimonio es indisoluble (Mt. 19:6). El error de los judíos, con intención o sin ella, era confundir *permisión* con *mandamiento*. Moisés no establecía el divorcio obligatoriamente cuando se produjese una circunstancia como la que mencionaba, sólo lo consentía, de ahí la rectificación de Jesús: *"Moisés permitió"* (Mt. 19:8).

Es evidente que existe la llamada *cuestión de la eximente*, ya que sólo aparece en el *Evangelio según Mateo* y está ausente en los otros dos. Hay quienes suponen que se trata de una interpolación hecha por algún copista tiempo después de haber sido escrito el Evangelio, para justificar el divorcio. Esta es una suposición sin justificación documental alguna.

Debe conocerse la forma de contraer matrimonio en los tiempos de Jesús, en el mundo judío. Comenzaba por un acuerdo familiar en el que se determinaba la celebración del matrimonio entre dos personas. Para dar formalidad al acuerdo se firmaba el *contrato de desposorios*, en el que se manifestaban todos los acuerdos, dote, fecha de la celebración de la boda, etc. Con la firma de este contrato se oficializaba la relación entre el futuro marido y la futura esposa, quedando ésta en casa de su padre hasta la celebración de la boda, que tenía lugar en la fecha acordada en el *contrato de desposorios*. La fidelidad mutua, luego de la firma del contrato, era considerada como de matrimonio, y cualquier infidelidad se castigaba con la pena de muerte (Dt. 22:23-24).

Es preciso determinar a que se estaba refiriendo Jesús con el término *fornicación* que está en Su respuesta a los fariseos. Las dos palabras griegas para pecados de relación son: a) *Fornicación* (πορνεία), que tiene un significado más amplio que el de la relación íntima entre personas no casadas. Se emplea para referirse incluso a perversiones y hechos contra natura. Así determina una relación ilícita (Jn. 8:41; 1 Co. 5:1). También denota o incluye el adulterio (2 R. 9:22; Os. 2:2). b) *Adulterio* (μοιχεία) que se usa para expresar la relación entre personas casadas que no son matrimonio entre ellos, o de un soltero con una casada o viceversa. Siempre que aparece, tanto directa como en sus derivados, tiene que ver con la relación ilícita entre personas casadas fuera del propio matrimonio. Las dos palabras aparecen juntas, lo que indica que tienen distinto significado (He. 13:4). Para determinar el sentido que Jesús daba a la palabra debe tenerse en cuenta que Él no había venido para quebrantar la ley, sino para cumplirla (Mt. 5:17-18), por tanto, si en ella estaba establecida la pena de muerte para los adúlteros, no podía quebrantar el mandamiento establecido dando una eximente para justificar el divorcio en ese caso (Lv. 20:10; Dt. 22:22). Tampoco podía referirse a la infidelidad en el tiempo de los desposorios, puesto que concurría también la misma sentencia (Dt. 22:23-24).

Hay dos posicionamientos interpretativos ante esta dificultad. Unos consideran que el Señor se estaba refiriendo a matrimonios con proximidad de parentesco, prohibidos en la ley (Lv. 18:6). Un texto que permitiría sustentar esta posición aparece en un escrito del apóstol Pablo: *"De cierto se oye que hay entre vosotros fornicación y tal fornicación que ni aun se nombra entre los gentiles; tanto que alguno tiene la mujer de su padre"* (5:1). Esta era una de las prohibiciones legales (Lv. 18:6, 8). El problema de la sentencia legal es también preciso en estos casos (Lv. 18:29-30). Esa misma sentencia se aplica, en el caso del incestuoso de Corinto, al ser entregado a Satanás para la destrucción de su carne, en sentido de persona, lo que acarrearía su muerte física (5:5). Habitualmente es la posición de las iglesias que consideran el matrimonio como un sacramento y, por tanto, solo la iglesia tiene la facultad de *disolver* o dar por *no válido* el matrimonio. Es muy difícil que Jesús estuviese pensando en esto, porque, además, el matrimonio en grado de parentesco próximo estaba prohibido por la ley, como se dice antes.

Una segunda posición ante la *eximente* de Jesús es que estaba abriendo Él personalmente una vía para el divorcio en una determinada situación. El Señor era el profeta de quien Moisés había hablado al pueblo que vendría enviado por Dios (Dt. 18:15; Hch. 3:22; 7:37), de modo que, como Moisés había permitido el divorcio en ciertas circunstancias, así Él lo hacía para otras. Como la palabra hebrea traducida por *fornicación* tiene que ver con *desnudez*, permite relacionarla con uniones prohibidas y pecaminosas fuera del matrimonio. Por esta causa, algunos consideran el término como sinónimo de *infidelidad.* Algunos apelan a la supuesta cancelación de la pena de muerte que Jesús hizo con la adúltera que le habían presentado (Jn. 8:11). Sin embargo, fueron otras las razones por las que Cristo hizo aquella declaración. En primer lugar, Jesús no podía juzgar a la mujer adúltera, porque no era un juez en Israel. En segundo lugar, porque la acusación estaba legalmente viciada, ya que, si habían encontrado a los dos en el mismo acto del adulterio, habían traído solo a la mujer y no a ambos como determinaba la ley.

El divorcio en las Epístolas

El mandato divino de la indisolubilidad del matrimonio se reafirma en los escritos apostólicos. A modo de ejemplo, la enseñanza del apóstol Pablo lo confirma: *"Porque la mujer casada está sujeta por la ley al marido mientras éste vive; pero si el marido muere, ella queda libre de la ley del marido. Así que, si en vida del marido se uniere a otro varón, será llamada adúltera; pero si su marido muriere, es libre de esa ley, de tal manera que si se uniere a oro marido, no será adúltera"* (Ro. 7:2-3).

En cuanto al pecado de *fornicación*, que se trata concretamente de una relación incestuosa, la ley prohibía dicha unión (Lv. 18:8). Ese mandamiento se hace extensivo a los creyentes de esta dispensación, al ser aplicado de ese modo por el apóstol Pablo, ejerciendo su condición y autoridad apostólica. Quien practica ese pecado es puesto en disciplina de muerte (5:5).

Las situaciones conflictivas en el matrimonio cristiano son tratadas pormenorizadamente en las *Epístolas*. Así ocurre con la incompatibilidad de vida (7:10-12). Esta situación puede ocasionar la *separación* del matrimonio, pero no es causa de divorcio, de manera que los cónyuges han de permanecer sin casarse. La solución al problema consiste en la reconciliación y reintegrarse nuevamente a la relación propia del matrimonio como está determinado divinamente.

De igual manera se trata el problema de la deserción del cónyuge incrédulo (7:15-16). En este caso, la iniciativa de divorcio, parte siempre del incrédulo y no del creyente (7:15). El problema está en interpretar el sentido de la palabra *servidumbre*, situación a la que no está sujeto el creyente. El creyente es un esclavo en el caso de que el infiel se oponga a su práctica cristiana y le exija la renuncia a ella o, de lo contrario la separación matrimonial. El cristiano no está llamado a vivir en semejante esclavitud en un hogar donde se le exija algo de esa naturaleza. ¿Es lícito en este caso un segundo matrimonio para el creyente? El apóstol Pablo no lo autoriza expresamente. Muchos buenos hermanos consideran que es posible porque el vínculo matrimonial se ha roto por parte del infiel, por tanto, ya no queda matrimonio, de modo que el creyente está sin atadura en relación con su marido y podría contraer nuevas nupcias. Sin embargo, otros opinan lo contrario y ponen sus reservas.

El adulterio y la disolución del vínculo

La enseñanza apostólica resulta un tanto compleja en un texto que pudiera servir de base para asentar ese principio[1]: *"¿O no sabéis que el que se une a una ramera, es un cuerpo con ella? Porque dice: Los dos serán una sola carne"* (6:16). El apóstol aplica el vínculo de unidad a una relación impropia, incluso extrema, como es la convivencia íntima con una prostituta. Pablo aplica aquí y utiliza el texto sobre la indisolubilidad del matrimonio, tal como se establece en el principio (Gn. 2:24). A la vista de esto, una relación continuada entre un hombre y una mujer generaría un vínculo matrimonial que, en caso de que existiera otro, quedaría roto por cuanto Dios estableció desde el principio un hombre y una misma mujer de por vida. Debe entenderse que no se trata de una situación de pecado puntual u ocasional, sino de una relación permanente. Sin embargo, el texto no es lo suficientemente claro para una interpretación que permita claramente establecer la rotura del pacto matrimonial y la disolución del vínculo.

Algunas situaciones específicas

El creyente debe permanecer en la situación en que fue llamado por el Evangelio: *"Cada uno en el estado en que fue llamado, en él se quede"* (7:20). Quiere decir esto que cada uno debe mantenerse en la condición en que estaba, social y matrimonialmente hablando. Esto plantea posicionarse en algunos casos determinados.

Uno de ellos sería el de un matrimonio de divorciados y casados nuevamente con otros, antes de conocer a Cristo. Su pecado, al igual que todos los demás, quedaron cancelados por la obra de Cristo, siéndoles perdonados plena y totalmente. Por consiguiente, de acuerdo con el texto antes citado, deben quedarse como están, esto es en el nuevo matrimonio, situación en la que fueron llamados. La única limitación para el varón, fuera de todo cuanto tiene que ver con el matrimonio, es que no cumpliría las exigencias que deben tener un *anciano* o un *diácono* para ser reconocidos como tales en la iglesia, lo que impediría que llegasen a ser líderes en la congregación por no ser marido de una sola mujer (1 Ti. 3:2, 12). Pretender como ocurre en algunos casos que ese matrimonio se disuelva y que cada uno de los casados procure restablecer su vida con los cónyuges anteriores es, además de imposible en muchas ocasiones por haber contraído nuevo matrimonio los anteriores, también contrario a lo establecido en la Escritura, que prohíbe que el divorciado y casado con

[1] Ver comentario al versículo en el capítulo citado.

otro pueda volver a su marido o esposa anterior, porque es abominación para Dios, como se ha considerado antes.

Situación para una persona que se divorcia antes de su conversión. La relación con su cónyuge ha terminado y, aplicándole los principios bíblicos del texto anterior, no hay limitación para un nuevo matrimonio, porque el anterior ha dejado de existir. Especialmente si el cónyuge anterior ha contraído otro matrimonio.

Una situación dentro de las situaciones específicas, es la del pecado de adulterio. No se trata de una situación continuada, en la que el casado pasa a convivir continuamente con otra persona, sino a la que se ocasiona por un pecado puntual de relación fuera del matrimonio. Si el que ha cometido el pecado lo confiesa y se aparta definitivamente de él, el cónyuge creyente debiera perdonar esa caída y restaurar una relación matrimonial con plena convivencia. En caso de ser persistente ese pecado, queda la opción de separarse. Entendiendo que el vínculo se rompe por la relación ininterrumpida con otro hombre o con otra mujer, el inocente quedaría en libertad para contraer un nuevo matrimonio, al haberse anulado el anterior, quedando en una situación semejante a la del fallecimiento de un cónyuge. El apóstol enseña que la vinculación de un hombre y una mujer hace de los dos *una sola carne*, lo que equivale a un nuevo matrimonio (6:16). No hay matrimonio sin vínculo de pacto delante de Dios, por tanto, quien deja a su mujer o a su marido para convivir con otro ha *quebrantado* o *roto* el *pacto de su Dios* (Pr. 2:16-17). No debe olvidarse que el pecado deteriora, no solo algunas relaciones establecidas por Dios, sino también la del matrimonio, de manera que el pecador deja de comportarse conforme a la voluntad divina para tomar otro camino opuesto a ella. Esto permite entender que Dios no niega su Palabra, ni menosprecia el cumplimiento de Sus mandamientos, pero reconociendo el problema del corazón humano permite una reparación en gracia de lo que el pecado ha generado. Esa es la causa fundamental por la que Moisés *permitió* dar *carta de repudio* y que la repudiada pudiera casarse con otro. Lo que Moisés estableció queda registrado en la ley, escrito en la Palabra que como plenariamente inspirada tiene autoridad divina sobre la vida del hombre, dando plena validez a la permisión o concesión recogida en ella sobre el divorcio.

La reflexión lleva inequívocamente a considerar el divorcio entre cristianos. Cuando se produce esta situación, y se contrae un nuevo matrimonio, el involucrado en ello cae de lleno dentro de un pecado de adulterio (Mt. 19:9; Ro. 7:3). Esto exige el establecimiento de disciplina sobre el causante de esa situación, y determina separarlo de la comunión de los creyentes (5:11). Sin embargo, debe considerarse que el ofensor se arrepienta del hecho y confiese su pecado. Confesión y arrepentimiento son la vía para la restauración de la comunión y la limpieza de cualquier pecado delante de Dios (1 Jn. 1:9). Al trasladar el trato que se daba en la ley a este problema y aplicarlo a la vida de la iglesia, como normativa para el matrimonio cristiano con todas las prohibiciones que se establecían en ella, debe entenderse que se mantiene la que no permitía que el marido que dio carta de repudio, esto es, que se divorció de su esposa y se casó con otra, volviera nuevamente a su primera mujer (Dt. 24:3-4). Quiere decir que esto es totalmente irreversible y no puede recuperar ya la anterior. La vinculación con la nueva mujer o el nuevo marido, consolida una relación matrimonial y son ya una sola carne. Por tanto, esto genera dos preguntas que necesariamente requieren una respuesta: ¿Disuelve el divorcio, por una nueva intimidad con otra persona el vínculo del matrimonio anterior? ¿Existe un pecado imperdonable que pueda mantener a un creyente fuera de la comunión perpetuamente, si no puede acceder a otra situación? La respuesta a la primera depende de la posición interpretativa que se ha considerado antes y que debe ser tomada con sana conciencia delante del Señor. En cuanto a la segunda, no existe pecado imperdonable, es decir, no hay pecado que confesado y arrepentido el que lo ha cometido no sea perdonado. De manera que un creyente que confiesa el pecado y se arrepiente, no puede ser mantenido en disciplina mientras viva. Esto requiere posicionarse ante el problema desde la firmeza de la obediencia a la Palabra, que manda también restaurar al caído (Gá. 6:1), y manifestar el amor para con todos los hermanos.

Conclusiones finales

El principio de autoridad del liderazgo, está involucrado en la resolución del problema de un divorcio. La Biblia enseña que *"Moisés permitió"* dar carta de repudio (Mt. 19:8). A pesar de la disposición divina de la indisolubilidad del matrimonio, es decir, un matrimonio de por vida, se encontró con problemas que causaban un serio daño especialmente a los más débiles en el matrimonio entonces, que eran las mujeres. Por esa razón tuvo que habilitar un medio que evitara ese daño. Él era el líder puesto por Dios para la conducción del pueblo. Era un hombre obediente al Señor como continuamente testifica de él el Espíritu Santo en la Palabra. No teniendo revelación directa de Dios en este sentido, como líder tomó la determinación de la concesión de la *carta de repudio*. Aparentemente esto contradecía lo determinado por Dios para el matrimonio, pero, la dureza del corazón propia del ser humano a consecuencia del pecado, permitía una orientación para el problema del matrimonio, producida por esta situación, de manera que concedió la posibilidad de una separación tal que la mujer pudiera volver a contraer un nuevo matrimonio, habilitando una vía para resolver la posición en que quedaba al ser despedida por su marido. Dios había establecido el matrimonio entre un solo hombre y una sola mujer, sin embargo, Él mismo bendice y mantiene comunión con quien tenía más de una esposa, estableciendo para los reyes de Israel que no tuviesen muchas mujeres. David, el escogido por Dios para reinar, tuvo varias. Todo esto es consecuencia de una naturaleza humana afectada por el pecado. Dios no desautorizó a Moisés al conceder dar *carta de repudio*, ni le maldijo por esa acción, sino que, sin ser Su propósito, consintió en la solución, que venía determinada por la *dureza del corazón.*

La problemática del divorcio en la actualidad, debe ser considerada también desde el plano de la situación en que el pecado somete al hombre. De una situación de cometer pecado no está libre ningún creyente, de modo que quien diga que no ha cometido pecado está engañándose a sí mismo y la verdad de Dios no está presente en él (1 Jn. 1:8). No se puede hacer distinción entre pecado y pecado, todo cuanto no concuerde con la voluntad de Dios y se oponga a ella, es pecado. Éste adquiere siempre una dimensión infinita por cuanto no se mide la falta por quien la comete sino por quien la recibe, que es Dios. Todos los creyentes somos llamados a obediencia y puestos en esa esfera por la santificación del Espíritu (1 P. 1:2, 15). La obediencia está en relación directa con la plenitud del Espíritu en el cristiano, de ahí que el apóstol Pablo distinga entre creyentes *espirituales*, y creyentes *carnales* (3:1). Estos últimos están en derrota espiritual al no vivir en el Espíritu plenamente, manifestándose, por esa causa, las obras de la carne en su experiencia de vida (Gá. 5:16). Sin dependencia del Espíritu se cae en la dependencia de la carne, por consiguiente, hay actitudes y practicas dependientes de uno y otro modo de vida.

Es preciso considerar finalmente la autoridad del liderazgo de la iglesia. El Señor habló de ella en el ejercicio de la disciplina por pecado. *"De cierto os digo que todo lo que atéis en la tierra, será atado en el cielo; y todo lo que desatéis en la tierra, será desatado en el cielo. Otra vez os digo, que si dos de vosotros se pusieren de acuerdo en la tierra acerca de cualquier cosa que pidieren, les será hecho por mi Padre que está en los cielos. Porque donde están dos o tres congregados en mi nombre, allí estoy yo en medio de ellos"* (Mt. 18:18-20). Debe notarse que el contexto trata de la disciplina en la iglesia. Este *atar* y *desatar* relacionada con la disciplina se echa de ver en el inicio de la presencia de la iglesia, donde los líderes establecen una norma de vida que no estaba presente en las instrucciones directas del Señor, y que se determina para la resolución de un problema (Hch. 15:20). Donde no hay instrucción los líderes, actuando como tales establecen una normativa que recibe la aprobación del Señor. Los líderes son responsables directos de lo que hacen en relación con la iglesia: *"Obedeced a vuestros pastores, y sujetaos a ellos; porque ellos velan por vuestras almas, como quienes han de dar cuenta; para que lo hagan con alegría, y no quejándose, porque esto no os es provechoso"* (He. 13:17). Esto no faculta para que el liderazgo quebrante normas bíblicas establecidas, pero sí les permite superar dificultades para las que no existe regulación clara.

Cada caso de divorcio ha de ser estudiado a la luz de la Palabra y resuelto sin que la quebrante. Cuando un caso no es lo suficientemente claro, los líderes de la iglesia, con sumisión a la Palabra y dando tiempo a la oración, deben tomar la determinación que consideren más apropiada, recibiendo, conforme a las palabras del Señor, el respaldo del cielo.

Advertencia final

Cuando no se acata una resolución relativa a una situación de problema, como el que nos ocupa, se entra de lleno dentro de la rebeldía, contraria a la enseñanza de la Palabra, por desobediencia a los pastores, considerada antes (He. 13:17).

Utilizar lo que está conforme con el pensamiento personal sobre cuestiones que no están claramente definidas en la Palabra y, por esa causa, generar divisiones en la iglesia, es un grave pecado que atenta contra la unidad del Espíritu, unidad que debe ser guardada con la mayor solicitud por cada cristiano (Ef. 4:3). Muchas veces, lo que se llama *defensa de la doctrina*, no es sino la defensa de posiciones personales sobre un determinado asunto.

El respeto a las decisiones de otras iglesias en un determinado posicionamiento sobre problemas complejos que no tienen una clara definición en la Escritura, es una manifestación de madurez espiritual.

CAPÍTULO VIII

CONOCIMIENTO Y AMOR

Introducción

Entre los varios asuntos consultados al apóstol Pablo por los corintios, estaba lo relacionado con la legitimidad o no de comer carnes procedentes de sacrificios a ídolos. Esta era cosa habitual entre la sociedad de entonces, puesto que los sobrantes de lo ofrecido a los ídolos en algún templo, se vendían en los lugares de expendeduría de carnes que había en la ciudad. Para algunos, cualquier carne sin tener en cuenta la procedencia, era considerada como apta para ser consumida por los creyentes. Otros entendían que la que era suministrada como consecuencia de fiestas idolátricas no era apta para el consumo del creyente por motivos de conciencia, en relación con el culto a los ídolos, pero para otros, en cambio, no había ningún tipo de problema en su consumo, llegando incluso a comer de ella en compañía de paganos, en los lugares destinados a actividades sociales en salas situadas en los alrededores de los templos.

No se debe olvidar que en la iglesia en Corinto había una influencia de creyentes que estaban entroncados por el mundo judío, y procedían de él. En el concilio de Jerusalén, los apóstoles y los ancianos establecieron un compromiso que, recogido en una carta circular a las iglesias, dejaba establecido que los creyentes deberían abstenerse de *"cosas sacrificadas a los ídolos"* (Hch. 15:29).

Pablo estuvo presente en aquella ocasión, participando en las decisiones que se tomaron. Pero, sin duda aquel fue un acuerdo de compromiso para que la unidad de la iglesia naciente no se quebrantase. Santiago por parte del sector judío, amante de la ley, las tradiciones y las formas propias de ellos, puso la condición de que los gentiles, sin guardar la ley, mantuvieran lo que era de vital importancia para ellos. Por su parte Pablo y sus compañeros vieron puesto en el documento la libertad para los gentiles de no guardar la ley ni la necesidad de circuncidarse. Aquel fue un acuerdo obligado por las circunstancias, al que llegaron todos, sin que ello tuviese oposición a la libertad del Espíritu, pareciéndoles bien *"no imponeros ninguna carga más que estas cosas necesarias"* (Hch. 15:28). Sin embargo, esa disposición no era un mandamiento del Espíritu, sino un compromiso temporal, pensando especialmente en el escándalo que producían dichos actos a los judíos que habían sido enseñados a rechazarlos como pecaminosos, a través de toda su historia. El apóstol no menciona tan siquiera en este pasaje, el acuerdo de Jerusalén, es más, en cierta medida lo que establece va directamente en contra de aquel acuerdo, ya que más adelante dice a los corintios que: *"De todo lo que se vende en la carnicería, comed, sin preguntar nada por motivos de conciencia"* (10:25). No es que hubiera desacuerdo entre Pablo y el concilio de Jerusalén, o entre él y los otros apóstoles, sino que las decisiones de aquel concilio no eran mandamientos obligatorios para la iglesia que debían ser obedecidos en todo tiempo[1].

Este capítulo abre la quinta sección de la *Epístola*, en la que se trata del problema de lo sacrificado a los ídolos y que se extiende hasta 11:1. En las consideraciones sobre el tema, se apreciará que no existía una base moral para la permanente prohibición de comer la carne que procedía de los sobrantes de sacrificios a ídolos. Las prohibiciones establecidas en el concilio eran *necesarias* en aquel momento, por tanto, sus limitaciones eran temporales, especialmente indicadas entonces para los cristianos que vivían en medio de un entorno para el que comer carne sacrificada a ídolos era una verdadera abominación. Así que esas prohibiciones dejan de tener efecto cuando la razón para las que fueron establecidas cesa. Estas prohibiciones del concilio no impiden al apóstol entrar en el tema y llegar a conclusiones convenientes, implicando en ella su autoridad como tal.

Asuntos que causaban inquietud en la iglesia primitiva derivaban, en muchas ocasiones, de costumbres, tradiciones y preferencias de otros cristianos, que imponían sus deseos a hermanos que eran más débiles. Pero, no es menos cierto que muchos de los cristianos procedentes de la gentilidad y, en forma muy marcada, los corintios se manifestaban en actitudes liberales que llegaban a ser pecaminosas. Por otro lado, los de origen judío, eran todo lo contrario, con una escrupulosidad rayana en la superstición. En los temas generales, el apóstol está siempre más inclinado a una libertad que sintoniza más con los gentiles, sin dejar el más mínimo resquicio a cualquier forma que no concuerda con la moral cristiana, y las normas establecidas por los apóstoles, entre los que él mismo estaba.

Muchas de las cuestiones que inquietaban en las iglesias producían un serio conflicto entre creyentes llamados *fuertes* y creyentes *débiles*, ocasionado no sólo por la imposición de los *fuertes*, sino también por el rechazo de comprensión de los *débiles*.

El capítulo presenta el planteamiento del problema sobre si se puede o no comer lo que procede de los sacrificios a los ídolos, tema que

[1] Ver comentario a Hechos 15:10-29, en el correspondiente volumen de esta misma serie.

completa en el siguiente y concluye en el 10. En éste se aprecian dos párrafos que sirven para introducir el tema general.

El primero trata el uso de la libertad cristiana (vv. 1-8). Éste se introduce haciendo referencia a la pregunta que le había sido planteada por los corintios, advirtiendo ya desde el inicio sobre la superioridad del amor frente al conocimiento, recordando que quien se jacta en el conocimiento no vive conforme al amor (vv. 1-3). Pasa a recordar a los lectores que un ídolo no es nada, y que, aunque eran considerados como dioses por los paganos, sólo hay un Dios verdadero. Haciendo una declaración precisa de la fe cristiana en el Dios único, mencionando en ella a las dos primeras Personas Divinas (vv. 4-6). Con todo, hace notar a los lectores que este conocimiento sobre Dios no está en todos y que hay algunos condicionados por su creencia anterior (v. 7). Eso quiere decir que no por usar la libertad se es más o menos delante de Dios (v. 8).

El segundo párrafo se centra en el abuso de la libertad cristiana (vv. 9-13). La libertad que debe ser mantenida con firmeza, pudiera ser causa de tropiezo para quienes no son capaces de asimilar ciertos aspectos de ella (v. 9). El apóstol llama a todos los creyentes a ser ejemplo de amor y no causar problemas a los otros hermanos con ciertas prácticas que, tal vez, pudieran permitirse en el uso de la libertad, pero que afectan la conciencia de otros (v. 10). Esta libertad mal usada puede causar un problema grave a quienes no tienen la fortaleza espiritual requerida para entender la verdad y la práctica consecuente con ella (v. 11). Ofender a un hermano es pecar contra Cristo (v. 12). Concluyendo el párrafo con la determinación de no ser tropiezo a otros hermanos (v. 13).

El bosquejo analítico para el comentario del capítulo es el mismo que se anticipó en la *introducción*, como sigue:

V. Lo sacrificado a los ídolos (8:1-11:1)

1. El problema planteado (8:1-13).
   1.1. El uso de la libertad cristiana (8:1-8).
   1.2. El abuso de la libertad cristiana (8:9-13)

V. Lo sacrificado a los ídolos (8:1-11:1)

El problema planteado (8:1-13)

El uso de la libertad cristiana (8:1-8)

1. En cuanto a lo sacrificado a los ídolos, sabemos que todos tenemos conocimiento. El conocimiento envanece, pero el amor edifica.

Περὶ δὲ τῶν εἰδωλοθύτων, οἴδαμεν ὅτι πάντες γνῶσιν
Pero acerca de los sacrificios a los ídolos, sabemos que todos conocimiento
ἔχομεν. ἡ γνῶσις φυσιοῖ, ἡ δὲ ἀγάπη οἰκοδομεῖ·
tenemos. El conocimiento envanece, y el amor edifica.

Análisis y notas del texto griego.

Análisis: Περὶ, preposición propia de genitivo *acerca de*; δὲ, partícula conjuntiva que hace las veces de conjunción coordinante, con sentido de *pero, más bien, y, y por cierto, antes bien, entonces*; τῶν, caso genitivo neutro plural del artículo determinado *los*; εἰδωλοθύτων, caso genitivo neutro plural del adjetivo *sacrificios a los ídolos*; οἴδαμεν, primera persona plural del perfecto de indicativo en voz activa del verbo οἶδα, *saber, conocer, entender*, aquí *hemos sabido*, mejor en castellano *sabemos*; ὅτι, conjunción *que*; πάντες, caso nominativo masculino plural del adjetivo indefinido *todos*; γνῶσιν, caso acusativo femenino singular del nombre común *conocimiento, sabiduría, ciencia*; ἔχομεν, primera persona plural del presente de indicativo en voz activa del verbo ἔχω, *tener, poseer*, aquí *tenemos*; ἡ, caso nominativo femenino singular del artículo determinado *la*; γνῶσις, caso nominativo femenino singular del nombre común *conocimiento, sabiduría, ciencia*; φυσιοῖ, tercera persona singular del presente de indicativo en voz activa del verbo φυσιόω, *inflar con orgullo, envanecer*, aquí *envanece*; ἡ, caso nominativo femenino singular del artículo determinado *la*; δὲ, partícula conjuntiva que hace las veces de conjunción coordinante, con sentido de *pero, más bien, y, y por cierto, antes bien, entonces*; ἀγάπη, caso nominativo femenino singular del nombre común *amor*; οἰκοδομεῖ, tercera persona singular del presente de indicativo en voz activa del verbo οἰκοδομέω, *edificar, construir, reconstruir*, aquí *edifica*.

Περὶ δὲ τῶν εἰδωλοθύτων, Los corintios habían escrito al apóstol formulándole algunas preguntas y pidiéndole su respuesta. Entre las cuestiones consultadas estaba el tema relacionado con la comida de carne sacrificada a ídolos. La idolatría saturaba la vida cotidiana de la Corinto romana. Se hacían sacrificios en ocasiones de festividades familiares y había también días dedicados a alguna de las divinidades paganas en los que se celebraban fiestas y se ofrecían sacrificios a un determinado Dios. Generalmente los sacrificios se dividían en tres partes, especialmente los familiares: Una era quemada u ofrecida al Dios, otra correspondía al sacerdote y la tercera era para el oferente. Los sobrantes de los sacrificios, luego de retirada la parte que correspondía al sacerdote o a los sacerdotes del dios, se consumía en salas de distintos tamaños situadas en el entorno del templo y siempre fuera de él, generalmente la parte que correspondía al sacerdote cuando éste no la utilizaba para sí, se vendía en las carnicerías. Si se trataba de una fiesta familiar, era la familia y los amigos invitados quienes comían de la carne ofrecida al ídolo, y los sobrantes también se vendían para consumo general, luego que los tribunos tomasen lo que les convenía.

Los cristianos estaban expuestos a verse envueltos en algún homenaje idolátrico, sin saberlo. Bien por la compra de carne en el mercado, bien por la invitación a alguna fiesta social en casa, o en el lugar de la festividad, por algún amigo pagano. Las dos partes de la pregunta, como se apreciará en el comentario más adelante, consistía en saber si comer de la carne de los sacrificios era lícito y otra, si era lícito comerla en los recintos que cada templo tenía para estas festividades.

En el versículo se inicia un paréntesis en la respuesta del apóstol, puesto que en el v. 4, aparece una expresión de continuidad: *"Acerca, pues, de las viandas..."*. Esto exige determinar donde comienza ese paréntesis. Lo más probable es que se inicie en la parte final del versículo, en donde el apóstol hace referencia al *conocimiento*, contrastándolo con el *amor*, para extenderse en ese tema desde la parte final de este versículo y lo que sigue del 2 y del 3.

La pregunta estaba centrada en los εἰδωλοθύτον, un adjetivo que en esta expresión es de origen judío, como se lee en 4 Mac. 5:2, y que hace alusión directa a sacrificios idolátricos. Los gentiles del paganismo usaban otra forma con el adjetivo ιερόθυτος, *lo ofrecido a un dios*, este adjetivo aparece más adelante (10:28).

οἴδαμεν ὅτι πάντες γνῶσιν ἔχομεν. La respuesta se introduce mediante una afirmación sobre el conocimiento, en donde se lee literalmente: *"Sabemos que todos tenemos conocimiento"*. El término se usa para referirse al conocimiento intelectual o a la ciencia. ¿Quiénes son estos *todos* a los que el apóstol señala? Se trata primeramente de los que aparecen en la introducción del escrito, puesto que el pronombre está en primera persona plural, que serían Pablo y Sóstenes (1:1), pero también comprende a todos los creyentes en especial a los que está dirigida la *Epístola* y a los cristianos en general.

Este conocimiento tiene que ver aquí con lo relativo a los ídolos, a cuya enseñanza se hace referencia un poco más adelante (vv. 5-6). Éste debe entenderse tanto en sentido teórico, como en la experiencia práctica. Todos tenían conocimiento teórico de que los ídolos no son nada (v. 4). Pero no todos eran capaces de llevar a la práctica tal conocimiento, sintiendo aversión por cuanto tenía que ver con ellos. Por esa razón a la afirmación presente: *"todos tenemos ciencia"* está la antítesis: *"pero no en todos hay este conocimiento"* (v. 7). De forma que todos los cristianos admiten que un ídolo no es nada, pero ese conocimiento no produce consecuencias prácticas en algunos que les impide comer cualquier tipo de carne sin tener en cuenta si procede de lo sobrante de un sacrificio ritual pagano.

ἡ γνῶσις φυσιοῖ, ἡ δὲ ἀγάπη οἰκοδομεῖ· El apóstol abre aquí un paréntesis en el que trata sobre la ciencia, el conocimiento, y el amor. Lo hace con firmeza y precisión: *"la ciencia hincha, el amor construye"*, como literalmente se lee en el texto griego. El que descansa y se gloría en el conocimiento que tiene, se alza arrogante sobre quienes lo tienen más limitadamente. Muchos en la iglesia estaban envanecidos por sus conocimientos intelectuales (5:2). El envanecimiento de los tales había producido un serio problema del que se trató antes, manteniendo en la iglesia a uno que evidentemente vivía en pecado, mientras que los creyentes se dedicaban a manifestar sus *conocimientos* entre sí. Esta forma de *ciencia* o de *conocimiento* es dañino porque se usa para ensalzarse unos sobre otros, considerándose superiores al resto de los creyentes. El mero conocimiento no basta para solucionar los problemas y, generalmente en lugar de esto, crea otros más graves. Un conocimiento meramente intelectual, sin la conducción del amor, convierte a los hombres en arrogantes y orgullosos, lo que en sí mismo es ya contrario y opuesto a Dios, que se pone en contra de los tales (Pr. 3:34; Stg. 4:6).

No cabe duda que todos los cristianos tienen un conocimiento teórico de la verdad que afirma que hay un solo Dios y que los ídolos, como falsos dioses, no son nada. Pero este conocimiento no se convierte en resultados prácticos en todos, solo en algunos. Este conocimiento meramente intelectual *hincha*, esta palabra está vinculada a φυσάω, que significa *soplar, inflar*, por lo que sus derivados vienen a expresar *envanecer, ensoberbecer*.

Por otro lado, *el amor edifica*. El objetivo del amor es la *edificación*. El verdadero amor, no acaba en uno mismo, como ocurre muchas veces con el conocimiento, sino que sale y se proyecta hacia los demás, para expresarle en ese *salirse de uno hacia otro*, la dimensión desinteresada de una entrega que es la evidencia del verdadero amor. De otro modo, el amor vive y actúa para los otros. Lo fundamental de la vida cristiana es el amor. Más adelante (cp. 13), el apóstol se extenderá en las manifestaciones del amor, y en la inutilidad de cuanto se haga ausente de él. El que no tiene amor, *no vale* para nada (13:1); no es nada (13:2), no sirve para nada. Una vida de amor es la oposición a una de apariencia. El amor hacia el hermano es lo que verdaderamente levanta, edifica la comunidad cristiana.

Cuantas veces el problema se repite en la historia de la iglesia. Es lamentable encontrarse con los que alardean de conocimiento bíblico, se sienten maestros en la doctrina, grandes en la Palabra, pero son incapaces de acercarse a un hermano para darle un abrazo fraternal que le anime en su camino. Algunos *sabios* conforme a su parecer, son sabios para la reprensión y la exigencia legalista, pero ignorantes en el amor que restaura y en la mano que se extiende para levantar al caído. Los que *saben,* pero no conocen *la Palabra* son quienes se esfuerzan por sostener el sistema del que están orgullosos y por el que son alabados, pero desprecian a quienes no se someten a su arrogancia. Sólo el que *conoce* a Jesús, vive en el pleno conocimiento que el amor edifica a los que pueden estar bajo su influencia. La iglesia de Jesucristo se conoce por la realidad del amor y no por la teorización de la ciencia bíblica (Jn. 13:35). La iglesia está sobrada de los que *saben* mucho de Dios, y necesitada que quienes *conocen* verdaderamente a Dios.

2. Y si alguno se imagina que sabe algo, aún no sabe nada como debe saberlo.

εἴ[1] τις δοκεῖ ἐγνωκέναι[2] τι, οὔπω ἔγνω καθὼς δεῖ γνῶναι·
Si alguno piensa haber conocido algo, todavía no supo según que debe conocer.

Análisis y notas del texto griego.

Análisis: εἴ, conjunción *si*; τις, caso nominativo masculino singular del pronombre indefinido *alguno*; δοκεῖ, tercera persona singular del presente de indicativo en voz activa del verbo δοκέω, *suponer, considerar, pensar*, aquí *piensa*; ἐγνωκέναι, perfecto de infinitivo en voz activa del verbo γινώσκω, *conocer*, aquí *haber conocido*; τι, caso acusativo neutro singular del pronombre indefinido *algo*; οὔπω, adverbio *todavía no, aún no, de ninguna manera*; ἔγνω, tercera persona singular del aoristo segundo de indicativo en voz activa del verbo γινώσκω, *saber, conocer*, aquí *supo*; καθὼς, conjunción *lo mismo que, según que, cuando*; δεῖ, tercera persona singular del presente de indicativo en voz activa del verbo δεῖ, *deber*, aquí *debe*; γνῶναι, presente de infinitivo en voz activa del verbo γινώσκω, *conocer*.

Notas. Crítica Textual. Lecturas alternativas.

[1] εἴ τις, *si alguno*, según se lee en 𝔓[46], א, A, B, P, Ψ, 0278, 33, 81, 104, 630, 1175, 1505, 1739, 1881, 2464, vg[st], Clemente, Orígenes, Cipriano, Ambrosiaster.

εἴ δὲ τις, *pero si alguno*, conforme a D, F, G, K, L, 365, 124, 𝔐, vg[cl], sy[p, h**].

[2] ἐγνωκέναι, *haber conocido*, de acuerdo con 𝔓[46], א, A, B, P, 0278, 33, 81, 104, 630, 1175, 1739, 1881, 2464, Clemente, Orígenes.

εἰδέναι, *que sabe*, tal como se lee en K, L, 6, 365, 614, 629, 1241, 1505, 𝔐, lat, Ambrosiaster.

εἴ τις δοκεῖ ἐγνωκέναι τι, El apóstol hace referencia a una falsa consideración personal, que según su propio criterio *se imagina que sabe algo*, es decir, se jacta de su propio conocimiento, considerándose a sí mismo como sabio. El verbo γινώσκω, *conocer*, está en perfecto de infinitivo lo que expresa un estado, y da la idea de creerse en posesión del verdadero conocimiento o de la verdadera ciencia. No hay mayor evidencia de ignorancia que presumir de sabio, erudito y experto. El verdadero sabio es consciente de sus limitaciones y de lo que ignora. La frase de Pablo tiene una gran semejanza con la del filósofo Sócrates que decía: *"Solo sé que no sé nada"*. Las primeras palabras: *"y si alguno piensa haber conocido algo"*, indica una vana pretensión.

οὔπω ἔγνω καθὼς δεῖ γνῶναι· Si en la primera frase la referencia al conocimiento está en perfecto de infinitivo, en esta segunda aparece en aoristo, que además es ingresivo, *empezar a saber*. El apóstol marca una notable diferencia entre lo que los corintios consideraban saber y lo que realmente sabían, es decir, la ciencia que se atribuyen los engreídos y la que de hecho empezaban a tener. Se consideraban sabios, pero estaban todavía empezando el verdadero conocimiento que no consiste en la ciencia intelectual, sino en la que descansa y se orienta en el amor, la ciencia sin sentimientos producidos por el amor, no es nada. La verdadera ciencia se sustenta no en principios y especulaciones humanos sino en la Palabra de Dios. Una paráfrasis del versículo podría ser esta: *"Si alguno piensa que ya alcanzó todo el conocimiento, aún no empieza a saber nada como conviene"*.

Es de notar que el apóstol distingue entre la ciencia que se atribuyen los orgullosos de Corinto y lo que de hecho han empezado a tener. Ellos afirmaban que tenían conocimiento, Pablo dice que no habían empezado a tener el verdadero conocimiento. Anteriormente ya había dicho: *"Nadie se engañe a sí mismo; si alguno entre vosotros se cree sabio en este siglo, hágase ignorante, para que llegue a ser sabio"* (3:18). El creyente sabio es aquel que admite sus limitaciones y lo hace con humildad. Todos debemos reconocer que los tesoros del conocimiento y de la sabiduría están en Dios (Col. 2:3), por consiguiente, es preciso *conocer* a Dios para poder tener conocimiento y, cuando se Le conoce, se aprecia que la manifestación de Su presencia es el amor, por consiguiente, quien tiene un conocimiento verdadero tiene también amor. El conocimiento del hombre es temporal, el amor es eterno.

3. Pero si alguno ama a Dios, es conocido por él.

εἰ δέ τις ἀγαπᾷ τὸν Θεόν, οὗτος ἔγνωσται ὑπ' αὐτοῦ.
Pero si alguno ama - a Dios, éste ha sido conocido por Él.

Análisis y notas del texto griego.

Análisis: εἰ, conjunción *si*; δέ, partícula conjuntiva que hace las veces de conjunción coordinante, con sentido de *pero, más bien, y, y por cierto, antes bien, entonces*; τις, caso nominativo masculino singular del pronombre indefinido *alguno*; ἀγαπᾷ, tercera persona singular del presente de indicativo en voz activa del verbo ἀγαπάω, *amar*, aquí *ama*; τὸν, caso acusativo masculino singular del artículo determinado *el*; Θεόν, caso acusativo masculino singular del nombre divino *Dios*; οὗτος, caso nominativo masculino singular del pronombre demostrativo *éste*; ἔγνωσται, tercera persona singular del perfecto de indicativo en voz pasiva del verbo γινώσκω, *conocer*, aquí *ha sido conocido*; ὑπ', forma que toma ante vocal con espíritu suave la preposición de genitivo ὑπό, *de, por*; αὐτοῦ, caso genitivo masculino de la tercera persona singular del pronombre personal *Él*.

εἰ δέ τις ἀγαπᾷ τὸν Θεόν, Este versículo es la antítesis del anterior. La idea es sencilla y reiterativa, sin amor no hay verdadero conocimiento, pero con amor hay pleno conocimiento. La lógica del pensamiento espera que la segunda parte de la cláusula se expresara de otro modo, como algo así: *el que ama conoce a Dios*, sin embargo, el apóstol va a hacer una afirmación distinta. Amar y conocer son dos verbos básicos en la doctrina bíblica. Juntos expresan la evidencia real del nuevo nacimiento.

οὗτος ἔγνωσται ὑπ' αὐτοῦ. Pablo afirma que quien ama a Dios *"es conocido por Él"*. Sólo los que son conocidos por Dios son los salvos y son Sus hijos (Sal. 1:6; Am. 3:2; Ro. 8:29; 11:2; Gá. 4:9). Los creyentes en Corinto conocían a Dios, por eso eran redimidos y regenerados. Esto no implica que fuesen perfectos o maduros, espiritualmente hablando, ya que sus muchas faltas ponen de manifiesto su inmadurez espiritual. El mensaje de salvación había llegado a ellos y en una respuesta de fe al llamamiento celestial, entraron en un conocimiento vivencial de Dios. En la Biblia el verbo conocer expresa, muchas veces, la idea de intimidad, esto es, los que estaban lejos de Dios vinieron a la intimidad con Él. El conocimiento de esta manera conduce, necesariamente, a la manifestación de amor del creyente a Dios, libres de la esclavitud espiritual en que antes estaban en el mundo. El creyente es liberado de esa situación para que pueda servir a Dios en libertad, amándole cuando antes le aborrecían (Ro. 6:18).

Pero conocer a Dios es la consecuencia de *haber sido conocidos* por Él. La iniciativa de salvación corresponde y proviene de Dios, quien manifiesta un conocimiento afectivo para los Suyos (Ro. 8:29). Los llamados por Dios, son también los que Él *conoció de antemano*. Por Él fueron llamados a salvación según Su designio porque los había conocido antes. El *conocer* de Dios no es un mero saber anticipado sobre la respuesta humana que se daría a Su llamado, sino que descansa en un conocimiento previo, vinculado al *propósito* para salvación. Dios habla así de Su profeta Jeremías: *"Antes de que te formase en el vientre te conocí, y antes que nacieses te santifiqué, te di por profeta a las naciones"* (Jer. 1:5). Un ejemplo del sentido bíblico de este *pre- conocimiento* divino se aprecia en relación con Israel: *"A vosotros solamente he conocido de todas las familias de la tierra"* (Am. 3:2). Dios conoce a todos los hombres, conocía también todos los pecados de Su pueblo, denunciándolos por medio del profeta (Am 1:2-2:16), pero sólo *conoció* a Israel de una manera especial y determinada. Algunos entienden el *pre-conocimiento* divino como si se tratase de una visión anticipada que como Dios tenía de aquellos que iban a creer y de quienes no lo harían, por tanto, en base a esa fe *pre-vista* por Dios, Él escoge para salvación a aquellos que sabía que creerían al mensaje del evangelio. De otro modo, Dios se convierte en un mero adivino seguro de las acciones de los hombres y con ello establece la elección de quienes aceptarían Su propuesta de salvación. Sin embargo, todo el campo de la salvación, incluida la fe, son de procedencia y se otorgan como un don divino (Ef. 2:8-9). Por eso el apóstol dice en otro lugar: *"Según nos escogió en Él antes de la fundación del mundo"* (Ef. 1:4). El término lleva implícito el sentido de un afecto positivo que elige y ama eternamente a los que son salvos. La seguridad de salvación consiste en ser conocidos por Dios como Suyos (Jn. 10:14; 2 Ti. 2:19). Algunos pretenden conocer a Dios, pero no son conocidos por Él y se pierden (Mt. 7:23).

El apóstol confronta a quienes afirman que son *conocedores* que poseen *sabiduría*, que *saben* intelectualmente quien es Dios, para hacerles notar que, en lugar de afirmar su sabiduría, deben preguntarse si ellos son verdaderamente conocidos por Él. Una comunión íntima se establece entre el creyente y Dios, y esta comunión verdadera, es la causa del auténtico conocimiento, tanto del hombre para con Dios, como de Él en relación con el hombre. Solo éstos pueden atribuirse el conocimiento al que el apóstol se refiere en el texto.

El conocer a Dios conduce a un respeto reverente por lo que Él ha establecido. Quien verdaderamente conoce a Dios, le ama y obedece (Jn. 14:15, 21, 23, 24). El amor a Dios impulsa al creyente a identificarse con lo que Él hace (Mt. 16:18). El que vive en comunión con Dios, ama a sus hermanos (1 Jn. 4:21) y, como consecuencia, busca la edificación de todos. En ese conocimiento no cabe sino la humildad, por tanto, el creyente es humilde y no arrogante, como seguidor de Cristo (Mt. 11:29-30). Pablo introduce aquí esta verdad como base para la respuesta a la consulta hecha. El verdadero creyente no se enorgullece, sino que busca el bien de los otros ayudando a su edificación en amor.

4. Acerca, pues, de las viandas que se sacrifican a los ídolos, sabemos que un ídolo nada es en el mundo, y que no hay más que un Dios.

Περὶ τῆς βρώσεως οὖν τῶν εἰδωλοθύτων, οἴδαμεν ὅτι οὐδὲν
Acerca de la comida, pues, de los sacrificios a ídolos, sabemos que nada
εἴδωλον ἐν κόσμῳ καὶ ὅτι οὐδεὶς[1] Θεὸς εἰ μὴ εἷς.
ídolo en mundo, y que ningún Dios sino uno.

Análisis y notas del texto griego.

Análisis: Περὶ, preposición propia de genitivo *acerca de*; τῆς, caso genitivo femenino singular del artículo determinado *la*; βρώσεως, caso genitivo femenino singular del nombre común *acción de comer, comida*; οὖν, conjunción continuativa *pues*; τῶν, caso genitivo neutro plural del artículo determinado declinado *de los*; εἰδωλοθύτων, caso genitivo neutro plural del adjetivo *sacrificado a ídolos*; οἴδαμεν, primera persona plural del perfecto de indicativo en voz activa del verbo οἶδα, *saber, conocer*, aquí *hemos sabido*, en castellano mejor *sabemos*; ὅτι, conjunción *que*; οὐδὲν, caso nominativo neutro singular del pronombre indefinido *nada*; εἴδωλον, caso nominativo neutro singular del nombre común *ídolo*; ἐν, preposición propia de dativo *en*; κόσμῳ, caso dativo masculino singular del nombre común *mundo*; καὶ, conjunción copulativa *y*; ὅτι, conjunción *que*; οὐδεὶς, caso nominativo masculino singular del pronombre indefinido *nadie, ninguno, ningún*; Θεὸς, caso nominativo masculino singular del nombre divino *Dios*; εἰ, conjunción *si*; μὴ, partícula que hace funciones de adverbio de negación *no*; εἷς, caso nominativo masculino singular del adjetivo numeral cardinal *uno*.

Notas. Crítica Textual. Lecturas alternativas.

[1] οὐδεὶς Θεὸς, *ningún Dios*, lectura en P^{46}, א*, A, B, D, F, G, P, Ψ, 0278, 6, 33, 81, 630, 1175, 1739, 1881, 2464, latt, co, Ireneo[lat].

οὐδεὶς ἕτερος Θεὸς, *ningún otro Dios*, según se lee en א², K, L, 104, 365, 1241, 1505, 𝔐, sy.

Περὶ τῆς βρώσεως οὖν τῶν εἰδωλοθύτων, Después de la digresión parenética retoma nuevamente el tema iniciado en el v. 1. Recuerda que está tratando de las *viandas*, literalmente *las cosas sacrificadas a los ídolos*. Para entrar en el tema define primero lo que es un ídolo, poniendo de manifiesto su verdadera naturaleza. La conclusión final de la enseñanza depende directamente de lo que realmente es un ídolo, al que se rendía culto y se ofrecían sacrificios.

οἴδαμεν ὅτι οὐδὲν εἴδωλον ἐν κόσμῳ Pablo afirma que un ídolo nada es en el mundo. Este es un principio de la fe cristiana. Esto era algo conocido por todos los creyentes. Un ídolo no es nada porque el dios que representa no tiene verdadera existencia. Todos los dioses son invención humana (Is. 44:11-17). La Biblia enseña que los dioses son vanidad o mentira (Sal. 115:4, 8; Is. 41:24; 44:9-10; Jer. 10:14; Hch 14:15; Gá. 4:8). La palabra εἴδωλον, traducida aquí por *ídolo*, denota *imagen*, de manera que esa imagen representaba al dios falso al que se le rendía culto. Si son nada en el mundo, y este nombre puede abarcar a todo lo creado, al universo, estas deidades paganas son nulidades. Pero incluso podría entenderse como expresión de impotencia, esto es, no tienen ninguna influencia sobre los asuntos de los hombres. No cabe duda que esto era una gran contradicción con las creencias del paganismo romano en cuyo panteón se contaban los dioses por centenares.

καὶ ὅτι οὐδεὶς Θεὸς εἰ μὴ εἷς. La fe cristiana sólo admitía un solo Dios, el único vivo y verdadero. En algunas lecturas se lee aquí *ningún otro Dios*. Esta era la verdad dogmática de judíos y cristianos, cuyo sustento está en la Biblia (Dt. 4:35; 6:4). Este Dios único está sobre todos los seres: *"Un Dios y Padre de todos, el cual es sobre todos, y por todos, y en todos"* (Ef. 4:6). Contra la mentira pagana de *muchos dioses*, la verdad es que sólo hay uno. Los dioses del paganismo en sí mismos son inexistentes, pero tras ellos se esconden los demonios (10:20). De modo que –como se verá en su momento– los adoradores de ídolos son realmente adoradores de demonios.

5. Pues aunque haya algunos que se llamen dioses, sea en el cielo, o en la tierra (como hay muchos dioses y muchos señores).

καὶ γὰρ εἴπερ εἰσὶν λεγόμενοι θεοὶ εἴτε ἐν οὐρανῷ εἴτε
Porque también puesto que están siendo llamados dioses sea en cielo sea
ἐπὶ γῆς, ὥσπερ εἰσὶν θεοὶ πολλοὶ καὶ κύριοι πολλοί,
sobre tierra como hay dioses muchos y señores muchos.

Análisis y notas del texto griego.

Análisis: καὶ, adverbio de modo *también*; γὰρ, conjunción causal *porque*; εἴπερ, conjunción *si no obstante, si es verdad que, aunque, aun cuando*; εἰσὶν, tercera persona plural del presente de indicativo en voz activa del verbo εἰμί, *ser, estar*, aquí *son, están*; λεγόμενοι, caso nominativo masculino plural del participio de presente en voz pasiva del verbo λέγω, *llamar, hablar, decir*, aquí *siendo llamados*; θεοὶ, caso nominativo masculino plural del nombre común *dioses*; εἴτε, conjunción *si, sea que, ya que, sea...sea, ya... ya*; ἐν, preposición propia de dativo *en*; οὐρανῷ, caso dativo masculino singular del nombre común *cielo*; εἴτε conjunción *si, sea que, ya que, sea...sea, ya... ya*; ἐπὶ, preposición propia de genitivo *sobre*; γῆς, caso genitivo femenino singular del nombre común *tierra*; ὥσπερ, adverbio *como, así como, al igual que*; εἰσὶν, tercera persona plural del presente de indicativo en voz activa del verbo εἰμί, *ser, estar, haber*, aquí *hay*; θεοὶ, caso nominativo masculino plural del nombre común *dioses*; πολλοὶ, caso nominativo masculino plural del adjetivo *muchos*; καὶ, conjunción copulativa *y*; κύριοι, caso nominativo masculino plural del nombre común *señores*; πολλοί, caso nominativo masculino plural del adjetivo *muchos*.

καὶ γὰρ εἴπερ εἰσὶν λεγόμενοι θεοὶ εἴτε ἐν οὐρανῷ εἴτε ἐπὶ γῆς, Los romanos tenían, como se indicó antes, una multitud de dioses que ellos consideraban reales, esto es, creían en su existencia. Unos estaban en el cielo y otros en la tierra. Los dioses imaginarios residían en el Olimpo y venían a la tierra para satisfacer sus caprichos y practicar actos muchas veces corruptos, según la mitología. También se consideraban como dioses otras cosas materiales como los astros, el sol, la luna, incluso las montañas y los ríos, de ahí la expresión de Pablo: *"en el cielo y en la tierra"*.

ὥσπερ εἰσὶν θεοὶ πολλοὶ καὶ κύριοι πολλοί, Es una extraña frase que vinculada al contexto del versículo puede tomarse en el mismo sentido de la primera, como una afirmación falsa de la idolatría. En este sentido sería a modo de suposición. Pero, puede entenderse también como una afirmación con base bíblica, ya que detrás de cada ídolo se oculta un demonio que se hace adorar como un dios. En este mismo sentido la referencia *"muchos señores"* tiene que ver como una referencia a las huestes de maldad que se enseñorean de los hombres (Ef. 6:12). Por esa razón los paganos adoraban a *muchos dioses*, a los que servían como a *señores*, a los que se imaginaban morando en el cielo o en la tierra. Ambas cosas están comprendidas en el texto. Por un lado la imaginación de los romanos sobre la existencia de muchos dioses, por otro, como una realidad espiritual especialmente vinculada al mundo de los ángeles, en el que existen muchos dioses que se ocultan tras los ídolos, y muchos señores, *principados, autoridades, poder y señorío* (Ef. 1:21; Col. 1:16), de ahí que se diga en el Antiguo Testamento: *"Porque Jehová vuestro Dios es Dios de dioses, y Señor de señores"* (Dt. 10:17) y también: *"Alabad al Dios de los dioses, porque para siempre es su misericordia. Alabad al Señor de los señores, porque para siempre es su misericordia"* (Sal. 136:2-3). El término *muchos dioses* debe entenderse como una referencia al reino de las tinieblas, mientras que *muchos señores*, puede ser una referencia a los *espíritus inmundos* que, en cierta medida están subordinados a los señores. Esta influencia diabólica que funciona en el paganismo actúa, en cierto modo, en algunos de los creyentes de Corinto, conduciéndolos a prácticas pecaminosas.

El apóstol considera dos realidades, por una parte, la imaginativa de los muchos dioses que comporta el paganismo romano, pero por otra la diabólica que se oculta tras cada uno de esos ídolos, producto de la imaginación humana. Este conocimiento condiciona la respuesta sobre comer lo sacrificado a ídolos y la presencia de creyentes en los banquetes idolátricos a que eran invitados en alguna ocasión.

6. Para nosotros, sin embargo, sólo hay un Dios, el Padre, del cual proceden todas las cosas, y nosotros somos para él; y un Señor, Jesucristo, por medio del cual son todas las cosas, y nosotros por medio de él.

ἀλλ' ἡμῖν εἷς Θεὸς ὁ Πατὴρ ἐξ οὗ τὰ πάντα καὶ ἡμεῖς
Pero para nosotros un Dios el Padre de quien las cosas todas y nosotros
εἰς αὐτόν, καὶ εἷς Κύριος 'Ιησοῦς Χριστὸς δι' οὗ
para Él, y un Señor Jesucristo por medio de quien
τὰ πάντα καὶ ἡμεῖς δι' αὐτοῦ.
las cosas todas y nosotros por medio de Él.

Análisis y notas del texto griego.

Análisis: ἀλλ', forma escrita ante vocal de la conjunción adversativa ἀλλά que significa *pero, sino*; ἡμῖν, caso dativo de la primera persona plural del pronombre personal declinado *para nosotros*; εἷς, caso nominativo masculino singular del adjetivo numeral cardinal *un, uno*; Θεὸς, caso nominativo masculino singular del nombre divino *Dios*; ὁ, caso nominativo masculino singular del artículo determinado *el*; Πατὴρ, caso nominativo masculino singular del nombre divino *Padre*; ἐξ, forma escrita de la preposición de genitivo ἐκ, delante de vocal y que significa *de*; οὗ, caso genitivo masculino singular del pronombre relativo *el que, el cual, quien*; τὰ, caso nominativo neutro plural del artículo determinado *los*, en sentido de *las cosas*; πάντα, caso nominativo neutro plural del adjetivo indefinido *todos*; καὶ, conjunción copulativa *y*; ἡμεῖς, caso nominativo de la primera persona plural del pronombre personal *nosotros*; εἰς, preposición propia de acusativo *para*; αὐτόν, caso acusativo masculino de la tercera persona singular del pronombre personal *Él*; καὶ, conjunción copulativa *y*; εἷς, caso nominativo masculino singular del adjetivo numeral cardinal *un, uno*; Κύριος, caso nominativo masculino singular del nombre divino *Señor*; 'Ιησοῦς, caso nominativo masculino singular del nombre propio *Jesús*; Χριστὸς, caso nominativo masculino singular del nombre propio *Cristo*; δι', forma contracta de la preposición propia de genitivo διά, *por, por medio de, a causa de*; οὗ, caso genitivo masculino singular del pronombre relativo *el que, el cual, quien*; τὰ, caso nominativo neutro plural del artículo determinado *los*, en sentido de *las cosas*; πάντα, caso nominativo neutro plural del adjetivo indefinido *todos*; καὶ, conjunción copulativa *y*; ἡμεῖς, caso nominativo de la primera persona plural del pronombre personal *nosotros*; δι', forma contracta de la preposición propia de genitivo διά, *por, por medio de, a causa de*; αὐτοῦ, caso genitivo masculino de la tercera persona singular del pronombre personal *Él*.

ἀλλ' ἡμῖν εἷς Θεὸς ὁ Πατὴρ. Algunos piensan que Pablo se refiere aquí al Ser Divino, como creador universal y no tanto a la Primera Persona de la Deidad, como escribe C. Hodge.

"Este Dios único es, primeramente, el Padre; no la primera persona de la Trinidad, sino nuestro Padre. Esta palabra no expresa aquí la relación entre la primera y la segunda persona de la Divinidad, sino la relación de Dios como tal con nosotros como hijos suyos. Cuando decimos: 'Padre nuestro que estás en los cielos', la palabra Padre designa al Ser Supremo, al trino Jehová"[2].

Esta posición se basa en que *Padre* está con artículo Dios sin artículo, lo que excluiría la aplicación a la Persona de Dios el Padre, ya que, si así fuera, sólo el Padre sería el único Dios. Eso mismo ocurre con el Verbo en el prólogo del *Evangelio según Juan*, de modo que, si el artículo precediera a Dios, el único Dios sería el Verbo (v. 1:1). Sin embargo, la idea del apóstol está en establecer un contraste entre los *muchos dioses*, y el Padre, y los *muchos señores* y el *único Señor*, Jesucristo (v. 5). Por esta razón debe entenderse aquí la referencia al Padre, como primera Persona de la Deidad.

ἐξ οὗ τὰ πάντα. La paternidad de la Primera Persona sobre la creación, forma parte de la expresión de fe que está recordando el apóstol en el versículo. Esta primera frase tiene como sujeto *todas las cosas*, esto es la creación entera. La frase tiene una marcada expresión creacionista, en contraste con el pensamiento filosófico de la época que era abiertamente *emanantista*, que enseñaba que todas las cosas procedían de los dioses por *emanación*.

Es necesario entender que de Dios trino y uno proceden todas las cosas, y que las tres Personas Divinas, participaron en la creación, que se les atribuye indistintamente, al Padre (Ef. 3:9), al Hijo (Jn. 1:3) y al Espíritu Santo (Job. 26:13; Sal. 33:6). Aquí está atribuyéndose a la Primera Persona, Dios el Padre, de un modo especial, como *"de quien procede todo"*, el mismo apóstol dirá: *"Por esta causa doblo mis rodillas*

---

[2] C. Hodge. o. c., pág. 133.

ante el Padre de nuestro Señor Jesucristo, de quien toma nombre toda familia en los cielos y en la tierra" (Ef. 3:14-15). El término *familia*, puede entenderse en sentido universal, es decir, como todo procedente de Dios, el Creador, por esa causa dice antes: *"Y de aclarar a todos cuál sea la dispensación del misterio escondido desde los siglos en Dios, que creó todas las cosas"* (Ef. 3:9). Al Padre se le llama también *Padre de los espíritus* (He. 12:9) y *Padre de las luces*, o mejor *de las lumbreras*, como originador de toda luz, tanto cósmica como espiritual (Stg. 1:17). En este sentido, la Primera Persona, como Creador, es el Padre de toda creación que debe a Él su origen. Cristo expresó la misma verdad, al referirse al Padre como único Dios verdadero, de quien procede la vida eterna que se comunica al creyente a través del Mediador que es Jesucristo (Jn. 17:3).

καὶ ἡμεῖς εἰς αὐτόν, Añade el destino de los creyentes, *nosotros para Él*. Este sujeto debe aplicarse a los cristianos mejor que a todos los hombres. La falta de verbo debe ser suplida para expresar la idea, de que los creyentes somos *creados* para el Padre y Suyos por adopción en Su casa por y en Cristo. En un tiempo escatológico Jesucristo sujetará al Padre todas las cosas (15:24) y entonces Dios será todo en todos (15:28).

ακαὶ εἷς Κύριος 'Ιησοῦς Χριστὸς La segunda oración en la cláusula hace referencia al *señorío* de Cristo. Mientras que los idólatras consideran la existencia de muchos *señores*, los cristianos creemos que hay un solo Señor que es Jesucristo. El mismo Señor afirmó que era el Señor: *"Vosotros me llamáis Maestro, y Señor; y decís bien, porque lo soy"* (Jn. 13:13). El título de Señor era usado habitualmente para sustituir el sagrado de Dios. El adjetivo numeral cardinal *uno,* o *un*, expresa exclusividad, es decir, sólo uno es el Señor y ese es Jesucristo. Él es Señor por derecho divino, por cuanto es Dios (Jn. 1:1; Ro. 9:5; Col. 2:9). Lo es también por derecho de creación, puesto que sin Él nada de lo que existe vino a la existencia (Jn. 1:3). Es también Señor de la iglesia y de cada creyente en particular por derecho de redención (Ro. 14:9; Fil. 2:9-11). El título *Señor* es un título divino en la unidad trina de la Deidad, junto con el Padre y el Espíritu (12:4-6).

δι' οὗ τὰ πάντα. Jesucristo, que es Señor, es también Mediador ya que *"por medio del cual son todas las cosas"*. La creación se efectuó por la intervención del Señor Jesucristo (Jn. 1:3; Col. 1:16; He. 1:2). La voz omnipotente que trae todo a la existencia es la del Verbo, que expresa la mente divina en toda la plenitud, de otro modo, el Padre crea por medio del Hijo. Es, por tanto, Creador de todo lo que existe porque es Dios. Esta es una verdad reiterada en otros lugares del Nuevo Testamento: *"Todas las cosas por él fueron hechas, y sin él nada de lo que ha sido hecho, fue hecho"* (Jn. 1:3). No hay nada que viniese a la existencia sin la acción creadora del Hijo de Dios. No solo por la autoridad y omnipotencia que corresponden a la segunda Persona Divina, sino como causa originadora y sustentante de la creación: *"Porque en él fueron creadas todas las cosas, las que hay en los cielos y las que hay en la tierra, visibles e invisibles; sean tronos, sean dominios, sean principados, sean potestades; todo fue creado por medio de Él y para Él"* (Col. 1:16). La razón causante de la creación por y en Cristo está en que *"él es la imagen del Dios invisible, el primogénito de toda creación"* (Col. 1:15). Como predicado en el versículo de Colosenses, la *imagen invisible* habla de semejanza reveladora. Cristo es la imagen de Dios por cuanto en Él habita corporalmente la plenitud de la Deidad (Col. 2:9). De manera que, siendo una de las grandezas de Dios el poder creador, todo cuanto existe ha llegado a esa existencia por medio de Dios el Hijo, nuestro Señor Jesucristo, Creador de cielos y tierra, de cosas visibles e invisibles, del microcosmo y del macrocosmo. El Hijo es el *primogénito de toda creación*. Esta expresión a la que se aferra la herejía arriana, al ser un predicado sin artículo no puede referirse a origen, en el sentido de primera criatura creada, sino a la causa de toda la creación. El Hijo es, pues, el Mediador en la obra creadora. La creación surgió no solo por *medio de Él*, sino *en Él* mismo, es decir, con relación a Jesucristo, es la causa originaria de toda la creación. No se trata de que fuese modelo o paradigma de todo lo creado, sino centro de unidad y cohesión en lo que todo adquiere su verdadero valor y realidad. La creación tiene en el Señor Jesucristo lugar de encuentro y razón de ser (Ef. 1:10). Las cosas todas fueron creadas, o mejor *quedaron creadas* en Él, en quien está también la *causalidad instrumental* de la creación, en cuanto solo a que es Mediador. Se trata de una *causalidad eficiente*, en cuanto a que opera, no en nombre de Dios, sino porque es Dios.

Si Dios hace todas las cosas por medio de Jesucristo, Su Hijo, la grandeza de aquel que reconocemos como único *Señor*, es Su propia deidad. Jesús es Dios, porque produce todas las cosas de Su creación, por Su naturaleza que es común a las tres Personas Divinas, en una única acción indivisible que involucra al Dios Trino. El hecho de llevar a cabo la operación creadora *por medio* del Señor, no indica simplemente instrumentalidad, lo que implicaría subordinación y, por tanto, inferioridad del Hijo respecto del Padre. Exige entender esto que el apóstol menciona en el versículo, como referencia a la capacidad creadora que está en Él, lo mismo que está en el Padre y en el Espíritu, por participación común en la vida divina. Dios crea por medio del Hijo, en cuanto a que Éste, como Verbo, es la expresión exhaustiva de la mente divina (Jn. 1:1). De acuerdo con el lenguaje más usual de la Escritura, el Padre es llamado Creador. Aquí enseña el apóstol que todo fue creado por medio del Señor

Jesucristo. Debe entenderse claramente que en el Seno Trinitario existe una diferencia absoluta en cuanto a la realidad personal de cada una de las tres Personas Divinas. Las acciones trinitarias *ad extra* son de las tres Personas en una unidad de acción aplicable indistintamente a cada una de ellas. La unidad de esencia divina, exige que todo lo que es peculiar a la Deidad, pertenece tanto al Padre como al Hijo y al Espíritu. Jesús es Dios manifestado en carne (Jn. 1:14). Quiere decir que todo cuanto se aplica sólo a Dios pertenece y debe aplicarse a Jesucristo. Es decir, no hay nada divino que no deba ser aplicado a Jesucristo. Sin embargo, no existe confusión de Personas, sino que cada una tiene Sus propiedades personales o privativas. Por esa causa está la verdad expresada por el apóstol en el texto que se considera.

καὶ ἡμεῖς δι' αὐτοῦ. La parte final del versículo hace una declaración concreta sobre la relación de los creyentes con Dios, al decir: *"y nosotros por medio de Él"*. Nuevamente se concreta la condición de Mediador en Jesucristo (1 Ti. 2:5). Jesús es el único mediador entre Dios y los hombres, Mediador de mejor pacto, establecido sobre mejores promesas (He. 8:6). *Mediador* es una palabra que expresa la idea de alguien que se pone en medio para llevar a cabo una labor entre dos partes, indicando la condición de un árbitro. Ya en la antigüedad Job deseaba encontrar un árbitro entre Dios y él, y no lo hallaba entonces según su percepción (Job. 9:33). Ahora nuestro Señor y Salvador Jesucristo es el Mediador entre Dios y los hombres en el establecimiento de una nueva alianza (1 Ti. 2:5). La deidad y la humanidad son naturalezas de Su Persona Divina, por tanto, está capacitado para mediar entre las dos partes, la divina y la humana, en el establecimiento de la nueva alianza. Es el Mediador de la salvación ante el único Dios, en orden a la redención de los pecados. Cristo reúne y encabeza la nueva creación restaurándola y vivificándola al levantarla de la condición de enemigos y trasladarla a la de hijos de Dios. En Él se produce la eterna elección de los salvos (Ef. 1:4); en Él se cancela toda demanda de condenación para el creyente (Ro. 8:1); en Él se alcanza la herencia (Ef. 1:11); en Él se recibe la adopción de hijos (Ef. 1:5): en Él se alcanza la esperanza de gloria (Col. 1:27b). La mediación de Cristo adquiere el sentido de mediación *ontológica*, ya que Jesucristo transmite la vida de Dios a los hombres y se hace solidario de los hombres delante de Dios. Pero también la mediación de Jesucristo es *histórica*, en donde Su sacrificio es por cada hombre y especialmente vicario para quienes creen. Jesucristo no es Mediador, simplemente como *medio*, bien sea objeto o intermediario que en cualquier caso será ajeno a los dos sujetos del pacto, Dios y los hombres, sino que Su Persona es comunicante con ambos, de otro modo, Dios se hace hombre en Cristo y los hombres alcanzan la vida divina en Él, que se hace garante porque es también nuestro hermano. Siendo Jesucristo Dios-hombre, supera en Sí mismo la infinita distancia que media entre el Creador y la criatura, acercándolos en Él, posicionándolos en Él y reconciliándolos en Él.

7. Pero no en todos hay este conocimiento; porque algunos, habituados hasta aquí a los ídolos, comen como sacrificado a ídolos, y su conciencia, siendo débil, se contamina.

᾿Αλλ᾿ οὐκ ἐν πᾶσιν ἡ γνῶσις· τινὲς δὲ τῇ συνηθείᾳ[1] ἕως
Pero no en todos el conocimiento. Y algunos por la costumbre hasta
ἄρτι τοῦ εἰδώλου ὡς εἰδωλόθυτον ἐσθίουσιν, καὶ ἡ συνείδησις
ahora del ídolo como sacrificado a ídolos comen, y la conciencia
αὐτῶν ἀσθενὴς οὖσα μολύνεται.
de ellos débil siendo se contamina.

Análisis y notas del texto griego.

Análisis: ᾿Αλλ᾿, forma escrita ante vocal de la conjunción adversativa ἀλλά que significa *pero*, *sino*; οὐκ, forma escrita del adverbio de negación *no*, con el grafismo propio ante una vocal con espíritu suave o una enclítica; ἐν, preposición propia de dativo *en*; πᾶσιν, caso dativo masculino plural del adjetivo indefinido *todos*; ἡ, caso nominativo femenino singular del artículo determinado *la*; γνῶσις, caso nominativo femenino singular del nombre común *ciencia, conocimiento*; τινὲς, caso nominativo masculino plural del pronombre indefinido *algunos*; δὲ, partícula conjuntiva que hace las veces de conjunción coordinante, con sentido de *pero, más bien, y, y por cierto*, *antes bien, entonces*; τῇ, caso dativo femenino singular del artículo determinado declinado *por la*; συνηθείᾳ, caso dativo femenino singular del nombre común *práctica, costumbre*; ἕως, preposición propia de genitivo *hasta*; ἄρτι, adverbio demostrativo *ahora*; τοῦ, caso genitivo masculino singular del artículo determinado declinado *del*; εἰδώλου, caso genitivo masculino singular del nombre común *ídolo*; ὡς, adverbio de modo, *como*, que hace las veces de conjunción comparativa; εἰδωλόθυτον, caso acusativo neutro singular del adjetivo *sacrificado a ídolos*; ἐσθίουσιν, tercera persona plural del presente de indicativo en voz activa del verbo ἐσθίω, *comer*, aquí *comen*; καὶ, conjunción copulativa *y*; ἡ, caso nominativo femenino singular del artículo determinado *la*; συνείδησις, caso nominativo femenino singular del nombre común *conciencia*; αὐτῶν, caso genitivo masculino plural del pronombre personal declinado *de ellos*; ἀσθενὴς, caso nominativo femenino singular del adjetivo *débil*; οὖσα, caso nominativo femenino singular del participio de presente en voz activa del verbo εἰμί, *ser, estar,* aquí *siendo*; μολύνεται, tercera persona singular del presente de indicativo en voz pasiva del verbo μολύνω, *manchar, contaminar*, aquí *se contamina.*

Notas. Crítica Textual. Lecturas alternativas.

[1] τῇ συνηθείᾳ, *por la costumbre*, según lectura en א*, A, B, P, Ψ, 33, 81, 630, 1739, 1881, vg[mss], sy[hmg], co.

τῇ συνηιδήσει, *por la conciencia*, conforme a א[2], D, F, G, L, 104, 365, 1175, 1241, 1505, 2464, 𝔐, lat, sy, Ambrosiaster.

'Αλλ' οὐκ ἐν πᾶσιν ἡ γνῶσις·. Pablo establece aquí una aparente contradicción: *"todos tenemos..."* (v. 1), *"no todos tienen"*. Todos los creyentes tienen conocimiento de que los ídolos no existen como dioses y que sólo hay un Dios. Todos conocían, pero no todos eran capaces de aplicarlo a la vida cotidiana. Ese conocimiento debiera llevar a todos a considerar sin importancia que la carne procediera de los sacrificios a los ídolos. Todos conocían, pero no todos tenían la misma conciencia en relación con esas comidas. El conocimiento que mencionaba en el v. 1, está condicionado por el desarrollo del v. 6, que les recuerda que sólo hay un Dios, por consecuencia los ídolos, que no existen como tales, no pueden contaminar la carne que les fue ofrecida y que la sobrante se vendía y comía.

τινὲς δὲ τῇ συνηθείᾳ ἕως ἄρτι τοῦ εἰδώλου. La costumbre generaba en los débiles, una posición distinta frente a lo que significaban los ídolos y los sacrificios idolátricos. Estaban habituados a las prácticas idolátricas en que habían vivido. Para ellos los ídolos no habían dejado de ser algo, por lo menos, como dioses falsos los consideraban enemigos de único Dios verdadero. En algunos mss. se lee *conciencia* en lugar de *costumbre*, como se hace notar en el apartado de *lecturas alternativas*. Su comportamiento venía condicionado por el pensamiento arraigado en ellos, que les había sido enseñado, de que la carne que comían procedía de quienes adoraban al dios falso representado en el ídolo. Algunos estaban condicionados por las supersticiones idolátricas, que ejercen una presión especial sobre creyentes débiles. Muchas veces, se enseñan como verdades las que no son, generando en los creyentes una conciencia de pecado que gravita sobre ellos, en ocasiones indefinidamente y que afecta su conciencia si practican lo que para ellos había sido verdad de fe. La costumbre que les afecta se manifestaba, ἕως ἄρτι, *hasta ahora*, quiere decir que cuando alcanzasen la madurez espiritual conveniente, aquella carga propia generada por las costumbres, dejaría de afectarles.

ὡς εἰδωλόθυτον ἐσθίουσιν, Pablo puntualiza que los creyentes con cargas de costumbres comían de la carne como si participasen en un sacrificio idolátrico. No la podían considerar como carne ordinaria, sino como algo que tiene que ver con una práctica religiosa, ya que el animal había sido inmolado en honor de un ídolo. Eran todavía incapaces de liberarse de ese escrúpulo.

καὶ ἡ συνείδησις αὐτῶν ἀσθενὴς οὖσα μολύνεται. La consecuencia es grave, ya que *"su conciencia, siendo débil, se contamina"*. Era una conciencia débil por cuanto no superaban el escrúpulo. Conciencia débil es aquella que considera como malo lo que de hecho no lo es. Conciencia es el término que denota varias funciones en la experiencia moral. Así, el reconocimiento y aceptación de un principio de conducta obligada se denomina conciencia. En teología y ética, el término hace referencia al sentido inherente de lo bueno y lo malo en las elecciones morales, al igual que a la satisfacción que sigue a la acción considerada como buena y a la insatisfacción y remordimiento que resulta de una conducta que se considera mala. En la ética bíblica, la conciencia se consideraba como una facultad mental autónoma que tiene jurisdicción moral, bien absoluta o como reflejo de Dios en el alma humana. La palabra *conciencia* significa *conocer juntos*, o *conocimiento conjunto*. Ese conocimiento conjunto es compartido entre Dios y el hombre, por tanto, afecta esencialmente al conocimiento moral, ya que Dios es un Ser moral. Él comunicó las normas morales y éticas al hombre, entre otros modos, por medio de Su ley, escribiendo en el corazón del hombre –su conciencia– la obra de la ley, que denuncia el pecado (Ro. 2:14-15). La conciencia está vinculada al conocimiento conjunto con Dios de una ética correcta, esencialmente conocer o discernir el bien y el mal (Gn. 3:5). Se puede definir la conciencia como el sentido moral que permite al hombre conocer la corrección o incorrección de su conducta. La conciencia está en la parte inmaterial del hombre (Gn. 2:7), que es un ser moral deteriorado por el pecado. Se aprecian en ella tres características que Dios había grabado y que se recuperan plenamente en la regeneración: Justicia (Ef. 4:24); santidad (Ef. 4:24); conocimiento (Col. 3:10). El conocimiento correcto es el que puede ser compartido con Dios. La causa final de la creación del hombre fue la gloria de Dios. La manifestación original de perfección en la conciencia es el reflejo de la imagen divina con que fue creado (Mt. 5:48; Lc. 6:36). La parte inmaterial se ha visto afectada por la caída, por tanto, quedó contaminada y desorientada. La conciencia es el elemento sensibilizador de la parte inmaterial del hombre. No está sujeta a la voluntad, sino que actúa juzgándola. No es independiente de los otros elementos del hombre, formando todos unidos una experiencia que se llama *vida*. En la acción conjunta de la parte inmaterial del hombre, la mente origina pensamientos, el espíritu discierne su valor, el alma responde a ellos y la conciencia juzga esos pensamientos según su valor moral. El pecado afectó la conciencia quedando contaminada por la caída y convertida en una conciencia corrompida (Tit.

1:15), siendo mala (He. 10:2), acusadora (Jn. 8:9) y contaminada, es decir, ha perdido una gran parte de su sensibilidad (1 Ti. 4:2). La regeneración espiritual con la implantación de Cristo en el creyente (Col.1:1-7), conduce a un nuevo modo de vida (2 Co. 5:17), con una nueva orientación (2 Co. 5:14-15) y una conciencia purificada (He. 10:1-2). Por esta causa la conciencia es potenciada mediante la acción del Espíritu Santo sobre ella (Ro. 9:1). La buena conciencia es el resultado de una vida concordante con la amplia obediencia y sujeción a la voluntad de Dios (4:4; 1 Jn. 3:20-22). Por la regeneración la conciencia juzga las acciones bajo la dimensión espiritual de Cristo, para hacer posible la vida cristiana consecuente (Gá. 2:20). Ésta actúa como indicativo de todo aquello contrario a lo que hubiera sido la actuación de Cristo. Cualquier cosa contraria a esta conciencia renovada, en la libertad del Espíritu es pecaminosa.

Pablo dice que cuando un creyente ve como pecaminoso comer la carne sacrificada a los ídolos, considerándolo como un ritual idolátrico, su participación en la comida, contraria a su conciencia, *contamina* a ésta, por consiguiente, queda debilitada para juzgar convenientemente conforme a Dios. La conciencia ha de orientarse por medio de la Palabra para que juzgue lo bueno y lo malo conforme a la voluntad de Dios. Quien quebranta la voz de la conciencia *se contamina*. Para alguno si comía de la carne de un sacrificio adquiría conciencia de pecado. El apóstol complementa esta enseñanza en su escrito a los Romanos, en el que se lee: *"Yo sé, y confío en el Señor Jesús, que nada es inmundo en sí mismo; mas para el que piensa que algo es inmundo, para él lo es... ¿Tienes tú fe? Tenla para contigo delante de Dios. Bienaventurado el que no se condena a sí mismo en lo que aprueba. Pero el que duda sobre lo que come, es condenado, porque no lo hace con fe; y todo lo que no proviene de fe, es pecado"* (Ro. 14:14, 22, 23).

8. Si bien la vianda no nos hace más aceptos ante Dios; pues ni porque comamos, seremos más, ni porque no comamos, seremos menos.

βρῶμα δὲ ἡμᾶς οὐ παραστήσει τῷ Θεῷ· οὔτε ἐὰν μὴ φάγωμεν
Pero comida a nosotros no recomendará - a Dios; ni si no comiésemos
ὑστερούμεθα, οὔτε ἐὰν φάγωμεν περισσεύομεν.
somos faltos, ni si comiésemos tenemos más.

Análisis y notas del texto griego.

Análisis: βρῶμα, caso nominativo neutro singular del nombre común *comida*; δὲ, partícula conjuntiva que hace las veces de conjunción coordinante, con sentido de *pero, más bien, y, y por cierto, antes bien, entonces*; ἡμᾶς, caso acusativo de la primera persona plural del pronombre personal declinado *a nosotros*; οὐ, adverbio de negación *no*; παραστήσει, tercera persona singular del futuro de indicativo en voz activa del verbo παρίστημι, *poner a disposición, presentarse, recomendar*, aquí *recomendará*; τῷ, caso dativo masculino singular del artículo determinado *el*; Θεῷ, caso dativo masculino singular del nombre divino reclinado *a Dios*; οὔτε, conjunción copulativa formada por crasis[3] de οὔ, *no*, y τε, *y*, equivalente a *y no, ni*; ἐὰν, conjunción *si*; μὴ, partícula que hace funciones de adverbio de negación *no*; φάγωμεν, primera persona plural del segundo aoristo de subjuntivo en voz activa del verbo ἐσθίω, *comer*, aquí *comiéramos*; ὑστερούμεθα, primera persona plural del presente de indicativo en voz pasiva del verbo ὑστερέω, *faltar, estar privado de*, aquí *seremos faltos*; οὔτε, conjunción copulativa formada por crasis[3] de οὔ, *no*, y τε, *y*, equivalente a *y no, ni*; ἐὰν, conjunción *si*; φάγωμεν, primera persona plural del segundo aoristo de subjuntivo en voz activa del verbo ἐσθίω, *comer*, aquí *comiéramos*; περισσεύομεν, primera persona plural del presente de indicativo en voz activa del verbo περισσεύω, *tener más*, aquí *tenemos más*.

βρῶμα δὲ ἡμᾶς οὐ παραστήσει τῷ Θεῷ· Lo secundario de la comida es evidente, porque es secundario delante de Dios. Comer o no comer no nos hace más recomendables delante de Dios. El reino de Dios no consiste en cosas externas (Ro. 14:17). Un alimento no determina, ni en bien ni en mal, la relación con Dios. Vivir en la esfera de las prohibiciones como manera de agradar a Dios, es la forma propia del legalista, que tiene cierta apariencia de reputación en sabiduría pero que es mera apariencia y en muchas ocasiones hipocresía (Col. 2:20-23).

οὔτε ἐὰν μὴ φάγωμεν ὑστερούμεθα, οὔτε ἐὰν φάγωμεν περισσεύομεν. Lo secundario no añade ni disminuye la espiritualidad del creyente. Los que comían se consideraban más fuertes espiritualmente por hacerlo. Estos consideraban como *menos* a los que no comían, pero igual ocurría en sentido contrario, ya que los que no comían consideraban que su abstinencia les acercaba más a Dios. Las carnes no eran asunto sagrado. Comerlas o no comerlas es en sí mismo indiferente delante de Dios. Un alimento no determina ni en bien, ni en mal, nuestra relación con Él.

El abuso de la libertad cristiana (8:9-13)

9. Pero mirad que esta libertad vuestra no venga a ser tropezadero para los débiles.

βλέπετε δὲ μή πως ἡ ἐξουσία ὑμῶν αὕτη πρόσκομμα
Pero mirad no de algún modo la autoridad de vosotros esta estorbo
γένηται τοῖς ἀσθενέσιν.
llegue a ser para los débiles.

---

[3] *Crasis*, palabra griega que equivale a *unión de fuerzas*, en general *unión de elementos*.

Análisis y notas del texto griego.

Análisis: βλέπετε, segunda persona plural del presente de imperativo en voz activa del verbo βλέπω, *ver, mirar, observar*, aquí *mirad*; δὲ, partícula conjuntiva que hace las veces de conjunción coordinante, con sentido de *pero, más bien, y, y por cierto, antes bien, entonces*; μή, partícula que hace funciones de adverbio de negación *no*; πως, adverbio enclítico *en cierto modo, de algún modo*; ἡ, caso nominativo femenino singular del artículo determinado *la*; ἐξουσία, caso nominativo femenino singular del nombre común *autoridad, derecho, privilegio*; ὑμῶν, caso genitivo de la segunda persona plural del pronombre personal declinado *de vosotros*; αὕτη, caso nominativo femenino singular del pronombre demostrativo *esta*; πρόσκομμα, caso nominativo neutro singular del nombre común *estorbo*; γένηται, tercera persona singular del segundo aoristo de subjuntivo en voz media del verbo γίνομαι, *llegar a ser*, aquí *llegue a ser*; τοῖς, caso dativo masculino plural del artículo determinado declinado *para los*; ἀσθενέσιν, caso dativo masculino plural del nombre común *débiles*.

βλέπετε δὲ μή πως ἡ ἐξουσία ὑμῶν αὕτη. Toda libertad tiene un límite. Los corintios que se jactaban de ser fuertes espiritualmente querían y con toda seguridad ejercían sus derechos sin pensar en los hermanos débiles. Por esa razón el apóstol inicia la cláusula con una advertencia solemne que podría parafrasearse de este modo: *Tened sumo cuidado con el uso de vuestra libertad.*

πρόσκομμα γένηται τοῖς ἀσθενέσιν. El razonamiento y la fórmula de los corintios era sencilla: *"Todo me es lícito"* (6:12). Sin embargo, el uso de la libertad verdadera proviene del conocimiento y ese no es de todos. Reconociendo que tenían derecho a comer de la carne que procedía de los sacrificios, Pablo les indica que no permitan que su derecho se convierta en causa de tropiezo, es decir, de pecado para sus hermanos. El mal uso de la libertad derivaba en un obstáculo, una piedra puesta en el camino, que hacía que el hermano débil tropezara en ella y cayese. Esto se convertía en una forma gravísima de pecado, por ser una acción contra el amor a los hermanos. No se trataba de juzgar la dimensión espiritual de los hermanos, sino de no poner tropiezo u ocasión de caer para alguno de ellos (Ro. 14:13). La primera manifestación de verdadera madurez espiritual es la de no ser obstáculo al hermano. Especialmente referido en este caso a la conciencia o reparos de los *débiles* que, por motivos de sensibilidad y opinión, no son capaces de actuar como *fuertes*. Las acciones de éstos son causa de tropiezo a los *débiles*. El ser motivo de tropiezo a otro fue objeto de una solemne advertencia de Cristo: *"Y cualquiera que haga tropezar a alguno de estos pequeños que creen en mí, mejor le fuera que se le colgase al cuello una piedra de molino de asno, y que se le hundiese en lo profundo del mar"* (Mt. 18:6). El Señor usó una terminología muy significativa, como si dijese: *Antes de ser piedra de tropiezo es preferible que se le mate.* La frase del Señor es muy elocuente y dura, al decir que es mejor que tal persona se le ate alrededor del cuello una piedra de molino, no de las pequeñas de la que pudiera desembarazarse, sino de las grandes piedras de molino de grano movidas por animales, y luego sea llevada a un lugar del mar donde haya mucha profundidad y se le arroje allí, de modo que ya no pueda regresar. Esto evitaría el daño irreparable que puede hacérsele a un *niño* en Cristo. Cada cristiano debe tener muy en cuenta el pecado que señaló Jesús y tomar una determinación personal de no ser ocasión de tropiezo para ninguno de ellos. Dicho de otra manera, de no ser una piedra en el camino de un *débil*, esto es, quien no ha alcanzado madurez espiritual y le afectan cosas que a otros maduros en Cristo no les afectarían. El límite de la libertad cristiana concluye donde comienza el problema espiritual para la conciencia del débil. El derecho personal al ejercicio de la libertad concluye cuando las acciones son causa de pecado para otros. El cuidado de los *débiles* es prueba de ser un verdadero cristiano (1 Jn. 2:10).

El sentido aquí de ser *estorbo* a otros es el resultado de un mal proceder de un creyente *fuerte* frente a la conciencia de un hermano *débil* inducido a hacer algo que considera pecado por el mal ejemplo del creyente *fuerte*. No es posible evitar que haya estorbos en el mundo, pero la gravedad está en aquel que es instrumento por medio del que se produce la caída de un hermano. Con todo es necesario también reconocer que existen algunos que sin ser *débiles* fingen que lo son para impedir con su actitud que los cristianos *fuertes* conduzcan a otros en un camino de libertad que ellos alcanzaron, haciéndose débiles para impedir la acción de los otros. Son *caprichosos* a los que no debe prestárseles atención alguna, por ser impedimento en el correcto desarrollo de la obra.

10. Porque si alguno te ve a ti, que tienes conocimiento, sentado a la mesa en un lugar de ídolos, la conciencia de aquel que es débil, ¿no será estimulada a comer de lo sacrificado a los ídolos?

ἐὰν γάρ τις ἴδῃ σὲ[1] τὸν ἔχοντα γνῶσιν ἐν εἰδωλείῳ
Porque si alguno viera te el que tienes conocimiento en lugar de ídolos
κατακείμενον, οὐχὶ ἡ συνείδησις αὐτοῦ ἀσθενοῦς ὄντος
reclinandose a la mesa, ¿no la conciencia de él débil siendo
οἰκοδομηθήσεται εἰς τὸ τὰ εἰδωλόθυτα ἐσθίειν
será animada para - lo sacrificado a ídolos comer?

Análisis y notas del texto griego.

Análisis: ἐὰν, conjunción *si*; γάρ, conjunción causal *porque*; τις, caso nominativo masculino singular del pronombre indefinido *alguien, alguno*; ἴδῃ, tercera persona singular del segundo aoristo de subjuntivo en voz activa del verbo ὁράω, *ver, mirar*, aquí *viere*; σὲ, caso acusativo de la segunda persona singular del pronombre personal declinado *a ti, te*; τὸν, caso acusativo masculino singular del artículo determinado *el*; ἔχοντα, caso acusativo masculino singular del participio de presente en voz activa del verbo ἔχω, *tener, poseer*, aquí *que tiene*; γνῶσιν, caso acusativo femenino singular del nombre común *conocimiento, ciencia*; ἐν, preposición propia de dativo *en*; εἰδωλείῳ, caso dativo neutro singular del nombre común *lugar de ídolos*; κατακείμενον, caso acusativo masculino singular del participio de presente en voz activa del verbo κατάκειμαι, *reclinarse a la mesa*, aquí *reclinándose a la mesa*; οὐχὶ, forma intensificada del adverbio de negación οὐ, forma ática, que se traduce como *no* y se utiliza, como partícula interrogativa en preguntas de las que se espera respuesta afirmativa; ἡ, caso nominativo femenino singular del artículo determinado *la*; συνείδησις, caso nominativo femenino singular del nombre común *conciencia*; αὐτοῦ, caso genitivo masculino de la tercera persona singular del pronombre personal declinado *de él*; ἀσθενοῦς, caso genitivo masculino singular del adjetivo *débil*; ὄντος, caso genitivo masculino singular del participio de presente en voz activa del verbo εἰμί, *ser, estar*, aquí *siendo*; οἰκοδομηθήσεται, tercera persona singular del futuro de indicativo en voz pasiva del verbo οἰκοδομέω, *edificar, construir, animar*, aquí *será animado*; εἰς, preposición propia de acusativo *a, para*; τὸ, caso acusativo neutro singular del artículo determinado *lo*; τὰ, caso acusativo neutro plural del artículo determinado *los*, en sentido de *las cosas*; εἰδωλόθυτα, caso acusativo neutro plural del adjetivo *sacrificado a ídolos*; ἐσθίειν, presente de infinitivo en voz activa del verbo ἐσθίω, *comer*.

Notas. Crítica Textual. Lecturas alternativas.

[1] σὲ, *a ti*, según se lee en א, A, D, L, P, Ψ, 33, 81, 104, 365, 630, 1175, 1241, 1505, 1739, 1881, 2464, 𝔐, sy, co.

El pronombre no está en 𝔓[46], B, F, G, latt.

ἐὰν γάρ τις ἴδῃ σὲ τὸν ἔχοντα γνῶσιν. El apóstol se dirige a los creyentes *fuertes*, los que tienen conocimiento. Este supuesto creyente es de los que teniendo madurez la usa para el ejercicio de su libertad.

ἐν εἰδωλείῳ κατακείμενον, El creyente *débil* descubre al *fuerte* sentado, literalmente *reclinado a la mesa*, es decir, acomodado en un diván, forma habitual de participar en una comida. Ésto ocurría en un *lugar de ídolos* que, se trataba con toda seguridad, de una comida en una sala que se alquilaba en el entorno de un templo para comer juntos los que habían acudido para honrar a uno de los muchos dioses de los romanos.

Era una fiesta social que incluía un sacrificio a alguna divinidad. No era cuestión de carne comprada en la carnicería, sino de participar en una fiesta, vinculada con los ídolos. El tema se desarrollará más extensamente en el capítulo diez.

οὐχὶ ἡ συνείδησις αὐτοῦ ἀσθενοῦς ὄντος οἰκοδομηθήσεται εἰς τὸ τὰ εἰδωλόθυτα ἐσθίειν. El creyente *fuerte* está sirviendo de ejemplo al *débil*, que tiene reparos de conciencia y no está seguro de cómo debe actuar. La participación en el convite festivo en las salas del templo, inducían al *débil* a comer en contra de su propio dictado de conciencia. Pablo utiliza, posiblemente una expresión irónica, ya que el verbo οἰκοδομέω, tiene la acepción de *construir*, *edificar*, con lo que él estaría diciéndole que con su mal uso de la libertad *edificaba*, irónicamente hablando, a su hermano *débil*, es decir, la ironía está en que en lugar de ser edificado, era arruinado. Sin un claro discernimiento espiritual era, por el mal ejemplo de un hermano, inducido a participar no en una comida simplemente, sino en una forma expresiva de idolatría, haciendo algo contrario a lo que su conciencia condenaba. La libertad del fuerte guía al débil no a la edificación, sino a descarriarse del buen camino. Esto concreta la afirmación hecha al iniciar la respuesta sobre este asunto: *"El conocimiento envanece, pero el amor edifica"* (v. 1). Por este envanecimiento que usa la libertad sin ningún miramiento, en lugar de ser instrumento de edificación, basado en un amor por el hermano, es todo lo contrario, motivo de tropiezo para su vida.

11. Y por el conocimiento tuyo, se perderá el hermano débil por quien Cristo murió.

ἀπόλλυται γὰρ ὁ ἀσθενῶν ἐν τῇ σῇ γνώσει, ὁ ἀδελφὸς δι'
Se pierde, pues, el débil por - tú conocimiento, el hermano por
ὃν Χριστὸς ἀπέθανεν.
quien Cristo murió.

Análisis y notas del texto griego.

Análisis: ἀπόλλυται, tercera persona singular del presente de indicativo en voz pasiva del verbo απολλύμι, *perecer, perderse*, aquí *se pierde*; γὰρ, conjunción continuativa *pues*; ὁ, caso nominativo masculino singular del artículo determinado *el*; ἀσθενῶν, caso nominativo masculino singular del adjetivo *débil*; ἐν, preposición propia de dativo *por*; τῇ, caso dativo femenino singular del artículo determinado *la*; σῇ, caso dativo femenino singular del pronombre personal posesivo *tú*; γνώσει, caso dativo femenino singular del nombre común *ciencia, sabiduría, conocimiento*; ὁ, caso nominativo masculino singular del artículo determinado *el*; ἀδελφὸς, caso nominativo masculino singular del nombre común *hermano*; δι', forma contracta de la preposición propia de genitivo διά, *por, por medio de, a causa de*; ὃν, caso acusativo masculino singular del pronombre relativo *el que, el cual, quien*; Χριστὸς, caso nominativo masculino singular del nombre propio *Cristo*; ἀπέθανεν, tercera persona singular del segundo aoristo de indicativo en voz activa del verbo ἀποθνῄσκω, *morir*, aquí *murió*.

ἀπόλλυται γὰρ ὁ ἀσθενῶν ἐν τῇ σῇ γνώσει. El apóstol en la primera frase del versículo llama la atención a las consecuencias que produce en la vida de un hermano *débil*, la acción arrogante de un *fuerte*, que fue incapaz de limitar el ejercicio de su derecho a la libertad a favor de las limitaciones de su hermano. El problema principalmente está en el ejercicio del *conocimiento* del *fuerte*, que no tiene en cuenta que ese conocimiento *no es de todos* (v. 1). El responsable del daño cometido es el que usa mal su libertad cristiana.

ὁ ἀδελφὸς δι' ὃν Χριστὸς ἀπέθανεν. Literalmente, uniendo toda la cláusula: *El hermano se pierde, por el que Cristo murió*. Esta expresión es mal interpretada por algunos y sirve a los wesleyano-arminianos, para sustentar que la salvación puede perderse. Una forma típica de entender de este modo de pensamiento es el párrafo escrito por Benguel: *"Un solo acto al parecer sin importancia, puede producir consecuencias sempiternas. El hermano débil pierde su fe y, si no la recupera, pierde la salvación"*[4].

No cabe duda que de quien habla el apóstol es de un creyente, al que llama *hermano*. La pérdida de salvación contradeciría la verdad bíblica de la eterna seguridad de ella (cf. Jn. 3:15, 16, 36; 5:24; 6:40; 10:27-29; 11:26; Ro. 5:1; 8:1; etc.). El apóstol utiliza en sus escritos tres maneras de expresar la misma idea: a) Habla de *conciencia contaminada* (v. 7); afirma que *se pierde* (v. 11); dice que *es condenado* (Ro. 14:23). No está refiriéndose a la pérdida de salvación, sino a la comisión de pecado que *arruina* o *hecha a perder* la vida cristiana y quita la recompensa y bendición al creyente (Stg. 5:19-20). El Señor usó esa forma en el sentido de una vida que se pierde para Dios (Mt. 10:42; Mr. 9:41). La disciplina para quien persiste en la comisión de un pecado voluntario puede llevar incluso a la pérdida de la vida física (He. 10:26-31; 1 Jn. 5:16). Debe prestársele atención al modo verbal que usa el apóstol para hablar de *perderse* el hermano, que está en presente y no en futuro, es decir, no dice que éste se *perderá*, lo que significaría o podría comprender la eterna pérdida de la salvación, sino que se está perdiendo ya en el momento en que ocurre el hecho, esto es, se *está echando a perder*. El problema que aborda el apóstol es que el hermano *fuerte*, por su

---

[4] Jamieson, Fausset, Brow. *Comentario Exegético y Explicativo de la Biblia*. Buenos Aires.

inconsecuencia está haciendo un grave daño a su hermano *débil*, que quizás resulte irreparable. Pablo piensa en el efecto inmediato, el hermano que ha sido afectado por el mal ejemplo, entra en un camino de perdición de su vida para Dios y no alcanzará recompensa por la comisión de pecado en ella. El que ha sido desorientado espiritualmente, por su concepción de lo relacionado con los ídolos está quebrantando, por pecado su comunión con Cristo mismo.

La dimensión del problema en relación con la acción del *fuerte* es que no solo dejó de pensar en la falta de conocimiento de su hermano y fue para él un tropiezo en su vida espiritual, sino que ha cometido un pecado directo contra Jesucristo, que rescató al hermano al precio de Su vida, vertiendo Su sangre por él. El desprecio a Jesús es evidente. Dos graves pecados cometieron el que dice *tener conocimiento*: a) Menospreció la obra de la Cruz; b) perjudicó a un miembro del cuerpo de Cristo. El hermano con conocimiento ha *arruinado*, *destruido* la vida de uno por quien Cristo puso la Suya.

12. De esta manera, pues, pecando contra los hermanos e hiriendo su débil conciencia, contra Cristo pecáis.

οὕτως δὲ ἁμαρτάνοντες εἰς τοὺς ἀδελφοὺς καὶ τύπτοντες αὐτῶν
Y así pecando contra los hermanos e hiriendo de ellos
τὴν συνείδησιν ἀσθενοῦσαν εἰς Χριστὸν ἁμαρτάνετε.
la conciencia débil contra Cristo pecáis.

Análisis y notas del texto griego.

Análisis: οὕτως, adverbio demostrativo *así*; δὲ, partícula conjuntiva que hace las veces de conjunción coordinante, con sentido de *pero, más bien, y, y por cierto, antes bien, entonces*; ἁμαρτάνοντες, caso nominativo masculino plural del participio de presente en voz activa del verbo ἁμαρτάνω, *pecar*, aquí *pecando*; εἰς, preposición propia de acusativo *contra*; τοὺς, caso acusativo masculino plural del artículo determinado *los*; ἀδελφοὺς, caso acusativo masculino plural del nombre común *hermanos*; καὶ, conjunción copulativa *y*; τύπτοντες, caso nominativo masculino plural del participio de presente en voz activa del verbo τύπτω, *herir, lastimar*, aquí *hiriendo*; αὐτῶν, caso genitivo masculino de la tercera persona plural del pronombre personal declinado *de ellos*; τὴν, caso acusativo femenino singular del artículo determinado *la*; συνείδησιν, caso acusativo femenino singular del nombre común *conciencia*; ἀσθενοῦσαν, caso acusativo femenino singular del adjetivo *débil*; εἰς, preposición propia de acusativo *contra*; Χριστὸν, caso acusativo masculino singular del nombre propio *Cristo*; ἁμαρτάνετε, segunda persona plural del presente de indicativo en voz activa del verbo ἁμαρτάνω, *pecar*, aquí *pecáis*.

οὕτως δὲ ἁμαρτάνοντες εἰς τοὺς ἀδελφοὺς. El que sirve de tropezadero a otro, *peca* contra él. El instrumento para la comisión del pecado es el mal ejemplo que induce a la comisión de lo que para él es incorrecto y contrario a su conciencia. Es pecado por el daño moral cometido contra el otro, induciéndole a transgredir los dictados de su conciencia (v. 10). Es pecado por la ruina producida en sus vidas causándoles un grave problema personal y de relación con Dios (v. 11).

καὶ τύπτοντες αὐτῶν τὴν συνείδησιν ἀσθενοῦσαν. El apóstol habla de una acción que *hiere* la conciencia débil del hermano. La etimología de *herir* en este caso tiene que ver con la acción de golpear con el puño. La conciencia sensible del *débil* recibe un puñetazo que la hiere. Es producirle el dolor del *remordimiento*, al originar en el otro un sentimiento de culpabilidad que le produce un mal grande. Una conciencia herida puede llegar a cauterizarse y hacerse insensible al pecado, llevando al creyente a la ruina espiritual.

εἰς Χριστὸν ἁμαρτάνετε. Pero, la gravedad de la acción aumenta, porque no solo se ha herido la conciencia de un hermano, sino que el pecado es contra Cristo. No debe olvidarse que todo pecado contra el prójimo es un pecado contra Dios. David había cometido un pecado contra Betsabé y otros contra su esposo Urías, pero reconoce que esos pecados habían sido cometidos contra Dios: *"Contra ti, contra ti solo he pecado, y he hecho lo malo delante de tus ojos"* (Sal. 51:4). Una de las razones del pecado contra Dios, pecando contra el hermano está en que se produce el quebrantamiento del amor establecido por Dios mismo: *"...amarás a tu prójimo como a ti mismo"* (Lv. 19:18). Para cada creyente una acción semejante es quebrantar el nuevo mandamiento dado por Cristo (Jn. 13:34). Este pecado es de mucha gravedad en relación con un creyente, por su unión vital con Cristo (12:13). Sobre esto Jesús hizo una solemne advertencia: *"De cierto os digo que en cuanto lo hicisteis a uno de estos mis hermanos más pequeños, a mí lo hicisteis"* (Mt. 25:40). La realidad del daño hecho a Cristo por el daño hecho a un hermano se pone de manifiesto en la pregunta que Jesús hizo a Pablo en el camino a Damasco cuando perseguía a los creyentes: *"Saulo, Saulo ¿por qué me persigues? El dijo: ¿Quién eres, Señor? y Le dijo: Yo soy Jesús, a quien tu persigues..."* (Hch. 9:4-5). La respuesta tuvo que dejar conmocionado a Pablo, aquél que hablaba con él rodeado de gloria era Jesús de Nazaret, a quién él consideraba un maldito, del que negaba Su resurrección y mucho menos podía admitir que estuviera sentado a la diestra de la Majestad en las alturas. Jesús estaba hablándole desde los cielos. Aquella declaración que había sido considerada como una blasfemia, se había convertido para él, en una gloriosa realidad. Jesús no había terminado con

Su muerte, sino que mediante la resurrección y ascensión estaba glorificado en los cielos. Jesús vivía y los cristianos tenían razón y afirmaban una verdad absoluta, que Él era el Hijo de Dios glorificado a la diestra del Padre.

Saulo, derribado en tierra, recibió la primera gran lección de teología sobre la Iglesia, entendiendo que los cristianos y Cristo formaban una unidad inseparable. Años más tarde escribirá la Epístola a los Efesios en donde desarrolla la verdad aprendida en el camino de Damasco. Cuanto había hecho persiguiendo y maltratando a los cristianos, lo había hecho también contra Jesús; de otra manera, Saulo estaba persiguiendo a Dios. Esta relación vinculante entre el Señor y los Suyos había sido considerada antes en el mensaje profético: *"porque el que os toca, toca la niña de su ojo"* (Zac. 2:8). Pablo aprendió aquí que cuanto se haga a un cristiano se hace también a Cristo (Ef. 1:23; 2:6). Es más, no sólo oyó la voz de Jesús, sino que lo vio personalmente, como luego dirá Ananías (Hch. 9:17) y Bernabé (Hch. 9:27). Convertido en apóstol de Cristo, recordaría a los corintios que Él había visto al Señor (9:1; 15:8). Esta lección debe ser recordada por cada uno de los cristianos, en sus relaciones con los hermanos. Todo desprecio hacia un miembro del cuerpo es un desprecio a la Cabeza; cualquier desprestigio a uno de los cristianos, es una acción directamente realizada contra el Señor en quien está. Por eso el sufrimiento provocado a un hermano es hecho a Cristo mismo (Col. 1:24).

13. Por lo cual, si la comida le es a mi hermano ocasión de caer, no comeré carne jamás, para no poner tropiezo a mi hermano.

διόπερ εἰ βρῶμα σκανδαλίζει τὸν ἀδελφόν μου, οὐ μὴ φάγω
Por lo que si comida ofende al hermano de mí, jamás comiera
κρέα εἰς τὸν αἰῶνα, ἵνα μὴ τὸν ἀδελφόν μου σκανδαλίσω.
carne por - siempre, para que no el hermano de mí ofendiera.

Análisis y notas del texto griego.

Análisis: διόπερ, conjunción *por lo que*; εἰ, conjunción afirmativa *si*; βρῶμα, caso nominativo neutro singular del nombre común *comida*; σκανδαλίζει, tercera persona singular del presente de indicativo en voz activa del verbo σκανδαλίζω, *ofender, escandalizar, ser tropiezo, ser motivo de caída*, aquí *se ofende*; τὸν, caso acusativo masculino singular del artículo determinado declinado *al*; ἀδελφόν, caso acusativo masculino singular del nombre común *hermano*; μου, caso genitivo de la primera persona singular del pronombre personal declinado *de mí*; οὐ, adverbio *no*; μὴ, partícula que hace funciones de adverbio de negación *no*, los dos juntos equivalen a *jamás, de ningún modo*; φάγω, primera persona singular del aoristo primero de subjuntivo en voz activa del verbo εσθίω, *comer*, aquí *comiera*; κρέα, caso acusativo neutro plural del nombre común *carne*; εἰς, preposición propia de acusativo *por*; τὸν, caso acusativo masculino singular del artículo determinado *el*; αἰῶνα, caso acusativo masculino singular del nombre común *siglo, eternidad*; ἵνα, conjunción causal *porque*; μὴ, partícula que hace funciones de adverbio de negación *no*; τὸν, caso acusativo masculino singular del artículo determinado declinado *al*; ἀδελφόν, caso acusativo masculino singular del nombre común *hermano*; μου, caso genitivo de la primera persona singular del pronombre personal declinado *de mí*; σκανδαλίσω, primera persona singular del aoristo primero de subjuntivo en voz activa del verbo σκαδαλίζω, *escandalizar, ofender, ser tropiezo*, aquí *ofendiera*.

διόπερ. El apóstol concluye la enseñanza de este párrafo, alcanzando una posición dependiente de cuanto dijo antes. A causa de cuanto consideró es preciso tomar una posición práctica en relación con el modo de actuar con los hermanos, de forma especial con los *débiles*. Los corintios habían preguntado a Pablo qué debían hacer en relación a carnes procedentes de los sacrificios que se vendían en la carnicería.

εἰ βρῶμα σκανδαλίζει τὸν ἀδελφόν μου, Si la comida es ocasión de escándalo para el hermano, era piedra de tropiezo puesta en el camino del débil, de otro modo escandalizar al hermano es inducirle a la caída y cometer una ofensa contra él y contra el Señor, como se ha considerado antes. Es preciso recordar la advertencia del Señor, mencionada antes (Mt. 18:6).

οὐ μὴ φάγω κρέα εἰς τὸν αἰῶνα, ἵνα μὴ τὸν ἀδελφόν μου σκανδαλίσω. La decisión a tomar es radical: *"No comeré carne jamás"*. Es una expresión hiperbólica la que se usa aquí, literalmente *no comeré carne por la eternidad* o *por siempre*. Esta determinación exige cancelar los privilegios de conocimiento para tomar el camino del amor. No hay nada que no pueda ser dejado antes de ser escándalo a otros. Pablo apela en el pasaje a conceptos espirituales de amor y ayuda al hermano, mucho más elevados que el acuerdo del concilio de Jerusalén (Hch. 15:19-20). La gran lección del pasaje es la necesidad de someter la libertad cristiana a la edificación de un hermano. Los *fuertes* deben adaptar su estilo de vida cuando sus acciones puedan ser piedra de tropiezo a los débiles.

Poco hay que resaltar o destacar en las consideraciones apostólicas que se han comentado. Sin embargo, será bueno hacer notar que no todos los que se llaman a ellos mismo *débiles* y se muestran ofendidos por el uso de la libertad cristiana de otros hermanos, deben considerarse de ese modo. En ocasiones son hermanos *legalistas*, deseosos de imponer a otros sus estrechos criterios. No siendo capaces de establecer para ello una base bíblica sólida, acuden a subterfugio de hacerse los *débiles* y reclamar sus derechos de no ser ofendidos por las prácticas de otros. Estos hermanos no son débiles, sino voluntariosos que desean que todos se dobleguen a sus puntos de vista. Inamovibles no en mantenimiento de la doctrina, sino de las costumbres y tradiciones que impregnan sus vidas. Son los que con sus demandas mantienen en la esclavitud espiritual a quienes Cristo ha hecho libres. ¿Qué hacer con los tales? En absoluto someterse a sus caprichos, sino avanzar convenientemente en el uso de la correcta libertad cristiana, para no mantener una estructura eclesial esclavizante que no procede de Dios y constriñe la libertad del Espíritu. El apóstol dirá en su escrito a los gálatas: *"Todos los que quieren agradar en la carne, estos os obligan a que os circuncidéis, solamente para no padecer persecución a causa de la cruz de Cristo. Porque ni aun los mismos que se circuncidan guardan la ley, pero quieren que vosotros os circuncidéis, para gloriarse en vuestra carne"* (Gá. 6:12-13). La apariencia, alcanzar el agrado de los hombres que demandan limitaciones para manifestar una buena actitud conforme a sus formas, no es espiritualidad, sino *carnalidad.* Es el espíritu propio de los fariseos, que en cuanto hacían, revestido de apariencia de piedad, buscaban ser alabados por los hombres (Mt. 6:2, 5). Hay creyentes que se han empeñado en defender, lo que para ellos es asunto doctrinal prioritario, cuando lo que realmente buscan con ello no es la defensa de la verdad, sino la defensa de sus personas y de sus criterios personales. No son piadosos, son intransigentes con otras formas de pensamiento. Debe prestarse atención a estas situaciones que son piedra de tropiezo para muchos *niños en Cristo.*

Está manifiestamente presente en el pasaje el camino del amor. La actitud del hermano *fuerte* hacia el *débil* ha de ser esencialmente de amor edificante y no de arrogancia destructiva. Los fuertes han de seguir el camino del amor voluntariamente, no porque el débil lo exija. El que ha sido llamado a libertad vive para la gloria del Señor. Se goza en su nueva ciudadanía y vive en consonancia con ella (Gá. 5:13). La expresión de la verdadera libertad tiene como meta el servicio de los unos a los otros en amor. La libertad a que hemos sido llamados no es la libre disposición de la persona, sino la entrega de esta a los demás. La verdadera libertad no abre la puerta al egoísmo de la carne, sino que lo condena y excluye. El que vive la libertad, porque vive a Cristo, actúa de una manera semejante a Su ejemplo. El uso legítimo de la libertad limita las acciones por amor a hermanos débiles (6:12; 8:9, 13; 9:12, 19, 22; 10:23, 24; 11:1). El ejemplo a imitar es el del Señor que *"me amó y se entregó a sí mismo por mí"* (Gá. 2:20b). No habrá tarea gravosa para quien ama a su hermano, si es consciente de hasta donde fue amado él.

CAPÍTULO IX

EL EJEMPLO DE PABLO

Introducción

El apóstol está tratando del problema de las relaciones sociales entre creyentes, especialmente en lo que tiene que ver con las comidas procedentes de sacrificios a los ídolos. En el tratamiento de esta cuestión enseña sobre el ineludible deber de renunciar a los privilegios personales en favor de aquellos que son débiles, espiritualmente hablando, buscando no serles de tropiezo.

La enseñanza, claramente expresada en el capítulo anterior, es tratada ahora bajo su propio ejemplo personal de renuncia a los derechos que, como apóstol, tenía, de modo que nadie pensara que las demandas eran para los lectores, sino que el propio apóstol se mostraba como ejemplo práctico de cuanto enseñaba, cumpliéndolo primeramente él.

Las evidencias de su apostolado eran incuestionables. No solo había establecido iglesias, como era el caso de Corinto, sino que, como el resto de los apóstoles había visto al Señor y había sido enviado por Él como apóstol Suyo. Sin embargo, no se había aprovechado de los derechos que tenía, como hizo, de forma especial en Corinto.

En el capítulo Pablo detalla algunos de los derechos que le asistían como apóstol, especialmente en lo que se refiere al sustento, tanto de él como de una posible familia que hubiera podido tener. El detalle de estos derechos será apoyado en lo que sigue por referencias directas que hace a la Palabra, y por los argumentos sociales que usa para estas consideraciones, bien conocidos por todos los lectores (vv. 1-11).

Sin duda el apostolado de Pablo era cuestionado por algunos, de ahí que introduzca el texto mediante el tan usado modo de preguntas reflexivas. Las cuatro que utiliza exigen una respuesta afirmativa por parte de los lectores. La primera aborda la cuestión de su apostolado; la segunda recuerda la libertad que le asistía; la tercera tiene que ver con la exigencia para ser apóstol de haber visto al Señor; la cuarta plantea la evidencia real de su apostolado que eran los mismos corintios (v. 1). Lo hecho en Corinto, era seguridad de ser apóstol de Jesucristo (v. 2). Con todo, él mismo afirma que hay algunos que le acusaban, no solo poniendo en duda su apostolado, sino incluso los motivos de su trabajo (v. 3).

Como apóstol, ministro de Cristo tenía derecho a ser sostenido, por servir a tiempo completo en el ministerio, tanto él como su esposa (v. 4). De igual modo, no sólo como apóstol sino como hombre creyente, tenía derechos al casamiento y a viajar con su esposa, como hacían otros de los apóstoles (v. 5). Les recuerda también que tanto él como su compañero de ministerio Bernabé, trabajaban para obtener su sustento cotidiano (v. 6). Ilustrando esto apela, nuevamente mediante preguntas retóricas, a los ejemplos de los que están en la milicia, los labradores y los pastores que, trabajando en sus respectivas actividades, disfrutan del salario o la participación en aquello que produce su trabajo (v. 7). En este momento apela a la Escritura para afirmar lo que acaba de decir, mencionando uno de los mandamientos de la ley (vv. 8-9), para hacer inmediatamente la aplicación espiritual del texto bíblico (v. 10). Tanto él como el equipo que le acompañaba, se ocuparon de la vida espiritual de los creyentes, de modo que ese trabajo hecho, debía recibir la compensación material que les permitiese vivir sin tener que trabajar secularmente (v. 11). Este derecho era reconocido por los corintios para los demás maestros (v. 12). El párrafo se cierra recordando a los lectores lo establecido por el Señor que quienes anuncian el evangelio, vivan del evangelio (vv. 13-14).

El segundo párrafo (vv. 15-18), el apóstol se ocupa de cómo han de ejercerse correctamente los derechos que cada uno tenga. Él no se había aprovechado de los suyos, prefiriendo las estrecheces y el trabajo que perder la bendición de servir sin recibir nada de los que eran servidos por él (v. 15). La misión que había recibido le impulsaba al trabajo encomendado y entendía la responsabilidad en que incurría si no cumplía ese ministerio (v. 16). Él estaba decidido a no abandonar el trabajo, sin importarle el entorno en que hubiera de desarrollarlo, hasta el extremo de entender que debía presentar gratuitamente el evangelio, renunciando a los derechos de apóstol (vv. 17-18).

La tercera sección del pasaje (vv. 19-27), recoge otras razones del apóstol para vivir en la forma en que lo hacía, mostrando el gran ejemplo de lo que antes había demandado a los creyentes y lo que seguirá en el próximo capítulo. Renunciando a sus derechos se adapta a cada grupo social, sin hacerse fuerte exhibiendo sus derechos, tratando a los judíos como si él lo fuese; a los gentiles como si hubiera sido de su condición; a los hermanos débiles como si fuese también él débil, con el objetivo de que, mediante la renuncia a sus derechos, pudiera acercarse a cada grupo para que de cada uno de ellos hubiese quienes recibiesen la verdad del evangelio y algunos fuesen salvos, haciéndose copartícipe del mensaje que proclamaba (vv. 19-23). La determinación de renunciar a lo que era lícito, estaba en la determinación de los deportistas que corrían en el estadio buscando una corona que era pasajera. Los creyentes, tomando también ese ejemplo bien conocido por ellos, debían practicar la renuncia para obtener el premio en la carrera cristiana (vv. 24-25). Cierra el párrafo recordando a los lectores que solo con renuncia se alcanza el premio de la vocación cristiana (vv. 26-27).

Para el comentario del capítulo se sigue el *bosquejo analítico*, que se anticipó en la *introducción*, como sigue:

2. El ejemplo de Pablo (9:1-27).
   2.1. Los derechos de Pablo (9:1-14).
   2.2. El uso correcto de los derechos (9:15-18).
   2.3. El objetivo de la renuncia a los derechos (9:19-27).

El ejemplo de Pablo (9:1-27)

Los derechos de Pablo (9:1-14)

1. ¿No soy apóstol? ¿No soy libre? ¿No he visto a Jesús el Señor nuestro? ¿No sois vosotros mi obra en el Señor?

Οὐκ εἰμὶ ἐλεύθερος οὐκ εἰμὶ ἀπόστολος οὐχὶ Ἰησοῦν τὸν
¿No soy libre? ¿No soy apóstol? ¿No a Jesús el
Κύριον ἡμῶν ἑόρακα οὐ τὸ ἔργον μου ὑμεῖς ἐστε ἐν Κυρίῳ
Señor de nosotros he visto? ¿No la obra de mí vosotros sois en Señor?

Análisis y notas del texto griego.

Análisis: Οὐκ, forma escrita del adverbio de negación *no*, con el grafismo propio ante una vocal con espíritu suave o una enclítica; εἰμὶ, primera persona singular del presente de indicativo en voz activa del verbo εἰμί, *ser, estar*, aquí *soy*; ἐλεύθερος, caso nominativo masculino singular del adjetivo *libre*; οὐκ, forma escrita del adverbio de negación *no*, con el grafismo propio ante una vocal con espíritu suave o una enclítica; εἰμὶ, primera persona singular del presente de indicativo en voz activa del verbo εἰμί, *ser, estar*, aquí *soy*; ἀπόστολος, caso nominativo masculino singular del nombre común *apóstol*; οὐχὶ, forma intensificada del adverbio de negación οὐ, forma ática, que se traduce como *no* y se utiliza, como partícula interrogativa en preguntas de las que se espera respuesta afirmativa; Ἰησοῦν, caso acusativo masculino singular del nombre propio *Jesús*; τὸν, caso acusativo masculino singular del artículo determinado *el*; Κύριον, caso acusativo masculino singular del nombre divino *Señor*; ἡμῶν, caso genitivo de la primera persona plural del pronombre personal declinado *de nosotros*; ἑόρακα, primera persona singular del perfecto de indicativo en voz activa del verbo ὁράω, *ver, mirar*, aquí *he visto*; οὐ, adverbio de negación *no*; τὸ, caso nominativo neutro singular del artículo determinado *el*; ἔργον, caso nominativo neutro singular del nombre común *obra, trabajo*; μου, caso genitivo de la primera persona singular del pronombre personal declinado *de mí*; ὑμεῖς, caso nominativo de la segunda persona plural del pronombre personal *vosotros*; ἐστε, segunda persona plural del presente de indicativo en voz activa del verbo εἰμί, *ser, estar*, aquí *sois*; ἐν, preposición propia de dativo *en*; Κυρίῳ, caso dativo masculino singular del nombre divino *Señor*.

Οὐκ εἰμὶ ἐλεύθερος. El apóstol introduce el párrafo en el que va a ponerse de ejemplo sobre el correcto uso de los derechos, haciéndolo como es su estilo, mediante preguntas retóricas que exigen una respuesta positiva, todas ellas tienen que ver con su vida y apostolado. A simple vista pareciera ser un paréntesis o, si se prefiere mejor, un interludio que se inserta entre dos párrafos que tratan sobre el uso de la libertad cristiana. Sin embargo, al considerarlas con detenimiento se aprecia que es una forma continuativa, perfectamente vinculada con lo que antecede y lo que seguirá después.

En algunos mss. la primera pregunta es la referida a ser apóstol, pero los más seguros ponen en primer lugar la que se considera: *"¿No soy yo libre?"*. Pablo tenía su derecho a usar de la libertad que como cristiano tenía, como hacían sobre todo los que se consideraban con *conocimiento*, los que se sentían *fuertes* frente a sus hermanos más débiles, los que comían lo sacrificado a los ídolos como algo sin importancia. Su libertad de cristiano era igual a la de cualquier otro (Gá. 5:1). Ésta le daba derecho a regular su conducta conforme a su propia convicción de lo que es justo y lícito. Estaba libre para adaptarse o no a las opiniones de otros. Es la consecuencia personal del tema tratado en el capítulo anterior. Con esta pregunta llama la atención de los que se consideran libres y cuyo lema era: *"Todas las cosas me son lícitas"* (6:12). El uso conveniente de la libertad está vinculado a las demandas del último versículo del capítulo anterior. Esta libertad suya la limitará como se considerará más adelante (vv. 19-22).

οὐκ εἰμὶ ἀπόστολος. Como un paso más en la llamada a reflexión de los lectores, añade aquí la pregunta que tiene que ver con la realidad de su condición de apóstol. No solo era como cristiano, libre, sino que tenía también la autoridad como apóstol de Jesucristo. Algunos –no solo en la iglesia en Corinto, sino en otras- negaban que Pablo fuese apóstol al mismo nivel que los Doce. Cuatro condiciones eran necesarias para el apostolado: 1) Ser comisionado para el apostolado por Cristo mismo en presencia de testigos; 2) Haber visto al Señor resucitado; 3) Hacer las *señales* de apóstol; 4) Tener la evidencia del resultado de su labor. En cuanto a la primera señal, Pablo había recibido la comisión apostólica en presencia de testigos. El Señor se lo manifestó a Ananías, cuando le mandó visitarlo para la recuperación de la vista (Hch. 9:15-16). Del mismo modo había visto al Señor resucitado. Es más, no solo lo vio resucitado, como los Doce, sino que lo vio glorificado, rodeado de la majestad divina que tiene sentado a la diestra de Dios (Hch. 9:3, 17; 18:9; 22:14, 18; 23:11; 1 Co. 15:8). Las señales de apóstol eran manifiestas, en *"señales, prodigios y milagros"*, muchos de los cuales tuvieron lugar en presencia de los hermanos corintios (2 Co. 12:12). El éxito de su labor estaba atestiguado en el establecimiento de iglesias como resultado del trabajo apostólico efectuado. Los enemigos de Pablo tenían que callar porque quedaban sin argumentos. Él era realmente un apóstol de Cristo. Como tal era un enviado del Señor que sólo podía conferirle tal mandato. Si realmente era apóstol, como lo evidencian los hechos que le rodeaban, tenía, por tanto, todas las prerrogativas de apóstol y estaba al mismo nivel que cualquier otro, entre ellos el que había liderado el colegio apostólico. Ninguno de ellos podía mostrar mayores evidencias.

οὐχὶ Ἰησοῦν τὸν Κύριον ἡμῶν ἑόρακα. Ciertamente había visto al Señor, no solo en el camino a Damasco, sino en otras ocasiones. Los otros apóstoles habían sido enseñados directamente por Jesús, también él, habiendo recibido las instrucciones y revelaciones del evangelio directamente (Gá. 1:11-12). No había sido instruido por otros apóstoles, ni por maestros en la iglesia. Por las dificultades encontradas a causa de la contradicción de los judíos, se había refugiado por un tiempo fuera de Israel, donde fue instruido directamente por el Señor. Pablo afirma que su conocimiento lo recibió de *nuestro Señor*, título que designa a Cristo como Soberano en la iglesia, con derecho a designar a los apóstoles conforme a Su soberanía (Gá. 1:1; Hch. 1:24-26).

οὐ τὸ ἔργον μου ὑμεῖς ἐστε ἐν Κυρίῳ. Sobre otra de las evidencias de su condición de apóstol, les remite a ellos mismos. La iglesia en Corinto era una manifestación clara del éxito en la labor de apostolado. La gloriosa realidad de que aquellos hermanos *estén en el Señor*, es el resultado de la predicación de Pablo. La *obra del Señor* es también el resultado del poder del Señor actuando a favor de Pablo. Ante la obra en la ciudad de Corinto, y el resultado de una iglesia establecida allí, podía decir como expresa a los filipenses: *"Todo lo puedo en Cristo que me fortalece"* (Fil. 4:13). Esta obra del Señor es, en resumen, el poder del Señor actuando en Pablo (15:10). Ya lo hizo notar antes (3:6). No solo se trataba del poder del Señor en la fundación de la iglesia, sino de ese poder manifestado durante todo el tiempo que el apóstol estuvo consolidando la obra e instruyendo a los cristianos en aquel lugar. No debe olvidarse el testimonio que da de su situación personal en el tiempo de la fundación de la iglesia, de modo que no usó palabras de excelencia y sabiduría humanas, y había estado entre ellos con debilidad y mucho temor y temblor, de modo que la fe de aquellos estaba fundada en el poder de Dios y no en la sabiduría del hombre (2:1-5). Es a esta experiencia de la presencia de Cristo en la obra de Pablo, que apela en los dos versículos siguientes. Ellos eran su obra *en el Señor*.

2. Si para otros no soy apóstol, para vosotros ciertamente lo soy; porque el sello de mi apostolado sois vosotros en el Señor.

εἰ ἄλλοις οὐκ εἰμὶ ἀπόστολος, ἀλλά γε ὑμῖν εἰμι· ἡ γὰρ
Si para otros no soy apóstol, para vosotros ciertamente soy; porque el
σφραγίς μου τῆς[1] ἀποστολῆς ὑμεῖς ἐστε ἐν Κυρίῳ.
sello de mí - apostolado vosotros sois en Señor

Análisis y notas del texto griego.

Análisis: εἰ, conjunción *si*; ἄλλοις, caso dativo masculino singular del pronombre indefinido declinado *para otros*; οὐκ, forma escrita del adverbio de negación *no*, con el grafismo propio ante una vocal con espíritu suave o una enclítica; εἰμὶ, primera persona singular del presente de indicativo en voz activa del verbo εἰμί, *ser, estar*, aquí *soy*; ἀπόστολος, caso nominativo masculino singular del nombre común *apóstol*; ἀλλά, conjunción *para*; γε, partícula enclítica que añade énfasis a la palabra con la que se asocia, *al menos, por lo menos, de todos modos, de cierto, por cierto, exactamente*, y también con encarecimiento *aún, incluso, siquiera,* en ocasiones no tiene traducción; ὑμῖν, caso dativo de la segunda persona plural del pronombre personal declinado *para vosotros*; εἰμι, primera persona singular del presente de indicativo en voz activa del verbo εἰμί, *ser, estar*, aquí *soy*; ἡ, caso nominativo femenino singular del artículo determinado *la*; γὰρ, conjunción causal *porque*; σφραγίς, caso nominativo femenino singular del nombre común *sello*; μου, caso genitivo de la primera persona singular del pronombre personal declinado *de mí*; τῆς, caso genitivo femenino singular del artículo determinado *la*; ἀποστολῆς, caso genitivo femenino singular del nombre común *apostolado*; ὑμεῖς, caso nominativo de la segunda persona plural del pronombre personal *vosotros*; ἐστε, segunda persona plural del presente de indicativo en voz activa del verbo εἰμί, *ser, estar*, aquí *sois*; ἐν, preposición propia de dativo *en*; Κυρίῳ, caso dativo masculino singular del nombre divino *Señor*.

Notas. Crítica Textual. Lecturas alternativas.

[1] μου τῆς, *de mi la*, según lectura en a, B, P, 33, 104, 1739.

ἐμῆς τῆς, *de mi la,* en este caso como adjetivo pronominal posesivo, según 𝔓[46vid], D, F, G, K, L, Ψ, 81, 365, 630, 1175, 1241, 1505, 1881, 2464, 𝔐, sy.

εἰ ἄλλοις οὐκ εἰμὶ ἀπόστολος, El apostolado de Pablo era cuestionado por algunos, especialmente los de ascendencia judía, que discutían su condición de apóstol. El violento odio que despertó la conversión de Saulo, transcendía al pensamiento de algunos, incluso de quienes era *judíos mesiánicos*. Estos iban tras él, a las iglesias que fundaba, para despertar recelos sobre su persona y ministerio, cuestionando la justificación por la fe sin la circuncisión y el cumplimiento de los preceptos legales. Estos cuestionaban la realidad del apostolado paulino o, por lo menos, lo presentaban como un apóstol inferior a los Doce. Él dice que *para algunos no soy apóstol*. Un argumento que usaban es que no cumplía una de las condiciones de los apóstoles, que era la de haber estado con Jesús durante el tiempo de Su ministerio (Hch. 1:21-22).

ἀλλά γε ὑμῖν εἰμι· Sin cuestionar ni argumentar nada, afirma que, si para otros no era apóstol, para los corintios sí lo era.

ἡ γὰρ σφραγίς μου τῆς ἀποστολῆς ὑμεῖς ἐστε ἐν Κυρίῳ. Ellos no podían negar la apostolicidad de Pablo, porque no podía ser cuestionada, ya que ellos eran *el sello* de su apostolado. Había sido el instrumento para llevarlos a Cristo. Ellos estaban ahora en el Señor, como consecuencia de la evangelización de Pablo.

Los dos dativos del versículo, *para otros* y *para vosotros*, no son solamente dativos de apreciación, sino dativos de relación. La iglesia había sido fundada por él, de modo que, si otras no aceptaban la relación de apóstol, los corintios no tenían otra opción que asumirla puesto que habían dependido de él y de su trabajo apostólico desde el principio. El final de la oración es elocuente porque eran el sello de su apostolado *en el Señor*, que expresa la unión de Pablo con Cristo y la eficiencia de Cristo en el apostolado de Pablo. La fundación de la iglesia en Corinto, es como el sello que ponía de manifiesto que realmente había sido elegido por el Señor y enviado al ministerio apostólico, de otro modo, era una de sus credenciales de apóstol. La salvación de los corintios se operó en la respuesta de fe que dieron al mensaje del evangelio predicado por Pablo. Se trataba, pues, de una obra divina en toda la extensión, pero, el instrumento operativo no podía ser otra cosa que el refrendo a su condición de mensajero enviado por Él.

3. Contra los que me acusan, ésta es mi defensa:

Ἡ	ἐμὴ	ἀπολογία	τοῖς	ἐμὲ ἀνακρίνουσιν	ἐστιν	αὕτη.
-	mi	defensa	para los	que me acusan	es	esta.

Análisis y notas del texto griego.

Análisis: Ἡ, caso nominativo femenino singular del artículo determinado *la*; ἐμὴ, caso nominativo femenino singular del adjetivo posesivo *mi*; ἀπολογία, caso nominativo femenino singular del nombre común *apología, defensa*; τοῖς, caso dativo masculino plural del artículo determinado declinado *a los, para los*; ἐμὲ, caso acusativo de la primera persona singular del pronombre personal declinado *a mí, me*; ἀνακρίνουσιν, caso dativo masculino plural del participio de presente en voz activa del verbo ἀνακρίνω, *cuestionar, examinar, evaluar, juzgar, acusar*, aquí *que acusan*; ἐστιν, tercera persona singular del presente de indicativo en voz activa del verbo εἰμί, *ser, estar*, aquí *es*; αὕτη, caso nominativo femenino singular del pronombre demostrativo *ésta*.

Ἡ ἐμὴ ἀπολογία τοῖς ἐμὲ ἀνακρίνουσιν ἐστιν αὕτη. Su condición como apóstol ha sido señalada, pero, va a hacer una aplicación personal a su condición individual en este sentido, a partir del versículo que sigue. Este es usado como puente de conexión con lo que escribe a continuación.

Sin embargo, es de notar que el apóstol está refiriéndose a sus acusadores, los que niegan su condición. El verbo ἀνακρίνω, tiene varias acepciones como *cuestionar, examinar, evaluar, juzgar*, pero también *acusar*, que probablemente sea la que se debe usar aquí. Aquellos detractores *examinaban* su apostolado para encontrar evidencias en contra, poder *juzgarlo* y condenarlo negando que fuese un apóstol. Los enemigos de él solían presentarlo como un discípulo de los apóstoles que se había rebelado contra sus maestros. Como dice Archibal Thomas Robertson: *"Cuan a menudo se encuentra el pastor bajo el microscopio del crítico"*[1].

Con todo, aunque pudieran venir las acusaciones y evaluaciones de otros, como se ha dicho antes, es también muy posible que del partido *anti-Pablo* que se había formado o se estaba formando en la iglesia surgiera ese juicio contra él. Sin duda cuestionaban la naturaleza de la aparición por la que Cristo le confirió el apostolado. Posiblemente había otras cuestiones que procuraban empañar el ministerio de Pablo y generar dudas en relación con su persona. Sin embargo, si era indiscutible su apostolado por las evidencias, luego tenía unos derechos que va a exponer en lo que sigue.

---

[1] Archibald Thomas Robertson. *Imágenes verbales en el Nuevo Testamento*. Clie 1989, Vol. 4, pág. 200.

4. ¿Acaso no tenemos derecho de comer y beber?

μὴ οὐκ ἔχομεν ἐξουσίαν φαγεῖν καὶ πεῖν
¿Acaso no tenemos derecho de comer y beber?

Análisis y notas del texto griego.

Análisis: μὴ, partícula que hace funciones de adverbio de negación condicional *no*, en este sentido anticipando al adverbio de negación debe traducirse como *acaso*; οὐκ, forma escrita del adverbio de negación *no*, con el grafismo propio ante una vocal con espíritu suave o una enclítica; ἔχομεν, primera persona plural del presente de indicativo en voz activa del verbo ἔχω, *tener*, aquí *tenemos*; ἐξουσίαν, caso acusativo femenino singular del nombre común *derecho, potestad*; φαγεῖν, segundo aoristo de infinitivo en voz activa del verbo ἐσθίω, *comer*; καὶ, conjunción copulativa *y*; πεῖν, aoristo segundo de infinitivo en voz activa del verbo πίνω, *beber*.

μὴ οὐκ ἔχομεν ἐξουσίαν φαγεῖν καὶ πεῖν. La frase puede representar alguna dificultad en una lectura sin detenerse. Todos tienen derecho a comer y a beber. Es una referencia a la comida cotidiana. Pero, es preciso observar el plural de la oración, *nosotros*. No habla de él solamente, sino de otros que están con él. Debía estar incluyendo a Bernabé y a sus colaboradores (v. 6). Pero, la frase debe entenderse como una referencia a que el alimento cotidiano debía ser a cuenta de la iglesia. No se está refiriendo ya a comidas que contenían carne sacrificada a ídolos, eso lo consideró antes. Está hablando del derecho que tiene para no trabajar secularmente y ser mantenido por la iglesia. Pablo está refiriéndose al derecho que como apóstol tenía de ser sostenido como persona dedicada al ministerio a tiempo completo.

5. ¿No tenemos derecho de traer con nosotros una hermana por mujer como también los otros apóstoles, y los hermanos del Señor, y Cefas?

μὴ οὐκ ἔχομεν ἐξουσίαν ἀδελφὴν γυναῖκα περιάγειν ὡς
¿Acaso no tenemos derecho hermana mujer llevar con nosotros como
καὶ οἱ λοιποὶ ἀπόστολοι καὶ οἱ ἀδελφοὶ τοῦ Κυρίου
también los otros apóstoles y los hermanos del Señor
καὶ Κηφᾶς
y Cefas?

Análisis y notas del texto griego.

Análisis: μὴ partícula que hace funciones de adverbio de negación condicional *no*, en este sentido anticipando al adverbio de negación debe traducirse como *acaso*; οὐκ, forma escrita del adverbio de negación *no*, con el grafismo propio ante una vocal con espíritu suave o una enclítica; ἔχομεν, primera persona plural del presente de indicativo en voz activa del verbo ἔχω, *tener*, aquí *tenemos*; ἐξουσίαν, caso acusativo femenino singular del nombre común *derecho, potestad*; ἀδελφὴν, caso acusativo femenino singular del nombre común *hermana*; γυναῖκα, caso acusativo femenino singular del nombre común *mujer, esposa*; περιάγειν, presente de infinitivo en voz activa del verbo περιάγω, en sentido transitivo *llevar consigo*; ὡς, adverbio de modo, *como*, que hace las veces de conjunción comparativa; καὶ, adverbio de modo *también*; οἱ, caso nominativo masculino plural del artículo determinado *los*; λοιποὶ, caso nominativo masculino plural del adjetivo *demás, otros*; ἀπόστολοι, caso nominativo masculino plural del nombre común *apóstoles*; καὶ, conjunción copulativa *y*; οἱ, caso nominativo masculino plural del artículo determinado *los*; ἀδελφοὶ, caso nominativo masculino plural del nombre común *hermanos*; τοῦ, caso genitivo masculino singular del artículo determinado declinado *del*; Κυρίου, caso genitivo masculino singular del nombre divino *Señor*; καὶ, conjunción copulativa *y*; Κηφᾶς, caso nominativo masculino singular del nombre propio *Cefas*.

μὴ οὐκ ἔχομεν ἐξουσίαν ἀδελφὴν γυναῖκα περιάγειν. Además del derecho a la comida, hace referencia al derecho del sostenimiento de la familia. La pregunta reflexiva es elocuente. Ellos, esto es, Pablo y sus colaboradores, tenían derecho de matrimonio con una mujer creyente. Aquí alude a la esposa como compañera de los viajes misioneros. La familia, en este caso la esposa, debía ser sustentada también por la iglesia.

ὡς καὶ οἱ λοιποὶ ἀπόστολοι καὶ οἱ ἀδελφοὶ τοῦ Κυρίου. Aquel derecho no era demandado sólo por Pablo para él y su equipo, puesto que había el ejemplo de los *otros*, los *demás* apóstoles, los *hermanos del Señor* y también Pedro. La idea del celibato en los que sirven a pleno tiempo en la obra de Dios, no está sustentada en la Biblia. La Vulgata traduce: *"una mujer como hermana"*, pero, realmente la frase es muy precisa en el texto griego: *una hermana como mujer* o *como esposa*, ambos son el significado del término. Clemente de Alejandría a finales del s. II, no tiene ninguna dificultad para reconocer que todos los apóstoles estaban casados[2]. Lo mismo ocurre con el Ambrosiaster, un documento al que no se puede fijar con certeza la fecha del escrito, probablemente del s. III y tal vez se deba a Hilario el diácono del tiempo de papa Dámaso I, contra quien escribió Jerónimo, declara que todos los apóstoles excepto Juan y Pablo, tenían esposa. Pablo cita aquí, como por grupos a los *apóstoles*, que formaban el colegio apostólico de los Doce, luego *los hermanos del Señor*, uno de los cuales era Santiago, y otro Judas, los escritores de dos de las *Epístolas Generales*, a los que reconoce casados y afirma que *traían con ellos*, posiblemente refiriéndose a los

---

[2] Clemente. *Strom* III. pág. 448.

viajes ministeriales, a sus respectivas esposas. Estos hermanos del Señor eran los hijos habidos del matrimonio de José y María, nacidos después del nacimiento de Jesús. La relación matrimonial propia comenzó luego del alumbramiento de Jesús (Mt. 1:25). A Jesús se le llama el *primogénito* de María (Lc. 2:7). En los relatos de los *Evangelios* y en *Hechos* se mencionan los nombres de éstos como hermanos del Señor (Mt. 12:46; 13:55; Jn. 2:12; Hch. 1:14; Gá. 1:19). Intentar demostrar que no se trataba de hermanos sino de parientes, es asunto del dogma, pero no de la Biblia. Es interesante que aquello que no aparece en el relato de *Hechos*, sobre actividades concretas de algunos de los ministros de la iglesia primitiva, aparecen en las referencias de las epístolas, como es el caso de la actividad misionera de los hermanos del Señor.

καὶ Κηφᾶς. Finalmente cita también a Cefas, el nombre dado por Jesús a este discípulo y luego apóstol Suyo. No cabe duda que, conforme al testimonio del *Evangelio*, Pedro tenía esposa y era, por tanto, casado (Mt. 8:14; Mr. 1:30). Pareciera, por la referencia de Pablo en este versículo, que él viajaba acompañado de su esposa, que *llevaba consigo*. La tradición distingue a la esposa de Pedro con dos nombres *Perpetua y Concordia*, pero ninguno de ellos tiene autoridad bíblica para afirmar que así se llamaba. Mencionado Pedro separado de los otros apóstoles, pone de manifiesto que había ejercido un marcado liderazgo entre ellos, tomando desde antes del descenso del Espíritu Santo, decisiones que fueron aceptadas por el resto de los apóstoles. Esto no significa ningún rango superior al resto de ellos.

La pregunta retórica del apóstol es manifiestamente formulada para hacer reflexionar al lector. Si todos los hermanos del Señor y los apóstoles, incluído Pedro, tenían esposa que les acompañaba, también él y sus compañeros de ministerio tenían el mismo derecho.

6. ¿O sólo yo y Bernabé no tenemos derecho de no trabajar?

ἢ μόνος ἐγὼ καὶ Βαρναβᾶς οὐκ ἔχομεν ἐξουσίαν μὴ
¿O solo yo y Bernabé no tenemos derecho no
ἐργάζεσθαι
trabajar?

Análisis y notas del texto griego.

Análisis: ἢ, conjunción disyuntiva *o*; μόνος, caso nominativo masculino singular del adjetivo pronominal *solo, único, solitario*; ἐγὼ, caso nominativo de la primera persona singular del pronombre personal *yo*; καὶ, conjunción copulativa *y*; Βαρναβᾶς, caso nominativo masculino singular del nombre propio *Bernabé*; οὐκ, forma escrita del adverbio de negación *no*, con el grafismo propio ante una vocal con espíritu suave o una enclítica; ἔχομεν, primera persona plural del presente de indicativo en voz activa del verbo ἔχω, *tener*, aquí *tenemos*; ἐξουσίαν, caso acusativo femenino singular del nombre común *derecho*; μὴ, partícula que hace funciones de adverbio de negación *no*; ἐργάζεσθαι, presente de infinitivo en voz media del verbo ἐργάζομαι, *obrar, hacer, trabajar*.

ἢ μόνος ἐγὼ καὶ Βαρναβᾶς οὐκ ἔχομεν ἐξουσίαν μὴ ἐργάζεσθαι. Una nueva pregunta retórica expresa otro de los derechos que Pablo tenía, el de servir en el evangelio sin necesidad de trabajar para conseguir el sustento cotidiano. En la referencia incluye a Bernabé, su compañero del primer viaje misionero y a la actividad que estaba desarrollando en ese campo.

Sobre esto escribe Archival Thomas Roberson, citando a Hofmann: *"Quizá lo que Pablo tenga en mente es que en la primera gran gira misionera (Hch. 13 y 14) Bernabé y Pablo no recibieron ayuda alguna de la iglesia en Antioquía, sino que se les dejó a sus propios esfuerzos para emprender la misión, y a cuenta de ellos. No fue sino hasta que la iglesia en Filipos quedó arraigada que Pablo recibió apoyo financiero"*[3].

No hay duda que Bernabé no había sido llamado al apostolado, como lo fue Pablo, pero por su colaboración en la obra del apóstol de los gentiles, está como comprendido en su apostolado. Es una relación como la que aparece en la *Epístola a los Gálatas* (Gá. 2:9). El problema afecta a ambos, como era el de recibir los recursos para su vida cotidiana, sin necesidad de trabajar secularmente, en paralelo con la misión. Con todo, lo que el apóstol desea es que los corintios comprendan que la situación del sostenimiento de los que sirven en el evangelio corresponde a las iglesias y, en especial, a las que son directamente beneficiarias.

7. ¿Quién fue jamás soldado a sus propias expensas? ¿Quién planta viña y no come de su fruto? ¿O quién apacienta el rebaño y no toma de la leche del rebaño?

Τίς στρατεύεται ἰδίοις ὀψωνίοις ποτέ τίς φυτεύει ἀμπελῶνα
¿Quién milita a propio estipendio . jamás? ¿Quién planta viña
καὶ τὸν καρπὸν αὐτοῦ οὐκ ἐσθίει ἢ τίς ποιμαίνει ποίμνην καὶ
y el fruto de ella no come? ¿O quien pastorea rebaño y
ἐκ τοῦ γάλακτος τῆς ποίμνης οὐκ ἐσθίει
de la leche de las ovejas no toma?

[3] Archibald Thomas Robertson. o. c., pág. 200.

Análisis y notas del texto griego.

Análisis: Τίς, caso nominativo masculino singular del pronombre interrogativo *quién*; στρατεύεται, tercera persona singular del presente de indicativo en voz media del verbo στρατεύομαι, *militar, servir en el ejército, ser soldado*, aquí *milita*; ἰδίοις, caso dativo neutro plural del adjetivo declinado *a propia*; ὀψωνίοις, caso dativo neutro plural del nombre común *expensas, estipendio, soporte*; ποτέ, adverbio de tiempo *¿cuándo? ¿durante cuánto tiempo? ¿hasta cuándo?, jamás*; τίς, caso nominativo masculino singular del pronombre interrogativo *quién*; φυτεύει, tercera persona singular del presente de indicativo en voz activa del verbo φυτεύω, *plantar*, aquí *planta*; ἀμπελῶνα, caso acusativo masculino singular del nombre común *viñedo, viña*; καὶ, conjunción copulativa *y*; τὸν, caso acusativo masculino singular del artículo determinado *el*; καρπὸν, caso acusativo masculino singular del nombre común *fruto*; αὐτοῦ, caso genitivo masculino de la tercera persona singular del pronombre personal *él*; οὐκ, forma escrita del adverbio de negación *no*, con el grafismo propio ante una vocal con espíritu suave o una enclítica; ἐσθίει, tercera persona singular del presente de indicativo en voz activa del verbo ἐσθίω, *comer*, aquí *come*; ἢ, conjunción disyuntiva *o*; τίς, caso nominativo masculino singular del pronombre interrogativo *quién*; ποιμαίνει, tercera persona singular del presente de indicativo en voz activa del verbo ποιμάζω, *pastorear*, aquí *pastorea*; ποίμνην, caso nominativo femenino singular del nombre común *rebaño*; καὶ, conjunción copulativa *y*; ἐκ, preposición propia de genitivo *de*; τοῦ, caso genitivo neutro singular del artículo determinado *el*; γάλακτος, caso genitivo neutro singular del nombre común *leche*; τῆς, caso genitivo femenino singular del artículo determinado declinado *de la*; ποίμνης, caso nominativo femenino singular del nombre común *rebaño*; οὐκ, forma escrita del adverbio de negación *no*, con el grafismo propio ante una vocal con espíritu suave o una enclítica; ἐσθίει, tercera persona singular del presente de indicativo en voz activa del verbo ἐσθίω, *comer*, aquí *come*.

Τίς στρατεύεται ἰδίοις ὀψωνίοις ποτέ. Para ilustrar la enseñanza toma tres ejemplos de la vida secular, formulándolos mediante preguntas retóricas. El primero es el de un soldado, que no tiene que ocuparse de sus propias provisiones, las recibe del ejército que le ha contratado para servir. La paga del soldado le permite vivir para agradar a su jefe; *"Ninguno que milita se enreda en los negocios de la vida, a fin de agradar a aquel que lo tomó por soldado"* (2 Ti. 2:4). Pablo formula el ejemplo preguntando cuándo hubo uno que sirva en el ejército a sus propias expensas. Una cosa semejante sería impensable.

τίς φυτεύει ἀμπελῶνα καὶ τὸν καρπὸν αὐτοῦ οὐκ ἐσθίει. El segundo ejemplo lo toma de la práctica agrícola, preguntándose quien planta un viñedo y no come del fruto que las vides producen. El propietario tiene derecho a comer del resultado de su trabajo. De esa misma manera el siervo de Dios que trabaja en la viña del Señor, tiene derecho a comer de su fruto. Acaso en la mente de Pablo estuviera la pregunta que Moisés formulaba en la ley sobre la guerra: *"¿Y quien ha plantado viña, y no ha disfrutado de ella?"* (Dt. 20:6).

ἢ τίς ποιμαίνει ποίμνην καὶ ἐκ τοῦ γάλακτος τῆς ποίμνης οὐκ ἐσθίει. Una tercera ilustración la toma del pastor. El que pastorea un rebaño de ovejas, toma de la leche que produce. Es uno de los privilegios o incluso de la recompensa propia del trabajo pastoral.

El apóstol tomó estos tres ejemplos porque, en cierto modo, lo identifican con el trabajo que está realizando en el ministerio. Está, como soldado, involucrado en una continua batalla (2 Co. 10:3-5); en un servicio continuado (1 Ti. 1:18); a plena dedicación (2 Ti. 2:3-4). Como labrador se ocupa de plantar en el campo de trabajo de Dios (3:6). Como pastor, estaba cuidando del rebaño de Dios (Hch. 20:26-31). Por consiguiente, en base a estas tres áreas de trabajo en la que está involucrado, tiene derecho propio para participar de los beneficios materiales de esa obra, recibiendo lo necesario para poder trabajar en los distintos modos de la obra de Dios.

8. ¿Digo esto sólo como hombre? ¿No dice esto también la ley?

Μὴ κατὰ ἄνθρωπον ταῦτα λαλῶ ἢ καὶ ὁ νόμος ταῦτα
¿Acaso según hombre estas cosas digo o también la ley estas cosas
οὐ λέγει
no dice?

Análisis y notas del texto griego.

Análisis: Μὴ, partícula que hace funciones de adverbio de negación *no*; κατὰ, preposición propia de acusativo *según, conforme a*; ἄνθρωπον, caso acusativo masculino singular del nombre común *hombre*; ταῦτα, caso acusativo neutro plural del pronombre demostrativo *estos*, en sentido de *estas cosas*; λαλῶ, primera persona singular del presente de indicativo en voz activa del verbo λαλέω, *hablar, decir*, aquí *digo*; ἢ, conjunción disyuntiva *o*; καὶ, adverbio de modo *también*; ὁ, caso nominativo masculino singular del artículo determinado *el*; νόμος, caso nominativo masculino singular del nombre común *mandamiento, norma, ley*; ταῦτα, caso acusativo neutro plural del pronombre demostrativo *estos*, en sentido de *estas cosas*; οὐ, adverbio de negación *no*; λέγει, tercera persona singular del presente de indicativo en voz activa del verbo λέγω, *hablar, decir*, aquí *dice*.

Μὴ κατὰ ἄνθρωπον ταῦτα λαλῶ. El apóstol hace notar a los lectores que no está diciendo las cosas anteriores como si fuese un pensamiento propio del hombre. No estaba hablando conforme o según los argumentos de los hombres. Pregunta si es preciso alguna argumentación que sea necesaria con los ejemplos de la vida cotidiana que antes presentó, para entender que todo el trabajo debe ser retribuido.

ἢ καὶ ὁ νόμος ταῦτα οὐ λέγει. Lo que dijo antes está amparado por la ley y no es solo el pensamiento de un hombre. Preparando lo que sigue, formula la pregunta de si esto está también recogido en la ley. La construcción de la oración con el adverbio negativo, exige una respuesta afirmativa, ciertamente está recogido en la ley que Dios había dado por medio de Moisés, conforme al mandamiento que sigue.

9. Porque en la ley de Moisés está escrito: No pondrás bozal al buey que trilla. ¿Tiene Dios cuidado de los bueyes?

ἐν γὰρ τῷ Μωϋσέως νόμῳ γέγραπται· *οὐ κημώσεις*[1] *βοῦν*
Porque en la de Moisés ley, ha sido escrito: *No pondrás bozal a buey*
ἀλοῶντα. μὴ τῶν βοῶν μέλει τῷ Θεῷ
que ara. ¿Acaso los bueyes le importan - a Dios?

Análisis y notas del texto griego.

Análisis: ἐν, preposición propia de dativo *en*; γὰρ, conjunción causal *porque*; τῷ, caso dativo masculino singular del artículo determinado *el*; Μωϋσέως, caso genitivo masculino singular del nombre propio declinado *de Moisés*; νόμῳ, caso dativo masculino singular del nombre común *ley*; γέγραπται, tercera persona singular del perfecto de indicativo en voz pasiva del verbo γράφω, *escribir*, aquí *ha sido escrito*; *οὐ*, adverbio de negación *no*; *κημώσεις*, segunda persona singular del futuro de indicativo en voz activa del verbo κημόω, *poner bozal, embozalar*, aquí *pondrás bozal*; *βοῦν*, caso acusativo masculino singular del nombre común declinado *a buey*; *ἀλοῶντα,* caso acusativo masculino singular del participio de presente en voz activa del verbo ἀλοάω, *arar*, aquí *que ara*; μὴ, partícula que hace funciones de adverbio de negación condicional *no*, aquí *acaso*; τῶν, caso genitivo masculino plural del artículo determinado *los*; βοῶν, caso genitivo masculino plural del nombre común *bueyes*; μέλει, tercera persona singular del presente de indicativo en voz activa del verbo μέλει, *importarle*, aquí *le importa*; τῷ, caso dativo masculino singular del artículo determinado *el*; Θεῷ, caso dativo masculino singular del nombre divino declinado *a Dios*.

Notas. Crítica Textual. Lecturas alternativas.

[1] κημώσεις, *pondrás bozal*, según lectura en B*, D*, F, G, 1739.

φιμώσεις, *pondrás bozal*, conforme a la lectura en 𝔓[46], ℵ, A, B[2], C, D[1], K, L, Ψ, 33, 81, 104, 365, 630, 1175, 1241, 1505, 1881, 2464, 𝔐, Orígenes, Epifanio.

ἐν γὰρ τῷ Μωϋσέως νόμῳ γέγραπται· Pablo hace referencia a un mandamiento de la ley, usando la fórmula tradicional *en la ley de Moisés ha sido escrito.*

οὐ κημώσεις βοῦν ἀλοῶντα. El mandamiento está tomado a la letra de lo establecido en la *segunda ley*, esto es el *Deuteronomio*, y estaba destinada a permitir que los animales que trabajan puedan comer algo de aquello en que están trabajando. Al citar el texto el apóstol pone el ejemplo de la prohibición de embozalar el buey que trilla, para que pueda tener provecho y sustentarse, levantando el cansancio, del trabajo que estaba haciendo.

μὴ τῶν βοῶν μέλει τῷ Θεῷ. Una nueva pregunta retórica hace reflexionar al lector sobre el alcance del mandamiento. Aparentemente la lectura pareciera como si Dios no tuviese cuidado o no se interesase por el cuidado de los bueyes. Pablo no pretende tal cosa, porque sería negar el cuidado divino hacia los animales de quienes el Creador se ocupa, como lo hace con los cuervos (Job. 38:41), con los animales en general (Sal. 147:9). Esa enseñanza fue confirmada por Jesús (Mt. 6:26; Lc. 12:24), de manera que el mandamiento tiene una referencia primaria al cuidado de los bueyes.

10. ¿O lo dice enteramente por nosotros? Pues por nosotros se escribió; porque con esperanza debe arar el que ara, y el que trilla, con esperanza de recibir del fruto.

ἢ δι' ἡμᾶς πάντως λέγει δι' ἡμᾶς γὰρ ἐγράφη ὅτι
¿O a causa de nosotros sin duda dice? Por nosotros, pues, ha sido escrito que
ὀφείλει ἐπ' ἐλπίδι ὁ ἀροτριῶν ἀροτριᾶν καὶ ὁ ἀλοῶν ἐπ'
debe en esperanza el que ara arar y el que trilla con
ἐλπίδι τοῦ μετέχειν.
esperanza - de participar.

Análisis y notas del texto griego.

Análisis: ἢ, conjunción disyuntiva *o*; δι', forma contracta de la preposición propia de acusativo διά, *por, por causa de, por amor a*; ἡμᾶς, caso acusativo de la primera persona plural del pronombre personal *nosotros*; πάντως, adverbio *sin duda*; λέγει, tercera persona singular del presente de indicativo en voz activa del verbo λέγω, *hablar, decir*, aquí *dice*; δι', forma contracta de la preposición propia de acusativo διά, *por, por causa de, por amor a*; ἡμᾶς, caso acusativo de la primera persona plural del pronombre personal *nosotros*; γὰρ, conjunción continuativa *pues*; ἐγράφη, tercera persona singular del perfecto de indicativo en voz activa del verbo γράφω, *escribir*, aquí *ha sido escrito*; ὅτι, conjunción *que*; ὀφείλει, tercera persona singular del presente de indicativo en voz activa del verbo ὀφείλω, *tener obligación, deber*, aquí *debe*; ἐπ', forma escrita de la preposición de dativo ἐπί, con el grafismo por elisión de la ι final ante vocal o diptongo sin aspiración, que equivale a *en, por, sobre*; ἐλπίδι, caso dativo femenino singular del nombre común *esperanza*; ὁ, caso nominativo masculino singular del artículo determinado *el*; ἀροτριῶν, caso nominativo masculino singular del participio de presente en voz activa del verbo ἀποτριάω, *arar*, aquí *que ara*; ἀροτριᾶν, presente de infinitivo en voz activa del verbo ἀποτριάω, *arar*; καὶ, conjunción copulativa *y*; ὁ, caso nominativo masculino singular del artículo determinado *el*; ἀλοῶν, caso nominativo masculino singular del participio de presente en voz activa del verbo ἀλοάω, *trillar*, aquí *que trilla*; ἐπ', forma escrita de la preposición de dativo ejpiv, con el grafismo por elisión de la ι final ante vocal o diptongo sin aspiración, que equivale a *en, por, sobre*; ἐλπίδι, caso dativo femenino singular del nombre común *esperanza*; τοῦ, caso genitivo masculino singular del artículo determinado *el*; μετέχειν, presente de infinitivo en voz activa del verbo μετέχω, *participar*.

ἢ δι' ἡμᾶς πάντως λέγει δι' ἡμᾶς γὰρ ἐγράφη. La ley tiene una aplicación que supera el ámbito de los animales, para referirse al derecho que tiene aquel que sirve a pleno tiempo en la iglesia de recibir un salario para que pueda vivir mientras se dedica a la obra que Dios le ha encomendado. Ese derecho es de recibir un salario mientras atiende a la predicación y a la enseñanza en la congregación, como se considerará más adelante (v. 14). El mandamiento no tiene que ver tanto con el cuidado de los bueyes, sino que es, conforme a la interpretación inspirada del apóstol, un ejemplo para que se cuide de proveer lo necesario para los que sirven a pleno tiempo en la obra. Si Dios exige un trato de justicia para los animales que sirven al hombre, cuanto más debe este cuidar a los que le sirven a Él espiritualmente hablando (Mt. 6:26).

ὅτι ὀφείλει ἐπ' ἐλπίδι ὁ ἀροτριῶν ἀροτριᾶν καὶ ὁ ἀλοῶν ἐπ' ἐλπίδι τοῦ μετέχειν. Apela nuevamente a los ejemplos que tomó antes para referirse al principio de ética con quien trabaja, de modo que debe esperar la recompensa que corresponde a su servicio. Sin embargo, junto con el principio de la retribución, está también el del trabajo, ya que no recibirá recompensa aquel que *no ara*, o el que *no trilla*. El que sirve al Señor en el evangelio tiene que hacerlo con entrega total al trabajo. La labor en la obra es un trabajo arduo duro y que requiere determinación y coraje. Esta determinación decidida, está vinculada con la esperanza de los resultados que se alcanzarán, de ahí el ejemplo del que ara y del que trilla, que lo hace esperando recibir el fruto que corresponde a su trabajo.

11. Si nosotros sembramos entre vosotros lo espiritual, ¿es gran cosa si segáremos de vosotros lo material?

εἰ ἡμεῖς	ὑμῖν	τὰ	πνευματικὰ	ἐσπείραμεν,	μέγα εἰ ἡμεῖς
Si nosotros	en vosotros	las cosas	espirituales	sembramos,	¿grande si nosotros
ὑμῶν	τὰ	σαρκικὰ	θερίσομεν		
de vosotros	las cosas	carnales	recogeremos?		

Análisis y notas del texto griego.

Análisis: εἰ, conjunción *si*; ἡμεῖς, caso nominativo de la primera persona plural del pronombre personal *nosotros*; ὑμῖν, caso dativo de la segunda persona plural del pronombre personal declinado *en vosotros*; τὰ, caso acusativo neutro plural del artículo determinado *los*, en sentido de *las cosas*; πνευματικὰ, caso acusativo neutro plural del adjetivo *espirituales*; ἐσπείραμεν, primera persona plural del aoristo primero de indicativo en voz activa del verbo σπείρω, *sembrar*, aquí *sembramos*; μέγα, caso nominativo neutro singular del adjetivo *grande, intenso, abundante*; εἰ, conjunción *si*; ἡμεῖς, caso nominativo de la primera persona plural del pronombre personal *nosotros*; ὑμῶν, caso genitivo de la segunda persona plural del pronombre personal declinado *de vosotros*; τὰ, caso acusativo neutro plural del artículo determinado *los*, en sentido de *las cosas*; σαρκικὰ, caso acusativo neutro plural del adjetivo *carnales, pertenecientes a la carne*; θερίσομεν, primera persona plural del futuro de indicativo en voz activa del verbo θερίζω, *cosechar, segar, recoger*, aquí *recogeremos*.

εἰ ἡμεῖς ὑμῖν τὰ πνευματικὰ ἐσπείραμεν, El apóstol aplica ahora la figura del labrador. Él y sus colaboradores sembraron en los creyentes algo de valor muy superior a lo que tienen derecho a recoger. En ellos habían sembrado valores espirituales. Lo sembrado es de valor superior a cualquier cosa material, porque son valores eternos y no temporales.

μέγα εἰ ἡμεῖς ὑμῶν τὰ σαρκικὰ θερίσομεν. Por consiguiente, no es una *gran cosa* que reciban de ellos valores *carnales*, que como se ha considerado antes, no tiene que ver aquí con el concepto de carnalidad propio del pecado, sino relativos al mundo que siendo temporal son perecederos. El apóstol y los que servían con él, como maestros, predicadores y pastores, estaban recibiendo un valor muy por debajo de lo que les habían dado. El apóstol no está ansioso por el salario que le corresponde, simplemente apunta a la realidad de la relación que ha tenido con los corintios. El genitivo ὑμῶν, *de vosotros*, *de vuestra parte*, indica el origen del salario, que debía proceder de la iglesia en Corinto. Si habían sembrado espiritualmente tenían derecho a esperar recibir dones materiales para su sostenimiento personal.

12. Si otros participan de este derecho sobre vosotros, ¿cuánto más nosotros? Pero no hemos usado de este derecho, sino que lo soportamos todo, por no poner ningún obstáculo al evangelio de Cristo.

Εἰ ἄλλοι τῆς ὑμῶν ἐξουσίας μετέχουσιν, οὐ μᾶλλον ἡμεῖς
Si otros del de vosotros derecho participan, ¿No mayormente nosotros?
ἀλλ' οὐκ ἐχρησάμεθα τῇ ἐξουσίᾳ ταύτῃ, ἀλλὰ πάντα
Pero no usamos del derecho este, sino todas las cosas
στέγομεν, ἵνα μή τινα ἐγκοπὴν δῶμεν τῷ εὐαγγελίῳ
soportamos para que no algún obstáculo diésemos al evangelio
τοῦ Χριστοῦ.
- de Cristo.

Análisis y notas del texto griego.

Análisis: Εἰ, conjunción *si*; ἄλλοι, caso nominativo masculino plural del pronombre indefinido *otros*; τῆς, caso genitivo femenino singular del artículo determinado declinado *de la*; ὑμῶν, caso genitivo de la segunda persona plural del pronombre personal declinado *de vosotros*; ἐξουσίας, caso genitivo femenino singular del nombre común *derechos*; μετέχουσιν, tercera persona plural del presente de indicativo en voz activa del verbo μετέχω, *tomar parte, participar*, aquí *participan*; οὐ, adverbio de negación *no*; μᾶλλον, adverbio de modo *mayormente*; ἡμεῖς, caso nominativo de la primera persona plural del pronombre personal nosotros; ἀλλ', forma escrita ante vocal de la conjunción adversativa ἀλλά que significa *pero*, *sino*; οὐκ, forma escrita del adverbio de negación *no*, con el grafismo propio ante una vocal con espíritu suave o una enclítica; ἐχρησάμεθα, primera persona plural del aoristo primero de indicativo en voz media del verbo χράομαι, *usar*, aquí *usamos*; τῇ, caso dativo femenino singular del artículo determinado declinado *de la*; ἐξουσίᾳ, caso dativo femenino singular del nombre común *derecho*; ταύτῃ, caso dativo femenino singular del pronombre demostrativo *esta*; ἀλλὰ, conjunción adversativa *sino*; πάντα, caso acusativo neutro plural del adjetivo indefinido *todos*, en sentido de *todas las cosas*; στέγομεν, primera persona plural del presente de indicativo en voz activa del verbo στέγω, *soportar*, aquí *soportamos*; ἵνα, conjunción causal *para que*; μή, partícula que hace funciones de adverbio de negación *no*; τινα, caso acusativo femenino singular del adjetivo indefinido *alguna*; ἐγκοπὴν, caso acusativo femenino singular del nombre común *obstáculo*; δῶμεν, primera persona plural del aoristo segundo de subjuntivo en voz activa del verbo δίδωμι, *dar*, aquí *diésemos*; τῷ, caso dativo masculino singular del artículo determinado declinado *al*; εὐαγγελίῳ, caso dativo masculino singular del nombre común *evangelio*; τοῦ, caso genitivo masculino singular del artículo determinado *el*; Χριστοῦ, caso genitivo masculino singlar del nombre propio declinado *de Cristo*.

Εἰ ἄλλοι τῆς ὑμῶν ἐξουσίας μετέχουσιν. Los corintios reconocían el derecho de recibir sostenimiento a los otros apóstoles y maestros. Algunos de estos eran *falsos maestros* que abusaron de los hermanos (2 Co. 11:20). Es sorprendente apreciar que a los que llegaron a la iglesia después de Pablo, les reconocían el derecho que negaban a apóstol. Nadie había hecho tanto como él por los corintios. Había trabajado más que todos los otros (15:10). Su derecho a ser sustentado por ellos es evidente.

οὐ μᾶλλον ἡμεῖς. Como fundador de la iglesia y apóstol sus derechos eran peculiares. Ningún otro, ni de los maestros e incluso de los apóstoles tenían lo que le correspondía a él.

ἀλλ' οὐκ ἐχρησάμεθα τῇ ἐξουσίᾳ ταύτῃ, Pese a todo Pablo, como el resto de sus colaboradores, renunciaron a sus derechos voluntaria y generosamente.

ἀλλὰ πάντα στέγομεν, En lugar de usar de su derecho y recibir de los corintios las ofrendas correspondientes, el salario de su trabajo, dice literalmente que *lo soportaron todo*. Tuvieron que trabajar manualmente para buscar la provisión para las necesidades cotidianas (Hch. 18:3; 20:33). Incluso tuvieron que soportar momentos de necesidad (4:12; 2 Co. 6:3-4).

ἵνα μή τινα ἐγκοπὴν δῶμεν τῷ εὐαγγελίῳ τοῦ Χριστοῦ. La razón para una renuncia semejante y la disposición a pasar por dificultades y problemas era el amor por el correcto testimonio del evangelio que predicaban. Los enemigos de Pablo le acusaban de predicar por ganancia, de manera que, para evitar la maledicencia, rehusaba a sus derechos. Su testimonio de esta situación es impactante: *"¿Pequé yo humillándome a mí mismo, para que vosotros fueseis enaltecidos, por cuanto os he predicado el evangelio de Dios de balde? He despojado a otras iglesias, recibiendo salario para serviros a vosotros. Y cuando estaba entre vosotros y tuve necesidad, a ninguno fui carga, pues lo que me faltaba, lo suplieron los hermanos que vinieron de Macedonia, y en todo me guardé y me guardaré de seros gravoso"* (2 Co. 11:7-9). No es que el apóstol renunciase a recibir sustento de la iglesia como si no tuviese derecho a ello, sino que declinaba esa potestad para evitar que pudiese ser usada contra él acusándole de tener intereses personales que le llevaba a fundar iglesias en beneficio propio. Nadie debe usar esta renuncia para convertirla en modo de vida de los que sirven al Señor a tiempo completo, como enseñará más adelante.

13. ¿No sabéis que los que trabajan en las cosas sagradas, comen del templo, y que los que sirven al altar, del altar participan?

Οὐκ οἴδατε ὅτι οἱ τὰ ἱερὰ ἐργαζόμενοι [τὰ][1] ἐκ τοῦ ἱεροῦ
¿No sabéis que los las cosas sagradas que trabajan las cosas del templo
ἐσθίουσιν, οἱ τῷ θυσιαστηρίῳ παρεδρεύοντες[2] τῷ θυσιαστηρίῳ
comen, los al altar que sirven del altar
συμμερίζονται
participan?

Análisis y notas del texto griego.

Análisis: Οὐκ, forma escrita del adverbio de negación *no*, con el grafismo propio ante una vocal con espíritu suave o una enclítica; οἴδατε, segunda persona plural del perfecto de indicativo en voz activa del verbo οἶδα, *saber, conocer*, aquí *habéis sabido*, mejor aquí *sabéis*; ὅτι, conjunción *que*; οἱ, caso nominativo masculino singular del artículo determinado *los*; τὰ, caso acusativo neutro plural del artículo determinado *los*, en sentido de *las cosas*; ἱερὰ, caso acusativo neutro plural del nombre común *templo*, aquí en sentido de *sagradas*; ἐργαζόμενοι, caso nominativo masculino singular del participio de presente en voz media del verbo εργάζομαι, *trabajar, obrar, ocuparse*, aquí *trabajando*; τὰ, caso acusativo neutro plural del artículo determinado *los*, en sentido de *las cosas*; ἐκ, preposición propia de genitivo *de*; τοῦ, caso genitivo neutro singular del artículo determinado *el*; ἱεροῦ, caso genitivo neutro singular del nombre común *templo, santuario*; ἐσθίουσιν, tercera persona plural del presente de indicativo en voz activa del verbo ἐσθίω, *comer*, aquí *comen*; οἱ, caso nominativo masculino plural del artículo determinado *los*; τῷ, caso dativo neutro singular del artículo definido declinado *al*; θυσιαστηρίῳ, caso dativo neutro singular del nombre común *altar*; παρεδρεύοντες, caso nominativo masculino plural del participio de presente en voz activa del verbo παρεδρεύω, *servir*, aquí *que sirven*; τῷ, caso dativo neutro singular del artículo determinado declinado *del*; θυσιαστηρίῳ, caso dativo neutro singular del nombre común *altar*; συμμερίζονται, tercera persona plural del presente de indicativo en voz media del verbo συμμερίζομαι, *participar*, aquí *participan*.

Notas. Crítica Textual. Lecturas alternativas.

[1]τὰ, *las cosas*, lectura en א, B, D*, F, G, 6, 81, 1739, lat, co.

Se omite el artículo en 𝔓[46], A, C, D[1], K, L, P, Ψ, 33, 104, 365, 630, 1175, 1241, 1505, 1881, 2464, 𝔐, b, d, sy[h], Ambrosiaster.

[2] παρεδρεύοντες, *que sirven*, según lectura en P[46], א*, A, B, C, D, F, G, P, 33, 81, 630, 1175, 1505, 1739, 1881, 2464, Orígenes, Eusebio.

προσεδρεύοντες, *que sirven al*, lectura atestiguada en א[2], K, L, Ψ, 104, 365, 𝔐.

Οὐκ οἴδατε ὅτι οἱ τὰ ἱερὰ ἐργαζόμενοι τὰ ἐκ τοῦ ἱεροῦ ἐσθίουσιν, La introducción del argumento está revestido de una especie de reproche, ya que al preguntarles si *no sabían* lo que iba a decirles, exige de ellos una respuesta afirmativa. Esta misma forma aparece antes con la misma intención (3:16). Los corintios *conocían* las verdades, pero las ignoraban en muchos momentos. Podría preguntarse si los creyentes corintios estaban familiarizados con la enseñanza del Antiguo Testamento, sobre el sistema sacrificial del templo y la atención que recibían los que servían al santuario. No cabe duda que era así, puesto que en el versículo siguiente va a alcanzar una conclusión comparativa.

Exponiendo más argumentos, apela a los sacerdotes que sirven en el templo, estos que trabajan en las cosas sagradas, comen de las partes de los sacrificios que les destinaba la ley. Quiere decir que el sostenimiento de los servicios sacerdotales era aportado por el templo.

οἱ τῷ θυσιαστηρίῳ παρεδρεύοντες τῷ θυσιαστηρίῳ συμμερίζονται. Alude también a los que ministraban en ofrecer los sacrificios que llevaba el pueblo y que eran ofrecidos sobre el altar, estos participaban en lo que la ley les reservaba de esos sacrificios. Dios había establecido que el sostenimiento material proviniera del ministerio que realizaban, bien fuera de los sacrificios (Lv. 6:16, 26; 7:6, 31 ss.), o de las ofrendas (Nm. 5:9, 10; 18:8-20, 31; Dt. 18:1). No servían en el templo a sus expensas, sino que eran alimentados de aquello en que servían.

Este es otro de los testimonios que el apóstol usa para poner de manifiesto que los que están al servicio del Señor, deben ser sustentados por la iglesia, a la que sirven, edificando al pueblo de Dios.

14. Así también ordenó el Señor a los que anuncian el evangelio, que vivan del evangelio.

οὕτως καὶ ὁ Κύριος διέταξεν τοῖς τὸ εὐαγγέλιον καταγγέλλουσιν
Así también el Señor ordenó para los el evangelio que anuncian
ἐκ τοῦ εὐαγγελίου ζῆν.
del evangelio vivir.

Análisis y notas del texto griego.

Análisis: οὕτως, adverbio demostrativo *así, de esta manera*; καὶ, adverbio de modo *también*; ὁ, caso nominativo masculino singular del artículo determinado *el*; Κύριος, caso nominativo masculino singular del nombre divino *Señor*; διέταξεν, tercera persona singular del aoristo primero de indicativo en voz activa del verbo διατάσσω, *mandar, ordenar, establecer*, aquí *ordenó*; τοῖς, caso dativo masculino plural del artículo determinado declinado *para los*; τὸ, caso acusativo neutro singular del artículo determinado *el*; εὐαγγέλιον, caso acusativo neutro singular del nombre común *evangelio*; καταγγέλλουσιν, caso dativo masculino plural del participio de presente en voz activa del verbo καταγγέλω, *anunciar, proclamar*, aquí *que anuncian*; ἐκ, preposición propia de genitivo *de*; τοῦ, caso genitivo neutro singular del artículo determinado *el*; εὐαγγελίου, caso genitivo neutro singular del nombre común *evangelio*; ζῆν, presente de infinitivo en voz activa del verbo ζάω, *vivir*.

οὕτως καὶ ὁ Κύριος διέταξεν τοῖς τὸ εὐαγγέλιον καταγγέλλουσιν ἐκ τοῦ εὐαγγελίου ζῆν. La culminación de la enseñanza descansa en la disposición del Señor Jesús. Cristo dio el mismo mandamiento para los que sirven en el evangelio, expresado aquí por el apóstol: *"Los que anuncian el evangelio, que vivan del evangelio"*. Es un mandato para un grupo en posición especial. Todo creyente tiene que vivir conforme al evangelio en su vida y sus trabajos seculares. El testimonio del evangelio se manifiesta en modos éticos concordantes con el mensaje transformador que proclama. Pero, sólo a algunos, a quienes Dios separa para Su obra, además de trabajar en el evangelio deben vivir *del* evangelio. Los ministros no buscan su sostenimiento en ocupaciones seculares, sino que dedican todo su esfuerzo y tiempo al servicio del Señor y deben ser sostenidos por los creyentes en este servicio.

Las palabras de Jesús están recogidas en los sinópticos: *"No os proveáis de oro, ni plata, ni cobre en vuestros cintos; ni de alforja para el camino, ni de dos túnicas, ni de calzado, ni de bordón; porque el obrero es digno de su alimento"* (Mt. 10:9-10), en Lucas se lee: *"...porque el obrero es digno de su salario"* (Lc. 10:7). No cabe duda que el que sirve a pleno tiempo en la obra del Señor, debe hacerlo confiando en el cuidado y provisión del Señor. No sale a la obra atendiendo a un llamado divino, para recibir favores y prebendas, sino en plena dependencia del que lo llamó, sabiendo que le hará llegar diariamente aquello de que tenga necesidad. Sin embargo, no hay razón para entender que Cristo prohíbe la provisión de recursos para los que sirven. La verdadera madurez espiritual en el campo del servicio se expresa en las palabras del apóstol: *"He aprendido a contentarme, cualquiera que sea mi situación. Se vivir humildemente, y se tener abundancia; en todo y por todo estoy enseñado, así para estar saciado como para tener hambre, así para tener abundancia como para padecer necesidad"* (Fil. 4:11-13). En todos los tiempos los que fueron llamados por Dios a Su servicio fueron sustentados por Él. Un ejemplo de esto es la vida del profeta Elías. Cuando tuvo que huir de la persecución de sus enemigos, Dios abrió la tierra para que en sus cuevas pudiera descansar tranquilo; para el agua que necesitaba el arroyo hizo provisión; la comida le era servida puntualmente por un cuervo que le hacía llegar pan y carne, sorprendentemente le daba lo que es su comida habitual y, cuando ya no corría el agua del arroyo, ni venía el cuervo con la carne, el Señor lo envió a una viuda para que lo alimentase, haciendo la provisión necesaria tanto para él como para ella y su hijo (1 R. 17:2-16). No debe olvidarse que uno de los nombres de Dios en el Antiguo Testamento es *Yaweh Yireh*, Jehová proveerá, dado por el hombre de la fe, Abraham, al recibir la provisión suprema del sustituto para vida de su hijo (Gn. 22:14). Sin embargo, el Señor enseña que los que le sirven todo el tiempo tienen derecho a esperar que aquellos a quienes sirven les provean de lo necesario para su sustento. El obrero es digno de su salario, por lo que el apóstol enseña la obligación de la iglesia para con ellos. Porque están dedicados al ministerio en la iglesia deben recibir pago por esto, como lo define el apóstol en el párrafo que se ha comentado (vv. 1-14). Algunos sostienen –muy en contra de la enseñanza bíblica general– que la excepción que Pablo hacía con él mismo de no recibir retribución para no generar tensiones con los que le acusaban de fundar iglesias para vivir a costa de ellas, fuese la forma habitual de los *pastores*, esto es, que sirviesen sin recibir salario alguno, sin embargo, esto se contradice con la simple lectura del pasaje que se ha considerado hasta aquí. El mismo apóstol recibía ocasionalmente ofrendas de otras iglesias como era el caso de la de Filipos que generosamente le enviaba para su sostenimiento (Fil. 4:10-20). Cuando el apóstol dice a Timoteo que los que sirven en la enseñanza y la predicación sean tenidos por dignos de *doble honor*, no está diciendo que quienes se dedican a este ministerio reciban una retribución equivalente al doble de lo que reciben los que sirven en otras áreas, sino que deben recibir una retribución digna, sin que sea considerada como excesiva, para que les permita sirviendo al evangelio, vivir del evangelio. Retribuciones mediocres manifiestan la poca voluntad en honrar a quienes sirven al Señor y a los hermanos. Quienes dedican toda su vida al servicio de la enseñanza y predicación, porque ese ministerio demanda toda su atención, deben ser liberados de buscar el sustento, como se dice coloquialmente, liberarlos para que dejen de buscar el sustento y lo reciban de la iglesia. La enseñanza es clara, el que sirve a pleno tiempo debe recibir el salario por su servicio. El primer trato que debe recibir quien sirve a dedicación completa, es la atención de sus necesidades vitales.

El uso correcto de los derechos (9:15-18)

15. Pero yo de nada de esto me he aprovechado, ni tampoco he escrito esto para que se haga así conmigo; porque prefiero morir, antes que nadie desvanezca esta mi gloria.

Ἐγὼ δὲ οὐ κέχρημαι οὐδενὶ τούτων. Οὐκ ἔγραψα δὲ ταῦτα,
Pero yo no he usado nada de esto. No escribí, pero, de esto,
ἵνα οὕτως γένηται ἐν ἐμοί· καλὸν γάρ μοι μᾶλλον
para que así se haga conmigo. Bueno porque para mi más bien

ἀποθανεῖν ἤ– τὸ καύχημα μου οὐδεὶς κενώσει[1].
morir que la gloria de mí alguien haga vana.

Análisis y notas del texto griego.

Análisis: ᾿Εγὼ, caso nominativo de la primera persona singular del pronombre personal *yo*; δὲ, partícula conjuntiva que hace las veces de conjunción coordinante, con sentido de *pero, más bien, y, y por cierto, antes bien, entonces*; οὐ, adverbio de negación *no*; κέχρημαι, primera persona singular del perfecto de indicativo en voz media del verbo χράομαι, *usar, aprovechar*, aquí *he usado*; οὐδενὶ, caso dativo neutro singular del pronombre indefinido *nada*; τούτων, caso genitivo neutro plural del pronombre indefinido declinado *de esto*; Οὐκ, forma escrita del adverbio de negación *no*, con el grafismo propio ante una vocal con espíritu suave o una enclítica; ἔγραψα, primera persona singular del aoristo primero de indicativo en voz activa del verbo γράφω, *escribir*, aquí *escribí*; δὲ, partícula conjuntiva que hace las veces de conjunción coordinante, con sentido de *pero, más bien, y, y por cierto, antes bien, entonces*; ταῦτα, caso acusativo neutro plural del pronombre demostrativo *estos*, en sentido de *estas cosas*; ἵνα, conjunción causal *para que*; οὕτως, adverbio γένηται, tercera persona singular del segundo aoristo de subjuntivo en voz media del verbo γίνομαι, *hacerse, ser hecho*, aquí *se haga*; ἐν, preposición de dativo *en, con*, ἐμοί, caso dativo de la primera persona singular del pronombre personal *mí*; καλὸν, caso nominativo neutro singular del adjetivo *bueno*; γάρ, conjunción causal *porque*; μοι, caso dativo de la primera persona singular del pronombre personal declinado *para mí*; μᾶλλον, adverbio *más, más bien*; ἀποθανεῖν, segundo aoristo de infinitivo en voz activa del verbo ἀποθνῄσκω, *morir*; ἤ, partícula *o, que, o también*; – τὸ, caso acusativo neutro singular del artículo definido *el*; καύχημα, caso acusativo neutro singular del nombre común *objeto del gloriarse*; μου, caso genitivo de la primera persona singular del pronombre personal declinado *de mí*; οὐδεὶς, caso nominativo masculino singular del pronombre indefinido *alguien*; κενώσει, tercera persona singular del futuro de indicativo en voz activa del verbo κενόω, *anonadar, privar de valor, hacer vano, desvanecer*, aquí *hará vana*.

Notas. Crítica Textual. Lecturas alternativas.

[1] οὐδεὶς κενώσει, *alguien hará vana*, lectura atestiguada en P^{46}, א*, B, D*, c, 33, 1739, 1881, b, Tertulinao, Ambrosiaster, Pelagio.
ἵνα τις κενώσῃ, *para que alguien haga vana*, según lectura en $א^2$, C, D^1, K, L, P, Ψ, 81, 104, 365, 630, 1241, 1505, 2464, 𝔐, lat, sy^h.

᾿Εγὼ δὲ οὐ κέχρημαι οὐδενὶ τούτων. Posiblemente se está refiriendo a los argumentos que ha utilizado antes y que demuestran que el obrero debe recibir salario por su labor, dicho de otro modo, *no me aproveché de estos argumentos*. Los derechos que Pablo tenía eran varios, como enunció. Tenía derecho a la recompensa por su trabajo (v. 7); lo tenía también a la compensación por los beneficios dados (v. 11); también por ser como los otros maestros y apóstoles (v. 12). Apela al conocimiento que tenían los lectores, para hacerles notar que no había usado con ellos de estos derechos.

Οὐκ ἔγραψα δὲ ταῦτα, ἵνα οὕτως γένηται ἐν ἐμοί· Pero tampoco les estaba escribiendo y recordándoles estos, para que rectificasen y le atendiesen en lo sucesivo, como la Escritura y el Señor establecía. Durante los tres viajes misioneros se había sustentado con su propio trabajo. Antes citó a Bernabé (v. 6) y esto ocurrió en su primer viaje misionero, pero no es menos seguro que se mantuvo de este modo, trabajando para él y para los de su equipo en los siguientes, de modo que lo hizo en Tesalónica (1 Ts. 2:9), en Corinto (Hch. 18:3), en Éfeso (Hch. 20:34). No esperaba nada de ellos, ni quería recibir recurso alguno. No escribía lo que antecede para *sacar provecho*. Es posible que alguno de los enemigos del apóstol pudiera tomar el párrafo anterior para acusarle de tratar de lograr de los corintios lo que hasta entonces no había conseguido, y que su intención era recordarles que debían pagar lo que había hecho entre ellos durante el tiempo de su estancia en Corinto. Pablo mantiene el principio de no recibir sustento por su trabajo. No le interesaba buscar su provecho, sino el del evangelio. Sin embargo, no por eso deja de ser cierto que quien sirve en el evangelio, debe vivir de él.

καλὸν γάρ μοι μᾶλλον ἀποθανεῖν ἤ– τὸ καύχημα μου οὐδεὶς κενώσει. Pablo en forma muy emotiva indica a los lectores que prefería morir antes de renunciar al *objeto de gloria*, que es el significado más preciso del sustantivo καύχημα, más que *gloria personal*, se refiere a la razón que tenía como motivo de gloria. Esa gloria a la que prefiere morir que renunciar tenía que ver con predicar el evangelio gratuitamente, con evitar también que sirviera de tropiezo a otros por las críticas de sus enemigos (v. 12), y que la gloria de la dependencia absoluta del Señor le permitiera seguir esperando de Él la provisión para cada necesidad.

16. Pues si anuncio el evangelio, no tengo por qué gloriarme; porque me es impuesta necesidad; y ¡ay de mí si no anunciare el evangelio!

ἐὰν γὰρ εὐαγγελίζωμαι, οὐκ ἔστιν μοι καύχημα[1]· ἀνάγκη γάρ
Porque si anuncio el evangelio, no es para mí razón de gloria; porque necesidad
μοι ἐπίκειται· οὐαὶ γάρ μοί ἐστιν ἐὰν μὴ εὐαγγελίσωμαι.
sobre mí pesa. Porque ¡ay de mi está si no predico el evangelio!

Análisis y notas del texto griego.

Análisis: ἐὰν, conjunción *si*; γὰρ, conjunción causal *porque*; εὐαγγελίζωμαι, primera persona singular del presente de subjuntivo en voz media del verbo εὐαγγελίζω, *predicar el evangelio, anunciar el evangelio, proclamar el evangelio*, aquí *anuncie*, en castellano mejor *anuncio*; οὐκ, forma escrita del adverbio de negación *no*, con el grafismo propio ante una vocal con espíritu suave o una enclítica; ἔστιν, tercera persona singular del presente de indicativo en voz activa del verbo εἰμί, *ser, estar*, aquí *es*; μοι, caso dativo de la primera persona singular del pronombre personal declinado *para mí*; καύχημα, caso nominativo neutro singular del nombre común *objeto del gloriarse*; ἀνάγκη, caso nominativo femenino singular del nombre común *necesidad*; γάρ, conjunción causal *porque*; μοι, caso dativo de la primera persona singular del pronombre personal declinado *sobre mí*; ἐπίκειται, tercera persona singular del presente de indicativo en voz pasiva del verbo ἐπίκειμαι, *pesar sobre, estar colocado encima, pesar*, aquí *pesa*; οὐαὶ, interjección *ay*; γάρ, conjunción causal *porque*; μοί, caso dativo de la primera persona singular del pronombre personal declinado *de mí*; ἐστιν, tercera persona singular del presente de indicativo en voz activa del verbo εἰμί, *ser, estar*, aquí *está*; ἐὰν, conjunción *si*; μὴ, partícula que hace funciones de adverbio de negación *no*; εὐαγγελίσωμαι, primera persona singular del aoristo primero de subjuntivo en voz media del verbo εὐαγγελίζω, *predicar el evangelio, anunciar el evangelio, proclamar el evangelio*, aquí *anunciase*.

Notas. Crítica Textual. Lecturas alternativas.

[1] καύχημα, *razón de gloria*, según se lee en 𝔓[46], א[1], A, B, C, D[2vid], K, L, P, Ψ, 33, 81, 104, 365, 630, 1175, 1241, 1505, 1739, 1881, 2464, 𝔐, lat, sy, co, Ambrosiaster.

χάρις, *gracia*, como aparece en א*, D*, F, G.

[2] εὐαγγελίσωμαι, *predico el evangelio*, de acuerdo con B, C, D, F, G, 945, lat.

ευαγγελίζωμαι, *predicare el evangelio*, según 𝔓[46], א, A, K, Ψ, 33, 81, 365, 630, 1241, 1505, 1739, 2464, 𝔐, b, d.

ἐὰν γὰρ εὐαγγελίζωμαι, οὐκ ἔστιν μοι καύχημα· Desde la posición de siervo, anunciar el evangelio no es motivo de gloria personal. Era sencillamente un acto de obediencia a una acción soberana de Dios que le había llamado, salvado y encomendado esa misión (Hch. 9:15). Además, se consideraba como deudor a todos, de modo que para cumplir la deuda, tenía que predicar el evangelio, por esa razón decía: *"A griegos y a no griegos, a sabios y a no sabios soy deudor"* (Ro. 1:14). La evangelización para él era como si se tratara de una obligación por una deuda contraída. Él sentía profundamente esa obligación como impuesta, que tenía que cumplir. Evangelizar era para él una necesidad que le hacía sentir el profundo deber de llevar a cabo la misión.

ἀνάγκη γάρ μοι ἐπίκειται· Jesús lo había llamado a predicar (Hch. 9:6). Esa comisión producía en él como una *necesidad impuesta* desde el cielo (Gá. 1:15-16). Se sentía con una carga espiritual sobre él al estilo de los profetas (Jer. 20:9). Pero la carga impuesta lo era también de gratitud a causa del amor de Cristo: *"Porque el amor de Cristo nos constriñe, pensado esto: que si uno murió por todos, luego todos murieron; y por todos murió, para que los que viven, ya no vivan para sí, sino para aquel que murió y resucitó por ellos"* (2 Co. 5:14-15). Todos los hombres, sin distinción social, racial o de sexo estaban comprendidos en aquellos que debían ser evangelizados. Esto le condujo a la evangelización de los corintios, recordándoles: *"Pues mirad, hermanos, vuestra vocación, que no sois muchos sabios según la carne, ni muchos poderosos, ni muchos nobles; sino que lo necio del mundo escogió Dios, para avergonzar a los sabios; y lo débil del mundo escogió Dios, para avergonzar a lo fuerte y lo vil del mundo y lo menospreciado escogió Dios, y lo que no es, para deshacer lo que es"* (1:26-28). Los no considerados, socialmente hablando, habían sido alcanzados por el evangelio de la gracia y formaban parte de la iglesia, pero también, aunque en menor número, los hombres sabios y tenidos por grandes, también de ellos había salvado Dios a algunos. De ahí que el apóstol se siente deudor a todos. Es una carga que gravita sobre sus hombros espiritualmente hablando.

οὐαὶ γάρ μοί ἐστιν ἐὰν μὴ εὐαγγελίσωμαι. La responsabilidad personal se hace notar en estas palabras, que son una exclamación que parte de lo profundo de su conciencia personal: *"!Ay de mí si no anunciare el evangelio!"*. Sabía que tenía que hacerlo y como esclavo administrador no tenía otra opción que esforzarse por cumplir el mandato recibido. Quien ha sido bendecido por el poder del evangelio, está impulsado a llevarlo a otros. Negarse a cumplir la llamada *Gran Comisión*, es negarse a la obediencia y determinación que Cristo estableció para todos los creyentes, mientras la Iglesia esté en el mundo.

17. Por lo cual, si lo hago de buena voluntad, recompensa tendré; pero si de mala voluntad, la comisión me ha sido encomendada.

εἰ γὰρ ἑκὼν τοῦτο πράσσω, μισθὸν ἔχω· εἰ δὲ ἄκων,
Porque si de buen grado esto hago, salario tengo. Y si de mala voluntad
οἰκονομίαν πεπίστευμαι·
administración me ha sido confiada.

Análisis y notas del texto griego.

Análisis: εἰ, conjunción *si*; γὰρ, conjunción causal *porque*; ἑκὼν, caso nominativo masculino singular del adjetivo *de buen grado*; τοῦτο, caso acusativo neutro singular del pronombre demostrativo *esto*; πράσσω, primera persona singular del presente de indicativo en voz activa del verbo πράσσω, *hacer, practicar*, aquí *hago*; μισθὸν, caso acusativo masculino singular del nombre común *salario*; ἔχω, primera persona singular del presente de indicativo en voz activa del verbo ἔχω, *tener*, aquí *tengo*; εἰ, conjunción *si*; δὲ, partícula conjuntiva que hace las veces de conjunción coordinante, con sentido de *pero, más bien, y, y por cierto, antes bien, entonces*; ἄκων, caso nominativo masculino singular del adjetivo *de mala voluntad*; οἰκονομίαν, caso acusativo femenino singular del nombre común *administración, responsabilidad*; πεπίστευμαι, primera persona singular del perfecto de indicativo en voz pasiva del verbo πιστεύω, *creer, confiar*, aquí *ha sido confiada*.

εἰ γὰρ ἑκὼν τοῦτο πράσσω, Dos modos de servir se aprecian en el versículo. Uno es hecho de *buena voluntad*, entregándose con gozo a lo encomendado. No es tanto una referencia a un determinado estado de ánimo, sino a la encomienda recibida. Pablo predicaba el evangelio con gozo, cumpliendo la misión para la que fue enviado (Ro. 1:5; 11:13; 15:15, 16; 1 Co. 15:9, 10; Gá. 1:15, 16; Ef. 3:8).

μισθὸν ἔχω· Este estilo de servicio recibirá el galardón que Dios promete a quienes lo hacen de este modo. El apóstol estaba seguro que le esperaba la *"corona de justicia"* (2 Ti. 4:8). El galardón le estaba reservado, por lo que sabe con certeza que delante de él estaba la recompensa. La seguridad del apóstol era plena, él afirmaba que el Señor *me dará.* La recompensa por la obra hecha era para Pablo una realidad. Esa corona le sería dada por el Señor que es *juez justo*.

εἰ δὲ ἄκων, οἰκονομίαν πεπίστευμαι· Una segunda forma de servir, era todo lo contrario, *de mal grado, de mala voluntad.* El apóstol había recibido la misión de evangelizar como esclavo administrador de Dios. *"La comisión me ha sido encomendada"*, escribe. El esclavo puede sentirse honrado con el mandato de su amo y hacerlo gustosamente, o lo hará, aunque sea a disgusto.

El apóstol trabajaba de buen grado, por eso predicaba el evangelio, aunque no recibiera salario alguno por lo que hacía. Trabajaba no con la vista puesta en una recompensa, sino como sintiendo en el alma la carga de cumplir, como el Señor hizo, la misión encomendada. Como esclavo administrador le había sido entregada una mayordomía, una tarea que estaba en la obligación de desempeñar.

18. ¿Cuál, pues, es mi galardón? Que predicando el evangelio, presente gratuitamente el evangelio de Cristo, para no abusar de mi derecho en el evangelio.

τίς οὖν μού ἐστιν ὁ μισθός ἵνα εὐαγγελιζόμενος ἀδάπανον
¿Cuál, pues, de mí es el galardón? Que predicando el evangelio de balde
θήσω τὸ εὐαγγέλιον[1] εἰς τὸ μὴ καταχρήσασθαι τῇ ἐξουσίᾳ μου
ponga el evangelio para - no sacar provecho del derecho de mí
ἐν τῷ εὐαγγελίῳ.
en el evangelio.

Análisis y notas del texto griego.

Análisis: τίς, caso nominativo masculino singular del pronombre interrogativo *cuál*; οὖν, conjunción continuativa *pues*; μού, caso genitivo de la primera persona singlar del pronombre personal declinado *de mí*; ἐστιν, tercera persona singular del presente de indicativo en voz activa del verbo εἰμί, *ser, estar*, aquí *es*; ὁ, caso nominativo masculino singular del artículo determinado *el*; μισθός, caso nominativo masculino singular del nombre común galardón; ἵνα, conjunción *que*; εὐαγγελιζόμενος, caso nominativo masculino singular del participio de presente en voz media del verbo εὐαγγελίζω, *evangelizar, predicar el evangelio*, aquí *predicando el evangelio*; ἀδάπανον, caso acusativo neutro singular del adjetivo *sin costo, de balde*; θήσω, primera persona singular del aoristo primero de subjuntivo en voz activa del verbo τίθημι, *poner*, aquí *ponga*; τὸ, caso acusativo neutro singular del artículo determinado *el*; εὐαγγέλιον, caso acusativo neutro singular del nombre común *evangelio*; εἰς, preposición propia de acusativo *para*; τὸ, caso acusativo neutro singular del artículo determinado *lo*; μὴ, partícula que hace funciones de adverbio de negación *no*; καταχρήσασθαι, aoristo primero de infinitivo en voz media del verbo καταχράομαι, *usar, sacar provecho*; τῇ, caso dativo femenino singular del artículo determinado *de la*; ἐξουσίᾳ, caso dativo femenino singular del nombre común *derecho*; μου, caso genitivo de la primera persona singular del pronombre personal declinado *de mí*; ἐν, preposición propia de dativo *en*; τῷ, caso dativo neutro singular del artículo definido *el*; εὐαγγελίῳ, caso dativo neutro singular del nombre común *evangelio*.
Notas. Crítica Textual. Lecturas alternativas.

[1] τὸ εὐαγγέλιον, *el evangelio*, según lectura en 𝔓^{46}, א, A, B, C, D*, Ψ, 33, 81, 365, 630, 1175, 1739, 1881, 2464, lat, co, Ambrosiaster.

τὸ εὐαγγέλιον τοῦ Χριστοῦ, *el evangelio de Cristo*, como se lee en D[1], F, G, K, L, P, 104, 1241, 1505, 𝔐, sy.

τίς οὖν μού ἐστιν ὁ μισθός. El galardón del apóstol no estaba vinculado al uso de sus derechos. Pudieran pensar algunos que si renunciaba a ellos ¿qué recompensa tendría por su trabajo?

ἵνα εὐαγγελιζόμενος ἀδάπανον θήσω τὸ εὐαγγέλιον εἰς τὸ μὴ καταχρήσασθαι τῇ ἐξουσίᾳ μου ἐν τῷ εὐαγγελίῳ. Su recompensa consistía en predicar de balde el evangelio, sin esperar recompensa alguna de los hombres. Era el seguimiento fiel del comportamiento de Jesús que vino para *"predicar el evangelio a los pobres"* (Lc. 4:18-19), esto es, a quienes no podían recompensarle con algo, porque carecían de medios. Pablo obedecía el mandato de Jesús: *"... de gracia recibisteis, dad de gracia"* (Mt. 10:8). El evangelio es un regalo de la gracia de Dios, que salva de este modo, mediante la fe, sin demandar nada a cambio (Ef. 2:8-9). Como regalo de Dios ha sido recibido de esta única manera por quien como Pablo lo predicaba, por tanto, si ha sido gratuitamente dado, también gratuitamente debe ser entregado. De manera que ni siquiera la apariencia de un beneficio terrenal debe entenderse en la vida del que lleva el mensaje de salvación. El pecado de comprar o vender aspectos de la gracia se conoce como *simonía*, tomando su nombre de Simón el mago que quiso comprar el poder del Espíritu por medio de dinero que ofreció al apóstol Pedro (Hch. 8:18-24). Esto no excluye, como se ha considerado lo suficiente, que quien predique el evangelio dedicando su vida y tiempo a ello, viva también de los recursos que aporten los que reciben el mensaje (v. 14), pero será siempre algo voluntario en manifestación de reconocimiento y gratitud, pero nunca como un estipendio al trabajo de predicar el mensaje de salvación. Nadie debe pensar en predicar por precio cuando Jesús vino para anunciar el evangelio en una entrega personal. No debe pensar en enriquecerse quien sigue al que se hizo pobre siendo rico, para que los pobres fuesen, por su pobreza, enriquecidos (2 Co. 8:9).

Siguiendo este ejemplo, en una expresión llena de bondad y delicadeza que refleja el carácter cristiano, el apóstol dice que hace aquello *"para no abusar de mi derecho en el evangelio"*. Predica y trabaja gratuitamente, porque para él era bastante con predicar el evangelio, sin hacer uso del derecho que tenía para que lo mantuviesen. Nadie podía acusarle de predicar por retribución. Era consciente de que debía seguir las huellas de Jesús que enseñó que *"más bienaventurado es dar que recibir"* (Hch. 20:35). El mejor comentario a este versículo está en las palabras del apóstol mismo *"Y yo con el mayor placer gastaré lo mío, y aún yo mismo me gastaré del todo por amor de vuestras almas, aunque amándoos más, sea amado menos"* (2 Co. 12:15).

El objetivo de la renuncia a los derechos (9:19-27)

19. Por lo cual, siendo libre de todos, me he hecho siervo de todos para ganar a mayor número.

Ἐλεύθερος γὰρ ὢν ἐκ πάντων πᾶσιν ἐμαυτὸν ἐδούλωσα, ἵνα
Porque libre siendo de todos a todos yo mismo me hice esclavo para
τοὺς πλείονας κερδήσω·
a los más ganase.

Análisis y notas del texto griego.

Análisis: ’Ελεύθερος, caso nominativo masculino singular del adjetivo *libre*; γὰρ, conjunción causal *porque*; ὢν, caso nominativo masculino singular del participio de presente en voz activa del verbo εἰμί, *ser, estar*, aquí *siendo*; ἐκ, preposición propia de genitivo *de*; πάντων, caso genitivo masculino plural del adjetivo indefinido *todos*; πᾶσιν, caso dativo masculino plural del adjetivo indefinido declinado *a todos*; ἐμαυτὸν, caso acusativo masculino singular del pronombre reflexivo *yo mismo*; ἐδούλωσα, primera persona singular del aoristo primero de indicativo en voz activa del verbo δουλόω, *esclavizarse, hacerse esclavo, hacerse siervo*, aquí *me hice esclavo*; ἵνα, conjunción *para*; τοὺς, caso acusativo masculino plural del artículo determinado declinado *a los*; πλείονας, caso acusativo masculino plural del adjetivo comparativo de πολύς, *más*; κερδήσω, primera persona singular del aoristo primero de subjuntivo en voz activa del verbo κερδαίνω, *ganar*, aquí *ganase*.

’Ελεύθερος γὰρ ὢν ἐκ πάντων. En el apóstol concurrían los dos elementos que le hacían libre. Primeramente, como cristiano era libre de todas las ataduras del pecado y de la condenación y podía mantenerse firme en la libertad con que Cristo le había liberado (Gá. 5:1). Pero, también como ciudadano romano era libre en la sociedad de entonces (Hch. 16:37). No estaba obligado a aceptar exigencias de nadie, ni de los religiosos, ni de los hombres.

Anteriormente expresó a los corintios su libertad en cuanto a las formas restrictivas de la ley (v. 1). También se ocupó de hablar de su libertad al no estar sujeto a las ofrendas que pudieran darle para su sostenimiento mientras servía en la obra. Él también tenía libertad en relación con comer o no comer carne, cuestión tratada antes.

πᾶσιν ἐμαυτὸν ἐδούλωσα, Sin embargo, esa libertad sorprendentemente la usa para *esclavizarse* a él mismo para poder llevar a cabo el ministerio de la evangelización de modo que pudieran llegar a toda la gente. Quiere decir que se adaptaba a todos limitando su libertad. Nadie más flexible que él en cosas secundarias, pero nadie más inflexible en cuestiones de principios[4].

ἵνα τοὺς πλείονας κερδήσω· La razón de ese proceder era el objetivo que pretendía con la predicación del evangelio: *"para ganar al mayor número"*, refiriéndose al mayor número de personas, sin importar origen ni condición social. El objetivo de Pablo era la salvación de los perdidos, para lo que no había nada importante a lo que no pudiera

---

[4] C. Hodge. o. c., pág. 151.

renunciar. Este es su testimonio: *"Pero cuantas cosas eran para mí ganancia, las he estimado como pérdida por amor de Cristo. Y ciertamente, aun estimo todas las cosas como pérdida por la excelencia del conocimiento de Cristo Jesús, mi Señor, por amor del cual lo he perdido todo, y lo tengo por basura, para ganar a Cristo"* (Fil. 3:7-8). Ganar a Cristo comporta también *ganar a otros* para Cristo.

20. Me he hecho a los judíos como judío, para ganar a los judíos; a los que están sujetos a la ley (aunque yo no esté sujeto a la ley) como sujeto a la ley, para ganar a los que están sujetos a la ley.

καὶ ἐγενόμην τοῖς ᾿Ιουδαίοις ὡς ᾿Ιουδαῖος, ἵνα ᾿Ιουδαίους
Y me hice para los judíos como judío, para a judíos
κερδήσω· τοῖς ὑπὸ νόμον ὡς ὑπὸ νόμον, μὴ ὢν αὐτὸς ὑπὸ
ganase; a los bajo ley como bajo ley, no estando yo bajo
νόμον, ἵνα τοὺς ὑπὸ νόμον κερδήσω·
ley, para a los bajo ley ganase.

Análisis y notas del texto griego.

Análisis: καὶ, conjunción copulativa *y*; ἐγενόμην, primera persona singular del aoristo segundo de indicativo en voz media del verbo γίνομαι, *llegar a ser, hacerse*, aquí *me hice*; τοῖς, caso dativo masculino plural del artículo determinado declinado *para los*; ᾿Ιουδαίοις, caso dativo masculino plural del adjetivo *judíos*; ὡς, adverbio de modo, *como*, que hace las veces de conjunción comparativa; ᾿Ιουδαῖος, caso nominativo masculino singular del adjetivo *judío*; ἵνα, conjunción *para*; ᾿Ιουδαίους, caso acusativo masculino plural del adjetivo declinado *a judíos*; κερδήσω, primera persona singular del aoristo primero de subjuntivo en voz activa del verbo κερδαίνω, *ganar*, aquí *ganase*; τοῖς, caso dativo masculino plural del artículo determinado declinado *para los*; ὑπὸ, preposición propia de acusativo *bajo*; νόμον, caso acusativo masculino singular del nombre común *ley*; ὡς, adverbio de modo, *como*, que hace las veces de conjunción comparativa; ὑπὸ, preposición propia de acusativo *bajo*; νόμον, caso acusativo masculino singular del nombre común *ley*; μὴ, partícula que hace funciones de adverbio de negación *no*; ὢν, caso nominativo masculino singular del participio de presente en voz activa del verbo εἰμί, *ser, estar*, aquí *estando*; αὐτὸς, caso nominativo masculino singular del pronombre intensivo *yo*; ὑπὸ, preposición propia de acusativo *bajo*; νόμον, caso acusativo masculino singular del nombre común *ley*; ἵνα, conjunción *para*; τοὺς, caso acusativo masculino plural del artículo determinado declinado *a los*; ὑπὸ preposición propia de acusativo *bajo*; νόμον, caso acusativo masculino singular del nombre común *ley*; κερδήσω, primera persona singular del aoristo primero de subjuntivo en voz activa del verbo κερδαίνω, *ganar*, aquí *ganase*.

καὶ ἐγενόμην τοῖς ᾿Ιουδαίοις ὡς ᾿Ιουδαῖος, ἵνα ᾿Ιουδαίους κερδήσω· Se refiere a como trató de alcanzar a los judíos para Cristo. El modo fue *haciéndose* como ellos. No debe olvidarse que el apóstol era judío por nacimiento, y por condición, *"hebreo de hebreos"* (Fil. 3:5). Lo que hizo fue someterse a cuestiones legales para no ser tropiezo a los judíos. Por esa causa hizo que Timoteo se circuncidase, por causa de los judíos (Hch. 16:3); se sometía al ritual de purificación en el templo y pagaba los gastos de quienes habían cumplido el voto y debían cortar el pelo (Hch. 21:23, 26). No cabe duda que para el mundo llamado *evangélico conservador*, Pablo hubiese sido cuestionado, porque entienden éstos que solo sirven a sus intereses, que no era lícito que, siendo libre del ceremonial de la ley, volviese a practicarlo. No entienden éstos que es necesario alcanzar a los perdidos en el lugar donde están. Pablo acudía a los lugares donde se practicaba la religión judía, concretamente a las sinagogas y, en alguno de los ejemplos anteriores al templo. En la enseñanza de las sinagogas, los fariseos negaban la deidad de Jesús y Su resurrección, pero Pablo estaba allí para alcanzar a muchos. Los que se consideran hoy estrictos servidores de la fe, considerarían esto como un acto inconcebible, porque para ellos es preferible un religioso en el infierno que alcanzarlos para salvación donde se encuentran.

τοῖς ὑπὸ νόμον ὡς ὑπὸ νόμον, μὴ ὢν αὐτὸς ὑπὸ νόμον, ἵνα τοὺς ὑπὸ νόμον κερδήσω· Pablo era libre de la esclavitud legal. Ya no era para él base de justificación, como seguía siendo para muchos de los judíos. Como creyente ya no estaba bajo la ley (Ro. 6:14). Sin embargo, se sujeta a costumbres legales, con un solo propósito: *ganar a estos para Cristo*. Lo hace con esa intención y es capaz de someterse a ceremonias legales y costumbres de la ley, sin que por ello se resienta su condición de libertad en Cristo. Es precisamente en esta sujeción voluntaria que muestra la verdadera libertad. Eso no significa aceptar prácticas contrarias a las demandas de la gracia. Pablo no consintió que, para agradar y ganar a los judíos, un gentil se circuncidara (Gá. 2:3).

21. A los que están sin ley, como si yo estuviera sin ley (no estando yo sin ley de Dios, sino bajo la ley de Cristo), para ganar a los que están sin ley.

τοῖς ἀνόμοις ὡς ἄνομος, μὴ ὢν ἄνομος Θεοῦ[1] ἀλλ' ἔννομος
Para los sin ley como sin ley, no estando sin ley de Dios sino dentro de la ley
Χριστοῦ, ἵνα κερδάνω[2] τοὺς ἀνόμους[3].
de Cristo, para que ganase a los sin ley.

Análisis y notas del texto griego.

Análisis: τοῖς, caso dativo masculino plural del artículo determinado declinado *para los*; ἀνόμοις, caso dativo masculino plural del adjetivo *sin ley*; ὡς, adverbio de modo, *como*, que hace las veces de conjunción comparativa; ἄνομος, caso nominativo masculino singular del adjetivo *sin ley*; μὴ, partícula que hace funciones de adverbio de negación *no*; ὢν, caso masculino singular del participio de presente en voz activa del verbo εἰμί, *ser, estar*, aquí *estando*; ἄνομος, caso nominativo masculino singular del adjetivo *sin ley*; Θεοῦ, caso genitivo masculino singular del nombre divino declinado *de Dios*; ἀλλ', forma escrita ante vocal de la conjunción adversativa ἀλλά que significa *pero, sino*; ἔννομος, caso nominativo masculino singular del adjetivo *dentro de la ley*; Χριστοῦ, caso genitivo masculino singular del nombre propio declinado *de Cristo*; ἵνα, conjunción causal *para que*; κερδάνω, primera persona singular del aoristo primero de subjuntivo en voz activa del verbo κερδαίνω, *ganar*, aquí *ganase*; τοὺς, caso acusativo masculino plural del artículo determinado declinado *a los*; ἀνόμους, caso acusativo masculino plural del adjetivo *sin ley*.

Notas. Crítica Textual. Lecturas alternativas.

[1] Θεοῦ[1], *de Dios*, según lectura en 𝔓[46], 𝔞, A, B, C, D*, F, G, P, 33, 81, 365, 1175, 1739, 1881, 2464, latt, sy[h].

Χριτῷ, *de Cristo*, según D[2], K, L, Ψ, 104, 630, 1241, 1505, 𝔐.

[2] κερδάνω, *ganase*, conforme a la lectura en 𝔞*, A, B, C, F, G, P, 630, 1175, 1739, 1881.

κερδήσω, *ganar*, según 𝔓[46], 𝔞*, K, L, Ψ, 81, 104, 365, 1241, 1505, 2464, 𝔐.
[3] τοὺς ἀνόμους, *a los sin ley*, según 𝔓[46], 𝔞*, A, B, C, D, P, 33, 104, 630, 1175, 1739, 1881, Orígenes.

Se suprime en 𝔞[2], F, G, K, L, Ψ, 81, 365, 1241, 1505, 2464, 𝔐.

τοῖς ἀνόμοις ὡς ἄνομος, Para los que estaban sin ley, en el sentido de no estar sujetos a la ley de los judíos, generalmente se entiende como gentiles, Pablo renunciaba a todas aquellas cuestiones legales que no entraban de lleno en la ley moral que es permanente.

μὴ ὢν ἄνομος Θεοῦ ἀλλ' ἔννομος Χριστοῦ, Pablo no era un pagano que desconocía la ley moral de Dios. El apóstol distingue tres estados morales: 1) Una vida *sin ley*, propia de los que no conocen a Dios (Ro. 2:14-15); 2) Una vida *bajo la ley*, propia de los judíos sujetos a normas (Ro. 2:17); 3) Una vida *en la ley*, natural para el creyente (Ro. 8:2). Los que viven *sin ley*, su voluntad y conducta se ajusta a los pensamientos naturales (Ro. 2:15). Los que viven *bajo la ley*, se sujetan a la esclavitud de normas y costumbres establecidas. Los que viven *en la ley*, son los que se sujetan a la ley de Cristo, por el poder del Espíritu, que los identifica con la ley divina (Jer. 31:33). La ley de Cristo es la ley del amor que se entrega a los demás incondicionalmente (Jn. 13:34); esta es la señal identificativa de la verdadera iglesia y del verdadero creyente. La ley de Cristo comprende y llena las demandas de la ley divina, que se cumple en el amor a Dios y al prójimo.

Hay creyentes que, siendo carnales, es decir, no viviendo en la plenitud del Espíritu, practican una vida en la que, de algún modo, se manifiestan las obras de la carne. Estos tienen contristado al Espíritu y viven sin preocuparse de la fidelidad a Dios. Pero también hay otros que *viven bajo la ley*, sujetos a normas, costumbres, reglas, sistema religioso, prácticas históricas, etc. etc. Para éstos la gracia no es una realidad experimental, viviendo en la esclavitud normativa y esclavizando a cuantos pueden influenciar, arrastrándolos a su misma esclavitud espiritual. Los terceros, quienes viven en la *ley de Cristo*, son verdaderamente libres, dependen del Espíritu Santo y viven una vida cristiana gozosa. Sólo los últimos son los que tienen un mensaje cautivador del evangelio de la gracia y quienes alcanzan a otros para Cristo con el ejemplo personal.

Pablo se hacía como *sin ley* a los *sin ley* para *ganarlos* para Cristo. Renunciaba a su libertad por amor a los que se estaban perdiendo. Para él no tenía valor alguno lo que era, ya que su anhelo era cumplir el ministerio de la proclamación del evangelio a todos, de modo que pudiese conducir a Cristo a cuantos pudiese, en cualquier sector de la sociedad. Sin embargo, no se trata de vivir en el desenfreno de los que están sin ley. Hay límites marcados por la ética que Dios establece que no pueden ser traspasados. La libertad no es hacer lo que se quiera, sino lo que se deba.

22. Me he hecho débil a los débiles, para ganar a los débiles; a todos me he hecho de todo, para que de todos modos salve a algunos.

ἐγενόμην τοῖς ἀσθενέσιν ἀσθενής, ἵνα τοὺς ἀσθενεῖς κερδήσω·
Me hice a los débiles débil, para a los débiles ganar.
τοῖς πᾶσιν γέγονα πάντα, ἵνα πάντως τινὰς σώσω.
- todos me he hecho todo, para de todos modos algunos salvar.

Análisis y notas del texto griego.

Análisis: ἐγενόμην, primera persona singular del segundo aoristo de indicativo en voz media del verbo γίνομαι, *hacerse*, aquí *me hice*; τοῖς, caso dativo masculino plural del artículo determinado declinado *a los, para los*; ἀσθενέσιν, caso dativo masculino plural del adjetivo *débiles*; ἀσθενής, caso nominativo masculino singular del adjetivo *débil*; ἵνα, conjunción *para*; τοὺς, caso acusativo masculino plural del artículo determinado declinado *a los*; ἀσθενεῖς, caso acusativo masculino plural del adjetivo *débiles*; κερδήσω, primera persona singular del aoristo primero de subjuntivo en voz activa del verbo κερδαίνω, *ganar*, aquí *ganase*; τοῖς, caso dativo masculino plural del artículo determinado *los*; πᾶσιν, caso dativo masculino plural del adjetivo indefinido *todos*; γέγονα, primera persona singular del perfecto de indicativo en voz activa del verbo γίνομαι, *hacerse*, aquí *me he hecho*; πάντα, caso nominativo neutro plural del adjetivo *todo*; ἵνα, conjunción causal *para*; πάντως, adverbio *de todos modos*; τινὰς, caso acusativo masculino plural del adjetivo indefinido declinado *a algunos*; σώσω, primera persona singular del aoristo primero de indicativo en voz activa del verbo σῴζω, *salvar*, aquí *salvase*.

ἐγενόμην τοῖς ἀσθενέσιν ἀσθενής, ἵνα τοὺς ἀσθενεῖς κερδήσω· La misma conducta motivó al apóstol a *hacerse débil* con los débiles. Es una mención a los más escrupulosos a los que se refirió antes. Sin embargo, es de notar que habla de *salvar* a éstos, por consiguiente, debiera entenderse en relación con los judíos, estrictos seguidores de las prácticas legales, aunque también pudieran estar comprendidos los que vivían en sujeción a la idolatría y guardan una escrupulosa relación con todo lo que tiene que ver del paganismo (8:7, 9-12). Estos escrúpulos limitan el sentido de comprensión de la libertad cristiana, que se proclama en el mensaje del evangelio. Para *ganar* a éstos, evitando su condenación, se manifestaba también como débil. Con todo, pudiera entenderse también que se trata de cristianos *débiles*, lo que supondría que este *salvarlos*, se referiría a la pérdida espiritual de la que trató antes, quebrantada a causa del mal ejemplo de los hermanos *fuertes* (8:12). En este último caso, el apóstol se limitaba en su libertad a un comportamiento propio de los hermanos *débiles*, para alcanzarlos en su debilidad y restaurarlos a una vida conforme al propósito de Dios.

τοῖς πᾶσιν γέγονα πάντα, ἵνα πάντως τινὰς σώσω. La conclusión es al comportamiento general que adoptó de *hacerse todo a todos*. Este *todos* comprende tanto los grupos a los que estuvo refiriéndose hasta aquí, o incluso a cualquier otro que no mencionó. *"Haciéndose a todos todo"*, no como el fin que justifica los medios, sino como el adaptarse en manifestación de amor. En ningún caso se puede entender la renuncia de Pablo como si aceptase volver a la ley, para alcanzar a los judíos, o envolverse en el libertinaje pagano para los gentiles. Se está refiriendo a normas y costumbres de comportamiento, que un cristiano podría aceptar. Nuevamente la lección de la aproximación al que necesita ser alcanzado por el evangelio, se aprecia en el comportamiento del apóstol, dando el ejemplo a seguir para llegar a los diversos estratos sociales de cualquier tiempo, sin que eso suponga *hacerse como* ellos.

23. Y esto hago por causa del evangelio, para hacerme copartícipe de él.

πάντα[1] δὲ	ποιῶ	διὰ	τὸ εὐαγγέλιον,	ἵνα	συγκοινωνὸς	αὐτοῦ
Y todo esto	hago	por causa del	evangelio,	para	copartícipe	de él
γένωμαι.						
hacerme.						

Análisis y notas del texto griego.

Análisis: πάντα, caso acusativo neutro plural del adjetivo indefinido *todos*, en sentido de *todas las cosas*, *todo esto*; δὲ, partícula conjuntiva que hace las veces de conjunción coordinante, con sentido de *pero, más bien, y, y por cierto*, *antes bien, entonces*; ποιῶ, primera persona singular del presente de indicativo en voz activa del verbo ποιέω, *hacer*, aquí *hago*; διὰ, preposición propia de acusativo *por causa de, por*; τὸ, caso acusativo neutro singular del artículo determinado, *el*; εὐαγγέλιον, caso acusativo neutro singular del nombre común *evangelio*; ἵνα, conjunción *para*; συγκοινωνὸς, caso nominativo masculino singular del nombre común *copartícipe*; αὐτοῦ, caso genitivo neutro de la tercera persona singular del pronombre personal declinado *de él*; γένωμαι, primera persona singular del aoristo segundo de subjuntivo en voz activa del verbo γίνομαι, *hacerse*, aquí *hacerme*.

Notas. Crítica Textual. Lecturas alternativas.

[1] πάντα, *todo esto*, según lectura en 𝔓[46], א, A, B, C, D, F, G, P, 6, 33, 81, 104, 365, 630, 1175, 1739, 1881, 2464, latt.
τοῦτο, *todas estas cosas*, conforme a K, L, Ψ, 1241, 1505.

πάντα δὲ ποιῶ διὰ τὸ εὐαγγέλιον, Todo el sacrificio del apóstol está orientado a la eficacia de la predicación del evangelio. Para que las bendiciones del mensaje alcancen al mayor número de personas. Como escribe Kistemaker:

"Es un siervo humilde del evangelio, que irá a cualquier parte, que descenderá o ascenderá a cualquier nivel de la sociedad o hará cualquier tarea por insignificante que sea, con tal que el evangelio sea proclamado a todos. Pablo no conocía la discriminación ya que decía que en Cristo no había 'judío ni griego, esclavo ni libre, varón ni mujer' (Gá. 3:28). Sabía que en Cristo todos los creyentes son uno"[5].

La razón para ese comportamiento es precisa: *"para hacerme copartícipe de él"*. Participar con tantos creyentes que desea alcanzar, de las mismas bendiciones del evangelio. Cada persona alcanzada por el mensaje de la gracia, que deposita su fe en el Salvador, produce gozo en el cielo por un pecador arrepentido (Lc. 15:7). Ese gozo de Dios es también el gozo de Pablo, por lo que desea ser *copartícipe* en todo lo que tiene que ver con el mensaje que proclama. Los nuevos convertidos son partícipes de las riquezas de la gracia y de la esperanza de gloria que es también del apóstol.

[5] S. Kistemaker. o.c., pág. 275.

24. ¿No sabéis que los que corren en el estadio, todos a la verdad corren, pero uno solo se lleva el premio? Corred de tal manera que lo obtengáis.

Οὐκ οἴδατε ὅτι οἱ ἐν σταδίῳ τρέχοντες πάντες μὲν τρέχουσιν,
¿No sabéis que los en estadio que corren todos ciertamente corren,
εἷς δὲ λαμβάνει τὸ βραβεῖον οὕτως τρέχετε ἵνα καταλάβητε.
pero uno recibe el premio? De igual manera corred para que alcancéis

Análisis y notas del texto griego.

Análisis: Οὐκ, forma escrita del adverbio de negación *no*, con el grafismo propio ante una vocal con espíritu suave o una enclítica; οἴδατε, segunda persona plural del perfecto de indicativo en voz activa del verbo οἶδα, *saber, entender, conocer*, aquí *habéis sabido*, mejor *sabéis*; ὅτι, conjunción *que*; οἱ, caso nominativo masculino plural del artículo determinado *los*; ἐν, preposición propia de dativo *en*; σταδίῳ, caso dativo neutro singular del nombre común *estadio*; τρέχοντες, caso nominativo masculino plural del participio de presente en voz activa del verbo τρέχω, *correr*, aquí *que corren*; πάντες, caso nominativo masculino plural del adjetivo indefinido *todos*; μὲν, partícula afirmativa que se coloca siempre inmediatamente después de la palabra expresiva de una idea que se ha de reforzar o poner en relación con otra idea y que, en sentido absoluto tiene oficio de adverbio de afirmación, como *ciertamente, a la verdad*; τρέχουσιν, tercera persona plural del presente de indicativo en voz activa del verbo τρεχω, *correr*, aquí *corren*; εἷς, caso nominativo masculino singular del adjetivo numeral cardinal *uno*; δὲ, partícula conjuntiva que hace las veces de conjunción coordinante, con sentido de *pero, más bien, y, y por cierto, antes bien, entonces*; λαμβάνει, tercera persona singular del presente de indicativo en voz activa del verbo λαμβάνω, *recibir*, aquí *recibe*; τὸ, caso acusativo neutro singular del artículo determinado *el*; βραβεῖον, caso acusativo neutro singular del nombre común *premio*; οὕτως, adverbio demostrativo *así, de igual manera*, τρέχετε, segunda persona plural del presente de imperativo en voz activa del verbo τρέχω, *correr*, aquí *corred*; ἵνα, conjunción causal *para que*; καταλάβητε, segunda persona plural del segundo aoristo de subjuntivo en voz activa del verbo καταλαμβάνω, *recibir, alcanzar*, aquí *alcancéis*.

Οὐκ οἴδατε ὅτι οἱ ἐν σταδίῳ τρέχοντες πάντες μὲν τρέχουσιν, Cada dos años se celebraban en Corinto los llamados *Juegos Istimicos*, eran juegos Panhelénicos, y tenían lugar en primavera. Eran celebrados en honor del dios Poseidón. El programa comprendía certámenes gímnicos (carreras, pugilato, pancracio, pentatlón) e hípicos. Cuando en el s. IV a. C. se construyó el teatro se añadieron competiciones musicales y poéticas. Durante los juegos se celebraban rituales religiosos que incluían libaciones, sacrificios y una procesión en honor de Poseidón, Anfítrite, Leucótea y Palemón. El premio para los vencedores fue inicialmente coronas de pino, posteriormente se confeccionaron con apio y finalmente se usaron guirnaldas de pino. El santuario donde se celebraban los juegos estaba junto a un pinar[6]. Por esta razón los corintios estaban muy habituados a estos juegos, a los que Pablo alude en la parénesis que sigue. De ahí la introducción mediante una pregunta reflexiva que usa muchas veces en la *Epístola*: *"¿No sabéis?"*, que exige una respuesta positiva. Ellos conocían bien lo que tenía que ver con los juegos a los que va a referirse.

Pablo recuerda que en esa festividad los que participaban en las carreras, *corrían todos*, pero *solo uno* podía conseguir el premio. El creyente está corriendo la carrera cristiana, en el estadio del mundo, durante toda su vida. El premio está en la recompensa celestial al llegar a la meta concluida la carrera. La disposición para un correr correcto se ha establecido antes (8:1b, 13), corriendo en amor y no siendo ocasión de tropiezo para otros. La vida cristiana comparada con una carrera es también tema en la *Epístola a los Hebreos*, donde se lee que *"teniendo en derredor nuestro tan grande nube de testigos, despojémonos de todo peso y del pecado que nos asedia, y corramos con paciencia la carrera que tenemos por delante, puestos los ojos en Jesús"* (He. 12:1-2). La figura de la carrera en el estadio, está en varias ilustraciones de Pablo (cf. Gá. 2:2; Fil. 2:16; 3:12-14; 2 Ti. 2:5)[7]

εἷς δὲ λαμβάνει τὸ βραβεῖον οὕτως τρέχετε ἵνα καταλάβητε. De modo que exhorta a que se corra de tal forma que se obtenga el premio. Este se alcanza al llegar a la meta (Fil. 3:14; Col. 2:18). El esfuerzo en este caso es necesario para ajustarse a un determinado modo de correr, como pone de manifiesto el adverbio demostrativo οὕτως, que equivale a *así, de ese modo*. Hay, sin duda, un notable contraste, ya que, en los juegos de Corinto, todos corrían, pero sólo uno alcanzaba el premio, mientras que, en la carrera cristiana, todos pueden lograrlo. El apóstol orienta la visión de los cristianos hacia la meta con el fin de estimularlos a alcanzar la victoria.

25. Todo aquel que lucha, de todo se abstiene; ellos, a la verdad, para recibir una corona corruptible, pero nosotros, una incorruptible.

πᾶς δὲ ὁ ἀγωνιζόμενος πάντα ἐγκρατεύεται, ἐκεῖνοι μὲν
Y todo el que lucha de todo se impone privaciones, ellos ciertamente
οὖν ἵνα φθαρτὸν στέφανον λάβωσιν, ἡμεῖς δὲ ἄφθαρτον.
pues, para corruptible corona recibiese, pero nosotros inmarcesible.

[6] Notas tomadas de Wikipedia.

[7] Ver comentario a los textos citados en los correspondientes libros de esta misma serie

Análisis y notas del texto griego.

Análisis: πᾶς, caso nominativo masculino singular del adjetivo indefinido *todo*; δὲ, partícula conjuntiva que hace las veces de conjunción coordinante, con sentido de *pero, más bien, y, y por cierto, antes bien, entonces*; ὁ, caso nominativo masculino singular del artículo determinado *el*; ἀγωνίζομενος, caso nominativo masculino singular del participio de presente en voz media del verbo αγονίζομαι, *luchar, agonizar*, aquí *que lucha*; πάντα, caso acusativo neutro singular del adjetivo indefinido declinado *de todo, a todo*; ἐγκρατεύεται, tercera persona singular del presente de indicativo en voz media del verbo ἐγκρατεύομαι, *privarse, imponerse privaciones*, aquí *se impone privaciones*; ἐκεῖνοι, caso nominativo masculino de la tercera persona plural del pronombre demostrativo *ellos*; μὲν, partícula afirmativa que se coloca siempre inmediatamente después de la palabra expresiva de una idea que se ha de reforzar o poner en relación con otra idea y que, en sentido absoluto tiene oficio de adverbio de afirmación, como *ciertamente, a la verdad*; οὖν, conjunción *pues*; ἵνα, conjunción *para*; φθαρτὸν, caso acusativo masculino singular del adjetivo *corruptible*; στέφανον, caso acusativo masculino singular del nombre común *corona*; λάβωσιν, tercera persona plural del segundo aoristo de subjuntivo en voz activa del verbo λαμβάνω, *recibir*, aquí *recibiese*; ἡμεῖς, caso nominativo de la primera persona plural del pronombre personal *nosotros*; δὲ, partícula conjuntiva que hace las veces de conjunción coordinante, con sentido de *pero, más bien, y, y por cierto, antes bien, entonces*; ἄφθαρτον, caso acusativo masculino singular del adjetivo *incorruptible, inmarcesible*.

πᾶς δὲ ὁ ἀγωνιζόμενος πάντα ἐγκρατεύεται, Del ejemplo del que corre pasa al del luchador, que tiene que ver con diversas formas de competición, sea atletismo, lucha o incluso pugilato. La vida cristiana es también comparable con quien lucha, como dirá más adelante a su amigo Timoteo, en relación con él mismo: *"He peleado la buena batalla, he acabado la carrera, he guardado la fe. Por lo demás, me está guardada la corona de justicia"* (2 Ti. 4:7-8). Pablo dice que quien lucha se limita, imponiéndose privaciones. Los competidores cuidaban de su comida, de sus relaciones íntimas, que convertía la preparación en una prolongada disciplina, como se puede leer en manuales de competición atlética. El atleta profesional tenía dominio propio y rechazaba lo que hubiera sido lícito, para estar en forma para la competición. Así también el creyente debe dominar sus libertades para ajustar su vida al amor.

ἐκεῖνοι μὲν οὖν ἵνα φθαρτὸν στέφανον λάβωσιν, ἡμεῖς δὲ ἄφθαρτον. Todo un esfuerzo para recibir un premio consistente en una corona corruptible, que al cabo de poco tiempo se había deteriorado y tenía que ser desechada. De otro modo, hace un gran sacrificio para conseguir algo efímero, pero el creyente espera *una corona inmarcesible*. No importa cuál sea la corona de las cinco que se citan en el Nuevo

Testamento, ya que además de esta *inmarcesible*, está *la de gozo* (1 Ts. 2:19); la *de justicia* (2 Ti. 4:8); la *de vida* (Stg. 1:12; Ap. 2:10); y la *de gloria* (1 P. 5:4). Todas ellas tienen la peculiaridad de ser perpetuas. Es interesante apreciar aquí el uso de los pronombres personales en plural *ellos, nosotros*, lo que indica el contraste entre los deportistas olímpicos que sólo uno de ellos ganaba el premio, y la pluralidad de creyentes que puede conseguirlo, pero para lo que se exige un estilo de vida, que muchas veces acarrea disciplina personal firme y grandes dificultades, pero que merece la pena por la recompensa que se puede alcanzar. De nuevo se orienta al creyente a dejar de considerar la temporalidad para afirmarse en las cosas eternas. Todo es transitorio en la vida humana temporal, pero todo es definitivo en la eternidad con Dios.

26. Así que, yo de esta manera corro, no como a la ventura; de esta manera peleo, no como quien golpea el aire.

ἐγὼ τοίνυν οὕτως τρέχω ὡς οὐκ ἀδήλως, οὕτως πυκτεύω
Yo, por consiguiente, así corro, como no confusamente, así lucho,
ὡς οὐκ ἀέρα δέρων·
como no aire golpeando.

Análisis y notas del texto griego.

Análisis: ἐγὼ, caso nominativo de la primera persona singular del pronombre personal *yo*; τοίνυν, partícula ilativa *pues, por consiguiente*; οὕτως, adverbio demostrativo *así, de este modo*; τρέχω, primera persona singular del presente de indicativo en voz activa del verbo τρέχω, *correr*, aquí *corro*; ὡς, adverbio de modo, *como*, que hace las veces de conjunción comparativa; οὐκ, forma escrita del adverbio de negación *no*, con el grafismo propio ante una vocal con espíritu suave o una enclítica; ἀδήλως, adverbio de modo *irreconociblemente, confusamente, ocultamente, con disimulo*; οὕτως, adverbio demostrativo *así, de este modo*; πυκτεύω, primera persona singular del presente de indicativo en voz activa del verbo πυπτεύω, *luchar*, aquí *lucho*; ὡς, adverbio de modo, *como*, que hace las veces de conjunción comparativa; οὐκ, forma escrita del adverbio de negación *no*, con el grafismo propio ante una vocal con espíritu suave o una enclítica; ἀέρα, caso acusativo masculino singular del nombre común *aire*; δέρων, caso nominativo masculino singular del participio de presente en voz activa del verbo δέρω, *golpear*, aquí *golpeando*.

ἐγὼ τοίνυν οὕτως τρέχω ὡς οὐκ ἀδήλως, Pablo expresa el testimonio de como actúa él en su carrera cristiana. Tiene la vista puesta en la meta y no corre con incertidumbre como si no supiera a donde tenía que dirigir su esfuerzo (Fil. 3:14; He. 12:2). Los ojos del creyente deben estar en el objetivo final, en la meta que desea alcanzar. Sin duda puede haber momentos de titubeo, incluso de flaqueza donde el cansancio del esfuerzo se hace notar, pero, el estímulo para seguir adelante es el término de la carrera. La meta alcanzada con éxito equivale a recibir el premio. Es una tarea que requiere entrega absoluta e incondicional. La mirada está fija en la meta y no se ocupa de otra cosa, por tanto, Pablo dice que él *no corre confusamente*. La recompensa es lo que corresponde al *supremo llamamiento celestial*, que procede de Dios. La carrera cristiana se desarrolla en la tierra, pero la meta está en el cielo. Ese llamamiento está orientado hacia arriba (Col. 3:1), donde ya posicionalmente estamos en Cristo. No hay una calle defectuosa para esa carrera, porque el camino es Cristo; no hay sombras que la hagan difícil, porque Él es la luz del mundo.

οὕτως πυκτεύω ὡς οὐκ ἀέρα δέρων· Pero, además de correr, también la carrera es una lucha, que ha de efectuarse no como golpeando al aire. Un púgil que trata de golpear a su rival, pierde fuerzas y no logra efectividad alguna cuando golpea al aire. En cualquier caso, lo que pretende destacar es que el esfuerzo es vano. Pablo procura establecer una forma eficaz para librar la batalla que tiene por delante. Nuestra lucha no es contra carne y sangre, sino contra las huestes de maldad en regiones celestes (Ef. 6:12). El enemigo actúa en todos los frentes, Satanás controla y gobierna esas huestes espirituales y reparte esas fuerzas como él quiere. Está derrotado, pero sigue ejerciendo autoridad sobre el mundo. Son huestes invisibles que están en continua oposición al cristiano. Pero, las fuerzas para mantenerse firme son dadas por Dios mismo, de ahí que el apóstol advierta también de no *golpear al aire*, sino de ser eficaces en la lucha usando los recursos de Dios.

27. Sino que golpeo mi cuerpo, y lo pongo en servidumbre, no sea que habiendo sido heraldo para otros, yo mismo venga a ser eliminado.

ἀλλὰ ὑπωπιάζω μου τὸ σῶμα καὶ δουλαγωγῶ, μή
Sino golpeo de mí el cuerpo y pongo en servidumbre, no
πως ἄλλοις κηρύξας αὐτὸς ἀδόκιμος γένωμαι.
de alguna manera a otros proclamando yo mismo no aprobado llegue a ser.

Análisis y notas del texto griego.

Análisis: ἀλλὰ, conjunción adversativa *sino*; ὑπωπιάζω, primera persona singular del presente de indicativo en voz activa del verbo ὑπωπιάζω, *golpear, tratar severamente*, aquí *golpeo*; μου, caso genitivo de la primera persona singular del pronombre personal declinado *de mí*; τὸ, caso acusativo neutro singular del artículo determinado *el*; σῶμα, caso acusativo neutro singular del nombre común *cuerpo*; καὶ, conjunción copulativa *y*; δουλαγωγῶ, primera persona singular del presente de indicativo en voz activa del verbo δουλαγωγέω, *esclavizar, poner en servidumbre*, aquí *pongo en servidumbre*; μή, partícula que hace funciones de adverbio de negación *no*; πως, adverbio de modo *de alguna manera*; ἄλλοις, caso dativo masculino plural del pronombre indefinido declinado *a otros*; κηρύξας, caso nominativo masculino plural del participio del aoristo primero en voz activa del verbo κηρύσσω, *predicar, proclamar*, aquí *proclamando*; αὐτὸς, caso nominativo masculino de la primera persona singular del pronombre personal intensivo *yo mismo*; ἀδόκιμος, caso nominativo masculino singular del adjetivo *no aprobado*; γένωμαι, primera persona singular del segundo aoristo de subjuntivo en voz activa del verbo γίνομαι, *llegar a ser*, aquí *llegue a ser*.

ἀλλὰ ὑπωπιάζω μου τὸ σῶμα καὶ δουλαγωγῶ, Apela aquí a una metáfora que describe como *golpear el cuerpo*. No se trata de imponer una disciplina severa, física y corporal que condena (Col. 2:20-23), sino que la usa en el sentido de limitar el cuerpo en el uso de cosas que son lícitas, pero que no son convenientes. Los atletas se limitaban en asuntos tales como comidas, expansión, actividades sociales, etc. Por tanto, el creyente que está comprometido en una exitosa carrera de fe, debe sujetar su liberad según sea necesario. Pablo afirma que él *esclaviza* o pone *en servidumbre* el cuerpo para someterlo y sujetarlo a su destino de cumplir la misión que Dios le había confiado. Es conseguir que el cuerpo sea dócil a la vocación a que había sido llamado.

μή πως ἄλλοις κηρύξας αὐτὸς ἀδόκιμος γένωμαι. Los términos *proclamar* que tienen que ver con *heraldo*, y el de *no aprobado*, son palabras típicas de los juegos deportivos de entonces. El que *proclamaba*, el *heraldo,* era la persona que anunciaba el comienzo de los juegos, daba la señal de iniciar la competición y proclamaba a los vencedores en las pruebas. El *no aprobado*, *descalificado*, se aplicaba a los participantes que por alguna causa quedaban excluidos en alguna prueba y, por tanto, no ganaban el premio. La razón final para este comportamiento es que existe la posibilidad de que quien ha enseñado cómo correr la carrera y el modo eficaz de luchar a otros, él mismo pueda quedar descalificado, esto es, ser eliminado. En modo alguno significa perder la salvación, sino ser eliminado en la carrera y no llegar a obtener el premio.

Concluido el comentario del capítulo se podrían destacar algunas lecciones personales que son de aplicación para cada uno de nosotros. Sin embargo, tal como se ha considerado, Pablo está poniéndose de ejemplo para enseñar a otros el modo de comportarse en la vida cristiana. El contraste entre su ejemplo y los temerarios corintios que, llenos de ellos mismos, no tenían en cuenta el daño que con sus actitudes podían ocasionar a hermanos *débiles*, es evidente. El apóstol supeditaba todo cuanto fuese propio y lícito en su vida, para ponerse al servicio, en la condición de un esclavo, a fin de que con su entrega pudiera servir de ayuda a otros y alcanzar a cuantos pudiera con el evangelio de la gracia.

El orgullo es una de las características más prominentes de la congregación en Corinto. La mayoría de los creyentes tenían un más alto concepto de sí que el que debían tener, por lo que no eran aptos para conducirse ejemplarmente con los hermanos. Estaban llenos de ellos, pero muy vacíos de Dios. Por esta causa gobernaban sus derechos las vidas personales, aunque el ejercicio de ellos causara tropiezo a otros.

Los creyentes descansamos en el camino del amor a los hermanos. Cuando sobre nosotros permanecen las razones personales, las tradiciones, la historia denominacional, las formas del culto, etc. el amor no tiene cabida. El corazón está lleno de amor o lleno de otras cosas. Jesús hizo notar que el testimonio real de una verdadera iglesia es el amor y que los creyentes se conocerían en el mundo no por su doctrina, sino porque eran capaces de amarse entrañablemente unos a otros. El sano equilibrio entre ambas cosas es necesario. Cuando el amor pretende sustituir a la doctrina, o cuando ésta margina el amor, se está en una carrera que no es correctamente llevada a cabo. Iglesias en las que se predica sólo el amor con los demás, pero no se tiene en cuenta la santidad de vida, están llenándose de personas que están entusiasmadas por la emoción, muchas de ellas son *convencidos,* pero pocos son los *convertidos*. Por otro lado, algunas de las que se llaman bíblicas, convierten la vida cristiana en un curso de teología, donde sólo los datos bíblicos tienen cabida, mientras que las emociones sanas procedentes de la acción del Espíritu aplicando la Palabra, son desconocidas. Estas últimas se vacían, mientras el liderazgo justifica esa deserción usando un texto fuera de contexto: *"Salieron de nosotros, porque no eran de nosotros"* (1 Jn. 2:19).

El mejor resumen de todo lo que se ha considerado en el capítulo está en las mismas palabras del apóstol: *"Corred de tal manera que lo obtengáis"* (v. 24).

CAPÍTULO X

EL EJEMPLO DE LA HISTORIA

Introducción

Con este capítulo se alcanza la conclusión al problema planteado por los corintios sobre el uso de la libertad cristiana en relación con comer o no comer carne sacrificada a los ídolos. Además de los argumentos teológicos, el apóstol puso su propio ejemplo para enseñar prácticamente a los creyentes el verdadero uso de la libertad cristiana, que se ajusta a los demás para alcanzarlos para Cristo, en caso de los no salvos, y para edificación sin escándalo para los cristianos *débiles*.

En el desarrollo de la enseñanza, el apóstol solicita atención en este capítulo para destacar la importancia de no ceder a la tentación basada en la arrogancia personal, que conduzca a un ejercicio incorrecto de la libertad.

No es suficiente que el cristiano sea objeto de bendiciones divinas que garanticen su salvación, sino que ha de vivir una vida consecuente con esa vocación celestial. El transgredir la voluntad de Dios es caer en pecado, y el pecado, incluso el del creyente, trae siempre consecuencias, como es la disciplina de parte de Dios.

Para enseñar esto, recurre Pablo al ejemplo de los creyentes israelitas, para hacer notar las consecuencias del mal uso de la libertad, cuyo desenlace fue hacer caer a aquel pueblo en pecados contra Dios, que ocasionaron juicios divinos muy notables. Con ello advierte sobre las desastrosas consecuencias de no permanecer en el camino de la voluntad de Dios.

Israel había sido favorecido por Dios, como Su pueblo. Él los condujo en el camino desde Egipto a la tierra que les había prometido, de un modo milagroso, por la nube de Su gloria que les protegía del sol y les alumbraba cuando faltaba la luz. El paso del Mar Rojo era otra de las demostraciones de la actuación divina a favor de Su pueblo, haciéndolos cruzar al otro lado por tierra seca, al abrir el mar para ellos. El maná, provisión divina a lo largo de los cuarenta años en el desierto, les sirvió de alimento a aquella enorme multitud de personas, llegando a ellos cada día hasta que entraron en Canaán. Sin embargo, la gran mayoría de los que salieron de Egipto no alcanzaron la promesa y murieron en el desierto, por su desobediencia y rebeldía contra Dios.

El apóstol busca en esto una analogía para aplicar las lecciones de la historia al problema planteado por los corintios. Aquel pueblo liberado de la esclavitud de Egipto, conducido por Dios y destinado a habitar un lugar que Dios mismo proveía para ellos, es una ilustración tipológica aplicable a la iglesia. Como ellos hemos sido liberados por Dios de la esclavitud del pecado, conducidos por Él en el tránsito terrenal y orientados hacia la esperanza del lugar que Cristo prepara para los Suyos.

Toda la aplicación principal deriva luego en la enseñanza conclusiva sobre el comportamiento propio de un creyente en relación con sus hermanos. El apóstol hace notar que los cristianos hemos entrado en las realidades espirituales que la historia ejemplifica para quienes *"han alcanzado los fines de los siglos"* (v. 11).

Los ejemplos de la historia son tomados por Pablo como advertencia para los cristianos, a fin de que no caigan en los pecados de aquellos, codiciando cosas malas, practicando pecados morales, tentando al Señor y murmurando de Sus siervos. Todo esto debiera hacer reflexionar a cada cristiano, sobre su propio comportamiento, para evitar caídas como las de aquellos y juicios semejantes. Las tentaciones y pruebas que vienen al creyente, tienen la promesa de aliento y ayuda divina para superarlas victoriosamente.

El capítulo puede dividirse en tres párrafos. El primero trata sobre la indulgencia, siguiendo el ejemplo histórico de Israel (vv. 1-13). Comienza con una referencia a la experiencia que tuvieron en relación con la nube de dirección que Dios les manifestaba y del cruce del mar (v. 1), haciéndoles notar de la participación general de las bendiciones, en lo que se refiere al modo milagroso de ser alimentados y satisfecha su sed (vv. 2-4). Sin embargo, no todos fueron del agrado de Dios, por su rebeldía, de modo que murieron en el desierto (v. 5). La aplicación comienza advirtiendo que la historia de Israel es ejemplo para los cristianos (v. 6). Sigue a esto una exhortación sobre la comisión de los pecados que produjeron el juicio de Dios contra la nación mencionando pecados concretos de los que el creyente debe alejarse (vv. 7-10). Nuevamente recuerda que la historia de Israel es un ejemplo para nosotros y sirve de amonestación en relación con el pueblo de Dios en la actual dispensación (v. 11). El párrafo concluye con una referencia a las tentaciones y la provisión de salida para ellas (vv. 12-13).

El segundo párrafo trata de la necesaria separación que el creyente debe tener de las fiestas idolátricas (vv. 14-22). Lo inicia recurriendo a la sensatez del cristiano que condiciona su comportamiento (vv. 14-15), para entrar en un tema teológico de la vinculación con Cristo y Su obra redentora, así como de la unidad corporativa de los creyentes como iglesia (vv. 16-17). Hace notar que los sacrificios idolátricos son hechos a los demonios, por lo que la participación en una comida con conocimiento de la causa que la motiva, en honor de un ídolo, es participar en la mesa de los demonios, que contradice abiertamente la comunión en la del Señor (vv. 18-21), cerrando el párrafo con una solemne advertencia sobre la provocación que una actitud semejante produce en relación con el Señor (v. 22).

Un tercer apartado (vv. 23-11:1), cierra la enseñanza, comenzando con una nueva referencia al dicho de los corintios: *"Todo me es lícito"*, que usó antes (6:12), haciendo notar que sólo es lícito lo que edifica (v. 23), para exhortar a los lectores a desprenderse de sus derechos y deseos para orientarse hacia los otros (v. 25-26). La conclusión práctica de las invitaciones a fiestas con no creyentes lo deja a discreción del cristiano, advirtiéndole sobre no preguntar la procedencia de los alimentos por motivos de conciencia (v. 27). Pero, si el que invita hace notar que la comida está hecha en honor de un ídolo, el creyente debe abstenerse de participar de ella (v. 28). Les hace notar también la atención al testimonio por la conciencia del otro (vv. 29-30). Concluye la enseñanza para que la principal razón del comportamiento sea la gloria de Dios (v. 31), atendiendo también a no ser tropezadero de otros (v. 32), llamándoles a seguir su propio ejemplo (vv. 33-11:1).

Para el análisis del capítulo se sigue el *bosquejo* que se anticipó en el apartado correspondiente en la *introducción*, como sigue:

3. Exhortaciones (10:1-11:1).
   3.1. Sobre la indulgencia (10:1-13).
      A. El ejemplo de Israel (10:1-5).
      B. Las consecuencias que deben producir (10:6-13).
   3.2. Separación de las fiestas idolátricas (10:14-22).
   3.3. Sobre los objetivos del creyente (10:23-11:1).
      A. En relación con los hermanos (10:23-26).
      B. En relación con el testimonio (10:27-30).
      C. En relación con Dios (10:31-11:1).

Exhortaciones (10:1-11:1)

Sobre la indulgencia (10:1-13)

El ejemplo de Israel (10:1-5)

1. Porque no quiero, hermanos, que ignoréis que nuestros padres todos estuvieron bajo la nube, y todos pasaron el mar.

Οὐ θέλω γὰρ ὑμᾶς ἀγνοεῖν, ἀδελφοί, ὅτι οἱ πατέρες ἡμῶν
Porque no quiero vosotros ignoréis, hermanos, que los padres de nosotros
πάντες ὑπὸ τὴν νεφέλην ἦσαν καὶ πάντες διὰ τῆς θαλάσσης
todos bajo la nube estaban y todos por el mar
διῆλθον
atravesaron.

Análisis y notas del texto griego.

Análisis: Οὐ, adverbio de negación *no*; θέλω, primera persona singular del presente de indicativo en voz activa del verbo θέλω, *querer*, aquí *quiero*; γὰρ, conjunción causal *porque*; ὑμᾶς, caso acusativo de la segunda persona plural del pronombre personal *vosotros*; ἀγνοεῖν, presente de infinitivo en voz activa del verbo αγνοέω, *ignorar*; ἀδελφοί, caso vocativo masculino plural del nombre común *hermanos*; ὅτι, conjunción *que*; οἱ, caso nominativo masculino plural del artículo determinado *los*; πατέρες, caso nominativo masculino plural del nombre común *padres*; ἡμῶν, caso genitivo de la primera persona plural del pronombre personal declinado *de nosotros*; πάντες, caso nominativo masculino plural del adjetivo indefinido *todos*; ὑπὸ, preposición propia de acusativo *bajo*; τὴν, caso acusativo femenino singular del artículo determinado *la*; νεφέλην, caso acusativo femenino singular del nombre común *nube*; ἦσαν, tercera persona plural del imperfecto de indicativo en voz activa del verbo εἰμί, *ser, estar*, aquí *estaban*; καὶ, conjunción copulativa *y*; πάντες, caso nominativo masculino plural del adjetivo indefinido *todos*; διὰ, preposición propia de genitivo *por*; τῆς, caso genitivo femenino singular del artículo determinado *la*; θαλάσσης, caso genitivo femenino singular del nombre común *mar*; διῆλθον, tercera persona plural del segundo aoristo de indicativo en voz activa del verbo διέρχομαι, *cruzar, atravesar*, aquí *atravesaron*.

Οὐ θέλω γὰρ ὑμᾶς ἀγνοεῖν, ἀδελφοί, Inicia el párrafo recordando a los lectores dos aspectos de la experiencia de Israel, cuando fue liberado de Egipto. La conjunción γὰρ, *porque*, sirve de enlace con lo que antecede en el capítulo anterior, donde trató de su propio ejemplo personal. Hay una ignorancia peligrosa, a la que el apóstol hace referencia al escribir: *"No quiero, hermanos, que ignoréis"*. Esta fórmula es usada otras veces por el apóstol para llamar la atención a los lectores (cf. Ro. 1:13; 11:25). En esta ocasión sobre los ejemplos de la historia bíblica que no deben ser ignorados o pasados por alto, por las consecuencias que pueden ocasionar.

ὅτι οἱ πατέρες ἡμῶν πάντες. El ejemplo tomado corresponde a Israel, al que hace referencia como *nuestros padres*, esto es, los antepasados suyos y de los judíos en general. No se trata de los patriarcas, sino de la llamada *generación del desierto*. Pablo quiere que entiendan que los ejemplos no afectan a algunos de aquellos antecesores suyos, sino a la totalidad, de ahí la reiteración del adjetivo indefinido *todos* (vv. 1, 2, 3, 4). Ya antes se refirió a otro colectivo, los que competían en el estadio, lo hacían *todos*, pero sólo uno llevaba el premio (9:24). El ejemplo de la historia sirve para confirmar la enseñanza. Sin embargo, aun distinguiendo la diferencia entre Israel como pueblo de las promesas y la iglesia, es necesario apreciar que Pablo llama a los lectores *hermanos*, y se refiere inmediatamente a *nuestros padres*, sin hacer una marcada distinción sino comprendiendo a los creyentes en esta relación. Así escribe F. Godet:

"... por la locución hermanos, viene a reunir la Iglesia entera en un mismo grupo. Él ve dentro de la iglesia cristiana los de la antigua comunidad israelita. En efecto, siguiendo Ro. 4 y 11, la iglesia está sobre el tronco patriarcal, y es en virtud de esta relación espiritual que los padres del pueblo judío son también los de la familia cristiana"[1].

Pablo orienta esta situación a los *padres*, en sentido también de serlo espiritualmente de los creyentes de la iglesia. De Abraham, en el origen de Israel, se dice que tenía la misma esperanza que nosotros, la de una ciudad que tiene fundamentos cuyo creador es Dios (He. 11:10, 16), llamándole *padre* de los creyentes en otros lugares, por ser un hombre relacionado con Dios por medio de la fe.

ὑπὸ τὴν νεφέλην ἦσαν. El primer privilegio común a todos los israelitas, fue la conducción sobrenatural de Dios: *"Todos estuvieron bajo la nube"*. Esa era la manifestación de la presencia del Señor (Ex. 40:34; 2 Cr. 7:1-2). No fue tanto que estuviesen literalmente *bajo* la nube, físicamente hablando, sino que estuvieron bajo Su conducción, ya que Dios guiaba y protegía al pueblo por medio de ella (Nm. 14:14). Durante el día les conducía por medio de la nube que se convertía en luz resplandeciente durante la noche. No se trataba de *algunos*, sino de todos, que recibían esta bendición de parte de Dios.

καὶ πάντες διὰ τῆς θαλάσσης διῆλθον. La segunda bendición es que *todos pasaron el mar*. Es decir, Dios produjo una liberación sobrenatural para todo el pueblo (Ex. 14:15-22). El paso del mar produjo la derrota de sus enemigos. El simbolismo de Egipto como el mundo y su poder esclavizante, se cumple plenamente en el tiempo de la *dispensación*

---

[1] Fredéric Godet. *Commentaire su la première épitre aux corinthiens*. Vol. II. Neuchatel, 1965.

de la iglesia. La liberación del creyente en el tiempo actual, fue una intervención sobrenatural de Dios. Liberados de la esclavitud (1 P. 1:18-20); trasladados a una esfera de libertad (Col. 1:13); libres del poder del mundo (Gá. 6:14). Los israelitas pasaron el mar en seco, mientras que sus perseguidores se hundieron en él (Ex. 14). El hecho de este singular milagro, indica que Dios fue fiel en Sus promesas para con aquellos, y que lo será, sin duda, con nosotros también.

2. Y todos en Moisés fueron bautizados en la nube y en el mar.

καὶ πάντες εἰς τὸν Μωϋσῆν ἐβαπτίσθησαν ἐν τῇ νεφέλῃ καὶ ἐν
Y todos en - Moisés fueron bautizados en la nube y en
τῇ θαλάσσῃ
el mar.

Análisis y notas del texto griego.

Análisis: καὶ, conjunción copulativa *y*; πάντες caso nominativo masculino plural del adjetivo indefinido *todos*; εἰς, preposición propia de acusativo *en*; τὸν, caso acusativo masculino singular del artículo determinado *el*; Μωϋσῆν, caso acusativo masculino singular del nombre propio *Moisés*; ἐβαπτίσθησαν, tercera persona plural del aoristo primero de indicativo en voz pasiva del verbo βαπτίζω, *bautizar*, aquí *fueron bautizados*; ἐν, preposición propia de dativo *en*; τῇ, caso dativo femenino singular del artículo definido *la*; νεφέλῃ, caso dativo femenino singular del nombre común *nube*; καὶ, conjunción copulativa *y*; ἐν, preposición propia de dativo *en*; τῇ, caso dativo femenino singular del artículo determinado *la*; θαλάσσῃ, caso dativo femenino singular del nombre común *mar*.

καὶ πάντες εἰς τὸν Μωϋσῆν ἐβαπτίσθησαν. Un tercer privilegio común fue la participación de un mismo bautismo. Pablo es muy preciso: *"Todos fueron bautizados"*. No es sólo la identificación de todos en un bautismo, sino la identificación de todos con Moisés. Éste conducía al pueblo. Era también el intercesor ante Dios por todo el pueblo (Nm. 14:14-19). El pueblo de Israel, liberado de Egipto, fue llevado o conducido a través del desierto por Moisés. El pueblo le consideraba como revestido con la autoridad de Dios (Ex. 14:31). El paralelismo tipológico con la iglesia es evidente. La unidad del creyente con Cristo es la consecuencia del bautismo del Espíritu. No es que el creyente sea bautizado en el Espíritu por Cristo, aspecto que se ha producido una vez en el descenso del Espíritu en Pentecostés sobre la iglesia que nacía y en tiempos posteriores sobre los grupos de creyentes que se incorporaban a la iglesia, sean gentiles, o discípulos de Juan (Hch. 1:5; 11:16). Por la autoridad de Cristo, el Espíritu Santo es dado a todos los que creen. Cada creyente está bajo la influencia y poder del Espíritu. Todos los creyentes, individual y colectivamente, vienen a ser *"morada del Espíritu"* (3:16;

6:19; Ef. 2:21-22). Pero, en este caso, el *agente* del bautismo es el Espíritu, el creyente es el sujeto y Cristo es el *recipiente*. Los pasajes de este grupo son varios (Ro. 6:1-4; 1 Co. 12:13; Gá. 3:27; Col. 2:9-13; Ef. 4:4-6; 1 P. 3:21). El Espíritu bautiza al creyente, literalmente *hacia* Cristo, esto es, con vistas a la formación de un cuerpo en Cristo. El bautismo en Cristo, por el Espíritu Santo, se produce cada vez que un creyente se convierte. El bautismo de cada creyente por el Espíritu *en Cristo*, está íntimamente vinculado con la regeneración, ya que implica un cambio de posición. El creyente es introducido en una nueva esfera. *Bautizado* expresa la idea de ser *sumergido hacia* el cuerpo de Cristo, para formar esa nueva unidad espiritual. Esta identificación es imprescindible para recibir la vida eterna, como consecuencia de la unión vital con Cristo, ya que sólo en Él está la vida (Jn. 1:4). La vida eterna es comunicada al creyente en razón de la unión vital con Cristo (1 P. 2:4-5). Por esta vinculación, la comunión con Dios se restaura, produciéndose la participación en la divina naturaleza (2 P. 1:4). El Espíritu Santo tiene como una de Sus misiones, la formación de un cuerpo en Cristo (Ef. 2:20-22). Exige, pues, la consecución de la unidad de todos los cristianos con Cristo, y de los unos con los otros. La unidad del cuerpo en Cristo es una operación del Espíritu y no del hombre. De ahí que se establezca a modo de mandamiento la solicitud que el creyente debe manifestar en conservar esa unidad, que ya ha sido hecha (Ef. 4:3).

Como hizo Moisés conduciendo al pueblo, así también Cristo conduce a Su pueblo en esta dispensación (1 P. 2:21). En el desierto la autoridad de Dios estaba sobre Moisés, así también Jesucristo está revestido de toda autoridad en cielos y tierra (Ef. 1:22-23).

Moisés era intercesor por el pueblo. En muchos lugares de la historia de Israel desde Egipto hasta la entrada en Canaán, se produjo esta intercesión por las faltas y pecados del pueblo. Cristo intercede siempre por Su pueblo ante Dios (Ro. 8:34; He. 7:25; 9:24). Se aprecia que el tipo de Moisés tiene pleno cumplimiento en el *anti tipo* que es Cristo.

ἐν τῇ νεφέλῃ καὶ ἐν τῇ θαλάσσῃ. Los elementos del bautismo en la identificación de Israel con Moisés, son dos: 1) Bajo la nube que los guiaba; 2) en el mar abierto por Dios, que permitió el paso a todo el pueblo, pero, como Pablo dice, realmente pasaron *bajo* el mar, puesto que la travesía, aunque en seco, tuvo lugar por el fondo que antes ocupaba el mar y a donde volvió cuando cesó el milagro divino. La aplicación de estos dos aspectos es sencilla. Los creyentes somos bautizados *bajo la nube*, aspecto del bautismo del Espíritu Santo, que nos ha sumergido en Cristo, estando por ello bajo la conducción de Dios (12:13). La realidad del bautismo *bajo el mar*, es ilustración del bautismo simbólico de agua que sigue al espiritual y expresa la realidad del mismo (Mt. 28:19).

3. Y todos comieron el mismo alimento espiritual.

καὶ πάντες τὸ αὐτὸ πνευματικὸν βρῶμα ἔφαγον
Y todos el mismo espiritual alimento comieron.

Análisis y notas del texto griego.

Análisis: καὶ, conjunción copulativa *y*; πάντες, caso nominativo masculino plural del adjetivo indefinido *todos*; τὸ caso acusativo neutro singular del artículo determinado *el*; αὐτὸ, caso acusativo neutro singular del adjetivo intensivo *mismo*; πνευματικὸν, caso acusativo neutro singular del adjetivo *espiritual*; βρῶμα, caso acusativo neutro singular del nombre común *alimento, comida*; ἔφαγον, tercera persona plural del segundo aoristo de indicativo en voz activa del verbo φάγω, εσθίω, comer aquí *comieron*.

καὶ πάντες τὸ αὐτὸ πνευματικὸν βρῶμα ἔφαγον. El apóstol indica un cuarto privilegio común. Todos ellos habían comido del mismo *alimento espiritual*. La referencia es al maná, comida que Dios les dio en la peregrinación por el desierto (Ex. 16:4, 35; Dt. 8:3). Pablo le llama alimento *espiritual*, en el sentido de ser *"pan del cielo"* (Neh. 9:15). No cabe duda que el maná era algo físico y tangible, pero su procedencia celestial, pan que descendía del cielo, permite que se le califique de comida *espiritual*. La Biblia lo llama *"pan de ángeles"*, o *"pan de fuertes"*, o *"pan de nobles"*, acepciones que corresponden a la traducción de un texto bíblico (Sal. 78:25). Comida espiritual como acción sobrenatural de Dios, que es Espíritu (Jn. 4:24).

Nuevamente la tipología permite hacer también una aplicación de esta relación con Dios del pueblo de Israel, considerándola como ejemplo para la iglesia. Todos los creyentes tenemos la misma *comida espiritual*. El pan de vida que da vida al mundo, es el mismo para todos los que creen: *"Yo soy el pan vivo que descendió del cielo; si alguno comiere de ese pan, vivirá para siempre; y el pan que yo daré es mi carne, la cual yo daré por la vida del mundo"* (Jn. 6:51). La relación es evidente, pero mucho más gloriosa en el cumplimiento en Cristo. El maná fue enviado por Dios, pero no descendió de Su seno, mientras que el pan de vida baja de la misma realidad divina, en el seno del Padre y desde ahí, es enviado al mundo. El que desciende del cielo lo hace revestido de humanidad. El maná era *alimento espiritual*, pero temporal y perecedero, pero el Señor se designa a Sí mismo como *el que vive* (Ap. 1:18). El pan de vida o el pan vivo se identifica continuamente con Jesús. Además, quien come del *pan vivo* que es Cristo *vivirá para siempre*. Es la gloriosa realidad de vida eterna para el creyente. La universalidad del pan de vida es evidente. Todos los de Su pueblo, han comido de ese pan. No se trata, por supuesto, de una celebración litúrgica que podría aplicarse a la ordenanza del Partimiento del Pan, que pudiera convertirse –como algunos afirman– en elemento de vida, sino del resultado de la fe que incorpora a Cristo, *pan de vida*, en la vida personal de quien creyendo lo acepta de forma individual. Cristo se incorpora, por la acción del Espíritu, al creyente, y se hace vida para él. La enseñanza sobre esto está definitivamente expresada por el Señor (Jn. 6:54-56). El *"alimento espiritual"* para la correcta experiencia de vida es la Palabra de Dios (1 P. 2:1-3).

4. Y todos bebieron la misma bebida espiritual; porque bebían de la roca espiritual que los seguía, y la roca era Cristo.

καὶ πάντες τὸ αὐτὸ[1] πνευματικὸν ἔπιον πόμα· ἔπινον γὰρ ἐκ
Y todos la misma espiritual bebían bebida. Porque bebían de
πνευματικῆς ἀκολουθούσης πέτρας, ἡ πέτρα δὲ ἦν ὁ Χριστός.
espiritual que seguía piedra, y la piedra era - Cristo.

Análisis y notas del texto griego.

Análisis: καὶ, conjunción copulativa *y*; πάντες, πάντες, caso nominativo masculino plural del adjetivo indefinido *todos*; τὸ caso acusativo neutro singular del artículo determinado *el*; αὐτὸ, caso acusativo neutro singular del adjetivo intensivo *mismo*; πνευματικὸν, caso acusativo neutro singular del adjetivo *espiritual*; ἔπιον, tercera persona plural del imperfecto de indicativo en voz activa del verbo πίνω, *beber*, aquí *bebían*; πόμα, caso acusativo neutro singular del nombre común *bebida*; ἔπινον, tercera persona plural del imperfecto de indicativo en voz activa del verbo πίνω, *beber*, aquí *bebían*; γὰρ, conjunción causal *porque*; ἐκ, preposición propia de genitivo *de*; πνευματικῆς, caso genitivo femenino singular del adjetivo *espiritual*; ἀκολουθούσης, caso genitivo femenino singular del participio de presente en voz activa del verbo ἀκολουθέω, *seguir, acompañar*, aquí *que seguía*; πέτρας, caso genitivo femenino singular del nombre común *piedra*; ἡ, caso nominativo femenino singular del artículo determinado *la*; πέτρα, caso nominativo femenino singular del nombre común *piedra*; δὲ, partícula conjuntiva que hace las veces de conjunción coordinante, con sentido de *pero, más bien, y, y por cierto, antes bien, entonces*; ἦν, tercera persona singular del imperfecto de indicativo en voz activa del verbo εἰμί, *ser, estar*, aquí *era*; ὁ, caso nominativo masculino singular del artículo definido *el*; Χριστός, caso nominativo masculino singular del nombre propio *Cristo*.

Notas. Crítica Textual. Lecturas alternativas.

[1] τὸ αὐτὸ πνευματικὸν, *la misma espiritual*, lectura conforme a ℵ, B, D*·², F, G, 629, 1739.

τὸ πνευματικὸν, *la espiritual*, como se lee en 𝔓[44], A.

καὶ πάντες τὸ αὐτὸ πνευματικὸν ἔπιον πόμα· Un quinto privilegio del conjunto del pueblo era que todos *bebían la misma bebida espiritual*. Dios hizo provisión de agua para Su pueblo en donde no la había, desde el principio al fin de su peregrinación. El inicio de este suministro de agua ocurrió en Refidim (Ex. 17:6), el final en Cades (Nm. 20:11). A lo largo de los años de tránsito por el desierto, nunca faltó el agua que tenían en abundancia (Sal. 78:15). Esa provisión fue un milagro dc Dios, lo que convierte la bebida natural en algo sobrenatural a causa de la intervención divina, por ello es *espiritual*, en razón de la procedencia.

ἔπινον γὰρ ἐκ πνευματικῆς ἀκολουθούσης πέτρας. Pablo hace una afirmación singular: *"porque bebían de la roca espiritual que les seguía"*. Según una tradición hebrea, la roca seguía al pueblo por todo el desierto, manando agua continuamente. Debe descartarse porque el apóstol estaría apoyando una tradición sin ninguna autoridad bíblica. Algunos entienden que el agua era tan abundante que seguía al pueblo como un río (Sal. 105:41), sin embargo, por la misma razón que la tradición anterior, también ésta debe descartarse puesto que no hay base bíblica para sustentarla. Es una figura del lenguaje que indica que la provisión de agua milagrosamente surgida de la roca, les acompañaba siempre, es decir, siempre hubo provisión de agua suficiente para todo el pueblo, en cada día y en cada lugar donde acampaban, nunca estuvieron sin ella. Dios les dio agua abundante, recuerdo que está presente en la redacción del Salmo: *"Hendió las peñas en el desierto, y les dio a beber como de grandes abismos, pues sacó de la peña corrientes, e hizo descender aguas como ríos"* (Sal. 78:15-16).

ἡ πέτρα δὲ ἦν ὁ Χριστός. El apóstol complementa la afirmación de la provisión de agua refiriéndose a la preexistencia de Cristo cuando dice: *"la roca era Cristo"*. El Señor acompañó a Su pueblo en el tiempo de la peregrinación. Estuvo con ellos desde el principio, cuando salieron de Egipto (Ex. 13:21-22; 14:30). Si la roca que suministraba milagrosamente el agua era Cristo, sin duda en la figura del lenguaje, no cabe duda que el apóstol está refiriéndose al Cristo preexistente. El que proclamaba en el mensaje del evangelio, no comenzó Su existencia con el nacimiento en Belén, ni tan siquiera con la concepción en María, sino que eternamente existe, como Dios y como Creador. El Señor les acompañaba antes de nacer en Belén.

Como todas las figuras anteriores, ésta tiene una sencilla, aunque profunda aplicación a la iglesia. Cristo es el agua de vida para el creyente, como explicó a la Samaritana: *"Respondió Jesús y le dijo: Cualquiera que bebiere de esta agua, volverá a tener sed; más el que bebiere del agua que yo le daré, no tendrá sed jamás; sino que el agua que yo le daré será en él una fuente de agua que salte para vida eterna"* (Jn. 4:13-14). Quien bebe del agua natural mitiga la sed por un tiempo, pero vuelve a tenerla pasado ese, es la experiencia propia de todos los hombres. No hay nadie que satisfaga su sed y nunca más vuelva a experimentarla. Por eso Jesús ofrece el agua de vida que satisface definitivamente la sed espiritual. La fuente del agua de vida mana continuamente y es un manantial inagotable que satisface totalmente la sed espiritual del hombre, por intensa que sea. De otro modo, el agua viva que concede Jesús en gracia, se caracteriza porque quien la recibe queda satisfecho perpetuamente. La orientación de toda la Escritura es a Jesús y no al hombre, en ese sentido lo inagotable es el regalo del agua de vida, que impide que el que la tiene se convierta en un sediento, porque tiene todos los recursos de la gracia a su disposición en cualquier momento. Esta fuente de agua, no era como la del pueblo de Israel que tenían que acudir a un determinado lugar para tomar de ella, el agua de vida está en el interior de cada cristiano, y mana dentro de él mismo. De la fuente de agua de vida brota siempre agua y hace que rebose en cada creyente, porque Jesús vino, no solo para que tengamos vida, sino para que la tengamos en abundancia.

La continua presencia del Señor con los Suyos garantiza la provisión continuada del agua de vida (Mt. 28:20). Esto forma parte de la protección personal de Dios para Su pueblo (Ro. 8:31-32). El Señor, en el Nuevo Testamento es *Ángel de Jehová*, la segunda Perona de la Deidad y el *"Ángel de Jehová acampa alrededor de los que le temen, y los defiende"* (Sal. 34:7). En cualquier tipo de problemas o en las dificultades la protección de Dios para los Suyos es eficaz. El agua de vida comunica vida abundante a los que han creído y para los que la sed de la contaminación espiritual, quedó cancelada por la de vida, puesta en Él mismo.

5. Pero de los más de ellos no se agradó Dios; por lo cual quedaron postrados en el desierto.

'Αλλ' οὐκ ἐν τοῖς πλείοσιν αὐτῶν εὐδόκησεν ὁ Θεός,
Pero no en la mayoría de ellos se agradó - Dios,
κατεστρώθησαν γὰρ ἐν τῇ ἐρήμῳ.
porque dejó tendidos en el desierto.

Análisis y notas del texto griego.

Análisis: ᾿Αλλ᾿, forma escrita ante vocal de la conjunción adversativa ἀλλά que significa, *pero, sino*; οὐκ, forma escrita del adverbio de negación *no*, con el grafismo propio ante una vocal con espíritu suave o una enclítica; ἐν, preposición propia de dativo *en*; τοῖς, caso dativo masculino plural del artículo determinado *los*; πλείοσιν, caso dativo masculino plural del adjetivo comparativo *más, mayor número*; αὐτῶν, caso genitivo masculino de la tercera persona plural del pronombre personal declinado *de ellos*; εὐδόκησεν, tercera persona plural del primer aoristo de indicativo en voz activa del verbo εὐδοκέω, *agradar*, aquí *agradó*; ὁ, caso nominativo masculino singular del artículo determinado *el*; Θεός, caso nominativo masculino singular del nombre divino *Dios*; κατεστρώθησαν, tercera persona plural del primer aoristo de indicativo en voz pasiva del verbo καταστρώννυμι, *dejar tendido*, aquí *dejó tendidos*; γὰρ, conjunción causal *porque*; ἐν, preposición propia de dativo *en*; τῇ, caso dativo femenino singular del artículo determinado *la*; ἐρήμῳ, caso dativo femenino singular del nombre común *desierto*.

᾿Αλλ᾿ οὐκ ἐν τοῖς πλείοσιν αὐτῶν εὐδόκησεν ὁ Θεός. Los privilegios no evitan la disciplina de Dios. De todo aquel pueblo, por su condición de rebeldía manifiesta y continua a lo que Dios demandaba, no fueron del agrado divino. El privilegio de ser Su pueblo debía significar para ellos además de bendiciones una vida de victoria. Sin embargo, la conjunción adversativa ἀλλά, marca un contraste en la experiencia de los que habían sido llamados a bendición y victoria. Dios no quedó satisfecho con la *mayoría*, literalmente *los más* de aquellos que tenían tantos privilegios. Realmente solo dos, de los hombres de guerra mayores de veinte años que habían salido de Egipto, Josué y Caleb, entraron en Canaán (Nm. 14:30-31). Todos eran del pueblo de Dios, incluso muchos de ellos habían sido justificados por la fe, pero eso no evitó la disciplina divina sobre la mayoría de ellos (Nm. 14:29). La determinación de Dios sobre la rebeldía de aquellos, comenzó en el mismo momento en que dictó sobre ellos la sentencia, con la muerte de los diez espías, jefes de tribus (Nm. 14:36-37).

κατεστρώθησαν γὰρ ἐν τῇ ἐρήμῳ. La evidencia del disgusto de Dios se muestra en una frase impactante: *"Por lo cual quedaron postrados en el desierto"*, literalmente *quedaron tendidos*, expresión para referirse a la muerte de la gran mayoría del pueblo. Interesante figura: El camino por donde pasó Israel, podía seguirse fácilmente por los sepulcros que dejaban a su paso, de los que iban muriendo día a día en el desierto. Eran cadáveres de los que había tenido tantos privilegios. Los muertos se contaron por centenares de miles. Habían salido de Egipto, conforme al recuento del pueblo hecho en el Sinaí 603.550 hombres mayores de veinte años (Nm. 1:46). Los que murieron en el desierto perdieron la bendición de entrar en la tierra prometida, a pesar de cuantos privilegios habían tenido. La ilustración de lo ocurrido con Israel, refuerza la enseñanza general que el apóstol está presentando: *"Mas estas cosas sucedieron como ejemplos para nosotros"*.

El ejemplo histórico debe ser una advertencia para el creyente de hoy. La salvación con todos los privilegios y bendiciones que comporta, no puede ser excusa para no llevar una vida santa. El mismo apóstol, escribiendo a los filipenses, les dice: *"... ocupaos de vuestra salvación con temor y temblor"* (Fil. 2:12). Los privilegios del creyente no evitan la disciplina de Dios sobre el pecado (5:5; 11:30; 1 Jn. 5:16). Una advertencia solemne tiene que ver con la comisión del *pecado voluntario* (He. 10:26-31)[2]. La santidad y obediencia no es una opción para el creyente, sino la única forma de vivir la vida cristiana. No debe olvidarse la advertencia solemne de la *Epístola a los Hebreos*, donde se lee: *"¡Horrenda cosa es caer en manos del Dios vivo!"* (He. 10:31).

Las consecuencias que deben producir (10:6-13)

6. Mas estas cosas sucedieron como ejemplos para nosotros, para que no codiciemos cosas malas, como ellos codiciaron.

Ταῦτα δὲ τύποι ἡμῶν ἐγενήθησαν, εἰς τὸ μὴ εἶναι ἡμᾶς
Pero estas cosas tipos de nosotros fueron, para - no ser nosotros
ἐπιθυμητὰς κακῶν, καθὼς κἀκεῖνοι ἐπεθύμησαν.
codiciosos de cosas malas, como aquellos codiciaron.

Análisis y notas del texto griego.

Análisis: Ταῦτα, caso nominativo neutro plural del pronombre demostrativo, *estos*, en sentido de *estas cosas*; δὲ, partícula conjuntiva que hace las veces de conjunción coordinante, con sentido de *pero, más bien, y, y por cierto, antes bien, entonces*; τύποι, caso nominativo masculino plural del nombre común *tipos, ejemplos*; ἡμῶν, caso genitivo de la primera persona plural del pronombre personal declinado *de nosotros*; ἐγενήθησαν, tercera persona plural del aoristo primero deponente en voz activa del verbo γίνομαι, *ser, estar*, aquí *fueron*; εἰς, preposición propia de acusativo *a, para*; τὸ, caso acusativo neutro singular del artículo determinado *el*; μὴ, partícula que hace funciones de adverbio de negación *no*; εἶναι, presente de infinitivo en voz activa del verbo εἰμί, *ser, estar*; ἡμᾶς, caso acusativo de la primera persona plural del pronombre personal *nosotros*; ἐπιθυμητὰς, caso acusativo masculino plural del nombre común

[2] Ver comentario al pasaje citado en el volumen correspondiente de esta misma serie.

codiciosos; κακῶν, caso genitivo neutro plural del adjetivo *malos*, en sentido de *cosas malas*; καθὼς, conjunción *según, en la medida en que, como*; κακεῖνοι, caso nominativo masculino plural del adverbio y adjetivo demostrativo *aquellos*; ἐπεθύμησαν, tercera persona plural del aoristo primero de indicativo en voz activa del verbo ἐπιθυμέω, *codiciar*, aquí *codiciaron.*

Ταῦτα δὲ τύποι ἡμῶν ἐγενήθησαν, Los acontecimientos históricos son un ejemplo permanente para los creyentes de este tiempo. La palabra τύποι, que denota *tipo* o *ejemplo*, expresa la idea de algo que deja huella. La historia deja impresas las huellas de fracasos anteriores del pueblo de Dios. Los fracasos que los creyentes puedan experimentar en estos días, tienen menos disculpa que la de aquellos antiguos, puesto que tenemos las advertencias de la historia para que no caigamos donde otros cayeron. La historia es una forma divina de revelación y es la figura, el modelo que se mantiene de una época más antigua del reino de Dios. Sin embargo, el apóstol no se limita a presentar los ejemplos, sino que va a dar las causas o las razones de por qué se produjeron.

εἰς τὸ μὴ εἶναι ἡμᾶς ἐπιθυμητὰς κακῶν, El apóstol va a hacer la aplicación del relato histórico usándolo como una advertencia sobre la codicia de cosas malas. Esto refuerza el mandamiento general de la Escritura: *"Apartados, apartaos, salid de ahí, no toquéis cosa inmunda; salid de en medio de ella; purificaos los que lleváis los utensilios de Jehová"* (Is. 52:11), o de una forma más breve: *"Absteneos de toda especie de mal"* (1 Ts. 5:22). Es el deber de cada creyente evitar cualquier manifestación de mal, no participando en ella. Quiere decir que *toda especie* o *forma de mal* comprende desde una falsa enseñanza doctrinal a la incorrecta práctica de la ética cristiana. En un mundo licencioso, el creyente a veces cae en la tentación de decir *es no es tan malo*, o en el contexto de la *Epístola*, tengo derecho a usar mi libertad como me parezca mejor, para permitirse licencias con el pecado. Por otro lado, la sociedad en el entorno genera un pensamiento en el creyente de que las perversiones son propias del mundo, cuando la verdad es que cualquier forma de pecado, que es contraria a la voluntad de Dios, no es propia de nadie, sea creyente o no, porque es oposición al Creador. De igual modo el relativismo en que la sociedad está sumida, es base para algunos de aceptar lo que no es conforme a la Palabra, justificándolo con la interpretación que se pueda dar a la doctrina. El apóstol advierte aquí a no ser *codiciosos*, en el sentido de abrazar lo que se desea sin tener en cuenta las consecuencias que produzca.

καθὼς κακεῖνοι ἐπεθύμησαν. El apóstol pasa a dar el ejemplo de la historia al decir que *como ellos codiciaron*. La referencia es amplia. El pueblo de Dios codició en el desierto las cosas que, según ellos, habían tenido en Egipto (Nm. 11:4). Preferían el pan del mundo al pan que Dios les daba cada día (Nm. 11:5-6). La causa de la codicia se debió a la influencia de las personas egipcias que habían salido con Israel y les acompañaban en las jornadas de tránsito por el desierto (Nm. 11:4). La ira de Dios se manifestó hiriendo al pueblo con una gran plaga (Nm. 11:33). Muchas tumbas fueron cavadas para los que murieron (Nm. 11:34). El nombre del lugar se llamó *"Kibrot-hataava"*, que significa *"tumbas de los codiciosos"*.

Esto permite reflexionar solemnemente sobre las consecuencias de quienes sentían deseos de juntarse con el mundo en sus comidas idolátricas, justificando esas relaciones como resultado de la libertad cristiana. Desear las cosas del mundo es menospreciar las cosas de Dios. Todavía más grave: *"¡Oh almas adúlteras! ¿No sabéis que la amistad del mundo es enemistad contra Dios? Cualquiera, pues, que quiera ser amigo del mundo, se constituye enemigo de Dios"* (Stg. 4:4). Una advertencia semejante en los escritos de Juan (1 Jn. 2:15). Pablo está aplicando la lección histórica en una advertencia contra la mundanalidad. Algunos de los corintios tenían una excesiva relación con los mundanos, participando sin reserva alguna en las comidas ocasionadas por festividades idolátricas, cosas propias del mundo.

7. Ni seáis idólatras, como algunos de ellos, según está escrito: Se sentó el pueblo a comer y a beber, y se levantó a jugar.

μηδὲ εἰδωλολάτραι γίνεσθε καθώς τινες αὐτῶν, ὥσπερ
Ni idólatras sed como algunos de ellos, como
γέγραπται· *ἐκάθισεν ὁ λαὸς φαγεῖν καὶ πεῖν καὶ ἀνέστησαν*
ha sido escrito: Se sentó el pueblo a comer y beber y se levantaron
παίζειν.
a divertirse.

Notas y análisis del texto griego.

Análisis: μηδὲ, partícula negativa, crasis[3] formada por la partícula μή, y δὲ, que significa *ni*; εἰδωλολάτραι, caso nominativo masculino plural del nombre común *idólatras*; γίνεσθε, segunda persona plural del presente de imperativo en voz media del verbo γίνομαι, *llegar a ser, hacerse, ser hecho, ser*, aquí *sed*; καθώς, conjunción *según, en la medida en que, como*; τινες, caso nominativo masculino plural del pronombre indefinido *algunos*; αὐτῶν, caso genitivo masculino de la segunda persona plural del pronombre personal declinado *de ellos*; ὥσπερ, adverbio comparativo *como, así como, al igual que*; γέγραπται, tercera persona singular del perfecto de indicativo en voz activa del verbo γράφω, *escribir*, aquí *ha sido escrito*; *ἐκάθισεν*, tercera persona singular del primer aoristo de indicativo en voz activa

[3] *Crasis*, palabra griega que equivale a *unión de fuerzas*, en general *unión de elementos*.

del verbo intransitivo κατίζω, *sentarse*, aquí *se sentó*; *ὁ*, caso nominativo masculino singular del artículo determinado *el*; *λαὸς*, caso nominativo masculino singular del nombre común *pueblo*; *φαγεῖν*, segundo aoristo de infinitivo en voz activa del verbo ἐσθίω, *comer*, aquí *a comer*; *καὶ*, conjunción copulativa *y*; *πεῖν*, segundo aoristo de infinitivo en voz activa del verbo πίνω, *beber*, aquí *a beber*; *καὶ*, conjunción copulativa *y*; *ἀνέστησαν*, tercera persona plural del primer aoristo de indicativo en voz activa del verbo *levantarse*, aquí *se levantaron*; *παίζειν*, presente de infinitivo en voz activa del verbo παίζω, *divertirse*.

μηδὲ εἰδωλολάτραι γίνεσθε καθώς τινες αὐτῶν, Algunos de los israelitas cayeron en el pecado de la idolatría. Por esa razón se establece o recuerda el mandamiento que prohíbe esa práctica para los creyentes de esta dispensación, a fin de que no pequen del mismo modo. Los corintios eran propensos a caer en ese pecado.

ὥσπερ γέγραπται· *ἐκάθισεν ὁ λαὸς φαγεῖν καὶ πεῖν καὶ ἀνέστησαν παίζειν.* El apóstol apela a la Escritura con la tradicional forma: *"ha sido escrito"* o *"está escrito"*. La referencia bíblico-histórica, alude al pecado de la construcción del becerro de oro en el desierto, mientras Moisés recibía de Dios los mandamientos escritos en tablas de piedra (Ex. 32:6). Guardaban el primer mandamiento, pero quebrantaban el segundo. La referencia *levantarse a divertirse*, algunas versiones traducen *a jugar*, tiene que ver con los gritos de júbilo que Moisés y Josué oían al descender del monte (Ex. 32:17-18). Era la voz de júbilo que la pecaminosidad idolátrica, por la presentación del becerro como figura de Dios, producía en el pueblo que se había apartado de lo que ya conocían, iniciando un camino hacia la idolatría que ocasionaría en el tiempo la destrucción de la nación y la experiencia del cautiverio.

Un problema semejante estaba ocurriendo en la iglesia en Corinto. Algunos entendían que participar en las fiestas paganas no era un acto de idolatría. La referencia a los festejos promovidos por paganos, es clara: *"Sentarse a comer y a beber y levantarse para divertirse"*. Un creyente en comunión en una fiesta en honor de un ídolo, está participando en un acto de idolatría. El problema no está en la fiesta en sí, sino en el objeto de la misma que es honrar a un dios falso, y la razón que la motiva, congratularse y festejar al ídolo.

8. Ni forniquemos, como algunos de ellos fornicaron, y cayeron en un día veintitrés mil.

μηδὲ πορνεύωμεν, καθώς τινες αὐτῶν ἐπόρνευσαν καὶ ἔπεσαν
Ni forniquemos, como algunos de ellos fornicaron y cayeron
μιᾷ ἡμέρᾳ εἴκοσι τρεῖς χιλιάδες.
en un día veintitrés mil.

Análisis y notas del texto griego.

Análisis: μηδὲ, partícula negativa, crasis[4] formada por la partícula μή, y δὲ, que significa *ni*; πορνεύωμεν, primera persona plural del presente de subjuntivo en voz activa del verbo πορνεύω, *fornicar*, aquí *forniquemos*; καθώς, conjunción *según, en la medida en que, como*; τινες, caso nominativo masculino plural del pronombre indefinido *algunos*; αὐτῶν, caso genitivo masculino de la segunda persona plural del pronombre personal declinado *de ellos*; ἐπόρνευσαν, tercera persona plural del aoristo primero de indicativo en voz activa πορνεύω, *fornicar*, aquí *fornicaron*; καὶ, conjunción copulativa *y*; ἔπεσαν, tercera persona plural del segundo aoristo de indicativo en voz activa del verbo πίπτω, *caer*, aquí *cayeron*; μιᾷ, caso dativo femenino singular del adjetivo numeral cardinal declinado *en un*; ἡμέρᾳ, caso dativo femenino singular del nombre común *día*; εἴκοσι, caso nominativo femenino plural del adjetivo numeral cardinal *veinte*; τρεῖς, caso nominativo femenino plural del adjetivo numeral cardinal *tres*; χιλιάδες, caso nominativo femenino plural del nombre común *millares, miles*.

μηδὲ πορνεύωμεν, El apóstol hace referencia ahora al pecado de la fornicación. Iniciando el texto con un mandamiento *"ni forniquemos"*. Es notable que en Corinto era un pecado habitual, y lo más lamentable es que también era una práctica de algunos creyentes (5:1). La fornicación estaba prohibida por Dios en Su ley, y se considera del mismo modo en el Nuevo Testamento: *"... a los fornicarios y adúlteros los juzgará Dios"* (He. 13:4).

καθώς τινες αὐτῶν ἐπόρνευσαν. En la mente de Pablo está el episodio de Israel en Sitim, donde los israelitas comenzaron a fornicar con mujeres moabitas (Nm. 25:1-9). Todo comienza por aceptar una invitación para una festividad idolátrica. El pueblo acudió con ellas a *Baal-peor* (Nm. 25:3), con lo que se hicieron culpables, primero de la fornicación espiritual que significaba rendir pleitesía a un dios, contra la prohibición que el verdadero Dios había establecido. Pero también *algunos*, acaso un número alto, pero no todos y posiblemente tampoco una mayoría cayeron en la práctica de la fornicación física. Asistir a los cultos a Baal era vincularse con aspectos pecaminosos como era la prostitución idolátrica. Es preciso notar que la fornicación y la idolatría iban unidas. Una gravedad de este pecado es que cometieron todo esto en Sitim, teniendo a la vista la tierra prometida, en la última parada del pueblo antes de cruzar el Jordán. Esta fue la causa por la que la ira de Dios se manifestó contra el pueblo (Nm. 25:4), cundiendo una plaga entre ellos. Los que lideraron esa actuación fueron ahorcados, como medio para detener la plaga.

---

[4] *Crasis*, palabra griega que equivale a *unión de fuerzas*, en general *unión de elementos*.

καὶ ἔπεσαν μιᾷ ἡμέρᾳ εἴκοσι τρεῖς χιλιάδες. El problema al que hace referencia el apóstol, como ejemplo para los corintios, puede resumirse fácilmente a la luz del relato histórico: 1) Desvío moral (Nm. 25:1); 2) Concesión a las invitaciones idolátricas de los moabitas (Nm. 25:2); 3) Unión espiritual con sus ídolos (Nm. 25:3); 4) Unión ilícita con sus mujeres (Nm. 25:6); 5) El juicio de Dios vino sobre el pueblo de Israel (Nm. 25:9), en donde murieron según el texto de Números, veinticuatro mil, pero, Pablo escribe aquí *veintitrés mil*. La diferencia entre ambos cantidades depende posiblemente de que el apóstol descuenta el de los ejecutados por los jueces (Nm. 25:5), teniendo en cuenta en los veintitrés mil los que fueron muertos por la epidemia.

La advertencia sigue inmediatamente al ejemplo histórico. El riesgo de los corintios era *semejante*. En muchos templos se practicaba la prostitución sagrada, además en las fiestas paganas concurría la adoración a los ídolos. La inmoralidad y uniones ilícitas eran naturales entre los incrédulos, a lo que el creyente presente en ellas era arrastrado. Si Dios había actuado de aquel modo con el pueblo de Israel, Su pueblo en el desierto, lo hará también ahora con quien practique ese pecado. Ellos tenían evidencia visible de lo ocurrido en la congregación en donde Dios había actuado en la muerte del incestuoso (5:5), y en la disciplina de los divisionarios (11:30).

9. Ni tentemos al Señor, como también algunos de ellos le tentaron, y perecieron por las serpientes.

μηδὲ ἐκπειράζωμεν τὸν Χριστόν[1], καθώς τινες αὐτῶν ἐπείρασαν
Ni tentemos - a Cristo, como algunos de ellos tentaron
καὶ ὑπὸ τῶν ὄφεων ἀπώλλυντο.
y por las serpientes perecieron.

Análisis y notas del texto griego.

Análisis: μηδὲ, partícula negativa, crasis[5] formada por la partícula μή, y δὲ, que significa *ni*; ἐκπειράζωμεν, primera persona plural del presente de subjuntivo en voz activa del verbo ἐκπειράζω, *tentar*, aquí *tentemos*; τὸν, caso acusativo masculino singular del artículo determinado *el*; Χριστόν, caso acusativo masculino singular del nombre propio declinado *a Cristo*; καθώς, conjunción *según, en la medida en que, como*; τινες, caso nominativo masculino plural del pronombre indefinido *algunos*; αὐτῶν, caso genitivo masculino de la segunda persona plural del pronombre personal declinado *de ellos*; ἐπείρασαν, tercera persona plural del primer aoristo de indicativo en voz activa del verbo πειράζω,

[5] *Crasis*, palabra griega que equivale a *unión de fuerzas*, en general *unión de elementos*.

tentar, aquí *tentaron*; καὶ, conjunción copulativa *y*; ὑπὸ, preposición propia de genitivo *por*; τῶν, caso genitivo masculino plural del artículo determinado *los*; ὄφεων, caso genitivo masculino plural del nombre común *ofidios, serpientes*; ἀπώλλυντο, tercera persona plural del imperfecto de indicativo en voz pasiva del verbo ἀπόλλυμι, *perecer, perderse, morir*, aquí *perecieron*.

Notas. Crítica Textual. Lecturas alternativas.

[1] τὸν Χριστόν, *a Cristo*, lectura según 𝔓[46], D, F, G, K, L, Ψ, 630, 1241, 1505, 1739, 188, 𝔐, latt, sy, co, Ireneo[lat], Orígenes[1739mg].

τὸν Κύριον, *al Señor*, conforme a ℵ, B, C, P, 33, 104, 326, 365, 1175, 2464, sy[hmg].

τὸν Θεόν, *a Dios*, de acuerdo con A, 81.

μηδὲ ἐκπειράζωμεν τὸν Χριστόν, El mandamiento tiene que ver con la tentación, pero no en el aspecto de un hombre que tienta a otro, sino del que tienta a Dios. Es interesante apreciar las distintas formas de lectura, como se hace notar en las alternativas, del cuadro correspondiente, unas usan *Cristo*, otras *Dios*, y otras *Señor*. Con todo, no varía en nada la doctrina del versículo, ya que Cristo es Dios y Señor. El mandamiento está tomado literalmente de la ley: *"No tentaréis a Jehová vuestro Dios, como lo tentasteis en Masah"* (Dt. 6:16). Tentar a Dios es poner a prueba Su paciencia, fidelidad o poder (Sal. 78:19, 20; Mt. 4:7; Hch. 5:9; He. 3:9).

καθώς τινες αὐτῶν ἐπείρασαν, Pablo recuerda que algunos de los del pueblo de Israel, lo tentaron. La referencia concreta tiene que ver con el tiempo en que partieron de Hor camino del Mar Rojo para rodear la tierra de Edom. Es bueno apreciar que se está refiriendo el texto bíblico al Golfo de Acaba, el brazo oriental del Mar Rojo. En ese lugar *tentaron a Dios*, hablando contra Él y contra Moisés (Nm. 21:4-9). En esa acción pusieron a prueba Su paciencia, provocándole con las acusaciones vertidas contra Él.

καὶ ὑπὸ τῶν ὄφεων ἀπώλλυντο. El juicio de Dios fue inmediato, enviando entre ellos *serpientes ardientes*, que mordían al pueblo y muchos de ellos perecieron por esa causa. El Señor a quien provocaron es Cristo.

La advertencia es solemne. Los corintios podían recibir la disciplina divina si agotaban la paciencia del Señor con sus provocaciones. Es un riesgo para cualquiera que se empeña en cometer y persiste en el pecado. Dios no será siempre paciente con los tales: *"... y castigaré a los hombres que reposan tranquilos como el vino asentado, los cuales dicen en su corazón: Jehová ni hará bien ni hará mal"* (Sof. 1:12b). Es una seria amonestación. El hecho de ser pueblo de Dios, no impide que el pecado acarree la disciplina consecuente.

10. Ni murmuréis, como algunos de ellos murmuraron, y perecieron por el destructor.

μηδὲ γογγύζετε[1], καθάπερ[2] τινὲς αὐτῶν ἐγόγγυσαν καὶ ἀπώλοντο
Ni murmurad, como algunos de ellos murmuraron y perecieron
ὑπὸ τοῦ ὀλοθρευτοῦ.
por el exterminador.

Análisis y notas del texto griego.

Análisis: μηδὲ, partícula negativa, crasis[6] formada por la partícula μή, y δὲ, que significa *ni*; γογγύζετε, segunda persona plural del presente de imperativo en voz activa del verbo γογγύζω, *murmurar*, aquí *murmurad*; καθάπερ, conjunción *como, así como, tal como*; τινὲς, caso nominativo masculino plural del pronombre indefinido *algunos*; αὐτῶν, caso genitivo masculino de la segunda persona plural del pronombre personal declinado *de ellos*; ἐγόγγυσαν, tercera persona plural del primer aoristo de indicativo en voz activa del verbo γογγύζω, *murmurar*, aquí *murmuraron*; καὶ, conjunción copulativa *y*; ἀπώλοντο, tercera persona plural del segundo aoristo de indicativo en voz media del verbo ἀπόλλυμι, *perecer*, aquí *perecieron*; ὑπὸ, preposición propia de genitivo *por*; τοῦ, caso genitivo masculino singular del artículo determinado *el*; ὀλοθρευτοῦ, caso genitivo masculino singular del nombre común *destructor, exterminador*.

Notas. Crítica Textual. Lecturas alternativas.

[1] γογγύζετε, *murmurad*, según lectura en A, B, C, K, L, P, Ψ, 81, 104, 630, 1175, 1241, 1505, 1739, 1881, 2464, 𝔐, lat, sy, sa, Ireneo[lat], Ambrosiaster.

γογγύζωμεν, *murmuraron*, conforme a a, D, F, G, 33, bo.

[2] καθάπερ, *como*, de acuerdo con P^{46}, a, B, P.

καθώς, *como*, según A, C, D, F, G, Ψ, 6, 33, 81, 104, 630, 1175, 1505, 1739, 1881, 2464.

καθώς καὶ, *como también*, lectura en K, L, 365, 1241, 𝔐.

---

[6] *Crasis*, palabra griega que equivale a *unión de fuerzas*, en general *unión de elementos*.

μηδὲ γογγύζετε, Considera aquí el pecado de la murmuración. Esta práctica tenía también una prohibición legal establecida: *"No hablarás contra tu prójimo falso testimonio"* (Ex. 20:16). La murmuración es una conversación en perjuicio de un ausente. Tiene un amplio campo, como es el *chisme*, prohibido también en la ley: *"No andarás chismeando entre tu pueblo"* (Lv. 19:16). Esa misma prohibición se traslada al Nuevo Testamento: *"Hermanos, no murmuréis los unos de los otros"* (Stg. 4:11). Este, sin duda, era uno de los problemas de la iglesia en Corinto. El hecho de que en ella hubiese cuatro grupos, significa que habría discusiones sobre los que habían puesto como líderes de cada grupo, eso trae siempre murmuración contra otros. El apóstol sitúa este pecado entre los que exigen la disciplina eclesial e incluso la suspensión de la comunión en la iglesia (5:11). Los que hablan mal de los creyentes son otros creyentes. En muchas ocasiones la murmuración viene acompañada de la difamación, hablar mal para desprestigiar a otros. Generalmente se trata de usar palabras duras y de descrédito contra quien no está presente y no puede defenderse, manifestando con ello, no solo el pecado de la murmuración, sino otro igualmente malo, el de cobardía.

El pecado de la murmuración está presente en el Antiguo y Nuevo Testamento. En el libro de Proverbios, se lee: *"El hombre perverso levanta contienda, y el chismoso aparta a los mejores amigos"* (Pr. 16:28), donde la palabra significa *difamador*; el murmurador es un *llevador de cuentos*. El sentido de murmurar implica la idea de un sonido suave y apacible, como el viento sobre las hojas o la corriente de un arroyo al discurrir. Murmurar, en castellano, significa *hablar entre dientes, manifestando queja o disgusto contra otro*. Eso es lo que enseña el sabio cuando dice que *"las palabras del chismoso son como bocados suaves, y penetran hasta las entrañas"* (Pr. 18:8). La murmuración es un veneno que se asimila con gusto. Existe el chismoso porque siempre encuentra a alguno dispuesto a oír el chisme. El murmurador es siempre un hipócrita porque *"el hipócrita con la boca daña a su prójimo; mas los justos son librados con la sabiduría"* (Pr. 11:9). La murmuración es un chisme que el chismoso propala con el *mejor deseo*, sin embargo, está impregnado de la disposición a dañar. Quien está en malas condiciones espirituales gusta de oír los males ajenos porque, en cierto modo, le ocultan su propio mal, de ahí que *"el malo está atento al labio inicuo; y el mentiroso escucha la lengua detractora"* (Pr. 17:4).

En la iglesia en Corinto se estaba produciendo el mal de la difamación hermanos contra hermanos. Posiblemente fuese el recurso que utilizaba el que queriendo ser más que otros y constituirse en maestro, no lo estaba consiguiendo. El creyente que habla mal contra el hermano está actuando bajo la influencia y control de maligno, que es *el acusador de los hermanos* (Ap. 12:10). Una prohibición concreta tiene que ver con la murmuración contra los siervos de Dios (Sal. 105:15). Murmurar en este último sentido es quejarse con ánimo de rebeldía.

καθάπερ τινὲς αὐτῶν ἐγόγγυσαν καὶ ἀπώλοντο ὑπὸ τοῦ ὀλοθρευτοῦ. Pablo afronta el problema con otro ejemplo bíblico. Estaba pensando en la rebelión de Coré (Nm. 16:41-50). Coré, Datán y Abirán se rebelaron contra Moisés, negándose a obedecer sus instrucciones y conducción, con lo que negaban obediencia a Dios que lo había constituido como líder de Su pueblo (Nm. 16:1). Hicieron su partido buscando seguidores que secundaran sus planes (Nm. 16:2). La oposición fue contra Moisés y Aarón. La murmuración era contra Dios mismo, como destaca el texto bíblico (Nm. 16:11). Dios intervino en aquella situación, y la tierra tragó a los rebeldes junto con sus familias y posesiones (Nm. 16:31-33). Una nueva murmuración del pueblo acusaba a Moisés de ser el causante de la muerte de aquellos (Nm. 16:41). Nuevamente Dios intervino, enviando *mortandad* en medio del pueblo. El instrumento que usó para aquella disciplina fue, según Pablo, *el destructor*. Es muy probable que sea la misma referencia al ángel destructor (Ex. 12:23; 2 S. 24:15-16; Hch. 12:23).

El apóstol formula la advertencia a los creyentes en Corinto. Algunos de ellos murmuraban contra Pablo y otros siervos del Señor. El ejemplo antiguo debía servir para hacerles reflexionar sobre el peligro de aquella conducta. Este riesgo de disciplina no termina por el hecho de ser un pueblo salvo por gracia, miembros de la casa de Dios, con garantía de vida eterna. Pero, murmurar o desprestigiar a quienes son llamados por Él al ministerio, es hacerlo contra Él mismo que los ha colocado en esa posición para edificación del cuerpo de Cristo. Lo que se haga contra un ministro de Dios, se hace contra Dios mismo.

11. Y estas cosas les acontecieron como ejemplo, y están escritas para amonestarnos a nosotros, a quienes han alcanzado los fines de los siglos.

ταῦτα δὲ[1] τυπικῶς συνέβαινεν[2] ἐκείνοις, ἐγράφη δὲ πρὸς
Y estas cosas como ejemplo sucedían a ellos, y fue escrito para
νουθεσίαν ἡμῶν, εἰς οὓς τὰ τέλη τῶν αἰώνων κατήντηκεν.
Amonestación de nosotros, para quienes el fin de los siglos ha llegado.

Análisis y notas del texto griego.

Análisis: ταῦτα, caso nominativo neutro plural del pronombre demostrativo *estos*, en sentido de *estas cosas*; δὲ, partícula conjuntiva que hace las veces de conjunción coordinante, con sentido de *pero, más bien, y, y por cierto*, *antes bien, entonces*; τυπικῶς, adverbio, *como modelo, para servir de ejemplo*; συνέβαινεν, tercera persona singular del imperfecto de indicativo en voz activa del verbo συμβαίνω, *suceder*, aquí *sucedían*; ἐκείνοις, caso dativo masculino plural del pronombre demostrativo *a ellos*; ἐγράφη, tercera persona singular del segundo aoristo de indicativo en voz pasiva del verbo γράφω, *escribir*, aquí *fue escrito*; δὲ, partícula conjuntiva que hace las veces de conjunción coordinante, con sentido de *pero, más bien, y, y por cierto, antes bien, entonces*; πρὸς, preposición propia de acusativo *para*; νουθεσίαν, caso acusativo femenino singular del nombre común *enseñanza, amonestación*; ἡμῶν, caso genitivo de la primera persona plural del pronombre personal declinado *de nosotros*; εἰς, preposición propia de acusativo *para*; οὓς, caso acusativo masculino plural del pronombre relativo *los que, los cuales, quienes*; τὰ, caso nominativo neutro plural del artículo definido *los*; τέλη, caso nominativo neutro plural del nombre común *términos, fines*; τῶν, caso genitivo masculino plural del artículo determinado *los*; αἰώνων, caso genitivo masculino plural del nombre común *siglos*; κατήντηκεν, tercera persona singular del perfecto de indicativo en voz activa del verbo καταντάω, *llegar*, aquí *ha llegado*.

Notas. Crítica Textual. Lecturas alternativas.

[1] ταῦτα δὲ, *y estas cosas*, según se lee en A, B, 33, 630, 1175, 1739, 1881, 2464, sa, Epifanio.

πάντα δὲ ταῦτα, *y todas estas cosas*, conforme a ℵ, D, F, G, 81, Ireneo$^{arm, lat, pt}$.

ταῦτα δὲ πάντα, *y estas cosas todas*, según C, K, L, P, Ψ, 104, 365, 1241, 1505, 𝔐, lat, sy, Ireneo$^{lat, pt}$.

[2] τυπικῶς συνέβαινεν, *como ejemplo sucedían*, según lectura en P^{46vid}, ℵ, B, C, K, P, 33, 81, 104, 630, 1175, 1505, 1739, 1881, 2464, latt, sy^{hmg}, Ireneo^{lat}, Orígenes, Epifanio.

Τύποι συνέβαινον, *como ejemplo acontecieron*, conforme a A, D, F, G, L, Ψ, 365, 1241, 𝔐, sy^{h}. Ireneo^{arm}.

ταῦτα δὲ τυπικῶς συνέβαινεν ἐκείνοις, El apóstol recalca la enseñanza de que la historia seleccionada en la Escritura está escrita como ejemplo: *"Estas cosas les sucedieron como ejemplo"*, es un remarcar lo que ya dijo antes (v. 6). Nadie debe hacer una distinción en cuanto al comportamiento divino. Dios aborrece el pecado, no importa en qué tiempo se manifieste. No es un Dios vengativo en la antigua dispensación (Sal. 139:19) y lleno de misericordia transigente con cualquier mala acción, en el Nuevo, porque es amor (1 Jn. 4:16). Dios que aborrece el pecado ama siempre el pecador que se arrepiente. La idea de que Él odia al que peca no está en ningún lugar de la Escritura y es una deformación para asentar el principio teológico de algún grupo.

ἐγράφη δὲ πρὸς νουθεσίαν ἡμῶν, εἰς οὓς τὰ τέλη τῶν αἰώνων κατήντηκεν. Por consiguiente, están escritas para nuestra amonestación. Quiere decir, que todas esas experiencias en que la disciplina de Dios se hace manifiesta a causa del pecado del pueblo, son evidencias de que Él actúa. Como en Israel, puede pasar con los creyentes de esta dispensación si son rebeldes como lo fueron aquellos. La frase *"a quienes han alcanzado los fines de los siglos"* es un semitismo que expresa la idea del tiempo actual, la *dispensación de la iglesia.*

12. Así que, el que piensa estar firme, mire que no caiga.

Ὥστε ὁ δοκῶν ἑστάναι βλεπέτω μὴ πέσῃ.
Así que el que piense estar firme mire no caiga

Análisis y notas del texto griego.

Análisis: Ὥστε, locución conjuntiva *de suerte que, así que, de tal manera que, por tanto*; ὁ, caso nominativo masculino singular del artículo determinado *el*; δοκῶν, caso nominativo masculino singular del participio de presente en voz activa del verbo δοκέω, *considerar, imaginar, pensar*, aquí *que piense*; ἑστάναι, perfecto de infinitivo en voz activa del verbo ἵστημι, *estar en pie, estar firme*; βλεπέτω, tercera persona singular del presente de imperativo en voz activa del verbo βλέπω, *mirar, estar atento*, aquí *mire*; μὴ, partícula que hace funciones del adverbio de negación *no*; πέσῃ, tercera persona singular del segundo aoristo de subjuntivo en voz activa del verbo πίπτω, *caer*, aquí *caiga.*

Ὥστε ὁ δοκῶν ἑστάναι. Un problema que afectaba a algunos en Corinto era que estaban envanecidos (5:2; 8:1) Esta es una solemne advertencia contra la arrogancia. Aquellos se creían fuertes y entendían que su firmeza no podía eliminarse, es decir, estarían siempre en la posición de fortaleza de que se vanagloriaban. Esa arrogancia tenía que ver incluso cuando servían de escándalo a los débiles, por la participación en comidas cuyo origen era una fiesta idolátrica (8:7-9). Todo pecado tiene su base en el orgullo y la arrogancia. La falsa presunción de no caer en la tentación, se apoya en la creída confianza en las propias fuerzas, que entendían que eran inconmovibles. El apóstol dirige una advertencia a todos los que en su orgullo pensaban que en la libertad que tenían en Cristo podían ir a cualquier lugar o participar en cualquier evento, aunque fuese idolátrico.

Es necesario observar que pudiera ser que algunos de los corintios descasaran en una falsa seguridad de salvación, que descansaba sobre la pertenencia a la iglesia, o incluso a la clase privilegiada de los escogidos. Pero ni unos ni otros pueden ser salvos a no ser que hayan recibido realmente a Cristo y perseveren, por esa condición, en una vida de santidad y de seguimiento al Salvador. Y esta perseverancia exige una atención en vigilancia y determinación (Fil. 2:12).

βλεπέτω μὴ πέσῃ. El apóstol les advierte que estén atentos para no caer: *mire que no caiga*. ¿En qué sentido debe entenderse este *caer*? No se trata de una caída en el pecado, cosa posible para cualquier creyente, sino de atender para no caer en la disciplina de Dios (He. 10:26-31). Pablo estuvo poniendo ejemplos de la historia que, además del pecado en sí, acarreó la disciplina de Dios sobre los transgresores. El mismo apóstol se refirió antes a lo que podía ocasionar una vida llevada a cabo en la arrogancia y no en la humildad. Dejar de atender a esto puede ocasionar la *eliminación* del atleta en la carrera cristiana (9:27). Los creyentes en la iglesia en Corinto, a quienes Pablo escribe estas palabras se consideraban autosuficientes, por tanto, no estaban en dependencia de Dios. La única seguridad está en el ejercicio de la fe, que confía y descansa sólo en Dios, que resiste al soberbio y da gracia al humilde. La falsa seguridad para vencer la tentación, tema que sigue en el próximo versículo, descansa en una presuntuosa confianza en nuestras fuerzas.

13. No os ha sobrevenido ninguna tentación que no sea humana; pero fiel es Dios, que no os dejará ser tentados más de lo que podéis resistir, sino que dará también juntamente con la tentación la salida, para que podáis soportar.

πειρασμὸς ὑμᾶς οὐκ εἴληφεν εἰ μὴ ἀνθρώπινος· πιστὸς δὲ ὁ
Tentación a vosotros no ha sobrevenido si no humana; pero fiel -
Θεός, ὃς οὐκ ἐάσει ὑμᾶς πειρασθῆναι ὑπὲρ ὃ δύνασθε ἀλλὰ
Dios, que no permitirá a vosotros ser tentados sobre lo que podéis sino
ποιήσει σὺν τῷ πειρασμῷ καὶ τὴν ἔκβασιν τοῦ δύνασθαι
hará con la tentación también la salida - que podáis
ὑπενεγκεῖν.
soportar.

Análisis y notas del texto griego.

Análisis: πειρασμὸς, caso nominativo masculino singular del nombre común *tentación, prueba*; ὑμᾶς, caso acusativo de la segunda persona plural del pronombre personal declinado *a vosotros*; οὐκ, forma escrita del adverbio de negación *no*, con el grafismo propio ante una vocal con espíritu suave o una enclítica; εἴληφεν, tercera persona singular del perfecto de indicativo en voz activa del verbo λαμβάνω, *tomar, recibir*, aquí *ha tomado*, también podría ser *ha sobrevenido*; εἰ, conjunción *si*; μὴ, partícula que hace funciones de adverbio de negación *no*; ἀνθρώπινος, caso nominativo masculino singular del adjetivo *humana*; πιστὸς, caso nominativo masculino singular del adjetivo *fiel*; δὲ, partícula conjuntiva que hace las veces de conjunción coordinante, con sentido de *pero, más bien, y, y por cierto, antes bien, entonces*; ὁ, caso nominativo masculino singular del artículo determinado *el*; Θεός, caso nominativo masculino singular del nombre divino *Dios*; ὃς, caso nominativo masculino singular del pronombre relativo *el cual, el que, que*; οὐκ, forma escrita del adverbio de negación *no*, con el grafismo propio ante una vocal con espíritu suave o una enclítica; ἐάσει, tercera persona singular del futuro de indicativo en voz activa del verbo ἐάω, *permitir*, aquí *permitirá*; ὑμᾶς, caso acusativo de la segunda persona plural del pronombre personal declinado *a vosotros*; πειρασθῆναι, primer aoristo de infinitivo en voz pasiva del verbo πειράζω, *tentar*, aquí *ser tentado*; ὑπὲρ, preposición propia de acusativo *sobre, por encima de*; ὃ, caso acusativo neutro singular del pronombre relativo *lo que, que*; δύνασθε, segunda persona plural del presente de indicativo en voz media del verbo δύναμαι, *poder, tener poder*, aquí *podéis*; ἀλλὰ, conjunción adversativa *sino*; ποιήσει, tercera persona singular del futuro de indicativo en voz activa del verbo ποιέω, *hacer, realizar, producir*, aquí *hará*; σὺν, preposición propia de dativo *junto con, con*; τῷ, caso dativo masculino singular del artículo determinado *el*; πειρασμῷ, caso dativo masculino singular del nombre común *tentación*; καὶ, adverbio de modo *también*; τὴν, caso acusativo femenino singular del artículo determinado *la*; ἔκβασιν, caso acusativo femenino singular del nombre común *salida*; τοῦ, caso genitivo neutro plural del artículo determinado *los*; δύνασθαι, presente de infinitivo en voz media del verbo δύναμαι, *poder, tener poder*; ὑπενεγκεῖν, segundo aoristo de infinitivo en voz activa del verbo ὑποφέρω, *aguantar, soportar*.

πειρασμὸς ὑμᾶς οὐκ εἴληφεν εἰ μὴ ἀνθρώπινος· Este versículo es, sin duda, uno de los más difíciles de interpretar de toda la *Epístola*, sobre todo por el problema de vinculación con lo que antecede y con lo que sigue. Algunos intérpretes sitúan el texto como el propósito de Pablo de suavizar un tanto la advertencia solemne del versículo anterior. Es como si les dijese os será fácil no caer si realmente estáis vigilantes, porque vuestras tentaciones precedentes nunca superaron vuestras fuerzas, y aún en las más intensas, la fidelidad de Dios os garantiza que así ocurrirá también con las que vengan. Pero, la ausencia de la partícula δὲ, al comienzo hace difícil de aceptar esta interpretación. En el texto, sin ligazón con lo que antecede, convierte a éste más bien en otra advertencia, que el objeto de suavizar la anterior. El asíndeton con lo que antecede conduce mejor a considerarla como una reafirmación acentuada de la necesidad de vigilancia que una palabra de aliento. Así lo interpretaban los antiguos padres griegos, como Crisóstomo, y también los más modernos[7]. El sentido, según estos, es éste: Tened en cuenta que todavía no habéis pasado por tentaciones verdaderamente fuertes, que son las que vendrán. Es algo semejante a lo que el escritor a los hebreos dice: *"Porque aún no habéis resistido hasta la sangre, combatiendo contra el pecado"* (He. 12:4). Esto podría ocurrir si atravesasen por tentaciones o

[7] Como Bengel, Olshausen, Rückert, Néander.

pruebas más fuertes en el futuro. Pablo estuvo considerando antes que lo mejor sería no casarse *"a causa de la necesidad que apremia"* (7:26), que muy bien podría tratarse de una intensa tribulación que se aproximaba. Sin embargo, es necesario atender a la segunda parte del versículo en la que se habla de la fidelidad de Dios para superar la prueba. Más bien, considerando todo el texto, Pablo está enseñando a los corintios que, si alguno de ellos caía en medio de la prueba, serían sin excusa delante de Dios, porque estas pruebas por las que pasaréis no son de naturaleza irresistible, esto es, imposibles de ser superadas. La conclusión de esta exhortación, se aprecia mejor en el versículo siguiente. Aquellos corintios, arrogantemente infatuados, se consideraban con fuerzas suficientes para superar cualquier circunstancia. El apóstol les advierte que ellos mismos, por sí mismos, con sus propias fuerzas, en las tentaciones o pruebas a las que van a estar expuestos, solo serán superables por Dios mismo, que les comunicará las fuerzas para ello. Deben entender que ellos no estarán en riesgo de pecar y de caer de la fe, si luchan en las tentaciones que vendrán con el poder de Dios que les garantiza la victoria en las tentaciones.

El término πειρασμὸς, *tentación, prueba*, tiene que ver en muchas ocasiones con la prueba de la fidelidad moral, que con ella se afirma y prueba. El sustantivo que usa aquí el apóstol, se refiere siempre a la tentación o prueba que experimentaban los cristianos. Esta es la idea imperante en el Antiguo Testamento y es en ese sentido en que Dios *prueba*, o *tienta* a un creyente, para consolidar su fe. Dios no es tentado por nadie ni Él tienta a alguno (Stg. 1:13) en el sentido de procurar un medio para la caída, como es el propósito de Satanás, pero, eso no supone que Dios permita que el cristiano *entre en prueba* o tentación para afirmar su fe (1 P. 1:6-7). Así ocurrió en la antigüedad con Abraham (Gn. 22:1), al que Dios prueba, y con el pueblo en alguna ocasión, como Él advierte (Dt. 13:3). Por tanto, los creyentes han de mantenerse firmes, en estado de alerta y en oración, para defenderse con armas espirituales de las estratagemas del tentador. Satanás puede utilizar todo para tentar (7:5; 1 Ts. 3:5), por tanto, todo puede transformarse en tentación, pero, la prueba que amenazaba a la comunidad en Corinto se mantenía dentro de lo ordinario. Por el contexto inmediato, bien podía tratarse del trato con los idólatras, que podía conducir al pecado.

Sufrir como cristiano constituye una *prueba* o *tentación*, pero es el signo distintivo de un discípulo de Jesús y por eso, es motivo de gozo (1 P. 1:6, 8, 12). Esto no debiera sorprendernos puesto que Jesús, nuestro Señor, estuvo sujeto a prueba durante toda Su vida (Lc. 4:13; 22:28; He. 2:14; 4:15). Es por eso que puede estar junto a los creyentes para socorrerlos compadeciéndose de ellos, porque Él mismo pasó por esa experiencia.

El apóstol les hace notar que las dificultades que los creyentes han de afrontar *son humanas*, es decir, comunes a los hombres y adaptadas a lo que pueden soportar. Sin embargo, si se toma el texto interpretándolo como algo que suavice la amonestación del versículo anterior, lo que estaría diciendo el apóstol es que las aflicciones que hasta entonces habían pasado no serían en nada comparables con las que vendrían.

πιστὸς δὲ ὁ Θεός, ὃς οὐκ ἐάσει ὑμᾶς πειρασθῆναι ὑπὲρ ὃ δύνασθε. El apóstol orienta el pensamiento de los lectores a la fidelidad de Dios. Por esta razón la actuación de Él en las pruebas de los creyentes descansa en esta perfección divina. En ese sentido no permitirá una prueba mayor que las fuerzas para soportarla. La fidelidad del hombre es imperfecta, pero la de Dios es perfecta. La infinita dimensión de la fidelidad divina es expresada en la figura que afirma que llega hasta los cielos (Sal. 36:5). La Biblia enseña a reconocer la fidelidad de Dios en todo tiempo: *"Conoce, pues, que Jehová tu Dios es Dios, Dios fiel"* (Dt. 7:9). Esa es una cualidad esencial de su Ser, sin la que no sería Dios. El creyente que confía y descansa en Dios, puede decir que *"... nunca decayeron sus misericordias. Nuevas son cada mañana, grande es tu fidelidad"* (Lm. 3:22-23). Podemos descansar plenamente en medio del conflicto porque *"fiel es el que prometió"* (He. 10:23).

ἀλλὰ ποιήσει σὺν τῷ πειρασμῷ καὶ τὴν ἔκβασιν, El compromiso de Dios es que *"dará también juntamente con la tentación la salida"*. En el momento que se produce la prueba, Dios ya estableció la salida para una experiencia victoriosa. Si la promesa tiene que ver con salida, quiere decir que Él se ocupará de liberar del cerco de la prueba. Dios pone límites a la tentación y acude en socorro, dando la provisión de fuerzas para mantenerse firme en ella. Para cada situación de conflicto, cuando el creyente está en el círculo de la dificultad, rodeado por ella, el Señor abre la puerta de escape para que los Suyos puedan salir de ella.

τοῦ δύνασθαι ὑπενεγκεῖν. Ahora bien, el propósito de la acción divina no es tanto para que el creyente *salga*, esto es, termine para él la prueba, sino que dará las fuerzas necesarias para permanecer victorioso en ella. Es soportar el peso de la tentación. Cuando el creyente deposita el problema que le agobia en la mano de Dios, Él hace algo más maravilloso que dar aguante, toma al creyente en Su mano y le levanta para que pueda, con las fuerzas de Dios llevar la prueba: *"Echa sobre Jehová tu carga, y él te sustentará"* (Sal. 55:22). No hay promesa de eliminar la prueba, pero sí de dar suficiente resistencia en ella. La salida, pues, tiene que ver con mantenerse firmes en el conflicto. Aunque Él permita en la vida pan de angustia y nos dé a beber agua de aflicción (Is. 30:20), el sustento no faltará y las aguas serán seguras (Is. 33:16). Jamás permitirá que el justo caiga y quede abatido para siempre. Quien se apoya y persevera en Dios permanece firme para siempre.

Separación de las fiestas idolátricas (10:14-22)

14. Por tanto, amados míos, huid de la idolatría.

Διόπερ, ἀγαπητοί μου, φεύγετε ἀπὸ τῆς εἰδωλολατρίας.
Por tanto, amados míos, huid de la idolatría.

Análisis y notas del texto griego.

Análisis: Διόπερ, conjunción, crasis[8] de (δι' + ὅπερ), que equivale a *por eso precisamente, por lo cual*; ἀγαπητοί, caso vocativo masculino plural del adjetivo *amados*; μου, caso genitivo de la primera persona singular del pronombre personal *de mí, míos*; φεύγετε, segunda persona plural del presente de imperativo en voz activa del verbo φεύγω, *escapar, huir*, aquí *huid*; ἀπὸ, preposición propia de genitivo *de*; τῆς, caso genitivo femenino singular del artículo determinado *la*; εἰδωλολατρίας, caso genitivo femenino singular del nombre común *idolatría*.

Διόπερ, El apóstol presentó el ejemplo de lo ocurrido a Israel en el desierto, a quienes los privilegios que tenían como pueblo de Dios, no les sirvieron para eludir la disciplina divina sobre el pecado. En lo que sigue va a concretar la enseñanza de la participación en las fiestas idolátricas, enseñando con toda claridad que tal costumbre constituye un acto de idolatría del cual, el creyente debe apartarse. Los corintios estaban en serio peligro de llegar a límites, en el uso de su libertad cristiana, que los introdujera en una esfera de pecado. Pensando que los ídolos no son nada, consideraban que podían aceptar invitaciones de paganos para acompañarles en actos festivos en honor de los dioses, incurriendo con ellos en el pecado de idolatría. Pablo da argumentos suficientes para determinar un correcto comportamiento del creyente en la sociedad. Junto a esto persistía el problema del trato con los *hermanos débiles*, especialmente en relación con los escrúpulos espirituales que todo lo relacionado con los ídolos les producía.

En este versículo la conjunción διόπερ, sirve de nexo de unión con lo que antecede y predispone al lector para lo que sigue. El significado de ella es, *por tanto*. La palabra es de un sentido muy preciso y aparece tres

---

[8] *Crasis*, palabra griega que equivale a *unión de fuerzas*, en general *unión de elementos*.

veces en la carta (8:13; 10:14; 14:13). Es el nexo para presentar la conclusión a toda la enseñanza anterior. Enlaza también con los ejemplos de Israel (vv. 1-11). A aquellos no les libraron de la disciplina sus muchos privilegios. *Por tanto*, como el creyente está en una situación semejante a la del pueblo de Israel, si peca, no valdrán los privilegios para eludir la disciplina de Dios.

ἀγαπητοί μου, La base de la exhortación está en el amor, como se aprecia en el vocativo personal *amados míos*. No son imposiciones apostólicas lo que sigue, sino un movimiento de amor para evitar males a sus hermanos.

φεύγετε ἀπὸ τῆς εἰδωλολατρίας. La precisión del mandamiento es clara: *"Huid de la idolatría"*. El menor modo de no caer en ella es huir, apartarse, alejarse de todo aquello que tenga relación con ella. Esta es una exhortación reiterada en el Nuevo Testamento (cf. 6:18; 1 Ti. 6:11; 2 Ti. 2:22; 2 P. 1:4). Los corintios deben *huir*, ausentarse, de la participación en fiestas religiosas paganas (8:10). La única seguridad para mantenerse sin caer en el pecado consiste en estar lejos de donde se practica. Esto comprende el *huir de la idolatría*. Es necesario evitar lo que es dudoso, es decir, lo que está al borde de lo permisible, o que se aproxima a la frontera del pecado. Pablo manda evitar el terreno de la idolatría manteniéndose a distancia del mundo del paganismo.

15. Como a sensatos os hablo; juzgad vosotros lo que digo.

ὡς	φρονίμοις	λέγω·	κρίνατε	ὑμεῖς	ὅ	φημι.
Como	a sensatos	hablo:	juzgad	vosotros	lo que	digo.

Análisis y notas del texto griego.

Análisis: ὡς, adverbio de modo, *como*, que hace las veces de conjunción comparativa; φρονίμοις, caso dativo masculino plural del adjetivo declinado *a sensatos*; λέγω, primera persona singular del presente de indicativo en voz activa del verbo λέγω, *hablar, decir*, aquí *hablo*; κρίνατε, segunda persona plural del primer aoristo de imperativo en voz activa del verbo κρίνω, *juzgar*, aquí *juzgad*; ὑμεῖς, caso nominativo de la segunda persona plural del pronombre personal *vosotros*; ὅ, caso acusativo neutro singular del pronombre relativo *lo que*; φημι, primera persona singular del presente de indicativo en voz activa del verbo φημί, *decir*, aquí *digo*.

ὡς φρονίμοις λέγω· Pablo apela al criterio de los corintios. Ellos eran personas capaces de sopesar un argumento. Les habla como a *sensatos*. Los corintios se consideraban sabios, capaces de entender correctamente las cosas (5:2; 8:1, 2). El apóstol no está usando de sarcasmo contra ellos, sino que apela a la capacidad que tenían de ver la fuerza del argumento que les está presentando en lo que antecede y en lo que sigue luego.

κρίνατε ὑμεῖς ὅ φημι. Les coloca ante una toma de posición, pidiéndoles que juzguen, esto es, que hagan uso adecuado de su mente y razonen. Como si dijera: *os expuse mi pensamiento, ahora juzgad vosotros mismos lo que he dicho.* No está concediendo una alternativa para que ellos definan si debían participar en las fiestas idolátricas o no. Pero Pablo prefiere que ellos mismos lleguen a esa convicción, antes que usar su autoridad apostólica para dilucidar esa cuestión.

16. La copa de bendición que bendecimos, ¿no es la comunión de la sangre de Cristo? El pan que partimos, ¿no es la comunión del cuerpo de Cristo?

Τὸ ποτήριον τῆς εὐλογίας[1] ὃ εὐλογοῦμεν, οὐχὶ κοινωνία ἐστὶν
La copa de la bendición que bendecimos, ¿No comunión es
τοῦ αἵματος τοῦ Χριστοῦ[2] τὸν ἄρτον ὃν κλῶμεν, οὐχὶ κοινωνία
de la sangre - de Cristo? el pan que partimos, ¿No comunión
τοῦ σώματος τοῦ Χριστοῦ ἐστιν
del cuerpo - de Cristo es?

Análisis y notas del texto griego.

Análisis: Τὸ, caso nominativo neutro singular del artículo determinado *el*; ποτήριον, caso nominativo neutro singular del nombre común *cáliz, copa*; τῆς, caso genitivo femenino singular del artículo determinado declinado *de la*; εὐλογίας, caso genitivo femenino singular del nombre común *bendición*; ὃ, caso acusativo neutro singular del pronombre relativo *que*; εὐλογοῦμεν, primera persona plural del presente de indicativo en voz activa del verbo ευλογέω, *bendecir*, aquí *bendecimos*; οὐχὶ, forma intensificada del adverbio de negación οὐ, forma ática, que se traduce como *no* y se utiliza, como partícula interrogativa en preguntas de las que se espera respuesta afirmativa; κοινωνία, caso nominativo femenino singular del nombre común *comunión*; ἐστὶν, tercera persona singular del presente de indicativo en voz activa del verbo εἰμί, *ser, estar*, aquí *es*; τοῦ, caso genitivo neutro singular del artículo determinado declinado *del*; αἵματος, caso genitivo neutro singular del nombre común *sangre*; τοῦ, caso genitivo masculino singular del artículo determinado *el*; Χριστοῦ, caso genitivo masculino singular del nombre propio declinado *de Cristo*; τὸν, caso acusativo masculino singular del artículo determinado *el*; ἄρτον, caso acusativo masculino singular del nombre común *pan*; ὃν, caso acusativo masculino singular del pronombre relativo *el que, el cual, que*; κλῶμεν, primera persona plural del presente de indicativo en voz activa del verbo κλάω, *partir*, aquí *partimos*; οὐχὶ, forma intensificada del adverbio de negación οὐ, forma ática, que se traduce como *no* y se utiliza, como partícula interrogativa en preguntas de las que se espera respuesta afirmativa; κοινωνία, caso nominativo femenino singular del nombre común *comunión*; τοῦ, caso genitivo neutro singular del artículo determinado declinado *del*; σώματος, caso genitivo neutro singular del nombre común *cuerpo*; τοῦ, caso genitivo masculino singular del artículo determinado *el*; Χριστοῦ, caso genitivo masculino singular del nombre propio declinado *de Cristo*; ἐστιν, tercera persona singular del presente de indicativo en voz activa del verbo εἰμί, *ser, estar*, aquí *es*.

Notas. Crítica Textual. Lecturas alternativas.

1 εὐλογίας, *bendición*, según lectura en 𝔓46, A, B, P, 2464, ar.

εὐχαριστίας, *acción de gracias*, conforme a F, G, 365, Ireneo lat pt.

2 ἐστίν τοῦ αἵματος τοῦ Χριστου, *es de la sangre de Cristo*, lectura en 𝔓46, A, B, P, 2464, ar.

τοῦ Χριστου ἐστίν, *de Cristo es*, según lectura en a, C, D, F, G, K, L, Ψ, 33, 81, 104, 365, 630, 1175, 1241, 1505, 1739, 1881, 𝔐, lat, Ir lat.

Τὸ ποτήριον τῆς εὐλογίας ὃ εὐλογοῦμεν, El apóstol va a introducir temas que tienen que ver con la ordenanza de la Cena del Señor, comenzando como expresión de comunión con Él. Dadas las alternativas de lectura y la interpretación que se ha hecho de este versículo, conviene recordar tres posiciones frente a la ordenanza. 1) La tradición *católico-romana* entiende que, en el partimiento del pan, se produce una *transubstanciación*, por la cual el pan y el vino se cambian en el cuerpo y sangre del Señor. De manera que al ingerirlos se toma realmente el cuerpo y la sangre del Señor, produciendo las virtudes señaladas en el evangelio (Jn. 6:53-58). 2) La posición *luterana*, según la cual, el pan y el vino no se cambian en el cuerpo y la sangre del Señor, pero en ellos está realmente Su cuerpo y Su sangre, produciéndose una *consubstanciación*. 3) La interpretación evangélica o reformada, no afirma un cambio de sustancia, sino de una *conmemoración*. Lo que el pan y la copa ofrecen es la expresión simbólica de todo cuanto ocurrió en la Cruz, en la entrega del Hijo de Dios como expiación por el pecado. Al participar de los símbolos se manifiesta la participación por fe con el cuerpo y la sangre del Señor, conformando la unión espiritual con el Señor por medio de Su obra.

Comienza haciendo referencia a la *copa*, el segundo elemento dentro de los dos símbolos de la Cena del Señor. Le llama *copa de bendición*. Sin duda es una referencia a la tercera de las copas usadas en la comida pascual. Es la copa sobre la que el Señor dio gracias al final de la cena (Lc. 22:17, 18; 1 Co. 11:25).

Esta copa *bendecimos*, en el sentido de dar gracias por ella (Mt. 26:26; Mr. 14:22: Lc. 22:17, 19; 1 Co. 11:25). Debe descartarse en esto todo aspecto de consagración para otorgarle propiedades o virtudes especiales y, mucho menos, para que se efectúe una *transubstanciación* que cambie el vino en la sangre de Cristo. La copa es *de bendición*, en el sentido de representar las bendiciones del Nuevo Pacto. *La copa* es una metonimia de sujeto, ya que se pone el sujeto en lugar de algo que le pertenece, así en este caso *copa*, por su contenido *vino*. Nada tiene esto que ver con una ordenanza para una sola copa, sino una ordenanza en la que el vino es el mismo, aunque se usen distintos recipientes para su distribución. El simbolismo no está en una copa, sino en el vino que representa la sangre derramada de Cristo que limpia el pecado del que cree y permite el Nuevo Pacto.

οὐχὶ κοινωνία ἐστὶν τοῦ αἵματος τοῦ Χριστοῦ El apóstol insiste en la figura de la *comunión* de la sangre de Cristo. Lo hace mediante una pregunta retórica que inicia con la partícula de negación intensiva οὐχὶ, *no*, que se usa como interrogativa en las preguntas que exigen una respuesta afirmativa. En este caso, la *copa de bendición* es la comunión con la sangre de Cristo. Nótese el uso del término κοινωνία, *comunión* que expresa aquí la idea de *vinculación* o *identificación*, más que de *participación*, cuya diferencia es evidente. No puede tratarse de *participar* en la sangre de Cristo, como si el vino se hubiera transubstanciado en la sangre del Señor. Comunión tiene que ver con vinculación y, por tanto, con el disfrute de los beneficios de la obra expiatoria de Cristo, que es aplicada al creyente.

El concepto de *comunión* como vinculación es mucho más elevado que el de *participación*. Las palabras son diferentes, así en este versículo se usa el sustantivo κοινωνία, *comunión*, mientras que en el próximo se usará μετέχω, *participar*. La diferencia entre ambas es evidente, quien *participa* toma una parte, por tanto, cuantos más participen disminuye de lo participado en la proporción del número de personas que lo hagan. En la *comunión* ocurre lo contrario, ya que cuando se produce *vinculación*, aumenta lo vinculado en la misma proporción de quienes comunican. Esto es sencillo de entender: Cuando un pan debe repartirse, habrá menos porción de pan cuantos más participen de él. Por el contrario, si tomamos una vela, la encendemos, y traemos un gran número de personas con una vela cada uno y toman fuego de la vela encendida, cuantos más sean mayor luz hay.

Por consiguiente, *comunión de la sangre de Cristo*, equivale a recibir los beneficios salvadores de Su sacrificio, que siendo de valor infinito, no disminuye en razón de los que tienen comunión en ellos. La sangre de Cristo, en sentido del valor de Su sacrificio, es aplicada a cada creyente (1 P. 1:2). Su sangre derramada, que es el símbolo de Su vida entregada ya que la vida en la sangre está, limpia de todo pecado (1 Jn. 1:7). La iglesia fue comprada al precio de la sangre de Cristo (Hch. 20:28; 1 Co. 6:20; 1 P. 1:18-20). La comunión con Dios es posible por la aplicación del valor redentor de la obra de la Cruz (Ef. 2:13). La paz con Dios se alcanza por medio de la fe, que otorga la justificación (Ro. 5:1). La responsabilidad penal por el pecado queda abolida por la obra de sustitución y, con ello, garantizada eternamente la salvación al desaparecer el elemento de condenación, cuyos efectos llevó Jesús sobre Sí mismo en la Cruz (Ro. 8:1). La paz con Dios se produce en base a la sangre de Cristo, en el sentido de obra expiatoria por el pecado (Col. 1:20). Por la sangre de Cristo se obtiene eterna redención (He. 9:12). Esta *comunión* con Jesucristo consiste en una vinculación con Él en Su carácter, sufrimiento y gloria (Gá. 2:20; Fil. 1:21). De ahí la necesidad de un autoexamen cada vez que se participa de la copa, en el sentido de asegurar una limpieza íntima y no estar incurso en pecado sin confesar[9].

τὸν ἄρτον ὃν κλῶμεν, οὐχὶ κοινωνία τοῦ σώματος τοῦ Χριστοῦ ἐστιν. Usa ahora el segundo símbolo en la Cena del Señor, el pan, para referirse a su significado espiritual. Nótese la frase: *"el pan que partimos"*. Sobre el modo de hacer la participación en la ordenanza, se considerará más adelante[9]. El Señor estableció el simbolismo (Mt. 26:26; Lc. 22:19; Hch. 2:42; 1 Co. 11:23-24). En cumplimiento de la ordenanza de Jesús, la iglesia parte el pan. En el tiempo actual, la reunión eclesial en que obedece al mandamiento y se cumple la ordenanza, suele llamarse por algunos *Partimiento del Pan*, si bien debe entenderse que no es un culto con ese nombre, sino uno en el que se parte el pan. No es necesario, conforme a la Escritura, tener una reunión exclusivamente para partir el pan, porque puede cumplirse la ordenanza en cualquier reunión no importa el carácter que tenga.

Si la sangre es símbolo de la vida del Salvador, *"cuerpo de Cristo"* es el vehículo de la humanidad del Hijo de Dios, provista por Dios mismo (He. 10:5-7). El Padre le apropió cuerpo para que se hiciese carne (Jn. 1:14). La entrada de Cristo en el mundo tiene una enorme dimensión, ya que se trata de la entrada de Uno de la Trinidad en la experiencia de las limitaciones de la criatura mediante Su encarnación. No se trata de una relación en la intimidad con los hombres mediante la incorporación de la Deidad en una humanidad, sino el hecho admirable de la encarnación de

[9] Esto se estudiará más adelante (11:27-29).

Dios, mediante cuya operación, la naturaleza humana vino a ser una de las dos naturalezas de la Persona Divina del Verbo eterno. El proceso de este misterio de piedad es asombroso, pero, la realidad es la presencia de Dios en carne humana, en el mundo de los hombres. La vía de esta operación es divina, interviniendo Dios en la consecución del cuerpo para el sacrificio perfecto. Este cuerpo preparado por Dios se le devuelve a Él ofrecido en sacrificio perfecto por el pecado. El cuerpo en sí, como referencia a la humanidad que expresa, es entregado voluntariamente como ofrenda expiatoria por el pecado. La dotación de una naturaleza humana a la Persona Divina del Hijo, la encarnación de Dios, es el resultado de la operatividad conjunta de las tres Personas Divinas. Si bien es cierto que la encarnación, por concepción sobrenatural en el seno de la Virgen es una operación directa del Espíritu Santo (Lc. 1:35), no es menos cierto que es la Segunda Persona la que se encarna y, a su vez, es donación amorosa del Padre que *da* a su Hijo y hace posible la entrada de la Segunda Persona Divina en la esfera de la humanidad como hombre. El Verbo eterno se hizo hombre para poder *"librar a todos los que por el temor de la muerte estaban durante toda la vida sujetos a servidumbre"* (He. 2:15). Por esta razón el Verbo participó de carne y sangre para poder llevar a cabo una obra en la cual Dios pueda, por el Hijo, hacer partícipes a los hombres de su filiación y rescatarlos de la muerte y la condenación a causa del pecado. Primero se hace solidario con los hombres para poder morir por los hombres. Luego se ofrece en sacrificio por los pecados de los hombres, para poder librarlos de su condición esclava del pecado. El cuerpo entregado indica el sacrificio voluntario en expiación por el pecado (He. 10:10). El sacrificio permite al creyente acceso libre a la presencia de Dios (He. 10:19, 20). Cristo fue puesto en el altar como sacrificio propiciatorio (Ro. 3:25). Por la fe se entra en relación con Cristo en plena identificación con todo lo que tiene que ver con la obra de redención, unidos vitalmente a Él en Su muerte y en Su resurrección para nueva vida (Gá. 2:20). Esta fe permite apropiarse de los beneficios de la obra redentora del Hijo de Dios. Cuando se parte el pan, la figura de la identificación, de la plena comunión con Cristo en Su obra, se hace expresiva.

17. Siendo uno solo el pan, nosotros, con ser muchos, somos un cuerpo; pues todos participamos de aquel mismo pan.

ὅτι εἷς ἄρτος, ἓν σῶμα οἱ πολλοί ἐσμεν, οἱ γὰρ πάντες
Porque un solo pan, un cuerpo los muchos somos, - pues todos
ἐκ τοῦ ἑνὸς ἄρτου μετέχομεν.
del un solo pan participamos.

Análisis y notas del texto griego.

Análisis: ὅτι, conjunción causal *porque*; εἷς, caso nominativo masculino singular del adjetivo numeral cardinal *uno, uno solo*; ἄρτος, caso nominativo masculino singular del nombre común *pan*; ἓν, caso nominativo neutro singular del adjetivo numeral cardinal *un*; σῶμα, caso nominativo neutro singular del nombre común *cuerpo*; οἱ, caso nominativo masculino plural del artículo determinado *los*; πολλοί, caso nominativo masculino plural del adjetivo *muchos*; ἐσμεν, primera persona plural del presente de indicativo en voz activa del verbo εἰμί, *ser, estar*, aquí *somos*; οἱ, caso nominativo masculino plural del artículo determinado *los*; γὰρ, conjunción continuativa *pues*; πάντες, caso nominativo masculino plural del adjetivo indefinido *todos*; ἐκ, preposición propia de genitivo *de*; τοῦ, caso genitivo masculino singular del artículo determinado *el*; ἑνὸς, caso genitivo masculino singular del adjetivo numeral cardinal *uno, un*; ἄρτου, caso genitivo masculino singular del nombre común *pan*; μετέχομεν, primera persona plural del presente de indicativo en voz activa del verbo μετέχω, *participar*, aquí *participamos*.

ὅτι εἷς ἄρτος, ἓν σῶμα οἱ πολλοί ἐσμεν, Todos los salvos estamos identificados con Cristo y tenemos en Él comunión con Su Persona y Su obra. De esta comunión con el Señor se desprende la comunión con los hermanos (1 Jn. 1:3). Cada creyente ha sido incorporado a Cristo y bautizado en Él para la formación del cuerpo, cuya cabeza es el Señor y cada creyente miembro de los otros creyentes (12:13). Antes ya se refirió a ese hecho de que nuestros cuerpos, es decir, nuestras personas son miembros de Cristo (6:15). Esa es la razón y manifestación de la unidad de la iglesia. Cada creyente nacido de nuevo es miembro de la única y sola iglesia de Cristo, y hermano de cada uno de los demás salvos por gracia mediante la fe. Esto lo compara con la unidad del pan, de modo que, siendo sólo un pan, nosotros todos, aunque muchos, somos un cuerpo. Quien se identifica en comunión con Cristo, viene a formar parte del cuerpo de Cristo que es la Iglesia (Ef. 1:22-23). Cada creyente unido a Cristo está unido a sus hermanos en Cristo (Ro. 12:4-5). Es necesario entender claramente que sólo hay un cuerpo en Cristo. Todo creyente, se llame como se le llame, y esté donde esté, es miembro de la Iglesia de Jesucristo.

οἱ γὰρ πάντες ἐκ τοῦ ἑνὸς ἄρτου μετέχομεν. Expresando el simbolismo de la unidad del cuerpo, el apóstol hace mención de que el *pan que partimos*, que es símbolo de la *comunión con Cristo*, manifiesta también la *unión de todos los creyentes en Él*. Hay una notable distinción en el uso de las palabras *comunión* y *participación*. La comunión es con Cristo, la *participación* es con el pan que simboliza la unidad de todos en Él. Cuando cumplimos la ordenanza, *participamos* del pan. Cuantos más sean los que participan menos pan hay para cada uno, pero cuantos más sean los que estando en comunión con Cristo están en Él, mayor es la dimensión que alcanzan en Jesucristo. El que participa del pan manifiesta que antes ha venido a tener *comunión* con el Pan de Vida que descendió del cielo y da vida al mundo (Jn. 6:51, 56). Todos los creyentes estamos unidos a Cristo por el Espíritu (12:13). Por tanto, la unidad de todos los cristianos no es asunto de hombres, sino operación divina (Jn. 17:21-23). Por esta causa los creyentes tenemos comunión los unos con los otros, porque estamos unidos en Cristo (1 Jn. 1:6-7). La unión no es asunto ecuménico, sino obra del Espíritu, resultado de la participación de una vida común en Cristo.

18. Mirad a Israel según la carne; los que comen de los sacrificios, ¿no son partícipes del altar?

βλέπετε τὸν ’Ισραὴλ κατὰ σάρκα· οὐχ οἱ ἐσθίοντες τὰς
Mirad - a Israel según carne; ¿No los que comen de los
θυσίας κοινωνοὶ τοῦ θυσιαστηρίου εἰσίν
sacrificios partícipes del altar son?

Análisis y notas del texto griego.

Análisis: βλέπετε, segunda persona plural del presente de imperativo en voz activa del verbo βλέπω, *mirar, ver*, aquí *mirad*; τὸν, caso acusativo masculino singular del artículo determinado *el*; ’Ισραὴλ, caso acusativo masculino singular del nombre propio declinado *a Israel*; κατὰ, preposición propia *según*; σάρκα, caso acusativo femenino singular del nombre común *carne*; οὐχ, forma escrita del adverbio de negación *no*, con el grafismo propio ante vocal con espíritu áspero; οἱ, caso nominativo masculino plural del artículo determinado *los*; ἐσθίοντες, caso nominativo masculino plural del participio de presente en voz activa del verbo εσθίω, *comer*, aquí *que comen*; τὰς, caso acusativo femenino plural del artículo determinado declinado *de las*; θυσίας, caso acusativo femenino singular del nombre común *ofrendas, sacrificios*; κοινωνοὶ, caso nominativo masculino singular del nombre común *participes*; τοῦ, caso genitivo neutro singular del artículo determinado declinado *del*; θυσιαστηρίου, caso genitivo neutro singular del nombre común *altar*; εἰσίν, tercera persona plural del presente de indicativo en voz activa del verbo εἰμί, *ser, estar*, aquí *son*.

βλέπετε τὸν ’Ισραὴλ κατὰ σάρκα· Retomando el tema sobre la participación en comidas motivadas por festividades paganas, el apóstol advirtió primero de las consecuencias que el pueblo de Dios acarrea sobre sí mismo cuando se aparta de la voluntad divina, recorriendo los ejemplos considerados antes. Aquí va entrar ya en las conclusiones sobre la enseñanza y está presentando la vinculación del creyente con el Señor en el cumplimiento de la ordenanza establecida por Él. Para dar una mayor consistencia, vuelve a referirse a Israel, en el campo de los sacrificios. Es de notar que la frase dirige la atención al *Israel según la carne*, esto es, los israelitas como nación, o como pueblo. Establece el contraste con el *Israel de Dios*, en el sentido de espiritualidad, esto es, de los que creen.

οὐχ οἱ ἐσθίοντες τὰς θυσίας κοινωνοὶ τοῦ θυσιαστηρίου εἰσίν. Tomando como ilustración el cuerpo sacerdotal, hace notar a los lectores que aquellos *comían de los sacrificios*. Una porción de los sacrificios, salvo el del holocausto, se daba al sacerdote que presentaba el sacrificio y comía de la carne que le era asignada legalmente (cf. Lv. 7:15; 8:31; Dt. 12:17-18). Ahora bien, comer del sacrificio era estar en comunión con todo el culto sacrificial, con la razón del sacrificio y con el destino del mismo. Por esa razón el apóstol habla de *tener comunión del altar*, que se traduce como que *son partícipes* del altar, ya que otra palabra como *comunicante*, resulta difícil de entender. En este caso, la *participación* era de la carne sacrificada, pero la *comunión* era con el altar, que simbólicamente expresaba toda la dimensión del sacrificio del que procedía la carne. De otro modo, al participar de la carne, el sacerdote estaba en comunión con el sacrificio. El altar de Israel, situado en el santuario, era dedicado a Jehová. El que participaba del sacrificio estaba en comunión con Él. Por consiguiente, esa persona, se convertía en adorador de Jehová, a quien estaba consagrado el altar.

19. ¿Qué digo, pues? ¿Que el ídolo es algo, o que sea algo lo que se sacrifica a los ídolos?

Τί οὖν φημι ὅτι εἰδωλόθυτον τί ἐστιν ἢ ὅτι εἴδωλον τί ἐστιν
¿Qué, pues, digo? ¿Qué lo ofrecido a ídolos algo es? ¿O que ídolo algo es?

Análisis y notas del texto griego.

Análisis: Τί, caso acusativo neutro singular del pronombre interrogativo *qué*; οὖν, conjunción continuativa *pues*; φημι, primera persona singular del presente de indicativo en voz activa del verbo φημί, *decir*, aquí *digo*; ὅτι, conjunción *que*; εἰδωλόθυτον, caso nominativo neutro singular del adjetivo *ofrecido a ídolos*; τί, ἐστιν, tercera persona singular del presente de indicativo en voz activa del verbo εἰμί, *ser, estar*, aquí *es*; ἢ, conjunción disyuntiva *o*; ὅτι, conjunción *que*; εἴδωλον, caso nominativo neutro singular del nombre común *ídolo*; τί, caso nominativo neutro singular del pronombre indefinido *algo*; ἐστιν, tercera persona singular del presente de indicativo en voz activa del verbo εἰμί, *ser, estar*, aquí *es*.

Τί οὖν φημι ὅτι εἰδωλόθυτον τί ἐστιν ἢ ὅτι εἴδωλον τί ἐστιν. Antes de precisar más, quiere evitar un error sobre los ídolos, de ahí nuevamente la pregunta retórica: *"¿Qué, pues, digo?"*. Pablo quiere que los corintios no infieran nada incorrecto sobre lo que son los ídolos en sí mismos. Los dos ejemplos anteriores suponen una realidad espiritual tras los símbolos de la ordenanza del Partimiento del Pan y de los sacrificios en el antiguo orden legal de Israel. Por esa causa quiere que no sc confunda la comunión con el ídolo en sí mismo como si la escultura tuviese algún valor, pero orientará esto a los que se ocultan tras ellos.

El ejemplo a Israel, donde están presentes los sacrificios ofrecidos en el altar, no supone que el apóstol considerase los ídolos como algo real. Antes llegó a una definición sobre esto: *"Acerca, pues, de las viandas que se sacrifican a los ídolos, sabemos que un ídolo nada es en el mundo, y que no hay más que un Dios"* (8:4). De manera que lo que se ofrece en sacrificio a un ídolo no tiene, por tanto, ningún valor en sí mismo. Los seres que los paganos adoraban como dioses, no existían. La cuestión estaba en por qué entonces tenía que tratarse con estos sacrificios y sus fiestas de un modo especial y con suma cautela.

20. Antes digo que lo que los gentiles sacrifican, a los demonios lo sacrifican, y no a Dios; y no quiero que vosotros os hagáis partícipes con los demonios.

ἀλλ' ὅτι ἃ θύουσιν[1], δαιμονίοις καὶ οὐ Θεῷ [θύουσιν][2].
Mas bien, que lo que sacrifican, a demonios y no a Dios sacrifican.
οὐ θέλω δὲ ὑμᾶς κοινωνοὺς τῶν δαιμονίων γίνεσθαι.
Y no quiero vosotros en comunión con los demonios lleguéis a estar.

Análisis y notas del texto griego.

Análisis: ἀλλ', forma escrita ante vocal de la conjunción adversativa ἀλλά que significa *pero*, *sino, más bien*; ὅτι, conjunción *que*; ἃ, caso acusativo neutro plural del pronombre relativo *los que, los cuales*, aquí en sentido de *las cosas que, lo que*; θύουσιν, tercera persona plural del presente de indicativo en voz activa del verbo θύω, *ofrecer, inmolar, sacrificar*, aquí *sacrifican*; δαιμονίοις, caso dativo neutro plural del nombre común declinado *para demonios*, *a demonios*; καὶ, conjunción copulativa *y*; οὐ, adverbio de negación *no*; Θεῷ, caso dativo masculino singular del nombre divino declinado *para Dios, a Dios*; θύουσιν, tercera persona plural del presente de indicativo en voz activa del verbo θύω, *ofrecer, inmolar, sacrificar*, aquí *sacrifican*; οὐ, adverbio de negación *no*; θέλω, primera persona singular del presente de indicativo en voz activa del verbo θέλω, *querer*, aquí *quiero*; δὲ, partícula conjuntiva que hace las veces de conjunción coordinante, con sentido de *pero, más bien, y, y por cierto*, *antes bien, entonces*; ὑμᾶς, caso acusativo de la segunda persona plural del pronombre personal *vosotros*; κοινωνοὺς, caso acusativo masculino plural del nombre común declinado *en comunión*; τῶν, caso genitivo neutro plural del artículo determinado declinado *con los*; δαιμονίων, caso genitivo neutro plural del nombre común *demonios*; γίνεσθαι, presente de infinitivo en voz activa del verbo γίνομαι, *llegar a estar*.

Notas. Crítica Textual. Lecturas alternativas.

[1] ἃ θύουσιν, *lo que sacrifican,* según se lee en B, D, F, G, Ambrosiaster Speculum.

ἃ θύουσιν τά ἔθνη, *lo que sacrifican los gentiles*, como se lee en 𝔓[46vid], a, A, C, K, P, Ψ, 33, 81, 104, 365, 630, 1175, 1241, 1505, 1739, 1881, 2464, 𝔐, lat, sy, co.

[2] καὶ οὐ Θεῷ θύουσιν, *y no a Dios sacrifican,* lectura atestiguada en a, A, B, C, P, Ψ, 33, 81, 365, 630, 1175, 1241, 1739, 2464.

θύουσιν καὶ οὐ Θεῷ, *sacrifican y no a Dios*, según aparece en 𝔓[46vid], D, F, G, K, L, 104, 1505, 188, 𝔐, latt sy, Epifanio.

ἀλλ' ὅτι ἃ θύουσιν, δαιμονίοις καὶ οὐ Θεῷ θύουσιν. La expresión *"antes digo"* en la traducción de RV, expresa la conclusión que el escritor quiere destacar, que los sacrificios idolátricos, en lugar de ser *nada*, algo sin valor, tienen una importancia vital. La realidad es que tras los ídolos se esconden los demonios. Es una referencia a las huestes de maldad, que se oponen a Dios y Su voluntad y actúan impíamente con los hombres desviándolos de la verdad. Estos ángeles caídos usaban los ídolos para recibir ellos mismos la adoración que corresponde sólo a Dios. En la LXX la traducción de un texto del libro de los Salmos: *"Porque todos los dioses de los pueblos son ídolos; pero Jehová hizo los cielos"* (Sal. 96:5), en lugar de ídolos escribe *demonios*. De modo que los paganos con sus sacrificios, sin saberlo, estaban adorando a los demonios. Este tremendo pecado, se mantiene en la sociedad que vive alejada de Dios y se mostrará hasta los últimos tiempos: *"Y los otros hombres que no fueron muertos con estas plagas, ni aun así se arrepintieron de las obras de sus manos, ni dejaron de adorar a los demonios, y a las imágenes de oro, de plata, de bronce, de piedra y de madera, las cuales no pueden ver, ni oír, ni andar"* (Ap. 9:20).

οὐ θέλω δὲ ὑμᾶς κοινωνοὺς τῶν δαιμονίων γίνεσθαι. La consecuencia de participar en las fiestas paganas, dedicadas a honrar a alguno de los centenares de dioses que tenían, era realmente grave y, por consiguiente, el apóstol no quería que eso ocurriese con ellos, porque en la fiesta idolátrica, los que participaban en ella, se hacían, no tanto en comunión con el ídolo que no era en sí nada, pero sí con los demonios que se ocultaban tras él. Para enseñar esta realidad espiritual, mencionó, en el versículo anterior, la comunión del que comía del sacrifico, con el altar en que se ofrecía que, en ese sentido, por ser el altar de Dios, tenía una relación de comunión con Él (v. 18). Así que, si bien los dioses paganos son seres imaginarios, estar en comunión con ellos, mediante la presencia y participación en las fiestas idolátricas en su honor, era estar en comunión con los demonios, ya que el sacrificio que se ofrecía al ídolo, se ofrecía realmente a un demonio. La realidad era grave, puesto que se celebraba culto de adoración a Satanás, por medio de los demonios, ocultos tras los ídolos.

La identificación del creyente con la fiesta idolátrica, constituye un acto de comunión con el ídolo y con lo que representa, según el argumento que dio el apóstol anteriormente (vv. 16-18). Esto equivaldría a estar en comunión con los demonios. Estar en relación con las fiestas paganas, era manifestar una relación de comunidad de intereses, o de amistad e identificación con el propósito del acto.

Los corintios debían saber que estar en comunión con los demonios no dependía de la intención con que participaban en la fiesta. Los paganos no tenían intención de adorar a los demonios, sino a los que creían dioses, pero en realidad lo hacían. Hemos de entender que no se trata de lo que el creyente se proponga hacer, sino de lo que realmente hace. No se trata de cuál es la intención, sino del efecto que alcanza esa conducta. Cuando se asiste a un acto de idolatría, se forma una unidad con los que participan y se cae en el mismo pecado de ellos.

21. No podéis beber la copa del Señor, y la copa de los demonios; no podéis participar de la mesa del Señor, y de la mesa de los demonios.

οὐ δύνασθε ποτήριον Κυρίου πίνειν καὶ ποτήριον δαιμονίων,
No podéis copa de Señor beber y copa de demonios,
οὐ δύνασθε τραπέζης Κυρίου μετέχειν καὶ τραπέζης δαιμονίων.
no podéis de mesa de Señor participar y de mesa de demonios.

Análisis y notas del texto griego.

Análisis: οὐ, adverbio de negación *no*; δύνασθε, segunda persona plural del presente de indicativo en voz media del verbo δύναμαι, *poder, tener poder*, aquí *podéis*; ποτήριον, caso acusativo neutro singular del nombre común *cáliz, copa*; Κυρίου, caso genitivo masculino singular del nombre divino declinado *de Señor*; πίνειν, presente de infinitivo en voz activa del verbo πίνω, *beber*; καὶ, conjunción copulativa *y*; ποτήριον, caso acusativo neutro singular del nombre común *cáliz, copa*; δαιμονίων, caso genitivo neutro plural del nombre común declinado *de demonios*; οὐ, adverbio de negación *no*; δύνασθε, segunda persona plural del presente de indicativo en voz media del verbo δύναμαι, *poder, tener poder*, aquí *podéis*; τραπέζης, caso genitivo femenino singular del nombre común declinado *de mesa*; Κυρίου, caso genitivo masculino singular del nombre divino declinado *de Señor*; μετέχειν, presente de infinitivo en voz activa del verbo μετέχω, *participar*; καὶ, conjunción copulativa *y*: τραπέζης, caso genitivo femenino singular del nombre común declinado *de mesa*; δαιμονίων, caso genitivo neutro plural del nombre común declinado *de demonios*.

οὐ δύνασθε ποτήριον κυρίου πίνειν καὶ ποτήριον δαιμονίων, Pablo contrasta dos copas y dos mesas. Una del Señor, otra de los demonios. Esto genera una situación de imposibilidad debido al impedimento de relación y comunión entre los dos, Cristo y los demonios. *La copa del Señor*, es símbolo de comunión con Él. *La copa de los demonios*, lo es con ellos.

Pablo hace una clara referencia a las fiestas paganas. Tanto el vino como la carne eran bendecidos en nombre del ídolo. Por tanto, alude a la imposibilidad moral de tal acción, participando al mismo tiempo de dos cultos opuestos o, mejor antagónicos.

οὐ δύνασθε τραπέζης κυρίου μετέχειν καὶ τραπέζης δαιμονίων. La referencia siguiente es a la *mesa*. La misma situación de imposibilidad porque son mesas opuestas. La *mesa del Señor* es la que Él preside. La de los demonios es la presidida por ellos y de la que participan los comensales en una fiesta idolátrica. No debe olvidarse que tras los ídolos se esconden los demonios. No es posible estar en dos campos opuestos a la vez, de ahí la expresión de Santiago: *"¡Oh almas adúlteras! ¿No sabéis que la amistad del mundo es enemistad contra Dios? Cualquiera, pues, que quiera ser amigo del mundo, se constituye enemigo de Dios"* (Stg. 4:4).

Comer de la mesa de los demonios es ponerse bajo su influencia y poder. Esta es la exhortación del apóstol en la *Segunda Epístola*, cuando dice: *"No os unáis en yugo desigual con los incrédulos; porque ¿qué compañerismo tiene la justicia con la injusticia? ¿Y qué comunión la luz con las tinieblas? ¿Y qué concordia Cristo con Belial? ¿O qué parte el creyente con el incrédulo? ¿Y qué acuerdo hay entre el templo de Dios y los ídolos? Porque vosotros sois el templo de Dios viviente"* (2 Co. 6:14-16). La carne y el vino en sí mismos, no tienen razón para no ser consumidos por el creyente, pero, la comunión en la comida y en la bebida, sí lo tiene, de modo que el cristiano debe apartarse de la participación en festividades paganas, por la relación que estas tienen con los dioses falsos, tras los que se ocultan los demonios. Los creyentes que se consideren fuertes, deben entender claramente esta situación y elegir entre Cristo y Satanás, huyendo de la idolatría (v. 14).

22. ¿O provocaremos a celos al Señor? ¿Somos más fuertes que él?

ἢ	παραζηλοῦμεν	τὸν	Κύριον	μὴ	ἰσχυρότεροι	αὐτοῦ	ἐσμεν
¿O	provocamos celos	al	Señor?	¿Acaso	más fuertes que	Él	somos?

Análisis y notas del texto griego.

Análisis: ἢ, conjunción disyuntiva *o*; παραζηλοῦμεν, primera persona plural del presente de indicativo en voz activa del verbo παραζήλω, *conducir a celo, provocar celos*, aquí *provocamos celos*; τὸν, caso acusativo masculino singular del artículo determinado declinado *al*; Κύριον, caso acusativo masculino singular del nombre divino *Señor*; μὴ, partícula que hace funciones de adverbio de negación condicional *no*, en este caso en sentido de *acaso*; ἰσχυρότεροι, caso nominativo masculino plural del adjetivo comparativo *más fuertes que*; αὐτοῦ, caso genitivo masculino de la tercera persona singular del pronombre personal *Él*; ἐσμεν, primera persona plural del presente de indicativo en voz activa del verbo εἰμί, *ser, estar*, aquí *somos*.

ἢ παραζηλοῦμεν τὸν Κύριον. El párrafo concluye con una solemne llamada de atención. Lo que antecede conduce a definir que participar en una comida idolátrica tiene como consecuencia provocar al Señor. Dios no da Su gloria a nadie (Is. 42:8). Él ha establecido que sólo puede tributarse adoración a Él (Ex. 20:3-6). Pablo habla de *provocar a celos*, o *despertar celos* en el Señor, esto es, la manifestación del odio divino hacia la idolatría. Es más, con cualquier práctica idolátrica o cualquier modo de comunión con los ídolos, se entra de lleno en la provocación de Su ira (Dt. 32:21; Sal. 78:58). El juicio divino es una realidad, según se apreció antes en los ejemplos dados (vv. 5-10). Debe tenerse en cuenta que como declara el Antiguo Testamento, Dios es un Dios celoso (Ex. 20:5; Dt. 5:9). De Israel se dice que con las prácticas idolátricas despertaron a celos al Señor (Dt. 32:16).

μὴ ἰσχυρότεροι αὐτοῦ ἐσμεν. No solo es una provocación a Dios, sino una temeridad. Una pregunta retórica plantea esta cuestión. El apóstol pregunta si acaso *somos más fuertes que Dios*. Esta pregunta reflexiva exige una contestación negativa. Frente al Omnipotente, al Todopoderoso, ninguna criatura es más que algo efímero y débil. El pronombre personal αὐτοῦ, *Él*, debe aplicarse en este contexto a Cristo. Él es Todopoderoso, siendo poseedor del Nombre que es sobre todo nombre, en cuya autoridad, ángeles, hombres, demonios, vivos y muertos, doblan su rodilla (Fil. 2:9-11). Por tanto, es una temeridad provocar la ira de Dios.

El apóstol en un tono más calmado, menos difícil, va a determinar las reglas prácticas, simples, pero precisas, que descansan en los principios de los versículos del párrafo anterior.

Sobre los objetivos del creyente (10:23-11:1)

En relación con los hermanos (10:23-26)

23. Todo me es lícito, pero no todo conviene; todo me es lícito, pero no todo edifica.

Πάντα[1] ἔξεστιν ἀλλ' οὐ πάντα συμφέρει· πάντα
Todas las cosas son lícitas pero no todas las cosas convienen. Todas las cosas
ἔξεστιν ἀλλ' οὐ πάντα οἰκοδομεῖ.
son lícitas pero no todas las cosas edifican.

Análisis y notas del texto griego.

Análisis: Πάντα, caso nominativo neutro plural del adjetivo indefinido *todos*, en sentido de *todas las cosas*; ἔξεστιν, tercera persona singular del presente de indicativo en voz activa del verbo ἔξεστι, *estar permitido, ser lícito*, aquí *son lícitas*; ἀλλ', forma escrita ante vocal de la conjunción adversativa ἀλλά que significa *pero, sino*; οὐ, adverbio de negación *no*; πάντα, caso nominativo neutro plural del adjetivo indefinido *todos*, en sentido de *todas las cosas*; συμφέρει, tercera persona plural del presente de indicativo en voz activa del verbo συμφερέω, *ser de provecho, convenir*, aquí *conviene*; πάντα, caso nominativo neutro plural del adjetivo indefinido *todos*, en sentido de *todas las cosas*; ἔξεστιν, tercera persona singular del presente de indicativo en voz activa del verbo ἔξεστι, *estar permitido, ser lícito*, aquí *son lícitas*; ἀλλ' forma escrita ante vocal de la conjunción adversativa ἀλλά que significa *pero, sino*; οὐ, adverbio de negación *no*; πάντα, caso nominativo neutro plural del adjetivo indefinido *todos*, en sentido de *todas las cosas*; οἰκοδομεῖ, tercera persona singular del presente de indicativo en voz activa del verbo οἰκοδομέω, *edificar*, aquí *edifica*.

Notas. Crítica Textual. Lecturas alternativas.

[1] Πάντα ἔξεστιν, *todas las cosas son lícitas*, según se lee en 𝔓[46], a*, A, B, C*, D, F, G, 81, 1739*, 1881, 2464, lat, co, Tertuliano; Clemente; Cipriano, Ambrosiaster

Πάντα μοι ἔξεστιν, *todas las cosas me son lícitas*, según [2]a, C3 H K L Ψ 104. 365. 630. 1175. 1241. 1505. 𝔐, t, vg[cl], sy.

Πάντα ἔξεστιν· El apóstol repite al pie de la letra lo que había dicho antes (6:12), y que también se comentó en ese lugar[10]. En el contexto presente, el hecho de comer la carne procedente de los sacrificios era algo indiferente en sí mismo, por consiguiente, si se

[10] Ver comentario en la referencia dada.

comiese sería *lícito*, puesto que no había mandamiento contrario a la acción, como enseñó antes (cap. 8).

ἀλλ᾽ οὐ πάντα συμφέρει. Sin embargo, no todo es conveniente. Como en la cita anterior, el *convenir* o *no convenir*, está íntimamente ligado con el bien de los demás.

πάντα ἔξεστιν ἀλλ᾽ οὐ πάντα οἰκοδομεῖ. Por consiguiente, lo que *no conviene* es aquello que *no edifica*. Edificación tanto la propia como la de los hermanos. Ya hizo antes una advertencia solemne: *"Si alguno destruyere el templo de Dios, Dios le destruirá a él"* (3:17). Sin duda aquello que no edifica destruye, no hay término medio, ni acción indiferente en la relación personal con Dios y con los hermanos. Esto se complementa y completa en lo que sigue.

24. Ninguno busque su propio bien, sino el del otro.

μηδεὶς τὸ ἑαυτοῦ ζητείτω ἀλλὰ τὸ τοῦ ἑτέρου[1].
Ninguno lo de él mismo busque, sino lo del otro.

Análisis y notas del texto griego.

Análisis: μηδεὶς, caso nominativo masculino singular del pronombre indefinido *nadie, ninguno*; τὸ, caso acusativo neutro singular del artículo determinado *lo*; ἑαυτοῦ, caso genitivo masculino singular del pronombre reflexivo declinado *de él mismo*; ζητείτω, tercera persona singular del presente de imperativo en voz activa del verbo ζητέω, *buscar*, aquí *busque*; ἀλλὰ, conjunción adversativa *sino*; τὸ, caso acusativo neutro singular del artículo determinado *lo*; τοῦ, caso genitivo masculino singular del artículo determinado declinado *de los*; ἑτέρου, caso genitivo masculino singular del adjetivo indefinido *otros*.

Notas. Crítica Textual. Lecturas alternativas.

[1] τὸ τοῦ ἑτέρου, *lo del otro*, lectura atestiguada en P^{46}, a, A, B, C, D*, F, G, H, P, 6, 33, 81, 630, 1175, 1241, 1739, 1881, 2464, latt, co, Clemente.

τὸ τοῦ ἑτέρου ἕκαστος, *lo del otro, cada uno*, según se lee en D^2, K, L, Ψ, 104, 365, 1505, 𝔐, sy.

μηδεὶς τὸ ἑαυτοῦ ζητείτω ἀλλὰ τὸ τοῦ ἑτέρου. El verdadero amor no tiene como prioritario lo que es del agrado o deseo personal, sino que busca el bien del otro. El pronombre indefinido μηδεὶς, *ninguno, nadie*, hace extensivo el mandamiento a todos los creyentes. Nadie debe tener otro propósito que el bien, la edificación de su hermano. Por esa causa se demanda la renuncia al interés propio que está impulsado por el egoísmo.

La razón del mandamiento es cumplir la ordenanza del amor fraternal. Este amor es de entrega, buscando solo los intereses del hermano al que ama, antes de los privilegios propios. Ese es el ejemplo de Jesús, cuya vida se hace vida en nosotros, de ahí la exhortación del apóstol a los filipenses: *"Haya, pues, en vosotros este sentir que hubo también en Cristo Jesús, el cual, siendo en forma de Dios, no estimó el ser igual a Dios como cosa a que aferrarse"* (Fil. 2:5-6). Esa ha sido la gracia del Señor para con todos que, siendo infinito en grandeza y riqueza, se hizo pobre para que por Su pobreza pudiésemos ser enriquecidos (2 Co. 8:9). El amor hacia el hermano adquiere una suprema dimensión, porque *"un mandamiento nuevo os doy: Que os améis unos a otros; como yo os he amado, que también os améis unos a otros"* (Jn. 13:34). Es manifiesto que nunca podremos alcanzar, en nuestra vida terrenal, la dimensión perfecta del amor hacia los hermanos, no pide esto el Señor, pero sí la *calidad* del amor Suyo, posible cuando se vive en la plenitud del Espíritu, que derrama ese amor en el corazón cristiano (Ro. 5:5). Por amor al hermano, no solo se renuncia al disfrute de los privilegios que pudieran tenerse, sino que se renuncia a la propia vida personal (1 Jn. 3:16b). Cada uno debe ocuparse del bien de sus hermanos.

25. De todo lo que se vende en la carnicería, comed, sin preguntar nada por motivos de conciencia.

Πᾶν τὸ ἐν μακέλλῳ πωλούμενον ἐσθίετε μηδὲν ἀνακρίνοντες
Todo lo en carnicería que se vende, comed, nada preguntando
διὰ τὴν συνείδησιν·
por causa de la conciencia.

Análisis y notas del texto griego.

Análisis: Πᾶν, caso acusativo neutro singular del adjetivo indefinido *todo*; τὸ, caso acusativo neutro singular del artículo determinado *lo*; ἐν, preposición propia de dativo *en*; μακέλλῳ, caso dativo neutro singular del nombre común *carnicería*; πωλούμενον, caso acusativo neutro singular del participio de presente en voz pasiva del verbo πωλέω, *vender* aquí *que se vende*; ἐσθίετε, segunda persona plural del presente de imperativo en voz activa del verbo εσθίω, *comer*, aquí *comed*; μηδὲν, caso acusativo neutro singular del pronombre indefinido *nada*; ἀνακρίνοντες, caso nominativo masculino plural del participio de presente en voz activa del verbo ἀνακρίνω, *preguntar, indagar, inquirir*, aquí *preguntando*; διὰ, preposición propia de acusativo *por, por causa de*; τὴν, caso acusativo femenino singular del artículo determinado *la*; συνείδησιν, caso acusativo femenino singular del nombre común *conciencia.*

Πᾶν τὸ ἐν μακέλλῳ πωλούμενον ἐσθίετε Luego de la enseñanza presenta una conclusión práctica de comportamiento, sobre las carnes vendidas en el mercado, de estas todas se pueden comprar y comer. El creyente podía adquirir la carne en donde la vendían y comerla sin ningún problema. Sin embargo, está hablando de comprar la carne en el mercado para comer, pero no en las salas de un templo dedicado a ídolos, o de la que se conoce que procede de una fiesta pagana.

μηδὲν ἀνακρίνοντες El proceder sobre la adquisición de la carne, era de *no preguntar nada*. Quiere decir, sin averiguar la procedencia de la carne. El cristiano acudía al lugar de venta y simplemente se limitaba a comprar la porción de carne que deseara, sin más investigación.

διὰ τὴν συνείδησιν· La razón de ese proceder era *"por motivos de conciencia"*. No es preciso hacer preguntas por causa de la conciencia. La recomendación es precisa. No debían tener escrúpulos de conciencia en relación con la carne adquirida en el mercado. Para ello no debían ir haciendo preguntas sobre la procedencia de ella. Esta forma de comportamiento era especialmente necesaria para aquellos que tenían serios problemas con todo lo relacionado con los sacrificios a los dioses (8:7). Es probable que uno de los grupos más afectados y a los que esta conclusión de Pablo convenía más, era a los cristianos de procedencia judía, sumamente escrupulosos con comer carnes *kosher*, de animales limpios y, por supuesto, que no procediese en modo alguno de una ofrenda sacrificial a ídolos.

26. Porque del Señor es la tierra y su plenitud.

τοῦ Κυρίου γὰρ ἡ γῆ καὶ τὸ πλήρωμα αὐτῆς.
Porque del Señor la tierra y la plenitud de ella.

Análisis y notas del texto griego.

Análisis: *τοῦ,* caso genitivo masculino singular del artículo determinado declinado *del*; *Κυρίου,* caso genitivo masculino singular del nombre divino *Señor*; *γὰρ,* conjunción causal *porque*; *ἡ,* caso nominativo femenino singular del artículo definido *la*; *γῆ,* caso nominativo femenino singular del nombre común *tierra*; *καὶ,* conjunción copulativa *y*; *τὸ,* caso acusativo neutro singular del artículo determinado *lo*; *πλήρωμα,* caso nominativo neutro singular del nombre común *plenitud, totalidad*; *αὐτῆς,* caso genitivo femenino de la tercera persona singular del pronombre personal declinado *de ella*.

τοῦ Κυρίου γὰρ ἡ γῆ καὶ τὸ πλήρωμα αὐτῆς. Tal vez el apóstol conociendo bien a los corintios, consideraría que su conclusión no sería del agrado de todos, por lo que apela a la Escritura para establecer la base teológica de la libertad para comprar la carne en cualquier punto de venta y comerla sin problema alguno. La cita está tomada de los Salmos, que enseña que *todo lo que hay en la tierra es del Señor* (Sal. 24:1; 50:12). Esta era la fórmula utilizada por los judíos para dar gracias por los alimentos, puesto que les concedía tomar de lo que había creado, expresión de amor, y a su vez le reconocían como Señor, pidiéndole permiso para tomar de lo que era de Él. Todos ellos son lícitos para comer con acción de gracias (Ro. 14:6; 1 Ti. 4:4). Lo que hay en la tierra para comer fue creado por Dios para el hombre, por consiguiente, no deben ser considerados como cosa inmunda. De modo que, aunque la carne fuese ofrecida a un ídolo, el creyente no preguntaba por ello a causa de la conciencia, entendiendo que todo lo que es creado pertenece a Dios que lo otorga en su misericordia. Es el Creador quien santifica la comida para bien de los Suyos, así que la carne que se pudo comprar y que se dispuso para comer, es también respuesta a la oración que le pide, *"el pan nuestro de cada día, dánoslo hoy"* (Mt. 6:11).

En relación con el testimonio (10:27-30)

27. Si algún incrédulo os invita, y queréis ir, de todo lo que se os ponga delante comed, sin preguntar nada por motivos de conciencia.

εἴ τις καλεῖ ὑμᾶς τῶν ἀπίστων καὶ θέλετε πορεύεσθαι,
Si alguno llama a vosotros de los incrédulos y queréis ir
πᾶν τὸ παρατιθέμενον ὑμῖν ἐσθίετε μηδὲν ἀνακρίνοντες
todo lo que se ofrece a vosotros comed nada preguntando
διὰ τὴν συνείδησιν.
por causa de la conciencia.

Análisis y notas del texto griego.

Análisis: εἴ, conjunción *si*; τις, caso nominativo masculino singular del pronombre indefinido *alguno*; καλεῖ, tercera persona singular del presente de indicativo en voz activa del verbo καλέω, *llamar*; ὑμᾶς, caso acusativo de la segunda persona plural del pronombre personal declinado *a vosotros*; τῶν, caso genitivo masculino plural del artículo determinado declinado *de los*; ἀπίστων, caso genitivo masculino plural del adjetivo *incrédulos*; καὶ, conjunción copulativa *y*; θέλετε, segunda persona plural del presente de indicativo en voz activa del verbo θέλω, *querer, desear*, aquí *queréis*; πορεύεσθαι, presente de infinitivo en voz media del verbo πορεύομαι, *ir*; πᾶν, caso acusativo neutro singular del adjetivo indefinido *todo*; τὸ, caso acusativo neutro singular del artículo determinado *lo*; παρατιθέμενον, caso acusativo neutro singular del participio de presente en voz pasiva del verto παρατίθημι, *presentar, poner delante, ofrecer*, aquí *que se ofrece*; ὑμῖν, caso dativo de la segunda persona plural del pronombre personal declinado *a vosotros, os*; ἐσθίετε, segunda persona plural del presente de imperativo en voz activa del verbo εσθίω, *comer*, aquí *comed*; μηδὲν, caso acusativo neutro singular del pronombre indefinido *nada*; ἀνακρίνοντες, caso nominativo masculino plural del participo de presente en voz activa del verbo ἀνακρίνω, *preguntar, inquirir*, aquí *preguntando*; διὰ, preposición propia de acusativo *por amor a, por causa de, por*; τὴν, caso acusativo femenino singular del artículo determinado *la*; συνείδησιν, caso acusativo femenino singular del nombre común *conciencia.*

εἴ τις καλεῖ ὑμᾶς τῶν ἀπίστων καὶ θέλετε πορεύεσθαι, Los no cristianos, literalmente los *incrédulos*, tenían relación con los creyentes en distintas maneras, así que no era difícil que estos fuesen invitados para participar en alguna comida social. Estas se celebraban generalmente en las casas, cuando había capacidad para todos los invitados, o en las dependencias que los templos alquilaban para estas ocasiones. Pablo enseña aquí a distinguir estas comidas sociales particulares, como algo que no era de carácter religioso. La carne que pudiera servirse en estas comidas, debía tratarse de igual modo que la que se compraba en el mercado y comer de ella, sin inquirir en su procedencia. De igual modo que la carne del mercado debía separarse de los sacrificios, así también las comidas sociales con los incrédulos. Estas invitaciones eran algo común, como se aprecia en la construcción el texto griego, con el condicional *si alguno de los incrédulos os invita*, que equivale a decir *si como ocurre, alguno os invita.*

Pablo expresa la libertad del creyente cuando dice: *"y queréis ir"*. El cristiano es libre de aceptar la invitación. Cristo mismo dejó ejemplo de ello. Él aceptaba invitaciones a fiestas sociales, como era la de una boda (Jn. 2:1-2). Compartía la mesa en casa de publicanos y pecadores, por lo que era cuestionado y acusado por los religiosos legalistas (Lc. 15:2). Aceptaba también invitaciones de los fariseos (Lc. 7:36). Además, el creyente que aceptaba una invitación estaba haciendo como el apóstol, acomodándose a otros, en este caso a los incrédulos, porque podía aprovechar la ocasión para testificar de Cristo (9:20-22). No aceptar una invitación por considerar la posibilidad de comer carne sacrificada a los ídolos, impediría la ocasión de presentar el evangelio de Jesucristo.

πᾶν τὸ παρατιθέμενον ὑμῖν ἐσθίετε μηδὲν ἀνακρίνοντες διὰ τὴν συνείδησιν. El principio establecido antes (v. 25), permanece para este otro aspecto de la invitación a una comida social. Los alimentos en esta relación, debían ser desvinculados por el creyente de los ídolos. Persistiendo la conveniencia de no preguntar la procedencia de la comida por causa de la conciencia, como ya se ha considerado antes (v. 25).

28. Mas si alguien os dijere: Esto fue sacrificado a los ídolos; no lo comáis, por causa de aquél que lo declaró, y por motivos de conciencia; ***porque del Señor es la tierra y su plenitud.***

ἐὰν δέ τις ὑμῖν εἴπῃ· τοῦτο ἱερόθυτον[1] ἐστιν, μὴ ἐσθίετε
Pero si alguien os dijese: esto sacrificado a ídolos es, no comed
δι' ἐκεῖνον τὸν μηνύσαντα καὶ τὴν συνείδησιν[2]·
por causa de aquel - que indicó y la conciencia.

Análisis y notas del texto griego.

Análisis: ἐὰν, conjunción condicional *sí*; δέ, partícula conjuntiva que hace las veces de conjunción coordinante, con sentido de *pero, más bien, y, y por cierto, antes bien, entonces*; τις, caso nominativo masculino singular del pronombre indefinido *alguno*; ὑμῖν, caso dativo de la segunda persona plural del pronombre personal declinado *a vosotros, os*; εἴπῃ, tercera persona singular del segundo aoristo de subjuntivo en voz activa del verbo λέγω, *hablar, decir*, aquí *dijese*; τοῦτο, caso nominativo neutro singular del pronombre demostrativo *esto*; ἱερόθυτον, caso nominativo neutro singular del adjetivo *sacrificado a ídolos, ofrecido a ídolos*; ἐστιν, tercera persona singlar del presente de indicativo en voz activa del verbo εἰμί, *ser, estar*, aquí *es*; μὴ, partícula que hace funciones de adverbio de negación *no*; ἐσθίετε, segunda persona plural del presente de imperativo en voz activa del verbo ἐσθίω, *comer*, aquí *comed*; δι', forma contracta de la preposición propia de acusativo διά, *por, por amor de, por causa de*; ἐκεῖνον, caso acusativo masculino de la tercera persona singular del pronombre demostrativo *aquel*; τὸν, caso acusativo masculino singular del artículo determinado *el*; μηνύσαντα, caso acusativo masculino singular del participio primer aoristo en voz activa del verbo μηνύω, *indicar*, aquí *que indicó*; καὶ, conjunción copulativa *y*; τὴν, caso acusativo femenino singular del artículo determinado *la*; συνείδησιν, caso acusativo femenino singular del nombre común *conciencia*.

Notas. Crítica Textual. Lecturas alternativas.

[1] ἱερόθυτον, *sacrificado a ídolos*, como se lee en 𝔓[46], a, A, B, H, 1175*, 1739*, b, sa, Ambrosiaster.

εἰδωλοθύτον, *ofrecido a ídolos*, según lectura en C, D, F, G, K, L, P, Ψ, 33, 81, 104, 365, 630, 1175[c], 1241, 1505, 1739[c], 1881, 2464, 𝔐, lat, sy[h], bo, Tertuliano.

[2] τοῦ Κυρίου γὰρ ἡ γῆ καὶ τὸ πλήρωμα αὐτῆς, *porque del Señor es la tierra y la plenitud de ella*, sigue a la última palabra del versículo según lectura en H[c], K, L, Ψ, 104, 1505, 𝔐, syh,

ἐὰν δέ τις ὑμῖν εἴπῃ· En otra circunstancia la actitud del invitado debe ser diferente. En este caso se supone que alguien da una información sobre la procedencia de la comida que se sirve. Debe determinarse *quién* es el que informa. Podría ser el mismo que invitó, pero podría también ser otro incrédulo malicioso que procuraría poner al cristiano en un aprieto y ver que haría luego de la información. Incluso podría pensarse en un hermano *débil*, que había sido también invitado y estaba en la misma mesa.

τοῦτο ἱερόθυτον ἐστιν, Posiblemente en un determinado plato de la comida se informa que procedía de un sacrificio hecho a los ídolos.

μὴ ἐσθίετε δι' ἐκεῖνον τὸν μηνύσαντα La postura que debe adoptar el creyente ante el informante, y ante la información, es concreta: *"no comed"*. Primero por causa del que lo declaró. Esto es, por testimonio ante el que informa. En cualquier caso, el testimonio del evangelio está puesto en entredicho si el creyente, conocedor de que aquella comida tiene relación con un sacrificio a un ídolo, participa de ella, estableciendo una participación con el objeto de adoración pagana que es el ídolo. Por esta razón debe abstenerse de comer.

καὶ τὴν συνείδησιν· En segundo lugar, por *causa de conciencia*, pero ¿de que conciencia se trata, de la del que informó o del creyente que fue informado? El siguiente versículo aclara el sujeto de la conciencia, que no es el creyente, sino *la del otro* (v. 29).

La última frase en la versión RV, no está en los mss. más seguros y se ha comentado antes (v. 26).

29. La conciencia, digo, no la tuya, sino la del otro. Pues ¿por qué se ha de juzgar mi libertad por la conciencia de otro?

συνείδησιν δὲ λέγω οὐχὶ τὴν ἑαυτοῦ ἀλλὰ τὴν τοῦ ἑτέρου. ἱνατί
Pero conciencia, digo, no la de ti mismo sino la del otro. ¿Por qué
γὰρ ἡ ἐλευθερία μου κρίνεται ὑπὸ ἄλλης συνειδήσεως
pues, la libertad de mí es juzgada por causa de otra conciencia?

Análisis y notas del texto griego.

Análisis: συνείδησιν, caso acusativo femenino singular del nombre común *conciencia*; δὲ, partícula conjuntiva que hace las veces de conjunción coordinante, con sentido de *pero, más bien, y, y por cierto, antes bien, entonces*; λέγω, primera persona singular del presente de indicativo en voz activa del verbo λέγω, *hablar, decir*, aquí *digo*; οὐχὶ, forma intensificada del adverbio de negación οὐ, forma ática, que se traduce como *no* y se utiliza, como partícula interrogativa en preguntas de las que se espera respuesta afirmativa; τὴν, caso acusativo femenino singular del artículo determinado *la*; ἑαυτοῦ, caso genitivo masculino singular del pronombre reflexivo declinado *de ti mismo*; ἀλλὰ, conjunción adversativa *sino*; τὴν, caso acusativo femenino singular del artículo determinado *la*; τοῦ, caso genitivo masculino singular del artículo definido declinado *del*; ἑτέρου, caso genitivo masculino singular del adjetivo indefinido *otro*; ἱνατί, adverbio *por qué*; γὰρ, conjunción continuativa *pues*; ἡ, caso nominativo femenino singular del artículo determinado *la*; ἐλευθερία, caso nominativo femenino singular del nombre común *libertad*; μου, caso genitivo de la primera persona singular del pronombre personal *de mí*; κρίνεται, tercera persona singular del presente de indicativo en voz pasiva del verbo, κρίνω, *juzgar*, aquí *es juzgada*; ὑπὸ, preposición propia de genitivo *por causa de*; ἄλλης, caso genitivo femenino singular del adjetivo indefinido *otra*; συνειδήσεως, caso genitivo femenino singular del nombre común *conciencia*.

συνείδησιν δὲ λέγω οὐχὶ τὴν ἑαυτοῦ ἀλλὰ τὴν τοῦ ἑτέρου. La pregunta que surge en el versículo anterior es contestada puntualmente en este. El apóstol indica claramente a qué conciencia se estaba refiriendo. No era la del cristiano invitado a comer, sino la del que le había informado de la procedencia de la comida, como de condición idolátrica. El problema está en la conciencia *del otro*. Sin duda no puede tratarse de la del incrédulo, puesto que en su idolatría consideraría honroso que se comiese como algo excelente, por haber sido ofrecida al ídolo. Por tanto, tiene que referirse a la conciencia de un hermano débil, que había conocido, de algún modo, la procedencia de la carne. Si el *fuerte* comía de ella, ofendía la conciencia del hermano débil, cometiendo un pecado contra aquella conciencia, asunto que consideró ya antes y que aplica aquí.

ἱνατί γὰρ ἡ ἐλευθερία μου κρίνεται ὑπὸ ἄλλης συνειδήσεως. El hermano fuerte se siente limitado en su libertad porque debe dejar de comer aquello que se le informa como ofrecido a los ídolos. Esta instrucción apostólica genera dos preguntas que Pablo sitúa en la segunda parte del versículo y en el siguiente. La primera tiene que ver con el juicio de la libertad, en traducción RV: *"¿Por qué se ha de juzgar mi libertad por la conciencia de otro?"*. El apóstol deja la pregunta sin dar respuesta que manifestase su pensamiento. Caben dos posiciones. La primera sería en sentido de pensar en un hermano *débil*, que se escandaliza de la actuación del *fuerte*, en ese caso sería como si dijese: *"¿Por qué tengo que restringirme de lo que me es lícito, por los escrúpulos de otro?"*. Otra posición, que seguramente es la más correcta, sería el pensamiento de quien dice: *"¿Por qué dar ocasión a que otros me juzguen por un modo de actuar incorrecto?"*. Es decir, otros, indefinidos en cuanto a quienes son, en este caso incrédulos que han invitado al cristiano, emiten un juicio de intenciones al ver que quien predica que los ídolos no son nada y que la idolatría es diabólica, come en identificación con aquellos que han ofrecido un sacrificio al ídolo que está siendo celebrado, e incluso adorado, por los paganos. Tal actuación no concordaría con el testimonio que el creyente aportaba, siendo contradictorio con el mismo.

30. Y si yo con agradecimiento participo, ¿por qué he de ser censurado por aquello de que doy gracias?

εἰ ἐγὼ χάριτι μετέχω, τί βλασφημοῦμαι ὑπὲρ οὗ ἐγὼ
Si yo con gratitud participo, ¿Por qué soy censurado por lo que yo
εὐχαριστῶ
doy gracias?

Análisis y notas del texto griego.

Análisis: εἰ, conjunción *si*; ἐγὼ, primera persona singular del pronombre personal *yo*; χάριτι, caso dativo femenino singular del nombre común declinado *con gratitud, con gracia, con acción de gracias*; μετέχω, primera persona singular del presente de indicativo en voz activa del verbo μετέχω, *participar*, aquí *participo*; τί, caso acusativo neutro singular del pronombre interrogativo *que, por qué*; βλασφημοῦμαι, primera persona singular del presente de indicativo en voz activa del verbo βλασφημέω, *blasfemar, hablar mal, censurar*, aquí *soy censurado*; ὑπὲρ, preposición propia de genitivo, *por, por causa de*; οὗ, caso genitivo neutro singular del pronombre relativo *lo que*; ἐγὼ, primera persona singular del pronombre personal *yo*; εὐχαριστῶ, primera persona singular del presente de indicativo en voz activa del verbo εὐχαριστέω, *dar gracias, agradecer*, aquí *doy gracias*.

εἰ ἐγὼ χάριτι μετέχω, τί βλασφημοῦμαι ὑπὲρ οὗ ἐγὼ εὐχαριστῶ. La pregunta retórica pudiera considerarse como la expresión arrogante de un creyente que se siente molesto al ser censurado, cuando él participa de la comida a la que fue invitado con acción de gracias a Dios. Éste se siente molesto porque alguien critica o habla mal de él a causa del uso legítimo de su libertad.

Más bien se pone de manifiesto la aceptación obediente a las enseñanzas de Pablo. El creyente puede comer de todo, *dando gracias* a Dios por los alimentos, puesto que de Él es todo, *"la tierra y su plenitud"* (v. 26). Pero no necesita hacerlo comiendo de cosas que, aunque lícitas, no convienen, evitando así todo tipo de censura. De este modo debiera entenderse se la pregunta, como si dijese: *"¿Por qué tengo que ser censurado comiendo de lo sacrificado a los ídolos, aunque haya dado gracias a Dios por la comida?"* Esto concuerda plenamente con la enseñanza dada antes de que *"todo es lícito, pero no todo conviene, ni todo lo que es lícito edifica"* (v. 23).

En relación con Dios (10:31-11:1)

31. Si, pues, coméis o bebéis, o hacéis otra cosa, hacedlo todo para la gloria de Dios.

Εἴτε οὖν ἐσθίετε εἴτε πίνετε εἴτε τι ποιεῖτε, πάντα
Bien sea entonces coméis, bien sea bebéis, bien sea algo hacéis, todas las cosas
εἰς δόξαν Θεοῦ ποιεῖτε.
para gloria de Dios haced.

Análisis y notas del texto griego.

Análisis: Εἴτε, conjunción *bien sea*; οὖν, conjunción continuativa *pues, entonces*; ἐσθίετε, segunda persona plural del presente de indicativo en voz activa del verbo εσθίω, *comer*, aquí *coméis*; εἴτε, conjunción *bien sea*; πίνετε, segunda persona plural del presente de indicativo en voz activa del verbo πίνω, *beber*, aquí *bebéis*; εἴτε, conjunción *bien sea*; τι, caso acusativo neutro singular del pronombre indefinido *algo*; ποιεῖτε, segunda persona plural del presente de indicativo en voz activa del verbo ποιέω, *hacer*, aquí *hacéis*; πάντα, caso acusativo neutro plural del adjetivo indefinido *todos*, en sentido de *todas las cosas*; εἰς, preposición propia de acusativo *para*; δόξαν, caso acusativo femenino singular del nombre común *gloria*; Θεοῦ, caso genitivo masculino singular del nombre divino declinado *de Dios*; ποιεῖτε, segunda persona plural del presente de imperativo en voz pasiva del verbo πιέω, *hacer*, aquí *haced*.

Εἴτε οὖν ἐσθίετε εἴτε πίνετε εἴτε τι ποιεῖτε, πάντα εἰς δόξαν Θεοῦ ποιεῖτε. La gloria de Dios ha de ser la meta de toda acción del cristiano. Pablo presenta aquí una expresión de la totalidad de la vida en sus múltiples formas. Tomando el tema que está tratando, habla de cada ocasión en que se coma o se beba. En todo ello Dios debe ser glorificado. El apóstol Pedro expresa la misma verdad con otras palabras: *"Si alguno habla, hable conforme a las palabras de Dios; si alguno ministra, ministre conforme al poder que Dios da, para que en todo sea Dios glorificado por Jesucristo..."* (1 P. 4:11).

En cualquier caso, el resultado de la vida cristiana consecuente es la glorificación de Dios. Él ha de ser glorificado en todo puesto que primeramente dio los dones, luego el poder para ejercerlos y capacitó a los creyentes para la edificación del cuerpo, que es la iglesia. El objetivo de todo ministerio ha de ser la gloria de Dios. Teniendo claro esto, todo cederá en gloria para Dios (2:12; Mt. 5:16). Así que, si debe abstenerse de comida o de bebida o de cualquier otra cosa, debe hacerse sin resentirse por no poder usar de la libertad que se tiene en Cristo.

Para esto mismo Dios nos ha salvado (Ef. 1:6, 12, 14). Esta es una enseñanza reiterada del apóstol (Col. 3:17). Entender bien esto evitaría múltiples problemas. La regla más segura para saber que debemos y que no debemos hacer, consiste en preguntarse si aquello que nos ocupe glorifica a Dios o no. De otro modo, si podemos decir delante de Él: *"gracias por lo que estoy haciendo"*. Si eso no es posible quiere decir que lo que nos ocupa no es correcto delante de Dios y debemos dejarlo a un lado.

La vida que glorifica a Dios es aquella en que las acciones e intereses coinciden con los de Cristo. Esta forma de vida es conducida por el Espíritu y fructifica en comunión con Cristo (Jn. 15:8). Los mismos incrédulos glorifican a Dios a causa del buen testimonio que descubren en la vida de los creyentes (Mt. 5:16).

32. No seáis tropiezo ni a judíos, ni a gentiles, ni a la iglesia de Dios.

ἀπρόσκοποι καὶ ᾿Ιουδαίοις γίνεσθε καὶ Ἕλλησιν καὶ τῇ
Sin ofensa tanto a judíos sed como a griegos y a la
ἐκκλησίᾳ τοῦ Θεοῦ,
iglesia - de Dios.

Notas y análisis del texto griego.

Análisis: ἀπρόσκοποι, caso nominativo masculino singular del adjetivo *sin ofensa*; καὶ, conjunción copulativa *y*, que en la construcción de la oración equivale a *tanto*; ᾿Ιουδαίοις, caso dativo masculino plural del adjetivo declinado *a judíos*; γίνεσθε, segunda persona plural del presente de imperativo en voz media del verbo γίνομαι, *ser*, aquí *sed*; καὶ, conjunción copulativa *y*, que en la construcción de esta oración equivale a *como*; Ἕλλησιν, caso dativo masculino plural del nombre propio declinado *a griegos*; καὶ, conjunción copulativa *y*; τῇ, caso dativo femenino singular del artículo determinado declinado *a la*; ἐκκλησίᾳ, caso dativo femenino singular del nombre común *iglesia*; τοῦ, caso genitivo del artículo determinado *el*; Θεοῦ, caso genitivo masculino singular del nombre divino declinado *de Dios*.

ἀπρόσκοποι El apóstol llega al cierre de la enseñanza sobre el comportamiento de los creyentes en las invitaciones a comidas con los no creyentes. Ha estado enseñando que es necesario edificar a los hermanos, por consiguiente, el ser *tropiezo* a los débiles en este asunto, es contrario a la edificación. La mayor atención que debe ser puesta en relación con todos en declinar de los derechos para ocuparse en el amor que edifica y no ser ocasión de pecado para los demás (8:9; Ro. 14:13, 21). Este mal comportamiento, egoísta y carnal, se manifiesta especialmente grave con los que el apóstol llama *niños en Cristo*. Ya el Señor habló de este problema en Su ministerio de enseñanza (Mr. 9:42).

καὶ 'Ιουδαίοις γίνεσθε La extensión del mandamiento es absoluta. Ha de tenerse cuidado de no ofender, ser piedra de tropiezo a *los judíos*, a quienes el apóstol menciona en primer lugar. Estos, como se ha considerado antes, tenían profundos reparos en adaptarse a la libertad cristiana, en razón de su historia y sus tradiciones. Para salvaguardar este problema, se había establecido en un principio el acuerdo que evitaba esto, en el concilio de Jerusalén (Hch. 15:28-29).

καὶ ῞Ελλησιν. El mismo cuidado había de tenerse con los gentiles, a quienes aquí el apóstol menciona como *griegos*. Es cierto que estos no se escandalizarían por comer carne sacrificada a los ídolos, puesto que ellos mismos promovían esta acción. Sin embargo, muchos de los creyentes en el entorno de Corinto, procedían de este grupo social. Algunos de ellos tenían una extrema sensibilidad a cuanto tenía que ver con la idolatría, de la que habían salido, de modo que el creyente *fuerte* debía velar para no ser un obstáculo en la vida de estos conversos. El amor comprometido con los débiles es una forma de testimonio ante el mundo (Jn. 13:35).

καὶ τῇ ἐκκλησίᾳ τοῦ Θεοῦ, Termina la mención de los grupos con una referencia a la iglesia. Sin distinción de procedencia, ya que todos somos uno en Cristo, la iglesia, como propiedad divina establecida en Cristo y formada por hermanos de distinto nivel y edad espiritual, debe ser objeto de respeto y atención, a fin de que nadie se escandalice por una acción de incorrecto uso de la libertad, especialmente cuando el comportamiento produce escándalo a otros.

La conclusión es sencilla. Un cristiano ha de vivir en forma irreprochable en cualquier situación en que se encuentre. El objetivo de la renuncia a todos estos derechos se pone de manifiesto en el versículo siguiente con el que cierra el párrafo y la enseñanza sobre el correcto uso de la libertad cristiana.

33. Como también yo en todas las cosas agrado a todos, no procurando mi propio beneficio, sino el de muchos, para que sean salvos.

καθὼς καγὼ πάντα πᾶσιν ἀρέσκω μὴ ζητῶν τὸ
Como también yo en todas las cosas a todos complazco no buscando lo
ἐμαυτοῦ σύμφορον[1] ἀλλὰ τὸ τῶν πολλῶν, ἵνα σωθῶσιν.
de mí mismo provechoso sino lo de los muchos, para que se salven.

Análisis y notas del texto griego.

Análisis: καθὼς, conjunción *según, en la medida en que, como*; καγὼ, palabra formada por crasis[11] de la conjunción καὶ, y el pronombre personal ἐγώ, y que equivale a *y yo*; πάντα, caso acusativo neutro plural del adjetivo indefinido declinado *en todos*, en sentido de *en todas las cosas*; πᾶσιν, caso dativo masculino plural del adjetivo indefinido declinado *a todos*; ἀρέσκω, primera persona singular del presente de indicativo en voz activa del verbo ἀρέσκω, μὴ, partícula que hace funciones de adverbio de negación *no*; ζητῶν, caso nominativo masculino singular del participio de presente en voz activa del verbo ζητέω, *buscar*, aquí *buscando*; τὸ, caso acusativo neutro singular del artículo determinado *lo*; ἐμαυτοῦ, caso genitivo masculino singular del pronombre reflexivo declinado *de mí mismo*; σύμφορον, caso acusativo neutro singular del adjetivo *provechoso*; ἀλλὰ, conjunción adversativa *sino*; τὸ, caso acusativo neutro singular del artículo determinado *lo*; τῶν, caso genitivo masculino plural del artículo determinado declinado *de los*; πολλῶν, caso genitivo masculino plural del adjetivo *muchos*; ἵνα, conjunción causal *para que*; σωθῶσιν, tercera persona plural del primer aoristo de subjuntivo en voz pasiva del verbo σῴζω, *salvar*, aquí *se salvasen*.

Notas. Crítica Textual. Lecturas alternativas.

[1] σύμφορον, *provechoso*, lectura atestiguada en P^{46}, a^{*}, A, B, C.

συμφέρον, *que es provechoso*, según se lee en ^{2}a, D, F, G, K, L, P, Ψ, 33, 81, 104, 365, 630, 1175, 1241, 1505, 1739, 1881, 2464, 𝔐, latt.

καθὼς καγὼ πάντα πᾶσιν ἀρέσκω. El ejemplo apostólico respalda la enseñanza dada. Como el Señor *hizo*, antes de *enseñar* (Hch. 1:1), así también Su siervo. El ejemplo del apóstol en cuanto demandaba a otros, servía de firmeza a esas demandas. Él cumplía cuanto pedía que cumplieran los creyentes. La instrucción de hacerse todo a todos, fue su estilo de vida (9:19-22). Era ejemplo continuo no solo de enseñador sino de cómo llevar a la práctica las enseñanzas sobre la ética cristiana. Pablo se sujetaba a las demandas que establece para otros (Ro. 15:2-3; 1 Ti. 4:12; Tit. 2:7).

μὴ ζητῶν τὸ ἐμαυτοῦ σύμφορον ἀλλὰ τὸ τῶν πολλῶν, No consistía en alcanzar lo que para él pudiera ser de provecho, sino que supeditaba todos sus derechos al bien ajeno (9:15-19). Estaba siempre dispuesto para prestar ayuda, no importa quien la necesitase, podía ser un judío o un gentil o un cristiano. En todo cuanto hacía buscaba la gloria de

[11] *Crasis*, palabra griega que equivale a *unión de fuerzas*, en general *unión de elementos*.

Aquel que lo había llamado y puesto en el apostolado. De ahí que nada hacía para provecho personal, sino para el de muchos.

ἵνα σωθῶσιν. El propósito para este compromiso de vida era *"para que sean salvos"*. Tanto fuese la salvación de los incrédulos, como el éxito en la vida de los creyentes. Esto viene a ser confirmación de otra advertencia anterior, para que *"por el conocimiento tuyo, se perderá el hermano débil por quien Cristo murió"* (8:11)[12].

11:1. Sed imitadores de mí, así como yo de Cristo.

μιμηταί	μου	γίνεσθε	καθὼς	καγὼ	Χριστοῦ.
Imitadores	de mí	sed	como	también yo	de Cristo.

Análisis y notas del texto griego.

Análisis: μιμηταί, caso nominativo masculino plural del nombre común *imitadores*; μου, caso genitivo de la primera persona singular del pronombre personal declinado *de mí*; γίνεσθε, segunda persona plural del presente de imperativo en voz activa del verbo γίνομαι, *ser*, aquí *sed*; καθὼς, conjunción *según, en la medida en que, como*; καγὼ, palabra formada por crasis[13] del adverbio de modo καὶ, y el pronombre personal ἐγώ, y que equivale a *también yo*; Χριστοῦ, caso genitivo masculino singular del nombre propio declinado *de Cristo*.

μιμηταί μου γίνεσθε. El versículo debe unirse como última exhortación del capítulo diez y no como comienzo del once. Puesto que la división de los capítulos y versículos no es *inspirada*, se producen algunas veces estas dificultades, que no son criticables, sino todo lo contrario, nos permiten dar gracias a Dios por el trabajo de quienes dividieron la Escritura para hacer sencilla la localización de porciones en el texto bíblico. Es, sin duda, la conclusión general. Pablo pide a los creyentes que le imiten. Se ha puesto como ejemplo de la conducta cristiana, que él practicaba continuamente, en todas las cosas que les había enseñado como respuesta a las preguntas que le habían formulado en cuanto a comer o no de la carne procedente de los sacrificios hechos a los ídolos.

καθὼς καγὼ Χριστοῦ. Esta instrucción de imitarle tiene un fundamento, que Pablo era un *imitador* de Cristo. El único modelo que el apóstol tenía en su vida era Jesús, que es el único modelo para Él y para los cristianos. Pablo entendía que su vida consistía en vivir a Cristo continuamente. De este modo debe entenderse aquí *imitadme a mí como*

---

[12] Ver comentario al texto en su lugar.

[13] *Crasis*, palabra griega que equivale a *unión de fuerzas*, en general *unión de elementos*.

yo a Cristo. La vida cristiana no consiste en *copiar* algunas formas de vida que están reseñadas en los evangelios propias del Señor. La vida en imitación es aquella que Le reproduce en nosotros y eso sólo es posible cuando el Espíritu Santo lo hace posible en cada cristiano. No es posible dejar de tener presente que el cristiano *imita* a Cristo, porque *vive a Cristo*. Con Él ha sido crucificado, por tanto, ya no vive él en sus fuerzas y personalidad, sino que es Cristo el que ha sustituido el yo arrogante del hombre natural y vive haciéndose vida en cada cristiano (Gá. 2:20). Imitar a Cristo, es decir: *"Porque para mí el vivir es Cristo"* (Fil. 1:21).

Destacar, al final del comentario al capítulo, algunos aspectos relevantes en el mismo. Una primera gran lección personal es que Dios disciplinó a Su pueblo en el desierto. No fue suficiente con pertenecer al pueblo escogido, sino que cuando la rebeldía y desobediencia de ellos alcanzó niveles elevados, Dios tuvo que enviarles Su acción disciplinaria para corregir sus desviaciones. Algunas de ellas fueron realmente fuertes y ocasionaron miles de muertes. Además, el tiempo de peregrinación por el desierto fue mucho mayor que el que hubiese sido necesario para llegar desde Egipto a Canaán. Pero, estos aspectos históricos, han sido puestos para que nosotros entendamos que aunque somos salvos por gracia y somos hijos de Dios por adopción en Cristo, no por eso el Santo Dios va a transigir con el pecado que mancha el testimonio del evangelio y sirve de mal ejemplo para el mundo. Esta verdad debiera hacernos reflexionar sobre nuestra posición delante de Dios y de los hombres, de manera que la arrogancia de nuestra pretendida fortaleza espiritual, no sea camino de caídas espirituales, como el apóstol exhorta: *"Así que, el que piensa estar firme, mire que no caiga"* (v. 12).

Una segunda importante lección tiene que ver con la idolatría. Estar en comunión con ella es estar en comunión con los demonios. No siempre tenemos en cuenta que cuando participamos de cosas mundanas que representan aspectos idolátricos para el día de hoy, la forma del ídolo ha cambiado, pero no lo ha hecho los seres diabólicos que se ocultan tras ellos. Hay cosas a las que el creyente deja de darles importancia, entendiendo que no es algo ilícito o contrario totalmente a Dios, sino simples participaciones en cosas que *no tienen importancia*, cuando realmente pueden ocasionar problemas personales y de testimonio. Las fiestas paganas en nuestros días revisten una diversidad de formas, pero ninguna de ellas edifica al cristiano. La tendencia de situar el mensaje de este capítulo para el primer siglo de la era cristiana, es ignorar voluntariamente que el sistema del mundo no ha cambiado en sustancia sino en forma. El conflicto que era propio de nuestros hermanos de hace dos mil años, es el mismo que concurre hoy. Todo cuanto ocupe el lugar de Dios es idolatría. Hay muchos valores en nuestras vidas que marcan prioridades y que restan la que corresponde al Señor. La misión del creyente no es participar en cosas lícitas, sino en buscar el reino de Dios y Su justicia (Mt. 6:33). Cualquier cosa que exija mantener comunión con los demonios es obstáculo absoluto para mantenerla con Dios. Una vida licenciosa justificada en la libertad cristiana es provocar al Señor, que sin duda actuará cuando persiste esa situación.

Está también la lección de los *derechos* personales. Para muchos la vida cristiana es libertad en Cristo y ese derecho se sustenta a cualquier precio y en cualquier ocasión. Tal ejercicio carente de amor, afecta muchas veces la vida de hermanos *débiles* que por razón de su infantilismo espiritual son dañados en sus conciencias por hermanos que se sienten *fuertes* y que son incapaces de ceder de sus derechos en bien de la edificación de los pequeños. Buscar el propio bien, exigir los derechos de la libertad en Cristo, es oponerse abiertamente a la vida de Jesús, donde está nuestro ejemplo definitivo. El camino cristiano tiene sólo una forma de llevarlo a cabo y es *"con los ojos puestos en Jesús"* (He. 12:2). El ejemplo de Cristo es esencial, ya que teniendo el supremo derecho como Dios-Creador, se anonadó a sí mismo, haciendo cesación de ellos, para venir a la condición de hombre y poder, desde ella, morir por nosotros en la Cruz. Su derecho era permanecer en Su trono de gloria, Su amor le conduce a declinar de ello para darnos en Él vida y vida eterna. La arrogancia de vida conduce a la demanda de los derechos, que sin duda son lícitos, pero que *no siempre conviene*. La grandeza arrogante de un corazón lleno de sí mismo, infatuado por su ego personal, no está dispuesto a declinar de su posición para descender a la del hermano necesitado buscando, en imitación del Gran Pastor de las ovejas, a la que se ha extraviado para ponerla sobre sus hombros y traerla nuevamente al lugar de paz, con el resto del rebaño. Tal modo de actuación trae como resultado muchas conciencias dañadas de hermanos que necesitan ser edificados y en su lugar son confundidos.

La consecuencia final, el desafío personal, es a investigar en nuestra propia vida delante de Dios y aplicar la enseñanza que el apóstol nos deja en el capítulo: *"Si, pues, coméis o bebéis, o hacéis otra cosa, hacedlo todo para la gloria de Dios"* (v. 31).

CAPÍTULO XI

ENSEÑANZAS SOBRE EL CULTO

Introducción

El capítulo inicia un apartado en la *Epístola* que, en la división temática establecida para el comentario, es la quinta sección y que se extiende desde a lo largo de cuatro capítulos (11:2-14:40). En este apartado, el tema general tiene que ver con el culto cristiano.

Probablemente, surge de alguna pregunta que le formularon al apóstol, dando respuesta amplia a un tema que era –y sigue siendo– de importancia en el desarrollo de las actividades de la iglesia. En esta respuesta, el apóstol abarca diversas cuestiones. En todas ellas había algún problema que resolver en aquella iglesia, tocando por orden, la actividad de la mujer en el culto público; los dones y su ejercicio en la iglesia; la supremacía del amor sobre cualquier otra cosa; la superioridad de la profecía sobre las lenguas; y, finalmente, la norma que el apóstol establece para el ejercicio de los dones.

Toda buena exégesis debe preguntarse, *quien, cuándo, a quienes*, se escribe. De este mismo modo ocurre en el examen del grupo de capítulos que se han mencionado antes. A la mayor parte de estas cuestiones se ha contestado en la *introducción*, por lo que no es necesario reiterar lo dicho antes. Sin embargo, debe hacerse una breve mención al entorno socio-cultural de la Corinto romana.

La *Epístola* no está escrita para una iglesia del s. XXI, sino para una comunidad cristiana del s. I. El contexto social ha variado absolutamente, de manera que lo que entonces era *deshonroso*, como que la mujer cortara el pelo, o que el hombre lo dejase *largo*, no lo es en el tiempo actual. Así ocurre también con el *velo*, prenda de uso habitual en la Corinto romana, que ha dejado de serlo en el mundo occidental. Sin duda alguna ha de tenerse en cuenta las cuestiones sociales que demandaban un determinado comportamiento, para no hacerlas ley de obligado cumplimiento en la iglesia actual.

Las mujeres del mundo romano, en el que se encontraba Corinto, vestían sobre la estola. Era una especie de toga semejante a la de los hombres. Era larga, hasta los pies, y se ponía sobre la ropa interior de la mujer. Generalmente tenía mangas y se sostenía con tirantes anudados sobre los hombros. Esta estola era usada siempre por la mujer casada.

Estas podían ser de lino, seda, o incluso de lana. La seda era la propia de mujeres adineradas. Sus colores eran variados, desde el blanco propio de la lana, pasando por el gris hasta el rojo y el púrpura. Estas eran más costosas, puesto que los tintes naturales eran caros. Cuando una mujer casada tenía más de tres hijos podía vestir la *stolae matronaeque*, que las hacía muy respetables en la sociedad. Normalmente la estola se adornaba con un cinturón que se ponía sobre ella, generalmente en el entorno de la cintura y que se llamaba *patagium*. Este podía estar teñido de púrpura, símbolo de riqueza, e incluso estar bordado con hilo de oro y otros arreglos. Era considerado como un complemento elegante que daba prestigio a la mujer y que inmediatamente la distinguía como persona adinerada en la sociedad.

Sobre la estola, se ponían la *palla*. Consistía en un manto cuadrado o rectangular de poca extensión horizontal. Esta prenda indicaba el prestigio dentro de la familia y, como otras prendas, era un indicador del status de la persona. La que lo usaba quedaba señalada como una matrona. Iba desde la cabeza hasta los pies y, generalmente se utilizaba enganchado al pelo formando una especie de capucha sin forma o de velo, que cubría la parte trasera de la cabeza. Sin duda era un velo, pero más práctico. Era de gran popularidad entre las mujeres de Roma.

Es necesario entender que cubrirse la cabeza una mujer en el entorno de la Corinto romana, cuando estaba en el exterior de las casas, no era cuestión religiosa, sino que usaban esa especie de capucha o velo por una cuestión social. Era considerado de buen gusto y apropiado para una mujer recatada, socialmente hablando.

En la misma manera el pelo tenía una gran importancia, no solo en las mujeres, sino también en los hombres. De manera que el romano acomodado acudía al *tonsor* para mantener su aspecto físico bien cuidado, y las romanas a las *ornatrix* para lo mismo. Hasta los tiempos de Trajano, los hombres se limitaban a cortarse el pelo y peinarlo hacia adelante. El afeitado era obligatorio, pero el cambio de moda se produce en tiempos de Adriano donde la barba se extendió mayoritariamente. Los *tonsor* afeitaban a los hombres y les arreglaban el cabello en sus talleres, o en su propia casa, si el hombre era de posición acomodada, pero también algunos trabajaban en la calle. Como referencia curiosa de la historia, Adriano se dejó barba porque tenía una cicatriz que quería ocultar y, además, la piel de su cara tenía un tono azulado que le desagradaba. Las *ornatrix*, eran más que peluqueras, especialistas en estética femenina, cuya finalidad era embellecer a la mujer. Para una romana el pelo recogido era algo imprescindible, puesto que el cabello suelto era signo de mala fama. Las mujeres podían cortar el pelo, pero siempre tenían que dejarlo lo suficientemente largo como para llevarlo recogido. Una mujer con el cabello corto era signo de dejadez, provocación e indecencia. El pelo se llevaba largo, pero no suelto, a no ser que fuese de dudosa reputación. La mujer solía llevar el pelo recogido, en ocasiones entrenzaba el pelo y, muchas veces sujetaba el cabello con una banda de lana. En ningún caso se presentaba en público con el pelo suelto. La mujer con el pelo suelto, podía representar desaliño o alguna manifestación de duelo. Los rizos y tirabuzones, se hacían con unas tenacillas de hierro calentadas a fuego lento. Las romanas se adornaban con tocados que se colocaban sujetos al pelo, que se hacían con materiales preciosos como perlas, adornos de oro, mallas confeccionadas con hilo de oro, etc.

Finalmente, las mujeres que participaban en las llamadas *bacanales*, soltaban el pelo en señal de desenfreno en la práctica del culto a Dionisio. En el culto a Venus solían hacerlo también, apoyando el pelo suelto sobre los hombros al estilo de la representación de la diosa.

Otro aspecto que necesariamente debe tenerse en cuenta antes de entrar en el comentario de estos capítulos, es el concepto que Pablo tenía de la *iglesia local*. Es necesario considerar esto en la brevedad que exige la introducción de un capítulo del comentario, para no tener que escribir un *excursus*. La situación histórica de las iglesias cristianas en tiempos de Pablo es muy diferente a la del contexto actual. La idea de grupos numerosos que se reunían juntos en un determinado lugar para la celebración del culto y el cumplimiento de las ordenanzas de Jesús, no se ajusta a la realidad histórica de entonces. La iglesia se reunía por las casas, de modo que cuando los cristianos en un determinado lugar eran numerosos, buscaban otras viviendas de creyentes. De ahí, y a modo de ejemplo, que cuando Pablo escribe desde Corinto, la *Epístola a los Romanos*, les envía saludos en nombre de *"las iglesias de los gentiles"*, y también: *"os saludan todas las iglesias de Cristo"* (Ro. 16:4, 16). Al final de esta *Epístola*, Pablo envía saludos a sus lectores de parte de Priscila y Aquila, *"con la iglesia que está en su casa"* (16:19). Si Pablo escribió desde Éfeso, quiere decir que, en casa de Priscila y Aquila, se reunía una parte de todos los cristianos de Éfeso.

Probablemente en algún momento se congregaban juntos todos los cristianos de una ciudad, como el caso de Corinto: *"Si, pues, toda la iglesia se reúne en un solo lugar"* (14:23). Igualmente, en otro lugar envía saludos de Gayo, *"hospedador mío y de toda la iglesia"* (Ro. 16:23). Erasto, el tesorero de la ciudad de Corinto, debía tener una casa amplia que pudiese acoger a la totalidad de la iglesia (Ro. 16:23). Es evidente que la referencia a *toda la iglesia*, implica necesariamente la congregación en las casas de grupos de la misma.

En cuanto a tiempo, frecuencia y asistencia de las reuniones de cristianos no hay referencia directa, con todo, hay indicios de reuniones *"cada primer día de la semana"* (16:2), pero eso no es definitivamente preciso, porque está enseñando ahí como se debiera ofrendar. No obstante, las referencias históricas a una reunión general de iglesia apuntan en esta dirección, como ocurrió en Troas, cuando todos los cristianos se reunieron para oír a Pablo y la acumulación hizo que Eutico tuviese que sentarse en una ventana porque la sala estaba llena. Aquellos se habían reunido para *partir el pan* (Hch. 20:7). Esta forma de congregarse por las casas, se mantiene todavía un siglo más tarde, como hace referencia Justino[1]. No fue hasta el s. III que comienzan a construirse lugares para reuniones de iglesia. En cualquier caso, las congregaciones no eran tan numerosas como supone la contextualización al tiempo de hoy. Si, como atestigua el Nuevo Testamento, las reuniones eran *en las casas*, y la plenaria de toda la iglesia del mismo modo, como ocurrió en Troas, en que estaban congregados en el aposento alto, o *estancia superior*, sin determinar con precisión que piso del edificio ocupaba, no podía ser un número muy grande de asistentes. Las referencias necesariamente ponen un límite al número de participantes. La sala de un hogar de familia rica, podía albergar cómodamente a unas treinta personas, tal vez colocando a toda la concurrencia una persona al lado de otra, podría duplicarse. Una reunión de toda la iglesia podía consistir en unas cuarenta a cincuenta personas. Si la reunión se extendía hasta el patio interior, tal vez, supondría reunir a ochenta. Las reuniones en las casas eran más pequeñas. En cualquier caso, no se debe pensar en una iglesia grande, en el sentido actual.

El capítulo tiene dos partes diferenciadas por los temas. En la primera el apóstol trata sobre *la mujer en el culto eclesial* (vv. 2-16). Continuando con la corrección de desórdenes que se estaban produciendo en la iglesia. El contenido de este párrafo y del siguiente es el resultado de un informe que había recibido (v. 18). Las diferencias eran notables comprendiendo primeramente el atavío de las mujeres en la reunión congregacional para culto. Comienza por alabarles como retenedores de la enseñanza que les había transmitido (v. 2). Pasando a expresar una relación entre el hombre y la mujer, y Dios y Cristo, centrada en la condición de *cabeza* de uno sobre otro (v. 3). Sigue la enseñanza sobre el modo en que el varón debe orar y profetizar en la reunión de iglesia (v. 4). Contrastando con la misma actuación de la mujer, que debe hacerlo en

---

[1] Justino Mártir. *Primera Apología, 67.*

forma diferenciada en cuanto a cubrir la cabeza para ello (v. 5). En caso contrario debe cortar el cabello o raparse (v. 6). Las razones para ello son de orden teológico (v. 7). Entra en consideraciones sobre la procedencia del hombre y de la mujer y de la causa de la creación de la mujer, para llegar a la conclusión de que ésta debe ejercer dominio sobre su cabeza, añadiendo una razón adicional que son los ángeles (vv. 8-10). La igualdad del hombre y de la mujer ante el Señor en cuanto a procedencia se considera también (vv. 11-12). Pablo requiere luego que los corintios juzguen si es propio que la mujer ore sin cubrirse la cabeza (v. 13). Entra en el ejemplo de la naturaleza, relativo al pelo de la mujer, para pedirles mediante una pregunta retórica que respondan a si es decoroso o no que el varón tenga largo el cabello y que la mujer lo tenga corto, usando por primera y única vez en todo el texto el término *velo* (vv. 13-15). Cierra el párrafo con una advertencia un tanto difícil de determinar (v. 16).

El segundo párrafo trata sobre el culto y el cumplimiento de la ordenanza de la Cena del Señor (vv. 17-34). Encabeza el texto con una advertencia sobre aspectos que no merecen alabanza y que afectan a la buena marcha de la reunión eclesial, donde las divisiones que se manifestaban en la iglesia se hacen evidentes (vv. 17-19). Los desórdenes afectaban a la comida fraternal, formulándoles una serie de preguntas retóricas para hacerles notar el problema (vv. 20-22). El apóstol pasa a recordarles lo que él había recibido del Señor que instruía sobre las razones y modo de cumplir la ordenanza del Partimiento del Pan (vv. 23-25). La proclamación de la muerte del Señor está presente en el cumplimiento de la ordenanza (v. 26). Una advertencia solemne sobre la participación indignamente de la ordenanza y las consecuencias que acarrea sigue luego (vv. 27-32). El párrafo se cierra con la ordenanza apostólica para evitar los desórdenes (vv. 33-34).

Para el comentario se sigue el *bosquejo* que se anticipó en la *introducción* de la *Epístola*, como sigue:

VI. Enseñanzas sobre el culto (11:2-14:40)

1. El atavío femenino (11:2-16).
    - 1.1. Introducción al tema (11:2-3).
    - 1.2. Contrastes (11:4-5).
    - 1.3. Acción y consecuencias (11:6-7).
    - 1.4. Razones para el orden (11:8-10).
    - 1.5. El varón y la mujer en Cristo (11:11-12).
    - 1.6. Apelando a los creyentes (11:13-15).
    - 1.7. Conclusión (11:16).

2. La Cena del Señor (11:17-34).
    2.1. Corrigiendo abusos (11:17-22).
    2.2. Institución de la ordenanza (11:23-26).
    2.3. Participación incorrecta (11:27-34).

VI. Enseñanzas sobre el culto (11:2-14:40)

El atavío femenino (11:2-16)

Introducción al tema (11:2-3)

2. Os alabo, hermanos, porque en todo os acordáis de mí, y retenéis las instrucciones tal como os las entregué.

’Επαινῶ δὲ ὑμᾶς[2] ὅτι πάντα μου μέμνησθε καί,
Pero alabo os que todas las cosas de mí habéis tenido en cuenta y
καθὼς παρέδωκα ὑμῖν, τὰς παραδόσεις κατέχετε.
lo mismo que transmití a vosotros, las instrucciones mantenéis.

Análisis y notas del texto griego.

Análisis: ’Επαινῶ, primera persona singular del presente de indicativo en voz activa del verbo ἐπαινέω, *alabar*, aquí *alabo*; δὲ, partícula conjuntiva que hace las veces de conjunción coordinante, con sentido de *pero, más bien, y, y por cierto, antes bien, entonces*; ὑμᾶς, caso acusativo de la segunda persona plural del pronombre personal declinado *a vosotros, os*; ὅτι, conjunción *que*; πάντα, caso acusativo neutro plural del adjetivo indefinido *todos*, en sentido de *todas las cosas*; μου, caso genitivo de la primera persona singular del pronombre personal declinado *de mí*; μέμνησθε, segunda persona plural del perfecto de indicativo en voz pasiva del verbo μιμνήσκομαι, *acordarse, recordar, tener en cuenta*, aquí *habéis tenido en cuenta*; καί, conjunción copulativa *y*; καθὼς, conjunción, *lo mismo que, según que*; παρέδωκα, primera persona singular del primer aoristo de indicativo en voz activa del verbo παραδίδωμι, *entregar, transmitir*, aquí *transmití*; ὑμῖν, caso dativo de la segunda persona plural del pronombre personal declinado *a vosotros, os*; τὰς, caso acusativo femenino plural del artículo determinado *las*; παραδόσεις, caso acusativo femenino plural del nombre común *tradiciones*; κατέχετε, segunda persona plural del presente de indicativo en voz activa del verbo κατέχω, *mantener*, aquí *mantenéis*.
Notas. Crítica Textual. Lecturas alternativas.

[2] ’Επαινῶ δὲ ὑμᾶς, *pero alabo os*, según lectura en $\mathfrak{P}^{46}$, a, A, B, C, P, 81, 630, 1175, 1739, 1881, 2464, co.

’Επαινῶ δὲ ὑμᾶς ἀδελφοὶ, *pero alabo os, hermanos*, como se lee en D, F, G, K, L, Ψ, 33, 104, 365, 1241, 1505, $\mathfrak{M}$, latt, sy, Ambrosiaster.

'Επαινῶ δὲ ὑμᾶς ὅτι πάντα μου μέμνησθε El apóstol manifiesta motivos de alabanza para los creyentes de la iglesia en Corinto. No sólo hay cosas negativas; aún en medio de desórdenes y carnalidad, hay algo digno de ser alabado. Según algunas alternativas de lectura, se dirige a quienes llama *hermanos*. Como escribe Juan Leal: *"antes de tocar la llaga de los defectos, pone el bálsamo de la alabanza"*[2]. Lo que alaba de ellos es que, *en todo*, o *en todas las cosas*, os acordáis de la enseñanza, de las cosas que les había enseñado. No solo eran conceptos, sino que iban acompañados del ejemplo personal, de ahí que les dijese antes: *"sed imitadores de mí"* (v. 1). Es también muy posible que el apóstol sea consciente de que también se acordaban de él con afecto, sino todos, si la mayoría. Pero, la construcción de la oración en el texto griego, debe tomarse como una referencia a *todas las cosas* que les había enseñado.

καί, καθὼς παρέδωκα ὑμῖν, τὰς παραδόσεις κατέχετε. Aquellos guardaban la doctrina que les había enseñado. No se habían olvidado de las lecciones dadas en el discipulado que había hecho con la iglesia. Por esa razón habla de *instrucciones*. Cristo había establecido que los nuevos creyentes fuesen enseñados en *todas las cosas* que había mandado. El verbo παραδίδωμι, expresa la idea de *entregar una tradición*. La enseñanza de los apóstoles comenzó siendo oral, solo después fue escrita en las distintas epístolas. En este caso les recuerda como les había *comunicado* o *entregado* las instrucciones y la doctrina durante el tiempo que estuvo presente entre ellos. Este término se usa para referirse a cualquier instrucción transmitida de palabra de generación a generación (Mt. 15:2, 3, 6). Pero también se utiliza para designar las instrucciones sobre fe o práctica, transmitidas también de palabra, o incluso por escrito (2 Ts. 2:15; 3:6). Nada tiene que ver con la acepción moderna del término, relativo a lo humano y poco digno de confianza (Col. 2:8). Sin embargo, como dice Archibald T. Robertson, *"el oscurantista rechaza lo nuevo y se aferra a lo viejo, tanto si es verdad como si no"*[3].

Los corintios guardaban lo recibido con firmeza, literalmente *lo mismo que transmití, mantenéis*. Esta es una necesidad actual, en el mantenimiento de las enseñanzas bíblicas (2 Ti. 2:15). Pero, a pesar de la alabanza, hay cosas censurables que deben ser corregidas, como se aprecia en los versículos subsiguientes.

---

[2] Juan Leal. o.c., pág. 419.

[3] Archibald Thomas Robertson. o. c., pág. 221.

3. Pero quiero que sepáis que Cristo es la cabeza de todo varón, y el varón es la cabeza de la mujer, y Dios la cabeza de Cristo.

Θέλω δὲ ὑμᾶς εἰδέναι ὅτι παντὸς ἀνδρὸς ἡ κεφαλὴ ὁ Χριστός
Pero quiero vosotros sepáis que de todo varón la cabeza - Cristo
ἐστιν, κεφαλὴ δὲ γυναικὸς ὁ ἀνήρ, κεφαλὴ δὲ τοῦ Χριστοῦ ὁ
es, cabeza de mujer el varón, y cabeza - de Cristo -
Θεός.
Dios.

Análisis y notas del texto griego.

Análisis: Θέλω, primera persona singular del presente de indicativo en voz activa del verbo θέλω, *querer, desear*, aquí *quiero*; δὲ, partícula conjuntiva que hace las veces de conjunción coordinante, con sentido de *pero, más bien, y, y por cierto, antes bien, entonces*; ὑμᾶς, caso acusativo de la segunda persona plural del pronombre personal *vosotros*; εἰδέναι, perfecto de infinitivo en voz activa del verbo οἶδα, *saber, conocer*, aquí *que sepáis*; ὅτι, conjunción *que*; παντὸς, caso genitivo masculino singular del nombre común declinado *de todo*; ἀνδρὸς, caso genitivo masculino singular del nombre común *varón, hombre, marido*; ἡ, caso nominativo femenino singular del artículo definido *la*; κεφαλὴ, caso nominativo femenino singular del nombre común *cabeza*; ὁ, caso nominativo masculino singular del artículo determinado *el*; Χριστός, caso nominativo masculino singular del nombre propio *Cristo*; ἐστιν, tercera persona singular del presente de indicativo en voz activa del verbo εἰμί, *ser, estar*, aquí *es*; κεφαλὴ, caso nominativo femenino singular del nombre común *cabeza*; δὲ, partícula conjuntiva que hace las veces de conjunción coordinante, con sentido de *pero, más bien, y, y por cierto, antes bien, entonces*; γυναικὸς, caso genitivo femenino singular del nombre común *mujer, esposa*; ὁ, caso nominativo masculino singular del artículo determinado *el*; ἀνήρ, caso nominativo masculino singular del nombre común *hombre, varón, marido*; κεφαλὴ, caso nominativo femenino singular del nombre común *cabeza*; δὲ, partícula conjuntiva que hace las veces de conjunción coordinante, con sentido de *pero, más bien, y, y por cierto, antes bien, entonces*; τοῦ, caso genitivo masculino singular del artículo determinado *el* ; Χριστοῦ, caso genitivo masculino singular del nombre propio *Cristo*; ὁ, caso nominativo masculino singular del artículo determinado *el*; Θεός, caso nominativo masculino singular del nombre divino *Dios*.

Θέλω δὲ ὑμᾶς εἰδέναι Algunos de los corintios consideraban que ya sabían todo. El apóstol viene a ponerlos en su sitio cuando les indica que quiere que ellos *sepan*, algo que antes no sabían.

ὅτι παντὸς ἀνδρὸς ἡ κεφαλὴ ὁ Χριστός ἐστιν, La enseñanza tiene que ver –y es el núcleo central del versículo– con *la cabeza*. Aquí radica la dificultad interpretativa del texto. Se ha usado muchas veces para establecer una escala jerárquica que se puede sintetizar como que Dios es cabeza de Cristo, Cristo es cabeza del varón, y el varón cabeza de la mujer.

Pero, para establecer este orden, necesariamente hay que invertir la secuencia del versículo, ya que Pablo lo presenta así:

Cristo cabeza de todo varón.
El varón cabeza de la mujer.
Dios cabeza de Cristo.

Por consiguiente, en una correcta exégesis es preciso mantener el texto tal como está.

¿Qué quiere decir el apóstol con el término cabeza? ¿Trata de establecer una escala jerárquica? ¿En qué sentido debe entenderse el término κεφαλή, *cabeza*, en el versículo?

Hay varias acepciones relativas al término con aplicaciones diferentes. Muchas veces se usa para referirse a personas en el ejercicio de autoridad. En el Nuevo Testamento se emplea para expresar la relación de Cristo con la iglesia (Ef. 1:21-23). Esta plenitud suprema de Cristo es establecida por Dios, al que le agradó que *"en él habitase toda plenitud"* (Col. 1:19). Sin duda en este sentido está refiriéndose a ejercicio de autoridad. Cristo es el Señor de la iglesia, y todas las cosas en ella le están sometidas. Este sentido de señorío y autoridad está claramente presente en los textos anteriores.

Cabeza también se usa para referirse al que es guía y conductor. Así ocurre con Cristo y la iglesia (Ef. 4:15; 5:23b). El cuerpo que es la iglesia, asido de la cabeza que es Cristo crece en el crecimiento que da Dios, progresando hacia la madurez espiritual (Col. 1:19). En este sentido se aplica también al marido en relación con la esposa: *"porque el marido es cabeza de la mujer, así como Cristo es cabeza de la iglesia"* (Ef. 5:23).

El término expresa en otros lugares la relación y unidad en dependencia. De modo que la cabeza se ocupa del crecimiento y desarrollo del cuerpo (Ef. 4:12). El Señor es el que da el crecimiento a la iglesia y su conocimiento pleno en Él (Ef. 4:15). Esto tiene que ver con la *edificación* del cuerpo que es la Iglesia, de la que el Señor es *Cabeza*. Así enseña el apóstol: *"Y él es la cabeza del cuerpo que es la iglesia"* (Col. 1:18). De modo que como cabeza es conductor del cuerpo.

Otro uso de la palabra está aplicado al sentido de responsabilidad. Cristo, como cabeza de la iglesia es responsable de la conducción, provisión, dotación y corrección. Igualmente, el marido es responsable ante Dios de la marcha del hogar (Job. 1:5; Ef. 6:4; 1 Ti. 3:4). En el sentido positivo, el marido, como cabeza, debe *sustentar y cuidar a la esposa como también Cristo a la iglesia* (Ef. 5:29). Como el Señor provee para los Suyos de cuanto es necesario, así también el marido para los de su hogar (1 Ti. 5:8).

El resumen del uso de la palabra puede hacerse de este modo: 1) *Cabeza* en el sentido de ejercicio de autoridad; 2) *Cabeza* en el sentido de orientación y conducción; 3) *Cabeza* en el sentido de unidad y dependencia; 4) *Cabeza* en el sentido de responsabilidad.

Sin embargo, no parece que Pablo esté refiriéndose aquí a ninguna de estas aplicaciones. Una observación primaria sitúa en el texto tres relaciones: Una totalmente humana, la del varón y la mujer; otra divino-humana, la de Cristo y el varón; otra totalmente divina, la de Dios y Cristo. El término común que Pablo usa es el de κεφαλή, *cabeza.* Las tres relaciones ofrecen una *comunión o comunicación de vida*, y una relación en esa comunión. Así entre el hombre y la mujer existe una vida común, que se transforma en comunión íntima por medio del matrimonio. Pero no es menos cierto que entre Cristo y el varón se manifiesta lo mismo. De igual modo en el seno trinitario entre Dios y Cristo. Por tanto, debe entenderse aquí, más que de una relación jerárquica, de una comunión de vida. Si se tratase de una relación jerárquica, no habría dificultad tan solo en una de ellas. Cristo *cabeza* de todo varón, ya que es el Señor. Por consiguiente, tiene derecho de autoridad y del ejercicio de la misma sobre el hombre.

Pero, ¿cuál es el límite de autoridad del *varón* sobre la *mujer*? Una condición de *jerarquía* no estaba en el pensamiento de Dios cuando creó la mujer como *ayuda idónea* del hombre (Gn. 2:18). En el primer capítulo del Génesis, Dios delega la autoridad para gobernar la tierra, no solo al varón sino también a la mujer, puesto que al establecerla utiliza el plural: *"Y los bendijo Dios, y les dijo: Fructificad y multiplicaos, llenad la tierra, y sojuzgadla, y señoread en los peces del mar, en las aves de los cielos, y en todas las bestias que se mueven sobre la tierra"* (Gn. 1:28). Sólo después de la caída el hombre ejerce *autoridad* enseñoreándose de la mujer, siendo ese estado la consecuencia o el fruto del pecado: *"...y tu deseo será para tu marido, y él se enseñoreará de ti"* (Gn. 3:16). No se justifica en el texto del apóstol el establecimiento de una jerarquía en la que el hombre sea en cualquier grado *señor* de la mujer.

Más grave es entender la relación jerárquica *Dios-Cristo*. En el seno trinitario, y no es posible ignorar que Cristo es Dios manifestado en carne, la Segunda Persona de la Deidad, el Verbo eterno, no hay jerarquía de autoridad interpersonal, puesto que las Personas Divinas son iguales en dignidad, honor, vida y atributos. No es posible, en el Ser Divino, que una Persona mande sobre Otra y que Ésta obedezca, debido a que esa sería una relación de subordinación imposible en la deidad. Es necesario, pues, buscar otra vía interpretativa a la enseñanza del apóstol en el versículo, que debiera orientarse hacia la *comunicación de vida*.

Cristo es *cabeza de todo varón*, porque la vida del hombre proviene del Señor. Toda la vida comunicativa está en Cristo: *"Todas las cosas por él fueron hechas, y sin él nada de lo que ha sido hecho, fue hecho. En él estaba la vida, y la vida era la luz de los hombres"* (Jn. 1:3-4). En este sentido no se está refiriendo a globalidad, sino a particularidad total, es decir, no se trata de afirmar que cuanto existe, incluido el varón, fue creado por el Verbo, sino cada una de las cosas que conforman la totalidad de lo creado. Si las cosas todas fueron creadas en Él, que sustenta lo creado y lo hace realidad, el varón, aunque sea una creación especial de Dios en la que se aprecia una acción trinitaria específica, no cabe duda que la acción originadora de la vida para el hombre está asentada en Cristo, el Verbo eterno. Pero, no solo el varón procede de Cristo, autor de la vida, sino que tuvo existencia *por medio de Él*, siendo además destinatario de cuanto ha sido creado, que es *para Él* (Col. 1:16). Cristo es presentado en el Nuevo Testamento como *primogénito de toda creación*, no como primer ser creado, sino como principio creacional y razón de ser de la misma. La verdad es precisa: *sin Cristo, ni una sola cosa de lo que existe, llegó a ser*. Esto incluye, incuestionablemente al varón. La creación no surgió *por medio de Él*, sino en *Él mismo*. Cristo es la *causalidad eficiente*, porque opera no en nombre de Dios, sino porque es Dios.

Hay algo más. En Cristo *estaba la vida*, es decir, lo que fue hecho era vida en Él. Esta vida puede ser física, o biológica, en sentido de que lo que existe como creación real fue hecha por el Verbo, en el Verbo y para el Verbo. Esto es la vida divina ampliamente participada. Esto supone una vinculación exclusiva y excluyente con la Deidad, que es vida. Significa que, desde toda la eternidad, hasta el presente y el futuro, la vida residía en Cristo, el Verbo divino. No solo como vida residente, sino como vida personal e inmanente. No es que la vida fue puesta en Cristo que se convierte en dador y administrador de ella, sino que el Verbo era en Sí mismo vida. Él era vida no solo como asiento vital, sino como esencia en Sí mismo. La vida y Cristo, son inseparables. Conforme al relato de la creación, la vida insuflada por el Espíritu en la nariz inerte del polvo de la tierra, que origina el varón, comunicó vida al hombre que fue desde ahí un *alma que vive*. Pero esto tiene que extenderse a la vida espiritual y no solo a la biológica. Dios hace participante a la criatura, antes de la caída en el pecado, de una vida especial vinculante con Él que puede llamarse ya *vida eterna*, participativa de la comunión con Dios, pero *"este es el testimonio: que Dios nos ha dado vida eterna; y esta vida está en su Hijo"* (1 Jn. 5:11). El evangelio que alcanzó a los corintios, proclama la dotación de la vida eterna a todo aquel que cree, solo posible en unión vital con Cristo: *"El que tiene al Hijo, tiene la vida; el que no tiene al Hijo de Dios no tiene la vida"* (1 Jn. 5:12). Todo tipo de vida biológica, la humana y la angélica son resultantes de la acción de Cristo, que no sólo *tiene vida,* sino que es esencialmente *vida* en Él mismo. En ese sentido Cristo es *cabeza de todo varón.*

κεφαλὴ δὲ γυναικὸς ὁ ἀνήρ, Pablo pasa a considerar la relación de *cabeza*, entre el varón y la mujer, afirmando que, literalmente, *cabeza de mujer, el varón.* Algunos insisten en que necesariamente tiene que tratarse de *marido y mujer*, porque sólo de ese modo se entiende el sentido de *cabeza.* No cabe duda que el apóstol hace referencia a esto: *"Porque el marido es cabeza de la mujer, así como Cristo es cabeza de la iglesia, la cual es su cuerpo, y él es su salvador"* (Ef. 5:23). Pero, en este caso, está tratando de la figura que representa la relación visible de Cristo y de la Iglesia. Sin embargo, el principio establecido en Efesios es diferente al texto que consideramos de la *Epístola a los Corintios*. En el versículo citado antes, Pablo establece la posición de cada uno de los cónyuges en el matrimonio, como ejemplo de la posición entre Cristo y la Iglesia, reflejando, por tanto, en sus relaciones matrimoniales, el ejemplo visible de esta relación. Pero, la posición de *cabeza* del marido en el matrimonio, no es, fundamentalmente asunto de autoridad y dominio, sino de responsabilidad.

En la línea de pensamiento que se usó antes para la relación de comunicación de vida de Cristo con el varón, la mujer *procede* de éste. El primer ser de la humanidad fue el hombre, más tarde, Dios creó a la mujer, pero esta fue tomada de Adán, puesto que no se trata de seres distintos dentro de la humanidad, que es una, formada por hombres y mujeres. Por consiguiente, la complejidad de vida de la mujer es tomada del varón, de ahí el sentido de que éste es *cabeza* de la mujer. No se trata específicamente del marido *cabeza* de la *esposa*, sino del varón como elemento de procedencia de la vida de la mujer. La igualdad de los dos es evidente, puesto que ambos son de la misma naturaleza. Frente a la situación en que se había situado a la mujer en los tiempos del apóstol, el cristiano debe entender que ambos son iguales, aunque entre ellos haya establecido Dios una relación subordinada, ya que la mujer no fue creación directa de Dios, sino que fue tomada del varón. Aunque iguales en vida, hay diferencia entre el varón y la mujer, no en sentido de superioridad, sino en razón de condición personal. Este aspecto lo tratará un poco más adelante.

κεφαλὴ δὲ τοῦ Χριστοῦ ὁ Θεός. En tercer lugar, Pablo quiere que los cristianos sepan que *"Dios la cabeza de Cristo"*. Por la misma línea de pensamiento, el sentido de *cabeza* tiene necesariamente que entenderse como relación de vida o de naturaleza, pero en ningún modo como señorío, ya que es imposible en el plano de la deidad.

Algunos acuden a la humanidad de Cristo para resolver el problema de la subordinación de Cristo a Dios. Entendiendo que el apóstol está refiriéndose a *Cristo*, el *Mesías* en Su condición de hombre, haciendo distinción con el *Logos* que, en Su condición divina, no permite una relación subordinada, posible sólo desde Su humanidad. Pero, no es posible separar humanidad, esto es, *naturaleza humana* de la Persona divina del Hijo de Dios en la que ambas, la divina y la humana subsisten, ya que Jesucristo no es una *persona humana*, sino una Persona Divino-humana. En la misión redentora, voluntariamente y por medio de Su humanidad puede *anonadarse*, para acceder al mundo de los hombres en forma de siervo y hacer la voluntad de Aquél que le envió (Fil. 2:7-8). El Verbo se hizo carne para ejecutar voluntariamente el programa de servicio divinamente preestablecido (Is. 61:1-3), sujeto a la ejecución en el tiempo previsto (Gá. 4:4) y en obediencia absoluta (Jn. 5:30; 6:38; 7:18; 8:50; 9:4; Fil. 2:8).

La relación eterna entre Dios y Cristo, es la de Padre, como único progenitor y la de Hijo Unigénito. En ella el Padre es *principio sin principio*, de otro modo, Él engendra al Hijo, mientras que Él mismo no procede de otro. Por esa razón el Padre envía al Hijo (Jn. 3:16) y al Espíritu (Hch, 2:33), pero Él nunca es enviado. Como quiera que el envío *ad extra* –en sentido trinitario– es la prolongación de la *procesión ad intra*, el hecho de que el Padre no sea enviado, pone de manifiesto que no procede de otra Persona Divina.

El Padre es *Padre* como base personalizadora y constitutiva de Su Persona Divina, de modo que el eterno presente de Dios, sin cambio, ni principio ni fin de la eternidad divina, *engendra* un Hijo, comunicándole con ello todo cuanto Él mismo es y tiene (Jn. 16:15), a excepción de ser Padre, por cuanto esto es el distintivo personal Suyo. Por esta causa el Hijo comparte todo con el Padre a causa de esta generación en el seno del Padre. Siendo sólo Él *Hijo*, es absolutamente *Dios*, como lo es el Padre. Es necesario entender que el Padre, como progenitor único, agota Su función generadora en el Hijo que es producto exhaustivo de la generación del

Padre. De ahí que Cristo sea necesariamente el *Unigénito* del Padre (Jn. 1:14, 18; 3:16, 18; 1 Jn. 4:9). Si pudiese haber otro Hijo en el seno trinitario, ninguno de ellos sería el producto exhaustivo de la generación del Padre, por tanto, ninguno sería infinito y, por consiguiente, ninguno sería Dios. Siendo el acto generativo del Padre una comunicación total, en entrega absoluta al Hijo, se produce una *relación* subsistente *hacia* el Hijo, que constituye a Dios *cabeza* de Cristo. Pero, es necesario entender que el hecho de que el Padre engendre al Hijo no da a la Primera Persona Divina ninguna superioridad sobre la Segunda. No hay ninguna dependencia y mucho menos jerarquía en el seno trinitario, sino de interdependencia. El Hijo es *consustancial* con el Padre, es decir de la misma *sustancia del Padre*.

En cuanto a la *subordinación* de la mujer en relación con el hombre, debe tenerse en cuenta que Jesús, hablando a los que procuraban divorciarse de la esposa, les remite a la creación al decirles: *"pero al principio no fue así"* (Mt. 19:8). El pensamiento de Dios, no era de sujeción o de jerarquía, sino de orden creacional, puesto que a ambos les manda lo mismo en cuanto al ejercicio de autoridad sobre lo que puso a su disposición y bajo ellos (Gn. 1:28). Sin duda hay una relación vinculante entre ellos que debe ser tenida en cuenta. Sobre este principio Pablo establece la enseñanza que sigue.

Contrastes (11:4-5)

4. Todo varón que ora o profetiza con la cabeza cubierta, afrenta su cabeza.

πᾶς ἀνὴρ προσευχόμενος ἢ προφητεύων κατὰ κεφαλῆς ἔχων
Todo varón que ora o que profetiza sobre cabeza teniendo
καταισχύνει τὴν κεφαλὴν αὐτοῦ.
deshonra a la cabeza de él.

Análisis y notas del texto griego.

Análisis: πᾶς, caso nominativo masculino singular del adjetivo indefinido *todo*; ἀνὴρ, caso nominativo masculino singular del nombre común *varón, hombre, marido*; προσευχόμενος, caso nominativo masculino singular del participio de presente en voz media del verbo πορσεύχομαι, *orar*, aquí *que ora*; ἢ, conjunción disyuntiva *o*; προφητεύων, caso nominativo masculino singular del participio de presente en voz activa del verbo απροφητεύω, *profetizar*, aquí *que profetiza*; κατὰ, preposición propia de genitivo *sobre*; κεφαλῆς, caso genitivo femenino singular del nombre común *cabeza*; ἔχων, caso nominativo masculino singular del participio de presente en voz activa del verbo ἔχω, *tener*, aquí *teniendo*; καταισχύνει, tercera persona singular del presente de indicativo en voz activa del verbo καταισχύνω, *deshonrar, ultrajar, corromper, violar*, aquí *deshonra*; τὴν, caso acusativo femenino singular del artículo determinado declinado *a la*; κεφαλὴν, caso acusativo femenino singular del nombre común *cabeza*; αὐτοῦ, caso genitivo de la tercera persona singular del pronombre personal declinado *de él*.

πᾶς ἀνὴρ προσευχόμενος ἢ προφητεύων. El apóstol establece un contraste entre el varón y la mujer en la práctica de la oración y la profecía. El alcance es extensivo a *"todo varón"*, es decir, cualquier hombre que participa en la reunión de la iglesia, bien sea de la congregación en una casa, o de la reunión general de todos los creyentes. En ella, los hombres participaban en la oración y en la profecía. En cuanto a la primera no hay problema alguno para determinar en qué consistía. Se ora bien en intercesión, en gratitud, en adoración, en peticiones, y la oración se dirige al Padre, en el nombre del Hijo y en el poder del Espíritu. Es una actuación propia del culto. Pero ¿era en la casa o en la iglesia, en privado o en público? Por el entorno textual próximo debe entenderse como la práctica en reunión de iglesia.

La profecía, aquí *que profetiza*, no pudiera referirse al ejercicio del don profético, mediante el cual el que lo había recibido, podía comunicar un mensaje del Señor para toda la iglesia. Este don no era aplicable al sentido de *profecía* de *apóstoles y maestros*, sobre el que se asentaba la revelación del fundamento doctrinal para la iglesia. Este don, dado a un contado número de creyentes, deja de estar operativo cuando el Nuevo Testamento se ha escrito. Cerrado el *canon* bíblico, no es posible añadir nada más al escrito bíblico. Pero, en el contexto de la *Epístola* y de modo especial en los capítulos sobre el culto, *profetizar* tiene que ver con *"hablar a los hombres para edificación, exhortación y consolación"* (14:3). No se trata tanto de enseñanza a la iglesia, sino de edificación para la congregación. El que profetizaba de este modo, tomaba de la palabra de Dios, dada bien oralmente por los apóstoles o bien en los escritos bíblicos, tanto de Antiguo como del Nuevo Testamento y apoyándose en ellos exponer el significado y las aplicaciones del texto.

κατὰ κεφαλῆς ἔχων. Una frase incompleta en la que literalmente se lee *sobre cabeza teniendo*. En el mejor de los casos faltaría un complemento al verbo que podría ser *algo*, de manera que se leería, *sobre cabeza teniendo algo*. No es seguro si los judíos oraban ya entonces con el *tallith*, especie de velo que cubría la cabeza y descendía hasta los hombros y cubría en buena medida los brazos, que ponían para orar. El *tallith gadol* se usaba en la sinagoga para la oración, y en el momento de la primera oración por la mañana. Lo usaban como símbolo de apartarse del mundo para dialogar con Dios. Las comunidades cristianas tenían siempre un número de conversos procedentes del judaísmo y, cabe pensar, que acaso el *tallith* siguiera siendo usado por estos en el tiempo de la oración o de la profecía. Es evidente, históricamente hablando, que los romanos se cubrían la cabeza durante devocionales religiosos, fuesen privados o públicos, extendiendo su toga sobre la cabeza. Los cristianos debían huir de la idolatría, por lo que el apóstol está estableciendo a los varones cristianos la actividad pública de oración o de profecía sin cubrir la cabeza. Sin embargo, se aprecia que el apóstol está refiriéndose a una costumbre que entra en las iglesias de la gentilidad. No tenemos referencias ciertas sobre esto, salvo las palabras del apóstol. Los corintios entendían claramente de que estaba hablando, nosotros tenemos que hacer suposiciones sobre lo que podía ser. En cualquier caso, Pablo se refiere a una práctica incorrecta.

καταισχύνει τὴν κεφαλὴν αὐτοῦ. La consecuencia es evidente: *afrenta* o *deshonra su cabeza*. ¿A qué cabeza se refiere? Podría ser su cabeza personal, en ese sentido sería equivalente a deshonrarse a sí mismo, o podía ser a la *cabeza* del varón que, como dijo en el versículo anterior, es Cristo. Esta interpretación tiene como base especial lo que enseñará más adelante en relación por contraste con el porte de la mujer. Sin embargo, se considerará luego una opción de que no se trate tanto de un *velo* en el sentido en que lo entendemos hoy, sino del *pelo*. En este caso, Pablo estaría enseñando al hombre a tener el cabello corto, de modo que no cubriese la cabeza. Tal propuesta concuerda con la pregunta retórica final del párrafo: *"La naturaleza misma ¿no os enseña que al varón le es deshonroso dejarse crecer el cabello?"* (v. 14). En prácticas idolátricas especialmente en relación con prácticas sexuales perversas, hombres se cubrían la cabeza con el pelo largo, al estilo de una mujer.

En cualquier caso, una acción como la que reprueba sería una señal de no aceptar su posición delante de Dios, siendo *su imagen y gloria* (v. 7), por tanto, estaría *deshonrado* a Cristo. El párrafo contiene el verbo καταισχύνω, que habla de *deshonrar*, unida también el adjetivo αἰσχρός, que equivale a *vergonzoso* (v. 6). Indica un comportamiento inapropiado tanto en los varones como en las mujeres. El adjetivo pone de manifiesto un modo de obrar contrario a lo que era de buenas costumbres en la sociedad de entonces.

5. Pero toda mujer que ora o profetiza con la cabeza descubierta, afrenta su cabeza; porque lo mismo es que si se hubiese rapado.

πᾶσα δὲ	γυνὴ	προσευχομένη	ἢ	προφητεύουσα	ἀκατακαλύπτῳ
Pero toda	mujer	que ora	o	que profetiza	sin cubrir con lo que baja

τῇ κεφαλῇ καταισχύνει τὴν κεφαλὴν αὐτῆς· ἓν γάρ ἐστιν καὶ
a la cabeza deshonra la cabeza de ella; porque uno es y
τὸ αὐτὸ τῇ ἐξυρημένῃ.
lo mismo con la que ha sido rapada.

Análisis y notas del texto griego.

Análisis: πᾶσα, caso nominativo femenino singular del adjetivo indefinido *toda*; δὲ, partícula conjuntiva que hace las veces de conjunción coordinante, con sentido de *pero, más bien, y, y por cierto*, *antes bien, entonces*; γυνὴ, caso nominativo femenino singular del nombre común *mujer, esposa*; προσευχομένη, caso nominativo masculino singular del participio de presente en voz media del verbo πορσεύχομαι, *orar*, aquí *que ora*; ἢ, conjunción disyuntiva *o*; προφητεύουσα, caso nominativo femenino singular del participio de presente en voz activa del verbo απροφητεύω, *profetizar*, aquí *que profetiza*; ἀκατακαλύπτῳ, caso dativo femenino singular del adjetivo *sin cubrirse con lo que desciende*, como equivalencia general *sin estar cubierta, desvelada*; τῇ, caso dativo femenino singular del artículo determinado declinado *a la*; κεφαλῇ, caso dativo femenino singular del nombre común *cabeza*; καταισχύνει, tercera persona singular del presente de indicativo en voz activa del verbo καταισχύνω, *deshonrar, ultrajar, corromper, violar*, aquí *deshonra*; τὴν, caso acusativo femenino singular del artículo determinado declinado *a la*; κεφαλὴν, caso acusativo femenino singular del nombre común *cabeza*; αὐτῆς, caso genitivo femenino de la tercera persona singular del pronombre personal declinado *de ella*; ἓν, caso nominativo neutro singular del adjetivo numeral cardinal *uno*; γάρ, conjunción causal *porque*; ἐστιν, tercera persona singular del presente de indicativo en voz activa del verbo εἰμί, *ser, estar*, aquí *es*; καὶ, conjunción copulativa *y*; τὸ, caso nominativo neutro singular del artículo determinado *lo*; αὐτὸ, caso nominativo neutro singular del pronombre intensivo *mismo*; τῇ, caso dativo femenino singular del artículo determinado declinado *a la*; ἐξυρημένῃ, caso dativo femenino singular del participio de perfecto en voz pasiva del verbo ξυράομαι, *rapar*, aquí *que ha sido rapada*.

πᾶσα δὲ γυνὴ προσευχομένη ἢ προφητεύουσα. El versículo requiere una atención especial, sobre todo por lo que la interpretación o, tal vez mejor, la aplicación a lo largo de la historia, ha generado una posición relativa a la mujer en el culto público. La primera observación imparcial que exige el texto es que la mujer *oraba y profetizaba* en el mismo lugar en las mismas circunstancias que los hombres. Quiere decir esto, que no había limitación para la participación de una mujer creyente en el culto congregacional. El apóstol no prohíbe esta acción, pero debía hacerla con una determinada compostura. Es evidente que las mujeres tenían el derecho de orar en el culto y, puesto que *profetizar* requiere hablar en voz audible, así también aquí en el mismo contexto y en la misma construcción gramatical, no se trataba de una oración silenciosa, sino expresada en voz alta.

La Iglesia del tiempo apostólico perseveraba en la oración comunitaria. Una nota bíblica así lo manifiesta: *"Todos éstos perseveraban unánimes en oración y ruego, con las mujeres, y con María la madre de Jesús, y con sus hermanos"* (Hch. 1:14). En el aposento alto, además de los once apóstoles, se reunían también otros creyentes. Es interesante la importancia que se da en el texto citado a la presencia de las mujeres. Los creyentes que estaban juntos en Jerusalén, eran el núcleo inicial de la iglesia cristiana. El número de creyentes que estaban orando juntos era de unas ciento veinte personas (Hch. 1:15). Las mujeres tuvieron una notable relevancia en el ministerio de Jesús, algunas sostenían financieramente las necesidades del grupo (Lc. 8:2-3). Estas y, con toda seguridad, otras mujeres habían seguido a Jesús desde Galilea en su última visita a Jerusalén. Algo cambió radicalmente en la Iglesia, en relación con las mujeres. En general habían sido consideradas como personas de segundo nivel, en la sociedad romana y también entre los judíos. Cristo les da el lugar que corresponde. Las mujeres iban a tener un destacado papel en la obra misionera y en la iglesia primitiva. En la referencia de Hechos, la construcción gramatical con συν y καὶ, que equivale a *tanto como*, exige entenderlo como que oraban las mujeres junto con los hombres. Así se lee: Los apóstoles perseveraban en la oración *tanto como* las mujeres, *tanto como* María, *tanto como* los hermanos de Jesús. Si se quiere vincular la oración con los hombres solos, tendrá que explicarse el *tanto como* del texto griego. Felipe tenía cuatro hijas doncellas que profetizaban (Hch. 21:9).

La primera convertida de la iglesia en Grecia fue una mujer (Hch. 16:13-15). Las mujeres tuvieron un papel clave en el establecimiento de iglesias en el mundo greco-romano, así ocurrió en Filipos donde en su casa se congregaba la iglesia (Hch. 16:40). A Febe llama Pablo *diácono*, el término femenino *diaconisa* no aparecía entonces, ocupando, sin duda un lugar importante en la iglesia de Cencreas (Ro. 16:1). Priscila, o Prisca es considerada por Pablo, al igual que su marido Aquila, como *colaboradores*. El término se usaba para referirse a quienes acompañaban al apóstol en la obra misionera, confirmando que ella era una misionera activa. Con Trifena y Trifosa usa el apóstol un término κοπιῶτας, que designa el trabajo arduo de los líderes de la iglesia (1 Ts. 5:12), de los predicadores (1 Ti. 5:17), de él mismo (Col. 1:9), o para referirse al combate contra las falsas doctrinas (1 Ti. 4:10).

Retornando al texto que se considera de la *Epístola*, no hay duda que las mujeres *oraban* en las reuniones de iglesia. Pero todavía más, también *profetizaban*. Algunos defensores del silencio absoluto de la mujer en el culto insinúan que el hecho de que las mujeres orasen o profetizasen en la congregación de Corinto, no supone la aprobación del apóstol, como otras muchas cosas que se hacían incorrectamente en aquella iglesia. Sin embargo, lo que Pablo prohíbe no es el orar o profetizar, sino la forma incorrecta de hacerlo que es a lo que está atendiendo en el pasaje. No es posible establecer con el texto presente ningún tipo de limitación al ministerio público de la mujer en la iglesia.

ἀκατακαλύπτῳ τῇ κεφαλῇ Otro aspecto problemático en el texto es el uso del adjetivo verbal ἀκατακαλύπτῳ, cuya raíz está en el verbo καλύπτω, que expresa la idea de *cubrir*, *ocultar*. El adjetivo sólo aparece esta vez en el Nuevo Testamento. Este es un verbo usado con cierta frecuencia en el Nuevo Testamento, bien en forma directa o modificado con las correspondientes preposiciones. En ocasiones aparecerá en forma adjetival como en este caso, pero dentro de la misma raíz. A modo de ejemplo para distinguir el sentido de la palabra:

καλύπτω. *Cubrir, tapar*. Las olas *cubrían* la barca (Mt. 8:24).
Nada *encubierto* (Mt. 10:26).
Se *cubre* con una vasija (Lc. 8:16).
A las piedras *cubridnos* (Lc. 23:30).
Cubrir multitud de pecados (Stg. 5:20).
Cubrir multitud de pecados (1 P. 4:8).
ἐπικαλύπτω. *Cubrir por encima*. Pecados *cubiertos* (Ro. 4:7).
περικαλύπτω. *Sobre cubrir*. *Cubrir* el rostro (Mr. 14:65).
Vendar el rostro (Lc. 22:64).
Cubierta de oro por todas partes (He. 9:4).
κατακαλύπτω. *Cubrir, tapar, envolver,* en voz media *velarse, cubrirse*.
Cubrirse la mujer (1 Co. 11:6 (dos veces), 7).
ακατακαλύπτω. *Sin cubrirse*. Cabeza *descubierta* (1 Co. 11:5).

En el griego no se usa el verbo solo frecuentemente en prosa, pero sí aparece en poesía. Generalmente el sentido que se le da tiene que ver con el significado, *cubrir, tapar, envolver*. Sí aparece con las partículas antecedentes que le dan distintos significados. Se usa como nombre de acción, κάλυμμα, en sentido de *velo femenino*, de modo que καλυπτηρίζω, sería *poner el velo*, o *cubrir con un velo*. De igual modo καλυπτήρ, equivale a *cobertura*, *velo*.

Parece que el apóstol está refiriéndose a una mujer que ora o profetiza con la cabeza descubierta. Ahora bien, ¿se trata de un velo como generalmente se entiende? En este caso ¿es el velo que usaban las mujeres como extensión del vestido y que cubría parte de la cabeza? El problema consiste en determinar por qué razón teniendo una palabra concreta para *velo*, περιβολαίου, utiliza un verbo que denota la acción de tapar, pero no especifica convenientemente el cómo y el que. Es más, si el apóstol quisiera hablar de velo ¿por qué no usó el término κάλυμμα, que indiscutiblemente se refiere al velo con que la mujer se cubría? Este problema ha degenerado en profundas controversias que han degenerado incluso en divisiones por intransigencia en posiciones. Hay quienes desean ser fieles a la Escritura y, sin sopesar nada más que la literalidad de la versión, exigen que las mujeres cubran la cabeza, bien con un velo, un sombrero, un tocado, etc. Incluso ha habido quienes demandan que lo lleven continuamente, puesto que ellas ocupan en todo lugar el orden divinamente establecido (11:3) y además, como deben *"orar sin cesar"* (Ro. 12:12) y estar dispuestas a testificar –que es como entienden el término *profetizar*– (1 P. 3:15) su relación con los ángeles es constante (11:10). Frente a esto, hay quienes sostienen que esto tiene que ver con una forma de indumentaria que era necesaria en el tiempo y cultura romana, pero que ya no lo es hoy.

Hay grandes eruditos como A. Barnes, que comentó todo el Nuevo Testamento y dice que *"Después de todas las explicaciones que se han dado de este pasaje, confieso que yo no lo entiendo. No sé lo que quiere decir y lo considero como de los raros pasajes de la Biblia cuyo significado es actualmente completamente inexplicable"*[4].

Las dificultades están en un amplio campo. Por un lado, el idiomático, ya que algunas de las palabras usadas, son muy raras en la *koiné*, el griego del Nuevo Testamento. A esto se une el poco conocimiento que se tiene del trasfondo socio-cultural, que incluye también el religioso de la Corinto-romana. En tercer lugar, es el único pasaje en todo el Nuevo Testamento que toca esta cuestión, de modo que no tenemos pasajes paralelos para compararlo y aclararlo. El problema se añade al observar que ningún *padre de la iglesia* entre los llamados *padres apostólicos*, que estuvieron en contacto directo con los apóstoles o con los más próximos a ellos, trataron este tema, salvo alguna referencia en los escritos de Tertuliano, ya en el año 200.

Añádase también aspectos de orden social que corresponden a la estructura de la sociedad en la Corinto-romana, como es la longitud del pelo en los varones, ya que dejarse crecer el pelo les es deshonroso (v. 14), mientras que el pelo largo en la mujer es *honroso* (v. 15). Sin duda en el contexto social de hoy ninguna de estas cosas, pelo más o menos largo en el hombre, y más o menos corto en la mujer, es honroso o deshonroso.

---

[4] Alfred Kuen. *La mujer en la iglesia*. Terrassa, 1999. Pág. 120.

Pablo alude a una serie de argumentos que son de tipo cultural, apelando a lo que produce socialmente una cabeza cubierta o descubierta (vv. 4-6), y una apelación a la propia naturaleza para reforzar la instrucción que da a los corintios (vv.13-15). Sin embargo, no se puede dudar que también apela a aspectos teológicos como el de la creación del hombre y de la mujer (vv. 7-12).

Uno de los problemas interpretativos es determinar si se trata del velo, no importa que tipo, o de un estilo de peinado, ya que *algo* colgado de la cabeza, pudiera muy bien ser cualquiera de estas dos cosas. El apóstol felicita a los creyentes por *retener fielmente sus enseñanzas*, de modo que, si se tratase de haber abandonado el uso del velo, no cabría una alabanza de este estilo, lo que orienta a pensar que no se trataba del velo. Además, la única vez que se menciona *velo* en el pasaje, dice que los cabellos largos lo reemplazan u ocupan su lugar (v. 15). Del mismo modo es necesario comprender por qué causa debe cubrirse solo cuando ora o profetiza. Si los cabellos largos son gloria de la mujer ¿por qué debe esconderlos? y ¿qué clase de cosa vergonzosa es la que se corrige con el velo? De este modo si para Pablo la longitud del cabello femenino es cosa que considera como digna de sostener, ¿qué importancia tiene si el pelo se cubre con un velo?

Las mujeres en algunos cultos idolátricos soltaban el pelo para el ritual religioso, esto suponía, en algunos casos la práctica de la prostitución sagrada. Es dato histórico que los paganos llamaban *ateos* a los cristianos porque no tenían un dios visible representado en imágenes como ocurría con ellos. En este sentido, pudiera ocurrir que las mujeres soltaran el pelo en el culto para que los que pudieran entrar en la reunión de cristianos, observasen que las mujeres con el pelo suelto estaban orando a Dios, y profetizando en Su nombre, aunque no tuviesen representación de Él en una imagen. En cultos paganos las mujeres y las sacerdotisas llevaban el cabello suelto y revuelto como los hombres, ya que los cabellos sueltos eran un signo de inspiración profética. La iglesia en Corinto no debía imitar actitudes del culto pagano y costumbres de atavío, puesto que los paganos hacían esto para entrar en contacto con la divinidad. Esta hipótesis puede sustentarse en el hecho de que Pablo, si la mujer no se cubre pide que se *rape*, como era habitual en una prostituta, entre ellas las llamadas *hetairas*. Con todo, esto es una posibilidad, pero, como en el caso de quien interpreta lo que debe cubrir la cabeza como un velo, no tiene garantías bíblicas firmes, por lo que debe quedar en mera hipótesis.

Así escribe Alfred Kuen:

"Los hábitos indumentarios eran muy variados en función de los lugares y de la clase social. Plutarco decía: 'Es conveniente que, en la calle, las mujeres vayan con velo y los hombres no'. Sin el velo, la mujer oriental no se atrevía a aparecer en público. En Grecia, una mujer honesta no aparecía en público sin llevar velo"[5]

Agréguese a todo esto una pregunta clave: *¿Se trata de doctrina fundamental o general?* En esto se determina también si es normativa para todas las iglesias en todos los tiempos, o si se trata de corrección de problemas que existían en gran cantidad en la iglesia en Corinto. Ante tal cúmulo de problemas de exégesis, debe llegarse ya a entender que la certeza de todos los detalles y el alcance de la instrucción no se puede determinar con plena seguridad. Lo que es evidente es que los corintios sabían a qué se estaba refiriendo Pablo, pero, lamentablemente nosotros lo ignoramos, al no contar con las consultas que habían hecho al apóstol y que responde en esta *Epístola.*

ἓν γάρ ἐστιν καὶ τὸ αὐτὸ τῇ ἐξυρημένῃ. Es necesario admitir que la mujer *oraba y profetizaba* en la congregación de Corinto y que el apóstol no lo prohíbe, pero enseña que debe hacerlo de una determinada manera, cubriéndose con lo que cuelga, asunto considerado antes. Cuando la participación pública se hacía sin cubrirse en el modo indicado y que los corintios conocían bien, la mujer *"afrenta su cabeza"*. Nuevamente debe determinarse a que cabeza se refiere. No parece que sea la suya propia, luego no queda otra opción que entender esa manera de orar y profetizar como ofensiva al *esposo*, como *cabeza*. Pero surge un problema: Podría entenderse así para las casadas ¿y las solteras? Otra vez el problema interpretativo surge al posicionarse en alguna de las formas que aparentemente satisfagan lo dicho en el texto. Los que piensan que la afrenta es a la propia cabeza de la mujer, tienen como base la comparación que Pablo hace aquí: *"porque lo mismo es que si se hubiese rapado"*. En el entorno judío se rapaba a la mujer que era juzgada por adulterio (Nm. 5:18). Otras mujeres a quienes se cortaba el pelo eran las esclavas. Si una mujer oraba con el pelo suelto podía tener el aspecto de una prostituta sagrada, esclava de los dioses. De modo que el apóstol está diciendo que, si es tan valiente para parecer una mujer de este tipo en el culto público, que se rape y parezca lo mismo en la calle a los ojos de todos. El apóstol está relacionando la actitud de la mujer con esa falta en su atuendo

---

[5] Alfred Kuen. o. c., pág. 130.

personal en el culto con algo semejante a la deshonra de la mujer por esclavitud, por mala vida o por sospecha de adulterio.

El versículo exige tomar una posición individual sobre el significado. Personalmente entiendo que no se trata aquí de cubrirse la cabeza con un velo, sino más bien de una forma visible en el aspecto femenino como pudiera ser el cabello suelto. Lo que es evidente es que no puede imponerse con autoridad bíblica el uso del velo con los problemas que el texto presenta y la ausencia total de otra referencia en los demás escritos del Nuevo Testamento.

Acción y consecuencias (11:6-7)

6. Porque si la mujer no se cubre, que se corte también el cabello; y si le es vergonzoso a la mujer cortarse el cabello o raparse, que se cubra.

εἰ γὰρ οὐ κατακαλύπτεται γυνή, καὶ κειράσθω· εἰ δὲ αἰσχρὸν
Porque si no se cubre mujer, también rápese. Y si vergonzoso
γυναικὶ τὸ κείρασθαι ἢ ξυρᾶσθαι, κατακαλυπτέσθω.
para mujer el estar rapada o afeitada, cúbrase.

Análisis y notas del texto griego.

Análisis: εἰ, conjunción *si*; γὰρ, conjunción causal *porque*; οὐ, adverbio de negación *no*; κατακαλύπτεται, tercera persona singular del presente de indicativo en voz media del verbo κατακαλύπτομαι, *cubrirse*, aquí *se cubre*; γυνή, caso nominativo femenino singular del nombre común *mujer*; καὶ, adverbio de modo *también*; κειράσθω, tercera persona singular del primer aoristo de imperativo en voz media del verbo κείρω, *raparse, afeitarse la cabeza*, aquí *rápese*; εἰ, conjunción afirmativa *si*; δὲ, partícula conjuntiva que hace las veces de conjunción coordinante, con sentido de *pero, más bien, y, y por cierto, antes bien, entonces*; αἰσχρὸν, caso nominativo neutro singular del adjetivo *vergonzoso*; γυναικὶ, caso dativo femenino singular del nombre común declinado *a mujer*, *para mujer*; τὸ, caso nominativo neutro singular del artículo determinado *lo*; κείρασθαι, primer aoristo de infinitivo en voz media del verbo κείρω, *raparse*, aquí *estar rapada*; ἢ, conjunción disyuntiva *o*; ξυρᾶσθαι, presente de infinitivo en voz media del verbo ξυράομαι, *afeitarse la cabeza*, aquí *afeitada*; κατακαλυπτέσθω, tercera persona singular del presente de imperativo en voz media del verbo κατακαλύπτομαι, *cubrirse*, aquí *cúbrase*.

εἰ γὰρ οὐ κατακαλύπτεται γυνή, καὶ κειράσθω· Pablo conoce el carácter rebelde de los corintios y sabe que las mujeres están también incurso en él, así que establece un desafío. Si la mujer se niega a cumplir con la forma de atuendo al que se está refiriendo, entonces que haga lo segundo, esto es que se trasquile totalmente el pelo. El verbo usado expresa un sentido más que de trasquilar o cortar el pelo de *afeitarse la cabeza*, de ahí el sustantivo κειράς, que literalmente denota eso. Pablo en expresión muy firme dice que si no está dispuesta a cubrirse entonces que se *afeite la cabeza*. Esto, sin duda suponía una grave afrenta para la mujer. En alguna ocasión la mujer se afeitaba la cabeza como expresión de luto por la muerte de su esposo.

εἰ δὲ αἰσχρὸν γυναικὶ τὸ κείρασθαι ἢ ξυρᾶσθαι. κατακαλυπτέσθω. Si a la mujer le era vergonzoso *afeitarse la cabeza*, entonces que *se cubra*. Lejos de resolver el problema interpretativo lo agudiza, puesto que es una aparente contradicción ya que, si la gloria de la mujer es el cabello, trasquilarse es lo contrario, es retirar la posición honrosa. El apóstol les hace notar que, si no quiere aparecer en el mundo como una mujer de mala nota, tampoco lo sea en la iglesia, en este caso cubriéndose. Es nuevamente difícil llegar a conciliar esto, puesto que, si se trata de un velo en la iglesia y no tenerlo representa una mala nota social, compararlo con una esclava o una prostituta en la calle, excede el grado comparativo. Sin embargo, si se trata de no usar el cabello recogido, como era natural en las mujeres de la Corinto-romana, entonces toma sentido. El pelo suelto para orar o profetizar, identificaría a la mujer con una sacerdotisa de un dios pagano y la pondría en la situación de una prostituta sagrada, de modo que, si se atrevía a parecerse a esa condición dentro de la iglesia, que se atreviera a afeitarse para parecerlo también en la sociedad.

7. Porque el varón no debe cubrirse la cabeza, pues él es imagen y gloria de Dios; pero la mujer es gloria del varón.

’Ανὴρ μὲν γὰρ οὐκ ὀφείλει κατακαλύπτεσθαι τὴν κεφαλὴν
Porque ciertamente varón no debe cubrirse la cabeza
εἰκὼν καὶ δόξα Θεοῦ ὑπάρχων· ἡ γυνὴ δὲ δόξα ἀνδρός ἐστιν.
imagen y gloria de Dios siendo. Pero la mujer gloria de varón es.

Análisis y notas del texto griego.

Análisis: ’Ανὴρ, caso nominativo masculino singular del nombre común *varón, hombre, marido*; μὲν, partícula afirmativa que se coloca siempre inmediatamente después de la palabra expresiva de una idea que se ha de reforzar o poner en relación con otra idea y que, en sentido absoluto tiene oficio de adverbio de afirmación, como *ciertamente, a la verdad*; γὰρ, conjunción causal *porque*; οὐκ, forma escrita del adverbio de negación *no*, con el grafismo propio ante una vocal con espíritu suave o una enclítica; ὀφείλει, tercera persona singular del presente de indicativo en voz activa del verbo ὀφείλω, *tener obligación, deber*, aquí *debe*; κατακαλύπτεσθαι, presente de infinitivo en voz media del verbo κατακαλύπτομαι, *cubrir*, aquí *cubrirse*; τὴν, caso acusativo femenino singular del artículo determinado *la*; κεφαλὴν, caso acusativo femenino singular del nombre común *cabeza*; εἰκὼν, caso nominativo femenino singular del nombre común *imagen*; καὶ, conjunción copulativa *y*; δόξα, caso nominativo femenino singular del nombre común *gloria*; Θεοῦ, caso genitivo masculino singular del nombre divino declinado *de Dios*; ὑπάρχων, caso nominativo masculino singular del participio de presente en voz activa del verbo ὑπάρχω, *ser, estar*, aquí *siendo*; ἡ, caso nominativo femenino singular del artículo determinado *la*; γυνὴ, caso nominativo femenino singular del nombre común *mujer*; δὲ, partícula conjuntiva que hace las veces de conjunción coordinante, con sentido de *pero, más bien, y, y por cierto, antes bien, entonces*; δόξα, caso nominativo femenino singular del nombre común *gloria*; ἀνδρός, caso genitivo masculino singular del nombre común declinado *de varón, de hombre*; ἐστιν, tercera persona singular del presente de indicativo en voz activa del verbo εἰμί, *ser, estar*, aquí *es*.

Ἀνὴρ μὲν γὰρ οὐκ ὀφείλει κατακαλύπτεσθαι τὴν κεφαλὴν εἰκὼν καὶ δόξα Θεοῦ ὑπάρχων. En el entorno de las disposiciones sobre el modo de presentarse en la iglesia para orar y profetizar, el hombre y la mujer, hace referencia a la condición de ambos en relación con la gloria. Hace notar que el hombre no debe cubrirse porque es *"la imagen y gloria de Dios"*. La humanidad, tanto el hombre como la mujer, fueron hechos a imagen de Dios. El *hombre* en sentido genérico de *humanidad* lleva la *imagen* del Creador que tiene que ver con la condición moral de cada persona, y la *semejanza* que le permite ejercer dominio y señorío, necesario para sojuzgar la tierra y enseñorearse de ella. La mujer, *tomada* del varón, lleva las características propias del ser del que fue tomada, siendo ella también *imagen y semejanza* de Dios. Dios hizo primero al varón (Gn. 2:7), luego a la mujer (Gn. 2:22). De ningún modo puede entenderse, como enseña *Teilhard de Chardin*, que el hombre fue creado como *persona colectiva*, es decir, que cuando Dios lo creó era un ser bisexual hombre-mujer y que andando el tiempo separó en varón y mujer. Si fue hecho a imagen y semejanza de Dios, Dios no es una *persona colectiva*, sino un Ser en el que eternamente existe en tres personas. El varón es *gloria de Dios*, porque en él se manifiesta la majestad divina y Dios le ha constituido como *cabeza* de la humanidad. El hombre es la corona de la creación, después de él no fue creado nada (Gn. 1:31). La mujer no fue *creada* en el sentido estricto de la palabra, traer a la existencia lo que antes no existía sin dependencia alguna de otra cosa, pues fue *tomada* del varón, es decir, de lo ya creado. Es natural que así fuese, puesto que la *cabeza* de la humanidad había sido creada y la mujer era el segundo elemento de ella, por lo que debía ser tomada de lo que era la naturaleza y condición humana. Por esta razón el varón no debe *cubrir* la cabeza como señal visible de lo que es gloria de Dios, al dirigirse a Él en la oración o transmitir su voz a la congregación mediante la profecía. La imagen de Dios está expresada también en el ejercicio de señorío que le fue encomendado. En su relación de autoridad hacia la creación expresa el dominio de Dios sobre ella.

ἡ γυνὴ δὲ δόξα ἀνδρός ἐστιν. La mujer debía mostrarse cubierta cuando ora o profetiza, porque es *gloria del varón*. La referencia está tomada de la creación en la que Dios toma del varón un hueso y hace la mujer, presentándosela a Adán y haciendo con ello completo, *bueno,* el estado del hombre (Gn. 2:18, 21-22). Es gloria del varón porque además de ser tomada de su propia naturaleza, fue hecha por causa de él. Sin embargo, no fue traída a la existencia por el hecho en sí de que el varón estaba solo, sino porque Dios había determinado que el hombre, esto es, la humanidad, fuese *varón y hembra* (Gn. 1:27).

Razones para el orden (11:8-10)

8. Porque el varón no procede de la mujer, sino la mujer del varón,

οὐ γάρ ἐστιν ἀνὴρ ἐκ γυναικὸς ἀλλὰ γυνὴ ἐξ ἀνδρός·
Porque no es varón de mujer, sino mujer de varón.

Análisis y notas del texto griego.

Análisis: οὐ, adverbio de negación *no*; γάρ, conjunción causal *porque*; ἐστιν, tercera persona singular del presente de indicativo en voz activa del verbo εἰμί, *ser, estar*, aquí *es*; ἀνὴρ, caso nominativo masculino singular del nombre común *hombre, varón*; ἐκ, preposición propia de genitivo *de*; γυναικὸς, caso genitivo femenino singular del nombre común *mujer*; ἀλλὰ, conjunción adversativa *sino*; γυνὴ, caso nominativo femenino singular del nombre común *mujer*; ἐξ, forma escrita de la preposición de genitivo ἐκ, delante de vocal y que significa *de*; ἀνδρός, caso genitivo masculino singular del nombre común *hombre, varón.*

οὐ γάρ ἐστιν ἀνὴρ ἐκ γυναικὸςRecalcando la enseñanza afirma que el varón *no es*, en sentido de procedencia, es decir, el varón no procede de la mujer sino directamente de Dios que lo creó y le dio vida (Gn. 1:27; 2:7). La primera persona de la humanidad procede de Dios mismo por un acto de creación.

ἀλλὰ γυνὴ ἐξ ἀνδρός· Por el contrario, la mujer procede del varón, literalmente *construida*[6], tomando Dios de la propia carne del hombre (Gn. 2:21-22). La mujer procede del hombre, mientras que el hombre procede de Cristo, el Creador de todo (Jn. 1:3; Col. 1:16). Dios pudo haber creado al hombre y a la mujer como hizo con los animales,

[6] Del hebrero *bahah* que significa *edificó, construyó.*

creando *macho y hembra*, pero no lo hizo. Por esta causa, aunque son iguales delante de Dios, cada uno de ellos tiene asignados distintos papeles que deben ser entendidos, aceptados y cumplidos por ambos.

9. Y tampoco el varón fue creado por causa de la mujer, sino la mujer por causa del varón.

καὶ γὰρ οὐκ ἐκτίσθη ἀνὴρ διὰ τὴν γυναῖκα ἀλλὰ γυνὴ
Porque también no fue creado varón por causa de la mujer sino mujer
διὰ τὸν ἄνδρα.
por causa del varón.

Análisis y notas del texto griego.

Análisis: καὶ, conjunción copulativa *y*; γὰρ, conjunción causal *porque*; οὐκ, forma escrita del adverbio de negación *no*, con el grafismo propio ante una vocal con espíritu suave o una enclítica; ἐκτίσθη, tercera persona singular del primer aoristo de indicativo en voz pasiva del verbo κτίζω, *crear*, aquí *fue creado*; ἀνὴρ, caso nominativo masculino singular del nombre común *hombre, varón*; διὰ, preposición propia de genitivo *por causa de*; τὴν, caso genitivo femenino singular del artículo determinado *la*; γυναῖκα, caso genitivo femenino singular del nombre común *mujer*; ἀλλὰ, conjunción adversativa *sino*; γυνὴ, caso nominativo femenino singular del nombre común *mujer*; διὰ, preposición propia de genitivo *por causa de*; τὸν, caso genitivo masculino singular del artículo definido *el*; ἄνδρα, caso genitivo masculino singular del nombre común *hombre, varón*.

καὶ γὰρ οὐκ ἐκτίσθη ἀνὴρ διὰ τὴν γυναῖκα. Confirmando el argumento anterior, añade el hecho de que el varón no fue creado por causa de la mujer, sino al revés. El varón es gloria de Dios por cuanto fue creado a causa del propósito y programa creacional que Él había establecido (Gn. 1:26-27). Dios, cumpliendo la determinación soberana para la creación, trajo a la existencia, mediante un acto de creación al primer elemento de la humanidad que fue el varón. No pudo ser a causa o en razón de otro ser humano puesto que la mujer no había sido creada.

ἀλλὰ γυνὴ διὰ τὸν ἄνδρα. La conjunción adversativa ἀλλὰ, *sino*, establece un contraste con la afirmación anterior, de manera que la mujer fue creada *por causa del varón*. La situación imperfecta del hombre lo requería, porque no era bueno que estuviese solo (Gn. 2:20). No tanto por el hecho en sí de la soledad, sino porque la humanidad había sido determinada para dos seres, el hombre y la mujer. El programa divino de fructificar y llenar la tierra, no era posible con un elemento sólo, fuese el varón o la mujer. El contraste de *imperfecto* con lo *perfecto* de la creación conforme al testimonio de Dios (Gn. 1:31), pone de manifiesto la solución divina que consistía en completar la creación en los dos sexos (Gn. 2:18). La mujer es la *"ayuda idónea"* del varón, que no significa una servidora bajo su autoridad, sino una *igual* con la que podía relacionarse de este modo, de igual a igual. Siendo idónea, era la ayuda semejante a él o, si se prefiere, según le convenía. Por esta razón, a causa de la igualdad entre ellos, se requiere al marido que ame y honre a su esposa (Ef. 5:25, 28; Col. 3:19; 1 P. 3:7). En ningún lugar de la Biblia se dice que el hombre sea, como cabeza del hogar, el *jefe* que dispone y debe ser obedecido como si se tratase de un señor. Fue la degradación moral causada por el pecado que lleva a la situación de *enseñorearse* de la mujer como si se tratase de un objeto. propiedad del hombre (Gn. 3:16). El simbolismo del Génesis es elocuente: La mujer fue tomada del costado del varón para que sea tratada como igual; también de cerca del corazón para que sea objeto continuado del amor del hombre; de debajo de su brazo para que sea defendida y amparada.

Pablo asienta su demanda de que la mujer *cubra su cabeza* cuando ora o profetiza porque siendo *gloria del varón*, esta gloria debe ser cubierta cuando se está en el culto de adoración y alabanza a Dios. Este porte de la mujer en el ejercicio ministerial público de *orar y profetizar*, expresa la aceptación de subordinación –que no de servicio– de ella en relación con el hombre, que Dios había establecido.

10. Por lo cual la mujer debe tener señal de autoridad sobre su cabeza, por causa de los ángeles.

διὰ τοῦτο ὀφείλει ἡ γυνὴ ἐξουσίαν[1] ἔχειν ἐπὶ τῆς κεφαλῆς
A causa de esto debe la mujer autoridad tener sobre la cabeza
διὰ τοὺς ἀγγέλους.
a causa de los ángeles.

Análisis y notas del texto griego.

Análisis: διὰ, preposición propia de genitivo *a causa de*; τοῦτο, caso acusativo neutro singular del pronombre demostrativo *esto*; ὀφείλει, tercera persona singular del presente de indicativo en voz activa del verbo οφείλω, *deber, tener obligación,* aquí *debe*; ἡ, caso nominativo femenino singular del artículo definido *la*; γυνὴ, caso nominativo femenino singular del nombre común *mujer*; ἐξουσίαν, caso acusativo femenino singular del nombre común *autoridad*; ἔχειν, presente de infinitivo en voz activa del verbo ἔχω, *tener*; ἐπὶ, preposición propia de genitivo *sobre*; τῆς, caso genitivo femenino singular del artículo determinado *la*; κεφαλῆς, caso genitivo femenino singular del nombre común *cabeza*; διὰ, preposición propia de acusativo *por causa de, por amor a*; τοὺς, caso acusativo neutro plural del artículo determinado *los*; ἀγγέλους, caso acusativo neutro plural del nombre común *ángeles*.

Notas. Crítica Textual. Lecturas alternativas.

[1]κάλυμμα, *velo*, se lee en vg^{mss}, bo^{pt}, Ptolomeo^{lr}.

διὰ τοῦτο. Por si fueran pocas las dificultades interpretativas del párrafo, se añaden aquí dos nuevas. La primera en la oración primera de la cláusula, en la que el apóstol establece que, *por causa de esto*, que debe referirse a todo lo que antecede, lo que puede interpretarse como manifestación de acatamiento a las instrucciones dadas. El pronombre demostrativo *esto* en singular permite usarlo como referente a lo que está inmediatamente antes que es la procedencia y razón de creación de la mujer (vv. 8-9). Sin embargo, se observa que el apóstol está tratando de un problema que nosotros desconocemos y que se producía cuando las mujeres oraban y profetizaban en el culto público, con una indumentaria impropia. Sin duda este no es el problema principal del texto, aunque no deja de entrañar dificultades interpretativas.

ὀφείλει ἡ γυνὴ ἐξουσίαν ἔχειν ἐπὶ τῆς κεφαλῆς. Por esa razón las mujeres debían tener *autoridad* sobre la cabeza. Varias dificultades aparecen en la frase. Primeramente, está el uso del verbo οφείλω, que expresa la idea de *deber algo, tener contraída alguna obligación*, en ese sentido refuerza la idea del atavío femenino para la oración y la profecía, como algo que debían considerar obligatorio. Sin embargo, tenemos que reconocer la falta de concreción en determinar lo que era, pudiendo ser tanto el velo como el pelo.

El mandamiento aleja aquí la idea de sustentar el uso del velo, puesto que la palabra *señal* no está en ninguno de los mss. griegos, sean considerados más o menos seguros, sino que aparece en versiones latinas como la Vulgata[7]. El término *señal*, tuvo que ser añadido por algún copista, puesto que no aparece en el texto griego y, debido a esa interpolación, lo usan los defensores del velo para manifestar un apoyo más a la exigencia del uso del velo por las mujeres en las reuniones de iglesia. Es necesario entender que no es lo mismo que la mujer *tenga autoridad* sobre su cabeza a que *tenga señal de autoridad* sobre ella. Es notable apreciar las diversas traducciones del texto, a modo de ejemplo:

RV, *señal de autoridad.*
DHH, *la mujer debe llevar sobre su cabeza una señal de autoridad.*
LBA, *la mujer debe tener un símbolo de autoridad sobre su cabeza.*
NVI, *la mujer debe llevar sobre la cabeza señal de autoridad.*

---

[7] Véase apartado de Crítica Textual, lecturas alternativas.

BT, *la mujer debe tener autoridad sobre la cabeza.*
BJ, *debe llevar la mujer sobre la cabeza una señal de sujeción.*
BCE, *debe ponerse la mujer un signo de autoridad.*
BCI, *la mujer debe tener sobre la cabeza un signo de autoridad.*
SBG, *la mujer debe tener sobre la cabeza una marca de autoridad de la que depende*[8].

Podrían seguir añadiéndose otras versiones, pero se aprecia que la influencia de la Vulgata está presente en muchas de ellas y, las que siguen más directamente el texto griego obvian el uso de la palabra *señal* que no aparece en los mss. griegos. Algunas de las versiones que usan el término lo escriben en letra cursiva para indicar al lector que es una palabra añadida al texto.

Tomando lo más literalmente posible la traducción del griego, el apóstol enseña que la mujer *tenga autoridad sobre la cabeza*. No puede referirse al marido, puesto que contradeciría toda la enseñanza del apóstol. Pero queda claro, si se entiende que Pablo está llamando a las mujeres a la cordura y forma de pensar. Es decir, pide a las mujeres que controlen su mente, para no desviarse de la forma correcta de entender el modo de presentarse en público para orar o profetizar. Esto concuerda con el modo de comportamiento de, por lo menos, algunos creyentes en Corinto que, en el uso de la libertad cristiana, entendiéndola y practicándola incorrectamente, producían problemas en la iglesia. La conclusión es que el apóstol no está pidiendo que se pongan algo sobre la cabeza, que en el contexto general podría ser el velo, o incluso que oren con el pelo recogido, si se trata de esto, pero lo que no hay duda es que requiere a las mujeres que controlen su forma de pensar ajustándola a lo que corresponde en la iglesia con honestidad.

διὰ τοὺς ἀγγέλους. Todavía más complejo es entender que esta forma de comportamiento obedece o es *a causa de los ángeles*. El término significa literalmente *mensajero*, de ahí que los intérpretes se posicionan en dos maneras. Algunos aplican la palabra entendiéndola como una referencia a los siervos de Dios en el ministerio itinerante. Para quienes lo entienden así, los ángeles, obreros itinerantes, podrían escandalizarse viendo a las hermanas participar en el culto sin velo, orando y profetizando. Esta interpretación considera a estos hermanos maestros itinerantes, espiritualmente maduros y capacitados para el ministerio, como si fuesen *niños* en Cristo, inmaduros, que se podían escandalizar por

---

[8] C'est pourquoi la femme, a cause des anges, doit avoir sur la tête une marque de l'autorité dont elle dépend.

cualquier cosa, tal como los *débiles* de Corinto (8:7). Tal interpretación no es consecuente, toda vez que Pablo estaría poniendo un argumento no doctrinal, en medio de toda una argumentación teológica, como la que antes usó.

Una segunda manera de interpretar el término *ángeles*, es dándole el sentido literal de la palabra, esto es, una referencia a los espíritus que ministran y sirven a Dios. Los ángeles rodean a Dios para servirle, por tanto, están donde Él esta, como ocurre en el culto donde Él está presente. Además, todas las veces que ocurre la palabra en la *Epístola* hace referencia a los seres espíritus que se conocen como ángeles (4:9; 6:3; 11:10). Los ángeles observan la vida de los creyentes (4:9) y están presentes en el ministerio cristiano (1 Ti. 5:21). La iglesia es el elemento de enseñanza que Dios usa para los ángeles (Ef. 3:10). Especialmente en cuanto a la multiforme sabiduría de Dios. Estos ángeles tienen su residencia en *lugares celestiales*, literalmente *los celestiales*, en sentido del cielo, lugares que trascienden a la tierra, donde está el lugar de gobierno del *dios de este mundo* (2 Co. 4:4), el *príncipe de la potestad del aire* (Ef. 2:2). El *misterio* escondido en el Creador desde la eternidad era desconocido no sólo para los hombres, sino también para los ángeles, que descubren como Dios actúa para la salvación de los hombres, en Su gracia. Los ángeles son superiores a los hombres en cuanto a naturaleza (Sal. 8:5; He. 2:7). Son seres inteligentes, por tanto, pueden adquirir conocimientos ya que no son omniscientes como Dios. Pero son inferiores a los hombres en cuanto a la obra y alcance de la gracia de Dios (He. 2:16). Estos ángeles están puestos al servicio de los herederos de salvación (He. 1:14). Los ángeles están interesados en saber cómo Dios fue capaz de hacer esa obra divina de gracia que en su admirable dimensión excede también a la capacidad comprensiva de ellos. Ellos prestan atención a la operación salvadora en toda la extensión de la palabra (1 P. 1:10-12). El pecador salvado (Ef. 2:8-9), hecho cercano a Dios (Ef. 2:13), incorporado a Cristo para formar un cuerpo en Él (2:16), y ascendido a los cielos (Ef. 2:6), son manifestaciones de la gracia que la Iglesia enseña a los ángeles. Además, la regeneración espiritual del creyente lo cambia de desobediente a Dios, por naturaleza, a obediente al vivir a Cristo. Por esa razón, el apóstol recuerda a los creyentes que las mujeres y los hombres deben asumir su lugar en la iglesia. Las mujeres controlando su cabeza y participando en el culto en la forma decorosa que era necesario.

El varón y la mujer en Cristo (11:11-12)

11. Pero en el Señor, ni el varón es sin la mujer, ni la mujer sin el varón.

πλὴν	οὔτε	γυνὴ	χωρὶς	ἀνδρὸς	οὔτε	ἀνὴρ	χωρὶς	γυναικὸς
Sin embargo	ni	mujer	sin	varón	ni	varón	sin	mujer
ἐν	Κυρίῳ·							
en	Señor.							

Análisis y notas del texto griego.

Análisis: πλὴν, conjunción adversativa *pero, sin embargo*; οὔτε, conjunción copulativa formada por crasis[9] de οὔ, *no*, y τε, *y*, equivalente a *y no, ni*; γυνὴ, caso nominativo femenino singular del nombre común *mujer*; χωρὶς, preposición propia de genitivo *sin, fuera de, a excepción de, además de*; ἀνδρὸς, caso genitivo masculino singular del nombre común *varón, hombre*; οὔτε, conjunción copulativa formada por crasis[9] de οὔ, *no*, y τε, *y*, equivalente a *y no, ni*; ἀνὴρ, caso nominativo masculino singular del nombre común *varón, hombre*; χωρὶς, preposición propia de genitivo *sin, fuera de, a excepción de, además de*; γυναικὸς, caso genitivo femenino singular del nombre común *mujer*; ἐν, preposición propia de dativo *en*; Κυρίῳ, caso dativo masculino singular del nombre divino *Señor*.

πλὴν οὔτε γυνὴ χωρὶς ἀνδρὸς οὔτε ἀνὴρ χωρὶς γυναικὸς ἐν Κυρίῳ· En las reuniones de iglesia y en el culto público se establecen algunas distinciones que diferencian al hombre de la mujer. El porte de unos no es igual al de las otras. Pero, esta distinción cultual no es equiparable a la unidad de todos los cristianos en Cristo. En este sentido, el hombre y la mujer son iguales delante de Dios. Pablo se afirma en esta verdad, no sólo aquí: *"Ya no hay judío ni griego; no hay esclavo ni libre; no hay varón ni mujer; porque todos vosotros sois uno en Cristo Jesús"* (Gá. 3:28). La economía de la fe trae aparejada consigo la extinción de todas las diferencias humanas en orden a la salvación, que incluye la formación de un cuerpo en Cristo. Por esta razón desaparecen las diferencias de pueblos, derribándose la distinción entre judíos y gentiles. De igual manera ocurre con las sociales, siendo iguales ante Dios los esclavos y los libres. También caen las diferencias entre *hombres y mujeres*. En la sociedad del tiempo de Pablo, el varón consideraba a la mujer de menor rango que él. Pero, al pasarlo al plano de la unidad en Cristo, todos son coherederos de la gracia de la vida (1 P. 3:7). Algunos argumentan que esta igualdad solo tiene que ver con el acceso a la salvación. Sin embargo, no es eso esencialmente lo que el apóstol trata

---

[9] *Crasis*, palabra griega que equivale a *unión de fuerzas*, en general *unión de elementos*.

aquí, puesto que se trata de dependencia del hombre a la mujer y viceversa. La idea de subordinación de la esposa al marido o, incluso, de la mujer al varón queda establecida aquí por la de *comunión*, participación en la misma vida espiritual o eterna, que ambos poseen en el Señor. No hay distinción en esto, de modo que el hombre no está en esa relación excluyendo a la mujer, ni al revés. Esto derriba todo deseo de *superioridad* por parte del hombre, y de *rechazo al orden* por parte de la mujer.

El apóstol enseñó que el hombre no fue creado por causa de la mujer (v. 9), pero *en el Señor* el hombre no es nada sin la mujer. En el plano del matrimonio y de la creación, el hombre es *cabeza*, en sentido de comunicador de vida y de responsabilidad en el hogar, pero no es nada sin la existencia de la mujer, puesto que el plan divino no se podría cumplir con uno solo de ellos. De ahí la segunda oración dentro de la cláusula, igualmente la mujer no sería nada sin el hombre, ni siquiera podría ser creada, puesto que no es posible ese acto sin tomar para ello el elemento de la humanidad presente ya en el varón. Ambos, el hombre y la mujer dependen el uno del otro. Incluso en el matrimonio, la relación y comunión es necesaria para que se lleve a cabo en todas las esferas conforme a lo que Dios había establecido. Nótese que cuando el apóstol se refiere al funcionamiento del matrimonio comienza afirmando: *"Someteos unos a otros en el temor de Dios"* (Ef. 5:21). La relación con el Señor, transforma la experiencia de vida cristiana en una manifestación de compromiso hacia los demás. Esta forma comprende todos los aspectos, tanto el eclesial como el familiar y el social. La sumisión de unos a otros es posible sólo en el Espíritu. Esta sumisión es imprescindible para la convivencia en el hogar y en la iglesia. Ambos, el hombre debe *someterse* a la mujer y ésta *al varón*. Ni que decir tiene que se hace tanto o más imprescindible en el plano del matrimonio. *Someterse* entraña la disposición de ocupar un plano inferior para ayudar al otro.

Esta enseñanza está dirigida a quienes se reúnen para el culto y que mantienen comunión unos con otros. Todos deben entender que no es posible la separación ni de hombres ni de mujeres para hacer vidas independientes, puesto que ambos están unidos vitalmente a Cristo y forman parte de Su cuerpo, que es la iglesia.

12. Porque así como la mujer procede del varón, también el varón nace de la mujer; pero todo procede de Dios.

ὥσπερ γὰρ ἡ γυνὴ ἐκ τοῦ ἀνδρός, οὕτως καὶ ὁ ἀνὴρ
Porque así como la mujer del varón, así también el varón
διὰ γυναικός· τὰ δὲ πάντα ἐκ τοῦ Θεοῦ.
por medio de mujer; pero las cosas todas de - Dios.

Análisis y notas del texto griego.

Análisis: ὥσπερ, adverbio de comparación *así como*; γὰρ, conjunción causal *porque*; ἡ, caso nominativo femenino singular del artículo determinado *la*; γυνὴ, caso nominativo femenino singular del nombre común *mujer*; ἐκ, preposición propia de genitivo *de*; τοῦ, caso genitivo masculino singular del artículo determinado *el*; ἀνδρός, caso genitivo masculino singular del nombre común *varón, hombre*; οὕτως, adverbio demostrativo *así*; καὶ, adverbio de modo *también*; ὁ, caso nominativo masculino singular del artículo definido *el*; ἀνὴρ, caso nominativo masculino singular del nombre común *varón, hombre*; διὰ, preposición propia de genitivo *por medio de*; τῆς, caso genitivo femenino singular del artículo determinado *la*; γυναικός, caso genitivo femenino singular del nombre común *mujer*; τὰ, caso nominativo neutro plural del artículo determinado *los*, en sentido de *las cosas*; δὲ, partícula conjuntiva que hace las veces de conjunción coordinante, con sentido de *pero, más bien, y, y por cierto, antes bien, entonces*; πάντα, caso nominativo neutro plural del adjetivo indefinido *todos*; ἐκ, preposición propia de genitivo *de*; τοῦ, caso genitivo masculino singular del artículo determinado *el*; Θεοῦ, caso genitivo masculino singular del nombre divino declinado *de Dios*.

ὥσπερ γὰρ ἡ γυνὴ ἐκ τοῦ ἀνδρός, Concluye el argumento creacional recordando la procedencia, dependencia y origen del hombre y de la mujer. En el principio Dios tomó una *costilla*, o *un hueso* del varón y con él hizo a la mujer (Gn. 2:22). De modo que, como se ha considerado ya, la mujer debe su procedencia del hombre.

οὕτως καὶ ὁ ἀνὴρ διὰ τῆς γυναικός· Pero, luego del hecho creador tanto para el hombre como para la mujer, Dios estableció que en el futuro el hombre deba su existencia humana a la mujer. A esta constituye como elemento transmisor de vida. Por esa razón Adán le *puso nombre*, llamándola *Eva*, que equivale a *madre de los vivientes* (Gn. 3:20). Para quienes desean establecer una superioridad entre sexos, poniendo al hombre como superior a la mujer, el apóstol hace recordar que si bien la mujer fue tomada del hombre, hoy no existirían hombres sin que la mujer no los alumbrara. Ninguno de los dos sexos puede excluir al otro porque son complementarios.

τὰ δὲ πάντα ἐκ τοῦ Θεοῦ. Pero al finalizar orienta al lector a la razón de ser de todo, cuando dice literalmente, *pero todas las cosas de Dios*. El varón puede decir que la mujer procede de él, ella puede afirmar que todo varón por nacimiento viene de ella, pero *todas las cosas*, como exige la traducción del adjetivo indefinido neutro plural, proceden de Dios. Nada existe sin la causa creadora que es Dios. Incluso la reproducción, como comunicación de vida, es de origen divino, puesto que el Creador hizo fértil a la primera pareja (Gn. 1:28). En general, toda la creación surge de la omnipotencia divina que trajo a la existencia cuanto antes no existía. El hombre es creación Suya (Gn. 1:26-27; 2:7). La mujer tomada por Dios del varón que antes había creado (Gn. 2:21-22). La gloria de todo cuanto existe y del orden establecido se debe a Dios, que es el origen de todas las cosas.

Apelando a los creyentes (11:13-15)

13. Juzgad vosotros mismos: ¿Es propio que la mujer ore a Dios sin cubrirse la cabeza?

᾿Εν ὑμῖν αὐτοῖς κρίνατε· πρέπον ἐστὶν γυναῖκα ἀκατακάλυπτον
En vosotros mismos juzgad: ¿Conveniente es mujer sin cubrir
τῷ Θεῷ προσεύχεσθαι
- a Dios orar?

Análisis y notas del texto griego.

Análisis: ᾿Εν, preposición propia de dativo *en*; ὑμῖν, caso dativo de la segunda persona plural del pronombre personal *vosotros*; αὐτοῖς, caso dativo masculino plural del pronombre personal *mismo*; κρίνατε, tercera persona plural del primer aoristo de imperativo en voz activa del verbo κρίνω, *juzgar*, aquí *juzgad*; πρέπον, caso nominativo neutro singular del participio de presente en voz activa del verbo impersonal *convenir*, aquí *que conviene, conveniente*; ἐστὶν, tercera persona singular del presente de indicativo en voz activa del verbo εἰμί, *ser, estar*, aquí *es*; γυναῖκα, caso acusativo femenino singular del nombre común *mujer*; ἀκατακάλυπτον, caso acusativo femenino singular del adjetivo *sin cubrir*; τῷ, caso dativo masculino singular del artículo determinado *el*; Θεῷ, caso dativo masculino singular del nombre divino declinado *a Dios*; προσεύχεσθαι, presente de infinitivo en voz media del verbo προσεύχομαι, *orar*.

᾿Εν ὑμῖν αὐτοῖς κρίνατε· πρέπον ἐστὶν γυναῖκα ἀκατακάλυπτον τῷ Θεῷ προσεύχεσθαι. Luego de la argumentación anterior, apela a la reflexión personal de cada uno de los creyentes a quienes les pide que emitan juicio sobre la conveniencia de que una mujer sin la cobertura a la que se refiere ore a Dios. Sin duda los corintios tenían sobrados argumentos para responder a esta cuestión. La fórmula, *juzgad vosotros mismos*, ya la usó antes cuando trató de la comida sacrificada a los ídolos (10:15).

Antes afirmó que la mujer que ora de ese modo *afrenta su cabeza* (v. 5) y en ese momento se consideraron las distintas formas de interpretar el versículo. Es necesario retomar nuevamente lo que se dijo entonces, que no es posible determinar que es la cobertura a la que el apóstol se refiere con toda seguridad bíblica. Lo más propio a causa del entorno textual y de la situación social en Corinto, que estuviese refiriéndose a orar en público con el pelo sin recoger que, como se consideró también era un deshonor para la mujer que lo hacía. Esto concuerda plenamente con lo que sigue en el próximo versículo.

El decoro es imprescindible para la mujer que ora en el culto público, y si la libertad cristiana le llevaba a hacerlo de una forma que resultase indecorosa a la sociedad de entonces, debía dejar de hacerlo. No debe olvidarse el hecho de que Pablo está hablando del comportamiento en el culto público. Las impresiones más íntimas y la adoración más profunda salen de la boca de las mujeres, en la manifestación más sagrada de adoración y de amor. Por eso, un sentimiento de santo pudor delante del Señor les debiera conducir a evitar cualquier cosa que resultase indigno a ojos de los hombres. Por esta razón debiera mostrar la cobertura que era asunto de dignidad y respeto.

14. La naturaleza misma ¿no os enseña que al varón le es deshonroso dejarse crecer el cabello?

οὐδὲ[1] ἡ φύσις αὐτὴ διδάσκει ὑμᾶς ὅτι ἀνὴρ μὲν ἐὰν
¿Ni la naturaleza misma enseña os que varón ciertamente si
κομᾷ ἀτιμία αὐτῷ ἐστιν,
pelo largo lleve deshonra para él es?

Análisis y notas del texto griego.

Análisis: οὐδὲ, adverbio de negación *ni*; ἡ, caso nominativo femenino singular del artículo determinado *la*; φύσις, caso nominativo femenino singular del nombre común *naturaleza*; αὐτὴ, caso nominativo femenino singular del pronombre personal intensivo *misma*; διδάσκει, tercera persona singular del presente de indicativo en voz activa del verbo διδάσκω, *enseñar*, aquí *enseña*; ὑμᾶς, caso acusativo de la segunda persona plural del pronombre personal declinado *a vosotros, os*; ὅτι, conjunción *que*; ἀνὴρ, caso nominativo masculino singular del nombre común *varón, hombre*; μὲν, partícula afirmativa que se coloca siempre inmediatamente después de la palabra expresiva de una idea que se ha de reforzar o poner en relación con otra idea y que, en sentido absoluto tiene oficio de adverbio de afirmación, como *ciertamente, a la verdad*; ἐὰν, conjunción *si*; κομᾷ, tercera persona singular del presente de subjuntivo en voz activa del verbo κομάω, *llevar el pelo largo*, aquí *lleve el pelo largo*; ἀτιμία, caso nominativo femenino singular del nombre común *deshonra, humillación, deshonor*; αὐτῷ, caso dativo masculino de la tercera persona singular del pronombre personal declinado *para él*; ἐστιν, tercera persona singular del presente de indicativo en voz activa del verbo εἰμί, *ser, estar*, aquí *es*.

Notas. Crítica Textual. Lecturas alternativas.

[1]οὐδε, *ni*, como se lee en $\mathfrak{P}^{46}$, a, A, B, C, D*, F, G, H, P, Ψ, 33, 81, 630, 1175, 1241, 1739, 1881, 2464, latt, sy, bo.

ἤ οὐδε, *o ni*, según lectura en D1 K L 104 . 365 . 1505, M, sy^{hmg}, sa.

οὐδὲ ἡ φύσις αὐτὴ διδάσκει ὑμᾶς El apóstol les hace notar que la misma naturaleza enseña que al varón le es deshonroso dejarse el cabello largo. No cabe duda que está dándoles un elemento de reflexión para que puedan juzgar correctamente como les pide en el versículo anterior.

ὅτι ἀνὴρ μὲν ἐὰν κομᾷ ἀτιμία αὐτῷ ἐστιν, Es indudable que aquí no hay argumentación teológica alguna, sino un uso o una costumbre que socialmente no estaba bien conceptuada, como era que el varón tuviese el pelo largo. En el mundo romano de entonces, los hombres recortaban el pelo, de modo que no colgaba sobre los hombros. Habitualmente lo cortaban en forma redondeada y se peinaban para los lados y el frente. Un hombre con pelo largo, era una nota indecorosa para aquella sociedad. Pablo apela a la *naturaleza*, pero, esta es también otra de las dificultades. No puede referirse al crecimiento espontáneo del cabello, porque tanto al varón como a la mujer les crece el pelo. Todavía más, la naturaleza enseña que el hombre es más velloso que la mujer y que en su cabeza, además del pelo le crece también la barba. Pablo está apelando al contexto social, como conviene a los cristianos para no ser *"tropiezo, ni a judíos, ni a gentiles, ni a la iglesia de Dios"* (10:32). El testimonio cristiano tiene que estar en consonancia con el ejemplo de Jesús, cuya vida fue de edificación y bendición para cuantos tuvieron relación con Él.

15. Por el contrario, a la mujer dejarse crecer el cabello le es honroso; porque en lugar de velo le es dado el cabello.

γυνὴ δὲ ἐὰν κομᾷ δόξα αὐτῇ ἐστιν ὅτι ἡ κόμη ἀντὶ
Pero mujer si lleva cabellera gloria para ella es; porque la cabellera en vez de
περιβολαίου δέδοται αὐτῇ[1].
velo ha sido dada a ella.

Análisis y notas del texto griego.

Análisis: γυνὴ, caso nominativo femenino singular del nombre común *mujer*; δὲ, partícula conjuntiva que hace las veces de conjunción coordinante, con sentido de *pero, más bien, y, y por cierto*, *antes bien, entonces*; ἐὰν, conjunción *si*; κομᾷ, tercera persona singular del presente de subjuntivo en voz activa del verbo κομάω, *llevar pelo largo*, *llevar cabellera*; δόξα, caso nominativo femenino singular del nombre común *gloria*; αὐτῇ, caso dativo femenino de la tercera persona singular del pronombre personal declinado *para ella*; ἐστιν, tercera persona singular del presente de indicativo en voz activa del verbo εἰμί, *ser,* estar, aquí *es*; ὅτι, conjunción causal *porque*; ἡ, caso nominativo femenino singular del artículo determinado *la*; κόμη, caso nominativo femenino singular del nombre común *cabellera*; ἀντὶ, preposición propia de genitivo *en lugar de*; περιβολαίου, caso genitivo neutro singular del nombre común *velo*; δέδοται, tercera persona singular del perfecto de indicativo en voz pasiva del verbo δίδωμι, *dar,* aquí *ha sido dada*; αὐτῇ, caso dativo femenino de la tercera persona singular del pronombre personal declinado *a ella, le.*

Notas. Crítica Textual. Lecturas alternativas.

[1] δέδοται αὐτη, *ha sido dado a ella,* lectura atestiguada en a, A, B, 33, 81, 365, 2464, g, sy^{p}.

δέδοται, *ha sido dado,* como se lee en 𝔓^{46}, D F G K L Ψ, 𝔐, b, Ambrosiaster.

αὐτη δέδοται, *le ha sido dado,* lectura en C, H, P, 104, 630, 1175, 1241, 1505, 1739, 1881, ar, f, vg, sy^{h}.

γυνὴ δὲ ἐὰν κομᾷ δόξα αὐτῇ ἐστιν. Pasa después de presentar la cabellera como un deshonor para el varón, a expresar lo contrario en relación con la mujer. Pablo dice que a la mujer dejarse crecer el cabello le es honroso. Nuevamente está argumentando desde el punto de vista social de su tiempo. En modo alguno esto puede sostenerse para la sociedad actual en el mundo llamado *occidental.* Es más, una mujer con el cabello largo, sin cortar, llama más la atención que lo contrario. La mayoría de las mujeres se corta el pelo en el tiempo actual, por tanto, si la pregunta se formulase hoy, la respuesta sería negativa, es decir, no es problemático ni deshonroso que la mujer se corte el pelo. Nótese que estas dos últimas reflexiones son hechas esperando que los corintios las sopesen y juzguen si aquello es o no conveniente.

Las formas sociales de los tiempos cambian, por eso no puede tratarse el velo –si es esto lo que está en la mente del apóstol– como doctrina, ni tan siquiera como doctrina general, sino como una costumbre social que tiene su cambio conforme al lugar y al tiempo. Con todo, el apóstol hace una afirmación fuerte cuando dice que el pelo largo es *gloria* para la mujer. La palabra puede muy bien traducirse por *honor*, con lo que el pelo largo sería una expresión de honor para una dama.

ὅτι ἡ κόμη ἀντὶ περιβολαίου δέδοται αὐτῇ. Una interesante afirmación cierra el planteamiento costumbrista o social que el apóstol acaba de presentar. Afirma que el *pelo largo* le es dado a la mujer en lugar de velo. Por primera y única vez Pablo usa el término περιβολαίου, que significa *velo* y que podría ser de distintos tamaños ya que la palabra denota algo con lo que puede cubrirse e incluso envolverse. La pregunta es natural: ¿Por qué, si tiene una palabra clara y concreta no la usó en ningún otro texto anterior, sino que utilizó adjetivos verbales y el verbo modificado con preposiciones? Nadie puede llegar a una conclusión firme. Además, si el pelo le es dado a la mujer como signo de gloria, ¿por qué manda que se lo corte si no quiere someterse a cubrirse la cabeza en el culto público? Uno de los problemas de la *Epístola* es que el apóstol trata asuntos y responde preguntas que los corintios conocían bien el sentido en que respondía u ordenaba, pero, lamentablemente, nosotros sólo podemos deducir por el contexto, encontrando aspectos que no es posible afirmar o negar rotundamente por falta de elementos que sustenten bíblicamente una posición u otra.

Afirmar enfática e incluso *dogmáticamente* una postura equivale a considerar como incorrecta cualquier otra. Estos asuntos que no son doctrina fundamental, han causado serios problemas en muchas iglesias, ocasionando divisiones y, lo que es muy grave, han servido a líderes que solo están atentos a la letra del texto, para coartar la libertad de las hermanas, reduciéndolas a meras figuras presentes, pero en silencio en cualquier culto. A muchas se les ha puesto en disciplina acusándolas de rebeldes a la Escritura. Todo esto no es otra cosa que abuso de autoridad sobre bases no definidas con precisión en la Palabra. Es necesario entender, sobre todo en la evidencia de estos dos últimos versículos, que Pablo está tocando asuntos culturales y sociales que, indudablemente podían traer consecuencias poco gratas en la sociedad corintia para la práctica del culto público.

Conclusión (11:16)

16. Con todo eso, si alguno quiere ser contencioso, nosotros no tenemos tal costumbre, ni las iglesias de Dios.

Εἰ δέ τις δοκεῖ φιλόνεικος εἶναι, ἡμεῖς τοιαύτην συνήθειαν
Y si alguien piensa amigo de discusiones ser, nosotros tal costumbre
οὐκ ἔχομεν οὐδὲ αἱ ἐκκλησίαι τοῦ Θεοῦ.
no tenemos ni las iglesias - de Dios.

Análisis y notas del texto griego.

Análisis: Εἰ, conjunción afirmativa *si*; δέ, partícula conjuntiva que hace las veces de conjunción coordinante, con sentido de *pero, más bien, y, y por cierto, antes bien, entonces*; τις, caso nominativo masculino singular del pronombre indefinido *alguien*; δοκεῖ, tercera persona singular del presente de indicativo en voz activa del verbo δοκέω, *pensar, valorar*, aquí *piensa*; φιλόνεικος, caso nominativo masculino singular del adjetivo *amigo de discusiones*; εἶναι, presente de infinitivo en voz activa del verbo εἰμί, *ser, estar*; ἡμεῖς, caso nominativo de la primera persona plural del pronombre personal *nosotros*; τοιαύτην, caso acusativo femenino singular del adjetivo demostrativo *tal*; συνήθειαν, caso acusativo femenino singular del nombre común *costumbre*; οὐκ, forma escrita del adverbio de negación *no*, con el grafismo propio ante una vocal con espíritu suave o una enclítica; ἔχομεν, primera persona plural del presente de indicativo en voz activa del verbo ἔχω, *tener*, aquí *tenemos*; οὐδὲ, conjunción *ni*; αἱ, caso nominativo femenino plural del artículo determinado *las*; ἐκκλησίαι, caso nominativo femenino plural del nombre común *iglesias*; τοῦ, caso genitivo masculino singular del artículo determinado *el*; Θεοῦ, caso genitivo masculino singular del nombre divino declinado *de Dios*.

Εἰ δέ τις δοκεῖ φιλόνεικος εἶναι, Los corintios tenían fama de contenciosos, y esto posiblemente se manifestaba también en la iglesia. El hecho de que hubiese algunos que se decían de Pablo, otros de Apolos, otros de Cefas y otros de Cristo, indica que entre ellos había discusiones y polémicas. Los romanos especialmente los que estaban en el entorno del mundo que había sido griego, estaban acostumbrados a la polémica y a la discusión de cualquier tema. Pablo sabía que las instrucciones dadas en el escrito tocante a la forma de atavío de la mujer en el culto, generaría algún tipo de discusión. Las propias normas sociales que acaba de señalar debieran hacerles reflexionar. Él sabía que para algunos el *"todo me es lícito"* (6:12; 10:23), era el lema favorito y la expresión de su comportamiento. De manera que, si a pesar de cuanto dijo, alguno quería ser contencioso, debe atenerse a la expresión final que reviste ya la autoridad del apóstol.

ἡμεῖς τοιαύτην συνήθειαν οὐκ ἔχομεν. Con firmeza les dice: *"nosotros no tenemos tal costumbre"*. Una nueva dificultad exegética en esta frase. ¿A qué costumbre se refiere el apóstol? Algunos como Calvino la entienden como que no tenían la costumbre de polemizar por todo. Esto pudiera ser propio de las polémicas entre cristianos de origen judío y de los de origen gentil, que sin duda discutían por cuestiones tradicionales unos y de no sujeción a ellas otros. Pero, más bien debe entenderse como una advertencia a los polemistas. Para quienes quieren discutir las normas de comportamiento dadas por el apóstol, les queda la autoridad apostólica, que ha orientado la forma de comportamiento en el culto para las mujeres que oraban y profetizaban en la reunión general. Los apóstoles no tenían otra costumbre que la dicha en el párrafo, que la mujer que participa en el culto lo debe hacer con la cabeza cubierta, en el caso de Corinto, probablemente con el pelo recogido y no suelto.

οὐδὲ αἱ ἐκκλησίαι τοῦ Θεοῦ. Pero afirma también que no solo *nosotros*, sino también todas las *iglesias de Dios*. Pablo indica que esta forma de comportamiento es propia de las iglesias. Los que consideran que la cobertura de que habla es el velo puesto sobre la cabeza de las mujeres, les es válido el mismo argumento. Sin embargo, a la luz del pasaje considerado y sin prejuicio alguno, es muy difícil entender que la norma dada para los de Corinto, especialmente el uso del velo haya de imponerse como asunto doctrinal en las iglesias del mundo occidental en este tiempo.

La Cena del Señor (11:17-34)

Corrigiendo abusos (11:17-22)

17. Pero al anunciaros esto que sigue, no os alabo; porque no os congregáis para lo mejor, sino para lo peor.

Τοῦτο δὲ παραγγέλλων οὐκ ἐπαινῶ[1] ὅτι οὐκ εἰς τὸ κρεῖσσον
Pero esto que hago saber no alabo porque no para lo mejor
ἀλλὰ εἰς τὸ ἧσσον συνέρχεσθε.
sino para lo peor os reunís.

Análisis y notas del texto griego.

Análisis: Τοῦτο, caso acusativo neutro singular del pronombre demostrativo *esto*; δὲ, partícula conjuntiva que hace las veces de conjunción coordinante, con sentido de *pero, más bien, y, y por cierto, antes bien, entonces*; παραγγέλλων, caso nominativo masculino singular del participio de presente en voz activa del verbo παραγγέλλω, *anunciar, hacer saber, dar parte, transmitir un recado o noticia, ordenar, prescribir, recomendar*, aquí *que hago saber*; οὐκ, forma escrita del adverbio de negación *no*, con el grafismo propio ante una vocal con espíritu suave o una enclítica; ἐπαινῶ, primera persona singular del presente de indicativo en voz activa del verbo ἐπαινέω, *alabar*, aquí *alabo*; ὅτι, conjunción causal *porque*; οὐκ, forma escrita del adverbio de negación *no*, con el grafismo propio ante una vocal con espíritu suave o una enclítica; εἰς, preposición propia de acusativo *para*; τὸ, caso acusativo neutro singular del artículo determinado *lo*; κρεῖσσον, caso acusativo neutro singular del adjetivo comparativo *mejor*; ἀλλὰ, conjunción adversativa *sino*; εἰς, preposición propia de acusativo *para*; τὸ, caso acusativo neutro singular del artículo determinado *lo*; ἧσσον, caso acusativo neutro singular del adjetivo comparativo *peor*; συνέρχεσθε, segunda persona plural del presente de indicativo en voz media del verbo συνέρχομαι, *reunirse, congregarse*, aquí *os reunís*.

Notas. Crítica Textual. Lecturas alternativas.

[1] παραγγέλλων οὐκ ἐπαινῶ, *que hago saber, no alabo*, lectura atestiguada en a, D^2, F, G, K, L, P, Ψ, 630, 1241, 1505, 1881, 2464, 𝔐, ar, d.

παραγγέλλω οὐκ ἐπαινῶν, *que hago saber no alabando*, A, C, 6, 33, 104, 326, 365, 1175, 1739, f, vg, Ambrosiaster.

παραγγέλλω οὐκ ἐπαινῶ, *que hago saber no alabo*, D*, 81, b.

Τοῦτο δὲ παραγγέλλων οὐκ ἐπαινῶ El apóstol pasa a tratar otro de los problemas que habían surgido en la iglesia en Corinto y que tenía que ver con un desorden en el culto general de iglesia, especialmente relacionado con el cumplimiento de la ordenanza de la Cena del Señor. Este problema se producía cuando se congregaban como iglesia, no tanto las reuniones en las casas, sino la reunión general para culto, oración, enseñanza y práctica de la ordenanza.

A causa del desorden que se producía en esas ocasiones, el apóstol dice que sobre esto que va a tratar *no les alaba*. Antes había dicho lo contrario (v. 2), pero aquí no puede dedicarles ninguna palabra de aprobación a causa de lo que estaba ocurriendo cuando se congregaban como iglesia. La imposibilidad de alabarles, no era porque introdujesen reformas en el modo de cumplir la ordenanza, ni que hubiese negligencia en la práctica, se debía especialmente al espíritu profano que habían introducido en la forma de celebración de los actos del culto congregacional.

Los corintios habían seguido la costumbre de reunirse antes de la celebración de la *Cena del Señor*, para una comida fraternal que recibía el nombre de *ágape*. No es en sí nociva esa práctica, pero la habían desvirtuado de tal modo que representaba una profanación de un acto que debía manifestar una expresión de santidad, comunión, amistad y amor fraterno, que no se manifestaba en ella.

ὅτι οὐκ εἰς τὸ κρεῖσσον ἀλλὰ εἰς τὸ ἧσσον συνέρχεσθε. El apóstol les indica que cuando se reunían como iglesia no era para *lo mejor*, sino para *lo peor*. No era para edificación mutua, sino todo lo contrario. No eran dedicadas a la adoración a Dios, ya que había, como se verá en el escrito, problemas de amor fraternal y de ausencia de comunión entre ellos. En esas reuniones había quienes no tenían que comer, mientras que otros abusaban de la comida e incluso se emborrachaban (v. 21). Había tal desorden que constituía un desprecio para la iglesia y humillaba a los hermanos humildes (v. 22). En el contexto inmediato se aprecian dos problemas que se producían en el culto público: a) No celebraban correctamente la *Cena del Señor*; b) Usaban incorrecta y presuntuosamente los dones de que el Espíritu les había dotado. Por esta causa, las reuniones en lugar de ser para bendición, eran para juicio (v. 29). De modo que no eran dignos de alabanza.

18. Pues en primer lugar, cuando os reunís como iglesia, oigo que hay entre vosotros divisiones; y en parte lo creo.

πρῶτον μὲν γὰρ συνερχομένων ὑμῶν ἐν ἐκκλησίᾳ
Porque primeramente de cierto reuniéndoos vosotros en iglesia
ἀκούω σχίσματα ἐν ὑμῖν ὑπάρχειν καὶ μέρος τι πιστεύω.
oigo divisiones entre vosotros existir y en parte lo que creo.

Análisis y notas del texto griego.

Análisis: πρῶτον, adverbio de modo *primeramente*, o también caso acusativo neutro singular del adjetivo numeral ordinal *primero*; μὲν, partícula afirmativa que se coloca siempre inmediatamente después de la palabra expresiva de una idea que se ha de reforzar o poner en relación con otra idea y que, en sentido absoluto tiene oficio de adverbio de afirmación, como *ciertamente, a la verdad*; γὰρ, conjunción causa *porque*; συνερχομένων, caso genitivo masculino plural del participio de presente en voz media del verbo συνέρχομαι, *reunirse, congregare*, aquí *reuniéndoos*; ὑμῶν, caso genitivo de la segunda persona plural del pronombre personal *vosotros*; ἐν, preposición propia de dativo *en*; ἐκκλησίᾳ, caso dativo femenino singular del nombre común *iglesia*; ἀκούω, primera persona singular del presente de indicativo en voz activa del verbo ἀκούω, *oír, escuchar*, aquí *oigo*; σχίσματα, caso acusativo neutro plural del nombre común *divisiones, cismas*; ἐν, preposición propia de dativo *entre*; ὑμῖν, caso dativo de la segunda persona plural del pronombre personal *vosotros*; ὑπάρχειν, presente de infinitivo en voz activa del verbo ὑπάρχω, *ser, estar, existir*; καὶ, conjunción copulativa *y*; μέρος, caso acusativo neutro singular del nombre común *en parte, parte*; τι, caso acusativo neutro singular del adjetivo indefinido *lo que*; πιστεύω, primera persona singular del presente de indicativo en voz activa del verbo πιστεύω, *creer*, aquí *creo*.

πρῶτον μὲν γὰρ, La importancia del problema es grande. Alguien había informado a Pablo de lo que estaba sucediendo cuando la iglesia se reunía como tal. El apóstol usa el adverbio de modo πρῶτον, *primeramente*[10], lo que supondría que más adelante complementara lo que dice con algo semejante a *en segundo lugar*, pero no aparece esta expresión en ninguna parte del párrafo, por tanto, debe estar usándolo en sentido de importancia del tema, que sería lo mismo que decirles *"porque principalmente"*. Esto sería la gravedad del problema como se desarrolla en los siguientes versículos.

συνερχομένων ὑμῶν ἐν ἐκκλησίᾳ. El problema se producía cuando los creyentes se congregaban como la iglesia, esto es, el conjunto de todos los cristianos reunidos en un determinado lugar. Ya se ha considerado bastante sobre esto en la introducción del capítulo, por lo que

---

[10] Puede ser también adjetivo numeral ordinal *primero*.

no es preciso añadir más que la confirmación de este tipo de reunión entre los creyentes en Corinto. Los que, durante los días de la semana, se reunían en las casas, lo hacían una vez, generalmente el primer día, en algún lugar donde hubiera espacio para esta celebración. Es necesario apreciar que no había *lugar sagrado* para esta reunión, pero había *reunión sagrada*, cuando se congregaban como iglesia. Era la congregación para el culto, en el cual, y en este caso concreto al que se refiere el apóstol, para el cumplimiento de la ordenanza de la *Cena del Señor*.

ἀκούω σχίσματα ἐν ὑμῖν ὑπάρχειν. Pablo había sido informado por alguien de los desórdenes que se producían en el tiempo en que se reunía la iglesia para el culto. No da aquí el nombre del informante o de los informantes. Tal vez fuesen *"los de la casa de Cloé"*, que ya antes le habían notificado de asuntos que no marchaban convenientemente en la iglesia (1:11).

El informe consistía en decir al apóstol que se manifestaban en ella *divisiones*, literalmente *cismas*, probablemente grupos divididos entre sí. Eran distintos a los que citó antes (1:10-13; 3:1-4), en los que se agrupaban para ensalzar a distintos apóstoles o siervos de Dios, convirtiéndolos en cabezas de esos grupos. En este caso, las divisiones son manifestaciones de falta de comunión de unos hacia otros. Siempre hubo estas divisiones en la iglesia, de modo que los creyentes de procedencia judía se separaban de los de origen gentil, cuando comían. Los que tenían un don más visible se enaltecían sobre los demás. Los ricos despreciaban a los pobres. En este espíritu divisionario, no era posible celebrar el culto.

καὶ μέρος τι πιστεύω. El informe era aceptado parcialmente por el apóstol: *"y en parte lo creo"*. Acaso los informantes habían presentado un panorama tan grave que el apóstol lo consideraba excesivo, pero, no dejaba de aceptar que las divisiones se producían y estaban presentes en las reuniones de la iglesia. Acaso tenía ciertas reservas y no daba crédito a todo, pero discernía que había gravedad en ese problema.

19. Porque es preciso que entre vosotros haya disensiones, para que se hagan manifiestos entre vosotros los que son aprobados.

δεῖ γὰρ καὶ αἱρέσεις ἐν ὑμῖν[1] εἶναι, ἵνα [καὶ][2] οἱ
Porque es necesario también divisiones entre vosotros haya, para que también los
δόκιμοι φανεροὶ γένωνται ἐν ὑμῖν[3].
aprobados manifiestos se hagan entre vosotros.

Análisis y notas del texto griego.

Análisis: δεῖ, tercera persona singular del presente de indicativo en voz activa del verbo δεῖ, *deber, ser necesario*, aquí *es necesario*; γὰρ, conjunción causal *porque*; καὶ, adverbio de modo *también*; αἱρέσεις, caso acusativo femenino plural del nombre común *divisiones, bandos, partidos*; ἐν, preposición propia de dativo *entre*; ὑμῖν, caso dativo de la segunda persona plural del pronombre personal *vosotros*; εἶναι, presente de infinitivo en voz activa del verbo εἰμί, *ser, estar*, aquí *haya*; ἵνα, conjunción causal *para que*; καὶ, adverbio de modo *también*; οἱ, caso nominativo masculino plural del artículo determinado *los*; δόκιμοι, caso nominativo masculino plural del adjetivo *aprobados*; φανεροὶ, caso nominativo masculino plural del adjetivo *conocidos, manifiestos, visibles*; γένωνται, tercera persona plural del segundo aoristo de subjuntivo en voz media del verbo γίνωμαι, *ser hecho, hacerse*, aquí *se hagan*; ἐν, preposición propia de dativo *entre*; ὑμῖν, caso dativo de la segunda persona plural del pronombre personal *vosotros*.

Notas. Crítica Textual. Lecturas alternativas.

[1] ἐν ὑμῖν, *entre vosotros*, conforme a la lectura en 𝔓[46], B, D[*], 6, 33, 630, 1175, 1739, 1881, vg, sa, bo[mss], Ambrosiaster.

Se omite en D[*], F, G, lat, Cipriano, Ambrosiaster.

[2] καὶ, *también*, como se lee en 𝔓[46], B, D[*], 6, 33, 630, 1175, 1739, 1881, vg, sa, bo[mss], Ambrosiaster.

Se omite en ℵ, A, C, D[1], F, G, K, L, P, Ψ, 81, 104, 365, 1241, 1505, 2464, 𝔐, b, vg[mss], sy, bo, Orígenes, Cipriano.

[3] ἐν ὑμῖν, *entre vosotros*, según lectura en 𝔓[46], B, D[*], 6, 33, 630, 1175, 1739, 1881, vg, sa, bo[mss], Ambrosiaster.

Se omite en 𝔓[46], C, 2464.

δεῖ γὰρ καὶ αἱρέσεις ἐν ὑμῖν εἶναι, El apóstol expresa la necesidad de que se produzca una distinción entre creyentes, considerándolo como una situación ineludible. Las divisiones serían la forma de distinguirlo. Es una afirmación semejante a la de Cristo, cuando anunciaba que era imposible que no viniesen *escándalos, tropiezos* (Mt. 18:7; Lc. 17:1). La naturaleza humana, contaminada por el pecado, cuando no está bajo el control del Espíritu, expresa externamente las obras de la carne, entre las que están las *divisiones* (Gá. 5:20). Éstos confunden libertad con libertinaje, considerando que cualquier cosa es lícita, provocando escisiones entre creyentes que producían problemas en la comunión de unos con otros. Esta es una enseñanza generalizada en el Nuevo Testamento (cf.

1 Ti. 4:1; 2 P. 2:1). Es una manifestación propia de *los últimos tiempos*, esto es, del tiempo de la dispensación de la iglesia, hasta el regreso de Jesús (2 Ti. 3:1-2). No debe entenderse la situación en Corinto como el resultado de quienes no eran creyentes, sino de problemas entre cristianos. Era la consecuencia, como se dijo antes, de la carnalidad entre ellos, en donde se producen y manifiestan las divisiones o partidismos.

ἵνα καὶ οἱ δόκιμοι φανεροὶ γένωνται ἐν ὑμῖν. Las acciones divisionarias, ponen de manifiesto quienes entre los creyentes son aprobados. Es decir, los que viven en el Espíritu, mantienen vínculos de amor y comunión con el resto de sus hermanos. Pero, no es menos cierto, que muchos corren y no reciben el premio, siendo eliminados o reprobados (9:27). Como se consideró en el comentario al texto citado, no se trata de pérdida de salvación, sino de pérdida de recompensa en la carrera cristiana. En la iglesia, los *carnales*, se distinguen claramente de los *espirituales* por las consecuencias que producen. El que anda conforme a la carne forma grupos, divide, porque no tiene amor. Debe apreciarse que muchas veces los que aparentan piedad, no viven en la eficacia de ella, sino todo lo contrario. Hay una forma de hipocresía, difícil de detectar, que permite ver a una persona como un dechado de virtudes y de vida espiritual, pero, las obras suyas ponen de manifiesto que no están viviendo conforme a la piedad. Muchas veces los legalistas están incursos en este problema. Aquellos que consideran que tienen el conocimiento profundo de la verdad y que son extremadamente celosos y defensores de ella, viven en la carne y producen divisiones con aquellos que no piensan del mismo modo. No es suficiente la apariencia, sino que es necesaria la realidad. Quien produce divisiones en la congregación está luchando contra Dios, puesto que la unidad de todos los creyentes, por la que Jesús oró al Padre, es una obra divina que corresponde al Espíritu Santo. El verdadero creyente que vive en el Espíritu, es *"solícito en guardar la unidad del Espíritu en el vínculo de la paz"* (Ef. 4:3). Nadie podrá romper la unidad que está perpetuamente hecha, pero puede causar problemas entre el cuerpo de creyentes.

20. Cuando, pues, os reunís vosotros, esto no es comer la cena del Señor.

Συνερχομένων οὖν[1] ὑμῶν ἐπὶ τὸ αὐτὸ οὐκ ἔστιν Κυριακὸν
Reuniéndoos, pues, vosotros, juntamente no es del Señor
δεῖπνον φαγεῖν·
cena comer.

Análisis y notas del texto griego.

Análisis: Συνερχομένων, caso genitivo masculino plural del participio de presente en voz media del verbo συνέρχομαι, *reunirse, congregarse*, aquí *reuniéndoos*; οὖν, conjunción continuativa *pues*; ὑμῶν, caso genitivo de la segunda persona plural del pronombre personal *vosotros*; ἐπὶ, preposición propia de acusativo *sobre*; τὸ, caso acusativo neutro singular del artículo determinado *lo*; αὐτὸ, caso acusativo neutro singular del pronombre personal *mismo*; οὐκ, forma escrita del adverbio de negación *no*, con el grafismo propio ante una vocal con espíritu suave o una enclítica; ἔστιν, tercera persona singular del presente de indicativo en voz activa del verbo εἰμί, *ser, estar*, aquí *es*; κυριακὸν, caso acusativo neutro singular del adjetivo *del Señor*; δεῖπνον, caso acusativo neutro singular del nombre común *cena*; φαγεῖν, segundo aoristo de infinitivo en voz activa del verbo εσθίω, *comer*.

Notas. Crítica Textual. Lecturas alternativas.

[1] οὖν, *pues*, según lectura en a, B, C, D[1], K, L, P, Ψ, 81, 104, 365, 630, 1175, 1241, 1505, 1739, 1881, 2464, 𝔐, lat, sy, co.

δὲ, *y*, conforme a P^{46}, D*, F, G, b.

Συνερχομένων οὖν ὑμῶν ἐπὶ τὸ αὐτὸ οὐκ ἔστιν κυριακὸν δεῖπνον φαγεῖν· El apóstol enlaza nuevamente con el principio de la advertencia (v. 18). La expresión del texto griego ἐπὶ τὸ αὐτὸ, literalmente *sobre lo mismo*, hace referencia al lugar de reunión de la iglesia y significa *juntos, o juntamente*, es decir, *en el mismo lugar*, con lo que está haciendo nuevamente referencia a la iglesia reunida en un mismo sitio.

En esa expresión, los lectores sabían que estaba refiriéndose al tiempo en que se cumplía la ordenanza de la *Cena del Señor*. Sin duda, en base a lo que sigue, se está refiriendo a la comida fraternal que celebraban antes del tiempo de reunión formal de la iglesia y del *Partimiento del Pan*. Esa comida cristiana, el *ágape*, que debía ser una fiesta de amor, nada tenía que ver con ese propósito, salvo el hecho de reunirse. Este *partimiento del pan* se hacía en *las casas* durante el tiempo próximo a la formación de la iglesia en Pentecostés, donde los cristianos "*comían juntos, con alegría y sencillez de corazón*" (Hch. 2:46).

El apóstol, refiriéndose a esa comida, les indica claramente que *"esto no es comer la cena del Señor"*. Las manifestaciones de incomprensión entre ellos contrastaban con el significado de unidad y comunión de la cena del Señor (10:17).

Ya se indicó en la *introducción* de la *Epístola*, que los griegos solían invitar a amigos y conocidos a cenar en su casa. Era habitual que en la cena *eranos*, los participantes trajeran alimentos para la comida. En ella se comía y bebía abundantemente y era normal que a menudo algunos comensales se embriagasen. La glotonería era otra forma natural de participación de la cena *eranos*. En circunstancias especiales, cada invitado tomaba su propia comida, y el compañerismo de compartir lo que se traía por cada invitado desaparecía. Es más, algunos además de traer su comida, comían según su propio horario. Todo esto se ha considerado ya en la *introducción*, en el apartado de la sociedad de la Corinto romana. Esta comida había sido asumida por los cristianos en Corinto como una cena previa al tiempo del culto y de la *Cena del Señor*. En ello seguían las normas de la sociedad romana. En esto surgían, lamentablemente, muchos conflictos individualistas, sobre todo, si la mente estaba cargada con exceso de vino. El orden, como se aprecia en la *Epístola* era el de una comida *eranos*, de compañerismo, seguida por el culto y el *Partimiento del Pan*. Realmente aquella comida no era, en modo alguno la *Cena del Señor*, sino una expresión desordenada de reunión entre cristianos, que el apóstol, no solo no alaba, sino que tiene que corregir.

21. Porque al comer, cada uno se adelanta a tomar su propia cena; y uno tiene hambre, y otro se embriaga.

ἕκαστος γὰρ τὸ ἴδιον δεῖπνον προλαμβάνει ἐν τῷ φαγεῖν, καὶ
Porque cada uno la propia cena se adelanta en el comer, y
ὃς μὲν πεινᾷ ὃς δὲ μεθύει.
quien a la verdad pasa hambre y quien está ebrio.

Análisis y notas del texto griego.

Análisis: ἕκαστος, caso nominativo masculino singular del adjetivo indefinido *cada uno, cada, cada cual*; γὰρ, conjunción causal *porque*; τὸ, caso acusativo neutro singular del artículo determinado *lo*; ἴδιον, caso acusativo neutro singular del adjetivo *propio*; δεῖπνον, caso acusativo neutro singular del nombre común *cena*; προλαμβάνει, tercera persona singular del presente de indicativo en voz activa del verbo προλαμβάνω, *anticiparse, adelantarse*, aquí *se adelanta*; ἐν, preposición propia de dativo *en*; τῷ, caso dativo neutro singular del artículo determinado *lo*; φαγεῖν, segundo aoristo de infinitivo en voz activa del verbo εσθίω, *comer*; καὶ, conjunción copulativa *y*; ὃς, caso nominativo masculino singular del pronombre relativo *el que, el cual, quien*; μὲν, partícula afirmativa que se coloca siempre inmediatamente después de la palabra expresiva de una idea que se ha de reforzar o poner en relación con otra idea y que, en sentido absoluto tiene oficio de adverbio de afirmación, como *ciertamente, a la verdad*; πεινᾷ, tercera persona singular del presente de indicativo en voz activa del verbo πείνω, *tener hambre*, aquí *tiene hambre*; ὃς, caso nominativo masculino singular del pronombre relativo *el que, el cual, quien*; δὲ, partícula conjuntiva que hace las veces de conjunción coordinante, con sentido de *pero, más bien, y, y por cierto, antes bien, entonces*; μεθύει, tercera persona singular del presente de indicativo en voz activa del verbo μεθύω, *estar ebrio*, aquí *está ebrio*.

ἕκαστος γὰρ τὸ ἴδιον δεῖπνον προλαμβάνει ἐν τῷ φαγεῖν, La situación en la cena que promovían los creyentes antes del culto, era realmente patética. El egoísmo entre los creyentes era manifiesto. No había amistad y comunión cristiana al no esperarse unos a otros para iniciar juntos la comida fraternal (v. 33). Las divisiones se aprecian claramente en la expresión *su propia cena*. Es decir, el que traía su comida, no esperaba que los otros estuviesen presentes, sino que comía cuando le parecía mejor, aquello que traía. Habían convertido el *ágape* en una práctica que tenía sólo la apariencia de comunión, pero que era todo lo contrario en la realidad. Es posible, aunque no pueda afirmarse con base en el texto bíblico, que incluso fuese una exhibición de cantidad y calidad de los alimentos que traían. Los jornaleros y los esclavos eran los que llegaban últimos a la cena, puesto que tenían compromisos ineludibles en sus labores y no siempre podían estar a la hora de empezar la comida.

καὶ ὃς μὲν πεινᾷ. Las consecuencias eran graves. Algunos *tenían hambre*. Hermanos pobres, acaso esclavos que no podían traer nada. Cuando llegaban al lugar de la reunión, habían terminado de cenar los que habían traído abundancia de provisiones, de modo que no teniendo que comer, los pobres quedaban hambrientos, pero, por otro lado, los pudientes habían comido más de lo necesario y, probablemente comida de alto costo para aquella sociedad.

ὃς δὲ μεθύει. Además de esto, *otros se embriagaban*. Junto con la abundancia de comida había también abundancia de vino. Estos que podían traer tanto, comían y bebían en exceso. No solo traían lo necesario, sino más de lo que era preciso. Su egoísmo era tal que ni aun dejaban lo que sobraba de la comida para que pudiesen comer otros que no podían traer nada. Cuando los necesitados, económicamente hablando, llegaban a la cena en el lugar donde algunos se habían excedido en comida y bebida, tenían que pasar hambre. Era muy difícil mantener una verdadera relación de amor y comunión de quienes no tenían que comer, con los que se habían excedido. Es posible que el apóstol esté utilizando aquí un lenguaje hiperbólico para destacar el contraste entre quienes no tenían nada y los que tenían más de lo necesario. El creyente espiritual no permite que su hermano pase necesidad, sino que comparte con él sus provisiones, como escribe el apóstol Juan: *"Pero el que tiene bienes de este mundo y ve a su hermano tener necesidad, y cierra contra él su corazón, ¿cómo mora el amor de Dios en él?"* (1 Jn. 3:17). El creyente espiritual deja a un lado el egoísmo y está dispuesto a mantener lazos de comunión con sus hermanos

(Hch. 2:44-45). Los que actúan del modo al que el apóstol se refiere son, como dice Judas, *"manchas en vuestros ágapes, que comiendo impúdicamente con vosotros se apacientan a sí mismos"* (Jud. 12). Este comportamiento manifestaba el grado de carnalidad a que puede llegar un cristiano que no anda en el Espíritu.

El panorama es verdaderamente grave. La ingesta excesiva de comida no permitiría una disposición para participar despejados en el culto que seguía a la cena, pero, todavía peor era la situación de quienes asistían a la reunión de la iglesia *embriagados*. El espíritu del vino controlaría sus acciones y podían ser un verdadero estorbo en la buena marcha de la reunión, como se aprecia más adelante.

22. Pues qué, ¿no tenéis casas en que comáis y bebáis? ¿O menospreciáis la iglesia de Dios, y avergonzáis a los que no tienen nada? ¿Qué os diré? ¿Os alabaré? En esto no os alabo.

μὴ γὰρ οἰκίας οὐκ ἔχετε εἰς τὸ ἐσθίειν καὶ πίνειν ἢ τῆς
Porque acaso ¿casas no tenéis para - comer y beber? ¿O la
ἐκκλησίας τοῦ Θεοῦ καταφρονεῖτε, καὶ καταισχύνετε τοὺς
iglesia - de Dios menospreciáis y avergonzáis a los
μὴ ἔχοντας τί εἴπω ὑμῖν ἐπαινέσω[1] ὑμᾶς[2] ἐν τούτῳ οὐκ ἐπαινῶ.
que no tienen? ¿Qué dijese os? ¿Alabare os? En esto no alabo.

Análisis y notas del texto griego.

Análisis: μὴ, partícula que hace funciones de adverbio de negación *no*, que puede traducirse como un condicional *acaso*; γὰρ, conjunción causal *porque*; οἰκίας, caso acusativo femenino plural del nombre común *casas*; οὐκ, forma escrita del adverbio de negación *no*, con el grafismo propio ante una vocal con espíritu suave o una enclítica; ἔχετε, tercera persona plural del presente de indicativo en voz activa del verbo ἔχω, *tener*, aquí *tenéis*; εἰς, preposición propia de acusativo *para*; τὸ, caso acusativo neutro singular del artículo determinado *lo*; ἐσθίειν, presente de indicativo en voz activa del verbo εσθίω, *comer*; καὶ, conjunción copulativa *y*; πίνειν, presente de infinitivo en voz activa del verbo πίνω, *beber*; ἢ, conjunción disyuntiva *o*; τῆς, caso genitivo femenino singular del artículo determinado *la*; ἐκκλησίας, caso genitivo femenino singular del nombre común *iglesia*; τοῦ, caso genitivo masculino singular del artículo determinado *el*; Θεοῦ, caso genitivo masculino singular del nombre divino declinado *de Dios*; καταφρονεῖτε, segunda persona plural del presente de indicativo en voz activa del verbo καταφρονέω, *menospreciar*, aquí *menospreciáis*; καὶ, conjunción copulativa *y*; καταισχύνετε, segunda persona plural del presente de indicativo en voz activa del verbo καταισχύνω, *avergonzar*, aquí *avergonzáis*; τοὺς, caso acusativo masculino plural del artículo determinado declinado *a los*; μὴ, partícula que hace funciones de adverbio de negación *no*; ἔχοντας, caso acusativo masculino plural del participio de presente en voz activa del verbo ἔχω, *tener*, aquí *que tienen*; τί, caso acusativo neutro singular del pronombre interrogativo *qué*; εἴπω, primera persona singular del segundo aoristo de indicativo en voz activa del verbo εἶπον, forma del aoristo de λέγω, *hablar, decir*, aquí *dijese*; ὑμῖν, caso dativo de la segunda persona plural del pronombre personal declinado *a vosotros, os*; ἐπαινέσω, primera persona singular del primer aoristo de subjuntivo en voz activa del verbo ἐπαινέω, *alabar*, aquí *alabase*; ὑμᾶς, caso acusativo de la segunda persona plural del pronombre personal declinado *a vosotros, os*; ἐν, preposición propia de dativo *en*; τούτῳ, caso dativo neutro singular del pronombre demostrativo *esto*; οὐκ, forma escrita del adverbio de negación *no*, con el grafismo propio ante una vocal con espíritu suave o una enclítica; ἐπαινῶ, primera persona singular del presente de indicativo en voz activa del verbo ἐπαινέω, *alabar*, aquí *alabo*.

Notas. Crítica Textual. Lecturas alternativas.

[1] ἐπαινέσω, *alabare*, lectura en a, A[vid], C, D, K, L, P, Ψ, 33, 81, 104, 365, 630, 1175, 1241, 1505, 1739, 1881, 2464, 𝔐, vg[mss].

ἐπαινῶ, *alabo*, según 𝔓[46], B, F, G, lat.

[2] ὑμᾶς, *os*, se omite en 𝔓[46].

μὴ γὰρ οἰκίας οὐκ ἔχετε εἰς τὸ ἐσθίειν καὶ πίνειν, La amonestación del apóstol se establece, como en otros lugares de la *Epístola*, haciendo uso de preguntas retóricas que exigen una respuesta del lector. La *Cena del Señor* se había convertido en un festejo de amigos. La emoción del apóstol se manifiesta en cada una de las preguntas. Pablo señala en esta conducta tres pecados principales. El primero, en relación con la ordenanza de Jesús, era una perversión de lo que Él había establecido. El ágape unido a la *Santa Cena* con la que concluía, no es una comida para alimentarse, sino una celebración religiosa expresamente instituida. Si alguno quiere satisfacer su necesidad de comer o de beber, debe hacerlo de otro modo y en otro lugar. De ahí que formule la pregunta si no tienen casas para comer y beber que tengan que venir para hacerlo en el culto. La *Cena del Señor* se distingue y debe distinguirse profundamente de una comida común. Una reunión como la que se producía en Corinto era pervertir la *Cena del Señor*, al convertirla en una mera cena individual, familiar o de amigos, pero ni siquiera comunitaria. Las actividades de relaciones amistosas o familiares se deben hacer en la casa y no en la iglesia.

ἢ τῆς ἐκκλησίας τοῦ Θεοῦ καταφρονεῖτε, Una actuación semejante, donde la gula de unos y el hambre de otros, así como la embriaguez se manifestaba, era un menosprecio para la iglesia del Señor. Los dos pecados se formulan unidos en una sola amonestación. La primera en relación con la iglesia en sí, donde el culto sagrado se convertía en un festival casi pagano, dejando de estar controlados por el Espíritu para vivir una experiencia carnal cubierta de apariencia espiritual, un mero formulismo en lugar de un culto.

καὶ καταισχύνετε τοὺς μὴ ἔχοντας. El tercer pecado consistía en *avergonzar* a los que no tenían nada, es decir, mortificaban o humillaban a los pobres, haciéndoles sentir su inferioridad. No avergonzaban a quienes no tenían casa, sino a los que no tenían nada. Era un menosprecio a Dios, porque la ofensa se hacía en Su iglesia y a sus santos. La iglesia está formada por creyentes que han sido salvos y constituidos por Dios como reyes y sacerdotes, incluso los más pobres en el concepto social del mundo (1 P. 1:2; 2:9). A éstos altamente honrados por Dios, los ricos de Corinto trataban con desprecio. Se anticipaban a comer cuanto habían traído, a beber hasta embriagarse, sin acordarse de que vendrían algunos, tal vez esclavos, que no tenían lo suficiente para satisfacer su necesidad de comer y beber. Santiago lo expresaba de otro modo, siendo el problema semejante: *"Porque si en vuestra congregación entra un hombre con anillo de oro y con ropa espléndida, y también entra un pobre con vestido andrajoso, y miráis con agrado al que trae la ropa espléndida y le decís: Siéntate tú aquí en buen lugar; y decís al pobre: Estate tú allí en pie, o siéntate aquí bajo mi estrado; ¿no hacéis distinciones entre vosotros mismos, y venís a ser jueces con malos pensamientos?"* (Stg. 2:2-4). Hay que recordar la advertencia que el apóstol Juan hace, cuando escribe: *"Pero el que tiene bienes de este mundo y ve a su hermano tener necesidad, y cierra contra él su corazón, ¿cómo mora el amor de Dios en él? Hijitos míos, no amemos de palabra ni de lengua, sino de hecho y en verdad"* (1 Jn. 3:17-18).

τί εἴπω ὑμῖν ἐπαινέσω ὑμᾶς ἐν τούτῳ οὐκ ἐπαινῶ. Luego de presentar a los corintios la realidad de lo que ellos practicaban como reunión para culto y *Partimiento del Pan*, formula nuevamente dos preguntas: *¿Qué debo decir? ¿Os alabaré?* Para concluir que es imposible alabarles por este comportamiento.

Institución de la ordenanza (11:23-26)

23. Porque yo recibí del Señor lo que también os he enseñado: Que el Señor Jesús, la noche que fue entregado, tomó pan.

'Εγὼ γὰρ παρέλαβον ἀπὸ τοῦ Κυρίου, ὃ καὶ παρέδωκα ὑμῖν,
Porque yo recibí del Señor lo que también entregué os:
ὅτι ὁ Κύριος 'Ιησοῦς ἐν τῇ νυκτὶ ᾗ παρεδίδετο ἔλαβεν ἄρτον
Que el Señor Jesús en la noche que era entregado tomó pan.

Análisis y notas del texto griego.

Análisis: ᾿Εγὼ, caso nominativo de la primera persona singular del pronombre personal *yo*; γὰρ, conjunción causal *porque*; παρέλαβον, primera persona singular del segundo aoristo de indicativo en voz activa del verbo απαραλαμβάνω, *recibir*, aquí *recibí*; ἀπὸ, preposición propia de genitivo *de*; τοῦ, caso genitivo masculino singular del artículo determinado *el*; Κυρίου, caso dativo masculino singular del nombre divino *Señor*; ὃ, caso acusativo neutro singular del pronombre relativo *lo que*; καὶ, adverbio de modo *también*; παρέδωκα, primera persona singular del primer aoristo de indicativo en voz activa del verbo παραδίδωμι, *entregar, dar*, aquí *entregué*; ὑμῖν, caso acusativo de la segunda persona plural del pronombre personal declinado *a vosotros, os*; ὅτι, conjunción *que*; ὁ, caso nominativo masculino singular del artículo determinado *el*; Κύριος, caso nominativo masculino singular del nombre divino *Señor*; ᾿Ιησοῦς, caso nominativo masculino singular del nombre propio *Jesús*; ἐν, preposición propia de dativo *en*; τῇ, caso dativo femenino singular del artículo determinado *la*; νυκτὶ, caso dativo femenino singular del nombre común *noche*; ᾗ, caso dativo femenino singular del pronombre relativo *que*; παρεδίδετο, tercera persona singular del imperfecto de indicativo en voz pasiva del verbo παραδίδωμι, *dar, entregar*, aquí *era entregado*; ἔλάεν, tercera persona singular del segundo aoristo de indicativo en voz activa del verbo λαμβάνω, *tomar, coger, agarrar*, aquí *tomó*; ἄρτον, caso acusativo masculino singular del nombre común *pan*.

᾿Εγὼ γὰρ παρέλαβον ἀπὸ τοῦ Κυρίου, Con el fin de hacer que el espíritu profano que estaba motivando ciertas acciones de los corintios desapareciese, el apóstol les recuerda la institución de la ordenanza de la *Cena del Señor*. Este recuerdo de la enseñanza debiera traer como consecuencia un retorno de los creyentes en Corinto a Cristo mismo, en un repaso solemne de la institución de la ordenanza, para lo que fue establecida por el Señor Jesús.

Lo que va a recordarles es la ordenanza tal y como la recibió del Señor. Establece el recuerdo sobre una base de absoluta autoridad en la narración. El pronombre personal ἐγὼ, *yo*, con el que abre la oración, establece para los lectores la veracidad del relato, puesto que no lo recibió él directamente. Lo que sigue procede del Señor y sin otro intermediario que el apóstol mismo. Surge inevitablemente la pregunta de cuándo lo recibió, puesto que no estaba presente con los Doce en la institución de la ordenanza. Algunos responden que Pablo conoció esto por la tradición apostólica, sin embargo, hay que explicar el significado de la expresión: *"yo recibí del Señor"*. La primera persona, en la frase, exigiría entender una recepción directa, de lo contrario tendría que decir *nosotros*, incluyendo a todos los cristianos que habían recibido el relato de los apóstoles, presentes en aquella ocasión. Una expresión semejante va a usarla más adelante (15:3), que indudablemente es el resumen de la tradición apostólica que circulaba en la iglesia. Si *viene del Señor*, entonces no puede ser de otro modo que por una revelación directa. La preposición ἀπὸ, *de*, en la oración, se identifica más con la transmisión directa del Señor a Pablo, sin intermediarios, aunque sería más firme esto si usara la preposición παρὰ, con genitivo que siempre significa origen, aunque la que usa en el texto es ambivalente. Es necesario tener presente que el apóstol Pablo recibió el evangelio directamente del Señor Jesús: *"Pues yo ni lo recibí ni lo aprendí de hombre alguno, sino por revelación de Jesucristo"* (Gá. 1:12). El evangelio como doctrina, comprendía las ordenanzas para la iglesia, tanto del bautismo como de la *Cena del Señor*. Posiblemente estas revelaciones se produjeron durante el tiempo pasado en Arabia (Gá. 1:17). Cristo habló con Pablo en algunas ocasiones, como en el camino a Damasco (Hch. 9); dos veces en Jerusalén (Hch. 22:17-18; 23:11). Esta revelación era la causa por la que no podía alabarles en lo que estaban haciendo. Aquello no era celebrar la *Santa Cena*, porque no se ajustaba en nada a lo que el apóstol había recibido del Señor.

ὃ καὶ παρέδωκα ὑμῖν, La revelación del Señor sobre esta ordenanza había sido *entregada*, fielmente a los creyentes. El verbo griego παραδίδωμι, se usa para expresar la idea de *dar* o *entregar una tradición*. En este caso la tradición de la enseñanza personal del apóstol y, sin duda también la de otros apóstoles y maestros que habían estado visitando la congregación en Corinto. Aquello, hasta el momento del escrito, había sido una tradición oral. Dada por un apóstol antes de escribirla en la *Epístola*, tiene tanta autoridad como el escrito bíblico, porque el apóstol hablaba según lo que el Señor le había comunicado.

ὅτι ὁ Κύριος Ἰησοῦς, La ordenanza fue establecida por *"el Señor Jesús"*, a quien hace referencia inmediatamente antes de recordarles lo que les había enseñado y lo que Cristo había hecho la noche de la última cena con los discípulos. La ordenanza reviste toda la autoridad de Jesucristo, el Señor y no es posible variar nada de ella sin salirse de la obediencia que se debe a lo que Él establece.

ἐν τῇ νυκτὶ ᾗ παρεδίδετο. El momento en que fue establecida la ordenanza era *"la noche que fue entregado"*. El verbo está en voz pasiva, en imperfecto de indicativo, que manifiesta que la ordenanza se estableció mientras Jesús era entregado, o mejor, en el tiempo en que fue entregado. En el momento de establecer la ordenanza Judas ya había salido para cometer su traición. Ahora bien, cabe formularse aquí una pregunta reflexiva: *¿Quién entregó a Jesús?* Podrían señalarse a varios: Judas que le vendió por treinta piezas de plata a los judíos, traicionando al Maestro (Lc. 22:48); los judíos también lo entregaron en manos del gobernador romano Poncio Pilato (Lc. 23:1); éste sentenció al Señor a muerte y lo entregó a los soldados para que le crucificasen (Lc. 23:24). Sin embargo, una profundidad mucho mayor se expresa en el concepto *la noche que fue entregado*. La entrega del Señor obedecía a un plan establecido anticipadamente por Dios (Hch. 4:27-28). El Padre *entregó* a Su Unigénito (Jn. 3:16; Gá. 4:4). El Señor mismo se entregó a la muerte voluntariamente, conforme a la determinación que eternamente se había establecido (1 P. 1:18-20), pero, sin que nadie presionara esta entrega, ya que Él había venido para esto (Jn. 10:17-18). El hecho de haberse establecido la ordenanza en momentos como aquellos, reviste a la *Cena del Señor*, de una especial solemnidad.

ἔλαβεν ἄρτον. Probablemente esta parte del versículo corresponde mejor al siguiente. La primera acción en el relato histórico fue que *"el Señor tomó pan"*. Lo hizo durante la cena que celebraban como motivo del precepto pascual. El pan que tomó para ello fue pan común, el que estaba sobre la mesa y que, en el tiempo de la pascua, era pan ácimo, esto es, sin levadura como prescribía la ley ceremonial. La ordenanza no establece un pan especial, sino el pan normal que se toma como comida.

24. y habiendo dado gracias, lo partió, y dijo: Tomad, comed; esto es mi cuerpo que por vosotros es partido; haced esto en memoria de mí.

καὶ εὐχαριστήσας ἔκλασεν καὶ εἶπεν·[1] τοῦτο μού ἐστιν τὸ
Y dado gracias partió y dijo: Esto de mí es el
σῶμα τὸ ὑπὲρ ὑμῶν· τοῦτο ποιεῖτε εἰς τὴν ἐμὴν ἀνάμνησιν.
cuerpo - por vosotros. Esto haced en - mí memoria.

Análisis y notas del texto griego.

Análisis: καὶ, conjunción copulativa *y*; εὐχαριστήσας, caso nominativo masculino singular del participio del primer aoristo en voz activa del verbo εὐχαριστέω, *dar gracias*, aquí *dado gracias*; ἔκλασεν, tercera persona singular del primer aoristo de indicativo en voz activa del verbo κλάω, *partir, dividir*, aquí *partió*; καὶ, conjunción copulativa *y*; εἶπεν, tercera persona singular del segundo aoristo de indicativo en voz activa del verbo εἶπον, forma del aoristo de λέγω, *hablar, decir*, aquí *dijo*; τοῦτο, caso nominativo neutro singular del pronombre demostrativo *esto*; μού, caso genitivo de la primera persona singular del pronombre personal declinado *de mí*; ἐστιν, tercera persona singular del presente de indicativo en voz activa del verbo εἰμί, *ser, estar*, aquí *es*; τὸ, caso nominativo neutro singular del artículo determinado *el*; σῶμα, caso nominativo neutro singular del nombre común *cuerpo*; τὸ, caso nominativo neutro singular del artículo determinado *el*; ὑπὲρ, preposición propia de genitivo *por, para bien de, a favor de*; ὑμῶν, caso genitivo de la segunda persona plural del pronombre personal declinado *de vosotros*; τοῦτο, caso acusativo neutro singular del pronombre demostrativo *esto*; ποιεῖτε, segunda persona plural del presente de indicativo o del presente de imperativo, en voz activa del verbo ποιέω, *hacer*, aquí *haced*; εἰς, preposición propia de acusativo *a, en*; τὴν, caso acusativo femenino singular del artículo determinado *la*; ἐμὴν, caso acusativo de la primera persona singular del pronombre posesivo *mí*; declinado *de mí*; ἀνάμνησιν, caso acusativo femenino singular del nombre común *memoria, recuerdo*.

Notas. Crítica Textual. Lecturas alternativas.

[1] τοῦτο μού ἐστιν, *esto es de mí*... según lectura en P[46], a, A, B, C[*], D, F, G, 0199, 6, 33, 81[*], 104, 630, 1175, 1241, 1739, 1881, 2464, it, vg[st], co, Cipriano, Ambrosiaster, Pelagio.

λάβετε φάγετε τοῦτο μού ἐστιν, *tomad comed, esto es de mi*... C3, K, L, P, Ψ, 81, c, 365, 1505, 𝔐, t, vg[cl], sy.

καὶ εὐχαριστήσας El Señor tomó el pan y pronunció la oración de agradecimiento que el padre de familia hacía, dando gracias a Dios por los beneficios que recibían de Él y por la acción liberadora de Su pueblo, cuando actuó poderosamente y sacó a todos los israelitas de la esclavitud de Egipto. Ésta de Jesús debe considerarse, sin duda, como una manifestación de gratitud por las bendiciones de la salvación y por la realidad del *nuevo pacto*.

ἔκλασεν καὶ εἶπεν· Luego de orar partió el pan, es decir, lo troceó en porciones, para distribuirlo entre los que estaban con Él. Esta es una parte significativa de la ordenanza, el hecho de que todos van a participar de un mismo pan. En el entorno práctico del cumplimiento de la ordenanza en relación con el pan, en congregaciones que son generalmente más numerosas que aquella en que el Señor estaba con los discípulos, debe tenerse en cuenta la unidad de éste, es decir, el pan que se parte es uno solo. El hecho en sí de partirlo, puede hacerse en el momento de distribuirlo a los creyentes o puede venir partido ya. La realidad de la figura es que siendo muchos, todos participan del mismo pan. No cabe duda que cuantos más participan menor es la cantidad que puede distribuirse, de ahí que en ocasiones sean precisos más de una unidad del pan, pero, en cualquier caso, sigue siendo el mismo pan.

τοῦτο μού ἐστιν τὸ σῶμα τὸ ὑπὲρ ὑμῶν· La ordenanza va acompañada de las palabras que Jesús pronunció al distribuir el pan. En los mss. más seguros, la expresión *"tomad, comed"* no figura y probablemente es una interpolación de las que registra Mateo en su

Evangelio (Mt. 26:26), o parcialmente también en el *según Marcos* (Mr. 14:22). No figuran en Lucas, que sigue a la letra la tradición de Pablo (Lc. 22:19). Sin duda se sobreentiende que el pan partido y distribuido era para que lo comiese cada uno.

La referencia al simbolismo del pan es que representa, literalmente *Su cuerpo por vosotros*, o *Su cuerpo a vuestro favor*. Sin duda alguno no se trata de una *transustanciación*, ya que el cuerpo del Señor estaba presente. Cuando dice *esto es*, equivale a *simboliza*, es decir, *representa* (comp. 10:4; 11:7; Jn. 8:12; 10:9). Si se tratase literalmente de la conversión del pan en el cuerpo de Jesucristo, habría dos problemas en la institución de la ordenanza: a) Si se trataba del cuerpo material de Jesús, no era posible que la misma mano del mismo cuerpo que partía el pan, convirtiese este en el cuerpo real del que lo partía; b) Si se refiriese al cuerpo glorificado, tampoco era posible puesto que no existía aún en el momento del establecimiento de la ordenanza. No estaba diciendo Jesús que aquel acto era el primero de una serie que se produciría a lo largo de la historia en el que el pan se convertiría en el cuerpo Suyo, o como enseñan los luteranos, que *acompañaba* al pan, como una *consustanciación*. La forma en RV *que por vosotros es partido*, no está en los mss. del texto griego. Además, resta mucho al simbolismo, puesto que el cuerpo del Señor no fue partido para el cumplimiento de la profecía que no sería quebrantado hueso Suyo (Jn. 19:36). La frase expresa la idea del cuerpo de Jesús, vehículo para la muerte, siendo entregado, *fue dado* para ser el definitivo *Cordero de Dios* que quita el pecado del mundo.

τοῦτο ποιεῖτε εἰς τὴν ἐμὴν ἀνάμνησιν. El motivo para la ordenanza es el recuerdo de Jesús. El verbo expresa la idea de iniciar la ordenanza y seguirla practicando, en *memoria de mí*. El pronombre posesivo es muy expresivo, *debéis recordarme a mí*. No manda que se recuerde algún aspecto especial de Su obra, bien sea Su muerte, Su resurrección, Su glorificación, sino que se recuerde Su Persona, a Él mismo, con lo que ya está comprendida toda la operación salvadora que hizo a favor de nosotros y en nuestro lugar. Es el recuerdo permanente de Su amor (Gá. 2:20) y del costo de nuestra salvación (1 P. 1:18-20).

La iglesia en Corinto no celebraba con el sentido que Jesús le había dado la ordenanza de la *Cena del Señor*, la habían convertido en otra cosa totalmente contraria a lo que Él había dispuesto. Buscando satisfacer sus propios intereses, no prestaban atención a la gloriosa Persona del Señor a quien debían recordar, como el apóstol ya les había enseñado. Se trataba de volver a la condición de comunión entre hermanos y de adoración a Dios.

25. Asimismo tomó también la copa, después de haber cenado, diciendo: Esta copa es el nuevo pacto en mi sangre; haced esto todas las veces que la bebiereis, en memoria de mí.

ὡσαύτως καὶ τὸ ποτήριον μετὰ τὸ δειπνῆσαι λέγων· τοῦτο τὸ
Igualmente también la copa después de - cenar, diciendo: Esta -
ποτήριον ἡ καινὴ διαθήκη ἐστὶν ἐν τῷ ἐμῷ αἵματι· τοῦτο
copa el nuevo pacto es en - mí sangre; esto
ποιεῖτε, ὁσάκις ἐὰν πίνητε, εἰς τὴν ἐμὴν ἀνάμνησιν.
haced cuantas sea que bebáis, para - mí memoria.

Análisis y notas del texto griego.

Análisis: ὡσαύτως, adverbio de modo *igualmente, de ese modo*; καὶ, adverbio de modo *también*; τὸ, caso acusativo neutro singular del artículo determinado *el*; ποτήριον, caso acusativo neutro singular del nombre común *copa*; μετὰ, preposición propia de acusativo *después de*; τὸ, caso acusativo neutro singular del artículo determinado *lo*; δειπνῆσαι, primer aoristo de infinitivo en voz activa del verbo δειπνέω, *cenar, comer*; λέγων, caso nominativo masculino singular del participio de presente en voz activa del verbo λέγω, *hablar, decir*, aquí *diciendo*; τοῦτο, caso nominativo neutro singular del pronombre demostrativo *esto*; τὸ, caso nominativo neutro singular del artículo determinado *el*; ποτήριον, caso nominativo neutro singular del nombre común *copa*; ἡ, caso nominativo femenino singular del artículo determinado *la*; καινὴ, caso nominativo femenino singular del adjetivo *nuevo*; διαθήκη, caso nominativo femenino singular del nombre común *pacto*; ἐστὶν, tercera persona singular del presente de indicativo en voz activa del verbo εἰμί, *ser, estar*, aquí *es*; ἐν, preposición propia de dativo *en*; τῷ, caso dativo neutro singular del artículo determinado *el*; ἐμῷ, caso acusativo neutro singular del adjetivo posesivo *mí*; αἵματι, caso acusativo neutro singular del nombre común *sangre*; τοῦτο, caso acusativo neutro singular del pronombre demostrativo *esto*; ποιεῖτε, segunda persona plural del presente de indicativo o de imperativo en voz activa del verbo ποιέω, *hacer*, aquí *haced*; ὁσάκις, conjunción *todas las veces que, siempre que, cuantas*; ἐὰν, partícula conjuntiva que hace funciones de conjunción y que denota idea de condición o de hipótesis, *si, tanto si... como si... suponiendo que, sea que, si no, lo mismo que, como es de esperar*; πίνητε, segunda persona plural del presente de subjuntivo en voz activa del verbo πίνω, *beber*, aquí *bebáis*; εἰς, preposición propia de acusativo *en, para*; τὴν, caso acusativo femenino singular del artículo definido *la*; ἐμὴν, caso acusativo femenino singular del adjetivo posesivo *mí*; ἀνάμνησιν, caso acusativo femenino singular del nombre común *memoria, recuerdo*.

ὡσαύτως καὶ τὸ ποτήριον. El hecho puntual en la ordenanza del repartimiento del segundo símbolo, es la copa. El Señor tomó la copa, en forma semejante a como hizo con el pan durante la cena.

El momento de la distribución del vino, ocurrió *"después de haber cenado"*. Esta era la llamada *copa de bendición*, en la forma de participar en la cena pascual. Las copas en la comida de la Pascua eran cuatro, y el orden de la cena era como sigue: a) La primera copa, se servía al principio de la cena, con la oración hecha por el padre de familia, en que se agradecía a Dios por lo que significaba el cordero que se iba a comer luego, y se pedía la santificación de aquella comida. b) Luego se presentaba el primer plato que constaba de legumbres, hierbas amargas y salsa *hasoret*. En ese momento se mezclaba una segunda copa y se presentaba, pero no se bebía aún. c) Se seguía la liturgia pascual, con una nueva oración que hacía el padre de familia. Se cantaba la primera parte del *Hallel pascual*. Inmediatamente se bebía la segunda copa que se había distribuido entre los comensales. d) Se servía el plato principal. De nuevo el padre de familia oraba sobre el pan ázimo. Se comía la comida principal que estaba compuesta por el cordero pascual, hierbas amargas y vino. e) Seguía la acción de gracias sobre la tercera copa, que se llamaba *copa de bendición* y se bebía. f) Concluía la cena sirviéndose la cuarta copa. Se cantaba la segunda parte del *Hallel pascual*. Se hacía una plegaria de alabanza sobre la cuarta copa y se bebía.

La idea de que se usaba entonces una sola copa para todos los comensales que se pasaba de mano en mano, no está atestiguado en la historia de los judíos de los tiempos de Jesús. La copa se servía en la del padre de familia y éste distribuía una porción en cada copa de los que comían juntos la cena pascual. Sólo hasta después del s. III es cuando se empieza a leer algo de una copa en común que circulaba de mano en mano en el tiempo de la conmemoración de la pascua.

τοῦτο τὸ ποτήριον ἡ καινὴ διαθήκη ἐστὶν ἐν τῷ ἐμῷ αἵματι· Jesús hizo notar el simbolismo que representaba la copa en la ordenanza de la *Cena del Señor*. Sus palabras son elocuentes. Esta copa *es el Nuevo Pacto en mi sangre*. Los judíos habían recibido por medio de los profetas Isaías y Jeremías, el anuncio divino de un *nuevo pacto* que Dios establecería con Su pueblo (Is. 61:8; Jer. 31:31-34). La enseñanza sobre el *Nuevo Pacto* se complementa con otros pasajes proféticos (Is. 59:20-21; Jer, 32:37-40; Ez. 16:60-63; 37:21-28). Sobre el *nuevo pacto* aplicado al tiempo de la iglesia se lee en la *Carta a los Hebreos*, de este modo: *"Pero ahora tanto mejor ministerio es el suyo, cuanto es mediador de un mejor pacto, establecido sobre mejores promesas"* (He. 8:6). En el capítulo de Hebreos el tema del *Nuevo Pacto* y del *nuevo nacimiento* está presente y es el núcleo del mismo. La entrada al disfrute del este pacto es por el nuevo nacimiento o la regeneración del pecador que cree, por la obra del Espíritu Santo. Esta regeneración, conforme al profeta Jeremías, dotaría al hombre de un corazón nuevo, que estaría orientado a Dios en un temor reverente y en obediencia incondicional (Jer. 32:39-40). Ezequiel reitera la misma enseñanza (Ez. 11:19-20), anunciando un cambio de orientación en la vida del regenerado que lo conduce a una esfera de fidelidad y obediencia a Dios. La regeneración es una obra de renovación plena y dotación de una nueva vida, operada por el Espíritu Santo en todo aquel que cree (Tit. 3:5). Lo que antes era débil se torna en poderoso por la acción del Espíritu (Ro. 8:3). El creyente tiene implantada la Palabra y, por tanto, la ley de Dios está en su corazón. La consecuencia es un comportamiento acorde con las demandas divinas (Mt. 12:34). El regenerado ama la ley de Dios (Sal. 119:97). La vida de santificación se produce al influjo de la Palabra y de su obediencia (Sal. 119:11). Cristo el Señor tiene un ministerio mejor que cualquiera de los sacerdotes del pacto antiguo, porque el *Nuevo Pacto* está asentado sobre mejores promesas. Él es el *mediador* del *Nuevo Pacto.* Mediador es un apalabra que expresa la idea de alguien que se pone en medio para llevar a cabo una labor entre dos partes, indicando la condición de un árbitro. Job deseaba en la antigüedad encontrar un árbitro entre Dios y él, y no lo hallaba entonces según su percepción (Job. 9:33). Ahora nuestro Señor y Salvador es el Mediador entre Dios y los hombres en el establecimiento de una nueva alianza (1 Ti. 2:5). Es Mediador en el sentido de *reconciliador* supremo uniendo la tierra y el cielo, los hombres y Dios. Como Mediador perfecto toma a Su cargo los intereses de las dos partes que se unen en Él mismo. La Deidad y la humanidad son naturalezas de su Persona Divina, por tanto, está capacitado para mediar entre las dos partes, la divina y la humana, en el establecimiento del *Nuevo Pacto.* Él es Mediador de la salvación ante el único Dios, en orden a la redención de los pecados. Él reúne y encabeza la nueva creación, restaurándola y vivificándola al levantarla de la condición de deshecho a causa del pecado y mediándola hacia el Padre, es decir, reorientándola nuevamente hacia Dios. Esto supone necesariamente el sacrificio de la Cruz. Por esa razón, al instituir la ordenanza les hace notar el significado del vino, como la *sangre suya* que permite establecer el prometido *Nuevo Pacto*, anunciado ya por los profetas.

El *Nuevo Pacto* es mejor que el mosaico, no moralmente, sino en cuanto a eficacia (He. 7:19; Ro. 8:3-4). Al estar establecido sobre mejores promesas lo hace *incondicional*, En el pacto mosaico Dios decía: *"Si guardareis"* (Ex. 19:5). En el *Nuevo Pacto* Dios dice: *"Yo haré"* (He. 8:10-12). En el pacto mosaico la obediencia era producida por el temor (He. 2:2; 12:25-27). En el *Nuevo Pacto* son el resultado de una obra del Espíritu Santo que produce una mente y corazón voluntarios (He. 8:10). El *Nuevo Pacto* garantiza el completo olvido de los pecados, es decir, la garantía de que Dios no los traerá más a recuerdo para castigar al pecador por sus transgresiones (He. 8:12; 10:17). El *Nuevo Pacto* ofrece el descanso de una redención totalmente consumada (Mt. 26:27, 28; He. 9:11-12, 18-23). Este *Nuevo Pacto* es una garantía de la salvación otorgada por Dios en Su gracia y por medio de la fe.

La sangre derramada por Jesús, Su propia sangre, es expresión de la entrega de Su vida en sustitución del pecador, podríamos establecer una paráfrasis de las palabras del Salvador: *"Esta copa es el nuevo pacto y me cuesta la vida"*.

τοῦτο ποιεῖτε, ὁσάκις ἐὰν πίνητε, Establecida la ordenanza, no hay límite para practicarla. Cristo dice *cuántas veces*, es decir, podéis hacerlo sin limitación alguna. No hay ningún tipo de restricción para la celebración de la *Cena del Señor*. La celebración en el primer día de la semana, aparece repetidas veces en el Nuevo Testamento y especialmente en el libro de *Hechos* (Hch. 20:7), pero eso no quiere decir que fue norma apostólica, sino que, en la reunión de la iglesia en conjunto, que se celebraba habitualmente una vez por semana se hacía en domingo por deseo de los creyentes. Lamentablemente se hace cuestión sobre *cuándo* se debe hacer. Algunos consideran una falta –incluso un pecado– no hacerlo cada domingo. Otros participan de la *Cena del Señor*, con más distancia de tiempo. Algunos, pegados a la literalidad del relato histórico, creen que el *Partimiento del Pan* debe hacerse el domingo *por la noche*, puesto que el Señor no *comió*, sino que *cenó*. Generalmente estos extremismos conducen a la confrontación y no edifican al pueblo de Dios. Además, si queremos ser absolutamente literales, hemos de reconocer que la primera institución de la ordenanza tuvo lugar en la noche del jueves al viernes de la semana pascual y no el primer día de la semana.

εἰς τὴν ἐμὴν ἀνάμνησιν. Otra cuestión interesante es la razón de la ordenanza. Cristo dijo que cuantas veces se tomara de la copa, debía hacerse *en memoria de mí*. Ya se dijo antes lo suficiente cuando se consideró que el recuerdo a que se llama al pueblo de Dios, no es tanto a la muerte de Cristo, como única memoria, sino a su Persona, que conlleva también Su obra, ya que ambas son inseparables en la economía de la salvación. Esto no significa, en modo alguno que no recordemos, al tomar el vino, la sangre derramada por nosotros que nos limpia de todo pecado. Pero no es menos cierto que cuando centramos nuestra atención solo en la muerte de Jesús, olvidamos que, si no tenemos en cuenta Su resurrección juntamente con ella, no es posible el perdón de nuestros pecados, y si olvidamos la promesa de Su venida, tampoco tendremos esperanza.

Otro motivo de conflicto entre creyentes es el uso del medio para tomar el vino. Debe hacerse con una copa o con varias copas. La verdad es que la copa no simboliza nada en el contenido de la *Santa Cena*. El simbolismo no está en la copa, sino en el vino que la copa contiene. Hay una figura del lenguaje que cambia la expresión del continente por el contenido, de manera que cuando se habla de *repartir la copa* se está refiriendo a repartir el vino. Esta forma de expresión lingüística la usamos habitualmente de modo que decimos *voy a beber un vaso de agua*, cuando lo que realmente hacemos es beber *el agua de un vaso*. Usamos también *mesa* por la comida que hay en ella, como se dice en ocasiones, *¡Que excelente mesa!*, cuando lo que realmente estamos diciendo es *¡que excelente comida!* Al extremar la literalidad damos al recipiente la categoría del símbolo que contiene, produciendo contiendas entre hermanos cuando se entiende que la única forma de repartir el vino es en una sola copa, cuando lo importante es que se reparta el vino entre los que participan de la *Santa Cena*, sin tener en cuenta en cuantas copas se hace esto.

26. Así, pues, todas las veces que comiereis este pan, y bebiereis esta copa, la muerte del Señor anunciáis hasta que él venga.

ὁσάκις γὰρ ἐὰν ἐσθίητε τὸν ἄρτον τοῦτον καὶ τὸ ποτήριον[1]
Porque cuantas sea que comáis del pan este y de la copa
πίνητε, τὸν θάνατον τοῦ Κυρίου καταγγέλλετε ἄχρι οὗ ἔλθῃ.
bebáis, la muerte del Señor proclamáis hasta que viniese.

Análisis y notas del texto griego.

Análisis: ὁσάκις, conjunción *todas las veces que, siempre que, cuantas*; γὰρ, conjunción causal *porque*; ἐὰν, partícula conjuntiva que hace funciones de conjunción y que denota idea de condición o de hipótesis, *si, tanto si... como si... suponiendo que, sea que, si no, lo mismo que, como es de esperar*; ἐσθίητε, segunda persona plural del presente de subjuntivo en voz activa del verbo εσθίω, *comer*, aquí *comáis*; τὸν, caso acusativo masculino singular del artículo determinado declinado *del*; ἄρτον, caso acusativo masculino singular del nombre común *pan*; τοῦτον, caso acusativo masculino singular del pronombre demostrativo *este*; καὶ, conjunción copulativa *y*; τὸ, caso acusativo neutro singular del artículo determinado declinado *del*; ποτήριον, caso acusativo neutro singular del nombre común *copa*; πίνητε, segunda persona plural del presente de subjuntivo en voz activa del verbo πίνω, *beber*, aquí *bebáis*; τὸν, caso acusativo masculino singular del artículo determinado *el*; θάνατον, caso acusativo masculino singular del nombre común *muerte*; τοῦ, caso genitivo masculino singular del artículo determinado declinado *del*; Κυρίου, caso genitivo masculino singular del nombre divino *Señor*; καταγγέλλετε, segunda persona plural del presente de indicativo en voz activa del verbo καταγγέλλω, *anunciar, predicar, proclamar*, aquí *anunciáis*; ἄχρι, preposición propia de genitivo *hasta*; οὗ, caso genitivo masculino singular del pronombre relativo *que*; ἔλθῃ, tercera persona singular del segundo aoristo de subjuntivo en voz activa del verbo ἐρχόμαι, *venir*, aquí *viniese*.

Notas. Crítica Textual. Lecturas alternativas.

[1] τὸ ποτήριον, *la copa*, según lectura en a*, A, B, C*, D*, F, G, 33, 630, 1739^{txt}, 1881, 2464, lat, sa, Cipriano.

τοῦτο τὸ ποτήριον, *esta copa*, conforme a P^{46}, a^{2}, C^{3}, D^{1}, K, L, P, Ψ, 81, 104, 365, 1175, 1241, 1505, 1739^{mg}, 𝔐, ar, t, sy, bo.

ὁσάκις γὰρ ἐὰν. El apóstol concluye esta referencia a la institución de la ordenanza de la *Cena del Señor*, con un resumen de la práctica y del contenido de ella. Inicia la cláusula con dos conjunciones y una partícula conjuntiva que puede traducirse: *porque todas las veces*. Esto es, cada vez que se proceda a realizar la ordenanza, tendrá una consecuencia con esa celebración. La celebración es, como se consideró antes, ilimitada: *"todas las veces"*.

ἐσθίητε τὸν ἄρτον τοῦτον καὶ τὸ ποτήριον πίνητε, La ordenanza ha de hacerse con los dos elementos, el pan y el vino. Con toda claridad dice el apóstol: *"comiereis este pan y bebiereis de la copa"*. Nuevamente debe entenderse, aquí es muy claro, que el simbolismo no está en la copa, sino en el vino que contiene, como símbolo de la sangre derramada por Jesucristo. De ahí que la importancia no esté en el número de copas que se utilice, sino en el vino que se distribuye.

τὸν θάνατον τοῦ Κυρίου καταγγέλλετε El apóstol precisa que la práctica de la ordenanza se convierte en un acto que *proclama, predica, anuncia*, la muerte del Señor. No se dice tampoco aquí *la muerte del señor recordáis*, sino que el acto en sí es una *proclamación* de la muerte de Jesús y conlleva necesariamente al unirlo a las palabras de Cristo toda Su obra redentora, por consiguiente, está presente el recuerdo de Su muerte, pero también el de Su resurrección y el de la promesa de Su regreso. Cuando el tema único de esa proclamación es la muerte, el acto se convierte en algo fúnebre, cuando la realidad es todo lo contrario, proclamamos que a la muerte sigue la resurrección victoriosa del Salvador y Su ascensión a los cielos. Es verdad que murió, pero, ¡CRISTO VIVE!, y toda la obra redentora es un canto de triunfo que llena de gratitud y de gozo. Esa proclamación de la muerte del Señor, anuncia al mundo que somos partícipes del Nuevo Pacto por Él y en Él y que ya no hay condenación para los que estamos en Cristo (Ro. 8:1). Al participar del pan y del vino, se anuncia la unidad de todos los creyentes en Cristo. No hacen falta muchas palabras, solo las que Jesús pronunció al instituir la ordenanza y que el apóstol recuerda a los creyentes en esta *Epístola*. Es necesario entender bien que la *Cena del Señor*, no es un culto, sino una ordenanza que se celebra en un culto. En cualquier momento de un culto puede partirse en pan. En cualquier día de la semana es posible hacerlo. En cualquier hora del día o de la noche es lícito practicarla.

ἄχρι οὗ ἔλθῃ. La ordenanza es un rito simbólico establecido permanentemente para la iglesia cuyo término es la *venida del Señor*. En la *Cena del Señor*, hay un recuerdo del pasado, *la obra redentora* del Señor, en la que está presente tanto Su muerte como Su resurrección, pero es también la renovación de la esperanza de Su venida. La promesa Suya se hace presente cuando *partimos el pan* y *bebemos del vino* (Jn. 14:1-4). Un día, el cumplimiento de la promesa tendrá lugar y con ella concluirá la celebración de la ordenanza, porque habrá venido el Señor y estaremos para siempre con Él. El recuerdo de Él, el *haced esto en memoria de mí*, termina cuando Él aparezca y le veamos cara a cara.

La vinculación con las palabras del apóstol *no os alabo*, referidas a la celebración de una reunión que no era realmente el cumplimiento de la ordenanza (v. 17), es clara y se aprecia la razón de toda la exhortación y el recuerdo de la enseñanza sobre ella. Los que acuden a la celebración de la *Cena del Señor*, no deben hacerlo para satisfacer el hambre, ni para disfrutar de un ambiente agradable, sino para agradecer a Dios y dar testimonio del hecho grandioso de la redención.

Participación incorrecta (11:27-34)

27. De manera que cualquiera que comiere este pan o bebiere esta copa del Señor indignamente, será culpado del cuerpo y de la sangre del Señor.

Ὥστε ὃς ἂν ἐσθίῃ τὸν ἄρτον[1] ἢ πίνῃ τὸ ποτήριον τοῦ Κυρίου
Por tanto el que - coma del pan o beba de la copa del Señor
ἀναξίως, ἔνοχος ἔσται τοῦ σώματος καὶ τοῦ αἵματος τοῦ
indignamente, reo será del cuerpo y de la sangre del
Κυρίου.
Señor.

Análisis y notas del texto griego.

Análisis: Ὥστε, conjunción consecutiva *por tanto, por consiguiente, de tal manera que, con el fin de, con la intención de*; ὃς, caso nominativo masculino singular del pronombre relativo *el que, el cual, que, quien*; ἂν, partícula que no empieza nunca frase y que da a ésta carácter condicional o dubitativo, o expresa una idea de repetición. Se construye con todos los modos menos el imperativo y acompaña a los pronombres relativos para darles un sentido general; en algunas ocasiones no tiene traducción; ἐσθίῃ, tercera persona singular del presente de subjuntivo en voz activa del verbo εσθίω, *comer*, aquí *coma*; τὸν, caso acusativo masculino singular del artículo determinado declinado *del*; ἄρτον, caso acusativo masculino singular del nombre común *pan*; ἤ, conjunción disyuntiva *o*; πίνῃ, tercera persona singular del presente de subjuntivo en voz activa del verbo πίνω, *beber*, aquí *beba*; τὸ, caso acusativo neutro singular del artículo determinado declinado *del*; ποτήριον, caso acusativo neutro singular del nombre común *copa*; τοῦ, caso genitivo masculino singular del artículo determinado declinado *del*; Κυρίου, caso genitivo masculino singular del nombre divino *Señor*; ἀναξίως, adverbio de modo *indignamente*; ἔνοχος, caso nominativo masculino singular del adjetivo *merecedor, reo*; ἔσται, tercera persona singular del futuro de indicativo en voz media del verbo εἰμί, *ser, estar*, aquí *será*; τοῦ, caso genitivo neutro singular del artículo determinado declinado *del*; σώματος, caso genitivo neutro singular del nombre común *cuerpo*; καὶ, conjunción copulativa *y*; τοῦ, caso genitivo neutro singular del artículo determinado declinado *del*; αἵματος, caso genitivo neutro singular del nombre común *sangre*; τοῦ, caso genitivo masculino singular del artículo determinado declinado *del*; Κυρίου, caso genitivo masculino singular del nombre divino *Señor*.

Notas. Crítica Textual. Lecturas alternativas.

[1] τὸν ἄρτον, *del pan*, lectura atestiguada en 𝔓[46], a, A, B, C, D, F, G, Ψ, 33, 1175, 1505, 1739[txt], 2464, lat, sy[h], sa, Clemente.

τὸν ἄρτον τοῦτον, *de este pan*, según se lee en I[vid], K, L, P, 81, 104, 365, 630, 1241, 1739[mg], 1881, 𝔐, ar, vg[cl], bo, Ambrosiaster.

῞Ωστε ὃς ἂν. El apóstol formula una advertencia que alcanza a todos los creyentes, y que se inicia con una expresión genérica: *"De manera que cualquiera"*, sin ningún tipo de distinción, incluye a todos los que participan de la *Cena del Señor*. El pan y la copa pertenecen al Señor como elementos de la ordenanza que Él mismo estableció y a la que le dio el sentido tipológico que contiene.

ἐσθίῃ τὸν ἄρτον ἢ πίνῃ τὸ ποτήριον τοῦ κυρίου ἀναξίως, La ordenanza puede celebrarse y participar de ella, tanto del pan como del vino, de dos maneras: *digna o indignamente*. El apóstol advierte sobre la segunda manera de hacerlo, esto es, *indignamente*. Los verbos marcan acciones puntuales, los adjetivos la condición del que ejecuta la acción, los adverbios modifican el sentido de una palabra o incluso de una oración. En este caso expresan el modo de hacer algo, concretamente de la participación en la *Cena del Señor*. No se trata de la dignidad personal, sino de la forma indigna de hacerlo. Nadie puede por propia dignidad ser considerado apto para participar de la ordenanza, pero cualquier creyente con sus imperfecciones y faltas puede hacerlo *dignamente*, esto es con dignidad, o dignificando la acción. No se trata, pues, de perfección personal alcanzada o lograda con esfuerzo humano, ya que el creyente ha sido hecho perfecto en Cristo. Se trata de comer con menosprecio hacia lo que representa la ordenanza en sí, sin respeto de lo que expresa, como se aprecia en el versículo siguiente. Hacerlo sin intención de conmemorar la obra redentora de Jesucristo y recordarle a Él.

ἔνοχος ἔσται τοῦ σώματος καὶ τοῦ αἵματος τοῦ Κυρίου. El apóstol apunta a la grave consecuencia que esa participación hecha *indignamente* acarrea. Tal persona es considerada como *reo* en lo que fue la muerte de Jesús, esto es, persona que por haber cometido una culpa merece un castigo. Incluso, en derecho, el que es demandado como actor de un delito. El que trate los símbolos de forma irreverente, es culpable de irreverencia contra la realidad que representan. Este asunto entra de lleno en el pecado *voluntario*, aquel que es hecho a plena conciencia del que lo comete y que tiene graves consecuencias por esa condición de desobediencia y de falta de respeto (He. 10:26-31).

El objeto de la ofensa es *el cuerpo y la sangre del Señor*. Teniendo en cuenta que el pan y el vino no se transforman en el cuerpo y la sangre de Jesús, hemos de entender que la ofensa hecha contra el símbolo, se hace contra lo que simboliza. De otro modo, pecar contra el símbolo de una cosa, es pecar contra la cosa misma. Esa gravedad es digna de ser atendida con solicitud. La falta profana la ordenanza y hace profano el sentido de comunión que está en ella. Esto trae como consecuencia un grave peligro.

En el caso concreto de los corintios, participaban de la *Santa Cena*, sin tener en cuenta lo que representaba y que implicaba, necesariamente una rotura con el pecado, es decir, de la voluntad de vivir en santidad al haber sido rescatados de la antigua forma de vida. El apóstol seguramente que estaba pensando en el cumplimiento ligero y frívolo de la ordenanza, de modo que los corintios hacían de la *Cena del Señor* una simple comida. La forma indigna en la participación viene de la manera de comportarse interior y exteriormente del que tomaba del pan y bebía de la copa.

28. Por tanto, pruébese cada uno a sí mismo, y coma así del pan, y beba de la copa.

δοκιμαζέτω δὲ ἄνθρωπος ἑαυτὸν καὶ οὕτως ἐκ τοῦ ἄρτου
Pero pruebe hombre a sí mismo y así del pan
ἐσθιέτω καὶ ἐκ τοῦ ποτηρίου πινέτω·
coma y de la copa beba.

Análisis y notas del texto griego.

Análisis: δοκιμαζέτω, tercera persona singular del presente de imperativo en voz activa del verbo δοκιμάζω, *probar*, aquí *pruebe*; δὲ, partícula conjuntiva que hace las veces de conjunción coordinante, con sentido de *pero, más bien, y, y por cierto, antes bien, entonces*; ἄνθρωπος, caso nominativo masculino singular del nombre común *hombre*; ἑαυτὸν, caso acusativo masculino singular del pronombre reflexivo *a sí mismo*; καὶ, conjunción copulativa *y*; οὕτως, adverbio demostrativo *así, de igual manera, de la siguiente manera*; ἐκ, preposición propia de genitivo *de*; τοῦ, caso genitivo masculino singular del artículo determinado *el*; ἄρτου, caso genitivo masculino singular del nombre común *pan*; ἐσθιέτω, tercera persona singular del presente de imperativo en voz activa del verbo εσθίω, *comer*, aquí *coma*; καὶ, conjunción copulativa *y*; ἐκ, preposición propia de genitivo *de*; τοῦ, caso genitivo neutro singular del artículo determinado *el*; ποτηρίου, caso genitivo neutro singular del nombre común *copa*; πινέτω, tercera persona singular del presente de imperativo en voz activa del verbo πίνω, *beber*, aquí *beba*.

δοκιμαζέτω δὲ ἄνθρωπος ἑαυτὸν Debido a las consecuencias que trae el participar de la *Cena del Señor* indignamente, el apóstol exhorta a un examen personal antes de comer del pan y beber del vino. Examinarse equivale también aquí a *probarse*, someter a prueba la intimidad del corazón para determinar la razón y el modo de participar en la ordenanza. El examinarse o probarse no lo realiza otro, sino la misma persona: *pruébese a sí mismo*. Cada creyente debe conocer bien cuál es la intención por la que acude a participar de la *Cena del Señor*. Se exige aquí un examen personal e íntimo (Sal. 26:2; 139:23). Es una prueba que se hace en la presencia del Señor. En ella encontrará si el acto lo realiza con profundo respeto a lo que Jesús estableció y si no hay ningún obstáculo a la comunión con Él.

καὶ οὕτως ἐκ τοῦ ἄρτου ἐσθιέτω καὶ ἐκ τοῦ ποτηρίου πινέτω· El examen no busca un resultado negativo, sino positivo. Pablo no dice que si encuentra algo impropio *no participe* en la *Santa Cena*. Todo lo contrario, una vez determinada o comprobada la imperfección, una confesión personal delante del Señor resuelve el problema y en esa disposición debe participar de los símbolos. Hay quienes por cualquier razón dejan de cumplir la ordenanza. Una discusión familiar, una expresión de mal carácter, un equivocado nivel de perfección y santidad inalcanzable, sirven para no participar. Lo que Pablo enseña es que el examen personal es necesario. Esto conduce al arrepentimiento y a la confesión si es necesario y de ahí a la participación del pan y del vino. Si una persona no está en condiciones de cumplir la ordenanza, tampoco está en condiciones de alabar y adorar al Señor en el culto.

La enseñanza principal que transciende al tiempo y que convierte esta enseñanza en universal para la iglesia en cualquier tiempo y lugar, es que el creyente no debiera reconocer la *Cena del Señor* como un simple rito religioso, sino como testimonio de lo que la gracia de Dios hizo por medio de la obra de Jesucristo. Por sí mismo el creyente es indigno, pero en Cristo somos hechos dignos. No se busca una perfección de vida absoluta, imposible mientras estemos en el cuerpo, pero se busca una condición concordante con la santificación en Jesucristo.

29. Porque el que come y bebe indignamente, sin discernir el cuerpo del Señor, juicio come y bebe para sí.

ὁ γὰρ ἐσθίων καὶ πίνων[1] κρίμα ἑαυτῷ ἐσθίει καὶ πίνει μὴ
Porque el que come y que bebe juicio para sí mismo come y bebe no
διακρίνων τὸ σῶμα[1].
discerniendo el cuerpo.

Análisis y notas del texto griego.

Análisis: ὁ, caso nominativo masculino singular del artículo determinado *el*; γὰρ, conjunción causal *porque*; ἐσθίων, caso nominativo masculino singular del participio de presente en voz activa del verbo εσθίω, *comer*, aquí *que come*; καὶ, conjunción copulativa *y*; πίνων, caso nominativo masculino singular del participio de presente en voz activa del verbo πίνω, *beber*, aquí *que bebe*; κρίμα, caso acusativo neutro singular del nombre común *juicio*; ἑαυτῷ, caso dativo masculino singular del pronombre reflexivo declinado *para sí mismo*; ἐσθίει, tercera persona singular del presente de indicativo en voz activa del verbo εσθίω, *comer*, aquí *come*; καὶ, conjunción copulativa *y*; πίνει, tercera persona singular del presente de indicativo en voz activa del verbo πίνω, *beber*, aquí *bebe*; μὴ, partícula que hace funciones de adverbio de negación *no*; διακρίνων, caso nominativo masculino singular del participio de presente en voz activa del verbo διακρίνω, *distinguir, juzgar, tener en cuenta, discernir, separar, dirimir*, aquí *discernir*; τὸ, caso acusativo neutro singular del artículo determinado *el*; σῶμα, caso acusativo neutro singular del nombre común *cuerpo*.

Notas. Crítica Textual. Lecturas alternativas.

[1] καὶ πίνων, *y bebe*, según se lee en P[46], a[*], A, B, C[*], 6, 33, 1739, co.

καὶ πίνων ἀναξίως, *y bebe indignamente*, lectura en a[2], C[3], D, F, G, K, L, P, Ψ, 81, 365, 630, 1175, 1241, 1505, 1881, 2464, 𝔐, latt, sy.

[2] μὴ διακρίνων τὸ σῶμα, *no discerniendo el cuerpo* según P[46], a[*], A, B, C[*], 6, 33, 1739, 1881[*], vg[st], co, Pelagio.

μὴ διακρίνων τὸ σῶμα τοῦ Κυρίου, *no discerniendo el cuerpo del Señor*, como se lee en a^2, C^3, D, F, G, K, L, P, Ψ, 81, 104, 365, 630, 1175, 124, 1505, 1881^c, 2464, 𝔐, it, vg^{cl}, sy, Ambrosiaster.

ὁ γὰρ ἐσθίων καὶ πίνων κρίμα ἑαυτῷ ἐσθίει καὶ πίνει. El problema está en aquel que come y bebe, en referencia a los símbolos de la *Cena*, haciéndolo indignamente, como se lee en algunos mss.[11] Esta persona en lugar de bendición recibe juicio en la participación de ese modo en la ordenanza.

μὴ διακρίνων τὸ σῶμα. La razón de ese juicio es que no hace distinción, no discierne *"el cuerpo"*. Esta frase tiene un doble significado. Por un lado, están los profanos que no distinguen el sagrado significado del recuerdo del cuerpo de Cristo. Gente irreverente que consideran el culto como una festividad o un acto social (10:16-17). En segundo lugar, profanos que no distinguen la *unidad del cuerpo* de Cristo. Probablemente sea más correcta la segunda interpretación, que está en consonancia con el contexto general. Los corintios habían dividido la congregación en grupos y manifestaban esta carnalidad especialmente en el culto general de iglesia donde se partía el pan (v. 20). Aquellos no discernían esa realidad espiritual de que en la participación del pan afirmamos que somos todos un solo cuerpo en Cristo (10:16-17). El resultado traía como consecuencia que el que participaba de la *Cena* en esa manera estaba comiendo y bebiendo juicio para sí, que ya se estaba manifestando entre ellos.

30. Por lo cual hay muchos enfermos y debilitados entre vosotros, y muchos duermen.

διὰ	τοῦτο	ἐν	ὑμῖν	πολλοὶ	ἀσθενεῖς	καὶ	ἄρρωστοι	καὶ
Por	esto	entre	vosotros	muchos	enfermos	y	debilitados	y
κοιμῶνται	ἱκανοί.							
duermen	bastantes.							

Análisis y notas del texto griego.

Análisis: διὰ, preposición propia de acusativo *por*; τοῦτο, caso acusativo neutro singular del pronombre demostrativo *estos*, en sentido de *estas cosas, esto*; ἐν, preposición de dativo *en, entre*; ὑμῖν, caso dativo de la segunda persona plural del pronombre personal *vosotros*; πολλοὶ, caso nominativo masculino plural del adjetivo *muchos*; ἀσθενεῖς, caso nominativo masculino plural del adjetivo *enfermos*; καὶ, conjunción copulativa *y*; ἄρρωστοι, caso nominativo masculino plural del adjetivo *debilitados*; καὶ, conjunción copulativa *y*; κοιμῶνται, tercera persona plural del presente de indicativo en voz media del verbo

[11] Ver cuadro más arriba.

κοιμάομαι, *dormir*, aquí *duermen*, en sentido de *morir*; ἱκανοί, caso nominativo masculino plural del adjetivo *bastantes*.

διὰ τοῦτο ἐν ὑμῖν πολλοὶ, La realidad de la disciplina divina para quienes participaban indignamente de la *Cena del Señor*, había comenzado a manifestarse, y se mostraba en muchos de los miembros de la iglesia en Corinto. De ahí la expresión del apóstol: *"por lo cual hay muchos"*. Eran muchos de los que participaban de la ordenanza sin discernir la unidad del cuerpo, y recibían sobre sí el juicio de Dios. Por supuesto no se trata de un juicio condenatorio que exigiría la pérdida de salvación, pero si de un juicio de disciplina para la limpieza de la iglesia y la corrección de la práctica pecaminosa que estaban haciendo. La congregación no era muy numerosa, pero, aun así, la disciplina alcanzaba a muchos en ella.

ἀσθενεῖς καὶ ἄρρωστοι καὶ κοιμῶνται ἱκανοί. Los niveles de la disciplina de Dios eran varios. Por un lado, estaban los *enfermos*. Enfermedades producidas,o como consecuencia del pecado. Es algo que enseña también Santiago (Stg. 5:14-15). Es probable que los hermanos que visitaron a Pablo y que le informaron de los problemas que había en la iglesia, le indicaran que entre los creyentes había muchos enfermos. Tal vez aquejados de mala salud y en algunos sin esperanza de recuperación. Estos padecían algún tipo de indisposición, que les obligaba a no poder asistir a la reunión con los demás hermanos. Por otro lado, había un grupo de personas que estaban *debilitados*, acaso el problema era algo más leve que una enfermedad, aquejados por un estado de debilidad personal, una indisposición pasajera, pero que también les retenía en sus casas y no podían asistir a la reunión de la iglesia. Finalmente, estaban aquellos que *dormían*, es decir, que habían muerto. El texto griego dice que eran *bastantes* de los muchos que estaban indispuestos o enfermos. *Dormir* es un verbo que se usa para referirse a la muerte de los creyentes (Jn. 11:11-12; Hch. 7:60; 1 Co. 15:6, 18, 20, 51; 1 Ts. 4:13, 14, 15; 2 P. 3:4). Esta enseñanza concuerda con las referencias históricas que hizo antes al pueblo de Israel, como advertencia para los creyentes de este tiempo (10:1-12). El discernimiento espiritual del apóstol le lleva a formular la advertencia solemne a los corintios, de que aquellas situaciones de enfermedad, debilidad y muerte, se producían por disciplina divina a causa de su indignidad en el comportamiento de su vida cristiana, y especialmente en el modo de celebrar la *Santa Cena.*

31. Si, pues, nos examinásemos a nosotros mismos, no seríamos juzgados.

εἰ δὲ	ἑαυτοὺς	διεκρίνομεν,	οὐκ	ἂν	ἐκρινόμεθα·
Pero si	a nosotros mismos	discerníamos,	no	-	seríamos juzgados.

Análisis y notas del texto griego.

Análisis: εἰ, conjunción afirmativa *si*; δὲ, partícula conjuntiva que hace las veces de conjunción coordinante, con sentido de *pero, más bien, y, y por cierto, antes bien, entonces*; ἑαυτοὺς, caso acusativo masculino plural del pronombre reflexivo declinado *a nosotros mismos*; διεκρίνομεν, primera persona plural del imperfecto de indicativo en voz activa del verbo διακρίνω, *discernir*, aquí *discerníamos*; οὐκ, forma escrita del adverbio de negación *no*, con el grafismo propio ante una vocal con espíritu suave o una enclítica; ἂν, partícula que no empieza nunca frase y que da a ésta carácter condicional o dubitativo, o expresa una idea de repetición. Se construye con todos los modos menos el imperativo y acompaña a los pronombres relativos para darles un sentido general; en algunas ocasiones no tiene traducción; ἐκρινόμεθα, primera persona plural del imperfecto de indicativo en voz pasiva del verbo κρίνω, *juzgar*, aquí *seríamos juzgados*.

εἰ δὲ ἑαυτοὺς διεκρίνομεν, οὐκ ἂν ἐκρινόμεθα· El modo de evitar la disciplina es el examen personal. Ya lo presentó antes el apóstol como una necesidad (v. 28). La indicación es clara, somos juzgados por Dios cuando no nos juzgamos voluntariamente a nosotros mismos. El verbo διακρίνω, significa aquí *analizar, discernir*, que unido al pronombre personal *nosotros mismos*, implica discernir el propio estado moral de cada uno, entendiendo si lo que hacemos agrada o no al Señor. Este juicio personal de cada uno, evitará el juicio del Señor.

32. Mas siendo juzgados, somos castigados por el Señor, para que no seamos condenados con el mundo.

κρινόμενοι δὲ ὑπὸ τοῦ Κυρίου παιδευόμεθα, ἵνα μὴ σὺν
Pero siendo juzgados por el Señor, somos disciplinados para que no con
τῷ κόσμῳ κατακριθῶμεν.
el mundo seamos condenados.

Análisis y notas del texto griego.

Análisis: κρινόμενοι, caso nominativo masculino plural del participio de presente en voz pasiva del verbo κρίνω, *juzgar*, aquí *siendo juzgados*; δὲ, partícula conjuntiva que hace las veces de conjunción coordinante, con sentido de *pero, más bien, y, y por cierto, antes bien, entonces*; ὑπὸ, preposición propia de genitivo *por*; τοῦ, caso genitivo masculino singular del artículo determinado *el*; Κυρίου, caso genitivo masculino singular del nombre divino *Señor*; παιδευόμεθα, primera persona plural del presente de indicativo en voz pasiva del verbo παιδεύω, *enseñar, disciplinar, corregir*, aquí, *somos corregidos, somos disciplinados*; ἵνα, conjunción causal *para que*; μὴ, partícula que hace funciones de adverbio de negación *no*; σὺν, preposición propia de dativo *con*; τῷ, caso dativo masculino singular del artículo determinado *el*; κόσμῳ, caso dativo masculino singular del nombre común *mundo*; κατακριθῶμεν, primera persona plural del primer aoristo de subjuntivo en voz pasiva del verbo κατακρίνω, *juzgar, condenar*, aquí *seamos condenados*.

κρινόμενοι δὲ ὑπὸ τοῦ Κυρίου παιδευόμεθα, El Señor juzga a los Suyos cuando estos no se examinan a ellos mismos para participar dignamente en la ordenanza que Él estableció. No solo ver la parte externa, esto es, el modo visible en que el creyente participa de la *Cena*, sino el interior, la realidad espiritual que mueve las acciones, Él examina las intenciones del corazón. Como quien nos ama con amor perfecto, más allá de cualquier amor paterno en la tierra, procede a disciplinarnos. La raíz del verbo παιδεύω, que el apóstol usa aquí es el que se usa para enseñar a un niño, de donde deriva también la palabra castellana *pedagogo* y *pedagogía*. Dios nunca *castiga* al creyente por una acción incorrecta, puesto que todo el castigo por el pecado del cristiano, pasado, presente y futuro, ha sido cargado en Cristo y el Señor cancela toda cuenta con la justicia divina, perdonando todos los pecados al que cree (Col. 2:13). Pero, el pecado no confesado produce una interrupción de la comunión con Dios, que es necesario restablecer, por esa razón el Señor actúa como un maestro o un padre perfecto, corrigiendo al que camina fuera de la senda para retornarlo al lugar en que puede ser bendecido. La disciplina de Dios puede alcanzar un grado muy alto, como se apreció antes, ya que, por causa de vivir indignamente, algunos de los corintios estaban debilitados, otros enfermos y algunos habían muerto.

ἵνα μὴ σὺν τῷ κόσμῳ κατακριθῶμεν. El propósito de la disciplina es siempre sano: *"para que no seamos condenados con el mundo"*. La condenación del mundo es por su pecado, con consecuencias eternas (Ap. 20:11ss.). La razón de este proceder, es que *"si pecáremos voluntariamente después de haber recibido el conocimiento de la verdad, ya no queda más sacrificio por los pecados"* (He. 10:26). En modo alguno se trata de la pérdida de la salvación. El pecado voluntario es cometido por quien tiene pleno conocimiento de la verdad. Así ocurría con los corintios a quienes Pablo había enseñado la doctrina y las ordenanzas con sus significados espirituales. Éstos, conocedores de la verdad, estaban pecando voluntariamente, de ahí que Dios actúe para que no sean juzgados como lo será el mundo. El escritor a los hebreos enseña que cuando se produce el pecado voluntario, *"ya no queda más sacrificio por los pecados"*, en el sentido en que la ley lo había determinado. Había un sacrificio por cualquier pecado de yerro, o de ignorancia, pero no había ninguno determinado para quien pecaba con *brazo remangado*, es decir, desafiando a Dios. Pecar de esta manera es un acto de orgullo contra Dios, despreciándolo. Tales personas en la antigua dispensación debían *ser cortados del pueblo*, es decir, debían ser muertos a causa del pecado voluntario que cometían (Nm.

15:30, 31). Esto no afectaba su salvación, en caso de ser salvos, pero sí a su vida. Su pecado no les permitía continuar contándose visiblemente con el pueblo de Dios. De la misma manera el creyente confesando sus faltas o pecados no voluntarios, restaura su comunión con Dios (1 Jn. 1:9), pero no hay restauración de comunión para quien peca voluntariamente. Lo único que pueden esperar es juicio, que devorará a los adversarios. Dios manifiesta siempre Su gracia, pero en ocasiones, el pecado que afecta el testimonio de Él y Su obra, exige una disciplina que incluso puede quitar la vida al creyente que vive en esa manera.

33. Así que, hermanos míos, cuando os reunís a comer, esperaos unos a otros.

Ὥστε,	ἀδελφοί	μου,	συνερχόμενοι	εἰς	τὸ	φαγεῖν	ἀλλήλους
Así que,	hermanos	de mí,	reuniéndoos	para	-	comer	unos a otros

ἐκδέχεσθε.
esperad.

Análisis y notas del texto griego.

Análisis: Ὥστε, conjunción *así que, de modo que, por eso, con el fin de que, para que*; ἀδελφοί, caso vocativo masculino plural del nombre común *hermanos*; μου, caso genitivo de la primera persona singular del pronombre personal declinado *de mí*; συνερχόμενοι, caso nominativo masculino plural del participio de presente en voz media del verbo συνέρχομαι, *reunir, congregar*, aquí *reuniéndoos*; εἰς, preposición propia de acusativo *para*; τὸ, caso acusativo neutro singular del artículo determinado *lo*; φαγεῖν, segundo aoristo de infinitivo en voz activa del verbo εσθίω, *comer*; ἀλλήλους, caso acusativo masculino plural del pronombre recíproco *unos a otros*; ἐκδέχεσθε, segunda persona plural del presente de imperativo en voz media del verbo ἐκδέχομαι, *esperar, aguardar*, aquí *esperad*.

Ὥστε, ἀδελφοί μου, συνερχόμενοι εἰς τὸ φαγεῖν ἀλλήλους ἐκδέχεσθε. Los corintios habían convertido la *Cena del Señor* en una reunión para satisfacer su hambre y de mero carácter social, equivalente a una cena romana. No era un acto de comunión espiritual (v. 21), además ofendía a los hermanos (v. 22), y pecaban contra Cristo (v. 27). Esta era la situación, por lo que el apóstol está tratando de que, dejando la forma incorrecta, regresen a la celebración de una reunión de iglesia. Ellos debían concluir aquellas formas que revestían meramente una apariencia exterior para retornar al culto en plena comunión que es la esencia de la iglesia reunida.

El apóstol usa el vocativo *mis hermanos*, expresando con ello el afecto que siente por los creyentes, a pesar de que necesitan ser corregidos y él ha tenido palabras de reprensión fuerte en lo que les ha escrito. Los prepara para que los lectores abran sus corazones al consejo final con que va a terminar el párrafo. Les pide que se esperen unos a otros para comenzar la reunión, esto es, que se esperen para comer. No era sólo para la celebración del culto, sino incluso para la celebración del ágape, debían esperarse unos a otros para que toda la iglesia estuviese reunida antes de comenzar. Esto supondría corregir el problema que ha considerado antes (v. 21). Es por la comunión que la ordenanza alcanza su expresión y es también la comunión que debe centralizar cualquier acto de comer juntos.

34. Si alguno tuviere hambre, coma en su casa, para que no os reunáis para juicio. Las demás cosas las pondré en orden cuando yo fuere.

εἴ τις πεινᾷ, ἐν οἴκῳ ἐσθιέτω, ἵνα μὴ εἰς κρίμα συνέρχησθε.
Si alguno tiene hambre en casa coma, para que no para juicio os reunáis.
τὰ δὲ λοιπὰ ὡς ἂν ἔλθω διατάξομαι.
Y las cosas restantes cuando - fuese ordenaré.

Notas y análisis del texto griego.

Análisis: εἴ, conjunción *si*; τις, caso nominativo masculino singular del pronombre indefinido *alguno*; πεινᾷ, tercera persona singular del presente de indicativo en voz activa del verbo πεινάω, *tener hambre, sentir hambre, hambrear*, aquí *tiene hambre*; ἐν, preposición propia de dativo *en*; οἴκῳ, caso dativo masculino singular del nombre común *casa*; ἐσθιέτω, tercera persona singular del presente de imperativo en voz activa del verbo εσθίω, *comer*, aquí *coma*; ἵνα, conjunción causal *para que*; μὴ, partícula que hace funciones de adverbio de negación *no*; εἰς, preposición propia de acusativo *para*; κρίμα, caso acusativo neutro singular del nombre común *juicio*; συνέρχησθε, segunda persona plural del presente de subjuntivo en voz media del verbo συνέρχομαι, *reunirse, juntarse, congregarse*, aquí *os reunáis*; τὰ, caso δὲ λοιπὰ ὡς, conjunción temporal *cuando*; ἂν, partícula que no empieza nunca frase y que da a ésta carácter condicional o dubitativo, o expresa una idea de repetición. Se construye con todos los modos menos el imperativo y acompaña a los pronombres relativos para darles un sentido general; en algunas ocasiones no tiene traducción; ἔλθω, primera persona singular del segundo aoristo de subjuntivo en voz activa del verbo ἔρχομαι, *venir, llegar, aparecer, ir*, aquí *fuere*; διατάξομαι, primera persona singular del futuro de indicativo en voz media del verbo διατάσσω, *ordenar, poner en orden*, aquí *ordenaré*.

εἴ τις πεινᾷ, ἐν οἴκῳ ἐσθιέτω, Pablo exhorta a un culto conjunto. Alguno pudiera ser que tuviese hambre, y no quisiera esperar por los demás para empezar a comer y satisfacer su necesidad, incurriendo en el problema que trató antes (v. 21). A los tales manda que coman en su casa antes de salir para la reunión, para que sólo sea la proclamación de la muerte del Señor y el recuerdo de Su persona, lo que centre toda la actividad del culto, de manera que la reunión sea un encuentro para comunión cristiana. Antes les preguntó si *no tenían casas para que comiesen o bebiesen* (v. 22), ahora vuelve a recalcar la enseñanza en forma directa.

ἵνα μὴ εἰς κρίμα συνέρχησθε. Antes les recordó que una forma de reunión como la que estaban celebrando no traía otra consecuencia que el juicio de Dios. Por tanto, vuelve a indicarles que cambien de actitud y de forma para evitar que el Señor tenga que intervenir en disciplina.

τὰ δὲ λοιπὰ ὡς ἂν ἔλθω διατάξομαι. Muchas otras cosas que debían ser corregidas quedaban pendientes hasta una visita que el apóstol les hiciera. Sin duda era una iglesia muy desordenada, pero algunas cosas podían esperar hasta que la presencia de Pablo entre ellos sirviese también para corregir lo que aún era deficiente. Sin duda los corintios habían preguntado por otros asuntos, pero estos no eran tan urgentes como los que había tratado y podían esperar. Tal vez lo que quedaba todavía por resolver fuesen otros detalles pertenecientes a la forma correcta de la celebración de la *Cena del Señor*, pudiendo tratarse, de la frecuencia, los días, el momento del día, el modo de hacerlo, etc. Con todo, la realidad es que el apóstol no deja detalle alguno sobre lo que aún no se había corregido y cuanto podamos sugerir no es sino mero pensamiento personal sin base bíblica para determinarlo.

La autoridad apostólica se aprecia al decir: *"las pondré en orden"*. No había que discutir sobre aquello que no estaba todavía resuelto porque el apóstol determinaría como resolverlo, en su condición de apóstol de Jesucristo y actuando con la autoridad del Señor. Después de visitar las iglesias en Macedonia el apóstol tenía pensado pasar el invierno en Corinto, tiempo que aprovecharía para poner en orden lo que aún estaba deficiente en la iglesia (16:5-8).

Al finalizar el comentario del capítulo, se aprecia que es lo suficientemente denso como para seleccionar directamente alguna lección personal que remarcar entre todas las importantes que contiene el texto bíblico. Acaso resultase más bien un entender personalmente ciertas cosas que para otros deben ser de otro modo. De forma muy especial está en la primera parte la discusión sobre el llamado *ministerio de la mujer* en la iglesia. Sólo cabe afirmar lo que el texto afirma, que la mujer oraba y profetizaba en la reunión de la iglesia y que el apóstol no lo prohíbe, sino que prohíbe hacerlo en la forma en que lo hacían las mujeres en Corinto. Es necesario dejar a la interpretación positiva y bíblica del que estudia el pasaje, especialmente en determinar qué es aquello con que la mujer debía cubrir la cabeza. Para algunos se trataría del pelo y para otros del velo. En cualquier caso, no puede ser una doctrina fundamental, para las que no hay interpretación posible más que una. Lo importante no es tanto si debe usarse el velo o no, porque tanto los que consideren que sí es necesario, como los que opten por otra interpretación deben entender que no sirve de nada una forma, con velo o sin él, si no va acompañada de una condición personal de obediencia y subordinación a lo que Dios establece. Lo importante no es si la mujer pone el velo o no, lo importante es si tiene un compromiso con Dios para manifestar una vida de santidad y obediencia delante de Él.

Lo mismo ocurre con el largo del cabello. En la sociedad actual la mujer corta el pelo y muchos hombres lo dejan crecer bastante. Del mismo modo no puede establecerse una norma de obligado cumplimiento puesto que no lo determina la Escritura y, además, la pregunta del apóstol varía de respuesta según la cultura y el lugar. Lo mismo que lo considerado antes para el velo, así también para el pelo. Lo vital no es la longitud del cabello, sino la limpieza de pensamiento. Si un creyente, hombre o mujer, ajustan su expresión exterior a una determinada manera, pero hay pensamientos contrarios a la voluntad de Dios, si tiene el pelo en una determinada forma, pero piensa mal de sus hermanos, está cometiendo un pecado manifestado claramente en la Palabra.

Finalmente, en relación con la *Cena del Señor*. No es lo importante la forma de celebrarla, sino el respeto reverente por lo que significa. No se trata de copas individuales o una sola copa, sino de entender lo que representa el vino contenido en ella. No es importante si se hace una vez por semana o una vez por mes, lo importante es que se cumpla la ordenanza. Del mismo modo no se trata de reunirse para *recordar la muerte* de Jesús, sino para *proclamar su muerte*. No es una reunión de lágrimas, sino de gozo, porque el mismo Señor que dio Su vida por nosotros, está vivo, glorioso, glorificado y en medio de Su pueblo. Por esa razón la reunión en que se realice la ordenanza de la *Cena del Señor*, debiera ser la más gozosa de todas, porque recordamos al Señor y Su obra y esperamos Su venida en cualquier momento.

El cristianismo no son formas de culto, es un constante culto de adoración gratitud. Ser cristiano no es hablar de Cristo, sino *vivir a Cristo* y obedecer Sus mandamientos. Que el Señor nos despoje de formas y nos conduzca al fondo de la vida cristiana que es adorarle en Espíritu y en verdad, para Su gloria.

CAPÍTULO XII

LOS DONES

Introducción

Los desórdenes en el culto en Corinto eran muchos. No solo en la forma impropia en que se manifestaban en público para orar y profetizar, a lo que añadían el problema de la participación no solo incorrecta, sino incluso profana de practicar la ordenanza de la *Cena del Señor*. Del mismo modo ocurría con el ejercicio de los dones que el Espíritu había dado a cada creyente.

Por el entorno textual, la enseñanza del apóstol es la respuesta a alguna consulta que le habían hecho sobre la forma correcta de usar los dones, especialmente algunos de ellos como el de lenguas, en el culto público. Esta es una de las partes más ricas y más interesantes de la *Epístola*. El capítulo es además una revelación de cómo el Espíritu actuaba en la iglesia desde Pentecostés, produciendo una manifestación de Su presencia en la capacitación de cada creyente para ser un instrumento en Su mano en la extensión del evangelio y la edificación de la iglesia.

La ligazón de este capítulo con el anterior es el tema del correcto modo de llevar a cabo el culto eclesial, preparando el terreno para la culminación de la enseñanza en el capítulo 14, donde el apóstol establece una normativa sobre el uso correcto de los dones. Como dijo Godet: *"El Espíritu en la comunidad cristiana, puede ser comparado al sistema nervioso en el cuerpo humano. Es por esto que el apóstol avanza del exterior al interior"*[1].

Es necesario distinguir en relación con el creyente en la iglesia *los dones del Espíritu*, *el fruto del Espíritu* y los *oficios espirituales*. El *fruto del Espíritu* tiene que ver con el carácter del cristiano, en cuya manifestación actúa directamente el Espíritu, identificando al creyente con Jesús y reproduciendo en él el carácter de Cristo, en la medida en que humanamente es posible (Gá. 5:22-23). Los *oficios espirituales*, son ciertas tareas que las personas realizan en la iglesia bajo la dirección del Espíritu, que las *pone* para un determinado oficio, que tiene que ver con una sola congregación local, como es el caso de *ancianos* o *sobreveedores*

---

[1] F. Godet. o.c., vol. II, pág. 184. *"L'Esprit, dans la communauté chrétienne, peut être comparé au fluide nerveux dans le corps humani. C'est ainsi que l'apôtre avance de l'extérieur à l'intérieur"*

y los *diáconos*. Finalmente, los *dones del Espíritu* son elementos capacitadores con los que Dios dota a los creyentes para el ministerio de edificación de Su iglesia. El ministerio de los dones es universal y no local como es el caso de los *oficios*.

Los dones son facultades nuevas que en los escritos del apóstol reciben el nombre de χαρίσματα, *dones de la gracia*, que el Espíritu Santo da a los creyentes y de los que la iglesia en Corinto estaba enriquecida (1:7). Cada creyente es un miembro o un órgano en el cuerpo de Cristo (vv. 17-18), por medio de los cuales puede realizar Sus designios y ejercer Su voluntad. Cristo glorificado está presente en cada cristiano y Su Espíritu capacita para que cada uno venga a ser un miembro activo en Su cuerpo, ejecutando las acciones demandadas con las fuerzas espirituales que Él mismo les comunica.

La presencia del Espíritu Santo es una realidad en la *dispensación de la iglesia*. El Señor antes de ser crucificado prometió enviar al Espíritu para instruir y guiar a Su Iglesia. Luego de Su resurrección e inmediatamente antes de Su ascensión a los cielos, dijo a los Suyos que serían bautizados por el Espíritu Santo (Hch. 1:5). Todas estas promesas se cumplieron en el día de Pentecostés. En lo sucesivo los dones del Espíritu se manifestarían en los cristianos. Estos dones no estaban limitados a unas pocas personas o a un tipo especial de creyentes, sino que eran dados soberanamente a los que el Espíritu determinaba (v. 11), varones y mujeres, jóvenes y mayores, sabios y no sabios, esclavos y libres. Todos éstos eran dotados para poder ser conducidos y servir como instrumentos en la obra que Dios había determinado.

La iglesia en Corinto tenía creyentes con abundantes dones, como se ha dicho, pero habían caído en algunos problemas. Había quienes pensaban que los dones eran para provecho personal y hacían alarde de los mismos. Otros pensaban que había dones principales y secundarios, obligando a quienes tenían los que consideraban secundarios a someterse al ejercicio de los que ellos entendían como principales. Había quienes pensaban que los dones *espectaculares* reflejaban una mayor espiritualidad para el que los poseía y abusaba en el ejercicio de ellos. Todo esto traía un serio desorden en las reuniones de la congregación.

Es sorprendente apreciar la sabiduría del apóstol en el trato de estos problemas, llevando a conocer los criterios espirituales para saber si los que pretendían ser instrumentos del Espíritu y ejercían los dones, estaban actuando bajo el poder y la influencia Suya y conducidos por Él. Todo esto se apreciará mejor en el comentario que sigue del capítulo.

El pasaje abre un largo tramo que concluye en 14:40, en el que trata el tema de los dones del Espíritu y el modo correcto de usarlos. En el que se va a considerar, puede dividirse en tres partes. Primeramente, trata de la diversidad de los dones (vv. 1-11). Desea que todos tengan claro el concepto, razón y sentido de los mismos (v. 1). En el modo de ejercer los dones se distinguirá si los que afirman estar bajo la dirección del Espíritu, lo están verdaderamente, y de forma especial en lo que tiene que ver con el reconocimiento de Jesucristo. Hace notar el texto la intervención divina de la concesión y del ejercicio de los dones (vv. 2-6). A continuación, aparece la relación de los dones espirituales (vv. 7-11). En segundo lugar, explicados los dones, trata del propósito por el que son dados, un segundo párrafo, o una segunda división, bastante extensa (vv. 12-31). Trata de la unidad del cuerpo en Cristo. Para ello utiliza la analogía del cuerpo humano como ejemplo de lo que va a considerar (vv. 12-13). Sin dejar la ilustración pasa a tratar de la unidad en la diversidad, esto es, como para ser cuerpo debe haber muchos miembros, así también en la iglesia. No es, por tanto, lógico discutir por la posición que cada creyente ocupa en el cuerpo o negarse, por no estar en el lugar que se pretende, a no servir en donde cada uno fue colocado (vv. 14-20). Seguidamente pasa a considerar la interrelación de los miembros en el cuerpo, tanto en el ejercicio que coopera al buen funcionamiento del cuerpo, como del sentimiento de afecto y ayuda que debe distinguir a cada uno en relación con los demás (vv. 21-27). El tercer párrafo comprende el final del capítulo (vv. 28-31). Cada uno debe estar conforme y satisfecho con el don que ha recibido, porque no se debe a él, sino a Dios el don recibido y el lugar que ocupa en el cuerpo (v. 28). Los creyentes deben entender la diversidad de los dones, de modo que no todos pueden tener el mismo, recibiendo cada uno lo que el Espíritu le da (vv. 29-30). Para los que procuraban tener los dones más visibles, se les recomienda que no procuren hacerse ver, sino edificar, deseando los *mejores* dones. Con todo, hay un camino más excelente en el que todos los creyentes podemos transitar y que será considerado en el siguiente capítulo (v. 31).

Para el estudio y comentario del texto, se sigue el *bosquejo* anticipado en la *introducción*, como sigue.

3. Dones del Espíritu y ejercicio (12:1-14:40).
    - 3.1. Diversidad de los dones (12:1-11).
        - A. Intervención divina (12:1-6).
        - B. Relación de dones (12:7-11).
    - 3.2. El propósito de los dones (12:12-31).
        - A. La unidad del cuerpo (12:12-13).
        - B. Unidad en la diversidad (12:14-20).

C. Interrelación de los miembros (12:21-27).
D. La dotación para el cuerpo (12:28-31).

Dones del Espíritu y ejercicio (12:1-14:40)

Diversidad de los dones (12:1-11)

Intervención divina (12:1-6)

1. No quiero, hermanos, que ignoréis acerca de los dones espirituales.

Περὶ δὲ	τῶν	πνευματικῶν,	ἀδελφοί,	οὐ	θέλω	ὑμᾶς	ἀγνοεῖν.
Pero acerca de	los	espirituales,	hermanos,	no	quiero	vosotros	ignoréis.

Análisis y notas del texto griego.

Análisis: Περὶ, preposición propia de genitivo, *acerca de, sobre*; δὲ, partícula conjuntiva que hace las veces de conjunción coordinante, con sentido de *pero, más bien, y, y por cierto, antes bien, entonces*; τῶν, caso genitivo neutro plural del artículo determinado declinado *de los*; πνευματικῶν, caso genitivo neutro plural del adjetivo *espirituales*; ἀδελφοί, caso vocativo masculino plural del nombre común *hermanos*; οὐ, adverbio de negación *no*; θέλω, primera persona singular del presente de indicativo en voz activa del verbo θέλω, *querer, desear*, aquí *quiero*; ὑμᾶς, caso acusativo de la segunda persona plural del pronombre personal *vosotros*; ἀγνοεῖν, presente de infinitivo en voz activa del verbo ἀγνοέω, *ignorar*.

Περὶ δὲ τῶν πνευματικῶν, Pasando a otro tema, el apóstol establece una referencia genérica: *Pero, acerca de*, que acompaña con el artículo neutro plural en genitivo, τῶν, *los*, que en esta forma trata de generalidad y que podría traducirse por *acerca de las cosas*. Realmente pudiera ser tanto de *las cosas*, como incluso de *los hombres*, puesto que el artículo es el mismo para el neutro que para el masculino. La primera traducción es más consecuente con el entorno textual, de modo que muchas versionas añaden aquí *dones*, convirtiendo la expresión en: *pero acerca de los dones*.

ἀδελφοί, οὐ θέλω ὑμᾶς ἀγνοεῖν. El vocativo *hermanos*, ofrece una manifestación más de afecto fraternal que Pablo sentía por los creyentes en Corinto. Su deseo era que conociesen bien la razón y el funcionamiento de los dones espirituales. Este era uno de los asuntos que le habían consultado los corintios (7:1). La ignorancia había hecho surgir una profunda dificultad en la iglesia, en el ejercicio de los dones. Como se ha considerado en la *introducción* del capítulo, es necesario distinguir entre *don de la gracia* y *dones del Espíritu*. El primero[2] es el favor de Dios para salvación a todo aquel que cree (Ef. 2:8-9), el segundo[3], son elementos que Dios el Espíritu, da a personas, capacitándolas para la edificación del cuerpo, que es la iglesia (Ro. 12:6-8; Ef. 4:11; 1 P. 4:10).

La tenencia de los dones no es señal de espiritualidad, ya que a algunos de los que poseían dones en Corinto, Pablo les llama *carnales* (3:1-3). Los dones no modifican el carácter del creyente, como ocurre con el *fruto del Espíritu* (Gá. 5:22-23).

2. Sabéis que cuando erais gentiles, se os extraviaba llevándoos, como se os llevaba, a los ídolos mudos.

Οἴδατε ὅτι ὅτε ἔθνη ἦτε πρὸς τὰ εἴδωλα τὰ ἄφωνα ὡς
Sabéis que cuando gentiles erais a los ídolos - sin voz como
ἂν ἤγεσθε ἀπαγόμενοι.
en verdad eráis llevados siendo conducidos.

Análisis y notas del texto griego.

Análisis: Οἴδατε, segunda persona plural del perfecto de indicativo en voz activa del verbo οἶδα, *saber, conocer, entender*, aquí *habéis sabido*, mejor *sabéis*; ὅτι, conjunción *que*; ὅτε, conjunción temporal *cuando*; ἔθνη, caso nominativo neutro plural del nombre común *gentiles, pueblo, paganos*; ἦτε, tercera persona plural del imperfecto de indicativo en voz activa del verbo εἰμί, *ser, estar*, aquí *erais*; πρὸς, preposición propia de acusativo *a*; τὰ, caso acusativo neutro plural del artículo determinado *los*; εἴδωλα, caso acusativo neutro plural nombre común *ídolos*; τὰ, caso acusativo neutro plural del artículo determinado *los*; ἄφωνα, caso acusativo neutro plural del adjetivo *afónico, sin voz*; ὡς, adverbio de modo, *como*, que hace las veces de conjunción comparativa; ἂν, partícula que no empieza nunca frase y que da a ésta carácter condicional o dubitativo, o expresa una idea de repetición. Se construye con todos los modos menos el imperativo y acompaña a los pronombres relativos para darles un sentido general; en algunas ocasiones no tiene traducción; ἤγεσθε, segunda persona plural del imperfecto de indicativo en voz pasiva del verbo ἄγω, *conducir, llevar*, aquí *erais llevados*; ἀπαγόμενοι, caso nominativo masculino plural del participio de presente en voz pasiva del verbo ἀπάγω, *llevar, conducir*, aquí *siendo conducidos*.

Οἴδατε ὅτι ὅτε ἔθνη ἦτε πρὸς τὰ εἴδωλα τὰ ἄφωνα El apóstol recuerda a los lectores su experiencia del tiempo pasado. Tenía que ver con el tiempo en que eran *paganos* ya que nunca dejaron de ser gentiles. La actividad entonces era de extravío. Los ahora cristianos que

[2] Griego, χάρις.
[3] Griego, χάρισματα.

tienen un camino nuevo y vivo, transitaban por una senda de desviación de Dios, bajo la influencia externa. Estaban separados del camino de Dios y orientados hacia el de los ídolos. Es decir, el destino final de ese camino eran los *ídolos mudos*, literalmente los ídolos *afónicos* o *sin voz*, esto es a las divinidades que no siendo nada, tampoco podían hablar (Sal. 115:5; 135:16; Hab. 2:18-19). Sin embargo, los paganos recibían mensajes de los ídolos mudos por medio de sus sacerdotes. Tras estos dioses falsos se escondían los demonios (10:20). La situación era mala, puesto que los paganos estaban siendo llevados a los demonios. Los hechiceros y sacerdotes entraban en trance, actuando como portavoces de los demonios, poseídos por espíritus satánicos.

ὡς ἂν ἤγεσθε ἀπαγόμενοι. En todo esto había una fuerza que actuaba sobre los paganos, bajo cuya influencia eran arrastrados. El verbo ἄγω, se usa para referirse a los que son llevados a juicio, prisión o ejecución (Mt. 27:21; Mr. 14:53; Jn. 18:13). Los corintios sabían por experiencia la enorme diferencia que había entre ser *arrastrados* a los ídolos y ser *guiados* por el Espíritu (Gá. 5:16). En el primer modo se trata de una fuerza irresistible que obliga. La acción del Espíritu es la influencia divina que conduce. Los creyentes habían sido antes llevados a los ídolos en condición de esclavos del pecado, arrastrados a ellos por su dueño que era Satanás. Los hombres eran llevados, conducidos a la adoración idolátrica, arrastrados por un poder que no podían resistir ni entender. Eran, para entenderlo bien, llevados a la fuerza, mediante una acción que controlaba el pensamiento y, por consiguiente, una vez controlado éste, era controlada también la voluntad.

Es interesante apreciar que Pablo está refiriéndose, en el trasfondo del texto, al culto idolátrico al que los creyentes eran arrastrados, reconociendo como dioses a los ídolos mudos, con lo que abre el camino para la afirmación del verdadero reconocimiento de Cristo.

3. Por tanto, os hago saber que nadie que hable por el Espíritu de Dios llama anatema a Jesús; y nadie puede llamar a Jesús Señor, sino por el Espíritu Santo.

διὸ γνωρίζω ὑμῖν ὅτι οὐδεὶς ἐν Πνεύματι Θεοῦ λαλῶν
Por eso hago saber os que nadie en Espíritu de Dios hablando
λέγει· Ἀνάθεμα Ἰησοῦς[1], καὶ οὐδεὶς δύναται εἰπεῖν·
dice: Anatema Jesús, y nadie puede decir:
Κύριος Ἰησοῦς[2], εἰ μὴ ἐν Πνεύματι Ἁγίῳ.
Señor Jesús, si no en Espíritu Santo.

Análisis y notas del texto griego.

Análisis: διὸ, locución conjuntiva *por eso, por lo cual, por este motivo, por ello*; γνωρίζω, primera persona singular del presente de indicativo en voz activa del verbo γνωρίζω, *dar a conocer, revelar, hacer saber*, aquí *hago saber*; ὑμῖν, caso dativo de la segunda persona plural del pronombre personal declinado *a vosotros, os*; ὅτι, conjunción *que*; οὐδεὶς, caso nominativo masculino singular del pronombre indefinido *ninguno, nadie*; ἐν, preposición propia de dativo *en*; Πνεύματι, caso dativo neutro singular del nombre divino *Espíritu*; Θεοῦ, caso genitivo masculino singular del nombre divino declinado *de Dios*; λαλῶν, caso nominativo masculino singular del participio de presente en voz activa del verbo λαλέω, *hablar, decir, llamar*, aquí *hablando*; λέγει, tercera persona singular del presente de indicativo en voz activa del verbo λέγω, *afirmar, hablar, decir*, aquí *dice*; 'Ανάθεμα, caso nominativo neutro singular del nombre común *anatema, maldito*; 'Ιησοῦς, caso nominativo masculino singular del nombre propio *Jesús*; καὶ, conjunción copulativa *y*; οὐδεὶς, caso nominativo masculino singular del pronombre indefinido *ninguno, nadie*; δύναται, tercera persona singular del presente de indicativo en voz media del verbo δύναμαι, *poder, tener poder*, aquí *puede*; εἰπεῖν, segundo aoristo de infinitivo en voz activa del verbo εἶπον, forma del aoristo de λέγω, *hablar, decir*; Κύριος, caso nominativo masculino singular del nombre divino *Señor*; 'Ιησοῦς, caso nominativo masculino singular del nombre propio *Jesús*; εἰ, conjunción *si*; μὴ, partícula que hace funciones de adverbio de negación *no*; ἐν, preposición propia de dativo *en*; Πνεύματι, caso dativo neutro singular del nombre propio *Espíritu*; ῾Αγίῳ, caso dativo neutro singular del adjetivo *Santo*.

Notas. Crítica Textual. Lecturas alternativas.

[1] 'Ανάθεμα 'Ιησοῦς, *anatema Jesús* o *maldito Jesús*, según lectura en a, A, B, C, 6, 33, 81, 1175[c], 1241, 1739, 1881[t], Dídimo.
Ανάθεμα 'Ιησοῦν, *anatema a Jesús*, conforme a 𝔓[46], D, G, K, L, P, Ψ, 104, 365, 630, 1175[*], 1505, 2464, 𝔐, ar, vg[mss], Ambrosiaster.

Ανάθεμα 'Ιησοῦ, (en vocativo), *anatema, Jesús*, según aparece en F, 629, lat, Speculum.

[2] Κύριος 'Ιησοῦς, *Señor Jesús*, conforme a 𝔓[46], a, A, B, C, 6, 33, 81, 104, 1241, 1739, 1881, f, t, vg.

Κύριος 'Ιησοῦν, *Señor a Jesús*, lectura en D, F, G, K, L, P, Ψ, 365, 630, 1175, 1505, 2464, 𝔐, ar, b, vg[mss], Ambrosiaster, Pelagio, Speculum.

διὸ γνωρίζω ὑμῖν. Los creyentes en Corinto debían saber o conocer bien lo que sigue, de ahí que Pablo les escriba puntualizando, en uso de su autoridad apostólica: *"os hago saber"*. Esta advertencia está motivada por lo peligroso de las consecuencias que podía producir. El apóstol va a dar una primera evidencia que les permita distinguir, entre una manifestación de Dios o de Satanás. No es suficiente con distinguir entre lo humano y lo espiritual, es necesario conocer los resultados finales de esas dos esferas. No todo lo que aparentemente es bueno edifica, y en ocasiones el impulso para alguna cosa no procede de Dios, sino del enemigo de Su obra.

ὅτι οὐδεὶς ἐν Πνεύματι Θεοῦ λαλῶν λέενει· ᾿Ανάθεμα ᾿Ιεσοῦς. El que sigue la influencia de Satanás, oculto tras los ídolos mudos, llama *anatema* a Jesús. El término tiene varias acepciones. Se usa para referirse a algo consagrado a Dios, que no podía ser redimido, y si se trataba de algo vivo debía ser muerto (Lv. 27:28-29). También se usaba para referirse a algo que estaba destinado a la destrucción, llevando incluida la idea de desagrado o de maldición divina. Este es el sentido más común en el Nuevo Testamento, siendo este el sentido del versículo que se considera y también de la expresión al final de la *Epístola* (16:22). El apóstol usa el término *anatema* en el sentido técnico más usual entre hebreos, *lo consagrado a Dios* y también *lo maldito*. Por esa razón el que llame *anatema* a Jesús, no lo hace bajo el control o impulso del *Espíritu de Dios*. Quienes usan el término para aplicarlo a Cristo, están siendo instrumentos del demonio al afirmar la condición de maldito, separado de Dios, y condenado a destrucción, de quien es Bendito eternamente y que habiendo soportado en Sí mismo el juicio de Dios a causa del pecado ha recibido el supremo nombre que le manifiesta como Señor sobre cielos y tierra (Fil. 2:9-11). De otro modo, declarar que Jesús es *anatema*, equivale a considerarlo como un malhechor justamente condenado a muerte, y como *maldito de Dios*, por haber sido colgado en un madero (Gá. 3:13). Pablo usa el nombre Jesús, el título humano del Señor, como alusión a la *figura histórica*, en vez de usar Cristo, título mesiánico. Los judíos en las sinagogas, maldecían o blasfemaban de Jesús (Hch. 13:45; 18:6). Históricamente hablando la fórmula *maldigo a Cristo*[4], era el modo usado para renunciar al cristianismo ante los tribunales romanos. Era también el modo de actuación de Pablo en su tiempo de perseguidor de la iglesia (Hch. 26:11).

Quienes maldicen a Jesús no son conducidos por el *Espíritu de Dios*. Este título reconoce la relación del Espíritu con Dios en la Santísima Trinidad, especialmente en lo que se refiere a ser enviado del Padre. El Espíritu hace morada en el creyente desde el momento en que cree (Ro. 8:9). En la operación salvadora, el Espíritu deviene residente en el cristiano, La señal de la realidad de ser cristiano está en la inhabitación

---

[4] Latín: *maledicere Christo.*

del Espíritu en cada uno. En esa intimidad del Espíritu de Dios se aproxima al espíritu humano en diálogo testimonial (Ro. 8:16), y toma a Su cargo la función de éste, para orientarlo, conducirlo y ayudarlo en la consecución de la vida de santificación. Teniendo siempre en cuenta que no supone esto la anulación de la personalidad humana, dicho de otro modo, el Espíritu de Dios no desconecta mi mismidad. Esto queda claramente manifestado, puesto que no introduce al creyente en la pasividad, sino en la actividad, ya que cada uno de nosotros somos los que debemos andar en el Espíritu y no en la carne. La acción del Espíritu es de absoluta necesidad en la salvación. A estos que creen le es comunicada la vida eterna por la acción del Espíritu, que vincula a Cristo, en quien está la vida (Jn. 1:4), con el que ha creído. La tercera Persona Divina lo santifica para una vida de obediencia (1 P. 1:2), de modo que todos los cristianos somos separados para Dios como *pueblo santo* (1 P. 2:9), cuya ocupación no es ya la carne y sus concupiscencias, sino la santificación (Fil. 2:12). El creyente queda convertido en templo de Dios en el Espíritu, siendo habitado por la Trinidad, cuyo santuario se hace realidad por la presencia en él del Espíritu Santo (6:19). El cuerpo antes al servicio de la impiedad es ahora santuario de Dios. Todo cristiano tiene el Espíritu de Dios, inclusive los *carnales* (3:3; 6:19). El creyente puede vivir sin la plenitud del Espíritu, pero no puede ser creyente sin el Espíritu. Por tanto, nadie puede maldecir a Jesús si vive en el Espíritu y el Espíritu está en él.

καὶ οὐδεὶς δύναται εἰπεῖν· Κύριος Ἰησοῦς, εἰ μὴ ἐν Πνεύματι Ἁγίῳ. En contraste con los que siendo conducidos por Satanás, llaman *anatema* a Jesús, están aquellos que le llaman *Señor Jesús*, en reconocimiento sincero de Su condición divina. El título *Señor* es el que se usa en lugar de Jehová del Antiguo Testamento. El nombre *Jesús*, es importante porque designa a la persona histórica que nació de la virgen María. Equivale, pues, a reconocer la deidad de Jesús. Llamarle *Señor*, es decir que *Jesús es Dios*. Eso sólo es posible por el Espíritu, como en el caso de Pedro cuando reconoció que Jesús era *"el Cristo, el Hijo del Dios viviente"* (Mt. 16:16), cuya revelación de esa condición en Jesucristo, fue una manifestación del Padre (Mt. 16:17). La misión del Espíritu es *glorificar* a Jesús (Jn. 16:14). Por consiguiente, llamar a Jesús *Señor*, es aceptar Su soberanía (Fil. 2:9-11).

Pablo está enseñando a los corintios que deben discernir de donde proceden los espíritus. Satanás se disfraza en ocasiones como ángel de luz (2 Co. 11:14). Además, el creyente puede ser engañado por su propio corazón (Jer. 17:9). El apóstol Juan da el modo de discernir los espíritus, y probar si proceden de Dios, relacionándolo con el testimonio de fe que se expresa acerca de Él (1 Jn. 4:1-3). El creyente y los responsables líderes de la congregación han de atenerse a las verdades bíblicas sobre la Persona y obra de Jesucristo. Usar la ortodoxia doctrinal para satisfacer el orgullo y la carne, no es de Dios (Col. 2:20-23; Tit. 1:16). De este modo deben contrastarse los dones con las obras, lo que permitirá conocer a los verdaderos cristianos *"por sus frutos"*, como el Señor dijo refiriéndose a los religiosos de Su tiempo (Mt. 7:20). La mente influenciada externamente, puede producir efectos semejantes a los del Espíritu. Por tanto, la enseñanza del apóstol conduce a discernir quienes eran realmente instrumentos del Espíritu y quienes falsamente pretendían tener tal función.

4. Ahora bien, hay diversidad de dones, pero el Espíritu es el mismo.

Διαιρέσεις	δὲ χαρισμάτων	εἰσίν,	τὸ δὲ αὐτὸ	Πνεῦμα·
Y diversidades	de dones	hay,	pero el mismo	Espíritu.

Análisis y notas del texto griego.

Análisis: Διαιρέσεις, caso nominativo femenino plural del nombre común *diversidades, variedades, diferencias*; δὲ, partícula conjuntiva que hace las veces de conjunción coordinante, con sentido de *pero, más bien, y, y por cierto, antes bien, entonces*; χαρισμάτων, caso genitivo neutro plural del nombre común declinado *de dones*; εἰσίν, tercera persona plural del presente de indicativo en voz activa del verbo εἰμί, *ser, estar*, aquí *hay*; τὸ, caso nominativo neutro singular del artículo determinado *el*; δὲ, partícula conjuntiva que hace las veces de conjunción coordinante, con sentido de *pero, más bien, y, y por cierto, antes bien, entonces*; αὐτὸ, caso nominativo neutro singular del adjetivo intensivo *mismo*; Πνεῦμα, caso nominativo neutro singular del nombre divino *Espíritu*.

Διαιρέσεις δὲ χαρισμάτων εἰσίν, El apóstol enseña que hay *diversos* dones. En este texto tiene que ver con regalos de la gracia. Como también hay diversidad de miembros en el cuerpo. Más adelante se aprecia que no hay creyente sin don. A cada creyente se les da dones conforme al conocimiento y soberanía del Espíritu (v. 11). La gracia que salva es la que dota a los miembros con χαρίσματα, *carismas*, o *dones*.

El don supremo que Dios da a Sus hijos, miembros en el *Cuerpo de Cristo*, que es la Iglesia es el mismo Espíritu Santo, llamado don, o dádiva de Dios (Jn. 4:10; 7:37, 39; Hch. 8:20; 10:45; 11:16-17). Éste que es don, da también los dones. La enseñanza en la *Epístola* es concreta en este sentido (v. 4). Los dones son dados por determinación soberana del Espíritu Santo, repartiéndolos a cada creyente como Él quiere (v. 11). Los dones son dados para capacitar al creyente para determinados *servicios* o *ministerios*; estos son el resultado de la utilización del *don*, por ello, el servicio con el don es un *ministerio* (Ro. 12:6-8; Ef. 4:11; 1 P. 4:10). Los dones no actúan afectando, en alguna medida, la personalidad natural del cristiano. El don, como se ha dicho, capacita al creyente para expresar cualidades y habilidades especiales dadas por Dios a cada uno, a fin de que sean útiles en el servicio para edificación de la Iglesia. La lista de dones se obtiene agrupando los que figuran en las tres listas del Nuevo Testamento (Ro. 12; 1 Co. 12; Ef. 4). Estos son los dones mencionados:

	Romanos 12	**1Corintios 12**	**Efesios 4**
1.		Apóstoles (v. 28).	Apóstoles (v. 11).
2.	Profetas (v. 6).	Profetas (vv. 10, 28).	Profetas (v. 11).
3.			Evangelistas (v. 11).
4.			Pastores (v. 11).
5.	Enseñadores (v. 7).	Maestros (v. 28).	Maestros (v. 11).
6.	Servicio (v. 7).	Ayudas (v. 28).	
7.		Fe (v. 9).	
8.	Exhortación (v. 8).		
9.		Discernimiento de espíritus (v. 10).	
10.		Lenguas (v. 10).	
11.		Milagros (vv. 10, 28).	
12.		Sanidades (vv. 9, 28, 30).	
13.	Misericordia (v. 8).		
14.	Repartir (v. 8).		
15.	Presidir (v. 8).	Administrar (v. 28).	

En total aparecen quince dones, aunque también pudieran ser catorce si el don de *pastor y maestro* se considera como uno solo.

Se puede establecer también otra clasificación de los dones: a) *Fundantes*, que son los dados para el establecimiento de la Iglesia y de la doctrina escrita en el Nuevo Testamento y que son *Apóstoles y Profetas*. b) *Formativos*, dados para *consolidar* y desarrollar espiritualmente la obra iniciada por los apóstoles y edificar la fe de los creyentes que ha sido antes dada por *apóstoles y profetas*, estos son: *Evangelistas, pastores y maestros*; c) *Manifestantes*, dados con el especial propósito de manifestar la realidad de la resurrección de Jesucristo y efectuar señales que lo acreditan, siendo testimonio especialmente orientado a los no creyentes; estos son: *Lenguas, Milagros y Sanidades*. d) *Ministrantes*, para el servicio general en la iglesia y el mutuo de los creyentes.

Surge la pregunta de si estos son los únicos dones que el Espíritu da a los creyentes. De otro modo, si las listas son cerradas y puede, en el tiempo, concederse otros conforme a la necesidad de cada período histórico de la iglesia. No pareciera que sean listas cerradas, puesto que en ese caso tendrían que ser iguales cada vez que el apóstol se refiere a los dones. Más bien podría apreciarse que son mencionados aquellos que, en cierto modo, estaban siendo mal entendidos, de ahí la diferencia entre la lista de Romanos y la de 1 Corintios. Sin embargo, no tenemos bases bíblicas para afirmarlo o negarlo, dejando esto a criterio personal.

τὸ δὲ αὐτὸ Πνεῦμα· Los dones proceden todos del Espíritu Santo. Él mismo los reparte a cada creyente, obrando soberanamente en esto, sin condicionante humano alguno (Hch. 2:4). Como Vicario de Cristo, conoce las necesidades de la iglesia y distribuye los dones como conviene en Su sabiduría. Los corintios usaban los dones como medio para fomentar divisiones en la iglesia, entendiendo algunos, que eran posesiones personales y, por tanto, motivo de orgullo. Hay diversos dones, pero *"el Espíritu es el mismo"*, por consiguiente, no es posible establecer una competencia o incluso luchas personales por ello, ya que el mismo Espíritu es el agente de la unidad (Ef. 4:3). Siendo uno el Espíritu que otorga los dones, no se hace arbitrariamente, habiendo una diversidad de creyentes con distintas facultades o capacidades personales. Todas las variedades de dones y la entrega de los mismos a los creyentes tienen un solo y mismo principio: *El Espíritu* que los hace surgir y vienen a estar en cada uno de los creyentes.

5. Y hay diversidad de ministerios, pero el Señor es el mismo.

καὶ διαιρέσεις διακονιῶν εἰσιν, καὶ ὁ αὐτὸς Κύριος·
Y diversidad de ministerios hay, y el mismo Señor.

Análisis y notas del texto griego.

Análisis: καὶ, conjunción copulativa *y*; διαιρέσεις, caso nominativo femenino plural del nombre común *diversidades, variedades, diferencias*; διακονιῶν, caso genitivo femenino plural del nombre común declinado *de servicios, de ministerios*; εἰσιν, tercera persona plural del presente de indicativo en voz activa del verbo εἰμί, *ser, estar, haber*, aquí *hay*; καὶ, conjunción copulativa *y*; ὁ, caso nominativo masculino singular del artículo determinado *el*; αὐτὸς, caso nominativo masculino singular del adjetivo intensivo *mismo*; Κύριος, caso nominativo masculino singular del nombre divino *Señor*.

καὶ διαιρέσεις διακονιῶν εἰσιν, Habiendo diversidad de dones y siendo estos los elementos capacitadores para el servicio de cada creyente, no cabe duda que existen diversos *ministerios*. No se puede hablar de cristiano sin hablar de siervo (1 Ts. 1:9-10). Los cristianos fuimos comprados al precio de la sangre de Cristo para servir al Dios vivo y verdadero. Cristianismo no es religión, sino unión vital con Cristo (Fil. 1:21; Gá. 2:20). Siendo Jesús el Siervo perfecto, al hacerse vida en el creyente, no tiene éste otra forma que servir. Los grandes destrozan la obra, los siervos trabajan en la edificación. No hay *ministerio* sin el correspondiente don. Otra cosa distinta son los *oficios*, al trabajo de los oficiales en la iglesia, el apóstol no llama *ministerio* sino *buena obra*, como es el deseo de ser *anciano*, *sobreveedor* en la congregación. *Pastor* es un don, *anciano* es un oficio (1 Ti. 3:1).

καὶ ὁ αὐτὸς Κύριος· Del mismo modo que antes hizo referencia al Espíritu que es uno a pesar de la diversidad de dones, ahora alude a la acción de los mismos. Estos son dados para el servicio (1 P. 4:10). El *ministerio* tiene que ver siempre con el ejercicio de los dones recibidos. Por consiguiente, el servicio se lleva a cabo bajo la autoridad de quien es Dueño, de quien es Señor. Cristo es cabeza de la iglesia (Ef. 1:22-23). Los ministerios dependen de Él. Todos los miembros tienen el mismo Señor, de ahí la afirmación de Pablo, literalmente: *y el mismo Señor*. Como Cabeza y expresión máxima de autoridad, no caben distinciones entre los siervos. Todos, lleven a cabo cualquier tipo de servicio conforme a la capacitación otorgada por el don, son solo *siervos* bajo la autoridad del Señor, que permite hacer la obra con Su poder personal y que el siervo pueda decir: *"Todo lo puedo en Cristo que me fortalece"* (Fil. 4:13). La relación de la segunda Persona Divina, con los dones toma a Su cargo el señorío en el ejercicio de ellos. El Espíritu los otorga, el Hijo los controla, de modo que todo se lleve a cabo conforme a Su voluntad.

6. Y hay diversidad de operaciones, pero Dios, que hace todas las cosas en todos, es el mismo.

καὶ διαιρέσεις ἐνεργημάτων εἰσίν, ὁ δὲ αὐτὸς Θεὸς ὁ ἐνεργῶν
Y diversidad de actividades hay, pero el mismo Dios el que energiza
τὰ πάντα ἐν πᾶσιν.
las cosas todas en todos.

Análisis y notas del texto griego.

Análisis: καὶ, conjunción copulativa *y*; διαιρέσεις, caso nominativo femenino plural del nombre común *diversidades, variedades, diferencias*; ἐνεργημάτων, caso genitivo neutro plural del nombre común declinado *de actividades*; εἰσίν, tercera persona plural del presente de indicativo en voz activa del verbo εἰμί, *ser, estar, haber*, aquí *hay*; ὁ, caso nominativo masculino singular del artículo determinado *el*; δὲ, partícula conjuntiva que hace las veces de conjunción coordinante, con sentido de *pero, más bien, y, y por cierto*, *antes bien, entonces*;

αὐτὸς, αὐτὸς, caso nominativo masculino singular del adjetivo intensivo *mismo*; Θεὸς, caso nominativo masculino singular del nombre divino *Dios*; ὁ, caso nominativo masculino singular del artículo determinado *el*; ἐνεργῶν, caso nominativo masculino singular del participio de presente en voz activa del verbo ἐνεργέω, *energizar, dar energía*, aquí *que energiza*; τὰ, caso acusativo neutro plural del artículo determinado *los*, en sentido de *las cosas*; πάντα, caso acusativo neutro plural del adjetivo indefinido *todos*; ἐν, preposición propia de dativo *en*; πᾶσιν, caso dativo neutro plural del adjetivo indefinido *todos*.

καὶ διαιρέσεις ἐνεργημάτων εἰσίν, Habiendo diversidad de dones y de servicios, es necesaria la energía para llevarlo a cabo. La traducción *"hay diversidad de operaciones"* tiene que ver con el poder para operar con los dones. El término ἐνεργημά, expresa la dotación de poder para la acción. Estas *operaciones* son tantas como los dones que han de hacerse operativos.

ὁ δὲ αὐτὸς Θεὸς ὁ ἐνεργῶν τὰ πάντα ἐν πᾶσιν. Cuando aparece el título Θεὸς, sin otra referencia, se trata del Padre, la primera Persona Divina. El poder para actuar y servir con los dones procede del Padre. Así se le atribuye en otros lugares: *"Porque Dios es el que en vosotros produce así el querer como el hacer, por su buena voluntad"* (Fil. 2:13). La demanda de un servicio mediante el ejercicio de los dones, conforme a la voluntad de Dios, requiere una dotación sobrenatural de poder para efectuarla. En todas las cosas de salvación, y el ejercicio de los dones corresponde a la santificación, esto es, la salvación en el tiempo presente de la vida cristiana, Dios toma siempre la iniciativa (Sal. 3:8; Jon. 2:9). Para ejercer el servicio conforme al propósito divino, el Padre comienza produciendo en el creyente *el deseo* para esa acción. Pero, aunque el deseo es fundamental para generar las acciones, no logra alcanzar el objetivo de las tareas de edificación del *cuerpo* que es la iglesia, si Dios no provee también de la potencialidad para hacer la obra. En el servicio de los dones, el creyente obra conforme a la voluntad de Dios. El verbo ἐνεργέω, significa literalmente *energizar*, *comunicar la energía necesaria*, de manera que Dios, que da el deseo para servir, *energiza* para llevarlo a cabo. La razón por la que Dios actúa de esa manera es según Su *buena voluntad*. La soberanía se manifiesta también aquí. Según el Espíritu da los dones como Él quiere, así también el Padre otorga la energía por Su voluntad soberana. En el ejercicio de los dones, el cristiano, por sus obras espirituales en el servicio, glorifica a Dios (Mt. 5:16; 1 P. 2:12). Las obras poderosas de Cristo, están íntimamente relacionadas con la *operación* del Padre en Él (Jn. 14:10).

La acción trinitaria se pone de manifiesto en estos tres versículos. Es natural, puesto que está refiriéndose a la expresión de la salvación en la santificación. En relación con los dones todos proceden del Espíritu Santo. En cuanto a los *ministerios*, se llevan a cabo bajo la dirección del Señor. Todo poder para efectuar el trabajo procede del Padre. Juntamente con esto se aprecia la unidad divina en relación con los dones. Cada persona Divina actúa en cada creyente, y puesto que cada una de las Personas Divinas es el único y verdadero Dios, el apóstol apostilla al final de cada mención a ellas con la fórmula: *"pero es el mismo"*. Esta expresión confirma la igualdad divina en cada una de las tres Personas.

Relación de dones (12:7-11)

7. Pero a cada uno le es dada la manifestación del Espíritu para provecho.

ἑκάστῳ δὲ δίδοται ἡ φανέρωσις τοῦ Πνεύματος πρὸς τὸ
Pero a cada uno es dada la manifestación del Espíritu para -
συμφέρον.
que sea de provecho.

> Análisis y notas del texto griego.
>
> Análisis: ἑκάστῳ, caso dativo masculino singular del adjetivo indefinido *cada uno*; δὲ, partícula conjuntiva que hace las veces de conjunción coordinante, con sentido de *pero, más bien, y, y por cierto, antes bien, entonces*; δίδοται, tercera persona singular del presente de indicativo en voz pasiva del verbo δίδωμι, *dar, entregar*, aquí *es dada*; ἡ, caso nominativo femenino singular del artículo determinado *la*; φανέρωσις, caso nominativo femenino singular del nombre común *manifestación*; τοῦ, caso genitivo neutro singular del artículo determinado declinado *del*; Πνεύματος, caso genitivo neutro singular del nombre divino *Espíritu*; πρὸς, preposición propia de acusativo *para*; τὸ, caso acusativo neutro singular del artículo determinado *lo*; συμφέρον, caso acusativo neutro singular del participio de presente en voz activa del verbo συμφέρω, *convenir, ser de provecho*, aquí *que sea de provecho*.

ἑκάστῳ δὲ δίδοται ἡ φανέρωσις τοῦ Πνεύματος. Aunque diversos en su manifestación, todos los dones tienen un origen común. La procedencia de los dones es del Espíritu. El apóstol enseña que a *cada uno* se le ha comunicado algún don. Es decir, no hay creyente que no tenga don porque todos deben servir. En este sentido ha de tenerse claro que no hay dones para hombres y para mujeres. Lo único limitado estará en el uso o ejercicio del don en determinadas condiciones. Concuerda esto con la ilustración del cuerpo humano, en el que cada miembro tiene una función diferente (10:17). No todos son iguales y todos tienen la misma función, pero ningún miembro en el cuerpo es inútil. Cada creyente, como miembro en el cuerpo, tiene que haber sido capacitado para servir a los demás (1 P. 4:10). Esto sin distinción de raza, condición social o sexo.

πρὸς τὸ συμφέρον. Los corintios tenían serios problemas con el ejercicio de los dones. Muchos de ellos buscaban la aparatosidad en el culto público, para llamar la atención, no hacia el Señor, sino hacia ellos mismos. Pablo enseña que la razón de los dones es *"para provecho"*. No del que los recibe, sino de la iglesia. Los dones son dados para el crecimiento espiritual del cuerpo. Los creyentes dotados han de usar los dones para servir con ellos a los demás (Ef. 4:11-14). No son dados, por tanto, para la gloria personal de quien los ha recibido. Los dones son regalos de la gracia. No se reciben por méritos personales, ni se otorgan por deseo del individuo, sino conforme al pensamiento y soberanía de Dios, el Espíritu Santo. La dotación a los miembros corresponde al propósito soberano de Dios para Su iglesia (12:4-6). Siendo dones personales o *carismas* individuales, no todos los creyentes tienen los mismos dones. En la iglesia en Corinto, algunos buscaban tener, los que podríamos llamar *dones espectaculares*, que por sus manifestaciones los hacen notoriamente visibles, como es el caso de los milagros o de las lenguas. Algunos de ellos procuraban la manifestación de estos dones en el culto público, no para la edificación, sino para la *exhibición* personal, comportándose en esto con el pensamiento infantil de un niño y no con la madurez que caracteriza a los que ya no son niños (14:20). Por esa causa se producían los desórdenes en el culto que se considerarán más adelante. El problema cambia de aspecto, pero no de contenido. Hay quienes, en un mal entendimiento de lo que se produce en la incorporación a la iglesia de los grupos étnicos, en los que a la recepción del Espíritu hablaban en lenguas, algunos consideran que esta manifestación debe producirse en todos los que creen. Las contradicciones con la enseñanza bíblica, son evidentes, sobre todo si se tiene en cuenta que se trata de un don, por tanto, no todos los creyentes tienen el mismo don. A esto debe añadirse que hay algunos que tienen en poca estima el don recibido, como si fuese de un nivel inferior al de otros, ignorando que ese carisma le ha sido dado por el Espíritu Santo, que conoce las necesidades del cuerpo, así que cualquier don tiene importancia en la iglesia.

8. Porque a éste es dada por el Espíritu palabra de sabiduría; a otro, palabra de ciencia según el mismo Espíritu.

ᾧ μὲν γὰρ διὰ τοῦ πνεύματος δίδοται λόγος σοφίας,
Porque ciertamente a quien mediante el Espíritu es dada palabra de sabiduría
ἄλλῳ δὲ λόγος γνώσεως κατὰ τὸ αὐτὸ Πνεῦμα,
y a otro palabra de conocimiento conforme al mismo Espíritu.

Análisis y notas del texto griego.

Análisis: ᾧ, caso dativo masculino singular del pronombre relativo *a quien*; μὲν, partícula afirmativa que se coloca siempre inmediatamente después de la palabra expresiva de una idea que se ha de reforzar o poner en relación con otra idea y que, en sentido absoluto tiene oficio de adverbio de afirmación, como *ciertamente, a la verdad*; γὰρ, conjunción causal *porque*; διὰ, preposición propia de genitivo *mediante*; τοῦ, caso genitivo neutro singular del artículo definido *el*; Πνεύματος, caso genitivo neutro singular del nombre divino *Espíritu*; δίδοται, tercera persona singular del presente de indicativo en voz pasiva del verbo δίδωμι, *dar, entregar*, aquí *es dada*; λόγος, caso nominativo masculino singular del nombre común *palabra, discurso*; σοφίας, caso genitivo femenino singular del nombre común *sabiduría*; ἄλλῳ, caso dativo masculino singular del pronombre indefinido declinado *a otro*; δὲ, partícula conjuntiva que hace las veces de conjunción coordinante, con sentido de *pero, más bien, y, y por cierto, antes bien, entonces*; λόγος, caso nominativo masculino singular del nombre común *palabra, discurso*; γνώσεως, caso genitivo femenino singular del nombre común declinado *de ciencia, de conocimiento*; κατὰ, preposición propia de acusativo *conforme*; τὸ, caso acusativo neutro singular del artículo determinado declinado *al*; αὐτὸ, caso acusativo neutro singular del adjetivo intensivo *mismo*; Πνεῦμα, caso acusativo neutro singular del nombre divino *Espíritu*.

ᾧ μὲν γὰρ διὰ τοῦ πνεύματος δίδοται λόγος σοφίας, Siguiendo el pensamiento de los versículos anteriores, introduce aquí una relación de dones del Espíritu que Éste da a los creyentes. La mente de Pablo está puesta en los creyentes corintios algunos de los cuales no tienen claro el concepto de los dones y el uso de los mismos. Los dones mencionados estaban operativos entre los creyentes. Los corintios tenían abundancia de dones, estando *enriquecidos* por la dotación que habían recibido (1:5). La razón de citar este número de dones es desconocida, pudiendo establecerse varias proposiciones, todas a criterio personal, pero sin base bíblica expresa. Es posible que el apóstol aluda a los dones que estaban ocasionando problemas en la iglesia, debido al mal uso que hacían de los mismos (cap. 14).

Comienza citando la *"palabra de sabiduría"*. No menciona tanto el don por su nombre, sino por sus efectos. Probablemente sea el que capacita para expresar y comunicar la sabiduría de Dios. Estos dones están vinculados con la inteligencia, es decir, la acción de la mente. Para algunos la *sabiduría* tiene que ver con un carácter práctico. El concepto de *sabiduría* conlleva a la comprensión del *misterio* en el plan divino. En cierto modo tiene que ver con la capacidad de dominar la vida y las acciones espirituales. La sabiduría está relacionada con la revelación de Dios que permite exponer claramente las bases doctrinales para la iglesia (2:6-16). En cierto modo, la palabra de sabiduría entra en la profundidad de lo revelado por Dios y puede ser expuesto con claridad a los demás creyentes. No está vinculado con la enseñanza formativa de la Palabra que es el ministerio del *maestro* o del *pastor-maestro*. La *palabra de sabiduría* permite entender claramente y comunicar *"el misterio que en otras generaciones no se dio a conocer a los hijos de los hombres, como ahora es revelado a sus santos apóstoles y profetas por el Espíritu"* (Ef. 3:5). Podría resumirse la acción de este don como la capacidad de entender la voluntad de Dios y aplicarla con fidelidad (cf. Mt. 11:19; 13:54; Mr. 6:2; Lc. 7:35; Hch. 6:10; Stg. 1:5; 3:13, 17; 2 P. 3:15). Este don permitiría en el conocimiento de la Palabra hacer las aplicaciones a cada aspecto de la vida cotidiana. Es la capacitación que todo consejero debiera tener para ayudar al que es aconsejado por él.

El segundo don se define como *palabra de conocimiento*, en otras traducciones *palabra de ciencia*. Tiene que ver con la capacidad para la exhortación y la amonestación con sustento bíblico. Para ello es necesaria una comprensión amplia de las verdades de la Biblia. Quien tiene el don del conocimiento hace clara la Escritura para ser llevada a la dirección de la vida. Quien tiene este don se aprecia por la capacidad que tiene para descubrir el sentido del texto y de su contexto, que no puede ser conocido aparte de la Revelación (Ro. 16:25; Ef. 3:3; Col. 1:26, cp. 1 Co. 13:2). No cabe duda que está relacionado muy de cerca con el ministerio pastoral. Algunos piensan que podría referirse a la aplicación de las secciones prácticas de las *epístolas*.

κατὰ τὸ αὐτὸ Πνεῦμα, El ejercicio de estos dones, no solo es posible porque el Espíritu los da, sino porque son conforme a Él. El inspirador de la Escritura es el Espíritu (2 Ti. 3:16; 2 P. 1:21). La exhortación, el aliento, la amonestación, la ayuda para la comprensión, tiene que ser tomada desde la Palabra. Es necesario entender que la revelación divina para escribir el Nuevo Testamento se dio a los apóstoles y profetas. Una vez terminado el texto bíblico, nada puede añadirse porque no hay *nuevas revelaciones*. Quien afirme tener revelaciones de Dios que no están en la Palabra es un mentiroso. Hay una advertencia solemne para quienes pretenden tal perversidad (Ap. 22:18).

9. A otro, fe por el mismo Espíritu; y a otro, dones de sanidades por el mismo Espíritu.

ἑτέρῳ[1] πίστις ἐν τῷ αὐτῷ Πνεύματι, ἄλλῳ δὲ χαρίσματα ἰαμάτων
A otro fe en el mismo Espíritu; y a otro dones de sanidades
ἐν τῷ ἑνὶ Πνεύματι,
en el uno Espíritu.

Análisis y notas del texto griego.

Análisis: ἑτέρῳ, caso dativo masculino singular del adjetivo indefinido declinado *a otro*; πίστις, caso nominativo femenino singular del nombre común *fe*; ἐν, preposición propia de dativo *en*; τῷ, caso dativo neutro singular del artículo determinado *el*; αὐτῷ, caso dativo neutro singular del pronombre intensivo *mismo*; Πνεύματι, caso dativo neutro singular del nombre divino *Espíritu*; ἄλλῳ, caso dativo masculino singular del pronombre indefinido declinado *a otro*; δὲ, partícula conjuntiva que hace las veces de conjunción coordinante, con sentido de *pero, más bien, y, y por cierto, antes bien, entonces*; χαρίσματα, caso nominativo neutro plural del nombre común *dones*; ἰαμάτων, caso genitivo neutro plural del nombre común declinado *de sanidades*; ἐν, preposición propia de dativo *en*; τῷ, caso dativo neutro singular del artículo determinado *en*; ἑνὶ, caso dativo neutro singular del adjetivo numeral cardinal *uno*, en sentido de *sólo, único*; Πνεύματι, caso dativo neutro singular del nombre divino *Espíritu*.

Notas. Crítica Textual. Lecturas alternativas.

[1] ἑτέρῳ, *a otro*, según se lee en a*, B, D*, F. G. 6. 1739. latt sy^p, Clemente, Dídimo.

ἑτέρῳ δὲ, *y a otro*, conforme a 𝔓^{46}, a^2, A, C, D^2, K, L, P, Ψ, 33, 81, 104, 365, 630, 1175, 1241, 1505, 1881, 2464, 𝔐, sy^h.

ἑτέρῳ πίστις El apóstol menciona ahora el *don de fe*. No se trata de la *fe* que salva y que santifica, sino la que permite acciones que no serían naturales incluso para un cristiano consagrado y comprometido con Dios. Es, en líneas generales, la capacidad de reconocer en situaciones específicas lo que Dios quiere hacer, y confiar en Él hasta que lo realice. Es, por tanto, una intensa confianza en Dios que otorga el Espíritu a algunos creyentes. Es la confianza firme que puede mover montañas (13:2). El discernir el propósito de Dios y saber que las cosas ocurren según Su voluntad. Este don permite aceptar lo que viene como seguro porque procede del pensamiento y voluntad de Dios. Esto genera seguridad y confianza para realizar servicios específicos. Es un don necesario para obra misionera, para testimonio fiel en momentos de dificultades. Este don permite un entendimiento especial de la voluntad de Dios (Mt. 17:20; 1 Jn. 5:14-15). Permite afrontar cualquier situación descansado con seguridad en lo que es, humanamente hablando, imposible, aun cuando sea con oposición del enemigo (16:9). Es aquella seguridad cierta que está en las palabras de la oración de Jesús: *"Yo sabía que siempre me oyes"* (Jn. 11:42). Es la fe de las grandes acciones: *"...porque de cierto os digo, que si tuviereis fe como un grano de mostaza, diréis a este monte: Pásate de aquí allá, y se pasará; y nada os será imposible"* (Mt. 17:20).

ἐν τῷ αὐτῷ Πνεύματι, La expresión *en el Espíritu Santo*, o también *por el Espíritu Santo*, indica que la energía de esta confianza reposa sobre el Espíritu residente en el corazón del que tiene el don.

ἄλλῳ δὲ χαρίσματα ἰαμάτων. Menciona ahora el *don de sanidades*. El que capacita al que lo recibe para la curación de enfermedades por el poder de Dios, actuando en Su nombre. Era un don necesario en los momentos iniciales de la proclamación del evangelio que anuncia a Cristo como el que había resucitado de entre los muertos. La sanidad de los enfermos era una señal mesiánica (Is. 35:5-6). De manera que en el nombre del Señor, de quien los judíos negaban la resurrección, afirmando que no se había producido, sino que los discípulos habían robado Su cuerpo, pero que seguía muerto, los cristianos que tenían el don de sanidades, en el nombre de Jesús, sanaban casos sumamente graves de enfermedad, demostrando con ello que realmente vivía como proclamaban en el evangelio que anunciaban. Este don no es dado a todos, y en el tiempo final de la época de los apóstoles estaba ya poco operativo. Prueba de ello es que el apóstol había dejado a Trófimo enfermo en Mileto (2 Ti. 4:20); también recomendó a Timoteo que tomase un poco de vino por sus enfermedades y sus problemas digestivos (1 Ti. 5:23); asimismo Epafrodito estuvo gravemente enfermo y Pablo dice que lo sanó el Señor, es decir, no fue intervención de alguno con el don de sanidades (Fil. 2:27). No podemos, basados en este aspecto de la revelación, afirmar que no está operativo, mucho menos decir que no está vigente, puesto que, como se ha dicho, la vigencia o no de un don solo puede manifestarla quien da el don, que es el Espíritu Santo.

Es interesante apreciar un cambio en el adjetivo indefinido ἑτέρῳ, *a otro*, por el pronombre indefinido ἄλλῳ, con la misma traducción. No es un cambio accidental, sino que los dones que siguen al segundo, expresan un carácter diferente. Este se encuentra porque los cinco dones que comienzan en el de sanidades y siguen hasta finales del v. 10, actúan de forma diferente en la intimidad de quienes los reciben. Los dos primeros actúan en base a una iluminación interior, los cinco siguientes lo hacen a causa de un poder excepcional, de otro modo, por una acción del Espíritu no tanto sobre la inteligencia, sino sobre la voluntad.

ἐν τῷ ἑνὶ Πνεύματι, Lo mismo que los anteriores y los restantes dones, todos proceden del Espíritu y se desarrollan ejerciéndolos en Él y por medio de Él.

10. A otro, el hacer milagros; a otro, profecía; a otro, discernimiento de espíritus; a otro, diversos géneros de lenguas; y a otro, interpretación de lenguas.

ἄλλῳ δὲ ἐνεργήματα δυνάμεων[1], ἄλλῳ [δὲ][2] προφητεία,
Y a otro operación de milagros; y a otro profecía,
ἄλλῳ [δὲ][2] διακρίσεις[3] πνευμάτων, ἑτέρῳ γένη γλωσσῶν,
y a otro discernimientos de espíritus, a otro géneros de lenguas,
ἄλλῳ δὲ ἑρμηνεία γλωσσῶν·
y a otro interpretación de lenguas.

Análisis y notas del texto griego.

Análisis: ἄλλῳ, caso dativo masculino singular del pronombre indefinido declinado *a otro*; δὲ, partícula conjuntiva que hace las veces de conjunción coordinante, con sentido de *pero, más bien, y, y por cierto*, *antes bien, entonces*; ἐνεργήματα, caso nominativo neutro plural del nombre común *operaciones, actos, efectos*; δυνάμεων, caso genitivo femenino plural del nombre común *milagros, prodigios*; ἄλλῳ caso dativo masculino singular del pronombre indefinido declinado *a otro*; δὲ, partícula conjuntiva que hace las veces de conjunción coordinante, con sentido de *pero, más bien, y, y por cierto*, *antes bien, entonces*; προφητεία, caso nominativo femenino singular del nombre común *profecía*; ἄλλω caso dativo masculino singular del pronombre indefinido declinado *a otro*; δὲ, partícula conjuntiva que hace las veces de conjunción coordinante, con sentido de *pero, más bien, y, y por cierto*, *antes bien, entonces*; διακρίσεις, caso nominativo femenino plural del nombre común *discernimiento*, πνευμάτων, caso genitivo neutro plural del nombre común declinado *de espíritus*; ἑτέρῳ, caso dativo masculino singular del adjetivo indefinido declinado *a otro*; γένη, caso nominativo neutro plural del nombre común *géneros*; γλωσσῶν, caso genitivo femenino plural del nombre común declinado *de lenguas*; ἄλλῳ, caso dativo masculino singular del pronombre indefinido declinado *a otro*; δὲ, partícula conjuntiva que hace las veces de conjunción coordinante, con sentido de *pero, más bien, y, y por cierto*, *antes bien, entonces*; ἑρμηνεία, caso nominativo femenino singular del nombre común *interpretación, traducción*; γλωσσῶν, caso genitivo femenino singular del nombre común declinado *de lenguas*.

Notas. Crítica Textual. Lecturas alternativas.

[1] ἐνεργήματα δυνάμεων *operaciones de milagros*, de acuerdo con la lectura en a, A, B, C, K, L, P, Ψ, 33, 81, 104, 365, 630, 1175, 1241, 1505, 1739, 1881, 2464, 𝔐, lat, sy[h], Clemente.

ἐνέργια δυνάμεως, *poder para milagros*, según P[46], D, F, G, b.

[2] δὲ, *y*, como se lee en a, A, C, K, L, P, Ψ, 33[vid], 81, 104, 365, 1175, 1241, 1505, 2464, 𝔐, sy.

No aparece en 𝔓[46], B, D, F, G, 0201, 6, 630, 1739, latt, Clemente.

[3] διακρίσεις *discernimientos*, conforme a 𝔓[46], A, B, D[2], K, L, Ψ, 81, 104, 365, 630, 1241, 1505, 1739, 1881, 2464, 𝔐, sy[h], bo.

διακρίσις, *discernimiento*, según lectura en a, C, D*, F, G, P, 0201, 33, 1175, latt, sy[p], sa, Clemente.

ἄλλῳ δὲ ἐνεργήματα δυνάμεων, El Espíritu concede a algunos el don de *hacer milagros*. Se trata de operaciones de poder que Cristo hizo también en los días de Su ministerio. Para el ministerio del don sirve lo dicho antes para el de sanidades. No eran sanidades milagrosas, sino la operación de hacer prodigios y señales. Los hechos portentosos que hizo Jesús, llevaban a los hombres que observaban aquellos milagros, a entender que era el Mesías, el Hijo de Dios enviado al mundo. Luego de Su muerte, los judíos proclamaban que no había resucitado, sino que fue sacado de la tumba por los discípulos. Sin embargo, los cristianos, actuando en el nombre del Señor, como ocurría con las sanidades, producían hechos portentosos semejantes a los que Cristo había hecho. Por los prodigios hechos por Jesús como fue la primera señal recogida por Juan en su evangelio, *"...manifestó su gloria; y sus discípulos creyeron en él"* (Jn. 2:11). El portento hecho por Jesús, no tenía como propósito principal resolver el problema que se había producido, sino *"manifestar Su gloria"*. Por esa misma razón, cuando está a punto de concluir su escrito del evangelio, dice Juan: *"Hizo además Jesús muchas otras señales en presencia de sus discípulos, las cuales no están escritas en este libro. Pero éstas se han escrito para que creáis que Jesús es el Cristo, el Hijo de Dios, y para que creyendo, tengáis vida en su nombre"* (Jn. 20:30-31).

Ascendido el Señor, los apóstoles y algunos otros creyentes, hicieron también milagros que sirvieron para apoyarlos en las señales que testificaban juntamente con el mensaje de la realidad de la resurrección de Jesús, y lo presentaban como el único Salvador (Hch. 14:3). Por otro lado, las señales y prodigios ponían de manifiesto quienes eran verdaderos apóstoles: *"Las señales de apóstol han sido hechas entre vosotros en toda paciencia, por señales, prodigios y milagros"* (2 Co. 12:12). Es evidente que, según el relato bíblico, ninguno de los apóstoles hizo algún prodigio relacionado con la naturaleza, como fueron muchos de los hechos por Jesús. Las manifestaciones de poder según el Nuevo Testamento tenían que ver especialmente con personas, de manera que los apóstoles echaron fuera demonios, como había hecho Jesús y como también les había concedido a ellos en el tiempo de Su ministerio (Lc. 9:1; 10:17-19). También Felipe y Esteban manifestaron haber sido dotados con este don (Hch. 6:8; 8:7). Las manifestaciones de poder tuvieron más expresiones como producir ceguera en Elimas (Hch. 13:11); resucitar muertos (Hch. 9:40-41).

A lo largo de la historia humana hay tiempos en que las señales y prodigios se manifestaron con mayor intensidad, como el tiempo de los jueces, de los profetas como Elías y Eliseo, de Cristo, de los apóstoles, y se anuncia otro que vendrá en el tiempo de la tribulación. En todos los períodos de la historia bíblica, las señales anuncian juicio. El don no está operativo, por lo menos, como lo estaba en la iglesia primitiva. Hay algunos que están buscando sorprender con algún milagro, estos prodigios son generalmente asuntos que descansan en la psicología de masas donde el que opera el supuesto milagro ha conseguido situar a los que lo presencian en un estado de condicionamiento mental que les permite ver lo que no ha ocurrido realmente. Si en alguna ocasión algo sobrehumano se produce es necesario un correcto discernimiento de espíritus que ponga de manifiesto si ese portento ocurrió por la acción del Espíritu Santo, o por la de demonios. Nadie debe olvidar que Satanás se disfraza de ángel de luz.

ἄλλῳ δὲ προφητεία, Hace referencia al don de *profecía*. La palabra *profeta*, equivale literalmente a *hablar en nombre de, proclamar*, quiere decir que el *profeta* está actuando de *portavoz* en el caso bíblico, portavoz de Dios, que le confía el mensaje que debe anunciar. El don de profecía tiene que ver primariamente con la capacidad de comunicar mensajes inspirados y recibidos por revelación directa de Dios. En este sentido era necesario para el establecimiento de la doctrina, la escatología y la escritura del Nuevo Testamente (Ef. 2:20). Figura en segundo lugar tras el de apóstol (Ef. 4:11). El mensaje profético no era el resultado de investigación personal sino de comunicación del Espíritu, por eso el profeta, en el sentido primario de la palabra, recibía el mensaje directamente del Espíritu, comunicándole la revelación para ser escrita, hasta completar el canon del Nuevo Testamento. Luego de esto, el don como revelación del misterio divino o como manifestación de nuevas revelaciones inspiradas con el mismo valor de la Palabra escrita, no está vigente. El mensaje por medio de los profetas, fue inicialmente efectuado por transmisión oral de la revelación divina, hasta el momento que tanto los apóstoles como los profetas escriben las revelaciones y se completa el Canon del Nuevo Testamento (Ef. 2:20).

Por eso es necesario hacer distinción en tres distintas manifestaciones de la profecía. El don que permite recibir y transmitir un mensaje divino no registrado ni conocido antes, no puede darse hoy, porque nadie puede añadir nada a la Palabra escrita.

Pablo menciona un segundo nivel de profecía: *"Pero el que profetiza habla a los hombres para edificación, exhortación y consolación"* (14:3). Se trata aquí, no de una revelación directa para ser escrita, sino de tomar la Palabra ya escrita y aplicarla a la edificación, exhortación y consolación de los creyentes. No se trata del ejercicio del don de *maestro*, ni tan siquiera del aspecto edificante del *evangelista*, sino del ministerio que por el poder del Espíritu penetra en el corazón de los oyentes, edificándolos, exhortándolos y consolándolos. En cierta medida se refiere a un aspecto propio de los profetas, que no sólo escribían revelación escatológica, sino que denunciaban los problemas personales y sociales del pueblo de Dios. El don de *profecía* en este segundo nivel como οἰκοδομή (edificación), παράκλησισ (exhortación) y παραμυθία (consolación), a la luz de datos eclesiales en los escritos de Nuevo Testamento, da la impresión de que junto al ministerio del maestro (v. 28), había ministerio profético de aliento y consolación ejercido por quienes tenían el don de profecía.

La profecía tiene un tercer nivel, que comunica mensajes personales dados directamente por Dios al profeta, sin tener nada que ver con la revelación de nuevas enseñanzas divinas, ni tan siquiera con la exhortación o consolación. A modo de ejemplo bíblico, fue la actuación de Agabo anunciando lo que iba a ocurrir a Pablo (Hch. 11:27-28; 21:11). Este tercer nivel del *ministerio* profético, solo es comprobable en la medida en que se cumpla lo anunciado por el profeta. Es el de menor valor e importancia de los tres niveles del don de profecía. Había creyentes con el don de profecía en la iglesia en Antioquía (Hch. 13:1). El don no está reservado sólo para varones, sino también se dio a mujeres como el caso de las hijas de Felipe (Hch. 21:9).

El apóstol en otro lugar enseña que el don de profecía debe usarse *"conforme a la medida de la fe"* (Ro. 12:6), es decir, según las verdades de fe que se habían transmitido a la iglesia por los apóstoles y profetas. Ningún ministerio profético podía discrepar con la base de fe dada a la iglesia, sino conformarse a ella. La *medida de fe*, es el criterio que cada profeta debía seguir y al que debía atenerse en el ejercicio del ministerio de *edificación, aliento y consolación*. Por esa misma causa, el ministerio profético referido, podía ser *juzgado* por los oyentes, en sentido de valorar si se ajustaba a la doctrina recibida (14:29). Quiere decir esto que cualquier predicación en sentido de mensaje profético que no se ajuste en todo a la Escritura debe ser silenciado en la congregación (14:28). La doctrina controla el mensaje y no al revés. El aliento y la consolación sólo son eficaces cuando descansan en la Palabra y son concordantes con ella.

ἄλλῳ δὲ διακρίσεις πνευμάτων, El don de *discernimientos de espíritus*, era de gran importancia en tiempos en que la revelación doctrinal se comunicaba, en gran parte, oralmente. Esta capacitación del Espíritu permitía distinguir entre un *profeta de Dios*, y un *falso maestro*. Corresponde esto a la prueba establecida por el apóstol Juan (1 Jn. 4:1). Satanás es *mentiroso y padre de mentira* (Jn. 8:44), falsificando sutilmente el mensaje de Dios para destruir Su obra. Los que han recibido el don de *discernimientos de espíritus*, tienen la capacidad de reconocer espíritus mentirosos. Es necesario reconocer que los mensajeros que Satanás introduce en la iglesia proclaman parcialmente verdades bíblicas, a las que añaden el veneno de la corrupción. Es bueno recordar que la mujer con espíritu diabólico en Filipos anunciaba una verdad, que Pablo y sus colaboradores eran *siervos del Dios altísimo* y que anunciaban *el camino de salvación* (Hch. 16:16-17). Esta verdad tapaba el propósito diabólico que procuraba destruir la obra de evangelización. Los demonios en la mujer, y por medio de ella, procuraban atraer la atención de las gentes hacia los creyentes, alejando en lo posible el mensaje que ellos predicaban.

ἑτέρῳ γένη γλωσσῶν, Recuerda el *don de lenguas*. Este asunto se tratará con detalle en el comentario al capítulo 14, limitando aquí a una simple referencia al don en sí. De apreciarse nuevamente el cambio del adjetivo indefinido dativo, ἑτέρῳ, *a otros*, por el pronombre indefinido ἄλλῳ, que en castellano tiene la misma traducción. Como se dijo antes, no es una forma de escribir variando los términos para hacerla menos repetitiva, sino que el apóstol está introduciendo aquí un tercer grupo de dones. Si en el primer grupo el Espíritu actuaba sobre las facultades de la *inteligencia*, y en el segundo la acción era orientada a las fuerzas de la *voluntad*, en este tercero el Espíritu actúa más directamente sobre el *sentimiento* del que lo ha recibido. En este grupo el *sentimiento* o el *sentido* actúa separadamente de la inteligencia y de la voluntad que están inactivas. El que habla en lenguas *"no habla a los hombres, sino a Dios; pues nadie le entiende, aunque por el Espíritu habla misterios"* (14:2).

El *don de lenguas* es la capacidad de hablar *idiomas* desconocidos. La palabra γλῶσσα, *lengua*, equivale a *lenguaje* o *idioma*. Siempre que se utiliza hace referencia a algún idioma hablado en algún lugar y que puede ser traducido por otra persona al idioma del auditorio, así ocurre en todo el Nuevo Testamento (cf. Mr. 16:17; Hch. 2:4, 11; 10:46; 19:6; 1 Co. 12:10, 28, 30; 13:1, 8; 14:2, 4, 5, 6, 9, 13, 14, 18, 19, 22, 23, 26, 27, 39; Ap. 5:9; 7:9; 10:11; 11:9; 13:7; 14:6; 17:15). El don no era dado para edificación de la iglesia, sino *"como señal a los incrédulos"* (14:22). Las lenguas en la Biblia se manifestaban en los mensajes de advertencia de juicio y no de bendición, como serían en los tiempos de Babel (Gn. 11:1-9); en las profecías de juicio sobre Israel (Is. 28:11; 33:19); en los tiempos apostólicos en igual sentido (1 Co. 14:21-22), cumpliéndose el juicio divino en el año 70.

ἄλλῳ δὲ ἑρμηνεία γλωσσῶν· El último don mencionado en la lista es el de *interpretación de lenguas*. Nótese que no se trata de sonidos incomprensibles para el hombre, sino de idiomas que pueden ser traducidos por quienes han recibido el don para interpretarlas. Era necesario para el ejercicio de las lenguas en las congregaciones. Pablo no permitía hablar en lenguas en la iglesia salvo que hubiese un intérprete, en caso contrario el que tenía el don de lenguas debía callarse en la iglesia (14:27-28). El don de *interpretación de lenguas* es idéntico al de *hablar en lenguas*, pero en sentido inverso.

Desde el s. III hasta tiempos modernos, la idea más expresada en relación con el don de lenguas, es que fueron dados para la *predicación de evangelio* en los diversos pueblos, por tanto, con los diversos idiomas, sin que hubiera necesidad de aprenderlas. Este don debió haber permitido una rápida extensión del mensaje evangélico. Ireneo en el s. II, escribe sobre el don de lenguas considerándolo como un fenómeno existente aún en su tiempo, sin embargo, no puntualiza claramente sobre su naturaleza[5]. Escribe que: *"ha entendido que en las reuniones de numerosos hermanos poseedores del don profético y de hablar toda clase de lenguas por el Espíritu"*[6]. Que se consideraban como idiomas, está también en el escrito de *Crisóstomo*, que dice: *"Así uno hace oír su voz en la lengua de los persas; otro en la de los romanos; otro en la de hindúes; y otro en cualquier otra lengua"*[7]. Sobre el correcto uso del don se considerará más adelante.

La actuación del Espíritu Santo en relación con los dones antes considerados permite entender que en los dos primeros el Espíritu actúa *sobre* la inteligencia del que los recibe. En los cinco siguientes lo hace *paralelamente* a ella. En los dos últimos *separadamente*.

---

[5] Ireneo. *Adv. Hoer.* V. 6. 1.

[6] Παντοδαπαῖς λαλούντων διὰ τοῦπνεύματος γλώσσαις,

[7] Citado por F. Godet, o. c. Vol. II, pág. 210.

11. Pero todas estas cosas las hace uno y el mismo Espíritu, repartiendo a cada uno en particular como él quiere.

πάντα δὲ ταῦτα ἐνεργεῖ τὸ ἓν καὶ τὸ αὐτὸ Πνεῦμα διαιροῦν
Pero todas estas cosas efectúa el uno y el mismo Espíritu distribuyendo
ἰδίᾳ[1] ἑκάστῳ καθὼς βούλεται.
en particular a cada uno como quiere.

Análisis y notas del texto griego.

Análisis: πάντα, caso acusativo neutro plural del adjetivo indefinido *todos*; δὲ, partícula conjuntiva que hace las veces de conjunción coordinante, con sentido de *pero, más bien, y, y por cierto, antes bien, entonces*; ταῦτα, caso acusativo neutro plural del pronombre demostrativo *estos*, aquí en sentido de *estas cosas*; ἐνεργεῖ, tercera persona singular del presente de indicativo en voz activa del verbo ἐνεργέω, *obrar, actuar, ejercer autoridad, efectuar, mostrar poder*, aquí *efectúa*; τὸ, caso nominativo neutro singular del artículo determinado *el*; ἓν, caso nominativo neutro singular del adjetivo numeral cardinal *uno*; καὶ, conjunción copulativa *y*; τὸ, caso nominativo neutro singular del artículo determinado *el*; αὐτὸ, caso nominativo neutro singular del adjetivo intensivo *mismo*; Πνεῦμα, caso nominativo neutro singular del nombre divino *Espíritu*; διαιροῦν, caso nominativo neutro singular del participio de presente en voz activa del verbo διαιρέω, *dividir, distribuir, repartir*, aquí *distribuyendo*; ἰδίᾳ, adverbio *particularmente, en particular*; ἑκάστῳ, caso dativo masculino singular del adjetivo indefinido declinado *a cada uno*; καθὼς, conjunción *como*; βούλεται, tercera persona singular del presente de indicativo en voz media del verbo βούλομαι, *querer, desear, tener complacencia*, aquí *quiere*.

Notas. Crítica Textual. Lecturas alternativas.

[1] ἰδίᾳ, *particularmente*, según a, A, B, C, D[1], K, L, P, Ψ, 33, 81, 104, 365, 630, 1175, 1241, 1505, 1739, 1881, 2464, 𝔐, sy[h], Clemente.

Se omite en P[46], D[*],c, F, G, 0201[vid], latt, sy[p].

πάντα δὲ ταῦτα ἐνεργεῖ τὸ ἓν καὶ τὸ αὐτὸ Πνεῦμα. A pesar de la diversidad de dones, todos proceden del Espíritu Santo. El texto destaca abiertamente la soberanía de Dios. Uno solo frente a la pluralidad de creyentes y de dones. La misma operación que se señaló para el Padre (v. 6), se aplica ahora al Espíritu. El apóstol destaca el hecho de *distribuir*, o *repartir*. El Espíritu actúa como mejor considera y lo hace sin condicionante alguno. Frente al rechazo generalizado que se opone a la doctrina de la soberanía de Dios, una y otra vez aparece en el Nuevo Testamento. Dios es Dios, porque es Soberano. Todos los dones otorgados por Dios son entregados y activados por el Espíritu Santo. Es firme la expresión literalmente: *"Todas estas cosas efectúa uno y el mismo Espíritu"*, de otro modo, *el único y mismo Espíritu*. Cada uno de los dones relacionados en la lista de este pasaje proceden y son otorgados por el Espíritu. Nadie, por tanto, puede considerarse superior a otros o pretender un reconocimiento especial, porque los dones son dados por soberanía divina, sin mérito alguno por parte del creyente.

διαιροῦν ἰδίᾳ ἑκάστῳ El que los *reparte* lo hace a *cada uno*. Quiere decir que no hay ningún creyente sin algún don, porque todos tenemos que servir para la edificación del cuerpo de Cristo. Los dones no se dan en razón a los méritos o deseos de los hombres, sino conforme al designio de Dios. Los que reciben los dones no son de una clase especial en la iglesia, sino que comprende a todos los creyentes, por tanto, a toda la iglesia. Todos recibimos dones y todos somos llamados a servir a los demás con el ejercicio de los mismos (1 P. 4:10).

καθὼς βούλεται. Toda la operación de otorgamiento de los dones es expresión de la soberanía del Espíritu, ya que lo hace *como quiere*, o *como le place*. Es una evidente demostración de la personalidad del Espíritu que, como Persona Divina, tiene voluntad y capacidad de obrar. Una expresión semejante se aplica al Padre (15:38). El Espíritu Santo, no es una *fuerza divina*, ni un *poder impersonal* de Dios, como los arrianos antiguos y modernos pretenden enseñar, sino una Persona con identidad divina. El cristiano puede orar pidiendo los dones que desearía tener, pero no hay evidencia bíblica alguna que enseñe que esa oración será respondida, ya que los dones son dados en pleno ejercicio de la soberanía de Dios, el Espíritu Santo. Él sabe que es lo que la iglesia necesita y distribuye los dones conforme a esa sabiduría.

Se hace necesario estudiar y conocer la doctrina del Espíritu Santo, para conocer mejor a nuestro Dios, para evitar el materialismo y humanismo actuales y para remediar el *espiritualismo* que busca experiencias subjetivas ajenas a la Escritura y manifestaciones espectaculares como algo que debe ser la experiencia de los creyentes. Es fundamental para poder entender bien lo que significa *"andar en el Espíritu"* y no *"satisfacer las obras de la carne"* (Gá. 5:16). Necesario también para no impedir la obra que realiza en cada creyente para hacerlo *semejante a Jesús* (Ro. 8:29). En el pasaje considerado hasta este versículo se aprecia que es Dios glorioso y santísimo que habita en cada creyente (3:16). Si alguno no tiene el Espíritu, no es salvo (Ro. 8:9). Siendo el creyente morada del Espíritu Santo, debe procurar la santidad de vida (2 Co. 7:1; Ef. 4:22-24; 1 Ts. 3:13; He. 12:14; 1 P. 1:15-16).

El propósito de los dones (12:12-31)

La unidad del cuerpo (12:12-13)

12. Porque así como el cuerpo es uno, y tiene muchos miembros, pero todos los miembros del cuerpo, siendo muchos, son un solo cuerpo, así también Cristo.

Καθάπερ γὰρ τὸ σῶμα ἕν ἐστιν καὶ μέλη πολλὰ ἔχει,
Porque así como el cuerpo uno es y miembros muchos tiene
πάντα δὲ τὰ μέλη τοῦ σώματος[1] πολλὰ ὄντα ἕν ἐστιν σῶμα,
pero todos los miembros del cuerpo, muchos siendo uno es cuerpo,
οὕτως καὶ ὁ Χριστός·
así también el Cristo.

Análisis y notas del texto griego.

Análisis: Καθάπερ, conjunción *así como*; γὰρ, conjunción causal *porque*; τὸ, caso nominativo neutro singular del artículo determinado *el*; σῶμα, caso nominativo neutro singular del nombre común *cuerpo*; ἕν, caso nominativo neutro singular del adjetivo numeral cardinal *uno*; ἐστιν, tercera persona singular del presente de indicativo en voz activa del verbo εἰμί, *ser, estar*, aquí *es*; καὶ, conjunción copulativa *y*; μέλη, caso nominativo neutro plural del nombre común *miembros*; πολλὰ, caso acusativo neutro plural del adjetivo *muchos*; ἔχει, tercera persona singular del presente de indicativo en voz activa del verbo ἔχω, *tener, poseer*, aquí *tiene*; πάντα, caso nominativo neutro plural de adjetivo indefinido *todos*; δὲ, partícula conjuntiva que hace las veces de conjunción coordinante, con sentido de *pero, más bien, y, y por cierto*, *antes bien, entonces*; τὰ, caso nominativo neutro plural del artículo determinado *los*; μέλη, caso nominativo neutro plural del nombre común *miembros*; τοῦ, caso genitivo neutro singular del artículo determinado declinado *del*; σώματος, caso nominativo neutro singular del nombre común *cuerpo*; πολλὰ, caso nominativo neutro plural del adjetivo *muchos*; ὄντα, caso nominativo neutro plural del participio de presente en voz activa del verbo εἰμί, *ser, estar*, aquí *siendo*; ἕν, caso nominativo neutro singular del adjetivo numeral cardinal *uno*; ἐστιν, tercera persona singular del presente de indicativo en voz activa del verbo εἰμί, *ser, estar*, aquí *es*; σῶμα, caso nominativo neutro singular del nombre común *cuerpo*; οὕτως, adverbio *así*; καὶ, adverbio de modo *también*; ὁ, caso nominativo masculino singular del artículo determinado *el*; Χριστός, caso nominativo masculino singular del nombre propio *Cristo*.

Notas. Crítica Textual. Lecturas alternativas.

[1] τοῦ σώματος, *el cuerpo*, según se lee en 𝔓46 vid, a*, A, B, C, F, G, L, P, 33vid, 81, 104, 365, 1175, 1241, 1505, 1739, 1881, 2464, lat, sy, samss, bo.

τοῦ σώματος, τοῦ ἑνὸς, *el cuerpo, uno solo*, según ²a, D K Ψ 630, 𝔐, b, sa^{sa}, Ambrosiaster.

Καθάπερ γὰρ. Mediante la expresión conjuntiva *"porque así como"*, introduce un nuevo tema vinculándolo por este medio con lo que antecede. Estuvo enseñando sobre la variedad y diversidad de dones que el Espíritu reparte *"como él quiere"* a cada creyente. Pero es necesario tener presente, que en esta individualidad existe una unidad, puesto que cada uno de los creyentes están puestos en el cuerpo cuya cabeza es Cristo, siendo miembros los unos de los otros. Este es el tema de este párrafo. Para ello utiliza la analogía del cuerpo humano, con la que ilustra la enseñanza. Dios formó una unidad orgánica compuesta por muchos miembros diferentes que el apóstol llama *cuerpo de Cristo*, literalmente ὁ Χριστός, *el Cristo*. El cuerpo espiritual que es la Iglesia, como el natural con que Pablo lo ilustra, requiere, para un funcionamiento armónico, la acción de todos los miembros operando conjuntamente con un mismo propósito, tanto los que parecen muy importantes, como los que pudieran parecer de menos importancia.

τὸ σῶμα ἕν ἐστιν καὶ μέλη πολλὰ ἔχει, El apóstol constata una acción divina que es la causa y razón de la vida de la Iglesia, la unidad establecida por el poder divino, que vincula a los creyentes y los impulsa dentro de la variedad de sus manifestaciones. La expresión de esta unidad en la diversidad se aprecia en la operación conjunta de la diversidad de dones y de efectos producidos. Como ocurre con el cuerpo humano, el organismo, tanto este como el divino manifestado en la Iglesia, está integrado por diferentes miembros unidos en un todo que se llama *cuerpo*.

πάντα δὲ τὰ μέλη τοῦ σώματος πολλὰ ὄντα ἕν ἐστιν σῶμα, Siendo tantos y tan diversos los miembros, existe un cuerpo porque todos están unidos entre sí. En este sentido *"todos los miembros del cuerpo, siendo muchos, son un solo cuerpo"*, es decir, que hay un solo cuerpo, pero son muchos los miembros que lo integran. Esta diversidad es esencial para la unidad, ya que si no fueran muchos no habría cuerpo, porque éste no es más que el conjunto unido de todos los miembros.

οὕτως καὶ ὁ Χριστός· *"Así también el Cristo"*. La Iglesia es una, si bien está formada por muchos miembros (Ro. 12:4-5; Ef. 4:4, 16). Cada miembro tiene su función en el cuerpo (Ro. 12:4). Los corintios no habían comprendido bien, o tal vez habían olvidado, la enseñanza que sin duda el apóstol les dio sobre la unidad de la Iglesia. Será bueno recordar aquí algo de esa verdad.

Cuando Jesús oró al Padre por la unidad de la Iglesia, presentó ante Él Su *pensamiento*, que sin duda coincidía plenamente con el pensamiento del Padre, por cuanto la obra de redención se planeó y ejecutó en pleno consenso trinitario. El deseo de Jesús es que la Iglesia fuese una, en una forma semejante a la unidad existente en el Ser Divino. La respuesta a la oración, en cuando a la plenitud de la unidad, fue respondida y las tres Personas Divinas, vinieron a hacer morada en el cristiano, de modo que el trabajo *intratrinitario* que, entre otras cosas sustenta la unidad en el Ser Divino, se trasladó a cada uno de los creyentes, trasladando la unidad trinitaria mediante, entre otras cosas, la participación de cada creyente en la misma naturaleza divina (2 P. 1:4), de tal manera que los cristianos vivimos la vida eterna, que es la *participación* en la divina naturaleza. Sin embargo, esta unidad absoluta, que el apóstol llamó *"la unidad del Espíritu"*, podría vivirse en el hecho mismo de la unidad, o también en las bendiciones de la unidad. Es decir, la Iglesia es una, pero la gracia provee de bases que hacen que la unidad sea rica, gozosa y bendecida, de modo que cada creyente, no sólo sepa que es uno con el otro y todos con Cristo y en Él, sino que pueda relacionarse en una vida abundante y gozosa. Ese es también el pensamiento de Jesús: *"Yo he venido para que tengan vida, y para que la tengan en abundancia"* (Jn. 10:10). Tener vida abundante es tenerla también luminosa a fin de que pueda disfrutarse sin riesgos a extraviarse en ella, por eso, Jesús que es luz suprema de Dios (Jn 1:4), se hace luz en la experiencia de vida de cada creyente, y dice: *"Yo soy la luz del mundo; el que me sigue, no andará en tinieblas, sino que tendrá la luz de la vida"* (Jn. 8:12). Jesús se hace también gozo personal en la experiencia del creyente: *"Pero ahora voy a ti; y hablo esto en el mundo, para que tengan mi gozo cumplido en sí mismos"* (Jn. 17:13). Todas estas bendiciones comportan certeza y seguridad, pero como quiera que *"Dios da mayor gracia"* (Stg. 4:6), dotó a la Iglesia de elementos que se convierten en bases unitarias por cuanto están en cada cristiano y en la misma única Iglesia. El hecho de que se mencione que los cristianos están en un cuerpo y en un Espíritu y tienen la misma esperanza, que el Señor es Señor de todos, que la fe es la misma y que todos recibieron el mismo bautismo, siendo Dios el Padre de todos, no es tanto un crescendo de alabanza, sino la razón, mediante la expresión de las bases unitarias del por qué el cristiano debe mantenerse solícito en guardar la unidad del espíritu en el vínculo de la paz.

El mismo apóstol Pablo, escribiendo a los efesios, dice: *"De quien todo el cuerpo, bien concertado y unido entre sí por todas las coyunturas que se ayudan mutuamente, según la actividad propia de cada miembro, recibe su crecimiento para ir edificándose en amor"* (Ef. 4:16). El crecimiento del cuerpo está firmemente vinculado a la Cabeza que es

Cristo. Ese desarrollo armónico comprende a todo el conjunto corporativo, alcanza a cada uno de los miembros de ese cuerpo, esto es, a cada creyente, ya que todos han de llegar a la unidad de la fe y del conocimiento del Hijo de Dios, que es el término perfecto del crecimiento (Ef. 4:13). El crecimiento y la funcionalidad del cuerpo se opera mediante el ejercicio de los dones que cada miembro ha recibido por acción soberana del Espíritu (v. 11). La dimensión a que tiende el desarrollo del cuerpo es total, porque lo es de cada una de las partes que lo forman. Nadie queda excluido de la necesidad del crecimiento espiritual y todos son necesarios para llevarlo a cabo. Por esa misma razón el propósito divino es que *"todo el cuerpo está bien concertado y unido entre sí"*. Esa unidad se lleva a cabo por medio de los ligamentos y las articulaciones. Los primeros expresan la figura de la unidad del cuerpo en el que cada miembro está íntimamente unido a cada uno de los restantes, mientras que las articulaciones permiten el libre movimiento de cada miembro en pro de la funcionalidad del cuerpo. La de los ligamentos tiene misión de sustento y ayuda. En el cuerpo de Cristo, Su Iglesia, no hay lugar para miembros inoperantes o inactivos, ya que cada uno en unión de los demás, se sirven unos a otros y todos ellos llevan a cabo la realidad del cuerpo unido.

Una vez más la idea de unidad en la diversidad es notable en el versículo. La Iglesia es una, como cuerpo, pero como tal es diverso, es decir, formado por miembros diferentes que se unen entre sí para dar realidad al cuerpo. Toda la diversidad coopera a la unidad y funciona en base a ella. Ningún miembro está aislado del otro, porque todos ellos forman un único *todo* en comunión con la Cabeza. De ahí el concepto bíblico de *comunión* entre hermanos, que es resultado de la comunión vertical que, por esa misma causa, se extiende a la horizontalidad (1 Jn. 1:3). Por tanto, el cuerpo que crece es un cuerpo perfectamente *articulado* y *vertical*.

Cada miembro individualmente coopera al crecimiento de ese cuerpo. Esa es la razón por la que antes enseñó que el Señor dio diversos dones a los creyentes para que, por medio del correcto ejercicio de ellos, se lleve a efecto la labor del crecimiento del cuerpo. Por eso dotó a cada miembro de dones espirituales para que con ellos puedan servir a los demás en vistas a la edificación (1 P. 4:10). En ese sentido el crecimiento del cuerpo que el Señor procura llevar a cabo por medio del ejercicio de los dones, es realizado por el cuerpo mismo, crecimiento que se produce en base a la vinculación con Cristo. De otro modo: el crecimiento de los creyentes es también el crecimiento del cuerpo.

Toda la tarea de la edificación del cuerpo, en el ejercicio de los dones con los que el Espíritu capacita a los miembros para las tareas de edificación, descansa en un solo principio reiterado a lo largo de lo que antecede y especialmente marcado en lo que viene en el siguiente capítulo de la *Epístola*: *el amor*. Toda actividad en el cuerpo que supone sus múltiples manifestaciones descansa necesariamente, *en amor*, esto es, en un amor desinteresado, o si se me permite decirlo así, absolutamente interesado en llevar a cabo el propósito de Dios y el desarrollo espiritual de los hermanos. Una responsabilidad de cada miembro es ser canal que permita a los otros recibir lo necesario para crecer. El alimento de vida procede de la Cabeza, pero se comunica a cada miembro por las unidades que le ligan a los restantes. Un creyente puede ser de bendición o un obstáculo en el desarrollo de una iglesia local. El crecimiento del cuerpo es consecuencia del amor de unos miembros hacia los otros. El amor es capaz de soportar las flaquezas ajenas y persistir en comunicarle lo necesario para su edificación. El creyente ha sido objeto del amor divino desde la eternidad, por tanto, no puede sino amar a quienes son también con él, objetos del amor de Dios. El desarrollo general está en razón del amor de entrega de cada miembro hacia los demás. El compromiso eclesial es, fundamentalmente, un compromiso de amor.

No es posible dejar este versículo sin hacer una referencia a la unidad del cuerpo, que es la unidad de la Iglesia y de lo que ya se ha tratado antes. En ningún lugar de la Escritura se habla de otro modo acerca de la Iglesia sino como una unidad espiritual en Cristo. El Señor oró al Padre para que esta unidad fuese absoluta y definitiva (Jn. 17:21-23). El Espíritu hace posible la unidad vinculando a cada creyente en Cristo y bautizándolo en Él (v. 13). Todo intento de fraccionar la Iglesia es luchar directamente contra el propósito de Dios. Nadie puede hacerlo sin exponerse a la disciplina consecuente, en algunos casos tan grave como la pérdida de la vida física, experiencia que ocurría entre los corintios. Quien no entiende la unidad de la iglesia y genera fracciones en ella, es que no ha entendido el propósito de Dios y, aún más grave, tal vez nunca ha conocido a Dios. La base del mantenimiento de la unidad es el amor y la razón del crecimiento hacia la madurez espiritual, la Palabra. Ambas cosas son complementarias y ninguna puede excluir a la otra. Cuanto más se profundiza en la Palabra y mayor conocimiento se alcanza de Dios, se descubre que Él es esencialmente amor. De otro modo, Dios no puede ser Dios sin amar. De la misma manera no es posible llamarse hijo de Dios sin manifestar el amor de Dios, en la dimensión admirable de la entrega hacia otros. Es posible que exista la incapacidad de comprender algunos aspectos profundos de la doctrina, pero no hay razón posible para dejar el amor. La acusación a una iglesia como Éfeso, bien establecida, con maestros en la Palabra, con una excelente organización eclesial en tiempos apostólicos, es el haber dejado a un lado el primer amor (Ap. 2:4). Cuando se margina de la vida o se contrista al Espíritu Santo, en esa misma medida disminuye el amor en la experiencia cristiana. El secreto de la buena relación entre creyentes y del mantenimiento solícito de la unidad del Espíritu en el vínculo de la paz (Ef. 4:3), no consiste en ser capaces de *definir* el amor de Dios y sus muchas perfecciones y manifestaciones, sino en *vivir* ese amor en la experiencia cotidiana de la vida cristiana. Sin amor no existe unidad y sin ella es imposible el testimonio evangélico al mundo (Jn. 17:21).

La unidad vital solo es posible *EN* Cristo (Gá. 3:28), la unidad *funcional* es posible solo *CON* Cristo (Ef. 4:15). En el pensamiento del apóstol todo está vinculado con Cristo, base de sustentación y comunicador de vida.

13. Porque por un solo Espíritu fuimos todos bautizados en un cuerpo, sean judíos o griegos, sean esclavos o libres; y a todos se nos dio a beber de un mismo Espíritu.

καὶ γὰρ ἐν ἑνὶ Πνεύματι ἡμεῖς πάντες εἰς ἓν σῶμα
Porque también por un solo Espíritu nosotros todos para un cuerpo
ἐβαπτίσθημεν, εἴτε Ἰουδαῖοι εἴτε Ἕλληνες εἴτε δοῦλοι
fuimos bautizados, bien sean judíos bien sean griegos, bien sean esclavos
εἴτε ἐλεύθεροι, καὶ πάντες ἓν Πνεῦμα ἐποτίσθημεν.
bien sean libres, y todos un espíritu se nos dio a beber.

Análisis y notas del texto griego.

Análisis: καὶ, adverbio de modo *también*; γὰρ, conjunción causal *porque*; ἐν, preposición propia de dativo *en, por*; ἑνὶ, caso dativo neutro singular del adjetivo numeral cardinal *un, uno,* en sentido de *un solo*; Πνεύματι, caso dativo neutro singular del nombre divino *Espíritu*; ἡμεῖς, caso nominativo de la primera persona plural del pronombre personal *nosotros*; πάντες, caso nominativo masculino plural del adjetivo indefinido *todos*; εἰς, preposición propia de acusativo *a, para, hacia*; ἓν, caso acusativo neutro singular del adjetivo numeral cardinal *uno*; σῶμα, caso acusativo neutro singular del nombre común *cuerpo*; ἐβαπτίσθημεν, primera persona plural del primer aoristo de indicativo en voz pasiva del verbo βαπτίζω, *bautizar*, aquí *fuimos bautizados*; εἴτε, conjunción *ya, bien sean*; Ἰουδαῖοι, caso nominativo masculino plural del adjetivo *judíos*; εἴτε, conjunción *ya, bien sean*; Ἕλληνες, caso nominativo masculino plural del nombre propio *griegos*; εἴτε, conjunción *ya, bien sean*; δοῦλοι, caso nominativo masculino plural del nombre común *esclavos*; εἴτε, conjunción *ya, bien sean*; ἐλεύθεροι, caso nominativo masculino plural del adjetivo *libres*; καὶ, conjunción copulativa *y*; πάντες, caso nominativo masculino plural del adjetivo indefinido *todos*; ἓν, caso acusativo neutro singular del adjetivo numeral cardinal

> *uno*; Πνεῦμα, caso acusativo neutro singular del nombre divino *Espíritu*; ἐποτίσθημεν, primera persona plural del primer aoristo de indicativo en voz pasiva del verbo ποτίζω, *beber, dar de beber*, aquí *se nos dio a beber*.

καὶ γὰρ ἐν ἑνὶ Πνεύματι ἡμεῖς πάντες εἰς ἓν σῶμα ἐβαπτίσθημεν, El modo de la unidad es el resultado de la acción del bautismo del Espíritu Santo. La iglesia es una porque cada creyente es *bautizado*, esto es, *sumergido* en Cristo para la formación del cuerpo. Un *oficio* novedoso del Espíritu en esta dispensación. Es una acción diferente a lo ocurrido en Pentecostés (Hch. 2:4). En aquel día el *agente* bautizante es Cristo que *sumergió* a todos los creyentes en el Espíritu, como cumplimiento de la promesa hecha a los apóstoles. Los congregados en el lugar donde se manifestó el bautismo *con* el Espíritu, será todos creyentes. El Espíritu Santo tomó entonces posesión del nuevo templo de Dios que es la Iglesia, como colectividad y cada creyente en la individualidad personal (3:16; 6:19; Ef. 2:21-22).

Una distinción necesaria. Los pasajes bíblicos en que el Espíritu Santo se relaciona con el bautismo, se agrupan en dos divisiones. Por un lado, están aquellos en que Cristo, es el agente ejecutor del bautismo y el creyente como sujeto, se le bautiza en el Espíritu, que es recipiente de ese bautismo (Mt. 3:11; Mr. 1:8; Lc. 3:16; Jn. 1:33; Hch. 1:5; 11:16). En este primer caso, por la autoridad de Cristo es dado el Espíritu a todos los que creen. Por esta razón cada creyente está bajo la influencia y poder del Espíritu. Todos los creyentes, individual y colectivamente, vienen a ser *morada del Espíritu* (3:16; 6:19; Ef. 2:21-22). Otro grupo de textos presenta al Espíritu como *agente* del bautismo, al creyente como *sujeto* del mismo, y a Cristo como *recipiente*. Esto se hace evidente en los versículos que tienen este sentido (cf. 12:13; Gá. 3:27; Ro. 6:1-4; Col. 2:9-13; Ef. 4:4-6; 1 P. 3:21). La preposición griega que rige dativo ἐν, que por lógica idiomática se traduce como *por*, es realmente *en*, esto hace notorio que es *en un solo Espíritu*, que somos bautizados en un cuerpo. El resto de los pasajes citados antes aclaran y expresan la verdad indicada. El bautismo *en Cristo* por el Espíritu, se produce cada vez que una persona cree y se convierte a Jesucristo. Este *bautismo del Espíritu*, es irrepetible.

El bautismo del Espíritu *en Cristo*, está íntimamente vinculado con la regeneración ya que implica un cambio de posición. El creyente es introducido en una nueva esfera *bautizado* equivale semánticamente a *sumergido*, en este caso puede expresarse mejor como bautizado *hacia* el cuerpo de Cristo, introducido en él, para formar esa nueva unidad espiritual. Esta identificación es imprescindible para recibir la vida eterna, puesto que en Él *está la vida* (Jn. 1:4) y ésta es comunicada a cada creyente en razón de la unión vital con Cristo (1 P. 2:4-5). Por esta vinculación, la comunión con Dios se restaura, produciéndose la participación en la divina naturaleza (2 P. 1:4).

εἴτε Ἰουδαῖοι εἴτε Ἕλληνες εἴτε δοῦλοι εἴτε ἐλεύθεροι, La unión vital con Cristo, resultado del bautismo en Él, operado por el Espíritu para la formación del cuerpo, elimina toda división social y humana. Pablo, usando la conjunción εἴτε, que vincula en modo copulativo los términos de la oración, cuyo significado es *ya, ya sean, bien, bien sean*, hace primero la distinción racial y social: *"bien sean judíos o griegos, bien sean esclavos o libres"*. Por el efecto del bautismo todos los creyentes constituyen un solo cuerpo (Gá. 3:28). Las barreras raciales desaparecen: *judíos y gentiles*. De igual manera las sociales: *esclavos o libres*.

Es necesario apreciar que el objetivo del bautismo *por* el Espíritu es la formación de un cuerpo. Esta es una característica propia de la *dispensación de la iglesia*, que no fue posible antes de Pentecostés, puesto que no había sido enviado el Espíritu para residir en los salvos, ni había sido revelado el misterio de la formación de un cuerpo de todos los creyentes en Cristo. Esto se manifiesta en la presente dispensación (Mt. 16:18). El Señor habló de esta obra del Espíritu al final de Su ministerio terrenal, antes de Su ascensión, como algo *futuro* y *nuevo* (Hch. 1:8). Por esta obra del Espíritu cada creyente es puesto en el cuerpo de Cristo y viene a ser parte de lo que el apóstol llama literalmente *el Cristo*, refiriéndose a la unidad corporativa de quien los creyentes son miembros y Él cabeza. La Iglesia tal como se manifiesta en el Nuevo Testamento no podría existir sin la obra del bautismo del Espíritu puesto que se trata de la formación de un cuerpo en Cristo (Col. 1:18).

καὶ πάντες ἓν Πνεῦμα ἐποτίσθημεν. El versículo concluye con otra verdad que indica la presencia del Espíritu en el creyente: *"Y a todos se nos dio a beber de un mismo Espíritu"*, literalmente *se nos dio a beber un mismo Espíritu*. En el sentido estricto del texto griego, *todos hemos sido abrevados en un mismo Espíritu*. El verbo ποτίζω, *beber*, está en aoristo de indicativo y en voz pasiva, referencia a un acontecimiento ocurrido plenamente en el pasado. La presencia del Espíritu Santo en el creyente es imprescindible para salvación, porque quien no tiene el Espíritu de Cristo no es de Él (Ro. 8:9). Es el que identifica al creyente con el Señor, uniéndolo vitalmente a Él, tanto en Su muerte, como en Su sepultura y en Su resurrección. No existe salvación sin esta realidad espiritual. Por esa razón está presente en la oración final el adjetivo indefinido *todos*, esto es, ningún creyente deja de experimentar esta acción y relación con el Espíritu. De modo que todo cristiano es hecho participante del Espíritu. No son hechos que ocurren en diferentes tiempos, sino que son dos aspectos de un mismo hecho: El *bautismo* es hacia el exterior, el *beber* es hacia el interior. El Espíritu, en esa acción de *beber de Él*, entra en el interior de creyente y toma posesión de él como *templo de Dios* (3:16; 6:19; Ef. 2:22). Esta presencia comunica a cada miembro del cuerpo poder para vencer sobre la vieja naturaleza (Gá. 5:16-17), capacitándolo para actuar en la edificación del cuerpo y para llevar fruto para Dios (Jn. 15:1, 4, 5, 8; Gá. 5:22-26).

Unidad en la diversidad (12:14-20)

14. Además, el cuerpo no es un solo miembro, sino muchos.

Καὶ γὰρ τὸ σῶμα οὐκ ἔστιν ἓν μέλος ἀλλὰ πολλά.
Porque también el cuerpo no es un miembro sino muchos.

Análisis y notas del texto griego.

Análisis: Καὶ, adverbio de modo *también*; γὰρ, conjunción causal *porque*; τὸ, caso nominativo neutro singular del artículo definido *el*; σῶμα, caso nominativo neutro singular del nombre común *cuerpo*; οὐκ, forma escrita del adverbio de negación *no*, con el grafismo propio ante una vocal con espíritu suave o una enclítica; ἔστιν, tercera persona singular del presente de indicativo en voz activa del verbo εἰμί, *ser, estar*, aquí *es*; ἓν, caso nominativo neutro singular del adjetivo numeral cardinal *un, uno*; μέλος, caso nominativo neutro singular del nombre común *miembro*; ἀλλὰ, conjunción adversativa *sino*; πολλά, caso nominativo neutro plural de adjetivo *muchos*.

Καὶ γὰρ τὸ σῶμα οὐκ ἔστιν ἓν μέλος ἀλλὰ πολλά. Avanzando en la enseñanza sobre *el cuerpo*, hace notar la pluralidad necesaria para que pueda existir como tal. La diversidad de miembros hace posible esa existencia, ya que un cuerpo no es un solo miembro, sino muchos. La existencia del cuerpo obedece a la unión de sus miembros, dotados para diferentes funciones. No es sólo la multiplicidad de miembros, sino un conjunto de distintos miembros con funciones propias para cada uno. De ahí que antes haya dicho que *"a cada uno le es dada la manifestación del Espíritu para provecho"* (v. 7). La iglesia en Corinto había sido dotada de numerosos dones para el correcto funcionamiento del cuerpo, modo en que debiera desarrollarse las tareas y la relación eclesial, manifestando la unidad del cuerpo en la diversidad de los miembros.

15. Si dijere el pie: Porque no soy mano, no soy del cuerpo, ¿por eso no será del cuerpo?

ἐὰν εἴπῃ ὁ πούς· ὅτι οὐκ εἰμὶ χείρ, οὐκ εἰμὶ ἐκ τοῦ σώματος,
Si dijese el pie: Porque no soy mano, no soy del cuerpo,
οὐ παρὰ τοῦτο οὐκ ἔστιν ἐκ τοῦ σώματος
¿No por esto no es del cuerpo?

Análisis y notas del texto griego.

Análisis: ἐὰν, conjunción *si*; εἴπῃ, tercera persona singular del segundo aoristo de subjuntivo en voz activa del verbo εἶπον, forma del aoristo de λέγω, *hablar, decir*, aquí *dijese*; ὁ, caso nominativo masculino singular del artículo definido *el*; πούς, caso nominativo masculino singular del nombre común *pie*; ὅτι, conjunción, *pues, puesto que, porque*; οὐκ, forma escrita del adverbio de negación *no*, con el grafismo propio ante una vocal con espíritu suave o una enclítica; εἰμὶ, primera persona singular del presente de indicativo en voz activa del verbo εἰμί, *ser, estar*, aquí *soy*; χείρ, caso nominativo femenino singular del nombre común *mano*; οὐκ, forma escrita del adverbio de negación *no*, con el grafismo propio ante una vocal con espíritu suave o una enclítica; εἰμὶ, primera persona singular del presente de indicativo en voz activa del verbo εἰμί, *ser, estar*, aquí *soy*; ἐκ, preposición propia de genitivo *de*; τοῦ, caso genitivo neutro singular del artículo definido *el*; σώματος, caso genitivo neutro singular del nombre común *cuerpo*; οὐ, adverbio de negación *no*; παρὰ, preposición propia de acusativo *por*; τοῦτο, caso acusativo neutro singular del pronombre demostrativo *esto*; οὐκ, forma escrita del adverbio de negación *no*, con el grafismo propio ante una vocal con espíritu suave o una enclítica; ἔστιν, tercera persona singular del presente de indicativo en voz activa del verbo εἰμί, *ser, estar*, aquí *es*; ἐκ preposición propia de genitivo *de*; τοῦ, caso genitivo neutro singular del artículo definido *el*; σώματος, caso genitivo neutro singular del nombre común *cuerpo*.

ἐὰν εἴπῃ ὁ πούς· ὅτι οὐκ εἰμὶ χείρ, οὐκ εἰμὶ ἐκ τοῦ σώματος, El contentamiento debiera ser la forma natural de cada miembro en el cuerpo. Sin duda los corintios deseaban los dones más evidentes y manifiestos y, con toda probabilidad, quien no tenía uno de ellos se consideraba minusvalorado, llegando, tal vez, a sentirse como no siendo parte del cuerpo de la iglesia. El apóstol usando un lenguaje hipotético, presenta una discrepancia mediante la supuesta reacción de dos miembros en el cuerpo humano. Supone que el pie dijese que por cuanto no era mano, no pertenecía al cuerpo. Cada miembro si pudiese estar dotado de inteligencia propia, tendría que estar contento con la posición que ocupa en el cuerpo. La ilustración pone de manifiesto el desprecio por la posición que se ocupa y la envidia por la que no se tiene. Este ejemplo hace notorio un grave problema que se produce cuando esta forma de pensar lleva a una actuación que es la de despreciar *la unidad* del cuerpo.

Nótese: *Porque no soy esto o aquello no soy del cuerpo.* Los corintios debían apartarse de la envidia que se manifestaba cuando no se alcanzaba el don que se pretendía. Nadie debe separarse o menospreciar el cuerpo de creyentes por envidia o resentimiento.

οὐ παρὰ τοῦτο οὐκ ἔστιν ἐκ τοῦ σώματος. Ese posicionamiento es un esfuerzo vano y resulta inútil. En primer lugar, porque los dones no se alcanzan por deseo personal, sino por la operación soberana del Espíritu que los da a quien quiere. Además, la posición en el cuerpo no obedece a la voluntad del hombre, sino a la operación de la gracia que pone a cada creyente en Cristo. Podrá éste por carnalidad decir que no pertenece al cuerpo, pero, si realmente ha creído y ha nacido de nuevo está en el cuerpo porque no es asunto de hombres sino de Dios. Podrá rechazar la posición, pero una vez unido a Cristo está perpetuamente en Él, formando parte del cuerpo de creyentes a pesar de su rechazo.

16. Y si dijere la oreja: Porque no soy ojo, no soy del cuerpo, ¿por eso no será del cuerpo?

καὶ ἐὰν εἴπῃ τὸ οὖς· ὅτι οὐκ εἰμὶ ὀφθαλμός, οὐκ εἰμὶ ἐκ τοῦ
Y si dijese la oreja: Porque no soy ojo, no soy del
σώματος, οὐ παρὰ τοῦτο οὐκ ἔστιν ἐκ τοῦ σώματος
cuerpo, no por esto no es del cuerpo.

Análisis y notas del texto griego.

Análisis: καὶ, conjunción copulativa *y*; ἐὰν, conjunción *si*; εἴπῃ, tercera persona singular del segundo aoristo de subjuntivo en voz activa del verbo εἶπον, forma del aoristo de λέγω, *hablar, decir*, aquí *dijese*; τὸ, caso nominativo neutro singular del artículo determinado *el*; οὖς, caso nominativo neutro singular del nombre común *oreja*; ὅτι conjunción, *pues, puesto que, porque*; οὐκ, forma escrita del adverbio de negación *no*, con el grafismo propio ante una vocal con espíritu suave o una enclítica; εἰμὶ, primera persona singular del presente de indicativo en voz activa del verbo εἰμί, *ser, estar*, aquí *soy*; ὀφθαλμός, caso nominativo masculino singular del nombre común *ojo*; οὐκ forma escrita del adverbio de negación *no*, con el grafismo propio ante una vocal con espíritu suave o una enclítica; εἰμὶ, primera persona singular del presente de indicativo en voz activa del verbo εἰμί, *ser, estar*, aquí *soy*; ἐκ, preposición propia de genitivo *de*; τοῦ, caso genitivo neutro singular del artículo definido *el*; σώματος, caso genitivo neutro singular del nombre común *cuerpo*;, οὐ adverbio de negación *no*; παρὰ, preposición propia de acusativo *por*; τοῦτο, caso acusativo neutro singular del pronombre demostrativo *esto*; οὐκ, forma escrita del adverbio de negación *no*, con el grafismo propio ante una vocal con espíritu suave o una enclítica; ἔστιν, tercera persona singular del presente de indicativo en voz activa del verbo εἰμί, *ser, estar*, aquí *es*; ἐκ preposición propia de genitivo *de*; τοῦ, caso genitivo neutro singular del artículo definido *el*; σώματος, caso genitivo neutro singular del nombre común *cuerpo*.

καὶ ἐὰν εἴπῃ τὸ οὖς· ὅτι οὐκ εἰμὶ ὀφθαλμός, οὐκ εἰμὶ ἐκ τοῦ σώματος, Como en el ejemplo anterior reitera lo absurda que sería una situación semejante en donde la oreja se sintiera inferior al ojo y, por esa misma razón negase pertenecer al cuerpo.

οὐ παρὰ τοῦτο οὐκ ἔστιν ἐκ τοῦ σώματος. De nuevo pone de manifiesto lo absurdo de esa supuesta posición. Es tan irracional e ilógico que un miembro se niegue a ser del cuerpo, como que un creyente desee ser lo que es otro. El cuerpo ha de verse como un conjunto y nunca como una individualidad. El cuerpo es armónico y funciona cuando todos los miembros están plenamente integrados y actúan según su posición en él, bajo la coordinación de la Cabeza. Lo contrario destruye la razón de ser de la Iglesia y pone de manifiesto que miembro es pernicioso. Un creyente que no es lo que otro es y desea serlo, generalmente cae en la envidia y procurará de cualquier modo destruir a quien envidia. Ningún miembro de la congregación en Corinto y, por extensión, de ninguna otra congregación en lugar y tiempo, tiene derecho para separarse del cuerpo, que espiritualmente es imposible, pero que procura conseguirlo no participando en nada con los demás hermanos, apartándose de ellos, sino que cada miembro es importante para el buen funcionamiento del cuerpo.

17. Si todo el cuerpo fuese ojo, ¿dónde estaría el oído? Si todo fuese oído, ¿dónde estaría el olfato?

εἰ ὅλον τὸ σῶμα ὀφθαλμός, ποῦ ἡ ἀκοή εἰ ὅλον ἀκοή, ποῦ ἡ
Si todo el cuerpo ojo, ¿dónde el oído? Si todo oído, ¿dónde el
ὄσφρησις
olfato?

Análisis y notas del texto griego.

Análisis: εἰ, conjunción *si*; ὅλον, caso nominativo neutro singular del adjetivo *todo*; τὸ, caso nominativo neutro singular del artículo determinado *el*; σῶμα, caso nominativo neutro singular del nombre común *cuerpo*; ὀφθαλμός, caso nominativo masculino del nombre común *ojo*; ποῦ, adverbio *donde*; ἡ, caso nominativo femenino singular del artículo determinado *la*; ἀκοή, caso nominativo femenino singular del nombre común *oído*; εἰ, conjunción *si*; ὅλον, caso nominativo neutro singular del adjetivo *todo*; ἀκοή, caso nominativo femenino singular del nombre común *oído*; ποῦ, adverbio interrogativo *donde*; ἡ, caso nominativo femenino singular del artículo determinado *la*; ὄσφρησις, caso nominativo femenino singular *olfato*.

εἰ ὅλον τὸ σῶμα ὀφθαλμός, ποῦ ἡ ἀκοή εἰ ὅλον ἀκοή, ποῦ ἡ ὄσφρησις El apóstol insiste en la necesidad de la diversidad de miembros para la existencia del cuerpo. Para ello insiste en los ejemplos que son elocuentes en este sentido. Las preguntas retóricas sin duda lo son, de modo que, si todo el cuerpo fuese ojo, no habría cuerpo sino un órgano de tamaño desproporcionado. Lo mismo ocurre en el caso del oído y del olfato. La existencia del cuerpo obedece a la unión de sus miembros, dotados para diferentes funciones.

La existencia de la iglesia como *cuerpo* obedece al mismo principio. Las funciones de cada miembro son diferentes, pero todos son necesarios. Si todos fuesen iguales no existiría el cuerpo.

18. Mas ahora Dios ha colocado los miembros cada uno de ellos en el cuerpo, como él quiso.

νυνὶ[1] δὲ ὁ Θεὸς ἔθετο τὰ μέλη, ἓν ἕκαστον αὐτῶν ἐν τῷ
Pero ahora - Dios puso a los miembros, a cada uno de ellos en el
σώματι καθὼς ἠθέλησεν.
cuerpo como quiso.

Análisis y notas del texto griego.

Análisis: νυνὶ, adverbio demostrativo *ahora*; δὲ, partícula conjuntiva que hace las veces de conjunción coordinante, con sentido de *pero, más bien, y, y por cierto*, *antes bien, entonces*; ὁ, caso nominativo masculino singular del artículo determinado *el*; Θεὸς, caso nominativo masculino singular del nombre divino *Dios*; ἔθετο, tercera persona singular del segundo aoristo de indicativo en voz media del verbo τίθημι, *poner, colocar, asignar, destinar,* aquí *puso*; τὰ, caso acusativo neutro plural del artículo determinado declinado *a los*; μέλη, caso acusativo neutro plural del nombre común *miembros*; ἓν, caso acusativo neutro singular del adjetivo numeral cardinal *uno*; ἕκαστον, caso acusativo neutro singular del adjetivo indefinido *cada uno, cada*; αὐτῶν, caso genitivo neutro de la tercera persona plural del pronombre personal declinado *de ellos*; ἐν, preposición propia de dativo *en*; τῷ, caso genitivo neutro singular del articulo determinado *el*; σώματι, caso genitivo neutro singular del nombre común *cuerpo*; καθὼς, conjunción *como*; ἠθέλησεν, tercera persona singular del primer aoristo de indicativo en voz activa del verbo θέλω, *querer*, aquí *quiso*.

Notas. Crítica Textual. Lecturas alternativas.

[1]νυνὶ, *ahora*, como se lee en P^{46}, a, C, D^1, K, L, P, Ψ, 33, 81, 104, 365, 630, 1175, 1241, 1739, 1881, 2464, 𝔐.

Υῦν, *ahora*, según A, B, D*, F, G, 1505.

νυνὶ δὲ ὁ Θεὸς ἔθετο τὰ μέλη, ἓν ἕκαστον αὐτῶν ἐν τῷ σώματι καθὼς ἠθέλησεν. Del mismo modo que los dones que el Espíritu otorga son expresión de Su soberanía, así también la colocación de cada miembro en el cuerpo se produce de la misma manera. La formación del cuerpo obedece a una acción divina. Dios colocó a los miembros en el cuerpo como quiso. Cada uno ocupa la posición que Él ha querido asignarle. Esa posición es la perfecta para el conjunto del cuerpo. Pero no obedece sólo a la soberanía, sino también a la *sabiduría* de Dios. Sólo Él conoce quién y dónde debe estar cada uno para el correcto funcionamiento del cuerpo (Ro. 12:6).

Esto constituye una seria advertencia. Cuando se contiende y desprecia la posición asignada, se está contendiendo y despreciando a Dios. Pudiera tratarse también de despreciar el trabajo y la posición que ocupa otro. No reconocer el lugar asignado a un hermano en el cuerpo, es rechazar una determinación de Dios. No se está despreciando o no reconociendo al hermano, sino a Dios que lo puso en ese lugar. Es una abierta oposición a la voluntad de Dios.

19. Porque si todos fueran un solo miembro, ¿dónde estaría el cuerpo?

εἰ δὲ	ἦν	τὰ	πάντα	ἓν	μέλος,	ποῦ	τὸ	σῶμα
Pero si	fuesen	-	todos	un solo	miembro,	¿Dónde	el	cuerpo?

Análisis y notas del texto griego.

Análisis: εἰ, conjunción *si*; δὲ, partícula conjuntiva que hace las veces de conjunción coordinante, con sentido de *pero, más bien, y, y por cierto*, *antes bien, entonces*; ἦν, tercera persona singular del imperfecto de indicativo en voz activa del verbo εἰμί, *ser, estar*, aquí *eran*, mejor *fuesen*; τὰ, caso nominativo neutro plural del artículo determinado *los*; πάντα, caso nominativo neutro plural del adjetivo indefinido *todos*; ἓν, caso nominativo neutro singular del adjetivo numeral cardinal *uno,* en sentido de *un solo*; μέλος, caso nominativo neutro plural del nombre común *miembro*; ποῦ, adverbio interrogativo *donde*; τὸ, caso nominativo neutro singular del artículo determinado *el*; σῶμα, caso nominativo neutro singular del nombre común *cuerpo*.

εἰ δὲ ἦν τὰ πάντα ἓν μέλος, ποῦ τὸ σῶμα. Reiterativamente el apóstol insiste en la idea que quiere que penetre en el pensamiento de los lectores. Lo hace, como es propio de él, mediante preguntas retóricas que exige del lector una respuesta. En este caso la enseñanza que desea recalcar es que no existe un cuerpo sin miembros. Cada uno de ellos tiene su particular posición y función en el cuerpo.

Así escribe Kistemaker:

"Al principio de este discurso (v. 14), Pablo mira la totalidad del cuerpo que consiste en muchas partes. Ahora mira las partes que se hacen una sola y se pregunta dónde estará el cuerpo. Una unidad que carece de diversidad podrá ser una unidad, pero no será capaz de funcionar como un cuerpo orgánico. Una entidad sin partes distinguibles puede ser tan inútil como un pedazo de arcilla descartada"[8].

20. Pero ahora son muchos los miembros, pero el cuerpo es uno solo.

νῦν δὲ πολλὰ μὲν μέλη, ἓν δὲ σῶμα.
Pero ahora muchos a la verdad miembros, pero un solo cuerpo

Análisis y notas del texto griego.

Análisis: νῦν, adverbio demostrativo *ahora*; δὲ, partícula conjuntiva que hace las veces de conjunción coordinante, con sentido de *pero, más bien, y, y por cierto, antes bien, entonces*; πολλὰ, caso nominativo neutro plural del adjetivo *muchos*; μὲν, partícula afirmativa que se coloca siempre inmediatamente después de la palabra expresiva de una idea que se ha de reforzar o poner en relación con otra idea y que, en sentido absoluto tiene oficio de adverbio de afirmación, como *ciertamente, a la verdad*; μέλη, caso nominativo neutro plural del nombre común *cuerpo*; ἓν, caso nominativo neutro singular del adjetivo numeral cardinal *un, uno*, aquí en sentido de *un solo*; δὲ, partícula conjuntiva que hace las veces de conjunción coordinante, con sentido de *pero, más bien, y, y por cierto, antes bien, entonces*; σῶμα, caso nominativo neutro singular del nombre común *cuerpo*.

νῦν δὲ πολλὰ μὲν μέλη, ἓν δὲ σῶμα. El apóstol alcanza la conclusión de la enseñanza sobre el cuerpo, que no puede ser otra que la unidad en la diversidad: *"Pero ahora son muchos los miembros, pero el cuerpo es uno solo"*. Dios ha establecido una pluralidad de miembros para hacer posible la realidad del cuerpo. La unidad entre ellos es necesaria para que exista *funcionamiento* en el cuerpo. La responsabilidad de los creyentes es mantener viva la unidad del cuerpo (Ef. 4:3). Al mismo tiempo se ocupan de la actividad que le corresponde como miembro en el cuerpo para que éste no se resienta y avance progresando en un crecimiento armónico.

En necesario entender que no existe comunión con la Cabeza, sin a su vez manifestarse entre los miembros. Un creyente que rehúsa la comunión con otros miembros es un obstáculo en el cuerpo e incluso un

---

[8] S. Kistemaker. o. c., pág. 380.

elemento extraño en el mismo. La advertencia del apóstol, que se ha considerado antes, debe ser recordada aquí: *"Si alguno destruyere el templo de Dios, Dios le destruirá a él; porque el templo de Dios, el cual sois vosotros, santo es"* (3:17). La enseñanza es precisa: El cuerpo no es un solo miembro sino muchos (v. 14). Los miembros han sido colocados en el cuerpo como Dios ha determinado (v. 18).

Hay congregaciones en las que sólo unos pocos miembros sirven, ocupándose de todo. Éstos, muchas veces, llegan a la extenuación tratando de que todo esté funcionando. Sin embargo, el resto no es que no reciban alimento espiritual para que puedan desarrollarse y fortalecerse, simplemente, como ocurre con una persona que no hace ejercicio, se han debilitado y son incapaces de colaborar por falta de fuerzas. Hay también quienes sienten envidia de la actividad de quienes están sirviendo con diligencia, estos se sienten minusvalorados y resentidos levantan críticas contra los líderes, desprestigian a los hermanos que sirven y generan conflictos en la congregación. Es necesario entender claramente que Dios no ha dejado sin dones a ningún creyente y lo ha colocado en el cuerpo como ha determinado, por tanto, cualquier resentimiento o queja no es contra otros, sino contra Dios mismo. En el correcto uso de los dones, cada uno debe buscar con determinación servir a los demás, porque de ese modo es un instrumento en la mano de Dios para la edificación de Su iglesia y extensión de Su reino.

Interrelación de los miembros (12:21-27)

21. Ni el ojo puede decir a la mano: No te necesito, ni tampoco la cabeza a los pies: No tengo necesidad de vosotros.

οὐ δύναται δὲ ὁ ὀφθαλμὸς εἰπεῖν τῇ χειρί· χρείαν σου οὐκ ἔχω,
Y no puede el ojo decir a la mano: Necesidad de ti no tengo
ἢ πάλιν ἡ κεφαλὴ τοῖς ποσίν· χρείαν ὑμῶν οὐκ ἔχω·
o tampoco la cabeza a los pies: Necesidad de vosotros no tengo.

Análisis y notas del texto griego.

Análisis: οὐ, adverbio de negación *no*; δύναται, tercera persona singular del presente de indicativo en voz media del verbo δύναμαι, *poder, tener poder*, aquí *puede*; δὲ, partícula conjuntiva que hace las veces de conjunción coordinante, con sentido de *pero, más bien, y, y por cierto, antes bien, entonces*; ὁ, caso nominativo masculino singular del artículo determinado *el*; ὀφθαλμὸς, caso nominativo masculino singular del nombre común *ojo*; εἰπεῖν, segundo aoristo de infinitivo en voz activa del verbo εἶπον, forma del aoristo de λέγω, *hablar, decir*, aquí *dijo*; τῇ, caso dativo femenino singular del artículo determinado declinado *a la*; χειρί caso dativo femenino singular del nombre común *mano*; χρείαν, caso acusativo femenino singular del nombre común *necesidad*; σου, caso dativo de la segunda persona singular del pronombre personal declinado *de ti*; οὐκ, forma escrita del adverbio de negación *no*, con el grafismo propio ante una vocal con espíritu suave o una enclítica; ἔχω, primera persona singular del presente de indicativo en voz activa del verbo ἔχω, *tener*, aquí *tengo*; ἢ, conjunción disyuntiva *o*; πάλιν, adverbio *otra vez, de nuevo, tampoco*; ἡ, caso nominativo femenino singular del artículo determinado *la*; κεφαλὴ, caso nominativo femenino singular del nombre común *cabeza*; τοῖς, caso dativo masculino plural del artículo definido declinado *a los*; ποσίν, caso dativo masculino plural del nombre común *pies*; χρείαν, caso acusativo femenino singular del nombre común *necesidad*; ὑμῶν, caso genitivo de la segunda persona plural del pronombre personal declinado *de vosotros*; οὐκ, forma escrita del adverbio de negación *no*, con el grafismo propio ante una vocal con espíritu suave o una enclítica; ἔχω, primera persona singular del presente de indicativo en voz activa del verbo ἔχω, *tener*, aquí *tengo*.

οὐ δύναται δὲ ὁ ὀφθαλμὸς εἰπεῖν τῇ χειρί· χρείαν σου οὐκ ἔχω, ἢ πάλιν ἡ κεφαλὴ τοῖς ποσίν· χρείαν ὑμῶν οὐκ ἔχω· Si los miembros integran el cuerpo, para que haya funcionamiento correcto del mismo, todos deben actuar en su lugar y con su misión. Por tanto, la interdependencia entre ellos se hace evidente. Los miembros se necesitan unos a otros, de ahí que, siguiendo la ilustración del cuerpo humano afirme que el ojo no puede ignorar a la mano, ni la cabeza a los pies, esto es, ningún miembro puede dejar de colaborar con los demás y cada uno de ellos con cada miembro.

Las funciones de los miembros son diferentes. No pueden funcionar sin la vinculación y ayuda de los demás en la práctica eclesial. Como escribe el Dr. Lacueva: "El *ojo* del *sobreveedor* o *anciano*, no puede funcionar sin la ayuda del servicio de la *mano* del *diácono*, del *pie* del *evangelista* y del *oído* del *pastor*"[9].

Es un gesto de arrogancia despreciar el servicio de otros. Quien ignora a su hermano, no es válido para el servicio. Un miembro desligado de otro, presenta, en el cuerpo humano, una deformidad y acarrea dificultades para el mismo. Así también en la iglesia, cuando alguno es capaz de decir a otro: *"no tengo necesidad de ti"*. No solo es una arrogancia, sino un desacato a Dios, ya que está afirmando, aunque no lo diga verbalmente, que se ha equivocado al poner en el cuerpo alguien que es innecesario. En la ilustración del apóstol se aprecia esto, como si algunos de los miembros quisieran funcionar independientemente del resto. La realidad es que los ojos no podrían actuar, aunque viendo lo que quisieran hacer sin la ayuda de las manos, y del mismo modo la cabeza no

[9] F. Lacueva. Matthew Henry. Pág. 451.

podría desplazarse sin la asistencia de los pies. El apóstol quiere recalcar la enseñanza de la interdependencia de los miembros.

22. Antes bien los miembros del cuerpo que parecen más débiles, son los más necesarios.

ἀλλὰ πολλῷ μᾶλλον τὰ δοκοῦντα μέλη τοῦ σώματος
Pero mucho más los que parecen miembros del cuerpo
ἀσθενέστερα ὑπάρχειν ἀναγκαῖα ἐστιν,
más débiles ser, necesarios son.

Análisis y notas del texto griego.

Análisis: ἀλλὰ, conjunción adversativa *más, pero, sin embargo*; πολλῷ, caso dativo neutro plural del adjetivo *mucho*; μᾶλλον, adverbio *más*; τὰ, caso nominativo neutro plural del artículo determinado *los*; δοκοῦντα, caso nominativo neutro plural del participio de presente en voz activa del verbo δοκέω, *suponer, considerar, imaginar, parecer*, aquí *que parecen*; μέλη, caso nominativo neutro plural del nombre común *miembros*; τοῦ, caso genitivo neutro singular del artículo determinado declinado *del*; σώματος, caso genitivo neutro singular del nombre común *cuerpo*; ἀσθενέστερα, caso nominativo neutro singular del adjetivo comparativo *más débiles*; ὑπάρχειν, presente de infinitivo en voz activa del verbo ὑπάρχω, *ser, estar, existir*; ἀναγκαῖα, caso nominativo neutro plural del adjetivo *necesarios*; ἐστιν, tercera persona plural del presente de indicativo en voz activa del verbo εἰμί, *ser, estar*, aquí *son*.

ἀλλὰ πολλῷ μᾶλλον τὰ δοκοῦντα μέλη τοῦ σώματος ἀσθενέστερα ὑπάρχειν ἀναγκαῖα ἐστιν, Nadie debe despreciar a quienes pudieran tener un don menos destacable, porque siendo un miembro en el cuerpo, es también un miembro necesario. Pablo advierte "*que los miembros que parecen más débiles son más necesarios*". Con toda certeza está haciendo referencia a los órganos vitales internos, como el corazón, pulmones, hígado, riñones, etc. Los que en apariencia son más débiles, estos son más necesarios. Los hermanos a quienes se ha dado dones más visibles, no debieran menospreciar a los que tienen dones menos visibles. Los corintios preferían sobre todo el don de lenguas, que como ellos lo usaban no edificaba a nadie, antes que el de enseñanza. Las funciones más admiradas y codiciadas en la iglesia, suelen contar poco a los ojos de Dios. Un ejemplo práctico: En ocasiones el don de ayuda es vital para poder seguir la marcha de la obra y la edificación. Hermanos sencillos que desconocen la maraña teológica y la exégesis, son necesarios para una reparación urgente de las instalaciones del lugar donde la iglesia se congrega y con ello, poder seguir con las actividades. Hermanos que son, a ojos de los otros *más débiles*, son quienes asisten en funciones de oración e intercesión silenciosa, estos son más eficaces y necesarios. No debiéramos olvidar que el apóstol recibió una advertencia del Señor, al decirle: *"Bástate mi gracia; porque mi poder se perfecciona en la debilidad"* (2 Co. 12:9).

23. Y a aquellos del cuerpo que nos parecen menos dignos, a éstos vestimos más dignamente; y los que en nosotros son menos decorosos, se tratan con más decoro.

καὶ ἃ δοκοῦμεν ἀτιμότερα εἶναι τοῦ σώματος τούτοις
Y los que pensamos menos honrosos son del cuerpo a estos

τιμὴν περισσοτέραν περιτίθεμεν, καὶ τὰ ἀσχήμονα ἡμῶν
de honor mas grande rodeamos, y los no decorosos de nosotros
εὐσχημοσύνην περισσοτέραν ἔχει,
decoro más grande tienen.

Análisis y notas del texto griego.

Análisis: καὶ, conjunción copulativa *y*; ἃ, caso acusativo neutro plural del pronombre relativo *los que*; δοκοῦμεν, primera persona plural del presente de indicativo en voz activa del verbo δοκέω, *pensar, suponer, considerar*, aquí *pensamos*; ἀτιμότερα, caso acusativo neutro plural del adjetivo comparativo *menos honrosos*; εἶναι, presente de infinitivo en voz activa del verbo εἰμί, *ser*; τοῦ, caso genitivo neutro plural del artículo determinado declinado *del*; σώματος, caso genitivo neutro plural del nombre común *cuerpo*; τούτοις, caso dativo neutro plural del pronombre demostrativo declinado *a estos*; τιμὴν, caso acusativo femenino singular del nombre común declinado *de honor*; περισσοτέραν, caso acusativo femenino singular del adjetivo comparativo *más, mayor, más grande*; περιτίθεμεν, primera persona plural del presente de indicativo en voz activa del verbo περιτίθημι, *estar alrededor, rodear*, aquí *rodeamos*; καὶ, conjunción copulativa *y*; τὰ, caso nominativo neutro plural del artículo determinado *los*; ἀσχήμονα, caso nominativo neutro plural del adjetivo *no respetables*; ἡμῶν, caso genitivo de la primera persona plural del pronombre personal declinado *de nosotros*; εὐσχημοσύνην, caso acusativo femenino singular del nombre común *decoro, decencia*; περισσοτέραν, caso acusativo femenino singular del adjetivo comparativo *más grande*; ἔχει, tercera persona plural del presente de indicativo en voz activa del verbo ἔχω, *tener*, aquí tienen.

καὶ ἃ δοκοῦμεν ἀτιμότερα εἶναι τοῦ σώματος τούτοις τιμὴν περισσοτέραν περιτίθεμεν, Pablo apela a un hecho instintivo en relación con miembros del cuerpo que se consideran como *menos honorables*, o *menos honrosos*. Podría parafrasearse como *menos simpáticos*. A éstos se *envuelven* o *rodean* con elementos honorables. El hecho de *rodear*, expresa la acción de atender con efecto y cuidado. Las partes del cuerpo menos honrosas se visten con más cuidado que las nobles. No se rechazan o desprecian, sino que se cuidan esmeradamente.

καὶ τὰ ἀσχήμονα ἡμῶν εὐσχημοσύνην περισσοτέραν ἔχει, De igual modo ocurre con los miembros que son *menos decorosos*. Estas partes que no son exhibibles de nuestro cuerpo son tratadas con mayor decoro. Está ilustrando la enseñanza refiriéndose a los miembros del cuerpo que no se desea que sean vistas por lo vergonzoso que supone. A estas que no son, a nuestro entender, respetables las tratamos con mayor respeto. Es lamentablemente cierto que, en la sociedad actual licenciosa, hay poco recato con ciertas manifestaciones visibles, pero, esto no destruye el ejemplo que pone aquí el apóstol, válido para cualquier tiempo. Los cristianos debemos tener en cuenta la modestia en la exhibición de aquello que debe ocultarse. En relación con la iglesia, los creyentes han de sentir un especial interés por quienes necesitan de un trato diferente.

24. Porque los que en nosotros son más decorosos, no tienen necesidad; pero Dios ordenó el cuerpo, dando más abundante honor al que le faltaba.

τὰ δὲ εὐσχήμονα ἡμῶν οὐ χρείαν ἔχει. ἀλλὰ ὁ Θεὸς
Pero los decorosos de nosotros no necesidad tienen. Pero - Dios
συνεκέρασεν τὸ σῶμα τῷ ὑστερουμένῳ περισσοτέραν δοὺς
organizó el cuerpo al que le falta más abundante dando
τιμὴν,
honor.

Análisis y notas del texto griego.

Análisis: τὰ, caso nominativo neutro plural del artículo determinado *los*; δὲ, partícula conjuntiva que hace las veces de conjunción coordinante, con sentido de *pero, más bien, y, y por cierto, antes bien, entonces*; εὐσχήμονα, caso nominativo neutro plural del adjetivo *decorosos*; ἡμῶν, caso genitivo de la primera persona plural del pronombre personal declinado *de nosotros*; οὐ, adverbio de negación *no*; χρείαν, caso acusativo femenino singular del nombre común *necesidad*; ἔχει, tercera persona singular del presente de indicativo en voz activa del verbo ἔχω, *tener, poseer*, aquí *tiene*; ἀλλὰ, conjunción adversativa *pero*; ὁ, caso nominativo masculino singular del artículo determinado *el*; Θεὸς, caso nominativo masculino singular del nombre divino *Dios*; συνεκέρασεν, tercera persona singular del primer aoristo de indicativo en voz activa del verbo συγκεράννυμι, literalmente *mezclar juntamente*, de ahí *organizar, ordenar*, aquí *organizó*; τὸ, caso acusativo neutro singular del artículo determinado *el*; σῶμα, caso acusativo neutro singular del nombre común *cuerpo*; τῷ, caso dativo neutro singular del artículo determinado declinado *al*; ὑστερουμένῳ, caso dativo neutro singular del participio de presente en voz pasiva del verbo ὑστερέω, *faltar, carecer*, aquí *que le falta*; περισσοτέραν, caso acusativo femenino singular del adjetivo comparativo *más abundante*; δοὺς, caso nominativo masculino singular del participio del segundo aoristo de en voz activa del verbo δίδωμι, *dar, otorgar*, aquí *dando*; τιμήν, caso acusativo femenino singular del nombre común *honor, respeto, reconocimiento*.

τὰ δὲ εὐσχήμονα ἡμῶν οὐ χρείαν ἔχει. En el cuerpo humano los miembros más decorosos no tienen necesidad, es decir, no necesitan un trato especial, como ocurre con los otros. Las partes presentables no requieren que se les cuide de una manera diferente.

ἀλλὰ ὁ Θεὸς συνεκέρασεν τὸ σῶμα. Sin embargo, Dios *ordenó* u *organizó* el cuerpo de una determinada manera. El verbo συγκεράννυμι, expresa literalmente la idea de *mezclar algo*, para darle una determinada forma. Dios hizo los ajustes necesarios para la armonía del cuerpo.

τῷ ὑστερουμένῳ περισσοτέραν δοὺς τιμήν, En esta organización divina, dispuso los miembros de tal forma que recibiesen honor aquellos que le faltaba. Los miembros aparentemente menos importantes son esenciales para el desarrollo de la iglesia, equiparándolos a todos en igualdad de vida (v. 13). La gran lección que surge de la enseñanza del apóstol establecida por equiparación del cuerpo natural con el espiritual que es la Iglesia, es que en soberanía Dios estableció por creación el cuerpo humano sin que nadie le aconsejara como hacerlo. Por esa razón el hombre no tiene autoridad para modificar nada en su propio cuerpo, de ahí que el Señor dijo: *"Ni por tu cabeza jurarás, porque no puedes hacer blanco o negro un solo cabello"* (Mt. 5:36). De esa misma manera hace en la iglesia, colocando en soberanía cada miembro donde quiso, de modo que los que son más *débiles*, reciban una atención especial e incluso superior a los *fuertes*. La edificación de la iglesia no es asunto de hombres sino obra de Dios, como el Señor afirma: *"Yo edificaré mi iglesia"* (Mt. 16:18).

25. Para que no haya desavenencia en el cuerpo, sino que los miembros todos se preocupen los unos por los otros.

ἵνα μὴ ᾖ σχίσμα ἐν τῷ σώματι ἀλλὰ τὸ αὐτὸ ὑπὲρ
Para que no haya desavenencias en el cuerpo, sino lo mismo a favor de
ἀλλήλων μεριμνῶσιν τὰ μέλη.
unos de otros se preocupen los miembros.

Análisis y notas del texto griego.

Análisis: ἵνα, conjunción causal *para que*; μὴ, partícula que hace funciones de adverbio de negación *no*; ᾖ, tercera persona singular del presente de subjuntivo en voz activa del verbo εἰμί, *ser, estar, haber*, aquí *haya*; σχίσμα, caso nominativo neutro singular del nombre común *cismas, divisiones, desavenencias*;

ἐν, preposición propia de dativo *en*; τῷ, caso dativo neutro singular del artículo determinado *el*; σώματι, caso dativo neutro singular del nombre común *cuerpo*; ἀλλὰ, conjunción adversativa *sino*; τὸ, caso acusativo neutro singular del artículo determinado *lo*; αὐτὸ, caso acusativo neutro singular del pronombre intensivo, *mismo*; ὑπὲρ, preposición propia de genitivo *a favor de*; ἀλλήλων, caso genitivo neutro plural del pronombre reflexivo *unos de otros*; μεριμνῶσιν, tercera persona plural del presente de subjuntivo en voz activa del verbo μεριμνάω, *preocuparse, angustiarse*, aquí *se preocupen*; τὰ, caso nominativo neutro plural del artículo determinado *los*; μέλη, caso nominativo neutro plural del nombre común *miembros*.

ἵνα μὴ ᾖ σχίσμα ἐν τῷ σώματι. La estructuración del cuerpo conforme al propósito de Dios, tiene un objetivo, que es la armonía de todos los miembros, dicho negativamente, para que no existan *cismas*, como literalmente se lee, *divisiones*. Éste era uno de los problemas más graves en la iglesia en Corinto. Dios ordena los miembros en la iglesia para que no haya diferentes propósitos e intereses divergentes, que produzcan desavenencias en el cuerpo (1:10; 11:18). Todos los miembros son necesarios, por tanto, no debe haber intereses personales que distorsionen esta realidad.

ἀλλὰ τὸ αὐτὸ ὑπὲρ ἀλλήλων μεριμνῶσιν τὰ μέλη. En lugar de envidias y conflictos, los miembros deben ocuparse los unos de los otros cooperando en la manifestación del conjunto como cuerpo activo. Esta es la consecuencia lógica de la pertenencia al cuerpo. El bien común conduce a la armonía del cuerpo. Cada miembro debe estar dispuesto a cumplir la función que le ha sido asignada, sirviendo a los demás (1 P. 4:10). Esto cumple la enseñanza del apóstol ya que cada miembro se ocupa de los otros en servicio de ayuda mutua. Cada uno debe sentir una sana preocupación por los demás como expresión genuina de amor.

El problema en Corinto se extiende en diversas formas a lo largo del tiempo. Había en aquella iglesia creyentes orgullosos con el don que tenían, como si fuese adquirido por esfuerzo personal, menospreciando a quienes no tenían uno con manifestaciones visibles. Estos se desentendían de los demás buscando su lucimiento personal y resintiendo con ello no solo el buen hacer del cuerpo, sino la unidad espiritual en Cristo. Es preciso entender que el único privilegio del cristiano es servir a Dios y a los otros como él fue servido por Cristo. La entrega suprema del Salvador en bien de los perdidos, supone un ejemplo único para cada cristiano, al hacerse obediente hasta la muerte de Cruz, demandando a todos ese mismo sentir (Fil. 2:5-8).

26. De manera que si un miembro padece, todos los miembros se duelen con él, y si un miembro recibe honra, todos los miembros con él se gozan.

καὶ εἴτε πάσχει ἓν μέλος, συμπάσχει πάντα τὰ μέλη· εἴτε
Y bien sea padece un miembro, padecen con todos los miembros. Bien sea
δοξάζεται ἓν[1] μέλος, συγχαίρει πάντα τὰ μέλη.
es honrado un miembro, se alegra todos los miembros.

Análisis y notas del texto griego.

Análisis: καὶ, conjunción copulativa *y*; εἴτε, conjunción *bien sea, ya que, o bien, ya... ya*; πάσχει, tercera persona singular del presente de indicativo en voz activa del verbo πάσχω, *sufrir, padecer*, aquí *padece*; ἓν, caso nominativo neutro singular del adjetivo numeral cardinal *uno*; μέλος, caso nominativo neutro singular del nombre común *miembro*; συμπάσχει, tercera persona singular del presente de indicativo en voz activa del verbo συμπάσχω, *padecer conjuntamente*, aquí *padecer con*; πάντα, caso nominativo neutro plural del adjetivo indefinido *todos*; τὰ, caso nominativo neutro plural del artículo determinado *los*; μέλη, caso nominativo neutro plural del nombre común *miembros*; εἴτε, conjunción *bien sea, ya que, o bien, ya...ya*; δοξάζεται, tercera persona singular del presente de indicativo en voz pasiva del verbo δοξάζω, *alabar, glorificar, honrar*, aquí *es honrado*; ἓν, caso nominativo neutro singular del adjetivo numeral cardinal *uno*, en este caso *uno solo*; μέλος, caso nominativo neutro singular del nombre común *miembro*; συγχαίρει, tercera persona singular del presente de indicativo en voz activa del verbo συγχαίρω, *sobre-alegrarse, alegrarse*, aquí *se alegra*; πάντα, caso nominativo neutro plural del adjetivo indefinido *todos*; τὰ, caso nominativo neutro plural del artículo determinado *los*; μέλη, caso nominativo neutro plural del nombre común *miembros*.

Notas. Crítica Textual. Lecturas alternativas.

[1] ἓν, *uno*, según lectura en [2]a, C, D, F, G, K, L, P, Ψ, 0285, 33, 81, 104, 365, 630, 1241, 1505, 1881, 2464, 𝔐, latt, sy.

No figura en 𝔓[46], a*, A, B, 1739.

καὶ εἴτε πάσχει ἓν μέλος, συμπάσχει πάντα τὰ μέλη· La interrelación de los miembros se pone de manifiesto en el compartir del sentimiento con otro. Así puede ocurrir que uno de ellos *padezca*, es decir, esté en sufrimiento, los pesares de éste son compartidos por los restantes miembros porque están ligados entre sí. Una enseñanza ampliamente expresada, que ya se consideró antes (10:24), dicho de otro modo: *"Gozaos con los que se gozan; llorad con los que lloran"* (Ro. 12:15). El apóstol inicia la relación y experiencia de identidad refiriéndose a los que *sufren*, quienes tienen tribulaciones o dificultades. Generalmente estos son más abundantes que el gozo y la alegría. La relación entre miembros permite compartir los conflictos y asociarnos en las tristezas con los que sufren. En ocasiones es más fácil que alegrarse cuando otro es honrado. El compartir la pena recibe la recompensa de la gratitud. No sufrir con el mal del hermano es deleitarse o mostrar indiferencia en el mal ajeno. Hay una solemne advertencia en este sentido: *"El que escarnece al pobre afrenta a su Hacedor; y el que se alegra de la calamidad no quedará sin castigo"* (Pr. 17:5). Es la consecuencia de la ley de la siega y la siembra (Gá. 6:7-8). La expresión suprema de este comportamiento está en el Señor. Cristo lloró con aquellos que lloraban, como hizo con motivo de la muerte de Su amigo Lázaro, asociándose a las lágrimas de aquella ocasión (Jn. 11:33-35). Proféticamente se habla de esta asociación: *"En toda angustia de ellos él fue angustiado"* (Is. 63:9). Los males ajenos y especialmente los de nuestros hermanos deben movernos a misericordia. De igual modo la miseria del mundo y las lágrimas de los oprimidos, en un mundo donde la identificación y el consuelo no están presentes: *"Me volví y vi todas las violencias que se hacen debajo del sol; y he aquí las lágrimas de los oprimidos, sin tener quien los consuele; y la fuerza estaba en la mano de sus opresores, y para ellos no había consolador"* (Ec. 4:1). Dios demanda a Sus hijos la práctica de la misericordia manifestada en el sufrir con quienes están padeciendo, o de otro modo, como dice el apóstol a los romanos: *llorar con los que lloran.*

εἴτε δοξάζεται ἓν μέλος, συγχαίρει πάντα τὰ μέλη. La vinculación que permite *compadecerse*, esto es, padecer-con otro, también comparte el gozo de quien es *honrado* o *alabado*, también *glorificado*, esto es, recibe un alto reconocimiento u honor, de manera que todos los miembros del cuerpo se regocijan. Los creyentes se gozan en la participación del gozo ajeno, compartiéndolo, esto es, gozándose con aquellos que se gozan. Especialmente tiene que ver con el hermano, ya que así lo exige el entorno textual próximo, en el que el apóstol trata de la relación entre hermanos. Con todo no significa que la alegría sana, el gozo propio, de un incrédulo no deba ser motivo de gozo también para el cristiano. Es un mandato extenso, tanto para con los creyentes como para con otros. Sin duda debe manifestarse prioritariamente con los hermanos.

Ahora bien, sólo la gracia hace posible que uno pueda congratularse y sentir como propio el gozo ajeno. Es la consecuencia de amar al prójimo como a uno mismo (Lc. 10:27). La satisfacción íntima con los logros y éxitos de los demás, es evidencia del nuevo nacimiento y de la transformación personal por la acción del Espíritu Santo. Es lo contrario al egoísmo propio de la carne que es estar lleno de envidia (Tit. 3:3). No se trata del gozo hipócrita, sino del real que da gloria a Dios y le agradece las bendiciones que otros reciben. La alegría profunda por el gozo de otros ha de manifestarse especialmente entre hermanos en Cristo, glorificando a Dios por las bendiciones otorgadas a otros miembros del mismo cuerpo. Es difícil resistir la envidia, por lo que es muy difícil gozarse con las bendiciones ajenas. La envía corroe al envidioso: *"El corazón apacible es vida de la carne; mas la envidia es carcoma de los huesos"* (Pr. 14:30), o también: *"Cruel es la ira, e impetuoso el furor; mas ¿quién podrá sostenerse delante de la envidia?"* (Pr. 27:4). El amor satisface y comparte la alegría del que es honrado.

27. Vosotros, pues, sois el cuerpo de Cristo, y miembros cada uno en particular.

ὑμεῖς δέ ἐστε σῶμα Χριστοῦ καὶ μέλη ἐκ μέρους.
Y vosotros sois cuerpo de Cristo, y miembros de parte.

Análisis y notas del texto griego.

Análisis: ὑμεῖς, caso nominativo de la segunda persona plural del pronombre personal *vosotros*; δέ, partícula conjuntiva que hace las veces de conjunción coordinante, con sentido de, *pero, más bien, y, y por cierto, antes bien, entonces*; ἐστε, segunda persona plural del presente de indicativo en voz activa del verbo εἰμί, *ser, estar*, aquí *sois*; σῶμα, caso nominativo neutro singular del nombre común *cuerpo*; Χριστοῦ, caso genitivo masculino singular del nombre propio declinado *de Cristo*; καὶ, conjunción copulativa *y*; μέλη, caso nominativo neutro plural del nombre común *miembros*; ἐκ, preposición propia de genitivo *de*; μέρους, caso genitivo neutro singular del nombre común *parte*.

ὑμεῖς δέ ἐστε σῶμα Χριστοῦ. La demanda del versículo anterior tiene su alcance en que *todos* sufren y *todos* se gozan, a causa de ser miembros del cuerpo. Si no ocurre así hay algo incorrecto o no se pertenece al cuerpo.

Por esta causa el apóstol, conocedor de la realidad espiritual de los creyentes en Corinto, que aun a pesar de las muchas faltas han creído verdaderamente, afirma que *"vosotros, pues, sois el cuerpo de Cristo"*. El cuerpo de Cristo es uno solo y cada creyente es miembro en ese cuerpo. Los corintios formaban parte en ese cuerpo que es la Iglesia (1:2; Ef. 1:23; 4:12; Col. 1:18, 24; 2:19). Siendo *cuerpo de Cristo*, son la Iglesia, pero siendo también una iglesia local son *en particular* de esa condición y dignidad. La Iglesia no es la suma de las que se llaman iglesias locales, sino que estas son la expresión en el tiempo y espacio de la única Iglesia. El Señor habita en ellos como Su templo, y son gobernados por el Espíritu, dando Dios las formas orgánicas propias que manifiestan sus acciones como cuerpo. Es necesario hacer notar la ausencia del artículo definido en relación con el cuerpo, de manera que está apelando a la totalidad de lo que es el *cuerpo de Cristo*. Por consiguiente, la iglesia en Corinto no puede ser otra cosa que una unidad, donde no deben manifestarse las divisiones.

καὶ μέλη ἐκ μέρους. La unidad del cuerpo exige la multiplicidad de miembros, individualmente miembros unos de otros (Ro. 12:5; 1 Co. 12:12; Ef. 5:30). Esta es una realidad incuestionable. El apóstol no escribe sobre *lo que debía ser* cada uno, sino de lo que *realmente es*, el *cuerpo de Cristo*. No se trata de obedecer a la indicación apostólica del versículo anterior, sino que todo verdadero cristiano es así por principio de vida. Quien no es de ese modo, pudiera ser que se engañe a sí mismo y no pertenezca al cuerpo. El comportamiento ideal, establecido en el pasaje, se ve limitado muchas veces por la imperfección que origina no andar en el Espíritu (Gá. 5:16). El creyente prosigue al blanco, progresando en la vida cristiana cada día (Fil. 3:12, 14).

Es necesario comprender claramente la individualidad consistente en *el cuerpo*, y la multiplicidad de los particulares que son miembros dentro de ese único cuerpo. Al mismo tiempo la relación que cada uno tiene con Cristo, Cabeza del cuerpo, hace que se guarde también interrelación de unos miembros con otros.

La dotación para el cuerpo (12:28-31)

28. Y a unos puso Dios en la iglesia, primeramente apóstoles, luego profetas, lo tercero maestros, luego los que hacen milagros, después los que sanan, los que ayudan, los que administran, los que tienen don de lenguas.

Καὶ οὓς μὲν ἔθετο ὁ Θεὸς ἐν τῇ ἐκκλησίᾳ πρῶτον
Y a unos ciertamente puso - Dios en la iglesia primero
ἀποστόλους, δεύτερον προφήτας, τρίτον διδασκάλους, ἔπειτα
apóstoles, segundo profetas, tercero maestros, después
δυνάμεις, ἔπειτα χαρίσματα ἰαμάτων, ἀντιλήμψεις,
milagros, después dones de sanidades, ayudas
κυβερνήσεις, γένη γλωσσῶν.
dirección, géneros de lenguas.

Análisis y notas del texto griego.

Análisis: Καὶ, conjunción copulativa *y*; οὓς, caso acusativo masculino plural del pronombre relativo declinado *a los que, a los cuales, a quienes, a unos*; μὲν, partícula afirmativa que se coloca siempre inmediatamente después de la palabra expresiva de una idea que se ha de reforzar o poner en relación con otra idea y que, en sentido absoluto tiene oficio de adverbio de afirmación, como *ciertamente, a la verdad*; ἔθετο, tercera persona singular del segundo aoristo de indicativo en voz media del verbo τίθημι, *poner, colocar*, aquí *puso*; ὁ, caso nominativo masculino singular del artículo determinado *el*; Θεὸς, caso nominativo masculino singular del nombre divino *Dios*; ἐν, preposición propia de dativo *en*; τῇ, caso dativo femenino singular del artículo definido *la*; ἐκκλησίᾳ, caso dativo femenino singular del nombre común *iglesia*; πρῶτον, adverbio *primero* o caso acusativo neutro singular del adjetivo numeral ordinal *primero*; ἀποστόλους, caso acusativo masculino plural del nombre común *apóstoles*; δεύτερον, adverbio *segundo*, o caso acusativo neutro singular del adjetivo numeral ordinal *segundo*; προφήτας, caso acusativo masculino plural del nombre común *profetas*; τρίτον, adverbio *tercero*, o caso acusativo neutro singular del adjetivo numeral ordinal *tercero*; διδασκάλους, caso acusativo masculino plural del nombre común *maestros*; ἔπειτα, adverbio demostrativo *después, luego*; δυνάμεις, caso acusativo femenino plural del nombre común *milagros, portentos, poderes*; ἔπειτα, adverbio demostrativo *después*; χαρίσματα, caso acusativo neutro plural del nombre común *dones*; ἰαμάτων, caso genitivo neutro plural del nombre común *sanidades* o *sanaciones*; ἀντιλήμψεις, caso acusativo femenino plural del nombre común *ayudas*; κυβερνήσεις, caso acusativo femenino plural del nombre común *dirección*; γένη, caso acusativo neutro plural del nombre común *géneros*; γλωσσῶν, caso genitivo neutro plural del nombre común declinado *de lenguas*.

Καὶ οὓς μὲν ἔθετο ὁ Θεὸς ἐν τῇ ἐκκλησίᾳ. Para las necesidades de funcionamiento de la iglesia, Dios ha hecho dotación de creyentes capacitados, hechos aptos por medio de los dones. El verbo τίθημι, en voz media, indica que la acción de *poner*, es para uso de la iglesia. No se trata de una lista de dones complementaria a la que ha puesto al principio del capítulo (vv. 8-10), sino de *creyentes con dones*. La misma verdad se enseña en otro lugar (Ef. 4:11 ss.). Debe notarse que es *Dios*, quien pone a los creyentes en el cuerpo capacitados con dones, de manera que el Padre llama para el ministerio (1:1); el Hijo *los regala* a la iglesia (Ef. 4:11); el Espíritu los dota para que puedan hacer el servicio determinado para edificación de la iglesia (vv. 4, 7, 11).

La relación de los creyentes que Dios pone en la iglesia se da en un determinado orden. No tanto para numerarlos correlativamente, sino como prioridad en los dones para el desarrollo de la iglesia. El uso de los adverbios o, si se prefiere, de los adjetivos numerales ordinales, establece este rango. De manera que al escribir *primero* o *primeramente*, está indicando los dones principales, al decir *segundo* y *tercero*, indica lo que va en segundo y en tercer lugar en importancia. Dejando de numerar ordinalmente los creyentes con dones, pasa a la expresión genérica usando el adverbio *después*, y relacionando los restantes. La relación queda subordinada a los tres primeros.

πρῶτον ἀποστόλους, Este Dios, Trino y Uno, provee para la iglesia en el cumplimiento del deseo del Hijo: *"Yo edificaré mi iglesia"* (Mt. 16:18). Para esta acción se da prioridad en el otorgamiento de dones, de manera que Pablo habla en primer lugar de los apóstoles, asunto que no es novedoso en la *Epístola*, sino que también se reitera en el escrito a los efesios (Ef. 4:11). Este término en plural, *apóstoles*, comprende al *colegio apostólico* de los Doce, incluido Matías, y a Pablo, como apóstol especialmente llamado y enviado a los gentiles. En sentido general el término hace referencia a quien es enviado en alguna misión. En este sentido se llama *apóstol* a Epafrodito, como enviado de la iglesia en Filipos para llevar una ofrenda de amor y comunión al apóstol (Fil.2:25), pero, en el sentido específico comprende sólo a los Doce y a Pablo. Sólo ellos recibieron el don y sólo ellos fueron acreditados con señales específicas (2 Co. 12:12). Estos son aquellos a quienes se llama *santos apóstoles* (Ef. 3:5), receptores de la revelación de Dios, del *misterio* oculto desde siglos, entre los que está Pablo. No hay ninguna razón bíblica en el Nuevo Testamento para suponer un grupo más amplio de apóstoles que los Doce y Pablo. El don se da para establecer –entre otras cosas– las bases doctrinales de la Iglesia, lo que es el *fundamento apostólico*, y para la escritura del Nuevo Testamento (Ef. 2:20), por tanto, en este sentido este don no está operativo hoy.

Lamentablemente una corriente no bíblica, es más, me atrevo a decir anti-bíblica, hace que algunos se califiquen a ellos mismos de *apóstoles*, ejerciendo una supuesta autoridad apostólica sobre miembros e incluso sobre líderes en las iglesias que están bajo su influencia. A la luz de la autoridad bíblica se les puede calificar de *mentirosos* o de *falsos apóstoles*, puesto que ninguno de ellos ha visto a Jesucristo, ninguno ha hecho las señales apostólicas y ninguno tiene la autoridad que Jesús delegó a los Doce y Pablo. Estos falsarios, se alimentan a ellos mismos del rebaño que lideran, siendo explotadores de los recursos económicos de los fieles, apropiándose de ellos. Subyugan a los líderes que se someten a su supuesto apostolado, gobernando las congregaciones bajo su influencia con manifestaciones de supuestas revelaciones divinas que nunca recibieron de Dios, pero a las que dan categoría de revelación divina con autoridad semejante a la de la Escritura, quebrantando voluntariamente la prohibición bíblica de añadir algo a lo que está escrito y fuera de ello. Satanás introduce en la iglesia sus propios líderes, disfrazándolos como ángeles de luz, en imitación pecaminosa de aquel malvado a quien siguen. La falta de formación bíblica que ellos mismos promueven entre los fieles, convierten a éstos en *niños en Cristo*, que son fácilmente arrastrados de un lugar a otro por vientos de falsas doctrinas.

δεύτερον προφήτας, En el orden utilizado por Pablo, luego de los *apóstoles* están *los profetas*. En segundo lugar, también Dios dio a la Iglesia *profetas*. Ya se consideró antes este don, por lo que es suficiente recordar que son los que reciben un mensaje de Dios y lo transmiten con fidelidad a quienes son sus destinatarios, siendo guiados en su declaración y autentificados por el Espíritu. Eran aquellos que, no estando completos los escritos del Nuevo Testamento, recibían revelaciones del *misterio*, es decir, de lo concerniente a la doctrina de la Iglesia y a los acontecimientos escatológicos para ser comunicados a los creyentes en la enseñanza. Esta podía y en principio lo fue, una *tradición* doctrinal, es decir, la transmisión oral de la revelación divina, hasta el momento en que tanto los apóstoles como los profetas escriben las revelaciones y se completa el Canon del Nuevo Testamento (Ef. 2:20). No se describe con detalle cual era la función profética para que estuviese vinculada tan directa y estrechamente con los apóstoles, pero, en ambos casos, la unidad ministerial consistía en la recepción y comunicación de revelaciones directas de Dios mismo. Este don en el nivel primario de comunicar revelaciones divinas no escritas, no está operativo hoy, por cuanto el Canon del Nuevo Testamento está cerrado.

τρίτον διδασκάλους, En tercer lugar, en la relación de creyentes dotados de dones y dados a la iglesia, figura el de *maestros*, que muy probablemente comprende también a los *pastores*. Es más, podrían estar también incluidos en este grupo *los evangelistas*. No se trata de la capacidad para predicar el evangelio, aunque la comprende, ya que la evangelización universal corresponde a la responsabilidad de cada creyente que es enviado a las naciones para hacer discípulos. El don de evangelista es dado para discipular a los recién convertidos, teniendo en cuenta el mandato de Jesús de *"enseñarles todas las cosas que os he mandado"* (Mt. 28:20). Son ministros que complementan la obra de los apóstoles y profetas, enseñando la doctrina fundamental a quienes son alcanzados por el evangelio y necesitan la formación necesaria para su vida personal y eclesial. Ese era el don de Felipe, de uno de los siete diáconos de Jerusalén (Hch. 21:8), evangelista por don y diácono por oficio. Los evangelistas *enseñaban* e *interpretaban* la Escritura a quienes necesitaban esa enseñanza, como ocurrió con el mismo Felipe y el eunuco etíope (Hch. 8:26, 30-35). Probablemente Timoteo no tenía el don de evangelista, pero era necesario que atendiese aquella necesidad e hiciese la veces, o complementase la labor de los evangelistas, por lo que el apóstol Pablo le exhorta a *"hacer la obra de evangelista"* sin dejar de *"cumplir su ministerio"* (2 Ti. 4:5). Los evangelistas eran generalmente *misioneros itinerantes*, visitando los lugares donde se establecían las nuevas iglesias, por tanto, el evangelista era colaborador en el ministerio fundacional de la iglesia, recordando y completando lo que los apóstoles y profetas habían comunicado antes. Debiera esto hacer reflexionar sobre la necesidad de discipular convenientemente a los recién convertidos. Una persona nacida de nuevo debe ser instruida en la santísima fe, enseñándole desde un nivel elemental, pero siempre completo, la doctrina del Nuevo Testamento. No se trata de enseñarles algunos aspectos congregacionales, costumbristas o denominacionales, sino principios bíblicos de la fe, que les permitan progresar en el crecimiento de su vida cristiana, a fin de que salgan de la situación infantil en donde son fácilmente arrastrados por cualquier viento de doctrina (Ef. 4:14).

Dentro del conjunto de creyentes capacitados para la enseñanza están los *pastores*. Existe una discusión sobre si se trata de un solo don, en este caso el de *pastor-maestro*, o son dos dones distintos. En el texto griego los dos van precedidos por un único artículo determinado plural, lo que pudiera entenderse como que una misma persona tiene los dos dones o bien un don doble consistente en *pastor y maestro*. Con todo es interesante apreciar que, aunque van precedidos en algunos lugares por un mismo artículo van también ligados por una conjunción copulativa, lo que permite entender que uno es el don de pastor y otro el don de maestro. No cabe duda que *pastorear* lleva implícito dar pasto, esto es, alimentar el rebaño y el alimento en caso del rebaño de Dios, la Iglesia de Jesucristo, no puede ser otro que la enseñanza de la Palabra. A los pastores se les demanda capacidad para enseñar la Palabra, pero, no es menos cierto que en algún otro lugar del Nuevo Testamento, se habla de los enseñadores o maestros, pero no de los pastores (Ro. 12:7). No es bíblico confundir el don de pastor y el de maestro con los ancianos, sobreveedores, o presbíteros de las iglesias locales. El ancianato es un oficio de la iglesia local y por el mismo hecho de ser los líderes de las congregaciones locales, ya ejercen funciones pastorales de conducción. Quien lidera en alguna medida al pueblo de Dios, no puede dejar de hacer trabajo pastoral, por esa misma causa se dice que el Señor levantará a su siervo David como pastor para Israel (Ez. 34:23), e incluso se dice de Ciro que *"será mi pastor"* (Is. 44:28), porque proveería de libertad y ayudaría al pueblo de Dios. Los ancianos o sobreveedores hacen funciones pastorales en la conducción del pueblo que Dios puso a su cuidado. Esa es la razón por la que Pablo exhorta a tener cuidado pastoral y apacentar el rebaño de Dios a los ancianos de Éfeso, en su despedida en la playa de Mileto (Hch. 20:28), y de la misma manera lo hace también el apóstol Pedro (1 P. 5:2). Sin embargo, el servicio de anciano es un oficio, necesario para la buena marcha y conducción de la iglesia local, pero no aparece como don en ninguna de las listas de dones del Nuevo Testamento. Las condiciones bíblicas para el oficio no descansan en dones, sino en capacidades y condiciones personales (cf. 1 Ti. 3:1-16; Tit. 1:5-11). La única condición que pudiera considerarse como don es que sean *"aptos para enseñar"*, esto supone que el anciano, presbítero o sobreveedor, tiene que conocer la Palabra para conducir al pueblo con ella, ejercer la disciplina necesaria conforme a ella, y ser capaz de dar respuesta a cualquier interrogante mediante ella. Es, pues, más consecuente considerar el don de pastor distinto al don de maestro. El pastor es el que está cerca de cada oveja atento a las necesidades personales de cada una. El que, por conocerlas individualmente, puede darle la porción de alimento espiritual que necesita conforme a sus peculiaridades. Este ministerio es vital en cada congregación, por tanto, no debiera haber ninguna iglesia que no tuviese pastores, en el sentido de creyentes con don de pastor. El manual del pastor es el cumplimiento pormenorizado del Salmo 23. El don de pastor produce carga espiritual en quien lo ha recibido que lo orienta hacia las necesidades individuales de cada creyente. Es el que está con el miembro de la congregación siempre que lo necesita, el que le ayuda en las respuestas necesarias de cada día, el que lo exhorta con gracia, el que lo amonesta con mansedumbre, el que llora a su lado en sus penas, y el que lo lleva sobre sus hombros cuando la debilidad espiritual lo está afectando. Es el que lo busca cuando está extraviado, el que va al lugar desierto del mundo para darle un abrazo de misericordia, el que restaura en las caídas y el que, por llevar la carga de cada uno de los miembros de la iglesia sobre su alma, dedica tiempo cada día a orar por ellos. Por esta causa es preferible entender el don de *pastor* como uno y el de *maestro* como otro. En este sentido escribe el Dr. Lacueva:

> *"...aun cuando todos los pastores han de ser competentes para enseñar, hay líderes particularmente equipados para la enseñanza, mientras otros destacan por sus dotes de gobierno, siendo especialmente dignos de doble honor los que ejercen fielmente ambas funciones"*[10].

No cabe duda que en la práctica el ministerio de unos y otros, es decir, de pastores y maestros, debió estar unido frecuentemente.

El último grupo de creyentes capacitados con un don del Espíritu para un determinado ministerio de consolidación en la iglesia, son los *maestros*. Este don se traduce por *doctores* en algunas versiones. Es el creyente capacitado para la enseñanza y exposición de la Palabra. Estos

---

[10] F. Lacueva. o.c., pág. 159.

son los comisionados para dar la enseñanza e instrucción Bíblica, exponiendo la Palabra en las congregaciones. Es decir, hacer entender a los creyentes el cuerpo doctrinal del Nuevo Testamento y también la interpretación del texto bíblico del Antiguo Testamento. Por medio del *don* o del *carisma* del Espíritu, se adquiere la *capacidad* para este ministerio, pero es necesario entender también que la capacitación para ello procede del estudio profundo y sistemático de la Escritura bajo la dirección de otros maestros. Tal cadena de enseñanza está establecida por el apóstol Pablo para la Iglesia (2 Ti. 2:2). Como quiera que el *maestro* es un don, y no todos los creyentes tienen los mismos dones, la enseñanza congregacional debe estar reservada para los *maestros*, debidamente formados y preparados en la Palabra. Los creyentes pueden contribuir a la edificación del cuerpo en el ministerio de la Palabra, ejerciendo las labores proféticas de edificación, exhortación y consolación (14:3), pero la enseñanza doctrinal y la interpretación consonante de la Palabra debe estar en manos de *maestros*. Lo más peligroso para el estancamiento espiritual de una congregación, es que la enseñanza esté en manos de *personas espirituales,* aunque no hayan recibido el don de maestro, ni hayan sido preparados convenientemente en la Palabra. La enseñanza eficaz de la congregación es la que está en manos de hombres dotados para ello por Dios mismo y preparados bajo la instrucción de otros creyentes capaces para hacerlo. La iglesia de Antioquia es un claro ejemplo de las consecuencias fortalecedoras y saludables de un ministerio de enseñanza en manos de hombres dotados y competentes, como eran entonces Pablo y Bernabé (Hch. 11:25, 26). Aquellos dos estuvieron enseñando a la iglesia naciente durante todo un año. Una de las necesidades imperiosas en las iglesias locales tiene que ver con la exposición sistemática de la Palabra. No hay medio más eficaz –e incluso diría que es el único modo bíblico de enseñanza– que la exposición sistemática de la Escritura. Lamentablemente hay congregaciones a las que nunca les ha sido expuesto el libro de Levítico, o los profetas menores, o el Cantar de los Cantares en la interpretación literal y no alegórica. Muchos líderes consideran que es mejor el *mensaje motivador* consistente en predicar sobre los *asuntos urgentes de la sociedad actual.* Este ministerio es el parche puesto a un grano cuando ya está infectado. La Palabra de Dios expuesta en toda su extensión da sabiduría al creyente y la meditación en ella hace vidas victoriosas y santas. El liderazgo de las iglesias debiera estar atento a creyentes a quienes Dios dio el don de *maestro* para proveer para ellos de lo necesario a fin de capacitarlos para el ejercicio de su ministerio. No siempre es posible tener en la propia iglesia local, maestros que enseñen a otros, pero, es posible aportar, bien individualmente o en la comunión fraterna con otras iglesias de recursos financieros que permitan al hermano en cuestión desplazarse a una institución en donde pueda recibir toda la enseñanza necesaria para llevar a cabo eficazmente el ejercicio del don. El don de maestro requiere el estudio continuado de quien lo ha recibido. Nadie piense que, porque tiene un mayor conocimiento que antes, o porque a lo largo del tiempo va teniendo mayores recursos para la enseñanza ya ha alcanzado el nivel óptimo y no necesita más. La experiencia del maestro bíblico es que nunca llega a alcanzar la dimensión de conocimiento que no pueda superar. Esto requiere que el liderazgo de las iglesias provea de los recursos necesarios para que el maestro pueda, sin quebranto grave para su propio medio de vida, adquirir los libros necesarios que le permitan una mayor investigación del texto bíblico. Otro asunto necesario es que el maestro debe conocer los idiomas originales en que está escrita la Palabra, para que pueda interpretarla como corresponde en la mayor dimensión y precisión posible. La iglesia que deja de insistir en la enseñanza sistemática de la Palabra cae en el infantilismo, con las gravísimas consecuencias que le acompañan (3:1-4; He. 5:11-14).

ἔπειτα δυνάμεις, Con un genérico *luego, después*, siguen otros dones como el de *hacer milagros*. También se ha considerado antes, recordando que es la capacidad sobrenatural para hacer prodigios, como *resucitar muertos* (Hch. 9:36-43); producir ceguera (Hch. 13:11). Era un don necesario en los tiempos apostólicos para producir las *señales mesiánicas* que manifestaran la realidad de la resurrección de Cristo, cuestionada por muchos y abiertamente negada por los judíos. Cumplida la misión en tiempos apostólicos, no está operativo como entonces. Eso no significa que Dios no obre milagros y prodigios ahora, en ocasiones, en respuesta a la oración de los Suyos, obrando milagros por medio de personas, pero no como ejercicio habitual de un don.

ἔπειτα χαρίσματα ἰαμάτων, Sigue el *don de sanidades* o de *sanaciones*, del que también se consideró antes. Es la capacidad sobrenatural para sanar enfermedades. Del mismo modo que el de milagros, era necesario en tiempos apostólicos como respaldo de *señales mesiánicas*, para un complemento en la predicación del evangelio. Las señales evidenciaban que Cristo había resucitado y actuaba por medio de Sus enviados, que formaban una unidad con Él (Mt. 16:17, 18; Comp. Is. 61:1; 35:5, 6). Cumplida la misión manifestante, el don no está operativo como en tiempos apostólicos. Muchas de las llamadas *sanidades* hechos por *sanadores* que se llaman creyentes, son una mera burla y una falsedad que no produce esos efectos. Es más, algunos de los que afirman tener el don de sanidades preparan lo que llaman *campañas de sanidad*, con falsos enfermos para dar la visión de una realidad que no existe, hecha por mentirosos en beneficio propio.

ἀντιλήμψεις, Cita ahora a los que tienen el *don de ayudas*, esto es literalmente *ayudas*. Es un don que capacita para el servicio en general. Puede tratarse de ayudas a necesitados, enfermos o más bien, la disposición para desear el servicio en la iglesia. Este sería el don básico que deben tener los diáconos y, en cierta medida, también el anciano. Es el típico don que capacita para ejercer los oficios en la iglesia local.

κυβερνήσεις, *dirigir*, realmente mejor *administrar*, o los que *administran*. Don que inviste con capacidades de gobierno y de conducción. Los que tienen capacidad para la conducción de la iglesia. Esta debiera ser una de las condiciones para ejercer el oficio de anciano.

γένη γλωσσῶν. Concluye con la referencia a quienes tienen el *don de lenguas*. Aquellos que tienen la capacidad de hablar en otros idiomas sin haberlos estudiado. Se ha dicho antes que no se trata de sonidos o formas expresivas que se conocen como *glosolalia*, sino que son idiomas hablados en algún lugar. Al referirse al don como *género de lenguas* confirma esta interpretación y es equivalente a *distintos idiomas*. Como quiera que el apóstol dedicará un capítulo entero al uso de este don y a la identificación del mismo es suficiente con citarlo simplemente aquí. Con todo, es necesario hacer notar que aquí aparece en el último lugar de los relacionados. Los corintios sentían un gran interés por este don y lo practicaban desordenadamente en los cultos. Es normal, en nuestro tiempo, que los creyentes cuando menos formados en la Escritura, mayor interés tienen por el don de lenguas, como si fuese la expresión absoluta de la espiritualidad. Incluso se enseña que la realidad del bautismo del Espíritu es el hablar en lenguas. Grave error, puesto que si es un don, como el apóstol afirma, no todos pueden tenerlo.

29. ¿Son todos apóstoles? ¿son todos profetas? ¿todos maestros? ¿hacen todos milagros?

μὴ πάντες ἀπόστολοι μὴ πάντες προφῆται μὴ πάντες
¿Acaso todos apóstoles? ¿Acaso todos profetas? ¿Acaso todos
διδάσκαλοι μὴ πάντες δυνάμεις
maestros? ¿Acaso todos poderes milagrosos?

Análisis y notas del texto griego.

Análisis: μὴ, partícula que hace funciones de adverbio condicional de negación *no*, en ese sentido puede traducirse por *acaso*; πάντες, , caso nominativo masculino plural del adjetivo indefinido *todos*; ἀπόστολοι, caso nominativo masculino plural del nombre común *apóstoles*; μὴ, partícula que hace funciones de adverbio condicional de negación *no*, en ese sentido puede traducirse por *acaso*; πάντες, caso nominativo masculino plural del adjetivo indefinido *todos*;

προφῆται, caso nominativo masculino plural del nombre común *profetas*; μὴ, partícula que hace funciones de adverbio condicional de negación *no*, en ese sentido puede traducirse por *acaso*; πάντες, caso nominativo masculino plural del adjetivo indefinido *todos*; διδάσκαλοι, caso nominativo masculino plural del nombre común *maestros*; μὴ, partícula que hace funciones de adverbio condicional de negación *no*, en ese sentido puede traducirse por *acaso*; πάντες, caso nominativo masculino plural del adjetivo indefinido *todos*; δυνάμεις, caso nominativo femenino plural del nombre común *poderes milagrosos*.

μὴ πάντες ἀπόστολοι μὴ πάντες προφῆται μὴ πάντες διδάσκαλοι μὴ πάντες δυνάμεις. Anteriormente el apóstol enseñó que cada creyente tiene dones que soberanamente les ha comunicado el Espíritu (v. 11). Los dones son dados para las necesidades de la iglesia y de la obra, pero, no todos los creyentes tienen los mismos dones. Las preguntas retóricas exigen una respuesta negativa, de modo que no todos los creyentes son apóstoles, o profetas, o maestros, ni todos tienen dones para hacer milagros. Por consiguiente, si no tienen los mismos dones, tampoco tienen los mismos ministerios como consecuencia del uso de los dones recibidos. Esto elimina la posición de quienes consideran que cuando una persona recibe a Cristo, ha de manifestarse en él algún determinado que testifique esa realidad. No todos los creyentes tienen un mismo don por el hecho de ser creyente.

30. ¿Tienen todos dones de sanidad? ¿hablan todos lenguas? ¿interpretan todos?

μὴ πάντες χαρίσματα ἔχουσιν ἰαμάτων μὴ πάντες γλώσσαις
¿Acaso todos dones tienen de sanidades? ¿Acaso todos en lenguas
λαλοῦσιν μὴ πάντες διερμηνεύουσιν
hablan? ¿Acaso todos interpretan?

Análisis y notas del texto griego.

Análisis: μὴ, partícula que hace funciones de adverbio condicional de negación *no*, en ese sentido puede traducirse por *acaso*; πάντες, caso nominativo masculino plural del adjetivo indefinido *todos*; χαρίσματα, caso acusativo neutro plural del nombre común *dones*; ἔχουσιν, tercera persona plural del presente de indicativo en voz activa del verbo ἔχω, *tener*, aquí *tienen*; ἰαμάτων, caso genitivo neutro plural del nombre común declinado *de sanidades*; μὴ, partícula que hace funciones de adverbio condicional de negación *no*, en ese sentido puede traducirse por *acaso*; πάντες, caso nominativo masculino plural del adjetivo indefinido *todos*; γλώσσαις, caso dativo femenino plural del nombre común *lenguas, idiomas*; λαλοῦσιν, tercera persona plural del presente de indicativo en voz activa del verbo λαλέω, *hablar*, aquí *hablan*; μὴ, partícula que hace funciones de adverbio condicional de negación *no*, en ese sentido puede traducirse por *acaso*; πάντες, caso nominativo masculino plural del adjetivo indefinido *todos*; διερμηνεύουσιν, tercera persona plural del presente de indicativo en voz activa del verbo διερμηνεύω, *interpretar*, aquí *interpretan*.

μὴ πάντες χαρίσματα ἔχουσιν ἰαμάτων μὴ πάντες γλώσσαις λαλοῦσιν μὴ πάντες διερμηνεύουσιν Establece otras tres preguntas retóricas vinculadas con otros tantos dones. Como para las del versículo anterior, todas exigen una respuesta negativa. La enseñanza general se confirma con esto: no todos los creyentes tienen los mismos dones. Por consiguiente, han de ser usados diligentemente y sin envidia de quienes tienen o mayor número u otros más notorios a ojos de los hombres. Los creyentes no tienen la misma función. El propósito del apóstol es sofocar el descontento y la envidia de algunos de los miembros de la iglesia en Corinto, y de todo orgullo y arrogancia en el ejercicio de los dones.

31. Procurad, pues, los dones mejores. Mas yo os muestro un camino aun más excelente.

ζηλοῦτε δὲ τὰ χαρίσματα τὰ μείζονα.
Pero anhelad los dones - mayores.
Καὶ ἔτι καθ' ὑπερβολὴν ὁδὸν ὑμῖν δείκνυμι.
Y aún por excelencia camino os muestro.

Análisis y notas del texto griego.

Análisis: ζηλοῦτε, segunda persona plural del presente de imperativo en voz activa del verbo ζελόω, *querer, desear, anhelar*, aquí *anhelad*; δὲ, partícula conjuntiva que hace las veces de conjunción coordinante, con sentido de *pero, más bien, y, y por cierto, antes bien, entonces*; τὰ, caso acusativo neutro plural del artículo determinado *los*; χαρίσματα, caso acusativo neutro plural del nombre común *dones*; τὰ, caso acusativo neutro plural del artículo determinado *los*; μείζονα, caso acusativo neutro plural del [adjetivo] comparativo *mayores*. Καὶ, conjunción copulativa *y*; ἔτι, adverbio *aún, todavía*; καθ', forma escrita de la preposición de acusativo κατά, por elisión y asimilación ante vocal con espíritu áspero, que equivale a *por*; ὑπερβολὴν, caso acusativo femenino singular del nombre común *excelencia*; ὁδὸν, caso acusativo femenino singular del nombre común *camino*; ὑμῖν, caso dativo de la segunda persona plural del pronombre personal *os*; δείκνυμι, primera persona singular del presente de indicativo en voz activa del verbo δείκνυμι, *mostrar*, aquí *muestro*.

Notas. Crítica Textual. Lecturas alternativas.

[1]μείζονα, *mayores*, según lectura en 𝔓[46], a, A, B, C, 6, 33, 81, 104, 326, 365, 630, 1175, 1241, 1739, 1881, 846, vg[st], co; Eusebio.

κρείττονα, *mejores*, como se lee en D, F, G, K, L, Ψ, 1505, 2464, 𝔐, it, vg[cl], bo[mss], Orígenes Ambrosiaster, Pelagio, Speculum.

ζηλοῦτε δὲ τὰ χαρίσματα τὰ μείζονα. El párrafo anterior se cierra con una exhortación. El verbo que introduce la oración está en presente de imperativo. *Anhelad*, expresa un deseo intenso. Sin duda la enseñanza confirma que los dones no se adquieren por deseo del creyente, sino que son dados soberanamente por Dios (v. 11). Pero el cristiano espiritual debe anhelar que la iglesia tenga creyentes dotados con los *mejores*, o tal vez *los mayores* dones. Se trata de aquellos que sirven mayormente para la edificación de la iglesia. Los corintos tenían una idea equivocada de lo que eran los *mayores* o *mejores* dones, y codiciaban los más llamativos que son los menos útiles al objetivo de la edificación.

Καὶ ἔτι καθ' ὑπερβολὴν ὁδὸν ὑμῖν δείκνυμι. Pablo les habla de mostrarle un *camino más excelente*, o el camino por excelencia que supera en todo al deseo de alcanzar los mayores dones. El ejercicio de cualquier don debe hacerse en este camino, que se enseña en el próximo capítulo y que se trata del amor.

Cabría destacar que el creyente debe entender claramente que pertenece al cuerpo en Cristo. La posición que ocupa en el cuerpo obedece a la soberanía y sabiduría de Dios. Debe, pues, aceptar gustoso la posición asignada y trabajar en bien del cuerpo. Las múltiples divisiones en las iglesias locales y entre ellas, nacen por una falta de identificación con la admirable realidad de que todas las locales, que son expresión de la única Iglesia, son un solo cuerpo en Cristo. Los grupos denominacionales son y han sido de gran bendición en la historia de la Iglesia, de forma especial en aquellos que surgen en la *reforma radical*, al recuperar principios bíblicos que estaban siendo descuidados, pero, cuando estos se convierten en distintivo que divide y separa no son ni bien entendidos ni mucho menos bien utilizados. Un creyente integrado en una iglesia local procura la edificación de sus hermanos en el vínculo de la paz. Nadie tiene derecho a demandar una posición más destacable en la iglesia que el resto de los hermanos, puesto que el nivel más alto al que un cristiano puede llegar es el de ser siervo, en manifestación de la identificación con Cristo. Los que aman el primer lugar en la obra, quienes desean ser alabados en la congregación, no son de ayuda y edificación, sino arrogantes que desean, al estilo de los fariseos, ocupar los primeros lugares en la sinagoga. Satanás, el engañador, procura que los cristianos tengan algún elemento que justifique su sectarismo, de modo que muchos son capaces de dividir una iglesia justificándolo por la desviación doctrinal especialmente de sus líderes. Muchas veces no se trata de mantener la doctrina en la forma bíblica, sino de sostener costumbres, tradiciones y sistemas. Son aquellos que abogan por mantener algo porque *siempre se hizo así*. Estos, voluntariamente ignoran que mantener la doctrina bíblica comprende también en forma esencial, guardar con solicitud la unidad del Espíritu en el vínculo de la paz (Ef. 4:3). Quienes desean vivir en una correcta relación con la doctrina bíblica, dejan a un lado las críticas y las murmuraciones para practicar el amor en la relación admirable que nos enseña el Señor Jesús. Normalmente los descontentos lo son porque no ocupan en la iglesia el lugar que ellos consideran que debieran ocupar.

Los dones son dados para la edificación. El más importante, de ellos por necesidad para el desarrollo de los creyentes, tiene que ver con la enseñanza. En la iglesia ha de estar en manos de maestros capaces para ello (Hch. 11:25-26). El tiempo actual, en muchos lugares, se caracteriza por la falta de predicación bíblica. La Escritura desaparece del púlpito de la iglesia, de las actividades de la congregación, de los hogares cristianos y de las vidas individuales. Esta predicación y enseñanza de la Palabra, se sustituye por los llamados *mensajes devocionales*, que no son otra cosa que un discurso que por pretexto se inicia con una lectura de la Biblia. Dios llama a los maestros y pastores en la iglesia a que prediquen la Palabra (2 Ti. 4:1-2). La ausencia de la predicación bíblica genera congregaciones de creyentes infantiles, que son engañados continuamente por enseñanzas con apariencia de piedad, pero que no contribuyen en nada a la eficacia de ella. Solo la Biblia es inspirada y solo ella es capaz de producir los efectos beneficiosos para la que fue dada por Dios (He. 4:12).

Otro aspecto, antes de concluir, que debe ser tenido muy en cuenta es el de permitir que personas que, aun siendo espirituales, no han recibido el don para enseñar, enseñen. Estos deben aprender, porque todos necesitamos de ello, pero no enseñar, porque no están capacitados. Pablo insta a Timoteo a que prepare hombres que sean *idóneos* para enseñar también a otros (2 Ti. 2:2). No hay peor daño que el que se produce cuando una persona pretende hacer aquello para lo que no está capacitado. Los creyentes con dones de enseñanza han de ser preparados en los conocimientos bíblicos para que puedan hacerlo. Esto se resolvía, en tiempos de los apóstoles, poniéndolos al lado de otros debidamente preparados, como ocurría con los que ayudaban a los apóstoles en el ministerio de plantación de iglesias. La enseñanza comienza en la iglesia local, pero, es necesario en muchas ocasiones, un complemento mayor, que puede conseguirse en instituciones dedicadas a la formación bíblica. La iglesia que envía a uno de sus miembros a un lugar así para ser preparado, debe buscar el lugar que disponga no solo de personas formadas en la Escritura, sino de aquellos que aman y honran la Palabra.

La formación bíblica no termina nunca y a medida que el tiempo pasa, el maestro necesita complementos para seguir investigando en la Biblia, como son libros especializados que, generalmente son de un costo elevado, y muchas veces resulta oneroso para el pastor o maestro que los necesita. La iglesia debiera tener en mente la necesidad de disponer de hermanos formados para la enseñanza y aportar lo necesario para proveerlos de materiales que precisan.

CAPÍTULO XIII

EL AMOR

Introducción

Alguien ha llamado a este capítulo *el himno del amor*. La forma, en efecto, es como un poema lírico que surge desde el primer versículo. La forma del escrito puede compararse con las estrofas de un himno y se identifica con la poesía hebrea. En él, Pablo no presenta sus sentimientos y relación con el amor, sino que usa el pasaje para presentar la realidad sobrenatural, porque es de procedencia divina, del amor cristiano. Este está personificado en el pasaje. Es como si el amor mismo se descubre y manifiesta en el capítulo delante de nosotros, produciendo una santa paz y revelándonos su íntima simpatía.

En la corrección de desórdenes que se producían en la iglesia, el apóstol está escribiendo sobre los dones y la correcta utilización, preparando el terreno para hacer las advertencias solemnes y prácticas, reglamentando el uso de los mismos en la congregación. Recordó en el escrito que los dones son dádivas de la gracia, otorgadas soberanamente para la edificación del *cuerpo de Cristo*, que es la Iglesia. En esta enseñanza doctrinal, cualquier manifestación orgullosa queda derribada, ya que los dones no se dan en base a alguna cualidad del creyente, sino en razón de la soberanía y sabiduría divinas (12:11). La exhibición de los dones era una acción incorrecta que había de ser corregida.

Antes de establecer algunas normas sobre el culto público y el ejercicio de los dones en el mismo –que será considerada en el siguiente capítulo– Pablo presenta el *"camino más excelente"*, con que cerró la parte anterior. Pudiera parecer un paréntesis que se intercala en la carta, sin embargo, debe considerarse como un todo dentro del contexto general de la enseñanza que está tratando el apóstol.

Algunos piensan que está enseñando sobre cómo ha de ser hecho el ministerio de los dones, motivado y movido por el amor, pero el uso de ὁδος, *camino*, en lugar de τρόπος, *manera, modo, conducta*, junto con la afirmación que ocurre más adelante: *"Procurad alcanzar el amor; y desead con celo los dones espirituales, especialmente que profeticéis"* (14:1 RVR), hace pensar que Pablo está interesado en señalar un camino superior al de la búsqueda y ostentación de los dones espirituales. El amor es superior a todos los dones, incluyendo aquellos que pudieran parecer más elevados.

Dos aspectos importantes merecen ser destacados en la introducción del capítulo. Primeramente, está la necesidad del amor y la superioridad de éste sobre todo ministerio; luego la duración inextinguible del amor que, siendo amor divino actuante en el cristiano, trasciende al tiempo ya que, como perfección divina, es como Dios mismo, eterno.

El apóstol descubre qué quería hacer notar a los lectores acerca del amor, refiriéndose a él en el sentido más elevado del concepto y de la palabra en sí. Será preciso recordar los distintos substantivos que se usan en griego para referirse al amor. Uno de ellos es el término ἔρως, que designa el amor como algo que se desea o apetece, especialmente relacionado con la atracción entre un hombre y una mujer. Otro, que es usado en el Nuevo Testamento es φιλία, que se usa para referirse al amor de amistad. En tercer lugar, está el término más usado en la Escritura ἀγάπη, que designa el amor en la forma más desinteresada y desprendida, que busca el bien de aquel que ama, por encima de todo interés y provecho de quien ama. Es, por tanto, la palabra usada mayoritariamente para referirse al amor de Dios (Jn. 3:16; 1 Jn. 3:1; 4:8, 16). A este tipo de amor alude el apóstol, ya que, aunque en su plenitud está en Dios, ha sido derramado por el Espíritu en cada creyente (Ro. 5:5).

El apóstol considera aquí el amor como la relación de entrega al otro, buscando el bien del hermano y no el propio. Este amor desinteresado al extremo tiene su origen en Dios y no es posible el uno sin el otro. Al amar al hermano y buscar su provecho, es el amor de Dios que llega a él a través de nosotros. Tanto el amor a Dios como a los hermanos es el mismo y, por tanto, de la misma cualidad. Sólo es posible que esté presente en la vida del cristiano por la participación que tenemos en la *divina naturaleza*, consecuencia del nuevo nacimiento (2 P. 1:4). De tal modo que no puede distinguirse entre el amor a Dios y el amor a los hermanos. El término, considerado antes, significa amor desprendido, ajeno totalmente al apetito egoísta de una persona e incluso a la relación afectuosa presente en una amistad que incluye la paterno-filial. Como hace notar el Dr. Juan Leal: *"ἔρως, es el amor, aspiración; φιλία, simpatía natural; ἀγάπη, amor sobrenatural"*[1].

El amor entre hermanos en la fe, se establece como mandato de Jesús y como identificativo ante el mundo de la realidad de la iglesia: *"Un mandamiento nuevo os doy: Que os améis unos a otros; como yo os he amado, que también os améis unos a otros. En esto conocerán todos que sois mis discípulos, si tuviereis amor los unos con los otros"* (Jn. 13:34-

---

[1] Juan Leal. o.c., pág. 437.

35)[2]. Los corintios estaban interesados en los dones, pero no en el amor. De este modo ocurre muchas veces con creyentes que están orgullosos del mantenimiento de la doctrina, pero son incapaces de extender una mano de gracia a los hermanos en sus conflictos y necesidades. Este problema impide el ejercicio de cualquier ministerio en una congregación. De otro modo, quien es incapaz de amar, está inhabilitado para ministrar.

La Biblia enseña que *Dios es amor* (1 Jn. 4:8, 16). Ese amor se ha manifestado abiertamente en el acto de entrega a favor del pecador, indigno de ser amado. El Padre *entregó* al Hijo, y Este se *entregó* a sí mismo. Por consiguiente, eL amor de Dios es un amor de relación hacia el hombre. Dicho amor se hace visible en Jesucristo. Cristianismo no es religión sino *relación* y *comunión* con Cristo. De otro modo, la vida de Jesucristo se hace vida en el creyente, de modo que la única forma de entenderla es como Pablo lo hacía con él mismo: *"Con Cristo estoy juntamente crucificado, y ya no vivo yo, mas vive Cristo en mí; y lo que ahora vivo en la carne, lo vivo en la fe del Hijo de Dios, el cual me amó y se entregó a sí mismo por mí"* (Gá. 2:20). Por esa razón no se entiende el amor sino como entrega hacia el prójimo y de forma especial al hermano. La realidad del nuevo nacimiento y de la vida eterna, se substancia o se manifiesta en el amor, porque *"nosotros sabemos que hemos pasado de muerte a vida, en que amamos a los hermanos. El que no ama a su hermano, permanece en muerte"* (1 Jn. 3:14). Por esa razón el apóstol hace notar con firmeza la necesidad de una relación que busca el bien de otros antes que el propio y que además ve con gozo cuando un hermano prospera. Esto denota la situación en que se encontraban los corintios de manifiesta falta de amor, asunto que el apóstol trata de corregir, necesario para que el desarrollo de la iglesia se produjese y para que los cristianos pudieran ser de bendición y ayuda en la edificación mutua, siendo también ejemplo al mundo que les rodeaba, que podían ver en ellos el amor del que el evangelio anuncia en relación con Cristo. La evangelización no consiste en *hablar* del amor, sino en vivirlo de manera que no sean necesarias palabras, para que los oyentes comprendan el alcance del mismo. Siendo Dios el origen del amor perfecto, al derramarlo por Su Espíritu en el creyente, se produce en él, la experiencia del *primer amor*. El cristiano no puede *perder* el primer amor, ya que ello implicaría dejar de tener la presencia el Espíritu en su vida, lo que equivaldría a la posibilidad de perder la salvación, pero sí puede dejar de estar controlado por el Espíritu, lo que ocasiona el *dejar el primer amor* (Ap. 2:4).

[2] Ver comentario a los dos versículos en *Evangelio según Juan*, de esta serie.

El apóstol desea que los corintios y, en general, los cristianos que lean esta *Epístola*, vivan siempre en el entorno del amor divino, mostrando permanentemente con sus actos la realidad de ese amor que debe llenar sus corazones hasta desbordar.

El capítulo trata de un solo asunto, que queda reflejado y expuesto en un párrafo, destinado al amor y las consecuencias de una correcta práctica del mismo. La primera división del texto (vv. 1-3), contiene al valor del amor. Lo hace comparándolo con los dones espirituales, especialmente con aquellos que más interesaban para los lectores, entre los que estaba el *don de lenguas*, afirmando la superioridad del amor sobre este (v. 1). Pero también hace referencia a la profecía, don de gran importancia en la iglesia de aquellos días, incluyendo junto con él los de *conocimiento*, *milagros* y fe (v. 2). Pasa luego a referirse a la inutilidad de una entrega plena, de lo que se tiene y de uno mismo, sin ir acompañada del amor (v. 3.)

El segundo *párrafo* (vv. 4-7), se destina a presentar las características del verdadero amor, con su capacidad para el sufrimiento y la ausencia de envidia (v. 4). Asimismo, quien ama no hará nada indebido, ni se irrita, ni guarda rencor (v. 5). Lo que no es justo está ausente en la relación del que ama y su gozo es sólo aquello que es verdadero (v. 6). No hay asunto que no pueda soportar, ni deja de creer lo que su hermano afirma, siendo capaz de ponerse voluntariamente bajo la carga de otro (v. 7).

El tercer párrafo (vv. 8-13), trata de la perdurabilidad del amor, situándolo frente a la temporalidad de los dones, que cesarán (v.8). Por esa razón el conocimiento parcial dará paso al pleno y con ello a lo que es también parcial en cuanto al ejercicio de los dones (vv. 9-12). Los creyentes deben entender la permanencia del amor, siendo el mayor de todos los recursos y virtudes (v. 13).

Para el análisis del texto bíblico se seguirá la pauta indicada en el *Bosquejo* que está anticipado en la introducción, como sigue.

3.3. La supremacía del amor sobre los dones (13:1-13).
   A. El valor del amor (13:1-3).
   B. La naturaleza del amor (13:4-7).
   C. La permanencia del amor (13:8-13).

La supremacía del amor sobre los dones (13:1-13)

El valor del amor (13:1-3)

1. Si yo hablase lenguas humanas y angélicas, y no tengo amor, vengo a ser como metal que resuena, o címbalo que retiñe.

Ἐὰν ταῖς γλώσσαις τῶν ἀνθρώπων λαλῶ καὶ τῶν ἀγγέλων,
Si en las lenguas de los hombres hable y de los ángeles.
ἀγάπην δὲ μὴ ἔχω, γέγονα χαλκὸς ἠχῶν ἢ
pero amor no tengo, he venido a ser bronce que hace ruido o
κύμβαλον ἀλαλάζον.
címbalo que retiñe.

Análisis y notas del texto griego.

Análisis: Ἐὰν, conjunción afirmativa condicional *sí*; ταῖς, caso dativo femenino plural del artículo determinado declinado *en las*; γλώσσαις, caso dativo femenino plural del nombre común *lenguas, idiomas*; τῶν, caso genitivo masculino plural del artículo determinado declinado *de los*; ἀνθρώπων, caso genitivo masculino plural del nombre común *hombres*; λαλῶ, primera persona singular del presente de subjuntivo en voz activa del verbo λαλέω, *hablar*, aquí *hable*; καὶ, conjunción copulativa *y*; τῶν, caso genitivo masculino plural del artículo determinado declinado *de los* ἀγγέλων, caso genitivo masculino plural del nombre común *ángeles*; ἀγάπην, caso acusativo femenino singular del nombre común *amor*; δὲ, partícula conjuntiva que hace las veces de conjunción coordinante, con sentido de *pero, más bien, y, y por cierto, antes bien, entonces*; μὴ, partícula que hace funciones de adverbio de negación *no*; ἔχω, primera persona singular del presente de indicativo en voz activa del verbo ἔχω, *tener*, aquí *tengo*; γέγονα, primera persona singular del perfecto de indicativo en voz activa del verbo γίνομαι, *venir a ser*, aquí *he venido a ser*; χαλκὸς, caso nominativo masculino singular del nombre común *bronce, moneda de cobre o bronce, instrumento de bronce*; ἠχῶν, caso nominativo masculino singular del participio de presente en voz activa del verbo ἠχέω, *hacer ruido*, aquí *que hace ruido*; ἢ, conjunción disyuntiva *o*; κύμβαλον, caso nominativo neutro singular del nombre común *címbalo*; ἀλαλάζον, caso nominativo neutro singular del participio de presente en voz activa del verbo *hacer ruido*, *reteñir*, aquí *que retiñe*.

Ἐὰν ταῖς γλώσσαις τῶν ἀνθρώπων λαλῶ. El apóstol introduce el párrafo usando la primera persona para no herir susceptibilidades, incluyéndose él mismo en la exhortación. La construcción se establece condicionalmente, como una posibilidad o un supuesto. Así dice: *"Si yo hablase"*, literalmente *si en la lengua de los hombres hable*. El don más apreciado por algunos de los corintios era el de *hablar en lenguas*. El sentido de la oración es el de *hablar en idiomas* usados por los hombres, de ahí el predicado *lenguas humanas*. Antes se refirió a los idiomas que las personas hablan como *diversos géneros de lenguas* (12:10, 28). Sin duda el apóstol hablaba varios idiomas, como el *hebreo*, el *arameo*, el *griego* y el *latín* (14:18). La frase condicional podría incluir en ella a todos los idiomas conocidos entonces. Por tanto, el apóstol dice: *si yo hablase todos los idiomas que los hombres usan*. La oración está orientada más que a la forma de hablar, al contenido de aquello que se habla.

Esta expresión no autoriza a considerar en ningún sentido la llamada *glosolalia*, se trata de idiomas que se hablan y que pueden ser interpretados. Este *hablar lenguas humanas*, no impide que se considere como el resultado del *don de lenguas*. Pudiera ser, esa es la suposición de la oración, que el apóstol hablase muchos idiomas.

καὶ τῶν ἀγγέλων, Añade aquí: *o angélicas*, es decir, las lenguas de los ángeles. Algunos vinculan esto con el modo de expresión de los seres angélicos, la forma de manifestar su alabanza y adoración a Dios, en Su presencia. Estos suelen buscar apoyo a esta proposición en textos en los que se testifica de cómo *un hombre* subió al cielo *"donde oyó palabras inefables que no le es dado al hombre expresar"* (2 Co. 12:2-4). Pero, simplemente lo que está afirmando es que en el lugar a donde fue llevado oyó algo que le ha sido prohibido transmitir, porque no corresponden al hombre sino a lo que sucede en la presencia de Dios. Por otro lado, si se tratase de *lenguas angélicas* lo que el apóstol oyó, no podrían hablarse por los hombres porque no las podría expresar. También acuden, los que sostienen que *hablar en lenguas* con sonidos ininteligibles es hacerlo en las lenguas de los ángeles, al texto en que se lee: *"Oí una voz del cielo como estruendo de muchas aguas, y como sonido de un gran trueno; y la voz que oí era como de arpistas que tocaban sus arpas"* (Ap. 14:2). Para sustentar la teoría de las lenguas angelicales, ponen el texto como justificación haciendo notar que este sonido como de arpistas, no es lengua humana, sino expresión angélica. Sin embargo, en el siguiente texto se afirma que cantaban un cántico nuevo y, en la Escritura nunca se lee que los ángeles cantan. Además, en el pasaje se hace referencia a los ciento cuarenta y cuatro mil que son los que cantaban este cántico que solo ellos podían cantar, y en ningún lugar se habla de ángeles.

Nada se enseña en las Escrituras sobre *lenguas angélicas*. Cuando se hace referencia a un ángel que dice algo se presenta haciéndolo siempre en lenguajes o idiomas humanos. Como seres espíritus limitados, la interrelación entre ellos y la de ellos con Dios se produce en el ámbito en que se sitúan, por consiguiente, esa comunicación de la que la Biblia no hace referencia, es propia del mundo de los seres espíritus. Tratar de vincular esas lenguas como propias de los ángeles en las que los hombres al impulso del Espíritu pueden hablar, no tiene base bíblica alguna y solo es la intención de propiciar la *glosolalia*. Pablo utiliza aquí una expresión *hiperbólica*, para hacer notar la práctica de un idioma de modo absoluto, con el mayor esplendor y precisión posible.

ἀγάπην δὲ μὴ ἔχω, Dentro de esa misma forma condicional de expresión, añade: si pudiera hablar de ese modo, que, para los corintios tenía que ver con la manifestación de uno de los dones más relevante entre ellos, *"pero no tengo amor"*. Quiere decir que el amor no se manifiesta en la vida de tal persona, el don estaría ejerciéndose sin el poder del Espíritu que produce el amor (Ro. 5:5; Gá. 5:22). El ministerio es servicio orientado hacia otros para edificación (1 P. 4:10). Sin el amor, el ministerio no se orienta hacia otros, sino hacia uno mismo. Es preciso recordar lo que ya se ha dicho en la introducción del capítulo que el amor al que se refiere el apóstol es el ἀγάπη, *el absolutamente desinteresado*, propio de Dios. El amor que se da a otros en manifestación visible del amor de entrega que Dios ha manifestado.

γέγονα χαλκὸς ἠχῶν ἢ κύμβαλον ἀλαλάζον. Esta supuesta situación trae una consecuencia. Quien ejerce el *don de lenguas*, sin ser conducido e impulsado por el amor, *"vengo a ser"*, dice el apóstol, algo molesto en lugar de provechoso.

La usencia del amor, a pesar del don, coloca al que lo usa al mismo nivel de un bronce que al ser golpeado emite un sonido, incluso molesto. O también, en una segunda comparación, como un címbalo tocado sin orden alguno que *retiñe*, molesta al oído del que percibe ese sonido. En ambos casos busca ejemplificar el uso del don con un mero sonido molesto. El verbo ἠχέω, *hacer ruido*, que el apóstol usa aquí es también la raíz de *eco*, de modo que el creyente que usa un don sin amor, es un *eco* de lo que producen los ruidos molestos. La lección es impactante. Cuando un creyente ministra sin amor, su ministerio es *ruido* que molesta a *Dios* y molesta a los *creyentes*.

Es determinante establecer el amor como núcleo de la vida cristiana. No se puede *vivir a Cristo*, sin amar con la misma calidad de amor con que fuimos amados por Él. El desarrollo del ministerio tiene que equilibrar las demandas y el aliento, pero, no cabe duda que el ministerio propio de un creyente espiritual es la restauración mucho más que la reprensión.

2. Y si tuviese profecía, y entendiese todos los misterios y toda ciencia, y si tuviese toda la fe, de tal manera que trasladase los montes, y no tengo amor, nada soy.

καὶ ἐὰν ἔχω προφητείαν καὶ εἰδῶ τὰ μυστήρια πάντα καὶ
Y si tengo profecía y he sabido los misterios todos y
πᾶσαν τὴν γνῶσιν καὶ ἐὰν ἔχω πᾶσαν τὴν πίστιν ὥστε
toda la ciencia y si tengo toda la fe de tal manera que
ὄρη μεθιστάναι[1], ἀγάπην δὲ μὴ ἔχω, οὐθέν εἰμι.
montes trasladar, pero amor no tengo, nada soy.

Análisis y notas del texto griego.

Análisis: καὶ, conjunción copulativa *y*; ἐὰν, conjunción afirmativa condicional *si*; ἔχω, primera persona singular del presente de subjuntivo en voz activa del verbo ἔχω, *tener*, aquí *tengo*; προφητείαν, caso acusativo femenino singular del nombre común *profecía*; καὶ, conjunción copulativa *y*; εἰδῶ, primera persona singular del perfecto de subjuntivo en voz activa del verbo οἶδα, *saber, conocer, entender*, aquí *he sabido*; τὰ, caso acusativo neutro plural del artículo determinado *los*; μυστήρια, caso acusativo neutro plural del nombre común *misterios*; πάντα, caso acusativo neutro plural del adjetivo indefinido *todos*; καὶ, conjunción copulativa *y*; πᾶσαν, caso acusativo femenino singular del adjetivo indefinido *toda*; τὴν, caso acusativo femenino singular del artículo *la*; γνῶσιν, caso acusativo femenino singular del nombre común *ciencia, conocimiento*; καὶ conjunción copulativa *y*; ἐὰν, conjunción afirmativa condicional *si*; ἔχω, primera persona singular del presente de subjuntivo en voz activa del verbo ἔχω, *tener*, aquí *tengo*; πᾶσαν, caso acusativo femenino singular del adjetivo indefinido *toda*; τὴν, caso acusativo femenino singular del artículo determinado *la*; πίστιν, caso acusativo femenino singular del nombre común *fe*; ὥστε, conjunción consecutiva *por tanto, por consiguiente, de tal manera que, con el fin de, con la intención de*; ὄρη, caso acusativo neutro plural del nombre común *montes*; μεθιστάναι, presente de infinitivo en voz activa del verbo μεθίστεμι, *trasladar, trasplantar, remover*; ἀγάπην caso acusativo femenino singular del nombre común *amor*; δὲ, partícula conjuntiva que hace las veces de conjunción coordinante, con sentido de *pero, más bien, y, y por cierto, antes bien, entonces*; μὴ, partícula que hace funciones de adverbio de negación *no*; ἔχω, primera persona singular del presente de indicativo en voz activa del verbo ἔχω, *tener*, aquí *tengo*; οὐθέν, caso nominativo neutro singular del pronombre indefinido *nada, nadie*; εἰμι, primera persona singular del presente de indicativo en voz activa del verbo εἰμί, *ser, estar*, aquí *soy*.

Notas. Crítica Textual. Lecturas alternativas.

[1] μεθιστάναι, *trasladar*, según lectura en $\mathfrak{P}^{46}$, ^{1}a, B, D, F, G, 048, 33, 81, 104, 326, 1175, 1241, 1739, Clemente.

μεθιστάνειν, *trasladase*, como se lee en A, C, K, L, Ψ, 365, 630, 1505, 1881, 2464, 𝔐.

καὶ ἐὰν ἔχω προφητείαν καὶ εἰδῶ τὰ μυστήρια πάντα. El apóstol pasa de los dones menos útiles, como es el de lenguas, a los más necesarios en la iglesia. Se refiere primero al *don de profecía*, mediante el cual Dios comunica y revela *los misterios* y que como se dice antes es un don fundamental para el establecimiento de la doctrina y de la escatología bíblica. *Misterio* es algo que Dios manifiesta al hombre, sin cuya revelación no podría ser jamás conocido. El apóstol utiliza este término más que cualquier otro escritor del Nuevo Testamento. Lo usa mayoritariamente para comunicar la revelación de los vastos aspectos de la obra redentora. Esto incluye la formación de la Iglesia y sigue hasta la escatología relativa a ella. A modo de ejemplo: a) Del salvador y Su obra (Ro. 16:25, 26; Col. 1:26; 2:2-3; Ef. 1:9, 10; 1 Co. 2:7); b) De la escatología (15:51).

Pablo afirma que la revelación del *misterio* de Dios, se hace por medio de los profetas (Ef. 3:4-5)[3]. *El misterio*, o *los misterios* como partes de la total revelación para esta dispensación, procede de Dios, quien lo da directamente (Ef. 3:3). Los profetas ponen el fundamento doctrinal para la Iglesia (Ef. 2:20). El apóstol afirma que la profecía es uno de los dones de mayor importancia (12:28). En el supuesto que plantea se refiere a este don como si lo tuviese con la mayor amplitud, de modo que no quedase nada oculto de *"todos los misterios"*. De otro modo, plantea la suposición de ser el hombre con la mayor dimensión profética que fuese posible en aquel tiempo.

καὶ πᾶσαν τὴν γνῶσιν. De la profecía a la *ciencia*, como un don distinto al de profecía (12:8-10; 13:8). Esto le permitiría la enseñanza y aplicación de todo el misterio comunicado por los profetas. Como se ha considerado antes, es un don necesario para el *maestro*. Como en relación con la *profecía*, Pablo supone el don en el grado más elevado: *"toda la ciencia"*. Una dimensión tal del don de ciencia, haría del que lo poseyera, el mejor maestro.

καὶ ἐὰν ἔχω πᾶσαν τὴν πίστιν ὥστε ὄρη μεθιστάναι, Además, hace referencia a tener la plenitud de la fe, de tal manera que pudiera trasladar los montes. Ya se ha considerado antes algo sobre este don del Espíritu, que capacita al que ha sido dotado con él, para llevar a cabo los milagros más grandes. Mover los montes es una expresión

[3] Ver comentario al pasaje en *Efesios*, de esta misma serie.

tomada de las palabras de Jesús (Mt. 17:20; 21:21; Mr. 11:23). Para quien tiene este don, nada será imposible. Los obstáculos posibles son representados por la imagen de una montaña que se traslada. Sin embargo, todo cuanto el Espíritu opera por instrumentalización del creyente, no serán milagros sin sentido, sino con un propósito: glorificar a Dios. No es la capacidad para hacer grandes hechos, sino para hacerlo conforme al propósito de Dios. La fe para hacer los prodigios no es de otros sino del que los hace. Hay muchos charlatanes de nuestro tiempo que afirman hacer milagros, pero cuando no se producen, especialmente en el campo de la sanidad, achacan el fracaso a que el que estaba enfermo no tenía suficiente fe, y cuando esto no es bastante, acusan al entorno suyo de no tener la confianza necesaria, cuando el problema está en la mentira de ser lo que no son verdaderamente y a quienes Dios no puede tolerar.

ἀγάπην δὲ μὴ ἔχω, οὐθέν εἰμι. Luego de la referencia a la plenitud de dones, en la hipotética situación presentada por Pablo de sí mismo, conduce la reflexión al problema principal. Si tiene todo, pero no tiene amor: *"nada soy"*. Podría aparentar ser algo grande, por la dimensión de los dones que había recibido, pero en realidad, la ausencia de amor le convierte en *nada*, es decir, en alguien sin valor alguno delante de Dios. El creyente poseedor de los mayores dones, sin amor, es un *cero absoluto* para Dios. Ahí está el ejemplo de Santiago y Juan, que piden al Señor que les autorice para que mandasen descender fuego del cielo y quemar la ciudad de los samaritanos que no habían querido recibirlos; en ellos estaba arraigada la fe, pero, ¿dónde estaba el amor? (Lc. 9:54). Si el móvil para el uso de los dones, no es el amor, se anula a sí mismo, porque nada queda de valor para el *día de Cristo* (3:13-15). He aquí el fruto de todos estos dones magníficos: Todo conocimiento, toda sabiduría, toda profecía sin amor es nada. Cualquier obra hecha en otra base que el amor, no tiene valor alguno delante de Dios, puesto que no es hecha conforme a Su voluntad, puesto que *"Dios es amor"* y nada hace, ni puede hacer al margen de ese atributo, de otro modo, Dios lo hace todo con amor. Quien ensalce a los hombres por lo que hacen sin pensar en las motivaciones, actúa contrariamente a como lo hace Dios. Según las palabras de Jesús puede haber incluso personas que hacen operaciones milagrosas pero que no han sido salvos, gente meramente religiosa: *"Muchos me dirán en aquel día: Señor, Señor, ¿no profetizamos en tu nombre, y en tu nombre echamos fuera demonios, y en tu nombre hicimos muchos milagros? Y entonces les declararé: Nunca os conocí; apartaos de mí, hacedores de maldad"* (Mt. 7:22-23). Hoy en día puede haber un gran teólogo que precise admirablemente las verdades bíblicas, o un misionero que haya conseguido ser reconocido en todo el mundo, o un pastor de iglesia que sea envidiado por la dimensión de la congregación, si estos no están sirviendo al impulso del amor divino, toda su obra y los logros de su saber y ministerio, no son absolutamente nada, porque son del hombre que actúa y no de Dios.

3. Y si repartiese todos mis bienes para dar de comer a los pobres, y si entregase mi cuerpo para ser quemado, y no tengo amor, de nada me sirve.

κἂν ψωμίσω πάντα τὰ ὑπάρχοντα μου καὶ ἐὰν παραδῶ
Y si repartiese a los pobres todos los bienes de mí y si entregase
τὸ σῶμα μου ἵνα καυχήσωμαι[1], ἀγάπην δὲ μὴ ἔχω, οὐδὲν
el cuerpo de mí para ser quemado, pero amor no tengo, nada
ὠφελοῦμαι.
me aprovecha.

Análisis y notas del texto griego.

Análisis: κἂν, crasis[4] formada por la conjunción copulativa καὶ, *y*, y la conjunción ἐάν, *si*; como adverbio significa *igualmente, también, aún*; como conjunción concesiva, *aunque, incluso si, aun en el caso de que, aunque sea*, o condicional *al menos, siquiera, por lo menos, y si, sea que, aunque, aun si.* Partícula con sentido de conjunción *si tan sólo, por lo menos*; ψωμίσω, primera persona singular del primer aoristo de subjuntivo en voz activa del verbo ψωμίζω, *repartir a los necesitados, dar de comer*, aquí *repartiese a los pobres*; πάντα, caso acusativo neutro plural del adjetivo indefinido *todos*; τὰ, caso acusativo neutro plural del artículo determinado *los*; ὑπάρχοντα, caso acusativo neutro plural del participio de presente en voz activa del verbo ὑπάρχω, *bienes, posesiones*; μου, caso genitivo de la primera persona singular del pronombre personal declinado *de mí*; καὶ, conjunción copulativa *y*; ἐὰν, conjunción afirmativa condicional *si*; παραδῶ, primera persona singular del segundo aoristo de subjuntivo en voz activa del verbo παραδίδωμι, *dar, entregar*, aquí *entregase*; τὸ, caso nominativo neutro singular del artículo determinado *el*; σῶμα, caso nominativo neutro singular del nombre común *cuerpo*; μου, caso genitivo de la primera persona singular del pronombre personal declinado *de mí*; ἵνα, conjunción causal *para*; καυχήσωμαι, primera persona singular del primer aoristo de subjuntivo en voz media del verbo καυσοομαι, *quemarse*, aquí *ser quemado*; ἀγάπην caso acusativo femenino singular del nombre común *amor*; δὲ, partícula conjuntiva que hace las veces de conjunción coordinante, con sentido de *pero, más bien, y, y por cierto, antes bien, entonces*; μὴ, partícula que hace funciones de adverbio de negación *no*; ἔχω, primera persona singular del presente de indicativo en voz activa del verbo ἔχω, *tener*, aquí *tengo*; οὐδὲν, caso acusativo neutro singular del pronombre indefinido *nada*; ὠφελοῦμαι, primera persona singular del presente de indicativo en voz pasiva del verbo ὠφελέω, *sacar provecho*, aquí *me aprovecha*.

---

[4] *Crasis*, palabra griega que equivale a *unión de fuerzas*, en general *unión de elementos*.

Κἂν ψωμίσω πάντα τὰ ὑπάρχοντα μου. Para afirmar la importancia el amor sobre cualquier otra cosa, pasa a considerar lo que podríamos llamar la máxima liberalidad. Comenzando por el desprendimiento máximo consistente en la entrega de la totalidad de lo que se posee para dar de comer a los pobres, que es una de las acepciones para el verbo ψωμίζω. Dar parcialmente los bienes para atender las necesidades de los pobres, ocurrió en la iglesia en Jerusalén (Hch. 4:34). Una demanda semejante fue la que el Señor hizo al joven rico, consistente en vender lo que tenía, darlo a los pobres y seguirle luego (Lc. 18:22).

καὶ ἐὰν παραδῶ τὸ σῶμα μου ἵνα καυχήσωμαι, La máxima expresión de entrega personal está en el contenido de esta oración. Pablo habla de dar el cuerpo para ser quemado. Entregar el cuerpo es sinónimo de dar la vida. Pudiera, como algunos piensan, referirse al martirio por el fuego. Tal es el significado en el caso, por ejemplo, de los compañeros de Daniel (Dn. 3:28). Otros, mayoritariamente, entienden el sentido como de entregar el cuerpo al martirio para ser quemado, escogiendo una muerte terrible como era la de la hoguera. Con mucha menos probabilidad el apóstol estaría refiriéndose a algunos que en imitación de los gimnosofistas hindúes, se entregaban al fuego para dar la vida. Clemente de Alejandría habla de algunos cristianos que lo hicieron como expresión de sacrificio personal[5]. Más bien pudiera tratarse de expresar una entrega total de la persona, en *"sacrificio vivo"* (Ro. 12:1). Algunos piensan que aquí se trata de entregar el cuerpo para ser marcado por fuego, como se hacía con los esclavos en algunas ocasiones[6], en cuyo caso la cláusula sería: *"aunque diese todos mis bienes, y yo mismo me vendiese como esclavo y repartiese el importe de mi venta"*. En cualquier caso, el sentido tiene que ver con una entrega total a los demás.

ἀγάπην δὲ μὴ ἔχω, οὐδὲν ὠφελοῦμαι. Esta entrega tiene que ser hecha con amor para que tenga valor. La frase concluyente de los ejemplos anteriores se repite nuevamente: *"y no tengo amor, de nada me sirve"*. Quiere decir que hay otros motivos que impulsaban esas acciones y las convertían en asuntos estériles, sin fruto alguno. Todo acto hecho en otra base que no sea el amor, incluso las acciones más heroicas y los actos más desprendidos, no sirven de nada delante de Dios. Sin el impulso del amor divino en el creyente, cualquier acción queda reducida a una obra humana, en el espíritu del *yo*, que de nada aprovecha. Si el corazón no está inflamado por el amor de Dios, nada ganaremos con que seamos reducidos a la pobreza o incluso a esclavitud o cenizas en pro de la verdad.

---

[5] Clemente. *Strom.* IV, 17,

[6] Charles Hodge. o. c., pág. 248.

La naturaleza del amor (13:4-7)

4. El amor es sufrido, es benigno; el amor no tiene envidia, el amor no es jactancioso, no se envanece.

Ἡ ἀγάπη μακροθυμεῖ, χρηστεύεται ἡ ἀγάπη, οὐ ζηλοῖ, [ἡ
El amor es longánimo, es servicial, el amor, no tiene envidia el
ἀγάπη][1] οὐ περπερεύεται, οὐ φυσιοῦται,
amor, no hace alardes, no se engríe.

Análisis y notas del texto griego.

Análisis: Ἡ, caso nominativo femenino singular del artículo determinado *la*; ἀγάπη, caso nominativo femenino singular del nombre común *amor*; μακροθυμεῖ, tercera persona singular del presente de indicativo en voz activa del verbo μακροθυμέω, *ser longánimo*, aquí *es longánimo*; χρηστεύεται, tercera persona singular del presente de indicativo en voz media del verbo χρηστεύομαι, *ser bondadoso, ser servicial*, aquí *es bondadoso*; ἡ, caso nominativo femenino singular del artículo determinado *la*; ἀγάπη, caso nominativo femenino singular del nombre común *amor*; οὐ, adverbio de negación *no*; ζηλοῖ, tercera persona singular del presente de indicativo en voz activa del verbo ζελόω, *tener envidia, ser envidioso, ser celoso*, aquí *no tiene envidia*; ἡ, caso nominativo femenino singular del artículo determinado *la*; ἀγάπη, caso nominativo femenino singular del nombre común *amor*; οὐ, adverbio de negación *no*; περπερεύεται, tercera persona singular del presente de indicativo en voz media del verbo περπερεύομαι, *hacer alardes*, aquí *hace alardes*; οὐ, adverbio de negación *no*; φυσιοῦται, tercera persona singular del presente de indicativo en voz pasiva del verbo φυσιόω, *hincharse, inflarse de orgullo*, aquí *se engríe*.

Notas. Crítica Textual. Lecturas alternativas.

[1] ἡ ἀγάπη, *el amor*, según se lee en א, A, C, D, F, G, K, L, Ψ, 048, 0243, 81, 365, 630, 1241, 1505, 1739, 188, 𝔐, sy.

Se omite en B, 33, 104, 629, 1175, 2464, lat, sa, bobo, Clemente, Ambrosiaster.

Ἡ ἀγάπη μακροθυμεῖ, Mediante la personificación del amor, da las características que le son propias, por esa causa escribe: *"el amor es"*. No se trata de un párrafo trazado de cualquier modo. Es como un espejo puesto ante la iglesia en Corinto, para que viendo la imagen incorrecta que transmiten, se esfuercen para corregirla de modo que exterioricen las perfecciones que se manifiestan en el amor verdadero. En la descripción sobre lo que es el amor, el apóstol tiene la vista puesta en dos aspectos: a) Manifestar la forma en que el amor condiciona a la expresión de la vida cristiana; b) Hacer referencia a los pecados, sin nombrarlos, contra el amor que estaba impidiendo el correcto ejercicio de los dones que habían recibido del Espíritu. Al contemplar las perfecciones que rodean las manifestaciones del amor, descubrimos el modo de vida que era propio del Señor y que debe ser la de cada creyente en base a la identificación con Él (Gá. 2:20; Fil. 1:21; 1 Jn. 2:6).

Pablo afirma que el amor es *longánimo*, más que *sufrido* como aparece en algunas versiones, incluso mejor *paciente* o *magnánimo*. Es capaz de soportar con paciencia las injusticias y los males que recibe (Pr. 10:12), sin albergar resentimiento alguno. Soporta la provocación, no exige derechos, sabe aguantar una ofensa sin resentirse por ella. El *ánimo grande* sabe levantarse por encima de los brotes de ira y desesperación, confiando en Dios para la defensa de sus derechos (Sal. 37:1-11). Así era el carácter del Señor al impulso del amor (1 P. 2:21-23). Esto marca un notable contraste con los creyentes en corinto, que se cuestionaban y ofendían unos a otros con resentimientos personales. La *longanimidad* es la victoria sobre incluso un *aparentemente justo* –a ojos humanos– resentimiento.

Χρηστεύεται, El amor es *benigno* o *servicial*. Literalmente significa usar de la gentileza o amabilidad de ahí la segunda acepción. Se aprecia en esta perfección del amor lo que genera un carácter bondadoso y afable (Pr. 17:9), este aspecto es el que *cubre multitud de pecados* (1 P. 4:8). Podría decirse que es la condición del que es propenso a hacer favores. El verbo designa propiamente la disposición de volcarse en el servicio de los otros. El creyente vivirá de este modo en la medida en que esté controlado por el amor divino (Gá. 6:9-10; He. 13:16). Esta perfección hace posible la victoria sobre el egoísmo y sobre la satisfactoria condición del *yo*.

ἡ ἀγάπη, οὐ ζηλοῖ, El amor *no tiene envidia*, literalmente *no es celoso*. Expresa la base que forma el carácter de quien no tiene celos por el progreso del otro. Ese amor se goza en que los demás lleguen a disfrutar de mayor y mejor posición que la de él mismo. Es la condición precisa para sentir con gozo el bien de los hermanos (12:26). Esta cualidad es necesaria para amar, respetar y reconocer a quienes han sido dotados de mayores capacidades y riqueza de dones, sin sentir envidia de ellos (12:14-17). El amor conforme a Dios evita la rivalidad que llega incluso al odio.

Escribe Kistemaker:

"El amor no es celoso. Los celos son un vicio al que hasta le hemos asignado un color: el verde. Sabemos que cuando alguien se pone verde

por los celos, se avecina un problema. La Biblia está llena de ejemplos que muestran los efectos desastrosos que los celos tienen en las relaciones personales. Mencionemos unos cuantos: Caín tuvo envidia de Abel, y lo mató (Gn. 4:3-8); los hijos de Jacob tuvieron celos de José, y lo vendieron como esclavo (Gn. 37:11, 28); el sumo sacerdote y su séquito se llenaron de celos, y encarcelaron a los apóstoles (Hch. 5:17, 18); y los judíos se pusieron celosos de Pablo y Bernabé, y los echaron de Antioquía de Pisidia (Hch. 13:45-50)"[7].

ἡ ἀγάπη οὐ περπερεύεται, Tampoco el amor es *jactancioso*. El verbo περπερεύομαι, expresa la idea de *hacer alardes* y es un *hápax legomena*, palabra única en la Escritura, usada aquí por el apóstol para designar la vanagloria. Deriva del adjetivo que designa un carácter jactancioso. La jactancia incluye todas las formas de deseo de ser reconocido y alabado. El espíritu jactancioso se manifestaba entre los corintios (8:2). No ser jactancioso, vanaglorioso, es lo que permite expresar la mansedumbre y humildad de corazón, que es la manifestación del carácter del Señor (Mt. 11:29).

οὐ φυσιοῦται, El amor *no se envanece*, tal vez mejor *no se engríe*. Es la cualidad contraria a la arrogancia. Pablo habló antes del pecado de arrogancia que se manifestaba entre los corintios (4:6; 8:1). La vanidad es la expresión del orgullo personal. El engreído es propenso a alabarse a sí mismo y buscar la alabanza de otros, como era común entre los fariseos de los tiempos de Jesús (Lc. 18:11). La Escritura tiene una sabia advertencia para evitar el envanecimiento personal: *"Alábete el extraño, y no tu propia boca; el ajeno y no los labios tuyos"* (Pr. 27:2 RVR). El envanecimiento personal es contrario al amor porque deja de amar a otros para amarse a sí mismo. Quien vive en jactancia y vanagloria está oponiéndose a Dios y será resistido por Él (Stg. 4:6). El arrogante no será usado ni bendecido por Dios (Is. 66:2). Es la posición pecaminosa de quien busca el aplauso personal y se goza en ser alabado. Hay sin duda, muchos petulantes que desean ser reconocidos y que se manifiestan en todos los tiempos de la historia de la iglesia. Son los que procuran asombrar a la congregación con *su sabiduría*, buscando ser considerados grandes, cuando realmente son menos que nada, al buscar la gloria personal en lugar de la gloria de Dios.

---

[7] S. Kistemaker. o. c., pág. 400.

5. No hace nada indebido, no busca lo suyo, no se irrita, no guarda rencor.

οὐκ ἀσχημονεῖ, οὐ ζητεῖ τὰ ἑαυτῆς, οὐ παροξύνεται,
No actúa sin decoro, no busca las cosas de sí mismo, no se irrita,
οὐ λογίζεται τὸ κακόν,
no toma en cuenta lo malo.

Análisis y notas del teto griego.

Análisis: οὐκ, forma escrita del adverbio de negación *no*, con el grafismo propio ante una vocal con espíritu suave o una enclítica; ἀσχημονεῖ, tercera persona singular del presente de indicativo en voz activa del verbo ασχημονέω, *faltar al respeto, proceder con bajeza, actuar sin decoro*, aquí *no actúa sin decoro*; οὐ, adverbio de negación *no*; ζητεῖ, tercera persona singular del presente de indicativo en voz activa del verbo ζητέω, *buscar, intentar, querer*, aquí *busca*; τὰ, caso acusativo neutro plural del artículo determinado *los*, aquí en sentido de *las cosas*; ἑαυτῆς, caso genitivo femenino singular del pronombre reflexivo declinado *de sí mismo*; οὐ, adverbio de negación *no*; παροξύνεται, tercera persona singular del presente de indicativo en voz pasiva del verbo παροξύνομαι, *irritar, exasperar*, aquí *se irrita*; οὐ, adverbio de negación *no*; λογίζεται, tercera persona singular del presente de indicativo en voz media del verbo λογίζομαι, *tomar en cuenta, acreditar*, aquí *toma en cuenta*; τὸ, caso acusativo neutro singular del artículo determinado *lo*; κακόν, caso acusativo neutro singular del adjetivo *malo*.

οὐκ ἀσχημονεῖ, Pablo hace notar que el amor no tiene un comportamiento indecoroso. No hace nada de lo que tenga que avergonzarse. El término usado aquí es traducido antes como *impropio* (7:36). Una conducta cortés hacia los demás, que no hace nada fuera de tiempo o de lugar. Todo el comportamiento sustentado en él es decoroso y digno. Esto se opone abiertamente a lo que algunos en Corinto decían: *"Todo me es lícito"*. Una realidad contraria a esta manifestación pecaminosa guardaría al creyente incluso de relaciones ilícitas entre personas de distinto sexo y, mayormente entre cristianos, porque se abstendría de hacer nada *indecoroso*.

οὐ ζητεῖ τὰ ἑαυτῆς, El verdadero amor no es egoísta, puesto que *no busca lo suyo*. El amor conduce al creyente hacia el desinterés perfecto, porque como literalmente se lee, *no busca las cosas de sí mismo*, por tanto, piensa en el interés ajeno (10:33; Fil. 1:21). El Señor muestra el gran ejemplo de esta expresión del amor, en Su desinteresada entrega por nosotros: *"El cual, siendo en forma de Dios, no estimó el ser igual a Dios como cosa a que aferrarse, sino que se despojó a sí mismo, tomando forma de siervo, hecho semejante a los hombres; y estando en la condición de hombre, se humilló a sí mismo, haciéndose obediente hasta la muerte, y muerte de cruz"* (Fil. 2:6-8)[8]. El amor genuino es contrario a cualquier clase de egoísmo. Ese es el glorioso aspecto de la expresión en Cristo: *"Porque ya conocéis la gracia de nuestro Señor Jesucristo, que por amor de vosotros se hizo pobre, siendo rico, para que vosotros fueseis enriquecidos con su pobreza"* (2 Co. 8:9. RVR). Sin resistencia alguna, derramó Su vida en sacrificio por el pecado. Tal clase de amor hubiera resuelto el problema de la carne sacrificada a los ídolos, que afectaba la relación entre algunos hermanos de la iglesia en Corinto (8:1-11:1). Pablo pone delante el amor a los derechos personales, el desinterés al interés, la entrega a las demandas.

οὐ παροξύνεται, El verdadero amor *"no se irrita"*, realmente *no es irascible*. La raíz del verbo παροξύνομαι, es la misma de la palabra *tirantez* que Lucas usa en su segundo libro (Hch. 14:39). Nadie está libre, aunque sea una persona tranquila y reposada, de irritarse con otro. El ejemplo de Moisés es elocuente. Él es llamado en la Biblia *"manso"*, esto es *muy humilde* (Nm. 12:3), sin embargo, ante las acusaciones del pueblo por falta de agua, se irritó y no pudo controlar su enfado (Nm. 20:2-11).

Escribe S. Kistemaker:

"El enojo justo no sólo está permitido, sino que a veces es necesario. Por ejemplo, Jesús se enojó al ver a los cambistas y a los vendedores de ganado, ovejas y palomas en el área del templo de Jerusalén (Jn. 2:13-17). Sin embargo, el salmista nos advierte contra el pecado de enojo (Sal. 4:4) y Pablo amplía el consejo diciendo que no se ponga el sol sobre vuestro enojo (Ef. 4:26)"[9]

Aquí no trata el apóstol una *ira santa*, que se manifiesta conforme al sentimiento de Dios por un pecado, se trata de un enfado contra otro que llega a los límites de lo irracional. El apóstol usa aquí el verbo, que se ha citado antes, que literalmente significa *llegar al paroxismo*, que en castellano expresa la idea de salirse de uno contra otro en un enfado fuera de todo control. El verdadero amor impide llegar a límites impropios de ira. Esto frena abiertamente todo pleito y contienda con hermanos. Una actitud así habría resuelto el problema de las actuaciones entre hermanos ante los tribunales seculares del mundo (6:1-11).

---

[8] Ver comentario a los versículos en *Filipenses*, de esta misma serie.

[9] S. Kistemaker. o. c., pág. 402.

El apóstol tiene en mente la *discrepancia* habida entre él y Bernabé sobre el caso de Juan Marcos y que la ruptura entre ellos obedeció a una situación que Lucas califica como de *paroxismo* (Hch. 15:36-41). Es cierto que los miembros de la iglesia en Corinto convivían con hermanos que eran auténticos provocadores que sin duda despertaban la irritabilidad con otros. Debe recordarse que en la *Epístola*, el apóstol trató de la inmoralidad, de las cuestiones de juicios entre hermanos, de los problemas de incesto, de la participación en reuniones comiendo carnes sacrificadas a los ídolos. Aun así, el verdadero amor no da espacio para una ira paroxística.

οὐ λογίζεται τὸ κακόν, Además el amor verdadero *"no guarda rencor"*, literalmente *no toma en cuenta lo malo*, o de otro modo *no tiene en cuenta el mal recibido*. Esto es posible cuando no se ven las malas intenciones en dichos o hechos de los demás. Un amor de esta condición fue el que llevó a Dios a enviar a Su Hijo para realizar la reconciliación (2 Co. 5:19). El no guardar rencor es una manifestación del carácter personal de Jesús: "*Quien cuando le maldecían, no respondía con maldición; cuando padecía, no amenazaba, sino que encomendaba la causa al que juzga justamente*" (1 P. 2:23 RVR). El que no guarda rencor no planea nada malo contra otro. Dicho de otra manera, el verdadero amor no tiene guardado un registro de malas acciones personales. Hay creyentes que por años guardan una relación de los agravios que alguno o algunos le han hecho. Por el contrario, se olvida inmediatamente de las injurias e injusticias, perdonando todos los agravios.

6. no se goza de la injusticia, mas se goza de la verdad.

οὐ χαίρει ἐπὶ τῇ ἀδικίᾳ, συγχαίρει δὲ τῇ ἀληθείᾳ·
No se goza en la injusticia, pero se goza con la verdad.

Análisis y notas del texto griego.

Análisis: οὐ, adverbio de negación *no*; χαίρει, tercera persona singular del presente de indicativo en voz activa del verbo χαίρω, *alegrarse, regocijarse, gozarse*, aquí *se goza*; ἐπὶ, preposición propia de dativo *en*; τῇ, caso dativo femenino singular del pronombre personal *la*; ἀδικίᾳ, caso dativo femenino singular del nombre común *injusticia*; συγχαίρει, tercera persona singular del presente de indicativo en voz activa del verbo συγχαίρω, *alegrarse con, gozarse con*, aquí *se goza con*; δὲ, partícula conjuntiva que hace las veces de conjunción coordinante, con sentido de *pero, más bien, y, y por cierto, antes bien, entonces*; τῇ, caso dativo femenino singular del artículo definido *la*; ἀληθείᾳ, caso dativo femenino singular del nombre común *verdad*.

οὐ χαίρει ἐπὶ τῇ ἀδικίᾳ, συγχαίρει δὲ τῇ ἀληθείᾳ· De las acciones propias del amor, el apóstol pasa al gozo que produce esa clase de amor. El amor no simpatiza con el mal. Alguno pudiera pensar que eso es imposible para un verdadero creyente, nacido de nuevo, regenerado por el Espíritu, pero, lamentablemente, ocurre. El menosprecio hacia otros y la envidia, producen un estado de ánimo resentido de tal dimensión que cuando se produce algo contrario al que es menospreciado, se establece un sentimiento de gozo por lo que le ha ocurrido. Por el contrario, el verdadero y desinteresado amor, ama todo lo que es *genuino, bello, justo o bueno*. Debe ser el pensamiento continuo del creyente que condiciona su enfoque de las cosas y su *estilo de vida*. Por esa razón escribe el apóstol a los filipenses: *"Por lo demás, hermanos, todo lo que es verdadero, todo lo honesto, todo lo justo, todo lo puro, todo lo amable, todo lo que es de buen nombre; si hay virtud alguna, si algo digno de alabanza, en esto pensad"* (Fil. 4:8)[10]. Sólo lo que es *verdadero*, debe estar presente en el pensamiento del creyente, llenando su mente y aposentándose en el corazón. Una forma de pensar de este modo, un corazón lleno de verdad, producirá inexorablemente una vida *verdadera*, auténtica, conforme a la verdad que es Cristo mismo. Obsérvese que la identificación con Cristo condiciona la vida cristiana. De modo que quien dijo ser *La Verdad* (Jn. 14:6), producirá por vinculación con los creyentes, vidas verdaderas. Somos llamados a pensar sólo en aquello que está relacionado con la verdad. Ausente del pensamiento, estará ausente del corazón y, por tanto, de la vida, cualquier asunto engañoso o hipócrita. El mandato apostólico supera la necesidad de *decir* sólo lo que es verdad, para pensar sólo en aquello que merece la pena ser considerado porque es verdadero. Es lo propio de quien no solo piensa, sino que en el poder del Espíritu vive en la verdad (Ef. 5:9). Se trata, por tanto, de la influencia que el pensamiento verdadero produce en la vida personal del creyente que habiendo dejado el mundo de la mentira vive una vida de compromiso con la verdad (Sal. 51:6). Eso producirá vidas vinculadas con la integridad y sinceridad. Satanás es mentiroso y padre de mentira (Jn. 8:44), de modo que, quien vive en verdad, impide que su acción de mentira le afecte y derrote. La única manera de permanecer victorioso sobre las asechanzas del diablo es permanecer en la verdad. Pablo exhorta a desechar cualquier pensamiento que no sea *verdadero*, incluso el no prestar atención a rumores, comentarios, chismes que no son verificables como verdaderos y que producen inquietud en quien los escucha.

[10] Ver comentario al versículo en *Filipenses*, de esta misma serie.

Escribe S. Kistemaker:

"La cláusula tiene un equilibrio perfecto, pues contiene dos oraciones que usan el mismo verbo, pero cuyos complementos son antónimos: mal y verdad (cf. Ro. 1:18; 1 Jn. 1:6). Así como el amor describe a Dios, el mal describe al diablo. Por otra parte, una de las características del amor son sus esfuerzos constantes por descubrir en la gente palabras, pensamientos y obras buenas y loables. El amor busca la verdad y se goza cuando esa verdad vence sobre la injusticia. El amor y la verdad son compañeros inseparables que viven en Dios mismo. Dios comparte estas características con su pueblo. Dios dotó al ser humano con amor y verdad, pero el pecado los corrompió. En Cristo Dios nos renueva el amor y la verdad mediante la morada del Espíritu Santo"[11].

Pablo exhorta a sentir gozo por todo lo que está en consonancia con la verdad. Esto satisface tanto la mente como el corazón. Una mente llena de pensamientos dignos, un corazón gozoso por la victoria de lo que es verdadero, no recibirá nada que sea incorrecto o no verdadero. Todo esto debe tenerse en cuenta, estimarse como merece porque es verdadero, y prestarle continua atención regocijándose en ello.

Este debe ser el modo natural de la vida cristiana del que *anda en la verdad* (2 Jn. 4; 3 Jn. 3). Si los corintios hubieran practicado la virtud de regocijarse en la verdad, hubieran resuelto el problema de la inmoralidad en la iglesia (5:1-13).

7. Todo lo sufre, todo lo cree, todo lo espera, todo lo soporta.

πάντα στέγει, πάντα πιστεύει, πάντα ἐλπίζει, πάντα ὑπομένει.
Todo excusa, todo cree, todo espera, todo soporta.

Análisis y notas del texto griego.

Análisis: πάντα, caso acusativo neutro plural del adjetivo indefinido *todo*; στέγει, tercera persona singular del presente de indicativo en voz activa del verbo στέγω, *soportar, resistir, excusar*, aquí *excusa*; πάντα, caso acusativo neutro plural del adjetivo indefinido *todo*; πιστεύει, tercera persona singular del presente de indicativo en voz activa del verbo πιστεύω, *creer*, aquí *cree*; πάντα, caso acusativo neutro plural del adjetivo indefinido *todo*; ἐλπίζει, tercera persona singular del presente de indicativo en voz activa del verbo ἐλπίζω, *esperar*, aquí *espera*; πάντα, caso acusativo neutro plural del adjetivo indefinido

[11] S. Kistemaker. o. c., pág. 403.

todo; ὑπομένει, tercera persona singular del presente de indicativo en voz activa del verbo ὑπομένω, *soportar, aguantar*, aquí *soporta*.

πάντα στέγει, El versículo concluye la impresionante dimensión de las expresiones propias del verdadero amor. Comenzando por que el *"amor todo lo sufre"*, mejor *todo lo excusa.* El verbo στέγω, tiene que ver con *cubrir*, no revelar las acciones que otros puedan cometer contra uno: *"El odio despierta rencillas, pero el amor cubrirá todas las faltas"* (Pr. 10:12). Esta misma verdad está en otros lugares (cf. Stg. 5:20; 1 P. 4:8). El verdadero amor cubre, no disculpa o transige, pero no difunde la acción incorrecta cometida por otro, de otro modo, *no divulga las faltas ajenas*. Por tanto, está dispuesto a excusarlas (9:12). Esto, como se dice antes, no significa transigir con el pecado, sobre todo cuando tiene que ver con claras denuncias bíblicas (5:11). Esto es realmente difícil cuando se trata de comisiones de malas acciones contra uno mismo. Pero, en lugar de exigir restauración, actúa soportando y buscando una disculpa para la falta cometida.

Es notable como algunos creyentes exigen y maestros enseñan que para la *disculpa* de una falta cometida, el responsable de ella debe pedir perdón al ofendido para que este le perdone. Nada más lejos de la verdad bíblica. Es cierto que al ofensor se le pide la restauración de la ofensa cometida, pero el ofendido ya la ha perdonado desde el mismo momento en que la experimenta, puesto que también Cristo ha perdonado todos nuestros pecados, los pasados, presentes y futuros sin ninguna condición (Col. 2:13). Sin embargo, para la restauración de la comunión plena con Dios, el creyente que ha pecado debe *confesar*, que no es otra cosa que afirmarse en relación con el hecho cometido en sintonía con Dios. La palabra *confesar* tiene esa etimología, *decir lo mismo*, de modo que cuando confesamos nuestros pecados, estamos poniéndonos en sintonía con lo que Dios dice de ellos y afirmando lo mismo.

πάντα πιστεύει, También *todo lo cree.* Quiere decir que el verdadero amor no es *suspicaz*. Está siempre dispuesto a creer la disculpa del que ha cometido la falta. No se trata de credulidad irracional que admite cualquier cosa, pero, no está dispuesto a creer lo malo que otros digan de un hermano, a no ser que sea verdaderamente notorio y él pueda comprobarlo. Este amor es la puerta que cierra los oídos de la crítica y de la murmuración. Esto resuelve definitivamente el problema de juzgar las intenciones (4:5-6).

πάντα ἐλπίζει, El amor *todo lo espera*, esto es, no da nada por perdido. Cuando el pecado es evidente, confía, espera en el arrepentimiento y la enmienda del pecador. Siempre está dispuesto a extender una mano de gracia y dar otra *oportunidad*. Siempre espera la recuperación del fracasado. El que todo lo espera rehúsa tener cualquier fracaso como definitivo.

Ningún ejemplo más ilustrativo de este comportamiento al impulso del amor que la restauración de Pedro (Jn. 21:15-19). No hay duda alguna del grave pecado cometido por el apóstol, o mejor, los graves pecados que él realizó en aquella ocasión. El primero fue un pecado de autosuficiencia, ya que cuando el Señor anunció la deserción de los discípulos afirmó que nunca ocurriría con él, y fue todo lo contrario. El segundo lo convirtió en mentiroso, negando conocer al Señor y tener alguna relación con él. El tercero fue un pecado de perjurio, ya que comenzó a *jurar* que no conocía a Jesús. Tres veces cayó en este pecado. Luego de la resurrección el Señor se encontró con él y con otros de los discípulos junto al Mar de Galilea. Tres veces preguntó Jesús a Pedro si lo amaba. Muchos consideran que fueron tres veces que pecó y son tres veces que demanda de él confesión ante todos de su pecado. Pero, no hay ninguna evidencia bíblica que permita sustentar esa interpretación, salvo la posición del intérprete. Las lágrimas de Pedro luego del canto del gallo y la salida del lugar donde estaba, demuestran claramente su pesar y arrepentimiento por lo hecho. Es una auténtica confesión de lo infame de su conducta. Ya la confesión hecha, el arrepentimiento efectuado, deja en comunión al que es salvo, puesto que todo pecado ha sido transferido a la cuenta de Cristo en la Cruz, que extingue toda responsabilidad penal en relación con él. Es de notar que Jesús acompaña de una demanda cada una de las tres confesiones de Pedro, mandándole pastorear Sus corderos y cuidar de Su rebaño. Nótese que no hay demanda alguna para confesión y arrepentimiento, es más, no se menciona el pecado cometido, se le pide un testimonio firme de su amor por Cristo. Tres son las veces que repetido algo le da carácter superlativo en el lenguaje de los hebreos. La razón de esa reiteración es enseñar a Pedro y a todos los que presenciaban aquella confesión de amor, que para poder *pastorear* el rebaño de Cristo es necesario amar sin condiciones y sin límite al Señor, que quien no manifiesta el amor como el de Cristo no puede servir y pastorear a los creyentes. Esto ha sido la primera gran reflexión sobre el amor en este pasaje de la *Epístola*, si tengo todo y no tengo amor *no soy nada*.

πάντα ὑπομένει. El amor *todo lo soporta*. Es, por tanto, un amor perseverante. Es más que un estado paciente, es la paciencia activa que lleva a compartir la carga ayudando a otros. Este amor hace poner, espiritualmente hablando, el hombro bajo la carga aún en las circunstancias más difíciles y adversas. Hay una parte en algunas construcciones que se llama *soportal*, consistente en que el portal de entrada tiene forma curva y es un elemento que sirve no solo para acceder al interior del edificio, sino para soportar como estructura lo que hay sobre él. De este modo ocurre en el edificio de Dios, que es la Iglesia. Los creyentes que aman conforme al amor divino, están siempre dispuestos a ayudar soportando las cargas de otros hermanos y restaurando al que en algún modo ha tropezado y caído ayudándole en la restauración. La grandeza del verdadero amor es que no se siente gozoso cuando es preciso aplicar alguna disciplina correctora, o cuando un creyente ha tenido un fracaso espiritual, sino cuando puede ayudar en la restauración del mismo (Gá. 6:1).

La permanencia del amor (13:8-13)

8. El amor nunca deja de ser; pero las profecías se acabarán, y cesarán las lenguas, y la ciencia acabará.

Ἡ ἀγάπη οὐδέποτε πίπτει[1]· εἴτε δὲ προφητεῖαι,
El amor nunca pasa; pero bien sean profecías,
καταργηθήσονται· εἴτε γλῶσσαι, παύσονται· εἴτε γνῶσις,
serán abolidas, bien sean lenguas, cesarán, bien sea ciencia,
καταργηθήσεται.
será abolida.

Análisis y notas del texto griego.

Análisis: Ἡ, caso nominativo femenino singular del artículo determinado *la*; ἀγάπη, caso nominativo femenino singular del nombre común *amor*; οὐδέποτε, adverbio de tiempo *nunca*; πίπτει, tercera persona singular del presente de indicativo en voz activa del verbo πίπτω, *caer, caducar, derrumbarse, pasar*, aquí *pasa*; εἴτε, conjunción *bien sea, o bien, ya... ya*; δὲ, partícula conjuntiva que hace las veces de conjunción coordinante, con sentido de *pero, más bien, y, y por cierto, antes bien, entonces*; προφητεῖαι, caso nominativo femenino plural del nombre común *profecías*; καταργηθήσονται, tercera persona plural del futuro de indicativo en voz pasiva del verbo καταργέω, *invalidar, dejar sin valor, hacer desaparecer, dejar a un lado*, aquí *serán abolidas*; εἴτε, conjunción *bien sea, o bien, ya... ya*; γλῶσσαι, caso nominativo femenino plural del nombre común *lenguas, idiomas*; παύσονται, tercera persona plural del futuro de indicativo en voz media del verbo παύω, *cesar, terminar*, aquí *cesarán*; εἴτε, conjunción *bien sea, o bien, ya... ya*; γνῶσις, caso nominativo femenino singular del nombre común *ciencia, conocimiento*; καταργηθήσεται, tercera persona singular del futuro de indicativo en voz pasiva del verbo καταργέω, *invalidar, dejar sin valor, dejar a un lado, hacer desaparecer*, aquí *será abolida.*
Notas. Crítica Textual. Lecturas alternativas.

[1] πίπτει, *pasa*, según lectura en P^{46}, a*, A, B, C*, 048, 0243, 33, 1241, 1739, Clemente[pt].

Εκπίπτει, *cesar*, conforme a [2]a, C3, D, F, G, K, L, P, Ψ, 81, 104, 365. 630, 1175, 1505, 1881. 2464, 𝔐, lat, Clemente[p].

Ἡ ἀγάπη οὐδέποτε πίπτει· El versículo presenta un contraste marcado entre lo permanente y lo temporal. La primera afirmación es muy precisa: *"el amor nunca pasa"*. No ha sido dado para circunstancias temporales sino eternas. El amor como perfección divina es una eterna manifestación de lo que Dios es. Para el cristiano es el amor de Dios derramado por su Espíritu en el corazón regenerado (Ro. 5:5). El amor de Dios es eterno, como Dios mismo (Jer. 31:3). Por esa razón *nunca deja de ser*. Si es eterno nunca puede perder su validez, en ese sentido, como Dios es fiel, Su Palabra nunca falla. Necesariamente es atemporal puesto que también Dios lo es. Todo cuanto hay en la experiencia del hombre es temporal, pero el amor es eterno puesto que se manifiesta en los atributos de Dios, de manera que Él ama eternamente. La primera oración ofrece la antítesis de las tres afirmaciones siguientes.

εἴτε δὲ προφητεῖαι, καταργηθήσονται· La primera comparación con el amor se establece con las profecías. Estas se harán inoperantes por dos razones. Primeramente, porque lo revelado por medio de apóstoles y profetas tiene fin en el momento en que el *Canon Bíblico* se ha cerrado. Ya no hay más revelaciones de Dios que puedan ser añadidas al escrito bíblico, por esa razón el *don de profecía* en el sentido primario de transmitir una revelación nueva de Dios, no puede estar operativo. Las profecías fueron dadas para revelar el mensaje del Nuevo Testamento, y escribir esta parte de la Escritura (Ef. 2:20). Cerrado el Canon, cesan las profecías. En el tiempo presente no hay más revelación que la contenida en la Biblia. Aunque algunos entiendan que este don está operativo hoy, no pueden negar que es temporal y que cesará cuando llegue el estado perfecto (v.10). Quiere decir que en un tiempo serán cumplidas y luego, por cumplimento, serán desechadas.

εἴτε γλῶσσαι, παύσονται· El segundo contraste temporal frente a la eternidad del amor, tiene que ver con el *don de lenguas*, al que los corintios tenían como el más grande y que procuraban ejercerlo preferentemente a los otros. Llegará el momento en que *se harán cesar*. Es interesante el contraste de los verbos, en relación con las lenguas, cesarán por no ser necesarias como señal a los incrédulos (14:21-22). El don dado por una necesidad momentánea, queda sin operatividad al concluir la causa, que es la señal temporal a judíos y gentiles. Cualquiera que sea la posición del intérprete sobre *"lo perfecto"*, no cabe duda de que el don dejará de estar operativo.

εἴτε γνῶσις, καταργηθήσεται. Del mismo modo también la *ciencia* terminará. Llegará un momento en que el conocimiento para la exposición de la Escritura concluirá porque todos *conoceremos* como somos conocidos. Si el término de la ciencia estuviese relacionado con el *Canon*, se cuestionaría la enseñanza y el ejercicio del don de *maestro*. Sin duda, en la venida del Señor, el conocimiento perfecto hará estéril el uso del don (v. 12b). El verbo καταργέω, que Pablo usa en relación con el *don de ciencia*, podría traducirse como *acabar*, es diferente al que utiliza para relacionarlo con el *don de lenguas*, de modo que el término de ambos dones no se produce por el mismo trato. Mientras que las lenguas *cesan*, porque son hechas cesar, el conocimiento acaba porque se desvanece.

9. Porque en parte conocemos, y en parte profetizamos.

ἐκ μέρους γὰρ γινώσκομεν καὶ ἐκ μέρους προφητεύομεν·
Porque en parte conocemos y en parte profetizamos.

Análisis y notas del texto griego.

Análisis: ἐκ, preposición propia de genitivo *de, desde, por, en*; μέρους, caso genitivo neutro singular del nombre común *parte, región, lado, pedazo, partido, negocio, asunto, punto*; γὰρ, conjunción causal *porque*; γινώσκομεν, primera persona plural del presente de indicativo en voz activa del verbo γινώσκω, *saber, conocer, entender*, aquí *conocemos*; καὶ, conjunción copulativa *y*; ἐκ preposición propia de genitivo *de, desde, por, en*; μέρους, caso genitivo neutro singular del nombre común *parte, región, lado, pedazo, partido, negocio, asunto, punto*; προφητεύομεν, primera persona plural del presente de indicativo en voz activa del verbo προφητεύω, *profetizar*, aquí *profetizamos*.

ἐκ μέρους γὰρ γινώσκομεν καὶ ἐκ μέρους προφητεύομεν· El apóstol explica por qué causa el *don de profecía* cesará. Esta no hace otra cosa que descorrer parte del velo que cubre todo el plan de Dios, y su cumplimiento final. Las profecías no hacen otra cosa que revelar fragmentariamente la verdad de la salvación y por consiguiente cada punto particular de este gran hecho. Para conocer un punto, es decir, cada parte de la profecía, es necesario conocer el todo de ella.

El apóstol está haciendo referencia al tiempo en que la *Epístola* se escribe. El Nuevo Testamento no estaba completado, por tanto, la profecía era habitual en aquellos días. Pablo habla de un mensaje en parte profético que concluiría. *El conocimiento* era también parcial y aumentaba a medida que se completaban los escritos bíblicos del Nuevo Testamento. Sea cual sea el entorno temporal y la revelación que se comunica, la profecía es todavía parcial, incluso cuando el texto bíblico esté completado, puesto que el cumplimiento profético y la realidad del plan de Dios será siempre superior a cuanto se anuncia como un atisbo de la realidad.

10. Mas cuando venga lo perfecto, entonces lo que es en parte se acabará.

ὅταν δὲ ἔλθῃ τὸ τέλειον[1], τὸ ἐκ μέρους καταργηθήσεται.
Pero cuando venga lo perfecto, lo en parte será abolido.

Análisis y notas del texto griego.

Análisis: ὅταν, conjunción *cuando, siempre que, tantas veces como*; δὲ, partícula conjuntiva que hace las veces de conjunción coordinante, con sentido de *pero, más bien, y, y por cierto, antes bien, entonces*; ἔλθῃ, tercera persona singular del segundo aoristo de subjuntivo en voz activa del verbo ἔρχομαι, *venir, llegar*, aquí *venga*; τὸ, caso nominativo neutro singular del artículo determinado *lo*; τέλειον, caso nominativo neutro singular del adjetivo *perfecto*; τὸ, caso nominativo neutro singular del artículo determinado *lo*; ἐκ, preposición propia de genitivo *en*; μέρους, caso genitivo neutro singular del nombre común *parte, región, lado, pedazo, partido, negocio, asunto, punto*; καταργηθήσεται, tercera persona singular del futuro de indicativo en voz pasiva del verbo καταργέω, *invalidar, dejar sin valor, dejar a un lado, hacer desaparecer*, aquí *será abolido*.

Notas. Crítica Textual. Lecturas alternativas.

[1] τὸ τέλειον, *lo perfecto*, conforme a la lectura en 𝔓[46], א, A, B, D[*], F, G, P, Ψ, 0243, 6, 33, 81, 104, 365, 1175, 1241, 1739, 1881, latt, co, Ireneo[lat], Orígenes[pt].

τὸ τέλειον τοτε, *lo perfecto entonces*, según se lee en D[1], K, L, 630, 1505, 2464, 𝔐, sy, Orígenes[pt].

ὅταν δὲ ἔλθῃ τὸ τέλειον, τὸ ἐκ μέρους καταργηθήσεται. El texto reviste una cierta complejidad en la interpretación de *lo perfecto* que viene o que vendrá. Algunos interpretan esto asimilando *lo perfecto* al Canon bíblico[12], postura especialmente sustentada en contra del carismatismo que afirma la permanencia de todos los dones, incluidos los de profecía. Por consiguiente, cuando venga *lo perfecto* que sería el Canon, las profecías y los demás dones como sanidades, milagros y lenguas, dejarían de estar vigentes. Sin embargo, sustentar esta

[12] Entre otros Kenneth L. Gentry, Jr., *The Charismatic Gift of Prophecy*, 2ª Edición (Memphis: Footstool, 1989), pp. 53–56.

interpretación para demostrar la no operatividad de algunos dones, es muy débil por la falta de consistencia bíblica que hace descansar el argumento en la interpretación de un concepto.

Considerando dos de las interpretaciones de *lo perfecto*, se puede resumir así:

Referido al Canon bíblico. Llegaría el momento en que el Nuevo Testamento estaría completo y ya no habría más revelación. Esto haría inoperantes los dones de profecía. Esa interpretación en cuanto a *profecía*, podría entenderse como correcta, ya que no puede añadirse nueva revelación a la existente. Pero el problema está en *el conocimiento* (v. 9). ya que los creyentes después del Canon tendrían más conocimiento que hombres puestos para enseñar en la iglesia en tiempos anteriores al Canon del Nuevo Testamento, como podrían ser los colaboradores de los apóstoles. Es decir, los de este tiempo tendríamos más conocimiento porque tenemos más revelación. Esto hace dudoso que la correcta interpretación de *lo perfecto* sea el Canon bíblico.

Referido a la *Venida del Señor*. Sin duda alguna *lo perfecto* se manifestará en toda la dimensión cuando el Señor recoja a Su Iglesia. Conoceremos entonces como somos conocidos. En ese momento todos los dones, dados para la edificación y consolidación de la Iglesia, dejan de ser dones vigentes porque se habrá alcanzado la perfección. El entorno llamado carismático utiliza esta interpretación para afirmarse en su propuesta de que todos los dones sin excepción están operativos en el día de hoy y lo estarán hasta la venida del Señor.

Con mucho respeto a todas las posiciones se debe llegar a una interpretación de este concepto. La segunda postura, que interpreta *lo perfecto* como referencia a la Segunda Venida, ha favorecido, como se acaba de decir, posiciones que consideran vigentes todos los dones hasta la venida del Señor. La primera de las posiciones que se han referenciado antes, interpreta *lo perfecto* como referencia al Canon, evitando usarlo como justificación para el cese de los dones, pero convierte en *menos conocedores* y, por tanto, más inmaduros a creyentes de los tiempos apostólicos anteriores al Canon del Nuevo Testamento, en comparación con los actuales. Aproximándose sin prejuicio al texto bíblico se aprecia: a) El don de lenguas ha dejado de estar operativo cualquiera que sea la interpretación dada a *lo perfecto*. b) El *don de profecía*, concluyó su operatividad en el nivel de revelación que Dios da de lo que no está manifiestamente escrito en la Palabra, cuando se completó el Nuevo Testamento. c) El conocimiento acabará en la Segunda Venida, ya que los creyentes prosiguen hasta entonces en el camino de la madurez espiritual, hasta el encuentro final con Cristo donde alcanzarán *lo perfecto*. La conclusión es que *lo perfecto* debe ser considerado como una referencia a la Segunda Venida, pero esto, por lo que antecede, no da pie para considerar operativos todos los dones, en base a la utilidad para lo que fueron dados.

11. Cuando yo era niño, hablaba como niño, pensaba como niño, juzgaba como niño; mas cuando ya fui hombre, dejé lo que era de niño.

ὅτε ἤμην νήπιος, ἐλάλουν ὡς νήπιος, ἐφρόνουν ὡς νήπιος,
Cuando era niño, hablaba como niño, pensaba como niño
ἐλογιζόμην ὡς νήπιος· ὅτε[1] γέγονα ἀνήρ, κατήργηκα
razonaba como niño; cuando he llegado a ser hombre, he dejado a un lado
τὰ τοῦ νηπίου.
las cosas del niño.

Análisis y notas del texto griego.

Análisis: ὅτε, conjunción temporal *cuando*; ἤμην, primera persona singular del imperfecto de indicativo en voz media del verbo εἰμί, *ser, estar*, aquí *era*; νήπιος, caso nominativo masculino singular del adjetivo *niño, niño pequeño*; ἐλάλουν, primera persona singular del imperfecto de indicativo en voz activa del verbo λαλέω, *hablar, decir*, aquí *hablaba*; ὡς, adverbio de modo, *como*, que hace las veces de conjunción comparativa; νήπιος, caso nominativo masculino singular del adjetivo *niño, niño pequeño*; ἐφρόνουν, primera persona singular del imperfecto de indicativo en voz activa del verbo φρονέω, *pensar*, aquí *pensaba*; ὡς, adverbio de modo, *como*, que hace las veces de conjunción comparativa; νήπιος, caso nominativo masculino singular del adjetivo *niño, niño pequeño*; ἐλογιζόμην, primera persona singular del imperfecto de indicativo en voz activa del verbo λογίζομαι, *contar, tener en cuenta, considerar, pensar, creer, razonar*, aquí *razonaba*; ὡς, adverbio de modo, *como*, que hace las veces de conjunción comparativa; νήπιος, caso nominativo masculino singular del adjetivo *niño, niño pequeño*; ὅτε, conjunción temporal *cuando*; γέγονα, primera persona singular del perfecto de indicativo en voz activa del verbo γίνομαι, *llegar a ser*, aquí *he llegado a ser*; ἀνήρ, caso nominativo masculino singular del nombre común *hombre, varón*; κατήργηκα, primera persona singular del perfecto de indicativo en voz pasiva del verbo καταργέω, *invalidar, dejar sin valor, dejar a un lado, hacer desaparecer*, aquí *he dejado a un lado*; τὰ, caso acusativo neutro plural del artículo determinado *los*, en sentido de *las cosas*; τοῦ, caso genitivo masculino singular del artículo determinado declinado *del*; νηπίου, caso genitivo masculino singular del adjetivo *niño, niño pequeño*.

Notas. Crítica Textual. Lecturas alternativas.

[1] ὅτε γέγονα, *cuando he llegado a ser*, según lectura en a*, A, B, D*, 048, 0243, 6, 1739, ar, vgst, Ambrosiaster, Pelagio.

ὅτε δὲ γέγονα, *pero cuando he llegado a ser*, como se lee en ^{2}a, D2 F G K L P Ψ 33. 81. 104. 365. 1175. 1241. 1505. 1881. 2464, 𝔐, b vgcl sy; Tertuliano, Clemente, Metodio.

ὅτε ἤμην νήπιος, ἐλάλουν ὡς νήπιος, ἐφρόνουν ὡς νήπιος, ἐλογιζόμην ὡς νήπιος· Aproximándose al final del párrafo sobre el amor y la superioridad de él en relación con los dones, el apóstol recurre a un ejemplo personal basado en el comportamiento de la persona, refiriéndose al paso de niño a hombre.

El niño tiene nociones imprecisas de las cosas y su actuación y razonamiento se ajusta a ello, el adjetivo νήπιος, se usa para referirse a *niñez*, en la etapa de *niño pequeño*. Éste habla como es propio de un pequeño, como corresponde al conocimiento que ha alcanzado. Si habla como un niño pequeño, también *piensa* de esa misma manera, su cerebro no ha llegado a la madurez, pensando en la inmadurez que no es propia de un hombre adulto. Igualmente, el modo de *juzgar* las cosas es natural de un pequeño.

ὅτε γέγονα ἀνήρ, κατήργηκα τὰ τοῦ νηπίου. El contraste se establece con la forma que es propia a un adulto, un hombre maduro. Al alcanzar esta situación deja de comportarse como un niño. El creyente alcanza madurez espiritual en la medida en que va profundizando en la Escritura y la aplica a su vida personal (Ef. 4:11-14). El cristiano debe avanzar en este desarrollo (He. 5:11-6:2). Este ejemplo es lo más apropiado para los corintios, cuyo desarrollo espiritual revestía la forma de infantilismo o inmadurez (3:2-3). La madurez completa se alcanzará en la venida del Señor. El mismo apóstol afirma que va progresando: *"No que lo haya alcanzado ya, ni que ya haya conseguido la perfección total; sino que prosigo por ver si logro darle alcance, puesto que yo también fui alcanzado por Cristo Jesús"* (Fil. 3:12 RVR).

Uno de los más graves problemas es una iglesia donde los creyentes poco formados pueden influir en la marcha de la congregación. Los niños en Cristo desean destacar sobre los demás, forman partidos en la congregación, se hacen seguidores de los líderes que consideran como los más grandes y causan perturbaciones en la buena marcha de la iglesia.

12. Ahora vemos por espejo, oscuramente; mas entonces veremos cara a cara. Ahora conozco en parte; pero entonces conoceré como fui conocido.

βλέπομεν γὰρ ἄρτι δι' ἐσόπτρου ἐν αἰνίγματι, τότε δὲ
Porque vemos ahora mediante espejo en enigma, pero entonces
πρόσωπον πρὸς πρόσωπον· ἄρτι γινώσκω ἐκ μέρους, τότε δὲ
cara a cara. Ahora conozco en parte, pero entonces
ἐπιγνώσομαι καθὼς καὶ ἐπεγνώσθην.
conoceré plenamente como también fui conocido plenamente.

Análisis y notas del texto griego.

Análisis: βλέπομεν, primera persona plural del presente de indicativo en voz activa del verbo βλέπω, *ver, mirar*, aquí *vemos*; γὰρ, conjunción causal *porque*; ἄρτι, adverbio demostrativo *ahora*; δι', forma contracta de la preposición propia de genitivo διά, *por, por medio de, a causa de, mediante*; ἐσόπτρου, caso genitivo neutro singular del nombre común *espejo*; ἐν, preposición propia de dativo *en*; αἰνίγματι, caso dativo neutro singular del nombre común *enigma, forma oscura*; τότε, adverbio demostrativo *entonces*; δὲ, partícula conjuntiva que hace las veces de conjunción coordinante, con sentido de *pero, más bien, y, y por cierto, antes bien, entonces*; πρόσωπον, caso acusativo neutro singular del nombre común *cara, rostro*; πρὸς, preposición propia de acusativo *a*; πρόσωπον, caso acusativo neutro singular del nombre común *cara, rostro*; ἄρτι, adverbio demostrativo *ahora*; γινώσκω, primera persona singular del presente de indicativo en voz activa del verbo γινώσκω, *conocer, aprender, enterarse de, reconocer, recordar, saber*, aquí *conozco*; ἐκ, preposición de genitivo *en*; μέρους, caso genitivo neutro singular del nombre común *parte*; τότε, adverbio demostrativo *entonces*; δὲ, partícula conjuntiva que hace las veces de conjunción coordinante, con sentido de *pero, más bien, y, y por cierto, antes bien, entonces*; ἐπιγνώσομαι, primera persona singular del futuro de indicativo en voz media del verbo ἐπιγινώσκω, *conocer plenamente, percibir, reconocer*, aquí *conoceré plenamente*; καθὼς, conjunción comparativa *como*; καὶ, adverbio de modo *también*; ἐπεγνώσθην, primera persona singular del primer aoristo de indicativo en voz pasiva del verbo ἐπιγινώσκω, *conocer plenamente, percibir, reconocer*, aquí *fui conocido plenamente*.

βλέπομεν γὰρ ἄρτι δι ἐσόπτρου ἐν αἰνίγματι, El estado perfecto ocurrirá en el futuro. En él alcanzaremos la visión plena. El objeto del verbo *ver*, aquí es Dios mismo y Su plan de salvación y de gloria para nosotros. En el tiempo actual, a pesar de la Escritura, como revelación de Dios, no se alcanza la visión plena. La profecía revela las glorias futuras que son conocidas ahora con limitaciones como por medio de un espejo. En tiempos de Pablo los espejos consistían en un disco de metal bruñido, siendo mucho más imperfectos que los actuales; las imágenes reflejadas en ellos no tenían una extrema precisión y se observaban como oscurecidas, sin la debida claridad. Los que se fabricaban en Corinto eran de los más perfectos, con todo y eso, limitaban la precisión de lo que reflejaban. El caminar actual se sostiene en la fe que espera el cumplimiento de las promesas anunciadas en las Escrituras. El detalle de todo lo que esperamos, aunque preciso es un tanto difuso, sin que lo anunciado sea la plenitud de aquello que vendrá, por esa razón *"por fe andamos, no por vista"* (2 Co. 5:7). Pablo utiliza aquí para referirse a lo que vemos ahora, el sustantivo ἄινιγμα, literalmente *enigma*, algo que no está expresado o manifestado con claridad, una expresión oscura que tiene que ser descifrada para entenderla plenamente. La imagen en el espejo es la que se forma en el alma del profeta mediante la revelación del Espíritu, en el momento de la visión y por medio de la cual revela el pensamiento divino. Es la expresión en *forma de enigma*, que se traduce también como *oscuramente*. El profeta debe hacer un esfuerzo de concentración para expresar lo que le ha sido revelado, tratando de comprender ellos mismos el significado de lo que habían recibido (1 P. 1:10-11).

τότε δὲ πρόσωπον πρὸς πρόσωπον· Sin embargo, el velo que hace difusa la imagen será retirado y entonces veremos *cara a cara*, es decir, sin que entre la realidad y la persona haya ningún obstáculo que no permita identificarla en toda la extensión con claridad. Al modo fragmentario, sucesivo, analítico y discursivo de nuestro conocimiento actual, se opone el carácter intuitivo, completo y perfectamente distintivo del conocimiento futuro.

ἄρτι γινώσκω ἐκ μέρους, τότε δὲ ἐπιγνώσομαι καθὼς καὶ ἐπεγνώσθην. El conocimiento presente es parcial aún con la revelación bíblica. El conocimiento pleno se alcanzará en la venida del Señor. Lo que esperamos será percibido y gustado en la dimensión plena sin que nada limite experimentar la realidad. El verbo γινώσκω, expresa la idea de *aprender a conocer*, indicando el efecto y el progreso propio del futuro. Será un conocimiento totalmente asimilado, puesto que el objeto del conocimiento está presente, delante del que lo examina por lo que el conocimiento es definitivo. No se tratará de un conocimiento intelectual adquirido por una determinada revelación, sino el pleno y absoluto de esta relación totalmente personal. Iluminado lo que se espera por la plenitud del Sol de Justicia, en Su venida.

Los dones que enorgullecían a los corintios tienen una importancia limitada frente a la gloriosa perfección que se espera. No es estéril ni inútil el trabajo actual con ellos; no es de poca cosa la fe que descansa en las promesas venideras. Pero, no serán los dones, ni la virtud de la fiel esperanza los elementos esenciales del carácter cristiano, sino la certeza de la realidad que nos permitirá conocer y comprender lo que ahora está oscurecido.

13. Y ahora permanecen la fe, la esperanza y el amor, estos tres; pero el mayor de ellos es el amor.

Νυνὶ, δὲ μένει πίστις, ἐλπίς, ἀγάπη, τὰ τρία ταῦτα· μείζων δὲ
Y ahora permanecen fe, esperanza, amor, los tres estos; pero mayor
τούτων ἡ ἀγάπη.
de estos el amor.

Análisis y notas del texto griego.

Análisis. Νυνὶ, pronombre, *ahora, al presente, actualmente*; δὲ, partícula conjuntiva que hace las veces de conjunción coordinante, con sentido de *pero, más bien, y, y por cierto, antes bien, entonces*; μένει, tercera persona plural del presente de indicativo en voz activa del verbo μένω, *permanecer, quedarse, vivir, habitar, aguardar*, aquí *permanecen*; πίστις, caso nominativo femenino singular del nombre común *amor*; ἐλπίς, caso nominativo femenino singular del nombre común *esperanza*; ἀγάπη, caso nominativo femenino singular del nombre común *amor*; τὰ, caso nominativo neutro plural del artículo determinado *los*; τρία, caso nominativo neutro plural del adjetivo numeral cardinal *tres*; ταῦτα, caso nominativo neutro plural del pronombre demostrativo *estos*; μείζων, caso nominativo femenino singular del adjetivo comparativo *mayor*; δὲ, partícula conjuntiva que hace las veces de conjunción coordinante, con sentido de *pero, más bien, y, y por cierto, antes bien, entonces*; τούτων, caso genitivo neutro plural del pronombre demostrativo *estos*; ἡ, caso nominativo femenino singular del artículo determinado *la*; ἀγάπη, caso nominativo femenino singular del nombre común *amor*.

Νυνὶ δὲ μένει πίστις, ἐλπίς, ἀγάπη, τὰ τρία ταῦτα· El apóstol concluye el párrafo sobre el amor, refiriéndose a la permanencia de las llamadas *virtudes teologales*. El uso del pronombre νυνὶ, que equivale a *actualmente, ahora, al presente*, aunque también significa *ahora bien*, induce, en cierta medida a entender la temporalidad de dos de las *virtudes*: *la fe y la esperanza*, de manera que la interpretación sería que estas desaparecerán en el tiempo en que llegue *lo perfecto*, que, como se ha considerado, tiene que ver con la Segunda Venida, para que el amor permanezca eternamente, puesto que es un atributo de la *naturaleza divina* del que somos participantes por la presencia trinitaria en nosotros. No es que la fe vaya a ser sustituida por la visión y la esperanza por la posesión en forma total, absoluta, definitiva y momentánea, quedando desde el tiempo de retorno de Cristo a perpetuidad sólo el amor.

Como se observa en la traducción interlineal más arriba, lo más preciso al traducir el texto en una *equivalencia dinámica*, sería: *"Lo permanente es, pues, fe, esperanza y amor, estas tres cosas juntas. Pero la más excelente de ellas es el amor"*. No es que alguna de ellas concluya, sino que las tres permanecen siempre, pero de entre ellas la más elevada es el amor.

μείζων δὲ τούτων ἡ ἀγάπη. Las tres virtudes van coaligadas inicialmente en la vida del creyente (cf. Ro. 5:2-5; Gá. 5:5-6; Col. 1:4; 1Ts. 1:3; 5:8; He. 6:10-12: 1 P. 1:21). La fe permanecerá eternamente, puesto que lleva a no tener nada propio para recibir perpetuamente la provisión reveladora de Dios. Además, la fe impulsa la vida de dependencia del creyente en relación con Dios: *"Con Cristo estoy juntamente crucificado, y ya no vivo yo, sino que Cristo vive en mí; y lo que ahora vivo en la carne, lo vivo en la fe del Hijo de Dios, el cual me amó y se entregó a si mismo por mi"* (Gá. 2:20 RVR). Vivir en la fe, significa la expresión de una vida que obra consecuentemente con esa misma fe (Stg. 1:14-26). Si se trata de una verdadera resurrección espiritual después de una muerte al pecado y a la ley, tiene que manifestarse en un modo de vida que obra de forma diferente a la antigua forma propia del hombre natural. Esa fe da consistencia y firmeza a la vida (2 Co. 1:24b). De igual modo la fe en el Hijo de Dios, es medio de compromiso, ya que los que viven ya no viven para sí, sino para el que murió y resucitó por ellos (2 Co. 5:15). La fe produce el compromiso de discipulado que, como Cristo renuncia a todo, porque *vive a Cristo* (Fil. 1:21; 3:7-10). Esa vida de dependencia absoluta del programa de Dios individual y colectivo, no se extingue, sino que eternamente estará presente para la dinámica de vida de los creyentes glorificados, en la presencia del Señor estaremos siempre pendientes del programa que Dios presentará para nosotros. Además, si la fe fue el instrumento para la justificación y si ella misma es también la razón dinámica de la santificación en el segundo estadio de la salvación, no puede dejar de serlo en el tercero, que es la glorificación. Este tercer nivel en la salvación no concluye jamás, glorificados eternamente para disfrutar de la herencia de los santos en luz.

Del mismo modo ocurre con la *esperanza*. El error que conduce al pensamiento de que la esperanza concluirá con la realidad, se centra en que muchos creyentes esperan *algo*, como en figura de la gloria es la *Ciudad Celestial*, de modo que presente ésta, la esperanza se extingue, pero, la esperanza cristiana es Cristo mismo (Col. 1:27), por tanto, esta gloriosa esperanza permanece eternamente. Nadie llegará a la posesión de la infinita grandeza de Dios, de manera que, en cada instante en Su gloriosa presencia, esperaremos nuevas manifestaciones que revelen Su grandeza. Por esta razón la *esperanza* no se extingue, sino que junto con la fe y el amor permanece eternamente.

Sin embargo, hay una gradación entre ellas y el apóstol afirma que de las tres la mayor de ellas es el amor. Un solo ejemplo basta para entenderlo: *"porque en Cristo Jesús ni la circuncisión vale algo, ni la incircuncisión, sino la fe que obra por el amor"* (Gá. 5:6). El amor complementa e impulsa la fe y es base de la esperanza. Pablo enseña que las cosas más importantes no son tanto los dones, sino las virtudes, la fe, la esperanza y el amor; y de todas ellas, especialmente el amor.

Sobre esto escribe Charles Hodge:

"Las palabras y ahora pueden expresar la idea de tiempo: ahora, durante el presente estadio; o pueden indicar tránsito o ilación, ahora bien, es decir, puesto que las cosas son así, rebus sic stantibus. En el segundo caso, el sentido es: Dado que estos dones extraordinarios han de cesar, la fe, la esperanza y el amor permanecen. Los primeros son temporales, los segundos permanentes. La única objeción a este modo de interpretar el texto se debe a que el apóstol habla de que la fe y la esperanza continuarán en el estado futuro, mientras que en otras partes (Romanos 8:24; II Corintios 5:7 y Hebreos 11:1) parece ser que se presenta a la fe y la esperanza sólo como propias de nuestra actual condición. Y como fundidas en el futuro, la una en lo que se verá, y la otra en lo que se gozará. Esta aparente contradicción se debe al carácter general de los términos usados. El estado de ánimo indicado por la fe y la esperanza tal como ahora se ejercen, no continuará en la vida futura; pero el estado de ánimo, por decirlo así, de los santos en el cielo, puede designare en los mismos términos, porque la confianza y la expectación continuarán para siempre. La fe cesa en una forma cuando se funde con lo que se ve; pero en otra forma continúa; y lo mismo puede decirse de la esperanza. O acaso se exprese más correctamente la misma idea diciendo que algunas funciones de la fe y la esperanza son propias de la actual condición, mientras que otras no cesarán jamás. Cierto es que siempre habrá lugar, aun en el cielo, para la firme confianza en Dios, y para la esperanza de la siempre creciente y mayor bienaventuranza de los redimidos"[13].

Esta cláusula final, con sus dos oraciones sirve al apóstol para resumir todo el párrafo que compone este capítulo y como elemento

---

[13] Charles Hodge. o. c., pág. 254.

transitorio para el siguiente. Los corintios estaban considerando como de valía plena, los dones que el Espíritu otorgaba, especialmente aquellos más visibles o, si se me permite, espectaculares. El apóstol les recuerda que ahora las virtudes son superiores a los dones ya que estos cesarán en un determinado momento. Es decir, mientras los dones son de carácter temporal y cesarán al terminar la edificación de la iglesia, las virtudes entre las que destaca el amor, son eternas. De estas virtudes, la primacía la tiene el amor.

Si es siempre difícil elegir algún aspecto aplicativo a la vida cristiana en cualquier pasaje de la Escritura, más difícil es en esta ocasión en que el canto sobre el amor supera cualquier elevado pensamiento. Con todo es preciso notar que el creyente debe buscar el *camino más excelente* y sin duda éste es el amor. El apóstol ha insistido sobre la necesidad de vivir en el amor, de ejercer los dones en el amor, de buscar el bien del hermano antes del personal de cada uno. El creyente y la iglesia que deja el amor, está poniendo a un lado la acción del Espíritu Santo y sustituyéndola por la propia del discernimiento y acción del hombre. La mayor bendición solo es posible en la identificación con Cristo que produce, naturalmente, amor y vida de amor en el creyente como fue la Suya. Escribiendo a los Efesios el apóstol les hace notar en la bendición final que *"la gracia sea con todos los que aman a nuestro Señor Jesucristo con amor inalterable"* (Ef. 6:24). Tan solo unos treinta años después, el apóstol Juan escribe a la misma iglesia un mensaje del Señor y les advierte: *"Pero tengo contra ti, que has dejado tu primer amor. Recuerda, por tanto, de dónde has caído, y arrepiéntete, y haz las primeras obras; pues si no, vendré pronto a ti, y quitaré tu candelero de su lugar, si no te hubieres arrepentido"* (Ap. 2:4-5). Es necesario notar que no dice el Señor a esta iglesia *has perdido el primer amor*, sino *has dejado*, esto es, lo has puesto a un lado. El primer amor no es ese fervor inicial, que es una manifestación de la realidad de salvación, es el *amor de origen*, hecho realidad por la acción del Espíritu en cada creyente, que lo derrama en cada cristiano para que pueda manifestar la identificación con Cristo. Dejar el primer amor es *dejar de ser conducidos por el Espíritu Santo*.

Hay quienes dan preferencia a la doctrina por el amor, otros al sistema eclesiástico que han abrazado, algunos son verdaderos adoradores de sus principios religiosos. En todos ellos se ha marginado el amor. La edificación de la iglesia descansa en la aplicación del mensaje bíblico con amor. Los dones que están revestidos de una condición especial como los de *pastor y maestro*, no pueden ser ejercidos para el propósito de enseñanza y conducción si no son ejercidos en amor. La tarea de enseñanza se convierte en un simple aspecto intelectual si su objetivo es *saber más de la Biblia*, cuando la realidad es otra, ya que la Palabra debe ser enseñada para que el creyente viva más conforme a ella. Una enseñanza de la Escritura sin amor, se convierte en una mera expresión dogmática que cuando es quebrantada requiere un castigo correctivo para el que la ha quebrantado que sirva de advertencia a los demás. La verdadera enseñanza se ejerce *con paciencia*, no con castigo. Así lo enseña el apóstol Pablo a Timoteo: *"Que prediques la palabra; que instes a tiempo y fuera de tiempo; redarguye, reprende, exhorta con toda paciencia y doctrina"* (2 Ti. 4:2). No se trata de una reprensión personal revestida de autoridad, sino de que la Palabra sea el instrumento de restauración mientras el pastor o maestro tiene *paciencia* con el que necesita ser instruido.

Cualquier vida que margina el amor como prioritario en ella, está contristando al Espíritu Santo. La iglesia cuya característica es –como la de Éfeso– que sigue un camino al margen del Espíritu, está llamada a desaparecer. Dios mismo removerá el candelero de su lugar. La evidencia de esta verdad es cierta y apreciable en algunos lugares donde el mantenimiento de las formas está produciendo el desmembramiento de la iglesia y donde las formas generan en los miembros conciencia de pecado por el incumplimiento de normas a las que se les ha dado naturaleza de doctrina y que son simplemente costumbres y formas.

El Señor demanda la respuesta personal a una pregunta: *¿Dónde está el amor en nuestra vida familiar y eclesial?* Si lo perfecto es el amor, no puede haber otra determinación que amar como fuimos amados.

CAPÍTULO XIV

LAS LENGUAS

Introducción

En la corrección de los desórdenes que ocurrían en la iglesia en Corinto, Pablo escribe en el texto recogido en este capítulo, sobre lo inconsecuente de buscar y resaltar el don de lenguas, considerándolo superior a otros dones, especialmente al de profecía. En su celo por los dones espirituales, los corintios habían olvidado que todo don tiene como objetivo fundamental la edificación de la iglesia, para lo que es dado por el Espíritu (Ef. 4:11-14), por tanto, cualquier uso de los dones en otra dirección es un ejercicio equivocado de los mismos, cuando no inconveniente, asunto que el apóstol va a dejar caramente establecido.

Hay quienes entienden el don de leguas con lo que se llama *glosolalia,* definiéndola como consistente en emitir sonidos ininteligibles y palabras incoherentes durante un estado estático y que sólo el que posee el carisma de interpretación puede explicarlos[1] (v. 10). En contraste, el apóstol hace notar que la profecía es un don del Espíritu (12:10; 13:2, 8; 14:22), expresada en palabras inspiradas que edifican, alientan y consuelan (vv. 3-5). El profeta podía revelar los secretos del corazón del hombre (v. 25) y conducir a los oyentes a la fe de Cristo (vv. 24-25). Contrasta notoriamente el don de lenguas y el de profecía. El apóstol coloca el de profecía como superior al de lenguas.

No cabe duda que la superioridad del don de profecía sobre el de lenguas consiste en que quien habla en lenguas habla a Dios, mientras que quien profetiza habla a los hombres. Además, quien habla en lenguas se edifica sólo a sí mismo, mientas que el profeta edifica a la iglesia (vv. 4-5). Los corintios, entendiendo mal el ejercicio de los dones, abusaban del uso de las lenguas en el culto de iglesia, por lo que el Apóstol les llama a una reflexión juiciosa, llamando la atención hacia lo que hubiese ocurrido si él fuese a Corinto ejerciendo el don de lenguas en lugar del de predicación, nada les hubiese aprovechado. Por el contrario, él fue a ellos como *profeta* que les traía la revelación de Dios y como *maestro* que les instruía en las verdades bíblicas, por todo ello serían edificados (v. 6).

El problema era grave y el apóstol, a fin de que los lectores reflexionen y se posicionen en lo que es natural para el ejercicio de los

---

[1] Juan Leal, o. c., pág. 442.

dones, les pone la ilustración del sonido de trompeta, que si no es claramente distinguido por quienes la escuchan, no actuarán conforme a lo que la trompeta anuncia. Es necesario que el sonido del instrumento sea claramente comprendido por los que lo atienden (vv. 7-9).

Hace notar también que, si una persona viene a su encuentro y habla un idioma que no entiende, ocurriendo lo mismo a la inversa, no importa la grandeza del mensaje que ambos comunican, sólo trae una consecuencia que es la incomprensión del mismo (vv. 10-11).

El uso por los corintios de los dones, estaba conducido más a la exhibición que a la edificación, asunto prioritario que debe tenerse en cuenta (v. 12). Por esa razón todos los que hablaban en la reunión de la iglesia debían hacerlo en un idioma comprensible a todos los presentes, y siempre bajo la conducción del Espíritu, por lo que la palabra pronunciada haría el efecto edificante entre los creyentes y el de salvación para los incrédulos. Por ambas cosas Dios sería glorificado (vv. 23-25).

Ya se ha considerado antes lo relativo a las *lenguas* como don del Espíritu (12:10). Esta será la perspectiva al acercarse a la enseñanza de este capítulo, es decir, el *don de lenguas* produce el milagro de que un creyente hable en otro idioma, es decir, en lenguas extranjeras. En ningún modo se puede considerar como sonidos ininteligibles que el mismo que los pronuncia no entiende lo que dice. Sin embargo, no es fácil precisar con absoluta firmeza el contenido de todo el pasaje. La *Epístola* contiene pasajes difíciles de entender. Así escribía Crisóstomo: *"Todo este pasaje es muy oscuro; pero la oscuridad proviene de nuestra ignorancia de los hechos que se describen, los cuales, aunque eran familiares para aquellos a quienes el apóstol escribía, ya han dejado de ocurrir"*[2].

Este don está unido en varios lugares del Nuevo Testamento con el de profecía, como escribe Lucas, en el relato de la incorporación a la Iglesia de los discípulos de Juan: *"Y habiéndoles impuesto Pablo las manos, vino sobre ellos el Espíritu Santo; y hablaban en lenguas, y profetizaban"* (Hch. 19:6). Estos que hablaban tanto en lenguas como en profecía, eran conducidos por el Espíritu de Dios y era testimonio visible de que la Iglesia es una y los apóstoles los mismos tanto para judíos, como para gentiles, y para los discípulos de Juan. La primera vez que en el Nuevo Testamento se habla de lenguas, el texto bíblico dice que *"comenzaron a hablar en otras lenguas, según el Espíritu les daba que hablasen"* (Hch. 2:4). Ya se ha considerado antes que *lenguas* en todo el

[2] Crisóstomo, citado por C. Hodge, o. c, pág. 256.

Nuevo Testamento, son siempre idiomas que se hablaban en algún lugar y por algunas personas. Con todo es difícil entender por qué ese don era tan común en tiempos de los apóstoles y del nacimiento de la Iglesia, ni por qué razón se manifestaba muchas veces al hecho de la conversión a Cristo (cf. Hch. 10:46; 19:6). Si bien es cierto que se produce en el momento de la incorporación de los distintos grupos étnicos a la Iglesia, el de los gentiles y el de los discípulos de Juan, para dar expresión visible a la unidad de la Iglesia y a la autoridad de los apóstoles. Téngase en cuenta que estas manifestaciones se producen en presencia de un apóstol; Pedro en el caso de los gentiles, Pablo en el de los discípulos de Juan.

Por su concisión y precisión, se transcribe un párrafo de C. Hodge:

"Asimismo hay muchas cosas en este capítulo que ninguna de las teorías sobre la naturaleza de los dones logra desentrañar por completo. Dadas las circunstancias, es necesario retener firmemente lo que está claro y hacer que lo seguro sea nuestra guía para explicar lo oscuro. Está claro: 1. Que la palabra lenguas, tal como se ha demostrado a lo largo del tema considerado, significa idiomas. 2. Que el que hablaba en lenguas no perdía el control ni el dominio de sí mismo. Podía hablar, o callar (14:28). 3. Que lo que decía era inteligible para él, y podía ser interpretado a los demás. 4. Que el carácter ininteligible de lo que se decía no era debido a que los sonidos pronunciados fuesen inarticulados o sin sentido, sino a la ignorancia del oyente. Así pues, la interpretación de determinados pasajes especiales debe regirse por estos hechos"[3].

Los problemas en la iglesia en Corinto, afectaban al desarrollo de las reuniones públicas de la congregación, cuando –como dice el apóstol– *"se reunían"*. El desorden en el culto llegaba a la intervención de varios hermanos simultáneamente. Esto acarreaba un desprestigio notorio para quienes venían al culto, pero que no eran cristianos. No solo los que hablaban en lenguas lo hacían sin orden, sino también los que usaban el don de profecía, que posiblemente participasen en un número elevado en cada reunión, usando el don para interrumpirse unos a otros con el pretexto de haber recibido una revelación de Dios que debía ser comunicada a la iglesia. De un modo semejante, aunque no es posible precisar el modo, las mujeres causaban desórdenes en el culto, por lo que también debiera ser corregida esa forma de actuación. Ante esta situación Pablo, con su autoridad apostólica, regula el uso de los dones en el culto público, estableciendo el modo y el número de participaciones en cada reunión, tanto para el ejercicio del don de lenguas (vv. 27-28), como para

[3] C. Hodge

el de profecía (vv. 29-32). Del mismo modo debía regularse el desorden producido por la participación de las mujeres, posiblemente preguntando, con mucha probabilidad causaban interrupciones en la reunión general, asunto que acude a regular el apóstol (vv. 33-35).

En el capítulo pueden apreciarse dos grandes párrafos. El primero trata sobre el *don de lenguas* (vv. 1-25); el segundo regula aspectos prácticos en el culto corrigiendo abusos que se producían (vv. 26-33). Dentro del primero, Pablo trata de la inferioridad de las lenguas respecto a la profecía (vv. 1-5), exhortándoles a seguir el amor y a procurar los dones, pero sobre todo el de profecía (v. 1). Afirma la demanda en el hecho de que las lenguas están relacionadas con el hablar a Dios y no a los hombres (v. 2), mientras que la profecía es dada para edificación de los creyentes (v. 3). Sigue luego la primera advertencia sobre el uso incorrecto del don de lenguas (vv. 6-13). Hace notar lo imperfecto del uso de las lenguas cuando son incompresibles a otros (v. 6). Luego pone el ejemplo del sonido incierto en el toque de trompeta y sus consecuencias (vv. 7-8). Sobre esa base llama la atención a lo ineficaz de hablar en lenguas que no son entendidas por todos, refiriéndose a idiomas existentes en el mundo (vv. 9-13). El apóstol les hace notar lo incorrecto que es usar el *don de lenguas* en la oración (vv. 14-20). Les llama a usar el entendimiento junto con el espíritu para la oración (vv. 14-15). De igual modo les hace notar lo estéril de una oración a la que no se puede mostrar identificación por no comprender lo que se ora (vv. 16-17). Pablo les hace notar su conocimiento de idiomas, pero les enseña que en la iglesia quiere hablar siempre aquello que sea comprensible a todos (vv. 18-19), haciéndoles notar que es de infantiles, espiritualmente hablando, buscar el ejercicio de los dones sin otra utilidad que la manifestación de ellos (v. 20). Sigue la razón del *don de lenguas* (vv. 21-22). Cerrando el primer párrafo con el uso de los dones y sus consecuencias (vv. 23-25).

El segundo párrafo comprende el resto del capítulo (vv. 26-40). En él se dan instrucciones de cómo usar los dones de lenguas y profecías (vv. 26-33). Sigue luego una sección que contiene las instrucciones apostólicas sobre el ministerio de la mujer en la congregación (vv. 34-35). Concluye el párrafo con las conclusiones finales (vv. 36-40).

Para el análisis y comentario del texto bíblico se sigue el *bosquejo* presentado en la *introducción*, como sigue:

3.4. El don de lenguas (14:1-25).
- A. Inferioridad respecto a la profecía (14:1-5).
- B. Ejercicio incorrecto del don (14:6-13).

C. Uso incorrecto del don en la oración (14:14-20).
D. La razón del don (14:21-22).
E. Uso de los dones y sus consecuencias (14:23-25).

3.5. Corrigiendo desórdenes en la iglesia (14:26-40)
A. Como usar los dones de lenguas y profecía (14:26-33a).
B. El ministerio de la mujer (14:33b-35).
C. Conclusiones finales (14:36-40).

El don de lenguas (14:1-25)

Inferioridad respecto a la profecía (14:1-5)

1. Seguid el amor; y procurad los dones espirituales, pero sobre todo que profeticéis.

Διώκετε τὴν ἀγάπην, ζηλοῦτε δὲ τὰ πνευματικά, μᾶλλον δὲ ἵνα
Practicad el amor; y anhelad los espirituales, y más bien que
προφητεύητε.
profeticéis.

Análisis y notas del texto griego.

Análisis: Διώκετε, segunda persona plural del presente de imperativo en voz activa del verbo διώκω, *perseguir, buscar, correr en pos de, practicar*, aquí *practicad*; τὴν, caso acusativo femenino singular del artículo determinado *el*; ἀγάπην, caso acusativo femenino singular del nombre común *amor*; ζηλοῦτε, segunda persona plural del presente de imperativo en voz activa del verbo ζηλόω, *anhelar*, aquí *anhelad*; δὲ, partícula conjuntiva que hace las veces de conjunción coordinante, con sentido de *pero, más bien, y, y por cierto, antes bien, entonces*; τὰ, caso acusativo neutro plural del artículo determinado *los*; πνευματικά, caso acusativo neutro plural del nombre común *espirituales*, en sentido de *cosas espirituales, dones espirituales*; μᾶλλον, adverbio *más, más bien*; δὲ, partícula conjuntiva que hace las veces de conjunción coordinante, con sentido de *pero, más bien, y, y por cierto, antes bien, entonces*; ἵνα, conjunción causal, *para que, para, que*; προφητεύητε, segunda persona plural del presente de subjuntivo en voz activa del verbo προφητεύω, *profetizar*, aquí *profeticéis*.

Διώκετε τὴν ἀγάπην, El apóstol usa el versículo como vínculo entre lo que antecede y lo que sigue. Terminó recordándoles que lo importante no son tanto los dones, sino las virtudes y, de modo especial, el amor. Por consiguiente, enlaza en la primera oración con el texto anterior, para exhortar a los corintios a *correr detrás*, esta forma verbal podía traducirse como *seguid el amor*, o como se traduce en el interlineal más arriba *practicad* el amor. El verbo se usa para referirse a una acción de caza en la que el cazador persigue a la presa hasta alcanzarla. Del mismo modo el creyente *persigue* al amor para hacerlo experiencia personal y vivir en él. El imperativo indica una acción realmente indispensable. Se trata del camino más excelente por el que el creyente debe transitar (12:31b). Todas las cosas han de ser hechas con amor (16:14). El presente de imperativo expresa la idea de un mandato permanente, no ocasional. Es decir, el amor debe ser buscado y seguido fervientemente.

ζηλοῦτε δὲ τὰ πνευματικά, Unido al mandamiento para el camino está la expresión de un anhelo propio del cristiano, como traduce RVR, *"desead con celo los dones espirituales"*, literalmente *desead los espirituales*, cuya traducción al castellano exige un complemento que, al ser un substantivo neutro plural puede muy bien traducirse por *cosas espirituales*, pero, en el contexto inmediato exige que se trate de *los dones.* Es el anhelo lícito de ser dotado con carismas del Espíritu (12:31). No cabe duda que los dones son dados soberanamente a quien Él quiere, y en ningún modo son el resultado de pedirlos o anhelarlos, pero, aunque el amor sea lo más importante, no por eso debe dejar de sentir el creyente un santo anhelo por los dones del Espíritu. El anhelo es tanto personal como eclesial.

μᾶλλον δὲ ἵνα προφητεύητε. Como ya enseñó antes, los dones son dados para edificación y entre los más destacados para ello está el de *profecía.* De manera que siendo el interés de cada creyente la edificación de sus hermanos, es lógico que ese sea el don más anhelado, como ya se ha considerado (12:28). El hecho de que los dones se otorgan soberanamente por el Espíritu, no exime del privilegio de que el creyente ore para tener el don y poder ser de edificación a la iglesia. No hay garantía alguna para la respuesta a esa oración, pero tampoco hay prohibición para hacerla. Cualquier don que el Espíritu conceda a cada creyente ha de usarse en amor para la edificación de la iglesia. La profecía es el servicio dado en el poder del Espíritu para edificación, aliento y consolación (v. 3). Los corintos preferían y buscaban el *don de lenguas* como se aprecia en el pasaje, pero las lenguas no son por sí mismas para edificación (vv. 2-5). Tampoco son de provecho sin interpretación (vv. 6-19). Además, en lugar de edificar podían ser motivo de confusión (vv. 20-23). Por esto el apóstol exhorta: *"pero sobre todo que profeticéis"*.

2. Porque el que habla en lenguas no habla a los hombres, sino a Dios; pues nadie le entiende, aunque por el Espíritu habla misterios.

ὁ γὰρ λαλῶν γλώσσῃ οὐκ ἀνθρώποις λαλεῖ ἀλλὰ Θεῷ[1]·
Porque el que habla lenguas no a hombres habla sino a Dios.
οὐδεὶς γὰρ ἀκούει, Πνεύματι[2] δὲ λαλεῖ μυστήρια·
Porque nadie entiende, pero en espíritu habla misterios.

Análisis y notas del texto bíblico.

Análisis: ὁ, caso nominativo masculino singular del artículo determinado *el*; γὰρ, conjunción causal *porque*; λαλῶν, caso nominativo masculino singular del participio de presente en voz activa del verbo λαλέω, *hablar*, *decir*, aquí *que habla*; γλώσσῃ, caso dativo femenino singular del nombre común *lenguas, idiomas*; οὐκ, forma escrita del adverbio de negación *no*, con el grafismo propio ante una vocal con espíritu suave o una enclítica; ἀνθρώποις, caso dativo masculino singular del nombre común *hombres*; λαλεῖ, tercera persona singular del presente de indicativo en voz activa del verbo λαλέω, *hablar, decir*, aquí *habla*; ἀλλὰ, conjunción adversativa *sino*; Θεῷ, caso dativo masculino singular del nombre divino declinado *a Dios*; οὐδεὶς, caso nominativo masculino singular del pronombre indefinido *nadie*; γὰρ, conjunción causal *porque*; ἀκούει, tercera persona singular del presente de indicativo en voz activa del verbo ἀκούω, *oír, escuchar*, en sentido de *entender*, aquí *entiende*; Πνεύματι, caso dativo neutro singular del nombre divino *Espíritu*; δὲ, partícula conjuntiva que hace las veces de conjunción coordinante, con sentido de *pero, más bien, y, y por cierto, antes bien, entonces*; λαλεῖ, tercera persona singular del presente de indicativo en voz activa del verbo λαλέω, *hablar, decir*, aquí *habla*; μυστήρια, caso acusativo neutro plural del nombre común *misterios*.

Notas. Crítica Textual. Lecturas alternativas.

[1] ἀλλὰ Θεῷ, *sino a Dios*, según lectura en 𝔓[46], a[*], B, D[*], F, G, P, 6, 630, 1739.

ἀλλὰ τῷ Θεῷ, *sino a Dios*, aquí con artículo antecedente a Dios, conforme a [2]a, A, D[2], K, L, Ψ, 0243, 33, 81, 104, 365, 1175, 1241, 1505, 1881, 2464.

[2] Πνεῦμα, en acusativo en lugar de dativo, aparece en F, G, b, vg[mss].

ὁ γὰρ λαλῶν γλώσσῃ οὐκ ἀνθρώποις λαλεῖ ἀλλὰ Θεῷ· El uso del don de lenguas sin intérprete no edifica, porque los que escuchan al que habla en otro idioma no entienden lo que dice. No se trata de una forma de hablar estática, absolutamente incomprensible para todos los hombres, no importa en qué idioma se expresen, sino de hacerlo en una lengua extranjera que solo puede entenderse por traducción. No era, pues, una lengua incomprensible a los hombres, sino a la congregación en Corinto. El que hablaba en el ejercicio del don, lo hacía al impulso del Espíritu, pero no producía ningún beneficio a quienes estaban presentes en el culto. El hablar en lenguas es, en cualquier caso, un monólogo espiritual. El que habla de este modo *habla a Dios* y no a los hombres.

οὐδεὶς γὰρ ἀκούει, El apóstol da la razón de lo que acaba de expresar: *"porque nadie le entiende"*, literalmente *porque nadie le escucha*. Es decir, la gente escuchaba u oían al que hablaba, pero no valía de nada porque no le entendían. La conclusión es sencilla: las lenguas sin intérprete son inútiles. Los oyentes perciben los sonidos del lenguaje, pero no entienden las palabras.

Πνεύματι δὲ λαλεῖ μυστήρια· Pablo no niega que esa manifestación no sea un don del Espíritu y que se haga al impulso del mismo. De otro modo no está negando el uso del *don de lenguas*, pero manifiesta un punto más en relación con la inutilidad de cualquier revelación comunicada en *lenguas*. Vuelve a resaltar que no se trata del uso incontrolado de las lenguas hecho en el poder revelador del Espíritu. Él revela todas las cosas (Jn. 14:26; 16:13). El apóstol usa aquí el sustantivo μυστήριον, *misterios*, que son revelaciones de Dios, desconocidas antes, hechas por medio de apóstoles y profetas. Las revelaciones de Dios quedan sin efecto si no son comprendidas por los oyentes. Las palabras contenían revelaciones divinas, pero se expresaban en un idioma desconocido que las hacía incomprensibles. Nada tiene que ver esto con una supuesta *glosolalia*, esto es, sonidos ininteligibles para cualquier persona en el mundo, sino hechas en el uso de un idioma que es comprensible a todos los que lo hablan, pero incomprensible al resto si no hay un traductor.

Lo que un hombre habla en lengua ordinaria, está dirigido a quienes le entienden. Pero quien habla en lengua desconocida, su pensamiento se dirige a Dios únicamente. La prueba es que las personas no comprenden esta clase de manifestaciones. No puede identificarse esto con la *glosolalia*, aunque algunos vinculan esto con un hablar estático al impulso del Espíritu[4] que, según esa interpretación, ayuda al creyente en la oración dentro de su corazón (Ro. 8:26, 27). Si bien es más seguro entender que la oración del cristiano dirigida a Dios, es trasladada en función intercesora al lenguaje de Dios por la acción del Espíritu[5]. Lo que los apóstoles dijeron en Pentecostés, fue entendido, sin necesidad de intérprete por quienes conocían el idioma en que fueron dichas, teniendo en cuenta los distintos grupos étnicos que estaban presentes y que tenían sus propias lenguas (Hch. 2:9-11).

El término *Espíritu* usado en el versículo debe entenderse como Espíritu Santo y no como el espíritu del hombre. El apóstol cuando escribe *hablar por el Espíritu*, es una forma típicamente paulina que expresa el hacerlo bajo el poder del Espíritu. Si se tratara del concepto antropológico de *espíritu*, tendría que designar los efectos, siendo completamente ilógico en este versículo. Por consiguiente, el significado de la expresión, en este

---

[4] Entre otros Godet. o. c., pág. 271.

[5] Ver comentario a los versículos en *Romanos* de esta misma serie.

entorno textual, afirma que, *aunque habla en lenguas no es entendido, aunque esté guiado por el Espíritu Santo*. El concepto *misterio* en este lugar es equivalente a lo que Lucas llama *"las maravillas de Dios"* (Hch. 2:11). Tratar de hacer entender que esta palabra expresa cosas ininteligibles para el hombre, es absolutamente contraria al sentido nuevo testamentario de la misma. La idea que expresa el apóstol es que, aunque nadie entendía aquellas palabras, estaba expresando verdades divinas, por tanto, el problema estaba en el idioma usado y nunca en la falta de significado de las palabras o en uso de sonidos inarticulados, como generalmente afirma el sistema carismático.

3. Pero el que profetiza habla a los hombres para edificación, exhortación y consolación.

ὁ δὲ προφητεύων ἀνθρώποις λαλεῖ οἰκοδομὴν καὶ παράκλησιν
Pero el que profetiza a hombres habla edificación y exhortación
καὶ παραμυθίαν.
y consolación.

Análisis y notas del texto griego.

Análisis: ὁ, caso nominativo masculino singular del artículo determinado *el*; δὲ, partícula conjuntiva que hace las veces de conjunción coordinante, con sentido de *pero, más bien, y, y por cierto, antes bien, entonces*; προφητεύων, caso nominativo masculino singular participio de presente del verbo προφετεύω, *profetizar*, aquí *que profetiza*; ἀνθρώποις, caso dativo masculino plural del nombre común declinado *para hombres, a hombres*; λαλεῖ, tercera persona singular del presente de indicativo en voz activa del verbo λαλέω, *hablar, decir*, aquí *habla*; οἰκοδομὴν, caso acusativo femenino singular del nombre común *edificación*; καὶ, conjunción copulativa *y*; παράκλησιν, caso acusativo femenino singular del nombre común *exhortación*; καὶ, conjunción copulativa *y*; παραμυθίαν, caso acusativo femenino singular del nombre común *consolación*.

ὁ δὲ προφητεύων ἀνθρώποις λαλεῖ Se refiere ahora el apóstol al ministerio de *profecía* en contraste con el de *lenguas*, para hacer notar las consecuencias. Comienza enseñando que el que profetiza *habla a los hombres*. Ya se ha notado antes que quien habla lenguas lo hace para Dios, en cambio el que usa el don de *profecía*, lo hace para los hombres. La profecía es el don que permite comunicar mensajes de Dios, que Él da por Su Espíritu a los profetas. Ya se ha considerado esto antes (12:28). En el primer nivel de la profecía, permite establecer la base doctrina para la iglesia (Ef. 2:20)[6].

[6] Ver notas al versículo en *Efesios*, de esta misma serie.

Debe apreciarse que el apóstol no habla aquí del *profeta*, sino del *que profetiza*, presentándolo en plena actividad en la congregación. El apóstol identifica el ejercicio del don con el efecto del mismo.

Profetizar es proclamar la mente y consejo de Dios. Como ya se hizo notar antes el sentido de la palabra es *hablar antes* o *hablar anticipadamente*. En todo el Nuevo Testamento se refiere al ejercicio del ministerio de los profetas (cf. Mt. 13:14; 1 Co. 13:8; 14:6, 22; 1 Ts. 5:20; 1 Ti. 1:18; 4:14; 2 P. 1:20-21; Ap. 1:13; 11:6; 19:10; 22:7, 10, 18, 19). Aunque mucho de la profecía tiene que ver con revelar cosas futuras, no es esta su razón de ser, ni tan siquiera única razón. En el primer nivel, el de revelar misterios, cosas no conocidas, queda inoperante luego de completarse el Canon y concluir los escritos del Nuevo Testamento. Ya no hay nada que pueda añadirse a esa revelación.

Creyentes con el don toman hoy el lugar del profeta, especialmente los que tienen como misión el pastoreo y edificación bíblica de la Iglesia, como son *maestros y pastores* (12:28). Éstos toman lo que Dios revela, en Su Santa Palabra y lo aplican a la vida de la congregación, de modo que, la diferencia está en que el mensaje está tomado de la Escritura, mientras que el profeta en tiempos apostólicos lo recibía directamente de Dios hasta que el Nuevo Testamento fue completado.

οἰκοδομὴν καὶ παράκλησιν καὶ παραμυθίαν. El apóstol enseña que el ejercicio del don de *profecía*, en el segundo nivel, que es el que está operativo, produce tres efectos, la *edificación*, la *exhortación* y la *consolación*. En relación con la *edificación*, conduce al desarrollo y crecimiento del cuerpo (Ef. 4:12-13). Conduce a una afirmación del creyente en Dios y la aceptación plena de Su Palabra, confiando plenamente en ella. El primer objetivo descansa en fortalecer la fe, con lo que el creyente se afirma en Dios y es edificado como un miembro firme en el cuerpo de Cristo. No existe posibilidad alguna de edificar a la iglesia más que por medio de la Palabra. Cuanto se pretenda hacer desde otro ámbito no será de edificación sino todo lo contrario.

También el objetivo de este don es el de *exhortación*. El término griego παράκλησις, expresa la idea de *venir al lado*, en este caso para orientación y ayuda, proveyendo de un impulso enérgico para progresar en el desarrollo general de la vida cristiana.

El ejercicio de este don traía también *consolación* (gr. παραμυθίαν). La Palabra es fuente de consuelo para el cristiano (Sal. 119:32). En las dificultades propias de la vida la Palabra es instrumento por el que Dios alienta el alma menesterosa. Es necesario entender que la Biblia es un mensaje de gracia apropiado para las circunstancias adversas por las que el creyente puede pasar. Debe entenderse que el cristiano necesita ser alentado mucho más que reprendido. Hay quienes buscan en la Palabra los elementos represores para mortificar las faltas de los hermanos, cuando es el libro de la gracia divina a favor del hombre y el de la restauración para los que tropiezan. La Palabra, sus promesas y sus indicaciones fortalecen la fe del creyente y animan el alma entristecida y pesarosa. Dios envía a los *profetas*, en el ejercicio de consolación para animar y refrescar la esperanza haciendo gozoso el curso de la vida. De otro modo, vertía en los corazones el bálsamo del aliento y de la esperanza del Espíritu.

4. El que habla en lengua extraña, a sí mismo se edifica; pero el que profetiza, edifica a la iglesia.

ὁ λαλῶν γλώσσῃ ἑαυτὸν οἰκοδομεῖ· ὁ δὲ προφητεύων ἐκκλησίαν
El habla en lengua a sí mismo edifica; pero el que profetiza a iglesia
οἰκοδομεῖ.
edifica.

Análisis y notas del texto griego.

Análisis: ὁ, caso nominativo masculino singular del artículo determinado *el*; λαλῶν caso nominativo masculino singular del participio de presente en voz activa del verbo λαλέω, *hablar, decir*, aquí *que habla*; γλώσσῃ, caso dativo femenino singular del nombre común *lenguas, idiomas*; ἑαυτὸν, caso acusativo masculino singular del pronombre reflexivo declinado *a sí mismo*; οἰκοδομεῖ, tercera persona singular del presente de indicativo en voz activa del verbo οἰκοδομέω, *edificar*, aquí *edifica*; ὁ, caso nominativo masculino singular del artículo determinado *el*; δὲ, partícula conjuntiva que hace las veces de conjunción coordinante, con sentido de *pero, más bien, y, y por cierto, antes bien, entonces*; προφητεύων, tercera persona singular del presente de indicativo en voz activa del verbo προφητεύω, *profetizar*, aquí *profetiza*; ἐκκλησίαν, caso acusativo femenino singular del nombre común declinado *a iglesia*; οἰκοδομεῖ, tercera persona singular del presente de indicativo en voz activa del verbo οἰκοδομέω, *edificar*, aquí *edifica.*

ὁ λαλῶν γλώσσῃ ἑαυτὸν οἰκοδομεῖ· La consecuencia de hablar en lenguas o idiomas sin intérprete son claras *"el que habla en lengua a sí mismo se edifica"*. El adjetivo, *extraña*, no aparece en ningún texto griego y es imposible identificarlo incluso con versiones latinas. Probablemente se trata de una interpolación para dar un mayor sentido a la expresión. Sin embargo, lo que el apóstol está reiterando es el uso de un idioma desconocido para la congregación, pero utilizado en algún lugar. Los dones no se dieron para edificación o provecho sólo del que los recibe, sino para edificación de la iglesia (1 P. 4:10; Ef. 4:12).

ὁ δὲ προφητεύων ἐκκλησίαν οἰκοδομεῖ. Por el contrario, el que profetiza edifica a la iglesia. El ejercicio del don de forma inteligible para todos, edifica la congregación. La conclusión de esto está manifiesta en el versículo siguiente.

5. Así que, quisiera que todos vosotros hablaseis en lenguas, pero más que profetizaseis; porque mayor es el que profetiza que el que habla en lenguas, a no ser que las interprete para que la iglesia reciba edificación.

θέλω δὲ πάντας ὑμᾶς λαλεῖν γλώσσαις, μᾶλλον δὲ ἵνα
Deseo más bien todos vosotros habléis en lenguas, pero más que
προφητεύητε· μείζων δὲ ὁ προφητεύων ἢ ὁ λαλῶν γλώσσαις
profeticéis; y mayor el que profetiza que el que habla lenguas,
ἐκτὸς εἰ μὴ διερμηνεύῃ, ἵνα ἡ ἐκκλησία οἰκοδομὴν λάβῃ.
excepto si no interprete, para que la iglesia edificación recibió.

Análisis y notas del texto griego.

Análisis: θέλω, primera persona singular del presente de indicativo en voz activa del verbo θέλω, *querer, desear*, aquí *deseo*; δὲ, partícula conjuntiva que hace las veces de conjunción coordinante, con sentido de *pero, más bien, y, y por cierto, antes bien, entonces*; πάντας, caso acusativo masculino plural del pronombre indefinido *todos*; ὑμᾶς, caso acusativo de la segunda persona plural del pronombre personal *vosotros*; λαλεῖν, presente de infinitivo en voz activa del verbo λαλέω, *hablar, decir*, aquí mejor *habléis*; γλώσσαις, caso dativo femenino plural del nombre común declinado *en lenguas*; μᾶλλον, adverbio *más*; δὲ, partícula conjuntiva que hace las veces de conjunción coordinante, con sentido de *pero, más bien, y, y por cierto, antes bien, entonces*; ἵνα, conjunción *que*; προφητεύητε, segunda persona plural del presente de subjuntivo en voz activa del verbo προφητεύω, *profetizar*, aquí *profeticéis*; μείζων, caso nominativo masculino singular del adjetivo comparativo *mayor*; δὲ, partícula conjuntiva que hace las veces de conjunción coordinante, con sentido de *pero, más bien, y, y por cierto, antes bien, entonces*; ὁ, caso nominativo masculino singular del artículo determinado *el*; προφητεύων, caso nominativo masculino singular del participio de presente en voz activa del verbo προφητεύω, *profetizar*, aquí *que profetiza*; ἢ, conjunción *que*; ὁ, caso nominativo masculino singular del artículo determinado *el*; λαλῶν, caso nominativo masculino singular del participio de presente en voz activa del verbo λαλέω, *hablar, decir*, aquí *que habla*; γλώσσαις, caso dativo femenino plural del nombre común *lenguas, idiomas*; ἐκτὸς, adverbio, *fuera de, excepto*; εἰ, conjunción afirmativa *si*; μὴ, partícula que hace funciones de adverbio de negación *no*; διερμηνεύῃ, tercera persona plural del presente de subjuntivo en voz activa del verbo διερμενέυω, *interpretar*, aquí *interprete*; ἵνα, conjunción causal *para que*; ἡ, caso nominativo femenino singular del artículo determinado *la*; ἐκκλησία, caso nominativo femenino singular del nombre común *iglesia*; οἰκοδομὴν, caso acusativo femenino singular del nombre común *edificación*; λάβῃ, tercera persona singular del segundo aoristo de indicativo en voz activa del verbo λαμβάνω, *tomar, recibir, aceptar, tomar posesión*, aquí *recibió*.

θέλω δὲ πάντας ὑμᾶς λαλεῖν γλώσσαις. μᾶλλον δὲ ἵνα προφητεύητε· El versículo expresa la conclusión de lo que antecede. El apóstol manifiesta su deseo personal para los corintios, al decirles que *"quisiera que hablaseis en lenguas, pero más que profetizaseis"*. No desprecia, en modo alguno, el don de lenguas. Reconocía su importancia como una manifestación del Espíritu, pero su mayor deseo era que profetizasen. La razón está en la *superioridad* del don de profecía frente al de lenguas, en razón del resultado que alcanza y que se ha considerado antes, ya que uno edifica sólo al que lo usa y otro a toda la iglesia.

μείζων δὲ ὁ προφητεύων ἢ ὁ λαλῶν γλώσσαις. Ministrar bajo la influencia sobrenatural del Espíritu Santo es común a ambos dones. La diferencia está en el lenguaje utilizado. El que profetiza es mayor en el sentido de resultados y de utilidad para la iglesia.

ἐκτὸς εἰ μὴ διερμηνεύῃ, ἵνα ἡ ἐκκλησία οἰκοδομὴν λάβῃ. La condición necesaria para que el discurso en lenguas sea de edificación a la iglesia o de identificación de los creyentes en caso de oración, es que fuese interpretado, de manera que el idioma desconocido en que hablaba se hacía comprensible al traducirlo al conocido y de uso habitual para todos. La profecía es superior a no ser que las lenguas se interpreten, con lo que se transforman en profecía.

El creyente debe seguir todo lo que contribuya a la edificación. La interpretación hace inteligible el mensaje en lenguas, de lo contrario, es simplemente un hablar estéril, esto es, sin provecho alguno para la iglesia. Nuevamente se aprecia que el *hablar en lenguas*, nada tiene que ver con la *glosolalia*, basada en sonidos ininteligibles y enigmáticos, sin sentido, humanamente hablando, sino con un contenido edificante expresado en otro idioma. El don de interpretación era dado para hacer edificante el discurso en lenguas (12:10). Es más, quien tenía el don de lenguas, pronunciaba un mensaje edificante, perfectamente entendible por quienes conocían ese idioma.

Ejercicio incorrecto del don (14:6-13)

6. Ahora pues, hermanos, si yo voy a vosotros hablando en lenguas, ¿qué os aprovechará, si no os hablare con revelación, o con ciencia, o con profecía, o con doctrina?

Νῦν δέ, ἀδελφοί, ἐὰν ἔλθω πρὸς ὑμᾶς γλώσσαις λαλῶν, τί ὑμᾶς
Pero ahora, hermanos, sí fuera a vosotros lenguas hablando, ¿qué os
ὠφελήσω ἐὰν μὴ ὑμῖν λαλήσω ἢ ἐν ἀποκαλύψει ἢ ἐν γνώσει ἢ
aprovechará si no os hablase o en revelación o en ciencia o
ἐν προφητείᾳ ἢ [ἐν][1] διδαχῇ
en profecía o en enseñanza?

Análisis y notas del texto griego.

Análisis: Νῦν, adverbio demostrativo *ahora*; δέ, partícula conjuntiva que hace las veces de conjunción coordinante, con sentido de *pero, más bien, y, y por cierto, antes bien, entonces*; ἀδελφοί, caso vocativo masculino plural del nombre común *hermanos*; ἐὰν, conjunción condicional *si*; ἔλθω, primera persona singular del segundo aoristo de subjuntivo en voz activa del verbo ἔρχομαι, *ir*, aquí *fuera*; πρὸς, preposición propia de acusativo *a*; ὑμᾶς, caso acusativo de la segunda persona plural del pronombre personal declinado *a vosotros, os*; γλώσσαις, caso dativo femenino plural del nombre común *lenguas, idiomas*; λαλῶν, caso nominativo masculino singular del participio de presente en voz activa del verbo λαλέω, *hablar, decir*, aquí *hablando*; τί, caso acusativo neutro singular del pronombre interrogativo *qué*; ὑμᾶς, caso acusativo de la segunda persona plural del pronombre personal declinado *a vosotros, os*; ὠφελήσω, primera persona singular del futuro de indicativo en voz activa del verbo ὠφελέω, *aprovechar, servir* aquí *aprovechará*; ἐὰν, conjunción condicional *si*; μὴ, partícula que hace funciones de adverbio de negación *no*; ὑμῖν, caso dativo de la segunda persona plural del pronombre personal declinado *a vosotros, os*; λαλήσω, primera persona singular del primer aoristo de subjuntivo en voz activa del verbo λαλέω, *hablar*, aquí *hablase*; ἢ, conjunción disyuntiva *o*; ἐν, preposición propia de dativo *en*; ἀποκαλύψει, caso dativo femenino singular del nombre común *revelación*; ἢ, conjunción disyuntiva *o*; ἐν, preposición propia de dativo *en*; γνώσει, caso dativo femenino singular del nombre común *conocimiento, ciencia*; ἢ conjunción disyuntiva *o*; ἐν, preposición propia de dativo *en*; προφητείᾳ, caso dativo femenino singular del nombre común *profecía*; ἢ conjunción disyuntiva *o*; ἐν, preposición propia de dativo *en*; διδαχῇ, caso dativo femenino singular del nombre común *enseñanza*.

Notas. Crítica Textual. Lecturas alternativas.

[1] ἢ ἐν διδαχῇ, *o en enseñanza*, según lectura en ^{2}a, A B D1 K L P Ψ 048. 33. 81. 104. 365. 1175. 1241. 1505. 2464, 𝔐, lat, Clemente, Ambrosiaster.

Se suprime ἐν, *en*, en las siguientes lecturas: $\mathfrak{P}^{46}$, a*, D*, F, G, 0243, 630, 1739, 1881, vg^{mss}, Pelagio.

Νῦν δέ, ἀδελφοί, ἐὰν ἔλθω πρὸς ὑμᾶς γλώσσαις λαλῶν, El apóstol plantea un supuesto, concluyéndolo con una pregunta retórica. Usa esta forma para puntualizar la enseñanza anterior que las lenguas sin interpretación no edifican, para lo que supone su visita a los creyentes en Corinto, hablándoles en lenguas. Usa, como se aprecia, un supuesto personal, esto es, el apóstol va a Corinto para una reunión de iglesia. Como apóstol su enseñanza y presencia debía traer una gran bendición a la iglesia (Ro. 15:29). Todo el ministerio y la enseñanza serían, expresados en lenguas desconocidas para la congregación.

τί ὑμᾶς ὠφελήσω. Ante esto, la pregunta reflexiva: *¿Qué os aprovechará?*, esta pregunta exige una respuesta negativa *nada*. Todo el ministerio resultaría estéril al no poder comprenderlo. Si el apóstol en lugar de instruirles en modo inteligible fuese a ellos para hablar en lenguas, no serviría de nada. Podría ser una magnífica enseñanza, con un alto contenido tanto doctrinal como práctico, con mandamientos y consejos necesarios para la vida cotidiana del creyente, pero, por excelente que fuese lo comunicado sería vano, puesto que nadie podría entender aquello que se le estaba hablando.

ἐὰν μὴ ὑμῖν λαλήσω ἢ ἐν ἀποκαλύψει ἢ ἐν γνώσει ἢ ἐν προφητείᾳ ἢ ἐν διδαχῇ. El modo de edificar es sencillo, expresándolo en cuatro modos de comunicar el mensaje para edificación. Primeramente, cita la *revelación*, que es la comunicación del mensaje divino dado por el Espíritu Santo. Luego menciona el hablar en *ciencia*, conocimiento propio del apóstol que expresa la profundidad de las verdades reveladas. También el hablar en *profecía*, que es la manifestación del mensaje profético comunicado directamente por el Espíritu Santo. Finalmente, cita la *doctrina*, enseñanza propia del maestro que instruye a la congregación en la enseñanza bíblica. Estos cuatro modos de expresión edifican, en contraste con las lenguas que sin interpretar no tienen valor alguno.

7. Ciertamente las cosas inanimadas que producen sonidos, como la flauta o la cítara, si no dieren distinción de voces, ¿cómo se sabrá lo que se toca con la flauta o con la cítara?

ὅμως τὰ ἄψυχα φωνὴν διδόντα, εἴτε αὐλὸς εἴτε
Así también las cosas inanimadas sonido que dan, bien sea flauta, bien sea
κιθάρα, ἐὰν διαστολὴν τοῖς φθόγγοις μὴ δῷ, πῶς
cítara, si distinción con los sonidos no dan, ¿cómo
γνωσθήσεται τὸ αὐλούμενον ἢ τὸ κιθαριζόμενον
será conocido lo que es tocado con flauta o lo que es tocado con cítara?

Análisis y notas del texto griego.

Análisis: ὅμως, adverbio de modo *sin embargo, así también*; τὰ, caso nominativo neutro plural del artículo determinado *los*, aquí en sentido de *las cosas*; ἄψυχα, caso nominativo neutro plural del adjetivo *inanimados*; φωνὴν, caso acusativo femenino singular del nombre común *sonido, voz*; διδόντα, caso nominativo neutro plural del participio de presente en voz activa del verbo δίδωμι, *dar*, aquí *que dan*; εἴτε, conjunción *bien sea*; αὐλὸς, caso nominativo masculino singular del nombre común *flauta*; εἴτε, conjunción *bien sea*; κιθάρα, caso nominativo femenino singular del nombre común *cítara*; ἐὰν, conjunción condicional *sí*; διαστολὴν, caso acusativo femenino singular del nombre común *distinción, diferencia*; τοῖς, caso dativo masculino plural del artículo determinado declinado *con los*; φθόγγοις, caso dativo masculino singular del nombre común *voces, sonidos, tonos*; μὴ, partícula que hace funciones de adverbio de negación *no*; δῷ, tercera persona singular del segundo aoristo de subjuntivo en voz activa del verbo δίδωμι, *dar*, aquí *diere*; πῶς, partícula interrogativa adverbial, que realmente es un pronombre interrogativo *¿cómo?, ¿de qué manera?, ¿por qué medio?, ¡cómo!, ¡cuán! nunca, imposible, ¿qué?, que*; γνωσθήσεται, tercera persona singular del futuro de indicativo en voz pasiva del verbo γινώσκω, *conocer, saber, entender*, aquí *será conocido*; τὸ, caso nominativo neutro singular del artículo determinado *lo*; αὐλούμενον, caso nominativo neutro singular del participio de presente en voz pasiva del verbo αυλέω, *tocar con flauta*, aquí *que es tocado con flauta*; ἤ, conjunción disyuntiva *o*; τὸ, caso nominativo neutro singular del artículo determinado *lo*; κιθαριζόμενον, caso nominativo neutro singular del participio de presente en voz pasiva del verbo κιθαρίζω, *tocar con cítara*, aquí *que es tocado con cítara.*

ὅμως τὰ ἄψυχα φωνὴν διδόντα, εἴτε αὐλὸς εἴτε κιθάρα, Para precisar la necesidad de entender el mensaje que se pronuncia, presenta una ilustración que demuestra la inutilidad de producir simplemente sonidos. Apela a las cosas *inanimadas*, refiriéndose a instrumentos musicales, destinados a producir sonidos. Contrasta dos instrumentos bien diferenciados, uno de viento, la flauta y otro de cuerda, la cítara. Los sonidos emitidos por ambos son diferentes.

ἐὰν διαστολὴν τοῖς φθόγγοις μὴ δῷ, Ahora bien, si no hay distinción de voces, es decir, diferencia clara en el sonido emitido por la flauta y el emitido por la cítara, no es posible apreciar cuando toca uno y cuando otro. Es preciso, pues, que se distinga el sonido de la flauta y el de la cítara.

πῶς γνωσθήσεται τὸ αὐλούμενον ἢ τὸ κιθαριζόμενον. La consecuencia es clara, aunque para una mayor atención de la enseñanza formula aquí una pregunta reflexiva que exige una respuesta negativa: *de ningún modo*. Sin una coordinación, los instrumentos se convierten en meros emisores de sonido sin provecho alguno. Del mismo modo, el simple hecho de hablar en lenguas, convierte el ejercicio del don sólo en un modo de emitir sonidos, sin más provecho. Algunos utilizan el texto para enseñar que hablar en lenguas es emitir sonidos ininteligibles, pero es todo lo contrario, porque el apóstol habla de distinguir bien el sonido que cada instrumento –tomados a modo de ejemplo– produce. Tomar esta enseñanza como fundamento para la *glosolalia*, es absurdo, puesto que si así fuese, el apóstol estaría interesado en que los creyentes emitiesen simplemente sonidos, de otro modo, hiciesen ruido (v. 5), y que él mismo lo hiciese más que todos. Nótese que Pablo está enseñando aquí sobre la inutilidad de un uso incorrecto del *don de lenguas*.

8. Y si la trompeta diere sonido incierto, ¿quién se preparará para la batalla?

καὶ γὰρ ἐὰν ἄδηλον σάλπιγξ φωνὴν δῷ, τίς παρασκευάσεται
Porque también si confuso trompeta sonido da, ¿Quién se preparará
εἰς πόλεμον
para guerra?

Análisis y notas del texto griego.

Análisis: καὶ, adverbio de modo *también*; γὰρ, conjunción causal *porque*; ἐὰν, conjunción condicional *sí*; ἄδηλον, caso acusativo femenino singular del adjetivo *confuso*; σάλπιγξ, caso nominativo femenino singular del nombre común *trompeta*; φωνὴν, caso acusativo femenino singular del nombre común *trompeta*; δῷ, tercera persona singular del segundo aoristo de subjuntivo en voz activa del verbo δίδωμι, *dar,* aquí *diere*; τίς, caso nominativo masculino singular del pronombre interrogativo *quién*; παρασκευάσεται, tercera persona singular del futuro de indicativo en voz media del verbo παρασκευάζω, *prepararse, disponerse*, aquí *se preparará*; εἰς, preposición propia de acusativo *para*; πόλεμον, caso acusativo masculino singular del nombre común *combate, guerra, conflicto*.

καὶ γὰρ ἐὰν ἄδηλον σάλπιγξ φωνὴν δῷ, Reiterando lo que está enseñando, toma otro ejemplo, en este caso sobre las consecuencias de un sonido incierto al hacer sonar la trompeta. Se está refiriendo aquí a la trompeta militar con la que se imparten órdenes al ejército en campaña. Hace suponer el apóstol lo que ocurre si el sonido, en el ejemplo, es confuso, esto es, un toque impreciso que no se distingue con claridad.

τίς παρασκευάσεται εἰς πόλεμον. Nadie sabría qué hacer en la batalla. Los sonidos imprecisos confundirían al ejército que no sabría qué hacer. El resultado sería, no solo confusión, sino incluso destrucción.

Si los mensajes de Dios llegan confusos, es imposible interpretar Sus deseos, por lo que el fracaso espiritual es evidente. Siguiendo la ilustración anterior, si el predicador, o el que habla en la congregación lo hace en lenguas, podrá anunciar las verdades más importantes, revelar misterios, instruir en enseñanza, pero no aprovechará en nada a quienes presentes, oyen la voz, pero no entienden las palabras.

9. Así también vosotros, si por la lengua no diereis palabra bien comprensible, ¿cómo se entenderá lo que decís? Porque hablaréis al aire.

οὕτως καὶ ὑμεῖς διὰ τῆς γλώσσης ἐὰν μὴ εὔσημον λόγον
Así también vosotros por la lengua sí no inteligible palabra
δῶτε, πῶς γνωσθήσεται τὸ λαλούμενον ἔσεσθε γὰρ εἰς ἀέρα
diereis ¿cómo será conocido lo que estaréis hablando? Porque estaréis a aire
λαλοῦντες.
hablando.

Análisis y notas del texto griego.

Análisis: οὕτως, adverbio demostrativo *así*; καὶ, adverbio de modo *también*; ὑμεῖς, caso nominativo masculino plural del pronombre personal *vosotros*; διὰ, preposición propia de genitivo *por, mediante*; τῆς, caso genitivo femenino singular del artículo determinado *la*; γλώσσης, caso genitivo femenino singular del nombre común *lengua, idioma*; ἐὰν, conjunción condicional *si*; μὴ, partícula que hace funciones de adverbio de negación *no*; εὔσημον, caso acusativo masculino singular del adjetivo *inteligible*; λόγον, caso acusativo masculino singular del nombre común *palabra*; δῶτε, segunda persona plural del segundo aoristo de subjuntivo en voz activa del verbo δίδωμι, *dar*, aquí *diereis*; πῶς, partícula interrogativa adverbial, que realmente es un pronombre interrogativo *¿cómo?, ¿de qué manera?, ¿por qué medio?, ¡cómo!, ¡cuán! nunca, imposible, ¿qué?, que*; γνωσθήσεται, tercera persona singular del futuro de indicativo en voz pasiva del verbo γινώσκω, *saber, entender, conocer*, aquí *será conocido*; τὸ, caso nominativo neutro singular del artículo determinado *lo*; λαλούμενον, caso nominativo neutro singular del participio de presente en voz pasiva del verbo λαλέω, *hablar, decir*, aquí *que estaréis hablando*; ἔσεσθε, tercera persona plural del futuro de indicativo en voz media del verbo εἰμί, *estar*, aquí *estaréis*; γὰρ, conjunción causal *porque*; εἰς, preposición propia de acusativo *a*; ἀέρα, caso acusativo masculino singular del nombre común *aire*; λαλοῦντες, caso acusativo masculino plural del participio de presente en voz activa del verbo λαλέω, *hablar, decir*, aquí *hablando*.

οὕτως καὶ ὑμεῖς. La aplicación al ministerio público en la iglesia es natural de acuerdo con los ejemplos anteriores. El apóstol se dirige a todos al hacer esta aplicación: "*Así también vosotros*". Es una referencia a quienes hablan en la congregación. Posiblemente estuviera dirigida a quienes consideraban la supremacía del don de lenguas sobre los otros.

διὰ τῆς γλώσσης ἐὰν μὴ εὔσημον λόγον δῶτε, Los que hablaban en lenguas sin traductor, daban un discurso incierto. El término *lengua*, en este caso, se refiere al órgano de la voz y no al idioma usado. Si usando un determinado idioma *"no diereis palabra bien comprensible"* porque nadie entiende el lenguaje en que se habla, se convierte el ministerio oral en algo incomprensible. El discurso puede ser espiritual y conforme a la verdad, pero no es comprensible, por tanto, es ininteligible e ineficaz.

πῶς γνωσθήσεται τὸ λαλούμενον. La consecuencia se expresa mediante una pregunta dialéctica: *"¿Cómo se entenderá lo que decís?"*. El auditorio no capta el mensaje. Podría, como se dijo antes, ser admirable, pero lamentablemente no es comprensible, por tanto, es vano.

ἔσεσθε γὰρ εἰς ἀέρα λαλοῦντες. El resultado final del hablar en lenguas sin intérprete es un *hablar al aire*. Discurso sin resultado alguno, semejante a un trabajo que es estéril, o vano (9:26). Hablar en lenguas sin que alguien interprete, es inútil, como si se hablase al aire, es decir, sin oyentes, que se convierte en un discurso que no llega a nadie para bien.

10. Tantas clases de idiomas hay, seguramente, en el mundo, y ninguno de ellos carece de significado.

τοσαῦτα εἰ τύχοι γένη φωνῶν εἰσιν ἐν κόσμῳ καὶ οὐδὲν
Tantas si quizá, géneros de lenguaje hay en mundo, y ninguna
ἄφωνον[1]·
sin voz.

Notas y análisis del texto griego.

Análisis: τοσαῦτα, caso nominativo neutro plural del adjetivo demostrativo *tantos*; εἰ, conjunción afirmativa *si*; τύχοι, tercera persona singular del segundo aoristo de optativo en voz activa del verbo τυγχάνω, *alcanzar, llegar, suceder*, en la locución ει τύχοι, *quizá*; γένη, caso nominativo neutro plural del nombre común *familias, clases, géneros*; φωνῶν, caso genitivo femenino singular del nombre común declinado *de lenguaje*; εἰσιν, tercera persona singular del presente de indicativo en voz activa del verbo εἰμί, *ser, estar*, aquí *hay*; ἐν, preposición propia de dativo *en*; κόσμῳ, caso dativo masculino singular del nombre común *mundo*; καὶ, conjunción copulativa *y*; οὐδὲν, caso nominativo neutro singular del pronombre indefinido *ninguno*; ἄφωνον, caso nominativo neutro singular del adjetivo *sin sonido, sin voz, sin expresión.*

Notas. Crítica Textual. Lecturas alternativas.

[1] οὐδὲν ἄφωνον, *ninguna sin voz*, según lectura en 𝔓[46], א*, A, B, D*, F, G, P, 048[vid], 0243, 0289, 6, 33, 81, 365, 1175, 1241, 1739, 1881, 2464, b, vg, co, Clemente, Ambrosiaster.

οὐδὲν αὐτῶν ἄφωνον, *ninguna de ellas sin voz*, como se lee en [2]א, D[2], K, L, Ψ, 104, 630, 1505, 𝔐, ar, g, vg[mss], sy.

τοσαῦτα εἰ τύχοι γένη φωνῶν εἰσιν ἐν κόσμῳ Hace notar que en el mundo hay una gran diversidad de idiomas. La oración se introduce con una locución que tiene el significado de *si tal vez, es así*, que es una frase restrictiva y de modestia, equivalente a *no sé con exactitud.* Dice el apóstol que *"tantas clases de idiomas hay, seguramente en el mundo".* El término φωνῶν, *sonido*, no tiene aquí el sentido de *palabras, fonemas*, con que se expresa un lenguaje. De manera que en el mundo hay una gran diversidad de modos de expresión, es decir, de idiomas. De modo que no existe ningún hombre ni pueblo, sin idioma.

καὶ οὐδὲν ἄφωνον· Todos ellos tienen significado. Cada *fonema*, palabra, con que se expresa esa lengua tiene un determinado sentido. De manera que el texto confirma que cuando Pablo se refiere a *hablar en lenguas*, no está aludiendo a una determinada *glosolalia*, sino a un idioma concreto, con su equivalencia al resto de ellos. Todas las palabras de cada idioma significan algo y son comprensibles. Lo que si es cierto además es que ninguno de los idiomas o de los fonemas, no son inarticulados, sino que tienen sentido y son comprendidos para quienes hablan ese idioma. Los griegos y los romanos llamaban *bárbaros* a quienes no podían expresarse en esas lenguas.

11. Pero si yo ignoro el valor de las palabras, seré como extranjero para el que habla, y el que habla será como extranjero para mí.

ἐὰν οὖν μὴ εἰδῶ τὴν δύναμιν τῆς φωνῆς, ἔσομαι τῷ λαλοῦντι
Si, pues, no se el poder de la voz, seré para el que habla
βάρβαρος καὶ ὁ λαλῶν ἐν ἐμοὶ[1] βάρβαρος.
extranjero y el que habla para mi extranjero.

Análisis y notas del texto griego.

Análisis: ἐὰν, conjunción condicional afirmativa *si*; οὖν, conjunción *pues*; μὴ, partícula que hace funciones de adverbio de negación *no*; εἰδῶ, primera persona singular del perfecto de subjuntivo en voz activa del verbo οἶδα, *saber, conocer*, aquí *he sabido*, mejor *sé*; τὴν, caso acusativo femenino singular del artículo determinado declinado *de la*; δύναμιν, caso acusativo femenino singular del nombre común *poder*; τῆς, caso genitivo femenino singular del artículo determinado declinado *de la*; φωνῆς, caso genitivo femenino singular del nombre común *voz, palabra*; ἔσομαι, primera persona singular del futuro de indicativo en voz media del verbo εἰμί, *ser*, aquí *seré*; τῷ, caso dativo masculino singular del artículo determinado declinado *para el*; λαλοῦντι, caso dativo masculino singular del participio de presente en voz activa del verbo λαλέω, *hablar*, aquí *que habla*; βάρβαρος, caso nominativo masculino singular del adjetivo *bárbaro, no griego, forastero, extranjero, nativo*; καὶ, conjunción copulativa *y*; ὁ caso nominativo masculino singular del artículo determinado *el*; λαλῶν, caso nominativo masculino singular del participio de presente en voz activa del verbo λαλέω, *hablar, decir*, aquí *que habla*; ἐν, preposición propia de dativo *en, para*; ἐμοὶ, caso dativo de la primera persona singular del pronombre personal *mí*; βάρβαρος, ς, caso nominativo masculino singular del adjetivo *bárbaro, no griego, forastero, extranjero, nativo*.

Notas. Crítica Textual. Lecturas alternativas.

[1] ἐν ἐμοι, παρα *mí*, según lectura en a, A, B, K, P, Ψ, 0289, 104, 365, 630, 2464, 𝔐.

ἐμοι, sin la preposición ἐν, *para mí*, conforme a P[46], D, F, G, 0243, 6, 8, 945, 1175, 1739, 1881, latt, co, Clemente.

ἐὰν οὖν μὴ εἰδῶ τὴν δύναμιν τῆς φωνῆς, La consecuencia de ignorar el significado del idioma se expresa claramente al escribir: *"pero si yo ignoro el valor de las palabras"*. Quien habla en un idioma lo hace con significado. El problema está en el que oye y no entiende el idioma, por lo que no puede dar significado a lo que escucha.

ἔσομαι τῷ λαλοῦντι βάρβαρος καὶ ὁ λαλῶν ἐν ἐμοὶ βάρβαρος. La consecuencia producida al ignorar el sentido de las palabras, el que oye es como un extranjero para el que habla y el que habla es extranjero para el que escucha. El desconocimiento del idioma convierte en extraños, idiomáticamente hablando, a los dialogantes. La conversación carece de significado y, por tanto, de sentido, para ambos y son como dos extranjeros hablando cada uno en su propio idioma. Este no sirve al oyente a no ser que pueda entenderlo. La articulación de palabras es la esencia de las lenguas humanas. El término *bárbaro*, que aparece en el texto griego refiriéndose a quien no entiende la lengua griega, se ha explicado al final del versículo anterior.

El texto presente confirma nuevamente la idea de que el sentido de la palabra *lengua* no es *glosolalia*, esto es, decir palabras sin significado consistentes en sonidos o en expresiones inarticuladas, sino que se trata de idiomas, de lo contrario no sería posible afirmar que se le llama extranjero por el hecho de no conocer el significado de lo que dice el que habla. Si emitiera sonidos incoherentes, no sería extranjero por no entender lo que se le está diciendo.

12. Así también vosotros; pues que anheláis dones espirituales, procurad abundar en ellos para edificación de la iglesia.

οὕτως καὶ ὑμεῖς, ἐπεὶ ζηλωταί ἐστε πνευμάτων, πρὸς
Así también vosotros, puesto que anhelosos sois de dones espirituales para
τὴν οἰκοδομὴν τῆς ἐκκλησίας ζητεῖτε ἵνα περισσεύητε.
la edificación de la iglesia anhelad que abundéis.

Análisis y notas del texto griego.

Análisis: οὕτως, adverbio de modo *así*; καὶ, adverbio de modo *también*; ὑμεῖς, caso nominativo de la segunda persona plural del pronombre personal *vosotros*; ἐπεὶ, conjunción *puesto que*; ζηλωταί, caso nominativo masculino plural del nombre común *anhelosos*; ἐστε, segunda persona plural del presente de indicativo en voz activa del verbo εἰμί, *ser, estar*, aquí *sois, estáis*; πνευμάτων, caso genitivo neutro plural del nombre común *espirituales*, aquí en sentido de *dones espirituales*; πρὸς, preposición propia de acusativo *para*: τὴν, caso acusativo femenino singular del artículo determinado *la*; οἰκοδομὴν, caso acusativo femenino singular del nombre común *edificación*; τῆς, caso genitivo femenino singular del artículo determinado declinado *de la* ; ἐκκλησίας, caso genitivo femenino singular del nombre común *iglesia*; ζητεῖτε, tercera persona plural del presente de imperativo en voz activa del verbo ζητέω, *anhelar, desear fervientemente* aquí *anhelad*; ἵνα, conjunción *que*; περισσεύητε, segunda persona plural del presente de subjuntivo en voz activa del verbo περισσεύω, *abundar, sobrar, tener de sobra*, aquí *abundéis*.

οὕτως καὶ ὑμεῖς, Con una nueva referencia a la congregación, esto es, a los creyentes cuando están reunidos, el apóstol aplica el ejemplo anterior. Como dos extranjeros que no se entienden entre sí, es el ejercicio del don de lenguas sin intérprete. La congregación y el que usa el don son como extranjeros entre sí. Esos discursos, por espirituales y magníficos que sean, carecen de valor por la imposibilidad de entender su significado.

ἐπεὶ ζηλωταί ἐστε πνευμάτων, Los corintios tenían un gran deseo de poseer los distintos dones que el Espíritu da a los creyentes, alusión a las distintas manifestaciones del Espíritu en la iglesia (vv. 26, 27). La oración dice textualmente: *"pues que anhelosos sois de espíritus"*, el sentido más natural de esta expresión debe buscarse en 12:7, donde se lee: *"Pero a cada uno le es dada manifestación del Espíritu para provecho"*. Indudablemente, por el contexto, se aprecia que el don más deseado para ellos era el de lenguas, sobre cuya utilización está instruyendo y corrigiendo el apóstol.

πρὸς τὴν οἰκοδομὴν τῆς ἐκκλησίας ζητεῖτε ἵνα περισσεύητε. Pero los dones que se desean tienen un propósito y es el de edificar la iglesia. Ellos debían anhelar los dones que sirven para ese fin y no para gloria o lucimiento personal. Los corintios debían anhelar abundancia de dones que son elementos que capacitan a cada uno para la edificación de la congregación (Ef. 4:11-12).

13. Por lo cual, el que habla en lengua extraña, pida en oración poder interpretarla.

Διὸ [1]	ὁ λαλῶν	γλώσσῃ	προσευχέσθω	ἵνα	διερμηνεύῃ.
Por lo cual,	el que habla	en lengua,	ore	para que	interprete.

Análisis y notas del texto griego.

Análisis: Διὸ, conjunción *por lo cual*; ὁ, caso nominativo masculino singular del artículo determinado *el*; λαλῶν, caso nominativo masculino singular del participio de presente en voz activa del verbo λαλέω, *hablar, decir*, aquí *que habla*; γλώσσῃ, caso dativo femenino singular del nombre común declinado *en lengua*; προσευχέσθω, tercera persona singular del presente de imperativo en voz media del verbo προσεύχομαι, *pedir, orar*, aquí *ore*; ἵνα, conjunción causal *para que*; διερμηνεύῃ, tercera persona singular del presente de subjuntivo en voz activa del verbo διερμενεύω, *interpretar*, aquí *interprete*.

Notas. Crítica Textual. Lecturas alternativas.

[1] διὸ, *por lo cual*, según lectura en 𝔓[46], a[*], A, B, D[s], F, G, P, 048, 0243, 0289, 33, 81, 630, 1241, 1739, 1881, 2464.
διόπερ, *por eso, pues*, conforme a las lecturas en [2]a, K, L, Ψ, 104, 365, 1175, 1505, 𝔐.

Διὸ ὁ λαλῶν γλώσσῃ προσευχέσθω ἵνα διερμηνεύῃ. Hace notar la necesidad de interpretar las lenguas cuando son usadas en la congregación. Es de nuevo interesante apreciar la interpolación del adjetivo *extraña* referido a la lengua. Esa palabra no está en el texto griego y, como se dijo en otro lugar, debió haberse puesto para una mejor comprensión del texto. El que posee ese don debe orar pidiendo a Dios que le conceda la capacidad de interpretarlas, antes de ejercerlo. Sólo así el ministerio será para edificación. En otro caso es mejor que no se ejerza el don, es decir, que no se hable en lenguas.

El apóstol está interesado en que todos entiendan que lo importante no es tanto el ejercicio del don, sino el objetivo que se alcanza con él, puesto que han sido dados para edificación de la iglesia. De ahí la insistencia en la interpretación de lo que se habla en lenguas.

Uso incorrecto del don en la oración (14:14-20)

14. Porque si yo oro en lengua desconocida, mi espíritu ora, pero mi entendimiento queda sin fruto.

ἐὰν [γὰρ] προσεύχωμαι[1] γλώσσῃ, τὸ πνεῦμα μου προσεύχεται,
Porque si oro en lengua, el espíritu de mí ora,
ὁ δὲ νοῦς μου ἄκαρπος ἐστιν.
pero la mente de mí sin fruto está.

Análisis y notas del texto griego.

Análisis: ἐὰν, conjunción condicional afirmativa *si*; γὰρ, conjunción causal *porque*; προσεύχωμαι, primera persona singular del presente de subjuntivo en voz media del verbo προσεύχομαι, *orar, pedir en oración*, aquí *oro*; γλώσσῃ, caso dativo femenino singular del nombre común declinado *en lengua*; τὸ, caso nominativo neutro singular del artículo determinado *el*; πνεῦμα, caso nominativo neutro singular del nombre común *espíritu*; μου, caso genitivo de la primera persona singular del pronombre personal declinado *de mí*; προσεύχεται, tercera persona singular del presente de indicativo en voz media del verbo προσεύχομαι, *orar*, aquí *ora*; ὁ, caso nominativo masculino singular del artículo determinado *el*; δὲ, partícula conjuntiva que hace las veces de conjunción coordinante, con sentido de *pero, más bien, y, y por cierto*, *antes bien, entonces*; νοῦς, caso nominativo masculino singular del nombre común *mente, entendimiento, inteligencia*; μου, caso genitivo de la primera persona singular del pronombre personal declinado *de mí*; ἄκαρπος, caso genitivo masculino singular del adjetivo *sin fruto*; ἐστιν, tercera persona singular del presente de indicativo en voz activa del verbo εἰμί, *ser, estar*, aquí *está*.

Notas. Crítica Textual. Lecturas alternativas.

[1] ἐὰν [γὰρ] προσεύχωμαι, *porque si oro*, conforme a las lecturas a, A, D^s, K, L, P, Ψ, 048, 81, 104, 365, 630, 1175, 1241, 1505, 2464, 𝔐, lat, sy, bo.

ἐὰν προσεύχωμαι, *si oro*, según se lee en $𝔓^{46}$, B, F, G, 0243, 1739, 1881, b, sa; Ambrosiaster.

ἐὰν γὰρ προσεύχωμαι γλώσσῃ, El texto presenta a un creyente orando en lenguas, un supuesto escrito en primera persona *"pero si yo oro en lengua desconocida"*. De nuevo es necesario apreciar que el adjetivo *desconocida*, no figura en el texto original y se introdujo, probablemente, como interpolación para hacer más comprensible la traducción. En este caso la oración pública es hecha en lenguas. De modo que el don se usaba también para orar.

τὸ πνεῦμα μου προσεύχεται, El espíritu del que ora, referido a la parte más elevada de la parte espiritual de la persona (1 Ts. 5:23), que permite establecer comunicación con Dios, conduce e impulsa al creyente a orar (Ro. 8:26). Cuando el que ora lo hacía en lengua estaba ejerciendo un don del Espíritu, y su espíritu era un instrumento en manos del Espíritu de Dios. Es necesario entender que el Espíritu Santo que da el don y que impulsa el ejercicio del mismo, no es una fuerza irresistible que hace que el que ora en lenguas lo haga sin poder resistirse voluntariamente. Lo que está enseñando el apóstol es que el que ora controle lo que hace, ya que si es impulsado por el Espíritu y no puede interpretar lo que dice, debe orar en silencio, como se verá más adelante (v. 28).

ὁ δὲ νοῦς μου ἄκαρπος ἐστιν. Sin embargo, el *entendimiento*, literalmente *la mente*, *el pensamiento*, quedaba sin fruto. Esto lo usan como argumento quienes entienden que el *don de lenguas* es un hablar en forma estática, de modo que el que oraba no entendía lo que estaba diciendo. Tal suposición convierte el ejercicio del don en mera forma de hablar *del Espíritu* y no de la persona, es decir, sería el Espíritu el que estaba orando por o en el creyente y no el que oraba. Pero toda la enseñanza general indica que el que habla en lenguas era consciente de lo que decía. ¿Cómo entender esta referencia al *entendimiento* que quedaba sin fruto? El entendimiento quedaba sin fruto al no beneficiar a otros, porque si no entendían lo que estaba diciendo, no era posible que recibiesen bendición o edificación alguna de lo que estaba diciendo el otro. Esto concuerda con el uso general de la palabra *infructuoso*, en todo el Nuevo Testamento (cf. Mt. 13:22; Ef. 5:11; Tit. 3:14; 2 P. 1:8). Por tanto, la enseñanza es clara, si se ora en lenguas, aunque se actúe bajo la dirección del Espíritu, esa oración no aprovecha a los demás.

15. ¿Qué, pues? Oraré con el espíritu, pero oraré también con el entendimiento; cantaré con el espíritu, pero cantaré también con el entendimiento.

τί οὖν ἐστιν προσεύξομαι[1] τῷ πνεύματι, προσεύξομαι[2] δὲ
¿Qué, pues, hay? Oraré con el espíritu, pero oraré
καὶ τῷ νοΐ ψαλῶ τῷ πνεύματι, ψαλῶ δὲ καὶ
también con el entendimiento. Cantaré con el espíritu, pero cantaré también
τῷ νοΐ .
con el entendimiento.

Análisis y notas del texto griego.

Análisis: τί, caso nominativo masculino singular del pronombre interrogativo *qué*; οὖν, conjunción coordinante *pues*; ἐστιν, tercera persona singular del presente de indicativo en voz activa del verbo ειμί, *ser, estar, haber*, aquí *hay*; προσεύξομαι, primera persona singular del futuro de indicativo en voz media del verbo προσεύχομαι, *orar, pedir, dirigirse en oración*, aquí *oraré*; τῷ, caso dativo neutro singular del artículo determinado declinado *con él*; πνεύματι, caso dativo neutro singular del nombre común *espíritu*; προσεύξομαι, primera persona singular del futuro de indicativo en voz media del verbo προσεύχομαι, *orar, pedir, dirigirse en oración*, aquí *oraré*; δὲ, partícula conjuntiva que hace las veces de conjunción coordinante, con sentido de *pero, más bien, y, y por cierto, antes bien, entonces*; καὶ, adverbio de modo *también*; τῷ, caso dativo neutro singular del artículo determinado declinado *con él*; νοΐ, caso dativo neutro singular del nombre común *entendimiento,* conocimiento; ψαλῶ, primera persona singular del futuro de indicativo en voz activa del verbo ψάλλω, *cantar*, aquí *cantaré*; τω caso dativo neutro singular del artículo determinado declinado *con él*; πνεύματι, caso dativo neutro singular del nombre común *espíritu*; ψαλῶ, primera persona singular del futuro de indicativo en voz activa del verbo ψάλλω, *cantar*, aquí *cantaré*; δὲ, partícula conjuntiva que hace las veces de conjunción coordinante, con sentido de *pero, más bien, y, y por cierto, antes bien, entonces*; καὶ, adverbio de modo *también*; τῷ, caso dativo neutro singular del artículo determinado declinado *con él*; νοΐ, caso dativo neutro singular del nombre común *entendimiento,* conocimiento.

Notas. Crítica Textual. Lecturas alternativas.

[1] προσεύξομαι, *oraré*, según lectura en B, K, L, Ψ, 0243, 81, 104, 365, 630, 1175, 1505, 1739, 1881, 𝔐, latt. Orígenes.

προσεύξωμαι, *orase, orare,* conforme a la lectura en א, A, D[s], F, G, P, 33, 1241, 2464.

[2] προσεύξομαι, *oraré*, como se encuentra en א, B K L Ψ 0243. 81. 104. 365. 630. 1241. 1505. 1739. 1881, 𝔐, latt. Orígenes.

προσεύξωμαι, *orase, orare,* conforme a la lectura en א, A, D[s], F, G, P, 33, 1241, 2464.

τί οὖν ἐστιν El apóstol plantea una pregunta que conduce a una acción: *¿Qué haré?*, literalmente: *¿pues que hay?* No se trata de dejar de ejercer el don, sino de hacerlo para que otros sean beneficiados.

προσεύξομαι τῷ πνεύματι, προσεύξομαι δὲ καὶ τῷ νοΐ· Esta opción se usa primero para la oración. Esta debe ser hecha *con el espíritu*, pero también ha de hacerse con *el entendimiento*. Debía hacer uso del don, pero de forma que todos entendiesen lo que decía. Por tanto, el ejercicio del don debía ser controlado por quien lo poseía. No es el ejercicio de un derecho, sino el bien de los demás (10:24).

ψαλῶ τῷ πνεύματι, ψαλῶ δὲ καὶ τῷ νοΐ. Del mismo modo ocurre con el canto. Pablo enseña que la opción para la alabanza es con el espíritu, pero también con el entendimiento. El cántico aquí tiene que ver con una expresión de alabanza que podía ir acompañada de instrumentos musicales. Realmente el verbo ψάλλω, significa *tocar* un instrumento y se usa en esa manera. Desde el principio del cristianismo, el cantar formaba parte del culto. Esta es una evidencia del canto congregacional acompañado de instrumentos. La decisión para el canto es la misma que para la oración, buscar la edificación de todos en lugar de satisfacer el beneficio propio.

16. Porque si bendices sólo con el espíritu, el que ocupa lugar de simple oyente, ¿cómo dirá el Amén a tu acción de gracias? pues no sabe lo que has dicho.

ἐπεὶ ἐὰν εὐλογῇς ἐν πνεύματι, ὁ ἀναπληρῶν τὸν τόπον τοῦ
Porque si bendices en espíritu, el que ocupa el lugar del
ἰδιώτου πῶς ἐρεῖ τὸ ἀμὴν ἐπὶ τῇ σῇ εὐχαριστίᾳ ἐπειδὴ
no iniciado ¿Cómo dirá el amén a - tu acción de gracias? Puesto que
τί λέγεις οὐκ οἶδεν·
que dices no ha sabido.

Análisis y notas del texto griego.

Análisis: ἐπεὶ, conjunción *porque*; ἐὰν, conjunción condicional afirmativa *si*; εὐλογῇς, segunda persona singular del presente de subjuntivo en voz activa del verbo εὐλογέω, *bendecir*, aquí *bendices*; ἐν, preposición propia de dativo *en*; πνεύματι, caso dativo neutro singular del nombre común *espíritu*; ὁ, caso nominativo masculino singular del artículo determinado *el*; ἀναπληρῶν, caso nominativo masculino singular del participio de presente en voz activa del verbo ἀναπληρόω, *cumplir, completar, llenar la medida, ocupar*, aquí *ocupa*; τὸν, caso acusativo masculino singular del artículo determinado *el*; τόπον, caso acusativo masculino singular del nombre común *lugar*; τοῦ, caso genitivo masculino singular del artículo determinado declinado *del*; ἰδιώτου, caso genitivo masculino singular del nombre común *profano, no iniciado*; πῶς, partícula interrogativa adverbial, que realmente es un pronombre interrogativo *¿cómo?, ¿de que manera?, ¿por qué medio?, ¡cómo!, ¡cuán! nunca, imposible, ¿qué?, que*; ἐρεῖ, tercera persona singular del futuro de indicativo en voz activa del verbo λέγω, *hablar, decir*, aquí *dirá*; τὸ, caso acusativo neutro singular del artículo determinado *lo*; ἀμὴν, transliteración del hebreo, *amén, así sea*; ἐπὶ, preposición propia de dativo *a*; τῇ, caso dativo femenino singular del artículo determinado *la*; σῇ, caso dativo femenino singular del adjetivo posesivo *tu*; εὐχαριστίᾳ, caso dativo femenino singular del nombre común *eucaristía, acción de gracias*; ἐπειδὴ, conjunción *puesto que*; τί, caso acusativo neutro singular del pronombre interrogativo *qué*; λέγεις, segunda persona singular del presente de indicativo en voz activa del verbo λέγω, *hablar, decir*, aquí *dices*; οὐκ, forma escrita del adverbio de negación *no*, con el grafismo propio ante una vocal con espíritu suave o una enclítica; οἶδεν, tercera persona singular del perfecto de indicativo en voz activa del verbo οἶδα, *saber, entender, conocer*, aquí *ha entendido, ha sabido*.

ἐπεὶ ἐὰν εὐλογῇς ἐν πνεύματι, El apóstol ha recordado a los corintios que el creyente no debe buscar su propio bien sino el de los otros (10:24). El uso del don simplemente para manifestarlo en público sin orientarlo hacia la edificación de los presentes es un uso incorrecto del mismo. El versículo sitúa el contexto de una hipotética reunión congregacional en la que hay quien habla y quien escucha. El que hace uso de la palabra está pronunciando palabras de adoración, bendiciendo a Dios o incluso pronunciando una bendición sobre la congregación al estilo judío (Sal. 106:48; Neh. 8:6). En el entorno cultico es mejor entender que se trataba de una oración de alabanza y bendición a Dios. Esta expresión era hecha al impulso del Espíritu, en la que el espíritu del que lo hacía era conducido en esa acción divina, usando para ello el don de lenguas que había recibido de Él.

ὁ ἀναπληρῶν τὸν τόπον τοῦ ἰδιώτου. En la reunión estaban otros presentes que ocupaban el lugar de *simples oyentes*. El término ἰδιώτης, equivale a *sin cultura, no iniciado, profano*, que debe ser aplicado en este contexto a un *simple oyente*, que vino por alguna razón a la reunión de creyentes. La diferencia apreciable es que se trata de un contraste entre quien ocupa el ministerio y el que no está allí más que como oyente. Las oraciones, la alabanza, la *eucaristía*, acción de gracias, deben hacerse en palabras comprensivas para todos, especialmente para quien es un *simple oyente* en aquella reunión, entre los que podrían contarse a causa del efecto los que no tienen el don de lenguas y no hay intérprete en la reunión, o los *indoctos* (v. 24). No hay ninguna base, como algunos pretenden, entre laicos y oficiales, o incluso entre laicos y clero, apoyándose en este texto.

πῶς ἐρεῖ τὸ ἀμὴν ἐπὶ τῇ σῇ εὐχαριστίᾳ ἐπειδὴ τί λέγεις οὐκ οἶδεν· Una nueva pregunta reflexiva plantea directamente el problema que se estaba produciendo. El visitante, no podrá asentir o no hacerlo a lo que se está diciendo, porque no entiende el significado de lo que se habla. Si se trata de una oración no podrá decir *amén* e identificarse con la acción de gracias y la alabanza, porque nadie asiente a lo que no entiende. De manera que cuanto se haga en una reunión eclesial, ha de ser comprendido por todos para ser asentido o estar identificado con lo que se está produciendo en la congregación.

En el tiempo actual hay iglesias que consideran el *don de lenguas* como evidencia de estar en posesión del Espíritu y consideran la participación en lenguas, muchas veces mero ruido inarticulado e incomprensible, como expresión máxima de la plenitud del Espíritu. Este culto simplemente sentimental y generalmente ciego, espiritualmente hablando, que no transmite ningún concepto a la mente, y simplemente ocasiona una manifestación de espiritualidad que no es impulsada por el Santo Espíritu de Dios, sino por las emociones humanas, está muy lejos de ser el culto que el apóstol demandaba para la iglesia en Corinto.

17. Porque tú, a la verdad, bien das gracias; pero el otro no es edificado.

σὺ μὲν γὰρ καλῶς εὐχαριστεῖς ἀλλ' ὁ ἕτερος οὐκ
Porque tú a la verdad bien das gracias; pero el otro no
οἰκοδομεῖται.
es edificado.

Análisis y notas del texto griego.

Análisis: σὺ, caso nominativo de la segunda persona singular del pronombre personal *tú*; μὲν, partícula afirmativa que se coloca siempre inmediatamente después de la palabra expresiva de una idea que se ha de reforzar o poner en relación con otra idea y que, en sentido absoluto tiene oficio de adverbio de afirmación, como *ciertamente, a la verdad*; γὰρ, conjunción causal *porque*; καλῶς, adverbio de modo *bien*; εὐχαριστεῖς, segunda persona singular del presente de indicativo en voz activa del verbo εὐχαριστέω, *agradecer, dar gracias*, aquí *das gracias*; ἀλλ', forma escrita ante vocal de la conjunción adversativa ἀλλά que significa *pero, sino*; ὁ, caso nominativo masculino singular del artículo determinado *el*; ἕτερος, caso nominativo masculino singular del adjetivo indefinido *otro*; οὐκ, forma escrita del adverbio de negación *no*, con el grafismo propio ante una vocal con espíritu suave o una enclítica; οἰκοδομεῖται, tercera persona singular del presente de indicativo en voz pasiva del verbo οἰκοδομέω, *edificar*, aquí *es edificado*.

σὺ μὲν γὰρ καλῶς εὐχαριστεῖς La posición del que alaba, bendice, agradece, en general, ora en lenguas, es correcta en su contenido y, sin duda en su expresión idiomática en la lengua en que ha sido pronunciada. El que oraba lo hacía correctamente, lo que sirve también para confirmar que debía entender lo que estaba diciendo, ya que lo contrario no solo no sería provecho para los demás, sino para él mismo. Esta es otra evidencia en contra de quienes afirman que el que hablaba en lenguas no entendía lo que decía y que simplemente era un instrumento en manos del Espíritu que le impulsaba a decir aquello en lengua desconocida. La Biblia no enseña nada, en ningún lugar, de un culto que se produce al margen de la comprensión o de la inteligencia humana.

ἀλλ' ὁ ἕτερος οὐκ οἰκοδομεῖται. Sin embargo, la conjunción adversativa, *pero*, orienta de otro modo la segunda parte de la oración, haciéndola recaer en el oyente. Éste no es edificado porque no entiende lo que se ha dicho. El apóstol con cierta ironía, les dice: *"mientras tú oras bien, nadie entiende y nadie es edificado"*. Esto constituye un absurdo y revela el uso incorrecto del don de lenguas en la congregación en Corinto.

18. Doy gracias a Dios que hablo en lenguas más que todos vosotros.

Εὐχαριστῶ	τῷ	Θεῷ[1],	πάντων ὑμῶν μᾶλλον	γλώσσαις	λαλῶ·
Doy gracias	-	a Dios,	más que todos vosotros	lenguas	hablo.

Análisis y notas del texto griego.

Análisis: Εὐχαριστῶ, primera persona singular del presente de indicativo en voz activa del verbo εὐχαριστέω, *dar gracias, agradecer*, aquí *doy gracias*; τῷ, caso dativo masculino singular del artículo determinado declinado *al*; Θεῷ, caso dativo masculino singular del nombre divino *Dios*; πάντων, caso genitivo masculino plural del adjetivo indefinido *todos*; ὑμῶν, caso genitivo de la segunda persona plural del pronombre personal *vosotros*; μᾶλλον, adverbio comparativo *más, más que*; γλώσσαις, caso dativo femenino plural del nombre común *lenguas*; λαλῶ, primera persona singular del presente de indicativo en voz activa del verbo λαλέω, *hablar, decir*, aquí *hablo*.

Notas. Crítica Textual. Lecturas alternativas.

[1] τῷ Θεω, *a Dios*, como se lee en a, B, D[s], F, G, P, Ψ, 048, 0243, 0289, 6, 33, 81, 104, 365, 1175, 1739, 1881, latt.
τῷ Θεω μου, *a mi Dios*, según lectura en K, L, 326, 614, 629, 945, sa.

Εὐχαριστῶ τῷ θεῷ, πάντων ὑμῶν μᾶλλον γλώσσαις λαλῶ· La manifestación de este don en el apóstol era abundante. El da gracias a Dios porque hablaba en lenguas más que todos los creyentes en Corinto. Estaba, como apóstol, dotado de dones en el más alto grado. Era un creyente enriquecido por Dios y hablaba en más idiomas que ningún otro de los creyentes en Corinto. Pablo poseía y usaba el don de lenguas. Pero, también podría tratarse de una referencia al conocimiento de otros idiomas, conocimiento que era mayor que todos los creyentes corintios. Posiblemente los idiomas de uso general, como el griego y el latín, eran conocidos por él y podía manejarlos, pero también estaba el arameo y el hebreo que dominaba, así que podía hablar en idiomas, en lenguas, más que todos los de la iglesia a quienes está escribiendo. Bien sea por el conocimiento personal o por el don que hubiera recibido. En cualquier caso puntualiza el hecho de que conocía muchos idiomas.

19. Pero en la iglesia prefiero hablar cinco palabras con mi entendimiento, para enseñar también a otros, que diez mil palabras en lengua desconocida.

ἀλλὰ ἐν ἐκκλησίᾳ θέλω πέντε λόγους τῷ νοΐ μου
Pero en iglesia quiero cinco palabras con el entendimiento de mí
λαλῆσαι, ἵνα καὶ ἄλλους κατηχήσω, ἢ μυρίους λόγους
hablar, para también a otros instruir más que diez mil palabras
ἐν γλώσσῃ.
en lengua.

Análisis y notas del texto bíblico.

Análisis: ἀλλὰ, conjunción adversativa *pero*; ἐν, preposición propia de dativo *en*; ἐκκλησίᾳ, caso dativo femenino singular del nombre común *iglesia*; θέλω, primera persona singular del presente de indicativo en voz activa del verbo θέλω, *querer, desear*, aquí *quiero*; πέντε, caso acusativo masculino plural del adjetivo numeral cardinal *cinco*; λόγους, caso acusativo masculino plural del nombre común *palabras*; τῷ, caso dativo masculino singular del artículo determinado declinado *con el*; νοΐ, caso dativo masculino singular del nombre común, *conocimiento, entendimiento, mente, pensamiento*; μου, caso genitivo de la primera persona singular del pronombre personal declinado *de mí*; λαλῆσαι, aoristo primero de infinitivo en voz activa del verbo λαλέω, *hablar, decir*; ἵνα, conjunción causal, *para*; καὶ, adverbio de modo *también*; ἄλλους, caso acusativo masculino plural del pronombre indefinido declinado *a otros*; κατηχήσω, primera persona singular del primer aoristo de subjuntivo en voz activa del verbo κατεχέω, *instruir*; ἢ, partícula conjuntiva de comparación *más que*; μυρίους, caso acusativo masculino plural del adjetivo numeral cardinal *diez mil*; λόγους, caso acusativo masculino plural del nombre común *palabras*; ἐν, preposición propia de dativo *en*; γλώσσῃ, caso dativo femenino singular del nombre común *lengua*.

ἀλλὰ ἐν ἐκκλησίᾳ θέλω πέντε λόγους τῷ νοΐ μου λαλῆσαι, ἵνα καὶ ἄλλους κατηχήσω, No hay ninguna duda de que Pablo aceptaba los dones que el Espíritu otorga, entre los que estaban el *don de lenguas*. Pero él toma una determinación personal para cuando está presente en la reunión de la iglesia. No procuraba largos discursos en lenguas, sino pocas palabras en un idioma conocido.

La base de esta decisión tiene que ver con la edificación de los creyentes. Pocas palabras servían para instruir, muchas en otros idiomas servían solo para hacer ruido. Él quería instruir por medio de la enseñanza de palabra (Gá. 6:6). Esto expresa la idea de hablar con *entendimiento*, es decir, teniendo la mente que elabora las palabras de la enseñanza bajo su propio control, y no dejarla al impulso de una emoción interior que no edifica, sino que puede ser instrumento de orgullo personal.

ἢ μυρίους λόγους ἐν γλώσσῃ. Prefería la brevedad de unas pocas palabas que instruían, en este ejemplo habla de *cinco palabras*, contra *diez mil* en lengua. Un nuevo argumento en contra de la *glosolalia*, se presenta en este versículo. No está dando gracias a Dios por hablar en forma ininteligible, que es lo que supondría el *don de lenguas* en expresiones inarticuladas, es decir, con palabras que ni él mismo entendía, como afirma la posición *carismática*. Está claro que, si se tratase de un *hablar en lenguas* sin control ni sentido de las palabras pronunciadas, sería hablar en un estado mental incontrolado. Al desear hablar con *entendimiento*, expresa lo que tiene en mente cuando habla de lenguas, el verdadero interés del apóstol es hablar de tal manera que instruya a todos los que le puedan oír.

20. Hermanos, no seáis niños en el modo de pensar, sino sed niños en la malicia, pero maduros en el modo de pensar.

'Αδελφοί, μὴ παιδία γίνεσθε ταῖς φρεσὶν ἀλλὰ τῇ κακίᾳ
Hermanos, no niños os hagáis en las mentalidades, sino en la malicia,
νηπιάζετε, ταῖς δὲ φρεσὶν τέλειοι γίνεσθε.
Sed niños pero en las mentalidades maduros haceos.

Análisis y notas del texto griego.

Análisis: 'Αδελφοί, caso vocativo masculino plural del nombre común *hermanos*; μὴ, partícula que hace funciones de adverbio de negación *no*; παιδία, caso nominativo neutro plural del nombre común *niños*; γίνεσθε, segunda persona plural del presente de imperativo en voz activa del verbo γίνομαι, *hacerse, llegar a ser, empezar a existir,* aquí *os hagáis*; ταῖς, caso dativo femenino plural del artículo determinado declinado *en las*; φρεσὶν, caso dativo femenino plural del nombre común *mentalidades*, *entendimiento, juicio*; ἀλλὰ, conjunción adversativa *sino*; τῇ, caso dativo femenino singular del artículo determinado declinado *en la*; κακίᾳ, caso dativo femenino singular del nombre común *malicia*; νηπιάζετε, segunda persona plural del presente de imperativo en voz activa del verbo νεπιάζω, *ser niño*, aquí *sed niños*; ταῖς, caso dativo femenino plural del artículo determinado declinado *en las*; φρεσὶν, caso dativo femenino plural del nombre común *mentalidades*, *entendimiento, juicio*; τέλειοι, caso nominativo masculino plural del adjetivo *maduros*; γίνεσθε, segunda persona plural del presente de imperativo en voz media del verbo γίνομαι, *hacerse, llegar a ser, empezar a existir*, aquí *haceos*.

'Αδελφοί, μὴ παιδία γίνεσθε ταῖς φρεσὶν. El apóstol se dirige a todos los creyentes, mediante el vocativo *hermanos*, que es como reconoce a los destinatarios de la *Epístola*. La exhortación es fuerte, al demandar de ellos un comportamiento que no sea infantil: *"no seáis niños en el modo de pensar"*, literalmente *en las mentalidades*.

El apóstol comenzó la enseñanza sobre el don de lenguas, hasta aquí, haciendo notar que, en cuanto a utilidad, las lenguas son inferiores al de profecías (vv. 1-5). Avanzó un poco más para enseñar que las lenguas sin interpretación vienen a ser completamente inútiles (vv. 6-15). Siguió luego haciéndoles ver que el uso del don de esta manera es un inconveniente más que una bendición (vv. 16-19). Finalmente apela al buen sentido de los lectores (v. 20).

ἀλλὰ τῇ κακίᾳ νηπιάζετε, ταῖς δὲ φρεσὶν τέλειοι γίνεσθε. En contraste les pide que sean *niños*, literalmente *infantiles*, no en la forma de entender las cosas, sino en la *malicia*. La diferencia entre un niño y un adulto es que aquel busca nimiedades, cosas que el adulto desprecia. El niño quiere aquello que no tiene valor. Sin embargo, el niño manifiesta un espíritu inocente. Esa es la condición exigida para quienes se acercan a Dios, y participan en el culto público. Pablo les dice: *"No penséis como niños, sino sed niños en cuanto a lo malo"*[7] Por eso dijo Jesús a los discípulos cuando estaban preguntándose quién sería el mayor en el reino de los cielos: *"Y dijo: De cierto os digo, que si no os volvéis y os hacéis como niños, no entraréis en el reino de los cielos"* (Mt. 18:3).

No cabe duda que los corintios eran unos *infantiles* espiritualmente hablando (3:1). Como niños tenían una mentalidad que buscaba las manifestaciones notables, pero no pensaban con mentalidad edificadora. Ahora el apóstol les indica el camino de la madurez, la capacidad de pensamiento para buscar el bien máximo que no es el espectáculo del ejercicio del don de lenguas, sino la edificación de los hermanos, con palabras que puedan ser comprensibles. Los corintios habían manifestado un deseo sin razón de hablar en lenguas, que no es más que una expresión ingenua que valora el don de lenguas sobre todos los demás dones, que sirven para edificar a los hermanos, menos éste.

Es lamentable apreciar que el problema no se ha extinguido, sino que persiste en el presente. Hay grupos llamados *evangélicos*, que enseñan que quien no habla en lenguas no está en posesión del Espíritu o del poder del Espíritu en su vida. A éstos, en el tiempo, reprende el apóstol llamándoles *infantiles*, y haciéndoles notar que él mismo prefiere decir cinco palabras plenamente inteligibles que *diez mil* en forma ininteligible. Los niños en Cristo son personas inmaduras que no edifican la iglesia del Señor y solo buscan un espectáculo. Es asombroso que, además, los líderes que instruyen a estos *niños en Cristo* procuren despertar en ellos la manifestación del ruido absurdo, sin buscar la edificación del pueblo de

---

[7] Tomado de Hodges. o. c., pág. 269.

Dios. La bendición máxima que un creyente debe procurar no es alardear de espiritualidad con expresiones bíblicamente incorrectas, sino la de ayudar a un niño en Cristo a convertirse en un hombre maduro que sea capaz de mantenerse firme en medio de un violento turbión de doctrinas que procurar derribarlo y llevarlo de un lugar para otro. Debe entenderse que lo importante para un niño es la emoción y no la utilidad.

La razón del don (14:21-22)

21. En la ley está escrito: En otras lenguas y con otros labios hablaré a este pueblo; y ni aun así me oirán, dice el Señor.

ἐν τῷ νόμῳ γέγραπται ὅτι
En la ley se ha escrito que
ἐν ἑτερογλώσσοις
en otras lenguas
καὶ ἐν χείλεσιν ἑτέρων[1]
y en labios de otros
λαλήσω τῷ λαῷ τούτῳ
hablaré al pueblo este;
καὶ οὐδ' οὕτως **εἰσακούσονται** *μου,*
y ni así escucharán me
λέγει Κύριος.
dice Señor.

Análisis y notas del texto griego.

Análisis: ἐν, preposición propia de dativo *en*; τῷ, caso dativo masculino singular del artículo determinado *el*; νόμῳ, caso dativo masculino singular del nombre común *ley*; γέγραπται, tercera persona singular del perfecto de indicativo en voz pasiva del verbo γράφω, *escribir*, aquí *ha sido escrito*; ὅτι, conjunción *que*; *ἐν,* preposición propia de dativo *en*; *ἑτερογλώσσοις,* caso dativo masculino plural del adjetivo *otras lenguas*; *καὶ,* conjunción copulativa *y*; *ἐν,* preposición propia de dativo *en*; *χείλεσιν,* caso dativo neutro plural del nombre común *labios*; *ἑτέρων,* caso genitivo masculino plural del adjetivo *otros*; *λαλήσω,* primera persona singular del futuro de indicativo en voz activa del verbo λαλέω, *hablar, decir*, aquí *hablaré*; *τῷ,* caso dativo masculino singular del artículo determinado *el*; *λαῷ,* caso dativo masculino singular del nombre común *pueblo*; *τούτῳ,* caso dativo masculino singular del pronombre demostrativo *este*; *καὶ,* conjunción copulativa *y*; οὐδ', forma que adopta el adverbio οὐδέ por elisión de la ε final ante vocal o diptongo con aspiración, y que significa *y no*; *οὕτως,* adverbio demostrativo *así*; *εἰσακούσονται,* tercera persona plural del futuro de indicativo en voz activa del verbo εἰσακούω, *escuchar, atender, hacer caso*, aquí *escucharán*; *μου,* caso genitivo de la primera persona singular del pronombre personal *me*; *λέγει,* tercera persona singular del presente de indicativo en voz activa del verbo λέγω, *hablar, decir*, aquí *dice*; *Κύριος,* caso nominativo masculino singular del nombre divino *Señor*.

Notas. Crítica Textual. Lecturas alternativas.

[1] ἑτέρων, *de otros*, según lectura en ℵ, A, B, Ψ, 0201, 0243, 6, 33, 81, 104, 326, 1241, 1739, 2464.

ἑτέροις, *con otros*, como se lee en 𝔓[46], Ds F G K L P 365. 630. 1175. 1505. 1881, 𝔐, lat, sy, co, Marción[E].

ἐν τῷ νόμῳ γέγραπται ὅτι La condición de los corintios era manifiestamente rebelde, de ahí que no sea suficiente la enseñanza de Pablo que, con toda probabilidad, ocasionaría contraste de pareceres entre ellos. Por esa causa el apóstol apela nuevamente a la Escritura para hacerles notar la razón o la causa por la que había sido dado este don en el tiempo en que se escribía la *Epístola*. Como es habitual en una cita bíblica la precede de la advertencia de su condición: *"Como ha sido escrito en la ley"*. No se trataba de algo que pueda considerarse como válido o no, sino de una porción de la Biblia que tiene la condición de plenariamente inspirada y, por tanto, autoritativa, que exige obediencia y definitivamente debiera eliminar cualquier discusión sobre el tema. Pablo llama a la Palabra, *la Ley*, que es uno de los títulos dados a la Escritura en general y no solo al Pentateuco (cf. Sal. 1:2; 19:7; Jn. 10:34; Ro. 3:20; etc.). Por eso la cita está tomada de los profetas (Is. 28:11; 33:19).

ἐν ἑτερογλώσσοις καὶ ἐν χείλεσιν ἑτέρων λαλήσω τῷ λαῷ τούτῳ. Es necesario apreciar el entorno textual en que se registra la cita de la profecía. El profeta Isaías es una de las porciones que eran favoritas del apóstol. Es interesante que la cita transcrita aquí tiene algunas diferencias con el texto hebreo y también con la LXX. Sin que esté alterado el sentido del texto bíblico tal como fue escrito, el apóstol le da una aplicación que incluye el invertir alguna palabra colocándola en otro orden. En la traducción del texto se lee: *"Porque en lengua de tartamudos, y en extraña lengua se hablará a este pueblo, al cual se dijo: Éste es el lugar de reposo; dad reposo al cansado; y éste es el lugar de refrigerio; mas no quisieron escuchar"* (Is. 28:11-12). El apóstol elimina parte del texto que cita –concretamente la primera parte del v. 12, manteniendo la parte final. Los judíos no prestaron atención a las palabras del profeta, es más, se burlaban de él, quien les había hablado en idioma claramente compresible para ellos. Dios les anuncia juicio y les advierte que oirían hablar en lengua que era incomprensible para ellos. Referencia inequívoca al ejército sirio que invadiría gran parte del territorio. Por tanto, el *hablarles en otras lenguas*, no era una señal de bendición, sino de juicio. Muchos de Israel serían llevados en cautiverio y dejarían de oír la lengua que conocían en la que Dios, por medio de los profetas, les había llamado al arrepentimiento, para oír las palabras pronunciados por otros labios que en la simple forma de hablar, les recordaría el juicio que les había alcanzado por su pecado (cf. Dt. 28:49; Is.33:19; Jer. 5:15).

La aplicación de este texto a los corintios, tiene el problema de que sería una situación que tuvo que ver con el pueblo de Israel y que ocurrió en el pasado. Además, quienes hablaban en lenguas, no eran extranjeros o extraños, sino los creyentes de la iglesia en Corinto. Sin embargo, el propósito que tiene el apóstol aquí es destacar la actitud de quienes llama en dos ocasiones *incrédulos* en el contexto inmediato, por consiguiente, las lenguas son una advertencia de juicio contra los *incrédulos*, es decir, contra quienes se niegan a creer lo que Dios les declara. En el pasaje de la profecía las lenguas eran una señal para los incrédulos de aquel tiempo, como lo es también para los del presente. A esta conclusión va a llegar en los versículos siguientes.

καὶ οὐδ οὕτως εἰσακούσονται μου, λέγει Κύριος. La incredulidad de los antiguos se repite en el tiempo en que se escribía la *Epístola*, por tanto, el apóstol está llevando la advertencia antigua con la referencia a las lenguas, a otros pueblos que resisten la voz de Dios en aquellos días. A esa conclusión llegará en los siguientes versículos. Es necesario entender que el apóstol no está usando esto en forma alegórica para condenar el uso de las lenguas. Lo que está haciendo es conducir el pensamiento de los corintios para que entiendan que las lenguas no siempre son una señal de bendición, sino de juicio. Ellos estaban convirtiendo el ejercicio del don no como algo edificante, sino como manifestación de arrogancia y engreimiento. Este don tenía como base fundamental poder alcanzar a gente de distintas naciones con el evangelio de la gracia para que fuesen salvos, hablándoles en su propio idioma. No cabe duda que esto usado de este modo era una bendición a muchos, pero haciéndolo como ellos lo estaban haciendo era convertirlo en algo que no tenía razón de ser.

22. Así que, las lenguas son por señal, no a los creyentes, sino a los incrédulos; pero la profecía, no a los incrédulos, sino a los creyentes.

ὥστε αἱ γλῶσσαι εἰς σημεῖον εἰσιν οὐ τοῖς πιστεύουσιν ἀλλὰ
Así que las lenguas para señal son no para los que creen sino

τοῖς ἀπίστοις, ἡ δὲ προφητεία οὐ τοῖς ἀπίστοις ἀλλὰ τοῖς
para los incrédulos, pero la profecía no a los incrédulos sino a los
πιστεύουσιν.
que creen.

Análisis y notas del texto griego.

Análisis: ὥστε, conjunción consecutiva *por tanto, por consiguiente, de tal manera que, con el fin de, con la intención de*; αἱ, caso nominativo femenino plural del artículo determinado *las*; γλῶσσαι, caso nominativo femenino plural del nombre común *lenguas*; εἰς, preposición propia de acusativo *para*; σημεῖον, caso acusativo neutro singular del nombre común *señales*; εἰσιν, tercera persona plural del presente de indicativo en voz activa del verbo εἰμί, *ser, estar*, aquí *son*; οὐ, adverbio de negación *no*; τοῖς, caso dativo masculino singular del artículo determinado declinado *para los*; πιστεύουσιν, caso dativo masculino plural del participio de presente en voz activa del verbo πιστεύω, *creer*, aquí *que creen*; ἀλλὰ, conjunción adversativa, *sino*; τοῖς, caso dativo masculino singular del artículo determinado declinado *para los*; ἀπίστοις, caso dativo masculino plural del adjetivo *incrédulos*; ἡ, caso nominativo femenino singular del artículo definido *la*; δὲ, partícula conjuntiva que hace las veces de conjunción coordinante, con sentido de *pero, más bien, y, y por cierto, antes bien, entonces*; προφητεία, caso nominativo femenino singular del nombre común *profecía*; οὐ, adverbio de negación *no*; τοῖς, caso dativo masculino singular del artículo determinado declinado *para los*; ἀπίστοις, caso dativo masculino plural del adjetivo *incrédulos*; ἀλλὰ, conjunción adversativa, *sino*; τοῖς, caso dativo masculino singular del artículo determinado declinado *para los*; πιστεύουσιν, caso dativo masculino plural del participio de presente en voz activa del verbo πιστεύω, *creer*, aquí *que creen*.

ὥστε αἱ γλῶσσαι εἰς σημεῖον εἰσιν οὐ τοῖς πιστεύουσιν ἀλλὰ τοῖς ἀπίστοις, La conclusión de todo cuanto antecede sobre el uso de las lenguas en la iglesia, alcanza un punto final: *"Así que las lenguas son señal, no a los creyentes, sino a los incrédulos"*. No son, por tanto, señal de espiritualidad para creyentes, ni evidencia alguna del nuevo nacimiento. La intención era dar a este grupo incrédulo muestra de que Dios estaba a punto de actuar de nuevo en juicio. Nótese que siempre que se habla del ejercicio de este don en Hechos, se efectúa en presencia de judíos, y la incorporación de los grupos étnicos a la iglesia se hizo delante de algún apóstol.

ἡ δὲ προφητεία οὐ τοῖς ἀπίστοις ἀλλὰ τοῖς πιστεύουσιν. Sin embargo, la profecía es señal a los creyentes y tiene que ver con enseñanza y edificación, que es lo que la iglesia necesita.

Pero, debe notarse, que el apóstol está escribiendo a una iglesia, no al pueblo de Israel, y cuanto está registrado en el versículo se infiere aquí, es consecuencia de lo que enseñó, especialmente de la última parte del texto antecedente que concluye diciendo, *"ni aun así me oirán, dice el Señor"*. Lo que sugiere es que del mismo modo que las lenguas fueron una advertencia de juicio para el pueblo rebelde, y manifestación de desagrado de Dios hacia ellos, hablar ahora lenguas en el culto público de la iglesia en la forma en que lo hacían en Corinto, producía a Dios el mismo desagrado. Así que, las lenguas no eran bendición a la iglesia, sino todo lo contrario. Las lenguas como *señal* tienen que ver con el juicio que vendría sobre los *incrédulos*. El término debe considerarse como una manifestación de Dios que advierte de la acción divina que vendrá sobre los desobedientes. De modo que cuando se manifiesta desobediencia Dios, les envía predicadores, cuya lengua no pueden entender, pero cuando son personas dispuestas a obedecerle, les envía profetas que hablan en lengua conocida para todos. Así ocurrió, si bien en otra forma, cuando Jesús abandonó la claridad de la palabra de enseñanza para hablar a los incrédulos de Su tiempo en parábolas (Mt. 13:34, 35). Mientras usaba un lenguaje parabólico con la gente, enseñaba a los Suyos el sentido puntual de lo que decía en parábolas (Mt. 13:36). Así concuerda con la referencia hecha a las lenguas antes. De manera que cuando el pueblo de Israel era desobediente a Dios, les enviaba extranjeros cuyo idioma no conocían, pero cuando eran obedientes, les mandaba profetas que los instruían. Esta interpretación es concordante también con la enseñanza que sigue, y que demuestra que el uso del don como ocurría en Corinto, no producía beneficio alguno para la iglesia, sino lo contrario.

Sobre el uso del don de lenguas escribe Hodge:

"Cuando se usaba debidamente, es decir, cuando se empleaba para dirigirse a aquellos para quienes el lenguaje usado era inteligible, era profecía. La oscuridad de este pasaje se debe en gran medida a la ambigüedad de la expresión hablar en lenguas. Significa hablar en lenguas extranjeras o desconocidas. Pero puede decirse que un lenguaje es desconocido, bien con referencia al orador, bien con referencia a los oyentes. Se dice que es desconocido para el primero, si no ha sido previamente aprendido, y se dice que es desconocido para los segundos, si éstos no lo entienden. El apóstol usa a veces esta expresión en un sentido y a veces en otro. Cuando dice que los apóstoles el día de Pentecostés hablaron en lenguas, significa que emplearon lenguas que nunca habían aprendido; pero cuando Pablo declara que más quería hablar cinco palabras inteligiblemente que diez mil en lengua, quiere decir en una lengua desconocida para los oyentes. Hablar en lenguas, en el primer caso, era una gracia y una bendición; en el segundo, una locura y una maldición. En estos versículos el apóstol trata del hecho de hablar en lenguas en el último de los dos sentidos"[8]

---

[8] C. Hodge. o.c., pág. 272 s.

El sentido de las palabras del apóstol se aclarará en los versículos siguientes, con los que cierra la enseñanza sobre las lenguas.

Uso dc los dones y sus consecuencias (14:23-25)

23. Si, pues, toda la iglesia se reúne en un solo lugar, y todos hablan en lenguas, y entran indoctos o incrédulos, ¿no dirán que estáis locos?

'Εὰν οὖν συνέλθῃ ἡ ἐκκλησία ὅλη ἐπὶ τὸ αὐτὸ καὶ πάντες
Si, pues, se reúne la iglesia toda en el mismo y todos
λαλῶσιν γλώσσαις, εἰσέλθωσιν δὲ ἰδιῶται ἢ ἄπιστοι, οὐκ
hablan en lenguas, y entraran no iniciados o incrédulos, ¿No
ἐροῦσιν ὅτι μαίνεσθε
dirán que estáis locos?

Análisis y notas del texto griego.

Análisis: 'Εὰν, conjunción afirmativa condicional *si*; οὖν, conjunción continuativa *pues*; συνέλθῃ, tercera persona singular del segundo aoristo de subjuntivo en voz activa del verbo συνέρχομαι, *reunirse*, aquí *se reúne*; ἡ, caso nominativo femenino singular del artículo determinado *la*; ἐκκλησία, caso nominativo femenino singular del nombre común *iglesia*; ὅλη, caso nominativo femenino singular del adjetivo indefinido *toda*; ἐπὶ, preposición propia de acusativo *en*; τὸ, caso acusativo neutro singular del artículo determinado *lo*; αὐτὸ, caso acusativo neutro singular del pronombre personal *mismo*; καὶ, conjunción copulativa *y*; πάντες, caso nominativo masculino plural del adjetivo indefinido *todos*; λαλῶσιν, tercera persona plural del presente de subjuntivo en voz activa del verbo λαλέω, *hablar, decir*, aquí *hablen*, idiomáticamente mejor *hablan*; γλώσσαις, caso dativo femenino plural del nombre común *lenguas*; εἰσέλθωσιν, tercera persona plural del segundo aoristo de subjuntivo en voz activa del verbo εἰσέρχομαι, *entrar, llegar hasta*, aquí *entraran*; δὲ, partícula conjuntiva que hace las veces de conjunción coordinante, con sentido de *pero, más bien, y, y por cierto, antes bien, entonces*; ἰδιῶται, caso nominativo masculino plural del nombre común *no iniciados, indoctos*; ἢ, conjunción disyuntiva *o*; ἄπιστοι, caso nominativo masculino plural del adjetivo *incrédulos*; οὐκ, forma escrita del adverbio de negación *no*, con el grafismo propio ante una vocal con espíritu suave o una enclítica; ἐροῦσιν, tercera persona plural del futuro de indicativo en voz activa del verbo λέγω, *hablar, decir*, aquí *dirán*; ὅτι, conjunción *que*; μαίνεσθε, segunda persona plural del presente de indicativo en voz pasiva del verbo μαίνομαι, *estar loco*, aquí *estáis locos*.

'Εὰν οὖν συνέλθῃ ἡ ἐκκλησία ὅλη ἐπὶ τὸ αὐτὸ. Las lenguas, que son una bendición divina usando el don conforme al propósito de Dios, son también un estorbo cuando no se usan de modo correcto. Pablo hace de nuevo una referencia a la iglesia reunida para culto: *"Si, pues, toda la iglesia se reúne en un solo lugar"*, en el texto griego se lee literalmente *se reúne la iglesia toda en lo mismo*, es decir, en un mismo sitio, en un mismo espacio. La congregación que se reunía parcialmente en las casas, tenía un día en que lo hacían todos, para el culto en un determinado lugar que tenía capacidad para albergar a la congregación.

καὶ πάντες λαλῶσιν γλώσσαις, En ese día, supuestamente, todos hablan en lenguas. No quiere decir esto que todos los creyentes reunidos participaban en el culto hablando en lenguas. Tampoco debe entenderse necesariamente que lo hicieran todos al mismo tiempo, aunque cabe esa posibilidad (vv. 27, 30). Pablo supone una reunión en que no se ejerce otro don más que el de lenguas y sin interpretación. De otro modo, todos los reunidos que hablaban en el culto usaban lenguas extranjeras para hacerlo.

εἰσέλθωσιν δὲ ἰδιῶται ἢ ἄπιστοι, Algunas personas ajenas a la iglesia cristiana, entraban en el culto. Nuevamente el término ἰδιώτες, vuelve a ser usado en esta ocasión, que significa *persona no instruida en la fe, no iniciada, indocto* en cuanto al conocimiento de Dios. Hace notar que no solo eran *indoctos* o *no iniciados*, sino también *incrédulos*. Además, estos *indoctos* deben considerarse como *desconocedores* de los idiomas en que se está hablando, es decir, no conocen la lengua en que se expresan los mensajes. Los adjetivos pueden usarse individual como conjuntamente, es decir, podía ser alguien que además de no conocer la lengua en que se está hablando, también es un incrédulo en sentido de alguien que todavía no ha creído en Cristo.

οὐκ ἐροῦσιν ὅτι μαίνεσθε. La conclusión a que llegarían ante un cuadro semejante es que todos los reunidos *estaban locos*. Sin entender lo que decían, supondrían que estaban fuera de sí. La reunión, por tanto, no sería edificante, sino todo lo contrario. En este caso, el ejercicio del don de lenguas sin discernimiento es más bien un estorbo que una bendición. De hecho, cuando los creyentes reunidos en Jerusalén en el día de Pentecostés, comenzaron a hablar en otros idiomas, los que les oían y no entendían lo que estaban diciendo, los consideraron como borrachos (Hch. 2:13), es decir descontrolados y poseídos por otra fuerza que los impulsaba a expresiones ininteligibles.

24. Pero si todos profetizan, y entra algún incrédulo o indocto, por todos es convencido, por todos es juzgado.

ἐὰν δὲ πάντες προφητεύωσιν, εἰσέλθῃ δέ τις ἄπιστος ἢ ἰδιώτης,
Pero si todos profetizan, y entrara un incrédulo o no iniciado
ἐλέγχεται ὑπὸ πάντων, ἀνακρίνεται ὑπὸ πάντων,
es redargüido por todos, es juzgado por todos.

Análisis y notas del texto griego.

Análisis: ἐὰν, conjunción afirmativa condicional *si*; δὲ, partícula conjuntiva que hace las veces de conjunción coordinante, con sentido de *pero, más bien, y, y por cierto, antes bien, entonces*; πάντες, caso nominativo masculino plural del adjetivo indefinido *todos*; προφητεύωσιν, tercera persona plural del presente de subjuntivo en voz activa del verbo προφητηύω, *profetizar*, aquí *profetizan*; εἰσέλθῃ, tercera persona singular del segundo aoristo de subjuntivo en voz activa del verbo εἰσέρχομαι, *entrar, llegar hasta*, aquí *entrara*; δέ, partícula conjuntiva que hace las veces de conjunción coordinante, con sentido de *pero, más bien, y, y por cierto, antes bien, entonces*; τις, caso nominativo masculino singular del adjetivo indefinido *un, uno*; ἄπιστος, caso nominativo masculino singular del adjetivo *incrédulo*; ἢ, conjunción disyuntiva *o*; ἰδιώτης, caso nominativo masculino singular del nombre común *no iniciado*; ἐλέγχεται, tercera persona singular del presente de indicativo en voz pasiva del verbo ἐλέγω, *redargüir, reprender, amonestar, convencer*, aquí *es redargüido*; ὑπὸ, preposición propia de genitivo *de, por*; πάντων, caso genitivo masculino plural del adjetivo indefinido *todos*; ἀνακρίνεται, tercera persona plural del presente de indicativo en voz pasiva del verbo ἀνακρίνω, *juzgar, evaluar*, aquí *es juzgado*; ὑπὸ, preposición propia de genitivo *de, por*; πάντων, caso genitivo masculino plural del adjetivo indefinido *todos*.

ἐὰν δὲ πάντες προφητεύωσιν, Pablo procura establecer un marcado contraste entre las lenguas y la profecía, para lo que usa el mismo supuesto: *"pero si todos profetizan"*. Debe entenderse en el sentido anterior, como referencia a los que ministran en el culto público de la iglesia. Profetizaban en un lenguaje comprensible a todos los presentes. El ministerio era la exposición de la palabra de Dios, bajo la dirección del Espíritu.

εἰσέλθῃ δέ τις ἄπιστος ἢ ἰδιώτης, Como en el supuesto anterior, cuando se estaba celebrando el culto, entraban al lugar donde la iglesia estaba reunida, *incrédulos* y *no iniciados*, o *indoctos* (v. 23).

ἐλέγχεται ὑπὸ πάντων, La Escritura es aplicada en el mensaje a quienes habían concurrido a la reunión. Todos ellos eran *convencidos*, lo que pone de manifiesto como la Palabra es aplicada por el Espíritu a la situación personal de cada uno, que quedaban *redargüidos*, es decir, *convencidos* de su situación personal. Todos ellos quedaban convencidos de pecado (Jn. 16:8); del único Salvador (Hch. 4:12); del propósito salvador de la venida del Señor al mundo (1 Ti. 1:15).

ἀνακρίνεται ὑπὸ πάντων, El efecto del mensaje era que *"por todos es juzgado"*. El mensaje expuesto era un mensaje bíblico que deja convencido de pecado, *juzgado*, como ejercicio de la Palabra (He. 4:12).

Debe notarse que lo que oyese de *todos*, esto es, de los que participan públicamente en el culto, le llevaría a la convicción de su condición y de la necesidad de creer en el Salvador.

25. Lo oculto de su corazón se hace manifiesto; y así, postrándose sobre el rostro, adorará a Dios, declarando que verdaderamente Dios está entre vosotros.

τὰ[1] κρυπτὰ τῆς καρδίας αὐτοῦ φανερὰ γίνεται, καὶ οὕτως πεσὼν
Lo secreto del corazón de él manifiesto se hace; y así cayendo
ἐπὶ πρόσωπον προσκυνήσει τῷ Θεῷ ἀπαγγέλλων ὅτι ὄντως ὁ
sobre rostro adorará - a Dios declarando que realmente -
Θεὸς ἐν ὑμῖν ἐστιν[2].
Dios entre vosotros está.

Análisis y notas del texto griego.

Análisis: τὰ, caso nominativo neutro plural del artículo determinado *lo*; κρυπτὰ, caso nominativo neutro plural del adjetivo *oculto, secreto, escondido*; τῆς, caso genitivo femenino singular del artículo determinado declinado *de la*; καρδίας, caso genitivo femenino singular del nombre común *corazón*; αὐτοῦ, caso genitivo masculino de la tercera persona singular del pronombre personal declinado *de él*; φανερὰ, caso nominativo neutro plural del adjetivo *manifiesto*; γίνεται, tercera persona singular del presente de indicativo en voz media del verbo γίνωμαι, *hacerse*, aquí *se hace*; καὶ, conjunción copulativa *y*; οὕτως, adverbio demostrativo *así*; πεσὼν, caso nominativo masculino singular del participio del segundo aoristo en voz activa del verbo πίπτω, *caer*, aquí *cayendo*; ἐπὶ, preposición propia de acusativo *sobre*; πρόσωπον, caso acusativo neutro singular del nombre común *rostro*; προσκυνήσει, tercera persona singular del futuro de indicativo en voz activa del verbo προσκυνέω, *adorar*, aquí *adorará*; τῷ, caso dativo masculino singular del artículo determinado *el*; Θεῷ, caso dativo masculino singular del nombre divino declinado *a Dios*; ἀπαγγέλλων, caso nominativo masculino singular del participio de presente en voz activa del verbo ἀπαγγέλω, *proclamar, declarar*, aquí *declarando*; ὅτι, conjunción *que*; ὄντως, adverbio de modo *realmente*; ὁ, caso nominativo masculino singular del artículo determinado *el*; Θεὸς, caso nominativo masculino singular del nombre divino *Dios*; ἐν, preposición propia de dativo *en, entre*; ὑμῖν, caso dativo de la segunda persona plural del pronombre personal *vosotros*; ἐστιν, tercera persona singular del presente de indicativo en voz activa del verbo εἰμί, *ser, estar*, aquí *está*.

Notas. Crítica Textual. Lecturas alternativas.

[1] τὰ, *lo*, según lectura en P^{46}, a, A, B, D*, F, G, 048, 0201, 0243, 6, 33, 81, 104, 365, 1175, 1241, 1739, 2464, latt, co.

καὶ οὕτως τὰ, *y así lo*, conforme a las lecturas D^2, K, L, Ψ, 630, 1505, 1881, 𝔐, sy.

[2] ὁ Θεὸς ἐν ὑμῖν ἐστιν, *Dios entre vosotros está*, como se lee en [2]a, A B D1 K L 33. 81. 104. 365. 630. 1175. 1241. 1505. 1881. 2464, 𝔐.
Se omite la frase en a*, D* F, G, Ψ, 0243, 1739.

τὰ κρυπτὰ τῆς καρδίας αὐτοῦ φανερὰ γίνεται, Mientras que el uso incorrecto de las lenguas y, especialmente la cantidad de éstas en el culto, causan tropiezo a los incrédulos que asisten a la reunión, que consideran a los cristianos como *locos*, la profecía, que es exposición bíblica en este contexto, produce el efecto propio de la Escritura cuando es aplicada a las vidas por el poder del Espíritu (He. 4:12). Pablo presenta una supuesta reunión en la que el elemento fundamental es la *profecía*. Debe recordarse lo que Pablo llamó profetizar: *"edificación, consolación, exhortación"* (v. 3). Este es el ministerio principal de la hipotética reunión, en la que *todos* profetizan. El adjetivo *todos*, que se ha considerado en el versículo anterior, no se refiere a la totalidad de los presentes, sino a todos los que participan públicamente en la reunión. Estos no están hablando en lenguas, sino que lo hacen en un lenguaje claro y comprensivo para todos los presentes. El ministerio era la exposición aplicativa de la Palabra, bajo la dirección del Espíritu, de modo que *"por todos es convencido"* o, tal vez mejor, *redargüido*, ya que la Escritura habla al oyente incrédulo de la realidad íntima de su corazón. Como espada de dos filos, entra en la intimidad del ser y pone al descubierto, para el propio individuo, la verdadera condición espiritual en que se encuentra. Pablo afirma que *"lo oculto de su corazón se hace manifiesto"*, quiere decir que el Espíritu actúa en iluminación del corazón incrédulo (2 Co. 4:6), haciéndole sentir su condición perdida y capacitándole para la conversión.

Una iluminación profunda, penetrante, detallada sobre la vida entera, se produce en él, que se ve a sí mismo como Dios lo ve. Es una experiencia semejante a la producida en la mujer samaritana por las palabras de Jesús (Jn. 4:29). Además, el evangelio bíblico, anuncia al pecador la situación de juicio en que se encuentra a causa de su pecado. Todos los que hablaron en la reunión le hicieron notar ese estado. Sobre la iluminación interior se produce la conversión a Cristo.

καὶ οὕτως πεσὼν ἐπὶ πρόσωπον προσκυνήσει τῷ Θεῷ. La Palabra predicada y aplicada hace su efecto: *"y así postrándose sobre su rostro, adorará a Dios"*. La predicación le ha hecho sentir su situación de perdición que le lleva a entregarse a Dios, en obediencia al mensaje de Su Palabra (Hch. 17:30). Hay un cambio absoluto que expresa la realidad de la conversión, ya que, como dice el apóstol, se *"vuelve de los ídolos a Dios"* (1 Ts. 1:9). Deja los ídolos y la adoración a ellos que había sido su forma de vida antes, para adorar rendido al Dios único y verdadero. De otro modo, acepta por la fe al Salvador en un acto de entrega incondicional, *"porque con el corazón se cree para justicia, y con la boca se confiesa para salvación"* (Ro. 10:10). Ello constituye un acto de adoración a Dios en plena obediencia personal.

ἀπαγγέλλων ὅτι ὄντως ὁ θεὸς ἐν ὑμῖν ἐστιν. La conversión se evidencia también en la *declaración*, o *confesión* que hace el que había sido incrédulo, *"declarando que verdaderamente Dios está entre vosotros"*, Quien ha creído testifica (Ro. 10:10). El testimonio que sintetiza el apóstol y pone en boca del que adora, es semejante a una declaración de Isaías: *"Verdaderamente tú eres Dios que te encubres, Dios de Israel, que salvas"* (Is. 45:15). La verdad creída es confesada públicamente. Según la revelación bíblica, es preciso que la fe sea acompañada de la profesión pública, no que esto sea un elemento a cumplir para ser salvo, sino que es la consecuencia de haberlo sido. La más elemental muestra de gratitud es manifestar lo que Dios hizo por nosotros. Si Dios está entre los creyentes, el cristianismo es de origen divino y el nuevo converso pasa a integrarse en la iglesia de Cristo, como un nuevo hermano en Él. De otro modo, se une a los cristianos para compartir su vida, sus sufrimientos, sus victorias y su esperanza.

Corrigiendo desórdenes en la iglesia (14:26-40)

Como usar los dones de lenguas y profecía (14:26-33a)

26. ¿Qué hay, pues, hermanos? Cuando os reunís, cada uno de vosotros tiene salmo, tiene doctrina, tiene lengua, tiene revelación, tiene interpretación. Hágase todo para edificación.

Τί οὖν ἐστιν, ἀδελφοί ὅταν συνέρχησθε, ἕκαστος[1] ψαλμὸν ἔχει,
¿Qué, pues, hay, hermanos? Cuando os reunís, cada uno salmo tiene,
διδαχὴν ἔχει, ἀποκάλυψιν ἔχει, γλῶσσαν ἔχει, ἑρμηνείαν ἔχει·
enseñanza tiene, revelación tiene, lengua tiene, interpretación tiene.
πάντα πρὸς οἰκοδομὴν γινέσθω.
Todo para edificación se haga.

Análisis y notas del texto griego.

Análisis: Τί, caso nominativo neutro singular del pronombre interrogativo *qué*; οὖν, conjunción continuativa *pues*; ἐστιν, tercera persona singular del presente de indicativo en voz activa del verbo εἰμί, *ser, estar, haber*, aquí *hay*; ἀδελφοί, caso vocativo masculino plural del nombre común hermanos; ὅταν, conjunción *cuando*; συνέρχησθε, segunda persona plural del presente de subjuntivo en voz media del verbo συνέρχομαι, *reunirse, juntarse en asamblea*, aquí *os reunís*;

ἕκαστος, caso nominativo masculino singular del adjetivo indefinido *cada uno*; ψαλμὸν, caso acusativo masculino singular del nombre común *salmo*; ἔχει, tercera persona singular del presente de indicativo en voz activa del verbo ἔχω, *tener*, aquí *tiene*; διδαχὴν, caso acusativo femenino singular del nombre común *enseñanza*; ἔχει, tercera persona singular del presente de indicativo en voz activa del verbo ἔχω, *tener*, aquí *tiene*; ἀποκάλυψιν, caso acusativo femenino singular del nombre común *revelación*; ἔχει, tercera persona singular del presente de indicativo en voz activa del verbo ἔχω, *tener*, aquí *tiene*; γλῶσσαν, caso acusativo femenino singular del nombre común *lengua*; ἔχει, tercera persona singular del presente de indicativo en voz activa del verbo ἔχω, *tener*, aquí *tiene*; ἑρμηνείαν, caso acusativo femenino singular del nombre común *interpretación*; ἔχει, tercera persona singular del presente de indicativo en voz activa del verbo ἔχω, *tener*, aquí *tiene*; πάντα, caso nominativo neutro plural del adjetivo indefinido *todos*, en sentido de *todo esto, todas las cosas*; πρὸς, preposición propia de acusativo *para*; οἰκοδομὴν, caso acusativo femenino singular del nombre común *edificación*; γινέσθω, tercera persona singular del presente de imperativo en voz media del verbo γίνομαι, *hacerse, ser hecho*, aquí *se haga*.

Notas. Crítica Textual. Lecturas alternativas.

[1] ἕκαστος, *cada uno*, según lectura en P[46], a[*], A, B, 0201, 0243, 0285, 33, 81, 630, 1175, 1241, 1739, 1881, co.

ὑμῶν ἕκαστος, *cada uno de vosotros*, conforme a [2]a, D, F, G, K, L, P, Ψ, 104, 365, 1505, 2464, 𝔐, latt, sy.

Τί οὖν ἐστιν, ἀδελφοί Los problemas que había en la iglesia en Corinto, afectaban notablemente al desarrollo de las reuniones conjuntas, cuando –como dice el apóstol– *os reunís*. Aquellas servían para que algunos en la congregación hiciesen prácticas abusivas de los dones, como ya se ha considerado en la primera parte del capítulo, especialmente sobreactuando con los más llamativos como eran las lenguas. Tal vez el desorden llegase incluso a la intervención de varios hermanos a la vez. Esa actuación acarreaba un desprestigio notorio para quienes no siendo cristianos asistían a esas reuniones de la iglesia. Del mismo modo, los profetas, podían estar participando en un número muy grande en cada reunión y, tal vez, estaban usando el don para interrumpirse unos a otros con el pretexto de haber recibido una revelación de Dios, que debía ser comunicada sin dilación a la iglesia. Frente a esta situación, el apóstol, con su autoridad, regula el uso de los dones en el culto público, estableciendo el modo y número de participaciones en cada reunión. Más adelante se detendrá también para resolver otro problema que tenía que ver con la participación femenina en las reuniones de la iglesia. Todo ello generaba un notable desorden en la iglesia que debía ser regulado.

Inicia la instrucción con una llamada a la reflexión, literalmente: *¿Qué hay, hermanos?* Trata con esta pregunta que los creyentes se pregunten personalmente qué estaba ocurriendo en el culto general de la iglesia, como si les dijese: *¿Cómo van las cosas entre vosotros?*[9]. Lo que pretende Pablo es que los creyentes reflexionen sobre los problemas que se manifestaban en esas reuniones.

ὅταν συνέρχησθε, La referencia es al culto eclesial. El verbo está en presente de subjuntivo y en voz media, que indica una reunión habitual y no extraordinaria de la iglesia. En este caso concreto es, como se está reiterando, una convocatoria para culto. En él había enseñanza, ejercicio de dones y generalmente en el primer día de la semana, el Partimiento del Pan. Se trata, pues, de problemas que se generaban en la reunión general de iglesia.

ἕκαστος ψαλμὸν ἔχει, διδαχὴν ἔχει, ἀποκάλυψιν ἔχει, γλῶσσαν ἔχει, ἑρμηνείαν ἔχει· En esa reunión había una notable participación de creyentes. Debía ser libre y espontánea. Los que se reunían debían venir preparados para participar en el culto, sobre la base de la adoración y edificación mutua (v. 5, 19). Es necesario tener en cuenta la membresía de la iglesia en Corinto en los tiempos de la epístola, que no se trataba de un gran número, posiblemente como unas cien personas máximo. Algunos fundamentan el llamado *culto libre* en este versículo, como si el apóstol enseñara aquí que no debe haber ninguna dirección en las reuniones de alabanza y adoración, sino una plena libertad en el Espíritu. No cabe duda que eso sería lo más propio, pero lo es, cuando la congregación está formada por cristianos maduros, que han dejado de ser infantiles y buscar el subjetivismo del uso de los dones espectaculares. El apóstol está estableciendo un orden para el culto, que desarrolla en los versículos siguientes. Aquí se limita a preguntarles si *cada uno*, tanto hombre como mujeres, están usando la libertad del culto para concurrir públicamente con los temas que cita. La idea de que el culto dirigido no es espiritual es un grave error. Un culto libre en el que cada uno, usando de *su derecho* a participar, dice cuanto le parece mejor y no sigue un hilo en el tema general, es mucho peor, incluso falto de edificación que el dirigido, cuyo orden ha sido establecido en oración pidiendo la dirección del Espíritu. Esto es lo que el apóstol establece aquí. Él elabora un bosquejo para un programa de culto, que impide las participaciones excesivas y descoordinadas de los hermanos.

---

[9] C. Hodge. o. c., pág.276.

ψαλμὸν. En el desarrollo del culto debía haber *salmos*, que son cantos de alabanza a Dios. Podía ser un salmo del Antiguo Testamento, a los que se hacen referencia en otros lugares (Ef. 5:19; Col. 3:16). En esas citas se habla de *salmodiar*, esto es, cantar los Salmos con las tonadas y los instrumentos prescritos en cada uno de ellos. Pero, también se consideran *Salmos* los himnos que la iglesia cantaba y que no eran tomados del salterio hebreo (Fil. 2:6-11; 1 Ti. 3:16). El canto formaba parte del culto de la iglesia desde sus orígenes. No cabe duda que cuando se habla de cantar *Salmos*, referidos a los del Antiguo Testamento, se usaban, cuando era posible, instrumentos de música. Esto debe hacer reflexionar a quienes piensan que los himnos de la iglesia hoy, deber ser cantados sin instrumento alguno, dejando la dirección del canto a la capacidad cantora de la congregación. Muchas veces esto acarrea serios desórdenes en el inicio del canto. No hay razón alguna para no tener instrumentos musicales en la iglesia y usar todos aquellos que puedan ser empleados en el tiempo y en el lugar donde se celebre el culto. No hay instrumentos *mundanos* o *carnales*, como algunos entienden. El instrumento es extensión del músico que lo hace sonar, que sí puede ser espiritual, cuando es conducido por el Espíritu, o carnal cuando lo hace al impulso de la carne. De igual manera, la forma musical del himno puede y debe variarse en el tiempo. No se pide en ningún lugar que se mantenga, si eso fuese posible, la música que se usaba en los tiempos de los apóstoles, como si fuese música inspirada. De este mismo modo, no hay tampoco indicación sobre la música contemporánea y la de tiempos anteriores. Sólo debe atenderse a ésta en el sentido de no ser la que el mundo usa sensualmente para sus propósitos, sino aquella que puede sustentar una letra de adoración a Dios y de edificación para Su pueblo. Puesto que el canto es el conjunto musical de las voces de los creyentes y de los instrumentos, estos no deben ahogar el canto congregacional, sino sustentarlo apoyando la armonía general, de modo que se haga todo *"decentemente y con orden"* (v. 40).

διδαχὴν, De igual manera debía haber *enseñanza*. La iglesia concurre al culto, para adorar a Dios y ser edificada por medio de la exposición de la Palabra. El término διδαχή, equivale a *doctrina*. Desde el principio de la iglesia los apóstoles se dedicaron a enseñar la doctrina a todos los creyentes reunidos (Hch. 2:42). Por tanto, la enseñanza tenía lugar en cada culto. No había una reunión que no tuviese enseñanza bíblica, además de los otros elementos componentes de la misma. No se hacía un culto para una ordenanza como la Santa Cena, en el que, según el pensamiento de algunos solo puede haber una participación para hacer recordar algún aspecto relacionado con la muerte del Señor, pero en cuya reunión no debe haber enseñanza alguna de otros temas. La evidencia bíblica del culto en tiempos de los apóstoles, es una reunión en la que hay participación de distintos hermanos y en la que se cumple la ordenanza bíblica celebrando la *Cena del Señor*. La enseñanza en la iglesia no estaba en manos de cualquiera, sino de aquellos que habían sido capacitados para ello, primeramente, con el don de *maestros* y *pastores*, y además habían recibido formación bíblica conveniente. Pablo insta a Timoteo a enseñar Biblia a hermanos capaces para enseñar a otros, como había sido enseñado él (2 Ti. 2:2). La idea que cualquier hermano de buen testimonio puede *enseñar* a otros sin que haya sido dotado con el don que lo hace instrumento en manos del Espíritu es un serio error que debilita a la iglesia en su madurez espiritual.

ἀποκάλυψιν. También había participación de *profetas*, que recibían *revelación* del Señor. Estas revelaciones cesan luego de haberse escrito todo el Nuevo Testamento, ya que nadie puede añadir más a lo que ha sido revelado a *apóstoles y profetas* (Ef. 2:20). El profeta recibía una revelación de Dios que debía comunicar a la iglesia. En el tiempo actual, no operativo el don de *profecía* en el sentido de revelación de *misterio* que Dios hizo ya definitivamente y que quedó registrado en el Nuevo Testamento, definitivamente cerrado, no hay revelación alguna que no se sustente en lo ya revelado en la Palabra. Los llamados *profetas* que anuncian nuevas revelaciones de Dios, los que presentan a los oyentes *visiones personales*, no son sino *falsos profetas* y *visionarios,* pero no personas guiadas por el Espíritu de Dios. Hoy podría referirse esta *revelación* a tomar de la Escritura algún pasaje para aplicarlo como Palabra procedente de Dios para *"edificación, exhortación y consolación"* (v. 3).

γλῶσσαν. Las lenguas también estaban presentes en el culto, mediante el ejercicio sano del don del que algunos, pero no todos, los creyentes tenían. Debe hacerse notar que los dones son dados soberanamente por el Espíritu a quienes Él quiere (12:11), por tanto, pretender que todos los creyentes han de hablar en lenguas para mostrar su espiritualidad es un contravenir voluntaria y conscientemente la verdad bíblica. Estos hermanos que podían participar usando ese don debían hacerlo impulsados a ello por el Espíritu.

ἑρμηνείαν, Como participaban los que hablaban en idiomas, así también lo hacían quienes interpretaban esas lenguas para que todos pudieran conocer lo que se estaba diciendo. Era indispensable para la edificación de iglesia. Esto coadyuvaría a evitar la confusión que se producía en la iglesia con el desorden especialmente producido por el uso incontrolado de las lenguas.

πάντα πρὸς οἰκοδομὴν γινέσθω. El propósito del culto no podía ser otro que la edificación, de ahí que el apóstol manifieste como objetivo de todo el ejercicio de los dones, la edificación de los asistentes y la salvación de los incrédulos. Esto debiera servir para que, si el ejercicio de un don que tuviese alguno no iba a ser de bendición, el creyente debía dejar de utilizarlo, como indica Pablo en los versículos que siguen.

27. Si habla alguno en lengua extraña, sea esto por dos, o a lo más tres, y por turno; y uno interprete.

εἴτε γλώσσῃ τις λαλεῖ, κατὰ δύο ἢ τὸ πλεῖστον τρεῖς καὶ ἀνὰ
Si lengua alguno habla, por dos o a lo más tres, y por
μέρος, καὶ εἷς διερμηνευέτω·
turno, y uno interprete.

Análisis y notas del texto griego.

Análisis: εἴτε, conjunción condicional *si, sea que, ya que, sea...sea, ya... ya*; γλώσσῃ, caso dativo femenino singular del nombre común *lenguas*; τις, caso nominativo masculino singular del pronombre indefinido *alguno*; λαλεῖ, tercera persona singular del presente de indicativo en voz activa del verbo λαλέω, *hablar, decir*, aquí *habla*; κατὰ, preposición propia de acusativo *por*; δύο, caso acusativo masculino plural del adjetivo numeral cardinal *dos*; ἢ, conjunción disyuntiva *o*; τὸ, caso acusativo neutro singular del artículo determinado declinado *a lo*; πλεῖστον, caso acusativo neutro singular del adjetivo superlativo *más, sumo*; τρεῖς, caso acusativo masculino plural del adjetivo numeral cardinal *tres*; καὶ, conjunción copulativa *y*; ἀνὰ, preposición propia de acusativo *por*; μέρος, caso acusativo neutro singular del nombre común *turno*; καὶ, conjunción copulativa *y*; εἷς, caso nominativo masculino singular del adjetivo numeral cardinal *uno*; διερμηνευέτω, tercera persona singular del presente de imperativo en voz activa del verbo διερμηνεύω, *interpretar*, aquí *interprete*.

εἴτε γλώσσῃ τις λαλεῖ, El apóstol acepta la práctica del don de lenguas en el culto. El ministerio de los dones no puede impedirse en la iglesia. El uso del don de lenguas no era obligatorio en cada culto, de ahí la expresión *si habla alguno en lengua*. Según se deduce de lo que escribió antes, todos los que participaban en el culto, o por lo menos una gran mayoría lo hacía en lenguas, abusando del don.

κατὰ δύο ἢ τὸ πλεῖστον τρεῖς καὶ ἀνὰ μέρος, Pablo regula el ejercicio del don, limitando a dos o a lo sumo tres personas los que podían participar en lenguas. Además, debían hacerlo por turno, no todos juntos o al mismo tiempo. Esta frase permite entender que el abuso del don era no sólo en cuanto a número de los que lo usaban, sino a simultaneidad, haciéndolo al mismo tiempo. Con esta limitación el apóstol pone de manifiesto que no todos los creyentes tenían ese don y podían ministrar con él. Anteriormente habló sobre una hipotética reunión en la que se producía una situación tal que los que estaban en el culto y no eran creyentes, pensaban que estaban locos porque todos hablaban en lenguas (v. 23).

καὶ εἷς διερμηνευέτω· Junto con la limitación está la exigencia de que *"uno interprete"* lo que los que hablaban en otros idiomas decían. Según estaba operativo el don de lenguas, también lo estaba el de interpretación (12:10). Se menciona aquí *un solo intérprete*, aunque no es necesario entender que sea el mimo, podían ser más, pero debían interpretar a cada uno de los que hablaban en lenguas.

28. Y si no hay intérprete, calle en la iglesia, y hable para sí mismo y para Dios.

ἐὰν δὲ μὴ ᾖ διερμηνευτής, σιγάτω ἐν ἐκκλησίᾳ, ἑαυτῷ δὲ
Y si no hay intérprete, calle en iglesia, y para sí mismo
λαλείτω καὶ τῷ Θεῷ.
hable, y - para Dios.

Análisis y notas del texto griego.

Análisis: ἐὰν, conjunción afirmativa *sí*; δὲ, partícula conjuntiva que hace las veces de conjunción coordinante, con sentido de *pero, más bien, y, y por cierto, antes bien, entonces*; μὴ, partícula que hace funciones de adverbio de negación *no*; ᾖ, tercera persona singular del presente de subjuntivo en voz activa del verbo εἰμί, *ser, estar, haber*, aquí *hay*; διερμηνευτής, caso nominativo masculino singular del nombre común *intérprete*; σιγάτω, tercera persona singular del presente de imperativo en voz activa del verbo intransitivo σιγάω, *guardar silencio, callar,* aquí *calle*; ἐν, preposición propia de dativo *en*; ἐκκλησίᾳ, caso dativo masculino singular del nombre común *iglesia*; ἑαυτῷ, caso dativo masculino singular del pronombre reflexivo declinado *para sí mismo*; δὲ, partícula conjuntiva que hace las veces de conjunción coordinante, con sentido de *pero, más bien, y, y por cierto, antes bien, entonces*; λαλείτω, tercera persona singular del presente de imperativo en voz activa del verbo λαλέω, *hablar, decir*, aquí *hable*; καὶ, conjunción copulativa *y*; τῷ, caso dativo masculino singular del artículo determinado *el*; Θεῷ, caso dativo masculino singular del nombre divino declinado *para Dios*.

ἐὰν δὲ μὴ ᾖ διερμηνευτής, σιγάτω ἐν ἐκκλησίᾳ, ἑαυτῷ δὲ λαλείτω καὶ τῷ Θεῷ. El apóstol prohíbe el uso del don en la iglesia cuando no haya quien interprete. La construcción de la cláusula es firme, ya que los verbos están en *presente de imperativo*, lo que indica una acción continuada y en esa forma se debe considerar como un mandamiento apostólico. Es decir, siempre que esto ocurra, prevalece la prohibición de hablar en lenguas.

Es necesario prestar atención al mandamiento de no usar el don sin intérprete. Pablo acude al verbo σιγάω, que es fuerte y debe entenderse como *callar*, *guardar silencio*, incluso *hacer callar*. Este mismo verbo va a usarse en relación con los profetas y con las mujeres. No se trata de que nunca se hablen lenguas en la iglesia, sino que debe hacerse uso de las mismas en un determinado orden que el apóstol establece. Cuando no se cumplan esas condiciones, el que tiene el don debe guardar silencio en la iglesia, aunque pueda usarlo para sí mismo y para Dios. No puede entenderse que Pablo prohíba el uso del don siempre en la iglesia, sino sólo cuando no se cumplan las condiciones para ese uso.

No se trata de un impulso descontrolado del Espíritu sobre el espíritu del hombre, de forma que no pueda resistirse a expresarse en lenguas, sino que todos los dones al impulso del Espíritu están también bajo el control de quienes los han recibido, en donde el entendimiento y la determinación personal están presentes. Es cierto que la función del don de lenguas tenía que ser impulsada por el Espíritu y que los que tenían el don hablaban según el Espíritu les daba que hablase (Hch. 2:4). Una expresión incontrolada de las lenguas en público no es enseñanza bíblica sobre el uso del don. No es suficiente que alguien se sienta impulsado por el Espíritu, es necesario que si no hay intérprete esté obligado a guardar silencio, ya que sin intérprete el don de lenguas no es de edificación.

29. Asimismo, los profetas hablen dos o tres, y los demás juzguen.

προφῆται δὲ δύο ἢ τρεῖς λαλείτωσαν καὶ οἱ ἄλλοι
Y profetas dos o tres hablen y los otros
διακρινέτωσαν·
disciernan.

Análisis y notas del texto griego.

Análisis: προφῆται, caso nominativo masculino plural del nombre común *profetas*; δὲ, partícula conjuntiva que hace las veces de conjunción coordinante, con sentido de *pero, más bien, y, y por cierto*, *antes bien, entonces*; δύο, caso nominativo masculino plural del adjetivo numeral cardinal *dos*; ἢ, conjunción disyuntiva *o*; τρεῖς, caso nominativo masculino plural del adjetivo numeral cardinal *tres*; λαλείτωσαν, tercera persona plural del presente de imperativo en voz activa del verbo λαλέω, *hablar, decir*, aquí *hablen*; καὶ, conjunción copulativa *y*; οἱ, caso nominativo masculino plural del artículo determinado *los*; ἄλλοι, caso nominativo masculino plural del pronombre indefinido *otros*;

διακρινέτωσαν, tercera persona plural del presente de imperativo en voz activa del verbo διακρίνω, *juzgar, discernir, evaluar, reconocer*, aquí *disciernan*.

προφῆται δὲ δύο ἢ τρεῖς λαλείτωσαν. La regulación apostólica se ocupa también del don de profecía ejercido en el culto. Usa una forma continuativa que vincula el versículo con los dos que le anteceden, mediante la partícula δὲ, con diversos significados, que aquí se tradujo como si fuese la conjunción copulativa *y*. En ese sentido Pablo se refiere a los profetas, como antes lo hizo con los que hablaban en lenguas. La disposición es prácticamente idéntica. Las participaciones en cada culto se limitaban a dos o tres, en igual medida que para las lenguas.

Otros profetas con ese don podrían intervenir en el culto, pero como sólo podían hacerlo dos o tres *"los otros"*, *"los demás"*, que no podían hacerlo en aquella ocasión debían aplicar el discernimiento de espíritus (12:10), para entender si el mensaje era de Dios por revelación del Espíritu. La expresión *los otros* o *los demás*, podría referirse también a la congregación que oía al profeta. Para entender esto así hay la base bíblica de lo que el apóstol escribe a los tesalonicenses, cuando les manda que no desprecien las profecías pero que examinen todo (1 Ts. 5:20, 21).

30. Y si algo le fuere revelado a otro que estuviere sentado, calle el primero.

ἐὰν δὲ	ἄλλῳ	ἀποκαλυφθῇ	καθημένῳ,	ὁ	πρῶτος	σιγάτω.
Y si	a otro	fuese revelado	que está sentado,	el	primero	calle.

Análisis y notas del texto griego.

Análisis: ἐὰν, conjunción condicional afirmativa *si*; δὲ, partícula conjuntiva que hace las veces de conjunción coordinante, con sentido de *pero, más bien, y, y por cierto, antes bien, entonces*; ἄλλῳ, caso dativo masculino singular del pronombre indefinido declinado *a otro*; ἀποκαλυφθῇ, tercera persona singular del primer aoristo de subjuntivo en voz pasiva del verbo ἀποκαλύπτω, *revelar*, aquí *fuese revelado*; καθημένῳ, caso dativo masculino singular del participio de presente en voz media del verbo κάθημαι, *sentarse, estar sentado*, aquí *que está sentado*; ὁ, caso nominativo masculino singular del artículo determinado *el*; πρῶτος, caso nominativo masculino singular del adjetivo numeral ordinal *primero*; σιγάτω, tercera persona singular del presente de imperativo en voz activa del verbo intransitivo σιγάω, *guardar silencio, callar*, aquí *calle*.

ἐὰν δὲ ἄλλῳ ἀποκαλυφθῇ καθημένῳ, Un caso posible es que en el culto hubiese otra revelación a otro profeta. Podía muy bien ser una revelación urgente comunicada por el Espíritu a un profeta que no estuviera interviniendo en el culto. Esa revelación debía ser comunicada a la iglesia.

ὁ πρῶτος σιγάτω. En ese caso el que estaba en el uso de la palabra debía *callar* y dar paso al que había tenido la revelación. Tal vez mejor sería entender que el que había recibido la revelación esperaba hasta que acabase el primero. En este caso el sentido sería *que calle el primero antes de que empiece el segundo*. En cualquier caso, lo que el apóstol no permitía es que más de un profeta estuviese hablando al mismo tiempo. El ejercicio de los dones debía hacerse con orden. Nuevamente se usa el verbo cuyo significado es *callar*, *guardar silencio*. Primero usado para hacer callar a los que hablaban en lenguas de forma desordenada y ahora a los profetas que lo hacían igualmente en forma anárquica.

Es preciso recordar que, para el apóstol en el contexto de la *Epístola*, la profecía tenía que ver con un mensaje para *exhortación, aliento y consolación* (v. 3). En este sentido el mensaje debe venir de la Palabra de Dios. Si el profeta afirma antes de su mensaje *así dice el Señor* y no concuerda con lo que Él dice en la Escritura, es un profeta mentiroso. De ahí la necesidad de que quienes escuchan ese mensaje lo evalúen, aplicando el discernimiento espiritual.

31. Porque podéis profetizar todos uno por uno, para que todos aprendan, y todos sean exhortados.

δύνασθε γὰρ καθ' ἕνα πάντες προφητεύειν, ἵνα πάντες
Porque podéis por uno todos profetizar, para que todos
μανθάνωσιν καὶ πάντες παρακαλῶνται.
aprendan y todos sean exhortados.

Análisis y notas del texto griego.

Análisis: δύνασθε, segunda persona plural del presente de indicativo en voz media del verbo δύναμαι, *poder, tener poder*, aquí *podéis*; γὰρ, conjunción causal *porque*; καθ', forma escrita de la preposición de acusativo κατά, por elisión y asimilación ante vocal con espíritu áspero, que equivale a *por*; ἕνα, caso acusativo masculino singular del adjetivo numeral cardinal *uno*; πάντες, caso nominativo masculino plural del adjetivo indefinido *todos*; προφητεύειν, presente de infinitivo en voz activa del verbo προφητεύω, *profetizar*; ἵνα, conjunción causal *para que*; πάντες, caso nominativo masculino plural del adjetivo indefinido *todos*; μανθάνωσιν, tercera persona plural del presente de subjuntivo en voz activa del verbo μανθάνω, *aprender*, aquí *aprendan*; καὶ, conjunción copulativa *y*; πάντες, caso nominativo masculino plural del adjetivo indefinido *todos*; παρακαλῶνται, tercera persona plural del presente de subjuntivo en voz pasiva del verbo παρακαλέω, *llamar, pedir, rogar, consolar, animar, exhortar*, aquí *sean exhortados*.

δύνασθε γὰρ καθ ἕνα πάντες προφητεύειν, El apóstol no pretende reducir la participación en el culto, sino que se haga ordenadamente, por eso les dice que *todos pueden profetizar*, entendiendo esto como la participación de quienes tienen el don de profecía. Estos debían hacerlo dos o tres en cada reunión, de manera que todos podían participar en el culto en algún momento.

ἵνα πάντες μανθάνωσιν. La bendición de este modo de participación es evidente ya que *todos aprenden*. Los que están presentes en la reunión, creyentes de la iglesia, eran instruidos de esta manera. La iglesia toda progresaba hacia la madurez espiritual por la enseñanza de la Palabra (Ef. 4:13-14). Es muy probable que el término *profeta*, como se ha considerado antes, sea aplicado en la *Epístola* a quienes ministran la Palabra para edificación, exhortación y consolación. Se trataría, por tanto, de hermanos capaces de ministrar en público.

καὶ πάντες παρακαλῶνται. Además, también *todos* eran *exhortados* o *consolados* o *alentados*. Nuevamente el apóstol utiliza el adjetivo indefinido *todos*, que incluye a cada uno de los que estuviesen presentes en la reunión congregacional. De otro modo, cada uno recibía de Dios lo que necesitaba para su vida.

32. Y los espíritus de los profetas están sujetos a los profetas.

καὶ	πνεύματα	προφητῶν	προφήταις	ὑποτάσσεται,
Y	espíritus	de profetas	a profetas	estén sometidos.

Análisis y notas del texto griego.

Análisis: καὶ, conjunción copulativa *y*; πνεύματα, caso nominativo neutro plural del nombre común *espíritus*; προφητῶν, caso genitivo masculino plural del nombre común declinado *de profetas*; προφήταις, caso dativo neutro plural del nombre común declinado *a profetas*; ὑποτάσσεται, tercera persona plural del presente de indicativo en voz pasiva del verbo ὑποτάσσω, *subordinar, sujetar, someter*, aquí *estén sometidos*.

καὶ πνεύματα προφητῶν προφήταις ὑποτάσσεται, La acción del Espíritu en el ejercicio de un don, no puede ser incontrolada por quien lo ejerce. El apóstol instruye a los creyentes en ese sentido, para que ejerzan el autodominio en el ejercicio del don. Aunque hablan al impulso del Espíritu, no era tal este impulso que anulase el autodominio que el profeta tenía de sí mismo. Los profetas podían controlar sus acciones por su propio espíritu. En ese sentido, no podía extenderse en el tiempo cada uno para hablar cuanto quisiera.

Ningún don que el Espíritu otorga, conduce al que lo ejerce a una especie de enajenación personal en la que el control de las acciones se pierde y se entra en una especie de éxtasis o, tal vez mejor, de descontrol personal. Algunos, especialmente en el mundo carismático, enseñan que cuando un creyente alcanza la plenitud del Espíritu, toma control de su parte espiritual posesionándose de ella, y a su vez estando en esa situación, el cuerpo reacciona a esta supuesta posesión, haciendo cosas que no están en el control del espíritu del hombre, como hablar en un lenguaje ininteligible, afirmando que son lenguas de ángeles, perdiendo también el control del cuerpo y cayendo al suelo. En ningún lugar del Nuevo Testamento se hace referencia a acontecimientos semejantes en los tiempos apostólicos. Pablo dice que todos los creyentes, deben controlar todas esas manifestaciones con su propio espíritu. En este caso concreto hablando a los profetas y estableciendo que controlen total y plenamente su actuación en el culto. Debe entenderse que los profetas no eran forzados mediante una fuerza irresistible a hablar en la congregación, de modo que podían controlar el ejercicio del don conforme a lo que el apóstol había establecido.

33a. Pues Dios no es Dios de confusión, sino de paz.

οὐ γάρ ἐστιν ἀκαταστασίας ὁ Θεὸς ἀλλὰ εἰρήνης.
Porque no es de desorden - Dios, sino de paz.

Análisis y notas del texto griego.

Análisis: οὐ, adverbio de negación *no*; γάρ, conjunción causal *porque*; ἐστιν, tercera persona singular del presente de indicativo en voz activa del verbo εἰμί, *ser, estar*, aquí *es*; ἀκαταστασίας, caso genitivo femenino singular del nombre común declinado *de revolución, de desorden, de tumulto, de anarquía*; ὁ, caso nominativo masculino singular del artículo determinado *el*; Θεὸς, caso nominativo masculino singular del nombre divino *Dios*; ἀλλὰ, conjunción adversativa *sino*; εἰρήνης, caso genitivo femenino singular del nombre común declinado *de paz*.

οὐ γάρ ἐστιν ἀκαταστασίας ὁ θεὸς ἀλλὰ εἰρήνης. El versículo tiene una marcada división en el texto griego, de modo que debe ser considerado en dos partes. La primera es el cierre del párrafo anterior y la segunda corresponde un nuevo tema que trata el apóstol en la corrección de desórdenes en el culto de la iglesia en Corinto. Así, para mejor comprensión dividimos el texto en 33a y 33b.

Dios no es un Dios de desórdenes, sino de orden. La paz es, en este caso, el resultado de ausencia de anarquía, en el sentido de *desconcierto* o *barullo*. Pablo afirma que en la congregación de Dios se ha de respirar la paz de Dios. En este sentido la paz tiene que ver con edificación y bendición, sólo posible cuando los dones se ejercen en el modo como indicó el apóstol, para que el ministerio sea provechoso para todos. El ejercicio desordenado de los dones perturbaba el culto público. El desorden causaba confusión incluso a los no creyentes que asistían a alguna reunión (v. 23).

El ministerio de la mujer (14:33b-35)

33b. Como en todas las iglesias de los santos.

Ὡς	ἐν	πάσαις	ταῖς	ἐκκλησίαις	τῶν	ἁγίων
Como	en	todas	las	iglesias	de los	santos.

Análisis y notas del texto griego.

Análisis: Ὡς, adverbio de modo, *como*, que hace las veces de conjunción comparativa; ἐν, preposición propia de dativo *en*; πάσαις, caso dativo femenino plural del adjetivo indefinido *todas*; ταῖς, caso dativo femenino plural del artículo determinado *las*; ἐκκλησίαις, caso dativo femenino plural del nombre común *iglesias*; τῶν, caso genitivo neutro plural del artículo determinado declinado *de los*; ἁγίων, caso genitivo neutro plural del adjetivo *santos*.

Ὡς ἐν πάσαις ταῖς ἐκκλησίαις τῶν ἁγίων. El apóstol introduce con esta oración un nuevo párrafo en el que ordenara lo que podía llamarse el *ministerio femenino* en la iglesia. Varios problemas afectaban a este grupo de hermanas, algunos de los que ya se han considerado antes. De manera que algunas, o tal vez todas oraban y hablaban en el culto público de una forma incorrecta, sin cubrir la cabeza que, como se comentó en su lugar, podría muy bien tratarse de hacerlo con el pelo suelto[10]. Otras, como se aprecia por lo que sigue, formulaban preguntas en el culto público, interrumpiendo la reunión e ignorando la relación que para ello debían tener con sus esposos. Todo ello debía ser regulado, conformándose a lo prescrito en párrafo que se comenta, en el que el apóstol establece el modo de comportamiento.

[10] Ver comentario correspondiente en el capítulo 11.

Ya se ha presentado en varios lugares del comentario aspectos vinculados con la sociedad romana en relación con las mujeres y el comportamiento social de las mismas, de modo que obviamos aquí volver a referirse a ese tema, remitiendo al lector a lo considerado antes.

Pablo hace notar que la enseñanza no es solo para la congregación en Corinto, sino para todas *las iglesias de los santos*. Es, por tanto, una normativa para todas en todos los tiempos. La frase inclusiva determina esta interpretación, como ya la ha usado anteriormente (1:2). Lo que el apóstol establece es de alcance pleno para la Iglesia en cada congregación local, sin que sea modificado por temporalidad o condicionantes sociales.

34. Vuestras mujeres callen en las congregaciones; porque no les es permitido hablar, sino que estén sujetas, como también la ley lo dice.

αἱ γυναῖκες[1] ἐν ταῖς ἐκκλησίαις σιγάτωσαν· οὐ γὰρ ἐπιτρέπεται[2]
Las mujeres en las iglesias callen. Porque no es permitido
αὐταῖς λαλεῖν, ἀλλὰ ὑποτασσέσθωσαν[3], καθὼς καὶ ὁ νόμος
a ellas hablar, sino estén sujetas, como también la ley
λέγει.
dice.

Análisis y notas del texto griego.

Análisis: αἱ, caso nominativo femenino plural del artículo determinado *las*; γυναῖκες, caso nominativo femenino plural del nombre común *mujeres, esposas*; ἐν, preposición propia de dativo *en*; ταῖς, caso dativo femenino plural del artículo determinado *las*; ἐκκλησίαις, caso dativo femenino plural del nombre común *iglesias*; σιγάτωσαν, tercera persona plural del presente de imperativo en voz activa del verbo intransitivo σιγάω, *guardar silencio, callar*, aquí *callen*; οὐ, adverbio de negación *no*; γὰρ, conjunción causal *porque*; ἐπιτρέπεται, tercera persona singular del presente de indicativo en voz pasiva del verbo ἐπιτρέπω, *permitir, conceder*, aquí *es permitido*; αὐταῖς, caso dativo femenino plural del pronombre personal declinado *a ellas, les*; λαλεῖν, presente de infinitivo en voz activa del verbo λαλέω, *hablar, decir*; ἀλλὰ, conjunción adversativa *sino*; ὑποτασσέσθωσαν, tercera persona plural del presente de imperativo en voz pasiva del verbo ὑποτασσω, *estar en sujeción, estar sometidas, estar subordinadas*, aquí *estén sujetas*; καθὼς, conjunción comparativa *como*; καὶ, adverbio de modo *también*; ὁ, caso nominativo masculino singular del artículo determinado *el*; νόμος, caso nominativo masculino singular del nombre común *ley*; λέγει, tercera persona singular del presente de indicativo en voz activa del verbo λέγω, *hablar, decir*, aquí *dice*.

Notas. Crítica Textual. Alternativas de lectura.

[1], *las mujeres*, lectura conforme a 𝔓[123], a, A, B, Ψ, 0243, 33, 81, 104, 365, 1175, 1241, 1739, 1881, 2464, lat, co.

αἱ γυναῖκες ὑμῶν, *las mujeres de vosotros*, según se lee en D F G K L 630 . 1505, 𝔐, ar, b, sy, Cipriano, Ambrosiaster.

[2] ἐπιτρέπεται, *es permitido*, conforme a 𝔓[123], a, A, B, D, F, G, K, 0243, 33, 365, 630, 1175, 1241, 1739, lat-t.

ἐπιτετράπται, *ha sido permitido*, según lectura en L, Ψ, 81, 104, 1505, 1881, 2464, 𝔐, Marción.

[3] ὑποτασσέσθωσαν, *estén sujetas*, conforme a a, A, B, 33, 81, 365, 1175, 1241, 2464, Epifanio.
ὑποτάσσεσθαι, *que se sujeten*, según D, F, G, K, L, Ψ, 0243, 104, 630, 1505, 1739, 1881, 𝔐, lat-t, sy.

[4] ὑποτασσέσθωσαν, *estén sujetas*, conforme a P^{46}, a^2, B D F G K L Ψ 0243. 630 . 1175 . 1739 . 1881, 𝔐.

ὑποτασσέσθωσαν τοις ανδρασιν, *estén sujetas a los maridos*, según lectura en A.

μανθάνειν, *que aprendan*, lectura en a*, A^c, 33, 81, 104, 365, 1241, 1505, 2464.

αἱ γυναῖκες ἐν ταῖς ἐκκλησίαις σιγάτωσαν· El mandamiento del apóstol tiene que ver con las mujeres, pero, ¿con todas o con algunas? ¿Se trata de mujeres casadas o de mujeres en general? Las posiciones de los intérpretes están encontradas, conforme se entienda la expresión del apóstol. Tomar una posición en esto requiere una aproximación desprejuiciada al texto, pero a su vez minuciosa.

El apóstol está corrigiendo defectos que se producían en el culto público en Corinto. Las intervenciones de los que hablaban en lenguas de forma desordenada y, posiblemente todos juntos, lleva al mandato *"que callen"* (v. 28). Del mismo modo y por la misma razón del desorden en el culto establece que los profetas hablen por turno y los demás *"callen"* (v. 30) o que no hable otro hasta que haya acabado de hablar el que estaba en el uso de la palabra. El mismo verbo se utiliza aquí para las mujeres, ordenándoles que *callen*. Ahora bien, si el verbo exige el cumplimiento absoluto para cada uno de los tres grupos, los que hablan en lenguas, los que profetizan y las mujeres, tendríamos una reunión en total silencio, o un culto sin palabras.

No cabe duda que las mujeres participaban en el culto público en Corinto, *orando y profetizando*. Téngase en cuenta que el concepto paulino para *profecía* en la *Epístola* tiene que ver con el ministerio hablado para *edificación, exhortación y consolación*. En ese caso, las mujeres participaban incorrectamente, sin cubrirse la cabeza en la forma que fuese, cosa desconocida para nosotros al no especificarlo en la *Epístola* (11:5 ss.).

Las posiciones interpretativas son diversas, a modo de muestra las que siguen:

"Tiene un sentido general, que no debe limitarse. En 13:5 ha admitido la posibilidad de que la mujer inspirada pueda hablar en la asamblea. Aquí parece referirse a las preguntas que pudieran hacer las mujeres no carismáticas[11] *para instruirse más. Este sentido es el que da el v. 35, que las remite al magisterio privado de los maridos. Este remitirlas a los maridos parece que revela una voluntad de hacerlas practicar la sumisión. Parece, pues, claro que Pablo distingue entre la mujer que asiste como simple fiel y la mujer que asiste bajo el carisma del Espíritu. A la primera no le permite hablar; a la segunda sólo le exige el velo (11:5). Sickenberger explica 11:5 como una costumbre de Corinto, que Pablo quiere cortar radicalmente aquí en 14:34-35. Nos parece más probable la primera explicación"*[12].

Otra forma: *"A ellas no les está permitido hablar, sino someterse. Esta ironía conviene al contexto. Está establecida en modo imperativo: ¡Que se sometan! Hablar en público es contraria a la posición divina expresada en la ley"*[13].

Así también Hodge: *"...como en el caso de todas las demás iglesias cristianas, callen vuestras mujeres en las congregaciones. El hecho de que en ninguna iglesia cristiana se permitiera que las mujeres hablasen en público era en sí suficiente prueba de que ello no era cristiano, o sea, que se oponía al espíritu del cristianismo. Sin embargo, a la prohibición, Pablo añade el peso de la autoridad apostólica, y no solamente ésta, sino también la autoridad de la razón y la Escritura. No les es permitido hablar. Este hablar de que se trata es hablar en público, y especialmente en la iglesia"*[14].

---

[11] El autor hace referencia en este sentido a las mujeres espirituales, o movidas por el Espíritu.
[12] Juan Leal. o.c., pág. 449.
[13] F. Godet. o. c., pág. 313.
[14] C. Hodge. o. c., pág. 280.

El Dr. Lacueva es menos dogmático sobre esto, cuando escribe: *"Pablo establece aquí una norma general, practicada en todas las iglesias de los santos. Por ella (vv. 34, 35), se prohíbe a las mujeres cristianas hablar en las congregaciones (lit. iglesias). Apela el apóstol a la Ley, es decir, a Gn. 3:16, como primer mandato de sumisión de la mujer al marido. Especifica (v. 35) que si las mujeres quieren aprender algo, pregunten en casa a sus maridos, porque le es indecoroso, dice, a la mujer (lit,.) hablar en la iglesia. Para indecoroso, Pablo usa el mismo vocablo de 11:6. Nótese que Pablo dice en las iglesias, es decir, cuando la comunidad eclesial se reúne como tal en culto público de adoración a Dios, estudio y predicación de la palabra, observancia de las ordenanzas, etc.*

A la luz de 11:5 y de 1 Ti. 2:11, 12, se puede asegurar que lo que el apóstol prohíbe es que la mujer ejerza, en una congregación ya organizada con los necesarios ministerios y los convenientes oficios, y en las reuniones públicas de la congregación como tal, el ministerio de la Palabra o que se tome la libertad de emitir juicios o hacer preguntas... Dentro de esta prohibición, según opinión del traductor y de la mayoría de los hermanos estudiosos de las Escrituras, no entra el orar o profetizar en la asamblea, ni tampoco se prohíbe ofrecer algún reportaje misionero, testimonio personal de conversión, etc."[15].

No cabe duda que el texto y su interpretación son dificultosos porque ha de ser armonizado con el resto de la Escritura y, de forma especial, con la autorización para *orar y profetizar* de una determinada manera en el culto público. Por esta razón se debe avanzar en el texto aplicando una hermenéutica bíblica para tratar de determinar qué es lo que el apóstol enseña aquí.

Partiendo del principio elemental de concordancia contextual, se aprecia que el apóstol está prohibiendo a la mujer en la reunión de iglesia *hablar* para *enseñar* y para *preguntar*. Esto nos permite allanar el camino interpretativo del texto.

οὐ γὰρ ἐπιτρέπεται αὐταῖς λαλεῖν, La primera parte de la oración contiene una prohibición precisa: *"Porque no les es permitido hablar"*. Esto contiene una aparente contradicción, como se hace notar antes, con la no prohibición de orar y profetizar en la congregación, siempre que se haga de una determinada manera. Para mantener la armonización del texto con lo restante de la *Epístola*, especialmente con 11:5, algunos apelan a que este sea un texto espurio, que acaso proceda de

---

[15] F. Lacueva. o. c., pág. 465.

adversarios del apóstol, sin embargo, no hay razón alguna para esta afirmación, porque no hay bases documentales para hacerlo.

Las posturas interpretativas se pueden resumir principalmente en cuatro, aunque hay otras: a) Los que afirman que es una interpolación hecha por un copista del s. II o III. b) Los que entienden que es una prohibición absoluta, de modo que la mujer debe estar siempre callada en las reuniones de iglesia. c) Algunos atribuyen estas declaraciones a personas de la iglesia en Corinto a las que el apóstol está citando. d) La posición que considera que Pablo está pidiendo que la mujer calle en determinadas condiciones.

Buscando una armonía al problema del texto, hay quienes entienden que Pablo permitía la oración y la profecía porque no se trataba de reuniones de iglesia, sino de reuniones caseras, de manera que cuando la iglesia se reúne formalmente, las mujeres deben estar en silencio. Sin embargo, *la profecía* tiene siempre como marco la iglesia, donde podía ser juzgada, esto es, evaluada (vv. 23-29), de igual modo a las mujeres les era permitido orar en dichas reuniones. Es necesario entender que en los primeros tiempos del cristianismo las reuniones tenían lugar en las casas, de modo que no había diferencia alguna entre las reuniones caseras y las de toda la iglesia. Por otro lado, el apóstol en el capítulo 11 está tratando asuntos de iglesia y ya comienza este marco de iglesia desde el capítulo 10. Por consiguiente, no hay razón alguna para la división propuesta.

Si las mujeres deben guardar silencio en la reunión de iglesia, no es posible entender la aplicación que el apóstol Pedro hace de la profecía de Joel en la que Dios anuncia que en los *postreros días* derramaría Su Espíritu y que los *siervos y las siervas* profetizarían (Hch. 2:17-18). Si estos *postreros tiempos* son los actuales, la promesa queda parcialmente anulada. La correcta interpretación de la participación de la mujer en el culto público exige entender que Pablo da a las mujeres el derecho de orar y de profetizar en la iglesia (11:5-6).

"Vuestras mujeres callen". Como se ha recordado antes, el verbo σιγάω, expresa la idea de un silencio absoluto. Esto no concuerda con el pensamiento del apóstol (11:5). Sin embargo, el uso de este *callar*, se aprecia como algo relativo, cuando manda callar a los que hablan en lenguas si no tienen intérprete (v. 28), pero en ningún modo se puede entender como la prohibición de hacerlo definitivamente. De la misma manera la prohibición a los profetas, está delimitada a no hablar al mismo tiempo, sino uno después de otro, por tanto, el silencio es un asunto relativo y no total. De igual manera ocurre aquí en relación con las

mujeres, ya que la prohibición no puede ser total, puesto que contradeciría la autorización anterior de orar o profetizar (11:5). Los siguientes versículos darán una razón para el silencio que debe ser considerada.

ἀλλὰ ὑποτασσέσθωσαν, La expresión *"sino que estén sujetas"* o que *"estén en sujeción"*, lo que establece una forma disyuntiva con lo que antecede mediante el uso de la conjunción *sino*. Dos elementos que no están unidos sino separados. De manera que el apóstol dice que la mujer no debe hablar, sino estar bajo sujeción. Para establecer un apoyo bíblico apela a la Ley, como se nota en la frase final de la oración. Esta sumisión o subordinación tiene que ver con mujeres casadas, de ahí que en algunos mss. se lee *vuestras mujeres*, en referencia directa al matrimonio. De ahí la lectura en el códice A, en donde se añade *a los maridos*.

καθὼς καὶ ὁ νόμος λέγει. Pablo apela a la Ley. Esta frase genera objeciones, puesto que el apóstol no suele apoyarse en la Ley que no es ya norma para la vida cristiana (Ro. 7:6; Gá. 3:23-25). Pero la palabra *Ley*, es también una referencia a la Escritura en general y de forma especial al Pentateuco. La Ley en el Antiguo Testamento no enseña en ningún lugar el silencio de la mujer, o que sea inconveniente que lo haga en alguna asamblea religiosa. La Ley no prohibía que la mujer alabase a Dios o profetizase en presencia de hombres, como es, a modo de ejemplo, María, Débora y Hulda que profetizaron al impulso del Espíritu Santo. Acaso esté pensando en la interpretación que la tradición oral del judaísmo daba, en una de las cuales dice: *"No le está permitido a la mujer hablar en lugar del hombre"*[16]. Por otro lado, la prohibición de hablar por una mujer está en uno de los apócrifos, en el que se les manda guardar silencio[17]. Sin embargo, el apóstol no se refiere nunca a la tradición rabínica ni a los apócrifos como normativa divina. Con todo, en el Nuevo Testamento se expresa la subordinación de la mujer (cf. Ef. 5:22; Col. 3:18; Tit. 2:5; 1 P. 3:1-5).

Pablo apeló anteriormente al Antiguo Testamento, en este capítulo (v. 21), citando una porción profética (Is. 28:11-12). Aquí está citando, con seguridad, del libro de Génesis (Gn. 2:18-24), donde se enseña que Adán fue creado primeramente y luego la mujer, como ayuda idónea para él, de modo que, en el orden divinamente establecido para el hogar, la esposa debe estar *subordinada*, que no significa *sujeta en esclavitud*, sino como colaboradora en las tareas del hogar y en el gobierno del mismo.

---

[16] Sifre Deut. 235.
[17] Eclesiástico de Ben Sirac, 26:14.

35. Y si quieren aprender algo, pregunten en casa a sus maridos; porque es indecoroso que una mujer hable en la congregación.

εἰ δέ τι μαθεῖν θέλουσιν, ἐν οἴκῳ τοὺς ἰδίους ἄνδρας
Y si algo aprender desean, en casa a los propios maridos
ἐπερωτάτωσαν· αἰσχρὸν γάρ ἐστιν γυναικὶ λαλεῖν ἐν ἐκκλησίᾳ.
pregunten; porque indecoroso es para mujer hablar en iglesia.

Análisis y notas del texto griego.

Análisis: εἰ, conjunción *si*; δέ, partícula conjuntiva que hace las veces de conjunción coordinante, con sentido de *pero, más bien, y, y por cierto*, *antes bien, entonces*; τι, caso acusativo neutro singular del pronombre indefinido *algo*; μαθεῖν, aoristo segundo de infinitivo en voz activa del verbo μανθάνω, *apreder*; θέλουσιν, tercer persona singular del presente de indicativo en voz activa del verbo θέλω, *querer, desear*, aquí *quieren*; ἐν, preposición propia de dativo *en*; οἴκῳ, caso dativo masculino singular del nombre común *casa*; τοὺς, caso acusativo masculino plural del artículo determinado declinado *a los*; ἰδίους, caso acusativo masculino plural del adjetivo *propios*; ἄνδρας, caso acusativo masculino plural del nombre común *maridos*; ἐπερωτάτωσαν, tercera persona plural del presente de imperativo en voz activa del verbo ἐπερωτάω, *preguntar*, aquí *pregunten*; αἰσχρὸν, caso nominativo neutro singular del adjetivo *indecoroso*; γάρ, conjunción causal *porque*; ἐστιν, tercera persona singular del presente de indicativo en voz activa del verbo εἰμί, *ser, estar*, aquí *es*; γυναικὶ, caso dativo femenino singular del nombre común declinado *para mujer, para esposa*; λαλεῖν, presente de infinitivo en voz activa del verbo λαλέω, *hablar, decir*; ἐν, preposición propia de dativo *en*; ἐκκλησίᾳ, caso dativo femenino singular del nombre común *iglesia*.

εἰ δέ τι μαθεῖν θέλουσιν, ἐν οἴκῳ τοὺς ἰδίους ἄνδρας ἐπερωτάτωσαν· La complejidad del pasaje aumenta cuando de forma indeterminada el apóstol dice que *"si quieren aprender algo"*. Generalmente el aprender no es hablar, sino todo lo contrario. Pero, se atisba un problema que no está especificado por el apóstol pero que era conocido por los corintios. Muy probablemente las mujeres casadas, ya que el uso de la expresión *propios maridos* que está en la oración así lo demanda, de manera que en presencia de sus maridos que debieran conducirlas a la instrucción de la fe, ellas formulaban preguntas en público que, con toda probabilidad, interrumpían el orden del culto, como era también el caso de los profetas y de los que hablaban en lenguas. Es decir, el desorden en aquella iglesia se manifestaba en todos los niveles. Es notable observar que en ocasiones el estado mental de los corintios en el culto no era en absoluto favorable, puesto que, como les recuerda el apóstol, algunos se embriagaban en la cena previa al culto (11:21), de modo que acaso esta era la situación de algunas esposas que preguntaban públicamente con el pretexto de aprender, minusvalorando a sus propios maridos, presentes en el culto. Eso es lo que el apóstol está corrigiendo y manda a las mujeres que lo hacen, que *callen en la congregación*, y pregunten luego en su casa a sus *propios* maridos.

αἰσχρὸν γάρ ἐστιν γυναικὶ λαλεῖν ἐν ἐκκλησίᾳ. La corrección alcanza aquí aspectos sociales que no deben ser conculcados, aún en el uso de la libertad cristiana. Pablo no expresa que el hecho de hablar en público en la iglesia sea contrario a la Palabra, ni a las instrucciones del culto, sino a lo que es αἰσχρὸς, *indecoroso*, o también *ignominia, acción vergonzosa, formas bajas*. Él había advertido antes a los creyentes que no fuesen *tropiezo, ni a judíos, ni a gentiles, ni a la iglesia de Dios"* (10:32). Socialmente era impropio el comportamiento de una mujer casada en presencia de su esposo, como estaba ocurriendo en la congregación en Corinto, por lo que Pablo les manda estar en silencio y preguntar luego en privado a su marido cuando estuviesen en la casa.

La conclusión a la que en base al texto se puede llegar es que el ministerio femenino en la iglesia, en el uso de la palabra para orar, y profetizar, teniendo en cuenta el sentido con que Pablo usa esta palabra en la *Epístola*, edificación, exhortación y consolación, no puede negarse el derecho y la práctica de las mujeres en el culto de la iglesia. La idea de que los capítulos anteriores no son para el tiempo de la iglesia reunida, sino para encuentros en las casas, no tiene base bíblica alguna y es la consecuencia de la posición del intérprete en relación con este tema. La única limitación es en cuanto a la enseñanza cuyo detalle se ha considerado en las Pastorales (1 Ti. 2:8-15), a donde se remite al lector[18].

No puede dejar de tenerse en cuenta el entorno social y cultural de la Corinto romana. Lo que el apóstol escribe a los corintios estaba justificado en las condiciones sociales de aquella época, como escribía el filósofo y escritor Plutarco: *"No sólo el brazo, tampoco las palabras de una mujer honesta deberían jamás ser pronunciadas en público. Hacer oír su voz debe inspirarle la misma vergüenza que desnudarse, por lo que debe guardarse de hacerlo ante las personas que no son de familia"*[19]. Para la sociedad de entonces el uso de la palabra en una reunión de iglesia y mucho más en la forma en que, aparentemente lo hacían conforme al contexto de la *Epístola*, sería cosa vergonzosa que debía evitarse. Las preguntas en público al que hablaba y, tal vez la discusión por no estar conforme con lo que decía, estando presente su marido, era una falta de

---

[18] Ver comentario al pasaje en *1 Timoteo*, de esta misma serie.

[19] Citado por Alfred Kuen. *La mujer en la iglesia*, Terrassa, 1996, pág. 185.

respeto que contradecía no solo lo socialmente correcto, sino incluso la subordinación que Dios establece para la esposa en Su Palabra.

Una interpretación prejuiciada por lo que siempre se enseñó o por las costumbres denominacionales, han causado serios daños en las iglesias y fueron motivo en la historia de fuertes divisiones entre hermanos, contrarias al propósito divino de unidad del cuerpo de Cristo.

Conclusiones finales (14:36-40)

36. ¿Acaso ha salido de vosotros la palabra de Dios, o sólo a vosotros ha llegado?

ἢ ἀφ' ὑμῶν ὁ λόγος τοῦ Θεοῦ ἐξῆλθεν, ἢ εἰς ὑμᾶς μόνους
¿O de vosotros la palabra - de Dios salió, o a vosotros solos
κατήντησεν
llegó?

> Análisis y notas del texto griego.
>
> Análisis: ἢ, conjunción disyuntiva *o*; ἀφ', forma escrita de la preposición de genitivo ἀπό, por elisión de la ι final y asimilación de la π ante vocal o diptongo con aspiración, y que significa *de, desde, lejos de, proceder de, por causa de, por medio de, con, contra*; ὑμῶν, caso genitivo de la segunda persona plural del pronombre personal *vosotros*; ὁ, caso nominativo masculino singular del artículo determinado *el*; λόγος, caso nominativo masculino singular del nombre común *palabra*; τοῦ, caso genitivo masculino singular del artículo determinado *el*; Θεοῦ, caso genitivo masculino singular del nombre divino declinado *de Dios*; ἐξῆλθεν, tercera persona singular del segundo aoristo de indicativo en voz activa del verbo εξέρχομαι, *proceder, salir*, aquí *salió*; ἢ, conjunción disyuntiva *o*; εἰς, preposición propia de acusativo *a*; ὑμᾶς, caso acusativo de la segunda persona plural del pronombre personal *vosotros*; μόνους, caso acusativo masculino plural del adjetivo *solo*; κατήντησεν, tercera persona singular del primer aoristo de indicativo en voz activa del verbo καταντάω, *llegar*, aquí *llegó*.

ἢ ἀφ' ὑμῶν ὁ λόγος τοῦ Θεοῦ ἐξῆλθεν, El versículo es un nexo de unión entre lo que ha escrito hasta ahora y los tres siguientes que cierran el párrafo y el capítulo. Algunos comentaristas lo ponen como término de la última enseñanza y otros lo sitúan al principio de lo que sigue, pero, como se aprecia es un texto ilativo entre ambos.

La falta de respeto que se había hecho típica de la sociedad corintia, afectaba, sin duda, a muchos de los cristianos. El orgullo personal hacía que no estuviesen dispuestos a aceptar condicionantes o normas que regulasen sus vidas en la práctica del culto. Ellos se creían enriquecidos, llenos de dones y de bendiciones y no necesitaban la orientación que el apóstol les hace en la *Epístola* y, mucho menos, que regule con su autoridad apostólica lo que debía hacerse o dejar de hacerse en la iglesia.

De ahí que el apóstol cierre las exhortaciones anteriores con una pregunta retórica que reviste una gran solemnidad. La respuesta de ella no puede ser sino negativa. Pablo les pregunta si fueron ellos la primera iglesia fundada a la que llegó la Palabra de Dios en la instrucción apostólica. Ellos estaban actuando como si pudiesen prescindir del resto de las iglesias y establecer sus propias normas. La *palabra de Dios* equivale aquí al *evangelio* que les había sido anunciado y a las instrucciones doctrinales que les fueran enseñadas.

ἢ εἰς ὑμᾶς μόνους κατήντησεν. Ellos no eran la única iglesia cristiana, ni en ella se había originado el evangelio. Nótese que el apóstol apeló antes al hecho de *"todas las iglesias de los santos"*, por consiguiente, lo que enseñó y lo que sigue tiene un alcance general y no sólo para Corinto. No habían sido ellos los que produjeron la doctrina bíblica que debe seguirse en las congregaciones, ni ellos la única iglesia en el mundo, por consiguiente, no podían establecer parámetros propios de comportamiento, sino que habían de ajustarse a lo que los apóstoles y sus enviados enseñaban en todas las iglesias. Por otro lado, los corintios eran de procedencia gentil y fue a Pablo a quien Cristo delegó su autoridad como apóstol a los gentiles, de modo que los corintios debían someterse a las instrucciones que les diese por su condición de apóstol.

37. Si alguno se cree profeta, o espiritual, reconozca que lo que os escribo son mandamientos del Señor.

Εἴ τις δοκεῖ προφήτης εἶναι ἢ πνευματικός, ἐπιγινωσκέτω ἃ
Si alguno piensa profeta ser, o espiritual, reconozca lo que
γράφω ὑμῖν ὅτι Κυρίου ἐστὶν ἐντολή[1].
escribo os que de Señor es mandamiento.

Análisis y notas del texto griego.

Análisis: Εἴ, conjunción afirmativa *si*; τις, caso nominativo masculino singular del pronombre indefinido *alguno*; δοκεῖ, tercera persona singular del presente de indicativo en voz activa del verbo δοκέω, *pensar, considerar, parecer*, aquí *piensa*; προφήτης, caso nominativo masculino singular del nombre común *profeta*; εἶναι, presente de infinitivo en voz activa del verbo εἰμί, *ser, estar*; ἤ, conjunción disyuntiva *o*; πνευματικός, caso nominativo masculino singular del adjetivo *espiritual*; ἐπιγινωσκέτω, tercera persona singular del presente de imperativo en voz activa del verbo ἐπιγινόσκω, *conocer, reconocer, conocer a fondo, comprender*, aquí *reconozca*; ἅ, caso acusativo neutro plural del pronombre relativo *lo que*; γράφω, primera persona singular del presente de indicativo en voz activa del verbo γράφω, *escribir*, aquí *escribo*; ὑμῖν, caso dativo de la segunda persona plural del pronombre personal declinado *para vosotros, a vosotros, os*; ὅτι, conjunción *que*; Κυρίου, caso genitivo masculino singular del nombre divino declinado *de Señor*; ἐστὶν, tercera persona singular del presente de indicativo en voz activa del verbo εἰμί, *ser, estar*, aquí *es*; ἐντολή, caso nominativo femenino singular del nombre común *ordenanza, decreto, mandamiento.*

Notas. Crítica Textual. Lecturas alternativas.

[1] Κυρίου ἐστὶν ἐντολη, *del Señor es mandamiento*, conforme a las lecturas en P^{46}, a^2, B, 048, 0243, 33, 1241, 1739*, vg^{vg}.

Κυρίου ἐντολη ἐστὶν, *del Señor mandamiento es*, según a*, 81^{vid}.

Κυρίου ἐστὶν ἐντολαί, *del Señor es mandamientos*, como se lee en D^1, K, L, Ψ, 81, 104, 365, 630, 1175, 1505, 2464.

Θεοῦ ἐστὶν ἐντολη, *de Dios es mandamiento*, según A, 1739^c, 1881.

Εἴ τις δοκεῖ προφήτης εἶναι ἢ πνευματικός, El apóstol, conocedor de la condición de muchos de los corintios, que arrogantemente se consideraban como *profetas* y *espirituales*, esto es con dones del Espíritu, y cuestionaban las normas que les comunicaba y las correcciones que de los desórdenes hacía, les hace un llamamiento a la sujeción. Nótese el condicional de la primera parte de la cláusula: *"Si alguno se cree profeta"*. No afirma que lo sea, sino que se consideraba a él mismo con ese distintivo. Ellos se creían enriquecidos con dones del Espíritu, de ahí el calificativo de *espirituales*, pero no andaban conforme al Espíritu, sino según la carne. En cualquier caso, escribe esto para quienes tenían capacidad y discernimiento espiritual, por lo menos según ellos. A estos se dirige el apóstol. Con todo, no debiera restringirse tanto el sentido de la oración tomándolo como para un grupo determinado de creyentes, sino más bien darle el sentido general que comprendía a todos los miembros de la iglesia en Corinto.

ἐπιγινωσκέτω ἃ γράφω ὑμῖν ὅτι κυρίου ἐστὶν ἐντολή· Les enfrenta con la responsabilidad de reconocer que lo que les estaba escribiendo no eran simples consejos, sino *mandamientos* del Señor. Los apóstoles actuaban en Su nombre y tenían la autoridad que les había sido conferida por Él. Los escritos apostólicos eran inspirados, por tanto, revestidos con la autoridad de Dios (2 Ti. 3:16). El verdadero creyente se sometía los mandamientos apostólicos (1 Jn. 4:6). Desobedecerles en materia de fe y norma de conducta, era desobedecer a Dios. Lo que Pablo enseñaba eran mandamientos del Señor. Las tres familias de mss. tienen alternativas de lectura para esta frase. Los alejandrinos añaden la idea de *mandamiento*, afirmando que *es mandamiento del Señor*. Los bizantinos del mismo modo, pero ponen el sustantivo *mandamiento*, en plural, *mandamientos del Señor*. Por su parte los mss. greco-latinos, son los más breves y en ellos se lee solamente *del Señor*, estando ausente el término *mandamiento* o *mandamientos*. Si se siguen las lecturas primeras, la concordancia con otra expresión semejante en la *Epístola* es evidente (cf. 7:10). En ambos casos, el apóstol, está apelando a la condición de un escrito que exige obediencia por proceder del Señor, en sentido de inspiración sobre el escritor. Lo que es evidente aquí es que el apóstol pone delante de los lectores su propia conciencia de que cada uno de los puntos de la *Epístola*, especialmente en todas estas cuestiones delicadas, no son de su propio pensamiento personal y humano, sino que están guiadas por la luz del Espíritu, que como apóstol recibió la comisión divina de conducir y guiar tanto en la fundación como en el gobierno de las iglesias del mundo gentil.

38. Mas el que ignora, ignore.

εἰ δέ τις ἀγνοεῖ, ἀγνοεῖται[1].
Pero si alguno ignora, es ignorado.

Análisis y notas del texto griego.

Análisis: εἰ, conjunción *si*; δέ, partícula conjuntiva que hace las veces de conjunción coordinante, con sentido de *pero, más bien, y, y por cierto, antes bien, entonces*; τις, caso nominativo masculino singular del pronombre indefinido *alguno*; ἀγνοεῖ, tercera persona singular del presente de indicativo en voz activa del verbo αγνοέω, *ignorar*, aquí *ignora*; ἀγνοεῖται, tercera persona singular del presente de indicativo en voz pasiva del verbo αγνοέω, *ignorar*, aquí *es ignorado*.

Notas. Crítica Textual. Lecturas alternativas.

[1] ἀγνοεῖται, *es ignorado*, según lectura en a*, A*vid, D*, F, G, 048, 0243, 6, 33, 1739, b, co.

ἀγνοείτω, *ignore*, conforme a P^{46}, a², A^c, B, D¹, K, L, Ψ, 81, 104, 365, 630, 1175, 1241, 1505, 1881, 2464, 𝔐, sy.

εἰ δέ τις ἀγνοεῖ, En los primeros capítulos, el apóstol hizo referencia a algunos de la iglesia en Corinto, que eran irrespetuosos, es decir, ignoraban la enseñanza que el apóstol les había impartido personalmente. Por tanto, algunos de ellos *ignorarían* lo que Pablo les acaba de escribir. No es para todos, sino para *algunos*, los que ignoran. A estos se dirige con firmeza: *"Si alguno ignora"*, es decir, si alguno quiere ignorar.

ἀγνοεῖται. Si la primera parte del texto es relativamente sencilla en cuanto a interpretación, la segunda expresada con el mismo verbo *ignorar*, representa un pequeño problema por las alternativas de lectura. La primera usa en algunos mss. la forma ἀγνοείτω, *ignore*, con lo que se dejaría a su responsabilidad el comportamiento personal frente a las instrucciones del apóstol. La segunda opción –en el texto griego seleccionado aquí– es muy firme: *sea ignorado*. En este sentido debería ser considerado como un creyente *no espiritual*. No se trata de ninguna forma de menosprecio, sino de apreciar una realidad personal. El que no se sujeta a las instrucciones de Pablo, no reconoce su autoridad apostólica, por tanto, debe ser considerado como una persona no apta para el ministerio y si tenía dones espirituales como él afirmaría, tendría que limitarse el ejercicio de los mismos por su falta de espiritualidad.

Los intérpretes se posicionan en una u otra manera en base a las alternativas de lectura del versículo, así, a modo de ejemplo, escribe Kistemaker: *"Si alguno desatiende, él mismo será desatendido (por Dios). El texto griego es muy conciso y pide que lo suplementemos para completar la oración. Pablo indica que hay gente que no está acatando sus instrucciones; son los mismos que tampoco toman en cuenta la palabra de Dios. Por tanto, el apóstol declara que la persona que decide ignorar sus instrucciones se dará cuenta que Dios lo ignorará a él. Notemos el parecido con el dicho de Jesús: 'Pero cualquiera que me desconozca delante de los demás, yo también lo desconoceré delante de mi Padre que está en el cielo' (Mt. 10:33; cf. 2 Ti. 2:12)"*[20].

Lo que es evidente es que Pablo no admite discusión con tales personas sobre los mandamientos establecidos. La relación con ellos puede llegar incluso a apartarlos mientras persistan en su rebeldía personal contra lo establecido por los apóstoles (cf. 2 Ts. 3:14-15). Pareciera un tanto duro ignorar a un hermano, pero la realidad es que, dándole lugar para expresar su posición y su *oposición* a las normas apostólicas, se produce el peligro de dividir la iglesia. Es necesario buscar y restaurar, enseñando cuantas veces sean precisas a quien no entienda bien aspectos de la doctrina o de las prácticas eclesiales, pero no se debe tener complacencia con quienes, sabiendo la verdad enseñada por los apóstoles y recogida en el Nuevo Testamento, persisten en oponerse a ella para beneficiar sus propios intereses. En cierto modo podrían expresarse las

---

[20] S. Kistemaker. o.c., pág. 452.

palabras de Pablo parafraseándolas de este modo: *"Si alguno no reconoce lo que establezco como mandamiento del Señor, tampoco yo lo reconozco a él como creyente espiritual"*.

39. Así que, hermanos, procurad profetizar, y no impidáis el hablar lenguas.

῞Ωστε, ἀδελφοί [μου][1],ζηλοῦτε τὸ προφητεύειν καὶ τὸ λαλεῖν[2]
Por tanto, hermanos, de mí, anhelad el profetizar, y el hablar
μὴ κωλύετε γλώσσαις·
no impidáis en lenguas.

Análisis y notas del texto griego.

Análisis: ῞Ωστε, conjunción consecutiva *por tanto, por consiguiente, de tal manera que, con el fin de, con la intención de*; ἀδελφοί, caso vocativo masculino plural del nombre común *hermanos*; μου, caso genitivo de la primera persona singular del pronombre personal declinado *de mí*; ζηλοῦτε, segunda persona plural del presente de imperativo en voz activa del verbo ζηλόω, *desear, anhelar*, aquí *anhelad*; τὸ, caso acusativo neutro singular del artículo determinado *el*; προφητεύειν, presente de infinitivo en voz activa del verbo προφητέω, *profetizar*; καὶ, conjunción copulativa *y*; τὸ, caso acusativo neutro singular del artículo determinado *el*; λαλεῖν, presente de infinitivo en voz activa del verbo λαλέω, *hablar, decir*; μὴ, partícula que hace funciones de adverbio de negación *no*; κωλύετε, segunda persona plural del presente de imperativo en voz activa del verbo κωλύω, *impedir, prohibir, negar*, aquí *impidáis*; γλώσσαις, caso dativo femenino plural del nombre común declinado *en lenguas, en idiomas*.

Notas. Crítica Textual. Lecturas alternativas.

[1] μου, *de mí*, conforme a la lectura en a, A, B*, D[1], 048, 326, 1175, 1241, 2464, vg[mss].

Se omite el pronombre en 𝔓[46], B[2], D*, F, G, K, L, Ψ, 0243, 33, 81, 104, 365, 630, 1505, 1739, 1881, 𝔐, lat.

[2] τὸ λαλεῖν, *el hablar*, como se lee en a, A, D, F, G, K, L, Ψ, 048, 33, 81, 104, 365, 1175, 1241, 1505.

Se omite en P[46], B, 0243, 630, 1739, 1881.

῞Ωστε, ἀδελφοί μου, Ya se ha considerado antes el afán que los corintios tenían por estar en posesión de dones relevantes, de forma especial por tener el don de lenguas y en menor grado el de profecía. El apóstol estuvo enseñando que el don de lenguas es el de menor importancia, puesto que no es dado para edificación de la iglesia, sino como señal a los incrédulos. Estos recibían el mensaje del evangelio en sus propios idiomas con lo que les era fácil aceptar el contenido que se les anunciaba, creer en Cristo y recibir la salvación por fe en el Salvador.

Los desórdenes en la iglesia eran expresión de carnalidad. Para el apóstol los corintios debían ser tratados como *niños* en Cristo, por su infantilismo en el conocimiento de las cosas de Dios (3:1 ss.). Sin embargo, a pesar de esa condición y de rebeldía que algunos mostraban por la enseñanza bíblica, a pesar de estar algunos en contra de lo que el apóstol establecía en esa condición suya, Pablo los considera como lo que son, *hermanos* suyos en Cristo. Así aparece otra vez el vocativo *hermanos*, que califica desde su corazón pastoral a los creyentes en la iglesia en Corinto.

ζηλοῦτε τὸ προφητεύειν, El apóstol les invita a un deseo correctamente dirigido en relación con los dones: *"anhelad el profetizar"*. No es necesario volver nuevamente a establecer la superioridad que este don tiene sobre el de lenguas. Pareciera que las profecías no se tenían en gran estima en las iglesias del tiempo apostólico, por esa misma razón exhorta también a los tesalonicenses: *"No apaguéis al Espíritu. No menospreciéis las profecías"* (1 Ts. 5:19-20). Es deducible que había más interés en las manifestaciones extraordinarias, como son, en el contexto inmediato, el hablar en lenguas.

Las tres oraciones de la cláusula de este versículo, aparecen en modo imperativo. Son las últimas observaciones que pone delante de los lectores sobre el tema de los dones de profecía y de lenguas. La frase es casi igual a otra anterior cuando dice: *"Seguid el amor; y procurad los dones espirituales, pero sobre todo que profeticéis"* (v. 1). Aquí llama a los corintios a *desear con firmeza* el poder profetizar. Los verbos en presente indican una acción continua, de modo que el deseo o el anhelo de profetizar debía ser algo que persistía. El apóstol pide a los corintios que persistan en el deseo de profetizar conforme a lo que estableció para el ejercicio de ese don, participando ordenadamente los profetas en el ministerio del culto.

καὶ τὸ λαλεῖν μὴ κωλύετε γλώσσαις· Pero, si bien el don preferente es el de profecía, al ser instrumento de edificación, aliento y consolación, no se debía prohibir o impedir el uso del resto de los dones, concretamente en este caso, el de hablar en lenguas. Pero Pablo estableció el modo de ejercer ese don en el culto público de la iglesia, del mismo modo que las profecías, tenían que hacerse ordenadamente, a lo sumo dos o tres en cada culto y sólo cuando había alguien que pudiere interpretar, o traducir, a fin de que los oyentes pudieran unirse a lo que el hermano o la hermana decía mediante el uso de idiomas no conocidos para la mayoría de los presentes. Por otro lado, el hecho de ser un don, debe entenderse que no todos los creyentes podían hablar en lenguas, puesto que el don no se daba a todos. Para los sectores llamados *carismáticos* del mundo evangélico actual, en que promueve el hablar en lenguas, muchas veces como simple emisión de sonidos ininteligibles, debieran reconocer que no están cumpliendo la normativa que el apóstol establece. Las lenguas sin traducción son sonidos que ni alaban a Dios con entendimiento, ni edifican a los creyentes. Poner las lenguas como evidencia del bautismo del Espíritu es confundir manifiestamente las dos verdades bíblicas.

40. Pero hágase todo decentemente y con orden.

πάντα δὲ εὐσχημόνως καὶ κατὰ τάξιν γινέσθω.
Pero todo decentemente y con orden hágase.

Análisis y notas del texto griego.

Análisis: πάντα, caso nominativo neutro plural del adjetivo indefinido *todos*, en sentido de *todo* o *todas las cosas*; δὲ, partícula conjuntiva que hace las veces de conjunción coordinante, con sentido de *pero, más bien, y, y por cierto, antes bien, entonces*; εὐσχημόνως, adverbio de modo *decentemente, con apariencia honrada, decorosamente*; καὶ, conjunción copulativa *y*; κατὰ, preposición propia de acusativo *con*; τάξιν, caso acusativo femenino singular del nombre común *orden*; γινέσθω, tercera persona singular del presente de imperativo en voz media del verbo γίνομαι, *hacer*, aquí *haced, hágase*.

πάντα δὲ εὐσχημόνως. La celebración del culto exige un orden preciso y una manera de hacerlo que sirva de testimonio visible a todos, especialmente a quienes no son cristianos. El apóstol se refiere a *todo*, o *todas las cosas*, esto es, cada una de las expresiones y ministerios en el culto deben revestir un profundo respeto. Dios es un Dios de orden, cualquier cosa desordenada es ofensiva para Él. El adverbio εὐσχημόνως, hace alusión a una práctica sujeta a la *norma* o a la *ley*, lo que implica necesariamente ajustarse a un orden establecido. Aquí podía entenderse como aquello que está *bien formado* y que es *atractivo*. Por eso el culto debe celebrarse de forma agradable, que resulte atrayente a todos, produciendo una grata impresión.

καὶ κατὰ τάξιν γινέσθω. Pero además de la forma correcta, traducido como *decentemente*, el culto debe hacerse también *ordenadamente*. A lo largo de los versículos de los párrafos que forman el capítulo, el apóstol estuvo poniendo en orden aspectos que alteraban el orden de las reuniones, como era el hablar tumultuosamente en lenguas o el profetizar desordenadamente sin esperarse unos a otros.

Algunos entienden que el verdadero culto es el que llaman *culto libre*, en el que todos participan en lo que desean y cuando desean hacerlo, considerando que el culto organizado y debidamente ordenado en las participaciones, sustituye la acción del Espíritu. La libertad del Espíritu produce necesariamente orden en el culto. Pablo estuvo dando instrucciones referentes al orden las reuniones, con lo que cierra el párrafo y concluye este aspecto de la enseñanza.

Es interesante trasladar aquí un párrafo de Hodge, sobre este último texto, en el que escribe: *"Y con orden, no tumultuosa o atropelladamente, sino como un ejército bien disciplinado, donde cada uno ocupa su lugar y actúa en el momento oportuno y de manera adecuada. En lo tocante a lo externo, éstos son los dos principios que deben regular la celebración del culto. El apóstol, no sólo condena toda iglesia que obre independientemente de las demás, sino todo miembro de una iglesia particular que actúe por impulso propio, sin tener en cuenta a los otros. La iglesia en general, y cada congregación en particular, debe ser un cuerpo armonioso y bien organizado"* [21].

La advertencia del apóstol pone de manifiesto que el Espíritu de Dios, que orienta al uso de los dones, no puede ir en contra de las demandas de la Escritura. Nadie puede llamarse espiritual y no ajustarse a la Palabra. Cuanto alguien haga en el culto, al margen de la Escritura no procede del Espíritu Santo, sino que es totalmente espurio.

Concluyendo el capítulo cabe destacar alguna de las muchas aplicaciones que pueden encontrarse en el texto.

La Palabra aplicada por el Espíritu es el instrumento divino para la convicción de pecado. La predicación del evangelio no puede ser eficaz sin la exposición del mensaje que, procedente de Dios, está recogido en Su Palabra. El relativismo y el humanismo afectan notablemente a la predicación de la Escritura. El púlpito se abre a un mensaje de reflexión general o social, pero se limita en cuanto a la predicación bíblica. A esto debe unirse la acción de *falsos maestros* que procuran alterar las verdades bíblicas enseñando la doctrina con notorios errores que producen dificultades en el desarrollo de la vida de los creyentes y en el alcance evangelizador para los perdidos. En muchas ocasiones, las dificultades

[21] C. Hodge. o.c., pág. 283.

congregacionales son el resultado de la falta de conocimiento de la Palabra por parte de los creyentes y de los líderes de cada iglesia. El abandono de la aceptación bíblica produce el debilitamiento de los cristianos que trae como consecuencia la fragilidad de firmeza por lo que son arrastrados de un lado a otro por todo viento de doctrina. En ocasiones se aprecia la introducción de novedades procedentes de grupos que sustentan doctrinas no bíblicas, pero, en la misma manera están aquellos que enseñan costumbres y tradiciones heredadas como si fuesen normas bíblicas. El tradicionalismo es tan peligroso como el modernismo del cambio, porque ambos son contrarios a la doctrina bíblica. En esa peligrosidad están también aquellos que son *amadores de sí mismos*, mostrando la intransigencia natural de esta condición humana, imponiendo criterios a la iglesia e interviniendo para regular las vidas de los creyentes conforme a su determinación personal. A esta situación de problema espiritual están, como ocurría en Corinto, los *vanagloriosos*, quienes buscan cualquier modo para destacar sobre los otros, de modo que hacen visible este problema personal, que conduce a que los creyentes no sean edificados, buscando los aplausos personales porque consideran suya la obra y no se sienten siervos de Dios.

Otro aspecto a destacar es la búsqueda de emociones. Algo tan antiguo como la iglesia misma. Personas que tratan de *sentir experiencias* llamadas *espirituales*. Para éstos, los dones más *impactantes*, como pueden ser los de lenguas, milagros, etc. son prioritarios en sus vidas. Cuando este problema está en el liderazgo, la iglesia se orienta para que *sientan* las realidades espirituales en formas sumamente extrañas. El uso de las lenguas, es una de ellas. Hay congregaciones que son enseñadas a que descubran la realidad de la presencia del Espíritu hablando en lenguas. Tales enseñan errores bíblicos puesto que no todos los creyentes hablan en lenguas, porque no todos tienen ese don. Además, para alterar esa realidad y hacerla aceptable a muchos, enseñan que el *hablar en lenguas* no tiene que ver con idiomas conocidos, sino con lenguas angélicas. A esto debiera preguntarse si se trata de la forma comunicativa entre ángeles o la forma en que los ángeles hablan con los hombres. Si es la primera, la Biblia no revela nada en relación con la intercomunicación del mundo de los espíritus angélicos. Si se trata de la forma en que los ángeles hablan con los hombres, lo hicieron siempre en el lenguaje que éstos usaban para comunicarse entre sí. Las emociones están sustituyendo a la exposición bíblica, de modo que el creyente espera *sentir* algo para descubrir a Dios, cuando Él se revela siempre y exclusivamente por medio de Su Palabra.

Se destaca en el capítulo la necesidad de mantener un orden en el culto. Adorar a Dios, bendecir y glorificar Su nombre, proclamar el mensaje de salvación a los perdidos, no es cuestión de libertad humana, sino que cada uno de los creyentes se somete a la dirección y voluntad divina. No se trata de dar libertad a cada miembro presente en una reunión para culto, de modo que pueda usar libremente el tiempo para manifestar lo que le parezca mejor, con el pretexto de que se siente impulsado por el Espíritu. Cuando realmente es el Espíritu el que conduce el culto, hay armonía en la reunión, ilación en los temas, y edificación mutua. Nada puede haber en una reunión para culto que no busque la gloria de Dios y la edificación de su pueblo. El ejercicio de los dones debe estar presente en el culto y los creyentes deben ministrar ordenadamente. En la medida en que la congregación sea más numerosa, será preciso ordenar el tiempo para que sea usado convenientemente en los principios que motivan cada reunión. El que haya dirección en el culto, no significa constreñir la dirección del Espíritu, puesto que Él actúa en aquellos que, con dones de *presidir*, pueden y deben orientar el modo de celebrarlo, siendo dirigidos por Él.

Finalmente se destaca –como enseñanza general de toda la Escritura– la obediencia que cada creyente debemos a lo establecido en ella procedente de los *apóstoles y profetas* que Dios usó para confeccionar el escrito bíblico. Desobedecer las indicaciones apostólicas es desobedecer al Señor que los estableció. Como se ha considerado en otros lugares de la *Epístola*, el don de apóstol, en el sentido primario de la palabra *no está operativo hoy*, de modo que quienes se auto-titulan a sí mismos de esa manera son *falsos apóstoles*. Éstos son los que, por una supuesta autoridad apostólica, tratan de añadir asuntos como revelaciones divinas con autoridad espiritual. Muchos de quienes se arrogan a sí mismos esta supuesta condición, son meros instrumentos en manos del enemigo para hacer la obra de destrucción de la iglesia de Cristo. Lobos rapaces que buscan devorar al rebaño.

El capítulo tiene elementos suficientes para que cada uno se sitúe delante del Señor y en oración descubra su forma de actuar frente a las demandas establecidas en él.

CAPÍTULO XV

DOCTRINA DE LA RESURRECCIÓN

Introducción

Entre los muchos problemas que se manifestaban en la iglesia en Corinto, algunos tenían la gravedad de que cuestionaban doctrinas fundamentales. No sabemos cuántos, pero es evidente que había quienes negaban la resurrección de los muertos (v. 12). Es posible que éstos no negasen la de Cristo, pero sí la resurrección de los creyentes conforme a la promesa de Jesús y a la enseñanza general de la Escritura. No se conoce sobre qué base descansaba esta herejía, y cualquier afirmación sobre ello es sólo una mera suposición, entre muchas posibles.

Algunos opinan que este grupo estaba formado por saduceos convertidos al cristianismo. Tradicionalmente tales personas negaban la resurrección de los muertos (Hch. 24:6-9; 26:6-8). Contra esta opinión se aduce que la oposición al evangelio, por parte de esta secta judía, era tal que ninguno habría abrazado la fe. Este argumento, pudiera ser contradicho por la salvación de Pablo, quien había sido el más ferviente enemigo del cristianismo, mucho más que la mayoría de los saduceos y, sin embargo, había sido alcanzado por la gracia de Dios. Otros piensan en influencias filosóficas procedentes de los epicúreos o de grupos afines a ellos, que habrían afectado e inducido a algunos de los creyentes corintios para sostener tal posición. La conclusión más precisa a que puede llegarse, conforme a lo que manifiesta el texto bíblico, es que se trataba de falsos maestros que se burlaban de esta verdad de la fe cristiana, como ocurría también con los atenienses (Hch.17:32).

La Escritura manifiesta que algunos entonces enseñaban que la resurrección del creyente era un *hecho espiritual* que ocurría en su vida cuando creía, por tanto, la resurrección corporal no tenía razón ni debía esperarse, porque el propósito de Dios era una resurrección espiritual, como era la enseñanza de Himeneo y Fileto (2 Ti. 2:17, 18).

El apóstol argumentará sobre esto en la primera parte del pasaje, en donde establece el *hecho histórico* de la resurrección (vv. 3-5); luego concreta el valor *apologético* de ella (vv. 12-16); y finalmente concluye con la *causalidad eficiente* de la resurrección con respeto a la salvación de los creyentes (vv. 17-19). Para determinar todo esto comienza presentando el resumen del evangelio que había predicado entre los corintios, que es el mismo que predicaba en todos los lugares (v.1). Este mensaje produce un resultado en base a la fe del que lo escucha y atiende, aferrándose a la doctrina que demanda entrega al Salvador (v. 2). Este evangelio proclama la muerte de Cristo y la razón de ella, afirmando que todo eso fue conforme a la Escritura (v. 3). Asimismo, proclama la sepultura y resurrección del Señor (v. 4). Complementando la verdad proclamada con el testimonio de la resurrección, apela a los apóstoles, afirmando que el Resucitado se apareció a Cefas y luego a los doce (v. 5) y que fue visto por un gran número de testigos, de los que aún algunos vivían (v. 6). Del mismo modo se manifestó a Jacobo (v. 7). Finalmente, también se le apareció a él (v. 8). No se trataba de mérito alguno por su parte, puesto que se presenta como el más pequeño de los apóstoles e indigno de serlo (v. 9). Quien escribe es apóstol por la acción de la gracia, que le permitía llevar a cabo la obra del apostolado (v. 10). Este mensaje del evangelio es idéntico tanto el predicado por él, como el que proclamaban diferentes mensajeros (v. 11). Abundando en esto pasa a considerar las consecuencias que traería si Cristo no hubiese resucitado, lo que convertiría el evangelio en una mentira y la fe de los creyentes resultaría vana (vv. 12-14). Una segunda consecuencia sería la de que el evangelio no pasaría de ser un testimonio falso (v. 15), y por consiguiente, la esperanza también sería una falsedad (v. 16), convirtiendo la fe en algo estéril y a los creyentes dejándolos sin salvación (v. 17). La consecuencia sería que los que habían muerto abrazando la fe anunciada en el evangelio, perecieron (v. 18) y convirtiendo a los creyentes en dignos de conmiseración (v. 19).

En el segundo párrafo del capítulo (vv. 20-34), entra en la doctrina de la resurrección, de modo que quienes están en identificación con Cristo mediante la fe, es causa de seguridad de resurrección para ellos, como Adán fue de la muerte espiritual y física (20-22). La resurrección de los creyentes obedece a un programa determinado por Dios para ello. Por lo que Pablo presenta una síntesis de la doctrina de la resurrección indicando *el orden* de resurrecciones como fundamento de toda la argumentación (v. 23). Se extiende luego a aspectos de escatología, relativos al reino de Cristo y la obra de reconducción de todas las cosas a la obediencia y sumisión a Dios (vv. 26-28). Finalmente, en este segundo párrafo, retoma la argumentación sobre la resurrección de los muertos, para concluir con advertencias muy serias sobre el comportamiento de los creyentes en Corinto, sobre todo de sus líderes (vv. 29-34), con el propósito de que sirvieran para despertar a la iglesia en relación con los que negaban la doctrina de la resurrección.

En el tercer párrafo (vv. 35-58), habiendo llegado a la conclusión de que la resurrección de los muertos es una verdad bíblica, y que, si así no fuera, Cristo como hombre no habría resucitado, el apóstol considera las características del cuerpo de resurrección, para refutar una idea incorrecta sobre ese asunto. Por la lectura del texto bíblico parece que había algunos en la iglesia en Corinto que entendían mal sobre cómo sería el cuerpo de resurrección, considerando que sería el mismo que fue enterrado y en la misma naturaleza, como si la resurrección de los creyentes fuera una simple suspensión del estado de muerte física. Sin embargo, Pablo enseña que los cuerpos de resurrección serán materiales, pero organizados de un modo diferente al actual.

Para enseñar esto el apóstol toma la ilustración de la transformación de una semilla, en el reino vegetal, para convertirse en una planta que tiene la misma identidad, pero es diferente en cuanto a forma con la semilla puesta en tierra (vv. 35-37). Tomando luego la creación animal como ejemplo, Pablo demuestra que existe una diversidad de cuerpos adaptados a las condiciones y circunstancias de los seres vivos (vv. 38-39). Sigue después la ilustración por vía de los astros, recordando las diferencias que existen entre ellos (vv. 40-41). De la ilustración pasa a la doctrina de la identificación en Adán y en Cristo, así como a las consecuencias que trae para el hombre natural y el regenerado (vv. 45-49). Todo esto permitirá al apóstol desarrollar la enseñanza sobre el cuerpo de resurrección, con sus características, para concluir revelando el misterio de la transformación de los creyentes (vv. 51-52), y proseguir con un canto de victoria que proclama el triunfo definitivo sobre la muerte, como resultado de una operación divina de Su poder y gracia (vv. 53-57). Finalmente, se cierra el largo pasaje exhortando a los creyentes y llamándolos a una vida consecuente con la verdad enseñada (v. 58).

Para el comentario se sigue el *bosquejo* presentado en la *introducción* del libro, como sigue:

VII. Doctrina de la resurrección (15:1-58).

1. Proclamación de la resurrección (15:1-11).
    1.1. El resumen del evangelio (15:1-4).
    1.2. El testimonio de la resurrección (15:5-11).
2. Las consecuencias si Jesús no hubiese resucitado (15:12-19).
    2.1. Predicación y fe vanas (15:12-14).
    2.2. Testimonio falso (15:15).
    2.3. Esperanza falsa (15:16-19).
3. La esperanza cristiana (15:20-34).
    3.1. Programa de resurrecciones (15:20-25).

3.2. Eliminación de la muerte (15:26-28).
3.3. Firmeza en la esperanza (15:29-34).
4. La resurrección del cuerpo (15:35-50).
4.1. Enfrentando el problema (15:35-41).
4.2. Características del cuerpo de resurrección (15:42-50).
5. La victoria del cristiano en Cristo (15:51-58).
5.1. Revestidos de inmortalidad (15:51-53).
5.2. La victoria sobre la muerte (15:54-58).

VII. Doctrina de la resurrección (15:1-58)

Proclamación de la resurrección (15:1-11)

El resumen del evangelio (15:1-4)

1. Además os declaro, hermanos, el evangelio que os he predicado, el cual también recibisteis, en el cual también perseveráis.

Γνωρίζω δὲ ὑμῖν, ἀδελφοί, τὸ εὐαγγέλιον ὃ εὐηγγελισάμην ὑμῖν,
Y doy a conocer os, hermanos, el evangelio que prediqué os
ὃ καὶ παρελάβετε, ἐν ᾧ καὶ ἑστήκατε,
el cual también recibisteis, en el que también os habéis mantenido firmes.

Análisis y notas del texto griego.

Análisis: Γνωρίζω, primera persona singular del presente de indicativo en voz activa del verbo γνωρίζω, *dar a conocer, revelar, saber*, aquí *doy a conocer*; δὲ, partícula conjuntiva que hace las veces de conjunción coordinante, con sentido de *pero, más bien, y, y por cierto, antes bien, entonces*; ὑμῖν, caso dativo de la segunda persona plural del pronombre personal declinado *a vosotros, os*; ἀδελφοί, caso vocativo masculino plural del nombre común *hermanos*; τὸ, caso acusativo neutro singular del artículo determinado *el*; εὐαγγέλιον, caso acusativo neutro singular del nombre común *evangelio*; ὃ, caso acusativo neutro singular del pronombre relativo *lo que, lo cual, que*; εὐηγγελισάμην, primera persona singular del primer aoristo de indicativo en voz media del verbo εὐαγγελίζω, *evangelizar, predicar el evangelio, predicar*, aquí *prediqué*; ὑμῖν, caso dativo de la segunda persona plural del pronombre personal declinado *a vosotros, os*; ὃ, caso acusativo neutro singular del pronombre relativo *lo que, lo cual, que*; καὶ, adverbio de modo *también*; παρελάβετε, segunda persona plural del segundo aoristo de indicativo en voz activa del verbo παραλαμβάνω, *recibir*, aquí *recibisteis*; ἐν, preposición propia de dativo *en*; ᾧ, caso dativo neutro singular del pronombre relativo *lo que, lo cual, que*; καὶ, adverbio de modo *también*; ἑστήκατε, segunda persona plural del perfecto de indicativo en voz activa del verbo ἵστημι, *estar en pie, mantenerse firme*, aquí *habéis mantenido firmes*.

Γνωρίζω δὲ ὑμῖν, ἀδελφοί, τὸ εὐαγγέλιον ὃ εὐηγγελισάμην ὑμῖν, Al pasar a un nuevo tema, el apóstol hace referencia al evangelio que le había predicado a los corintios. Va a hacer una síntesis de lo que había sido su evangelización que, sin duda, todos conocían y recordaban. Sin embargo, lo hace como si nunca hubiesen oído el mensaje del evangelio, presentándoselo aquí con el mismo denuedo que el primer día.

Nuevamente el vocativo ἀδελφός, *hermanos*, vuelve a aparecer para dirigirse a los lectores. Aunque el término está en masculino plural, en aquel tiempo ya correspondía tanto a hombres como a mujeres. El apóstol está escribiendo a toda la iglesia.

Va a establecer una línea que en síntesis es un resumen del evangelio *que evangelicé*, como se lee literalmente. No está procurando avergonzarles, como si ellos se hubiesen olvidado del mensaje, pero, en cierto modo lo habían hecho por olvidar la enseñanza que sin duda recibieron del apóstol tocante a la resurrección de los muertos y, especialmente importante, a la resurrección de Cristo.

Es necesario entender que no existe más que un evangelio, que en Apocalipsis se le llama *evangelio eterno* (Ap. 14:6). Los falsos maestros en tiempos del apóstol procuraban introducir cambios en la doctrina bíblica, que es el *evangelio*, desvirtuándolo y convirtiéndolo en *otro* mensaje. El grave problema de todo esto es que nadie puede ser llamado a salvación por otra vía que no sea el evangelio genuino, que es el que Pablo predicaba. Dios no puede salvar por la proclamación de dos mensajes diferentes, sobre todo cuando el que se introduce es distinto al del evangelio que antes había sido anunciado. Un evangelio que no sea doctrinal es un evangelio adulterado o tergiversado. Algunos entienden que existen cuatro tipos o formas del evangelio. 1) El primero sería el que llaman *evangelio del reino*, cuyo mensaje consiste en las buenas nuevas de que Dios se propone establecer Su reino sobre la tierra en cumplimiento del Pacto Davídico (2 S. 7:16), que es un reino político, Israelita y universal, sobre el cual el Mesías será rey. Este evangelio se predicó en dos momentos, uno por Juan el Bautista y por Cristo mismo, cuya predicación termina cuando es rechazado por los judíos como su Rey; el otro será en el tiempo futuro (Mt. 24:14), el de la *gran tribulación*, inmediatamente antes de la manifestación de la Segunda Venida. 2) El segundo sería el *evangelio de la gracia*. En él se anuncia que Jesucristo, rechazado por Israel, ha muerto por el pecado del mundo, que ha resucitado para nuestra justificación y que por medio de Él son justificados cuantos crean. A éste se le llama de distintos modos: *Evangelio de Dios* (Ro. 1:1), porque tiene su origen en el amor de Él; el

Evangelio de Cristo (2 Co. 10:14), porque procede de Su sacrificio porque Él es el único objeto de la fe; también es el *Evangelio de la gracia de Dios* (Hch. 20:24), porque salva a quienes la Ley condena; otro es el *Evangelio de la gloria* (2 Co. 4:4; 1 Ti. 1:11), porque relaciona con Él, quien está en la gloria y se ocupa en llevar muchos hijos a la gloria (He. 2:10); se le llama también el *Evangelio de nuestra salvación* (Ef. 1:13), porque es el *"poder de Dios para salvación a todo aquel que cree"* (Ro. 1:16); el *Evangelio de la incircuncisión*, ya que salva aparte de toda forma u ordenanza religiosa; el *Evangelio de la paz* (Ef. 6:15), porque por medio de Cristo hace la paz entre Dios y el pecador e imparte a éste la paz interior. 3) El *Evangelio eterno* (Ap. 14:6); este será el predicado a los habitantes de la tierra cerca del fin de la gran tribulación e inmediatamente antes del juicio de las naciones (Mt. 25:31). No es el *Evangelio del reino*, ni tampoco el *Evangelio de la gracia*. Aunque su contenido es juicio y no salvación, es sin embargo la buena nueva para Israel y para los que han sido salvos en la gran tribulación (Ap. 7:9-14; Lc. 21:28; Sal. 96:11-13; Is. 35:4-10). 4) El que Pablo llama *mi Evangelio* (Ro. 2:16), es el *Evangelio de la gracia de Dios* en su plenitud, pero incluye la revelación del resultado de dicho evangelio en el llamamiento, relaciones, posición, privilegios y responsabilidades de la Iglesia. Este *Evangelio* es la verdad distintiva de Efesios y Colosenses e impregna todos los escritos de Pablo[1].

El problema de esta diversidad de *manifestaciones del evangelio*, es el de explicar cuál es el evangelio que contiene el mensaje de salvación puesto que el hombre se salva sólo por gracia mediante la fe, en cualquier tiempo y en cualquier situación. Es verdad que este mensaje presenta aspectos diferentes en puntualizaciones concretas, pero todo él señala a la fe como única vía de justificación. Hablar del *Evangelio del reino*, como diferente al de la gracia y situarlo como ministerio de Juan el Bautista y de Jesús, origina una seria confusión, puesto que el mensaje de Juan presentaba la necesidad de *arrepentimiento*, llamando a todos a esto, y entendiendo que *arrepentimiento* se usa en muchas ocasiones como sinónimo de creer al mensaje de Dios, pero, añadía un segundo punto: *"He aquí el Cordero de Dios, que quita el pecado del mundo"* (Jn. 1:29). Este es, sin duda alguna el *evangelio eterno*, puesto que como expresión del plan eterno de redención tiene el mismo sentido y se le llama *eterno*, entre otras cosas porque procede del Dios eterno. No es posible, con base bíblica, afirmar que Cristo en Su primera venida, vino para ofrecer el reino a Israel y que al ser despreciado tuvo que orientar a otra causa Su obra. La profecía habla de que Él es el Rey de reyes y el Señor de señores, que

[1] Sintetizado de las *Notas* de la *Biblia Anotada de Scofield*, pág. 1392 s.

reinará literalmente sobre la tierra en Su Segunda Venida, pero en la primera vino para hacer la obra de salvación y morir por los pecadores.

Pablo va a recordar a los corintios el *evangelio* que les predicó cuando estableció la iglesia. Trasladando las verdades fundamentales de aquella proclamación que, tal vez, estaban un tanto desordenadas en la mente de los corintios. Parafraseando les dice: *recordad como os evangelicé entonces.*

ὃ καὶ παρελάβετε, Este Evangelio es el que habían recibido, aceptándolo como verdadero y creyendo en lo que manifestaba. Recibir el evangelio implica recibir a Cristo como Salvador, núcleo fundamental del mensaje que proclamaba el apóstol.

ἐν ᾧ καὶ ἑστήκατε, Los corintios, como creyentes, perseveraban en el Evangelio: *"En el cual también perseveráis"*, literalmente *en el cual os habéis mantenido firmes.* El verbo ἵστημι, usado aquí por Pablo está en perfecto de indicativo, lo que expresa la idea de una acción producida en el pasado y que permanece. Los corintios se habían mantenido firmes en la fe que habían aceptado. Por tanto, estaban firmes en Cristo. Perseveraban en el evangelio como verdaderos cristianos (Ro. 5:2; 2 Co. 1:24). El que ha sido regenerado por el Espíritu y tiene la vida eterna por comunión con Cristo, persevera en la fe. Algunos, no todos, negaban algo de esa verdad, pero se mantenían en Cristo (v. 12).

2. Por el cual asimismo, si retenéis la palabra que os he predicado, sois salvos, si no creísteis en vano.

δι', οὗ καὶ σῴζεσθε, τίνι λόγῳ εὐηγγελισάμην ὑμῖν εἰ
Por el que también sois salvos, que por palabra prediqué os, si
κατέχετε, ἐκτὸς εἰ μὴ εἰκῇ ἐπιστεύσατε.
retenéis, a no ser que en vano creísteis.

Análisis y notas del texto griego.

Análisis: δι', forma contracta de la preposición propia de genitivo διά, *por, por medio de, a causa de*; οὗ, caso genitivo neutro singular del pronombre relativo *el que, el cual*; καὶ, adverbio de modo *también*; σῴζεσθε, segunda persona plural del presente de indicativo en voz pasiva del verbo σῴζω, *salvar*, aquí *sois salvos*; τίνι, caso dativo masculino singular del adjetivo interrogativo *qué*; λόγῳ, caso dativo masculino singular del nombre común *palabra, mensaje*; εὐηγγελισάμην, primera persona singular del primer aoristo de indicativo en voz media del verbo ευἀγγελίζω, *predicar el evangelio, proclamar la buena nueva, evangelizar, predicar*, aquí *prediqué*; ὑμῖν, caso dativo de la segunda persona plural del pronombre personal declinado *a vosotros, os*; εἰ, conjunción afirmativa condicional *si*; κατέχετε, segunda persona plural del presente de indicativo en voz activa del verbo κατέχω, *retener, conservar, mantener*, aquí *retenéis*; ἐκτὸς, adverbio *fuera, afuera,* puede actuar como preposición impropia que rige genitivo *fuera de, aparte de*; εἰ, conjunción afirmativa condicional *si*; μὴ, partícula que hace funciones de adverbio de negación *no*; εἰκῇ, adverbio de modo *por nada, en vano, inútilmente*; ἐπιστεύσατε, segunda persona plural del primer aoristo de indicativo en voz activa del verbo πιστεύω, *creer*, aquí *creísteis*.

δι', οὗ καὶ σῴζεσθε, τίνι λόγῳ εὐηγγελισάμην ὑμῖν. El evangelio proclama en su mensaje el modo de ser salvo, por lo que debe ser creído. Esto no es un asunto intelectual sino vivencial, es decir, no se cree mentalmente sino, como el apóstol enseña, *con el corazón*, en sentido de entregar la vida y rendirse totalmente a las demandas de Dios (Ro. 10:9). Cuando un creyente *confiesa* que ha creído, simplemente expresa la realidad que está en su corazón, ya que *"de la abundancia del corazón habla la boca"* (Lc. 6:45). La fe que alcanza la justicia de Dios, no es un acto intelectual, es decir, no se cree como aceptación mental de un mensaje, aunque lo comprende, sino como entrega de la vida al Salvador. Una simple confesión de fe, como expresión de aceptación de un mensaje es una burla a Dios que no produce resultado salvador alguno (Mt. 7:22-23). Sin embargo, no es menos cierto que quien ha creído no puede dejar de confesar al Señor (Sal. 107:2; Hch. 4:20). Creer es la aceptación plena de la obra de Cristo, y no solo una aceptación intelectual de un mensaje.

Pablo les recuerda que ellos habían creído al mensaje del evangelio que les había predicado, lo que no era tampoco un aspecto subjetivo o emocional. Creer con el corazón o de corazón es la plena expresión de vida, lo que en el uso bíblico se entiende como la razón misma de la vida, como dice el sabio: *"Sobre toda cosa guardada, guarda tu corazón; porque de él mana la vida"* (Pr. 4:23).

Pablo afirma que si han creído al evangelio *son salvos*. El verbo σῴζω, *salvar*, en presente de indicativo y en voz pasiva, expresa la idea que son verdaderamente salvos y están en el definitivo estado de salvación. Realmente el *evangelio* en sí, como mensaje, no salva, pero sí lo hace la fe depositada en el Salvador que es el núcleo del mensaje que se proclama en el evangelio. El que cree en el Hijo tiene vida eterna, de manera que quien deposita su fe en el Salvador, recibe con el perdón de pecados, la vida eterna que se comunica por identificación con Cristo, y Él mismo se convierte para el salvo en *"esperanza de gloria"* (Col. 1:27).

La consecuencia de la fe es esta: *"sois salvos"*. La fe lleva a la justificación (Ro. 5:1). La justificación conduce a la seguridad de salvación (Ro. 8:1). El mensaje de fe proclamado por el apóstol, tanto a los corintios, como al resto del mundo tiene que ver con la certeza de la salvación que se alcanza por gracia, mediante la fe (Ef. 2:8-9). Aquel que cree, él que deposita fe en el Salvador, el que recibe a Cristo y es recibido por Él, recibe con el Salvador, la salvación. La respuesta a la fe es el perdón de los pecados y la vida eterna, resultado de la justificación.

εἰ κατέχετε, Nótese que en la exposición recordatorio del evangelio que Pablo les predicó, la resurrección de Cristo forma parte esencial del mensaje. Además, la fe verdadera permanece firmemente asida a la verdad del evangelio, Pablo les dice *si retenéis*, este verbo equivale también a *conservar, mantener*. El verdadero creyente se afirma, sujeta y mantiene la doctrina. La perseverancia en la fe es la consecuencia de haber creído. La creencia verdadera proclama la resurrección de Cristo, como el apóstol dirá seguidamente. La salvación es un proceso continuado, que se inicia en la justificación, al creer en Cristo (Jn. 3:16; Ef. 2:8-9); prosigue con la santificación (Fil. 2:12); y concluye con la glorificación, la redención del cuerpo (Ro. 8:23). El verdadero creyente persevera en la fe durante el tiempo de la santificación.

ἐκτὸς εἰ μὴ εἰκῇ ἐπιστεύσατε. La verdadera fe descansa en la resurrección de Cristo (Ro. 4:25). Quien niega la resurrección del Señor no posee una fe genuina, por tanto, *creyó en vano* (v. 17). Algunos en Corinto estaban cuestionando la resurrección del cuerpo y, como enseña más adelante el apóstol, negando la resurrección se niega también la de Cristo, quien en Su humanidad resucitó de entre los muertos. Cuando se niega el núcleo del evangelio, el edificio de la salvación no se sostiene. No hay salvación en Cristo, a no ser sobre la base de fe en Su muerte y resurrección. Quien niega la resurrección, ha creído en vano. No es posible confesar que Jesús es el Señor, sin creer que fue resucitado de los muertos. Por medio de la resurrección es posible el señorío de Jesús. La fe en el Resucitado determina la salvación. La muerte y la resurrección del Señor son el núcleo del evangelio, como recordará el apóstol seguidamente. Sin la muerte no hay expiación de pecados, y sin la resurrección no hay justificación (Ro. 4:25).

3. Porque primeramente os he enseñado lo que asimismo recibí: Que Cristo murió por nuestros pecados, conforme a las Escrituras.

παρέδωκα γὰρ ὑμῖν ἐν πρώτοις, ὃ καὶ παρέλαβον, ὅτι
Porque transmití os en primer lugar lo que también recibí, que
Χριστὸς ἀπέθανεν ὑπὲρ τῶν ἁμαρτιῶν ἡμῶν κατὰ τὰς Γραφὰς
Cristo murió por los pecados de nosotros según las Escrituras

Análisis y notas del texto griego.

Análisis: παρέδωκα, primera persona singular del primer aoristo de indicativo en voz activa del verbo παραδίδωμι, *entregar, transmitir*, aquí *transmití*; γὰρ, conjunción causal *porque*; ὑμῖν, caso dativo de la segunda persona plural del pronombre personal declinado *a vosotros, os*; ἐν, preposición propia de dativo *en*; πρώτοις, caso dativo neutro plural del adjetivo numeral ordinal *primeros*, en sentido de *primer lugar*; ὃ, caso acusativo neutro singular del pronombre relativo *lo que*; καὶ, adverbio de modo *también*; παρέλαβον, primera persona singular del segundo aoristo de indicativo en voz activa del verbo παραλαμβάνω, *recibir, recibir una tradición*, aquí *recibí*; ὅτι, conjunción *que*; Χριστὸς, caso nominativo masculino singular del nombre propio *Cristo*; ἀπέθανεν, tercera persona singular del segundo aoristo de indicativo en voz activa del verbo ἀποθνῄσκω, *morir*, aquí *murió*; ὑπὲρ, preposición propia de genitivo *por*; τῶν, caso genitivo femenino plural del artículo determinado *las*; ἁμαρτιῶν, caso genitivo femenino plural del nombre común *pecados*; ἡμῶν, caso genitivo de la primera persona plural del pronombre personal declinado *de nosotros*; κατὰ, preposición propia de acusativo *conforme a*; τὰς, caso acusativo femenino plural del artículo determinado *las*; γραφὰς, caso acusativo femenino plural del nombre común *Escrituras*.

παρέδωκα γὰρ ὑμῖν ἐν πρώτοις, El evangelio proclama la muerte de Cristo. Pablo les recuerda que lo primero que les entregó fue también lo primero que había recibido. El adjetivo πρώτος, se refiere al primero, que precedido de la preposición *en*, conlleva la idea de *en primer lugar*. No en cuanto a tiempo relacionado con la proclamación del evangelio, ni sólo el primer concepto del mensaje, sino como la doctrina fundamental en cuanto a salvación. De modo que les está recordando que entre las cosas primeras o fundamentales les anunció esto que sigue en el texto de este punto del escrito.

ὃ καὶ παρέλαβον, Dice que también él había recibido esto. El evangelio que el apóstol predicaba no era invención humana, ni reflexión personal, ni tampoco enseñanza directa de los otros apóstoles de Jesucristo. El evangelio lo recibió directamente por revelación divina, como les dijo antes: *"Porque yo recibí del Señor lo que también os he enseñado"* (11:23). El aprendió el evangelio por revelación de Jesucristo (Gá. 1:12). De otro modo, fue el mismo Señor quien le comunicó el mensaje y le comisionó para proclamarlo. Le podía llamar *su evangelio*, porque era de su propiedad en razón al autodescubrimiento de Jesucristo. Esta *revelación*, conlleva necesariamente la idea de un descubrimiento absolutamente ajeno a la posibilidad del mundo, oculto a él y a su natural experiencia, siéndole inaccesible. La gran argumentación que consolida lo que el apóstol les había predicado a los corintios, es que el evangelio que les habían proclamado no era humano porque se originó en el descubrimiento total de Cristo al apóstol, que no le fue dado en forma de tradición ni enseñanza de hombres, sino por aparición directa del mismo Señor, lo que es en sí mismo una *revelación* de Jesús. En otro modo, el evangelio que Pablo les había predicado es el resultado de la presencia inmediata y directa del Señor resucitado, y no de su mediato ser-hecho-presente en el logos de la proclamación del evangelio. La esencia misma del mensaje que les había predicado procedía de revelación de Jesucristo. Allí recibió la enseñanza de Su muerte, la realidad de Su resurrección, la omnipotencia de que estaba revestido, la exaltación gloriosa, Su condición divina como Señor, la realidad de salvos por gracia que estaban siendo perseguidos por él, pero que formaban una unidad con el Señor, de modo que quien los perseguía, estaba persiguiendo a Jesús (Hch. 9:4-5). Todas estas verdades constituyeron la base en que fueron evangelizados los corintios, que no es otra cosa que la revelación de Jesús, de modo que ningún hombre tuvo que enseñarle lo que fue manifestado a él por el Resucitado. Por esa razón acaba de escribirles: *"Además os declaro, hermanos, el evangelio que os he predicado, el cual también recibisteis, en el cual también perseveráis; por el cual asimismo, si retenéis la palabra que os he predicado, sois salvos, si no creísteis en vano"* (vv. 1-2). El Padre fue el revelador, Jesucristo el revelado y en esa revelación recibió la comisión de proclamar el evangelio a los gentiles. El Resucitado y el evangelio son inseparables, de modo que predicar el evangelio es predicar a Cristo.

ὅτι Χριστὸς ἀπέθανεν ὑπὲρ τῶν ἁμαρτιῶν ἡμῶν, La primera gran verdad del evangelio es *"que Cristo fue muerto por nuestros pecados"*. La muerte de Jesús en la Cruz fue por *"nuestros pecados"*. En esa muerte el Cordero de Dios se presenta en sacrificio propiciatorio y expiatorio por el pecado (Jn. 1:29; He. 5:1-3; 1 P. 1:18-20; 2:24; 1 Jn. 4:10). Como el mismo apóstol escribió a los gálatas: *"El cual se dio a sí mismo por nuestros pecados"* (Gá. 1:4). La Cruz obedece al plan divino de redención. Pablo afirma que fue *Cristo* el que murió por nuestros pecados, en una entrega voluntaria (Jn. 10:11, 15, 17, 18). La acción de nuestro Señor consistió en Su entrega por nosotros. En muchas partes se habla de este entregarse (cf. Ro. 4:25; 8:32; 1 Co. 11:23). Es una entrega por todos, pero, como él mismo apóstol reconoce, es también individual: *"por mí"* (Gá. 2:20). Cristo murió *"por nuestros pecados"* para realizar la obra de salvación. El escritor a los hebreos escribe: *"¿Cuánto más la sangre de Cristo, el cual mediante el Espíritu eterno se ofreció a Sí mismo sin mancha a Dios...?"* (He. 9:14). En esta acción salvadora está el cumplimiento de la profecía del siervo que ofrece Su vida en expiación por muchos (Is. 53:11). Así decía Jesús: *"Porque el Hijo del Hombre no vino para ser servido, sino para servir, y para dar su vida en rescate por muchos"* (Mr. 10:45).

La entrega a muerte de Jesús se hizo *"por nuestros pecados"*. Su vida entregada en la Cruz, es ofrecida a causa de los pecados, es decir, ocupando el lugar del pecador. El Señor no solo muere *a favor* del pecador, sino ocupando plenamente su lugar de condenación. Impulsado por un amor incomprensible se entregó para librar al creyente de la responsabilidad penal del pecado. Para ello, tenía que sustituirlo ante la justicia de Dios, siendo hecho maldición en lugar de él, a fin de que el perdido pudiera alcanzar la bendición de Dios en Cristo (Gá. 3:13-14). La obra de la Cruz operó salvación, siendo la realidad definitiva del sacrificio expiatorio por el pecado. Ese es el sentido que adquiere la frase: *"por nuestros pecados"*. De otro modo, en palabras del mismo apóstol: *"El cual fue entregado por nuestras transgresiones"* (Ro. 4:25). Es lo que permite a Dios la justificación del pecador. Ser entregado o entrarse implica la muerte sustitutoria que satisface las demandas de la justicia divina, en cuanto a la extinción de la responsabilidad penal por el pecado, para todo el que cree. La muerte del Señor opera en relación con la solución del problema del hombre en el campo de la transgresión. La causa de la muerte del Salvador es *"nuestros pecados"*.

Es necesario entender que la muerte del Señor tiene un componente de necesidad salvadora, puesto que lo hizo *"por nuestros pecados"* o, si se prefiere mejor, *"a causa de nuestros pecados"*. En ese sentido se establece a *nuestros pecados* como hecho y la cancelación penal de ellos como meta de la muerte del Salvador. El Señor se entregó *"haciéndose obediente hasta la muerte, y muerte de cruz"* (Fil. 2:8). La obra de Cristo es cumplimiento de la obra de Dios, que ama entregándose. Pero, al mismo tiempo expresa la suprema vinculación de Jesús al prójimo perdido, como consumación plena de no buscar su propio bien sino el de los otros.

κατὰ τὰς γραφὰς. La muerte de Cristo se produjo en conformidad con las Escrituras, que proféticamente la anunciaban, luego testificaron de ella, y finalmente fueron la base de la proclamación del evangelio (Is. 53:5-12; Sal. 22; Hch. 2:23; 4:27-28). El Señor reprendió a los discípulos por no creer a lo que los profetas habían anunciado (Lc. 24:25-26; Hch. 26:22-23; Ro. 3:21). El Evangelio es un mensaje asentado en la Biblia y surge ya del contenido del Antiguo Testamento. Pretender predicar un evangelio desde el razonamiento humano es quitar el poder que dimana de la Palabra, como único instrumento capaz de convencer al pecador de su pecado (14:24-25). El Evangelio no bíblico produce *convicciones*, pero no *conversiones*.

4. Y que fue sepultado, y que resucitó al tercer día, conforme a las Escrituras.

καὶ ὅτι ἐτάφη καὶ ὅτι ἐγήγερται τῇ ἡμέρᾳ τῇ τρίτῃ
Y que fue sepultado y que ha sido resucitado el día - tercero
κατὰ τὰς γραφὰς
conforme a las Escrituras.

Análisis y notas del texto griego.

Análisis: καὶ, conjunción copulativa *y*; ὅτι, conjunción *que*; ἐτάφη, tercera persona singular del segundo aoristo de indicativo en voz activa del verbo θάπτω, *enterrar, sepultar, dar sepultura*, aquí *fue sepultado*; καὶ, conjunción copulativa *y*; ὅτι, conjunción *que*; ἐγήγερται, tercera persona singular del perfecto de indicativo en voz pasiva del verbo ἐγείρω, *levantar, resucitar*, aquí *ha sido resucitado*; τῇ, caso dativo femenino singular del artículo determinado *la*; ἡμέρᾳ, caso dativo femenino singular del nombre común *día*; τῇ, caso dativo femenino singular del artículo determinado *la*; τρίτῃ, caso dativo femenino singular del adjetivo numeral ordinal *tercero*; κατὰ preposición propia de acusativo *conforme a*; τὰς, caso acusativo femenino plural del artículo determinado *las*; γραφὰς, caso acusativo femenino plural del nombre común *Escrituras*.

καὶ ὅτι ἐτάφη El Evangelio que Pablo predicó a los Corintios, luego de proclamar la muerte de Jesucristo, enseñaba sobre la sepultura del Señor. Esta era una segunda materia de fe. El Salvador murió realmente, por tanto, fue sepultado. Nadie podía negar este hecho histórico. Incluso los fariseos, enemigos de Cristo y del Plan de Redención de Dios, que propalaron la mentira de que los discípulos habían robado el cuerpo puesto en la tumba, tenían que reconocer que Pilato concedió el cuerpo de Jesús para darle sepultura cuando tuvo la certeza, por testimonio del centurión, de que había muerto. Esta es la única referencia al enterramiento de Jesús fuera de los evangelios y de las referencias que ocurren en Hechos (cf. Hch. 2:29; 13:29). El gobernador romano comprobó la muerte de Jesús. Antes de morir entregó el Espíritu al Padre (Lc. 23:46). Los soldados verificaron también la realidad de Su muerte (Jn. 19:33). El costado abierto por la lanza de uno de ellos testificaba que se trataba de un cuerpo muerto (Jn. 19:34). El testimonio apostólico declaraba que el Señor fue descendido de la Cruz y puesto en un sepulcro nuevo (Hch. 13:29). Para Pablo no había duda alguna de que Jesús había resucitado. Como fariseo perseguidor de la iglesia tenía el testimonio de los líderes religiosos que acreditaban Su muerte en la Cruz, para negar luego Su resurrección. Pero, en el camino a Damasco, Jesús habló con Pablo y le mostró Su gloria, por tanto, no tenía duda alguna que había sido sepultado. Para el apóstol, la tumba mira al pasado como conclusión de la obra de redención en la vida entregada del Salvador, pero también abre la puerta al futuro de Su resurrección, que es el siguiente punto en el evangelio que había predicado en la fundación de la iglesia en Corinto.

καὶ ὅτι ἐγήγερται τῇ ἡμέρᾳ τῇ τρίτῃ. Si importancia capital tenían Su muerte y sepultura, no menos la tiene Su resurrección. El apóstol utiliza aquí el verbo ἐγείρω, *resucitar* en perfecto de indicativo, que indica una acción definitivamente hecha, es decir, Jesús *ha sido resucitado* y, por tanto, sigue vivo. La resurrección de Cristo es base fundamental de la fe cristiana.

La resurrección es vital puesto que por ella es posible la justificación del que cree, es decir, Jesús resucitado es la base por la que Dios puede hacer al creyente *"justicia de Dios en Él"* (2 Co. 5:21). Si no hubiese resucitado la posición *en Cristo* sería imposible. La comunicación de vida eterna solo es posible en Él, por tanto, la resurrección era de todo punto necesaria para la justificación y salvación del impío. Sin la resurrección no hubiera sido posible la justificación del pecador porque no habría objeto de fe, ni manifestación del sacrificio expiatorio (Ro. 3:25), ni intercesor, ni abogado. Pablo afirma categóricamente esta verdad un poco más adelante: *"y si Cristo no resucitó, vuestra fe es vana; aún estáis muertos en vuestros pecados"* (v. 17). La fe en un Cristo muerto sería una fe muerta. Sólo si verdaderamente resucitó puede ser espíritu vivificante (v. 45). La resurrección de Jesús pone de manifiesto la consumación de la obra de redención hecha por Él. Dios acredita a Jesús como su Hijo mediante la resurrección. Por tanto, quien lo entrega también lo resucita, siendo conocido en adelante como *"el que resucitó a Jesús de entre los muertos"* (Ro. 8:11; 1 Co. 6:14; 2 Co. 4:14; Gá. 1:1; Col. 2:12; He. 13:20). La resurrección expresa la revelación última de Dios. Es el que *"da vida a los muertos, y llama las cosas que no son, como si fuesen"* (Ro. 4:17), es el que crea todo lo que existe, llamándolo a la existencia desde la *no-existencia*, el que levanta un pueblo desde la *muerte* para procrear de Abraham y la esterilidad de Sara, el que saca de la muerte a Jesús, el que da vida a los muertos y el que justifica al impío (Ro. 4:4-5). La fe en la resurrección de Cristo es la fe en la obra que Dios hace para vivificar a quien, estando muerto en pecados, está alejado de la única vida verdadera que es la de Dios mismo, que se otorga en Cristo al que cree. Cristo es el primogénito de la nueva creación y, sobre todo, de la nueva humanidad (Ro. 8:29). Es el *consumador de la fe* (He. 12:2), el Adán final convertido en espíritu que hace vivir (vv. 44-49). A partir de ahí, el destino de los creyentes y el de Cristo, en quien depositan su fe, son inseparables. Sin esa resurrección nadie podría ser justificado. En el Resucitado, Dios se revela como el Dios de la esperanza, de la paz y con ello, en esa relación de paz, el Dios de nuestra justificación (Ro. 15:5, 13, 33; 16:20; 2 Co. 13:11; Fil. 4:7-9; 1 Ts. 5:23; 2 Ts. 3:16). Sólo el Resucitado es el *Sí* de Dios y Su *Amén*, por tanto, es el sí incondicional que Dios da al que cree, de su salvación (2 Co. 1:20). La identificación con Él, por medio de la fe, hace entrar al pecador en el ámbito de la justicia, de la santidad y del poder de Dios. La vida solo es posible y tiene contenido en Cristo resucitado (Gá. 2:20; Fil. 1:21).

El Resucitado es causa de salvación eterna para todos los que le obedecen, siendo declarado por Dios el Sumo Sacerdote del nuevo orden (He. 5:9-10). La experiencia de sufrimiento a causa de la obediencia hizo que Cristo fuese perfeccionado. No cabe duda que la acción de la angustia produjo en la humanidad del Señor una enriquecedora experiencia que le capacita para ser el *misericordioso* Sumo Sacerdote, facultándole plenamente para el cumplimiento de Su ministerio sacerdotal. Sin embargo, fue la obediencia absoluta *"hasta la muerte y muerte de cruz"* (Fil. 2:8) lo que permitió a Jesús proclamar la definitiva conclusión de la redención con el *"Consumado es"* con que concluye el tiempo de la crucifixión, antes de entregar Su espíritu en manos del Padre (Jn. 19:30). La obediencia plena, la entrega incondicional y el pleno cumplimiento en sumisión a la voluntad del Padre, es lo que ha perfeccionado al Señor en Su ejercicio de Redentor y Sacerdote. El sacrificio de la Cruz, fue lo que hizo a Cristo, de hecho, Redentor y Sacerdote perfecto para la nueva humanidad de creyentes en Él. Su sacrificio, término final de la obediencia, hace de Jesús víctima y sacerdote al mismo tiempo, perfeccionando al Salvador en sentido de llevar a cabo la obra de salvación que le había sido encomendada.

Sin embargo, no es posible separar de todo esto el hecho de la resurrección, que permite también la exaltación del Salvador a la diestra de la Majestad, para recibir el nombre de autoridad suprema en cielos y tierra (Fil. 2:9-11), por la que vino a ser, para todos los que creen, la *causa* o *razón* de la eterna salvación. Esa misma verdad está en la mente del apóstol cuando escribe: *"Porque así como por la desobediencia de un hombre los muchos fueron constituidos pecadores, así también por la obediencia de uno, los muchos será constituidos justos"* (Ro. 5:19). La potencialidad de la obra redentora comprende e incluye a todos los hombres, pero se hace eficaz o virtual tan solo para quienes creen. Esa es la razón por la que el creer no es otra cosa que una obediencia, según Dios, a la fe proclamada (Ro. 1:5; 16:26).

Todo esto es posible, no solo por el sacrificio redentor, sino por la resurrección del Hijo de Dios. La salvación conseguida por el perfecto

Sumo Sacerdote no es temporal y terrena, sino eterna y celestial. Porque ha resucitado puede ser el vínculo de unión de todos los creyentes en un cuerpo y comunicar a todos ellos la vida eterna, esto es, la vida comunicable de Dios, que se otorga al pecador que cree por el único Mediador entre Dios y los hombres que es Jesucristo hombre (1 Ti. 2:5). El Salvador hace perfectos a todos los que por medio de Él se acercan a Dios. Es una obra completa que no puede perderse jamás.

Histórica y cronológicamente hablando, el apóstol les recuerda que la resurrección se produjo al *tercer día*. Su muerte ocurrió el viernes, el sábado estuvo en el sepulcro y el domingo temprano, al comenzar el día, resucitó. Con ello documenta históricamente el hecho de la resurrección que la sitúa con precisión en un determinado tiempo de la historia.

κατὰ τὰς γραφὰς. Nuevamente la expresión anterior. La resurrección fue un suceso *conforme a las Escrituras*, es decir, estaba recogida en ellas. No es algo sorpresivo y propio del cristianismo, sino que había sido anunciado por los profetas y también por Cristo mismo. Nada en la obra redentora ocurrió por alguna circunstancia humana, sino que *"a éste, entregado por el determinado consejo y anticipado conocimiento de Dios, prendisteis y matasteis por manos de inicuos, crucificándole; al cual Dios levantó, sueltos los dolores de la muerte, por cuanto era imposible que fuese retenido por ella"* (Hch. 2:23-24). Así lo anunciaba el salmista: *"Porque no dejarás mi alma en el Seol, ni permitirás que tu santo vea corrupción"* (Sal. 16:10), y también en ese libro se lee: *"Pero Dios redimirá mi vida del poder del Seol, porque él me tomará consigo. Selah"* (Sal. 49:15). La resurrección es conforme a las Escrituras (Mt. 16:21; 26:24; Lc. 24:25-26; Jn 2:21-22; Hch. 2:22, 31; 8:32 ss.; 17:2 ss.; 26:22 ss.).

El testimonio de la resurrección (15:5-11)

5. Y que apareció a Cefas, y después a los doce.

καὶ	ὅτι	ὤφθη	Κηφᾷ	εἶτα[1]	τοῖς	δώδεκα·
Y	que	se apareció	a Cefas,	luego	a los	Doce.

Análisis y notas del texto griego.

Análisis: καὶ, conjunción copulativa *y*; ὅτι, conjunción *que*; ὤφθη, tercera persona singular del primer aoristo de indicativo en voz pasiva del verbo ὁράω, *ver, mirar, observar*, en voz pasiva *aparecerse*, aquí *se apareció*; Κηφᾷ, caso dativo masculino singular del nombre propio declinado *a Cefas*; εἶτα, adverbio *luego*; τοῖς, caso dativo masculino plural del artículo determinado declinado *a los*; δώδεκα, caso dativo masculino plural del nombre común *doce*.

Notas. Crítica Textual. Lecturas alternativas.

[1] εἶτα, *luego*, según se lee en 𝔓[46], B D2 L P Ψ 0243, 104, 365, 630, 1241, 1505, 1739, 1881, 2464, 𝔐, Orígenes.

ἔπειτα, *después*, como se lee en a, K, A, K, 33, 81, 614, 1175.

καὶ μετά ταῦτα, *y después de esto*, de acuerdo con D*, F, G, lat.

καὶ ὅτι ὤφθη Κηφᾷ. La resurrección de Jesús es testificada por los apóstoles. En la Ley se establecía que el testimonio efectivo ante tribunales era el dado por dos o tres personas concordantes. El Resucitado *se apareció* primeramente a Pedro. Es interesante notar que el apóstol usa aquí el verbo ὁράω, que en voz pasiva significa *aparecerse*, de modo que Jesús se manifestó resucitado a *Cefas*, nombre del apóstol Pedro en la forma que habitualmente usa Pablo. No cabe duda que el testimonio del apóstol, concordante con el del resto de los apóstoles, da al hecho de la resurrección una evidencia fuera de toda duda. Sobre todo, cuando además de coincidir, estos testimonios son dados con riesgo de la propia vida de los que testifican. El apóstol afirma que *se apareció*, o como aparece en otras traducciones *fue visto*. No se trata de una aparición a modo de una visión irreal, sino de la realidad de Su presencia como resucitado de los muertos. Lucas da testimonio escrito de este encuentro de Pedro con el Señor cuando escribe: *"Y ha aparecido a Simón"* (Lc. 24:34). Fue el primero de los apóstoles en verle resucitado. Jesús quiso que él recibiese de forma directa y especial la noticia de Su resurrección, de ahí que el ángel dijese a las mujeres que lo comunicasen a todos y especialmente a Pedro (Mr. 16:7). Cabe preguntarse ¿por qué esa distinción? Pedro era aquel que le había negado y aunque arrepentido, tal vez, tuviera en su alma una sombra de duda sobre lo que el Señor haría con su relación con él, que le había prometido, y no había cumplido la promesa, por eso, humanamente hablando, ninguna consideración merecía de parte del Señor. Pero sería el Resucitado, que ama sobre todas las cosas, que comprende todas las cosas y que restaura en todas las caídas, el que tendría un encuentro personal con el discípulo antes de subir a Galilea. Aquel que le había negado no tenía que dudar sobre el perdón que Jesús le otorgaba. No se trataba de una alucinación. En la iglesia en Corinto, el partido que se llamaba como de *Cefas* (1:12), debía admitir plenamente la resurrección de Cristo. Un apóstol da testimonio personal y debe ser aceptado por los creyentes.

εἶτα τοῖς δώδεκα· Además de Pedro el Señor se manifestó resucitado a los Doce. Los relatos bíblicos ponen de manifiesto esa verdad histórica (Mr. 16:14; Lc. 24:36; Jn. 20:19). El término que usa Pablo de *los Doce*, es una referencia al colegio apostólico, del que Pedro formaba parte. Más tarde elegirían a Matías en sustitución de Judas, pero no es tanto al número a lo que Pablo se refiere, sino a la condición de los Doce, como único grupo de apóstoles, es decir, al grupo de escogidos por Cristo durante Su ministerio como número cerrado. Sin duda Judas, que había sido de los Doce, no estaba entre ellos (Mr. 10:14). Si una de las condiciones para ser apóstol era haber visto al Señor resucitado, Matías que fue elegido para ser uno de ellos, lo habría visto en las varias manifestaciones del Resucitado a los creyentes. El testimonio de los Doce es de capital importancia, puesto que ellos se atemorizaron al ver a Jesús entre ellos, de modo que tuvo que decirles: *"¿Por qué estáis turbados, y vienen a vuestro corazón estos pensamientos? Mirad mis manos y mis pies, que yo mismo soy; palpad, y vez; porque un espíritu no tiene carne ni huesos, como ves que yo tengo"* (Lc. 24:38-39). La situación de estos testigos era de incredulidad en cuanto a la resurrección, pero la evidencia con el Señor resucitado fue de tal dimensión que el testimonio de ellos es una de las manifestaciones más determinantes de ese hecho.

6. Después apareció a más de quinientos hermanos a la vez, de los cuales muchos viven aún, y otros ya duermen.

ἔπειτα ὤφθη ἐπάνω πεντακοσίοις ἀδελφοῖς ἐφάπαξ, ἐξ ὧν
Después apareció a más de quinientos hermanos a la vez, de los que
οἱ πλείονες μένουσιν ἕως ἄρτι, τινὲς δὲ ἐκοιμήθησαν[1]
los más viven hasta ahora, pero algunos ya durmieron.

Análisis y notas del texto griego.

Análisis: ἔπειτα, adverbio demostrativo *después*; ὤφθη, tercera persona singular del primer aoristo de indicativo en voz pasiva del verbo ὁράω, *ver, mirar, observar*, en voz pasiva *aparecerse*, aquí *se apareció*; ἐπάνω, adverbio compuesto, *sobre, encima de*, que se usa mayoritariamente como preposición impropia, usado como adverbio es un vulgarismo que sustituye a πλείων y no influye en el caso gramatical, *por encima de, es superior a, a más de*; πεντακοσίοις, caso dativo masculino plural del adjetivo numeral cardinal *quinientos*; ἀδελφοῖς, caso dativo masculino plural del nombre común *hermanos*; ἐφάπαξ, adverbio *a la vez, de una vez para siempre*; ἐξ, forma escrita de la preposición de genitivo ἐκ, delante de vocal y que significa *de*; ὧν, caso genitivo masculino plural del pronombre relativo *los que, los cuales*; οἱ, caso nominativo masculino plural del artículo determinado *los*; πλείονες, caso nominativo masculino plural del adjetivo comparativo *más*; μένουσιν, tercera persona plural del presente de indicativo en voz activa del verbo μένω, *permanecer, habitar, quedar, vivir*, aquí *viven*; ἕως, preposición de genitivo *hasta*; ἄρτι, pronombre demostrativo *ahora*; τινὲς, caso nominativo masculino plural del pronombre indefinido *algunos*; δὲ, partícula conjuntiva que hace las veces de conjunción coordinante, con sentido de *pero, más bien, y, y por cierto, antes bien, entonces*; ἐκοιμήθησαν, tercera persona plural del primer aoristo de indicativo en voz pasiva del verbo κοιμάομαι, *dormirse, morirse*, aquí *se murieron, ya murieron, ya durmieron*.

Notas. Crítica Textual. Lecturas alternativas.

[1] τινὲς δὲ ἐκοιμήθησαν, *pero algunos durmieron*, según lectura en 𝔓[46], a[1], A[*vid], B, D[*], F, G, 0243, 6, 630, 1739, 1881, latt, sy[h], Orígenes.

τινὲς δὲ καὶ ἐκοιμήθησαν, *pero algunos también durmieron*, conforme a a[2], A[c], D[2], K, L, P, Ψ, 048, 33, 81, 104, 365, 1175, 1241, 1505, 2464, 𝔐.

ἔπειτα ὤφθη ἐπάνω πεντακοσίοις ἀδελφοῖς ἐφάπαξ, En la presentación del testimonio sobre la resurrección de Cristo, el apóstol apela ahora a un gran número de testigos. Es la única referencia a esto en todo el Nuevo Testamento. Muy bien pudiera ser un encuentro del Señor resucitado con este numeroso grupo, ocurrido en Galilea, donde también estaban los discípulos atendiendo a la instrucción de Jesús (Mt. 28:16). La base para esta proposición descansa en que, en el relato de Mateo, habla de que *algunos dudaban* de la resurrección (Mt. 28:17) y antes hace referencia a que los discípulos cuando le vieron le adoraron, además, ya lo habían visto antes en Jerusalén y se habían gozado (Jn. 20:20), por tanto, bien podían ser otros de los seguidores de Jesús que eran incrédulos a la resurrección del Señor, a quienes se manifestó cuando estaban todos juntos. Acaso pudiera ocurrir que algunos supieran que los discípulos que subían a Galilea al lugar que Jesús les había dicho, lo que se extendió entre los seguidores de Jesús y se concentró este gran número en el lugar del encuentro. Otros opinan que esto tuvo lugar en Jerusalén donde había ya un núcleo que se cita en Hechos que esperaban la venida del Espíritu Santo y que se reunían para orar que eran como ciento veinte (Hch. 1:15), si a estos se unían otros que habían venido a Jerusalén para la fiesta, que conocían a Jesús, y que habían oído de las apariciones Suyas a distintas personas, podían encontrase juntos a causa de esto.

ἐξ ὧν οἱ πλείονες μένουσιν ἕως ἄρτι, τινὲς δὲ ἐκοιμήθησαν· El elemento apologético es evidente, puesto que el apóstol afirma que muchos de ellos todavía vivían, aunque también afirma que algunos *habían dormido*, esto es *muerto*, expresión usada en el cristianismo del tiempo apostólico para referirse a la muerte de los creyentes. Los corintios podían, si lo hubiesen deseado, obtener el testimonio de quienes todavía estaban vivos de aquel grupo que vieron al Señor resucitado.

Habían visto, por tanto, podían testificar y expresarlo a quienes lo deseasen oír. Todos estaban dispuestos a testificar, aun a costa de su propia vida. La resurrección había cambiado radicalmente a aquellas personas, ahora dispuestas a dar su vida por el Resucitado, proclamando la realidad de Su resurrección, cuando antes no estaban dispuestos a creer en ella (Lc. 24:21-22).

7. Después apareció a Jacobo; después a todos los apóstoles.

ἔπειτα ὤφθη Ἰακώβῳ εἶτα[1] τοῖς ἀποστόλοις πᾶσιν·
Después apareció a Jacobo, luego a los apóstoles todos.

Análisis y notas del texto griego.

Análisis: ἔπειτα, adverbio demostrativo *después*; ὤφθη, tercera persona singular del primer aoristo de indicativo en voz pasiva del verbo ὁράω, *ver, mirar, observar*, en voz pasiva *aparecerse*, aquí *se apareció*; Ἰακώβῳ, caso dativo masculino singular del nombre propio declinado *a Jacobo*; εἶτα adverbio *luego*; τοῖς, caso dativo masculino plural del artículo determinado declinado *a los*; ἀποστόλοις, caso dativo masculino plural del nombre común *apóstoles*; πᾶσιν, caso dativo masculino plural del adjetivo indefinido *todos*.

Notas. Crítica Textual. Lecturas alternativas.

[1] εἶτα, *luego*, lectura en א², B, D, L, P, Ψ, 104, 365, 1241, 1505, 2464, 𝔐.

ἔπειτα, *después*, conforme a P^{46}, א*, A, F, G, K, 048, 0243, 33, 81, 614, 630, 1175, 1739, 1881, Orígenes.

ἔπειτα ὤφθη Ἰακώβῳ. Un testigo vivo de la resurrección es mencionado por Pablo. Se trata de *Jacobo*, el medio-hermano de Jesús, y hermano de José, Simón y Judas (Mt. 13:55). Entendía que Jesús estaba, en alguna medida, con un problema mental por todo lo que hacía y a los peligros a que se exponía (Mr. 3:21). El verbo que usa Marcos en el relato citado, expresa la idea de *comportarse como un loco*. Para Jacobo, el comportamiento de Jesús era, como mínimo muy extraño, ya que se ausentaba a otros lugares cuando las multitudes le buscaban (Mr. 1:36-38). Perdonaba pecados, como sólo Dios podía hacer (Mr. 2:7). Se relacionaba con pecadores y publicanos (Mr. 2:15-16). Se enfrentaba a los escribas y fariseos, de modo que buscaban ocasión para destruirle (Mr. 3:6). Trabajaba tan intensamente que no tenía tiempo ni para comer (Mr.3:20). Aquella situación, desde la perspectiva humana, le hizo pensar que había perdido el juicio. Cristo no era comprendido por él, porque no comprendía la razón de Su existencia y Su ministerio, de modo que *no creía en Él* (Jn. 7:5). Por todo eso, en unión de su familia procuraron *prender* a Jesús y sacarle del entorno en donde estaba y de Su modo de trabajar. El Señor se apareció a Jacobo, produciendo, sin duda, un cambio notorio en él. Esa debe ser la razón por la que aparece unido a los cristianos que permanecían orando juntos en Jerusalén (Hch. 1:13-14).

Algunos piensan que pudo haber sido Jacobo el apóstol, al que se pudo haber aparecido primero y luego al resto de los apóstoles en Jerusalén, lo que concordaría mejor ya que se dice que se apareció después a todos los apóstoles. Es un punto discutido y que no puede concretarse. Para mí concuerda mejor con la primera interpretación, del párrafo anterior.

εἶτα τοῖς ἀποστόλοις πᾶσιν· Una nueva cita a *todos los apóstoles*. Muy probablemente se refiera a la ascensión de Jesucristo, donde los apóstoles y un grupo de creyentes estaban presentes viendo como era tomado al cielo, desde el monte de los olivos (Hc. 1:9).

8. Y al último de todos, como a un abortivo, me apareció a mí.

ἔσχατον	δὲ πάντων	ὡσπερεὶ	τῷ	ἐκτρώματι	ὤφθη κἀμοί.
Y a último	de todos	como si	al	abortivo	apareció también a mí.

Análisis y notas del texto griego.

Análisis: ἔσχατον, adverbio o caso acusativo neutro singular del adjetivo declinado *a último*; δὲ, partícula conjuntiva que hace las veces de conjunción coordinante, con sentido de *pero, más bien, y, y por cierto, antes bien, entonces*; πάντων, caso genitivo neutro plural del adjetivo indefinido declinado *de todos*; ὡσπερεὶ, conjunción formada por crasis[2] de la conjunción ὥσπερ y de εἰ, que significa *como si*, aquí se emplea como partícula de comparación; τῷ, caso dativo neutro singular del artículo determinado declinado *al*; ἐκτρώματι, caso dativo neutro singular del nombre común *abortivo*; ὤφθη, tercera persona singular del primer aoristo de indicativo en voz pasiva del verbo ὁράω, *ver, mirar, observar*, en voz pasiva *aparecerse*, aquí *se apareció*; κἀμοί, adverbio y pronombre personal, es la forma dativa de κἀγὼ, palabra formada por crasis[3] de la conjunción καὶ, y el pronombre personal ἐγώ, y que equivale a *y a mí, también a mí*.

ἔσχατον δὲ πάντων La última manifestación del Resucitado fue al apóstol: *"al último de todos"*, esto es último en orden cronológico de

[2] *Crasis,* palabra griega que equivale a *unión de fuerzas*, en general *unión de elementos*.
[3] *Crasis*, palabra griega que equivale a *unión de fuerzas*, en general *unión de elementos*.

manifestaciones del Señor resucitado. Este *último* debe relacionarse con la frase que precede, *a todos los apóstoles*, de modo que dice *al último de todos los apóstoles*.

ὡσπερεὶ τῷ ἐκτρώματι. La forma de manifestarse a Pablo fue *"como a un abortivo"*, que es aquel nacido antes de tiempo. Las interpretaciones a la expresión concisa y sin explicación alguna del apóstol hacen que sean varias. Algunos piensan que podía estar pensando en un acto de salvación antes de tiempo. Pablo era israelita (Fil. 3:5). Él fue escogido para salvación desde antes de su nacimiento (Gá. 1:15). De modo que fue salvo antes del tiempo en que el *remanente* de Israel será salvo (Ro. 11:25-27). La profecía anticipa que este grupo será salvo cuando vean al que traspasaron (Zac. 12:10; Jn. 19:37). Pablo vio a Cristo antes de ese tiempo para salvación, por tanto, fue un *nacimiento* antes de tiempo, por esa razón dice que él fue como un *abortivo*.

Otros entienden que la palabra está relacionada con el apostolado de Pablo[4]. En ese sentido fue *lanzado* al apostolado sin la instrucción de la amistad y de la compañía de Cristo, como la tuvieron los otros apóstoles. En ese sentido se consideraría a sí mismo como un niño nacido por un aborto. Los apóstoles habían venido a Cristo en respuesta a un llamamiento amoroso del Señor, mientras que Pablo había sido *asido* por Cristo (Fil. 3:12).

Algunos interpretan la expresión como refiriéndose a un posible insulto que los judaizantes proferían contra el apóstol.

Más bien debe estar aludiendo al modo antinatural de su salvación y llegada al apostolado. Él había sido un perseguidor e injuriador de la iglesia de Cristo (Hch. 9:5; Fil. 3:6; 1 Ti. 1:13), por tanto, perseguidor e injuriador de Cristo mismo. No era natural que uno de esa condición fuera buscado y alcanzado para salvación y se confiriese la gracia del apostolado como ministerio. Su conversión fue algo *contra natura*, que el apóstol compara con un abortivo, porque fue *alumbrado* espiritualmente en una forma antinatural.

ὤφθη καμοί. El Señor se apareció varias veces a Pablo como apunta Lucas (Hch. 9:3-8; 23:11). El apóstol da testimonio de la primera aparición del Señor en varias ocasiones (Hch. 22:6-11; 26:12-18). En esta misma *Epístola* da testimonio de esa experiencia (9:1). Fue una manifestación privilegiada a Pablo, porque en el primer encuentro, Jesús

---

[4] Entre otros C. Ryrie. *Biblia Anotada*, Grand Rapids 1955, pág. 1625.

se le manifestó rodeado de gloria, aspecto de la glorificación del Señor, de cuya visión sólo Juan tuvo esa misma experiencia, que se produjo en la isla de Patmos (Ap. 1:9 ss.), de modo que sólo él vio al Señor glorificado antes de verlo resucitado como los demás apóstoles (Hch. 9:3; 22:6-11; 26:14.15).

9. Porque yo soy el más pequeño de los apóstoles, que no soy digno de ser llamado apóstol, porque perseguí a la iglesia de Dios.

Ἐγὼ γάρ εἰμι ὁ ἐλάχιστος τῶν ἀποστόλων ὃς οὐκ εἰμὶ ἱκανὸς
Porque yo soy el ínfimo de los apóstoles que no soy digno
καλεῖσθαι ἀπόστολος, διότι ἐδίωξα τὴν ἐκκλησίαν τοῦ Θεοῦ·
ser llamado apóstol porque perseguí a la iglesia - de Dios.

Análisis y notas del texto griego.

Análisis: Ἐγὼ, caso nominativo de la primera persona singular del pronombre personal *yo*; γάρ, conjunción causal *porque*; εἰμι, primera persona singular del presente de indicativo en voz activa del verbo εἰμί, *ser, estar*, aquí *soy*; ὁ, caso nominativo masculino singular del artículo determinado *el*; ἐλάχιστος, caso nominativo masculino singular del adjetivo *ínfimo, más pequeño, de menor valor*; τῶν, caso genitivo masculino plural del artículo determinado *los*; ἀποστόλων, caso genitivo masculino plural del nombre común *apóstoles*; ὃς, caso nominativo masculino singular del pronombre relativo *el que, el cual, que*; οὐκ, forma escrita del adverbio de negación *no*, con el grafismo propio ante una vocal con espíritu suave o una enclítica; εἰμὶ, primera persona singular del presente de indicativo en voz activa del verbo εἰμί, *ser, estar*, aquí *soy*; ἱκανὸς, caso nominativo masculino singular del adjetivo *digno, capaz, suficiente*; καλεῖσθαι, presente de infinitivo en voz pasiva *ser llamado*; ἀπόστολος, caso nominativo masculino singular del nombre común *apóstol*; διότι, conjunción causal *porque*; ἐδίωξα, primera persona singular del primer aoristo de indicativo en voz activa del verbo διώκω, *perseguir*, aquí *perseguí*; τὴν, caso acusativo femenino singular del artículo determinado declinado *a la*; ἐκκλησίαν, caso acusativo femenino singular del nombre común *iglesia*; τοῦ, caso genitivo masculino singular del artículo determinado *el*; Θεοῦ, caso genitivo masculino singular del nombre divino declinado *de Dios*.

Ἐγὼ γάρ εἰμι ὁ ἐλάχιστος τῶν ἀποστόλων. Frente al orgullo de muchos de los corintios, contrasta la humildad del apóstol. Él se califica a sí mismo como el *"más pequeño de los apóstoles"*, literalmente *el ínfimo de los apóstoles*, no en razón de ser el último de los apóstoles llamado por Dios, sino como indigno de serlo. La grandeza de Pablo está en que no podía pensar nunca de sí y su posición sin reparar en su indignidad para ello.

ὃς οὐκ εἰμὶ ἱκανὸς καλεῖσθαι ἀπόστολος, Pablo manifiesta en su consideración personal, que no era digno de ser llamado apóstol. Esta afirmación contundente sobre su indignidad para el ministerio del apostolado, contrasta con la autoridad apostólica que pone de manifiesto cuando era necesario que fuese respetado como tal y obedecido. En la *Segunda Epístola* está el ejemplo de esto: *"y pienso que en nada he sido inferior a los más eminentes apóstoles"* (2 Co. 11:5; 12:11 RVR). De igual manera escribiendo a los gálatas, afirma ser igual a los tres grandes apóstoles, Jacobo, Pedro y Juan (Gá. 2:6-9). Existe aquí un aparente contraste entre la expresión humilde de quien se considera indigno y la de autoridad manifiesta, como apóstol de Cristo.

διότι ἐδίωξα τὴν ἐκκλησίαν τοῦ Θεοῦ· La razón de ambas queda resuelta en la frase final del versículo: *"porque perseguí a la iglesia de Dios"*. La condición de *perseguidor*, no ha dejado de estar presente en su pensamiento y en sus escritos. El dato histórico de Lucas es expresivo: *"Y Saulo asolaba la iglesia, y entrando casa por casa, arrastraba a hombres y a mujeres, y los entregaba en la cárcel"* (Hch. 8:3). El mismo testifica sobre ese pasado suyo: *"Pues también yo había creído mi deber hacer muchas cosas contra el nombre de Jesús de Nazaret; y esto es precisamente lo que hice en Jerusalén. Yo encerré en cárceles a muchos de los santos, habiendo recibido poderes de los principales sacerdotes; y cuando los mataban, yo di mi voto. Y muchas veces, castigándolos en todas las sinagogas, los forzaba a blasfemar; y enfurecido sobremanera contra ellos, los perseguía hasta las ciudades extranjeras"* (Hch. 26:9-11). Aquel que ahora era apóstol de Jesucristo, había perseguido sobremanera a la iglesia de Dios, y la devastaba (Gá. 1:13). En cierta medida podía evitar citar esa condición de perseguidor tan continuamente porque como él mismo dice: *"lo hice por ignorancia, en incredulidad"* (1 Ti. 1:13). En modo alguno se sentía digno de ser apóstol de Jesucristo por su pasado contra él. Nótese que en sus declaraciones hace igual referencia a los creyentes que había perseguido, a la iglesia de Dios, e incluso a Jesucristo. La primera gran lección de teología que Pablo recibió en el camino a Damasco, es que los creyentes y Cristo son una unidad, de modo que perseguir a unos es perseguir al otro (Hch. 9:5).

10. Pero por la gracia de Dios soy lo que soy; y su gracia no ha sido en vano para conmigo, antes he trabajado más que todos ellos; pero no yo, sino la gracia de Dios conmigo.

χάριτι δὲ Θεοῦ εἰμι ὅ εἰμι, καὶ ἡ χάρις αὐτοῦ ἡ εἰς ἐμὲ
Pero por gracia de Dios soy lo que soy, y la gracia de Él - para conmigo
οὐ κενὴ ἐγενήθη, ἀλλὰ περισσότερον αὐτῶν πάντων
no vana fue hecha, sino más abundantemente (que) ellos todos

ἐκοπίασα, οὐκ ἐγὼ δὲ ἀλλὰ ἡ χάρις τοῦ Θεοῦ ἡ[1] σὺν ἐμοί
trabajé, pero no yo sino la gracia - de Dios - conmigo.

Análisis y notas del texto griego.

Análisis: χάριτι, caso dativo femenino singular del nombre común declinado *por gracia*; δὲ, partícula conjuntiva que hace las veces de conjunción coordinante, con sentido de *pero, más bien, y, y por cierto*, *antes bien, entonces*; Θεοῦ, caso genitivo masculino singular del nombre divino declinado *de Dios*; εἰμι, primera persona singular del presente de indicativo en voz activa del verbo εἰμί, *ser, estar*, aquí *soy*; ὅ, caso nominativo neutro singular del pronombre relativo *lo que, que*; εἰμι, primera persona singular del presente de indicativo en voz activa del verbo εἰμί, *ser, estar*, aquí *soy*; καὶ, conjunción copulativa *y*; ἡ, caso nominativo femenino singular del artículo determinado *la*; χάρις, caso nominativo femenino singular del nombre común *gracia*; αὐτοῦ, caso genitivo masculino de la tercera persona singular del pronombre persona declinado *de él*; ἡ, caso nominativo femenino singular del artículo determinado *la*; εἰς, preposición propia de acusativo *con*; ἐμὲ, caso acusativo de la primera persona singular del pronombre personal *yo*, ambas palabras equivalen a *conmigo*; οὐ, adverbio de negación *no*; κενὴ, caso nominativo femenino singular del adjetivo *vana*; ἐγενήθη, tercera persona singular del primer aoristo de indicativo en voz pasiva del verbo γίνομαι, *hacerse, ser hecho*, aquí *fue hecha*; ἀλλὰ, conjunción adversativa *pero, sino*; περισσότερον, adverbio *más abundantemente*; αὐτῶν, caso genitivo masculino de la tercera persona plural del pronombre personal *ellos*; πάντων, caso genitivo masculino plural del adjetivo indefinido *todos*; ἐκοπίασα, primera persona singular del primer aoristo de indicativo en voz activa del verbo κοπιάω, *trabajar*, aquí *trabajé*; οὐκ, forma escrita del adverbio de negación *no*, con el grafismo propio ante una vocal con espíritu suave o una enclítica; ἐγὼ, caso nominativo de la primera persona singular del pronombre personal *yo*; δὲ, partícula conjuntiva que hace las veces de conjunción coordinante, con sentido de *pero, más bien, y, y por cierto*, *antes bien, entonces*; ἀλλὰ, conjunción adversativa *sino*; ἡ, caso nominativo femenino singular del artículo determinado *la*; χάρις, caso nominativo femenino singular del nombre común *gracia*; τοῦ, caso genitivo masculino singular del artículo determinado *el*; Θεοῦ, caso genitivo masculino singular del nombre divino declinado *de Dios*; ἡ, caso nominativo femenino singular del artículo determinado *la*; σὺν, preposición propia de dativo *con*; ἐμοί, caso dativo de la primera persona singular del pronombre personal *yo*, ambas palabras juntas *conmigo*.

Notas. Crítica Textual. Lecturas alternativas.

ἡ, *la*, según lectura en $\mathfrak{P}^{46}$, ^{2}a, A, D^{1}, K, L, P, Ψ, 0270^{c}, 33, 81, 104, 365, 630, 1175, 1241, 1505, 1881, 2464, 𝔐.

Se omite el artículo en a*, B, D*, F, G, 0243, 0270*, 6, 1739, latt.

χάριτι δὲ Θεοῦ εἰμι ὅ εἰμι, La gracia había alcanzado a Pablo para salvación, esa gracia se manifestó en la elección que Dios hizo de él antes de su nacimiento. Como todos los hombres fue salvo por gracia mediante la fe (Ef. 2:8-9). Su salvación fue repentina (v. 8). Sin embargo, no se trata aquí de la gracia orientada a salvación, sino de la gracia que hizo de él un apóstol de Jesucristo. El Espíritu Santo le capacitó para el ministerio apostólico mediante el *don de apóstol*. Por esa razón cuando establece un mandamiento apunta a la gracia que hizo de él lo que era: *"Digo, pues, por la gracia que me es dada..."* (Ro. 12:3). La autoridad de Cristo está presente en los mandatos apostólicos porque el apóstol es enviado por Él para establecer los principios rectores de la doctrina y de la ética cristiana. La gracia, por tanto, tiene que ver, como se dijo antes, con el don de apóstol. Como apóstol de Cristo sus palabras revisten la autoridad del Señor (14:37). La gracia produjo en él un cambio total y no solo religioso (2 Co. 4:6). Pablo reconoce con ello que su vida es el resultado de una operación de la gracia, de modo que fue la gracia que hizo de él lo que era. De no haber sido por la gracia, hubiera sido solo *perseguidor e injuriador*, en lugar de apóstol.

καὶ ἡ χάρις αὐτοῦ ἡ εἰς ἐμὲ οὐ κενὴ ἐγενήθη, Este aspecto de la gracia tiene que ver con su ministerio como apóstol (Ro. 1:1, 5; 12:3; 1 Co. 3:10; Gá. 2:8-9; Ef. 3:2, 7, 8). La gracia de Dios actuaba en él generando la disposición en una entrega total y sin reservas. Pablo no fue rebelde a la comisión divina que le había sido encomendada.

ἀλλὰ περισσότερον αὐτῶν πάντων ἐκοπίασα, La gracia le impulsa al trabajo en una forma no solo desinteresada, sino de esforzada entrega, que le permite decir: *"He trabajado más que todos ellos"*, en referencia a los otros apóstoles. El que se consideraba como *ínfimo* al lado de ellos, es mayor que todos en cuestión de trabajo. No es preciso dedicar espacio que demuestre esta verdad. Es suficiente apreciar las muchas iglesias fundadas por su ministerio; los trabajos sin número en la evangelización de los distintos lugares; las persecuciones por las que tuvo que pasar; finalmente la entrega de su vida en sacrificio personal de fidelidad y compromiso; esto supera notoriamente lo que otros de los apóstoles hicieron en comparación con él. El más pequeño de los apóstoles hizo más labor que todos los otros (2 Co. 11:23; Col. 1:29; 1 Ti. 4:10). Como labor demostrada había llenado *"todo con el evangelio"* desde Asia hasta Europa (Ro. 15:18-19). Su anhelo era proseguir proclamando la buena nueva de salvación hasta lo último de la tierra (Ro. 15:23-24). En el campo de los escritos hay trece *Epístolas* de Pablo, por consiguiente, sobresale ampliamente en relación con los otros cuyos escritos quedan recogidos en el Nuevo Testamento. Cuando dice que trabajo *más que todos ellos*, no está refiriéndose al trabajo total de todos los apóstoles, sino al individual de cada uno de ellos, es decir, ninguno de los otros llegó a la misma dimensión de trabajo que el que él hizo. La fuerza dinámica para realizar esa ingente labor fue el poder de la gracia, que actuaba en él por el poder del Espíritu (2 Co. 3:5; Fil. 2:13).

οὐκ ἐγὼ δὲ ἀλλὰ ἡ χάρις τοῦ Θεοῦ ἡ σὺν ἐμοί. Pablo reconoce la acción de Dios en él, de modo que era un instrumento usado por el Señor para hacer Su obra, por eso afirma: *"Pero no yo sino la gracia de Dios conmigo"*. La preposición *con* expresa el sentido de *en unión con*, en este caso en unión con Dios. Pablo toma de la gracia la provisión de recursos para todo su trabajo. El apóstol testifica que su poder no proviene de su esfuerzo personal, sino de la gracia de Dios. Nótese que no dice *"yo con la gracia"*, sino al revés, *"la gracia conmigo"*. La gracia le convierte en un instrumento poderoso en la mano de Dios, y no al revés. Como escribe el Dr. Lacueva: *"La gracia poderosa de Dios era como la despensa inagotable de la que él sacaba constantemente fuerzas para proseguir su trabajo"*[5]. El texto no puede tomarse, en modo alguno, como referente a su salvación, sino como expresión de su ministerio. Es de apreciar que habla de trabajo y de deseo personal para hacerlo, pero el albedrío humano no coopera absolutamente en la obra de salvación, que es sólo de Dios (Sal. 3:8; Jon. 2:9). Sin embargo, en el ministerio la voluntad del hombre es potenciada por la gracia divina, ya que *"Dios es el que en vosotros produce así el querer como el hacer, por su buena voluntad"* (Fil. 2:13). No cabe duda que el apóstol cooperó con la gracia; pero esa cooperación fue debida a la gracia que actuaba en él, por esa razón dice con firmeza: *"No yo, sino la gracia de Dios"*.

11. Porque o sea yo o sean ellos, así predicamos, y así habéis creído.

εἴτε οὖν ἐγὼ εἴτε ἐκεῖνοι, οὕτως κηρύσσομεν καὶ οὕτως
Bien sea, pues, yo bien sean ellos, así predicamos y así
ἐπιστεύσατε.
creísteis.

Análisis y notas del texto griego.

Análisis: εἴτε, conjunción disyuntiva, *ya sea, bien sea que, bien sea*; οὖν, conjunción continuativa *pues*; ἐγὼ, caso nominativo de la primera persona singular del pronombre personal *yo*: εἴτε, conjunción disyuntiva, *ya sea, bien sea que, bien sea*; ἐκεῖνοι, caso nominativo masculino plural del pronombre demostrativo *ellos*; οὕτως, adverbio demostrativo *así*; κηρύσσομεν, primera persona plural del presente de indicativo en voz activa del verbo κηρύσσω,

[5] F. Lacueva. o.c., pág. 469.

proclamar, anunciar, predicar, aquí *predicamos*; καὶ, conjunción copulativa *y*; οὕτως, adverbio demostrativo *así*; ἐπιστεύσατε, segunda persona plural del primer aoristo de indicativo en voz activa del verbo πιστεύω, *creer*, aquí *creísteis*.

εἴτε οὖν ἐγὼ εἴτε ἐκεῖνοι, No importa quien haga la obra de predicar el evangelio de la gracia, lo importante es que sea predicado. Pablo habla de él y de otros que predican, esto es, los otros apóstoles, los evangelistas o él mismo. Un número importante de creyentes se esforzaban en llevar el mensaje de buenas nuevas al mundo.

Lo destacable es que predique quien predique, el mensaje es el mismo, nótese el plural *"así predicamos"*. Pablo dio antes un resumen del evangelio que predicaba (vv. 3-4). Aquí destaca que, sin duda con diferentes estilos y matices, porque son diferentes las personas, el mensaje de salvación era el mismo, porque no hay otro (Gá. 1:7-8). En el principio de su vida ministerial, Pablo subió a Jerusalén para exponer ante quienes se consideraban las *columnas* de la iglesia, el mensaje del evangelio que predicaba (Gá. 2:2). Ninguno de ellos tuvo que corregir algo de lo que predicaba o enseñarle algo que no sabía. El apóstol no expuso el evangelio ante ellos para recibir su aprobación, simplemente lo hizo para decirles personalmente que era lo que estaba predicando. Los tres destacados en la iglesia apostólica pudieron entender que era el mismo evangelio que ellos enseñaban entre los judíos. Esa identidad es puesta de manifiesto por Pablo en este versículo: *"porque o sea yo o sean ellos, así predicamos"*.

καὶ οὕτως ἐπιστεύσατε. El resultado del mensaje del evangelio producía resultados: *Así creísteis*. Esto es lo verdaderamente importante. No tiene que ver cuánto esfuerzo hacían unos y cuanto otros. No era importante si él había hecho más trabajo que el resto de los apóstoles y predicadores del evangelio. El valor del trabajo está en el resultado. El mensaje del evangelio conducía a los oyentes a la salvación. Todos ellos habían predicado la verdadera fe en la que como parte esencial estaba la resurrección de Cristo, cuestionada por algunos en Corinto, sólo aceptando esa verdad se puede tener la vida eterna, porque si Cristo no resucitó la fe en Él es estéril, es decir, no es instrumento de justificación y, por consiguiente, de salvación. Pablo sentía muy profundamente esto, de modo que escribiendo a los filipenses les dice: *"¿Qué, pues? Que no obstante, de todas maneras, o por pretexto o por verdad, Cristo es anunciado; y en esto me gozo, y me gozaré aún"* (Fil. 1:18). Lo importante para él no era el esfuerzo que supusiera a unos o a otros, ni tan siquiera las intenciones con que lo hacían, lo que interesaba es que Cristo fuese predicado. Pablo no reclamaba ningún derecho ni privilegio para sí, a pesar de lo mucho que trabajaba en el evangelio, era un alma generosa que reconocía que cuanto había hecho fue como consecuencia de la provisión divina actuando en él. Los oyentes escuchaban el mismo mensaje en boca de todos los predicadores y esto les llevaba a aceptar a Cristo como Salvador personal. Dios no bendice lo que los predicadores hacen en el plano del esfuerzo humano y personal, bendice Su Palabra que es enseñada por ellos. Todo esto servía de gozo a Pablo, al ver que el evangelio es poder de Dios para salvación a todo aquel que cree (Ro. 1:16). Los corintios tenían evidencia personal de esa verdad.

Las consecuencias si Jesús no hubiese resucitado (15:12-19)

Predicación y fe vanas (15:12-14)

12. Pero si se predica de Cristo que resucitó de los muertos, ¿cómo dicen algunos entre vosotros que no hay resurrección de muertos?

Εἰ δὲ Χριστὸς κηρύσσεται ὅτι ἐκ νεκρῶν ἐγήγερται, πῶς
Pero si Cristo es predicado que de muertos ha sido resucitado ¿cómo
λέγουσιν ἐν ὑμῖν τινες ὅτι ἀνάστασις νεκρῶν οὐκ ἔστιν
dicen entre vosotros algunos que resurrección de muertos no hay?

> Análisis y notas del texto griego.
>
> Análisis: Εἰ, conjunción afirmativa condicional *si*; δὲ, partícula conjuntiva que hace las veces de conjunción coordinante, con sentido de *pero, más bien, y, y por cierto, antes bien, entonces*; Χριστὸς, caso nominativo masculino singular del nombre propio *Cristo*; κηρύσσεται, tercera persona singular del presente de indicativo en voz pasiva del verbo κερύσσω, *proclamar, predicar*, aquí *es predicado*; ὅτι, conjunción *que*; ἐκ, preposición propia de genitivo *de, de entre*; νεκρῶν, caso genitivo masculino plural del adjetivo *muertos*; ἐγήγερται, tercera persona singular del perfecto de indicativo en voz pasiva del verbo ἐγείρω, *levantar, resucitar*, aquí *ha sido resucitado*; πῶς, conjunción interrogativa *cómo*; λέγουσιν, tercera persona singular del presente de indicativo en voz activa del verbo λέγω, *hablar, decir*, aquí *dicen*; ἐν, preposición propia de dativo *en, entre*; ὑμῖν, caso dativo de la segunda persona plural del pronombre personal *vosotros*; τινες, caso nominativo masculino plural del pronombre indefinido *algunos*; ὅτι, conjunción *que*; ἀνάστασις, caso nominativo masculino singular del nombre común *resurrección*; νεκρῶν, caso genitivo masculino plural del adjetivo declinado *de muertos*; οὐκ, forma escrita del adverbio de negación *no*, con el grafismo propio ante una vocal con espíritu suave o una enclítica; ἔστιν, tercera persona singular del presente de indicativo en voz activa del verbo εἰμί, *ser, estar*, aquí *hay*.

Εἰ δὲ Χριστὸς κηρύσσεται ὅτι ἐκ νεκρῶν ἐγήγερται, El recuerdo de la proclamación del evangelio a los corintios, comprendía la verdad sobre la resurrección de Cristo. Esta parte de la doctrina, fue refrendada con el testimonio de tantos que vieron al Señor resucitado, de modo que no podía haber duda alguna entre los creyentes del hecho histórico de la resurrección de Jesús. La resurrección formaba parte esencial de la proclamación del Evangelio (Ro. 4:25). El mensaje evangelizador así lo anunciaba (cf. Hch. 2:21; 3:15; etc.). Sobre la resurrección del Señor se ha considerado en el comentario a los versículos que anteceden.

πῶς λέγουσιν ἐν ὑμῖν τινες ὅτι ἀνάστασις νεκρῶν οὐκ ἔστιν. Pablo introduce una pregunta reflexiva puesta aquí para pedir atención a los lectores. Había algunos, en la iglesia, que negaban la resurrección de los muertos. Posiblemente influencias filosóficas convertían la resurrección en una mera experiencia espiritual, en sentido de *pasar de muerte a vida*, en el acto del nuevo nacimiento (Ef. 2:5). Pero, la resurrección de Cristo conlleva la aceptación de la resurrección de los muertos, porque Jesús, el que había resucitado era también hombre.

La argumentación del apóstol gira en torno a la humanidad de Jesucristo que, sin dejar de ser Dios, es también hombre (Jn. 1:14; 1 Ti. 2:5). Los escépticos del mundo greco-romano, no creían en la resurrección (Hch. 17:32), al igual que la secta judía de los saduceos (Hch. 23:8). Algunos enseñaban que el alma está prisionera en el cuerpo y una vez liberada alcanza la perfección, luego, volver a un cuerpo, aunque sea resucitado, era regresar a una situación imperfecta. Los falsos maestros que se introducían encubiertamente en las iglesias cristianas, negaban esto: *"Y su palabra carcomerá como gangrena; de los cuales son Himeneo y Fileto, que se desviaron de la verdad, diciendo que la resurrección ya se efectuó, y trastornan la fe de algunos"* (2 Ti. 2:17-18). Es decir, que la esperanza de resurrección anunciada en el evangelio como principio de fe, no era necesario o, incluso, no era verdad. Al interpretar la Escritura influenciados por el contexto social, se producen deformaciones. Para los maestros de la filosofía, de forma especial los seguidores del platonismo, hablar de la resurrección de la carne para darle condición de inmortalidad, era absurdo porque era perpetuar la materia. Así se entiende la reacción de los epicúreos y estoicos en el discurso de Pablo en el areópago de Atenas, que cuando oyeron al apóstol hablar de la resurrección comenzaron a burlarse de su discurso (Hch. 17:32). Pablo enseñaba que cuando una persona creía en Cristo, se producía la unión vital con Él que consistía en la experiencia de una verdadera resurrección espiritual (Ef. 2:6). No hay duda que al unir al pecador muerto con la vida en Cristo, se produce una verdadera resurrección espiritual (comp. Jn. 11:25, 26). Esta resurrección de entre los muertos espirituales, permite gozar de una *nueva vida* en Cristo, que genera un cambio de orientación hacia Dios y sus cosas (Col. 3:1-3). La vida de resurrección manifiesta al exterior la voluntad de Dios en un sometimiento pleno al Espíritu Santo, lo que cambia la condición de vida, de un estado de pecaminosidad, una continua dcsobediencia, haciendo la voluntad de la carne, a una forma de vida en la que el Espíritu reproduce el carácter moral de Jesús, al que los salvos están unidos, mediante el fruto que el mismo Espíritu produce en ellos (Gá. 5:22, 23), ocupándose el Espíritu de combatir y dominar la naturaleza carnal (Gá. 5:24). La transformación es evidente (Gá. 5:22-25). De manera que, los falsos maestros y los creyentes engañados por ellos, a los que Pablo se refiere, entendían que la *resurrección*, no sería algo futuro, sino que se había producido en el momento de creer. Sin duda estaban usando esta verdad espiritual para sustentar su herejía en pasajes sacados del contexto y limitándolos a su sentido espiritual (cf. Ro. 6:3, 4; Ef. 2:6; Fil. 3:11; Col. 2:12; 3:1). La fe cristiana no solo enseña la resurrección espiritual que pasa al pecador de muerte a vida, sino también la corporal que se producirá en el traslado de la Iglesia y, finalmente, en la llamada *resurrección final*. La enseñanza del apóstol sobre la resurrección corporal estuvo presente siempre en su predicación.

13. Porque si no hay resurrección de muertos, tampoco Cristo resucitó.

εἰ δὲ	ἀνάστασις	νεκρῶν	οὐκ	ἔστιν,	οὐδὲ	Χριστὸς	ἐγήγερται·
Pero si	resurrección	de muertos	no	hay,	ni	Cristo	ha sido resucitado.

Análisis y notas del texto griego.

Análisis: εἰ, conjunción afirmativa condicional *si*; δὲ, partícula conjuntiva que hace las veces de conjunción coordinante, con sentido de *pero, más bien, y, y por cierto, antes bien, entonces*; ἀνάστασις, caso nominativo femenino singular del nombre común *resurrección*; νεκρῶν, caso genitivo masculino plural del nombre común declinado *de muertos*; οὐκ, forma escrita del adverbio de negación *no*, con el grafismo propio ante una vocal con espíritu suave o una enclítica; ἔστιν, tercera persona singular del presente de indicativo en voz activa del verbo εἰμί, *ser, estar*, aquí *hay*; οὐδὲ, adverbio *y no*, aquí *ni*; Χριστὸς, caso nominativo masculino singular del nombre propio *Cristo*; ἐγήγερται, tercera persona singular del perfecto de indicativo en voz pasiva del verbo ἐγείρω.

εἰ δὲ ἀνάστασις νεκρῶν οὐκ ἔστιν, οὐδὲ Χριστὸς ἐγήγερται· Si no hay resurrección de entre los muertos, Cristo que estuvo muerto, no pudo resucitar. La resurrección de Cristo es la de Su cuerpo muerto, para ser revestido de inmortalidad. No fue una mera apariencia de resurrección, sino una verdad física e históricamente comprobada (Lc. 24:36-43). Los que objetaban la resurrección, negaban implícitamente la de Cristo, y no podían ser cristianos. La consecuencia es grave. Quien no cree que Cristo resucitó no puede tener justificación (Ro. 4:25), y quien niega la resurrección de los muertos, niega también la de Cristo.

14. Y si Cristo no resucitó, vana es entonces nuestra predicación, vana es también vuestra fe.

εἰ δὲ Χριστὸς οὐκ ἐγήγερται, κενὸν [ἄρα] καὶ τὸ κήρυγμα
Y si Cristo no ha sido resucitado vana entonces también la predicación
ἡμῶν, κενὴ καὶ ἡ πίστις ὑμῶν[2]·
de nosotros, vana también la fe de vosotros.

Análisis y notas del texto griego.

Análisis: εἰ, Eἰ, conjunción afirmativa condicional *si*; δὲ, partícula conjuntiva que hace las veces de conjunción coordinante, con sentido de *pero, más bien, y, y por cierto, antes bien, entonces*; Χριστὸς, caso nominativo masculino singular del nombre propio *Cristo*; οὐκ, forma escrita del adverbio de negación *no*, con el grafismo propio ante una vocal con espíritu suave o una enclítica; ἐγήγερται, tercera persona singular del perfecto de indicativo en voz pasiva del verbo ἐγείρω, *levantar, resucitar*, aquí *ha sido resucitado*; κενὸν, caso nominativo neutro singular del adjetivo *vano*; ἄρα, partícula que hace funciones de adverbio demostrativo *entonces, por tanto, por consiguiente, luego, entonces*; καὶ, adverbio de modo *también*; τὸ, caso nominativo neutro singular del artículo determinado *lo*; κήρυγμα, caso nominativo neutro singular del nombre común *kerigma, predicación, proclamación*; ἡμῶν, caso genitivo de la primera persona plural del pronombre personal declinado *de nosotros*; κενὴ, caso nominativo femenino singular del adjetivo *vano*; καὶ, adverbio de modo *también*; ἡ, caso nominativo femenino singular del artículo determinado *la*; πίστις, caso nominativo femenino singular del nombre común *fe*; ὑμῶν, caso genitivo de la segunda persona plural del pronombre personal declinado *de vosotros*.

Notas. Crítica Textual. Lecturas alternativas.

[1] ἄρα, *entonces*, lectura atestiguada en a*, A, D, F, G, K, P, 33, 81, 326, 1241; Epifanio.

Se omite en $\mathfrak{P}^{46}$, ^{2}a, B, L, Ψ, 0243, 104, 365, 630, 1175, 1505, 1739, 1881, 2464, 𝔐, Ambrosiaster.

[2] Se lee ἡμῶν, *de nosotros*, en B, D*, 0243, 0270*, 6, 33, 81, 1241, 1739, 1881, ar, vg^{mss}, sa^{mss}; Epifanio.

εἰ δὲ Χριστὸς οὐκ ἐγήγερται, κενὸν ἄρα καὶ τὸ κήρυγμα ἡμῶν, Si Cristo no resucitó, la predicación del evangelio se convierte en *vana*, porque no puede llevar fruto para salvación, ya que nadie puede ser justificado ni recibir el perdón de pecados y la vida eterna en un Salvador muerto. Del mismo modo que hizo antes, el apóstol construye aquí una oración condicional que marca un contraste con el error que algunos proclamaban de la no resurrección de los muertos. La primera consecuencia es que todo el evangelio queda invalidado si Cristo no resucitó de entre los muertos. La resurrección pone de manifiesto la aceptación y consumación de Su perfecto sacrificio, y se demuestra que es el verdadero Hijo de Dios y Salvador del mundo. Es más, Su sacrificio, como testifica el hecho de la resurrección fue aceptado por Dios y Él es propicio a nosotros en base a esa obra realizada en la Cruz. Pero, si no resucitó, entonces nada de estas verdades fundamentales de la soteriología bíblica son ciertas. Por tanto, la proclamación del evangelio, en caso de que el Señor no hubiese sido resucitado, se convierte en algo vacío, sin efecto ni eficacia salvadora alguna.

κενὴ καὶ ἡ πίστις ὑμῶν· Pero, de igual manera la fe de los que aceptaron el mensaje de salvación, es también *vana*, porque es una fe que carece de contenido. Jesús apoya en Su resurrección la validez de Sus promesas (Jn, 14:1-4). Si no lo hizo, su sacrificio no fue aceptado y es ineficaz para salvar (Ro. 4:25). Por tanto, sin resurrección no hay provisión de justicia para justificar al que cree. Ya se ha comentado antes la necesidad de la resurrección para la justificación, por lo que remitimos al lector al comentario anterior[6]. Si Jesús no resucitó no hay posibilidad de unión con Dios para vida eterna. La fe se volvería *vana* porque los muertos no pueden salvar a los vivos.

Una fe depositada sobre Cristo mismo, si no se hubiese producido la resurrección, sería estéril porque no habría medio de justificación, ya que, si la muerte hizo presa del Salvador y no se ha levantado de los muertos, no hay respaldo divino ni eficacia en la obra de la Cruz. Además, la entrega de la vida del Hijo de Dios no habría servido para pagar el precio redentor y justificar por la fe al que crea en Él, porque el Salvador no está vivo.

Testimonio falso (15:15)

15. Y somos hallados falsos testigos de Dios; porque hemos testificado de Dios que él resucitó a Cristo, al cual no resucitó, si en verdad los muertos no resucitan.

εὑρισκόμεθα	δὲ καὶ	ψευδομάρτυρες	τοῦ	Θεοῦ,	ὅτι
Y somos hallados	también	falsos testigos	-	de Dios;	pues

[6] Ver comentario al v. 4.

ἐμαρτυρήσαμεν κατὰ τοῦ Θεοῦ ὅτι ἤγειρεν τὸν Χριστόν, ὃν
testificamos contra - Dios que resucitó - a Cristo, al cual
οὐκ ἤγειρεν εἴπερ ἄρα νεκροὶ οὐκ ἐγείρονται.
no resucitó si es que entonces muertos no son resucitados.

Análisis y notas del texto griego.

Análisis: εὑρισκόμεθα, primera persona plural del presente de indicativo en voz pasiva del verbo εὑρίσκω, *hallar, encontrar*, aquí *somos hallados*; δὲ, partícula conjuntiva que hace las veces de conjunción coordinante, con sentido de *pero, más bien, y, y por cierto, antes bien, entonces*; καὶ, adverbio de modo *también*; ψευδομάρτυρες, caso nominativo masculino plural del nombre común *falsos testigos*; τοῦ, caso genitivo masculino singular del artículo determinado *el*; Θεοῦ, caso genitivo masculino singular del nombre divino declinado *de Dios*; ὅτι, conjunción causal *pues*; ἐμαρτυρήσαμεν, primera persona plural del primer aoristo de indicativo en voz activa del verbo μαρτυρέω, *testificar*, aquí *testificamos*; κατὰ, preposición de genitivo *contra*; τοῦ, caso genitivo masculino singular del artículo determinado *el*; Θεοῦ, caso genitivo masculino singular del nombre divino *Dios*; ὅτι, conjunción *que*; ἤγειρεν, tercera persona singular del primer aoristo de indicativo en voz activa del verbo ἠγείρω, *resucitar*, aquí *resucitó*; τὸν, caso acusativo masculino singular del artículo determinado *el*; Χριστόν, caso acusativo masculino singular del nombre propio declinado *a Cristo*; ὃν, caso acusativo masculino singular del pronombre relativo *al cual, al que*; οὐκ, forma escrita del adverbio de negación *no*, con el grafismo propio ante una vocal con espíritu suave o una enclítica; ἤγειρεν, tercera persona singular del aoristo primero de indicativo en voz activa del verbo ἐγείρω, *resucitar,* aquí *resucitó*; εἴπερ, conjunción *si ciertamente, si es verdad que*; ἄρα, partícula que hace funciones de adverbio *pues, así pues, luego, entonces, por tanto, por consiguiente*; νεκροὶ, caso nominativo masculino plural del adjetivo *muertos*; οὐκ, forma escrita del adverbio de negación *no*, con el grafismo propio ante una vocal con espíritu suave o una enclítica; ἐγείρονται, tercera persona plural del presente de indicativo en voz pasiva del verbo ἐγείρω, *resucitar*, aquí *son resucitados.*

εὑρισκόμεθα δὲ καὶ ψευδομάρτυρες τοῦ Θεοῦ, La segunda consecuencia es que si Cristo no resucitó entonces los predicadores del evangelio estaba dando un falso testimonio. Vendrían a ser los impostores, porque estarían dando un testimonio falso de un hecho que se atrevían a atribuir a Dios. Los que predicaban el evangelio afirmaban que el mensaje que proclamaban procedía de Dios (Gá. 1:11-12). En ese mensaje estaba presente el hecho de la resurrección de Cristo, de modo que, si no era verdad, mentían dando un falso testimonio en nombre de Dios.

La expresión *falsos testigos de Dios*, puede tomarse como un genitivo objetivo o subjetivo. En el caso de ser objetivo, los predicadores del evangelio estarían hablando mentiras sobre lo que Dios había hecho con Cristo. En el caso de tomarse como subjetivo, ocurriría que Dios mismo les había mandado predicar una mentira, puesto que Jesús no podía ser resucitado de los muertos. Es necesario considerar que la segunda forma subjetiva, no es posible, de manera que sólo cabe entender como válida la primera, en cuyo caso, si la resurrección de Cristo es mentira, es decir, no se produjo, entonces quienes proclaman la resurrección con verdad de fe, eran unos mentirosos en la misma categoría de los falsos profetas en el Antiguo Testamento y de los falsos maestros en el Nuevo.

ὅτι ἐμαρτυρήσαμεν κατὰ τοῦ Θεοῦ ὅτι ἤγειρεν τὸν Χριστόν, La falsedad del mensaje –en caso de que Cristo no hubiera resucitado– es atribuir a Dios una obra que no había hecho. Como ya se ha dicho, la resurrección de Cristo era base de fe (Ro. 10:8-9). Los que creían, debían tener la seguridad de que *Dios le resucitó de los muertos*. No es posible confesar que Jesús es Señor, sin creer que fue resucitado de los muertos. Por medio de la resurrección es posible el señorío de Jesús. La fe en el Resucitado determina la salvación. La muerte y la resurrección de Jesús son el núcleo del evangelio (vv. 1-4). Como se ha considerado anteriormente, sin la muerte no han expiación y sin la resurrección no hay justificación (Ro. 4:25).

ὃν οὐκ ἤγειρεν εἴπερ ἄρα νεκροὶ οὐκ ἐγείρονται. El apóstol insiste en lo inseparable que es la fe en la resurrección de Cristo y la aceptación de la resurrección de los muertos. Otra vez hace notar a los lectores que, si los muertos no resucitan, Cristo como hombre, no pudo resucitar. El testimonio del evangelio, en esta suposición, se convierte en una falsedad y los mensajeros son testigos falsos que engañan a los oyentes. Hemos de tener claro el argumento: Si los muertos no pueden ser resucitados, Cristo no resucitó, puesto que Él había muerto.

Esperanza falsa (15:16-19)

16. Porque si los muertos no resucitan, tampoco Cristo resucitó.

εἰ γὰρ	νεκροὶ	οὐκ	ἐγείρονται, οὐδὲ	Χριστὸς	ἐγήγερται·
Porque si	muertos	no	son resucitados tampoco	Cristo	ha sido resucitado.

Análisis y notas del texto griego.

Análisis: εἰ, conjunción *si*; γὰρ, conjunción causal *porque*; νεκροὶ, caso nominativo masculino plural del adjetivo *muertos*; οὐκ, forma escrita del adverbio de negación *no*, con el grafismo propio ante una vocal con espíritu suave o una enclítica; ἐγείρονται, tercera persona plural del presente de indicativo en voz pasiva del verbo ἐγείρω, *resucitar*, aquí *son resucitados*; οὐδὲ, adverbio *tampoco*; Χριστὸς, caso nominativo masculino singular del nombre propio *Cristo*; ἐγήγερται, tercera persona singular del perfecto de indicativo en voz pasiva del verbo ἐγείρω, *resucitar*, aquí *ha sido resucitado*.

εἰ γὰρ νεκροὶ οὐκ ἐγείρονται, οὐδὲ Χριστὸς ἐγήγερται· La tercera consecuencia si Cristo no hubiera resucitado es que no sería posible la salvación del pecador. Por eso introduce este tema mediante una sencilla frase: *"Porque si los muertos no resucitan, tampoco Cristo resucitó"*. Hay una relación inseparable entre los dos acontecimientos, porque si no hay resurrección tampoco Cristo resucitó.

El versículo pareciera ser una repetición del v. 13, pero no es así, puesto que el texto introduce la enseñanza de los efectos de la no resurrección de Cristo, que se extiende en los dos versículos siguientes. Negar la resurrección de Cristo, es el resultado de negar la resurrección de los muertos, implicando en ello a los apóstoles como impostores por predicar una mentira (vv. 13-15), pero aquí, esta misma negación, implica la imposibilidad de salvación de los cristianos.

17. Y si Cristo no resucitó, vuestra fe es vana; aún estáis en vuestros pecados.

εἰ δὲ Χριστὸς οὐκ ἐγήγερται, ματαία ἡ πίστις ὑμῶν,[1] ἔτι
Y si Cristo no ha sido resucitado ilusoria la fe de vosotos, aún
ἐστὲ ἐν ταῖς ἁμαρτίαις ὑμῶν,
estáis en los pecados de vosotros.

Análisis y notas del texto griego.

Análisis: εἰ, conjunción *si*; δὲ, partícula conjuntiva que hace las veces de conjunción coordinante, con sentido de *pero, más bien, y, y por cierto, antes bien, entonces*; Χριστὸς, caso nominativo masculino singular del nombre propio *Cristo*; οὐκ, forma escrita del adverbio de negación *no*, con el grafismo propio ante una vocal con espíritu suave o una enclítica; ἐγήγερται, tercera persona singular del perfecto de indicativo en voz activa del verbo ἐγείρω, *resucitar*, aquí *ha sido resucitado*; ματαία, caso nominativo femenino singular del adjetivo *vano, inútil, sin valor, ilusoria*; ἡ, caso nominativo femenino singular del artículo determinado *la*; πίστις, caso nominativo femenino singular del nombre común *fe*; ὑμῶν, caso genitivo de la segunda persona plural del pronombre personal declinado *de vosotros*; ἔτι, adverbio *aún, todavía*; ἐστὲ, segunda persona plural del presente de indicativo en voz activa del verbo εἰμί, *ser, estar*, aquí *estáis*; ἐν, preposición propia de dativo *en*; ταῖς, caso dativo femenino plural del artículo determinado *las*; ἁμαρτίαις, caso dativo femenino plural del nombre común *pecados*; ὑμῶν, caso genitivo de la segunda persona plural del pronombre personal declinado *de vosotros*.

Notas. Crítica Textual. Lecturas alternativas.

[1] ἡ πίστις ὑμῶν, *la fe de vosotros*, de acuerdo con P^{46}, a, A, D^2, F, G, K, L, P, Ψ, 048, 0243, 33, 81, 104, 365, 630, 1175, 1241, 1505, 1739, 1881, 2464, 𝔐.

ἡ πίστις ὑμῶν ἐστίν, *la fe de vosotros es*, según se lee en B, D*.

εἰ δὲ Χριστὸς οὐκ ἐγήγερται, ματαία ἡ πίστις ὑμῶν, Si Cristo no resucitó, la fe depositada en Él es *vana*, realmente *sin fruto*. El adjetivo ματαίος, equivale a *estéril* y es diferente a κενὸς, que usa en el v. 14 y que significa *vano*. De modo que antes era una fe sin contenido, aquí es una fe estéril, sin fruto, incapaz para la salvación.

ἔτι ἐστὲ ἐν ταῖς ἁμαρτίαις ὑμῶν, Si la salvación se alcanza por gracia, mediante la fe y el instrumento que es la fe no es viva y eficaz, la consecuencia es de una tremenda gravedad, *"aún estáis en vuestros pecados"*. Con una fe vana el hombre estaría bajo condenación por el pecado. Ya que la resurrección de Cristo es –como se ha considerado– imprescindible para la justificación (Ro. 4:25), si no resucitó el creyente en Él, estaría aún sin justificación. Por consiguiente, enseñar que no hay resurrección es negar que exista perdón de pecados y justificación para vida. Las consecuencias de la falsa enseñanza sobre la resurrección es rechazar la doctrina de la salvación ya que negar una es negar la otra. La doctrina bíblica está plenamente unida una con otra, de modo que quien se atreve a rechazar alguna de las verdades, está destrozando el resto de la fe. Es clara la distinción que el apóstol usa, como se ha dicho antes, de los adjetivos demostrativos de la fe. En este caso designa, la vanidad de ella desde el punto de vista de sus efectos, es una fe inútil, incapaz de ser instrumento de salvación.

18. Entonces también los que durmieron en Cristo perecieron.

ἄρα	καὶ	οἱ κοιμηθέντες	ἐν	Χριστῷ	ἀπώλοντο.
Entonces	también	los que se murieron	en	Cristo,	perecieron.

Análisis y notas del texto griego.

Análisis: ἄρα, partícula que hace funciones de adverbio *pues, así pues, luego, entonces, por tanto, por consiguiente*; καὶ, adverbio de modo *también*; οἱ, caso nominativo masculino plural del artículo determinado *los*; κοιμηθέντες, caso nominativo masculino plural del participio del primer aoristo en voz pasiva del verbo κοιμάομαι, *dormirse, morirse*, aquí *que se murieron*; ἐν, preposición propia de dativo *en*; Χριστῷ, caso dativo masculino singular del nombre propio *Cristo*; ἀπώλοντο, tercera persona singular del segundo aoristo de indicativo en voz media del verbo ἀπόλλυμι, *perecer, perder,* aquí *perecieron.*

ἄρα καὶ οἱ κοιμηθέντες ἐν Χριστῷ ἀπώλοντο. La consecuencia última es que también todos aquellos que murieron creyendo en Cristo, si no resucitó, el objeto de fe está muerto y ellos *perecieron*, es decir, se perdieron como consecuencia de su pecado. Los que murieron abrazando una fe que no salva, están perdidos (Jn. 3:16b). Se refiere, por tanto, a cristianos, ya que el apóstol usa la expresión propia para referirse a la muerte de los creyentes *"durmieron en Cristo"*. La identificación con Cristo no se rompe con la muerte (1 Ts. 4:14; Ap. 14:13). Esta situación de perdición incluiría también a los propios testigos que enseñaban la resurrección de Cristo, ya que este testimonio sería una falsedad (v. 6).

Es una consecuencia grave de una falsa enseñanza. Si Cristo no resucitó, los creyentes cerraron sus ojos en la vida de salvación, para abrirlos, luego de la muerte, en el lugar de condenación, ya que murieron perdidos en sus delitos y pecados. Por tanto, los creyentes tendrían el mismo final que los incrédulos y sería lo mismo creer en Cristo que no creer ya que, siendo la fe vacua, es imposible la justificación y por consiguiente el creyente estaría en la misma posición que el incrédulo. Todos *perecen* en el sentido absoluto bíblico de eterna separación de Dios a causa del pecado.

19. Si en esta vida solamente esperamos en Cristo, somos los más dignos de conmiseración de todos los hombres.

εἰ ἐν τῇ ζωῇ ταύτῃ ἐν Χριστῷ ἠλπικότες ἐσμὲν μόνον,
Si en la vida esta en Cristo hemos esperado estamos solamente,
ἐλεεινότεροι πάντων ἀνθρώπων ἐσμέν.
más miserables que todos hombres somos.

Análisis y notas del texto griego.

Análisis: εἰ, conjunción *si*; ἐν, preposición propia de dativo *en*; τῇ, caso dativo femenino singular del artículo determinado *la*; ζωῇ, caso dativo femenino singular del nombre común *vida*; ταύτῃ, caso dativo femenino singular del pronombre demostrativo *ésta*; ἐν, preposición propia de dativo *en*; Χριστῷ, caso dativo masculino singular del nombre propio *Cristo*; ἠλπικότες, caso nominativo masculino plural del participio de perfecto en voz activa del verbo ἐλπίζω, *esperar, confiar, poner la confianza en*, aquí *hemos esperado*; ἐσμὲν, tercera persona plural del presente de indicativo en voz activa del verbo εἰμί, *ser, estar*, aquí *estamos*; μόνον, adverbio de modo *solamente*; ἐλεεινότεροι, caso nominativo masculino plural del adjetivo comparativo *más miserables*; πάντων, caso genitivo masculino plural del adjetivo indefinido declinado *de todos*; ἀνθρώπων, caso genitivo masculino plural del nombre común *hombres*; ἐσμέν, primera persona plural del presente de indicativo en voz activa del verbo εἰμί, *ser, estar*, aquí *somos*.

εἰ ἐν τῇ ζωῇ ταύτῃ ἐν Χριστῷ ἠλπικότες ἐσμὲν μόνον, El fracaso de una fe que, sin la resurrección de Cristo, convierte a ésta en una esperanza temporal. Como el apóstol precisa, sería solo *para esta vida*, es decir, para el tiempo presente. Cristo sería sólo esperanza para el tiempo presente, porque no puede salvar ni justificar.

Esta esperanza temporal convierte la vida del que cree en algo miserable o, como traduce RV60, *digna de conmiseración*. Negar la resurrección de los muertos, es negar la resurrección de Cristo y negar, por tanto, toda esperanza para después de la vida. La esperanza del creyente no es otra que Cristo mismo habitando en él (Col. 1:27), sólo posible por Su resurrección. Como escribe el Dr. Lacueva:

"El hecho mismo de que los fieles sean miembros del Cuerpo de Cristo, hace que la vida, ya gloriosa, de Cristo, circule por nuestras venas con la firme, gloriosa esperanza, de que lo que es la Cabeza una realidad consumada, lo será un día en cada uno de los miembros (comp. con Ef. 4:13; 1 Ti. 1:1)"[7].

La presencia de Cristo y Su promesa es ya esperanza de gloria. En Sus propias palabras: *"Yo soy la resurrección y la vida; el que cree en mí, aunque esté muerto, vivirá. Y todo aquel que vive y cree en mí, no morirá eternamente"* (Jn. 11:25-26). La vida mortal, no solo por condición sino por pecado, queda resuelta en la vida eterna que es Cristo y en Su promesa de resurrección para vida perpetua. A la seguridad de vida, se une también la promesa del encuentro con el Señor en Su venida a buscar a Su Iglesia: *"No se turbe vuestro corazón; creéis en Dios, creed también en mí. En la casa de mi Padre muchas moradas hay; si así no fuera, yo os lo hubiera dicho; voy, pues, a preparar lugar para vosotros. Y si me fuere y os preparare lugar, vendré otra vez, y os tomaré a mí mismo, para que donde yo estoy, vosotros también estéis. Y sabéis a donde voy, y sabéis el camino"* (Jn. 14:1-4). La vida está vinculada al Hijo de Dios, por tanto, el que tiene al Hijo tiene la vida (Jn. 11:25). La seguridad de vida eterna no está en una relación religiosa, sino en una relación vivencial con Cristo (Fil. 1:21; Gá. 2:20). De otro modo, la esperanza está vinculada a Jesús: *"Amados, ahora somos hijos de Dios, y aún no se ha manifestado lo que hemos de ser; pero sabemos que cuando él se manifieste, seremos semejantes a él, porque le veremos tal como él es"* (1 Jn. 3:2). La

[7] F. Lacueva. *Colosenses*, Matthew Henry, Terrassa, 1989, pág. 246.

esperanza está ligada también a la herencia de los santos en luz, posible por la unión vital con el Resucitado. (Col. 1:12). La esperanza de gloria tiene que ver también con la seguridad de la presentación del creyente ante el Señor resucitado (Col. 1:22, 28). La esperanza de gloria está unida a Cristo (Ro. 5:2; 8:18-23; 1 Co. 15:12 ss.; Fil. 3:20, 21; Col. 3:4, 24; 1 Ts. 2:19; 3:13; 4:13-17; 2 Ts. 1:10; 2 Ti. 1:12; 4:8; Tit. 2:13).

ἐλεεινότεροι πάντων ἀνθρώπων ἐσμέν. El cristianismo que no cree en la resurrección de los muertos y, por tanto, hace imposible la de Cristo, sería sólo una fe para esta vida con serias consecuencias. Los cristianos sufrían por una fe que no sería más que una ficción. El seguimiento a Cristo entraña persecución, problemas y sufrimientos (4:9; 2 Ti. 3:12). No existiría razón lógica alguna para padecer por un muerto, si Cristo no resucitó, porque no habría esperanza alguna (Ro. 8:18; 2 Co. 4:7; 1 P. 1:6-7; 4:13). Esto haría de los cristianos los más miserables de los hombres. Si la esperanza es sólo para esta vida, no merece la pena y convierte al cristiano en una persona digna de conmiseración, porque no tiene esperanza ya que su fe sería una fe muerta. Pablo dijo antes que los que murieron en Cristo, si no resucitó de los muertos, se perdieron (v. 18) y los que creen si su esperanza está limitada a esta vida, son verdaderamente miserables. Si los creyentes no tienen a Cristo porque está muerto, entonces no tienen nada, están bajo la ira de Dios por el pecado, sujetos a condenación eterna, y además viviendo las pruebas propias de una profesión cristiana, supone una situación de extrema miseria que no es lógica para mentes cuerdas.

La esperanza cristiana (15:20-34)

Programa de resurrecciones (15:20-25)

20. Mas ahora Cristo ha resucitado de los muertos; primicias de los que durmieron es hecho.

Νυνὶ δὲ Χριστὸς ἐγήγερται ἐκ νεκρῶν ἀπαρχὴ τῶν
Pero ahora Cristo ha sido resucitado de muertos primicias de los
κεκοιμημένων[1].
que han dormido.

Análisis y notas del texto griego.

Análisis: Νυνὶ, adverbio demostrativo *ahora*; δὲ, partícula conjuntiva que hace las veces de conjunción coordinante, con sentido de *pero, más bien, y, y por cierto, antes bien, entonces*; Χριστὸς, caso nominativo masculino singular del nombre propio *Cristo*; ἐγήγερται, tercera persona singular del perfecto de indicativo en voz pasiva del verbo ἐγείρω, *levantar, resucitar*, aquí *ha sido resucitado*; ἐκ, preposición propia de genitivo *de*; νεκρῶν, caso genitivo masculino plural del adjetivo *muertos*; ἀπαρχὴ, caso nominativo femenino singular del nombre común *primera porción, primicias*; τῶν, caso genitivo masculino plural del artículo determinado declinado *de los*; κεκοιμημένων, caso genitivo masculino plural del participio de perfecto en voz media del verbo κοιμάομαι, *morirse, dormirse*, aquí *que han dormido, que ha muerto*.

Notas. Crítica Textual. Lecturas alternativas.

[1] ἀπαρχὴ τῶν κεκοιμημένων, *primicias de los que han dormido*, según lectura en P^{46}, a, A, B, D*, F, G, P, 0243, 6, 33, 81, 365, 630, 1175, 1241, 1739, 1881, 2464, latt, co, Ireneo[lat].

ἀπαρχὴ τῶν κεκοιμημένων ἐγένετο, *primicias de los que han dormido fue hecho*, D^2, K, L, Ψ, 104, 1505, 𝔐, sy.

Νυνὶ δὲ Χριστὸς ἐγήγερται ἐκ νεκρῶν Los argumentos bíblicos y apostólicos expuestos antes, así como la lógica de la situación entre los cristianos, son suficientes para que todos entiendan que Cristo resucitó de entre los muertos, porque también los muertos resucitan. Esta verdad la expresa el apóstol cuando afirma que *"Cristo resucito de los muertos"*. La tristeza de los supuestos anteriores cae derribada por la gloriosa realidad de la resurrección del Señor.

ἀπαρχὴ τῶν κεκοιμημένων. Esto permite al apóstol iniciar la enseñanza de lo que podemos llamar *programa de resurrecciones*. La primera de las resurrecciones de entre los muertos es la de Jesús, que es como arras o prototipo de las resurrecciones que han de venir. Pablo llama a la resurrección de Señor: *"primicias"*. En el Antiguo Testamento se llamaba así a la presentación al sacerdote del primer manojo de frutos que anticipaba la cosecha que se recogería luego (Lv. 23:11). Este tipo queda plenamente resuelto en el anti-tipo que es Cristo. El Señor resucitó al siguiente día del de reposo. Del mismo modo que la tierra sembrada daba lugar a la cosecha que sería segada luego del tiempo de *descanso*, así también Jesús. Las primicias eran arras y garantía de toda la cosecha posterior, así también el Señor como *primicias* de entre los muertos creyentes, garantiza la recogida de la gran cosecha posterior. Jesús es llamado *primogénito* de entre los muertos (Col. 1:18). El Señor es principio en cuanto a origen y razón de comienzo (Ap. 3:14). Es decir, no sólo es el primero en sentido de dignidad, sino el primero como fuente del programa divino de resurrecciones. Siendo el *primogénito de entre los muertos*, comunica vida por Su resurrección (Jn. 11:25). El término *primogénito* señala a Cristo como el primero de los hombres en ser resucitado y revestido de inmortalidad. Esto es lo que, con otras palabras, enseñan el apóstol en el versículo que se comenta: *"primicias de los que han dormido"*.

Por consiguiente, si es el *primero* de los resucitados, quiere decir que Dios ha establecido un programa de resurrecciones que comienza por la del Señor, y también ejemplo visible de la que será el fruto pleno de la resurrección de todos los creyentes. No solo Jesús es revelador de Dios, sino ejemplo de lo que quienes están en Él, llegarán a ser. El Padre ha determinado que todos los creyentes seamos hechos conforme a la imagen del Hijo, en todos los aspectos que incluye también el de la resurrección de entre los muertos. Por Su resurrección Jesucristo se convierte en *"espíritu vivificante"* (vv. 15, 45-47). El Señor colocó la base de la esperanza para todos los que estamos en Él, así que, como Él fue resucitado de entre los muertos para nunca más morir, así también cada creyente en Él. Sus palabras lo afirman: *"Porque yo vivo, vosotros también viviréis"* (Jn. 14:19).

Jesucristo que es el *unigénito* del Padre, el único de esa condición (Jn. 1:14), es el *primogénito* de entre los muertos (Col. 1:18; Ap. 1:5). En ese sentido como *primogénito* es el primer nacido, aquí el primero de los hermanos revestido de inmortalidad (Ro. 8:29). Cristo es el ejemplo de cómo será la resurrección de los creyentes: *"El cual transformará el cuerpo de la humillación nuestra, para que sea semejante al cuerpo de la gloria suya, por el poder con el cual puede también sujetar a sí mismo todas las cosas"* (Fil. 3:21). Como Él fue resucitado y revestido de inmortalidad, así también los creyentes en Él experimentarán lo mismo. De otro modo, de la manera en que Jesús resucitó así ha de resucitar todo Su pueblo. Esto se desarrolla en los siguientes versículos.

21. Porque por cuanto la muerte entró por un hombre, también por un hombre la resurrección de los muertos.

ἐπειδὴ γὰρ δι' ἀνθρώπου θάνατος, καὶ δι' ἀνθρώπου
Porque ya que por hombre muerte, también por hombre
ἀνάστασις νεκρῶν.
resurrección de muertos.

Análisis y notas del texto griego.

Análisis: ἐπειδὴ, conjunción *ya que, puesto que*; γὰρ, conjunción causal *porque*; δι', forma contracta de la preposición propia de genitivo διά, *por, por medio de, a causa de*; ἀνθρώπου, caso genitivo masculino singular del nombre común *hombre*; θάνατος, caso nominativo masculino singular del nombre común *muerte*; καὶ, adverbio de modo *también*; δι', forma contracta de la preposición propia de genitivo διά, *por, por medio de, a causa de*; ἀνθρώπου, caso genitivo masculino singular del nombre común *hombre*; ἀνάστασις, caso nominativo femenino singular del nombre común *resurrección*; νεκρῶν, caso genitivo masculino singular del adjetivo declinado *de muertos*.

ἐπειδὴ γὰρ δι ἀνθρώπου θάνατος, φ. El apóstol establece un contraste entre dos hombres. En el primero presenta la causa por la que la muerte se manifestó entre los hombres. Se refiere, por tanto, a la posición de la raza en Adán. La entrada de la muerte fue a causa del pecado que cometió el primer hombre. La doctrina de la transmisión del pecado es extensa, por lo que cabe sólo hacer una breve síntesis aquí.

El concepto de los *dos hombres*, es peculiar en Pablo, y hace referencia al *Adán antiguo*, y al *nuevo*, que es Cristo. El apóstol enseña que el pecado entró en el mundo por un hombre. La enseñanza coloca a un hombre como causa por la que el pecado se introdujo en el mundo. No cabe duda que el único hombre al que puede referirse en sentido de introductor del pecado, fue Adán, el primer pecador en ámbito humano. Con todo, es preciso entender el alcance de esta verdad. El pecado de Adán puede considerarse como un acto federativo, ya que es cabeza federal de toda la humanidad. En este sentido, al pecar él, todos estábamos en él, como fuente y origen de la humanidad. De esa forma se consideran en la Biblia acciones hechas por un antepasado que afectan a sus descendientes, como si las hubiesen cometido ellos, cuando fueron hechas por su antecesor en el que potencialmente estaban ellos. Ese es el sentido en que Leví, que da origen a la tribu sacerdotal y cuyo cometido, entre otros, era la recaudación de los diezmos en la nación de Israel, los pagó en Abraham a Melquisedec; que debe entenderse como una afirmación breve y determinante: *"En una palabra, Leví el que recibe diezmos por medio de Abraham los dio"*. Del mismo modo, el pecado de Adán afectó a toda la humanidad, de modo que la depravación original que se comunica por propagación, fue una acción transeúnte que de uno pasó a todos. Este era el pensamiento de Calvino, cuando escribe:

"Oímos que la mancha de los padres se comunica a los hijos de tal manera, que todos, sin excepción alguna, están manchados desde que empiezan a existir. Pero no se podrá hallar el principio de esta mancha sino ascendemos como a fuente y manantial hasta nuestro primer padre. Hay, pues, que admitir como cierto que Adán no solamente ha sido el progenitor del linaje humano, sino que ha sido, además, su raíz, y por eso, con razón, con su corrupción ha corrompido a todo el linaje humano. Lo cual claramente muestra el apóstol por la comparación que establece entre Adán y Cristo, diciendo: como por un hombre entró el pecado en todo el mundo, y por el pecado la muerte, la cual se extendió a todos los

hombres, pues todos pecaron, de la misma manera por la gracia de Cristo, la justicia y la vida nos son restituidas (Ro. 5:12, 18). ¿Qué dirán de esto los pelagianos? ¿Qué el pecado de Adán se propaga por imitación? ¿Entonces, el único provecho que obtenemos de la justicia de Cristo consiste en que nos es propuesto como dechado y ejemplo que imitar? ¿Quién puede aguantar tal blasfemia? Si es evidente que la justicia de Cristo es nuestra por comunicación y que por ella tenemos la vida, síguese por la misma razón que una y otra fueron perdidas en Adán, recobrándose en Cristo; y que el pecado y la muerte han sido engendrados en nosotros por Adán, siendo abolidos por Cristo. No hay oscuridad alguna en estas palabras: muchos son justificados por la obediencia de Cristo, como fueron constituidos pecadores por la desobediencia de Adán. Luego, como Adán fue causa de nuestra ruina envolviéndonos en su perdición, así Cristo con su gracia volvió a darnos vida. No creo que sean necesarias más pruebas para una verdad tan manifiesta y clara. De la misma manera también en la primera carta a los Corintios, queriendo confirmar a los piadosos con la esperanza de la resurrección, muestra que en Cristo se recupera la vida que en Adán habíamos perdido (1 Co. 15:22). Al decir que todos nosotros hemos muerto en Adán, claramente da a entender que estamos manchados con el contagio del pecado, pues la condenación no alcanzaría a los que no estuviesen tocados del pecado. Pero su intención puede comprenderse mejor aún por lo que añade en la segunda parte, al decir que la esperanza de vida nos es restituida por Cristo. Bien sabemos que esto se verifica solamente cuando Jesucristo se nos comunica, infundiendo en nosotros la virtud de su justicia, como se dice en otro lugar; que su Espíritu nos es vida por justicia (Ro. 8:10). Así que de ninguna otra manera se puede interpretar el texto "nosotros hemos muerto en Adán" sino diciendo que él, al pecar, no solamente se buscó a sí mismo la ruina y la perdición, sino que arrastró consigo a todo el linaje humano al mismo despeñadero; y no de manera que la culpa sea solamente suya y no nos toque nada a nosotros, pues con su caída infectó a toda su descendencia. Pues de otra manera no podría ser verdad lo que dice san Pablo que todos por naturaleza son hijos de ira (Ef. 2:3), sino fuesen ya malditos en el mismo vientre de su madre. Cuando hablamos de naturaleza, fácilmente se comprende que no nos referimos a la naturaleza tal cual fue creada por Dios, sino como quedó corrompida en Adán, pues no es ir por buen camino hacer a Dios autor de la muerte. De tal suerte, pues, se corrompió Adán, que su contagio se ha comunicado a toda su posteridad. Con suficiente claridad el mismo Jesucristo, Juez ante el cual todos hemos de rendir cuentas, declara que todos nacemos malos y viciosos: "Lo que es nacido de la carne, carne es" (Jn. 3:6), y por lo mismo a todos les está cerrada la puerta de la vida hasta que son regenerados. Más adelante continúa: *"A fin de no hablar de esto infundadamente, definamos el pecado original. No quiero pasar revista a todas las definiciones propuestas por los escritores; me limitaré a exponer una, que me parece muy conforme a la verdad. Digo, pues, que el pecado original es una corrupción y perversión hereditarias de nuestra naturaleza, difundidas en todas las partes del alma; lo cual primeramente nos hace culpables de la ira de Dios, y, además, produce en nosotros lo que la Escritura denomina "obras de la carne". Y esto es precisamente lo que san Pablo tantas veces llama "pecado". Las obras que de él proceden, como son los adulterios, fornicaciones, hurtos, odios, muertes, glotonerías (Gá. 5:19), las llama por esta razón frutos del pecado; aunque todas estas obras son comúnmente llamadas pecado en toda la Escritura, como en el mismo san Pablo"*[8].

El apóstol afirma en el texto que *"el pecado entró en el mundo por un hombre"*. El término usado aquí tiene que ver con *ser humano*[9]. De esta forma se está refiriendo a quien era el *padre* de toda la humanidad, en sentido de ser el primer hombre creado. Pero, es necesario observar que la idea en la mente de Pablo es la del pecado buscando el modo de entrar en el mundo, de ahí la personalización que hace del pecado, tratándolo como si fuese un sujeto personal. Esto requiere dar el sentido que tiene aquí la palabra *mundo*, que específicamente se trata del *mundo*, como *cosmos* de la humanidad.

Dios había creado al hombre, haciéndolo santo y sin mancha, por tanto, no afectado por el pecado. La humanidad estaba en Adán, en sentido de generador de todos los hombres como principio vital de procreación conforme al regalo de la fertilidad que Dios había hecho a la primera pareja (Gn. 1:28). Dios había colocado a la humanidad, ya representada en Adán, en una relación personal de limpieza, en ausencia total del pecado. Ese era el *mundo* de los hombres, aunque entonces sólo había dos elementos de la humanidad, el hombre y la mujer. En el mundo exterior de los hombres, presenta el apóstol al pecado personalizado, procurando entrar. Quiere decir que el pecado estaba presente en el entorno humano; no hay duda de ello. El pecado no *nace* en el hombre, sino que *alcanza* al hombre desde un mundo exterior a él. El primer pecador no fue un humano, sino un ángel. El querubín *Lucero*, había caído en el pecado y fue despojado de su ministerio en la presencia de Dios y derribado hasta el polvo de la tierra (Ez. 28:18). El pecado satánico consistió en procurar un trono junto al trono de Dios, esto es, un gobierno al margen de Él, para

---

[8] Juan Calvino. *Instituciones*, Vol. I, pág. 166 y 168.

[9] Griego: ἄνθρωπος

alcanzar una posición que le hiciese *"semejante al Altísimo"* (Is. 14:13-14). En el momento en que el pensamiento inicuo surgió en el corazón del querubín, nació también el *mundo de pecado*. Este pecado afectaba sólo a la esfera angelical, esto es, a los ángeles que habían secundado el deseo diabólico y se habían convertido en los demonios. El pecado busca una proyección que alcance el núcleo de la creación en la esfera de los seres racionales, sobre todo en el hombre que había sido colocado por Dios en la tierra para que ejerciese gobierno delegado por Él sobre esa parcela de la creación. La propuesta diabólica al hombre, por medio de la tentación, buscaba introducir en él un deseo de independencia, generando el *yo* en el sentido más potencialmente peligroso: *"seréis como Dios"* (Gn. 3:5). La puerta de acceso del pecado al *mundo* de los humanos, que hasta entonces estaba en plena armonía con Dios, estaba en la persona del primer hombre Adán. Caído él, la puerta de entrada del pecado al mundo de los hombres estaría abierta definitivamente. De otro modo, el pecado que estaba fuera del *cosmos humano*, entra en él por medio de un humano. De este modo, los humanos concebidos por el humano caído, lo son en el mundo del pecado, por tanto, la naturaleza propia de esa esfera de vida no es otra que la pecaminosa, es decir, la abierta al pecado y cerrada a Dios. El pecado se convierte en *poder* que controla ya la humanidad y la orienta hacia ella, alejándola de Dios, en franca oposición a Él. No importa el modo de expresarlo, pero afecta ya a todos los que nacemos en la esfera del mundo, que ha sido puesta bajo el pecado por la puerta abierta que permitió el paso del pecado a esta dimensión, y que fue Adán en su caída. Se trata ya de un propósito de *divinización* del hombre.

El pecado entró en el mundo que, como queda dicho, es la esfera propia de la vida del hombre. Es una condición de rebeldía, que traerá otra consecuencia mayor que es la muerte. Es un cosmos en el que existe sólo el *yo* del hombre y se desprecia el *Tú* de Dios. Es el ámbito de la rebeldía y de la destrucción, por cuanto la criatura ya no reconoce al Creador. Ha dejado de buscar una proyección eterna para reducirla a aspectos meramente temporales. Es un mundo pervertido que participa en el mismo extravío del hombre y de su violación del compromiso con Dios. La miseria del hombre por el pecado, contagia también al mundo al que el hombre estaba abierto como delegado divino sobre él, y por él, la creación entera gime ahora como contagiada por el pecado del hombre, señor de ella (Ro. 8:19-20). El pecado de Adán produce un cambio en la naturaleza del hombre; ya nunca será más como fue en la creación, salvo por el retorno a aquella experiencia en Cristo, por medio de la fe en Él. El pecado viene a formar parte de la naturaleza humana, que ya no es tanto *naturaleza divina*, sino *naturaleza adámica*. Sin embargo, los hombres no somos hechos *reatos de culpa* por el pecado concreto cometido por Adán, lo seremos por *nuestros pecados* cometidos en la nueva esfera adonde hemos sido conducidos por nuestro primer padre. No se trata de responsabilidad penal en algo que no cometimos, sino en el nacimiento ya en una esfera cambiada por el pecado de nuestro primer padre que, al abrir la puerta de entrada al pecado en el mundo de los hombres, todos nacemos ya afectados por él, de manera que el hombre ya *no puede dejar de pecar*, en mayor o menor intensidad, porque su propia naturaleza exige esa forma de vida. Las mejores propuestas y los más altos deseos quedan destruidos por la incapacidad de operarlos en la esfera de pecado en la que hemos sido concebidos. La vida de santidad creacional fue sustituida por la otra vida de pecaminosidad a la que, accedidos en nuestro primer padre y por él, entramos en el *mundo* que ya no es armonía con Dios, sino enemistad con Él (1 Jn. 2:15).

Se afirma que por Adán entró *el pecado* en el mundo. Es decir, el pecado entró *a través*, o *por medio* de Adán. En el sentido del pecado personificado, el apóstol enfatiza que mediante Adán ha logrado entrar en el mundo. Es como si fuese una persona distinta que logra entrar en un determinado ámbito porque Adán abrió la puerta de acceso para ello. Sin embargo, debe tenerse muy en cuenta, que no se trata de un aspecto *mítico* sino real. Simplemente, el apóstol con el pensamiento puesto en el suceso de la caída, presenta la idea de que Adán dió entrada al pecado en el mundo, que había buscado desde el principio. En este sentido escribe Wilckens:

"En este orden de cosas, la acción de Adán tiene una importancia especial frente a todo pecado posterior: en cuanto que en su pecado permitió al pecado que entrara en el mundo, le creó un acceso a todos los hombres. Así, al hablar del pecado se subraya el carácter supraindividual, universal, de todo pecar. Como enemistad contra Dios (v. 10), el pecado jamás es un asunto privado de un individuo con su Dios. El pecado como negación del Creador afecta siempre a la creación como conjunto; es, pues, un asunto del mundo"[10].

Esto trae la consecuencia que Pablo apunta en el versículo: "*La muerte entró por un hombre*". Ese *entrar* del pecado en el mundo, produce también la entrada de la muerte, ya que es *"por el pecado la muerte"*. En la compañía del pecado está, necesariamente la muerte. No sólo se introdujo el pecado, sino también la consecuencia penal del pecado. Dios lo había determinado cuando dijo al hombre refiriéndose a la expresión del pecado en la desobediencia de comer del árbol prohibido que: *"el día*

---

[10] Ulrico Wilckens. o.c., pág. 383 s.

que de él comieres, ciertamente morirás" (Gn. 2:17). La muerte es la forma natural de vida en el mundo abierto al pecado. La vida procede de Dios y se disfruta en la medida en que se está en comunión con Él. La vida espiritual es el resultado de *conocer* al Padre y al Hijo, no en sentido intelectual de admisión de Su existencia, sino en vinculación íntima (Jn. 17:3). El pecado interrumpió el flujo de la vida, por tanto, en ese mismo instante se produjo la interrupción de la vida espiritual. La muerte espiritual es el estado de separación entre el hombre y Dios a causa del pecado. Esta muerte espiritual se evidencia en la muerte física que es la experiencia común a todos los hombres. La muerte espiritual, consecuencia del pecado, alcanza a todos los hombres, ya que *"por cuanto todos pecaron, y están destituidos de la gloria de Dios"* (Ro. 3:23). La muerte es la manifestación natural del pecado porque *"la paga del pecado es la muerte"* (Ro. 6:23). El proceso de muerte para Adán y toda la raza comenzó en el momento en que Adán pecó. Todos los hombres mueren, por tanto, necesariamente, todos tienen que ser pecadores. A través de Adán pasó el pecado y a través del pecado, la muerte. No es posible sino que haya muerte, ya que el pecado es la violación de la relación del hombre con Dios, que siendo vida interrumpida, introduce al hombre en el antónimo de la vida que es la muerte. Todos los hombres son concebidos en el mundo del pecado, donde está presente por la acción permisiva de Adán, por tanto, todos los hombres están espiritualmente muertos al pertenecer al orden del cosmos cuya vida es la muerte. Luego, en la experiencia pecaminosa de cada hombre, cada individuo se hace *reato de pena*, como responsable de sus acciones contra Dios. Pero, ya en el inicio de la vida humana, ésta viene afectada por el pecado, por cuya razón el hombre muere. Si el hombre vive en el pecado, vive también en la muerte.

Sobre esto escribe el Dr. Lacueva:

"Cómo transmitió Adán a su posteridad el pecado y la muerte (Ro. 5:12): El pecado entró en el mundo por medio de un solo ser humano (lit.). Un solo hombre abrió, con su pecado, las compuertas por las que penetró en el mundo la tremenda inundación de iniquidades y calamidades. De la mano del pecado, entró la muerte (v. Gn. 2:17), y así pasó la muerte a todos los seres humanos, por cuanto todos pecaron... (v. 12b, lit.). Aunque el original no dice que todos pecamos en Adán, todo el contexto, así como 1 Co. 15:22 y el mismo hilo de la argumentación paulina, exigen que se entienda de esa forma: Todos morimos en Adán porque todos pecamos en Adán (el verbo está en aoristo; en el pasado y de una vez por todas). El verbo ἁμαρτάνω, *como el sustantivo* ἁμαρτία, *indica un fracaso general por el cual la raza humana se*

convirtió en una raza pecadora, es decir, incapaz de alcanzar el nivel moral que Dios exige de la conducta del ser humano. Esto fue efecto de nuestra unión corporativa con el primer Adán, cabeza física y moral de la raza humana"[11].

Con el pecado *entró* la muerte, es decir, antes estaba fuera, de modo que no podía alcanzar al hombre y ahora pasó al lugar en donde puede hacerlo. Esta muerte *pasó* a todos los hombres, adquiriendo el sentido de *extenderse*, que en este caso es un efecto contaminante, es decir, cuando la muerte *entró* en el mundo se *extendió* a todos los hombres o, si se prefiere mejor, *se propagó* a todos.

Si la muerte es la evidencia del pecado y todos mueren, luego todos son pecadores. ¿En qué sentido debe entenderse esto? Una interpretación entiende que los hombres todos pecaron en Adán. Sin embargo, fue bajo las circunstancias propiciadas por la entrada del pecado que todos pecan. La idea de Pablo es hacer entender que, por la situación de un hombre, el pecado propicia la pecaminosidad que se manifiesta en la muerte de todos los hombres como consecuencia. El contexto es colectivo y no individual. Es decir, Pablo considera la humanidad como un todo, que ya estaba en Adán, viéndola como una unidad relacionada con la cabeza que fue Adán. De manera que Adán no es aquí, un sujeto del tiempo y del espacio, sino la humanidad entera comprendida potencialmente en él. Así que en Adán se decidió el resultado final de toda la humanidad. A partir de él, la consecuencia del mundo del hombre, es el de una esfera de esclavitud bajo los poderes del pecado y de la muerte. De esta manera se entiende que la muerte que *entró*, se *propagó* a todos los hombres. En conclusión, el pecado y la muerte se transmiten a todos los hombres como herencia propia del mundo, que alcanza a todos (Sal. 51:5).

καὶ δι ἀνθρώπου ἀνάστασις νεκρῶν. El contraste es que, si la muerte entró por medio de un hombre, del mismo modo ocurrió con la vida. Se está refiriendo a Cristo que, siendo el Verbo eterno, se hizo un hombre tomando en Su Persona Divina, una naturaleza humana para venir a ser Dios-hombre.

Es necesario entender que Pablo no dice aquí que fue la vida la que entró, sino la resurrección de todos que se produce por medio de *un hombre*. El modo eficaz operativo de esta expresión de la gracia se enseña en el siguiente versículo, por lo que es necesario entender aquí que en Cristo *entra* la resurrección de los muertos. Primeramente, en el plano

---

[11] Francisco Lacueva. o.c., pág. 277.

espiritual para todos los que creen. (Ef. 2:6). La salvación produce una *vivificación* de quienes están muertos en sus pecados, que se alcanza mediante la unión vital con Cristo, en quien está la vida (Jn. 1:4), por cuya unión el que cree recibe la vida eterna. La doctrina de la *identificación con Cristo* es la clave para entender la experiencia de vida nueva en el salvo (Gá. 2:20). Unidos al Hijo, recibimos vida (Jn. 3:36a).

Es posible que aquellos en Corinto que negaban la resurrección de los muertos, aceptasen el hecho de la resurrección espiritual, por tanto, el apóstol no se detiene aquí esto, sino en la seguridad de la resurrección futura de los muertos. Fue, precisamente en Cristo, el *segundo Adán*, que entra en el mundo de los hombres la resurrección de los muertos, cuyo primer referente es Cristo mismo. La vinculación con el *primer Adán* produjo la muerte; la vinculación con el *postrero*, la vida. La resurrección de entre los muertos, es la promesa del *segundo Adán*, que es Cristo. La enseñanza del apóstol es precisa. La muerte de que Adán fue causa, comprende, no solo la espiritual, sino también la física, del mismo modo la vida de la que Cristo es causa, comprende la vida eterna y la futura resurrección del cuerpo.

22. Porque así como en Adán todos mueren, también en Cristo todos serán vivificados.

ὥσπερ γὰρ ἐν τῷ ᾿Αδὰμ πάντες ἀποθνῄσκουσιν, οὕτως καὶ
Porque así como en - Adán todos mueren, así también
ἐν τῷ Χριστῷ πάντες ζῳοποιηθήσονται.
en - Cristo todos serán vivificados.

Análisis y notas del texto griego.

Análisis: ὥσπερ, adverbio demostrativo *como, así como, al igual que*; γὰρ, conjunción causal *porque*; ἐν, preposición propia de dativo *en*; τῷ, caso dativo masculino singular del artículo determinado *el*; ᾿Αδὰμ, caso dativo masculino singular del nombre propio *Adán*; πάντες, caso nominativo masculino plural del adjetivo indefinido *todos*; ἀποθνῄσκουσιν, tercera persona plural del presente de indicativo en voz activa del verbo ἀποθνῄκω, *morir*, aquí *mueren*; οὕτως, adverbio demostrativo *así*; καὶ, adverbio de modo *también*; ἐν, preposición propia de dativo *en*; τῷ, caso dativo masculino singular del artículo determinado *el*; Χριστῷ, caso dativo masculino singular del nombre propio *Cristo*; πάντες, caso nominativo masculino plural del adjetivo indefinido *todos*; ζῳοποιηθήσονται, tercera persona plural del futuro de indicativo en voz pasiva del verbo ζῳοποιέω, *dar vida, vivificar*, aquí *serán vivificados*.

ὥσπερ γὰρ ἐν τῷ ᾿Αδὰμ πάντες ἀποθνῄσκουσιν, Enfatizando la verdad de la transmisión de la muerte desde Adán a todos los hombres, reitera que *en Adán todos mueren*. Ningún ser humano queda excluido de la experiencia de la muerte, ya que *"está establecido para los hombres que mueran una sola vez"* (He. 9:27). Esta situación, se ha considerado ya en versículos anteriores.

οὕτως καὶ ἐν τῷ Χριστῷ πάντες ζῳοποιηθήσονται. Del mismo modo la vinculación con Cristo trae vida, no solo espiritual, sino la *vivificación* o el *retorno* a la vida de la persona que ha muerto. La comparativa adquiere un notable sentido de contraposición, en Cristo el hombre recibe un regalo procedente de la gracia que es el regalo de la vida, la vivencia de la eterna y la certeza de la resurrección. La expresión paulina es definitiva: *"también en Cristo todos serán vivificados"*.

La eficacia de la obra de la gracia descansa en la obra de Cristo, con la que libera a todos los que estaban sujetos a servidumbre por temor a la muerte. Ambos hombres, el antiguo, Adán, y el nuevo, Cristo, producen efectos distintos en quienes están vinculados a ellos. En el primer caso ruina y en el segundo restauración. En Cristo, Dios se hace hombre para librar a los hombres de la muerte. En la encarnación Dios se *humana*, identificándose en todo con los hombres, salvo en el pecado y en la relación de esa humanidad, sólo la suya, con la Deidad. La encarnación es el vehículo por el cual el Verbo se une con la humanidad en una naturaleza creada por el Espíritu Santo, que es personalizada por el Hijo y en cuya humanidad se expresa Su filiación eterna. Esa unión entre el Hijo eterno y la naturaleza del hombre, se expresa absolutamente en Jesús, el hombre. Desde el momento de la encarnación, la humanidad es ya perpetuamente la humanidad del Hijo. En ella se manifestó durante el ministerio público, en la muerte en la Cruz y ella es perpetuamente por la resurrección de entre los muertos. La encarnación no es una divinización del hombre, sino la decisión libre del Hijo que se proyecta en amor fuera de Sí mismo, para salvación, que comprende absolutamente todo lo que tiene que ver con la vida, incluyendo la resurrección. La encarnación es la auto-entrega del Hijo a favor de los hombres, para llevar a estos a la expresión máxima posible de la vivencia de lo que corresponde y pertenece a Dios, que es la vida eterna y de resurrección. El Hijo, como hombre es la expresión de la vida trinitaria de Dios en una criatura, y la posición de una criatura en Dios, que se inserta en la historia humana. La criatura, en la naturaleza humana de Jesucristo, es acogida no sólo en el Creador, sino dentro de Él mismo, viniendo a ser elemento integrante en su Persona Divina, de tal manera que, aunque permaneciendo la diferencia entre su naturaleza divina y Su naturaleza humana, sin mezcla ni confusión, la unión entre el Creador y la criatura se hacen inseparables ya. El sujeto de la encarnación es el Hijo, el Verbo, el Logos eterno, por tanto, la encarnación es la prolongación a la criatura subsistente en la Persona divina, de la realidad y relación eterna del Hijo en el seno de la Trinidad. De ahí que el versículo hace referencia a la acción, posible solo para Dios desde la naturaleza humana del Hijo, de destruir al opresor para liberar al hombre. La pasión del Hijo, *perfeccionado por aflicciones* (He. 2:10), es la verdadera pasión de Dios, que no es otra cosa que compasión con el hombre, que se inicia en la concepción en el seno de María y se completa en la entrega de la vida sobre la Cruz. Cristo, por tanto, llegó a ser hombre en la misma forma y con las mismas condiciones de los hombres. Distinguiéndolo de ellos en el hecho mismo de la concepción, que no se produce por relación humana, sino por acción divina en la operación omnipotente del Espíritu Santo. El hacerse hombre, hace posible que se pueda escribir la biografía de Dios en sujeción a las limitaciones temporales de la criatura. Pero, esa encarnación del Hijo, es el vehículo instrumental para la *kénosis* de Dios. El hacerse hombre permite el descenso del Hijo a la forma de siervo. El que siendo Dios no puede sino demandar obediencia, por cuanto es Soberano, obedece desde Su condición de hombre, hasta la entrega máxima en la expresión de dar Su vida por los hombres. En esa dimensión el Hijo se mantiene sumiso a las condiciones del hombre, sufre bajo los poderes del mal en la tentación y asedio, pero sin contaminación alguna con el pecado, revelando a Dios como gracia absoluta y siendo para el hombre prójimo perfecto. No cabe duda alguna que el Hijo se ha encarnado para expresar la gracia, y vivir la gracia es posible porque el Hijo se ha encarnado. Con todo, es necesario entender con toda claridad que este Cristo, descendiente *"según la carne"* de los hombres, es también *"Dios bendito sobre todas las cosas por los siglos de los siglos"* (Ro. 9:5). Según Hebreos, el propósito de la encarnación fue *"para destruir por medio de la muerte al que tenía el imperio de la muerte, esto es, al diablo"* (He. 2:14). Primero se hace solidario con los hombres para poder morir por los hombres. Luego se ofrece en sacrificio por los pecados de los hombres, para poder librar a los hombres. Siendo *hombre* podía ser sustituto del hombre. El infinito Hijo, se hace *carne y sangre*, para ser *consumado*, *perfeccionado*, en el amor de entrega, no sólo de Él, sino del Padre que lo da y esa perfección se alcanza en el dolor y en la muerte, posible solo desde la naturaleza humana del Hijo de Dios. La muerte en este caso no se considera tanto desde el sufrimiento, sino desde la batalla liberadora, consistente en *destruir* al que tenía el imperio de la muerte. El verbo *destruir*, no equivale a *eliminar* en el sentido de hacer desaparecer, sino de *quitar los medios con que se mantenía* e incluso impedir que vuelva a alcanzarlos. En ese sentido equivale a *reducir a la impotencia*, a quien tenía el dominio de la muerte, esto es al *diablo*. El título tiene que ver con *acusador*, aquel que demandaba, en derecho, que la justicia de Dios, que había sentenciado al pecador con la muerte (Gn. 2:17), como el apóstol Pablo afirma también: *"La paga del pecado es la muerte"* (Ro. 6:23), actuase contra él. En la Cruz, el Hijo, combate a Satanás, el acusador, retirándole el acta de los decretos contrarios al hombre, de modo que lo reduce a la impotencia para demandar la muerte y condenación del que ha sido justificado (Col. 2:14-15). Cristo en Su muerte *destruye*, en sentido de dejar inoperativo al que tenía el imperio de la muerte. Con la resurrección de Su humanidad destruye también a la muerte (v. 21). La acción del Salvador hace posible el cumplimiento pleno de la profecía: *"De la mano del Seol los redimiré, los libraré de la muerte. Oh muerte, yo seré tu muerte; y seré tu destrucción, oh Seol; la compasión será escondida de mi vista"* (Os. 13:14). Cancelada el acta acusatoria y manifestado el poder victorioso en la resurrección, el diablo está destruido en sentido operativo contra quienes son hermanos de Jesús e hijos del Padre, por adopción. Por esa obra puede *"librar a todos los que por el temor de la muerte estaban durante toda la vida sujetos a servidumbre"* (He. 2:15). El pecador está sujeto permanentemente por temor a la muerte. Ese temor, es un sentimiento de culpabilidad que surge en la propia conciencia del no regenerado, y que le hace temer a la muerte. Este sentimiento produce esclavos y no libres. La liberación del creyente, que es hijo de Dios por adopción, le rescata de la esclavitud del pecado (Ro. 6:20-23), por tanto, le libra del temor a la muerte. Lo que cada creyente ha recibido es *la adopción*, literalmente entrar a la posición de hijo. Este espíritu es contrario al espíritu de esclavitud y temor. Por el nuevo nacimiento el creyente viene a ser colocado como hijo adulto, en una nueva relación con Dios, miembro de Su familia (Ef. 2:19). Esta adopción confiere al creyente todos los derechos y privilegios de esa condición. El creyente viene a tener relación y comunión directa con el Padre (1 Jn. 1:3). El creyente tiene el privilegio de ser partícipe en la naturaleza divina (2 P. 1:4). Por haber nacido de arriba, el creyente comienza a llevar la imagen del Señor, primogénito entre muchos hermanos (He. 2:12-13). El temor desaparece porque el creyente es *hijo* y no enemigo, para quien ya no hay condenación (Ro. 8:1). El alcance liberador es pleno para todos los que son hijos: *"librar a todos"*. Por la unión con Cristo los salvos participan en Su victoria (15:54-57; 1 Ts. 4:13-18).

La fe en la resurrección era creencia de los creyentes de la antigua dispensación, pero, el creyente ahora no sólo cree, sino que la ve como realidad en la resurrección de Cristo, *"quien sacó a luz la vida y la inmortalidad"* (2 Ti. 1:10). La muerte para el creyente no significa entrar en una esfera de juicio, perdición y condenación, sino la bendición de acceder a la liberación plena de todas las miserias de la vida, para disfrutar de la presencia del Señor (Fil. 1:23). Quien está en Cristo y por Él recibe la condición de hijo de Dios, ha dejado de ser esclavo para convertirse en dueño de todo, que incluye también a la misma muerte: *"...porque todo es vuestro; ...sea el mundo, sea la vida, sea la muerte..."* (3:21-22). La muerte ha sido vencida por Cristo (v. 21). El creyente sabe que su resurrección será un hecho y la muerte quedará sorbida en victoria por la vida (v. 54). La muerte inquieta a los perdidos, pero para el creyente es una nueva experiencia en Cristo, dormir en el Señor (1 Ts. 4:14). Lo que es ruina para muchos es ganancia para el salvo (Fil. 1:21). La muerte no puede separar al creyente de Cristo (Ro. 8:38-39). La muerte física, en lugar de ser objeto de miedo, es el paso para acceder a la presencia del Señor (2 Co. 5:8).

El cambio es radical; quienes estaban bajo el reino de la muerte, reinan ahora en el de la vida a causa de haber recibido la abundancia de la gracia, junto con el regalo de la justicia. El que cree en Cristo pasa de muerte a vida (Jn. 5:24). El reino de la muerte no tiene ya nada que ver con quienes están en la vida. El Adán pecador abrió las puertas para la entrada del pecado y de la muerte, introduciendo al hombre en un reino de condenación, miseria, desesperanza y esclavitud. La gracia otorgada como don divino a todos los que creen, traslada al pecador regenerado a otra esfera: *"El cual nos ha librado de la potestad de las tinieblas, y trasladado al reino de su amado Hijo, en quien tenemos redención por su sangre, el perdón de pecados"* (Col. 1:13-14). La esfera perdida en Adán, como estado de inocencia ausente del pecado, es recuperada en Cristo, pero no ya en la dimensión de Edén, sino en la superior de comunión y participación en la divina naturaleza (2 P. 1:4). Es la consecuencia natural de la *vida eterna* que se otorga por gracia a todo aquel que cree. Esa vida está desvinculada de la muerte, es decir, la muerte y la vida son dos mundos incompatibles y discrepantes. El que no cree está en el mundo de la muerte y del pecado, el creyente está en el de la vida y la santificación. La muerte cambia de tal modo para el creyente que no es ya elemento de miedo, sino incluso objeto de deseo, como puerta que cierra lo transeúnte a lo perpetuo, lo temporal a lo eterno, lo limitado a lo ilimitado, las lágrimas al gozo absoluto, el no conocer a conocer como somos conocidos, por eso dice el mismo apóstol: *"Porque para mí el vivir es Cristo, y el morir ganancia"* (Fil. 1:21). La transitoriedad de la vida, con sus dificultades y conflictos, produce en el cristiano un cada vez más excelente y eterno peso de gloria (2 Co. 4:17). Por estar en Cristo, la vida es segura para el creyente. Todo esto es el resultado de *"la abundancia de la gracia y del don de la justicia"*, otorgada a todos los que creen por medio de *Uno*, Jesucristo, esto es, por medio de su Persona y obra. Es necesario entender bien que la salvación, en toda la dimensión que comprende, es un *regalo* de la gracia, de ahí que Pablo insista en *"la abundancia de la gracia y del don de la justicia"*, sin embargo, esto no elimina la responsabilidad personal del hombre, ya que el regalo y la justicia para justificación se *"reciben"*. Quiere decir esto, que el hombre ha de ejercer la fe salvadora recibida por la acción del Espíritu, de manera que quien no cree se condena eternamente, por cuanto rehusó creer (Jn. 3:36).

La conclusión final del apóstol es que en Cristo *todos serán vivificados*, esto apunta directamente a la resurrección del cuerpo, asunto que sigue en los versículos próximos.

23. Pero cada uno en su debido orden: Cristo, las primicias; luego los que son de Cristo, en su venida.

῞Εκαστος δὲ ἐν τῷ ἰδίῳ τάγματι· ἀπαρχὴ Χριστός, ἔπειτα οἱ τοῦ
Pero cada uno en el propio orden: Primicias Cristo, luego los -
Χριστοῦ ἐν τῇ παρουσίᾳ αὐτοῦ,
de Cristo en la venida de Él

Análisis y notas del texto griego.

Análisis: ῞Εκαστος, caso nominativo masculino singular del adjetivo indefinido *cada uno*; δὲ, partícula conjuntiva que hace las veces de conjunción coordinante, con sentido de *pero, más bien, y, y por cierto, antes bien, entonces*; ἐν, preposición propia de dativo *en*; τῷ, caso dativo neutro singular del artículo determinado *el*; ἰδίῳ, caso dativo neutro singular del adjetivo *propio*; τάγματι, caso dativo neutro singular del nombre común *orden, debido lugar*; ἀπαρχὴ, caso nominativo femenino singular del nombre común *primicias*; Χριστός, caso nominativo masculino singular del nombre propio *Cristo*; ἔπειτα, adverbio *después, luego*; οἱ, caso nominativo masculino plural del artículo determinado *los*; τοῦ, caso genitivo masculino singular del artículo determinado *el*; Χριστοῦ, caso genitivo masculino singular del nombre propio declinado *de Cristo*; ἐν, preposición propia de dativo *en*; τῇ, caso dativo femenino singular del artículo determinado *la*; παρουσίᾳ, caso dativo femenino singular del nombre común *manifestación, aparición, venida*; αὐτοῦ, caso genitivo masculino de la tercera persona singular del pronombre personal declinado *de Él*.

῞Εκαστος δὲ ἐν τῷ ἰδίῳ τάγματι· Pablo enseña que habrá un orden de resurrecciones. El adjetivo ἕκαστος, *cada* o *cada uno*, introduce una separación en ese proceso. Pudiera entenderse como cada uno de los creyentes, en un determinado momento, pero, concordando con el entorno textual inmediato, se refiere a grupos de personas, ya que antes habló de los que estaban en Adán y de quienes lo están en Cristo.

La palabra τάγμα, designa el lugar o la plaza asignada en una serie a cada elemento, la forma que, concordando con el adjetivo antes mencionado, presenta la idea de un orden para grupos de personas. Es una palabra usada para un desfile militar, en el que cada grupo ocupa un determinado lugar.

ἀπαρχὴ Χριστός, En el primer orden como *primicias* está Cristo. Es una referencia individual, no es un grupo, Cristo está solo. Algunos quieren ver aquí un grupo también puesto que cuando Cristo resucitó también resucitaron algunos de los santos de la antigua dispensación que estaban enterrados en Jerusalén, pero Mateo hace notar que no resucitaron con Jesús, sino *"después de la resurrección de él"* (Mt. 27: 53). Por otro lado, no es posible determinar si la resurrección de ellos se produjo como una suspensión temporal de la muerte o fueron levantados de entre los muertos para no morir más. También sería necesario precisar en qué forma se aparecieron a otros luego de la resurrección. Sea cual sea esa manifestación de resucitados, lo importante aquí es que el término *primicias* se refiere a Jesús, como el primero resucitado de entre los muertos y revestido de inmortalidad en Su naturaleza humana. Como cumplimiento del tipo del Antiguo Testamento, Su resurrección anuncia una gran abundancia de frutos semejantes que seguirán en el tiempo designado por Dios para la resurrección.

ἔπειτα οἱ τοῦ Χριστοῦ ἐν τῇ παρουσίᾳ αὐτοῦ, Un segundo orden en el programa general de resurrecciones, tiene que ver con otro grupo como es necesario entender por el uso del adverbio ἔπειτα, *luego, después* y que expresa la idea de algo que sigue a lo que antecede. Primeramente, Cristo, luego, después de Él, los que son Suyos. El adverbio determina un lapso de tiempo entre la primera y la segunda resurrección, pero no permite concretarlo, es decir, hay un espacio temporal entre la resurrección de Cristo y la de los que son Suyos.

Es discutible el sentido de la expresión *los que son de Cristo*. Algunos sostienen que es lo mismo que decir *los que están en Cristo*. En ese caso la vinculación de este grupo sería el *estar* posicionalmente en Cristo como cuerpo o unidad de creyentes, por lo que se referiría a los salvos en la *dispensación de la iglesia*. Pero, es necesario observar que el apóstol hace distinción entre *los que son* de Cristo *y los que están* en Cristo. Debe entenderse que la expresión *los que son de Cristo*, comprende a todos los creyentes, redimidos por la obra de Cristo, que son Suyos porque han sido comprados por precio (6:19-20). Por consiguiente, es una referencia a todos los salvos en cualquier tiempo de la historia humana. Si se refiere sólo a la resurrección de los muertos de la Iglesia, correspondería al traslado de ella a la presencia del Señor (1 Ts. 4:16). Pero, debe observarse que el apóstol no menciona la resurrección de otros grupos que la Escritura hace, como son los muertos en la tribulación y los santos del Antiguo Testamento, lo que no correspondería a la enseñanza general del versículo. La palabra *venida* debe ser tomada en todo el sentido amplio que puede comprender, es decir, a todo el programa de resurrecciones en el entorno temporal de ella, que sería tanto el *traslado* de la Iglesia como la resurrección de los demás santos.

A la vista de esto Pablo tiene en mente dos grandes etapas en el programa de resurrecciones, primeramente, la de Cristo, las *primicias*, y luego la de todos los que son de Cristo, que incluye a todos los salvos, los de la iglesia, los del Antiguo Testamento y los de la tribulación. Por esa causa el apóstol, al escribir a los Filipenses, habla de esta resurrección: *"por si de algún modo consigo llegar a la resurrección de entre los muertos"* (Fil. 3:11 RVR). Con todo es de destacar que no se trata de la llamada *resurrección final*, porque no tendría que decir *si consigo llegar*, porque ésta afecta a todos por igual. Es el cumplimiento de un programa de resurrecciones, que forman parte de la revelación del *misterio* en el Nuevo Testamento.

Estos que *son de Cristo* y que resucitarán en el tiempo de Su manifestación, o en el entorno de ese tiempo, se refiere en primer lugar a los santos de la iglesia, que serán tomados del mundo los que viven, transformados sus cuerpos, y resucitarán para la experiencia del cumplimiento de la promesa del Señor: *"os tomaré a mí mismo, para que donde yo estoy vosotros también estéis"* (Jn. 14:3). Pablo se ocupa de este hecho en el escrito a los tesalonicenses, donde se lee: *"Porque el Señor mismo con voz de mando, con voz de arcángel, y con trompeta de Dios, descenderá del cielo; y los muertos en Cristo resucitarán primero"* (1 Ts. 4:16). Se aprecia que está refiriéndose al mismo entorno del versículo que se comenta, cuando dice *en su venida*. Si bien, técnicamente, la *Segunda Venida*, tendrá lugar cuando el Señor regrese a la tierra y asiente Sus pies sobre el monte de los olivos, para dar paso al tiempo de Su reinado en la tierra, el término genéricamente usado comprende también este acontecimiento, ya que el Señor desciende del cielo para encontrarse con los creyentes que ascienden, por eso los ángeles dijeron a los que estaban reunidos en el día de la ascensión del Señor: *"... Este mismo Jesús, que ha sido tomado de vosotros al cielo, así vendrá como le habéis visto ir al cielo"* (Hch. 1:11). Por tanto, hablar de *venida* puede comprender también este *descenso* del Señor, puesto que ha sido entronizado en la Majestad de las Alturas donde está sentado a la diestra de Dios (He. 1:3c), desde el día de Su ascensión. En lenguaje antropomórfico, dejando el Trono, desciende corporalmente al encuentro de la esposa. Ese descenso traerá aparejada la resurrección de un grupo de muertos, a los que Pablo se refiere como *muertos en Cristo*. Quiere decir que esta resurrección será la segunda manifestación en el programa de resurrección. Ya se ha considerado antes sobre quiénes son estos que van a estar con Cristo y si bien algunos entienden que será solo la iglesia y que el resto de los muertos resucitarán en la Segunda Venida, puede entenderse también que posicionalmente los creyentes de hoy son *puestos en Cristo* por la operación del bautismo del Espíritu, pero que los muertos creyentes de las anteriores dispensaciones, fueron salvos por gracia mediante la fe en base a la obra de la Cruz y aunque no han tenido la experiencia de la relación corporativa como ahora en esta dispensación, son también de Cristo porque pagó para ellos el precio de la redención. Es una discusión amplia que no tiene lugar aquí. Pero podemos considerar que en este programa de resurrecciones los creyentes son resucitados para estar para siempre con el Señor. Los salvos a lo largo de los siglos, serán levantados de entre los muertos y dotados del cuerpo de resurrección. No será una interrupción de la muerte, sino un definitivo despertar a una nueva experiencia de vida con Jesús. Ese cuerpo será descrito más adelante en este mismo capítulo.

24. Luego el fin, cuando entregue el reino al Dios y Padre, cuando haya suprimido todo dominio, toda autoridad y potencia.

εἶτα τὸ τέλος, ὅταν παραδιδῷ τὴν βασιλείαν τῷ Θεῷ καὶ Πατρί,
Luego el fin, cuando entregue el reino al Dios y Padre
ὅταν καταργήσῃ πᾶσαν ἀρχὴν καὶ πᾶσαν ἐξουσίαν καὶ
cuando suprima todo principado y toda autoridad y
δύναμιν.
poder.

Análisis y notas del texto griego.

Análisis: εἶτα, adverbio *luego, después*; τὸ, caso nominativo neutro singular del artículo determinado *el*; τέλος, caso nominativo neutro singular del nombre común *fin, final, término*; ὅταν, conjunción *cuando*; παραδιδῷ, tercera persona singular del presente de subjuntivo en voz activa del verbo παραδίδωμι, *entregar*, aquí *entregue*; τὴν, caso acusativo femenino singular del artículo determinado *la*; βασιλείαν, caso acusativo femenino singular del nombre común *reino*; τῷ, caso dativo masculino singular del artículo determinado declinado *al*; Θεῷ, caso dativo masculino singular del nombre divino *Dios*; καὶ, conjunción copulativa *y*; Πατρί, caso dativo masculino singular del nombre divino *Padre*; ὅταν, conjunción *cuando*; καταργήσῃ, tercera persona singular del aoristo primero de subjuntivo en voz activa del verbo καταργέω, *hacer ineficaz, invalidar, dejar sin valor, dejar a un lado, hacer desaparecer, suprimir*, aquí *suprima*; πᾶσαν, caso acusativo femenino singular del adjetivo indefinido *toda*; ἀρχὴν, caso acusativo femenino singular del nombre común *principado*; καὶ, conjunción copulativa *y*; πᾶσαν, caso acusativo femenino singular del adjetivo indefinido *toda*; ἐξουσίαν, caso acusativo femenino singular del nombre común *autoridad*; καὶ, conjunción copulativa *y*; δύναμιν, caso acusativo femenino singular del nombre común *poder*.

εἶτα τὸ τέλος, Si en la *Epístola* hay serias dificultades interpretativas, esta puede incluirse entre ellas. Pablo afirma que después de las resurrecciones antes mencionadas, *luego el fin*. Y este es el verdadero problema. El sustantivo τέλος, equivale a *final, término* de algo. Teniendo en cuenta que el Antiguo Testamento habla de dos resurrecciones, la de los justos y la de los perdidos, podría entenderse esto como el *término* del programa de resurrecciones, cosa que concordaría bien con el contexto inmediato que trata de lo mismo. La profecía anuncia la eliminación de la muerte: *"Destruirá a la muerte para siempre"* (Is. 25:8), con la resurrección: *"Tus muertos vivirán; sus cadáveres resucitarán"* (Is. 26:19). Más concreta es la de Daniel: *"Y muchos de los que duermen en el polvo de la tierra serán despertados, unos para vida eterna, y otros para vergüenza y confusión perpetua"* (Dn. 12:2). De manera que se anuncia una resurrección para vida y otra para condenación (Jn. 5:29).

Sin embargo, algunos entienden que este *"luego el fin"* está refiriéndose, no al final del programa de resurrección, sino al de todas las cosas. Así escribe Hodge

"... ¿Cuál es el fin de que aquí se habla? Comúnmente se responde que es el fin del mundo. Es decir, el final del presente orden de cosas; la consumación de la obra de la redención. En apoyo de esta interpretación puede hacerse notar: 1.- Que cuando no hay nada en el contexto que determine lo contrario, el fin significa naturalmente el fin de todas las cosas. No hay nada aquí que limite la aplicación adecuada, excepto la naturaleza del tema de que se trata. 2.- Que la analogía de la Escritura favorece esta explicación. En 1 Pedro 4:7 hallamos la expresión: 'El fin de todas las cosas se acerca'. En Mateo 24:6: 'Aún no es el fin'; y v. 14 'Entonces vendrá el fin'. Lo mismo en Marcos 13:7; Lucas 21:9. En todos estos pasajes el fin significa el fin del mundo. 3.- Que las expresiones equivalentes sirven para explicar el significado de esta frase. Los discípulos preguntaron a nuestro Señor: '¿Qué señal habrá de tu venida, y del fin del mundo?' (es decir, de la consumación de la actual dispensación). En respuesta a esta pregunta, nuestro Señor dijo que habían de ocurrir ciertas cosas, pero que 'aún no es el fin'; y luego 'entonces vendrá el fin' (véase Mateo 24:3, 6, 14). Esta misma expresión aparece con idéntico sentido en Mateo 13:30 28:20 y en otras partes. 'El fin' pues, significa el fin del mundo. En el mismo sentido se usa probablemente en Hechos 3:21 la frase 'hasta los tiempos de la

restauración de todas las cosas'. 4.- Que lo que sigue inmediatamente parece ser decisivo a favor de esta interpretación. El fin es cuando Cristo entregará su reino, después de haber sometido a todos sus enemigos; es decir, después de haber llevado a cabo la obra de redención"[12].

Aunque esta interpretación tiene un gran apoyo bíblico, tiene en cambio el problema de la interrupción del tema, esto es, Pablo estaba hablando de resurrecciones y de pronto se extiende para hacer una referencia al final de todos los tiempos, regresando nuevamente al tema de la resurrección.

Esta expresión *luego el fin*, debiera entenderse como *el fin del programa de resurrecciones.* Es, pues, lógico, hermenéuticamente hablando incluir aquí la *resurrección final*, que tendrá lugar en un tiempo anterior a la creación de cielos y tierra nuevos. Es necesario atender a la profecía del Apocalipsis para esta *resurrección final*, como escribe Juan: *"Y vi un gran trono blanco y al que estaba sentado en él, de delante del cual huyeron la tierra y el cielo, y ningún lugar se encontró para ellos"* (Ap. 20:11). Juan presenta la visión de Dios, el Juez supremo, sentado en Su trono de gloria y de juicio, que es blanco porque se relaciona con la santidad, pureza y justicia que dimanan de él. Junto al trono ve también al *sentado* sobre el mismo, que sin duda es Dios mismo. Aunque la visión es de Dios, pudiera muy bien referirse al que está sentado en el trono como Jesucristo, el Hijo de Dios, a quien dio potestad para hacer juicio (Dn. 7:26; Jn. 5:22-27). En el discurso del apóstol Pablo en Atenas dijo que Dios: *"ha establecido un día en el cual juzgará al mundo con justicia, por aquel varón a quien designó, dando fe a todos con haberle levantado de los muertos"* (Hch. 17:31), en clara referencia a nuestro Señor. El Juez, por tanto, es Jesús, el Mesías a quien se ve como absolutamente victorioso sobre las fuerzas del mal. La acción judicial del Hijo se realiza en el nombre y la autoridad del Padre (Jn. 5:24). La dignidad del Juez supremo se aprecia por la grandeza del trono sobre el que aparece sentado.

Sigue Juan describiendo el evento: *"Y vi los muertos, grandes y pequeños, de pie ante Dios; y los libros fueron abiertos, y otro libro fue abierto, el cual es el libro de la vida; y fueron juzgados los muertos por las cosas que estaban escritas en los libros, según sus obras"* (Ap. 20:12). Es notable apreciar que ante el trono están presentes todos los muertos. Se trata de todos los que han pasado por la experiencia de la muerte a lo largo de la historia de la humanidad y que no tuvieron parte en la *primera resurrección*, de la que hemos considerado antes. Los muertos resucitados

---

[12] C. Hodge. o.c., pág. 301.

grandes y pequeños, es decir, de toda condición social y de distintas edades en el momento de morir, serán resucitados y estarán delante del trono de Dios. En la muerte y en el juicio Dios no hace acepción de personas (He. 9:27). No habrá nadie tan grande a quien no alcance el juicio, ni tan pequeño que no pueda participar en él. Este será *el fin* del programa de resurrecciones, al que el apóstol está haciendo referencia en el versículo que se está comentando. No habrá nadie que no comparezca, ni que no sea resucitado, por cuanto: *"el mar entregó los muertos que había en él; y la muerte y el Hades entregaron los muertos que había en ellos; y fueron juzgados cada uno según sus obras"* (Ap. 20:13). Resucitados para comparecer en juicio según sus obras. Nada tienen que ver con los creyentes que no son salvos por obras sino por gracia mediante la fe.

ὅταν παραδιδῷ τὴν βασιλείαν τῷ Θεῷ καὶ Πατρί, Este final de resurrecciones abrirá la perspectiva final del *Reino de Dios* o *Reino de los cielos*. Este reino que es la esfera en donde Dios gobierna y es reconocido por quienes creen en Él, se estableció desde el primer momento en que el hombre estuvo en la tierra. El *Reino de los Cielos*, tiene un tiempo desconocido en cuanto a extensión, pero indudablemente es una disposición progresiva que comienza ya antes del pecado, en donde Dios delega Su autoridad al hombre para que gobierne una parcela de Su creación (Gn. 1:28-31), el *Reino de los Cielos,* en el primer período de la historia humana, sitúa en él tanto al hombre como a la mujer, en quienes delega Su autoridad para gobernar. Esa autoridad divina en el hombre se manifiesta en el hecho de imponer nombre a los animales que había en la tierra (Gn. 2:19). Es la primera manifestación del *Reino de los Cielos* en la tierra, por cuanto la relación de los súbditos del reino, en este caso Adán y Eva, se sustentaba en obediencia incondicional a Dios, que en esa sumisión le reconocen como Señor y le obedecen (Gn. 1:16-17). El *Reino* sigue después de la caída en donde Satanás actuó contra ese principio de obediencia cuestionando la autoridad de Dios (Gn. 3:4-5). La desobediencia se produce y el pecado entra en la experiencia de la humanidad (Gn. 3:6-7). Desde entonces se manifiestan dos reinos, el *Reino de los Cielos*, y el *reino del mundo*, gobernado por quien arrebató al hombre por derrota el cetro de autoridad que Dios le había dado. Esa situación de conflicto se manifestó con la presencia de Jesús, que experimentó la tentación cuyo propósito tenía que ver con el *Reino* (Mt. 4:8-9). Cristo afirmó que Su reino nada tiene que ver con el del *"príncipe de este mundo"* (Jn. 14:30), que tiene el control del sistema de oposición a Dios y promueve la desobediencia a quien es Rey de reyes y Señor de señores (1 Jn. 5:19). Antes del diluvio se manifestó también una forma del *Reino de los Cielos*, en la descendencia de Set, quienes comenzaron a llamarse de Jehová (Gn. 4:26). Éstos aceptan el gobierno divino y una de las características es que *caminaban con Dios*, como se dice de Enoc (Gn. 5:24) y Noé (Gn.6:8-9), de este último se dice que *halló gracia*, que *era justo*, y que *era perfecto en su conducta* (Gn. 6:8, 9). En el decurso de la historia, el *Reino de los Cielos*, se manifestó en Israel, pueblo escogido por gracia, a quien se le entregó la ley para un comportamiento correcto delante de Dios, Él moraba en medio de ellos, y estableció la *Teocracia*, siendo rechazada cuando pidieron *rey como las demás naciones* (1 S. 8:5). La restauración de esta *Teocracia* ocurre en David y debiera seguir por el resto de los reyes de Israel (1 S. 13:14; 16:1). Un nuevo progreso del *Reino de los Cielos*, se produce con el acercamiento del Rey, en cumplimiento de la promesa mesiánica. Para el acceso al Reino se requiere el nuevo nacimiento (Jn. 3:5, 7), por cuya razón Juan el Bautista predicaba el arrepentimiento y orientaba a las personas al Cordero de Dios que quita el pecado del mundo (Jn. 1:29). Cristo no vino en Su primera venida para reinar, sino para salvar. No vino para ofrecer el reino, sino para salvar a los pecadores, tanto de Israel como del resto del mundo (Gá. 4:4-5). De modo que luego de la Cruz y la resurrección muchos creyeron y fueron salvos, entrando en el *Reino*. En el tiempo actual el *Reino de los Cielos* se manifiesta en la Iglesia, luego de Pentecostés, de ahí la manifestación de esta verdad en las llamadas *parábolas del reino* (Mt. 13), en donde el evangelista habla del *misterio del reino*, y usa el mismo término *Reino de los Cielos*, para referirse a las enseñanzas parabólicas sobre la iglesia. Todos los que crean, sin distinción, social, nacional o religiosa, pasan al *Reino* (Col. 1:13). La identidad de estos es mostrar al Rey-Salvador en la individualidad de cada creyente (Gá. 2:20; Fil. 1:21). Su vida se desarrolla en una esfera de obediencia a donde fueron trasladados desde la de desobediencia en la vieja naturaleza (1 P. 1:2). Su comunión pone de manifiesto la unidad del *Reino de los Cielos*, y su orientación es la de servir a Dios y esperar el regreso de Jesucristo (1 Ts. 1:9-10). La progresión del *Reino de los Cielos*, se manifestará en el *Reino Milenial*, anunciado ya proféticamente (Sal. 2:1-6). Este tema está insistentemente tratado en el Antiguo Testamento. La expresión futura se describe con precisión (Ap. 20:3, 4, 5, 6). No hay lugar a duda ya que las profecías que anuncian esa manifestación del *Reino*, se cumplirán conforme al propósito de Dios. Jesús se sentará sobre el trono de David para gobernar la tierra (Lc. 1:32).Dios ha tenido Su *Reino* en el mundo, porque Él quiere ser adorado y obedecido.

Pablo habla aquí de la consumación del *Reino* en forma definitiva *"cuando entregue el reino al Padre"*. Se introduce así una referencia al *Reino de los Cielos* en su proyección sempiterna, superados ya el tiempo de la historia humana e introduciendo la referencia a *cielos nuevos y tierra nueva*. Este reino inamovible de Dios está anunciado proféticamente (Ap.

21:1-22:21). El evento inmediatamente anterior tiene que ver con la reacción diabólica contra el *Reino de los Cielos*, levantando a la humanidad en la última rebelión contra Dios (Ap. 20:7-9). En eso se cumplirá la profecía del Salmo 2, en la que se expresa la reacción contra Dios y el Rey establecido para gobernar, sobre todo, negándose a la obediencia que como Dios le corresponde y procurando librarse de la sumisión a Él (Sal. 2:1-3). Esa rebelión estará conducida por Satanás, que engañará a las naciones para luchar contra Dios (Ap-.20:7-8). La profecía presenta esta rebelión como una batalla contra Dios, quien intervendrá por última vez contra el cosmos diabólico y contra el pecado humano, haciendo descender fuego divino sobre los rebeldes y separando definitivamente a los perversos, entre los que estará Satanás, el engañador, arrojando a todos al lago de fuego y azufre, donde *"serán atormentados día y noche por los siglos de los siglos"* (Ap.20:9-10). Todas las huestes de maldad serán anuladas en cuanto a acción y presencia en la nueva creación de Dios, son los seres espíritus que se oponen al Reino de Dios (Ro. 8:38; Col. 1:13, 16; 2:15; Ef. 2:2; 6:11-12). La creación entera será purificada por la acción del fuego que Dios envía (2 P. 3:10-13)[13]. Los cielos y la tierra serán disueltos y Dios creará, o recreará unos nuevos cielos y una nueva tierra. Será, en cualquier caso, un acto creador de Dios (Is. 65:17; 66:22; 2 P. 3;13; Ap. 21:1). En esta nueva creación podrán cumplirse eternamente las bendiciones de la comunión permanente entre Dios y los hombres, salvos por gracia mediante la fe.

El apóstol enseña que entonces Cristo, el que Dios ha establecido como Rey sobre todas las cosas, *"entregará el reino al Padre"*. No en sentido de que devuelva a Dios lo que antes no haya podido controlar, sino como consecuencia de la conclusión final de la historia en que el *Reino de los Cielos* fue cuestionado, rechazado y combatido. La obra encomendada a Cristo habrá sido terminada, y como ocurría en el comienzo de la creación, todo retorna a la suprema autoridad de Dios.

ὅταν καταργήσῃ πᾶσαν ἀρχὴν καὶ πᾶσαν ἐξουσίαν καὶ δύναμιν. El gran conflicto de los siglos se ha producido por la rebelión contra Dios, de las huestes de maldad, esto es, los ángeles caídos. No cabe duda que el elemento definitivo para suprimir su autoridad malvada y sus acciones, se produjo en la obra de la Cruz, donde fueron exhibidos públicamente triunfando sobre ellos (Col. 2:15). Sin embargo, esa victoria que exhibe el triunfo de la omnipotencia divina, no se ha materializado todavía en la total desaparición de los oficios perversos de los ángeles caídos, que ocurrirá en la nueva creación de Dios. Todo cuanto se opone

[13] Ver comentario a los versículos en *1 Pedro* de esta misma serie.

a Dios será eliminado y ya nunca más podrán actuar en la nueva creación. Entonces Dios será todo en todos (v. 28).

25. Porque preciso es que él reine hasta que haya puesto a todos sus enemigos debajo de sus pies.

δεῖ γὰρ αὐτὸν βασιλεύειν ἄχρι οὗ θῇ πάντας τοὺς
Porque es necesario él reine hasta que ponga a todos los
ἐχθροὺς ὑπὸ τοὺς πόδας αὐτοῦ.
enemigos bajo los pies de Él.

Análisis y notas del texto griego.

Análisis: δεῖ, tercera persona singular del presente de indicativo en voz activa del verbo impersonal δεῖ, *tener necesidad, ser necesario*, aquí *es necesario*; γὰρ, conjunción causal *porque*; αὐτὸν, caso acusativo masculino de la tercera persona singular del pronombre personal *él*; βασιλεύειν, presente de infinitivo en voz activa del verbo βασιλεύω, *reinar*; ἄχρι, preposición propia de genitivo *hasta*; οὗ, caso genitivo masculino singular del pronombre relativo *que*; θῇ, tercera persona singular del segundo aoristo de subjuntivo en voz activa del verbo τίθημι, *poner, colocar*, aquí *ponga*; πάντας, caso acusativo masculino plural del adjetivo indefinido declinado *a todos*; τοὺς, caso acusativo masculino plural del artículo determinado *los*; ἐχθροὺς, caso acusativo masculino plural del adjetivo *enemigos*; ὑπὸ, preposición propia de acusativo *bajo*; τοὺς, caso acusativo masculino plural del artículo determinado *los*; πόδας, caso acusativo masculino plural del nombre común *pies*; αὐτοῦ, caso genitivo masculino de la tercera persona singular del pronombre personal declinado *de él.*

δεῖ γὰρ αὐτὸν βασιλεύειν. El apóstol hace una afirmación precisa: *"es necesario que Él reine"*. El primer Adán, derrotado en la tentación y caída, entregó el control del reino terrenal al tentador, como Satanás afirmó delante de Jesús (Lc. 4:6). El mundo actual está sujeto a ángeles a causa de la caída. Satanás se levantó arrogante contra el orden establecido por Dios, pretendiendo establecer el suyo propio, para lo que pretendía subir al cielo, donde Dios se manifestaba en Su trono de gloria y, junto al trono de Dios pretendía levantar el suyo, sentándose sobre un lugar en donde pudiera ejercer autoridad al margen de Dios (Is. 14:1-14). Tendría entonces un trono y sería *semejante* al Altísimo, teniendo un reino donde pudiera gobernar independientemente de Él. El mundo habitado, la tierra, fue colocado por el Creador bajo la autoridad y gobierno del hombre (Gn. 1:28), quiere decir esto que Dios puso el cetro de Su autoridad delegada en sus manos, para que ejerciera el señorío conferido sobre la tierra. Despojado Satanás de su proyecto y arrojado de la presencia del Señor, eternamente condenado (Ez. 28:18), procuró establecer un reino donde fuese obedecido, para lo que buscó la derrota del hombre por medio de la tentación (Gn. 3:1 ss.). Con la caída, el hombre entregó el cetro de autoridad, pasando la gloria de los reinos de este mundo a manos del tentador. De ese modo afirmó su condición delante del Señor cuando el tentador dijo: *"A ti te daré toda esta potestad, y la gloria de ellos; porque a mí me ha sido entregada, y a quien quiero la doy"* (Lc. 4:6). Cristo no llamó mentiroso por esa afirmación a Satanás, ya que, como usurpador del gobierno en la tierra, lo ejerce por la derrota del hombre. Además, el diablo es también la autoridad sobre los ángeles caídos, que forman sus huestes y le obedecen, siendo Satanás el *"príncipe de la potestad del aire"* (Ef. 2:2). Por esa razón está ejerciendo el control en lo que se llama en la Palabra el *"presente siglo malo"*. Esta autoridad es impía ya que trata de suplantar y sustituir a Dios, constituyéndose el diablo en *dios de este siglo* (2 Co. 4:4). La autoridad de Satanás es evidente, conforme a la revelación bíblica, dando los reinos y controlando los gobiernos del mundo por medio de sus ángeles. Tal era el caso del reino de Persia, en donde un demonio estaba en el control gubernativo de aquel reino, como ocurría también en el reino de Grecia (Dn. 10:20). Satanás establece sus huestes de maldad para oponerse a la voluntad de Dios, procurando impedir la respuesta a la oración y la revelación del futuro glorioso que el Señor ha determinado para el mundo (Dn. 10:13). La autoridad malvada ejerce su gobierno sobre los hombres en la esfera de las tinieblas (Ef. 6:12). Dios ha colocado a sus ángeles en un ministerio que refrene las acciones y propósitos de Satanás. Además, el Creador tiene ángeles en misiones concretas, como es la protección de Israel, a fin de que no sean los hombres, movidos por Satanás, capaces de extinguirlo, ya que impediría la realización del programa de la historia determinada por Dios para este mundo. Por esa razón encomendó el cuidado de su pueblo Israel al arcángel Miguel (Dn. 10:21; 12:1). Igualmente, los ángeles de Dios son utilizados como instrumentos en Su mano para influenciar benéficamente en los gobernantes para disponerlos a la ejecución de los designios divinos (Dn. 10:13). El proyecto supremo de Satanás, es colocar un hombre, bajo su control, en el trono de Dios en la tierra suplantando, no solo al hombre que Dios estableció para que gobierne el mundo, sino a Dios mismo, usurpando el lugar que le corresponde y haciéndose adorar como si fuese Dios (2 Ts. 2:3-4). Este hombre impío, controlado y conducido con el poder de Satanás, será el Anticristo, la primera bestia (Ap. 13:1-10). El Anticristo ocupará el gobierno mundial por un tiempo corto, gobernando bajo la autoridad de Satanás (Ap. 13:4, 7). El Espíritu Santo está impidiendo esa acción diabólica hasta que se produzca el traslado de la Iglesia, en donde el Espíritu se hará a un lado, en sentido de dejar la operación de contención en el programa diabólico, permitiendo que el hombre de pecado se siente en el trono que corresponde al Hijo de Dios.

ἄχρι οὗ θῇ πάντας τοὺς ἐχθροὺς ὑπὸ τοὺς πόδας αὐτοῦ. El futuro del mundo no estará bajo la sujeción o el control de los ángeles, sean buenos o caídos. Un cambio sustancial se producirá con la Segunda venida de Jesucristo. Pablo está viendo todavía más allá del reino milenial que el Hijo establecerá en el mundo con Su venida. De ese admirable mundo, creación nueva de Dios, es de lo que está hablando en esta argumentación, cuando dice: *"Debe reinar hasta que haya puesto a todos sus enemigos, bajo sus pies"*. Se refiere a la tierra habitada después del tiempo presente, esto es, del sistema actual. Se trata del nuevo orden establecido por la entronización del Hijo sentado a la diestra de la Majestad, con proyección futura y eterna. Hay, pues, un mundo venidero, superior en todo a lo que conocemos ahora. Hay también, en consonancia con ese mundo nuevo, unos bienes venideros (He. 9:11; 10:1). Hay una ciudad gloriosa que vendrá, correspondiente a ese mundo nuevo, creada por Dios, cuya gloria no es equiparable con nada conocido ahora (Jn. 14:1-4; He. 13:14; Ap. 21:1 ss.). Más tarde, después del reino milenial, como se ha dicho antes, se producirá la remoción de todo lo creado y la aparición de cielos nuevos y tierra nueva, que proyectan a un estado eterno el reino de Dios, o reino de los Cielos (2 P. 3:11-13).

Todo esto obedece a la consumación del propósito divino (Sal. 110:1) y tiene que ver con la autoridad del Rey (Fil. 2:9-11). Satanás el principal enemigo del orden divino será arrojado al lago de fuego (Ap. 20:10). Las fuerzas enemigas derrotadas y los rebeldes al plan de Dios en el infierno (Ap. 20:15).

Eliminación de la muerte (15:26-28)

26. Y el postrer enemigo que será destruido es la muerte.

ἔσχατος ἐχθρὸς καταργεῖται ὁ θάνατος·
Último enemigo es suprimido la muerte.

> Análisis y notas del texto griego.
>
> Análisis: ἔσχατος, caso nominativo masculino singular del adjetivo *último*; ἐχθρὸς, caso nominativo masculino singular del adjetivo *enemigo*; καταργεῖται, tercera persona singular del presente de indicativo en voz pasiva del verbo καταργέω, *dejar sin valor, hacer desaparecer, suprimir*, aquí *es suprimido*; ὁ, caso nominativo masculino singular del artículo determinado *el*; θάνατος, caso nominativo masculino singular del nombre común *muerte*.

ἔσχατος ἐχθρὸς καταργεῖται ὁ θάνατος· La muerte dejará de tener efecto, puesto que no habrá pecado en la nueva creación de Dios. Por tanto, el último enemigo, la muerte, será abatida. Aquí, como en muchos otros lugares, aparece personalizada como un enemigo de Dios y de los hombres. La muerte queda inoperante porque en el reino eterno, no habrá muerte (Ap. 21:4). Esta será lanzada al lago de fuego (Ap. 20:14), donde los que se encuentren en ese lugar *viven una muerte eterna.* La nueva y gloriosa sociedad en cielos nuevos y tierra nueva, no será afectada por la muerte, de otro modo, la muerte no solo no existe para ellos, sino que no es posible. La inmortalidad indica la no afectación por la muerte. Ésta sería una situación extraña y absolutamente ajena al pueblo de Dios en la dimensión de vida de la nueva creación. Un estado permanente donde la separación de los seres queridos y de los amigos, no tendrá lugar jamás.

El último enemigo destruido será la muerte. La reunión eterna en la presencia de Dios, no será truncada para nadie por el efecto de ella, de ahí que el apóstol, en otro de sus escritos diga que desde el momento del recogimiento de la Iglesia, y en el proyecto de eternidad, *"estaremos siempre con el Señor"* (1 Ts. 4:17). ¿Quién no tiene la experiencia de una separación que produce, dolor, tristeza, y lágrimas? Esa experiencia absolutamente ingrata, quedará anulada para siempre en la realidad de la perpetua vida con Dios cuando estemos en la Ciudad Celestial, prometida y que esperamos. Es verdad que la esperanza y certeza del encuentro eterno, mitiga la tristeza natural de los creyentes que ven partir a alguno de sus seres queridos, sin embargo, el cristiano con toda lógica derrama lágrimas en esa situación, no tiene prohibición alguna para que lo haga. Algunos creen que no llorar por quienes parten con el Señor, es un testimonio eficaz de esperanza delante de los que no creen. Este pensamiento se sustenta en una mala interpretación de las palabras del apóstol Pablo, que exhorta a los creyentes a no entristecerse como los que no tienen esperanza (1 Ts. 4:13), pero, en ningún modo prohíbe expresar la tristeza natural de la ausencia del ser querido, manifestándola con lágrimas, teniendo en cuenta que el mismo Señor, conmovido en Su espíritu por la separación de la muerte de Lázaro y la tristeza que producía entre sus amigos, también lloró (Jn. 11:33, 35).

27. Porque todas las cosas las sujetó debajo de sus pies. Y cuando dice que todas las cosas han sido sujetadas a él, claramente se exceptúa aquel que sujetó a él todas las cosas.

πάντα γὰρ ὑπέταξεν ὑπὸ τοὺς πόδας αὐτοῦ. ὅταν δὲ εἴπῃ
Porque todas las cosas sometió bajo los pies de Él. Pero cuando dice
ὅτι πάντα ὑποτέτακται, δῆλον ὅτι ἐκτὸς τοῦ ὑποτάξαντος
que todas las cosas ha sometido, evidente que excepto el que sometió
αὐτῷ τὰ πάντα.
a Él las cosas todas.

Análisis y notas del texto griego.

Análisis: *πάντα,* caso acusativo neutro plural del adjetivo indefinido *todos*, en sentido de *todas las cosas*; *γὰρ,* conjunción causal *porque*; *ὑπέταξεν,* tercera persona singular del primer aoristo de indicativo en voz activa del verbo ὑποτάσσω, *someter, poner debajo*, aquí *sometió*; *ὑπὸ,* preposición propia de acusativo *bajo*; *τοὺς,* caso acusativo masculino plural del artículo determinado *los*; *πόδας,* caso acusativo masculino plural del nombre común *pies*; *αὐτοῦ,* caso genitivo masculino de la tercera persona singular del pronombre personal declinado *de Él*; ὅταν, conjunción *cuando*; δὲ, partícula conjuntiva que hace las veces de conjunción coordinante, con sentido de *pero, más bien, y, y por cierto, antes bien, entonces*; εἴπῃ, tercera persona singular del segundo aoristo de subjuntivo en voz pasiva del verbo εἶπον, forma del aoristo de λέγω, *hablar, decir*, aquí *dice*; ὅτι, conjunción *que*; πάντα, caso nominativo neutro plural del adjetivo indefinido *todos*, en sentido de *todas las cosas*; ὑποτέτακται, tercera persona singular del perfecto de indicativo en voz pasiva del verbo ὑποτάσσω, *someter, poner debajo*, aquí *ha sometido*; δῆλον, caso nominativo neutro singular del adjetivo *evidente*; ὅτι, conjunción *que*; ἐκτὸς, preposición de genitivo *excepto*; τοῦ, caso genitivo masculino singular del artículo determinado *el*; ὑποτάξαντος, caso genitivo masculino singular del participio del primer aoristo en voz activa del verbo ὑποτάσσω, *someter, poner bajo*, aquí *sometió*; αὐτῷ, caso genitivo masculino de la tercera persona singular del pronombre personal declinado *a Él*; τὰ, caso acusativo neutro plural del artículo determinado *los*, en sentido de *las cosas*; πάντα, caso acusativo neutro plural del adjetivo indefinido *todos*.

πάντα γὰρ ὑπέταξεν ὑπὸ τοὺς πόδας αὐτοῦ. El decreto divino se cumple en Jesucristo, a quien Dios sometió todas las cosas. La frase primera está tomada de los Salmos, donde refiriéndose al hombre dice: *"... todo lo pusiste bajo sus pies"* (Sal. 8:6). El salmista está hablando del hombre en el programa creacional, en donde Dios sometió todo bajo Su control, dándole autoridad sobre todas las cosas en la tierra. La expresión es una forma de referirse a un soberano a quien todos están sujetos. El primer hombre no tenía pecado antes de la caída y la referencia es a él. A la luz de la *Epístola a los Hebreos*, el autor precisa que esta autoridad y el sometimiento al hombre, no es visible ahora, pero se cumple plenamente en Jesús, que está coronado de honra y es determinado como Rey de reyes y Señor de señores. (He. 2:9). La dignidad que tiene se manifiesta en Él luego de la obra redentora, de modo que en Su exaltación toda rodilla se doblará delante de Él y todos confesarán que es el Señor (Fil. 2:9-11).

ὅταν δὲ εἴπῃ ὅτι πάντα ὑποτέτακται. δῆλον ὅτι ἐκτὸς τοῦ ὑποτάξαντος αὐτῷ τὰ πάντα. Sin embargo, el apóstol recuerda, que todo le será sometido, excepto El que le sometió todas las cosas. Pareciera que no es necesario algo que es absolutamente lógico. Pero, Pablo conoce bien la congregación en Corinto y sabe que algunos tienen pensamientos

absurdamente ilógicos especialmente en temas de doctrina, por lo que con esto evita una posible falsa doctrina. El Señor es el Creador de todas las cosas y nada fue hecho fuera de Su acción creadora y en Él todo subsiste (Jn. 1:3). Las cosas todas fueron hechas en Él, por Él y para Él, pero, se entiende que son las cosas creadas. Sin embargo, el Padre es increado, por tanto, ninguna cosa creada le comprende a Él, es decir, no está entre ninguna cosa creada, por tanto, no puede someterse al Hijo. Acaso esta expresión aquí, resulte para nosotros hoy ilógica, pero no debemos olvidar el contexto social y religioso de la Corinto romana. La mitología enseñaba que Saturno, padre de Júpiter, se sometió a él. En esa lucha de los dioses, mitológica y pagana, Saturno depuso a Urano, y Júpiter depuso a su padre Saturno. Posiblemente el apóstol afirme con esta expresión que algo semejante no puede darse en modo alguno en la Trinidad, de modo que cuando se enseña que todo se someterá a Cristo, no puede pensarse en la sumisión también del Padre. Ninguna Persona Divina, se somete a la otra, puesto que las tres subsisten en igualdad absoluta en el Ser Divino.
El apóstol está refiriéndose al final de la actuación del Hijo en la restauración de todas las cosas a Dios.

28. Pero luego que todas las cosas le estén sujetas, entonces también el Hijo mismo se sujetará al que le sujetó a él todas las cosas, para que Dios sea todo en todos.

ὅταν δὲ ὑποταγῇ αὐτῷ τὰ πάντα, τότε καὶ[1]
Y cuando hayan sido sometidas a Él las cosas todas, entonces también
αὐτὸς ὁ Υἱὸς ὑποταγήσεται τῷ ὑποτάξαντι αὐτῷ τὰ πάντα,
el mismo Hijo se someterá al que sometió a Él las cosas todas
ἵνα ᾖ ὁ Θεὸς τὰ[2] πάντα ἐν πᾶσιν.
para que sea - Dios las cosas todas en todos.

Análisis y notas del texto griego.

Análisis: ὅταν, conjunción *cuando*; δὲ, partícula conjuntiva que hace las veces de conjunción coordinante, con sentido de *pero, más bien, y, y por cierto, antes bien, entonces*; ὑποταγῇ, tercera persona singular del aoristo segundo de subjuntivo en voz pasiva del verbo ὑποτάσσω, aquí *haya sido sometido*; αὐτῷ, caso dativo masculino de la tercera persona singular del pronombre personal declinado *a Él*; τὰ, caso nominativo neutro plural del artículo determinado *los*; πάντα, caso nominativo neutro plural del adjetivo indefinido *todos*, en sentido de *todas las cosas*; τότε, adverbio demostrativo *entonces*; καὶ, adverbio de modo *también*; αὐτὸς, caso nominativo masculino singular del pronombre intensivo *el mismo*; ὁ, caso nominativo masculino singular del artículo determinado *el*; Υἱὸς, caso nominativo masculino singular del nombre divino *Hijo*; ὑποταγήσεται, tercera persona singular del futuro de indicativo en voz pasiva del verbo ὑποτάσσω, *se someterá,* o *será sometido*; τῷ, caso dativo masculino singular del artículo determinado declinado *al*; ὑποτάξαντι, caso dativo masculino singular del participio del segundo aoristo en voz activa del verbo ὑποτάσσω, *someter*, aquí *que sometió*; αὐτῷ, caso dativo masculino de la tercera persona singular del pronombre personal declinado *a Él*; τὰ, caso acusativo neutro plural del artículo determinado *los*, en sentido de *las cosas*; πάντα, caso dativo neutro plural del adjetivo indefinido *todos*; ἵνα, conjunción causal *para que*; ᾖ, tercera persona singular del presente de subjuntivo en voz activa del verbo εἰμί, *ser, estar*, aquí *sea*; ὁ, caso nominativo masculino singular del artículo determinado *el*; Θεὸς, caso nominativo masculino singular del nombre divino *Dios*; τὰ, caso acusativo neutro plural del artículo determinado *los*, en sentido de *las cosas*; πάντα, caso dativo neutro plural del adjetivo indefinido *todos*; ἐν, preposición propia de dativo *en*; πᾶσιν, caso dativo neutro plural del adjetivo indefinido *todos*.

Notas. Crítica Textual. Lecturas alternativas.

[1] τότε καὶ, *entonces también*, lectura en a, A, D[2], K, L, P, Ψ, 81, 104, 365, 630, 1241, 1505, 2464, 𝔐, ar, f, r, vg[cl], sy[h], bo, Tertuliano, Ambrosiaster; Epifanio.

τότε, *entonces*, según lectura en B, D[*], F, G, 0243, 33, 1175, 1739, b, vg[st], sy[p], sa, bo[bo], Ireneol[at].

[2] τα, *los*, se lee con artículo en a, D[1], F, G, K, L, P, Ψ, 075, 104, 365, 630, 1175, 1505, 1881, 2464, 𝔐.

Se omite el artículo en A, B, D[*], 0243, 6, 33, 81, 1241, 1739.

ὅταν δὲ ὑποταγῇ αὐτῷ τὰ πάντα, El *Reino de los Cielos* o el *Reino de Dios*, será definitivamente restaurado. En el momento presente parece que el programa de Dios para sujetar las cosas todas a Sí mismo no se está cumpliendo (He. 2:8). Sin embargo, la permisividad divina, nada afecta a la soberanía determinante de Dios. El decreto divino, como se consideró en el versículo anterior, está establecido y tendrá cumplimiento absoluto en la nueva creación de Dios. No hay nada ni nadie que puede hacer fracasar Su voluntad.

La victoria final se alcanza cuando todas las cosas, eliminado también todo poder contrario o toda oposición a Dios, se sujeten al Hijo, quien habrá terminado la misión mediadora que le había sido encomendada para hacer posible lo que Dios había determinado.

τότε καὶ αὐτὸς ὁ Υἱὸς ὑποταγήσεται τῷ ὑποτάξαντι αὐτῷ τὰ πάντα, Entonces el mismo Hijo, se sujetará también al Padre. Esto resulta un tanto difícil de entender si no se tiene en cuenta la condición Divino-humana de Jesucristo. El Verbo eterno manifestado en carne, sujetará Su misma humanidad al Padre, porque habrá terminado ya toda obra encomendada en la restauración mediadora de todo cuanto existe al control definitivo de Dios (1 Ti. 2:5). La función mediadora para salvación y restauración habrá cumplido total y definitivamente el objetivo previsto por Dios. Esto no supone que el Hijo deje de reinar, ya que Su reino es eterno (Lc. 1:33), ya que si dejase de reinar sería contrario al propósito divino (Is. 9:6-7; Dn. 7:14). Debe tenerse muy claro que el Hijo aquí no debe ser considerado en el plano de la deidad, sino como Mediador que, al estilo de un general victorioso, regresa habiendo ejecutado la campaña que se le había encomendado y haciéndolo en plenitud y victoria. En la misma comisión divina se estableció la victoria del Mediador, es decir, ya estaba ordenada en el propósito de Dios. Alcanzada la culminación de lo que se le había encomendado, entrega el poder al Padre, de quien Él también participa, así como el Espíritu, porque Dios es un Ser que existe eternamente en tres Personas. La obra se termina, pero el reinado permanece eternamente, porque así permanece Dios. En la nueva creación y *Reino eterno*, el Hijo reinará eternamente porque para esa función ha sido establecido por Dios (Ap. 22:3).

Cabe preguntarse: ¿Cómo puede el Hijo ser igual al Padre y a la vez estar sujeto a Él? Nuevamente el gran misterio de la unión hipostática lo hace posible. En su condición divina es igual al Padre, pero es en Su naturaleza humana que puede estar sujeto a Él. No es este un tratado de *Cristología* por lo que no cabe sino una breve aproximación para hacer inteligible la verdad a cualquier lector. Habitualmente el título *Hijo* se usa para referirse a la deidad, de manera que el Padre engendra eternamente al Hijo que está en Su seno. En este sentido el título designa un término de naturaleza y no de función. Eternamente es el Hijo de Dios. Sin embargo, a causa de la *unión hipostática*, existe la *comunicación de propiedades*, de modo que puede designarse para una naturaleza, las propiedades de la otra, siempre que se haga atendiendo a la única Persona que hay en Jesucristo. Así, a modo de ejemplo, puede llamársele Dios cuando lo que se considera corresponde a Su humanidad, de este modo, así que al que muere se le califica como Hijo de Dios, Autor de la vida, Señor de gloria. No puede afirmarse aquello que no es posible en relación con Su Persona, así no se puede decir que *Dios muere*, pero debe afirmarse que quien moría era Dios. De este modo se atribuyen perfecciones únicamente divinas a Su naturaleza humana y condiciones humanas a Su naturaleza divina. Quien es hombre reclama para Él la misma fe que para Dios, porque es Dios (Jn. 14:1). Por eso mismo debe tenerse sumo cuidado en la expresión de estas relaciones concurrentes en la Persona Divino-humana de Jesucristo. No se puede afirmar, a la luz de este versículo que la naturaleza humana del Hijo de Dios está en todas partes, no que Su naturaleza divina padeció y murió. Del mismo modo la frase del versículo no puede aplicarse para establecer que Jesucristo sea inferior al Padre por la entrega que Le hace del reino restaurado, por tanto, el término Hijo aquí no debe entenderse como una referencia a la naturaleza divina del Señor. Cristo, como Dios, conoce todas las cosas, pero Él mismo dijo que del día de Su venida, nadie sabía, ni los ángeles *ni el Hijo*, sino solamente *el Padre* (Mr. 13:32).

ἵνα ᾖ ὁ Θεὸς τὰ πάντα ἐν πᾶσιν. Todavía hay una dificultad en esta última oración. ¿Debe considerarse como final o como consecutiva, en sentido *de modo que*? Es necesario comprender el sentido del *dativo* en la oración, que serían aquí *todas las cosas*, de otro modo, Dios estaría en todo el universo, en todas las cosas, como debe entenderse un dativo neutro plural, τὰ πάντα, siendo mayoritariamente la aceptación del adjetivo como nominativo y atributo del sujeto en la oración, que es Dios. Pero, es necesario, precisar que no tiene un sentido que para los filósofos sería panteísta de identificación de Dios con todas las cosas en el universo, sino que se trata de una identificación moral. Dios es *todo* en el universo cuando el universo le está sometido a Él. Pero, en ningún modo puede entenderse esto como que el universo entero será una cosa con Dios, de modo que Él será todo y todo será Dios.

Pero también puede ser considerado el adjetivo articular τὰ πάντα, como un acusativo adverbial, que equivaldría a *totalmente*. En este sentido determinaría que Dios está plenamente en todo el universo puesto que nada habría ya fuera de Él, en razón al trabajo mediador de Cristo que lo hizo posible, dicho de otro modo, nada habría en la nueva creación fuera, o al margen de Dios. Así escribe sobre esta utilización del adjetivo el profesor Juan Leal:

"Hoy día, siguiendo la línea que Pablo desarrolla en este capítulo, hay muchas cosas que no son de Dios en el mundo; el pecado, la muerte, la debilidad... Cuando llegue el reino del Padre, con la victoria de Cristo, desaparecerá el pecado, la muerte, la enfermedad, la pobreza... El mundo se transformará en luz, en verdad, en santidad, en vida, en caridad, en lo que es Dios"[14].

Cuando el apóstol habla de que Dios será todo en todos o todo en todas las cosas, ambas son verdad, está señalando a una etapa final y definitiva del *Reino de los Cielos*, ya que todo está sometido y sujeto a Dios y, la restauración universal con ausencia total del pecado, permite la presencia divina en santidad, justicia y soberanía. Entonces la mediación

[14] Juan Leal. o.c., pág. 468.

del Hijo cesará definitivamente porque la obra de restauración de todo a Dios se habrá terminado, y Dios reinará en soberanía, sobre todo, en donde existirá solamente santidad y orden.

Una nueva creación servirá de base al propósito divino de poder relacionarse en plena comunión con el hombre que fue creado para tener esta relación especial con Dios. En esos cielos nuevos y tierra nueva, será el asiento de la nueva humanidad, salvada y regenerada por la obra establecida en la soberanía de Dios.

Firmeza en la esperanza (15:29-34)

29. De otro modo, ¿qué harán los que se bautizan por los muertos, si en ninguna manera los muertos resucitan? ¿Por qué, pues, se bautizan por los muertos?

Ἐπεὶ τί ποιήσουσιν οἱ βαπτιζόμενοι ὑπὲρ τῶν νεκρῶν εἰ
De otro modo ¿qué harán los que se bautizan por los muertos si
ὅλως νεκροὶ οὐκ ἐγείρονται, τί καὶ βαπτίζονται
en absoluto muertos no son resucitados? ¿Por qué también son bautizados
ὑπὲρ αὐτῶν[1]
por ellos?

Análisis y notas del texto griego.

Análisis: Ἐπεὶ, conjunción *porque, puesto que, de otra manera, de otro modo*; τί, caso acusativo neutro singular del pronombre interrogativo *qué*; ποιήσουσιν, tercera persona plural del futuro de indicativo en voz activa del verbo ποιέω, *hacer*, aquí *harán*; οἱ, caso nominativo masculino plural del artículo determinado *los*; βαπτιζόμενοι, caso nominativo masculino plural del participio de presente en voz pasiva del verbo βαπτίζω, aquí *que se bautizan*; ὑπὲρ, preposición propia de genitivo *por, a favor de, en pro de*; τῶν, caso genitivo masculino plural artículo determinado *los*; νεκρῶν, caso genitivo masculino plural del adjetivo *muertos*; εἰ, conjunción *si*; ὅλως, adverbio de modo *absolutamente, en absoluto*, νεκροὶ, caso nominativo masculino plural del adjetivo *muertos*; οὐκ, forma escrita del adverbio de negación *no*, con el grafismo propio ante una vocal con espíritu suave o una enclítica; ἐγείρονται, tercera persona plural del presente de indicativo en voz pasiva del verbo εγείρω, *resucitar*, aquí *son resucitados*; τί, caso acusativo neutro singular del pronombre interrogativo *qué*; καὶ, adverbio de modo *también*; βαπτίζονται, tercera persona plural del presente de indicativo en voz pasiva del verbo βαπτίζω, *bautizar*, aquí *son bautizados*; ὑπὲρ, preposición propia de genitivo *por, a favor de, en pro de*; αὐτῶν, caso genitivo masculino de la tercera persona plural del pronombre personal *ellos*.

Notas. Crítica Textual. Lecturas alternativas.

[1] ὑπὲρ αὐτῶν, *por ellos*, según se lee en P[46], a, A, B, D*, F, G, K, P, Ψ, 075, 0243, 33, 81, 104, 365, 630, 1175, 1241, 1505, 1739, 1881, 2464, latt, sy[h], co, Orígenes Epifanio.

ὑπερ τῶν νεκρῶν, *por los muertos*, como se lee en D[z], L, 𝔐, sy[b], bo[bo].

᾿Επεὶ τί ποιήσουσιν οἱ βαπτιζόμενοι ὑπὲρ τῶν νεκρῶν εἰ ὅλως νεκροὶ οὐκ ἐγείρονται, τί καὶ βαπτίζονται. Este versículo es uno de los que tienen dificultades de interpretación. Hay varias sobre este texto, como escribe el Dr. Lacueva:

"Se han dado de esta frase muchas y muy variadas interpretaciones. Dice Leal: 'Algunos han contado hasta 30'. De todas ellas, sólo tres merecen consideración, aunque ninguna de las tres tiene garantía absoluta de acertar.

A) Según la opinión que durante muchos siglos tuvo el favor de los expositores, se trataría de casos en que un creyente ya bautizado se bautizaba por segunda vez en lugar de un catecúmeno que hubiese fallecido sin cumplir la ordenanza que simboliza la muerte y la resurrección con Cristo. Pablo citaría esta práctica sin, por eso, aprobarla. Ni la Historia ni la Escritura dan pie para que esta opinión sea fidedigna.

B) Según la opinión que Ryrie tiene como más probable, se trata de personas recién convertidas que se bautizaban para llenar así el vacío que dejaban en la congregación los que se iban muriendo. 'Esta explicación, dice Trenchard, ...es más sentimental que doctrinal, de difícil comprensión como punto fuerte del argumento del apóstol en este lugar'.

C) Bullinger apunta una solución interesantísima, pero que exige una corrección en la puntuación que el texto griego tiene en la actualidad, teniendo en cuenta que los primeros mss. carecían de puntuación. El v. 29 habría de puntuarse del modo siguiente: '¿Qué lograrán los que se bautizan? ¡Por los muertos se bautizan, si en ninguna manera los muertos resucitan!'... El creyente se sumerge con Cristo en la muerte. Si no hay resurrección, se queda en cadáver, pues pierde la vida anterior sin surgir a una nueva vida"[15]

La interpretación que tiene que ver con una práctica supuestamente de los cristianos en tiempos de los apóstoles, en que muchos de ellos morían a causa de persecuciones y sin ser bautizados, de manera que, supuestamente, algunos de sus hermanos en la fe, se bautizaban por ellos. Sin embargo, históricamente no hay prueba alguna de esta práctica a

[15] F. Lacueva. o.c., pág. 473.

finales del s. I o incluso en el s. II. Sin embargo, este bautismo por los muertos se practicaba en el entorno de dos herejes, *Cerinto*, a principios del s. II y Marción a partir del año 130 aproximadamente.

En la actualidad algunos persisten en sostener esta interpretación basándose en algunas premisas que establecen, como escribe el profesor Juan Leal:

"Ateniéndose al texto crítico actual, conviene notar. A) El artículo que determina a los muertos. B) El artículo también que determina a los que se bautizan. C) 'Los que se bautizan' no se debe separar de 'por los muertos', como indica el segundo miembro paralelo con que termina el verso. D) El futuro ποιήσουσιν se explica bien dando al verbo hacer el sentido de 'lograr, obtener, conseguir'. E) La preposición ὑπερ tiene ordinariamente el sentido de 'a favor de' junto con el de sustitución. Todo el verso consta de dos miembros que mutualmente se explican y dicen lo mismo. Queda siempre por averiguar en qué consistía este bautismo a favor de los muertos. Probablemente era un rito idéntico al bautismo corriente... Pablo no entra en el tema de su licitud o conveniencia, sino que se sirve de él para iluminar la incongruencia de los cristianos, que negaban la resurrección de la carne" [16].

La posición más consecuente no solo con el pasaje, sino con la fe, y que evitaría en tiempos de Pablo cualquier tipo de confusión es la de una lectura que puede establecerse de este modo: *"De otro modo ¿qué harán los que se bautizan? ¡Por los muertos se bautizan, si en ninguna manera los muertos resucitan!"*. Sin embargo, la dificultad interpretativa se mantiene y es una evidencia más de los problemas hermenéuticos que tiene la *Epístola*. Sin duda los corintios entendieron inmediatamente lo que Pablo les estaba diciendo, pero no ocurre igual con nosotros hoy, dejando como más segura la interpretación que damos en este párrafo.

30. ¿Y por qué nosotros peligramos a toda hora?

Tί	καὶ	ἡμεῖς	κινδυνεύομεν	πᾶσαν	ὥραν
¿Por qué	también	nosotros	peligramos	a toda	hora?

Análisis y notas del texto griego.

Análisis: Tί, caso acusativo neutro singular del pronombre interrogativo *por qué*; καὶ, adverbio de modo *también*; ἡμεῖς, caso nominativo de la primera persona plural del pronombre personal *nosotros*; κινδυνεύομεν, primera persona plural

[16] Juan Leal. o.c., pág. 464.

del presente de indicativo en voz activa del verbo κινδυνεύω, *peligrar, estar en peligro*, aquí *peligramos*; πᾶσαν, caso acusativo femenino singular del adjetivo indefinido declinado *a toda*; ὥραν, caso acusativo femenino singular del nombre común *hora.*

Τί καὶ ἡμεῖς κινδυνεύομεν πᾶσαν ὥραν. Reforzando todavía más la evidencia de la resurrección, formula una pregunta retórica: *¿Por qué también nosotros peligramos a toda hora?"*. Las vidas de Pablo y sus compañeros estaban en continuo peligro en todos los lugares y en todos los momentos, a causa del evangelio de Cristo. También los otros apóstoles, y los cristianos en general. Si Cristo no hubiera resucitado, ese modo de vida, en continuos peligros, sería un contrasentido y no tendría razón de ser.

31. Os aseguro, hermanos, por la gloria que de vosotros tengo en nuestro Señor Jesucristo, que cada día muero.

καθ' ἡμέραν ἀποθνῄσκω, νὴ τὴν ὑμετέραν καύχησιν, ἀδελφοί[1],
Cada día muero, por el vuestro motivo de gloria, hermanos,
ἣν ἔχω ἐν Χριστῷ Ἰησοῦ τῷ Κυρίῳ ἡμῶν.
que tengo en Cristo Jesús el Señor de nosotros.

Análisis y notas del texto griego.

Análisis: καθ', forma escrita de la preposición de acusativo κατά, por elisión y asimilación ante vocal con espíritu áspero, que equivale a *por, en, cada*; ἡμέραν, caso acusativo femenino singular del nombre común *día*; ἀποθνῄσκω, primera persona singular del presente de indicativo en voz activa del verbo ἀποθνῄκω, *morir*, aquí *muero*; νὴ, preposición propia de dativo *en, por* τὴν, caso dativo femenino singular del artículo determinado *la*; ὑμετέραν, caso acusativo femenino singular del adjetivo posesivo *vuestra*; καύχησιν, caso acusativo femenino singular del nombre común *jactancia, vanagloria, motivo de gloria*; ἀδελφοί, caso vocativo masculino plural del nombre común *hermanos*; ἣν, caso acusativo femenino singular del pronombre relativo *que*; ἔχω, primera persona singular del presente de indicativo en voz activa del verbo ἔχω, *tener, poseer*, aquí *tengo*; ἐν, preposición propia de dativo *en*; Χριστῷ, caso dativo masculino singular del nombre propio *Cristo*; Ἰησοῦ, caso dativo masculino singular del nombre propio *Jesús*; τῷ, caso dativo masculino singular del artículo determinado *el*; Κυρίῳ, caso dativo masculino singular del nombre divino *Señor*; ἡμῶν, caso genitivo de la primera persona plural del pronombre personal declinado *de nosotros*.

Notas. Crítica Textual. Lecturas alternativas.

[1] ἀδελφοί, *hermanos*, según lectura en a, A, B, K, P, 33, 81, 104, 365, 1175, 1241, 2464, lat, sy, co.

Se omite en P^{46}, D, F, G, L, Ψ, 075, 0243, 630, 1505, 1739, 1881.

καθ' ἡμέραν ἀποθνῄσκω, En algunas versiones como RV60, comienza el versículo con las palabras *os aseguro*, que no están en el texto griego y que posiblemente sea un añadido de los traductores para darle un determinado sentido a la frase que sigue.

En cierto modo las palabras del apóstol son semejantes a las de la profecía, en donde se lee: *"Por tu causa somos muertos todo el día, somos considerados como ovejas de matadero"* (Sal. 44:22), que son citadas por él en la *Epístola a los Romanos* (Ro. 8:36). Aquí está afirmando el peligro que el evangelio, el cuidado de las iglesias, la identificación con los creyentes traía, no ocasionalmente, sino siempre, *cada día*. Estaba en continuo peligro de muerte (2 Co. 4:10; 11:25). Esta situación era generalizada en la experiencia de los apóstoles (4:9). El riesgo de muerte era permanente.

νὴ τὴν ὑμετέραν καύχησιν. ἀδελφοί. ἣν ἔχω ἐν Χριστῷ 'Ιησοῦ τῷ Κυρίῳ ἡμῶν. Sin embargo, esa situación la sufría y soportaba con gozo por la gloria que para él era la iglesia en Corinto. No es que él se estuviera gloriando por el trabajo que había hecho y experimentase una vanagloria por ello, ya que antes testificó que cuanto había hecho no era por sí mismo, sino por la gracia de Dios que actuaba en él (v. 10). El adjetivo posesivo ὑμέτερος, *vuestro*, en la traducción *vuestra gloria*, debe tomarse en sentido objetivo, esto es, el apóstol se gloria en los corintios, como cristianos que han sido alcanzados por él, resultado de su trabajo apostólico. La salvación de tantos y la fundación de la iglesia eran el gozo y la corona de que se gloriaba Pablo (1 Ts. 2:19). La valoración de la obra de Dios proveía de gozo en medio de las persecuciones y le alentaba a seguir adelante aun en medido de las tribulaciones y peligros que le rodeaban.

32. Si como hombre batallé en Éfeso contra fieras, ¿qué me aprovecha? Si los muertos no resucitan, comamos y bebamos, porque mañana moriremos.

εἰ κατὰ ἄνθρωπον ἐθηριομάχησα ἐν 'Εφέσῳ, τί μοι τὸ
Si como hombre luche con fieras en Éfeso, ¿Qué para mí el
ὄφελος εἰ νεκροὶ οὐκ ἐγείρονται,
provecho? Si muertos no son resucitados,
φάγωμεν καὶ πίωμεν,
comamos y bebamos,
αὔριον γὰρ ἀποθνήσκομεν.
porque mañana morimos.

Análisis y notas del texto griego.

Análisis: εἰ, conjunción afirmativa *si*; κατὰ, preposición propia de acusativo *según, como*; ἄνθρωπον, caso acusativo masculino singular del nombre común *hombre*; ἐθηριομάχησα, primera persona singular del primer aoristo de indicativo en voz activa del verbo θηριομαχέω, *luchar con fieras*, aquí *luché con fieras*; ἐν, preposición propia de dativo *en*; Ἐφέσῳ, caso dativo femenino singular del nombre propio *Éfeso*; τί, caso nominativo neutro singular del pronombre interrogativo *qué*; μοι, caso dativo de la primera persona singular del pronombre personal declinado *a mí*; τὸ, caso nominativo neutro singular del artículo determinado *el*; ὄφελος, caso nominativo neutro singular del nombre común *provecho, ganancia*; εἰ, conjunción *si*; νεκροὶ, caso nominativo masculino plural del adjetivo *muertos*; οὐκ, forma escrita del adverbio de negación *no*, con el grafismo propio ante una vocal con espíritu suave o una enclítica; ἐγείρονται, tercera persona plural del presente de indicativo en voz activa del verbo εγείρω, *resucitar*, aquí *son resucitados*; *φάγωμεν*, primera persona plural del segundo aoristo de subjuntivo en voz pasiva del verbo ἐσθίω, *comer*, aquí *comamos*; καὶ, conjunción copulativa *y*: *πίωμεν,* primera persona plural del segundo aoristo de subjuntivo en voz pasiva del verbo πίνω, *beber*, aquí *bebamos*; *αὔριον*, adverbio demostrativo *mañana*; *γὰρ*, conjunción causal *porque*; *ἀποθνῄσκομεν*, primera persona plural del presente de indicativo en voz activa del verbo ἀποθνῄκω, *morir*, aquí *morimos*.

εἰ κατὰ ἄνθρωπον ἐθηριομάχησα ἐν Ἐφέσῳ, En la primera parte del versículo usando un lenguaje metafórico confirma la experiencia de conflictos y persecuciones que tuvo que soportar en la realización de la misión apostólica y evangelizadora. Este conflicto o lucha tuvo lugar en el plano humano. Como hombre en el ministerio tuvo que enfrentarse a *fieras* en Éfeso. No debe considerarse como que tuvo que luchar contra animales salvajes, como ocurría en ocasiones con los cristianos que eran puestos delante de fieras en el teatro romano, sino que el comportamiento de sus enemigos –también hombres– era comparable a las fieras que buscan la muerte de la persona con la que se enfrentan. Pudiera referirse al alboroto producido por los plateros (Hch. 19:23 ss.). O tal vez haga referencia a las discusiones con los judíos (Hch. 18:19). El apóstol habla de graves incidentes en Asia, hasta tal punto que pensó que perdería la vida (2 Co. 1:8). En general Pablo hace referencia a graves problemas que tuvo que soportar en Éfeso.

τί μοι τὸ ὄφελος εἰ νεκροὶ οὐκ ἐγείρονται, *φάγωμεν καὶ πίωμεν, αὔριον γὰρ ἀποθνῄσκομεν*. La conclusión a que llega es sencilla. La lucha en Éfeso y el riesgo de muerte cotidiano, no tienen razón de ser si no hay esperanza de resurrección. Sería un comportamiento no solo absurdo o ilógico, sino también estéril. Todo el trabajo llevado a cabo y el riesgo de su propia vida, sería una locura si no hubiese esperanza de resurrección. Lo lógico sería aprovecharse de los goces de la vida temporal, expresados aquí en la frase: *"comamos y bebamos que mañana morimos"*, tomada de la profecía (Is. 22:13). No sería normal arrastrar las angustias de los cristianos sin la esperanza cristiana para otra vida. Las angustias se soportan en la certeza de otra vida libre de ellas después de ésta, como escribirá más tarde: *"Porque esta leve tribulación momentánea nos produce, en una medida que sobre pasa toda medida, un eterno peso de gloria"* (2 Co. 4:17 RVR).

33. No erréis; las malas conversaciones corrompen las buenas costumbres.

μὴ	πλανᾶσθε·	φθείρουσιν	ἤθη	χρηστὰ	ὁμιλίαι	κακαί.
No	os engañéis;	corrompen	costumbres	buenas	compañías	malas.

Análisis y notas del texto griego.

Análisis: μὴ, partícula que hace funciones de adverbio de negación *no*; πλανᾶσθε, segunda persona plural del presente de imperativo en voz pasiva del verbo πλανάω, en pasivo *extraviarse, engañarse, perderse, dejarse engañar*, aquí *os engañéis*; φθείρουσιν, tercera persona plural del presente de indicativo en voz activa del verbo φθείρω, *corromper, destruir, perjudicar, hacer daño*, aquí *corrompen*; ἤθη, caso acusativo neutro plural del nombre común *costumbres*; χρηστὰ, caso acusativo neutro plural del adjetivo *buenas, bondadosas*; ὁμιλίαι, caso nominativo femenino plural del nombre común *compañías*; κακαί, caso nominativo femenino plural del adjetivo *malas*.

μὴ πλανᾶσθε. Una nueva advertencia para los lectores en la que el apóstol les exhorta, usando para ello el imperativo del verbo, a *no dejarse engañar*. Tiene que ver especialmente con mantener una cuidadosa atención con los falsos maestros que extendía la mentira de que no hay resurrección de cuerpos. Sin embargo, no se trata sólo de quienes no están en la iglesia porque no son cristianos, sino que incluye también a los creyentes que han sido engañados en la verdad de la resurrección, y que confundidos por la mentira se apartaban de ella. Este mandamiento ocurre en otros lugares (6:9; Gá. 6:7; Stg. 1:16)

φθείρουσιν ἤθη χρηστὰ ὁμιλίαι κακαί. La demanda va acompañada de un verso yámbico que es un proverbio que aparece en el poeta Menandro, nacido en el año 342 a. C. en la comedia *Tais*. Es posible que tanto el poeta como el apóstol lo tomasen como un dicho del lenguaje popular. Literalmente dice: *Corrompen costumbres buenas, compañías malas*. En algunas traducciones se lee, en lugar de compañía *conversaciones*. Esto se produce al tomar el significado del nombre ὁμιλία, en el griego tardío, en el que tiene el sentido de *conversación, discurso, homilía*, sin embargo debe traducirse aquí por *compañía*, ya que la palabra se deriva de ὅμιλος, que funciona como una palabra de acción, *relación, manifestarse, quedarse, usar*, de manera que aquí denota *compañías*, una asociación de personas. Ahora bien, ambas cosas, tanto las *malas compañías* como las *malas conversaciones*, tienen cabida aquí, puesto que las *malas compañías*, lo son por las *malas conversaciones*. El apóstol, sin duda, está pensando en la compañía de los falsos maestros que estaban causando problemas, al negar la resurrección (v. 12). Por extensión ocurre en general con las compañías impropias. Generalmente éstas se envuelven en conversaciones no edificantes (Ef. 4:29-31). Son dados a la crítica y a la murmuración (Stg. 4:11). Cuestionan asuntos del compromiso de la fe y de la doctrina (He. 13:9). Estos son los que tienen raíces de amargura que contaminan a los que les escuchan. El creyente está llamado a apartarse de tales personas (Ro. 16:17; 2 Ts. 3:14), porque debe separarse de toda clase de mal (1 Ts. 5:22).

34. Velad debidamente, y no pequéis; porque algunos no conocen a Dios; para vergüenza vuestra lo digo.

ἐκνήψατε δικαίως καὶ μὴ ἁμαρτάνετε, ἀγνωσίαν γὰρ
Volved a la sensatez justamente y no pequéis, porque desconocimiento
Θεοῦ τινες ἔχουσιν, πρὸς ἐντροπὴν ὑμῖν λαλῶ[1].
de Dios algunos tienen, para vergüenza os hablo.

Notas y análisis del texto griego.

Análisis: ἐκνήψατε, segunda persona plural del primer aoristo de imperativo en voz activa del verbo ἐκνήφω, *despertar, volver a la sensatez, volver en sí*, aquí *volved a la sensatez*; δικαίως, adverbio de modo *justamente, como es justo*; καὶ, conjunción copulativa *y*; μὴ, partícula que hace funciones de adverbio de negación *no*; ἁμαρτάνετε, segunda persona plural del presente de imperativo en voz activa del verbo ἁμαρτάνω, *pecar*, aquí *pequéis*; ἀγνωσίαν, caso acusativo femenino singular del nombre común *desconocimiento*; γὰρ, conjunción causal *porque*; Θεοῦ, caso genitivo masculino singular del nombre divino declinado *de Dios*; τινες, caso nominativo masculino plural del pronombre indefinido *algunos*; ἔχουσιν, tercera persona plural del presente de indicativo en voz activa del verbo ἔχω, *tener*, aquí *tienen*; πρὸς, preposición propia de acusativo *para*; ἐντροπὴν, caso acusativo femenino singular del nombre común *vergüenza*; ὑμῖν, caso dativo de la segunda persona plural del pronombre personal declinado *a vosotros, os*; λαλῶ, primera persona singular del presente de indicativo en voz activa del verbo λαλέω, *hablar*, aquí *hablo*.

Notas. Crítica Textual. Lecturas alternativas.

[1] λαλῶ, *hablo*, según lectura en 𝔓^{46}, ℵ, B, D, P, Ψ, 0243, 33, 81, 365, 630, 1175, 1241, 1505, 1739, 2464, lat.

λέγω, *digo*, conforme a A, F, G, K, L, 075, 104, 1881, 𝔐, ar.

ἐκνήψατε δικαίως. Comienza la exhortación usando un lenguaje figurado, *despertad, volved en sí*, *volved a la sensatez*, llamando a los creyentes en Corinto a despertar de un estado de somnolencia espiritual a otro de lucidez, o si se prefiere, retornar a un sano juicio. No era tiempo de dormir, sino de estar vigilantes a causa de los falsos maestros que habían entrado entre ellos, o que estaban en la proximidad de los cristianos, alcanzándolos con sus falsedades. Es un llamamiento a una actuación rápida y resuelta frente al peligro en que estaban.

καὶ μὴ ἁμαρτάνετε, Además, la situación era propicia para *pecar*, de ahí la segunda parte de la admonición: *no pequéis*. Abandonar la doctrina bíblica y desoír las enseñanzas de los apóstoles es una expresión de pecado. Volver a la sobriedad espiritual es restaurarse de una posición de pecado a una de comunión y acatamiento con Dios. Quienes niegan la resurrección, están en el camino de entrar en la corrupción moral, puesto que no hay nada más que esta vida, permitiendo que el pecado se manifieste en las de ellos. Es muy fuerte esta expresión *"y no pequéis"*, indicando no una posibilidad de hacerlo, sino la realidad de la comisión del pecado, como si dijese: *dejad de pecar*. Los que estaban dudando de la verdad de la resurrección estaban considerando la Escritura como algo que no era verdad y, por consiguiente, dudando de Dios que la había enviado entrando en la peligrosa situación de una ausencia de comunión con Dios.

ἀγνωσίαν γὰρ Θεοῦ τινες ἔχουσιν, Añade un paso más en la gravedad de aquella situación al decir que algunos *desconocían* o *ignoraban a Dios*. Entre los creyentes en Corinto había quienes eran ignorantes en cuanto a las cosas de Dios, por lo que negaban el poder Suyo para resucitar a los muertos, como ocurría en el judaísmo con los saduceos (Mt. 22:29). No solo estaban en la ausencia del bien del conocimiento de Dios, sino en la posesión de un mal real, negando Su poder para resucitar a los muertos.

πρὸς ἐντροπὴν ὑμῖν λαλῶ. Concluye la oración haciéndoles notar que lo que acaba de decir, en especial de los que ha señalado como *ignorantes de Dios*, lo escribía para que la congregación sintiese vergüenza de aquella situación. Esta conduce al creyente al retorno a Dios. No es algo negativo lo que el apóstol desea, de modo que generase en ellos vergüenza, sino que es positivo puesto que esa vergüenza conforme a Dios conduce al arrepentimiento. Es como si dijese: *Debiera avergonzaros que entre vosotros haya quien niegue una verdad del evangelio como es la resurrección de los muertos.* Especialmente vergonzoso para los líderes de la congregación que consentían que en la iglesia estuviesen tales personas.

El mal estaba contaminado a otros. Pero también es evidente, que no estaban aplicando la disciplina bíblica que, sin duda, el apóstol les había enseñado, como exhortaba a los romanos: *"Y os ruego, hermanos, que os fijéis en los que causan divisiones y tropiezos que desdicen de la doctrina que vosotros habéis aprendido, y que os apartéis de ellos"* (Ro. 16:17 RVR). No solo no se habían apartado de los tales, sino que estaban entre ellos, negando verdades fundamentales. Igualmente, el liderazgo no estaba ejerciendo supervisión de la congregación (Hch. 20:28-29). Una reprensión semejante a la anterior, a causa del pecado del incestuoso (5:1-2).

La resurrección del cuerpo (15:35-50)

Enfrentando el problema (15:35-41)

35. Pero dirá alguno: ¿Cómo resucitarán los muertos? ¿Con qué cuerpo vendrán?

'Ἀλλὰ ἐρεῖ τις· πῶς ἐγείρονται οἱ νεκροί ποίῳ δὲ
Pero dirá alguno. ¿Cómo son resucitados los muertos? ¿Y con que clase de
σώματι ἔρχονται
cuerpo vienen?

Análisis y notas del texto griego.

Análisis: 'Ἀλλὰ, conjunción adversativa *pero*; ἐρεῖ, tercera persona singular del futuro de indicativo en voz activa del verbo λέγω, *hablar, decir*, aquí *dirá*; τις, caso nominativo masculino singular del pronombre indefinido *alguno, alguien*; πῶς, partícula interrogativa adverbial, que realmente es un pronombre interrogativo *¿cómo?, ¿de qué manera?, ¿por qué medio?, ¡cómo!, ¡cuán!, nunca, imposible, ¿qué?, qué*; ἐγείρονται, tercera persona plural del presente de indicativo en voz pasiva del verbo ἐγείρω, *resucitar*, aquí *son resucitados*; οἱ, caso nominativo masculino plural del artículo determinado *los*; νεκροί, caso nominativo masculino singular del nombre común muertos; ποίῳ, caso dativo neutro singular del adjetivo interrogativo *¿qué?, ¿cuál?, ¿de qué clase?*; δὲ, partícula conjuntiva que hace las veces de conjunción coordinante, con sentido de *pero, más bien, y, y por cierto, antes bien, entonces*; σώματι, caso dativo neutro singular del nombre común *cuerpo*; ἔρχονται, tercera persona plural del presente de indicativo en voz media del verbo ἔρχομαι, *venir, llegar*, aquí *vienen.*

'Ἀλλὰ ἐρεῖ τις· El apóstol avanza, luego de afirmar la verdad de la resurrección, a exponer el modo de ella y la condición que tendrán los cuerpos resucitados. Para introducir este párrafo, supone a un interlocutor que pregunta cómo serían resucitados los muertos y con qué clase de cuerpo vendrían. Sobre estas dos supuestas preguntas, desarrollará el tema que sigue. La primera de ellas tiene que ver sobre el *modo* de la resurrección. La segunda sobre *el cuerpo* de resurrección. Es interesante notar el uso del adjetivo interrogativo ποίος, que aquí denota *de qué clase* será ese cuerpo.

πῶς ἐγείρονται οἱ νεκροί ποίῳ δὲ σώματι ἔρχονται Previamente llegó a la conclusión de que la resurrección de los muertos es una verdad de la fe cristiana fundamental, y que si así no fuera, es decir, si no hubiera resurrección Cristo, como hombre, que pasó por la muerte, no habría resucitado. Para refutar esta incorrecta idea, dedicará atención especial al cuerpo de resurrección. Por el contexto se podría apreciar que, en la iglesia en Corinto, había algunos que entendían mal como sería ese cuerpo. Posiblemente consideraban que sería el mismo con que habían sido sepultados los muertos, por lo que la resurrección sería meramente la suspensión del estado de muerte física. Por ello va a enseñar que el cuerpo de resurrección, aunque son cuerpos materiales y no espíritus, tiene características y funcionalidades distintas o diferentes al estado físico del hombre actual. Usará, como se notará en el comentario a los versículos que siguen, una serie de ejemplos ilustrativos tomados de la siembra de una semilla, de la diversidad de cuerpos adaptados a su medio, de los astros marcando las diferencias que hay entre ellos.

36. Necio, lo que tú siembras no se vivifica, si no muere antes.

ἄφρων, σὺ ὃ σπείρεις, οὐ ζῳοποιεῖται ἐὰν μὴ ἀποθάνῃ·
Necio, tu lo que siembras, no es vivificado si no muere.

Análisis y notas del texto griego.

Análisis: ἄφρων, caso vocativo masculino singular del nombre común *necio, insensato*; σὺ, caso nominativo de la segunda persona singular del pronombre personal *tú*; ὃ, caso acusativo neutro singular del pronombre relativo *lo que*; σπείρεις, segunda persona singular del presente de indicativo en voz activa del verbo σπείρω, *sembrar*, aquí *siembras*; οὐ, adverbio de negación *no*; ζῳοποιεῖται, tercera persona singular del presente de indicativo en voz pasiva del verbo ζοῳποιέω, *dar vida, vivificar*, aquí *es vivificado*; ἐὰν, conjunción *si*; μὴ, partícula que hace funciones de adverbio de negación *no*; ἀποθάνῃ, tercera persona singular del segundo aoristo de subjuntivo en voz pasiva del verbo ἀποθνήσκω, *morir*, aquí *se muere*.

ἄφρων, El uso del vocativo *necio* hace referencia a quien pregunta cómo será y de qué forma se producirá la resurrección de los muertos. El substantivo *necio* en la Escritura se usa para referirse a quien desconoce a Dios y Su verdad. Es, por tanto, aquel que carece de sentido y que es un *insensato*. Acaso el que supuestamente formulaba las preguntas se considerase a él mismo como sabio e inteligente, pero solo era un ignorante delante de Dios. Además, aquí como en otros muchos lugares, el término expresa un sentido de desaprobación (Lc. 12:20; Ro. 1:22; Ef. 5:15). Una expresión semejante a la usada por Cristo ante la ignorancia de algunos de Sus discípulos sobre las Escrituras (Lc. 24:25). La objeción era una insensatez, una necedad, propia de quien se supone sabio, pero es sólo un necio por ignorancia (Pr. 13:16; 14:7; 17:24; 26:12).

σὺ ὃ σπείρεις, οὐ ζῳοποιεῖται ἐὰν μὴ ἀποθάνῃ· El apóstol acude a la ilustración de la agricultura y en concreto de la siembra de alguna planta, para lo que pone en la tierra la semilla de donde nacerá. Esta debe *deshacerse*, de ahí que diga que antes de nacer tiene que *morir*, para que brote la nueva planta. No hay fructificación sin muerte del grano puesto en tierra, en sentido de que lo que va a nacer no es el mismo grano, sino que se transforma haciendo nacer de él una nueva planta. Sólo cuando la semilla muere lleva mucho fruto (Jn. 12:24). Al iniciar el proceso de germinación, la semilla se desintegra o, si se prefiere, se descompone y con ello cesa de ser la semilla que se había plantado en la tierra. Pablo utiliza aquí el verbo *vivificar* en voz pasiva para expresar que este salir a una nueva forma de vida no obedece a la semilla en sí, sino a quien la vivifica, que no puede ser otro que Dios mismo. De igual modo el cuerpo humano cuando muere, será vivificado por Dios de quien procede y en quien está la vida. Estos que cuestionaban la resurrección eran *necios* al ignorar el poder de Dios.

37. Y lo que siembras no es el cuerpo que ha de salir, sino el grano desnudo, ya sea de trigo o de otro grano.

καὶ ὃ σπείρεις, οὐ τὸ σῶμα τὸ γενησόμενον σπείρεις ἀλλὰ
Y lo que siembras, no el cuerpo - que llegara a ser siembras, sino
γυμνὸν κόκκον εἰ τύχοι σίτου ἤ τινος τῶν λοιπῶν·
desnudo grano quizás de trigo o de alguno de los otros.

Análisis y notas del texto griego.

Análisis: καὶ, conjunción copulativa *y*; ὃ, caso acusativo neutro singular del pronombre relativo *lo que*; σπείρεις, segunda persona singular del presente de indicativo en voz activa del verbo σπείρω, *sembrar*, aquí *siembras*; οὐ, adverbio de negación *no*; τὸ, caso acusativo neutro singular del artículo determinado *el*; σῶμα, caso acusativo neutro singular del nombre común *cuerpo*; τὸ, caso acusativo neutro singular del artículo determinado *el*; γενησόμενον, caso acusativo neutro singular del participio de futuro en voz media del verbo γίνομαι, *llegar a ser*, aquí *que llegará a ser*; σπείρεις, segunda persona singular del presente de indicativo en voz activa del verbo σπείρω, *sembrar*, aquí *siembras*; ἀλλὰ, conjunción adversativa *sino*; γυμνὸν, caso acusativo masculino singular del adjetivo *desnudo*; κόκκον, caso acusativo masculino singular del nombre común *grano*; εἰ, conjunción condicional afirmativa *si*; τύχοι, tercera persona singular del segundo aoristo de optativo en voz activa del verbo τυγχάνω, *alcanzar, llegar, suceder*, ambas forman una expresión que equivale a *quizás, acaso*; σίτου, caso genitivo masculino singular del nombre común declinado *de trigo*; ἤ, conjunción disyuntiva *o*; τινος, caso genitivo neutro singular del pronombre indefinido *otro*; τῶν, caso genitivo neutro plural del artículo determinado *de los*; λοιπῶν, caso genitivo neutro plural del adjetivo *otros*.

καὶ ὃ σπείρεις, οὐ τὸ σῶμα τὸ γενησόμενον σπείρεις El apóstol da otro ejemplo preciso preparando el terreno para hablar sobre el cuerpo de resurrección. La muerte no es aniquilación, sino el paso de un estado a otro. Es algo semejante a tener un bosque en un frasco de semillas. Una vez sembradas dejarán de ser semillas para convertirse con el tiempo en un bosque nacido de ellas. De manera que la semilla sembrada surge a la vida con un cuerpo distinto al que tenían cuando fue puesta en la tierra. Así el cuerpo de resurrección, no será el mismo que fue enterrado, aunque conserva la identidad porque lo que es resucitado es la misma clase de lo que se sembró.

ἀλλὰ γυμνὸν κόκκον εἰ τύχοι σίτου ἤ τινος τῶν λοιπῶν· El apóstol dice que no se siembra la planta, sino la semilla que se manifiesta luego como planta, de manera que la planta de trigo nace de una semilla de trigo, lo mismo ocurre con cualquier otro grano. La misma naturaleza enseña que el cuerpo de resurrección no es igual al que fue enterrado, una afirmación semejante no es válida. Se siembra una semilla, *un grano desnudo* y nacerá una planta. De tal modo que una semilla toma de su entorno los elementos necesarios para su nuevo cuerpo, así también la resurrección de los muertos. La Biblia afirma la resurrección del cuerpo pero no se dice en que consiste la identidad. Una planta no es distinta, es decir, de otra clase que no sea de la que procede la semilla. La identidad no lo es en la forma o en la apariencia, que es distinta. Lo es en razón de ser el mismo organismo individual, en una nueva forma de vida. Así con el hombre; se siembra cuerpo corruptible y natural, para surgir un cuerpo incorruptible o espiritual, con la identidad del ser que había muerto.

38. Pero Dios le da el cuerpo como él quiso, y a cada semilla su propio cuerpo.

ὁ δὲ Θεὸς δίδωσιν αὐτῷ σῶμα καθὼς ἠθέλησεν, καὶ ἑκάστῳ
Pero Dios da le cuerpo como quiere, y a cada una
τῶν σπερμάτων ἴδιον σῶμα.
de las semillas propio cuerpo.

Análisis y notas del texto griego.

Análisis: ὁ, caso nominativo masculino singular del artículo determinado *el*; δὲ, partícula conjuntiva que hace las veces de conjunción coordinante, con sentido de *pero, más bien, y, y por cierto, antes bien, entonces*; Θεὸς, caso nominativo masculino singular del nombre divino *Dios*; δίδωσιν, tercera persona singular del presente de indicativo en voz activa del verbo δίδωμι, *dar, entregar*, aquí *da*; αὐτῷ, caso dativo masculino de la tercera persona singular del pronombre personal declinado *a él, le*; σῶμα, caso acusativo neutro singular del nombre común *cuerpo*; καθὼς, conjunción comparativa *como*; ἠθέλησεν, tercera persona singular del primer aoristo de indicativo en voz activa del verbo θέλω, *querer, desear*, aquí *quiere*; καὶ, conjunción copulativa *y*; ἑκάστῳ, caso dativo neutro singular del adjetivo indefinido declinado *a cada uno*; τῶν, caso genitivo neutro plural del artículo determinado declinado *del*; σπερμάτων, caso genitivo neutro plural del nombre común *semilla*; ἴδιον, caso acusativo neutro singular del adjetivo *propio*; σῶμα, caso acusativo neutro singular del nombre común *cuerpo*.

ὁ δὲ Θεὸς δίδωσιν αὐτῷ σῶμα καθὼς ἠθέλησεν. El nacimiento de la planta luego de haber puesto en la tierra la semilla, es una manifestación de la soberanía divina, ya que *"Dios le da el cuerpo"*. Él cumple y lleva a cabo el propósito inicial de la creación (Gn. 1:11). El fructificar de ese modo obedece a una acción de la providencia divina.

καὶ ἑκάστῳ τῶν σπερμάτων ἴδιον σῶμα. En Su soberanía Dios manifiesta también la *omnipotencia*. No se trata de plantas idénticas, sino que, aun de la misma especie, son distintas unas de otras. Esto obedece a un proceso de fructificación que tiene que ver con una nueva vida. Sólo la omnipotencia de Dios que estableció el modo de fructificar de cada planta, lo hace posible. Dios hace en cada momento lo que un día, en soberanía, determinó que se cumpliera para siempre, *como quiso*. Cada semilla recibe *su propio cuerpo*, que conserva su identidad con la semilla de donde nace. Así también en la resurrección, cada uno recibirá *su propio cuerpo* que conservará su identidad personal.

39. No toda carne es la misma carne, sino que una carne es la de los hombres, otra carne la de las bestias, otra la de los peces, y otra la de las aves.

Οὐ πᾶσα σὰρξ ἡ αὐτὴ σὰρξ ἀλλὰ ἄλλη μὲν ἀνθρώπων,
No toda carne la misma carne sino una a la verdad de hombre,
ἄλλη δὲ σὰρξ κτηνῶν, ἄλλη δὲ σὰρξ πτηνῶν, ἄλλη δὲ ἰχθύων.
y otra carne de ganados, y otra carne de aves, y otra de peces.

Análisis y notas del texto griego.

Análisis: Οὐ, adverbio de negación *no*; πᾶσα, caso nominativo femenino singular del adjetivo indefinido *toda*; σὰρξ, caso nominativo femenino singular del nombre común *carne*; ἡ, caso nominativo femenino singular del artículo definido *la*; αὐτὴ, caso nominativo femenino singular del pronombre intensivo *misma*; σὰρξ, caso nominativo femenino singular del nombre común *carne*; ἀλλὰ, conjunción adversativa *sino*; ἄλλη, caso nominativo femenino singular del pronombre indefinido *otra, una*; μὲν, partícula afirmativa que se coloca siempre inmediatamente después de la palabra expresiva de una idea que se ha de reforzar o poner en relación con otra idea y que, en sentido absoluto tiene oficio de adverbio de afirmación, como *ciertamente, a la verdad*; ἀνθρώπων, caso genitivo masculino singular del nombre común declinado *de hombre*; ἄλλη, caso nominativo femenino singular del pronombre indefinido *otra*; δὲ, partícula conjuntiva que hace las veces de conjunción coordinante, con sentido de *pero, más bien, y, y por cierto, antes bien, entonces*; σὰρξ, caso nominativo femenino singular del nombre común *carne*; κτηνῶν, caso genitivo neutro plural del nombre común declinado *de ganados*; ἄλλη, caso nominativo femenino singular del pronombre indefinido *otra*; δὲ, partícula conjuntiva que hace las veces de conjunción coordinante, con sentido de *pero, más bien, y, y por cierto, antes bien, entonces*; σὰρξ, caso nominativo femenino singular del nombre común *carne*; πτηνῶν, caso genitivo neutro plural del nombre común declinado *de aves*; caso nominativo femenino singular del pronombre indefinido *otra*; δὲ, partícula conjuntiva que hace las veces de conjunción coordinante, con sentido de *pero, más bien, y, y por cierto, antes bien, entonces*; ἰχθύων, caso genitivo masculino plural del nombre común declinado *de peces*.

Οὐ πᾶσα σὰρξ ἡ αὐτὴ σάρξ. Una afirmación precisa, *no toda carne es la misma carne*. Hay una enorme diversidad de cuerpos en el mundo animal. Cada uno está adaptado a su necesidad y modo de vida. Cada ser tiene un organismo diferente como corresponde a su clase. *Carne* aquí tiene el sentido de la materia en que está formado cada animal.

ἀλλὰ ἄλλη μὲν ἀνθρώπων, El apóstol confirma esto mencionando distintos tipos de animales. Es interesante apreciar que el orden que sigue es el inverso al que aparece en la creación. De manera que un tipo de carne es la de los hombres. Este cuerpo es semejante entre ellos, pero, aun así, hay diferencias de tamaño, color, etc. Incluso al observarlos no hay identidad completa, por muy parecidos que pudieran ser, puesto que las huellas digitales o el iris del ojo es diferente en cada individuo, distinguiéndolo de los demás.

ἄλλη δὲ σὰρξ κτηνῶν, Ocurre lo mismo con el *ganado* en general. Especialmente referido a los animales domésticos que se puedan poseer, cada animal es diferente en su cuerpo.

ἄλλη δὲ σὰρξ πτηνῶν, La observación permite también determinar la identidad de carne de las aves, literalmente de los *alados*. Su cuerpo es diferente al de otros animales e incluso la identidad de cada una es distinta a la de los otros.

ἄλλη δὲ ἰχθύων. Así es también en el mundo acuático. El cuerpo de los peces está adaptado para el medio ambiente en donde viven. Son también seres vivos pero su *carne* es distinta a la del hombre, a la del ganado y a la de las aves. Además, como ocurre con todos los grupos antes citados, son también distintos unos de los otros.

Los que cuestionaban la resurrección afirmaban que el cuerpo de resurrección es idéntico al que ha sido enterrado, es decir, el resucitado tendría que ser igual, físicamente hablando, al que fue sepultado. Pero, no puede esperarse que el cuerpo como es hoy, sea el vehículo embarazoso para el espíritu en la resurrección.

40. Y hay cuerpos celestiales, y cuerpos terrenales; pero una es la gloria de los celestiales, y otra la de los terrenales.

καὶ σώματα ἐπουράνια, καὶ σώματα ἐπίγεια· ἀλλὰ ἑτέρα
Y cuerpos celestiales, y cuerpos terrenales; pero diferente
μὲν ἡ τῶν ἐπουρανίων δόξα, ἑτέρα δὲ ἡ τῶν ἐπιγείων.
a la verdad la de los celestiales gloria, y diferente la de los terrenales.

Análisis y notas del texto griego.

Análisis: καὶ, conjunción copulativa *y*; σώματα, caso nominativo neutro plural del nombre común *cuerpos*; ἐπουράνια, caso nominativo neutro plural del adjetivo *celestes, celestiales*; καὶ, conjunción copulativa *y*; σώματα, caso nominativo neutro plural del nombre común *cuerpos*; ἐπίγεια, caso nominativo neutro plural del adjetivo *terrestres, terrenales*; ἀλλὰ, conjunción adversativa *pero*; ἑτέρα, caso nominativo femenino singular del adjetivo *otra, distinto, diferente*; μὲν, partícula afirmativa que se coloca siempre inmediatamente después de la palabra expresiva de una idea que se ha de reforzar o poner en relación con otra idea y que, en sentido absoluto tiene oficio de adverbio de afirmación, como *ciertamente, a la verdad*; ἡ, caso nominativo femenino singular del artículo determinado *la*; τῶν, caso genitivo neutro plural del artículo determinado declinado *los*; ἐπουρανίων, caso genitivo neutro plural del adjetivo *celestes, celestiales*; δόξα, caso nominativo femenino singular del nombre común *gloria*; ἑτέρα, caso nominativo femenino singular del adjetivo *otra, distinta, diferente*; δὲ, partícula conjuntiva que hace las veces de conjunción coordinante, con sentido de *pero, más bien, y, y por cierto*, *antes bien, entonces*; ἡ, caso nominativo femenino singular del artículo determinado *la*; τῶν, caso genitivo neutro plural del artículo determinado declinado *de los*; ἐπιγείων, caso genitivo neutro plural del adjetivo *terrenos, terrenales*.

καὶ σώματα ἐπουράνια, καὶ σώματα ἐπίγεια. El apóstol hace referencia a otros dos tipos de cuerpos, a los que llama *celestiales* y *terrenales*. El problema está en determinar a qué se refiere con el adjetivo *celestiales*. Hay varias opiniones. Una de ellas considera *celestiales* a los seres angélicos. El problema de esta interpretación es que los ángeles no tienen cuerpo, puesto que son espíritus, sin embargo, muchas veces se han hecho visibles, presentándose rodeados de gloria, brillantes, resplandecientes, luminosos; a modo de ejemplo las palabras con que Mateo describe a un ángel en la resurrección de Jesús: *"Su aspecto era como un relámpago, y su vestido blanco como la nieve"* (Mt. 28:3). Sin duda muy distinto al cuerpo de los *terrenales*, esto es, *los hombres* cuya residencia es la tierra y cuyo cuerpo es la envoltura de la parte espiritual adaptada a la vida en ella. Otra interpretación entiende que los *cuerpos celestiales* son los que tienen los santos en la presencia de Dios. Sin embargo, también esto tiene la dificultad de que, en esa dimensión, intermedia en la actualidad, no han sido dotados todavía del cuerpo de resurrección y de gloria que tendrán en la resurrección que se producirá cuando Cristo venga.

Acaso la interpretación más concordante, que además tiene relación inmediata con lo que sigue en el próximo versículo, es que el apóstol se está refiriendo a los *astros*, como *cuerpos celestiales*, mencionando no tanto la *carne* o *el cuerpo* de ellos, sino *la gloria*, palabra que volverá a repetir en el siguiente versículo refiriéndose en él directamente a los astros. Pudiera también referirse a la enorme dimensión entre los astros y los hombres, aquellos impresionantemente grandes, el hombre impresionantemente pequeño en comparación con ellos. Esta interpretación es cuestionada por el uso del término σώματα, *cuerpo*, afirmando que no se usa este substantivo para hablar de los astros. Sin embargo, griegos como Galeno, muy próximo en el tiempo de su nacimiento con la datación de la *Epístola* usa, en uno de sus escritos términos idénticos a los de Pablo en relación con los astros. Creemos que ésta es la interpretación más correcta del adjetivo *celestiales*, ya que en el versículo siguiente se hablará de los astros. Cualquiera que sea la correcta interpretación, no tiene problema alguno para entender que el apóstol está usándolo para confirmar las diferencias que existen entre el cuerpo físico del hombre antes de su muerte y el de la resurrección.

ἀλλὰ ἑτέρα μὲν ἡ τῶν ἐπουρανίων δόξα, ἑτέρα δὲ ἡ τῶν ἐπιγείων. En este sentido usa, en la segunda parte dos veces el adjetivo ἑτέρος, que equivale a *otro, distinto, diferente*, de modo que está afirmando que los *celestiales*, son *distintos* a los *terrenales*, con lo que la puntualización que viene haciendo en los textos anteriores, vuelve a aparecer aquí. A esto se une –como se ha dicho antes– el uso del sustantivo δόξα, *gloria*, que se presta para definir la realidad de un astro.

41. Una es la gloria del sol, otra la gloria de la luna, y otra la gloria de las estrellas, pues una estrella es diferente de otra en gloria.

ἄλλη δόξα ἡλίου, καὶ ἄλλη δόξα σελήνης, καὶ ἄλλη δόξα
Una gloria del sol, y otra gloria de luna, y otra gloria
ἀστέρων· ἀστὴρ γὰρ ἀστέρος διαφέρει ἐν δόξῃ.
de estrellas, porque estrella de estrella se diferencia en gloria.

Notas y análisis del texto griego.

Análisis: ἄλλη, caso nominativo femenino singular del pronombre indefinido *otra*; δόξα, caso nominativo femenino singular del nombre común *gloria*; ἡλίου, caso genitivo masculino singular del nombre común declinado *de sol*; καὶ, conjunción copulativa *y*; ἄλλη, caso nominativo femenino singular del pronombre indefinido *otra*; δόξα, caso nominativo femenino singular del nombre común *gloria*; σελήνης, caso genitivo femenino singular del nombre común declinado *de luna*; καὶ, conjunción copulativa *y*; ἄλλη, caso nominativo femenino singular del pronombre indefinido *otra*; δόξα, caso nominativo femenino singular del nombre común *gloria*; ἀστέρων, caso genitivo masculino plural del nombre común declinado *de estrellas*; ἀστὴρ, caso nominativo femenino singular del nombre común *estrella*; γὰρ, conjunción causal *porque*; ἀστέρος, caso genitivo masculino singular del nombre común declinado *de estrella*; διαφέρει, tercera persona singular del presente de indicativo en voz activa del verbo διαφέρω, *diferenciarse de*, aquí *se diferencia*; ἐν, preposición propia de dativo *en*; δόξῃ, caso dativo femenino singular del nombre común *gloria*.

ἄλλη, δόξα ἡλίου, Los cuerpos celestes son diferentes unos de otros. Las distintas manifestaciones de luminosidad entre unos y otros son notorias. De manera que para confirmar la afirmación se refiere primeramente a la estrella más próxima, el sol. El resplandor de éste es diferente al de los otros astros. Aun habiendo estrellas de mucha mayor dimensión –el sol es una estrella pequeña– por su proximidad, aparece más resplandeciente a los ojos humanos.

καὶ ἄλλη δόξα σελήνης, Llama luego la atención hacia la luna, afirmado que *"otra es la gloria de la luna"*. La luz reflejada, nunca es tan intensa como el que la genera, que es el sol, por eso hay diferencia de *gloria*, en sentido de *luminosidad*, entre ambos cuerpos celestes.

καὶ ἄλλη δόξα ἀστέρων· Luego proyecta su referencia a las estrellas, sin duda en una gran mayoría, mayores que el sol, pero que a causa de la distancia en donde se encuentran, parecen simplemente puntos en el firmamento, de manera que las más lejanas solo se las ve brillar tenuemente.

ἀστὴρ γὰρ ἀστέρος διαφέρει ἐν δόξῃ. A pesar de todo se distingue a simple vista que hay diferencia entre estrella y estrella. La conclusión es obvia, si hay tanta diferencia entre cuerpos, tanto en los que están en la tierra como en los celestes, es ilógico pensar de un modo diferente en cuanto al cuerpo de resurrección. Dios hizo todo diferente, así también los cuerpos de los que serán resucitados, tienen que ser diferentes a los cuerpos mortales. Si Dios ha sido capaz de crear todas las cosas con diferencias de grandeza y de formas, así será capaz de dotar a los resucitados con cuerpos gloriosos y distintos unos de otros.

Este versículo confirma la interpretación del sentido de *cuerpos celestiales*, como una referencia a los astros y no a los ángeles, que siendo espíritus son invisibles para el humano.

Características del cuerpo de resurrección (15:42-50)

42. Así también es la resurrección de los muertos. Se siembra en corrupción, resucitará en incorrupción.

οὕτως καὶ ἡ ἀνάστασις τῶν νεκρῶν. σπείρεται ἐν φθορᾷ,
Así también la resurrección de los muertos. Se siembra en corrupción,
ἐγείρεται ἐν ἀφθαρσίᾳ·
es resucitado en incorrupción.

Análisis y notas del texto griego.

Análisis: οὕτως, adverbio demostrativo *así, del mismo modo*; καὶ, adverbio de modo *también*; ἡ, caso nominativo femenino singular del artículo determinado *la*; ἀνάστασις, caso nominativo femenino singular del nombre común *resurrección*; τῶν, caso genitivo masculino plural del artículo determinado declinado *de los*; νεκρῶν, caso genitivo masculino plural del adjetivo *muertos*; σπείρεται, tercera persona singular del presente de indicativo en voz pasiva del verbo σπείρω, *sembrar*, aquí *se siembra*; ἐν, preposición propia de dativo *en*; φθορᾷ, caso dativo femenino singular del nombre común *corrupción*; ἐγείρεται, tercera persona singular del presente de indicativo en voz pasiva del verbo εγείρω, *resucitar*, aquí *es resucitado*; ἐν, preposición propia de dativo *en*; ἀφθαρσίᾳ, caso dativo femenino singular del nombre común *incorrupción*.

οὕτως καὶ ἡ ἀνάστασις τῶν νεκρῶν. Pablo inicia aquí no solo la aplicación de los ejemplos anteriores, sino la puntualización de lo que será la resurrección de los muertos, negada por algunos, si no en la iglesia, por lo menos en el entorno de los creyentes. Para ello pone en los dos versículos, este y el siguiente, una antítesis que desvela la realidad de lo que será la resurrección.

Los ejemplos anteriores permiten entender que como hay diferencias entre los cuerpos celestiales y los terrenales, que difieren unos de los otros, y que además son diferentes entre sí, del mismo modo el cuerpo de resurrección será diferente al cuerpo físico del hombre en su vida en la tierra.

σπείρεται ἐν φθορᾷ, ἐγείρεται ἐν ἀφθαρσίᾳ· Como la semilla que se introduce en la tierra, así también el creyente, al morir, es puesto en ella. Inmediatamente a la muerte comienza el proceso de descomposición de la materia enterrada. Como el ejemplo dado antes para la semilla, el cuerpo del creyente no se entierra para perderse, sino para levantarse del lugar donde fue puesto, cuando llegue el día de la resurrección. Es conocido que la Escritura hablando de la creación dice que toda ella está *sujeta a vanidad*, por tanto, es sujeto de corrupción, que aparentemente la hace caminar hacia su fin (Ro. 8:19-21). Por causa del pecado la creación toda está sujeta a dificultades y a un decaimiento constante, sin embargo, esto no es un asunto meramente negativo, sino que tiene un propósito, ya que Dios *"la sujetó en esperanza"*. La liberación de la corrupción la traerá en el tiempo en que se produzca la resurrección. Es necesario apreciar el contraste de las dos palabras *corrupción* e *incorrupción*. La primera afecta a todos los hombres en el cuerpo actual, la segunda es la expresión de una vida en una esfera distinta en donde el cuerpo de resurrección no será afectado por la corrupción, sino que ésta no existirá para él. Es decir, no es que esté guardado de alguna manera para que no se corrompa, sino que es imposible que pueda corromperse. En el futuro el cuerpo de resurrección estará libre de corrupción (Dn. 12:3; Mt. 13:43; Ro. 2:7).

Así el cuerpo físico actual se descompondrá y reducirá a polvo, de donde fue tomado, pero el que saldrá en la resurrección es imposible que pueda estar sujeto a una experiencia semejante. El cuerpo de hoy es temporal, pero el de resurrección es perpetuo, para que podamos estar *"para siempre con el Señor"* (1 Ts. 4:17).

43. Se siembra en deshonra, resucitará en gloria; se siembra en debilidad, resucitará en poder.

σπείρεται ἐν ἀτιμίᾳ, ἐγείρεται ἐν δόξῃ· σπείρεται ἐν ἀσθενείᾳ,
Se siembra en deshonra, es resucitado en gloria; se siembra en debilidad,
ἐγείρεται ἐν δυνάμει·
es resucitado en poder.

Análisis y notas del texto griego.

Análisis: σπείρεται, tercera persona singular del presente de indicativo en voz pasiva del verbo σπείρω, *sembrar*, aquí *se siembra*; ἐν, preposición propia de dativo *en*; ἀτιμίᾳ, caso dativo femenino singular del nombre común *deshonra, deshonor, bajeza*; ἐγείρεται tercera persona singular del presente de indicativo en voz pasiva del verbo εγείρω, *resucitar*, aquí *es resucitado*; ἐν, preposición propia de dativo *en*; δόξῃ, caso dativo femenino singular del nombre común *gloria*; σπείρεται tercera persona singular del presente de indicativo en voz pasiva del verbo σπείρω, *sembrar*, aquí *se siembra*; ἐν, preposición propia de dativo *en*; ἀσθενείᾳ, caso dativo femenino singular del nombre común *debilidad*; ἐγείρεται tercera persona singular del presente de indicativo en voz pasiva del verbo εγείρω, *resucitar*, aquí *es resucitado*; ἐν, preposición propia de dativo *en*; δυνάμει, caso dativo femenino singular del nombre común *poder*.

σπείρεται ἐν ἀτιμίᾳ, Nuevamente la comparación con la siembra, de modo que el cuerpo es puesto en la tierra en *deshonra, deshonor, bajeza*. Pablo llama a este cuerpo actual, físico, *"el cuerpo de la humillación nuestra"* (Fil. 3:21). La *deshonra* es una referencia a lo que es propio del cuerpo humano, que se deteriora y muere (Col. 3:4). Son las condiciones y las miserias de la vida terrestre que preparan la corrupción del cuerpo. Este cuerpo se deteriora, el proceso de la edad unido a los achaques y enfermedades conducen a esa situación.

ἐγείρεται ἐν δόξῃ· El cuerpo de resurrección es glorioso; no le afectan las circunstancias que corrompen el cuerpo actual. Las debilidades físicas del cuerpo mortal dejan paso a uno libre de todas ellas, a la semejanza del cuerpo del Señor resucitado. La enseñanza del apóstol es clara: *"Cuando Cristo, vuestra vida, se manifieste, entonces vosotros también seréis manifestados con Él en gloria"* (Col. 3:4). La gloria es la forma natural escatológica de la vida eterna. Generalmente la palabra *gloria* se aplica a lo resplandeciente. El cuerpo muerto podrá ser amortajado, pero es sólo un cadáver; en cambio, el de resurrección será glorioso, semejante al de resurrección de Cristo. El creyente resucitará con un cuerpo adecuado para la vida perpetua en *cielos nuevos y tierra nueva*, en una dimensión absolutamente distinta a la actual.

σπείρεται ἐν ἀσθενείᾳ, Indica otro contraste entre el cuerpo actual y el de resurrección. A la tumba se entrega un cuerpo que es *débil*. Pablo dice que *"se siembra en debilidad"*. El cuerpo de cada uno es débil porque tiene fuerzas muy limitadas. Además, el tiempo va mermando su poder. Así se aprecia en el ejemplo de David, hombre fuerte, experimentado en el combate, pero cuando era ya un hombre mayor, estuvo a punto de perecer en un conflicto con los filisteos, y el testimonio bíblico es elocuente: *"David se hallaba extenuado"* (2 S. 21:15 RVR). Todos tenemos esta experiencia. Los años van debilitando nuestras fuerzas y el cansancio se apodera fácilmente de cada uno. Finalmente, la debilidad es incapaz ya de sostener la vida. El apóstol dice: *"se siembra en debilidad"*.

ἐγείρεται ἐν δυνάμει· Pero la resurrección produce un cambio definitivo: *"resucitará en poder"*. A este cuerpo no le afecta la debilidad del actual. Estará dotado de energía y facultades que ahora no se pueden ni concebir. Dotado de la energía propia de un cuerpo espiritual, adaptado para vivir en una nueva dimensión, en donde sin la presencia del pecado, no habrá enfermedad ni muerte (Ap. 21:4). Cuando la muerte se apodera del cuerpo, y se produce la separación entre la parte material y la espiritual, los restos de la persona carecen ya de todo poder. Pero, la gloria de la resurrección, donde la parte espiritual que descansa con Cristo se unirá al cuerpo de resurrección dotará al nuevo cuerpo de un poder extraordinario lleno de gloriosa energía.

44. Se siembra cuerpo animal, resucitará cuerpo espiritual. Hay cuerpo animal, y hay cuerpo espiritual.

σπείρεται σῶμα ψυχικόν, ἐγείρεται σῶμα πνευματικόν. Εἰ ἔστιν
Se siembra cuerpo natural, es resucitado cuerpo espiritual. Si hay
σῶμα ψυχικόν, ἔστιν καὶ πνευματικόν.
cuerpo natural, hay también espiritual.

Análisis y notas del texto griego.

Análisis: σπείρεται, tercera persona singular del presente de indicativo en voz pasiva del verbo σπείρω, *sembrar*, aquí *se siembra*; σῶμα, caso nominativo neutro singular del nombre común *cuerpo*; ψυχικόν, caso nominativo neutro singular del adjetivo *síquico, natural, animal*; ἐγείρεται, tercera persona singular del presente de indicativo en voz pasiva del verbo εγείρω, *resucitar*, aquí *es resucitado*; σῶμα, caso nominativo neutro singular del nombre común *cuerpo*; πνευματικόν, caso nominativo neutro singular del adjetivo *espiritual*. Εἰ, conjunción afirmativa *si*; ἔστιν, tercera persona singular del presente de indicativo en voz activa del verbo εἰμί, *ser, estar, haber*, aquí *hay*; σῶμα, caso nominativo neutro singular del nombre común *cuerpo*; ψυχικόν, caso nominativo neutro singular del adjetivo *síquico, natural, animal*; ἔστιν, tercera persona singular del presente de indicativo en voz activa del verbo εἰμί, *ser, estar, haber*, aquí *hay*; καὶ, adverbio de modo *también*; πνευματικόν, caso nominativo neutro singular del adjetivo *espiritual*.

σπείρεται σῶμα ψυχικόν, El cuerpo actual es el asiento del *alma*, el estuche que la porta y que manifiesta visiblemente las actividades de la parte anímica del hombre. Es decir, el alma controla al cuerpo. Por tanto, lo que se entrega al sepulcro es el *estuche* del alma, de ahí el término que Pablo usa de *cuerpo natural* o literalmente *cuerpo síquico*, esto es, perteneciente o relativo a las funciones sicológicas.

Esta comparación conjuga las tres comparaciones anteriores. El *cuerpo animal*, es corruptible, de uso ordinario, y débil. El *de resurrección* es incorruptible, glorioso y poderoso. Se le llama *cuerpo animal* porque es donde domina el *ánima*, la *sique*, un principio natural y creado, por tanto, siempre limitado.

ἐγείρεται σῶμα πνευματικόν. Al de resurrección le llama el apóstol *cuerpo espiritual*. Este es el cuerpo que es habitación del Espíritu, que potencia a la parte espiritual del hombre redimido. Es la expresión plena del Espíritu de Dios que potencia en acción poderosa y fuerte al cuerpo de resurrección, de manera que este cuerpo espiritual es incorruptible, glorioso y poderoso en contraste con el natural, cuya vida es la creada y otorgada por Dios al hombre. El creyente tiene como don divino, la *vida eterna*, esta es la vida de Dios, participada por el hombre en la unidad e identificación con Cristo, hecha por el Espíritu. Esta vida eterna que hoy disfrutamos en forma restringida, será la amplia dimensión de la vida de resurrección. Así se aprecia cuando observamos que Cristo ha tenido una vida limitada, propia de la *kenosis*, el estado de *humillación*, pero es levantado de la tumba para manifestarse en la condición de gloria a perpetuidad, luego de Su resurrección. El cuerpo *espiritual*, además de seguir siendo el asiento del Espíritu divino, es el vehículo expresivo del espíritu, el principio racional e inmortal de la naturaleza humana.

Εἰ ἔστιν σῶμα ψυχικόν, ἔστιν καὶ πνευματικόν. Una observación del apóstol resume la enseñanza cuando afirma que "*hay cuerpo animal, y cuerpo espiritual*". El cuerpo natural del hombre tiene sus limitaciones que le son propias, por eso se habla de él como *carne y sangre*; también tiene dolor y decadencia, además de necesidades vitales. El cuerpo espiritual está adaptado a las condiciones de la vida de resurrección. El ejemplo del cuerpo de resurrección se aprecia en el del Señor a) Ese cuerpo se manifestaba en *aspectos* diferentes (Mr. 16:12-13), o si se prefiere, en distinta figura. De manera que, según el relato de Lucas, el Señor se acercó a los discípulos que caminaban desde Jerusalén a Emaús, como un viajero a quién no conocieron, de modo que el rasgo físico que identifica a la persona les era desconocido. Esta es la manifestación propia del cuerpo de resurrección, que no es el mismo cuerpo que se entierra, sino otro transformado. El señor ocultaba Su identidad conocida para los Suyos bajo formas diferentes. b) El cuerpo de resurrección no estaba sujeto a limitaciones y obstáculos naturales, de modo que pudo pasar con las puertas cerradas al lugar donde se habían congregado los discípulos y salir del mismo modo (Jn. 20:19, 26). c) También se aprecia que el *cuerpo espiritual* o cuerpo de resurrección no está sujeto a la sangre como el natural, puesto que las heridas del Señor permanecían abiertas, se conservaban en Su cuerpo, en Su costado, en Sus manos y en Sus pies, pero no sangraban (Jn. 20:20, 27). d) Podía hacer funciones propias del cuerpo natural de modo que podía comer con los discípulos (Jn. 21:15). Este cuerpo espiritual de resurrección, funcionará en todo a la semejanza del cuerpo resucitado de Jesús.

Que el cuerpo sea *espiritual* no significa que sea etéreo, sutil, ni mucho menos un espíritu con apariencia humana, sino el cuerpo humano de resurrección. Cuando los discípulos se espantaron por la presencia del Señor en medio de ellos, Cristo les dijo: *"mirad mis manos y mis pies, que yo mismo soy; palpad, y vez; porque un espíritu no tiene carne ni huesos, como veis que yo tengo"* (Lc. 24:39). Algunos de aquellos podrían suponer aún que estaban en presencia de un espíritu materializado, pero no solo manda que vean Sus manos y Sus pies, sino también que palpen. Con ello se diluye toda duda, ya que un espíritu no puede ni verse, ni palparse. El cuerpo de resurrección no es un espíritu que se hace visible, sino que tiene *carne y huesos*. Es cierto que las manifestaciones visibles de ese cuerpo, como se ha dicho antes, pueden tomar otra apariencia y aspecto distinto al que había tenido durante la vida terrenal, pero, aunque se resucita con *cuerpo espiritual*, no se trata del mismo cuerpo animal resucitado, ya que conlleva una notable diferencia entre ambos. El cuerpo de Jesús marca las diferencias y las referencias para entender lo que será el *cuerpo espiritual* de resurrección.

45. Así también está escrito: Fue hecho el primer hombre Adán alma viviente; el postrer Adán, espíritu vivificante.

οὕτως καὶ γέγραπται· *ἐγένετο ὁ πρῶτος ἄνθρωπος* Ἀδὰμ *εἰς*
Así también ha sido escrito: Fue hecho el primer hombre, Adán -
ψυχὴν ζῶσαν, ὁ ἔσχατος Ἀδὰμ εἰς πνεῦμα ζῳοποιοῦν.
alma viviente, el último Adán - espíritu vivificante.

Análisis y notas del texto griego.

Análisis: οὕτως, adverbio demostrativo *así*; καὶ, adverbio de modo *también*; γέγραπται, tercera persona singular del perfecto de indicativo en voz pasiva del verbo γράφω, *escribir*, aquí *ha sido escrito*; *ἐγένετο*, tercera persona singular del segundo aoristo de indicativo e voz media del verbo γίνομαι, *hacerse, ser hecho*, aquí *fue hecho*; *ὁ*, caso nominativo masculino singular del artículo determinado *él*; *πρῶτος*, caso nominativo masculino singular del adjetivo numeral ordinal *primer*; *ἄνθρωπος*, caso nominativo masculino singular del nombre común *hombre*; 'Ἀδὰμ, caso nominativo masculino singular del nombre propio *Adán*; *εἰς*, preposición propia de acusativo *a, hacia*; *ψυχὴν*, caso acusativo femenino singular del nombre común *alma*; *ζῶσαν*, caso acusativo femenino singular del participio de presente en voz activa del verbo ζάω, *vivir*, aquí *que vive*; ὁ, caso nominativo masculino singular del artículo determinado *el*; ἔσχατος, caso nominativo masculino singular del adjetivo *último*; 'Ἀδὰμ, caso nominativo masculino singular del nombre propio *Adán*; εἰς, preposición propia de acusativo *a, hacia, para*; πνεῦμα, caso acusativo neutro singular del nombre común *espíritu*; ζῳοποιοῦν, caso acusativo neutro singular del participio de presente en voz activa del verbo ζῳοποιέω, *vivificar, dar vida*, aquí *que da vida*.

οὕτως καὶ γέγραπται· *ἐγένετο ὁ πρῶτος ἄνθρωπος* 'Ἀδὰμ *εἰς ψυχὴν ζῶσαν,* El apóstol apela nuevamente a la Escritura para tomar parte de la cláusula, en la que se lee que *"fue hecho el primer hombre Adán alma viviente"*. La revelación bíblica se refiere a la creación del hombre (Gn. 2:7). Dios *sopló* en los elementos inorgánicos, por tanto, sin vida, que seleccionó para crear al hombre, de lo que ya había creado para la Tierra, insuflando en ellos, convirtiendo lo que no tenía vida en un *alma que vive*. Ese primer hombre recibió el nombre de Adán, que en su contenido genérico tiene que ver con la humanidad, pero en el contexto individual, fue el primer *varón* creado por Dios. Más adelante crearía a la mujer tomando de la carne del varón. Es necesario tener en cuenta que cuando Dios creó al hombre no lo hizo una *persona colectiva*, como el jesuita y filósofo francés Pierre Tehilard de Chardin pretendió demostrar. El creó al *hombre*, comenzando por el varón. Este ser, creado por Dios, es un *alma que vive*, es decir, un ser que tiene vida y que puede comunicarla por engendramiento a otro nuevo ser. Adán creado para la existencia terrenal tenía las limitaciones propias del hombre, entre otras, la de estar sujeto al decreto divino de que debe morir una vez y después la comparecencia ante Dios (He. 9:27). Luego, todo lo que procede del primer Adán es temporal y mortal.

ὁ ἔσχατος 'Ἀδὰμ εἰς πνεῦμα ζῳοποιοῦν. Pablo contrasta con Jesucristo, a quien llama *el último Adán*. No usa aquí para Él ningún texto de la Escritura, pero le llama *"espíritu vivificante"*, esto es, espíritu que puede dar vida. Como hombre perfecto tiene poder para comunicar lo que Él mismo es, *la vida* (Jn. 14:6). Todo lo que es engendrado en Cristo tiene vida, no temporal, sino eterna. Esta vida eterna está en Jesucristo (Jn. 1:4). Él tiene poder para comunicar vida a quien quiere (Jn. 5:21, 25; 6:57; 11:25, 26). Se convierte para los que están en Él, por identificación vinculante y unidad inseparable, en *Espíritu vivificante*, en el sentido de capacidad para dar vida a estos que están en Él (12:13). Si Pablo llama a Jesús *Espíritu vivificante*, no se está refiriendo a la condición de Espíritu que es Dios, en este caso en la Segunda Persona Divina, sino que está pensando en el hombre con cuerpo humano, ya que le llama el *postrer, último Adán*. Esto es comprensible y puede ser llamado *Espíritu*, porque manifiesta la potencia de vida que tiene por ser Señor, como Dios le califica en Su resurrección (Fil. 2:9-11). Este calificativo para el Resucitado de *Espíritu vivificante*, tiene que ver más que en Sí mismo y en Su estado, en la relación con los creyentes, en la relación dinámica que da vida a los muertos espirituales, otorgándoles, a los que creyeron, una vida imperecedera, que es la vida eterna. Jesús, cuando venció la muerte, recibió el cuerpo de resurrección del que se consideró antes, a ese cuerpo llama Pablo *cuerpo espiritual*. Por medio de Su Espíritu, tiene poder para comunicar vida al que cree. Sin duda, antes de Su muerte y resurrección, Jesús resucitó muertos, que siguieron en sus cuerpos mortales tales como eran antes, pero luego de Su resurrección, la inmortalidad viene a ser la experiencia de vida de los que han creído en Él. Esa manifestación de inmortalidad será una realidad en la resurrección de los muertos. De manera que, si Jesús recibió una transformación en la resurrección, recibiendo un cuerpo distinto al que tenía antes, así también los creyentes en el momento de ser resucitados tendrán un cuerpo semejante al de Cristo (Fil. 3:20, 21).

46. Mas lo espiritual no es primero, sino lo animal; luego lo espiritual.

ἀλλ' οὐ πρῶτον τὸ πνευματικὸν ἀλλὰ τὸ ψυχικόν, ἔπειτα τὸ
Pero no primero lo espiritual, sino lo natural, después lo
πνευματικόν.
espiritual.

Análisis y notas del texto griego.

Análisis: ἀλλ', forma escrita ante vocal de la conjunción adversativa ἀλλά que significa *pero, sino, mas*; οὐ, adverbio de negación *no*; πρῶτον, adverbio demostrativo o caso acusativo neutro singular del adjetivo numeral ordinal *primero*; τὸ, caso nominativo neutro singular del artículo determinado *lo*; πνευματικὸν, caso nominativo neutro singular del adjetivo *espiritual*; ἀλλὰ, conjunción adversativa *pero, sino, mas*; τὸ, caso nominativo neutro singular del artículo determinado *lo*; ψυχικόν, caso nominativo neutro singular del adjetivo *natural, animal, síquico*; ἔπειτα, adverbio demostrativo *después, luego*; τὸ, caso nominativo neutro singular del artículo determinado *lo*; πνευματικόν, caso nominativo neutro singular del adjetivo *espiritual*.

ἀλλ' οὐ πρῶτον τὸ πνευματικὸν ἀλλὰ τὸ ψυχικόν, ἔπειτα τὸ πνευματικόν. El versículo remarca el orden que ha de seguirse para llegar al *cuerpo espiritual*. La misma creación comienza por el proceso de crear la parte material (Gn. 2:7). Luego comunica el soplo de vida, aliento, espíritu que complementa el conjunto del ser, parte material y parte espiritual (Gn. 2:7b). Lo terrenal, adámico, antecede a lo espiritual, recibido en Cristo. Así, la vida terrenal, precede a la de resurrección.

47. El primer hombre es de la tierra, terrenal; el segundo hombre, que es el Señor, es del cielo.

ὁ πρῶτος ἄνθρωπος ἐκ γῆς χοϊκός, ὁ δεύτερος ἄνθρωπος[1] ἐξ
El primer hombre de tierra, terrestre, el segundo hombre de
οὐρανοῦ.
cielo.

Análisis y notas del texto griego.

Análisis: ὁ, caso nominativo masculino singular del artículo determinado *el*; πρῶτος, caso nominativo masculino singular del adjetivo numeral ordinal *primer*; ἄνθρωπος, caso nominativo masculino singular del nombre común *hombre*; ἐκ, preposición propia de genitivo *de*; γῆς, caso genitivo femenino singular del nombre común *tierra*; χοϊκός, caso nominativo masculino singular del adjetivo *terrenal*; ὁ, caso nominativo masculino singular del artículo determinado *el*; δεύτερος, caso nominativo masculino singular del adjetivo numeral ordinal *segundo*; ἄνθρωπος, caso nominativo masculino singular del nombre común *hombre*; ἐξ, forma escrita de la preposición propia de genitivo ἐκ, delante de vocal y que significa *de*; οὐρανοῦ, caso genitivo masculino singular del nombre común *cielo*.

Notas. Crítica Textual. Lecturas alternativas.

[1] ἄνθρωπος, *hombre*, según se lee en a*, B, C, D*, F, G, 0243, 6, 33, 1175, 1739*, latt, bo.

ὁ Κύριος, *el Señor*, en 630.

ἄνθρωπος ὁ Κύριος, *hombre el Señor*, conforme a ²a, A, D¹, K, L, P, Ψ, 075, 81, 104, 365, 630, 1241, 1505, 1739mg, 1881, 2464.

ἄνθρωπος πνευματικὸς, *hombre espiritual*, lectura en 𝔓46.

ὁ πρῶτος ἄνθρωπος ἐκ γῆς χοϊκός, El primer hombre fue tomado del polvo de la tierra (Gn. 2:7). Pablo usa aquí el adjetivo χοϊκός, literalmente *terroso*, por ser hecho del polvo de la tierra. Su comportamiento corresponde al lugar de procedencia (Jn. 3:31).

ὁ δεύτερος ἄνθρωπος ἐξ οὐρανοῦ. Mientras que Adán es hecho del polvo, Cristo bajó del cielo. Así lo enseña también Juan, cuando habla del *Verbo* que *fue hecho carne* (Jn. 1:14). Sin duda fue concebido por el

Espíritu en el seno de María, de la que tomó los elementos de Su humanidad, pero ahí se origina la *naturaleza humana* del Verbo eterno, pero la Persona Divina en la que esa naturaleza humana subsiste, es celestial. Como hombre tiene un cuerpo humano, pero Su condición personal es del Cielo, celestial. De otro modo Jesucristo es una Persona Divino-humana. Este segundo Adán es *Emanuel*, Dios con los hombres. Cristo vino del cielo, tomando carne y sangre para hacerse hombre y participar plenamente de nuestra humanidad (He. 2:14). De nosotros, los hijos de Adán, en la condición propia del hombre, tomó cuerpo humano, nosotros tomamos de Él la seguridad de un cuerpo glorificado que tendremos en la resurrección.

48. Cual el terrenal, tales también los terrenales; y cual el celestial, tales también los celestiales.

οἷος ὁ χοϊκός, τοιοῦτοι καὶ οἱ χοϊκοί, καὶ οἷος ὁ ἐπουράνιος,
Cual el terrenal, tales también los terrenales, y cual el celestial
τοιοῦτοι καὶ οἱ ἐπουράνιοι·
tales también los celestiales.

Análisis y notas del texto griego.

Análisis: οἷος, caso nominativo masculino singular del adjetivo relativo *cual*; ὁ, caso nominativo masculino singular del artículo determinado *el*; χοϊκός, caso nominativo masculino singular del adjetivo *terrenal*; τοιοῦτοι, caso nominativo masculino plural del adjetivo demostrativo *tales*; καὶ, adverbio de modo *también*; οἱ, caso nominativo masculino plural del artículo determinado *los*; χοϊκοί, caso nominativo masculino plural del adjetivo *terrenos, terrenales*; καὶ, conjunción copulativa *y*; οἷος, caso nominativo masculino singular del adjetivo relativo *cual*; ὁ, caso nominativo masculino singular del artículo determinado *el*; ἐπουράνιος, caso nominativo masculino singular del adjetivo *celestial*; τοιοῦτοι, caso nominativo masculino plural del adjetivo demostrativo *tales*; καὶ, conjunción copulativa *y*; οἱ, caso nominativo masculino plural del artículo determinado *los*; ἐπουράνιοι, caso nominativo masculino plural del adjetivo *celestiales*.

οἷος ὁ χοϊκός, τοιοῦτοι καὶ οἱ χοϊκοί, Existe una vinculación terrenal y celestial. En la terrenal, toda la raza tiene las características de sus progenitores. Tal como era Adán, así también es la humanidad adámica.

καὶ οἷος ὁ ἐπουράνιος, τοιοῦτοι καὶ οἱ ἐπουράνιοι· Del mismo modo hay una vinculación celestial. Unidos vitalmente a Cristo, el hombre terrenal se transforma en un hombre *celestial*, es decir, perteneciente al cielo. Esta verdad se expresa por el apóstol: *"Mas nuestra ciudadanía está en los cielos, de donde también esperamos al Salvador, al Señor Jesucristo; el cual transformará el cuerpo de la humillación nuestra, para que sea semejante al cuerpo de la gloria suya, por el poder con el cual puede también sujetar a sí mismo todas las cosas"* (Fil. 3:20-21). La patria del creyente antes la tierra, es ahora el cielo. Su nombre está escrito en el registro celestial del libro de la vida (Ap. 3:5; 13:8; 20:12; 21:27). Es más, posicionalmente en Cristo ya está en los lugares celestiales (Ef. 2:6). La vida del creyente está escondida con Cristo en Dios (Col. 3:3). Es ciudadano de los santos y miembro de la familia de Dios (Ef. 2:19). Antes ciudadano del mundo era aceptado por él, pero ahora en la tierra es extranjero y peregrino para los terrenales (He. 11:13; 1 P. 2:11). Estos cristianos *hombres celestiales*, viven deseando lo que esperan, una patria mejor, donde tienen lugar aparejado para ellos por Dios mismo (He. 11:16; Jn. 14:1-4).

49. Y así como hemos traído la imagen del terrenal, traeremos también la imagen del celestial.

καὶ καθὼς ἐφορέσαμεν τὴν εἰκόνα τοῦ χοϊκοῦ, φορέσομεν[1]
Y como portamos la imagen del terrenal, portaremos
καὶ τὴν εἰκόνα τοῦ ἐπουρανίου.
también la imagen del celestial.

Análisis y notas del texto griego.

Análisis: καὶ, conjunción copulativa *y*; καθὼς, adverbio *como*; ἐφορέσαμεν, primera persona plural del primer aoristo de indicativo en voz activa del verbo φορέω, *llevar puesto, portar*, aquí *portamos*; τὴν, caso acusativo femenino singular del artículo determinado *la*; εἰκόνα, caso acusativo femenino singular del nombre común *imagen*; τοῦ, caso genitivo masculino singular del artículo determinado *el*; χοϊκοῦ, caso genitivo masculino singular del adjetivo *terrenal*; φορέσομεν, primera persona plural del futuro de indicativo en voz activa del verbo φορέω, *llevar puesto, portar*, aquí *llevaremos, portaremos*; καὶ, adverbio de modo *también*; τὴν, caso acusativo femenino singular del artículo determinado *la*; εἰκόνα, casi acusativo femenino singular del nombre común *imagen*; τοῦ, caso genitivo masculino singular del artículo determinado *el*; ἐπουρανίου, caso genitivo masculino singular del adjetivo *celestial*.
Notas. Crítica Textual. Lecturas alternativas.

[1] φορέσομεν, *llevaremos*, conforme a la lectura en B, I, 6, 630, 945[vl], 1881, sa.

φορέσωμεν, *lleváramos*, según lectura en 𝔓[46], a, A, C, D, F, G, K, L, P, Ψ, 075, 0243, 33, 81, 104, 365, 945[txt], 1175, 1241, 1505, 1739, 2464, 𝔐, latt, bo, Ireneo[lat], Clemente, Orígenes.

καὶ καθὼς ἐφορέσαμεν τὴν εἰκόνα τοῦ χοϊκοῦ, Pablo enseña que todos los cristianos, como hombres terrenales, descendientes de Adán, hemos traído la *imagen*, la reproducción de la condición de nuestro primer padre. Todos los hombres *terrenales*, literalmente según el adjetivo χοϊκός, *del polvo*, se corresponden con el primer hombre de la tierra, el primer Adán. El cuerpo actual es el propio de la creación terrenal. Esta *imagen* no solo está vinculada al cuerpo físico, sino también al carácter del primer Adán.

φορέσομεν καὶ τὴν εἰκόνα τοῦ ἐπουρανίου. Pero llegará el tiempo en que la imagen del *celestial*, que es Cristo sea plenamente reproducida en los hijos de Dios. En algunos mss. y en padres de la iglesia, en lugar del futuro *llevaremos*, está el subjuntivo *lleváremos*. En este caso sería una exhortación a buscar una cada vez mayor semejanza con Cristo. Sin embargo, el contexto inmediato exige considerarlo como futuro, referido especialmente al cuerpo, ya que Pablo está tratando de la resurrección del cuerpo de los creyentes. Eso corresponde a un decreto divino de identificación plena con Cristo: *"Porque a los que antes conoció, también los predestinó para que fuesen hechos conformes a la imagen de su Hijo, para que él sea el primogénito entre muchos hermanos"* (Ro. 8:29). Dios ha determinado que los creyentes adquieran la imagen de Jesucristo. Entender esto escapa a toda comprensión humana. La transformación a la imagen del Hijo implica ya una transformación a causa de la vinculación con Cristo, disponiendo de una naturaleza compatible y amoldable a la divina, en la que participamos (2 P. 1:4). Esta transformación conforme a Cristo, permite al cristiano reflejar en el mundo en tinieblas la gloria de Dios, en una transformación progresiva que opera el Espíritu Santo en cada cristiano: *"Por tanto, nosotros todos, mirando a cara descubierta como en un espejo la gloria del Señor, somos transformados de gloria en gloria en la misma imagen, como por el Espíritu del Señor"* (2 Co. 3:18). Este Santo Espíritu es el obrero divino que transforma al creyente día a día *conformándolo* a la imagen de Jesús, el Hijo de Dios. La imagen de Dios deteriorada en el hombre por el pecado, es restaurada en Cristo, imagen perfecta y absoluta de Dios. Sin duda la *imagen* en el tiempo presente, estadio de la santificación, tiene que ver principalmente con expresar visiblemente la condición moral de nuestro Señor, reproducida en el creyente por el Espíritu Santo (Gá. 5:22-25). La transformación es progresiva (Ro. 12:2; Ef. 4:32-5:2; Fil. 3:10; Col. 3:10). Pero alcanzará el objetivo final en la glorificación, en donde Dios resucitará corporalmente a los cristianos, para que se conforme al cuerpo de gloria de Jesucristo (Fil. 3:21). De ahí que el apóstol escriba en este versículo: *"Así como hemos traído la imagen del terrenal, traeremos también la imagen del celestial"*.

50. Pero esto digo, hermanos: que la carne y la sangre no pueden heredar el reino de Dios, ni la corrupción hereda la incorrupción.

Τοῦτο δέ φημι, ἀδελφοί, ὅτι σὰρξ καὶ αἷμα βασιλείαν Θεοῦ
Pero esto digo, hermanos, que carne y sangre reino de Dios
κληρονομῆσαι οὐ δύναται[1] οὐδὲ ἡ φθορὰ τὴν ἀφθαρσίαν
heredar no pueden, ni la corrupción a la incorrupción
κληρονομεῖ.
hereda.

Análisis y notas del texto griego.

Análisis: Τοῦτο, caso acusativo neutro plural del pronombre demostrativo *estos*, en sentido de *estas cosas*; δέ, partícula conjuntiva que hace las veces de conjunción coordinante, con sentido de *pero, más bien, y, y por cierto*, *antes bien, entonces*; φημι, primera persona singular del presente de indicativo en voz activa del verbo φημί, *decir*, aquí *digo*; ἀδελφοί, caso vocativo masculino plural del nombre común *hermanos*; ὅτι, conjunción *que*; σὰρξ, caso nominativo femenino singular del nombre común *carne*; καὶ, conjunción copulativa *y*; αἷμα, caso nominativo neutro singular del nombre común *sangre*; βασιλείαν, caso acusativo femenino singular del nombre común *reino*; Θεοῦ, caso genitivo masculino singular del nombre divino declinado *de Dios*; κληρονομῆσαι, presente de infinitivo en voz activa del verbo κλερονομέω, *heredar*; οὐ, adverbio de negación *no*; δύναται, tercera persona singular del presente de indicativo en voz media del verbo δύναμαι, *poder, tener poder*, aquí *puede*; οὐδὲ, adverbio *ni*; ἡ, caso nominativo femenino singular del artículo determinado *la*; φθορὰ, caso nominativo femenino singular del nombre común *corrupción*; τὴν, caso acusativo femenino singular del artículo determinado declinado *a la*; ἀφθαρσίαν, caso acusativo femenino singular del nombre común *incorrupción*; κληρονομεῖ, tercera persona singular del presente de indicativo en voz activa del verbo κλερονομέω, *heredar*, aquí *hereda.*

Notas. Crítica Textual. Lecturas alternativas.

[1] κληρονομῆσαι οὐ δύναται[1], *heredar no pueden*, según se lee en a, B, 365, sy^{h}, sa, Clemente^{pt}, Orígenes.

κληρονομῆσαι οὐ δύνανται, *heredar no puede*, conforme a A, C, D, K, L, P, Ψ, 075, 0243, 33, 81, 104, 365, 630, 1175, 1241, 1505, 1739, 1881, 2464, 𝔐, lat, sy^{p}, Ireneo$^{gr, lat, pt}$, Clemente^{p}.

οὐ κληρονομήσουσιν, *no recibirán por heredad*, de acuerdo con F, G, ar, vg^{vg}, bo, Marcion^{T}, Ireneo$^{lat, pt}$, Ophites$^{según Ireneo/lat}$, Ambrosiaster.

Τοῦτο δέ φημι, ἀδελφοί. La frase sirve de introducción a la vez que de resumen conclusivo de lo que antecede. A la vez permite apreciar que, puesto que procede del apóstol, es firme en todo lo que viene a continuación, debiendo tomarse como palabra del Señor. Es una expresión individual como se aprecia por el uso singular del verbo, aquí *digo*, unido al vocativo *hermanos*, que denota familiaridad y afecto.

ὅτι σὰρξ καὶ αἷμα βασιλείαν Θεοῦ κληρονομῆσαι οὐ δύναται. El apóstol afirma que la *carne y la sangre* no pueden heredar el reino de Dios. En este caso los dos nombres deben tomarse como equivalentes a *cuerpo* y no a naturaleza pecaminosa. Carne se aplica a la sustancia y sangre al principio vital. Sin duda tampoco la naturaleza no regenerada entrará o heredará el reino (Jn. 3:3, 5, 6). Sin embargo, no es este el tema del pasaje. La primera conclusión es que la estructura física del hombre, no corresponde a la forma de vida propia del Reino. En la *Epístola a los Hebreos*, se lee refiriéndose a Cristo que: *"Por cuanto los hijos participaron de carne y sangre, Él también participó de lo mismo"* (He. 2:14), de manera que no siempre *carne y sangre* es sinónimo de vieja naturaleza. Esto confirma que aquí se está tratando de cuerpo actual y cuerpo de resurrección. Esta es la última ocasión en la *Epístola* que el apóstol usa el término *Reino de Dios*.

οὐδὲ ἡ φθορὰ τὴν ἀφθαρσίαν κληρονομεῖ. La segunda afirmación es que *"ni la corrupción hereda la incorrupción"*. Ambas cosas son absolutamente incompatibles. *Corrupción* es lo que termina, *incorrupción* tiene que ver con la eternidad. De modo que la *temporalidad* no puede entrar en la *intemporalidad*, condición de la eternidad. La conclusión es natural: el cuerpo tiene que ser cambiado. Esto prepara el terreno para la enseñanza siguiente que tratará de cómo será cambiado el cuerpo temporal. El cuerpo que se corrompe no puede entrar en la presencia de Dios. La carne y la sangre no tienen posibilidad de adaptarse a una vida especialmente gloriosa donde los problemas propios de este tiempo no sólo no aparecerán, sino que son imposibles.

La victoria del cristiano en Cristo (15:51-58)

Revestidos de inmortalidad (15:51-53)

51. He aquí, os digo un misterio: No todos dormiremos; pero todos seremos transformados.

ἰδοὺ μυστήριον ὑμῖν λέγω· πάντες[1] οὐ κοιμηθησόμεθα,
Mirad, misterio os digo: Todos no dormiremos,
πάντες δὲ ἀλλαγησόμεθα,
pero todos seremos transformados

Análisis y notas del texto griego.

Análisis: ἰδοὺ, segunda persona singular del aoristo segundo de imperativo en voz media del verbo ὁράω, en la forma εἶδον, *mirar, mostrar, ver,* con uso adverbial equivale a *he aquí, sucedió que, ved, ahora, en esto* etc. podría traducirse como una expresión de advertencia enfática como *¡Mira!*, incluso podría leerse a modo de interrogación como *y ¿sabéis?*, es en la práctica como una partícula demostrativa, que se usa para animar el discurso avivando la atención del lector, algunos modernos la identifican como interjección; μυστήριον, caso acusativo neutro singular del nombre común *misterio*; ὑμῖν, caso acusativo de la segunda persona plural del pronombre personal declinado *a vosotros, os*; λέγω, primera persona singular del presente de indicativo en voz activa del verbo λέγω, *hablar, decir*, aquí *digo*; πάντες, caso nominativo masculino plural del adjetivo indefinido *todos*; οὐ, adverbio de negación *no*; κοιμηθησόμεθα, primera persona plural del futuro de indicativo en voz activa del verbo κοιμάομαι, *dormir,* simbólicamente *morir*, aquí *dormiremos*; πάντες, caso nominativo masculino plural del adjetivo indefinido *todos*; δὲ, partícula conjuntiva que hace las veces de conjunción coordinante, con sentido de *pero, más bien, y, y por cierto, antes bien, entonces*; ἀλλαγησόμεθα, primera persona plural del futuro de indicativo en voz pasiva del verbo ἀλλάσσω, *transformar* aquí *seremos transformados*.

Notas. Crítica Textual. Lecturas alternativas.

[1] πάντες, *todos*, según lectura en 𝔓[46], B, C*, D*, 0243*, 1739, b.

πάντες μὲν, *todos a la verdad*, según lectura en a, A C2 D2 F G K L P Ψ 075. 0243c. 33. 81. 104. 365. 630. 1175. 1241. 1505. 1881. 2464, 𝔐, lat, sy[h], Ambrosiaster.

ἰδοὺ μυστήριον ὑμῖν λέγω· La revelación divina llega por medio de los apóstoles, en este caso por Pablo, y pone de manifiesto verdades que antes estaban ocultas en Dios mismo y que se conocen porque Él las da a conocer. A esta revelación divina el apóstol da el nombre de *misterio.* Es algo que no había sido revelado antes, ni hubiera sido conocido por Pablo si no fuese por la revelación que Dios le hizo. Como si dijera *os digo esto en palabra del Señor* (1 Ts. 4:15). El verbo con que inicia la cláusula y que en ocasiones se traduce como *he aquí*, tiene sentido admirativo, de modo que los lectores presten atención a lo que sigue y que equivale a *¡mirad!* El texto viene a decir: *¡Mirad! os digo un misterio*, por consiguiente, requiere atención a lo que va a decir.

πάντες οὐ κοιμηθησόμεθα, La primera manifestación del misterio es que *"no todos dormiremos"*, usando nuevamente el eufemismo que equivale a la muerte. Los cristianos esperamos el traslado de la Iglesia a la presencia del Señor, verdad que es tratada por el apóstol en otro lugar (cf. 1 Ts. 4:15-17). La inminencia del evento era creída entonces, de modo que si se producía en aquel tiempo no todos los creyentes pasarían por la experiencia de morir, de ahí el uso del verbo en primera persona, *dormiremos*, en lugar de *dormirán*, que se usaría si el traslado de la Iglesia fuese algo lejano. Los que no *dormirán* serán los creyentes que estén vivos en el momento en que el Señor venga para recoger a los Suyos.

πάντες δὲ ἀλλαγησόμεθα, La segunda, es que *"todos seremos transformados"*. El primer proceso, la muerte, no alcanzará a algunos; el segundo, la transformación de los cuerpos, comprenderá a todos. Todos los creyentes experimentaremos el cambio, bien sea en el momento de la resurrección o en el regreso del Señor (1 Ts. 4:16-17). Esta transformación será el modo de recibir el cuerpo de resurrección, adaptado a la nueva experiencia celestial (v. 49), ya que, de carne y sangre, el actual, no *heredará*, esto es no es apto para la vida en el *Reino de Dios* (v. 50).

52. En un momento, en un abrir y cerrar de ojos, a la final trompeta; porque se tocará la trompeta, y los muertos serán resucitados incorruptibles, y nosotros seremos transformados.

ἐν ἀτόμῳ, ἐν ῥιπῇ ὀφθαλμοῦ, ἐν τῇ ἐσχάτῃ σάλπιγγι· γὰρ
En un instante, en parpadeo de ojo, a la final trompeta. porque
σαλπίσει, καὶ οἱ νεκροὶ ἐγερθήσονται ἄφθαρτοι καὶ
será tocada trompeta y los muertos serán resucitados incorruptibles y
ἡμεῖς ἀλλαγησόμεθα.
nosotros seremos transformados.

Análisis y notas del texto griego.

Análisis: ἐν, preposición propia de dativo *en*; ἀτόμῳ, caso dativo neutro singular del adjetivo *en un instante, momento brevísimo*; ἐν, preposición propia de dativo *en*; ῥιπῇ, caso dativo femenino singular del nombre común *parpadeo, abrir y cerrar*; ὀφθαλμοῦ, caso genitivo masculino singular del nombre común *ojo*; ἐν, preposición propia de dativo *en, a*; τῇ, caso dativo femenino singular del artículo determinado *la*; ἐσχάτῃ, caso dativo femenino singular del adjetivo *última*; σάλπιγγι, caso genitivo femenino singular del nombre común *trompeta*; σαλπίσει, tercera persona singular del futuro de indicativo en voz pasiva del verbo σαλπίζω, *tocar trompeta, sonar trompeta*, aquí *será tocada trompeta*; γὰρ, conjunción causal *porque*; καὶ, conjunción copulativa *y*; οἱ, caso nominativo masculino plural del artículo determinado *los*; νεκροὶ, caso nominativo masculino plural del nombre común *muertos*; ἐγερθήσονται, tercera persona plural del futuro de indicativo en voz pasiva del verbo ἐγείρω, *levantar, resucitar*, aquí *serán resucitados*; ἄφθαρτοι, caso nominativo masculino plural del adjetivo *incorruptibles*; καὶ, conjunción copulativa *y*; ἡμεῖς, caso nominativo de la primera persona plural del pronombre personal *nosotros*; ἀλλαγησόμεθα, primera persona plural del futuro de indicativo en voz pasiva del verbo ἀλλάσσω, *transformar*, aquí *seremos transformados*.

ἐν ἀτόμῳ, ἐν ῥιπῇ ὀφθαλμοῦ, La descripción del evento futuro es semejante al del escrito a los tesalonicenses. La primera verdad tiene que ver con la *instantaneidad* del tiempo que ocupará. El apóstol dice que será en *un instante*, para lo que usa el adjetivo ἄτομος, que equivale a una fracción de tiempo, tan pequeña que para los griegos era *indivisible*. Para dar una mayor precisión usa también la figura del *abrir y cerrar de ojos*. Ambas son muy cortas, enseñando que el tiempo en que se producirá la *transformación* de los cuerpos, e incluso la resurrección de los muertos, será instantáneo.

ἐν τῇ ἐσχάτῃ σάλπιγγι· Este acontecimiento ocurrirá al *sonar la última trompeta*. Esto habla de la inminencia del acontecimiento. Este sonido de trompeta tiene que ver con el cumplimiento del tiempo determinado por Dios para la venida de Jesús a buscar a Su Iglesia, que sólo el Padre conoce (Mt. 24:36). Cuando los discípulos quisieron conocer el tiempo en que se produciría esto, cuando el *Reino de los Cielos* sea establecido en la tierra, recibieron una advertencia semejante: *"No os toca a vosotros saber los tiempos o las sazones, que el Padre puso en su sola potestad"* (Hch. 1:7). De modo que hay cosas secretas que pertenecen sólo a Dios y que no es dado a conocer al hombre. El momento para la Segunda Venida, que en relación con los creyentes traerá consigo la resurrección de los muertos y la transformación de los vivos, se producirá como ocurrió con la primera, cuando *"llegue el cumplimiento del tiempo"* (Gá. 4:4). Ningún ser creado, ni siquiera los santos ángeles que sirven continuamente a Dios y acceden para servicio a Su presencia, conocen el día ni la hora establecida para ese evento. Es suficiente con que conozcamos que el tiempo está tan firmemente establecido que sólo será un determinado día, sino que también será en una prefijada hora. Quiere decir que todo el futuro está bajo la soberanía de Dios.

Junto con la determinación divina en cuanto al tiempo, el apóstol afirma por revelación que esto ocurrirá *"a la final trompeta"*. Es una forma expresiva de la soberanía de Dios en la ejecución de Su programa. Determinar que *trompeta* es esta, supone dificultades y produce distintos posicionamientos. Algunos entienden que se trata de la *última trompeta* que, conforme a la revelación del Apocalipsis sonará en la mitad de la *tribulación* (Ap. 11:15 ss). Argumentan que la séptima trompeta es una trompeta de juicio, mientras que ésta será de bendición y triunfo. Esto no significa que lo que es de bendición para los creyentes, es de ruina para el mundo. Otros entienden que esta trompeta no tiene que ver con la del Apocalipsis, sino una que anuncia el traslado de la Iglesia, ya que, según esta interpretación, la Iglesia no estará en la tribulación, sino que durante ese tiempo ya habrá sido trasladada a la presencia del Señor (1 Ts. 1:10; Ap. 3:10). No se llegará, como en otros aspectos de doctrina, a una conclusión definitiva, sin embargo, cabe hacer notar aquí, que el sonido de trompeta en la Antigua Dispensación, señalaba el final de una época y el comienzo de otra, como ocurre en otros lugares de la Escritura, por ejemplo, en el año jubilar que comenzaba con el toque de trompeta (Lv. 25:9) y expresaba el final de un ciclo de tiempo y la entrada al disfrute de las bendiciones que comportaba el año del jubileo. Además, las trompetas servían para convocar al pueblo de Dios para ocasiones especiales, reunirlo frente al tabernáculo, convocarlo a la guerra y para otras fechas solemnes (Nm. 10:1-10).

El sonido de trompeta, está usándose aquí como elemento de advertencia de que un tiempo, el de la Iglesia peregrina, ha terminado para dar paso al de la Iglesia gloriosa. El sonido de trompeta, es una figura elocuente para referirse al comienzo de algo extraordinario. Aquí expresa también la convocatoria celestial a los creyentes, a unos para resurrección y a otros para transformación, que los prepare para acudir primero al encuentro con Jesús y luego a compartir con Él las riquezas de gloria. En resumen, esta trompeta anuncia el fin de la dispensación de la Iglesia y la apertura de la siguiente etapa en la manifestación del *Reino de Dios*.

σαλπίσει γὰρ καὶ οἱ νεκροὶ ἐγερθήσονται ἄφθαρτοι. Al toque de trompeta *"los muertos serán resucitados incorruptibles"*. El descenso del Señor traerá aparejada la resurrección de *los muertos*. Indudablemente, por la enseñanza general del capítulo, se trata de los creyentes que han muerto a lo largo de los años de la historia de la Iglesia. Esta será, como ya se ha considerado, la *segunda resurrección*, luego de la llamada *primicias*, que es la de Jesucristo (v. 23). Estos que resucitarán, conforme a la enseñanza del apóstol son *los muertos en Cristo* (1 Ts. 4:16). No son todos los muertos los que resucitan, sino algunos de entre ellos, esto es, los creyentes que han muerto, los cristianos que partieron para estar con Cristo a lo largo de los siglos, serán levantados de entre los muertos y dotados del cuerpo de resurrección, al que Pablo llama aquí *incorruptibles*. No será una simple interrupción de la muerte, sino un definitivo despertar a una nueva experiencia de vida con Jesús. Este cuerpo de resurrección, de que ya se ha considerado antes, será idéntico al cuerpo transformado de los creyentes vivos en aquel tiempo. Las características de ese cuerpo se han considerado antes (vv. 42-44). El cuerpo de resurrección es *incorruptible* porque se resucita en *incorrupción*, esto es, no está preservado de corromperse, sino que la corrupción no le afecta por estar en otra esfera a la que no puede llegar. Este cuerpo tendrá las características del cuerpo del Señor resucitado, en el que las limitaciones propias del cuerpo de nuestra vida son cambiadas por otras mucho más elevadas. Sin embargo, no supone esto que el cuerpo que recibamos no tenga nada que ver con el material que fue la residencia de la parte espiritual del hombre, la vinculación con él está en razón de su procedencia, esto es, surge como transformación del cuerpo muerto y es identificativo de la persona que lo posee. El cuerpo de resurrección permite al creyente entrar en el disfrute pleno de la nueva dimensión de vida en la presencia del Señor, gustando perpetuamente de las riquezas de gloria que Él tiene como herencia para los Suyos (1 P. 1:4).

καὶ ἡμεῖς ἀλλαγησόμεθα. La última manifestación doctrinal está relacionada con los creyentes vivos, de los que Pablo afirma que *"nosotros seremos transformados"*. En el instante mismo de la resurrección de los muertos, se producirá la transformación de los vivos. No serán transformados antes de los muertos, sino simultáneamente. Es interesante apreciar la inminencia del evento, al colocarse entre los vivos el mismo apóstol. Indudablemente no quiere decir que el apóstol estuviese pensando que ocurriría en su tiempo, si bien su enseñanza es que podría ocurrir en el aquel tiempo, pero lo que está diciendo es que habrá entonces creyentes que hayan muerto, a quienes Dios resucitará, y otros vivos, a los que se refiere cuando dice que *"seremos transformados"*. Sólo Dios conoce el tiempo en que ocurrirá esto y sólo Él sabe quiénes son los que estén vivos entonces.

Todo el proceso está involucrado con la omnipotencia divina, que resucita a los muertos y transforma a los vivos, esta hará que todos los creyentes, sean levantados del mundo y elevados en el aire hasta las nubes (1 Ts. 4:17). Cuando Jesús ascendió a los cielos, fue levantado desde la tierra, una nube lo recibió y lo ocultó a los ojos de quienes estaban reunidos viendo el suceso. De este mismo modo los creyentes serán levantados de la tierra, y quedarán ocultos del mundo al ser tomados en las nubes. El mundo quedará atrás para los que han creído, dejando ya toda angustia y aflicción del cuerpo y alma que esta esfera de oposición a Dios le había producido en el decurso del tiempo (2 Co. 5:2, Fil. 3:20, 21). Libres de opresión y persecución de los enemigos que por siglos lucharon contra ella. Libres también de la opresión y presencia del pecado y de la muerte (Ro. 6:6; 7:24). El cuerpo de gloria será como el del Señor, cumpliéndose plenamente la predestinación establecida por el Padre para los salvos (Ro. 8:29).

Todavía algo más. Es la gloria del encuentro con el Señor. Los muertos en Cristo resucitarán y en compañía de ellos los transformados, estaremos para siempre con Jesús. Quiere decir que las lágrimas producidas por la partida de los que han precedido, se convierten en una definitiva y perpetua reunión de todos con Jesús. Saludamos en la lejanía, siempre cercana por la fe, el encuentro con quienes nos han precedido en la carrera cristiana y han llegado antes que nosotros a la presencia del Señor. Las lágrimas vertidas por ello, serán enjugadas, como toda lágrima, en ese momento, donde seremos reunidos a los nuestros, para juntos entrar en el lugar que el amado Señor preparará para nosotros.

53. Porque es necesario que esto corruptible se vista de incorrupción, y esto mortal se vista de inmortalidad.

Δεῖ γὰρ	τὸ	φθαρτὸν	τοῦτο	ἐνδύσασθαι	ἀφθαρσίαν	καὶ	τὸ
Porque es necesario	lo	corruptible	esto	sea vestido	de incorrupción	y	lo

θνητὸν	τοῦτο	ἐνδύσασθαι	ἀθανασίαν.
mortal	esto	sea vestido	de inmortalidad.

Análisis y notas del texto griego.

Análisis: Δεῖ, tercera persona singular del presente de indicativo en voz activa del verbo δεῖ, *ser preciso, ser necesario*, aquí *es necesario*; γὰρ, conjunción causal *porque*; τὸ, caso acusativo neutro singular del artículo determinado *lo*; φθαρτὸν, caso acusativo neutro singular del adjetivo *corruptible*; τοῦτο, caso acusativo neutro singular del pronombre demostrativo *esto*; ἐνδύσασθαι, primer aoristo de infinitivo en voz media del verbo ἐνδύω, *vestirse, revestirse*, aquí *sea vestido*; ἀφθαρσίαν, caso acusativo femenino singular del nombre común *de incorrupción*; καὶ, conjunción copulativa *y*; τὸ, caso acusativo neutro singular del artículo determinado *lo*; θνητὸν, caso acusativo neutro singular del adjetivo *mortal*; τοῦτο, caso acusativo neutro singular del pronombre demostrativo *esto*; ἐνδύσασθαι, primer aoristo de infinitivo en voz media del verbo ἐνδύω, *vestirse, revestirse*, aquí *sea vestido*; ἀθανασίαν, caso acusativo femenino singular del nombre común declinado *de inmortalidad.*

Δεῖ γὰρ. Todo lo enseñado antes, se manifiesta como *necesidad* de que se produzca. De modo que *es necesario*, o *es preciso* que se produzca la transformación de los cuerpos. Es necesario porque corresponde al propósito divino para el futuro de los creyentes. Esta *necesidad* es la misma como lo fue el cumplimiento de todo lo relacionado con la obra de Cristo (Lc. 24:26, 44). El verbo δεῖ, designa una necesidad absoluta, de modo que los enunciados establecidos con este verbo tienen carácter absoluto, determinístico. En las expresiones formuladas con este verbo, adquieren casi siempre carácter de decreto divino, como es el caso de este texto. Es evidente que determina las normas dadas por Dios y especialmente la revelación de Su propósito.

τὸ φθαρτὸν τοῦτο ἐνδύσασθαι ἀφθαρσίαν. El primer aspecto de la operación necesaria, tiene que ver con la *incorrupción*. Especialmente se refiere el apóstol aquí a los creyentes que durmieron en Cristo (v. 51). Se produce *necesariamente* el cambio del cuerpo antiguo al nuevo. Éste último es inmortal, de manera que no queda afectado por la corrupción. Es un solo y mismo principio orgánico que se presenta sucesivamente en dos formas diferentes. El elemento permanente, la persona, antes encerrada en un cuerpo corruptible, es elevado por el poder de Dios a un modo de existencia inalterable.

καὶ τὸ θνητὸν τοῦτο ἐνδύσασθαι ἀθανασίαν. El segundo aspecto de la operación necesaria, tiene que ver con la *inmortalidad*. De manera que lo que es *mortal* tiene que ser vestido o revestido, de *inmortalidad*. Esto está principalmente relacionado con los creyentes vivos (v. 52b). Revestidos de inmortalidad, les impide experimentar la muerte, por tanto, los creyentes vivos, no pasarán por esa experiencia.

Esta operación es *necesaria* para un nuevo estado: *"Luego nosotros los que vivimos, los que hayamos quedado, seremos arrebatados juntamente con ellos en las nubes para recibir al Señor en el aire, y así estaremos siempre con el Señor"* (1 Ts. 4:17). Únicamente en Cristo se dan las dos cosas. Fue revestido de incorrupción y de inmortalidad (Sal. 16:10; 1 Ti. 6:16). El primer cuerpo humano revestido de inmortalidad que entra en el cielo.

La victoria sobre la muerte (15:54-58)

54. Y cuando esto corruptible se haya vestido de incorrupción, y esto mortal se haya vestido de inmortalidad, entonces se cumplirá la palabra que está escrita: Sorbida es la muerte en victoria.

ὅταν δὲ τὸ φθαρτὸν τοῦτο ἐνδύσηται ἀφθαρσίαν καὶ τὸ
Y cuando lo mortal esto se vista de inmortalidad, y lo
θνητὸν τοῦτο ἐνδύσηται ἀθανασίαν, τότε γενήσεται ὁ λόγος ὁ
mortal esto se vista de inmortalidad, entonces llegará a ser la palabra -
γεγραμμένος·
que ha sido escrita:
κατεπόθη ὁ θάνατος εἰς νῖκος.
Fue sorbida la muerte en victoria.

Análisis y notas del texto griego.

Análisis: ὅταν, conjunción *cuando*; δὲ, partícula conjuntiva que hace las veces de conjunción coordinante, con sentido de *pero, más bien, y, y por cierto*, *antes bien, entonces*; τὸ, caso acusativo neutro singular del artículo determinado *lo*; φθαρτὸν, caso acusativo neutro singular del adjetivo *mortal*; τοῦτο, caso nominativo neutro singular del pronombre demostrativo *esto*; ἐνδύσηται, primer aoristo de infinitivo en voz media del verbo ἐνδύω, *vestirse, revestirse*, aquí *sea vestido*; ἀφθαρσίαν, caso acusativo femenino singular del nombre común *de incorrupción*; καὶ, conjunción copulativa *y*; τὸ, caso acusativo neutro singular del artículo determinado *lo*; θνητὸν, caso acusativo neutro singular del adjetivo *mortal*; τοῦτο caso acusativo neutro singular del pronombre demostrativo *esto*; ἐνδύσασθαι, primer aoristo de infinitivo en voz media del verbo ἐνδύω, *vestirse, revestirse*, aquí *sea vestido*; ἀθανασίαν, caso acusativo femenino singular del nombre común declinado *de inmortalidad*; τότε, adverbio demostrativo *entonces*; γενήσεται, tercera persona singular del futuro de indicativo en voz media del verbo γίνομαι, *llegar a ser, empezar a existir*, aquí *llegará a ser*; ὁ, caso nominativo masculino singular del artículo determinado *el*; λόγος, caso nominativo masculino singular del nombre común *palabra*; ὁ, caso nominativo masculino singular del artículo determinado *el*; γεγραμμένος, caso nominativo masculino singular del participio de perfecto en voz pasiva del verbo γράφω, *escribir*, aquí *que ha sido escrita*; *κατεπόθη*, tercera persona singular del primer aoristo de indicativo en voz pasiva del verbo καταπίνω, *tragar, devorar, absorber, sorber*, aquí *fue sorbida*; *ὁ*, caso nominativo masculino singular del artículo determinado *el*; *θάνατος*, caso nominativo masculino singular del nombre común *muerte*; *εἰς*, preposición propia de acusativo *en, por*; *νῖκος*, caso acusativo neutro singular del nombre común *victoria*.

ὅταν δὲ τὸ φθαρτὸν τοῦτο ἐνδύσηται ἀφθαρσίαν καὶ τὸ θνητὸν τοῦτο ἐνδύσηται ἀθανασίαν, La operación transformadora en la que lo corrupto se vestirá de incorrupción y lo mortal se vestirá de inmortalidad, como una *operación necesaria* descrita en el versículo anterior. Todos los extremos se han considerado ya en los versículos anteriores, aquí el apóstol hace una nueva reiteración de las verdades de las que escribió antes.

τότε γενήσεται ὁ λόγος ὁ γεγραμμένος· La transformación de los cuerpos de los creyentes, en el evento escatológico del que ha tratado, producirá el cumplimiento de lo que ya había sido profetizado, de ahí la conocida expresión que el apóstol usa para referirse a la profecía escrita: *que ha sido escrita*.

κατεπόθη ὁ θάνατος εἰς νῖκος. La cita bíblica que autentifica la enseñanza anterior, está tomada de la profecía de Isaías, en donde se lee: *"destruirá la muerte para siempre"* (Is. 25:8). Pero la cita no sigue ni la versión LXX, ni tampoco la hebrea. En la versión griega se lee: *"la muerte se absorberá para siempre"*[17]. Al usar el verbo en voz pasiva el sujeto de la oración es la muerte que *ha sido sorbida*, *tragada*. Esto quiere decir que Dios eliminará la muerte para siempre, consecuencia de haber sido vestidos los creyentes de inmortalidad. Ya se ha cumplido antes la profecía en relación con la muerte de Jesús, quien triunfó sobre la muerte en Su resurrección. Así también como fue cumplida en el pasado, lo será en el futuro cuando haya tenido lugar la transformación de los muertos por resurrección y de los vivos que serán revestidos de inmortalidad. Para los que estén en el *Reino de Dios*, la victoria sobre la muerte será definitiva y plena.

55. ¿Dónde está, oh muerte, tu aguijón? ¿Dónde, oh sepulcro, tu victoria?

ποῦ σου, θάνατε, τὸ νῖκος· ποῦ σου, θάνατε, τὸ κέντρον
¿Dónde de ti, muerte, la victoria? ¿Dónde de ti, muerte, el aguijón.

Análisis y notas del texto griego.

Análisis: ποῦ, adverbio interrogativo *dónde*; σου, caso genitivo de la segunda persona singular del pronombre personal declinado *de ti*; θάνατε, caso vocativo masculino singlar del nombre común *muerte*; τὸ, caso genitivo neutro singular del artículo determinado *el*; νῖκος, caso nominativo neutro singular del nombre común *victoria*; ποῦ adverbio interrogativo *dónde*; σου, caso genitivo de la segunda persona singular del pronombre personal declinado *de ti*; θάνατε, caso vocativo masculino singlar del nombre común *muerte*; τὸ, caso genitivo neutro singular del artículo determinado *el*; κέντρον, caso nominativo neutro singular del nombre común *aguijón*.

Notas. Crítica Textual. Lecturas alternativas.

[1] ποῦ σου, θάνατε, τὸ νῖκος· *¿Dónde de ti, muerte la victoria?*, según lectura en 𝔓[46], a[*], B, C, 088, 1739[*], lat, co, Ireneo[lat, pt], Eusebio[pt].

κέντρον ποῦ σου, ᾄδη τὸ νῖκος, *...aguijon? ¿Dónde Hades (sepulcro) de ti victoria?*, lectura en [2]a, A[c], K, L, P, Ψ, 075, 104, 365, 630, 1505, 1881, 𝔐, sy.

... νῖκος, ποῦ σου, ᾄδη τὸ κέντρον, *...victoria, ¿Dónde de ti sepulcro el aguijón?*, según lectura en 0121, 0243, 33, 81, 326, 1175, 1241, 1739[c], 2464.

ποῦ σου, θάνατε, τὸ νῖκος· El apóstol personaliza la muerte para formularle dos preguntas, que tendrían que ser respondidas

---

[17] Κατέπιέ ὁ θάνατος ἰσχύσας.

negativamente. En algunos mss, de menor seguridad formula una de ellas a la muerte, preguntándole donde está su *aguijón*, y la segunda al sepulcro donde está su *victoria*. Otra dificultad es la colocación de las dos preguntas que varían según los mss.

ποῦ σου, θάνατε, τὸ νῖκος· Siguiendo la lectura que se entiende como *más segura*, el apóstol pregunta a la muerte donde está su victoria. Esta es un eco de la profecía, de ahí que algunos mss. sitúen las palabras en forma de poema. El texto de la profecía se lee: *"De la mano del Seol los redimiré, los libraré de la muerte. Oh muerte, yo seré tu muerte; y seré tu destrucción, oh Seol"* (Os. 13:14). Indudablemente por la resurrección de Cristo, la muerte ha sido desposeída de su terror. Porque ha sido vencida y no puede retener aprisionados a quienes mueren creyendo, puesto que han recibido el regalo de la *vida eterna* (Jn. 3:16).

ποῦ σου, θάνατε, τὸ κέντρον. Sigue una segunda pregunta formulada también a la muerte: *¿Dónde está, muerte, el aguijón?* En algunos mss. se lee aquí *sepulcro* en lugar de *muerte*. El término griego aquí en esos textos es ᾅδη, *Hades*, que en la mitología griega, equivalía a *lo que no se ve*, al *mundo invisible*, en cuyo caso estaría refiriéndose el apóstol a quienes han muerto y fueron sepultados. Sin embargo, esa variante es posiblemente una corrección de copistas, ya que el apóstol no usa ese término en ninguno de sus escritos. Es posible que supusiera que algunos de los lectores griegos entenderían el concepto como lo enseñaba la mitología griega, donde Hades era un dios y la morada suya era el averno, al que se llamaba la *casa de Hades*. En el versículo siguiente dará explicación a este concepto. En cualquier caso, lo interesante, a pesar de las diferencias textuales, es que la muerte con todas sus consecuencias ha sido vencida.

56. Ya que el aguijón de la muerte es el pecado, y el poder del pecado, la ley.

τὸ δὲ κέντρον τοῦ θανάτου ἡ ἁμαρτία, ἡ δὲ δύναμις τῆς
Ya que el aguijón de la muerte el pecado, y el poder del
ἁμαρτίας ὁ νόμος·
pecado la ley.

Análisis y notas del texto griego.

Análisis: τὸ, caso nominativo neutro singular del artículo determinado *el*; δὲ, partícula conjuntiva que hace las veces de conjunción coordinante, con sentido de, *pero, más bien, y, y por cierto*, *antes bien, entonces*; κέντρον, caso nominativo neutro singular del nombre común *aguijón*; τοῦ, caso genitivo masculino singular del artículo determinado declinado *del*; θανάτου, caso genitivo masculino singular del nombre común *muerte*; ἡ, caso nominativo femenino singular del artículo determinado *la*; ἁμαρτία, caso nominativo femenino singular del nombre común *pecado*; ἡ, caso nominativo femenino singular del artículo determinado *la*; δὲ, partícula conjuntiva que hace las veces de conjunción coordinante, con sentido de, *pero, más bien, y, y por cierto, antes bien, entonces*; δύναμις, caso nominativo femenino singular del nombre común *poder*; τῆς, caso genitivo femenino singular del artículo determinado declinado *de la*; ἁμαρτίας, caso genitivo femenino singular del nombre común *pecado*; ὁ, caso nominativo masculino singular del artículo determinado *el*; νόμος, caso nominativo masculino singular del nombre común *ley*.

τὸ δὲ κέντρον τοῦ θανάτου ἡ ἁμαρτία, La conclusión doctrinal por la que el apóstol formuló las preguntas retóricas a la muerte personificada, son las que apunta en las palabras de este versículo.

La primera razón es que el *aguijón* de la muerte es el pecado. De otro modo, la muerte actúa porque el hombre es pecador. De este modo lo enseña el apóstol escribiendo a los romanos: *"Por tanto, como el pecado entró en el mundo por un hombre, y por el pecado la muerte, así la muerte pasó a todos los hombres, por cuanto todos pecaron"* (Ro. 5:12). La primera parte del texto enseña la irrupción del pecado en la esfera de los hombres, pero la afirmación que interesa aquí a efectos de las palabras registradas en esta *Epístola*, es que, a causa del pecado, entró la muerte. En la compañía del pecado está, necesariamente la muerte. No sólo se introdujo el pecado, sino también la consecuencia penal del pecado. Dios lo había establecido cuando dijo al hombre, refiriéndose a la manifestación del pecado en el aspecto de la desobediencia de comer del árbol prohibido que: *"el día que de él comieres, ciertamente morirás"* (Gn. 2:17). La muerte es la forma natural de vida en el mundo abierto al pecado. La vida procede de Dios y se disfruta en la medida en que se está en comunión con Él. La vida espiritual es el resultado de conocer al Padre y al Hijo, no en sentido intelectual de admisión de Su existencia, sino como manifestación de íntima vinculación (Jn. 17:3). El pecado interrumpió el flujo de la vida, por tanto, en el mismo instante en que se produjo la experiencia de pecado, en ese mismo instante se produjo la interrupción de la vida espiritual. La muerte espiritual es el estado de separación entre el hombre y Dios a causa del pecado. Esa muerte espiritual se evidencia en la muerte física que es la experiencia común a todos los hombres, ya que *"por cuanto todos pecaron, y están destituidos de la gloria de Dios"* (Ro. 3:23). La muerte es la manifestación natural del pecado porque *"la paga del pecado es la muerte"* (Ro. 6:23). El proceso de muerte para Adán y toda la raza humana comenzó en el momento en que Adán pecó. Todos los hombres mueren, por tanto, necesariamente todos tienen que ser pecadores. A través de Adán pasó el pecado y a través del pecado, la muerte. No es posible sino que haya muerte, ya que el pecado es la violación de la relación del hombre con Dios, que siendo vida interrumpida, introduce al hombre en el antónimo de ella que es la muerte. Todos los hombres son concebidos en el mundo del pecado, donde está presente por la acción permisiva de Adán, por tanto, todos los hombres están espiritualmente muertos al pertenecer al orden del cosmos cuya vida es la muerte. Luego, en la experiencia pecaminosa de cada hombre, cada individuo se hace *reato de pena*, como responsable de sus acciones contra Dios, Pero, ya en el inicio de la vida humana, esta viene afectada por el pecado, por cuya razón el hombre muere. Si el hombre vive en el pecado, vive también en la muerte. Como escribe el Dr. Lacueva:

> *"Cómo transmitió Adán a su posteridad el pecado y la muerte (v. 12): El pecado entró en el mundo por medio de un solo ser humano (lit.). Un solo hombre abrió, con su pecado, las compuertas por las que penetró en el mundo la tremenda inundación de iniquidades y calamidades. De la mano del pecado, entró la muerte (v. Gn. 2:17), y así pasó la muerte a todos los seres humanos, por cuanto todos pecaron... (v. 12b, lit.). Aunque el original no dice que todos pecamos en Adán, todo el contexto, así como 1 Co. 15:22 y el mismo hilo de la argumentación paulina, exigen que se entienda de esa forma: Todos morimos en Adán porque todos pecamos en Adán (el verbo está en aoristo; en el pasado y de una vez por todas). El verbo* hamartano, *como el sustantivo* hamartia, *indica un fracaso general por el cual la raza humana se convirtió en una raza pecadora, es decir, incapaz de alcanzar el nivel moral que Dios exige de la conducta del ser humano. Esto fue efecto de nuestra unión corporativa con el primer Adán, cabeza física y moral de la raza humana"*[18].

La tremenda realidad es que *"todos pecaron"*. La idea del apóstol no es solamente que todos nacemos pecadores por descendencia de Adán, sino que, por esta herencia, el pecado propicia la pecaminosidad que se manifiesta en la muerte de todos los hombres como consecuencia. A partir del primero de los pecadores en el mundo de los hombres, se decidió el resultado final de toda la humanidad. A partir de él, la consecuencia del mundo del hombre, donde está presente el pecado y la muerte es el de una esfera de esclavitud bajo los poderes del pecado y de la muerte. De esta manera se entiende que la muerte *que entró* por un hombre se *propagó* a todos los hombres.

---

[18] Francisco Lacueva. *Romanos*. *Mattew Henry*, pág. 277.

ἡ δὲ δύναμις τῆς ἁμαρτίας ὁ νόμος· La segunda verdad es que *"el poder del pecado es la ley"*, ya que por medio de ella se pone de manifiesto la realidad del pecado. Pero, esta ley impide la justificación personal del hombre, por cuanto nadie es capaz de cumplir la Ley de Dios. El resumen de la ley pone de manifiesto esa incapacidad: *"Amarás al Señor tu Dios con todo tu corazón, y con toda tu alma, y con toda tu mente. Este es el primero y grande mandamiento. Y el segundo es semejante: Amarás a tu prójimo como a ti mismo. De estos dos mandamientos depende toda la ley y los profetas"* (Mt. 22:37-40). El hombre ha sido creado con capacidad de amar y para amar como meta de su vida. El amor es el cumplimiento absoluto y completo de la ley (Ro. 13:8-10), por cuanto quien ama no incumple ningún precepto establecido por Dios, ni busca, en provecho propio, ofender al prójimo. El amor a Dios es la primera consecuencia de reconocerle como lo que Él es. Dios es amor infinito y bien absoluto, por tanto, debe ser amado en primer término y sobre cualquier otro ser o cosa. Ningún amor incompatible con el amor de Dios debe ser considerado en la vida de quien reconoce a Dios, sobre todo. Todo debe ser amado conforme a Dios. A Dios hay que amarlo desde la relación personal con Él. Es necesario apreciar el énfasis del texto en ese sentido: *"Amarás al Señor tu Dios"*. Amarle en la relación personal es amarle por cuanto es de uno mismo como absoluto bien y dador de todos los bienes. Amarle en esa dimensión requiere una entrega en dependencia absoluta hacia Él. No hay amor posible sin entrega incondicional y no hay entrega incondicional sin dependencia plena. El Señor enseña que el amor debe involucrar tres aspectos de la personalidad humana: *"Con todo el corazón, con toda el alma y con toda la mente"*. ¿Se trata aquí de una misma cosa en tres expresiones distintas, que equivaldría a decir *"con todo el ser"*? Pudiera muy bien ser una referencia a la interrelación volitiva del hombre, que comienza con el corazón, núcleo de la voluntad, el alma como expresión de sentimiento, y el entendimiento como razonamiento lógico que conduce a la acción. Una precisión semejante daría lugar a un extenso razonamiento que exigiría luego un posicionamiento. Más bien pueden tomarse como que la fuente interna de la vida y la manifestación externa en actos, deben estar comprometidos y orientados hacia el amor a Dios. El amor a Dios es indivisible o compartible con otro amor fuera de Él, de modo que no se puede amar a dos señores al mismo tiempo (Mt. 6:24). Si Dios está por encima de todo, debe ser objeto de entrega por parte del hombre, de modo que este es el primero y más grande mandamiento. Dios no escatimó nada por el hombre y, desde la revelación el Nuevo Testamento, la evidencia suprema de Su amor consistió en entregar a Su mismo Hijo (Jn. 3:16). No existe un amor mayor que éste (Jn. 15:13; Ro. 5:6-10; 2 Co. 8:9). Un amor de esta naturaleza e infinita dimensión es inabarcable por la mente y el corazón del hombre (Ro. 11:33-36) y solo cabe una respuesta de amor incondicional y de entrega estimulada por el mismo amor de Dios (Ro. 12:1; 2 Co. 5:14-15). Unido al amor a Dios está también el amor al prójimo. El mandamiento del amor al prójimo aparece en la Ley (Lv. 19:18). Los maestros de Israel habían desvirtuado el mandamiento al considerar que *prójimo* eran únicamente los pertenecientes al pueblo de Israel, e incluso, algunos consideraban sólo prójimo al que cumplía la Ley y llevaba una vida en consonancia con la tradición de los ancianos. En cierta medida, para ellos, tanto los *publicanos* como los *pecadores*, no eran verdaderamente prójimos. El primer mandamiento resume y expresa el cumplimiento del resto de los mandamientos de la primera tabla, éste lo hace con los de la segunda. Quien ama al prójimo como a sí mismo no tendrá ningún pensamiento impropio ni realizará ninguna acción indigna contra él. Además, el segundo mandamiento de amor al prójimo es la consecuencia y evidencia de cumplir el primero, porque *"si alguno dice: Yo amo a Dios, y aborrece a su hermano, es mentiroso. Pues el que no ama a su hermano a quien ha visto, ¿cómo puede amar a Dios a quien no ha visto?"* (1 Jn. 4:20). Es interesante notar que en el mandamiento del amor al prójimo se vincula con el amor a uno mismo: *"cómo a ti mismo"*. Hay un incorrecto amor a uno mismo, egoísta, e incluso ególatra, pero hay un amor a uno mismo conforme al pensamiento de Dios. El apóstol Pablo enseña a tener un concepto de uno mismo, moderado y ecuánime, la prohibición es a un concepto personal más alto del que corresponda (Ro.12:3). Una idea pietista o espiritualista pretende hacer creer que el verdadero cristiano debe despreciarse a sí mismo y sentirse como inútil para todo, sin recursos personales válidos. Eso es, en cierta medida, un insulto a Dios que ha hecho al hombre a su imagen y semejanza y ha dotado a cada uno con dones naturales que caracterizan a cada persona y hacen de él una entidad única en relación con el resto. Además, a cada creyente le ha dado dones por acción soberana del Espíritu Santo. Nadie debe dejar de sentir delante de Dios los recursos que Él le ha dado, para agradecer al Creador y Señor sus bendiciones y entender cuáles son sus verdaderas capacidades para servirle. El concepto de uno mismo servirá como medida de amor hacia el prójimo. Tal entendimiento conducirá nuestro pensamiento al amor de Dios, con que nos ha amado a cada uno, reconociendo que si Él es bueno para con todos (Sal. 145:9), quienes se llaman Sus hijos han de seguirle en esa misma conducta. El Señor enseña al amor universal, esto es, amar sin exclusión a todos. Todas las disposiciones que Dios dio para Su pueblo y que están recogidas en todo el Antiguo Testamento, se incluyen, o si se prefiere mejor, desarrollan puntualmente uno u otro de estos dos mandamientos. De ahí que el apóstol Pablo afirme que quien ama al prójimo ha cumplido la ley (Ro. 13:9). El equilibrio perfecto está en el cumplimiento de ambos y no de uno sólo, o parcialmente de cada uno. Algunos religiosos enfatizan sólo el primero sin atender al segundo, otros que son incrédulos, afirman la importancia del segundo y menosprecian el primero. Es necesario entender que no hay verdadero amor a Dios sin amor al prójimo y no se puede amar sinceramente al prójimo si no se ama plenamente a Dios. Cuando se quita el amor tanto hacia Dios como hacia el prójimo, la sustancia de la vida cristiana desaparece. Las exhortaciones de la ley y los profetas sobre la ética del reino de Dios, en todos sus aspectos, sólo son posibles mediante el ejercicio correcto del amor a Dios que impulsa en obediencia y proporciona en comunión el amor al prójimo. No se trata de amar en palabras, sino en obras (1 Jn. 3:18). La situación extrema en contra de la enseñanza de Jesús es el de confrontación entre hermanos en Cristo. Tal situación es el peor contra testimonio que puede ofrecerse a la proclamación del evangelio, que en esencia es el mensaje supremo del amor de Dios hacia quienes no tienen derecho alguno para ser amados.

Al pecado de transgresión acompaña también el de omisión (Ro. 1:21, 28; 2:21; 3:11). La Ley pone de manifiesto los pecados evidentes y ocultos (Ro. 2:16). La Ley no fue dada para salvación, sino para evidenciar la realidad del pecado. Pone de manifiesto la santidad de Dios ante la pecaminosidad del hombre, su perversidad y la incapacidad para superar la situación abriendo una vida de justificación delante de Dios. De modo que el mundo entero, tanto judíos como gentiles caen bajo el derecho divino del juicio y de la ira que ejecutará la sentencia. Por el cumplimiento de la ley, ninguna carne, es decir, nadie de los hombres sobre la tierra, tanto en el pasado como en el futuro, serán reconocidos como justos ante el juicio divino.

De manera que por la práctica de la ley no se alcanza justificación. Esto se entiende por lo que antecede. Es claro que ningún hombre puede ser justificado por las obras de la Ley, porque todos son pecadores delante de Dios. Además, no hay justo ni aún uno (Ro. 3:10-12), de modo que como todos han pecado, todos están también *bajo pecado* (Ro. 3:9). En esa misma situación están tanto los judíos que están *bajo la ley*, como los gentiles que *no tienen ley* (Ro. 2:12). Todos los hombres son, por tanto, injustos, y es imposible que la práctica en el cumplimiento de los mandamientos de la Ley, pueda ser considerada como una acción de resarcimiento por el que se eliminaría la responsabilidad penal del pecado. La Ley no tiene capacidad justificativa alguna. En cierta medida solo serviría para poner de manifiesto a quien fuese realmente justo (Ro. 2:14), pero esa persona es inexistente absolutamente (Ro. 3:10). Se desprende, pues, que las obras de la Ley no cuentan en la justificación porque todos los hombres sin excepción son pecadores y, además, la justificación del pecador no es asunto de la Ley. Es necesario entender que ni siquiera el que ponga su máximo empeño en vivir conforme a las demandas de la Ley, será por ello justificado, ya que incluso ahí estaría presente el egoísmo humano en buscar la justicia propia desechando la justicia de Dios. La justicia divina es tan completa que no se alcanza por obras humanas, recibiéndose tan solo por la gracia divina que la otorga y la fe que instrumentalmente la recibe.

La verdad expresada está también confirmada en la Escritura: *"No entres en juicio con tu siervo; porque no se justificará delante de ti ningún ser humano"* (Sal. 143:2). La radicalidad del versículo es definitiva, Dios no tiene necesidad de entrar en juicio con el hombre, porque todos sin excepción no tienen modo alguno de justificarse delante de Él. Anticipada y definitivamente, el hombre es pecador, por tanto, injusto y sin posibilidad alguna de alcanzar por su esfuerzo meritorio la justificación delante de Dios. El término que usa Pablo es, como todos, importante: ninguna *carne*[19], en la palabra va implícito el sentido de limitación, en lo que supone una absoluta insuficiencia de la criatura frente al Creador. No hay justificación posible en base a esta limitación, porque la *carne*, siempre limitada, está vinculada a la *carne* orientadora del hombre hacia la impiedad en todas sus dimensiones, que afecta plenamente todas las áreas de la vida del hombre en la carne. La justicia humana es *carne*, por tanto, indignidad delante de Dios, por lo que sólo puede esperar que Dios pague a cada uno según las obras, no sólo en la dimensión externa, sino también en la interna de *"los secretos de los hombres"* (Ro. 2:16). Esa es la razón que llevó a Job a decir: *"si yo me justificare, me condenaría mi boca; si me dijere perfecto, esto me haría inicuo"* (Job. 9:20). Debe entenderse que cuanto podamos hacer no sirve para justificarnos delante de Dios, sino para todo lo contrario, como elemento acusador en el juicio divino.

El versículo concluye advirtiendo que el *poder* condenatorio de la ley, cuya consecuencia es *la muerte* se sustenta en la función de la ley, que es dar *"el conocimiento del pecado"*, haciéndolo en tres formas: 1) Manifestando aquello que Dios aprueba y lo que reprueba. 2) Poniendo de evidencia la esterilidad del esfuerzo humano por cumplirla. 3) Dictando sentencia condenatoria sobre el transgresor. De tal manera que la Ley quebrantada, sólo puede condenar. De otro modo, la Ley enseña al hombre a comprender que es pecador. Ese es el *poder* del pecado.

---

[19] Griego: σὰρξ.

57. Mas gracias sean dadas a Dios, que nos da la victoria por medio de nuestro Señor Jesucristo.

τῷ δὲ Θεῷ χάρις τῷ διδόντι ἡμῖν τὸ νῖκος διὰ τοῦ Κυρίου
- pero a Dios gracia el que da nos la victoria mediante el Señor
ἡμῶν Ἰησοῦ Χριστοῦ.
de nosotros Jesucristo.

Análisis y notas del texto griego.

Análisis: τῷ, caso dativo masculino singular del artículo determinado *el*; δὲ, partícula conjuntiva que hace las veces de conjunción coordinante, con sentido de, *pero, más bien, y, y por cierto, antes bien, entonces*; Θεῷ caso dativo masculino singular del nombre divino declinado *a Dios*; χάρις, caso nominativo femenino singular del nombre común *gracia*; τῷ, caso dativo masculino singular del artículo determinado *el*; διδόντι, caso dativo masculino singular del participio de presente en voz activa del verbo δίδωμι, *dar, entregar*, aquí *que da*; ἡμῖν, caso dativo de la primera persona plural del pronombre personal declinado *a nosotros, nos*; τὸ, caso acusativo neutro singular del artículo determinado *el*; νῖκος, caso acusativo neutro singular del nombre común *victoria*; διὰ, preposición propia de genitivo *mediante*; τοῦ, caso genitivo masculino singular del artículo determinado *el*; Κυρίου, caso genitivo masculino singular del nombre divino *Señor*; ἡμῶν, caso genitivo de la primera persona plural del pronombre personal declinado *de nosotros*; Ἰησοῦ, caso genitivo masculino singular del nombre propio *Jesús*; Χριστοῦ, caso genitivo masculino singular del nombre propio *Cristo*.

τῷ δὲ Θεῷ χάρις. Después de la conclusión de lo que ocasiona el pecado y del poder de la muerte, pareciera que quedaba en un estado de tragedia espiritual, al que el apóstol acude para expresar un canto de triunfo con lo que Dios lleva a cabo en Jesucristo. Las primeras palabras expresan este triunfo unidas a la de gratitud con que abre la cláusula, en donde literalmente se lee: *"Pero gracias a Dios"*. Esta forma une lo que antecede con lo que sigue. De modo que a pesar de la dimensión negativa que produce el pecado y la muerte, se debe dar gracias a Dios por la operación de Su obra redentora hecha en Jesucristo. Por esa razón el creyente debe manifestar su gratitud al que hizo posible la victoria.

τῷ διδόντι ἡμῖν τὸ νῖκος. Este Dios de gracia consigue la victoria sobre el pecado y la muerte para el hombre que cree. La expresión es semejante a la que ocurre en la *Epístola a los Romanos*, cuando el mismo apóstol escribe: *"Gracias doy a Dios por Jesucristo Señor nuestro"* (Ro. 7:25). Siendo de Dios de quien proviene la solución del problema, se le agradece y alaba por ello. Nadie salvo Él podía habilitar el modo para librar al hombre del pecado y de la muerte, que lo hace por medio de la obra redentora de Su Hijo, y de Su resurrección.

διὰ τοῦ Κυρίου ἡμῶν ᾿Ιησοῦ Χριστοῦ. La identificación con Cristo en Su muerte y resurrección responde definitivamente a la liberación que el creyente es objeto en el conflicto que produce la herencia pecaminosa y la acción de la ley. Esto supone el perdón de pecados para el que cree depositando la fe en el único Salvador, Jesucristo. La victoria no está en lo que el hombre haga, sino en el hecho de que por identificación con Cristo ha muerto en Él al pecado. En esa identificación se produce también la muerte a la ley que denuncia el pecado y demanda la muerte del pecador, y que había dado el poder al pecado por denuncia del mismo.

Esta operación de la gracia obedece a cuanto ha hecho Jesús en la Cruz. Esa obra se convierte en garantía de salvación que el Evangelio proclama, y que es *"poder de Dios para salvación a todo aquel que cree"* (Ro. 1:16). La verdadera libertad está en Jesús y es Él mismo en el cristiano. Así lo enseñó Cristo mismo: *"Así que, si el Hijo os libertare, seréis verdaderamente libres"* (Jn. 8:36). No se trata de una liberación puntual, es decir, liberación en un momento de una situación determinada. Algunos entienden que esto tiene que ver con la liberación de la responsabilidad penal del pecado para quien crea, es decir, Jesús libera al pecador que cree, de la condenación eterna que el pecado demanda y que la ley expresa. Sin embargo, lo que está diciendo el Señor es que sólo Él opera libertad y lo hace siempre. De otro modo, sólo cuando el Hijo libera se es verdaderamente libre. Supone esto que la libertad está en *vivir a Cristo*. Este es el gran secreto victorioso que el apóstol expresa al decir: *"Todo lo puedo en Cristo que me fortalece"* (Fil. 4:13). En Cristo y sólo en Él hay victoria sobre el pecado y, por tanto, sobre la muerte, consecuencia de él. No significa esto que el cristiano ya no pase o experimente la muerte, pero ésta ha dejado el *mordiente*, el *aguijón*, por cuanto la sentencia del pecado ha sido extinguida por Cristo en Su obra de la Cruz.

La victoria está en Jesús y se alcanza por medio de la fe en Él. Con claridad lo expresa el apóstol Juan: *"Porque todo lo que es nacido de Dios vence al mundo; y esta es la victoria que ha vencido al mundo, nuestra fe"* (1 Jn. 5:4). La fe verdadera comienza en el acto de creer en Cristo desde la impiedad y ruina del pecador. Allí muere con Él y allí vive ya con Él. Con esta obra de gracia se alcanza la más amplia libertad sobre el pecado y la muerte. Quien antes tenía temor a ella a causa del pecado, ve extinguida la responsabilidad penal que le acarrea esa condición para poder decir, con gratitud, pero con firmeza: *"¿Quién acusará a los escogidos de Dios?"* (Ro. 8:33). La ley ya no tiene cargo alguno contra el reo ante el tribunal de Dios. Nadie puede poner un cargo legal contra el salvo que surta efecto condenatorio contra él. Todos los cargos penales por el pecado fueron cancelados en Cristo mediante su obra en la Cruz. El Juez supremo que podía condenar es el que justifica. Es más, es quien está al lado del pecador para ayudarlo, por tanto, el que podía ser acusado puede decir: *"Cercano está de mí el que me salva; ¿quién contendrá conmigo? Juntémonos. ¿Quién es el adversario de mi causa? Acérquese a mí. He aquí que Jehová el Señor me ayudará; ¿quién hay que me condene? He aquí que todos ellos se envejecerán como ropa de vestir, serán comidos por la polilla"* (Is. 50:8-9). Por tanto, si no hay acusación válida no hay condenación justa.

Por esa misma razón nadie puede condenar. Cristo Jesús es el que murió. El Juez puesto por el Padre para ejercer juicio sobre todo (Jn. 5:22), es el mismo que *murió* por los pecadores perdidos, aceptando sobre Sí la responsabilidad penal de sus pecados y ocupando el lugar de condenación sustituyéndolos en la Cruz (2 Co. 5:15, 21; Gá. 3:13; 1 P. 2:24). Esa es la razón por la que la justicia de Dios no puede condenar y, por tanto, queda cancelado el poder de la muerte. Estos ven la muerte no como una situación de perdición, sino como el tránsito que permite la partida del creyente a una nueva experiencia con Cristo. Es por Jesucristo que tiene perdón de pecados y en lugar de muerte, reciben vida eterna. Todos estos pueden decir: *"Ahora, pues, ninguna condenación hay para los que están en Cristo Jesús"* (Ro. 8:1).

58. Así que, hermanos míos amados, estad firmes y constantes, creciendo en la obra del Señor siempre, sabiendo que vuestro trabajo en el Señor no es en vano.

Ὥστε, ἀδελφοί μου ἀγαπητοί, ἑδραῖοι γίνεσθε, ἀμετακίνητοι,
Así que, hermanos de mí, amados, firmes estad, inconmovibles
περισσεύοντες ἐν τῷ ἔργῳ τοῦ Κυρίου πάντοτε, εἰδότες ὅτι ὁ
abundando en la obra del Señor siempre, sabiendo que el
κόπος ὑμῶν οὐκ ἔστιν κενὸς ἐν Κυρίῳ.
trabajo de vosotros no es vacío en Señor.

Análisis y notas del texto griego.

Análisis: Ὥστε, conjunción continuativa *por eso, del mismo modo que, con el fin de, para que, así que*; ἀδελφοί, caso vocativo masculino plural del nombre común *hermanos*; μου, caso genitivo de la primera persona singular del pronombre personal declinado *de mí*; ἀγαπητοί, caso vocativo masculino plural del adjetivo *amados*; ἑδραῖοι, caso nominativo masculino plural del adjetivo *firmes*; γίνεσθε, segunda persona plural del presente de imperativo en voz media del verbo γίνομαι, *hacerse, ser hecho, convertirse en, ser, estar*, aquí *estad*; ἀμετακίνητοι, caso nominativo masculino plural del adjetivo *inconmovibles*; περισσεύοντες, caso nominativo masculino plural del participio de presente en voz activa del verbo περισσεύω, *abundar*, aquí *abundando*; ἐν, preposición propia de dativo *en*; τῷ, caso dativo neutro singular del artículo determinado *el*; ἔργῳ, caso dativo neutro singular del nombre común *trabajo, obra*; τοῦ, caso genitivo masculino singular del artículo determinado declinado *del*; Κυρίου, caso genitivo masculino singular del nombre divino *Señor*; πάντοτε, adverbio demostrativo *siempre*; εἰδότες, caso nominativo masculino plural del participio perfecto en voz activa del verbo οἶδα, *saber, conocer*, aquí *sabiendo, habiendo sabido*; ὅτι, conjunción *que*; ὁ, caso nominativo masculino singular del artículo determinado *el*; κόπος, caso nominativo masculino singular del nombre común *trabajo*; ὑμῶν, caso genitivo de la segunda persona plural del pronombre personal declinado *de vosotros*; οὐκ, forma escrita del adverbio de negación *no*, con el grafismo propio ante una vocal con espíritu suave o una enclítica; ἔστιν, tercera persona singular del presente de indicativo en voz activa del verbo εἰμί, *ser, estar*, aquí *es*; κενὸς, caso nominativo masculino singular del adjetivo *vació, vano*; ἐν, preposición propia de dativo *en*; Κυρίῳ, caso dativo masculino singular del nombre divino *Señor*.

Ὥστε, ἀδελφοί μου ἀγαπητοί, El tema largamente tratado, concluye con una exhortación llena de afecto para quienes llama *mis hermanos amados*. No es una sugerencia para algunos, sino que comprende a todos. Las palabras son consecuencia de toda la enseñanza anterior, como lo indica la conjunción *así que*. El afecto pastoral del apóstol se pone de manifiesto, con los vocativos usados para introducir la exhortación. No cabe duda que la iglesia en Corinto era muy querida para él, como se demuestra por calificativos que da en la *Epístola* a estos creyentes, a quienes llama *mis hijos amados* (4:14); también *amados míos* (10:14). Pablo tenía algunos opositores suyos en la iglesia, aunque también había un grupo que se llamaba de él (1:12). Sin embargo, no hace acepción de personas y se dirige aquí a toda la iglesia no sólo como apóstol, sino como un hermano de todos ellos en Cristo.

ἑδραῖοι γίνεσθε, La primera demanda es la firmeza. Con precisión les escribe: *"Estad firmes"*. El verbo en presente de imperativo establece un mandamiento apostólico. Consiste en hacerse firmes frente a las enseñanzas erróneas de los que niegan verdades fundamentales de la fe, como la que ha sido tratada en el presente capítulo, en relación con la resurrección de Cristo. Es un mandamiento para no dejarse mover por especulaciones de *falsos maestros*. Esta firmeza evitará que como *"niños fluctuantes, sean llevados por doquiera de todo viento de doctrina, por estratagema de hombres que para engañar emplean con astucia las artimañas del error"* (Ef. 4:14). Los inexpertos son trastornados y separados del camino cierto de la fe. Estos son como las olas del mar que se mueven de un lado a otro, o como el viento que arrastra en la dirección en que sopla. Sin duda está pensando no en las doctrinas bíblicas a las que los hombres tratan de mover. Los corintios estaban en ese peligro, por eso reclama firmeza en la fe. Lo hará también con los creyentes de la iglesia en Colosas: *"Mirad que nadie os engañe por medio de filosofías y huecas sutilezas, según las tradiciones de los hombres, conforme a los rudimentos del mundo, y no según Cristo"* (Col. 2:8). En el pensamiento de Pablo está el mundo del que surgen vientos continuos de doctrinas fundamentadas en enseñanzas de hombres, que soplan sobre la iglesia, agitan la paz que debiera ser su expresión visible y mueve a quienes tienen poca solidez en la fe, porque no están firmemente anclados en Cristo. La única defensa a este acosar continuo desde el mundo, está en la firmeza en la común fe, de modo que puedan resistir el espíritu de falsa enseñanza del mundo que como vientos soplan contra la iglesia.

El problema que requiere firmeza está en la actuación de hombres que proceden astutamente con mala intención para conducir al error. Los creyentes son engañados por quienes traen distintas formas de enseñanza que son del mundo y proclamadas por sus mensajeros. No tienen buena intención sino todo lo contrario, son malos ellos, malas sus intenciones, porque malo es el que los envía.

ἀμετακίνητοι, La segunda demanda es a la *constancia*. El adjetivo ἀμετακίνητος, que indica permanecer *inconmovibles*, mejor que *constantes*. El apóstol está requiriendo de los creyentes que no solo permanezcan firmes en la doctrina, sino que sean *inconmovibles* en ella. De otro modo, que nada los pueda mover de esa posición, ni que los inquiete nada, ni que nada los altere y, mucho menos, que los pueda mover de la fe que habían recibido. En este caso concreto les exhorta a mantenerse *inconmovibles* en la esperanza de la resurrección. El creyente espera al Señor, la resurrección de los muertos en Cristo, y la transformación de los vivos (Fil. 3:20; 1 Ts. 4:16-17).

περισσεύοντες ἐν τῷ ἔργῳ τοῦ Κυρίου πάντοτε, Una tercera petición es la demanda al crecimiento abundante en la obra del Señor. Junto con la firmeza inamovible, el creyente debe esforzarse en un servicio diligente para el Señor, este trabajo llama aquí el apóstol *"en la obra del Señor"*. La obra del Señor tiene que ver con la destrucción de pecado, por tanto, es también un llamado a la santidad en todas las esferas de la vida (Fil. 2:12; 1 P. 1:14-15). Esta actitud debe manifestarse *siempre*. No solo en el tiempo, sino también en toda ocasión. Esta obra del Señor tiene que ver con otros muchos aspectos que Jesucristo mostró en Su ministerio, como predicar y enseñar el Evangelio, conducir a los hermanos a la práctica de una vida conforme a Dios, amando a todos, edificando a los hermanos. Es la respuesta en gratitud por la obra que Cristo hizo por nosotros.

εἰδότες ὅτι ὁ κόπος ὑμῶν οὐκ ἔστιν κενὸς ἐν κυρίῳ. Finalmente concluye la exhortación señalando la certeza que producirá esto: *"sabiendo que vuestro trabajo en el Señor no es en vano"*. Solo no es vano el trabajo hecho *en el Señor*. Esto equivale a *hecho en su poder*. Debe recordarse que el poder para la obra, conforme al pensamiento del apóstol procede de Cristo mismo, como él decía: *"Todo lo puedo en Cristo que me fortalece"* (Fil. 4:13). El Señor hizo esta solemne advertencia a los Suyos: *"Permaneced en mí, y yo en vosotros. Como el pámpano no puede llevar fruto por sí mismo, si no permanece en la vid, así tampoco vosotros, si no permanecéis en mí. Yo soy la vid, vosotros los pámpanos; el que permanece en mí, y yo en él, éste lleva mucho fruto; porque separados de mí nada podéis hacer"* (Jn. 15:4-5). El fruto para Dios obedece a la vinculación con Cristo. El mismo apóstol dijo antes que había hecho un gran trabajo de evangelización y extensión del *Reino de Dios*, en todo el mundo, pero que no había sido él, sino *"la gracia de Dios con él"* (15:10). El apóstol sigue en el versículo que se comenta, con la misma verdad: *"vuestro trabajo en el Señor"*. Por esa razón el Señor afirmó a los Suyos que *separados de Él nada podían hacer*. De este modo se entiende que la obra que no es vana, es la que se efectúa en comunión e identificación con Cristo. Cuanto el creyente haga por sus propias fuerzas sin recibir la provisión de poder y de vida de Cristo, serán simplemente apariencias piadosas, pero en realidad obras humanas que no glorifican a Dios. Fuera de la gracia, el cristiano no solo no puede producir nada, sino que él mismo es nada.

Esta misma exhortación tiene una esperanza de recompensa divina: *"Porque Dios no es injusto para olvidar vuestra obra y el trabajo de amor que habéis mostrado hacia su nombre, habiendo servido a los santos y sirviéndoles aún"* (He. 6:10). Debe apreciarse que el trabajo hecho en el Señor, la obra de cada creyente, es *el trabajo en el Señor*. La palabra no está en plural sino en singular, no dice *trabajos*, sino *trabajo*. Las obras de los salvos son una sola manifestación de la obra de Dios en ellos (Fil. 2:13), aunque se manifiesta en distintos trabajos que cada una de ellas corresponde al *trabajo en el Señor*. Éste es una sola manifestación de lo que son las obras que están ya determinadas de antemano para que los verdaderos creyentes *anden* en ellas (Ef. 2:10). La perseverancia en el trabajo del Señor evidencia la realidad del nuevo nacimiento. Ese *trabajo en el Señor* es producido por la fe genuina del creyente. Una fe que está enraizada en Cristo produce obras conforme a Dios (Stg. 2:17-18). Por esa razón el *trabajo*, de los creyentes no es vano porque no es vana la obra de Dios. Además, el Señor tiene poder para obrar con más abundancia de lo que se puede pedir (Ef. 3:20). Este trabajo es hecho para la gloria de Dios en sujeción y dependencia del Señor. El trabajo hecho de ese modo tiene resultado y proyección eterna y no es infructuoso (2 Ti. 4:7-8). La gloria futura de la resurrección no deja estéril cualquier trabajo del creyente.

Es muy difícil destacar alguna lección personal del largo escrito del capítulo que se ha comentado. En la lectura personal, cada uno encontrará las demandas divinas que el Espíritu haga notar a nuestro espíritu por la Palabra.

Con todo es un párrafo de esperanza en el que el Espíritu apunta hacia la resurrección de cada creyente. En nuestros días el final de la andadura del cristiano termina –sólo física y temporalmente hablando– con el cuerpo en la tumba, por lo que se *siembra en corrupción*. Pero los ojos de la fe ven más allá de esa realidad humana, porque la esperanza es la certeza de la resurrección de un cuerpo *incorruptible*. Del mismo modo la vida propia del hombre se ve afectada por el *envejecimiento*, que concluye también en la tumba, por lo que ese tránsito va caminando hacia lo que podría llamarse *deshonra*. Pero el cuerpo de resurrección no será alterado por el tiempo, de modo que la fe nos conduce a la consideración de un *cuerpo glorioso*. Algo más, nuestro cuerpo se va debilitando. La enfermedad y deterioro vienen a la experiencia a menudo que pasan los años. Sin duda cuando tenemos que hacer un esfuerzo sentimos la natural debilidad que se ve incrementada al paso de los años y prosigue hasta el día de la muerte, por eso el apóstol dice que *se siembra en debilidad* y *resucitará en poder*. No habrá debilidad alguna en esa nueva esfera de vida. Las lágrimas, la enfermedad, la muerte, el llanto, el clamor y el dolor habrán desaparecido perpetuamente. En medio de los problemas de la vida, sentimos profunda paz en la seguridad de la esperanza que descansa la fidelidad de Dios que lo ha prometido. Además, desaparecerán también las limitaciones propias de este cuerpo de carne, porque se siembra *cuerpo animal* y resucitará *cuerpo espiritual*. Las dimensiones propias de este cuerpo son impensables para nosotros hoy. La herencia en gloria que está destinada para los creyentes, podrá ser disfrutada sin límites en el desplazamiento de un lugar a otro porque no existirán ya las limitaciones de nuestro cuerpo actual. Al ser semejantes a Cristo, nuestros cuerpos estarán más próximos a la energía que a la materia, aunque en modo alguno seremos espíritus, sino cuerpos transformados por el poder de Dios. A modo de ejemplo el cuerpo resucitado de Jesús, pudo entrar y salir de un lugar sin abrir las puertas. Se manifestó en otra forma. Desaparecía de donde estaba como era comprobado y testificado por quienes habían presenciado esa ausencia. De este modo, nuestra esperanza es segura y el gozo del capítulo es instrumento de Dios para animar al creyente en cualquier tiempo.

Podemos concluir aquí con un breve párrafo del Dr. Ryrie:

"Una firme creencia en la resurrección y una sólida esperanza para el futuro prestan incentivo para servir en el presente"[20].

[20] C. Ryrie. Biblia anotada. Nota al pie de página 1627.

CAPÍTULO XVI

ENSEÑANZAS FINALES Y DESPEDIDA

Introducción

Con este pasaje, el apóstol concluye la *Epístola*. A punto de terminar el escrito, dedica las últimas líneas a tratar temas prácticos, mientras presenta alguna exhortación final.

En la enseñanza de los apóstoles a las iglesias en todos los lugares donde estaban establecidas, comprendía la ayuda mutua entre los creyentes y en general la comunicación de recursos con los pobres. De forma especial se tenían en cuenta, por consejo del *Concilio de Jerusalén*, a los pobres de Jerusalén (Gá. 2:10). Tanto Pablo como Bernabé cumplieron esta enseñanza que daban a los creyentes, por ellos mismos procurando estimular las ofrendas de iglesias fundadas en su viaje misionero, teniendo en cuenta también profecías sobre el hambre que iba a ocurrir en aquel tiempo (Hch. 11:27-30).

No es posible determinar las razones por las que la iglesia en Jerusalén había llegado a una situación de pobreza que requiriese la ayuda de otros creyentes. Es probable que esa falta de recursos se debiese a la mala práctica de la llamada *comunidad de bienes*, por la que los creyentes que tenían propiedades y recursos se ponían a disposición de todos, que participaban de los bienes comunes según sus necesidades. Es posible que ocurriese en aquella ocasión por haber prevalecido el amor sobre el conocimiento, como hace notar C. Hodge[1]. En poco tiempo esto pudo haber sido la causa de la pobreza que debe ser atendida. El equilibrio entre el funcionamiento de la iglesia requiere que ninguna de las virtudes cristianas prevalezca sobre otras, de manera que la *comunidad de bienes* requiere una total ausencia de egoísmo y de inactividad. Ya en los primeros días de esa práctica se hace notar que algunos manifestaban su egoísmo mintiendo en lo que ofrecían a la comunidad por la venta de alguna de sus propiedades, como fue el caso de Ananías y Safira (Hch. 5:1-11). Sin entrar en razonamientos sobre esa situación, es evidente a la luz del relato bíblico, que se realizó una colecta para apoyo a los creyentes en Jerusalén por la iglesia en Antioquía (Hch. 11:29-30).

---

[1] C. Hodge. o.c., pág. 334.

La profecía de Agabo sirvió como estímulo al apóstol para promover una ofrenda en distintos lugares con destino a la iglesia en Jerusalén (Hch. 11:28). Esta ofrenda se estableció entre las iglesias de Galacia (v. 1). Esto surtió efecto en las iglesias de Macedonia que prepararon una ofrenda (2 Co. 8:1-2). El apóstol promovió esa ofrenda también entre los corintios.

La iglesia, sin una estructura organizativa amplia, puesto que eran iglesias recién fundadas, necesitaba instrucción sobre cómo efectuar esa ofrenda. Este es el primer tema del capítulo (vv. 1-4). La instrucción dada a los corintios es la que también dio a los gálatas (v. 1). El modo de efectuar la ofrenda y el día para hacerlo está al principio del párrafo (v. 2). Propone también el modo de llevar la ofrenda a Jerusalén, la designación de quienes debían hacerlo y la comisión del apóstol para ellos (v. 3). El mismo apóstol se ofrece a acompañar a la comisión de creyentes en la entrega de la ofrenda (v. 4).

Sigue luego un informe del apóstol sobre sus planes futuros (vv. 5-9). La visita que promete sería realizada después de pasar por Macedonia (v. 6). Existía la posibilidad de que quedase con ellos durante un tiempo, e incluso que invernase en Corinto (v. 7). El lugar donde se desarrollaba su ministerio al escribir la *Epístola* que era Éfeso, demandaba que estuviese allí hasta Pentecostés. La razón de esa estancia larga en la ciudad es que tenía un buen momento para la predicación del evangelio, a pesar de los muchos adversarios que se levantaban (v. 9).

El último párrafo (vv. 10-24), comienza con las indicaciones que formula sobre la posible visita de Timoteo (vv. 10-11), informando también de las gestiones que hizo con Apolos para que visitara la iglesia en Corinto (v. 12).

Una serie de exhortaciones siguen a estos informes (vv. 13-16). Una de ellas tiene que ver con la firmeza, el comportamiento y el esfuerzo que se requiere de los creyentes (v. 13). La segunda exhortación se relaciona con el amor (v. 14). La tercera tiene que ver con el trato que se debe al liderazgo de la iglesia y de forma especial con quienes han dedicado toda su vida al servicio del Señor (vv. 15-16).

La última parte del párrafo (vv. 17-20). Hace mención de la visita confortadora que le produjo la venida de tres hermanos de Corinto (vv. 17-18). Da también saludos de las iglesias de Asia y de Aquila y Priscila y del resto de los hermanos (vv. 19-20).

El saludo personal del apóstol y la identificación de su escritura como autor de la *Epístola*, junto con la bendición de despedida cierra la *Epístola* (vv. 21-24).

Como esquema para el comentario, se sigue el *Bosquejo* correspondiente a este pasaje, presentado en la *introducción*, como sigue:

VIII. Enseñanzas generales (16:1-9).

1. La ofrenda (16:1-4).
   1.1. Modo de hacer la ofrenda (16:1-2).
   1.2. Forma del envío de la ofrenda (16:3-4).
2. Planes de Pablo (16:5-9).
   2.1. Anunciando su visita (16:5-6).
   2.2. La próxima estancia en Éfeso (16:7-9).

IX. Conclusión saludos y despedida (16:10-24).

1. Conclusión (16:10-12).
   1.1. Indicaciones sobre la vista de Timoteo (16:10-11).
   1.2. Indicaciones acerca de Apolos (16:12).
2. Exhortaciones (16:13-16).
   2.1. Firmeza y amor (16:13-14).
   2.2. Relación con el liderazgo (16:15-16).
3. Saludos (16:17-20).
   3.1. Visita confortadora (16:17-18).
   3.2. Saludos de hermanos e iglesias (16:19-20).
4. Despedida (16:21-24).
   4.1. Saludo personal y advertencia (16:21-22).
   4.2. Bendición (16:23-24).

VIII. Enseñanzas generales (16:1-9)

La ofrenda (16:1-4)

Modo de hacer la ofrenda (16:1-2)

1. En cuanto a la ofrenda para los santos, haced vosotros también de la manera que ordené en las iglesias de Galacia.

Περὶ δὲ τῆς λογείας τῆς εἰς τοὺς ἁγίους ὥσπερ διέταξα ταῖς
Y acerca de la colecta - para los santos como ordené a las
ἐκκλησίαις τῆς Γαλατίας, οὕτως καὶ ὑμεῖς ποιήσατε.
iglesias - de Galacia, así también vosotros haced.

Análisis y notas del texto griego.

Análisis: Περὶ, preposición propia de genitivo *de*; δὲ, partícula conjuntiva que hace las veces de conjunción coordinante, con sentido de *pero, más bien, y, y por cierto, antes bien, entonces*; τῆς, caso genitivo femenino singular del artículo determinado *la*; λογείας, caso genitivo femenino singular del nombre común *colecta*; τῆς, caso genitivo femenino singular del artículo determinado *la*; εἰς, preposición propia de acusativo *para*; τοὺς, caso acusativo masculino plural del artículo determinado *los*; ἁγίους, caso acusativo masculino plural del adjetivo *santos*; ὥσπερ, adverbio *como, así como, al igual que*; διέταξα, primera persona singular del primer aoristo de indicativo en voz activa del verbo διατάσσω, *mandar, ordenar*, aquí *ordené*; ταῖς, caso dativo femenino plural del artículo determinado declinado *a las*; ἐκκλησίαις, caso dativo femenino plural del nombre común *iglesias*; τῆς, caso genitivo femenino singular del artículo determinado *la*; Γαλατίας, caso genitivo femenino singular del nombre propio declinado *de Galacia*; οὕτως, adverbio demostrativo *así*; καὶ, adverbio de modo *también*; ὑμεῖς, caso nominativo de la segunda persona plural del pronombre personal *vosotros*; ποιήσατε, segunda persona plural del primer aoristo de imperativo en voz activa del verbo ποιέω, *hacer, realizar*, aquí *haced*.

Περὶ δὲ. Pablo responde nuevamente a una consulta hecha por los corintios. No conocemos, como en todas las restantes, el contenido de ella, pero los destinatarios de la *Epístola* entendían bien la respuesta porque conocían la pregunta formulada. Nosotros deducimos que se trataba del modo de realizar la colecta que el apóstol estaba promoviendo para los creyentes en Jerusalén.

τῆς λογείας τῆς εἰς τοὺς ἁγίους. No está regulando aquí el modo de hacer la ofrenda para el Señor que los creyentes tenemos el privilegio y el deber de practicar como un *"sacrificio acepto"* (Fil. 4:18), que se destinaba, entre otras cosas, al sostenimiento de la obra misionera. Aquí es una *colecta*, como indica el sustantivo λογείας, que el apóstol utiliza en el escrito. La *colecta* es una aportación de los fieles con un destino determinado, en este caso *para los santos*. Sin especificar aquí quienes son los destinatarios, es claro que se refería a la *colecta* para los pobres de la iglesia en Jerusalén: *"Porque Macedonia y Acaya tuvieron a bien hacer una colecta para los pobres que hay entre los santos que están en Jerusalén"* (Ro. 15:26). Era un acto de beneficencia y solidaridad. Esta ofrenda se promovía entre muchas iglesias de las fundadas por el apóstol. Es una manifestación de comunión fraterna, como Pablo llama en la *Epístola a los Romanos*, una expresión visible y práctica de la comunión cristiana. La ayuda a necesitados, especialmente cuando se trata de hermanos, es una manifestación de comunión. Dios da recursos a los creyentes para que puedan *compartir* con las necesidades de otros (Ef. 4:28). El cuidado de los necesitados es una expresión de amor a Dios (1 Jn. 3:17-18).

Los destinatarios eran *pobres* y *santos* que estaban en Jerusalén. La pobreza había sacudido a la iglesia en aquella ciudad. Como se dijo en la *introducción* del capítulo, no es posible determinar la causa, aunque se pueden sugerir algunas. Anteriormente a ello no tenían necesidad de nada porque los miembros de la iglesia habían vendido sus posesiones para que ninguno tuviese necesidad (Hch. 2:44-45). Es posible que los creyentes de entonces, considerando el inminente regreso de Jesús, habían entendido que el tiempo de ese acontecimiento sería inmediato y que no necesitaban ya los recursos temporales, de modo que podían compartirlos con los hermanos viviendo todos sin necesidad hasta el momento del retorno de Jesucristo. Este mal entendido en donde el amor excede al conocimiento, trae malas consecuencias, generando en unos *egoísmos*, como era el caso de Ananías y Safira (Hch. 5:1-11), y en otros *indolencia*, como ocurría con quienes no querían trabajar, viviendo a costa de sus hermanos (2 Ts. 3:10-12). Pero también pudiera deberse la pobreza a las persecuciones de que fueron objeto los cristianos en Palestina, y que habían comenzado a producirse en tiempos de Esteban (Hch. 8:1). Muchos creyentes tuvieron que abandonar su lugar de residencia a causa de ella (Hch. 11:19).

Pablo había contraído un compromiso en relación con los pobres de Jerusalén, delante de apóstoles en aquella iglesia (Gá. 2:9-10). Por esta causa decidió cumplir lo convenido con diligencia (Gá. 2:10b). Esta es la razón por la que promovió una ayuda especial para los pobres en Jerusalén, entre las iglesias de Macedonia y Acaya (Ro. 15:26). Es posible que el apóstol confiara también que la ofrenda de los gentiles serviría para derribar la separación que hubo antes y que, en cierta manera, se mantenía entre judíos y gentiles.

ὥσπερ διέταξα ταῖς ἐκκλησίαις τῆς Γαλατίας, οὕτως καὶ ὑμεῖς ποιήσατε. No hay diferencia entre iglesias para efectuar esta *colecta*, de modo que lo que había establecido para las de Galacia, sería lo mismo que debían hacer los corintios. El alcance de la ordenanza es para toda la iglesia y no solo para algunos (v. 2). El término *colecta* que usa Pablo en este lugar, es un hápax legomena, *única vez* que aparece en todo el Nuevo Testamento. La diferencia con *ofrenda*, en este caso no genera distinción alguna, sino que el término *colecta*, deriva de un verbo tardío que significa *recoger*[2]. La ofrenda es algo destinado a Dios que la

---

[2] Archibal Thomas Robertson. *Imágenes Verbales del Nuevo Testamento.* Terrassa, 1989. Pág. 273.

iglesia aplica a las necesidades de Su obra. Los creyentes no *ofrendan* para asuntos determinados, sino para el Señor. La ofrenda es un acto de culto y se considera como un *sacrificio* del creyente (Fil. 4:18). La limosna es también obligación moral del creyente, además de la ofrenda, que tiene promesa de recompensa (Pr. 14:31; 19:17). El mismo Señor daba limosna a los pobres (Jn. 13:29). El que rehúsa participar en la ofrenda, no está en condiciones de participar en el culto, puesto que se niega a presentar uno de los cinco sacrificios espirituales que como sacerdotes tenemos que ofrecer a Dios.

2. Cada primer día de la semana cada uno de vosotros ponga aparte algo, según haya prosperado, guardándolo, para que cuando yo llegue no se recojan entonces ofrendas.

κατὰ μίαν σαββάτου[1] ἕκαστος ὑμῶν παρ' ἑαυτῷ τιθέτω
Cada primer día de semana cada uno de vosotros junto a sí mismo ponga
θησαυρίζων ὅ τι ἐὰν εὐοδῶται, ἵνα μὴ ὅταν ἔλθω τότε
ahorrando lo que algo si sea prosperado, para que no cuando llegue entonces
λογεῖαι γίνωνται.
colectas se hagan.

Análisis y notas del texto griego.

Análisis: κατὰ, preposición propia de acusativo *cada*; μίαν, caso acusativo femenino singular del adjetivo numeral cardinal *uno*, *primero*; σαββάτου, caso genitivo neutro singular del nombre común *sábado*; ἕκαστος, caso nominativo masculino singular del adjetivo indefinido *cada, cada uno*; ὑμῶν, caso genitivo de la segunda persona plural del pronombre de escritura de la preposición propia de dativo παρά, por elisión de la α final cuando precede a una palabra que comienza con vocal, equivale a *junto a, con, a juicio de, delante de, para*; ἑαυτῷ, caso dativo masculino singular del pronombre reflexivo *sí mismo*; τιθέτω, tercera persona singular del presente de imperativo en voz activa del verbo τίθημι, *poner, colocar, depositar*, aquí *ponga*; θησαυρίζων, caso nominativo masculino singular del participio de presente en voz activa del verbo θησαυρίζω, *guardar, amontonar, ahorrar*, aquí *ahorrando*; ὅ, caso acusativo neutro singular del pronombre relativo *lo que, que*; τι, caso acusativo neutro singular del adjetivo indefinido *algo*; ἐὰν, partícula conjuntiva que hace funciones de conjunción y que denota idea de condición o de hipótesis, *si, tanto si... como si... suponiendo que, sea que, si no, lo mismo que, como es de esperar*; εὐοδῶται, tercera persona singular del presente de subjuntivo en voz pasiva del verbo εὐοδόομαι, *ir por buen camino, tener éxito, ir bien*, se usa en sentido figurado aquí *en la medida en que prospere, sea prosperado*; ἵνα, conjunción causal *para que*; μὴ, partícula que hace funciones de adverbio de negación *no*; ὅταν, conjunción *cuando*; ἔλθω, primera persona singular del aoristo segundo de subjuntivo en voz activa del verbo ἔρχομαι, *venir, llegar, regresar, aparecer*, aquí *llegue*; τότε, adverbio demostrativo *entonces*; λογεῖαι, caso nominativo femenino plural del nombre común *colectas*; γίνωνται, tercera persona plural del presente de subjuntivo en voz media del verbo γίνομαι, *hacer,* aquí *se hagan*. Notas. Crítica Textual. Lecturas alternativas.

[1] σαββάτου, literalmente *de sábado*, en sentido del día siguiente al sábado, según a, A, B, C, D, F, G, I^{vid}, P, Ψ, 088, 33, latt, sy^{p}, sa.

σαββάτων, *semana, sábado*, conforme a la lectura en ^{2}a, K, L, 075, 0121, 0243, 81, 104, 365, 630, 1175, 1241, 1505, 1739, 1881, 2464, M, sy, bo.

κατὰ μίαν σαββάτου Aunque se trata de una *colecta*, el sentido de este término aquí expresa el modo de recoger la ofrenda. De manera que, aunque se trata de una ofrenda para los hermanos necesitados de la iglesia en Jerusalén, se puede tomar como pauta apostólica para el modo de ofrendar de cada creyente en la iglesia, para la obra del Señor.

La primera demanda es la de *regularidad*. No es algo ocasional, sino que debía hacerse periódicamente. Todos los domingos. El texto es preciso Pablo dice que el *primero del sábado*, es decir, el primer día siguiente al sábado, que es el primer día de la semana. En este día solían reunirse los cristianos en un mismo lugar para la celebración del culto. Durante la semana había grupos de hogar, es decir, se reunían en las casas para la oración y la edificación. En estas ocasiones no había que recoger ofrendas, pero sí el domingo[3] cuando se reunían todos (Hch. 20:7). El domingo tiene un alto significado para el cristiano, que descansa en varias razones: a) Es el día de la resurrección del Señor; b) El día en que se manifestó a los apóstoles (Jn. 20:19, 26); c) Día en que los cristianos se reunían juntos para adoración, edificación, enseñanza y cumplimiento de la ordenanza del Partimiento del Pan. La ofrenda debía recogerse en la reunión dominical y era parte integrante de la adoración conjunta. No se limitan las ofrendas a ese día, simplemente se establece una norma general, esto es, si es conveniente pueden recogerse ofrendas en otros días, pero no evita que se ofrende en el culto del domingo.

ἕκαστος ὑμῶν. La segunda demanda es la de *individualidad*. El texto precisa que debe ser para *cada uno de vosotros*. No hay distinciones, todos pueden, y deben, ofrendar. Aún los menos favorecidos tienen ese privilegio (2 Co. 8:1-4). La ofrenda además de un sacrificio de adoración es también un acto de fe, como ejemplifica la de la viuda, que no teniendo más que *dos blancas*, monedas de menor valor, y teniendo en ellas *"todo*

[3] Algunos llaman al domingo el *"día del Señor"* tomándolo de la frase de Juan (Ap. 1:10). Sin embargo, esa es una referencia al *"día de Jehová"*, es decir, al tiempo de la tribulación, en el que Dios derrama Su juicio sobre la tierra (Ap. 3:10).

su sustento" las ofrendó al Señor porque sabía que Dios era el ayudador de las viudas: *"Jehová protege a los extranjeros; al huérfano y a la viuda sostiene"* (Sal. 146:9). No ofrendamos para recibir recompensa a cambio, sino para honrar al Señor con la provisión, poco o mucha, que nos concede. La ofrenda tiene que ser personal, porque se trata de un ejercicio sacerdotal de *"sacrificio"* y todos los cristianos somos sacerdotes (1 P. 2:9). Sin embargo, esto no impide que sea hecha por toda la familia, de modo que todos participan en ella y se establece de mutuo acuerdo.

En la práctica para el tiempo actual, cuando en la administración de los ingresos del hogar se aporta por más de un miembro y el matrimonio tiene sus ingresos en una sola cuenta, se puede y debe ofrendarse conjuntamente, pero es decisión personal de los esposos convenir en cuanto deben ofrendar. En cambio, es conveniente enseñar a los niños a participar en la ofrenda, dándoles de lo que se acuerde semanalmente para que de eso ellos ofrenden conforme a lo que han recibido. ¿Es imprescindible que la ofrenda se lleve materialmente al culto del domingo para depositarla en donde habitualmente se recogen? No podemos dejar de tener en cuenta que el entorno social condiciona la interpretación literal del escrito. En los tiempos de Pablo los trabajadores cobraban diariamente por la labor realizada, algunos, los menos, percibían semanalmente el salario, de ahí que el apóstol hable de ofrendar en la reunión del domingo. Hoy el sistema social ha cambiado radicalmente. Por regla general se cobra por el trabajo cada mes, de modo que la ofrenda puede hacerse mensualmente y no es preciso hacerla cada domingo, lo importante es que se haga. Es más, las iglesias tienen cuenta bancaria donde manejan sus fondos, de modo que puede hacerse un ingreso directo a la cuenta de la iglesia, informado a quienes administran de haber depositado la ofrenda, personal o familiar.

παρ' ἑαυτῷ τιθέτω θησαυρίζων ὅ τι. La ofrenda ha de ser *comprometida*. Pablo enseña a los creyentes que cada uno *"ponga aparte algo"*. Literalmente se lee en el texto griego: *ponga junto a sí algo, ahorrando* o también *atesore junto a sí*. Especialmente necesario en el tiempo del apóstol donde el salario se recibía diariamente, de manera que se exhorta a cada creyente al compromiso con lo que ha determinado ofrendar, separándolo y guardándolo hasta hacerlo. La palabra *atesorar* denota guardar *un tesoro*, no se trata de un *dinero sagrado*, pero es algo que no pertenece ya el creyente, una vez que ha determinado la cuantía de la ofrenda, sino al Señor. De manera que como guardaría celosamente un tesoro personal para que no se perdiera, así también ocurre con la ofrenda dispuesta para ser entregada en el día de la reunión general de la iglesia. La idea, como se aprecia, es la de separar anticipadamente para el Señor.

Esa parte separada debe *atesorarse*, es decir, guardarse celosamente, y entregarla como ofrenda al Señor, porque es Suya.

ἐὰν εὐοδῶται, Otro aspecto de la ofrenda tiene que ver con *la cantidad*. El apóstol habla de que sea proporcional a lo que cada uno haya recibido: *"Según haya prosperado"*. La ofrenda debe ser *conforme a lo recogido*, es decir, a lo que se ha obtenido en la actividad personal que sea propia a cada creyente. Es, pues, un ejercicio de conciencia delante del Señor. Es notable que en el Nuevo Testamento no se habla de *diezmar* o dar el diezmo de los ingresos como ofrenda. Algunos enseñan que el diezmo no es propio para el creyente porque es una ordenanza de la ley, pero, no puede olvidare que Abraham dio diezmos a Melquisedec del botín obtenido en la derrota de los enemigos (Gn. 14:20). Esto ocurrió más de cuatrocientos años antes de que Dios diese Su ley a Moisés, por tanto, el diezmo no es de la ley, sino anterior. Esta es una medida mínima de ofrendar. Ahora bien, ¿por qué no está en la regulación de ofrendas en el Nuevo Testamento? Cuando Dios establece la obligación legal de diezmar al pueblo de Israel, lo hace en razón de la propiedad de la tierra. Dios había dado a cada tribu su parcela en Canaán, luego cada tribu dividió la tierra hasta llegar a la familia, entregándole la parcela en propiedad a cada uno, según su promesa. De lo que producía esa tierra, el diez por ciento, debía entregarse al Señor por parte de quien era propietario de ella, como la mínima cantidad establecida por ley (Lv. 27:30). Luego había las ofrendas voluntarias que cada uno daba conforme a su condición. Cuando entramos en la *dispensación de la Iglesia*, el creyente es comprando por Dios, al precio de la sangre de su Hijo, y convertido, por tanto, en un *esclavo administrador*, ya que siendo comprando no tiene nada suyo, sino que todo cuanto tiene es de Aquel que lo compró. Este admirable Dueño, entrega a cada uno de Sus siervos la porción de recursos que debe administrar en Su nombre, por tanto, es un administrador de los bienes que Dios le da (4:1-2; 6:20; Ro. 6:1, 18, 22). Cuando un creyente se limita a dar el diezmo, está reteniendo para sí el noventa por ciento que es del Señor. El que ofrenda debe recordar que todo lo que tiene no es de él sino de quien lo compró, así que, ha de hacer la ofrenda con limpia conciencia, en relación de lo que guarda para sí y lo que aplica a la obra del Señor. En sentido práctico la ofrenda se debe disponer en oración preguntando a quien es Dueño de todo, la orientación del Espíritu para saber cuánto debe ofrendar. La ofrenda no es un problema que resolver cada domingo, ni una obligación impuesta al creyente, sino el privilegio de ofrecer a Dios un *sacrificio espiritual*, como corresponde a quienes han sido hechos sacerdotes (Fil. 4:18). El sacerdocio santo está puesto en el nuevo santuario de Dios que es la Iglesia, para ofrecer *sacrificios espirituales*, que Él acepta por medio de Jesucristo (1 P. 2:5). Es un sacrificio que complementa visible y prácticamente el de la plena entrega de la persona a Dios (Ro. 12:1), con todo cuanto es y tiene. El que estableció los cinco sacrificios espirituales para el ministerio sacerdotal cristiano, acepta el de la ofrenda, uno de ellos, con agrado, por todo cuanto implica, entre otras cosas, obediencia y amor. La ofrenda del creyente es impulsada por el Espíritu Santo. Una ofrenda hecha para cubrir un expediente religioso con un corazón no entregado también con ella, no es del agrado de Dios. La enseñanza general sobre la ofrenda debe ser bien entendida: quien ofrenda recursos materiales, es porque antes se ha dado él mismo a Dios en entrega incondicional (2 Co. 8:5). El sacrificio de la ofrenda es agradable al Señor porque la *ayuda mutua* es de Su agrado (He. 13:15-16). La ofrenda se considera como un acto de culto, de ahí el calificativo que Pablo use para quien porta una ofrenda el término de λειτουργός, *ministrador*, que está relacionado con *culto*, como hizo con Epafrodito (Fil. 2:25).

ἵνα μὴ ὅταν ἔλθω τότε λογεῖαι γίνωνται. Una primera apreciación está en el lugar donde se juntan las ofrendas, que es la iglesia local. Los creyentes ofrendaban cada domingo, y en alguna manera los líderes de la iglesia las recogían para entregarlas a los destinatarios. Ningún creyente enviaba él directamente su ofrenda. Claro está, que aquel tiempo había dificultades para remitir dinero de un lugar a otro, pero, es interesante apreciar que la vinculación de los creyentes con la iglesia local comprendía también la entrega de las ofrendas a la iglesia que luego las distribuía o enviaba de común acuerdo.

Pablo indica que no debían recogerse ofrendas durante el tiempo en que estuviera en la iglesia. Posiblemente para que su presencia no sirviese como de coacción a nadie. Determina, pues, que la ofrenda estuviese cerrada cuando el llegase. Por otro lado, evitaría que los detractores del apóstol murmurasen de él, acusándole de obtener recursos de las iglesias para su propio beneficio.

En medio de todas estas instrucciones aprovecha para anunciarles su visita, que podía producirse en cualquier momento. La ofrenda para *los santos* estaba siendo promovida por él. Sin embargo, no pedía dinero para sí, ni manejaba individualmente el dinero de la ofrenda (2 Co. 8:18-20). Una nueva lección de ética eclesial se aprecia aquí. Los recursos financieros de la iglesia no deben ser administrados por una sola persona. Además, es conveniente que quienes están dedicados a pleno tiempo a la obra del Señor, como pastores, ancianos, etc. no tengan disposición personal de los fondos de la iglesia, para evitar murmuraciones y tentaciones, que pueden sobrevenir aún a quien se considera fiel.

Forma del envío de la ofrenda (16:3-4)

3. Y cuando haya llegado, a quienes hubiereis designado por carta, a éstos enviaré para que lleven vuestro donativo a Jerusalén.

ὅταν δὲ παραγένωμαι, οὓς ἐὰν δοκιμάσητε, δι' ἐπιστολῶν
Y cuando llegue, a quienes si aprobaseis mediante cartas
τούτους πέμψω ἀπενεγκεῖν τὴν χάριν ὑμῶν εἰς Ἰερουσαλήμ·
a estos enviaré para llevar la gracia de vosotros a Jerusalén.

Análisis y notas del texto griego.

Análisis: ὅταν, conjunción temporal, *cuando, siempre que, tantas veces como*; δὲ, partícula conjuntiva que hace las veces de conjunción coordinante, con sentido de *pero, más bien, y, y por cierto, antes bien, entonces*; παραγένωμαι, primera persona singular del segundo aoristo de indicativo en voz media del verbo παραγίνομαι, *llegar*, aquí *llegue*; οὓς, caso acusativo masculino plural del pronombre relativo declinado *a quienes*; ἐὰν, partícula conjuntiva que hace funciones de conjunción y que denota idea de condición o de hipótesis, *si, tanto si... como si... suponiendo que, sea que, si no, lo mismo que, como es de esperar*; δοκιμάσητε, segunda persona plural del primer aoristo de subjuntivo en voz activa del verbo δοκιμάζω, *aprobar*, aquí *aprobaseis*; δι', forma contracta de la preposición propia de genitivo διά, *por, por medio de, a causa de, mediante*; ἐπιστολῶν, caso genitivo femenino plural del nombre común *cartas*; τούτους, caso acusativo masculino plural del pronombre demostrativo declinado *a estos*; πέμψω, primera persona singular del futuro de indicativo del verbo πέμπω, *enviar, comisionar*, aquí *enviaré*; ἀπενεγκεῖν, segundo aoristo de infinitivo del verbo ἀποφέρω, *llevar*, aquí *para llevar*; τὴν, caso acusativo femenino singular del artículo determinado *la*; χάριν, caso acusativo femenino singular del nombre común *gracia*; ὑμῶν, caso genitivo de la segunda persona plural del pronombre personal declinado *de vosotros*; εἰς, preposición propia de acusativo *a*; Ἰερουσαλήμ, caso acusativo femenino singular del nombre propio *Jerusalén*.

ὅταν δὲ παραγένωμαι, Pablo anuncia su visita a la iglesia en Corinto, de manera que, en el tiempo de su llegada, se harían los preparativos para enviar la ofrenda recogida. Esta visita suya sin precisar el tiempo, podía producirse en cualquier momento. Mientras tanto la ofrenda para *los santos* que él promovía, estaba siendo efectuada. No pedía recurso alguno para sí y su ministerio (9:13-17). Su interés eran los creyentes que tenían necesidad en Jerusalén. Tampoco pretendía manejar o llevar él la ofrenda que la iglesia aportase (2 Co. 8:18-20).

οὓς ἐὰν δοκιμάσητε, La ofrenda debía ser llevada por más de una persona. Por esa razón les hace notar que debían designar a los que les pareciese mejor para hacerlo en nombre de la iglesia. Una vez más se aprecia la intervención de toda la congregación en decisiones que no tenían que ver con doctrina y que, por consiguiente, no eran responsabilidad directa del liderazgo pastoral de la misma. La iglesia seleccionaba de entre ellos a hermanos de confianza para llevar la ofrenda. La condición establecida para los administradores de la misma, está establecida por los apóstoles para los *diáconos*, que era su *espiritualidad*, es decir, personas espirituales (Hch. 6:3). El apóstol era *embajador de Cristo* y no intermediario entre las iglesias en lo que concernía a enviar ofrendas.

δι᾽ ἐπιστολῶν τούτους πέμψω El apóstol proveería para los hermanos escogidos por la iglesia, de cartas de presentación y recomendación para la de Jerusalén. Esto evitaría que los que acusaban a Pablo de fundar iglesias y promover ofrendas en beneficio propio, pudiesen murmurar del modo de administrar la ofrenda que se había recogido (2 Co. 8:19-20). Tanto ante los corintios, como ante los hermanos de la iglesia en Jerusalén.

ἀπενεγκεῖν τὴν χάριν ὑμῶν εἰς Ἰερουσαλήμ· El ministerio encomendado a aquellos que fuesen seleccionados por la iglesia sería, como misión, *llevar el donativo*, literalmente *la gracia*, como expresión de amor y entrega hacia otros. De este modo se seguía el ejemplo de la donación infinita que Dios hizo en Cristo a los pecadores para salvación (2 Co. 8:9). Darse a otros hermanos es la forma natural y propia de la vida cristiana: *"En esto hemos conocido el amor, en que él puso su vida por nosotros; también nosotros debemos poner nuestras vidas por los hermanos"* (1 Jn. 3:16). La ofrenda de Corinto –y de otras iglesias– era una expresión de amor hacia los hermanos. El verdadero amor se conoce por el bien que genera. No se trata de expresiones sino de acciones que manifiestan su realidad. De otro modo, el amor no se define, se demuestra. De modo que Dios no nos habló de Su amor, sino que lo demostró entregando a su Hijo. La consecuencia para quienes viven a Cristo, no puede ser otra que expresar en amor a los hermanos en la entrega a ellos. Amar es la consecuencia natural de vivir a Cristo (Fil. 2:5). La ofrenda era la expresión de una disposición a la entrega en beneficio de los hermanos. Aquí se expresa, en una forma práctica, el mandamiento de amar a los hermanos (Jn. 15:12). Lo que identifica al verdadero discípulo de Cristo es el seguimiento al Maestro (Jn. 13:35). El amor fraterno es el mejor respaldo a la proclamación del evangelio, que expresa el amor de Dios hacia el pecador, buscándolo, salvándolo, y haciéndolo hijo Suyo.

4. Y si fuere propio que yo también vaya, irán conmigo.

ἐὰν δὲ ἄξιον ᾖ τοῦ κἀμὲ πορεύεσθαι, σὺν ἐμοὶ πορεύσονται.
Y si merecedor sea - también yo irme, conmigo irán.

Análisis y notas del texto griego.

Análisis: ἐὰν, partícula conjuntiva que hace funciones de conjunción y que denota idea de condición o de hipótesis, *si, tanto si... como si... suponiendo que, sea que, si no; lo mismo que, como es de esperar*; δὲ, partícula conjuntiva que hace las veces de conjunción coordinante, con sentido de *pero, más bien, y, y por cierto, antes bien, entonces*; ἄξιον, caso nominativo neutro singular del adjetivo, *merecedor, que corresponde a, que vale la pena*; ᾖ, tercera persona singular del presente de subjuntivo en voz activa del verbo εἰμί, *ser, estar*, aquí *sea* τοῦ, caso genitivo neutro singular del artículo determinado *el*; καμὲ, adverbio y primera persona singular del pronombre personal *y yo, también yo*; πορεύεσθαι, presente de infinitivo en voz media del verbo πορεύομαι, en voz media pasiva *irse, viajar, marcharse, seguir camino*; σὺν, preposición propia de dativo *con*; ἐμοὶ, caso dativo de la primera persona singular del pronombre personal *mí*, unida con la anterior en castellano *conmigo*; πορεύσονται, tercera persona plural del futuro de indicativo en voz media del verbo πορεύομαι, *irse, viajar, marcharse, seguir camino*, aquí *irán*.

ἐὰν δὲ ἄξιον ᾖ τοῦ καμὲ πορεύεσθαι. La frase es difícil de interpretar por su construcción en griego. El sentido es este: *si vale la pena que yo vaya...*, pudiera referirse a que valdría la pena que fuese si la ofrenda era grande, como si un donativo así exigiera también la presencia del apóstol con quienes iban a llevarlo a Jerusalén. Más bien debe entenderse como disposición del apóstol para ir con los que la llevaran, en ese sentido sería: *si consideráis que merece la pena que yo vaya*. Esto concuerda más con la indicación que antes hizo para que designasen a quienes debían ir, en ese sentido, si los corintios considerasen que Pablo debía acompañar a los portadores de la ofrenda, él estaba dispuesto a hacerlo.

Es notable la disposición y, todavía más, la intención que tenía de ir a Jerusalén a pesar de las profecías que se estaban haciendo sobre ese viaje, que le anunciaban sufrimientos y padecimientos que le esperaban allí (Hch. 20:22-24; 21:4, 11, 12). En todo caso no aceptaría la responsabilidad de llevar él únicamente la ofrenda, no importa la cuantía de la misma. Serían los propios corintios quienes lo harían por medio de los hermanos designados.

σὺν ἐμοὶ πορεύσονται. Es preciso notar que hay una distinción en la última frase que no debe pasar desapercibida. El apóstol, que se ofrece para ir con los portadores de la ofrenda a Jerusalén, consciente de su condición de apóstol, no dice *iré con ellos*, sino *irán ellos conmigo*. Pablo tenía planeado ir a Jerusalén, y tal vez la referencia sea a la disposición de un cambio de planes en cuanto a la fecha de su viaje.

Planes de Pablo (16:5-9)

Anunciando la visita (16:5-6)

5. Iré a vosotros, cuando haya pasado por Macedonia, pues por Macedonia tengo que pasar.

Ἐλεύσομαι δὲ πρὸς ὑμᾶς ὅταν Μακεδονίαν διέλθω·
Pero iré a vosotros cuando por Macedonia pase.
Μακεδονίαν γὰρ διέρχομαι,
Porque por Macedonia paso.

Análisis y notas del texto griego.

Análisis: Ἐλεύσομαι, primera persona singular del futuro de indicativo en voz activa del verbo ἔρχομαι, *venir, llegar, regresar, ir*, aquí *iré*; δὲ, partícula conjuntiva que hace las veces de conjunción coordinante, con sentido de *pero, más bien, y, y por cierto, antes bien, entonces*; πρὸς, preposición propia de acusativo *a*; ὑμᾶς, caso acusativo de la segunda persona plural del pronombre personal *vosotros*; ὅταν, conjunción temporal, *cuando, siempre que, tantas veces como*; Μακεδονίαν, caso acusativo femenino singular del nombre propio declinado *por Macedonia*; διέλθω, primera persona singular del segundo aoristo de subjuntivo en voz activa del verbo διέρχομαι, *pasar, atravesar*, aquí *pase*; Μακεδονίαν, caso acusativo femenino singular del nombre propio declinado *por Macedonia*; γὰρ, conjunción causal *porque*; διέρχομαι, presente de indicativo en voz media del verbo διέρχομαι, *pasar, atravesar*, aquí *paso*.

Ἐλεύσομαι δὲ πρὸς ὑμᾶς ὅταν Μακεδονίαν διέλθω· La *Epístola*, sirvió a Pablo para responder preguntas que desde la iglesia en Corinto le habían enviado. Sin embargo, quedaban cosas pendientes de poner en orden, de las que él mismo les dijo: *"Las demás cosas las pondré en orden cuando yo fuere"* (11:34). La ocasión de hacer esta visita estaba en la mente del apóstol y por varias razones, como era la de la ofrenda, se disponía para visitar a los corintios. El plan inicial fue de ir directamente desde Éfeso a Corinto y de allí a Macedonia (2 Co. 1:15-16). Después volvería de nuevo a Corinto y de allí a Jerusalén.

El cambio de planes se debía a dar a los corintios un tiempo para que reflexionaran sobre las enseñanzas y mandamientos de esta *Epístola*, para no actuar con severidad y autoridad apostólica entre los que causaban disensiones y divisiones (2 Co. 1:23). Por esa razón dejó la vía directa de Éfeso a Corinto, para hacer un viaje de más duración pasando antes por Macedonia. El apóstol confiaba que este tiempo daría ocasión de rectificación de lo que era incorrecto de modo que evitase una acción disciplinaria contra los desobedientes. Esta sería la tercera visita que el apóstol hacía a Corinto. La primera con motivo de la fundación de la iglesia. La segunda debió haber sido breve y rápida desde Éfeso, para asentar cosas necesarias. Ahora les anuncia una más extensa.

Μακεδονίαν γὰρ διέρχομαι, El plan de Pablo era que antes de esta visita anunciada, debía pasar por Macedonia, como así ocurrió, tiempo que, entre otras cosas, usó para promover la ofrenda para Jerusalén entre las iglesias de Macedonia (2 Co. 8:1-8). Este cambio de planes sirvió para que algunos en la iglesia en Corinto le acusaran de inestable y poco digno de confianza (2 Co. 1:17-18).

6. Y podrá ser que me quede con vosotros, o aun pase el invierno, para que vosotros me encaminéis a donde haya de ir.

πρὸς ὑμᾶς δὲ[1] τυχὸν παραμενῶ[2] ἢ καὶ παραχειμάσω, ἵνα
Y con vosotros quizá quedaré o también pasaré el invierno, para que
ὑμεῖς με προπέμψητε οὗ ἐὰν πορεύωμαι.
vosotros me encaminéis adonde sea que vaya.

Análisis y notas del texto griego.

Análisis: πρὸς, preposición propia de acusativo *con*; ὑμᾶς, caso acusativo de la segunda persona plural del pronombre personal *vosotros*; δὲ, partícula conjuntiva que hace las veces de conjunción coordinante, con sentido de *pero, más bien, y, y por cierto, antes bien, entonces*; τυχὸν, caso acusativo neutro singular del participio del segundo aoristo en voz activa del verbo τυγχάνω, *alcanzar, llegar, suceder*, aquí *que sucediera*, aquí en uso adverbial *quizá*; παραμενῶ, primera persona singular del futuro de indicativo en voz activa del verbo παραμένω, *quedarse*, aquí *quedaré*; ἢ, conjunción disyuntiva *o*; καὶ, adverbio de modo *también*; παραχειμάσω, primera persona singular del futuro de indicativo en voz activa del verbo παραχειμάζω, *invernar, pasar el invierno*, aquí *pasaré el invierno*; ἵνα, conjunción causal *para que*; ὑμεῖς, caso nominativo de la segunda persona plural del pronombre personal *vosotros*; με, caso acusativo de la primera persona singular del pronombre personal declinado *a mí, me*; προπέμψητε, segunda persona plural del primer aoristo de subjuntivo en voz activa del verbo προπέμπω, *proveer para el viaje, acompañar, enviar, encaminar*, aquí *encaminéis*; οὗ, adverbio relativo, *donde, adonde*; ἐὰν, partícula conjuntiva que hace funciones de conjunción y que denota idea de condición o de hipótesis, *si, tanto si... como si... suponiendo que, sea que, si no, lo mismo que, como es de esperar*; πορεύωμαι, primera persona singular del presente de subjuntivo en voz media del verbo πορεύομαι, *ir, marcharse, seguir camino*, aquí *vaya*.

Notas. Crítica Textual. Lecturas alternativas.

[1] δὲ, *y*, no figura en $\mathfrak{P}^{46}$, vg^{mss}, Ambrosiaster.

[2] παραμενῶ, *quedaré*, según lectura en 𝔓46, a, A, C, D, K, L, P, Ψ, 075, 088, 33, 81, 104, 365, 630, 1175, 1241, 1505, 1739*, 1881, 2464, 𝔐.

Καταμένω, *residiré*, como se lee en 𝔓34, B, 0121, 0243, 6, 1739c.

πρὸς ὑμᾶς δὲ τυχὸν παραμενῶ. El apóstol les anuncia su estancia entre ellos. El cambio de planes redundaría en beneficio para los creyentes, porque permitiría un tiempo mayor para la visita. Pablo expresa todo esto en modo condicional como la mayor probabilidad, siendo como era su deseo de visitarlos. El verbo τυγχάνω, que expresa la idea de *alcanzar, llegar, suceder*, se usa en ocasiones, como es este caso, en una expresión de participio con sentido adverbial, equivalente a *quizás*, *tal vez*. No afirma definitivamente nada, porque, entre otras cosas, están siempre sus deseos detrás de la voluntad de Dios. Si el Señor lo permite iría a Corinto.

ἢ καὶ παραχειμάσω, Es más, sería posible que invernara con ellos, eso supondría una larga estancia de, por lo menos, tres meses. Era un tiempo difícil para viajar de modo que sería lo más prudente quedarse en algún lugar apropiado y, nada mejor y más oportuno que hacerlo en Corinto, donde aprovecharía el tiempo para confirmar la doctrina en la iglesia y corregir defectos que se manifestaban en la congregación. Luego del ministerio entre las iglesias de Macedonia y haber recogido la ofrenda para los santos de Jerusalén, pasaría por Corinto. Según Lucas, se quedó en Grecia tres meses (Hch. 20:3). Pasó el invierno hospedado en casa de Gayo, desde donde escribió la *Epístola a los Romanos* (Ro. 16:22-23).

ἵνα ὑμεῖς με προπέμψητε οὗ ἐὰν πορεύωμαι. La obra ministerial del apóstol, en especial aquella que tenía que ver con viajar, predicar el evangelio y establecer nuevas iglesias, requería recursos económicos para hacerla. El Nuevo Testamento menciona sólo a una iglesia, la de Filipos, que contribuía regularmente con sus ofrendas para esto, enviándolas al apóstol cuando les era posible (Fil. 4:15-16). Es cierto que él mismo afirma que *"he aprendido a contentarme, cualquiera que sea mi situación. Se vivir humildemente, y sé tener abundancia; en todo y por todo estoy enseñado, así para estar saciado como para tener hambre, así para tener abundancia como para padecer necesidad"* (Fil. 4:11-12). Mucho de esa situación de estrechez, se debía a la renuncia voluntaria que se impuso a sí mismo de no recibir salario de ninguna iglesia, para evitar las murmuraciones por las que sus enemigos le acusaban (9:15). Sin embargo, todo aquel que vive *para el evangelio*, debe *vivir del evangelio*. Nada hay en la Biblia que impida recibir salario al que dedica todo su tiempo a servir en la obra del Señor. La idea de una vida por fe, es la excusa que muchos ponen para no aportar los recursos imprescindibles para quienes sirven en la obra a pleno tiempo. El mismo Señor ordenó retribuir al que está en la situación de servicio.

En esta ocasión la visita a Corinto era simplemente un paso hacia otros lugares donde iba a seguir con su ministerio, para lo que era preciso la provisión para llegar, por lo menos, al próximo destino. Por eso usa la expresión típica: *"para que vosotros me encaminéis a donde haya de ir"*, usada para referirse a proveer de lo necesario para el viaje. Superada la situación que anteriormente se producía en relación con la iglesia en Corinto, está dispuesto a recibir de ellos lo necesario para seguir su viaje. Cuando dice: *"a donde haya de ir"*, el pensamiento del apóstol está en Jerusalén, lugar a donde quería ir.

Es interesante apreciar nuevamente la enseñanza bíblica de la vinculación con la iglesia local. Nada hacía el apóstol desligado de la iglesia. Primeramente, de la de Antioquía, a la que regresaba al término de cada viaje para informarles de lo que había estado haciendo y de las bendiciones divinas salvando personas y plantando iglesias, así como también de las dificultades de que había sido salvado por el Señor. Luego, cuando ya la obra estaba demasiado lejos de Antioquía para ir y venir al campo de trabajo, teniendo intención de alcanzar lo más extremo de la tierra el *finix terrae*, situado en España, se centraría en la de Roma, para que desde ella fuese encomendado y sostenido en comunión por la iglesia allí (Ro.15:23-24). La obra misionera está siempre vinculada a una iglesia local. El misionero no es un trabajador en labores de plantación de iglesias desvinculado de cualquier ligazón con una o varias iglesias locales. No se encuentra en el Nuevo Testamento otro sistema misionero que el apoyado por las iglesias locales. La de Corinto debía poner los recursos necesarios para la primera etapa del viaje que el apóstol iba a realizar. El *"ser encaminado"* incluye tres cosas: a) Identificación con el nuevo trabajo a realizar, la iglesia estaba de acuerdo con el proyecto del viaje de Pablo; b) Comunión práctica ofrendando para el apóstol como misionero (Hch. 15:3; 2 Co. 1:16; Tit. 3:13; 3 Jn. 6); c) oraciones a su favor, intercediendo por él ante el Trono de gracia.

La próxima estancia en Éfeso (16:7-9)

7. Porque no quiero veros ahora de paso, pues espero estar con vosotros algún tiempo, si el Señor lo permite.

οὐ θέλω γὰρ ὑμᾶς ἄρτι ἐν παρόδῳ ἰδεῖν, ἐλπίζω γὰρ χρόνον
Porque no quiero os ahora de paso ver, porque espero tiempo
τινὰ ἐπιμεῖναι πρὸς ὑμᾶς ἐὰν ὁ Κύριος ἐπιτρέψῃ.
alguno quedar con vosotros si el Señor permitiera.

Análisis y notas del texto griego.

Análisis: οὐ, adverbio de negación *no*; θέλω, primera persona singular del presente de indicativo en voz activa del verbo θέλω, *querer, desear*, aquí *quiero*; γὰρ, conjunción causal *porque*; ὑμᾶς, caso de la segunda persona plural del pronombre personal declinado *a vosotros, os*; ἄρτι, adverbio demostrativo *ahora*; ἐν, preposición propia de dativo *en, de*; παρόδῳ, caso dativo femenino singular del nombre común *paso*; ἰδεῖν, segundo aoristo de infinitivo en voz activa del verbo ὁράω, *ver, mirar*, aquí *ver*; ἐλπίζω, primera persona singular del presente de indicativo en voz activa del verbo ἐλπίζω, *esperar, confiar, poner la confianza en*; γὰρ, conjunción causal *porque*; χρόνον, caso acusativo masculino singular del nombre común *tiempo*; τινὰ, caso acusativo masculino singular del adjetivo indefinido *alguno*; ἐπιμεῖναι, aoristo primero de infinitivo en voz activa del verbo ἐπιμένω, *quedar, continuar*; πρὸς, preposición propia de acusativo *con*; ὑμᾶς, caso acusativo de la segunda persona plural del pronombre personal *vosotros*; ἐὰν, partícula conjuntiva que hace funciones de conjunción y que denota idea de condición o de hipótesis, *si, tanto si... como si... suponiendo que, sea que, si no, lo mismo que, como es de esperar*; ὁ, caso nominativo masculino singular del artículo determinado *el*; Κύριος, caso nominativo masculino singular del nombre divino *Señor*; ἐπιτρέψῃ, primera persona singular del aoristo primero de subjuntivo en voz activa del verbo ἐπιτρέπω, *permitir*, aquí *permitiera*.

οὐ θέλω γὰρ ὑμᾶς ἄρτι ἐν παρόδῳ ἰδεῖν. El que Pablo fuese primero a Macedonia, tiene también la razón de no hacer a los corintios una visita rápida, literalmente *de paso*. Eso no permitía disponer del tiempo necesario para resolver los asuntos pendientes y ordenar aquello que estaba desordenado. Es muy posible que quienes informaron al apóstol de los desórdenes que ocurrían en la iglesia y que llevó a escribir la *Epístola*, le hiciesen ver que era necesario dedicar tiempo que no era posible en una visita rápida.

ἐλπίζω γὰρ χρόνον τινὰ ἐπιμεῖναι πρὸς ὑμᾶς ἐὰν ὁ Κύριος ἐπιτρέψῃ. Sin embargo, la visita quedaba diferida, pero no anulada, porque al finalizar el recorrido y ministerio por Macedonia, tendría más tiempo, como ya antes les había anunciado para estar con ellos en Corinto. Se aprecia nuevamente la dependencia que Pablo tenía de hacer las cosas como el Señor marcaba. Por eso les dice que la visita por un tiempo más largo depende Su voluntad, de ahí la frase *si el Señor permitiera*. Los planes y deseos del apóstol se sometían a la soberanía de quien lo había enviado como apóstol.

8. Pero estaré en Éfeso hasta Pentecostés.

ἐπιμενῶ[1] δὲ ἐν Ἐφέσῳ ἕως τῆς πεντηκοστῆς·
Pero quedaré en Éfeso hasta - Pentecostés.

Análisis y notas del texto griego.

Análisis: ἐπιμενῶ, primera persona singular del futuro de indicativo en voz activa del verbo ἐπιμένω, *permanecer, quedar, perseverar*, aquí *quedaré*; δὲ, partícula conjuntiva que hace las veces de conjunción coordinante, con sentido de *pero, más bien, y, y por cierto, antes bien, entonces*; ἐν, preposición propia de dativo *en*; ᾿Εφέσῳ, caso dativo femenino singular del nombre propio *Éfeso*; ἕως, preposición propia de genitivo *hasta*; τῆς, caso genitivo femenino singular del artículo determinado *la*; πεντηκοστῆς, caso genitivo femenino singular del nombre común *Pentecostés*.

Notas. Crítica Textual. Lecturas alternativas.

[1] ἐπιμενῶ, *estaré*, según lectura en K, L, Ψ, 0121, 0243, 104, 630, 1175, 1505, 𝔐, latt.

ἐπιμενω, *esté*, conforme a la lectura en B^2, D^2, 075, 6, 33, 81, 365, 629, 1241, 1739, 1881, 2464.

ἐπιμενῶ δὲ ἐν ᾿Εφέσῳ ἕως τῆς πεντηκοστῆς· Pablo está escribiendo en la primavera anterior a Pentecostés, la conocida fiesta de los judíos, cincuenta días después de la Pascua. La obra en Éfeso demandaba su presencia, por las razones que indica en el próximo versículo. Algunos piensan que esta estancia en Éfeso era consecuencia del tumulto ocurrido en la ciudad con motivo de la revuelta de los plateros liderada por Demetrio (Hch. 19:23), sin embargo, en aquella ocasión la estancia en Éfeso fue de tres años (Hch. 20:31), por lo que debe ser una visita diferente.

9. Porque se me ha abierto puerta grande y eficaz, y muchos son los adversarios.

θύρα γάρ μοι ἀνέῳγεν μεγάλη καὶ ἐνεργής, καὶ
Porque puerta para mí ha abierto grande y eficaz, y
ἀντικείμενοι πολλοί.
que se oponen muchos.

Análisis y notas del texto griego.

Análisis: θύρα, caso nominativo femenino singular del nombre común *puerta*; γάρ, conjunción causal *porque*; μοι, caso dativo de la primera persona singular del pronombre personal declinado *para mí*; ἀνέῳγεν, tercera persona singular del perfecto de indicativo en voz activa del verbo ἀνοίγω, *abrir*, aquí *ha abierto*; μεγάλη, caso nominativo femenino singular del adjetivo *grande*; καὶ, conjunción copulativa *y*; ἐνεργής, caso nominativo femenino singular del adjetivo *eficaz*; καὶ, conjunción copulativa *y*; ἀντικείμενοι, caso nominativo masculino plural del participio de presente en voz media del verbo ἀντικεῖμαι, *oponerse, ser enemigo*, aquí *que se oponen*; πολλοί, caso nominativo masculino plural del adjetivo *muchos*.

θύρα γάρ μοι ἀνέῳγεν μεγάλη καὶ ἐνεργής, Con la figura de una puerta abierta, expresa la idea de algo que es una vía de acceso, pero, además, no es una puerta estrecha, sino grande. En ese sentido se trata de una gran posibilidad para anunciar el evangelio. Además, la puerta no solo es grande, sino *eficaz*, que tiene que ver con potencia y eficiencia. Dios había actuado en Su plan soberano de salvación y había abierto esa puerta, que estaba demostrándose eficaz, por el poder del Espíritu para la salvación de muchos efesios. Esta misma figura de la puerta abierta por el Señor la usará en la siguiente *Epístola* a los Corintios, refiriéndose al ministerio que hizo en Troas: *"Cuando llegue a Troas para predicar el evangelio de Cristo, aunque se me abrió puerta en el Señor..."* (2 Co. 2:12). Dios que envía abre una puerta que, como dice a la iglesia en Filadelfia, *"nadie puede cerrar"* (Ap. 3:8).

καὶ ἀντικείμενοι πολλοί. Contra la puerta abierta por el Señor, los *opositores*, o los *adversarios*, eran muchos. Es el contraste con la eficacia del evangelio, ante cuyo poderoso mensaje salvador, muchos se levantan oponiéndose a él. Estos eran muy diversos y actuaban también de muchas formas. Baste el ejemplo del tiempo de fundación de la iglesia en aquella ciudad (Hch. 19), donde actuaban los judíos y otras veces los adoradores de Diana. Satanás luchó siempre contra el propósito de Dios para salvar a los pecadores. De ahí la importancia que tiene la expresión de *una puerta abierta*, que indica una acción que Dios hace de apertura de algo hacia la eficacia de la obra, que debe ser utilizada por quien está a Su servicio. No cabe duda que la evangelización es un mandato del Señor (Mt. 28:18-20; Mr. 16:15, 16). Si Él ha establecido la comisión de llevar el evangelio a todo el mundo, si comisionó a Pablo para que lo hiciera, tiene que comprometerse a hacerlo posible, como así se presenta en el simbolismo de una puerta abierta que, a pesar de los muchos enemigos, los intentos diabólicos para cerrarla, permanece abierta mientras la obra encomendada no se haya realizado. El apóstol, junto con Bernabé, al final de su primer viaje misionero, dando cuenta a la iglesia en Antioquía de los acontecimientos ocurridos en ese tiempo, vinculaban las oportunidades de la predicación del evangelio, como una *"puerta abierta"* (Hch. 14:27). En un sentido más amplio, la apertura de la puerta, era tanto la oportunidad de predicar el evangelio como la respuesta que se producía en muchos de los que oían el mensaje, a quienes el Señor abría el corazón para recibirlo, como fue el caso de Lidia (Hch. 16:14). Por esa razón cuando el apóstol pedía oraciones para que Dios diese éxito a la proclamación del evangelio, pida a los creyentes que oren *"para que el*

Señor nos abra puerta para la palabra, a fin de dar a conocer el misterio de Cristo" (Col. 4:3). La obra de Dios sólo la puede hacer Él mismo, y aunque use instrumentos humanos para ejecutarla, ninguno de ellos puede abrir una puerta amplia, salvo con el poder de Cristo.

IX. Conclusión saludos y despedida (16:10-24)

Conclusión (16:10-12)

Indicaciones sobre la vista de Timoteo (16:10-11)

10. Y si llega Timoteo, mirad que esté con vosotros con tranquilidad, porque él hace la obra del Señor así como yo.

'Εὰν δὲ ἔλθῃ Τιμόθεος, βλέπετε, ἵνα ἀφόβως γένηται πρὸς
Y si llegase Timoteo, mirad, que sin temor esté con
ὑμᾶς· τὸ γὰρ ἔργον Κυρίου ἐργάζεται ὡς καγώ[1]·
vosotros, porque la obra de Señor hace como también yo.

Análisis y notas del texto griego.

Análisis: 'Εὰν, partícula conjuntiva que hace funciones de conjunción y que denota idea de condición o de hipótesis, *si, tanto si... como si... suponiendo que, sea que, si no, lo mismo que, como es de esperar*; δὲ, partícula conjuntiva que hace las veces de conjunción coordinante, con sentido de *pero, más bien, y, y por cierto, antes bien, entonces*; ἔλθῃ, tercera persona singular del segundo aoristo de indicativo en voz activa del verbo ἔρχομαι, *venir, llegar, aparecer*, aquí *llegase*; Τιμόθεος, caso nominativo masculino singular del nombre propio *Timoteo*; βλέπετε, segunda persona plural del presente de imperativo en voz activa del vebo βλέπω, *mirar, ver, fijarse, tener cuidado*, aquí *mirad*; ἵνα, conjunción *que*; ἀφόβως, caso adverbio de modo *sin miedo, sin temor*; γένηται, tercera persona singular del segundo aoristo de subjuntivo en voz media del verbo γίνομαι, *ser, estar*, aquí *esté*; πρὸς, preposición propia de acusativo *con*; ὑμᾶς, caso acusativo de la segunda persona plural del pronombre personal *vosotros*; τὸ, caso acusativo neutro singular del artículo determinado *el*; γὰρ, conjunción causal *porque*; ἔργον, caso acusativo neutro singular del nombre común *obra, trabajo*; κυρίου, caso genitivo masculino singular del nombre divino declinado *de Señor*; ἐργάζεται, tercera persona singular del presente de indicativo en voz media del verbo ἐργάζομαι, *trabajar, efectuar, obrar, hacer*, aquí *hace*; ὡς, adverbio de modo, *como*, que hace las veces de conjunción comparativa; καγώ, adverbio y pronombre personal formad por crasis[4] de la conjunción καὶ, y el pronombre personal ἐγώ, y que equivale a *y yo, también yo*.

---

[4] *Crasis*, palabra griega que equivale a *unión de fuerzas*, en general *unión de elementos*.

Notas. Crítica Textual. Lecturas alternativas.

[1]καγώ, *también yo*, según lectura en 𝔓[34], a, A, C, D, F, G, K, L, P, Ψ, 33, 81, 104, 365, 630, 1175, 1241, 1505, 2464, 𝔐, latt, sy[h], bo.

ἐγώ, *yo*, conforme a 𝔓[46], B, 0121, 0243, 6, 1739, 1881, sy[p], sa.

'Εὰν δὲ ἔλθῃ Τιμόθεος, Dentro de la conclusión de la carta, la primera nota tiene que ver con la posible visita de Timoteo. Había sido enviado por el apóstol para corregir desórdenes en la iglesia, recordándoles lo que él les había enseñado antes (4:17). Timoteo era bien conocido en Corinto, colaborador entrañable para el apóstol. Posiblemente fue convertido por la predicación de Pablo, de ahí que le llame *su hijo* (1 Ti. 1:2). Acompañó a Pablo desde Derbe (Hch. 16:1-3), colaborando con él en la fundación de la iglesia en Corinto (Hch. 18:5)[5]. La visita a Macedonia no permitía fijar fecha exacta para su llegada a Corinto, por eso da recomendaciones para cuando llegue a ellos.

βλέπετε, ἵνα ἀφόβως γένηται πρὸς ὑμᾶς· Conocedor de la forma de ser de los corintios, exhorta aquí sobre el trato que debían mostrar a Timoteo. Nadie debía menospreciarlo (1 Ti. 4:12). Acaso no era un hombre de carácter enérgico, por la sicología personal suya a la luz de los datos del Nuevo Testamento, acaso fuese un tanto tímido o introvertido. Pablo pide que no le inquieten, con la expresión *que esté sin temor con vosotros*, les advierte para que no le desanimen y causen molestias cuando llegue. Los corintios debían respetarlo.

τὸ γὰρ ἔργον Κυρίου. La razón de ese comportamiento con Timoteo era *"porque él hace la obra del Señor así como yo"*. Debía, por tanto, ser respetado porque trabajaba para el Señor, de manera que quien respeta al Señor respeta también al siervo que Él ha llamado y encomendado.

Ἐργάζεται ὡς καγώ Cuando Pablo les dice que hacía la obra *como yo*, se refiere al trabajo, pero no a la dimensión del mismo. En cuando a dones, él era apóstol, pero en cuanto al servicio, los dos eran servidores que hacían la obra del Señor. La obra de Timoteo no tenía que ver con el apostolado, porque no era apóstol, pero tanto la suya como la de Pablo era predicar el evangelio y enseñar la doctrina. Al siervo de Dios, no importa cuál sea el don o los dones que tenga, se le debe respeto porque con él se reconoce al Señor a quien sirve. El siervo de Dios debe ser tratado con

[5] Para mayor extensión, ver notas al texto citado en *Hechos*, de esta serie.

honor y respeto. Las acciones contra quien trabaja para el Señor son consideradas como hechas contra Él mismo (Nm. 14:2, 27).

11. Por tanto, nadie le tenga en poco, sino encaminadle en paz, para que venga a mí, porque le espero con los hermanos.

μή τις οὖν αὐτὸν ἐξουθενήσῃ. προπέμψατε δὲ αὐτὸν ἐν εἰρήνῃ,
Nadie, pues le desprecie. Más bien encaminad le en paz,
ἵνα ἔλθῃ πρός με· ἐκδέχομαι γὰρ αὐτὸν μετὰ τῶν ἀδελφῶν.
para que regrese a mí. Porque espero le con los hermanos.

Análisis y notas del texto griego.

Análisis: μή, partícula que hace funciones de adverbio de negación *no*; τις, caso nominativo masculino singular del pronombre indefinido *nadie*; οὖν, conjunción continuativa *pues*; αὐτὸν, caso acusativo masculino de la tercera persona singular del pronombre personal declinado *a él, le*; ἐξουθενήσῃ, tercera persona singular del aoristo primero de subjuntivo en voz activa del verbo ἐξουθενεώ, *despreciar, menospreciar*, aquí *desprecie*; προπέμψατε, segunda persona plural del aoristo primero de imperativo en voz activa del verbo προπέμπω, *encaminar, proveer para el camino*, aquí *encaminad*; δὲ, partícula conjuntiva que hace las veces de conjunción coordinante, con sentido de *pero, más bien, y, y por cierto, antes bien, entonces*; αὐτὸν, caso acusativo masculino de la tercera persona singular del pronombre personal declinado *a él, le*; ἐν, preposición propia de dativo *en*; εἰρήνῃ, caso dativo femenino singular del nombre común *paz*; ἵνα, conjunción causal *para que*; ἔλθῃ, tercera persona singular del segundo aoristo de subjuntivo en voz activa del verbo ἔρχομαι, *venir, llegar, regresar*, aquí *regrese*; πρός, preposición propia de acusativo *a*; με, caso acusativo de la primera persona singular del pronombre personal *mí*; ἐκδέχομαι, primera persona singular del presente de indicativo en voz media del verbo ἐκδέχομαι, *aguardar, esperar*, aquí *espero*; γὰρ, conjunción causal *porque*; αὐτὸν, caso acusativo masculino de la tercera persona singular del pronombre personal *le*; μετὰ, preposición propia de genitivo *con*; τῶν, caso genitivo masculino plural del artículo determinado *los*; ἀδελφῶν, caso genitivo masculino plural del nombre común *hermanos*.

μή τις οὖν αὐτὸν ἐξουθενήσῃ. Continúa con el trato demandado para cuando llegase a ellos Timoteo. La advertencia es precisa: *"nadie le menosprecie"*. Conociendo la condición arrogante de, por lo menos, algunos de los miembros de la iglesia en Corinto, pudiera ser que le tratasen despectivamente. Debido a que desarrollaba una obra para el Señor, ninguna persona debiera menospreciarlo. Quien rechaza al enviado rechaza al que lo envió. Momentáneamente es solo una advertencia que el apóstol hace. Probablemente surtió efecto en muchos, pero hubo uno que no hizo caso a las advertencias de Pablo, como se considerará en el comentario a la Segunda *Epístola*.

προπέμψατε δὲ αὐτὸν ἐν εἰρήνῃ, ἵνα ἔλθῃ πρός με· ἐκδέχομαι γὰρ αὐτὸν μετὰ τῶν ἀδελφῶν. El apóstol no había enviado a Timoteo para que se quedase en Corinto (4:17), sino que luego de cumplir la misión que se le había encomendado, debía volver con él. Por el contrario, debía ser *encaminado*, para el viaje de regreso. Ya se ha considerado esto antes. El verbo expresa la idea de hacer provisión para el viaje. De manera que no solo respetarlo por el ministerio que hacía, sino proveer para él los medios necesarios porque debía volver a encontrarse con Pablo. No solo el apóstol le esperaba, sino también todos los hermanos de la iglesia en Éfeso. De nuevo se aprecia la vinculación del que sirve con la iglesia local. La gran lección nuevamente en este versículo: los creyentes deben procurar la provisión para todos los que *hacen la obra del Señor* (Ro. 15:24; Fil. 4:10-19; 2 Co. 11:9; 3 Jn. 6, 10). Timoteo volvió para encontrarse con Pablo, en cuya compañía está cuando el apóstol escribe la *Segunda Epístola* (2 Co. 1:1).

Indicaciones acerca de Apolos (16:12)

12. Acerca del hermano Apolos, mucho le rogué que fuese a vosotros con los hermanos, más de ninguna manera tuvo voluntad de ir por ahora; pero irá cuando tenga oportunidad.

Περὶ δὲ ᾿Απολλῶ τοῦ ἀδελφοῦ, πολλὰ παρεκάλεσα αὐτόν, ἵνα
Pero acerca de Apolos el hermano, mucho rogué le, que
ἔλθῃ πρὸς ὑμᾶς μετὰ τῶν ἀδελφῶν· καὶ πάντως οὐκ ἦν θέλημα
fuese a vosotros, con los hermanos, y totalmente no era voluntad
ἵνα νῦν ἔλθῃ· ἐλεύσεται δὲ ὅταν εὐκαιρήσῃ.
que ahora fuese. Pero irá cuando tenga oportunidad.

Análisis y notas del texto griego.

Análisis: Περὶ, preposición propia de genitivo *acerca de*; δὲ, partícula conjuntiva que hace las veces de conjunción coordinante, con sentido de *pero, más bien, y, y por cierto, antes bien, entonces*;' Απολλῶ, caso genitivo masculino singular del nombre propio *Apolos*; τοῦ, caso genitivo masculino singular del artículo determinado declinado *del*; ἀδελφοῦ, caso genitivo masculino singular del nombre común *hermano*; πολλὰ, adverbio indefinido o caso acusativo neutro plural del adjetivo *muchos*; παρεκάλεσα, primera persona singular del primer aoristo de indicativo en voz activa del verbo παρακαλέω, *pedir, rogar, suplicar*, aquí *rogué*; αὐτόν, caso acusativo masculino de la tercera persona singular del pronombre personal declinado *a él, le*; ἵνα, conjunción *que*; ἔλθῃ, tercera persona singular del aoristo segundo de subjuntivo en voz activa del verbo ἔρχομαι, *venir, llegar, aparecer, ir*, aquí *fuese*; πρὸς, preposición propia de acusativo *a*; ὑμᾶς, caso acusativo de la segunda persona plural del pronombre personal *vosotros*; μετὰ, preposición propia de genitivo *con*; τῶν, caso genitivo masculino plural del artículo determinado *los*; ἀδελφῶν, caso genitivo masculino plural del nombre común *hermanos*; καὶ, conjunción copulativa *y*; πάντως, adverbio de modo *totalmente*; οὐκ, forma escrita del adverbio de negación *no*, con el grafismo propio ante una vocal con espíritu suave o una enclítica; ἦν, tercera persona singular del imperfecto de indicativo en voz activa del verbo εἰμί, *ser, estar*, aquí *era*; θέλημα, caso nominativo neutro singular del nombre común *voluntad*; ἵνα, conjunción *que*; νῦν, adverbio demostrativo *ahora*; ἔλθῃ, tercera persona singular del aoristo segundo de subjuntivo en voz activa del verbo ἔρχομαι, *venir, llegar, aparecer, ir*, aquí *fuese*; ἐλεύσεται, tercera persona singular del futuro de indicativo en voz media del verbo del verbo ἔρχομαι, *venir, llegar, aparecer, ir*, aquí *irá*; δὲ, partícula conjuntiva que hace las veces de conjunción coordinante, con sentido de *pero, más bien, y, y por cierto, antes bien, entonces*; ὅταν, conjunción *cuando*; εὐκαιρήσῃ, tercera persona singular del aoristo primero de subjuntivo en voz activa del verbo εὐκαιρέω, *tener oportunidad, ser tiempo apropiado*, aquí *tenga oportunidad*.

Περὶ δὲ ᾿Απολλῶ τοῦ ἀδελφοῦ, La persona mencionada aquí era también muy conocida de los corintios. Posiblemente en las preguntas que hicieron al apóstol le habrán mencionado o expresaron el deseo de una visita de Apolos, por eso la introducción de la cláusula: *"y acerca de"*. Es posible que los hermanos en Corinto hubiesen pedido al apóstol que lo enviara. Apolos era un judío erudito, conocedor de las Escrituras y hombre elocuente en la predicación (Hch. 18:24-25). Anteriormente a esta *Epístola* estuvo en Corinto (Hch. 19:1). Pero, algunos de los que causaban divisiones en la iglesia, habían puesto a Apolos para dar nombre a uno de los grupos (1:12).

πολλὰ παρεκάλεσα αὐτόν, ἵνα ἔλθῃ πρὸς ὑμᾶς μετὰ τῶν ἀδελφῶν· Posiblemente en la carta con las preguntas e informes enviada a Pablo estaría el ruego de que convenciese a Apolos para que fuese a estar un tiempo en la iglesia. El apóstol estuvo rogándole para que aceptara la visita a los corintios. No fue un ruego de compromiso o puntual, sino que *le rogó mucho*, lo que da idea de que el ruego fue persistente y posiblemente por algún tiempo. El apóstol no veía en Apolos un rival en la enseñanza y predicación, aunque sin duda era más elocuente hablando que él, lo que contemplaba en esto era un valor importante que haría mucho bien a los creyentes en Corinto y que podía ser de gran utilidad en la obra. Pablo no está mandándole ir, usando toda la autoridad de apóstol, sino que le rogaba que aceptase la petición, por tanto, Apolos no se negaba a obedecer la autoridad del apóstol, sino simplemente no estaba dispuesto a acceder a lo que le pedía.

καὶ πάντως οὐκ ἦν θέλημα ἵνα νῦν ἔλθῃ· Se desconocen las razones para esa negativa. Cabe preguntarse aquí *¿a qué voluntad se refiere Pablo?* se trata de la voluntad personal de Apolos o de su percepción de la voluntad divina. Algunos creen que el *"no tener* *voluntad"* indica que Apolos sentía que aquella visita no era conforme a la voluntad de Dios. Podría muy bien tratarse de no querer ir a una iglesia con tantos problemas, tensiones internas, modos equivocados de ejercer los dones, desórdenes en el culto y, además, con un partido que llevaba su nombre, y que podría dar un impulso con su presencia, cosa que en modo alguno permitiría. Es posible que no quisiera ir a una iglesia donde algunos problemas requerían la intervención directa del apóstol. Todas estas y otras muchas conjeturas, son simplemente respuestas a una pregunta que no tiene base bíblica para contestarla.

ἐλεύσεται δὲ ὅταν εὐκαιρήσῃ. El apóstol no deja a Apolos en evidencia delante de la iglesia, sino que concluye esta referencia diciéndoles que *"irá cuando tenga oportunidad"*, literalmente cuando encontrase el momento más conveniente. Tal vez esa fuese la respuesta que había dado al insistente ruego de Pablo.

Exhortaciones (16:13-16)

Firmeza y amor (16:13-14)

13. Velad, estad firmes en la fe; portaos varonilmente, y esforzaos.

Γρηγορεῖτε, στήκετε ἐν τῇ πίστει, ἀνδρίζεσθε, κραταιοῦσθε.
Velad, estad firmes en la fe, portaos varonilmente, sed fuertes.

Análisis y notas del texto griego.

Análisis: Γρηγορεῖτε, segunda persona plural del presente de imperativo en voz activa del verbo γρηγορέω, *velar, estar despierto, estar atento*, aquí *velad*; στήκετε, segunda persona plural del presente de imperativo en voz activa del verbo στήκω, *estar en pie, permanecer firmes*, aquí *estad firmes*; ἐν, preposición propia de dativo *en*; τῇ, caso dativo femenino singular del artículo determinado *la*; πίστει, caso dativo femenino singular del nombre común *fe*; ἀνδρίζεσθε, segunda persona plural del presente de imperativo en voz media del verbo ἀνδρίζομαι, *portarse varonilmente*, aquí *portaos varonilmente*; κραταιοῦσθε, segunda persona plural del presente de imperativo en voz pasiva del verbo κραταιόομαι, *fortalecer*, aquí *sed fuertes*.

Γρηγορεῖτε, La situación del mundo entonces, con sus peligros morales y sociales, los problemas de falsas doctrinas que procuran introducirse en la iglesia, la falta de espiritualidad, etc. exige que los creyentes estén continuamente alertas. Por esa razón el apóstol escribe cuatro recomendaciones que, al estar los verbos en presente de imperativo, deben ser tomados como un mandamiento apostólico para todo tiempo. Es un llamamiento para mantenerse dispuestos y vigilantes ya que el enemigo no cesa de actuar, por tanto, debían estar en continua atención (1 P. 5:8). Es una necesidad vital para aquella iglesia en sus circunstancias internas. El llamamiento tenía un eco especial en la responsabilidad de los ancianos, a los que siempre el apóstol despertó al cuidado del rebaño y a la vigilancia pastoral, puesto que de entre los mimos líderes saldrían lobos que no perdonarían el rebaño (Hch. 20:28).

στήκετε ἐν τῇ πίστει, La segunda demanda tiene que ver con la *firmeza en la fe.* Las materias de fe no son discutibles y deben ser sustentadas, puesto que no vienen de los hombres por reflexión humana, sino que proceden directamente de Dios, primero por medio de los apóstoles y luego en el escrito bíblico del Nuevo Testamento, de modo que han de mantenerse con firmeza. La doctrina no tiene que ver con el tiempo ni con las condiciones sociales o personales, puesto que la Palabra de Dios es atemporal y absolutamente inamovible en cualquier sociedad y situación. En la defensa de la fe se confronta una continua lucha: *"... me ha sido necesario escribiros exhortándoos que contendáis ardientemente por la fe que ha sido una vez dada a los santos"* (Jud. 3). La fe es inalterable puesto que ha sido dada una sola vez a los creyentes. Estas verdades inmutables son las verdades del evangelio y porque proceden de Dios, no pueden ser alteradas (Gá. 1:6-9). La falta de firmeza en la fe convierte a los creyentes en *niños* que son fácilmente arrastrados por los vientos de doctrina que soplan contra la iglesia (Ef. 4:14).

Ahora bien, para mantenerse firme en la fe es preciso conocerla. Quien no conoce la doctrina, puede ser engañado, como el apóstol dice: *"nadie os engañe por medio de filosofías y huecas sutilezas, según las tradiciones de los hombres, conforme a los rudimentos del mundo, y no según Cristo"* (Col. 2:8). De ahí la urgente necesidad de enseñar la doctrina a la congregación. Predicar la Palabra es la ocupación propia del liderazgo de la iglesia. El pastor ha de proveer de enseñanza bíblica a los creyentes. No se trata de predicar *algo* de la Palabra, sino *toda la Escritura.* Predicar en la iglesia para creyentes no es exponer la Escritura simplemente o enseñarla sistemáticamente, sino darla como un mensaje que Dios encomienda a un servidor que ha seleccionado para ello. Es una proclamación hecha en nombre de Dios (2 Co. 5:20). Tiene que ver con la transmisión de un *mensaje fundamental*, en sentido de establecido o determinado por Dios que debe ser aceptado y obedecido como tal. Así lo hizo Jesús. Las gentes se agolpaban no tanto para oír un gran predicador, sino para *oír la Palabra de Dios* (Lc. 5:1). Cuando predicaba anunciaba el *evangelio del reino de Dios* (Lc. 8.1). Lo que predicaba y enseñaba era la Palabra de Dios (Jn. 17:6, 14, 17). Este es el tipo de predicación eficaz, aunque importune a quienes resisten a la verdad.

Lo único que debe predicarse en la iglesia es *la Palabra*. El púlpito muchas veces, en iglesias se reduce a charlas y reflexiones, que son *vana palabrería* (2 Ti. 2:14-16), cuando lo realmente importante es proclamar la *Palabra*. La iglesia no está para ser entretenida sino instruida. La enseñanza de la Palabra está siendo reducida a la mínima expresión, mientras progresan en la misma medida otras cosas que aun siendo aptas para el culto, no son, en modo alguno, sustitutivas de la instrucción bíblica. Una corriente actual trata de fundamentar el culto en la alabanza de los creyentes, enseñando una media verdad que no deja de ser una mentira, que la alabanza es el trono sobre el que Dios manifiesta Su presencia en la congregación, olvidando que la alabanza no es otra cosa que la respuesta del pueblo a la voz de Dios. Es la Palabra, la voz de Dios. Es la Palabra, la que debiera abrir el culto cristiano. El pueblo del Señor se reúne para oír lo que Dios tiene que decirle y no para decirle a Dios lo que él desea decir. Además, no es el pueblo de Dios que le invita a Él para estar presente en el culto, sino justamente al revés, es Dios quien convoca a Su pueblo para que acuda a oírle y alabarle.

ἀνδρίζεσθε, Junto con la firmeza está también el comportamiento valiente, *portaos varonilmente*, de otro modo *sed hombres*. Es aquí el único lugar del Nuevo Testamento donde aparece el verbo que el apóstol usa aquí. El movimiento feminista de nuestros días repudiaría esta expresión y exigirían cambiarla por otra, pero el cristiano sostiene la Biblia tal como se ha escrito. Es una metáfora que indica una forma especial de conocimiento. En tiempos antiguos era el grito de guerra que servía para animar al ejército cuando salía al combate (1 S. 4:9). Para aquella iglesia era una necesidad, ya que muchos se estaban comportando como niños (3:1). Pablo les estaba exhortando a dejar las formas sin contenido y muchas veces contenciosas, para adoptar la madurez. La exhortación tiene dos aspectos, primeramente, el *coraje* o la *energía* para hacer la obra de Dios correctamente; luego, *el poder*, la *fortaleza* para llevarla a cabo con determinación. Las circunstancias que concurrían en la iglesia exigían valor y determinación.

κραταιοῦσθε. La cuarta demanda es un desafío al esfuerzo: *"esforzaos"*. Recuerda a las exhortaciones de Dios a Josué antes de iniciar la conquista de la tierra de Canaán donde tres veces le manda diciendo *esfuérzate* (Jos. 1:6, 7, 9). Los creyentes no tenemos fuerzas propias para la lucha espiritual que producen nuestros enemigos, pero la promesa de Dios cubre esta necesidad: *"Él da vigor al cansado y acrecienta la energía al que no tiene fuerzas"* (Is. 40:29 RVR). Aquello de que el creyente carece le es suministrado por el poder divino, de modo que la fortaleza con que podemos *esforzarnos*, está en el Señor, el conocido versículo *"todo lo puedo en Cristo que me fortalece"*, literalmente dice *"para todo soy fuerte en el que me fortalece"* (Fil. 4:13), del mismo modo enseña que el ser vigorizados con poder en el hombre interior es consecuencia de la acción del Espíritu (Ef. 3:16). Para estar firme, no solo es necesario estar despierto, sino fortalecido, tener un poder sobrenatural que le permita superar las situaciones adversas, para disfrutar luego en la bonanza las bendiciones de la victoria. Los recursos divinos permiten superar cualquier situación o experiencia en la vida cristiana. No es que el cristiano sea capaz para todo, sino que tiene recursos de fuerza para cualquier conflicto. La fortaleza viene de Cristo. De Él proceden todos los recursos de poder para la vida cristiana. La verdad enseñada antes sobre la resurrección y glorificación de Jesús, se hace experiencia en esta exhortación de una sola palabra. De modo que separados de Él no es posible nada (Jn. 15:5). La advertencia solemne que Cristo hace es que *separados de Él*, esto es, en independencia o en ausencia de comunión con Él, no es posible nada, en cuanto a vida victoriosa. La advertencia de Jesús es contundente ya que no dijo que *sin Él poco podían hacer*, sino que afirma que *no podían hacer nada*. Cuanto el creyente haga por sus propias fuerzas sin recibir la provisión de poder y de vida de Cristo, serán simplemente apariencias piadosas, pero en realidad obras humanas que no glorifican a Dios y conducen a la derrota espiritual. El gran secreto para cumplir la demanda del apóstol es entender con claridad que *"cuando soy débil, entonces soy fuerte"* (2 Co. 12:10). El poder de Cristo habita en el que depende absolutamente de la gracia, como el Señor dijo al apóstol: *"Y me ha dicho: Bástate mi gracia; porque mi poder se perfecciona en la debilidad"* (2 Co. 12:9). Es una enorme bendición que llena de paz el alma creyente, saber que el ayudador, en quien están todos los recursos de poder, está siempre al lado, en todo lugar y en toda circunstancia: *"Pero el Señor estuvo a mi lado, y me dio fuerzas, para que por mí fuese cumplida la predicación, y que todos los gentiles oyesen. Así fui librado de la boca del león"* (2 Ti. 4:17). Con los recursos de Dios se puede cumplir el mandamiento que el apóstol establece aquí: *"esforzaos"*.

14. Todas vuestras cosas sean hechas con amor.

πάντα	ὑμῶν	ἐν	ἀγάπῃ	γινέσθω.
Todas las cosas	de vosotros	en	amor	se hagan.

Análisis y notas del texto griego.

Análisis: πάντα, caso nominativo neutro plural del adjetivo indefinido *todos*, en sentido de *todas las cosas*; ὑμῶν, caso genitivo de la segunda persona plural del pronombre personal declinado *de vosotros*; ἐν, preposición propia de dativo *en*; ἀγάπῃ, caso dativo femenino singular del nombre común *amor*; γινέσθω, tercera persona singular del presente de imperativo en voz media del verbo γίνομαι, *hacerse, ser hecho*, aquí *sean hechas*.

πάντα ὑμῶν ἐν ἀγάπῃ γινέσθω. Una de las debilidades de la congregación en Corinto era la falta mutua de amor, demostrada en intransigencias, divisiones, pecados, etc. De ahí que, cuando ya la *Epístola* está a punto de concluirse, el apóstol haga un llamamiento a la práctica del amor. Es la condición esencial para la vida cristiana, ya que cuanto se haga sin amor es mero ruido carnal (13:1). El amor predominando y orientándolo todo. Este mandamiento pudiera ser el resumen más breve de la enseñanza del capítulo trece. La exhortación era verdaderamente necesaria para aquella iglesia, pero, no lo es menos para cada iglesia y creyente en el día de hoy. Quien vive a Cristo no puede sino amar como Cristo y nadie puede decir que ama al Señor, si no ama también a todos los hermanos. No es posible una vida de comunión plena en la iglesia y de testimonio para el mundo alejados de la esfera del amor entre hermanos, ya que el testimonio del evangelio tiene que ver con esto como Jesús enseñó (Jn. 13:34-35).

Relación con el liderazgo (16:15-16)

15. Hermanos, ya sabéis que la familia de Estéfanas es las primicias de Acaya, y que ellos se han dedicado al servicio de los santos.

Παρακαλῶ δὲ ὑμᾶς, ἀδελφοί· οἴδατε τὴν οἰκίαν Στεφανᾶ[1], ὅτι
Y exhorto os, hermanos: Habéis sabido la casa de Estéfanas, que
ἐστὶν ἀπαρχὴ τῆς Ἀχαΐας καὶ εἰς διακονίαν τοῖς ἁγίοις ἔταξαν
es primicias - de Acaya y para servicio a los santos dedicaron
ἑαυτούς·
a sí mismos.

Análisis y notas del texto griego.

Análisis: Παρακαλῶ, presente de indicativo en voz activa del verbo παρακαλέω, *pedir, rogar, exhortar*, aquí *exhorto*; δὲ, partícula conjuntiva que hace las veces de conjunción coordinante, con sentido de *pero, más bien, y, y por cierto, antes bien, entonces*; ὑμᾶς, caso acusativo de la segunda persona plural del pronombre personal declinado *a vosotros, os*; ἀδελφοί, caso vocativo masculino plural del nombre común *hermanos*; οἴδατε, segunda persona plural del perfecto de indicativo en voz activa del verbo οἶδα, *saber, conocer, entender*, aquí *habéis sabido*; τὴν, caso acusativo femenino singular del artículo determinado *la*; οἰκίαν, caso acusativo femenino singular del nombre común *casa, familia*; Στεφανᾶ, caso genitivo masculino singular del nombre propio declinado *de Estéfanas*; ὅτι, conjunción *que*; ἐστὶν, tercera persona singular del presente de indicativo en voz activa del verbo εἰμί, *ser, estar*, aquí *es*; ἀπαρχὴ, caso nominativo femenino singular del nombre común *primicias, primeros frutos*; τῆς, caso genitivo femenino singular del artículo determinado *la*; Ἀχαΐας, caso genitivo femenino singular del nombre propio declinado *de Acaya*; καὶ, conjunción copulativa *y*; εἰς, preposición propia de acusativo *para*; διακονίαν, caso acusativo femenino singular del nombre común *servicio, ministerio, diaconía*; τοῖς, caso dativo masculino plural del artículo determinado declinado *a los*; ἁγίοις, caso dativo masculino plural del adjetivo *santos*; ἔταξαν, tercera persona plural del aoristo primero de indicativo en voz activa del verbo τάσσω, *dedicarse*, aquí *se dedicaron*; ἑαυτούς, caso acusativo masculino plural del pronombre reflexivo declinado *a sí mismos*.

Notas. Crítica Textual. Lecturas alternativas.

[1] Στεφανᾶ, *de Estéfanas*, lectura atestiguada en $\mathfrak{P}^{46}$, a*, A, B, C^2, K, L, P, Ψ, 075, 0121, 0243, 33, 81, 630, 1739, 1881, 𝔐, r, sy^p, sa, Ambrosiaster.

Στεφανᾶ καὶ Φορτουνάτου, *de Estéfanas y de Fortunato*, lectura en ^{2}a, D, 104, 629, 1175, 1241, 2464, b, vg^{st}, bo.

Στεφανᾶ καὶ Φορτουνάτου καὶ Ἀχαϊκου, *de Estéfanas, y de Fortunato y de Acaico*, como se lee en C^{*vid}, F, G, 365, 1505, ar, vg^{cl}, sy^{h**}, Pelagio.

Παρακαλῶ δὲ ὑμᾶς, ἀδελφοί· Pablo formula un ruego a los creyentes en Corinto. Este ruego está inicialmente al principio del versículo en el texto griego, aunque algunos traductores como RV, lo colocan al principio de siguiente versículo. Realmente ambos son una sola cláusula, de modo que debe situarse tal como está en los mss. No establece aquí tampoco un mandamiento apostólico, como pudiera haber hecho, simplemente ruega a quienes llama una vez más en la *Epístola*, hermanos. Pablo exhorta a todos los hermanos, entre los que había algunos que no estaban dispuestos, a sujetarse al liderazgo de la iglesia. Uno de los problemas allí consistía en no reconocer y obedecer a los líderes espirituales, llegando incluso a no reconocer al apóstol, como se pone de manifiesto, porque había cuatro grupos que reconocían a cuatro líderes distintos (1:12).

οἴδατε τὴν οἰκίαν Στεφανᾶ, Les recuerda, puesto que ellos tenían que saberlo, como demuestra el uso del verbo οἶδα, *saber, conocer*, está en perfecto de indicativo, y en esta forma se refiere a un conocimiento que había antes de este escrito, literalmente *habéis conocido*. Les habla de la familia de *Estéfanas*. Esta familia se mencionó antes en la *Epístola* (1:16). Era un converso de Corinto, bautizado por Pablo. No se dice nada más de él en el Nuevo Testamento.

ὅτι ἐστὶν ἀπαρχὴ τῆς Ἀχαΐας Pablo dice que esta familia era *las primicias de Acaya*. Probablemente la primera familia que abrazó el evangelio en esa región. Acaya era la provincia del sur de Grecia, entre cuyas ciudades más importantes estaba Atenas y Corinto. Es probable, pues, que estos fueran convertidos en la primera visita que Pablo hizo a la provincia. Pero también podría referirse como *primicias* a los primeros cristianos que se dedicaban a pleno tiempo a la obra del Señor. Ambas cosas son posibles aquí, aunque generalmente los comentaristas se decantan por la primera, esto es, como los primeros conversos de Acaya.

καὶ εἰς διακονίαν τοῖς ἁγίοις ἔταξαν. El apóstol les recuerda que toda la familia se había dedicado al *ministerio*, aquí διακονίαν, que equivale a servicio del culto, que en muchos lugares se vierte por *diáconos*. Indica simplemente que todos ellos estaban al servicio del Señor y, sirviendo al Señor servían también a los *santos*. Algunos consideran que no corresponde en un tiempo tan reciente de la fundación de las iglesias, considerar esto como una dedicación a pleno tiempo a la obra del Señor. En cualquier caso, es una expresión para referirse a una dedicación voluntaria para servir, en cualquier aspecto, en el ministerio cristiano. Estaban al servicio de la iglesia. Estéfanas estaba con Pablo cuando escribió la *Epístola* (1:16; 16:15, 17).

16. Os ruego que os sujetéis a personas como ellos, y a todos los que ayudan y trabajan.

ἵνα καὶ ὑμεῖς ὑποτάσσησθε τοῖς τοιούτοις καὶ παντὶ τῷ
Para que también vosotros estéis sujetos a los tales y a todo el
συνεργοῦντι καὶ κοπιῶντι.
que colabore y que trabaje.

Análisis y notas del texto griego.

Análisis: ἵνα, conjunción causal *para que*; καὶ, adverbio de modo *también*; ὑμεῖς, caso nominativo de la segunda persona plural del pronombre personal *vosotros*; ὑποτάσσησθε, segunda persona plural del presente de subjuntivo en voz pasiva del verbo ὑποτάσσω, *estar sujeto, subordinarse, someter*, aquí *estéis sujetos*; τοῖς, caso dativo masculino plural del artículo determinado declinado *a los*; τοιούτοις, caso dativo masculino plural del adjetivo demostrativo *tales*; καὶ, conjunción copulativa *y*; παντὶ, caso dativo masculino singular del adjetivo indefinido declinado *a todo*; τῷ, caso dativo masculino singular del artículo determinado *el*; συνεργοῦντι, caso dativo masculino singular del participio de presente en voz activa del verbo συνεργέω, *cooperar, colaborar*, aquí *que colabore*; καὶ, conjunción copulativa *y*; κοπιῶντι, caso dativo masculino singular del participio de presente en voz activa del verbo κοπιάω, *trabajar, trabajar arduamente*, aquí *que trabaje*.

ἵνα καὶ ὑμεῖς ὑποτάσσησθε τοῖς τοιούτοις. Los creyentes en Corinto tenían entre ellos tensiones, tal vez como consecuencia de su poca madurez espiritual, éstas se manifestaban en la falta de reconocimiento y sujeción al liderazgo en la iglesia.

καὶ παντὶ τῷ συνεργοῦντι καὶ κοπιῶντι. Antes les recordó que la familia de Estéfanas se había dedicado al servicio de los creyentes, por tanto, por una simple correspondencia, también ellos debían corresponder con ayuda financiera para su sostenimiento y, sobre todo con el respeto y la sujeción que se requiere para el liderazgo de la iglesia. Pablo lo hace extensivo a todos los que estén en la situación de la familia de Estéfanas: *"Y a todos los que trabajan y ayudan"*. Ya se ha considerado antes sobre el respeto y obediencia a los *líderes*, *pastores*, en la iglesia local (He. 13:17). La enseñanza bíblica general sobre esto es que la iglesia se *deje persuadir* por los líderes, esto es, por quienes son reconocidos como tales no por haberles concedido una titulación para el ministerio, sino porque *colaboran y trabajan*. Esta demanda tiene que ver con la obediencia a quienes han sido puestos por Dios en el liderazgo de la congregación. No es una obediencia por imposición sino por persuasión. Especialmente tiene que ver no solo con los *pastores*, que han de ser obedecidos porque enseñan la Palabra, sino a los líderes en general, como puede ser el caso de los que ejercen el *oficio* de ancianos. Estos hermanos son los responsables del orden y de la conducción, por lo que deben ser respetados en aquello que contribuya al establecimiento del orden en la iglesia local. Debe entenderse siempre que tanto el orden como la conducción han de ser establecidos sobre bases bíblicas y razonadas. Es decir, el liderazgo no es libre para establecer formas y mandatos conforme a su criterio personal, sino en base a la orientación bíblica, asentando todo sobre la autoridad de la Palabra. Los guías en la iglesia no ejercen autoridad por coacción, sino por persuasión (1 P. 5:1-3). Ninguno de ellos es *autoridad* en sí mismo, sino que el ejercicio de autoridad deriva de dos elementos: Primeramente, de la Palabra que hace consistente la demanda establecida; en segundo lugar, de la dirección del Espíritu que actúa en ellos. Debe recordarse que la condición para el liderazgo es la de ser personas espirituales, como el caso de los primeros diáconos (Hch. 6:3). Para éstos que están dedicados a servir a los creyentes y trabajan para el crecimiento de la obra del Señor, se requiere la sujeción de la iglesia local, porque todo cuanto ellos determinen y propongan tiene que tener base en la Escritura, siendo razonada la decisión que se tome ante la congregación para que la acepten como algo fundamentado en la autoridad bíblica.

Pablo está pidiendo a los creyentes en Corinto la *subordinación* a los líderes que se traduce en el texto de RV, como *sujeción*, no en el sentido de un esclavo a un dueño, sino de hermanos que agradecen a Dios el liderazgo que Él mismo levantó para conducir Su iglesia. Demanda, pues, la aceptación de las instrucciones recibidas y la docilidad para con los líderes, cediendo ante la razón de sus palabras, que sustentan, no la autoridad de ellos mismos como autoridades, sino la procedente de la Palabra que respalda sus decisiones y sus vidas.

Saludos (16:17-20)

Visita confortadora (16:17-18)

17. Me regocijo con la venida de Estéfanas, de Fortunato y de Acaico, pues ellos han suplido vuestra ausencia.

χαίρω δὲ ἐπὶ τῇ παρουσίᾳ Στεφανᾶ καὶ Φορτουνάτου
Y me alegro con la venida de Estéfanas y de Fortunato,
καὶ ᾿Αχαϊκοῦ, ὅτι τὸ ὑμέτερον ὑστέρημα οὗτοι ἀνεπλήρωσαν·
y de Acaico, que - vuestra ausencia estos suplieron.

Análisis y notas del texto griego.

Análisis: χαίρω, primera persona singular del presente de indicativo en voz activa del verbo χαίρω, *alegrarse, regocijarse, gozarse*, aquí *alegro*; δὲ, partícula conjuntiva que hace las veces de conjunción coordinante, con sentido de *pero, más bien, y, y por cierto, antes bien, entonces*; ἐπὶ, preposición propia de dativo *con*; τῇ, caso dativo femenino singular del artículo determinado *la*; παρουσίᾳ, caso dativo femenino singular del nombre común *venida, aparición*; Στεφανᾶ, caso genitivo masculino singular del nombre propio declinado *de Estéfanas*; καὶ, conjunción copulativa *y*; Φορτουνάτου, caso genitivo masculino singular del nombre propio declinado *de Fortunato*; καὶ, conjunción copulativa *y*; ᾿Αχαϊκοῦ, caso genitivo masculino singular del nombre propio declinado *de Acaico*; ὅτι, conjunción *que*; τὸ, caso acusativo neutro singular del artículo determinado *el*; ὑμέτερον, caso acusativo neutro singular del adjetivo posesivo *vuestra*; ὑστέρημα, caso acusativo neutro singular del nombre común *ausencia*; οὗτοι, caso nominativo masculino plural del pronombre demostrativo *estos*; ἀνεπλήρωσαν, tercera persona plural del aoristo primero de indicativo en voz activa del verbo ἀναπληρόω, *cumplir, completar, llenar la medida, suplir*, aquí *suplieron*.

χαίρω δὲ ἐπὶ τῇ παρουσίᾳ Στεφανᾶ καὶ Φορτουνάτου καὶ ᾿Αχαϊκοῦ, El apóstol en la distancia, con la carga de los problemas de la iglesia en Corinto, sentiría el profundo deseo de desplazarse hasta allí y ayudar en la resolución de ellos. No cabe duda que él era sensible a los problemas de las iglesias, como él mismo cuenta: *"y además de otras cosas, lo que sobre mí se agolpa cada día, la preocupación por todas las iglesias"* (2 Co. 11:28). Por tanto, en la lejanía estaba preocupado y orando por los corintios. Para él fue motivo de alegría la llegada de los hermanos que menciona: Estéfanas, Fortunato y Acaico. Los tres eran de la iglesia en Corinto, acaso fueron portadores de la carta que la iglesia envió a Pablo con las consultas que el apóstol contestó en ésta (7:1). Fortunato pudiera ser de la familia de Estéfanas, esto como mera suposición. Parece que es mencionado por Clemente Romano en su primera epístola. En cuanto a Acaico, pudiera, por su nombre, ser un liberto que residía en Corinto. Pablo enviaría por mano de estos tres y de Timoteo, la *Epístola*, a los creyentes corintios.

ὅτι τὸ ὑμέτερον ὑστέρημα οὗτοι ἀνεπλήρωσαν· La nostalgia que producía en Pablo la lejanía de los corintios, fue suplida por los tres hermanos de aquella iglesia que le visitaron. Aquellos llenaron con creces la añoranza que tenía por la iglesia en Corinto. La presencia de estos hermanos compensaba, en gran modo, la ausencia de los corintios. Además de unos días en que acompañaron al apóstol, informaron también de cuál era la verdadera situación de la iglesia. Para Pablo, la compañía de estos tres hombres era como si fuese la de la iglesia entera, como ocurría también con Epafrodito que aun exponiendo su vida suplió lo que faltaba de los filipenses (Fil. 2:30).

18. Porque confortaron mi espíritu y el vuestro; reconoced, pues, a tales personas.

ἀνέπαυσαν γὰρ τὸ ἐμὸν πνεῦμα καὶ τὸ ὑμῶν. ἐπιγινώσκετε
Porque aliviaron el mí espíritu y el de vosotros; reconoced,
οὖν τοὺς τοιούτους.
pues, a los tales.

Análisis y notas del texto griego.

Análisis: ἀνέπαυσαν, tercera persona plural del aoristo primero de indicativo en voz activa del verbo ἀναπαύω, *aliviar, descansar*, aquí *aliviaron*; γὰρ, conjunción causal *porque*; τὸ, caso acusativo neutro singular del artículo determinado *el*; ἐμὸν, caso acusativo neutro singular del adjetivo posesivo *mí*; πνεῦμα, caso acusativo neutro singular del nombre común *espíritu*; καὶ, conjunción copulativa *y*; τὸ, caso acusativo neutro singular del artículo determinado *el*; ὑμῶν, caso genitivo de la segunda persona plural del pronombre personal declinado *de vosotros*; ἐπιγινώσκετε, segunda persona plural del presente de imperativo en voz activa del verbo ἐπιγινώσκω, *reconocer*, aquí *reconoced*, οὖν, conjunción continuativa *pues*; τοὺς, caso acusativo masculino plural del artículo determinado declinado *a los*; τοιούτους, caso acusativo masculino plural del adjetivo demostrativo *tales*.

ἀνέπαυσαν γὰρ τὸ ἐμὸν πνεῦμα καὶ τὸ ὑμῶν. Pablo es un cristiano positivo. No cabe duda que en las conversaciones que habrá tenido con los tres corintios, se habría hablado de las dificultades y problemas graves que había en la congregación. Sin embargo, no recuerda nada de esto en el momento de referirse a los tres que habían llegado desde Corinto. Simplemente hace referencia a lo que para él supuso esa llegada, un verdadero refrigerio de parte del Señor. Estos tres hermanos dieron descanso al corazón de Pablo por la comunión mostrada y el compañerismo en el servicio del Señor. Pero, todavía más, ese fue también el sentimiento que el apóstol atribuye a la iglesia que los había enviado. Aquellos habían *confortado* su espíritu, y añade también, *y el vuestro*.

El pronombre personal *vuestro*, en genitivo en el texto griego, permite entender la frase de dos maneras: a) como genitivo objetivo indicaría que aquellos tres líderes de la iglesia en Corinto, habían llenado de alivio el corazón de los creyentes en aquella iglesia, supliendo con ello la ausencia de Pablo; b) como genitivo subjetivo, permite entender que el gran deseo que tenía por ver a los creyentes de Corinto, fue llenado por la presencia de estos tres. Más bien se debe entender de esta segunda manera. Ellos entregaron la carta con las preguntas de la iglesia, informaron a Pablo de que a pesar de las dificultades los creyentes permanecían como hermanos, y esperaban para llevar la respuesta y el mensaje de Pablo a la congregación.

ἐπιγινώσκετε οὖν τοὺς τοιούτους. El apóstol les manda que *reconozcan* a estas personas, por el trabajo que habían hecho para ellos. Esto exigía respeto hacia sus personas. Suponía que al regreso los recibieran con gozo, en plena comunión en el Señor y teniéndolos en alta estima. Recomendación semejante a la que hizo a la iglesia en Filipos acerca de Epafrodito (Fil. 2:28). Esta recepción gozosa debía extenderse a *todos* los que eran como ellos (v. 16). Es una manifestación propia de afecto y respeto para los que sirven al Señor, porque haciéndolo a ellos, lo estaban haciendo para Él.

Saludos de hermanos e iglesias (16:19-20)

19. Las iglesias de Asia os saludan. Aquila y Priscila, con la iglesia que está en su casa, os saludan mucho en el Señor.

’Ασπάζονται ὑμᾶς αἱ ἐκκλησίαι τῆς ’Ασίας. ἀσπάζεται ὑμᾶς ἐν
Saludan os las iglesias - de Asia. Saluda os en
Κυρίῳ πολλὰ ’Ακύλας καὶ Πρίσκα[1] σὺν τῇ κατ’ οἶκον αὐτῶν
Señor muchos, Aquila y Priscila con la en casa de ellos
ἐκκλησίᾳ.
Iglesia.

Análisis y notas del texto griego.

Análisis: ’Ασπάζονται, tercera persona plural del presente de indicativo en voz media del verbo ασπάζομαι, *saludar*, aquí *saludan*; ὑμᾶς, caso acusativo de la segunda persona plural del pronombre personal declinado *a vosotros, os*; αἱ, caso nominativo femenino plural del artículo determinado *las*; ἐκκλησίαι, caso nominativo femenino plural del nombre común *iglesias*; τῆς, caso genitivo femenino singular del artículo determinado *las*;’Ασίας, caso genitivo femenino singular del nombre propio declinado *de Asia*; ἀσπάζεται, tercera persona singular del presente de indicativo en voz media del verbo ασπάζομαι, *saludar*, aquí *saluda*; ὑμᾶς, caso acusativo de la segunda persona plural del pronombre personal declinado *a vosotros, os*; ἐν, preposición propia de dativo *en*; Κυρίῳ, caso dativo masculino singular del nombre divino *Señor*; πολλὰ, adverbio o caso acusativo neutro plural del adjetivo *muchos*; ’Ακύλας, caso nominativo masculino singular del nombre propio *Aquila*; καὶ, conjunción copulativa *y*; Πρίσκα, caso nominativo femenino singular del nombre propio *Prisca*, o *Priscila*; σὺν, preposición propia de dativo *con*; τῇ, caso dativo femenino singular del artículo determinado *la*; κατ’, forma escrita de la preposición de acusativo κατά, *en*, por elisión ante vocal con espíritu suave; οἶκον, caso acusativo masculino singular del nombre común *casa*; αὐτῶν, caso genitivo masculino de la tercera persona plural del pronombre personal declinado *de ellos*; ἐκκλησίᾳ, caso dativo femenino singular del nombre común *iglesia*.

Notas. Crítica Textual. Lecturas alternativas.

[1] Πρίσκα, *Prisca*, según lectura en א, B, P, 0121, 0243, 33, 1175*, 1739, 1881*, r, vgst, sa, bo^{pt}.

Πρίσκυλλα, *Priscila*, conforme a C D F G K L Ψ 075. 81. 104. 365. 630. 1175c. 1241. 1505. 1881c. 2464, 𝔐, it, vg^{cl}, sy, bo^{pt}, Ambrosiaster, Pelagio.

’Ασπάζονται ὑμᾶς αἱ ἐκκλησίαι τῆς ’Ασίας. Los saludos que se envían ahora proceden de las *iglesias de Asia*. Este nombre se refería al territorio proconsular del que Éfeso era la capital. El nombre de siete iglesias de esta provincia aparece en los primeros capítulos de Apocalipsis

(Ap. 2-3). La mayoría de ellas habían sido fundadas por Pablo en su ministerio de predicación del evangelio. Otras debieron haber sido alcanzadas desde las iglesias fundadas. Pablo estaba en contacto con ellas y desde aquí envía saludos a la congregación de Corinto, de sus hermanos en la provincia de Asia.

ἀσπάζεται ὑμᾶς ἐν κυρίῳ πολλὰ ᾿Ακύλας καὶ Πρίσκα σὺν τῇ κατ οἶκον αὐτῶν ἐκκλησίᾳ. El otro saludo es de *Priscila y Aquila*, junto otros muchos que se reunían como iglesia o grupo de iglesia en su casa. En la época apostólica, como ya se ha considerado en este comentario, era habitual que los creyentes se reuniesen por las casas para la oración, la comunión y la edificación. En la del matrimonio se congregaba la iglesia o una porción de la misma. Donde estuviesen tenían su casa abierta a los creyentes para reunión de la iglesia (Hch. 18:1-3). Posiblemente como constructores de tiendas de campaña tenían un lugar espacioso en su casa para recibir un buen número de creyentes. *Aquila* era un judío converso oriundo del Ponto, que con seguridad adoptó el nombre latino. Aparece siempre en compañía de su esposa *Priscila* y el nombre de ésta, figura generalmente delante del de su marido (cf. Hch. 18:26; Ro. 16:3; 2 Ti. 4:19), solo en dos lugares Aquila aparece primero (cf. Hch. 18:2; 1 Co. 16:19). Pablo lo conoció en Corinto (Hch. 18:2), trabajando juntos en el trabajo secular de confeccionar tela y fabricar tiendas de campaña. El matrimonio había sido expulsado de Roma por el decreto del emperador Claudio contra los judíos en el año 49 d.C. Desde Corinto viajaron con Pablo a Éfeso donde tuvieron el encuentro con Apolos, al que ayudaron en la comprensión precisa de las verdades bíblicas (Hch. 18:24-26). Estando en Éfeso, Pablo escribió la *Epístola*. Más adelante están en Roma cuando el apóstol escribió a la iglesia en la capital del imperio. El testimonio del apóstol en este escrito es que habían arriesgado sus vidas por él, cosa que todas las iglesias les agradecían (Ro. 16:3, 4). En el último escrito de Pablo a Timoteo, radicado en Éfeso, el apóstol les envía sus saludos (2 Ti. 4:19).

20. Os saludan todos los hermanos. Saludaos los unos a los otros con ósculo santo.

ἀσπάζονται ὑμᾶς οἱ ἀδελφοὶ πάντες. ᾿Ασπάσασθε ἀλλήλους ἐν
Saludan os los hermanos todos. Saludad unos a otros con
φιλήματι ἁγίῳ.
beso santo.

Análisis y notas del texto griego.

Análisis: ἀσπάζονται, tercera persona plural del presente de indicativo en voz media del verbo ἀσπάζμαι, *saludar*, aquí *saludan*; ὑμᾶς, caso acusativo de la segunda persona plural del pronombre personal declinado *a vosotros, os*; οἱ, caso nominativo masculino plural del artículo determinado *los*; ἀδελφοὶ, caso nominativo masculino plural del nombre común *hermanos*; πάντες, caso nominativo masculino plural del adjetivo indefinido *todos*; 'Ασπάσασθε, segunda persona plural del primer aoristo de imperativo en voz media del verbo ἀσπάζμαι, *saludar*, aquí *saludaos*; ἀλλήλους, caso acusativo masculino plural del pronombre recíproco *unos a otros*; ἐν, preposición propia de dativo *en, con*; φιλήματι, caso dativo neutro singular del nombre común *beso*; ἁγίῳ, caso dativo neutro singular del adjetivo *santo*.

ἀσπάζονται ὑμᾶς οἱ ἀδελφοὶ πάντες. Los hermanos en Éfeso, desde donde el apóstol escribía la *Epístola*, se unen también en los saludos. Sin duda muchos de ellos no se conocían personalmente, pero el afecto entrañable de quienes son hijos del mismo Padre, miembros de Su familia, genera una corriente de amor mutuo ya que el mismo Espíritu lo produce en todos (Ro. 5:5). Este saludo no era de algunos sino de *todos*, nadie hacía distinción en la oportunidad de saludar a los corintios.

'Ασπάσασθε ἀλλήλους ἐν φιλήματι ἁγίῳ. El apóstol hace la recomendación de la práctica del saludo habitual entre los creyentes, consistente en un beso. Aquí lo define como *beso santo*, y en esa práctica deben estar comprendidos todos. El beso era símbolo de amor hermanable y de comunión real. La importancia de este saludo cristiano es grande, al mencionarla en varios lugares del Nuevo Testamento (Ro. 16:16; 2 Co. 13:12; 1 Ts. 5:26; 1 P. 5:14). El apóstol sabía que habitualmente los escritos recibidos para una iglesia, se leían en el culto, por eso exhorta a todos al saludo fraternal del beso.

Sin embargo, el beso debía ser *santo*, esto es, el amor de Cristo compartido con todos los demás (1 P. 4:14). Nadie debe ser excluido del saludo sincero. Quien desprecia a un hermano no está *discerniendo* el cuerpo de Cristo y no entiende nada de lo que significa el amor fraterno y la comunión hermanable. Participar de la Cena del Señor enemistado con otro es exponerse al juicio de Dios (11:29).

Despedida (16:21-24)

Saludo personal y advertencia (16:21-22)

21. Yo, Pablo, os escribo esta salutación de mi propia mano.

Ὁ ἀσπασμὸς τῇ ἐμῇ χειρὶ Παύλου.
El saludo - con mí mano de Pablo.

Análisis y notas del texto griego.

Análisis: Ὁ, caso nominativo masculino singular del artículo determinado *el*; ἀσπασμὸς, caso nominativo masculino singular del nombre común *saludo*; τῇ, caso dativo femenino singular del artículo determinado *la*; ἐμῇ, caso dativo femenino singular del pronombre posesivo declinado *con mí*; χειρὶ, caso dativo femenino singular del nombre común *mano*; Παύλου, caso genitivo masculino singular del nombre propio declinado *de Pablo*.

Ὁ ἀσπασμὸς τῇ ἐμῇ χειρὶ Παύλου. Como siempre hacía y en señal de autenticidad, cuando terminaba el escrito tomaba en su mano el material de escritura para signar la *Epístola* a fin de que todos supieran que realmente era suyo. Esta identificación era común en sus cartas (Col. 4:18; 2 Ts. 3:17). Esto evitaba la propagación de escritos falsificados que pudieran atribuírsele y que circulasen como suyos, cosa que sin duda ocurrió en alguna ocasión (2 Ts. 2:1, 2). Por esa razón, junto con el saludo personal y lo que sigue luego, identifica con su propia mano la autenticidad de la *Epístola*. Era sin duda alguna un escrito del apóstol, al que debía darse lectura y que requería obediencia por la condición del que lo había dictado, ya que como tal debía ser considerado como *palabra del Señor* (14:37).

22. El que no amare al Señor Jesucristo, sea anatema. El Señor viene.

εἴ τις	οὐ	φιλεῖ	τὸν	Κύριον,	ἤτω	ἀνάθεμα.	μαράνα θά.
Si alguno	no	ama	al	Señor,	sea	anatema.	El Señor viene.

Notas y análisis del texto griego.

Análisis: εἴ, conjunción *si*; τις, caso nominativo masculino singular del pronombre indefinido *alguien, alguno*; οὐ, adverbio de negación *no*; φιλεῖ, tercera persona singular del presente de indicativo en voz activa del verbo φιλέω, *amar*, aquí *ama*; τὸν, caso acusativo masculino singular del artículo determinado declinado *al*; Κύριον, caso acusativo masculino singular del nombre divino *Señor*; ἤτω, tercera persona singular del presente de imperativo en voz activa del verbo εἰμί, *ser, estar*, aquí *sea*; ἀνάθεμα, caso nominativo neutro singular del nombre común *anatema*; μαράνα, θά, transliteración *maranata*.

εἴ τις οὐ φιλεῖ τὸν Κύριον, Pablo cierra el saludo personal con esta advertencia. Primeramente, relacionada con quienes *no amen a Jesucristo*. El verbo que utiliza aquí no es ἀγαπάω, referido al amor desinteresado y de completa entrega con que Dios nos ama y los creyentes se aman entre ellos. El apóstol utiliza aquí φιλέω, que es el amor de amistad. De modo que podría traducirse en paráfrasis: *el que no sea amigo de Señor*. Nadie que sea verdaderamente cristiano puede no ser amigo de

Jesucristo y amarle con amor verdadero. El vínculo común a todo cristiano es el amor sincero al Señor (Ef. 6:24). Este es un amor inalterable que persiste en todo tiempo, en toda circunstancia y en toda ocasión. Pero sólo el cristiano está en posesión de ese amor que es derramado en el corazón regenerado por el Espíritu Santo (Ro. 5:5). No se puede ser cristiano sin amar a Dios sobre todas las cosas, y Cristo es Dios verdadero en unidad con el Padre y el Espíritu Santo (Ro. 9:5). Por tanto, no amar al Señor es quebrantar el primero y más grande de los mandamientos. No amarle es señal de ingratitud. No amarle es la evidencia más solemne de que el Espíritu no está en el corazón y, por tanto, sigue en un estado de maldición y perdición perpetuo. Pero, el verdadero amor al Señor se demuestra en obediencia a Sus mandamientos (Jn. 14:15, 21, 23, 24). Lamentablemente el amor de aquellos en la iglesia de Corinto, posiblemente sino de todos, por lo menos de un número importante, no era haber perdido el *primer amor*, sino haberlo *dejado*. Cuando el Espíritu está contristado y resistido, la manifestación de Su obra en el corazón del creyente se detiene. Pablo advierte solemnemente la gravedad de una situación de falta de amistad con Cristo. La obediencia también en este caso sella la amistad: *"Vosotros sois mis amigos, si hacéis lo que yo os mando"* (Jn. 15:14). La relación de amistad con el Señor, de amor para con Él, se sustancia en la obediencia. Obedecer los mandamientos se resume en el *mandamiento del amor*, que cumple toda la ley, como se ha considerado. El amor entre hermanos, ya que Cristo pone como prueba de amor la obediencia a Sus mandamientos y uno de ellos, al que llama *nuevo* es el amor a los hermanos, de modo que la fidelidad a Él y el amor fraterno son una muestra de la realidad del amor a Cristo. Realmente este era un serio problema en una iglesia que había formado partidos en la congregación. Cada hermano nuestro, debe ser amado puesto que ha sido declarado amigo de Jesús. Ser amigo de Cristo es vivir en amor (Jn. 15:10). Si bien la amistad del Señor es un regalo de Su gracia, el mantenimiento de ella es plena responsabilidad humana. La obediencia es la prueba de que se es seguidor de Cristo. Los amigos de Jesús son aquellos que le obedecen.

ἤτω ἀνάθεμα. La solemnidad de no amar al Señor, se pone de manifiesto en el anatema pronunciado: *Sea anatema*. El tema del anatema es extenso y excede los límites necesarios en el comentario del versículo, sin embargo, para una mayor extensión se añade el segundo *excursus* del comentario, que sigue al presente capítulo, donde el lector puede profundizar más en el sentido del concepto *anatema* en la Escritura. En este caso, el sentido de *anatema* es el de maldición o condenación, incluso de castigo. En la antigüedad, lo que Dios declaraba *anatema* debía ser destruido totalmente como, a modo de ejemplo, ocurrió con la conquista de Jericó. Es realmente execrable aquel que se niega a amar a Jesús y tener amistad con Él. Con tal persona no es posible mantener ningún lazo de comunión, porque no la tiene tampoco él con Cristo, vínculo de comunión entre hermanos, al formar todos parte del cuerpo cuya cabeza es el Señor.

μαράνα θά. Cierra esta admonición con una palabra aramea, cuya transliteración al griego y luego al castellano es *marana tha*. Los mejores mss. transmiten así la palabra. La primera parte *mar*, significa Señor. La segunda *ana* o *an*, significa *nuestro*. El segundo vocablo *tha*, equivale a *ven*. De modo que es como una especie de oración, *ven Señor nuestro*. Pero también hay algunos mss. en que se lee μαράν άθα, que sería *nuestro Señor viene*. La interpretación más probable sería la referencia a la venida inminente del Señor. Con todo, podría ser mejor aquí la primera: *Ven, Señor nuestro*. Esto concordaría con la que Juan cierra el Apocalipsis: *"Ven, Señor Jesús"* (Ap. 22:20).

El término *maranata*, en la *Didache*, es empleado al final de la liturgia para la Santa Cena, en la que se dice también que *si hay alguno que no es santo que se arrepienta*, siguiendo *maranata, Amén*. Sin embargo, siguen válidas las dos formas reseñadas en el párrafo anterior.

Bendición (16:23-24)

23. La gracia del Señor Jesucristo esté con vosotros.

ἡ χάρις τοῦ Κυρίου 'Ιησοῦ[1] μεθ' ὑμῶν.
La gracia del Señor Jesús con vosotros.

Análisis y notas del texto griego.

Análisis: ἡ, caso nominativo femenino singular del artículo determinado *la*; χάρις, caso nominativo femenino singular del nombre común *gracia*; τοῦ, caso genitivo masculino singular del artículo determinado declinado *del*; Κυρίου, caso genitivo masculino singular del nombre divino *Señor*; 'Ιησοῦ, caso genitivo masculino singular del nombre propio *Jesús*, μεθ', forma escrita ante vocal aspirada de la preposición de genitivo μετά, *con*; ὑμῶν, caso genitivo de la segunda persona plural del pronombre personal *vosotros*.

Notas. Crítica Textual. Lecturas alternativas.

[1] Κυρίου 'Ιησοῦ, *Señor Jesús*, conforme a la lectura en a*, B, 33, sa.

Κυρίου 'Ιησου Χριστοῦ, *Señor Jesucristo*, según ²a, A, C, D, F, G, K, L, P, Ψ, 075, 0121, 0243, 81, 104, 365, 630, 1175, 1241, 1505, 1739, 1881, 2464, 𝔐, it, vg^cl, sy, bo, Ambrosiaster.

ἡ χάρις τοῦ Κυρίου Ἰησοῦ μεθ᾽ ὑμῶν. La bendición cierra el escrito. Es el saludo habitual de las epístolas paulinas (cf. Ro. 16:20; 2 Co. 13:14; 1 Ts. 5:28; 1 Ti. 6:21; 2 Ti. 4:22; Tit. 3:15). La bendición procede de la *gracia del Señor Jesús*, en algunos mss. *del Señor Jesucristo*. La iglesia en Corinto es una manifestación de la gracia. A pesar de las situaciones un tanto problemáticas de los creyentes, a pesar del fracaso espiritual de tantos, a pesar de la acción carnal en las divisiones, la gracia había sustentado la iglesia hasta el momento en que Pablo les escribe la *Epístola*. La gracia es el único modo de salvación (Ef. 2:8-9). La gracia es el medio de ayuda y sostenimiento en el servicio y testimonio (15:10). Es interesante apreciar que la gracia comienza y cierra la *Epístola* (1:3). Es también la gracia la que hizo posible la obra de redención que se ha mencionado antes; es la que hace posible que los dones de que habían sido enriquecidos se diesen potestativamente por el Espíritu a los creyentes (12:11); es la que hace posible que los creyentes sean hijos de Dios y la que da esperanza; es también la que transforma y da victoria sobre la carne y los problemas espirituales. Es la abundante gracia de Dios la que está a disposición del creyente y es siempre mayor que cualquier problema que deba ser afrontado. El cristiano descansa confiadamente en la provisión de la gracia de Dios y sigue el camino de su peregrinación tras las pisadas del Maestro, poniendo la vista en Él (He. 12:2). Es la gracia la que cierra el contenido del escrito.

Esta gracia está presente y procede de *nuestro Señor Jesús*. En esta ocasión se dan dos títulos para el Señor, si se sigue la lectura de los mss. más seguros, o de los tres, si se adoptan otras muy numerosas. En este último caso la bendición procede de quien es *Señor*, porque es Dios; de quien, siendo *Jesús*, es el Salvador de los pecadores; de *Cristo*, esperanza de gloria. Pero, los títulos no solo identifican al que hace posible la bendición, sino que lo vinculan con el creyente y su vida. Como Señor tiene derecho y autoridad sobre cada uno; como Jesús es razón, causa y motivo de vida, siendo por Su obra de gracia, eternamente salvos.

La admirable gracia de Dios no hace distinción entre creyente y creyente, porque no hay acepción de personas en Él, de ahí que la bendición del apóstol incluye a todos. Literalmente se lee: *la gracia del Señor Jesús con vosotros*, debe entenderse *sea con vosotros*. Es una provisión permanente. No está ocasionalmente con ellos, está siempre. No solo comprende a todos, sino que está siempre en ayuda cuando sea necesario como provisión de Dios. Es posible que conozcamos poco acerca de la gracia, pero lo importante es que la podamos experimentar cada día.

24. Mi amor en Cristo Jesús esté con todos vosotros. Amén.

ἡ ἀγάπη μου μετὰ πάντων ὑμῶν ἐν Χριστῷ ᾿Ιησοῦ[1].
El amor de mí con todos vosotros en Cristo Jesús.

Análisis y notas del texto griego.

Análisis: ἡ, caso nominativo femenino singular del artículo determinado *la*; ἀγάπη, caso nominativo femenino singular del nombre común *amor*; μου, caso genitivo de la primera persona singular del pronombre personal declinado *de mí*; μετὰ, preposición propia de genitivo *con*; πάντων, caso genitivo masculino plural del adjetivo indefinido *todos*; ὑμῶν, caso genitivo de la segunda persona plural del pronombre personal *vosotros*; ἐν, preposición propia de dativo *en*; Χριστῷ, caso dativo masculino singular del nombre propio *Cristo*; ᾿Ιησοῦ, caso dativo masculino singular del nombre propio *Jesús*.

Notas. Crítica Textual. Lecturas alternativas.

[1] ἐν Χριστῷ ᾿Ιησου, *en Cristo Jesús*, según se lee en B, F, 0121, 0243, 33, 81, 630, 1739*, 1881, sy^{p}, sa, bo^{mss}, Ambrosiaster.

ἐν Χριστῷ ᾿Ιησου. ᾿Αμήν. *En Cristo Jesús. Amén.* Lectura en a, A, C, D, K, L, P, Ψ, 075, 104, 365, 1175, 1241, 1505, 1739^{c}, 2464, 𝔐, lat, sy^{h}, bo, Pelagio.

ἡ ἀγάπη μου μετὰ πάντων ὑμῶν ἐν Χριστῷ ᾿Ιησοῦ. El amor personal de Pablo hacia la iglesia en Corinto no era selectivo, como tampoco el de Cristo a quien él vivía (Fil. 1:21), era un amor general *con todos vosotros*. Había algunos que le despreciaban, otros que discutían sobre verdades que él les había enseñado, todavía más, la *Epístola* acrecentará el respeto de algunos y el rechazo de otros. Pero, aun así, el apóstol les ama por igual a todos. El amor es sincero porque se expresa desde la posición espiritual en que se encuentra: *"en Cristo"*. Así se lee literalmente del texto griego: *"Mi amor con todos vosotros en Cristo Jesús"*. Pablo les hizo advertencias e incluso reproches, con advertencias aparentemente severas, todo ello le lleva a expresarles la realidad de su amor por ellos. Cuanto antecede lo escribió, entre otras razones, porque les ama. Este amor está inflamado por el de Cristo Jesús, última palabra de la *Epístola.*

Al finalizar este comentario, nada mejor que volver cada uno a la lectura de la *Epístola*, precedida de oración para que el Espíritu aplique la Palabra a nuestras vidas personales. Por eso no cabe aquí hacer distinción alguna o señalar aspectos que pudieran ser destacables. Es necesario un buen examen sobre la comunión entre hermanos, preguntándonos si hay algún obstáculo en nuestras vidas que nos esté llevando a un distanciamiento de alguno o de algunos hermanos. Es necesario un examen personal para descubrir si en nosotros hay algún pecado oculto sin confesar, a fin de restaurar la comunión con Dios sin impedimento alguno. De la misma manera una reflexión sobre el modo cómo vivimos el amor a Dios y a nuestros hermanos es imprescindible para cada uno de nosotros. De la misma forma el comportamiento en los cultos, la razón por la que asistimos a ellos, el culto no es un lugar de exhibición sino de adoración. El Dios de la Biblia que desgaja los cedros y quebranta las rocas, no es el de las emociones subjetivas, sino que se manifiesta en un *silbo apacible y delicado* (1 R. 19:12).

Tal vez sea buena una oración personal: *"¿Quién podrá entender sus propios errores? Líbrame de los que me son ocultos. Preserva también a tu siervo de las soberbias; que no se enseñoreen de mí; entonces seré íntegro, y estaré limpio de gran rebelión"* (Sal 19:12-13).

SOLI DEO GLORIA

Excursus 2

ANATEMA

Anatema es una forma secundaria del griego helenístico que procede de la preposición ἀνά que equivale a *sobre*, y el verbo *τίθημι,* que significa *poner, situar, colocar*. Unidas ambas, ἀνάθημα, *anatema*, significa *lo dispuesto, lo colocado*, o *lo sometido* a algo. Es desde aquí que se desarrollan los tres significados conceptuales de la palabra: a) *La ofrenda votiva*, dedicada a una divinidad, en acto de culto; b) *Lo dedicado a un dios para destrucción*, esto es, lo consagrado a una divinidad para ser exterminado; c) *Lo que por derecho se reservaba un conquistador*, que equivale en ocasiones al botín de una batalla. La segunda acepción vinculó el *anatema*, con lo maldito y execrable. Este concepto de dedicación a una divinidad, reserva exclusivamente para ella bien el exvoto, es decir, lo dedicado, o bien lo aniquilable, por tanto, nadie podía apropiarse para su uso del *anatema* porque era usurparlo a la divinidad.

Los traductores de la LXX utilizaron el término *anatema* para trasladar al griego la palabra hebrea *herem*, con el sentido árabe que correspondía a su raíz como *consagrar, apartar, aniquilar*. Tal es el caso del uso de la palabra en Números 21:3, donde se describe la destrucción de las ciudades cananeas, y en el que se traslada como *anatema* el verbo *destruir*, e incluso el nombre de la ciudad *Horma*, que aparece literalmente como *Anathema*. Así ocurre en el texto de Josué 6:17, en clara alusión a la destrucción reservada para la ciudad de Jericó. Con un sentido semejante aparece en Josué 7:17, referido a la condición de maldición que había recaído sobre Israel a causa de haberse apropiado de lo que estaba reservado para Dios y era, por tanto, *anatema*. Vuelve a utilizarse el término en Jueces 1:17, para hablar de la *destrucción* de ciudades cananeas, por la acción de las tribus de Judá y Simeón, nominando también a la ciudad de Sefat, como *Horma*, literalmente *Anathema*[1]. El desarrollo del pensamiento teológico condujo a la utilización del término para referirse a lo que es maldito. Tal acepción aparece en la profecía de Zacarías 14:11, donde la LXX traslada como *anathema* la palabra *maldición*.

En el *anatema* como ofrenda a Dios, se aprecia el derecho divino de posesión de lo ofrendado. Estaba reservado a Dios siendo asunto prohibido para los hombres. Dios mismo, sin embargo, establecía por ley el modo de *rescatar* lo ofrendado mediante un pago allí estipulado.

---

[1] Lectura LXX, según Iud. B: B.

Algunas de las valoraciones de rescate eran sumamente complejas, como ocurría con el caso de la tierra dedicada a Jehová (Lv. 27:16 ss).

En otro aspecto, el *anathema* representaba también la expresión del derecho del conquistador para hacer lo que mejor le pareciera con lo conquistado, especialmente importante cuando el conquistador es Dios mismo. Ese es el concepto de la palabra en 1 Samuel 15:3, donde Dios ordena a Saúl, por medio de Samuel, que hiera a Amalec y *destruyera*[2] todo lo suyo. Este derecho de conquistador traía aparejado en muchas ocasiones el exterminio o aniquilación de todo lo que Dios había reservado para sí, si no había establecido un destino diferente. Un alcance absoluto de la aniquilación tenía que ver con las personas declaradas como *anatema*, para quienes la ley establecía indefectiblemente su muerte, sin posibilidad de rescate (Lv. 27:29). Esa es una de las razones por la que los moradores de las ciudades declaradas como *anatema* habían de ser muertas. Tal actuación no aparece como novedad en tiempos de la conquista, que pudiera interpretarse como *justificación necesaria* para el desarraigo de la tierra de Canaán de los pueblos que estaban asentados en ella. Anteriormente aparece ya la práctica como cumplimiento de un voto a Dios hecho por Israel si les liberaba de sus oponentes, cuando los habitantes del Neguev atacaron a Israel en su peregrinación por el desierto, de ahí que al lugar del aniquilamiento de aquel pueblo se le llamara *Horma* que, como antes se dijo, está recogido en el griego de la LXX como *anathema* (Nm. 21:1-3). Tales actos de destrucción eran considerados como un *holocausto* a Dios (Dt. 13:16). Los objetos dedicados a Dios, para los que Él directamente no hubiera establecido otro destino, eran consumidos por el fuego, a fin de que no pudieran ser utilizados en otras labores, ya que ello hubiera sido profanar los utensilios que eran sagrados al ser dedicados exclusivamente a Dios. Esta actuación estaba también establecida para aquellas ciudades cuyos moradores, de origen hebreo, hubieran instigado a sus conciudadanos al pecado de idolatría, porque con ello estaban profanando a un pueblo que había sido consagrado por Dios para Sí. Todo lo de aquellas ciudades que recibirían el castigo por tal pecado había de ser consumido por el fuego (Dt. 13:16). Sin embargo, no siempre el *anatema* como algo consagrado a Dios y de Su exclusiva posesión terminaba siendo destruido, ya que en ocasiones era dado a los sacerdotes (Nm. 18:14; Ez. 44:29).

Quien se apropiaba para sí de lo que estaba consagrado a Dios, esto es, del *anatema*, o impedía que se consumara la destrucción de lo consagrado, según el caso, se hacía anatema a sí mismo, recayendo sobre

---

[2] LXX, ἀναθεματιεῖς.

él el castigo por tal pecado. La ley establecía esto enfáticamente: *"no traerás cosa abominable a tu casa, para que no seas anatema; del todo la aborrecerás y la abominarás, porque es anatema"* (Dt. 7:26). El Antiguo Testamento ofrece dos ejemplos de esa situación. El primero en cuanto al castigo por apropiación de objetos del *anatema* en el caso de Acán (Jos. 7). El segundo por haber dejado con vida a un hombre condenado a muerte por la misma causa, como ocurrió con Acab que permitió vivir a Ben-adad, el rey de Siria (1 R. 20:42).

La idea de juicio y castigo se incorporó al concepto de *anatema*, de manera que algunos profetas utilizaron esa palabra para referirse a la destrucción mayoritaria de Israel y Judá a manos de sus enemigos, como consecuencia de su pecado de rebeldía contra Dios. Tal es el caso de Isaías (740-680 a.C.) que profetizó de la nación considerándola –salvo el remanente escogido por gracia– como *anatema*, destinada a destrucción (Is. 43:27-28). Esta acepción de la palabra es utilizada por Zacarías (520-518 a.C.) para profetizar sobre la restauración futura de Israel, apuntando a un tiempo en que dejaría de ser *anatema*, para ocupar nuevamente un lugar de bendición (Zac. 14:11).

Pasando de una esfera de juicio literal y físico sobre personas u objetos, la palabra comenzó a usarse en tiempos post-exílicos, para referirse a la excomunión de la comunidad israelita, separando a alguien del propio pueblo. No implicaba con ello la aplicación el anatema total, sino la exclusión para dejar de ser contado como fuera de las promesas y bendiciones de Dios para Su pueblo (Esd. 10:8).

Los conceptos pasaron plenamente al Nuevo Testamento, si bien el de ofrenda dedicada a Dios aparece una sola vez, para hacer referencia a los adornos del templo como ofrendas votivas, en donde se lee literalmente ἀνάθεμασιν. Pablo utiliza el fonema en el sentido técnico más usual entre hebreos, *lo consagrado a Dios* y *lo maldito*. El apóstol estaba dispuesto a ser considerado como *anatema* si con ello lograra la salvación de Israel (Ro. 9:3). En este sentido estaba dispuesto a ser excluido, o separado de la unión con el Salvador –si ello hubiera sido posible– para entrar en la condición de *anatema* como maldito y, por tanto, reservado para muerte eterna, por separación de Dios, y a sufrir el juicio escatológico y el infierno eterno, si ello pudiera servir para salvar a Israel. En el uso de este concepto se aprecia claramente la utilización de conceptos propios del judaísmo tardío, en el que la palabra había evolucionado hasta tales significados. Cuando enseña sobre el uso de los dones, refiriéndose posiblemente al de lenguas, afirma que nadie que llame *anatema* a Jesús lo hace bajo el control y al impulso del Espíritu

Santo (1 Co. 12:3). Quienes utilizan tal término aplicándolo a Cristo, están siendo instrumentos del demonio al afirmar la condición de maldito, separado de Dios, y condenado a destrucción, de quien es Bendito eternamente y que habiendo soportando en Sí mismo el juicio de Dios a causa del pecado ha recibido el supremo nombre que le manifiesta como Señor sobre cielos y tierra (Fil. 2:9-11). Una fórmula anatematizante aparece al final de la Primera Carta a los Corintios (1 Co. 16:22). La fe salvífica que permite el contacto personal para salvación, obra necesariamente por el amor y encuentra su expresión definitiva en el amor al Salvador. Quienes no aman a Cristo con amor inalterable, resultado de la comunicación del amor de Dios por el Espíritu (Ro. 5:5), no están en Él y, por tanto, siguen excluidos de la salvación de Dios, bajo condenación y juicio. La expresión paulina no es una fórmula utilizable por alguna autoridad humana para introducir a un semejante en tal situación, sino la expresión divina como fallo de Su justicia, que condena al pecador por su rebeldía. En este mismo sentido vuelve a ser usada para referirse al que predica un falso evangelio, que es mentiroso por ser diferente al único evangelio. Quién miente en nombre de Dios, proclamando lo que Él no ha establecido, pero haciéndolo como si el mensaje procediera de Él, con lo que induce a un engaño diabólico a quien escucha, ha de ser considerado como *anatema*, esto es, maldito de Dios, entregado a la cólera divina (Gá. 1:8, 9).

Finalmente, el *anatema*, llegó a ser fórmula de compromiso en las decisiones tomadas bajo juramento. En tal sentido acompañó al juramento bajo maldición[3] con que se juramentaron los enemigos de Pablo, para darle muerte (Hch. 23:12).

---

[3] Griego: ἀνεθεμάτισαν.

BIBLIOGRAFÍA

Auer, Johann. *Jesucristo Salvador del Mundo*. Editorial Herder, Barcelona, 1990*.

Banks, Robert. *La idea de comunidad de Pablo*. Clie. Viladecavalls, 2011

Barnes, A. *Notes on the New Testament, Explanatory and Practical*. Grand Rapids, 1951.

Berkhof, L. *Teología Sistemática*. Editorial T.E.L.L. México D. F., Grand Rapids, 1949.

Blanco, Pablo. *Mujer y Biblia*. Clie. Terrassa, 1999.

Brown, Raymond E. *Introducción a la Cristología del Nuevo Tesamento*. Editorial Sígueme. Salamanca, 2001.

Bruce, F. F. *Hombres y movimientos en la iglesia primitiva*. Mundo Bíblico, 2002.

Bruce, F. F. *El canon de la Escritura*. Clie. Terrassa, 2002.

Calvino, Juan. *Institución de la Religión Cristiana*. Fundación Editorial de Literatura Reformada. Rijswijk. Países Bajos, 1968.

Carson, D. A. y Moo, Douglas J. *Una introducción al Nuevo Testamento*. Clie. Terrassa, 2008.

Coutsoumpos, Panayotis. *Comunidad, conflicto y eucaristía en la Corinto romana*. Clie. Viladecavalls, 2010.

Chafer, Lewis Sperry. *Teología Sistemática*. Publicaciones Españolas. Georgia, 1974.

Eusebio. *Historia Eclesiástica*.

Farrar, F. W. *History of Interpretation*. Nueva York, 1870.

Fee, Gordon. *Primera epístola a los Corintios*. Grand Rapids, 1994.

Fountain, Thomas. *Claves de interpretación bíblica*. Casa Bautista, 1977.

Gnilka, Joachim. *Pablo de Tarso*. Editorial Herder. Barcelona, 1998.

Godet, Frédéric. *Commentaire sur la première épitre aux Corinthiens*. Monnier Neuchatel, 1965.

González de Cardedal, Olegario. *Dios*. Editorial Sígueme. Salamanca, 2004*.

González de Cardedal, Olegario. *Cristología*. Edit. BAC. Madrid, 2001*.

Fasold, Jaime. *Con precisión*. Edición personal. 2016.

Finney, Charles. *Teología Sistemática*. Bethany House Publishers. Grand Rapids, 2010.

Harrison, Everet. *Introducción al Nuevo Testamento*. Subcomisión de Literatura Cristiana. Grand Rapids, 1980.

Holzner, Josef. *San Pablo Heraldo de Cristo*. Editorial Herder. Barcelona, 1955.

Hovey, Alvah. *1 Corintios-2 Teslonicenses*. Casa Bautista, 1973.

Hodge, Charles. *Teología Sistemática*. Clie. Terrassa, 1991.

Hodge, Charles, *Primera Corintios*. Edit. The Banner of Truth Trus. Londres, 1969.

Joachim Jeremias. *Teología del Nuevo Testamento.* Ediciones Sígueme. Salamanca, 1980.
Kinstemaker, Simón. *Primera Corintios*. Grand Rapids, 1993.
Lacueva, Francisco. *La Persona y la Obra de Jesucristo.* Clie. Terrasa, 1979.
Lacueva, Fancisco. *Comentario Bíblico Matthew Henry, Hechos, Romanos, 1 Corintios*. Clie. Terrassa, 1991.
Ladd. G. *Teología del Nuevo Testamento*. Clie. Terrassa, 2002.
Leal, Juan. *Primera Carta a los Corintios*. BAC. Vol. 211. Madrid, 1965.*
Lightfoot, J. B. *Los padres apostólicos*. Clie. Terrassa, 1990.
Lloyd-Jones, Martyn. *Dios el Espíritu Santo*. Peregrino. Moral de Calatrava, 2001
MacArthur, John. *Comentario del N.T. 1 y 2 Corintios.* Portavoz. Grand Rapids, 2012.
MacDonald, William. *Comentario al Nuevo Testamento*. Clie. Terrassa, 1995.
Martínez, José María. *Hermenéutica Bíblica.* Clie. Terrassa, 1984.
Millard, J. Erickson. *Teología Sistemática.* Clie. Terrassa, 2008.
Osiek, Carolyn y otras. *El lugar de la mujer en la iglesia primitiva.* Ediciones Sígueme. Salamanca, 2007.
Padres de la Iglesia. *La Biblia comentada por los Padres de la Iglesia.* Ciudad Nueva. Madrid, 2002.
Pérez Millos, Samuel. *Síntesis de nuestra Fe*. Clie. Terrassa, 1995.
Pérez Millos, Samuel. *Hechos*. Clie. Viladecavalls, 2013.
Pérez Millos, Samuel. *Primera Corintios*. Clie. Terrassa, 1994.
Randall, Price. *Las Piedras Claman*. Editorial Unilit. Miami, 1997.
Robertson, Archibald Thomas. *Imágenes verbales en el Nuevo Testamento*. Clie. Terrassa, 1985.
Roloff, J. *Neues Testament.* Neukirchen, 1977 *
Rossier, H. *Estudios sobre la primera epístola a los Corintios*. Ediciones Bíblicas. Perroy, 1989
Sauer, Erich. *El triunfo del Crucificado*. México, D. F., 1959.
Sauer, Erich. *La aurora de la redención del mundo*. Madrid, 1967.
Scofield, C. I. *Biblia Anotada*. Spanish Publications Inc. Miami, 1966.
Schenke, L. *Die Urgemeinde. Geschichtliche un theologische Entwicklung*. Stuttgart, 1990. *
Seeberg, Reinhold. *Historia de las Doctrinas*. Casa Bautista de Publicaciones. El Paso, 1968.
Strong, Augustus H. *Systematic Theology*. Editorial Pickering & Inglis. Londres, 1907.
Tellería, Juan María. *La Interpretación del Nuevo Testamento a lo largo de la historia.* Mundo Bíblico. Las Palmas de Gran Canaria, 2014.
Tellería Larrañaga, Juan María. *El método en teología*. Mundo Bíblico. Las Palmas de Gran Canaria, 2011.

Trenchard, Ernesto. *Primera epístola a los Corintios*. Literatura Bíblica. Madrid, 1970.
Tenney, Merrill C. *Nuestro Nuevo Testamento*. Portavoz Evangélico. Grand Rapids, 1984.
Tunc, Suzanne. *También las mujeres seguían a Jesus*. Edit. Sal Terrae. Santander, 1999.
Turrado, Lorenzo. *Epístolas Paulinas*. Biblia Comentada. Vol. VIb. Madrid, 1975.*
Vidal, Senén. *La resurrección de Jesús en las cartas de Pablo*. Sígueme. Salamanca, 1982.*
Wuest, Kenneth S. *West's Word Studies*. Editorial Eerdmans. Grand Rapids, 1994.
Yamauchi, Edwin. *Las Excavaciones y las Escrituras*. Casa Bautista de Publicaciones, 1977.

DICCIONARIOS Y MANUALES TÉCNICOS

Analytical Concordance to theHoly Bible. Robert Young, LL.D. United Society for Christian Literature. London, 1977.
Concordancia Analítica Greco-Española del N. T. J.Stegenca, A. E. Tuggy. Editorial Libertador. Marcaibo, 1975.
Chantrailne Dictionnaire Etymologique Grec. Pierre Chantraine. Sorbonne, 1968
Diccionario Bíblico Arqueológico. Editorial Mundo Hispano, 1982.
Diccionario de la Biblia. Editorial Herder, Barcelona, 1981.
Diccionario Exegético del Nuevo Testamento. Horst Balz-Gerhard Schneider. Salamanca, 1998.
Diccionario Expositivo de Palabras del Nuevo Testamento. Vine, W. E. Clie. Terrassa, 1984.
Diccionario Griego Español. Editorial Ramón Sopena, S.A. Barcelona, 1972.
Diccionario de Teología. Everett F. Harrison. Editorial T.E.L.L. Grand Rapids, 1985.
Gran Diccionario Enciclopédico de la Biblia. Alfonso Ropero. Clie. Terrassa, 2013.
**Catecismo de la Iglesia Católica*. Versión oficial de la Santa Sede, 1992. Editorial Sígueme. Salamanca, 1996.
Nuevo Diccionario Bíblico. Editorial Certeza, 1991.

TEXTOS BÍBLICOS

A Biblia. Editorial SEPT. Vigo, 1992.
Biblia Anotada. Charles Ryrie. Editorial Portavoz. Grand Rapids, 1996.
Biblia de Jerusalén. Editorial Desclée De Brouwer. Bilbao, 1975.

Biblia de las Américas. Editorial Fundación. Anaheim.
Biblia Textual. Sociedad Bíblica Iberoamericana. 1999.
Bublia de Estudio RVR. Harper Collins Christian Publishing, 2018.
Nuevo Testamento Interlineal. Francisco Lacueva. Clie. Terrassa, 1984.
Nuevo Testamento. Biblia Textual. Sociedad Bíblica Iberoamericana. 1999.
Sagrada Biblia. Juan Straubinger. Libros Básicos S.A. 1958.
Sagrada Biblia. Cantera-Iglesias. Editorial BAC. Madrid, 1975.

TEXTOS GRIEGOS

The Greek New Testament. Deutsche Biblelgesellschaft. Stuttgart, 2012.
Nuevo Testamento Trilingüe. Bover-O'Callaghan. Editorial BAC. Madrid, 1977.
A Reader's Greek New Testament. Richard J. Goodrich, Albert L. Lukaszewki. Zondervan. Grand Rapids, 2003.
Septuaginta. Deustche Biblgesellschaft Stuttgart. Stuttgart, 1979.